在 浙 之 濱

浙江大學古籍研究所建所三十周年紀念文集

浙江大學古籍研究所 編

中 華 書 局

2016 年 · 北京

圖書在版編目(CIP)數據

在浙之濱:浙江大學古籍研究所建所三十周年紀念文集/浙江大學古籍研究所編. —北京:中華書局,2016.10
ISBN 978-7-101-12151-3

Ⅰ.在…　Ⅱ.浙…　Ⅲ.社會科學-文集　Ⅳ.C53

中國版本圖書館 CIP 數據核字(2016)第 229176 號

書　　名	在浙之濱——浙江大學古籍研究所建所三十周年紀念文集
編　　者	浙江大學古籍研究所
責任編輯	徐真真
出版發行	中華書局
	(北京市豐臺區太平橋西里 38 號　100073)
	http://www.zhbc.com.cn
	E-mail:zhbc@zhbc.com.cn
印　　刷	北京瑞古冠中印刷廠
版　　次	2016 年 10 月北京第 1 版
	2016 年 10 月北京第 1 次印刷
規　　格	開本/787×1092 毫米　1/16
	印張 40　插頁 4　字數 700 千字
印　　數	1-600 册
國際書號	ISBN 978-7-101-12151-3
定　　價	180.00 元

◀ 姜亮夫先生

▶ 本所首任所長姜亮夫先生和副所長徐規、平慧善先生（1984年，左起：平慧善、姜亮夫、徐規）

◀ 本所成立大會（1983年4月18日，左三姜亮夫先生，左四原杭州大學黨委書記黃逸寶同志）

▲ 1983 年 4 月 18 日古籍
所成立

▶ 1983 年 9 月 19 日敦煌
學講習班、古典文獻學研究
生班開班典禮

◀ 1985 年先秦兩
漢文學講習班

▶ 1985 年元明清文學講習班

▶ 2004 年 4 月 23 日，全國
高校古委會來浙江大學古籍
研究所檢查指導工作

◀ 2005 年 7 月浙江大學古籍研究所全
所老師合影

▲ 2006 年"禮學與中國文化國際學術研討會"開幕式

▶ 2010 年"百年敦煌文獻整理研究國際學術研討會"開幕式

◀ 2012 年 11 月浙江大學古籍研究所部分老師合影

◀ 中國訓詁學研究會 2012 年學術年會

▶ 2013 年"禮儀中國國際學術研討會"參會代表合影

◀ 2013 年 9 月 13 日上午，林建華校長參觀考察漢語史古文獻資料中心

▲ 2013 年浙江大學古籍研究所建所三十周年慶典

▶ 舉辦 2004 屆畢業生晚會

◀ 浙江大學古籍研究所 2007 屆畢業生合影

▲ 舉辦2011屆畢業生歡送會

▶ 浙江大
學古籍研究
所 2012 屆
畢業生合影

▲ 浙江大學古籍研究所2012年度研究生論文報告會

▲ 浙江大學古籍研究所 2014 年度研究生論文報告會

▲ 浙江大學古籍研究所 2016 年度研究生論文報告會

目　録

走在未来更加輝煌的路上

——寫在浙江大學古籍所建所三十周年紀念文集出版之際

浙江大學(原杭州大學)古籍研究所創立於 1983 年,十年前的 2003 年爲紀念建所二十周年,我們曾編輯出版了《雪泥鴻爪——浙江大學古籍所建所二十周年紀念文集》,共收錄本所教師及研究生的論文四十二篇,既是向長期以來一直關心、支持本所建設的各級部門(尤其是全國高校古委會)和學界同仁匯報成績,同時也是爲了通過文集從不同的側面展示本所二十年走過的歷史軌迹。

時光穿梭,歲月如流,2013 年我們又迎來了建所三十周年的重要時刻,經過全體教師討論,決定再編選一本紀念文集,收錄 2004 年以來本所教師和研究生的論文,作爲建所三十周年紀念文集,除了再一次向各級部門、學界同仁匯報成績外,更願意接受各個方面的指導與批評。

2004 年以來,社會高速發展,呼喚接軌國際,本所在前進的道路上經歷了種種嚴峻的考驗。值得驕傲的是,建所之初形成的研究方向(先秦文獻、漢語史、敦煌學、宋學)正穩定地向縱深發展,弘揚優秀傳統文化的自信絲毫没有動搖,務實求真的學風早已深入師生的心中,凝聚集體智慧的大型項目不斷問世,體現學術前沿的科研成果時獲贊譽,教書育人的擔當未曾懈怠,傳承中華文脈的新鋭已脱穎而出。經過全體師生的共同努力,本所已發展成爲國内外有較大影響的傳統文化研究和人才培養基地,早在 2007 年本所中國古典文獻學專業就獲批國家重點學科。到目前爲止,本所十五位在職人員中,除兩名行政人員外,教授、博士生導師七人(教育部長江學者二人,浙江省特級專家三人,其中一名長江學者還是浙江省特級專家、浙江大學文科資深教授),副教授、碩士生導師三人,講師三人。近十年以來,本所又爲國家培養博士研究生七十三名,碩士研究生八十四名,接受國内外博士後研究人員二十多名,這些畢業生知識全面,基礎扎實,受到用人單位的好評,許多都已成爲各條戰綫的骨幹力量,其中有兩名博士研究生的論文榮獲全國百篇優秀博士論文獎。目前在讀的博士研究生有二十九名,碩士研究生有十五名。本所全體教師不僅教書育人,誨人不倦,而且勇於創新,勤奮著述,在最近的十年間,陸續承擔了《中華禮藏》、《中國傳統禮學文獻專題研究》、《敦煌子部文獻合集》、《敦煌史部文獻合集》等學校、國家和教育部重點科研項目,出版學術專著五十六部,在《歷史研究》、《考古學報》、《中國語文》、《敦煌研究》、《文史》、《文獻》等重要刊物發表學術論文二百三十三篇,榮獲省部級以上獎勵十三項,其中《朱熹佚文輯考》獲浙江省政府突出貢獻獎,《中古漢語詞彙史》、《敦煌經部文獻合集》、《宋登科記考》獲教育部人文社會科學優秀成果二等獎,兩部學術專著入選全國哲學社會科學成果文庫。經過三十年的發展,本所已形成鮮明的治學特色:注重以文字語言爲基礎的傳統文化研究,融文史哲等不同學科爲一體,崇尚實證,拒絶浮華,專精則極於毫末,博大則囊括古今,許多研究領域如中古漢語研究、敦煌文獻研究、禮學文獻研究、楚辭學研究、職官科舉制度研究、宋代思想文化研究等始終處於海内外研究的前列。

在編輯紀念建所三十周年文集的時刻,我們深深地懷念本所創建者姜亮夫先生以及沈文倬、劉操南、郭在貽等先生,向先後主持本所工作並做出重要貢獻的崔富章先生、龔延明先生、張涌泉先生以及已經離退休的雪克、平慧善、方建新等先生表示深深的敬意。中華書局是享譽海内外的出版機構,與本所的聯繫十分密切,曾出版本所建所二十周年紀念文集,這次又慨然允諾出版本所建所三十周年紀念文集,我們趁此機會再次表達崇高的敬意和真誠的謝意!

浙江大學古籍研究所在三十年的發展過程中取得的所有成績與榮譽都已經屬於過去,更大的成就有待於全體師生敢於擔當的勇氣與更加勤奮的耕耘。面對老一輩學者開創的基業,我們深感責任重大,有全體師生的努力拼搏和各級部門的大力支持,我們又充滿信心與激情,相信浙江大學古籍研究所一定會有一個更加輝煌的未來!

王雲路　賈海生

2015 年 9 月

十世紀以前的楚辭傳播

崔富章

公元前 299 年,秦昭王遺楚懷王書,要求約會。懷王赴約,"昭王詐令一將軍伏兵武關,號爲秦王"。"楚王至,則閉武關,遂與西至咸陽,朝章臺,如蕃臣,不與亢禮。楚懷王大怒,悔不用昭子言。秦因留楚王,要以割巫、黔中之郡。楚欲盟,秦欲先得地。楚王怒曰:'秦詐我而又彊要我以地!'不復許秦。秦因留之。"①被扣三年後,"懷王卒于秦。秦歸其喪于楚。楚人皆憐之,如悲親戚!"②公元前 209 年,項梁起兵反秦,范增説項梁曰:"陳勝敗固當。夫秦滅六國,楚最無罪。自懷王入秦不反,楚人憐之至今,故楚南公曰'楚雖三户,亡秦必楚'也。今陳勝首事,不立楚後而自立,其勢不長。今君起江東,楚蠭午之將皆争附君者,以君世世爲楚將,爲能復立楚之後也。""於是項梁然其言,乃求楚懷王孫心,民間爲人牧羊,立以爲楚懷王,從民所望也。"③楚懷王被騙囚秦而死,歸喪之日,"楚人皆憐之,如悲親戚"。九十年後,項梁起兵吴中(今浙江湖州,楚令尹黄歇即春申君封地,尚有下菰城遺址,即太史公所謂"吾適楚,觀春申君故城"之所在),依然高舉楚懷王旗號。司馬遷記録的這兩個歷史瞬間,相隔近一個世紀,楚懷王竟然陰魂不散,"楚人憐之至今"。悲憤之情長期積聚,終於凝成"楚雖三户,亡秦必楚"之錚錚誓言。如此厚重而鮮活的歷史一幕,給我們以生動啓示:像《招魂》《大招》這類的特別製作以及整個以"存君興國"爲主旋律的屈原詩歌創作,深深植根於楚國社會的深厚土壤之中,藝術地表達主流社會的呼聲,是"從民所望也";"楚人高其行義,瑋其文采,世相教傳",代代傳誦,形成歷久彌新的傳播能力,是亦"從民所望也"。

楚人的執著和自信,南公的豪情萬丈,自有其家國民族底氣在。春秋五霸,楚莊王問鼎中原;戰國七雄,楚國穩居前三。楚國擁有兩湖、兩江、吴越舊地在内的長江中下游,北至淮、泗的廣闊疆域,是數一數二的富庶大國。由於楚懷王的戰略失誤(太子熊横既送秦作人質,復送齊作人質,適足以彰顯其錯亂),加之楚國社會的組織結構狀況遠没有像秦國那樣有效率,達到可迅速集中力量辦大事的水平,幾度大戰,損失不堪,以懷王三十年入秦不返爲標誌,楚國由盛轉衰。即位的頃襄王無能,在位長達三十六年,頹勢遂不可逆轉。歷考烈王二十五年,幽王十年,哀王三月,至王負芻五年(公元前 223)覆亡。公元前 225 年,秦始皇派李信帶二十萬兵欲攻取楚國,荆人"大破李信軍,入兩壁,殺七都尉,秦軍走"。"始皇聞之,大怒,自馳如頻陽,見謝王翦曰:'寡人以不用將軍計,李信果辱秦軍。今聞荆兵日進而西,將軍雖病,獨忍棄寡人乎?'……王翦曰:'大王必不得已用臣,非六十萬人不可。'……王翦果代李信擊荆。荆聞王翦益軍而來,乃悉國中兵以拒秦。王翦至,堅壁而守之,不肯戰。荆兵數出挑戰,終不出。王翦日休士洗沐,而善飲食撫循之,親與士卒同食……荆數挑戰而秦不出,乃引而東。翦因舉兵追之,令壯士擊,大破荆軍。至蘄南,殺其將軍項燕,荆兵遂敗走。秦因乘勝略定荆地城邑。歲餘,虜荆王負芻,竟平荆地爲郡縣。"④李信大敗,"荆兵日進而西",重壓之下,秦始皇被迫作出重大調整,舉傾國之師六十萬人攻楚,手握重兵、身經百戰的統帥王翦還要臨陣示弱,避楚鋒芒,設計"敵退我追"戰術,這説明直到戰國末年,楚國的力量仍不可小覷。楚國先是大破二十萬秦軍,繼而對抗六十萬,且主動出擊,"數出挑戰",士有鬥志,民氣未散,絶非其他五國所可同日而語。太史公曰:"秦既得意,燒天下《詩》、《書》,諸侯史記尤甚,爲其有所刺譏也。"⑤焚毀六國國史記録乃秦始皇統一戰略之内在需求。從秦昭襄王(一説惠文王)特製《詛楚文》,到楚南公發誓"亡秦",秦楚之間恩怨殊多,秦燒諸侯史記,楚史記更是在劫難逃。因爲楚國的國史被秦始皇燒掉,留下的記載實在太少,左徒屈原的履職狀況以及屈原的創作流亡生活,我們僅能從司馬遷《史記·屈原賈生列傳》和劉向《新序·節士》篇略得其梗概,而《楚辭》傳播的具體綫索,也只能從漢代文獻開始梳理。

一　兩漢時期

公元前 175 年,年少得志的賈誼(前 200—前 168)失勢,貶長沙王太傅。及渡湘水,爲賦以弔屈原。其辭曰:

> 共(恭)承嘉惠兮,俟罪長沙。側聞屈原兮,自沈汨羅。造託湘流兮,敬弔先生。遭世罔極兮,乃隕厥身。嗚呼哀哉,逢時不祥!鸞鳳伏竄兮,鴟梟翱翔。闒茸尊顯兮,讒諛得志。賢聖逆曳兮,方正倒植。世謂伯夷貪兮,謂盜跖廉;莫邪爲頓(鈍)兮,鉛刀爲銛。于嗟嘿嘿兮,生之無故!斡棄周鼎兮寶康瓠,騰駕罷牛兮驂蹇驢,驥垂兩耳兮服鹽車。章甫薦履兮,漸不可久;嗟苦先生兮,獨離此咎!⑥

這是筆者所見到的以屈原爲描寫對象的較早的文學作品。從《弔屈原賦》的内容可知,賈誼讀過《離騷》、《九章》諸篇,且神理相接,敬仰屈原的爲人。1977 年 7 月,安徽阜陽縣羅莊雙古堆發掘西漢第二代汝陰侯夏侯灶(?—公元前 165)墓,出土《倉頡篇》、《詩經》、《周易》等多種古籍(竹簡、木簡、木牘寫本)。1983 年第 2 期《文物》發表的《阜陽漢簡簡介》中寫道:"阜陽簡中發現有兩片《楚辭》,一爲《離騷》殘句,僅存四字;一爲《涉江》殘句,僅存五字,令人惋惜不已。另有若干殘片，亦爲辭賦體裁，未明作者。如：'□橐旖（兮）北辰遊。'"1987年秋，參與整理的韓自强先生來杭，筆者曾詢及《楚辭》簡，韓先生說不止兩片，殘簡中應該還有，由于不太熟悉《楚辭》文本，辨認特別費勁，未能一一查核。我們今天面對這些辭賦殘簡，可以想象當年賈誼讀的《離騷》、《九章》等屈原作品，應該就是如同阜陽漢簡一般的手寫本。

搜集、閱讀過這類手寫本的，還有稍晚于賈誼的淮南王劉安（公元前180—前122）。他是劉邦的孫子，漢文帝八年（公元前172）封阜陵侯，十六年（公元前164）改封淮南王，都壽春（今安徽省壽縣，楚國最後之故都，歷考烈王、幽王、哀王、負芻，近二十年）。阜陽乃壽春近地。劉安及其賓客得搜羅屈原作品以成專集，並有《離騷傳》之作（已佚）。漢武帝建元二年（公元前139），劉安入朝，"獻所作《內篇》，新出，上愛祕之。使爲《離騷傳》（顏師古注：'傳謂解説之，若《毛詩傳》'），旦受詔，日食時上。又獻《頌德》及《長安都國頌》。每宴見，談説得失及方技賦頌，昏莫然後罷"⑦。劉安的《離騷傳》完成於公元前139年，不知佚於何時，幸有好事者將《離騷傳》叙文竄入司馬遷《史記·屈原列傳》之中⑧，前後分作兩處，輯出如下：

《離騷》者，猶離憂也。夫天者，人之始也；父母者，人之本也。人窮則反本，故勞苦倦極，未嘗不呼天也；疾痛慘怛，（《正義》曰：上七感反，下丁達反。慘，毒也。怛，痛也。）未嘗不呼父母也。屈平正道直行，（《正義》曰：寒孟反。）竭忠盡智，以事其君，讒人間之，可謂窮矣。信而見疑，忠而被謗，能無怨乎？屈平之作《離騷》，蓋自怨生也。《國風》好色而不淫，《小雅》怨誹而不亂，（《正義》曰：誹，方畏反。）若《離騷》者，可謂兼之矣。上稱帝嚳，下道齊桓，中述湯武，以刺世事。明道德之廣崇，治亂之條貫，靡不畢見。其文約，其辭微，其志潔，其行廉，其稱文小，而其指極大，舉類邇而見義遠。其志潔，故其稱物芳。其行廉，故死而不容。自踈濯淖汙泥之中，（《索隱》曰：濯，音濁。淖，音鬧。汙，音烏故反。泥，音奴計反。）蟬蛻於濁穢，（《正義》曰：蛻，音稅，去皮也。又他臥反。）以浮游塵埃之外，不獲世之滋垢，皭然泥而不滓者也。（徐廣曰：皭，踈靜之貌。《索隱》曰：皭，音自若反。泥，音涅。滓，音淄。又並如字。）推此志也，雖與日月爭光可也。（《正義》曰：言屈平之仕濁世，去其污垢，在塵埃之外。推此志意，雖與日月爭其光明，斯亦可也。）

雖放流，睠顧楚國，繫心懷王，不忘欲反，冀幸君之一悟，俗之一改也。其存君興國，而欲反復之，一篇之中，三致志焉。然終無可奈何，故不可以反，卒以此見懷王之終不悟也。人君無愚智賢不肖，（《索隱》曰：此已下，太史公傷楚懷王之不任賢，信讒，而不能返國之論也。）莫不欲求忠以自爲，舉賢以自佐。然亡國破家相隨屬，而聖君治國累世而不見者，其所謂忠者不忠，而所謂賢者不賢也。懷王以不知忠臣之分，故內惑于鄭袖，外欺于張儀，踈屈平而信上官大夫、令尹子蘭，兵挫地削，亡其六郡，身客死于秦，爲天下笑，此不知人之禍也。《易》曰："井泄不食，（向秀曰：泄者，浚治去泥濁也。《索隱》曰：向秀字子期，晋人，注《周易》。）爲我心惻。（張璠曰：可爲惻然，傷道未行也。《索隱》曰：張璠亦晋人，注《易》也。）可以汲。王明，並受其福。"（《易象》曰：求王明受福也。《索隱》曰：京房《易章句》言我之道可汲而用。上有明主，汲我道而用之，天下並受其福，故曰"王明並受其福也"。）王之不明，豈足福哉！（徐廣曰：一云"不足福"。《正義》曰：言楚王不明忠臣，豈是［足］受福，故屈原懷沙自沉。）⑨

　　從劉安的《叙》文内容分析，《離騷傳》實不限於《離騷》一篇，舉凡《九歌》、《九章》、《天問》、《遠遊》、《卜居》、《漁父》等都囊括在内，這應該是劉安及其賓客搜集並認定的屈原作品的全部⑩，也是劉向、劉歆《七略》著録"屈原賦二十五篇"的源頭。因此，章太炎先生斷言《楚辭》"定本出於淮南"⑪。當年漢武帝命劉安"爲《離騷傳》，旦受詔，日食時上"。自"旦"至"日食"，最多不過三小時光景，合理的推斷應該是劉安早有《離騷傳》成書，臨場加寫（或改定）《總叙》而已。兩百年後班固評論説："昔在孝武，博覽古文，淮南王安叙《離騷傳》，以'《國風》好色而不淫，《小雅》怨誹而不亂，若《離騷》者，可謂兼之。蟬蜕濁穢之中，浮游塵埃之外，皭然泥而不滓；推此志，雖與日月爭光可也'。斯論似過其真。又説'五子以失家巷'，謂伍子胥也。及至羿、澆、少康、二姚、有娀佚女，皆各以所識有所增損，然猶未得其正也。"⑫目睹劉安《離騷傳》進呈本的東漢校書郎中班固所謂"淮南王安叙《離騷傳》"一語，切合當年場景，"叙"字得其實。他不贊成屈原高潔的志趣可與日月爭輝，另當別論。他又具體批評劉安書中的名物訓詁⑬，則恰恰證明唐初顔師古注"若《毛詩傳》"是準確的，"離騷賦"論者可以休矣。

　　劉安之所以致力於搜集、注解《楚辭》作品，除本人喜愛、門客成群以及深厚的地域文化氛圍之外，更大的背景是自漢高祖劉邦至漢武帝劉徹等人偏愛楚歌楚調，並且親自參與創作。《史記·酷吏列傳》張湯傳載："始，長史朱買臣，會稽人也，讀《春秋》。莊助使人言買臣，買臣以《楚辭》與助俱幸，侍中，爲太中大夫，用事。而湯乃爲小吏，跪伏使買臣等前。已而湯爲廷尉，治淮南獄，排擠莊助，買臣固心望。"⑭班固《漢書·嚴助傳》："嚴［莊］助，會稽吳人，嚴夫子（莊忌）子也，或言族家子也。郡舉賢良（公元前140），對策百餘人，武帝善助對，由是獨擢助爲中大夫。"⑮又《朱買臣傳》："會邑子嚴助貴幸，薦買臣，召見，説《春秋》，言《楚詞》，帝甚説之，拜買臣爲中大夫，與嚴助俱侍中。"⑯朱買臣"以《楚辭》與助俱幸"，劉安進呈《離騷傳》，以及銀雀山漢墓出土的《唐勒賦》竹簡寫本（字體屬早期隸書，當是西漢文、景至武帝初期的書寫本）⑰，三者幾乎是同年代發生的。十幾年之後，莊助正是因爲與劉安往來密切，被酷吏張湯論死，張湯亦因此招致朱買臣等怨憤而最終送命。政治上的謀反大獄亦不能沖淡朝廷的藝文風氣:"宣帝時循武帝故事,講論六藝群書,博盡奇異之好,徵能爲楚辭九江被公,召見誦讀,益召高材劉向、張子僑、華龍、柳褒等待詔金馬門。"[18]針對"議者多以爲淫靡不急",宣帝説:"辭賦,大者與古詩同義,小者辯麗可喜。辟如女工有綺縠,音樂有鄭衛,今世俗猶皆以此虞説耳目,辭賦比之,尚有仁義諷諭,鳥獸草木多聞之觀,賢於倡優博弈遠矣。"[19]《太平御覽》卷八五九引《七略》云:"宣帝詔徵被公,見誦楚辭。被公年衰,母老,每一誦,輒與粥。"[20]

公元前122年,劉安謀反事發,"上使宗正以符節治王,未至,安自刑殺"[21],劉向(公元前77年—前6)的父親劉德(與河間獻王劉德重名)奉命參與治淮南王獄。"淮南有《枕中鴻寶苑祕書》,書言神仙使鬼物爲金之術,及鄒衍重道延命方,世人莫見,而更生(劉向本名)父德,武帝時治淮南獄得其書。更生幼而讀誦,以爲奇,獻之,言黄金可成。"[22]在劉氏諸王中,劉安以"好書"聞名,劉德治獄所得恐不止一種,寓目者更不計其數,劉安和他的賓客所采集的楚辭文本以及《離騷傳》的草稿、副本皆有可能見過。迨成帝之世,劉向"領校中五經祕書",得見劉安《離騷傳》進呈本,並以所讀所見增輯爲《楚辭》十六卷(一説十三卷)。東漢安帝元初間(公元114—120),校書郎王逸繼承劉安、劉向之傳統,以其所識所知,稽之舊章,合之經傳,撰著《楚辭章句》十六卷(一説十七卷),含屈、宋作品《離騷》、《九歌》、《天問》、《九章》、《遠遊》、《卜居》、《漁夫》、《九辯》、《招魂》、《大招》等十篇,漢代劉安《招隱士》、王褒《九懷》、東方朔《七諫》、劉向《九嘆》、莊忌《哀時命》、賈誼《惜誓》、王逸《九思》等七篇,總十七卷。一説十六卷爲王逸進呈本,署"校書郎臣王逸上"。《九思》一篇别署"漢侍中南郡王逸叔師作",爲進呈後編入之私家别行本。《楚辭章句·總叙》曰:

> 屈原履忠被譖,憂悲愁思,獨依詩人之義而作《離騷》,上以諷諫,下以自慰。遭時闇亂,不見省納,不勝憤懣,遂復作《九歌》以下凡二十五篇。楚人高其行義,瑋其文采,以相教傳。至於孝武帝,恢廓道訓,使淮南王安作《離騷經章句》,則大義粲然。後世雄俊,莫不瞻仰,攄舒妙思,纘述其詞。逮至劉向,典校經書,分爲十六卷。孝章即位,深弘道藝,而班固、賈逵復以所見改易前疑,各作《離騷經章句》,其餘十五卷,闕而不説。又以壯爲狀,義多乖異,事不要撮。今臣復以所識所知,稽之舊章,合之經傳,作十六卷章句,雖未能究其微妙,然大指之趣,略可見矣。[23]

《總叙》之外,王逸又特撰《天問後叙》云:"昔屈原所作,凡二十五篇,世相教傳,而莫能説《天問》,以其文義不次,又多奇怪之事。自太史公口論道之,多所不逮。至於劉向、揚雄,援引傳記,以解説之,亦不能詳悉……今則稽之舊章,合之經傳,以相發明,爲之符驗,章決句斷,事事可曉,俾後學者永無疑焉。"[24]

從公元前278年屈原自沉汨羅至公元前175年賈誼渡湘水作《弔屈原賦》,屈原作品"其所以經百餘年兵火厄難而不至毁滅,且進而獲得'通邑大都'之流傳,必有爲其學者師師相傳,持守以呵護之,始能如是。王逸'世相傳教'之言,當有大量事實爲之依據也"⑳。由于年代殊邈,書簡有缺,文獻不足,莫得其詳。筆者以爲,"楚人高其行義,瑋其文采,世相教傳"者,不僅口耳相傳,應有教本、講義之類,或有"箋識"及陳述全篇大旨之文置於篇首篇末,或散在字裏行間,歷世累積,到漢代逐漸形成章句體。王逸把劉安的《離騷傳》徑稱作《離騷經章句》,可見劉安之書亦是"具文飾説",即具列本文,逐章逐句加以解説,而冠《總叙》以論全篇大旨,所以王逸譽之爲"大義粲然"。經過劉向、王逸的接力傳播,形成了我們今天所能看到的《楚辭》文本系統。

王逸説,"太史公口論道之,多所不逮"。其實,司馬遷對屈原的人品和作品有深度理解:"余讀《離騷》、《天問》、《招魂》、《哀郢》,悲其志。適長沙,觀屈原所自沈淵,未嘗不垂涕,想見其爲人。"㉑司馬遷閱讀了大量文獻,輔之以實地考察,寫下了著名的《史記·屈原賈生列傳》,是我們得以了解屈原生平事迹的核心文獻。數十年之後,劉向輯《新序》三十卷,"大抵采百家傳記,以類相從,故頗與《春秋内外傳》、《戰國策》、《太史公書》互相出入"㉒。其《節士》篇内的《屈原傳》,正可與《史記·屈原列傳》相互補充,相互發明,則屈原生平大貌略得仿佛矣。《史記·屈原列傳》還附有《漁父》、《懷沙》兩篇作品,與《楚辭章句》本文字差異殊多,這説明西漢時期楚辭傳本有多種,東漢以後,劉安、劉向、王逸的傳本獲得主流地位,司馬遷所見本等相繼失傳了。

二　魏晉南北朝時期

(一)郭璞《楚辭注》三卷

郭璞(276—324),字景純,河東聞喜人。"好經術,博學有高才,而訥於言論。詞賦爲中興之冠,好古文奇字,妙於陰陽算曆。"㉓西晉惠、懷之際,避地東南。東晉元帝即位,以爲著作佐郎,遷尚書郎。後爲王敦記室參軍,旋被殺害。郭璞洞悉五行、天文、卜筮之術,"璞占前後筮驗六十餘事,名爲《洞林》;又抄京、費諸家要最,更撰《新林》十篇,《卜韻》一篇;注釋《爾雅》,别爲《音義圖譜》;又注《三倉》、《方言》、《穆天子傳》、《山海經》及《楚辭》、《子虚》、《上林賦》數十萬言,皆傳於世。所作詩、賦、誄、頌,亦數萬言"㉔。

郭璞所注《楚辭》三卷即載于《晉書》本傳,復著録于《隋書·經籍志》、《唐書·經籍志》,或謂佚于天寶(756)、廣明(880—881)諸亂中。1940年,胡光煒(小石)教授遍查群籍所引遺説後撰集《楚辭郭注義徵》,輯録二百四十餘條,三萬五千言㉕。

姜亮夫師曰："敦煌本智騫《楚辭音》'兹'、'鳩'、'珵'、'鳩'等字下,並引郭本,當即本書佚文。"㉛關於郭注在楚辭學發展史上的特別意義,姜師認爲:"引《山經》、《穆傳》奇説,以爲屈賦注釋者,始于郭璞而終成于智騫,爲《楚辭》注家一大派別。洪興祖《補注》實又本之。蓋體認其方法義類,則謂今傳《楚辭》爲郭、騫一派之傳,不爲過言矣。"㉜他進一步指出:"洪《補》是承襲漢代王逸系統來的,它又采取了郭璞一派的方法,似乎增加的是些奇奇怪怪的材料(這些材料是從郭璞開始使用的,在以前没有,這是楚辭學的一大進步)。"㉝

當郭璞四五歲時,汲郡人不(fōu)準盗掘戰國時代魏襄王(一曰魏安釐王)墓,出土竹書數十車,經荀勖等多人校理,得書七十五篇,十餘萬字,包括《周易》、《紀年》、《瑣語》、《國語》、《公孫段》、《師春》、《梁丘藏》、《繳書》、《生封》、《大曆》、《圖詩》、《名》,以及《周穆王美人盛姬死》、《周食田法》、《論楚事》等㉞。《晋書》本傳説郭璞"好古文奇字",正是他致力於閲讀、應用汲冢出土文獻的間接寫照。郭璞《楚辭注》能使用新材料,有所創新,乃至其治學特色的形成,汲冢文獻的支撐是不言而喻的。

(二)劉杳《楚辭草木疏》一卷

劉杳(487—536)字士深,平原人。"梁天監初(503)爲太學博士……少好學,博綜群書。沈約、任昉以下,每有遺忘,皆訪問焉。"㉟普通年間(520—527)兼東宫通事舍人,事昭明太子。"大通元年(527),遷步兵校尉,兼舍人如故……俄有敕:代裴子野知著作郎事。"㊱仕至尚書左丞。"杳自少至長,多所著述,撰《要雅》五卷,《楚辭草木疏》一卷,《高士傳》二卷,《東宫新舊記》三十卷,《古今四部書目》五卷,並行於世。"㊲

《隋書·經籍志》著録《離騷草木疏》二卷,劉杳撰。《唐書·經籍志》、《新唐書·藝文志》改作《離騷草木蟲魚疏》二卷,書名不確。其書不知佚於何時。吴仁傑《離騷草木疏》四卷自跋稱"昔劉杳爲《草木疏》二卷,見於本傳,其書今亡矣"㊳。

梁普通四年(523),阮孝緒撰集《七録》。内篇四"文集録"著録:"楚辭部五種五帙二十七卷;别集部七百六十八種八百五十八帙六千四百九十七卷;總集部十六種六十四帙六百四十九卷;雜文部二百七十三種四百五十一帙三千五百八十七卷。右四部一千四十二種一千三百七十五帙一萬七百五十五卷。"㊴阮氏《七録》於"别集部"、"總集部"之前特設"楚辭部"。《隋書·經籍志》傳承《七録》成例,集部之首亦設置楚辭類,著録十部二十九卷(通計亡書合十一部四十卷)。《唐書·經籍志》以下的正史藝文志直到清代的《四庫全書總目》,皆在集部之首設置"楚辭類"。依照分類體例,楚辭類著作本應劃入别集類或總集類,阮氏這種極特殊的類目設置必有緣故。考阮孝緒《七録序》稱:"有梁普通四年歲維單閼仲春十有七日,于建康禁中里宅始述此書。通人平原劉杳從余遊,因説其事。杳有志積久,未獲操筆，聞余已先著鞭，欣然會意，凡所抄集，盡以相與，廣其聞見，實有力焉。斯亦康成之於傳釋，盡歸子慎之書也。"⑩"凡所抄集，盡以相與"，《七録·文集録》楚辭部之設置創始于阮孝緒，幕後推手則非《楚辭草木疏》作者劉杳莫屬。而《隋書·經籍志》楚辭類小序以"氣質高麗，雅致清遠"品屈原，似亦非楚辭學家如劉杳者所不能言。

(三)劉勰《文心雕龍》十卷

劉勰(466?—539?)《文心雕龍》成書于南朝齊和帝中興元年至二年間(501—502)，是中國文學理論批評史上第一部有嚴密體系的文學理論專著。全書五十篇，第五篇《辨騷》從文體論角度提出"楚辭者，體憲於三代，而風雜於戰國，乃雅頌之博徒，而辭賦之英傑"的著名論斷，認爲"騷經九章，朗麗以哀志；《九歌》、《九辯》，靡妙以傷情；《遠遊》、《天問》，瓌詭而惠巧；《招魂》、《大招》，耀豔而采華；《卜居》標放言之致，《漁夫》寄獨往之才"，進而認定屈宋作品"氣往轢古，辭來切今；驚采絶焰，難與並能矣"⑪。

梁武帝天監(502—519)初，劉勰出仕，兼任東宮通事舍人的時間較長，昭明太子蕭統"深愛接之"，共同"討論篇籍，商榷古今"。《昭明文選》與《文心雕龍》"選文訂篇"多有契合之處，諒非偶然。屈原、宋玉的主要作品輯入《文選》之後，極大地提升了楚辭的傳播力和影響力。劉勰和劉杳都是促進楚辭傳播的關鍵人物。

(四)蕭統《文選》三十卷

蕭統(501—531)主編的《文選》成書于526年以後的數年間。梁武帝中大通三年(531)春，蕭統遊園，蕩舟墜水得疾，四月卒，謚號昭明，故後人習稱《昭明文選》。全書收録作家一百三十人，作品五百十三篇，按文體分類編次，依次爲賦、詩、騷、七、詔、宮、令等三十八類。其中，卷一六"騷上"，卷一七"騷下"，計輯入屈平《離騷經》，《九歌》六篇(《東皇太一》、《雲中君》、《湘君》、《湘夫人》、《少司命》、《山鬼》)，《九章》一篇(《涉江》)，《卜居》、《漁父》；宋玉《九辯》(九段選五)和《招魂》；劉安《招隱士》等。其他卷次中還輯入宋玉《風賦》、《高唐賦》、《神女賦》、《登徒子好色賦》、《對楚王問》五篇作品。

《文選》爲楚辭的研究和傳播提供了廣闊的平臺。"唐代以詩賦取士，唐代文學又和六朝文學具有密切的繼承關係，因而《文選》就成爲人們學習詩賦的一種最適當的範本，甚至與經傳並列。宋初承唐代制度，亦以詩賦取士，《文選》仍然是士人的必讀書，甚至有'《文選》爛，秀才半'的諺語(陸遊《老學庵筆記》)。王安石當國，以新經學取士，此後《文選》才不再成爲士人的課本。然而作爲一部文學作品的精粹選本，其歷史價值和資料價值則依然不廢。"⑫閱讀、研治《文選》成爲一種專門的學問，號稱"文選學"。楚辭被收入《文選》，自是受益匪淺。隨着《文選》的熱銷，特別是借助《文選》長期作爲士人課本的優勢地位，楚辭的傳播深入人心，影響所及，絶非單本《楚辭》的時代可比擬的了。

三　隋唐五代

（一）釋智騫《楚辭音義》一卷

《隋書·經籍志》集部楚辭類著録：“《楚辭音》一卷，釋道騫撰。”㊸小序稱：“隋時有釋道騫，善讀之，能爲楚聲，音韻清切，至今傳楚辭者，皆祖騫公之音。”㊹日本寬平三年（891）藤原佐世編《日本國見在書目録》著録：“《楚辭音義》，釋智騫撰。又《爾雅音決》三卷，釋智騫撰。《急就章音義一卷》，釋智騫撰。”㊺關於作者法號，《隋書·經籍志》著録作“道騫”，“道”係“智”之誤。唐釋道宣《續高僧傳》卷三〇、宋晁公武《郡齋讀書志後志》卷一、王應麟《玉海》卷四〇四皆作“智”，可證《日本國見在書目録》作“智”正確。姜亮夫師認爲“智騫”又是“智騫”之訛，“騫”誤爲“騫”則由來已久，見其所著《敦煌寫本隋釋智騫〈楚辭音〉跋》㊻。關於書名，據敦煌殘卷內容考察，屬音義類著作，且以義爲主，當以《日本國見在書目録》著録《楚辭音義》爲準。

敦煌石室所出精寫本《楚辭音義》殘卷首尾不具，起《離騷》“駟玉虬以乘鷖兮”，至“雜瑤象以爲車”，凡釋正文一百八十八則，注文九十六則。殘卷不避楊廣名諱，當成書于梁、陳、隋之間。“徧洞字源，精閑通俗”，智騫爲當時一小學名家，“晚以所學，追［退］入道場”㊼，入慧日寺（寺址浙江省餘杭縣博陸鎮西），與智果（會稽剡人，今浙江嵊縣）同事導述。智騫既精通字學，職司唱導，發聲宏亮，咬字清切，音義類著述頻出，讀楚辭“音韻清切”（以春申君故楚舊地吳語方音讀楚辭韻字以協韻），固淵源有自矣。

殘卷體例，音、義並重。“每目必有音，亦多訂正字形，又引群書以明訓詁，又時時以己意斷之。”㊽其訂正字形，或徵録傳本，辨其正誤；或正其六書，以得本義；或考據訓詁，務求確當，非任情更張故常者可比。“其六書之學，根柢極厚，實超軼其聲韻之上，其所是正，多爲後世所本，以今通行宋以來王逸《章句》本、洪興祖《補注》本、朱熹《集注》本照之可知，宋以後各本，皆以騫公本爲圭臬者也。”㊾“其中引用舊籍，有當注意之一事，則引郭璞説是也……引《山經》、《穆傳》奇説，以爲屈賦注釋者，始于郭而終成于智騫，爲《楚辭》注家一大派別。洪興祖《補注》實又本之，蓋體認其方法義類，則謂今傳《楚辭》爲郭、騫一派之傳，不爲過言矣。”㊿

智騫精於文字六書之學，姜師論之已詳。至殘卷存音注二百七十六則，照以魏晋以來字書、韻書及《經典釋文》、《一切經音義》，皆有所本，“即一字三、四反者，亦一一符合於舊音，此皆鶱師音注用力之處，然並無創新，則從可知之者也”[51]。姜師所言極是。然同一字前後音注不一，尚需分析。《離騷》“斑陸離其上下”、“周流乎天余乃下”、“周流觀乎上下”三句，音注“下，協韻作户音”。“勉升降以上下兮”一句，音注“上下，依文讀”。由此觀之，非韻脚字依當代雅言讀，韻字依雅言讀不協者，則改讀以協韻。“後飛廉使奔屬”音注“屬，協韻作章喻反”。“登閬風而緤馬”音注“馬，協韻作媽音，同亡古反”。“余焉能忍與此終古”音注“古，協韻作故音”。“歷吉日乎吾將行”音注“行，協胡剛反”。“凡其協音，皆魏晋齊梁以來舊音，且大體見於《毛詩》、《尚書》、《周易》之中，而並非即楚音。”[52]姜師的意思是説，鶱公之“協音”實屬上古語音系統（包括楚國雅言在内），不得偏稱“楚音”，尤其不能誤解成“楚國方音”。此推斷自然是合理的。

協韻之説起于梁、陳之際的吴語區。智鶱，江表人，大致在華亭（元改升松江府）一帶，距離慧日寺百餘公里。慧日寺所在的餘杭博陸鎮方音（現代吴語），至今仍部分遵循上古語音系統，如：來自上古“魚”部的《廣韻》麻馬禡韻字（下、馬在内），讀與魚語御、虞麌遇、模姥暮同韻；來自上古“陽”部的《廣韻》庚梗映韻字（“行”字在内），讀與陽養漾、唐蕩宕同韻。我們以博陸方音讀《離騷》“斑陸離其上下”（下，户音 ɦo），“登閬風而緤馬”（馬，媽音 mo），“歷吉日乎吾將行”（行，音昂 aŋ），無須借助“協韻”，韻脚自然暢協。最先觸發智鶱靈感的應該是他的本音吴語，以説話音讀《楚辭·離騷》就能收到協韻效果。他或曾嘗試以楚地方音驗之。今江陵方音中，上古“魚”部、“陽”部韻字已完全分化。從敦煌唐寫本《切韻》殘卷所存一百九十三個韻部考察，上古“魚”部、“陽”部韻字，隋時雅言（中古音）已經分化[53]，我們找不到隋時江陵方言中上古“魚”部、“陽”部韻字（下、馬、行等）尚未分化的證據。在現代漢語五大音系裏，也只有吴語區音讀基本未分化。周祖謨説：“《廣韻》麻韻字，楚人或讀與魚、模相近，而下江則否。故楚辭中凡以馬韻字與語、姥韻字相協者，下江人讀之皆不韻，故鶱公取楚音以協之。”[54]事實或許正相反。楚辭中凡以馬韻字與語、姥韻字相協者，隋時楚人（江陵）讀之已不協，“下江人”（周先生實指江都音）讀之亦不協，而吴語區人民讀之自協。《廣韻》麻馬禡韻字，現代吴語區仍舊讀與魚、模相近，鶱公誦讀楚辭（韻脚），實緣自其本音吴語，天籟自協。周先生既忽略吴語區方音，又誤以爲隋唐時期的江陵方音還停留在戰國時代，脱離語言實際，結論自然是不可靠的。

難能可貴的是，鶱公在方音實踐成功之後，進而展開文獻考古，從魏晋齊梁以來音注信息入手，追踪《詩經》等經典音注，爲異于隋時雅言之吴語方音尋找源頭，客觀上已經觸及上古音系（包括屈原創作《離騷》時所用楚國雅言在内）。鮮活的吴語方音，文獻記載之《詩三百》古音，陳、隋雅言，三者羅列於面前，鶱公實已接近“時有古今，地有南北，字有因革，音有轉移"之門坎,可惜這關鍵的一步還要再等千年始由福建人陳第跨越。博陸、松江、湖州、蘇州、上海等吳語區,自戰國中期後屬楚,黃浦、春申⑤地名猶在,湖州下菰城,春申君遺址存焉,是故楚舊地,項梁起兵吳中(湖州),而以"楚懷王"號召,自有道理。騫公或以"楚音"自許? 文獻不足徵。殘卷但云"協韻作某音"或"音某",不見"楚聲"、"楚人"字樣。"周流乎天余乃下"音注"協韻作戶音",唐朝公孫羅《文選音決》改稱"楚人音戶"。公孫羅爲江都人,于吳語殊爲隔膜。騫公以其本音吳語誦讀楚辭韻脚,公孫羅誤以"楚人音"概之,想當然耳("下"字,今博陸仍舊讀 ɦo,接近零聲母)。《離騷》"又孰能無變化",騫音"化,虎瓜反"。"瓜"字係來自上古魚部的《廣韻》"麻"韻字,今博陸方音仍讀 go 長入聲。孤、菰、觚,從瓜得聲,入聲變平聲,仍有上古音遺存。"傷靈修之數化"句騫音注佚,公孫羅《文選音決》:"化,協韻呼戈反。楚之南鄙言。又,火瓜反。"徵之現代吳語,"瓜"字讀音近郭(博陸),"火瓜反"與"呼戈反"切音相同,不應作"又"音處理。公孫羅"協韻呼戈反,楚之南鄙言"云云,亦想當然耳。《離騷》"忍而不能舍也",騫音注佚,公孫羅《音決》:"舍,音舍也。"顏師古早已批評:"今人音舍,非也。"公孫羅旨在以調辨義,顏氏以爲不合詩意,雙方都沒觸及上古讀音。明人陳第《屈宋古音義》:"舍,古音署。"清人江有誥考定"舍"音當爲"恕"(《楚辭韻讀》)。現代吳語讀"So",與陳、江擬音相近。于省吾先生分析古文字形體結構,認定"舍"(𠆢,隸變訛作"舍")從"余"(余)得聲,從而旁證陳、江二氏所擬音大致接近上古,而現代吳語亦可證成于氏之説⑥。公孫羅不諳吳語,非騫公知音也。其後魏徵修成《隋書》,再補《五代十志》(北齊、北周、梁、陳、隋),其《經籍志》楚辭類小序稱智騫"能爲楚聲",且"至今傳楚辭者,皆祖騫公之音"云云,影響附會,飄渺無稽⑦。騫公旨趣唯在取方音協韻,求其調遂順暢,此亦梁、陳、隋以來江左之風尚。"韻書始於江左,本是吳音"⑧。騫公于吳語協韻之外復作文獻考古,從《詩經》等經典音注中尋求證明,並付諸筆札,把"協韻"説推向極致,水準超一流。

　　屈原作詩用的是楚國雅言(當時的中國"普通話"),楚辭用韻和《詩經》韻部基本一致。南渡後世居京口(鎮江)的劉勰,以齊梁雅言讀屈原詩歌,感覺有韻字不協,提出"詩人綜韻,率多清切;楚辭辭楚,故訛韻實繁"(《文心雕龍·聲律》)之論斷。意思是,屈宋的作品用方言書寫,令人讀之不協,批評説"訛韻實繁"。這個論斷太誇張了,與事實不符⑨。從屈原到劉勰的八百餘年間,語音的發展變化才是劉氏讀楚辭韻脚不協的原因所在。中國歷史悠久,幅員遼闊,語音有縱的演變,還有橫的歧異,各地方言發展演化不平衡,特緩慢者如吳語區,至今還保存有相當多的上古音系活化石。以齊梁雅言(中古音)讀楚辭不協者,以吳語讀之或能暢協。梁末湖州人沈重首倡"協句"説,"協句即古音也"⑩。爾後蘇州人陸德明或稱"協韻",一度風行江左,其背景資源正是吳語(劉勰世居京口,即今鎮江,不諳吳語,他聽不明白者統統以"非黃鐘之正響"目之)。誦讀《詩經》、《楚辭》,輔以方音,韻律韻味自顯,這在詩歌傳播史上具有非常積極的意義。慧日寺騫上人的《楚辭音義》，正是這一流派的代表作品⑪。

（二）唐公孫羅《文選音決》十卷，《文選抄》六十九卷

兩書久佚，見于日本寬平三年（891）藤原佐世編《日本國見在書目録》。《唐書·經籍志》著録：“《文選》六十卷，公孫羅撰”，“《文選音》十卷，公孫羅撰”。《新唐書·藝文志》著録：“公孫羅注《文選》六十卷，又《音義》十卷”。兩唐書著録書名、卷數稍異，與《日本國見在書目録》著録同爲公孫羅兩書則一。平安朝中期，大江匡衡（953—1012）奉旨編撰《集注文選》一百二十卷，大江有詩云：“加以孫羅注，加以鄭氏箋。”公孫羅《文選抄》《文選音決》失傳，由《文選集注》傳世殘卷窺知一二。有 1936 年京都大學影印金澤文庫抄本，羅振玉誤認唐寫本。周祖謨認爲：“謂之音決者，蓋采摭諸家舊音而審決之也。”⑫《文選·離騷》：“夕攬洲之宿莽。”《音決》云：“莽，協韻亡古反，楚俗言也。凡協韻者，以中國爲本，旁取四方之俗以爲韻，故謂之協韻。然於其本俗，則是正也，非協也。”又《招魂》：“參目虎首，身若牛些。”《音決》云：“牛，曹合口呼謀，齊魯之間言也。案：楚詞用此音者，欲使廣知方俗之言也。”又《招魂》：“湛湛江水兮上有楓，目極千里兮傷春心。”《音決》云：“楓，方凡反。心，素含反。案：方凡、素含，皆楚本音，非協韻，類皆放此。而稱‘協’者，以他國之言耳。”⑬公孫羅《文選音決》中的楚辭部分對智騫《楚辭音義》是有所繼承的。《離騷》“周流乎天余乃下”，騫注“協韻作户（ɦo）音”，公孫不諳吳語，不知騫音淵源有自，而想當然改作“楚人音户”，殊不知上古“魚”部的“下”“馬”等韻字，隋唐時期的江陵方音已經分化。《招魂》“參（叄）目虎首，身若牛些”，《音決》：“牛，曹合口呼謀。齊魯之間言也，楚辭用此音者，欲使廣知方俗之言也。”此則游談無根，幾不知楚辭爲何物矣。

（三）唐李善《文選注》六十卷

梁蕭統編《文選》三十卷，爲世所重，陳、隋間，隋、唐間，先後有蕭該、曹憲、公孫羅等作《音義》若干卷。唐代以詩賦取士，利禄所在，士人以《文選》爲學習詩賦的課本，社會需求量上升，輔導讀物亦應時而生。唐高宗顯慶三年（658），李善注《文選》六十卷，書成進呈。卷三二“騷上”，卷三三“騷下”。其注釋采取王逸《楚辭章句》，略有删節。傳世全本以南宋淳熙八年（1181）尤袤（延之）池陽郡齋（今安徽貴池）刻本爲最早⑭，北京大學圖書館收藏，中華書局於 1974 年影印出版。

（四）唐五臣《文選注》三十卷

唐玄宗開元六年（718），工部侍郎吕延祚以探究“述作之由”爲名，組織吕延濟、劉良、張

銑、呂向、李周翰等五人重注《文選》三十卷，卷十六“騷上”，卷十七“騷下”。《離騷經》一篇，張銑作小序（亦采自王逸小序，唯開頭增“史記云屈原字平”一句，“字平”乃“名平”之誤），正文或一句或兩句加注，首六句分別由李周翰、呂延濟、劉良、呂向、張銑作注，五人反復交叉，猶似集體討論分頭記錄之作品，大多不出王逸《章句》範圍。“其疏通文義，亦間有可采。唐人著述，傳世已稀，固不必竟廢之也。”⑥傳世全本以南宋紹興三十一年（1161）建陽崇化書坊陳八郎宅刊本爲最早（卷二一至二五爲補抄），臺北“中央圖書館”收藏，1981 年影印公世。

北宋末南宋初，明州刊《六家文選》六十卷（先五臣注，後李善注，以五臣注爲主），日本足利學校藏原版初印本，無一缺頁⑥，此彌足珍貴之善本由日本汲古書院於 1974 年影印公世。2008 年 3 月人民文學出版社重影汲古書院本，清秀悦目。

（五）南唐王勉《楚辭釋文》一卷

《宋史·藝文志》總集類著録，“王勉《楚辭章句》二卷，《楚辭釋文》一卷，《離騷約》二卷”，位置在宋［朱］遵度《群書麗藻》一千卷《目》五十卷之後，徐鍇《賦苑》二百卷《目》一卷之前⑥。徐鍇（920—974）係南唐著名學者，宋遵度生卒年不詳，中華書局點校本《宋史·藝文志》改“宋”作“朱”，是。考《宋史·朱昂傳》：“昂少與熊若谷、鄧洵美同學。朱遵度好讀書，人號之爲‘朱萬卷’，目昂爲‘小萬卷’。”⑥朱遵度能編纂上千卷的大類書，可見“朱萬卷”名不虛傳。“小萬卷”朱昂（925—1007）是宋初著名文人，以工部侍郎致仕，“前後所得奉賜，三之一購奇書，以諷誦爲樂”⑥。史家以“小”目之，則是朱遵度年長，“朱萬卷”名聲卓著，始有“小萬卷”之名續後也。余嘉錫認爲：“王勉雖不知何時人，然既廁於遵度與鍇之間，疑亦南唐人也。《宋志》自有楚辭類，獨勉所著三書入之總集爲不可解。余嘗推求其故，其楚辭自爲一類者，用《宋中興藝文志》之舊，（楚辭九家，十二部，一百四卷。）此三書入總集者，必因北宋國史藝文志之舊也。（北宋國史，有三朝、兩朝、四朝，凡三部，其藝文志皆無楚辭類，此當出於三朝志。）然則勉之《楚辭釋文》自南渡以前，已收入中秘，林虙及晁公武所得之本，殆即自秘閣抄出而失其姓名，由是言楚辭者遂不知有王勉矣。”⑩晁公武《郡齋讀書志》著録：“《楚辭釋文》一卷，未詳撰人，其篇次不與世行本同。蓋以《離騷經》、《九辯》、《九歌》、《天問》、《九章》、《遠遊》、《卜居》、《漁父》、《招隱士》、《招魂》、《九懷》、《七諫》、《九嘆》、《哀時命》、《惜誓》、《大招》、《九思》爲次。按今本《九章》第四、《九辯》第八，而王逸《九章》注云‘皆解於《九辯》中’，知《釋文》篇第蓋舊本也，後人始以作者先後次第之爾。或曰天聖中（1023—1032）陳説之所爲也。”⑪陳振孫《直齋書錄解題》亦著録：“《離騷釋文》一卷，古本，無名氏。洪氏得之吳郡林虙德祖，其篇次不與今本同。今本首《騷經》，次《九歌》……《釋文》亦首《騷經》，次《九辯》，而後《九歌》。”⑫

　　南宋高宗紹興十九年至二十四年(1149—1154)七月,洪興祖知饒州,刊《楚辭補注》十七卷,附古本《釋文》一卷,《考異》一卷⑦。數月之後,紹興二十四年十二月,洪興祖忤秦檜,流放昭州(今廣西平樂一帶)編管,次年卒。洪氏自刊本未得暢行於世。其後有書坊翻刻,將原附《考異》一卷、古本《釋文》一卷刪除(散附《補注》中),北宋秘閣所藏又下落不明(或毀于靖康之難),王勉《楚辭釋文》等三書遂一併失傳⑦。姜亮夫師認爲:"大抵釋氏'音義'一類書,實爲'釋文'一體之先導。'音義'起于江左,一時風會所趨,'音'也,'義'也,'音義'也之類,遂爾繁隆。"⑦我們透過洪興祖《楚辭補注》所引尚能仿佛古本《楚辭釋文》之狀貌。"此書大例,僅在考文字字形、音韻而已"⑦。《補注》所錄《釋文》凡一百十八則(除《卜居》、《漁父》兩篇外,十五篇都有涉及),多以爲校正本文字形、字音之助。約可分爲三類:字形之變異,字音之注反切,偶有言義訓者。如《離騷》"日月忽其不淹兮",洪氏曰:"忽,《釋文》作曶"。按:曶,從曰,不從日。《説文・曰部》:"曶,出氣詞也。從曰,㇕象氣出形。"段玉裁注:"此與《心部》'忽',音同義異。忽,忘也。若《羽獵賦》蠁曶如神、傅毅《舞賦》雲轉飄曶、漢《樊敏碑》奄曶滅形,皆出氣之意,倏舉之貌,本當用此字,不當作'忽'(忘)字也。《揚雄傳》'於時人皆曶之',則假曶爲忽。《古今人表》仲忽作'中曶',許云'鄭太子曶',則未識名字取何義也。今則'忽'行而'曶'廢矣。"雖然唐以來《離騷》傳本皆寫作"忽"("日月忽其不淹兮"、"忽奔走以先後兮"、"忽馳騖以追逐兮"、"忽反顧以遊目兮"、"日忽忽其將暮"、"忽反顧以流涕兮"、"忽緯繣其難遷"、"忽吾行此流沙兮"、"忽臨睨夫舊鄉"等),但《離騷》句意,皆非從心之忽(忘也),亦非從日之"旮"(吻)(《説文・日部》:"旮,尚冥也。從日,勿聲。"段玉裁注:"冥者,窈也,幽也。自日入至於此,尚未日出也。"日將出未出之際,尚未明也。引申爲昏昧,不明白之義)。而從日之曶,象氣出之形,引申爲飄曶、奄曶,瞬間消失,急、疾、速之義。姜師謂"依文義當作倏忽解,速也,則爲颭然",説的應是此"曶"而非彼"忽",亦非"旮"(《屈原賦校注》誤作"吻")。當王逸入東觀進呈《楚辭章句》之前二十年左右,許慎亦曾校書東觀,致力於《説文解字》之撰著,王逸於"曶"、"旮"、"忽"三字之音同義異應該是明瞭的。南唐王勉《楚辭釋文》作"曶",正是保存了王逸本之原貌,吉光片羽,彌足珍貴。而世人每不介意,多認"忽"爲本字,以"曶"爲俗字,甚或以"曶"爲誤字,實不足爲訓。《九章・悲回風》:"歲曶曶其若頹兮,歲亦冉冉而將至。"王逸注:"年歲轉去,而流没也。春秋更到,與老會也。"傳世《楚辭章句》正德本、夫容館本、日本莊允益本以及毛晋綠君亭刊《屈子》、汲古閣翻宋《楚辭補注》本皆作"曶曶",王逸以"流没"釋"曶曶",正是"曶"字本義之引申,是王逸原本之遺存者(豈亦古時字)。"予既滋蘭之九畹兮",王逸注"滋,栽也"。《釋文》"滋"作"葘"。"忍尤而攘詬",王逸注"詬,耻也",《釋文》作"詢",是皆可證宋人稱《釋文》曰"古本"爲不誣也。洪氏書所引《釋文》一百零八則(不含《目録》十七條),姜師一一考釋,"具體分析之,則所録故説,不論其字形、字音,皆有據,雖淺而非妄,則可知也"⑰。

王勉《楚辭釋文》尚有一標誌性特色,那就是它的篇目排列順序與宋代通行本《楚辭》大不同。例如通行本"《九辯》第八",《釋文》本却是"《九辯》第二"。洪興祖將《釋文》各篇順序一一注記於《楚辭補注》目録各篇之下並加説明:"按《九章》第四、《九辯》第八,而王逸《九章》注云'皆解於《九辯》中',知《釋文》篇第蓋舊本也,後人始以作者先後次第之爾。"⑱洪氏之後,晁公武《郡齋讀書志》、陳振孫《直齋書録解題》皆著録《楚辭釋文》一卷(陳題《離騷釋文》),所列篇次與《楚辭補注》所録相同(《解題》著録之本就是洪興祖藏本)。晁氏、陳氏並采録洪興祖之特别説明,至"以作者先後次第之"者何人,晁氏加了"或曰天聖中陳説之所爲也"一句,陳氏則引"朱侍講按:天聖十年(1032)陳説之序,以爲舊本篇第混併,乃考其人之先後,重定其篇第。然則今本,説之所定也"。古本《楚辭釋文》以其"篇次不與今本合",特爲宋代學者所矚目。近千年之後,所謂"篇第混併"的獨特景觀依然具有吸引力,微言大義,發人深思。信之者奉爲圭臬,據以回溯漫長的《楚辭》成書過程,認定"《楚辭釋文》中所保留下來的篇目次第,就是漢代古本《楚辭》的本來面貌,從這裏完全反映了《楚辭》一書的纂輯過程和纂輯者的主名"⑲。疑之者以爲,"《章句》十六卷今次,即劉向原次,《釋文》本爲民間誤倒"⑳;"《章句》今傳之次,即劉向原本,無可疑。然《釋文》篇次,引《九懷》冠於漢代諸家之首,劉彦和曾明言之,則《釋文》舊本,必有自來。"㉑或信或疑,或疑信參半,如切如磋,如琢如磨,佚書《楚辭釋文》,當真是不可磨滅也。

(六)日本大江匡衡《文選集注》一百二十卷卷首二卷

八世紀初,《楚辭》十六卷本已經傳到日本。公元730年(天平二年)七月,奈良正倉院文書《寫書雜用賬》(收入《大日本古文書》之一)記有"離騷三峽十六卷"。一百六十一年之後,平安朝臣藤原佐世奉敕編撰之《日本國見在書目録》中著録:"楚辭家卅二卷:《楚辭》十六(王逸)、《楚辭音義》(釋智騫撰)、《楚辭集音》(新撰)、《離騷》十(王逸)、《離騷音》二、《離騷經潤》一"㉒,計六種。其中有"新撰"者,可見日本學者已經開始做研究了。在日本,楚辭傳播的更大平臺是《文選》。公元718年(元正天皇養老二年),《養老令》有"進士取明閑實務,並讀《文選》、《爾雅》者"。收載有屈、宋主要作品的《文選》在奈良時代(710—784)初期就已經列入大學寮教材,成爲官方取士的必讀書。藤原佐世《日本國見在書目録》著録"《文選》卅(昭明太子撰)、《文選》六十卷(李善注)、《文選抄》六十九卷(公孫羅撰)、《文選音義》十(李善撰)、《文選音决》十(公孫羅撰)、《文選音義》十(釋道淹撰)、《文選音義》十三(曹憲撰)、《文選抄韻》一、《小文選》九"㉓等衆多文獻。

日本文選學盛行,有一中堅力量,那就是天皇後宮有講習《文選》之傳統,並養成"侍讀

《文選》"之世家。平安朝早期,"侍讀《文選》"的是菅原家,以昭明太子三十卷爲底本,添加李善注,擴爲六十卷,是爲宫中定本。平安朝中期,大江匡衡(953—1012)奉旨編撰《集注文選》,長保二年(1000)九月初完成四十餘卷,由藤原道長(966—1027)交書法大家藤原行成(972—1028)謄寫上呈。寬弘元年(1004),《文選集注》一百二十卷並卷首兩卷完成。大江匡衡有詩云:"執卷授明主,從容冕旒寒。尚書十三卷,老子亦五千。文選六十卷,毛詩三百篇。加以孫羅注,加以鄭氏箋。搜史記滯義,追謝司馬遷。叩文集疑闕,仰慚白樂天。"大江匡衡本出身於"侍讀《白氏文集》"世家,學術造詣非凡,他不再固守李善一家,而是集諸家之長。所謂"加以孫羅注",當是指采集公孫羅《文選抄》六十九卷、《文選音義》十卷等;詩句點到即止,"集注"當然不只公孫羅一家而已。"宫中爲《集注文選》的獻書舉行了最高規格的入宫儀式……這本書最終是以皇后中宫彰子,也就是'御注'的名義納入圖書寮的。這就是藤原行成爲何在日記中談到此書時稱之爲'仰注文選'的原因,也就是現在僅存的《文選集注》之殘卷爲何没有留下任何編撰者的綫索的原因。"⑭

　　日本鎌倉時代(1192—1333)金澤文庫舊藏抄本《文選集注》殘卷出自大江匡衡《文選集注》轉抄本⑮,存二十餘卷。其中卷六三"騷一:屈平《離騷》經上卷",起"帝高陽之苗裔兮",止"恐導言之不固"。卷六六"騷四:宋玉《招魂》、劉安《招隱》"。《離騷》先王逸注(有删節),次《音决》,次陸善經注。《招魂》、《招隱》亦先王逸注(有删節),次《抄》,次《音决》,次五臣注,次陸善經注。《集注》各條之末時有"今案",當是集注者之判斷語。《集注》所引"《音决》"源出公孫羅《文選音决》十卷;引"《抄》"者源出公孫羅《文選抄》六十九卷。(公孫羅兩書久佚,皆著録於《日本國見在書目録》。其後的《舊唐書·經籍志》、《新唐書·藝文志》亦見著録,書名、卷數稍異。)《集注》引"陸善經曰"源出陸氏《文選注》。陸氏注成於開元二十年(732)以後⑯,上距五臣注不少於十四年,陸氏在徵引文獻資料和注釋方面當有所突破和創新,惜其書失傳。《文選集注》保存了公孫羅、陸善經的部分成果,殊爲可貴。如《離騷》"夕攬洲之宿莽",《集注》引《音决》:"莽,協韻亡古反,楚俗言也。凡協韻者,以中國爲本,旁取四方之俗以韻,故謂之協韻。然於其本俗,則是正音,非協也。"再如關於王逸生平,陸善經注云:"逸字叔師,南郡宜城人,後漢校書郎中,注《楚詞》,後爲豫章太守也。"内容多爲《後漢書》本傳所無,"其言當本於謝承、薛瑩、華嶠、謝沈、袁山松等五家後漢史"⑰。《離騷》"紉秋蘭以爲佩",王逸注:"……故行清潔者佩芳,德仁明者佩玉,能解結者佩纕,能决疑者佩玦,故孔子無所不佩也。"日本大阪大學圖書館懷德堂文庫藏西村時彦《楚辭王注考異》稿本云:"《文選》各本無此三十四字。古抄本陸善經引王逸曰:'佩者所以象德。故仁明者佩玉,能解結者佩纕,能决疑者佩玦。孔子無所不佩。屈原自以行清貞,故佩芳蘭以爲興也。'可知《文選》删節王注,而陸氏引亦與今本不同。後人任意竄改,今之所傳,非王氏之舊也。"

《離騷》"曾歔欷余鬱邑兮",王逸注:"曾,累也。歔欷,懼貌。或曰:曾,重也。歔欷,哀泣之聲也。鬱邑,憂也。"西村時彦《楚辭王注考異》謂王逸注"或曰""與唐寫《文選》殘本'陸善經曰:曾,重也。歔欷,悲泣之聲。鬱邑,憂愁之貌'大同小異。陸氏所見王注,若有此'或曰',則陸氏必無此注,可知'或曰'是竄入陸注也"。今本《楚辭章句》內某些注文以及"或曰"云云,各家解讀,見仁見智,西村時彦依據陸善經注文作出新的解說,自可成一家之言。由此可見,轉抄本《文選集注》殘卷之文獻價值尚有待深入研討,大力開發⑧。

結　語

戰國中後期,秦國視楚國爲最具競爭力的對手,處心積慮削弱它,楚懷王則扮演被欺詐、被侮辱、身客死于秦爲天下笑的悲摧形象。楚人蒙羞啣恨,一百年不忘報仇雪恥。《招魂》、《大招》,主旋律爲"存君興國"的屈原作品,得以持續傳播,具有深刻的社會基礎。"楚人高其行義,瑋其文采,世相教傳。"具體細節,莫可蹤迹。　公元前175年,賈誼作《弔屈原賦》,看得出他至少讀過《離騷》、《九章》。公元前165年,汝陰侯夏侯灶陪葬圖書中,發現有《離騷》、《九章》殘簡。公元前139年,淮南王劉安撰著《離騷傳》,解説《離騷》、《九歌》、《天問》、《九章》、《遠遊》、《卜居》、《漁父》,《總叙》稱可"與日月爭光",上奏漢武帝,入藏中祕。百餘年之後,劉向整理國家藏書,著録"屈原賦二十五篇"。公元120年前後,王逸撰著《楚辭章句》十六卷(一説十七卷),含屈原、宋玉作品十篇,增輯漢代作品六篇(或七篇),形成我們今天看到的《楚辭》文本體系。　梁武帝時期,劉杳(487—536)著《楚辭草木疏》一卷,劉勰(466—539)著《文心雕龍》十卷,或名物訓故,或文體辨析,爲世所重。更重要的是兩位飽學之士並與昭明太子蕭統交好,投身編輯《文選》三十卷,特設"騷"類,屈原《離騷》、《九歌》(選六)、《九章》(選一)、《卜居》、《漁父》,宋玉《九辨》(九段選五)、《招魂》,劉安《招隱士》等楚辭主要作品一併輯入。"賦"類又收輯宋玉《風賦》、《高唐賦》、《神女賦》、《登徒子好色賦》、《對楚王問》(對問類)等五篇。屈宋精品並登《文選》巨輪,乘唐宋文官考試制度東風,猶如課本、教材一般,士人必讀,傳播力之巨大,影響之深遠,斷非《楚辭》專集單飛所可同日而語。

楚辭的傳播平臺,文本和解説固然重要,誦讀之功能亦不可小覷。由于古今語音演變,韻脚不協是最大的障礙。屈原寫詩,用的是楚國官話(不排除部分方言詞語),即所謂雅言(當時的中國普通話),這從楚辭用韻與《詩三百》韻部基本吻合可以得到證明。八百年之後,劉勰以齊梁雅言讀楚辭,驚呼"訛韻實繁"(他有點誇張)。中國幅員遼闊,語音有縱的演化(雅言),亦有横的歧異(方言),現代吴語仍部分遵循着上古語音系統。早在梁末,浙江湖州人沈重首倡"協句"説,蘇州人陸德明改稱"協韻",背景資源正是吴音。智騫(道騫)《楚辭音義》《《楚辭音》）就是以吴音讀順楚辭韻脚的代表作品（非韻脚字仍從雅言讀），慧日寺所在的浙江餘杭博陸鎮方音可以作證。智騫《楚辭音》殘卷中並無“楚音”、“楚聲”字樣，江都（非吴語區）公孫羅改作“楚人音某”，《隋書・經籍志》徑稱“能爲楚聲”，皆想當然之辭，我們找不到隋唐時期，江陵方言中上古“魚”部、“陽”部字尚未分化的證據。現代吴語助推古詩誦讀的能量，亟待開發。　　楚辭傳播的更大舞臺，在屈騷精神的繼承和發揚。志士仁人，身體力行，光輝業績，可歌可泣；文人墨客，二度創作，詩詞歌賦，戲曲書畫，目不暇接。把屈騷傳統詮釋明白，條理經驗和教訓，由精神層面助力中華民族偉大復興，是擺在我們面前的重大新課題。

① 司馬遷《史記》卷四〇《楚世家第十》，中華書局 1982 年版，第 1728 頁。

② 司馬遷《史記》卷四〇《楚世家第十》，第 1729 頁。

③ 司馬遷《史記》卷七《項羽本紀第七》，第 300 頁。

④ 司馬遷《史記》卷七三《白起王翦列傳第十三》，第 2339—2341 頁。

⑤ 司馬遷《史記》卷一五《六國年表第三》，第 686 頁。

⑥ 司馬遷《史記》卷八四《屈原賈生列傳第二十四》，第 2493 頁。

⑦ 班固《漢書》卷四四《淮南衡山濟北王傳第十四》，中華書局 1962 年版，第 2145 頁。

⑧ 參閲湯炳正《〈屈原列傳〉理惑》，《屈賦新探》，齊魯書社 1984 年版，第 1—23 頁。本文初發表於《文史》第 1 輯（1962 年），篇題爲《〈屈原列傳〉新探》。

⑨ 輯自南宋光宗紹熙年間（1190—1194）建安黄善夫家塾刊《史記集解索隱正義》卷八四《屈原賈生列傳》。原版三家注作小字雙行，今以括弧標識。凡不標《索隱》、《正義》者，係録劉宋裴駰《集解》之文。劉安事迹詳見《史記・淮南衡山列傳》、《漢書・淮南衡山濟北王傳》。

⑩ 湯炳正《〈楚辭〉成書之探索》，見《屈賦新探》，第 100—101 頁。

⑪ 《尙書・官統中第三十三》。參見徐復《尙書詳注》，上海古籍出版社 2000 年版，第 549 頁。

⑫ 洪興祖《楚辭補注》，中華書局 1983 年版，第 49 頁。

⑬ 《逸周書・嘗麥》：“其在殷（啓）之五子，忘伯禹之命，假國無正，用胥興作亂，遂凶厥國。”此即五觀作亂之事。劉安注“五子胥興作亂”，班固誤以“五子胥”連讀，“其咎不在劉而在班”。關於這個問題，詳參湯炳正《楚辭類稿》，巴蜀書社 1988 年版，第 192 頁。

⑭ 司馬遷《史記》卷一二二《酷吏列傳第六十二》，第 3143 頁。

⑮ 班固《漢書》卷六四上《嚴朱吾丘主父徐嚴終王賈傳第三十四上》，第 2775 頁。

⑯ 班固《漢書》卷六四上《嚴朱吾丘主父徐嚴終王賈傳第三十四上》，第 2791 頁。

⑰ 參閲吴九龍《銀雀山漢簡釋文》，文物出版社 1985 年 12 月版《秦漢魏晋出土文獻叢書》。

⑱ 班固《漢書》卷六四下《嚴朱吾丘主父徐嚴終王賈傳第三十四下》，第 2821 頁。

⑲ 班固《漢書》卷六四下《嚴朱吾丘主父徐嚴終王賈傳第三十四下》，第 2829 頁。

⑳李昉等《太平御覽》卷八五九,中華書局 1960 年影印本,第 3815 頁。

㉑班固《漢書》卷四四《淮南衡山濟北王傳第十四》,第 2153 頁。

㉒班固《漢書》卷三六《楚元王傳第六》,第 1928—1929 頁。

㉓王逸《楚辭章句》卷一,明隆慶五年(1571)朱多煃夫容館刊本。

㉔王逸《楚辭章句》卷三,明隆慶五年(1571)朱多煃夫容館刊本。

㉕蔣天樞《楚辭論文集》,陝西人民出版社 1982 年版,第 218 頁。

㉖司馬遷《史記》卷八四《屈原賈生列傳第二十四》,第 2305 頁。

㉗紀昀等《四庫全書總目》卷九一,中華書局 1965 年縮小影印乾隆六十年(1795)浙江刻本,第 772 頁。

㉘房玄齡等《晋書》卷七二,中華書局 1974 年版,第 1899 頁。

㉙房玄齡等《晋書》卷七二,第 1910 頁。

㉚參見《胡小石論文集》,上海古籍出版社 1962 年版,第 26—76 頁。

㉛姜亮夫《楚辭書目五種》,上海古籍出版社 1993 年版,第 26 頁。

㉜姜亮夫《國學叢考》,浙江大學出版社 2008 年版,第 89 頁。

㉝姜亮夫《楚辭今繹講録》,北京出版社 1983 年版,第 19 頁。

㉞詳參朱希祖《汲冢書考》,(上海)中華書局 1960 年版。

㉟姚思廉《梁書》卷五〇,中華書局 1973 年版,第 715 頁。

㊱姚思廉《梁書》卷五〇,第 716—717 頁。

㊲姚思廉《梁書》卷五〇,第 717 頁。

㊳吳仁傑《離騷草木疏》,見《叢書集成初編》第 1352 册,中華書局 1983 年。

㊴阮孝緒《七録序》,見釋道宣《廣弘明集》卷三,上海古籍出版社 1991 年影印本,第 114 頁。

㊵阮孝緒《七録序》,見釋道宣《廣弘明集》卷三,第 113 頁。

㊶《文心雕龍·辨騷第五》,據敦煌唐寫本校改。

㊷《中國大百科全書·中國文學卷》,中國大百科全書出版社 1986 年版,第 938 頁。

㊸魏徵等《隋書》卷三五,中華書局 1973 年版,第 1055 頁。

㊹魏徵等《隋書》卷三五,第 1056 頁。

㊺藤原佐世《日本國見在書目録》,黎庶昌輯刻《古逸叢書》本。

㊻姜亮夫《敦煌寫本隋釋智騫〈楚辭音〉跋》,原載《中國社會科學》1980 年第 1 期。輯入《楚辭學論文集》,上海古籍出版社 1984 年版,第 367—385 頁。後由雲南人民出版社輯入《姜亮夫全集》。以上三個版本,訛誤殊多。浙江大學出版社 2008 年版《國學叢考》(《百年求是學術精品叢書》之一)收載精校本,第 80—92 頁。

㊼唐釋道宣《續高僧傳》卷三十一《雜科聲德篇第十·隋東都慧日道場釋智果傳八》附智騫、玄應傳。上海古籍出版社《高僧傳合集》,2011 年版,第 379 頁。《續高僧傳》宋、元藏本作三十一卷。明、清藏本分爲四十卷,智果、智騫傳在卷四十。

㊽姜亮夫《國學叢考》，第 85 頁。

㊾姜亮夫《國學叢考》，第 88 頁。

㊿姜亮夫《國學叢考》，第 88—89 頁。

○51姜亮夫《國學叢考》，第 86 頁。

○52姜亮夫《國學叢考》，第 90 頁。

○53姜亮夫《切韻系統》，見《國學叢考》，第 225—247 頁。

○54周祖謨《騫公楚辭音之協韻説與楚音》，見《問學集》，中華書局 1966 年版，第 168—176 頁。

○55二十世紀六十年代，筆者自滬返杭，松江至嘉善段沿綫，曾見有"春申"站名。

○56于省吾《澤螺居詩經新證　澤螺居楚辭新證》，中華書局 1982 年版，第 242 頁。

○57劉勰《文心雕龍·聲律》篇："詩人綜韻，率多清切；楚辭辭楚，故訛韻實繁。及張華論韻，謂士衡多楚，《文賦》亦稱知楚不易，可謂銜靈均之聲餘，失黄鐘之正響也。"陸雲《與兄平原書》："張公語云云，兄文故自楚……"按陸機（261—303）字士衡，吳郡吳（蘇州）人，西晉大文學家，詩賦文俱精，依託其本音吳語存古音優勢，於音韻多所推求。時人以"多楚"、"自楚"贊之，劉勰復以"銜靈均聲餘"刺之，是皆歸之於楚也。以此例之，騫公《楚辭音義》或亦曾享有楚音、楚聲之"殊榮"乎？

○58熊忠《古今韻會舉要》，中華書局 2000 年影印本，第 10 頁。

○59《離騷》"帥雲霓而來御"，騫音注"御，五駕反"。朱熹注："御，協音迓，或如字。"林蓮仙認爲："駕是'歌'部字，而迓則隸'魚'部，這是一個值得研究的問題。'御'和'駕'迭韻，'駕'從'加'得聲，'加'在歌部，那麼，'御'跟着也應歸歌部了。這樣《離騷》的'吾令鳳凰騰飛兮，繼之以日夜；飄風屯其相離兮，帥雲霓而來御'句里的'夜'和'御'便可能是協'歌'部韻了。因而又牽涉到《招魂》這段文章裏的協韻問題：'娛酒不廢，沉日夜些。蘭膏明燭，革鐙錯些。結撰至思，蘭芳假些。人有所極，同心賦些。酎飲盡歡，樂先故些。魂兮歸來！反故居些。''夜'字既歸歌部，那麼這裏便該是'歌魚'合韻了。假如這一點是中古楚音繼承上古楚音傳統的反映的話，那麼，我們大可以把'夜'、'御'歸'歌'的事實當作一項上古楚方音的特殊内容，那是異於《詩經》音的。要知，《詩經》的'御'和'夜'都歸'魚'部。"見林蓮仙《楚辭音説舉要》，載《崇基學報》1966 年第 5 卷第 2 期，第 124—179 頁。王力認爲："夜"、"御"、"錯"屬上古鐸部韻字，"假"、"賦"、"故"、"居"皆上古魚部韻字。上引《招魂》十二句，前四句用"鐸"部韻，後八句用"魚"部韻。如果一定要把十二句視作同組的話，則是"鐸魚通韻"，這些在《詩經》中都有先例，並不是"上古楚方音的特殊内容"。參見王力《詩經韻讀　楚辭韻讀》，上海古籍出版社 1980 年版。

○60錢大昕《十駕齋養新録》卷一，上海書店 1983 年影印本，第 14 頁。

○611935 年，姜亮夫師旅歐訪古，攝製影片以歸，影印輯入《敦煌音義匯考》一書中（杭州大學出版社 1996 年版），清晰異常。

○62周祖謨《騫公楚辭音之協韻説與楚音》，見《問學集》，中華書局 1966 年版，第 168 頁。

○63《音决》諸條係由《文選集注》轉引（日本金澤文庫舊藏轉寫本殘卷，1936 年《京都帝國大學文學部景印舊抄本》第三集第 10、33 頁,第八集第 5、10 頁)。

㉞有一種意見認爲,尤本《文選》李善注實由《六家文選》録出者,待考。

㉟紀昀等《四庫全書總目》卷一八六,第 1686 頁。

㉟其他諸家藏明州本《六家文選》均係紹興二十八年十月修版補版過半之印本。紹興二十八年(1158)
十月盧欽修版刊記有"文選板歲久漫滅殆甚"語。據"歲久漫滅"云云推斷,明州本《六家文選》或當
刊版於宋高宗南渡之前。

㉟脱脱等《宋史》卷二〇九,1986 年上海古籍出版社編印《二十五史》本(影印乾隆四年武英殿刻本),第
660 頁(總 5832 頁)。

㉟㉟脱脱等《宋史》卷四三九,版本同上,第 1475 頁(總 6647 頁)。

㉟余嘉錫《楚辭釋文考》,見《四庫提要辨證》,中華書局 1980 年版,第 1228 頁。

㉟晁公武《郡齋讀書志》卷四上,見《四部叢刊三編》,商務印書館 1931 年影印本。

㉟陳振孫《直齋書録解題》卷一五,上海古籍出版社 1987 年版,第 433—434 頁。

㉟陳振孫《直齋書録解題》卷一五,第 433—434 頁。

㉟陳振孫(?　—1262)嘗收藏洪興祖得自吳郡林慮德祖藏古本《離騷釋文》一卷(即所謂自秘閣抄出而
失其名者),亦不知散佚何處。

㉟姜亮夫《洪慶善〈楚辭補注〉所引〈釋文〉考》,見《楚辭學論文集》,上海古籍出版社 1984 年版,第
389 頁。

㉟姜亮夫《洪慶善〈楚辭補注〉所引〈釋文〉考》,第 421 頁。

㉟姜亮夫《洪慶善〈楚辭補注〉所引〈釋文〉考》,第 403 頁。

㉟洪興祖《楚辭章句補注》目録,清康熙元年(1662)毛氏汲古閣翻刻宋本。

㉟湯炳正《〈楚辭〉成書之探索》,見《屈賦新探》,第 108 頁。

㉟姜亮夫《洪慶善〈楚辭補注〉所引〈釋文〉考》,第 400 頁。

㉟姜亮夫《洪慶善〈楚辭補注〉所引〈釋文〉考》,第 401 頁。

㉟藤原佐世《日本國見在書目録》,黎庶昌輯刻《古逸叢書》本。

㉟藤原佐世《日本國見在書目録》,黎庶昌輯刻《古逸叢書》本。

㉟參見陳翀《〈文選集注〉之編撰者及其成書年代考》及所引藤原道長、藤原行成日記,張伯偉主編《域
外漢籍研究集刊》第 6 輯,中華書局 2010 年版,第 501—513 頁。

㉟陳翀認爲:"基本可以確定現存《文選集注》爲日本平安中期大學寮大江家紀傳道之代表人物大江匡
衡(953—1012)爲一條天皇侍講《文選》時受敕命所撰集的《集注文選》的轉抄殘卷。"見《域外漢籍研
究集刊》第 6 輯,第 503 頁。

㉟《大唐新語》卷九:"開元中,中書令蕭嵩以《文選》是先代舊業,欲注釋之。奏請左補闕王智明、金吾
衛佐李玄成、進士陳居等注《文選》。"見劉肅《大唐新語》,中華書局 1985 年版,第 134 頁。《玉海》卷
五四引《集賢注記》:"開元十九年三月,蕭嵩奏王智明、李玄成、陳居注《文選》。先是,馮光震奉敕入

院校《文選》，上疏以李善舊注不精，請改注。從之。光震自注得數卷。嵩以先代舊業，欲就其功，奏智明等助之。明年五月，令智明、玄成、陸善經專注《文選》，事竟不就。"見王應麟《玉海》，江蘇古籍出版社 1987 年版，第 1017 頁。陸注《文選》當成書於開元二十年五月以後。《日本國見在書目錄》未見著錄，但著錄有陸善經注《周詩》十卷、注《三禮》三十卷、注《論語》六卷等。

㊲ 蔣天樞《楚辭論文集》，第 203 頁。

㊳ 陳翀《〈文選集注〉之編撰者及其成書年代考》據日本文和三年(1354)編《仙洞御文書目錄》有"御手箱一合　集注文選上　御念全經史書"、"同御手箱一合　蓋破損全絶申文"諸項推測："這部《集注文選》原本極有可能並沒散佚，依舊完好保存在天皇的私人書庫——現在的京都東山御文庫中。"(第 511 頁)其中的卷六四騷二、卷六五騷三等卷或可重現人間，真當是令人期待！

附記：2010 年 3、4 月間，應稻畑耕一郎教授邀請，赴早稻田大學講學，此爲 4 月 3 日演講稿。同年 6 月，參與淡江大學國際文化與文學傳播討論會交流，承蒙傅錫壬教授主評。2011 年 4、5 月間增訂，其中，《楚辭音》殘卷、《文選集注》殘卷兩條大改。2012 年 11 月，發表於《浙江大學學報》第 6 期，《楚辭音》改題《楚辭音義》。2014 年 10 月，收入中華書局出版拙著《版本目錄論叢》，此次輯稿，有所修訂。周晶晶博士參與整理，數年如一日，助益良多。

作者簡介：崔富章，浙江大學古籍研究所教授、浙江省特級專家

通訊地址：浙江大學西溪校區古籍研究所　　郵編：310028

"鄂君子晳"問疑

陳倫敦

一 "鄂君子晳"的提出

北京圖書館出版社影印宋咸淳元年(1265)鎮江府學刻元明遞修本《説苑》卷第十一《善説》篇有"襄成君始封",其記如下:

> 襄成君始封之日,衣翠衣,帶玉劍,履縞舄,立于遊水之上,大夫擁鍾鍾,縣令執將號令,呼誰能渡王者。於是也,楚大夫莊辛過而説之,遂造託而拜謁起立曰:"臣願把君之手,其可乎?"襄成君忿作色而不言。莊辛遷闒咨手而稱曰:"君獨不聞夫**鄂君子晳**之氾舟於新波之中也? 乘青翰之舟,極萬芘,張翠蓋,而撿犀尾,班麗佳社,會鍾鼓之音畢,榜枻越人擁楫而歌,歌辭曰:'濫兮抃草濫予昌枑澤予昌州州鍖州焉乎秦胥胥縵予乎昭澶秦逾滲惿隨河湖。'**鄂君子楷**曰:'吾不知越歌,子試爲我楚説之。'於是乃召越譯,乃楚説之曰:'今夕何夕兮搴中洲流,今日何日兮,得與王子同舟,蒙羞被好兮,不訾詬恥,心幾頑而不絶兮知得王子,山有木兮木有枝,心説君兮君不知。'於是**鄂君子晳**乃擑脩袂行而擁之,舉繡被而覆之。**鄂君子晳**親楚王母弟也,官爲令尹,爵爲執珪,一榜枻越人猶得交歡盡意焉。令君何以逾於鄂君子晳? 臣獨何以不若榜枻之人? 願把君之手,其不可何也?"襄成君乃奉手而進之曰:"吾少之時,亦嘗以色稱於長者矣。未嘗遇僇如此之卒也。自今以後,頊以壯少之禮謹受命。"①

北京大學圖書館藏宋本《説苑》殘本(傅增湘"疑宋末元初重校覆刻之本"②,徐建委先生認爲是"元大德七年雲謙刻本殘本"③。經我們仔細比對北大藏本、元大德七年雲謙刻本《説苑・善説》"襄成君始封之日"一文,發現兩者確實一致),大德七年雲謙刻本及向宗魯先生整理的《説苑校證》"襄成君始封"一文俱載爲"鄂君子晳"。

二 類書、古注無鄂君子晳

"鄂君子晳"這一説法頗值得懷疑。事實上,唐宋類書(《北堂書鈔》、《初學記》、《藝文類聚》、《太平御覽》)、《文選》注(李善注、六臣注、六家注、集注)、《事類賦》、《楚辭集注·楚辭後語》題解、《分門集註杜工部詩》注等宋咸淳前之書引《説苑》皆只提"**鄂君**",而不言及"**鄂君子晳**"。現不避繁複,羅列如下。

虞世南《北堂書鈔》(影宋刊本)卷一〇六樂部二"擁楫而歌"條:"《説苑》云:鄂君方乘青翰之舟,張翠蓋,越人擁楫而歌曰:'今夕何夕,搴舟中流,今日何日,得與王子同舟。'"④卷一三四服飾部三"繡被"條⑤、卷一三七舟部上"青翰"條⑥、卷一三八舟部下"越人擁檝歌山木之曲"條⑦,亦皆只言鄂君。

徐堅《初學記·舟第十一》卷二十五"青翰"條:"《説苑》曰:莊辛謂襄城君曰:鄂君方汎舟於漸波之中,乘青翰之舟。"⑧

歐陽詢《藝文類聚》(南宋紹興[1131—1163]刻本)卷七十一舟車部:"《説苑》曰:襄城君始封之日,衣翠衣,帶玉劍,履縞舄,立乎流水之上,大夫莊辛過而説之曰:'願把君之手,其可乎?'襄城作色不言,莊辛遷延稱曰:'君獨不聞鄂君之遇越人乎?鄂君方汎舟於新波之上,乘青翰之舟,張翠羽之蓋,會鼓鐘之音,越人擁楫而歌曰:"今夕何夕兮,搴州水流,今日何日?得與王子同舟。山有木兮木有枝,心悦君兮君不知。"於是鄂君揄袂而擁之,舉繡被而覆之。'襄城乃奉手進之。"⑨

李昉《太平御覽》(宋刻本)卷五七二樂部十:"《説苑》曰:襄成君始封之日,衣翠衣,帶玉贔劍,履矯舄,立乎流水上,楚大夫莊辛過而説之曰:'臣願把君之手,其可乎?'襄成君忿然作色而不言,莊辛遷延而稱曰:'君獨不聞夫鄂君方乘青翰之舟,張翠蓋,會鍾鼓之音,越人擁檝而歌曰:今夕兮搴洲中流,何日兮得與王子同舟,山有樹木兮木有枝,心説君兮君不知。於是鄂君乃舉綉被而覆之。"⑩卷第七〇七服用部九⑪、卷第七七〇舟部三⑫、卷第七七一舟部四⑬、卷第八一五布帛部二⑭,亦皆只言鄂君。

《唐鈔文選集注彙存》(約鈔於五代末北宋初)卷九一《顏延年三月三日曲水詩序一首》"龍文飾轡,青翰侍御"句注:"……襄城君曰:鄂君……"⑮,"鄂君"後面剛好模糊不清,當因是雙行小注,參旁邊一行,此模糊不清應該缺九或十個字,即應是缺"乘青翰之舟,汎新波之中"十字,不可能是缺"子晳乘青翰之舟,汎新波之中"十二字,那樣太擠了,書寫不下。

《六臣注文選》(宋刊本)卷四六《顏延年三月三日曲水詩序一首》"龍文飾轡,青翰侍御"句:"善曰:……《説苑》:莊辛謂襄城君曰:鄂君乘青翰之舟,汎新波之中。"⑯

宋紹興二十八年(1158)明州刊本《日本足利學校藏宋刊明州本六臣注文選》(六家本)卷四六《顏延年三月三日曲水詩序一首》"龍文飾轡,青翰侍御"句注:"善曰:……《説苑》:莊辛謂襄城君曰:鄂君乘青翰之舟,汎新波之中。"⑰

《文選》(南宋淳熙八年[1181]刊本)卷四六《顏延年三月三日曲水詩序一首》"龍文飾

彎，青翰侍御”句李善注：“《說苑》：莊辛謂襄城君曰：鄂君乘青翰之舟，汎新波之中。”⑱

吳淑《事類賦·樂部》（南宋紹興十六年［1146］刊本）卷十一“覆鄂君之繡被”條：“《說苑》曰：襄成君始封之日，衣翠衣，帶玉璩劍，履縞舄，立乎流水上，楚大夫莊辛過而悦之。曰：‘臣願把君之手，其可乎？’襄成君忿然作色而不言，莊辛遷延而稱曰：‘君獨不聞夫鄂君方乘青翰之舟，張翠蓋，會鐘鼓之音，越人擁楫而歌曰：今夕何夕兮，搴洲中流，今日何日兮，得與王子同舟。山有木兮木有枝，心説君兮君不知。於是鄂君乃舉繡被而覆之。’”⑲

朱熹《楚辭集注·楚辭後語·越人歌題解》（南宋端平二年［1235］刊本）卷二：“《越人歌》者，楚王之弟鄂君泛舟於新波之中，榜枻越人擁棹而歌。”⑳

《分門集註杜工部詩·幽人》（南宋寧宗［1195—1224］刊本）卷八“風帆倚翠蓋，暮把東皇衣”句注：“《說苑》：鄂君汎舟於新陂之上，張翠羽之蓋。”㉑

又《太平御覽》等亦多有引“子皙”之事，而皆只言及“子皙”“公子皙”，《太平御覽》卷五四二禮儀部二一：

> 又昭四曰：初，楚恭王無冢適，有寵子五人，無適立焉。乃大有事于群望，而祈曰：“隨神擇於五人者，使王社稷。”乃徧以璧見於群望，曰：“當璧而拜者，神所立也，誰敢違之。”既乃與巴姬密埋璧於大室之庭，使五人齊而長幼入拜，康王跨之，靈王肘加焉，子干、子皙皆遠之，平王弱抱而入再拜皆厭紐。㉒

以上各書（類書、古注、題解）在引用《說苑》時皆只提“鄂君”，而不言及“鄂君子皙”；亦有引“子皙”之事，且皆只言及“子皙”“公子皙”。可見“鄂君”、“子皙”兩者涇渭分明，並沒有“鄂君子皙”之説。

三　楚子皙不可能是鄂君

關於子皙，《左傳·昭公十三年》：“楚公子比、公子黑肱、公子弃疾、蔓成然、蔡朝吳帥陳、蔡、不羹、許、葉之師，因四族之徒，以入楚。及郊，陳蔡欲爲名，故請爲武軍。蔡公知之，曰：‘欲速，且役病矣，請藩而已。’乃藩爲軍。蔡公使須務牟與史猈先入，因正僕人殺大子禄及公子罷敵。公子比爲王，公子黑肱爲令尹，次于魚陂。公子弃疾爲司馬，先除王宫，使觀從從師于乾谿，而遂告之，且曰：‘先歸復所，後者劓。’師及訾梁而潰。”㉓

《史記·楚世家第十》：“（楚共王）三十一年，共王卒，子康王招立。康王立十五年卒，子員立，是爲郟敖。康王寵弟公子圍、子比、子皙、弃疾。……十二年春，楚靈王樂乾谿，不能去也。國人苦役，初，靈王會兵於申，僇越大夫常壽過，殺蔡大夫觀起。起子從亡在吳，乃勸吳王伐楚，爲間越大夫常壽過而作亂，爲吳間。使矯公子弃疾命召公子比於晋，至蔡，與吳、越兵欲襲蔡。令公子比見弃疾,與盟於鄧。遂入殺靈王太子禄,立子比爲王,公子子晳爲令尹,弃疾爲司馬。……是時楚國雖已立比爲王,畏靈王復來,又不聞靈王死,故觀從謂初王比曰:‘不殺弃疾,雖得國猶受禍。’王曰:‘余不忍。’從曰:‘人將忍王。’王不聽,乃去。弃疾歸。國人每夜驚,曰:‘靈王入矣。’乙卯夜,弃疾使船人從江上走呼曰:‘靈王至矣。’國人愈驚。又使曼成然告初王比及令尹子晳曰:‘王至矣,國人將殺君,司馬將至矣。君蚤自圖,無取辱焉。衆怒如水火,不可救也。’初王及子晳遂自殺。丙辰,弃疾即位爲王,改名熊居,是爲平王。”㉔

由《左傳》、《史記》可知楚子晳乃是春秋時楚康王(公元前559年—前545年在位)母弟,名黑肱,曾當過令尹,不過只當了十來日就因政變而自殺了。未曾封鄂君,“楚封君制始於春秋之末,最早出現的封君,當爲受封於楚惠王十二年(前477)的析君公孫寧”㉕,子晳時楚國尚未有封君制。

四　《説苑》一書本身即存在問題

且《説苑》一書本身即存在問題,陳振孫《直齋書録解題》卷九:“今本南豐曾鞏序,言《崇文總目》存者五篇”㉖,《曾南豐先生文粹·説苑目録序》:“劉向所序《説苑》二十篇,《崇文總目》云:‘今存者五篇,餘皆亡。’臣從士大夫間得之者十有三篇,與舊爲十有八篇,正其脱謬,疑者闕之,而叙其篇目曰……”㉗可見《説苑》一書在《崇文總目》時只剩五篇了,曾鞏加以收集補爲十八篇,但今本《説苑》一書乃是二十卷,宋咸淳元年(1265)元明遞修本《説苑》又是在曾鞏基礎上補足二十卷的。

“鄂君子晳”,《説苑·善説》亦只在“襄成君始封”一文出現。《説苑·善説》中“遽伯玉使楚”一文,其言“公子晳”,而非“鄂君子晳”,他書引此文,亦只作“公子晳”。

小結:《北堂書鈔》、《初學記》、《藝文類聚》、《太平御覽》、《文選》注(集注、六臣注、六家注、李善注)、《事類賦》、《楚辭集注·楚辭後語》題解、《分門集註杜工部詩》注引《説苑》皆只提“鄂君”,而不言及“子晳”。楚子晳乃是春秋時楚康王母弟,當過十來天令尹,就因政變而自殺了,且未曾封鄂君。《説苑》一書宋初殘缺剩五篇,曾鞏從别本補齊十八卷。故,《説苑·善説》“襄成君始封之日”一文中“鄂君子晳”明顯有誤,“子晳”二字乃是後人所加。

但歷代對於《説苑·善説》“襄成君始封之日”一文中“鄂君子晳”此條竟不出校釋。劉文典《説苑斠補》㉘、趙善詒《説苑疏證》㉙、向宗魯《説苑校證》㉚等所有校注本,對此皆無校注。以劉文典、向宗魯所校爲例。依文中上下來看,兩書既校“襄成君”之“成”,《類聚》七十一、《御覽》五七二又七七二皆作“城”;“帶玉璕劍”中“璕”字據《書鈔》一〇六、《御覽》五七二補。而"鄂君"與"鄂君子晳"之異却不出此條,蓋以爲"鄂君"與"子晳"爲同一人。向宗魯《説苑校證·善説》"蘧伯玉使楚"一文:"前文鄂君子晳,與此似一人。"③由此,使得許多研究成果引用此文,皆以爲《説苑》此處原本有"子晳"二字。如游國恩先生認爲是鄂君子晳即指"春秋時楚康王母弟子晳"③。

尤其是《鄂君啓金節》出土後,對於鄂君啓與鄂君子晳更是出現了許多錯誤的看法。殷滌非先生認爲"因疑鄂君子晳與鄂君啓當係一人,或啓爲王子之名,子晳爲王子之字,故《越人歌》言'得與王子同舟',大約啓即楚懷王的兒子"③。何浩先生認爲"楚有兩個鄂君:鄂君子晳與鄂君啓。鄂君啓是楚懷王時的封君。……而宣王與懷王之間的威王之時,文獻中却未見有令尹的記載。以此分析,子晳爲威王時的令尹、封君的可能性要大一些。鄂君顯然是兩人,並不是一人。子晳活動於威王之時,啓活動於威王之子懷王之時。很有可能,鄂君啓也就是鄂君子晳之子"③。楊寬先生則認爲鄂君啓爲楚懷王時封君,鄂君子晳爲楚頃襄王時封君,又認爲"鄂君子晳和鄂君啓可能是一人,啓是名。子晳是字,因爲'啓'和'晳'的字義相通,時代又相當"③。

五 "子晳"二字何時已加

《説苑》目前能見到的較早的本子有宋咸淳元年(1265)鎮江府學刻元明遞修本,北大藏宋刻本《説苑》殘卷和元大德七年雲謙刻本殘本。北大藏宋刻本《説苑》殘卷已被徐建委先生認定爲元大德七年雲謙刻本殘本了。而《北堂書鈔》、《初學記》、《藝文類聚》、《太平御覽》、《文選》注(集注、六臣注、六家注、李善注)、《事類賦》、《楚辭集注》、《分門集註杜工部詩》其成書刊刻皆早於宋咸淳年,而曾鞏整理本(北宋本)不見的情況下,我們初步認爲《説苑·善説》"襄成君始封之日"一文中"鄂君子晳"其"子晳"二字在咸淳年已爲人所加。

宋本《樂府詩集·雜歌謠辭·越人歌·序》(卷八十三):"劉向《説苑》曰:**鄂君子晳**泛舟於新波之中,乘青翰之舟,張翠蓋,會鍾鼓之音畢,榜枻越人擁楫而歌,於是鄂君乃揄脩袂行而擁之,舉繡被而覆之。鄂君,楚王母弟也。"③

傅增湘《藏園群書經眼録》卷十七:"《樂府詩集》一百卷《目録》二卷(宋郭茂倩撰,卷十九至二十六、九十六至一百配元至正元年集慶路儒學刊本,卷二十七至三十四配清鈔本。宋刊存者八十一卷。)……刊工姓名有王珍、王亮、王通、王介、王玠、王沔、李文、李岳、李古、李恂、李懋、李度、徐杲、徐宗、徐昇、徐顏、朱明、朱禮、朱祥、朱初、周用、周浩、周彦、沈敦、沈紹、時舉、時明、余永、余竑、葛彬、葛珍、黃常、蔣先、胡吉、姚臻、趙實、戴全、駱成、雷昇、金茂、毛諫、劉忠等。補版有包端、高彦、程亨、張圭、潘民四人。……以卷中刊工核之,王珍、徐杲、徐宗、徐昇、徐顔、陳恂、姚臻、余永、余竑八人見余藏北宋末杭本《廣韻》，朱祥、朱禮、沈紹見臨清徐氏藏紹興九年臨安府刊《唐文粹》，王珍、徐杲、徐昇、余竑又見南海潘氏藏紹興十六年浙東茶鹽司刊《事類賦》，王珍、徐杲、朱明又見紹興十六年刊高誘注《戰國策》，李恂、李懋見瞿氏藏紹興刊《管子》，葛珍見敝藏明州本《文選》紹興二十八年補版。諸書均南北宋間浙之杭、越、明諸州刊本，則此本爲同時同地所刊無疑。復以諱字核之，此書避諱極謹，雖嫌字皆避。卷中避桓字，而構作桛，顯係印行時始剜去。然則其爲始刊於靖康而成於紹興歟？其補版刊工中包端、高彦又見於紹熙三年刊八行本《禮記注疏》，則光宗前後又曾修補矣。"⑳可見，此配宋本《樂府詩集》最早刻於北宋末，成於南宋紹興二十八年（1158），之後又曾補版過。而卷八十三《越人歌》一頁正是張圭刊刻的，張圭在南宋理宗時刻過《三蘇先生文粹》㉘。

六　鄂君會是誰

至宋本《説苑》增衍"子晳"二字，後人便對鄂君多有猜測，隨着鄂君啓金節的出土，使得子晳是否爲鄂君啓的討論便開始出現。實則，討論"子晳"是否爲鄂君乃是受到《説苑》增衍"子晳"二字的影響，現在的問題是《説苑・善説》的鄂君是誰？他會不會是指啓呢？

就啓所生活的年代來説，確實有很大的可能性。啓活動於楚懷王之時，"鄂君啓節"制作年代爲楚懷王六年（前323）㉙，楚懷王滅越在楚懷王二十三年（前306），而襄城君封君在楚頃襄王時，這樣莊辛説到鄂君聽《越人歌》時也就隔了十來年時間，以其事來作喻是非常正常的。這一點，從《越人歌》的詩歌也可以看出，它應該是離屈原詩歌不遠。此外，在《史記・楚世家》無記載，這似乎也能説明宋本以前所有提及鄂君之文皆未能表明鄂君是誰，蓋漢時鄂君已然成傳聞而不得其姓名。由此，《説苑》中的鄂君極可能是爲啓。

結論：鄂君只有一個，就是啓，《説苑・善説》中也只是提鄂君，而"鄂君子晳"中"子晳"二字在宋咸淳年間已爲人所加。至於加"子晳"的原因，恐乃因當時人已不知有鄂君啓，又因子晳是楚康王母弟，當過令尹（雖只當了十來日就因政變而自殺），故誤加上"子晳"二字。至於"鄂君子晰"，此"子晰"在《説苑》中從未曾有出現過，乃是今人因"子晳"而誤上加誤的。

①《説苑》卷十一，北京圖書館出版社影印宋咸淳元年（1265）鎮江府學刻元明遞修本（中華再造善本），
　　2003年。

②傅增湘《藏園群書題記》卷六，上海古籍出版社，1989年，第290頁。

③徐建委《劉向〈説苑〉版本源流考》,《文獻》2008 年第 2 期,第 58 頁。

④虞世南《北堂書鈔》卷一〇六,學苑出版社影印南海孔氏三十有三萬卷堂校注重刊孫忠愍侯祠堂舊校影宋原本,2003 年,第 174 頁。

⑤虞世南《北堂書鈔》卷一三四,第 379 頁。

⑥虞世南《北堂書鈔》卷一三七,第 407 頁。

⑦虞世南《北堂書鈔》卷一三八,第 416 頁。

⑧徐堅《初學記》卷二十五,中華書局,1962 年,第 611 頁。

⑨歐陽詢《藝文類聚》卷七十一,北京圖書館出版社影印南宋紹興(1131—1163)刻本(中華再造善本),2004 年。

⑩李昉《太平御覽》卷五七二,中華書局,1965 年,第 2584 頁。

⑪李昉《太平御覽》卷七〇七,第 3152 頁。

⑫李昉《太平御覽》卷七七〇,第 3414 頁。

⑬李昉《太平御覽》卷七七一,第 3418 頁。

⑭李昉《太平御覽》卷八一五,第 3626 頁。

⑮《唐鈔文選集注彙存》,上海古籍出版社影印東京帝國大學藏本,2000 年,第 2 册,第 767 頁。

⑯《六臣注文選》卷四六,四部叢刊初編第 312 册影印宋刊本,上海書店 1989 年重印本。

⑰《日本足利學校藏宋刊明州本六臣注文選》卷四六,人民文學出版社影印,2008 年,第 709 頁。

⑱《文選》卷四六,北京圖書館出版社影印宋淳熙八年(1181)池陽郡齋刻本(中華再造善本),2004 年。

⑲吳淑《事類賦》卷十一,北京圖書館出版社影印宋紹興十六年(1146)刻本(中華再造善本),2006 年。

⑳朱熹《楚辭集注·楚辭後語》卷二,人民文學出版社影印宋端平二年(1235)朱鑑刊本,1953 年,第 221 頁。

㉑《分門集註杜工部詩》卷八,四部叢刊初編第 108 册影印宋刊本,上海書店 1989 年重印本。

㉒李昉《太平御覽》卷五四二,第 2457 頁。

㉓孔穎達《春秋左傳正義》卷四十六,中華書局影印阮元校刻《十三經注疏》本,1980 年,第 2069 頁。

㉔司馬遷《史記》卷四十,中華書局,1956 年,第 1703 頁。

㉕何浩《戰國時期楚封君初探》,《歷史研究》1984 年第 5 期,第 100 頁。

㉖陳振孫撰,徐小蠻點校《直齋書録解題》卷九,上海古籍出版社,1987 年,第 271 頁。

㉗曾鞏《曾南豐先生文粹》卷二,北京圖書館出版社影印宋刻本(中華再造善本),2004 年。

㉘劉文典《説苑斠補》,雲南人民出版社,1959 年,第 239 頁。

㉙趙善詒《説苑疏證》,華東師範大學出版社,1985 年,第 311 頁。

㉚向宗魯《説苑校證》,中華書局,1987 年,第 277 頁。

㉛向宗魯《説苑校證》,第 282 頁。

㉜游國恩《游國恩楚辭論著集》,《楚辭概論》,中華書局,2008 年,第 23 頁。

㉝殷滌非《壽縣出土的"鄂君啓金節"》,《文物參考資料》第 4 期,第 8 頁。

㉞何浩《戰國時期楚封君初探》,《歷史研究》1984 年第 5 期,第 107 頁。

㉟楊寬《戰國史》附録《戰國封君表・楚國的封君》,上海人民出版社,2003 年,第 692 頁。

㊱郭茂倩《樂府詩集》卷八十三,北京圖書館出版社影印宋本(中華再造善本),2004 年。

㊲傅增湘《藏園群書經眼録》卷十七,中華書局,1983 年,第 1484 頁。

㊳張振鐸《古籍刻工名録》,上海書店出版社,1996 年,第 63 頁。

㊴殷滌非《壽縣出土的"鄂君啓金節"》,《文物參考資料》第 4 期,第 10 頁。

（原載《文獻》2013 年第 2 期）

附记:感谢秦桦林兄指导帮助。

作者簡介:陳倫敦,貴州師範大學文學院副教授

通訊地址:貴州師範大學貴陽市雲岩區寶山北路 180 號　　郵編:550001

《天問》中昆侖神話新釋

周晶晶

《天問》一詩,以四言問句,保存了許多我國先秦時期的神話傳説,昆侖神話便是其中之一:

> 昆侖縣圃,其尻安在? 增城九重,其高幾里?
>
> 四方之門,其誰從焉? 西北辟啓,何氣通焉?

《天問》中的這段内容,與《山海經》和《淮南子》等書的記載相契合,歷代注家均無異議。

在這段詩句之下,詩人以生花妙筆,繼續描繪了一個神奇瑰麗的神話世界:

> 日安不到? 燭龍何照? 羲和之未揚,若華何光?
>
> 何所冬暖? 何所夏寒? 焉有石林? 何獸能言?[①]
>
> 雄虺九首,儵忽焉在? 何所不死? 長人何守?
>
> 靡蓱、九衢,枲華安居? 一蛇吞象,厥大何如?
>
> 黑水、玄趾,三危安在? 延年不死,壽何所止?
>
> 鯪魚何所? 鬿堆焉處? 羿焉彃日? 烏焉解羽?

自王逸以來,學者們一般認爲,這部分内容上承昆侖神話,是詩人問及的大地之上的種種異聞傳説,雖然具體解讀不一,但劃分爲共同的一大段,却並無異議。筆者認爲,從"昆侖懸圃"到"烏焉解羽",確實不可分割,但它們並非多個異聞傳説的組合,而是上承前文,屬於一個共同的神話——昆侖神話。

本文將《天問》中的昆侖神話與《山海經》和《淮南子》等書的記載相比較,通過逐句釋讀,對此段詩句作出新的闡釋。同時,揭開《天問》中昆侖神話的真正面貌,對我們研究《天問》的結構和錯簡問題,也具有重要意義。

一 《天問》中的昆侖神話

《天問》中的昆侖山,上爲縣圃和增城。增城有四方之門,西北面的門開啓,以通不周之風。昆侖山北面爲幽都和燭龍,是不見日光之所,山中則有若木,十日所居。昆侖山冬暖夏寒,山上有瑰麗的玉石樹林,有能説話的開明獸,九頭的雄虺,吞象的大蛇,有不死樹(建木)、不死民和長人看守的不死藥。黑水、玄趾(交趾)、三危在昆侖山附近,山下有鯪魚、魼堆(魼雀)等奇異的動物。

下面我們就將《天問》中的昆侖神話,與《山海經》和《淮南子》等書的記載進行比較,並兼及其他材料,逐句釋讀:

> 昆侖縣圃,其尻安在？ 增城九重,其高幾里？

縣圃,即"懸圃",神話地名,位於昆侖山上。尻,一作居(洪興祖《楚辭補注》)。增城,神話地名,也在昆侖山上。重,層。這四句是問:縣圃居於昆侖山的什麼位置？ 增城有九層,高度爲多少里？

《淮南子·地形》:"禹乃以息土填洪水,以爲名山,掘昆侖虚以[爲]下地,中有增城九重,其高萬一千里百一十四步二尺六寸。……傾宮、旋室、縣圃、凉風、樊桐在昆侖閶闔之中,是其疏圃。"又曰:"昆侖之丘,或上倍之,是謂凉風之山,登之而不死。或上倍之,是謂懸圃,登之乃靈,能使風雨。或上倍之,乃維上天,登之乃神,是謂太帝之居。"《山海經》並無"縣圃"、"增城"的記載,對昆侖山的描寫較《天問》簡單;而《淮南子》中的昆侖,則比《天問》繁複豐滿。

> 四方之門,其誰從焉？ 西北辟啓,何氣通焉？

四方之門,大約即增城的四面之門。辟,開。氣,風。這四句是問:增城的四面之門,是誰從這裏進進出出？ 西北面的門開啓,又通着什麼風呢？

《海內西經》僅記載"面有九門",《淮南子·地形》則複雜得多:"旁有四百四十門,門間四里,里間九純,純丈五尺,旁有九井,玉橫維其西北之隅,北門開以内不周之風。"亦較《天問》繁複。不周風,《地形》"西北曰麗風"注"幹氣所生也,一曰不周風"②。《離騷》"路不周以左轉兮"王逸注"不周,山名,在昆侖西北"。不周風當指從西北面不周山處刮來的風。所以《天問》中"西北辟啓,何氣通焉",即指增城西北面的門開啓,以通"不周之風"。《淮南子》作北門,大約是因爲"玉橫維其西北之隅",爲避免重複而有此改動。

> 日安不到,燭龍何照？ 羲和之未揚,若華何光？

燭龍,神也。羲和,太陽神,此處指日馭,即太陽的車夫。若華,若木(太陽神樹)的花。這四句是問:太陽照不到的地方,燭龍又是如何發光照耀？ 羲和尚未駕車帶着太陽升起,若木的花何以綻放光芒？

《大荒北經》:"西北海之外,赤水之北,有章尾山。有神,人面蛇身而赤,直目正乘,其瞑乃晦,其視乃明,不食,不寢,不息,風雨是謁。是燭九陰,是謂燭龍。"《海外北經》:"鍾山之神,名曰燭陰,視爲晝,瞑爲夜,吹爲冬,呼爲夏,不飲,不食,不息,息爲風,身長千里。在無啓之東。其爲物,人面,蛇身,赤色,居鐘山下。”《淮南子·地形》:“燭龍,在雁門北,蔽於委羽之山,不見日。其神人面龍身而無足。”又曰:“北方曰積冰,曰委羽。”高誘注:“委羽,山名,在北極之陰,不見日也。”燭龍句即接“西北辟啓,何氣通焉”而來。燭龍居於章尾山,或曰鐘山、委羽山。郝懿行謂“章、鐘聲轉”,而委羽與尾亦一音之轉,可見此三山實爲一地,均在“北極之陰,不見日也”的地方。《淮南子·地形》:“西北方曰不周之山,曰幽都之門。”《尚書·堯典》:“申命和叔,宅朔方,曰幽都。”朔,北方也,幽都亦指幽暗的北方,也就是章尾山(鐘山、委羽山)所在之地。不周山乃幽都之門,詩人從增城西北之門,問及不周之風,又由不周風自然過渡到幽都(章尾山)和燭龍。

　　《大荒東經》:“有女子名曰羲和,方浴日于甘淵。羲和者,帝俊之妻,是生十日。”但《天問》此處的“羲和”並非十日之母,而是《離騷》中“吾令羲和弭節兮”之日禦。若木,也就是扶桑、扶木[③]。郭璞注《大荒北經》:“(若木)生昆侖西,附西極,其華光赤照下地。”《淮南子·地形》:“若木在建木西,末有十日,其華照下地。”《海外東經》:“湯穀上有扶桑,十日所浴,在黑齒北。居水中,有大木,九日居下枝,一日居上枝。”燭龍居處始終不見日光,而羲和、若木則與太陽有密切關係,此處有對比的意味。《離騷》中亦有若木、扶桑(同一個事物隨着名稱的分化逐漸演變成不同的事物):“朝發軔於蒼梧兮,夕餘至乎縣圃。……飲余馬于咸池兮,總余轡乎扶桑。折若木以拂日兮,聊逍遥以相羊。……朝吾將濟於白水兮,登閬風而緤馬。”縣圃、閬風都屬於昆侖山的一部分,所以若木、扶桑、咸池也都在昆侖山上。《離騷》中有閬風,《天問》雖未提及,但推測這一時期的昆侖神話必然已包含此部分内容。

　　　何所冬暖? 何所夏寒? 焉有石林? 何獸能言?

　　這四句是問:昆侖山上哪裏冬天温暖而夏天凉爽呢? 石林在何處? 能説話是神獸又是什麽呢?

　　冬暖夏寒句學者多以爲指大地西北高寒,東南温暖,其實是誤解。此處互文,指昆侖山乃帝之下都,百神居焉,冬暖夏凉,氣候舒適。石林亦多有誤解,或曰珊瑚樹,或曰積石山,或在東海,或在南方,或爲廣西之桂林,或爲滇地之“喀斯特地帶”,真是越説越奇[④]。丁晏《楚辭天問箋》引《山海經》、《淮南子》等證明石林爲瓊玉之林[⑤],臺灣學者傅錫壬亦持此觀點,並作補充[⑥]。葉舒憲提出,石林乃昆侖山上的玉石樹林[⑦]。《山海經·海内西經》:“開明北有視肉、珠樹、文玉樹、玕琪樹、不死樹。”《淮南子·地形》:“上有木禾,其修五尋,珠樹、玉樹、琁樹、不死樹在其西,沙棠、琅玕在其東,絳樹在其南,碧樹、瑶樹在其北。”這些“珠樹、文玉樹、玕琪樹”,“琁樹、琅玕、絳樹、碧樹、瑶樹”,共同組成這座神山上瑰麗的“石林”。能説話的獸即開明獸。《海内西經》:“開明獸身大類虎而九首,皆人面,東向立昆侖上。”葉舒憲先生認爲,開明獸的職責是守門,它九首人面,故能言[⑧]。

雄虺九首,儵忽焉在? 何所不死? 長人何守?

虺,傳說中的毒蛇,"儵忽"形容其迅捷。長人,昆侖山上的神人。這四句是問九頭的怪蛇,動作極快,一下子就竄到哪裏去了? 什麼東西有不死的能力? 長人又在守着什麼呢?

雄虺亦見於《招魂》:"雄虺九首,往來儵忽。"在《招魂》一詩中是處於南方的怪獸。它的形象頗似《山海經》中的相柳(亦即相繇)。《海外北經》:"共工之臣曰相柳氏,九首,以食於九山。……在昆侖之北,柔利之東。相柳者,九首人面,蛇身而青。"《大荒北經》亦曰:"共工之臣名曰相繇,九首蛇身,自環,食於九土。……在昆侖之北。"

"何所不死"大約指的是昆侖山上的不死樹。《海內西經》:"開明北有……不死樹。"《淮南子·地形》:"上有木禾,其修五尋,……不死樹在其西。"長人,《招魂》:"長人千仞,惟魂是索些。"長人似掌管索魂,並有復生的能力。此處似指群巫。《海內西經》:"開明東有巫彭、巫抵、巫陽、巫履、巫凡、巫相,夾窫窳之屍,皆操不死之藥以距之。"這兩句是指不死樹有不死的能力,長人所守的即不死藥。

靡蓱、九衢,枲華安居? 一蛇吞象,厥大何如?

靡,麻也,聞一多謂靡麻古字通。蓱,洪興祖本一作"萍",草木複葉駢生謂之萍。九衢,指樹的九個分叉。枲華,《爾雅》"麻有子曰枲",枲華就是"麻"的花。這四句是問:建木複葉駢生,枝幹頂上分出九叉,它的花長於何處? 蛇能吞象,它的身體有多大?

靡蓱、九衢、枲華,均與建木有關。《海內經》:"有木,青葉紫莖,玄華黃實,名曰建木,百仞無枝,有九欘,下有九枸,其實如麻,其葉如芒。"姜亮夫先生謂欘即欋之借,衢即欋之形訛。九衢即建木之九欘。枲華,張元勛先生認爲亦即《大司命》中"折疏麻兮瑤華"的"瑤華"(洪興祖注"瑤華,麻花也"),也就是建木的花("建木……其實如麻")⑨。《大荒南經》:"有不死之國,阿姓,甘木是食。"郭璞注:"甘木,即不死樹,食之不老。"建、甘音近,建木就是甘木,也就是不死樹。此句問及建木,亦與不死樹和不死藥有關。"一蛇吞象",《海內南經》:"巴蛇食象,三歲而出其骨。君子服之,無心腹之疾。其爲蛇青黃赤黑。一曰黑蛇青首,在犀牛西。"《海內經》:"又有朱卷之國。有黑蛇,青首,食象。"蛇能吞象,故問它的身體到底有多大。

黑水、玄趾,三危安在? 延年不死,壽何所止?

這四句是問:黑水、玄趾(交趾)、三危,它們位於昆侖山附近的何處呢? 不死民能延年不死,那他們的壽命究竟爲多長?

《大荒西經》:"西海之南,流沙之濱,赤水之後,黑水之前,有大山,名曰昆侖之丘。……有人,戴勝,虎齒,有豹尾,穴處,名曰西王母。"可知黑水位於昆侖山旁,西王母居於昆侖之上。《西山經》:"又西二百二十里,曰三危之山,三青鳥居之。"《海內西經》:"西王母梯幾而戴勝杖,其南有三青鳥,爲西王母取食。在昆侖虛北。"三青鳥居於三危並爲西王母取食,可知三危亦在昆侖山附近。玄趾,即交趾,形近而誤。學者們多以越南解之,其實不然。《大戴禮記·五帝德》:"顓頊……乘龍而至四海,北至於幽陵,南至於交趾,西濟於流沙,東至於蟠木。"《淮南子·主術》:"(神農)其地南至交趾,北至幽都,東至暘谷,西至三危,莫不聽從。"交趾本爲神話地名,漢武帝時設交趾郡,方落實到現實中。也許在早期的昆侖神話中,"暘谷"、"蟠木"(即扶桑,見前文)、"三危"、"流沙"、"交趾"、"幽都(幽陵)"等分別在昆侖山的東、西、南、北四方,後來隨着神話的歷史化與古人地理觀念的演變,部分神話地名逐漸擴大,乃至現實世界之四方。《大荒南經》:"有不死之國,阿姓,甘木是食。"《海內經》:"流沙之東,黑水之間,有山名不死之山。"《海外南經》:"不死民在其東,其爲人黑色,壽,不死。岐舌國在其東。……昆侖虛在其東,虛四方。一曰在岐舌東,爲虛四方。"昆侖山有不死之民,詩人所問的"延年不死"者當指此。

以上十二句,在意思上是有關聯的,即"不死"的中心主題:不死樹(建木),不死民,群巫(長人)看守的不死藥。這一主題亦出現在《山海經》和《淮南子》中。但是"雄虺"和"一蛇",它們背後的含義又是什麼呢? 我認爲,蛇的形象大約也和"不死"有某種聯繫。我們知道,世界許多地區的神話,如古巴比倫史詩、美拉尼西亞土著神話和日本神話,都認爲蛇具有不死的能力。我國古代神話雖無蛇不死的直接記載,但是《白蛇傳》中白娘子盜仙草以救許仙的情節,仍是這一神話母題在後世的變型。《海內西經》有"開明東有巫彭、巫抵、巫陽、巫履、巫凡、巫相,夾窫窳之屍,皆操不死之藥以距之。窫窳者,蛇身人面,貳負臣所殺也"的記載,蛇身人面的窫窳大約和不死藥有密切關係,但是隨着神話的發展,窫窳變成了被羿射殺的怪獸[⑩],蛇的形象也就被"雄虺"和"一蛇"所取代,而原本"復活"或"不死"的含義也就失掉了。

鯪魚何所? 鬿堆焉處? 羿焉彈日? 烏焉解羽?

鬿堆,鬿,同"魁",大。堆,"雀"字之誤。鯪魚、鬿雀,神話中奇異的動物。焉,如何。彈,射。烏,即太陽的象徵。這四句是問:鯪魚和鬿雀在哪裏呢? 後羿如何射日? 金烏的羽毛又落在何處?

《海內東經》:"陵魚人面,手足,魚身,在海中。"陵魚,即鯪魚[⑪]。鬿雀,《東山經》:"北號之山,臨于北海。……有鳥焉,其狀如雞而白首,鼠足而虎爪,其名曰鬿雀,亦食人。"鯪魚和鬿雀大約是昆侖山下奇異的動物。《大荒東經》:"大荒之中,有山名曰孽搖頵羝,上有扶木,柱三百里,其葉如芥。有谷曰溫源谷。湯谷上有扶木。一日方至,一日方出,皆載于烏。"太陽死即烏死,死時羽毛脫落。

昆侖神話和不死藥有密切關係,而求取不死藥,又是羿神話的一條主綫。《山海經·海內西經》："海內昆侖之虛，……在八隅之岩，赤水之際，非仁羿莫能上岡之岩。"羿上昆侖，所爲何事？《山海經》沒有叙述。《天問》記載："（羿）安得夫良藥，不能固臧？"《淮南子·覽冥》亦記載："羿請不死之藥於西王母。"西王母住在昆侖山上，則羿上昆侖即爲求取不死藥。

《山海經》關於後羿的記載有以下幾條：

> 《海內經》："帝俊賜羿彤弓素矰，以扶下國，羿是始去恤下地之百艱。"

> 《海外南經》："羿與鑿齒戰于壽華之野，羿射殺之。在昆侖虛東。羿持弓矢，鑿齒持盾。一曰戈。"《大荒南經》曰："有人曰鑿齒，羿殺之。"

> 《海內西經》："海內昆侖之虛，……在八隅之岩，赤水之際，非仁羿莫能上岡之岩。"

《莊子·秋水》成玄英疏："羿射九日，落爲沃焦。"《錦繡萬花谷》前集卷一："堯時十日並出，堯使羿射九日，落沃焦。沃焦，海水泄處也。"皆引自《山海經》，但已不見於今本⑫。十日是帝俊之子，《大荒南經》曰："東南海之外，甘水之間，有羲和之國。有女子名曰羲和，方日浴于甘淵。羲和者，帝俊之妻，生十日。"

根據以上記載，關於羿神話的原貌，我們可以大致推測出來：羿得到帝俊賜的弓箭，從天而降幫助百姓，他做的最重要的一件事就是射日。但十日乃帝俊之子，羿因此得罪帝俊，被貶爲凡人，失去神的地位，也失去了不死的能力⑬。爲了重獲長生不死，羿歷盡艱辛，去昆侖山求取不死藥，求藥的時候殺死阻擋他的鑿齒。

《天問》中的昆侖山，其描述過程是從山頂逐漸降至山腳，最後至羿，如果反觀之，則是羿射日之後，求藥昆侖，從山腳到山頂的求取路綫。這亦是一個旁證，説明從"昆侖懸圃"至"烏焉解羽"確實是屬於昆侖神話的內容。射日引發的後果之一（失去神性）是羿不得不上昆侖山求藥的原因，所以詩人在《天問》中昆侖神話的結尾處提及羿，有着深刻的含義。

我們將《天問》中的昆侖神話與《山海經》和《淮南子》等書的記載相比較，可以看出，《天問》中的昆侖神話正處於其發展的中間階段。《山海經》保存了比較原始的昆侖神話，而《淮南子》比《天問》更爲繁複。《離騷》中亦有昆侖神話，當與《天問》處於同一發展階段。二者記述偶有不同，乃因《天問》是詩人通過提出疑問表達自己的思考成果，並非講述神話，所以有取舍；而《離騷》作爲抒情長詩，借用神話展現詩人神奇瑰麗的想像，所以亦有選擇。

二　《天問》結構與錯簡的再認識

通過上文對《天問》昆侖神話的釋讀，我們對《天問》一詩的結構亦可得到更進一步的認識。

林庚先生認爲："《天問》的一百八十八句中明顯地是分爲兩大段落。自'遂古之初誰傳

道之'至'羿焉彈日烏焉解羽'這五十六句是問天地的,也就是問有關大自然形成的傳説;
'禹之力獻功降省下土四方'至'何誠上自予忠名彌彰'這一百三十二句是問人事的,也就是
問有關人間盛衰興亡的歷史傳説。這兩大段落的基本輪廓是分明的;先問天地的開闢,次
問人事的興亡,乃是完全合乎自然順序的。""問天地的五十六句……是從天體到洪水、到大
地、到大地上的異聞傳説,還能有比這個更足以説明它是具有層次性的嗎?"

　　林庚先生的看法具有重要的指導意義,而通過筆者的釋讀,關於"大地上的異聞傳説"
這一部分,則可以更加明確爲是大地之上昆侖山的異聞傳説。根據這種認識,《天問》的第
一部分可劃分爲:

　　　　"日遂古之初"至"何本何化",問及宇宙;

　　　　"圜則九重"至"十二焉分",問及天宇;

　　　　"日月安屬"至"曜靈安藏",問及日月星辰。

以上二十二句問天。

　　　　"不任汨鴻"至"夫何三年不施",問及鯀治洪水;

　　　　"伯禹愎鯀"至"禹何所成",問及禹治洪水;

　　　　"康回馮怒"至"其衍幾何",問及治水完成後大地的面貌。

以上十八句問地。

　　　　"昆侖縣圃"至"烏焉解羽",問及昆侖山。

以上十六句問大地之上昆侖山的異聞傳説。

　　《天問》一詩的第一部分,問天、問地、問昆侖,可謂結構整飭,極有條理。從"烏焉解羽"
之下爲《天問》的第二部分,問的是社會歷史及其相關傳説。詩人以朝代爲序,分別問及夏
商周三代的興起和滅亡,及春秋諸侯争霸之事,最後在對秦、楚歷史的發問中結束全詩,雖
有錯簡,但結構完整,同樣體現了詩人嚴密的構思[14]。

　　綜上所述,還原《天問》中的昆侖神話,對解決《天問》的結構劃分和錯簡問題,進一步推
動關於《天問》的研究,具有重要的意義。《天問》一詩的原貌究竟如何,《天問》是錯簡嚴重,
還是偶有錯簡但大體不錯,還是一個需要我們繼續研究的問題。

---

①此句下原有"焉有虯龍,負熊以遊"兩句,此即錯簡,當置於"鯀何所營? 禹何所成"之前。參見《林庚
　楚辭研究兩種》,清華大學出版社,2006年,第191頁。

②原作"一曰閶闔風",參見何寧《淮南子集釋》,中華書局,1998年,第318—321頁。

③參見姜亮夫《古史學論文集》,上海古籍出版社,1996年,第79—80頁。

④參見《楚辭集校集釋》(上),湖北教育出版社,2002年,第1086—1088頁。

⑤參見《楚辭集校集釋》（上），第 1087 頁。

⑥參見傅錫壬《山川寂寞衣冠淚──屈原的悲歌世界》，時報出版公司，1987 年，第 277 頁。

⑦參見葉舒憲《英雄與太陽》，陝西人民出版社，2005 年，第 147—150 頁。

⑧參見葉舒憲《英雄與太陽》，第 142 頁。

⑨參見張元勛《九歌十辨》，中華書局，2006 年，第 101—102 頁。

⑩《淮南子·本經》曰：“堯乃使羿……上射十日而下殺猰貐。”《海内西經》曰：“貳負之臣曰危，危與貳負殺窫窳。”袁珂注曰：“窫窳之名，古書無定。《文選·吳都賦》劉逵注引作猰貐，張協《七命》李善注引作猰㺄，《爾雅·釋獸》作猰貐，《淮南子·本經篇》作猰貐，其實一也。”見袁珂《山海經校注》，上海古籍出版社，1980 年，第 285 頁。

⑪袁珂《山海經校注》，第 299 頁。

⑫袁珂、周明《中國神話資料萃編》，四川省社會科學院出版社，1985 年，第 208—209 頁。

⑬羿因射日得罪天帝，被貶爲凡人，袁珂先生亦有論述：“天帝爲什麼不喜歡羿呢？ 我們推想起來，這和羿射太陽的事必定是有關的。 天帝的十個太陽兒子，一下子就給羿射死了九個……也許正因爲他射太陽的過失，天帝革除了他的神籍。”袁珂先生認爲這即是《天問》“何獻蒸肉之膏，而后帝不若”的原因，此觀點與本文不同。 見《中國古代神話》，華夏出版社，2006 年，第 221—222 頁。

⑭這部分内容在流傳過程中有錯簡，參見林庚《天問論箋》，載於《林庚楚辭研究兩種》，清華大學出版社，2006 年。

（原載《西南交通大學學報（哲學社科版）》，2012 年第 2 期）

作者簡介：周晶晶，浙江大學出版社編輯

通訊地址：浙江大學西溪校區浙江大學出版社　　郵編：310028

朱熹《楚辭集注》初刻考辨

唐　宸

　　朱熹(1130—1200)《楚辭集注》八卷(附《楚辭辨證》二卷、《楚辭後語》六卷,以下分別簡稱爲《集注》、《辨證》和《後語》),是中國文學史上的重要著作。學界一般認爲:受到趙汝愚(1140—1196)罷相謫死等多方面因素的影響,朱熹晚年開始寄意《楚辭》,通過注《楚辭》來抒發内心憂國懷人的鬱志。他的《集注》和《辨證》就是在這樣的背景下問世的,而《後語》則至臨終仍未完成。關於《集注》和《辨證》的成書時間,學界曾有不同的看法。早在1953年人民文學出版社影印宋理宗端平二年(1235)本《集注》時,鄭振鐸先生曾撰跋文認爲:《集注》完成於宋寧宗慶元元年(1195),《辨證》完成於慶元五年,二書存世最早的版本是寧宗嘉定六年(1213)合刻本①。此説影響較大,隨後出版的各種整理點校本多從之。然而,束景南先生《朱子大傳》通過嚴密考證,認爲鄭先生的觀點實出於誤解,《集注》應是“在慶元二年才開始動筆寫的”,“完稿是在慶元四年冬間”,《辨證》則“成於慶元五年春間”②。崔富章先生《楚辭書録解題》也認爲“《辨證》二卷,完稿於慶元五年三月”③。經過束先生和崔先生的考證,《集注》和《辨證》分別成書於慶元四年冬間和慶元五年春間,《後語》爲未成之書,應無疑問。

　　那麼,《集注》的初刻時間是何時呢? 當年鄭振鐸先生所能經眼的版本還很少,遂認爲存世最早的是嘉定六年本。後來姜亮夫先生《楚辭書目提要》著録了慶元四年本一種,崔先生《楚辭書録解題》又著録了嘉定四年本一種,此二種時間都早於嘉定六年本,而且已被學界普遍認爲是《集注》兩個最早的存世版本。慶元四年本因爲刊於朱熹在世時(朱熹卒於慶元六年),似是《集注》理所當然的初刻本,姜先生就曾以此版本爲武器,針對前代楚辭學者毛以陽、朱冀和王邦采等人對《集注》真偽的懷疑,提出了反駁意見:

　　　　慶元四年戊午刻本,明見日本大正三年《内閣目》,則熹生時已板行矣,而嘉定四年門人楊楫已刻《辨證》於同安郡齋④。今傳本尚有嘉定六年、端平二年、咸淳三年諸本,豈容作偽?⑤

可見,日本大正三年(1914)《内閣目》是姜先生著録慶元四年本《集注》的主要依據之一。此外,姜先生在《集注》的“目録著録”項中列舉了後世目録對《集注》的著録情況:

熹《本傳》："著《楚辭集注》。"

《宋史·藝文志》："朱熹《楚辭集注》八卷,《辨證》一卷。"

《中興館閣書目》："朱熹《楚辭集注》八卷,《辨證》二卷,《後語》六卷。"

注："晁補之《續》、《變》二書各二十卷,熹刊補定著五十二篇,爲《楚辭後語》。"(《玉海》五四引)

《宋史》成於元代,《宋史·藝文志》(以下簡稱"《宋志》")及朱熹本傳對於考辨《集注》的早期流傳情況意義並不大。唯有《中興館閣書目》是南宋官修之書目,其主修者陳騤(1128—1203)與朱熹同時,可作爲《集注》初刻時間的綫索。

因此,將慶元四年本作爲《集注》初刻本的依據有二:大正三年日本《内閣目》的直接著録(除此以外中國歷代目録都未著録),以及《中興館閣書目》的早期著録。這一觀點,已經普遍爲學界所接受。目前筆者所見的涉及《集注》的專著和論文(包括一些名爲"成書考論"和"版本述略"的論文),以及各種整理本的前言,也都以慶元四年本爲《集注》的初刻本(早年的一些整理本則多沿襲鄭振鐸先生舊説)。然而,慶元四年正是詔禁"僞學"、慶元黨禁十分森嚴的時刻,朱熹的著作真可順利刊刻嗎? 帶着這個疑問,我們對《集注》的初刻情況進行了詳細的考辨。

一　大正三年《内閣目》未載慶元四年本《集注》

姜先生《楚辭書目提要》中對《集注》慶元四年本的著録爲:

宋慶元四年戊午刻本。日本大正三年《内閣目》。⑥

"《内閣目》"是省稱,全名應爲"《内閣文庫圖書第二部漢書目録》",係一部日本内閣文庫官方藏書目録,由日本内閣書記官室記録課編纂,帝國地方行政學會大正三年十二月出版發行。因爲遠在異域,我國學者歷來罕有知見者。胡適先生就曾感嘆説:

内閣文庫書目一册。此本流傳甚少,雖狩野博士(引者注:狩野直喜)亦未得此本。我去參觀時,托岩村成允先生再三求請,始得此册。⑦

不久前,筆者獲知日本國會圖書館網站已將一批版權超出保護期的館藏影印上網,遂往查閱,發現這部《内閣目》也在其中⑧。經查,書中第 323 頁至 325 頁爲集部"楚辭"類,類下著録圖書共三十七種,其中有關《集注》的十種:

《楚辭集注》八卷(《辨證》二卷,《後語》六卷,宋朱熹。天曆三年刊)。

《楚辭集注》(同上,成化十一年刊)。

【特】《楚辭集注》(同上,明版)。

《楚辭集注》（同上，日本古版）。

《楚辭集注》（同上，《後語》第七、八卷，《附覽》二卷，明蔣之翹，明版）。

《楚辭集注》八卷（《後語》六卷，慶安四年刊）。

《楚辭集注》（同上，日本版）。

《楚辭集注》八卷（明版）。

【特】《楚辭集注》（同上，明吳訥校，明版）。

《楚辭集注》（《八十四家評點》二卷，《總評》一卷，明版）。

書名前標有"特"字的爲"特別書"（即"善本"）。很明顯，這十種書中並没有姜先生著録的"宋慶元四年戊午刻本"，兩部善本也僅是明版。姜先生未去過日本，自然無緣寓目難得一見的《内閣目》，只能依據轉抄本抄録（姜先生所據何本，今已無從查考）。"安"、"元"二字形近，印刷模糊時很容易混淆，轉抄者只知我國年號而不知日本年號，很有可能將第六條的慶安四年（1651）本誤記爲宋慶元四年本，"戊午"二字則應是誤書了年份之後所增的。姜先生限於當時客觀條件無法核對原書，才致沿襲此誤。

值得順帶提出的是，雲南人民出版社 2002 年版《姜亮夫全集》重排了《楚辭書目提要》，其中《集注》條目對慶元四年本的著録，與前文所引用的 1961 年初版有所不同，《全集》該條目作：

宋慶元四年戊午刻本。日本大正三年《内閣目》。葉八行，行十九字，白口雙欄，附門人楊楫跋。⑨

此處竟然多出了一句行款著録，令人生惑。《内閣目》並不著録書籍的行款，這句行款又是從何而來呢？日本慶安四年本《集注》現藏日本大阪大學懷德堂文庫，行款爲半葉九行，行十八字，無跋文⑩。因此，這句行款顯然不是針對慶安四年本而補充的。據瞭解，《楚辭書目提要》初稿成於 1933 年，隨後陸續有補訂，1961 年作爲《楚辭書目五種》之一初刊於中華書局上海編輯所（即前文所引用之本）。1993 年，又由上海古籍出版社出版了崔富章先生《楚辭書目五種續編》，對慶元四年本條目並無增補。《全集》則係近年出版，時姜先生辭世已久，多出的一句是如何混入的已不得而知。據筆者一一核對，發現與此行款相符的《集注》版本實際上是嘉定四年楊楫同安郡齋刻本，現有殘卷藏於臺灣"國家圖書館"，僅存《辨證》二卷，其書影如下：

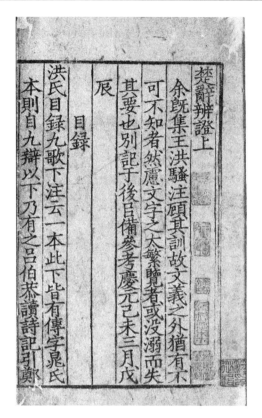

左圖爲殘本《辨證》首頁，有朱熹自序；右圖爲末頁，有楊楫跋文。觀行款可知，臺灣所藏的這部嘉定四年本實爲半葉八行，行十九字[11]，左右雙欄，白口，單魚尾[12]。顯然，《全集》中慶元四年本下多出的行款，描述的是這部嘉定四年本，然而這益加給讀者一種慶元四年本確實存在的印象。

二　《中興館閣書目》未載《集注》

再來看看《中興館閣書目》對《集注》版本的記載。陳騤雖與朱熹同時，但經過考察不難發現，《中興館閣書目》根本不可能著録朱熹《集注》。

李心傳(1167—1244)《建炎以來朝野雜記》云：

> 《中興館閣書目》者，孝宗淳熙中所修也。高宗始渡江，書籍散佚。……致是數十年，秘府所藏益充韌。乃命館職爲《書目》，其綱例皆仿《崇文總目》焉，凡七十卷，秘書監領其事，五年六月上之。[13]

王應麟(1223—1296)《玉海》也説：

淳熙四年十月，少監陳騤等言乞編撰書目，五年六月九日上《中興館閣書目》七十卷、《序例》一卷。……閏六月十日，令浙漕司摹板。⑭

可見，《中興館閣書目》成書於孝宗淳熙五年（1178）。既然朱熹《集注》和《辨證》分別成書於寧宗慶元四年（1198）和五年，《中興館閣書目》何以能著錄二十年之後的書？

《中興館閣書目》久已散佚，今之傳本爲民國趙士煒的《中興館閣書目輯考》（以下簡稱"《輯考》"），其實是一部輯佚之作，書中朱熹《集注》條目全文如下：

朱熹《楚辭集注》八卷、《辨證》二卷、《後語》六卷。（據《書録解題》補卷數）

原釋：晁補之集《續》、《變》二書各二十卷，熹刊補定著五十二篇，爲《楚辭後語》。（《玉海》五四）

按：《辨證》，《宋志》一卷，今本亦二卷（引者注：當爲"一卷"）。《後語》，《宋志》未著録。⑮

此處《輯考》的輯佚來源是《玉海》。檢《玉海》卷五十四"藝文"之"《楚辭》"條（限於篇幅，部分引文只保留首句，原文空格以"□"符號表示）：

《史記》屈原傳："原名平，……"□《漢・地理志》："楚屈原被讒，……"□《漢・藝文志》：屈原賦二十五篇，唐勒四篇，宋玉十二篇。□《漢》傳："淮南王安，……"□朱買臣……。□宣帝召能爲楚辭……□揚雄……□班固……□王逸……□梁竦……□應舉……□《文心雕龍》……□《隋志》楚辭十部二十九卷（王逸至劉杳。宋何偃刪逸《注》十一卷，亡。皇甫遵訓《參解》七卷。又《楚辭音》各二卷。餘見《唐志》）。……□《唐志》集録楚辭類七家七部三十二卷：王逸《注》十六卷（《隋志》十二卷）；郭璞《注》十卷（《隋志》三卷）；楊穆《九悼》一卷；劉杳《離騷草木蟲魚疏》二卷；孟奥、徐邈、僧道騫《音》各一卷（樂類《離騷譜》一卷）。□《中興書目》楚辭九家九十四卷。□宋朝黃伯思《翼騷》一卷（伯思曰：屈、宋諸騷皆書楚語、作楚聲、紀楚地、名楚物，故謂之《楚辭》）。□洪興祖《補注》十七卷《考異》一卷。□黃銖《協韵》一卷。□朱熹《集注》八卷《辨證》二卷。□晁補之集《續》、《變》二書各二十卷，熹刊補定著五十二篇，爲《楚辭後語》。⑯

"《中興書目》楚辭九家九十四卷"，與後文黃伯思以下家數、卷數顯然不合，而趙士煒却完全忽視了這一矛盾，直接將黃伯思、洪興祖、黃銖、朱熹"四家三十六卷"視作《中興館閣書目》楚辭類的原文輯入《輯考》中⑰。事實上，《玉海》中"《中興書目》楚辭九家九十四卷"句後有一空格，則"宋朝黃伯思"以下的內容很有可能只是王應麟按照時間順序的補叙，而不是《中興館閣書目》的原文，且"宋朝"原本應作"本朝"，王應麟無稱"宋朝"之理，"宋"字當爲後代刊刻者所挖改。

那麼，《中興館閣書目》究竟著録了哪些楚辭類著作呢？我們知道，《中興館閣書目》是《中興四朝國史·藝文志》編修的基礎,而後者又是《宋志》的重要文獻來源,因此今人完全可以依據《宋志》來反推《中興館閣書目》的著錄概况⑱。檢《宋志》,楚辭類共十二家一百零四卷:

> 《楚辭》十六卷,楚屈原等撰。
>
> 《楚辭》十七卷,後漢王逸章句。
>
> 晁補之《續楚辭》二十卷,又《變離騷》二十卷。
>
> 黄伯思《翼騷》一卷。
>
> 洪興祖《補注楚辭》十七卷、《考異》一卷。
>
> 周紫芝《竹坡楚辭贅説》一卷。
>
> 朱熹《楚辭集注》八卷、《辨證》一卷。
>
> 黄銖《楚辭協韵》一卷。
>
> 《離騷》一卷,錢杲之集傳。

《中興館閣書目》成於淳熙五年(1178),它能夠著錄的楚辭類著作,應是《宋志》中淳熙五年以前的部分,即屈原至周紫芝(1082—1155)共六家九十三卷。考慮到《宋志》是删併宋代四種官方書目而成,《中興館閣書目》只是其中的一種(因此《宋志》排序顯得十分混亂,如《楚辭協韵》實際是朱熹的作品,是朱熹紹熙元年〔1190〕二月以黄銖〔1131—1199〕之名"刻在漳州"的⑲。錢杲之《離騷集傳》刻於慶元四年前,略早於《集注》⑳。這二部著作應排在周紫芝之後、朱熹之前),而目錄卷數的實際演變往往比較複雜,這"六家九十三卷"只能是大概的數字,和《玉海》中的"九家九十四卷"難免有所出入,《玉海》中的"九家"亦或是"六家"形近之訛。

　　總之,因《中興館閣書目》成書早於《集注》,《玉海》中有關《集注》的記録,不可能來自《中興館閣書目》,並不能作爲《集注》早期傳播源流的依據。趙士煒《輯考》誤輯了此段文字,導致包括《楚辭書目提要》在内的衆多楚辭目録著作都將"《中興館閣書目》"列爲《集注》的後世目録著録項,這顯然是不太妥當的。至於王應麟提到的這部《集注》,是一個有《辨證》而無《後語》的早期版本,實際上正是下文將要考證的嘉定四年楊楫刻本。

三　嘉定四年楊楫刻本是《集注》的初刻本

　　既然大正三年《内閣目》没有著録慶元四年本《集注》,《中興館閣書目》不可能著録《集注》,所謂的慶元四年本實際是不存在的。據筆者查考,後世目録典籍著録《集注》較早的尚有:

> 《直齋書録解題》:《楚辭集注》八卷、《辨證》二卷。侍講建安朱熹元晦撰㉑
>
> 《郡齋讀書志》趙希弁《讀書附志》卷下:《楚辭集注》八卷、《後語》六卷、《辨證》一

卷。右朱文公所定也。㉒

陳振孫《直齋書録解題》成於宋理宗嘉熙二年(1238)左右,趙希弁爲晁公武《郡齋讀書志》所作的《附志》成於理宗淳祐九年(1249),則《直齋書録解題》實爲最早著録《集注》的目録典籍。從陳振孫的解題未及《後語》可知,他著録的版本應是《集注》、《辨證》合刊本,我們推斷這一版本應是嘉定四年本,而這一版本就是《集注》的初刻本,依據有四:

一、因黨禁森嚴,《集注》在嘉定四年前刊行風險極大㉓。朱熹晚年作《集注》,直到臨終,一直處於黨禁、學禁的陰霾籠罩之下。據束景南先生考證,慶元四年十一月,門人王峴曾經請求續刻朱熹文集(黨禁之前的淳熙、紹熙間,朱熹文集曾有刊刻),朱熹稱王峴是"後生未更事,不識時勢,不知此是大禍之機",然而得知王峴已刻出《後集》書板三册,遂急囑劉季章説:"向日石刻及今所刊三册,勸其(引者注:王峴)且急收藏,不可印出,向後或欲更爲此舉,千萬痛止之也。"㉔可見,朱熹晚年畏於黨禁,禁止門人刊刻其著作。朱熹去世後,黨禁開始鬆弛。從寧宗嘉泰二年(1202)到嘉定元年,趙汝愚、朱熹陸續得到追復,慶元黨人也紛紛官復原職,然而"僞學"並沒有得到平反,朱子學依舊未獲得合法地位。直到嘉定二年十二月,朝廷追謚朱熹爲"文",才"爲徹底解除慶元學禁打開了突破口"㉕。三年五月,朝廷又追贈朱熹中大夫、特贈寶謨閣直學士。嘉定四年是"嘉定更化"的關鍵一年,該年四月朱熹弟子、國子司業劉爚(1144—1216)上疏"乞開僞學禁",請刊朱熹《四書》於太學㉖,十二月,著作佐郎李道傳(1170—1217)也奏請崇尚正學。嘉定五年三月,朝廷將朱熹的《論語集注》、《孟子集注》列於學官,朱子學開始官學化,僞學之禁終得以徹底平反。可見,楊楫在嘉定四年七月刊刻《楚辭集注》符合當時黨禁解弛的情勢,而在嘉定四年之前恐無這樣做的可能㉗。此外,筆者利用數據庫遍檢朱熹《文集》、《語類》、《年譜》以及其門人著作,發現朱熹在世時從未談及《集注》成書,也並未提到《集注》付梓之事,可見這一部寄托了朱熹晚年情感世界的重要著作在其生前確實未能流傳。

二、嘉定四年本楊楫跋文具有鮮明的初刻本跋文色彩,其文曰:

> 慶元乙卯,楫自長溪往侍先生於考亭之精舍。時朝廷治黨人方急,丞相趙公(引者注:趙汝愚)謫死於道。先生憂時之意屢形於色。忽一日,出示學者以所釋《楚辭》一編。……歲在己巳,忝屬胄監,與先生嗣子將作簿(引者注:朱在)同朝,因得録而藏之。今以屬廣文游君參校而刊於同安郡齋。嘉定四年七月朔日,門人長樂楊楫謹述。

楊氏通篇都在介紹朱熹因趙汝愚謫死事件而注《楚辭》,以及自己從朱熹第三子朱在(1169—1239)處獲得書稿並終於校勘、刊刻的故事。可見,楊楫在嘉定四年刻《集注》時,所用底本即是朱熹書稿,他並未看到任何更早的《集注》刊本。

三、朱熹之子朱在刻《後語》時未提及更早的《集注》版本。今天最常見、也是被學者普遍引用的《集注》版本是端平二年本(附《辨證》、《後語》),其中《集注》、《辨證》部分的祖本即嘉定四年本,而《後語》部分的祖本則是嘉定十年朱在整理本。嘉定十年本已佚,但朱在所作跋文保存在端平二年本中:

> 先君晚歲草定此編,蓋本諸晁氏《續》、《變》二書,其去取之義精矣,然未嘗以示人也。……嘉定壬申仲秋,在始取遺稿,謄寫成編。……又五年,歲在丁丑,補外來守星江,實嗣世職,既取郡齋所刊《楚辭集注》,重加校定,復並刻此書,庶幾並行,且以識予心之悲也。中秋日,在謹記。⑧

朱在所說的"此編"、"遺稿",是朱子臨終仍在修訂的、以晁補之《續離騷》、《變離騷》爲基礎編寫的《後語》。朱在刊刻《後語》時,曾取來嘉定四年楊楫所刻同安郡齋本《集注》,做了一些校定工作,希望楊楫之書與自己所刻的《後語》"庶幾並行",他沒有提到其他更早的《集注》版本,這些綫索也證明,被陳振孫《直齋書錄解題》著錄、且被臺灣"國家圖書館"收藏的嘉定四年楊楫刻本,是《集注》、《辨證》的首次合刻本,同時也應是《集注》的初刻本。《集注》的成書和刊刻,是"慶元黨禁"到"嘉定更化"這一特殊歷史時期朱子學境遇的反映。瞭解《集注》的真實成書、刊刻過程,對於楚辭學史研究和朱子學研究都具有十分重要的意義。

①朱傑人等《朱子全書》(修訂本),上海古籍出版社、安徽教育出版社,2010 年 2 月版,第 19 册,第 333 頁。

②束景南《朱子大傳》,商務印書館,2003 年 4 月版,第 1046 頁。

③崔富章《楚辭書錄解題》,高等教育出版社,2010 年 1 月版,第 63 頁。

④按:嘉定四年本實際是《集注》、《辨證》合刻本,而不是《辨證》單刻本,後文將考證。

⑤姜亮夫《楚辭書目提要》,載《楚辭書目五種》,中華書局上海編輯所,1961 年 12 月版,第 42 頁。

⑥姜亮夫《楚辭書目提要》,第 42 頁。

⑦方繼孝《胡適先生手迹背後的故事》,《收藏·拍賣》,2012 年第 4 期,第 46 頁。

⑧參見 http://dl.ndl.go.jp/info:ndljp/pid/941622[引用時間:2014－3－1]

⑨姜亮夫《姜亮夫全集》,雲南人民出版社,2002 年版,第 5 册,第 47 頁。按:《全集》非善本,手民之誤甚多,如本句"楊楫"即誤作"楊輯",此據別本校改。本文引用姜先生論著均使用其他可靠版本。

⑩崔富章《楚辭書錄解題》,第 79 頁。

⑪按:《楚辭書錄解題》誤爲十七字,據崔先生核對,實爲排版之誤。

⑫按:此殘本版心標"卞正"二字,下部有刻工名"葉"、"康"、"共"、"余"、"正"、"朱"等。書中宋諱"殷"、"匡"、"恒"、"貞"、"讓"、"頊"、"煦"字缺筆。鈐有"范從楫印"、"清響堂藏書記"、"萊娛室"、"傅增湘讀書"、"雙鑒樓藏書記"、"釋松鄰"、"莫棠字楚生印"、"莅圃收藏"等藏印。書後有吳昌綬、莫棠、張允亮、朱文鈞、沈兆奎等人手書題記,但於本文考證價值均不大,此不贅錄。

⑬李心傳《建炎以來朝野雜記》卷四,中華書局,2000 年,第 114 頁。

⑭王應麟《玉海》卷五十二,清嘉慶十一年江寧番署本。

⑮趙士煒《中興館閣書目輯考》卷五,《古逸書録叢輯》本,國立北平圖書館 1933 年版,第 1 頁上。

⑯王應麟《玉海》卷五十四,清嘉慶十一年江寧番署本。按:其他諸版本《玉海》(如文淵閣《四庫全書》本)的空格情況與此版本同。

⑰趙士煒《中興館閣書目輯考》卷五,第 1 頁下。

⑱按:筆者最初僅以《玉海》中的空格現象論定"黄伯思"以下非《中興書目》原文,許建平先生認爲證據不足,筆者遂産生利用《宋志》反推《中興書目》原貌的想法。

⑲束景南《朱熹年譜長編》(增訂本),華東師範大學出版社,2014 年 1 月版,第 975 頁。

⑳錢志熙《〈離騷集傳〉作者里籍家世考》,《中國典籍與文化》,2010 年第 1 期,第 14 頁。

㉑陳振孫《直齋書録解題》卷十五,中華書局,1985 年版,第 412 頁。

㉒孫猛《郡齋讀書志校證》,上海古籍出版社,1990 年版,第 1166 頁。

㉓按:慶元黨禁問題承蒙束景南、龔延明二位先生指點,特此致謝。

㉔束景南《朱熹佚文輯考》,江蘇古籍出版社,1991 年 12 月版,第 562 頁。

㉕王宇《從慶元黨禁到嘉定更化:朱子學解禁始末考述》,《國際社會科學雜誌》,2011 年第 4 期,第 87 頁。

㉖劉爚《辛未四月奏請"乞開僞學禁"上殿奏劄》,《雲莊集》卷一,明正統九年劉穩雲莊書院刻十二卷本。按:現存劉爚《雲莊集》有十二卷本、二十卷本,《四庫全書總目提要》著録其十二卷本,實際抄録二十卷本,然二者皆爲僞書(取真德秀《西山集》詩文僞充),僅十二卷本存有少量劉爚原作。此篇奏劄見於《宋史·劉爚傳》,其事亦見於史籍,故應爲原作。《雲莊集》辨僞問題參見梁庚堯《劉爚〈雲莊集〉的版本及其真僞》,《書目季刊》1974 年 9 月第 8 卷第 2 期,第 29 頁;蔡東洲《〈雲莊集提要〉辨證》,《四川師範學院學報》,1991 年第 4 期,第 68 頁。

㉗按:楊楫在嘉定四年七月刊刻《集注》,頗有聲援劉爚等人的可能。

㉘朱傑人等《朱子全書》(修訂本),第 19 册,第 312 頁。

(原載《文獻》2015 年第 5 期)

附記:本文是在崔富章、貫海生二位老師的指導下撰寫的版本學課程作業,後又承蒙蔡錦芳、周明初、簡錦松、孫小力、張燕嬰諸位老師審閱全文並提出寶貴修改意見,在參加論文報告會期間束景南、龔延明、許建平等老師也給予了詳細點評,特此致謝!

作者簡介:唐宸,浙江大學古籍研究所在讀博士研究生

通訊地址:浙江大學西溪校區古籍研究所　　郵編:310028

《魯頌·閟宮》"三壽作朋"考釋

尹海江

一　鄭玄"三卿説"質疑

《詩經·魯頌·閟宮》有"三壽作朋"語,"三壽"作何解,古今聚訟:鄭玄以爲"三卿";孔穎達紹述其説,以爲即周官司徒、司馬、司空;朱熹謹其"不詳",而章太炎仍采"職官"之説。今特加考證,復其正解。

> 俾爾熾而昌,俾爾壽而臧,保彼東方,魯邦是常。不虧不崩,不震不騰。三壽作朋,如岡如陵。①

本詩之旨,在讚美僖公,毛詩《序》説:"頌僖公能復周公之宇。"②三家詩於此無異説。周公封魯,"土境特大,異於其餘諸侯"③,後來鄰國浸削,國境變小,僖公能使國土恢復,國家復興,故詩人稱頌其德。其中"三壽作朋"一詞較爲費解,衆説紛紜,朱熹在《詩集傳》中説其義"未詳",清代有學者也頗疑惑:

> 三壽作朋,鄭氏謂是三卿。或據令妻壽母,合成風、聲姜與僖公爲三,皆非。王厚齋曰:《晋姜鼎銘》云'保其孫子,三壽是利。'"則三壽乃古語也,但未知何解。④

按:《毛傳》:"壽,考也。"⑤"三壽"當釋爲"三考",然而《尚書·舜典》雖有"三載考績,三考黜陟幽明"一語,却和"三壽"無關。《鄭箋》解釋"三壽"爲"三卿",孔穎達則進一步解説:"老者尊稱。天子謂父事之者爲三老、公卿。大夫謂其家臣之長者稱三老,諸侯之立三卿,故知三壽即三卿也。"顯然是調和二家之説。

許慎《説文解字》説:"考,老也";又説:"老,考也。"⑥"老""考"互訓,轉相爲注,因此《毛傳》對"三壽"的解釋,理解爲"三老",理當成立。《文選》録張衡《東京賦》"送迎拜乎三壽",薛綜注即説:"三壽,三老也。"⑦然而,鄭玄却另闢新説,釋"三老"爲"三卿",而不取《毛傳》的解釋。

何爲"三卿"?《禮記·王制》説:

> 大國三卿,皆命於天子,下大夫五人,上士二十七人;次國三卿,二卿命於天子,一

卿命於其君。⑧

可見“三卿”是對周天子負責的官員。孔穎達説：

> 三卿者，依周制而言，謂立司徒兼塚宰之事，立司馬兼宗伯之事，立司空兼司寇之事。故《春秋左傳》以季孫爲司徒，叔孫爲司馬，孟孫爲司空，此是三卿也。

據此，“三卿”應當是周天子或諸侯的屬官，都是掌握實權的人物。

鄭玄的“三卿説”被宋代一些學者所采信，如王黼説：“‘保其孫子，三壽是利。’則‘三壽’者，與詩人言‘三壽作朋’同意，蓋晉姜觀其始特保我子孫，而外之三卿亦冀壽考也。”（《重修宣和博古圖》卷二）范處義却似乎有了一些懷疑：“‘三壽’謂大國三卿，亦皆壽考，與君爲朋，君臣之福皆如崗陵之高固也。或曰‘三壽謂上中下也，上壽百二十，中壽百歲，下壽八十。’魯人頌僖公與三壽之人爲朋也，亦通。”（《詩補傳》卷二十七）他采用了鄭玄的説法，但又想向《毛傳》方面靠近。朱熹對此問題的態度則更爲審慎，他説：

> 三壽，未詳。鄭氏曰：“三卿也”。或曰：“願公壽與岡陵等而爲三也”。⑨

在《朱子語類》卷七九又説：

> 又如“三壽作朋”，“三壽”是何物？歐陽公記古語亦有“三壽”之説，想當時自有此般説話，人都曉得，只是今不可曉。⑩

《毛傳》與鄭玄解説不一，孔穎達意在調和。朱熹皆不取其説，這種多聞闕疑的態度是值得肯定的。

宋代以後，“三卿説”遭到反對，例如，王應麟説：

> 《晋姜鼎銘》曰：“保其孫子，三壽是利。”《魯頌》“三壽作朋”，蓋古語也，先儒以爲三卿，恐非。⑪

王應麟雖然没有正面解釋“三壽”，但他大膽地否定了“三卿説”，憑藉自己的學術感悟，對舊説提出了懷疑。王應麟的解釋得到了清初著名學者王夫之的支持，他在《詩經稗疏》卷四“三壽作朋”條中對“三卿説”作了頗有理據的批駁：

> 《鄭箋》云：“三壽，三卿也。”文義甚爲牽强，且魯僖之世，三家始命；而史克作頌之年，季孫行父、公孫敖皆少，安得遽以壽祝之。《集傳》曰：“與崗陵等而爲三，於文義亦不安。按《博古圖》載周《晋姜鼎銘》曰：“三壽是利。”晋六卿非三；且卿之壽利不當載之姜氏之鼎，銘文無崗陵之語。是三壽古之通詞，非僅爲魯設矣。三壽者，壽之三等也。《養生經》曰：“上壽百二十，中壽百年，下壽八十。”《左傳》晏子謂叔向曰：“三老凍餒”杜預解曰：“三老謂上壽中壽下壽，皆八十以上。”《論衡》曰：“《春秋》説上壽九十，中壽八十，下壽七十。”三説不同，其爲上中下之三等均也。而黄帝、堯、舜、文、武、太公、召公，及漢初伏生、張蒼，皆逾百歲，則古者不以九十爲上壽，是《養生經》之言確於《論衡》矣。

朋,竝也。"三壽作朋"者,合竝三壽,祝孝孫以無疆之壽也。⑫

王夫之提出五點質疑:第一,史克作頌之年,季孫行父、公孫敖皆年少,按照古代禮法少年不受祝壽;第二,"與岡陵等而爲三"文義不通;第三,按當時的官制,晋有六卿,而非三卿;第四,卿之壽利不當載之姜氏之鼎;第五,銘文無岡陵之語,與岡陵等而爲三之説自然没有普適性。這五項理由較有説服力,足以動摇"三卿説"。王夫之不僅破了舊説,而且能立新説。不過,他認爲"三壽者,壽之三等也"這一解釋却值得商榷。他不以"三壽"爲名詞,而是看作數量詞,文意仍有不安;另外,他還説:"朋,竝也。'三壽作朋'者,合竝三壽。祝孝孫以無疆之壽也。"則又爲祝壽之詞,與其"史克作頌之年,季孫行父、公孫敖皆少,安得遽以壽祝之"之説自相矛盾。

二　"三壽"當釋爲"三老"

"三壽"一詞常見於先秦文物與文獻,歐陽修《集古録》載《韓城鼎銘》:"保其孫子,三壽是利。"王應麟《困學紀聞》卷三《晋姜鼎銘》銘:"保其孫子,三壽是利。"可見此爲當時習語。東漢張衡《東京賦》:"(天子)執鑾刀以袒割,奉殤豆於國叟,降至尊以訓恭,送迎拜乎三壽。"説明直到東漢"三壽"一詞還是"活"的語言。

金文中的"三壽"與《詩經》的"三壽"是否爲同一詞呢?這個問題古人也已有論及,宋代薛尚功説:"'又言保其孫子,三壽是利。'則'三壽'者,與詩人言'三壽作朋'同義。"⑬

清代學者陳喬樅也説:

> 張衡《東京賦》云:"送迎拜乎三壽",衡治《魯詩》,蓋《魯》"作朋"之義如此。《漢書·禮樂志》注引李奇曰:"王者父事三老,兄事五更。"《詩》云:"三壽作朋"與衡《賦》"三壽説"合,當亦《魯》訓。⑭

關於"三壽"的確切涵義,《毛傳》的解釋值得高度重視。他釋"壽"爲"考",而"考"與"老"乃"一聲之轉",《説文》"考""老"互訓,能證明"三壽"即是"三老";而《文選》張衡《東京賦》薛綜注"送迎拜乎三壽"又可找到文獻的印證:"三壽,三老也。言天子尊而養此三老者,以教天下之敬,故來拜迎,送拜往焉。"⑮薛綜是三國時吴國人,他明確地釋"三壽"爲"三老"。這一解釋與《毛傳》對《詩經·閟宫》的解釋一致,他没有采信鄭玄的新説,而是采信了《毛傳》。杜預《春秋左傳·昭公二年傳》注"公聚朽蠹,三老凍餒"説:"三老:謂上壽中壽下壽,皆八十已上不見養遇。"⑯杜預則又明確地釋"三老"爲"三壽",與之相呼應。

清代學者惠棟在《春秋左傳補注》卷四"三老凍餒"杜注後説:

> 杜説是也。《晋姜鼎銘》云:"保其子孫,三壽是利",《魯頌》曰"三壽作朋"。三代養

老之法,於國老中取三人焉,謂之三老;於庶老中取五人焉,謂之五更。[⑰]

惠棟將傳統文獻與鐘鼎銘文相印證,進一步肯定了“三壽”爲“三老”這一解釋。馬瑞辰在《毛詩傳箋通釋》中説:“考,猶老也。……昭三年《左傳》:‘三老凍餒。’杜注:‘三老謂上壽、中壽、下壽,皆八十以上。’《文選》李善注引《養生經》黃帝曰:‘上壽百二十,中壽百年,下壽八十。’皆‘三壽’即‘三老’之證,《箋》説非。”[⑱]馬瑞辰的這番言語可以説是對“三壽”之釋的正確總結。

三 “三老”不是職官

“三老”的起源甚早,《尚書·泰誓》中有:“今商王受,力行無度,播棄犂老。”受即紂王,武王伐紂誓詞中舉其第一大罪狀便是“播棄犂老”。“犂老”,孔穎達《疏》引《爾雅·釋詁》:“鮐背耇老,壽也。”又説:“老人背皮似鮐,面色似黎,故鮐背之耇稱犂老。”[⑲]《左傳·昭公三年傳》記載晏子與叔向在齊景公婚宴上的對話,兩人都各自講述自己國家的現實問題。晏子説齊國已經到了衰世,貧富分化非常突出,貴族巧取豪奪,社會財富集中到了少數貴族手中,三老凍餒,百姓塗炭。《史記·趙世家》記載趙世靈王(前325—前299)以國王的身份每月向“國三老”致禮。《史記·樂書》又説周武王“食三老五更於太學……所以教諸侯之悌也。”這些記載都表明所謂“三老”並不是職官。

杜佑《通典·職官》中説:

> 老者,舊也、壽也。三老五更取有道妻男女完具者爲之。天子父事三老,兄事五更,親袒割牲,三公設几,九卿正履,使者安車軟輪送迎至家,天子獨拜於屏,其明日,三老詣闕,謝以其禮,遇太尊故也。[⑳]

這裏言及“三公”、“九卿”迎接“三老”,很明顯,“三老”不是“三公”、“九卿”等職官。

鄭玄説:“老、更,互言之耳,皆老人更知三德五事者也。”“三老”的條件,一是要高壽,二是要德望重,三是要有智識,此外還有一個條件,即杜佑所説的“妻男女完具”。孔穎達説:“名以三、五者,取相三辰五星,天所因此照明天下者。”也只説地位尊貴,並未言及官職。鄭玄説:“三老五更各一人也,皆年老更事致仕者也。”更證明是不做官或是已經退出官場者。

“三老五更”中的三、五都是不是數量上的實數也值得研究。蔡邕認爲“三老爲三人,五更爲五人”[㉑]是缺少事實根據的。服虔以爲:“三老者,工老、商老、農老。”[㉒]遭到孔穎達的反對:“民有四老,其老無別,不宜以三種之民爲三老;且‘士’之爲老者,亦應須恤,不當獨遺士也。”杜預則認爲三老是按上中下高壽的等次劃分,對此,孔穎達也提出異議:“此亦以意言之。"《後漢書·黃瓊傳》"無恨三泉"唐代李賢注:"三者,數之極。一生二,二生三,三生萬物。天地人之極數,故以三爲名者,取其深之極也。"㉓

然而清代學者惠棟仍説:"三代養老之法,於國老中取三人焉,謂之三老;於庶老中取五人焉,謂之五更。"(《春秋左傳補注》卷四)他仍認爲三五皆是實數。齊召南説:"以東漢事證之,一人爲三老,一人爲五更。鄭注自確,疏引蔡邕説非也。"㉔可見齊召南對此問題研究較惠棟較爲深入。從杜佑《通典》記載來看,齊召南之説有據:

> 後漢明帝以李躬爲三老,桓榮爲五更;安帝以李充爲三老,靈帝以袁逢爲三老,魏高貴鄉公以王祥爲三老、鄭小同爲五更;後魏孝文帝以尉元爲三老,遊明根爲五更;後周以於謹爲三老。㉕

這裏"三老"、"五更"都分別以一人充任,未見有同時以三人爲"三老",或五人爲"五更"者。

《漢書·百官公卿表》載:"十里一亭,亭有亭長;十亭一鄉,鄉有三老。"又説"三老掌教化"㉖。《漢書·高帝本紀》説:"舉民年五十以上,有修行,能帥衆爲善,置以爲三老,鄉一人。擇鄉三老一人爲縣三老,與縣令丞尉以事相教,復勿繇戍,以十月賜酒肉。"㉗是鄉、縣各有三老。孔子晚年做了魯國的國老:"季孫欲以田賦,使冉有訪諸仲尼,仲尼曰:'丘不識也。'三發,卒曰:'子爲國老,待子而行,若之何子之不言也?'"㉘季孫氏貪冒無厭,欲改革稅制滿足私欲,作爲國老的孔子看穿了他們的野心,所以不予支持。

《後漢書·李充列傳》説李充因其妻子説錯一句話就將其逐出家門,由於別人盜了其母墳前一棵樹,就將其殺死,殘暴之極,但當時的封建統治階級卻非常讚賞他的這些行爲,因爲這體現所謂的"孝",所以升了官,並且退職後還做了國老㉙。

又如,後魏孝文帝時的尉元、遊明根也曾做過"三老",雖然他們具體有何做爲,正史不見有載,但他們都有向孝文帝進諫推行孝道的言論。"三老"雖説地位很高,十分尊榮,卻不是品官,沒有實權,據李延壽《北史》記載:

> 前司徒公元,前鴻臚卿明根,並以沖德縣車,懿量歸老,故尊老以三,事更以五。雖老更非官,毫釐岡祿,然況事既高,宜加殊養。三老可給上公祿,五更可食元卿俸。供食之味,亦同其例。㉚

"老更非官,毫釐岡祿,"進一步證明了"三老"決不是鄭玄所説的"三卿"。天子禮敬"三老"而不是"三卿",是表示尊老尚德。充任"三老"的人都是年事已高,退官致仕的人。李充八十八歲才尊爲"三老",尉元也到了八十之年才成爲"三老",而遊明根因爲只有七十之齡更只可充任"五更"了。"三卿",雖爲高官,但終究爲皇帝之臣,古代帝王不會也不必在他們面前表現出卑恭,否則不但不能"示天下以孝悌",還會大失體統;再説"三卿"等官員也會愧不敢當。

四　近現代注譯評議

章太炎對"三老"、"五更"有論述,他説:

　　周之六典亡三老、五更。三老,三公也;五更者,世疑其出於秦官。秦爵:十二左更,十三中更,十四右更。皆以主領更卒,部其役使。凡將軍有前、後、左、右,(《百官公卿表》。)而大將軍具中而主莫府。故主鄰更卒者五人。(《訄書重定本·官統》)⑨

他還説:"成周改號,萇弘分官。弘其取於秦官而建五更矣。今叔旦所制,既出山岩屋壁,獨萇弘後定者不傳。然其足以拔亂反正,寧不得與倉姬之典乎?"他認爲"三老"爲萇弘所置之官,其來源久遠,是可取的;但仍以之爲職官,恐失於細考。

其實,東漢蔡邕已論及"五更"爲"五叟"之誤。其《月令問答》曰:"'三老五更'子獨曰'五叟'何也? 曰'字誤也。'叟,長老之稱,其字與更相似,書者轉誤,遂以爲'更'。'嫂'字女旁,'瘦'字從'叟',今皆以爲'更'矣。"⑩《太平御覽》卷五三五轉引此文。"嫂"、"瘦"等字"叟"旁,蔡邕時期因字形近似而皆誤寫爲"更"。清代惠棟又補充了一反證:"《列子·黃帝篇》云:'禾生子伯宿於田更'商丘開之舍注云:'更'當作'叟'。然則蔡説不爲無據。"⑪章太炎於此失於深研,遂致此誤。

郭沫若《兩周金文大系圖録考釋》説:"'參壽'即《魯頌·閟宮》'三壽作朋'之'三壽',當以"三"爲本字,意謂壽如參星之高也。"⑫郭沫若以"三壽"爲"參壽",並進而認爲是"參星"。但對何謂"參星"卻没有進一步解説。臺灣學者季旭昇在其《詩經古義新證》中采納郭氏之説,亦以"三壽"爲"參星"⑬。此説值也得商榷,儘管西周《秩鐘》有"降余多福,余孝孫參壽維利"之語,《晉姜鼎》有"三壽是利"之辭,《者減鐘》(清乾隆間出土於江西臨江縣,今藏於上海博物館,屬春秋中期古樂器)有"若召公壽,若參壽"之句,但仍不足以證其爲"參星"。古代尊崇天命,如果銘文中"三壽"作"參星"解,《者減鐘》叙述應當先天象而後人事,而不應置"三壽"於"召公"之後,而應當寫作:"若參壽,若召公壽"。此外,"參星"在中國古代文化是否即"壽星"還值得懷疑。《爾雅·釋天》説:"壽星,角亢也。"郭璞注:"數起角亢,列宿之長,故曰壽。"據郭璞之説,壽星在二十八宿中當屬東方七宿之角、亢二宿,天文學中屬天蠍座,其中並非三星最亮,不當言"參星"。"參星"如作《禮記·月令》所説"孟春之月昏參中"之"參宿"解,此"參星"在二十八宿中屬西方七宿,天文學中屬牧夫座,則更不能做長壽的象徵。王力先生説:"參宿,其形狀甚爲雄偉,有命將出師之象。"唐代詩人劉禹錫在詩中吟到:"鼙鼓夜聞驚朔雁,旌旗曉動拂參星。"(《令狐相公自天平移鎮太原以詩申賀》)杜甫詩中也説：“人生不相見，動如參與商。”（《贈衛八處士》）無論怎麽説參星都説不上是吉星，又有誰願意與之“作朋”呢？

壽星，又稱“老人星”，唐代武三思《賀老人星見表》説：

伏見太史奏稱八月十九日夜有老人星見，臣等謹按：《黄帝占》云：“老人星一名壽星，色黄明，見則人主壽昌。”又按：《孫氏瑞應圖》云：“王者承天，則老人星臨其國。”又《春秋分候懸象文曜鏡》云：“王者安静則老人星見。”當以《秋分候之懸象》著符於上，人事發明於下。壽昌者知億載之有歸；安静者示萬邦之必附。澄霞助月，非唯石氏之占；散翼垂芒，何獨斗樞之説。臣等謬參纓笏，叨目禎祥，慶抃之誠，實倍殊品，無任踴躍之至。⑧（《文苑英華》卷五六一）

《黄帝占》《孫氏瑞應圖》《秋分候之懸象》等書今佚，這些書中所説“老人星一名壽星，色黄明，見則人主壽昌”，“王者承天，則老人星臨其國”，“王者安静則老人星見”等等，説明在傳統文化中，“老人星”的確與國君之壽昌、國運的長久有密切關係，所以凡遇老人星出現在天空，文臣往往要進“賀表”或獻“賀詩”。《藝文類聚》和《初學記》就收有這類文獻不少，如李商隱《爲榮陽公賀老人星見表》説：“臣得本道進奏院狀報司天監李景亮奏八月六日寅時老人星見於南極，其色黄明潤大者，聖惟合德，神實效祥。必垂有爛之文，以表無疆之祚。”⑨據這些文獻記載，“老人星”不常見，似乎不是恒星，“參星”之説值得懷疑。

陳子展先生《詩經直解》把《魯頌·閟宫》中的“三壽作朋，如岡如陵”譯爲：“要和上壽、中壽、下壽相比爲朋，永恒存在，好象山岡、好象丘陵。”⑩陳子展采納了杜預的解釋，認爲“三壽”爲“上壽、中壽、下壽”之人。而程俊英《詩經譯注》把“三壽作朋，如岡如陵”譯爲：“壽比三老百年長，猶如巍巍南山岡。”這裏是把三壽與三老聯繫起來了，但似乎信心仍然不足，因而在注釋中仍然把“三壽”注爲上壽、中壽、下壽。金啓華把“三老”解釋爲“三類老人”，周振甫則解釋爲“三個壽人”，其説近似而未爲達詁，雒江生《詩經通詁》認爲：“三壽，三老也，謂能安邦定國之國老。”此説最爲得當。

綜上所述，“三老”當不屬於封建職官體制範疇，所謂“能安邦定國”自然也是誇大之詞。但是尊事“三老”，却是古代社會文化建設的一項重要舉措，歷代有不少詩歌歌詠其事，如“翼翼三壽，蕃後惟休”（晋代張華《食舉東西廂樂詩》），“八音俱舉，三壽既盥”（唐代李舒《讓皇帝廟樂章·酌獻》），“簪纓三壽客，筆削兩朝書”（宋代王明清《揮塵後録》），“共稱齊三壽，惟願樂千秋”（明代貝瓊《名都篇》）等等。《尚書·盤庚》説：“人惟求舊”，《微子》載父師斥責紂王“違戾耇老”，《泰誓》載商王之罪有“播棄犂老”，《顧命》有“養國老之座”：“東序西鄉，敷重豐席，畫純雕玉仍几。”凡賢明之主都會把敬老尊賢作爲顯示自己美德的方式，而人們也以此爲讚頌賢君,祈福國家的題材。《魯頌·閟宮》中的"三壽作朋"反映了中華民族重老尊賢的優良傳統源遠流長。

①朱熹《詩集傳》卷二十,上海古籍出版社,1980 年,第 241 頁。

②孔穎達等《毛詩正義》卷二十,十三經注疏本,中華書局,1980 年,第 614 頁。

③王先謙《三家詩義集疏》,中華書局,1987 年,第 1077 頁。

④范家相《詩瀋》卷二十,四庫全書本。

⑤孔穎達等《毛詩正義》卷二十,第 615 頁。

⑥許慎《説文解字》,中華書局,1980 年,第 173 頁。

⑦李善等《六臣注文選》,浙江古籍出版社,1999 年,第 57 頁。

⑧孔穎達等《禮記正義》,十三經注疏本,中華書局,1980 年,第 1325 頁。

⑨朱熹《詩集傳》卷二十,第 241 頁。

⑩黎靖德編,王星賢點校《朱子語類》,中華書局,1986 年,第 2057 頁。

⑪王應麟《困學紀聞》,四部叢刊三編本,上海書店,1985 年,第 33 册。

⑫王夫之《詩經稗疏》卷四,影印文淵閣四庫全書本,臺灣商務印書館,1986 年。

⑬薛尚功《歷代鐘鼎彝器款識法帖》卷十,四庫全書本。

⑭王先謙《三家詩義集疏》,中華書局,1987 年,第 1083 頁。

⑮李善等《六臣注文選》,第 57 頁。

⑯孔穎達等《春秋左傳正義》,十三經注疏本,中華書局,1980 年,第 2031 頁。

⑰惠棟《春秋左傳補注》卷四,影印文淵閣四庫全書本。

⑱王先謙《三家詩義集疏》,第 1083 頁。

⑲孔穎達等《尚書正義》,十三經注疏本,中華書局,1980 年,第 181 頁。

⑳杜佑《通典》,中華書局,1963 年,第 110 頁。

㉑孔穎達等《禮記正義》,第 1410 頁。

㉒孔穎達等《春秋左傳正義》,第 2031 頁。

㉓范曄《後漢書》,中華書局,1982 年,第 533 頁。

㉔齊召南《四庫全書考證》,影印文淵閣四庫全書本,臺灣商務印書館,1986 年。

㉕杜佑《通典》,第 110 頁。

㉖班固《漢書》,中華書局,1960 年,第 742 頁。

㉗班固《漢書》,第 33 頁。

㉘孔穎達等《春秋左傳正義》,第 2167 頁。

㉙范曄《後漢書》,第 2684 頁。

㉚李延壽《北史》卷二十五,中華書局,1974 年,第 925 頁。

㉛章炳麟《章太炎全集》，上海人民出版社，1984 年，第 55 頁。

㉜蔡邕《蔡中郎集》卷三，商務印書館，1924 年，第 50 頁。

㉝惠棟《九經古義》卷十一，叢書集成初編本，中華書局，1985 年，第 126 頁。

㉞郭沫若《兩周金文辭大系圖錄考釋》（下），上海書店出版社，1999 年，第 153 頁。

㉟季旭昇《詩經古義新證》，學苑出版社，2001 年，第 120 頁。

㊱李昉《文苑英華》卷五六一，中華書局，1966 年。

㊲董誥《全唐文》，中華書局，1983 年，第 8041 頁下。

㊳陳子展《詩經直解》，復旦大學出版社，1983 年，第 1173 頁。

（原載湖南師範大學主辦《中國文學研究》2012 年第 4 期）

作者簡介：尹海江，湖南省懷化學院文學與新聞傳播學院副教授

通訊地址：湖南省懷化市懷東路 180 號懷化學院東校區金海花園　　郵編：418008

論桓譚《新論》對《莊子》的繼承

高　深

　　桓譚(約前 23—56),字君山,沛國相(今安徽省淮北市相山)人,是兩漢之際儒家古文經學派的一位鬥士,他力主興治,反對腐敗,首創形毀神滅論,猛烈批判讖緯神學的迷妄。著有《新論》一書。王充稱讚他的著作"訟世間事,辨昭然否,虛妄之言,偽飾之辭,莫不證定"(《超奇》)[①],給予了崇高的評價。關於桓譚反對讖緯神學的思想來源問題,侯外廬從漢經今古文之爭的角度作了分析,認爲"桓譚反對圖讖,只是依據着五經'以仁義正道爲本'的儒家思想來擯棄'奇怪虛誕之事。'"鍾肇鵬等人則堅持認爲"桓譚反對讖緯災異的思想,還是基於他天道自然的唯物主義觀點",指出侯外廬的觀點"是頗可商榷的"[②]。本文在前人研究的基礎上,繼續探討此一問題。

　　《新論》創作於儒學神學化之際,作爲儒家學者,桓譚没有囿於門户之見而忽視《莊子》,相反,桓譚"遍習五經"、"尤好古學"[③],對於《莊子》也有濃厚的研究興趣。《漢書》即記載了桓譚借閱《莊子》的一段艱難經歷:

　　　　嗣雖修儒學,然貴老嚴之術。桓生欲借其書,嗣報曰:"若夫嚴子者,絶聖棄智,修生保真,清虛淡泊,歸之自然,獨師友造化而不爲世俗所役者也。漁釣於一壑,則萬物不奸其志;棲遲於一丘,則天下不易其樂。不絓聖人之網,不飫驕君之餌,蕩然肆志,談者不得而名焉,故可貴也。今吾子已貫仁義之羈絆,繫名聲之韁鎖,伏周、孔之軌躅,馳顏、閔之極摯,既繫攣於世教矣,何用大道爲自眩耀? 昔有學步於邯鄲者,曾未得其髣髴,又復失其故步,遂匍匐而歸耳! 恐似此類,故不進。"[④]

據班固所説,桓譚非但没有借到《莊子》,還遭到了班嗣的一頓奚落。雖有這段不愉快的借書經歷,桓譚最終還是讀了《莊子》,並積極吸收《莊子》的思想成分。論及《新論》創作緣由,桓譚説:"譚見劉向《新序》、陸賈《新語》,乃爲《新論》。莊周寓言乃云'堯問孔子';《淮南子》云'共工争帝,地維絶',亦皆爲妄作。故世人多云短書不可用。然,論天間莫明于聖人;莊周等雖虛誕,故當采其善,何云盡棄邪?"(《本造》)[⑤]這説明,《新論》的創作,除直接受到了劉向《新序》、陸賈《新語》等影響外,還受到道家《莊子》、《淮南子》等書的影響。僅就《莊子》的影響而言,主要有以下幾個方面:

一　以燭火喻形神

在形神關係上，莊子首次以"薪"、"火"比喻"形"、"神"。莊子"薪火之喻"是對於"形"、"神"關係的形象比喻，即：

> 指窮於爲薪，火傳也，不知其盡也。（《養生主》）⑥

王先謙解釋説："形雖亡，而神常存，養生之究竟。薪有窮，火無盡。"⑦莊子以"薪"喻形體，以"火"喻精神，"薪"盡"火"傳，比喻形體雖然滅亡而精神可以長存。莊子還説：

> 死生亦大矣，而不得與之變，雖天地覆墜，亦將不與之遺。審乎無假而不與物遷，命物之化，而守其宗也。（《德充符》）

"死生亦大矣，而不得與之變"，意謂生死雖是大事，却不會影響到人的精神。林希逸云："不得與之變者，言死生之變雖大，而此心不動，亦不能使我與之變也。不得，不能也；與之變者，隨之而變也。"⑧這説明，人的精神可以不隨肉體的變化而變化，肉體死亡，並不會影響到人的精神。莊子以精神爲本，形體爲末。形體是有形的，終必衰朽；精神是無形的，可以長存。

受《莊子》"薪火之喻"啓發，桓譚提出了"燭火之喻"。用"燭"比喻人的形體，用"火"比喻人的精神，他説：

> 精神居形體，猶火之燃燭矣。如善扶持，隨火而側之，可毋滅而竟燭。燭無，火亦不能獨行於虛空，又不能復燃其炪。炪猶人之耆老，齒墮髮白，肌肉枯臘，而精神弗爲之能潤澤。內外周遍，則氣索而死，如火燭之俱盡矣。（《祛蔽》）

"精神居形體，猶火之燃燭"，"燭無，火亦不能獨行於虛空"，"火燭俱盡"，説明精神依賴於形體，不可分離。

桓譚"燭火之喻"與莊子"薪火之喻"在形式上存在明顯的繼承關係。"燭"與"薪"爲同類事物，且都着眼於"薪盡"與"燭盡"後的"火"的存留問題，兩個比喻形式最爲相近。桓譚與莊子運用類似的喻證法，却得出了截然相反的結論，這説明桓譚對莊子的形神觀持批判繼承的態度。

相同的比喻却得出了截然相反的結論，這説明精神和形體的關係斷然不能用薪火或燭火之間的關係去比擬，因爲"人"作爲萬物之靈，與"燭"、"薪"等物質具有本質的不同。他們二人的比喻雖不當，然而問題的答案却必居二人結論之中。這就是桓譚形神論要在繼承莊子薪火之喻基礎上展開的一個重要原因，也是後世形神論注定要在桓譚"燭火之喻"基礎上展開的一個原因。桓譚"燭火之喻"是其生死自然論的一個重要論據。

二　生死自然觀

桓譚的生死自然論，是針對當時流行的神仙方術迷信而提出的。由於封建統治者僞造天命，迷信讖緯，借此鞏固統治，愚弄人民，所以，在兩漢之際的社會上，尤其在統治集團當中，各種迷信大量流行。統治階級幻想長生不死以便永久統治人民而盡享榮華富貴。方士投其所好，宣稱只要"寡欲養性"、"服不死之藥"，就可以"長生不老"。桓譚以生死自然觀爲武器，予以反擊。《辨惑》篇列舉了一些極端的例子，如曲陽侯王根爲學得長生之術把方士請到家裏，黃門郎程偉爲索取煉丹之法將妻子活活逼死等等。桓譚認爲："生之有長，長之有老，老之有死，若四時之代謝矣。而欲變易其性，求爲異道，惑之不解者也。"（《袪蔽》）"貪利長生，多求延壽益年，則惑之不解者。"（《袪蔽》）所謂"異道"就是煉丹燒汞，尋長生不死之藥；訪仙問道，求延年益壽之方。

雖然生死自然觀在先秦諸子那裏可能都會不同程度地認同，但由於儒家相信"天命"，且漢代統治階級"罷黜百家，獨尊儒術"，而讖緯之書與儒家典籍關係密切，這就爲儒家學說與讖緯迷信的結合埋下了伏筆。在漢初，道家的影響主要以黃老道家的面目出現。"自然"、"無爲"作爲道家哲學的標誌性學説，自然隨黃老道家之得勢而深入人心。桓譚論人之生死"若四時之代謝"的説法，明顯脱胎於《莊子》生死"爲春秋冬夏四時行"的觀點。《至樂》篇説：

> 察其始而本無生，非徒無生也，而本無形，非徒無形也，而本無氣。雜乎芒芴之間，變而有氣，氣變而有形，形變而有生，今又變而之死，是相與爲春秋冬夏四時行也。（《至樂》）

莊子認爲人的生死是不以人的意志爲轉移的客觀規律，如春秋冬夏四時的運行一樣。在生死問題上，莊子持順其自然的態度，不悦生，不惡死，主張生死齊一。桓譚繼承了莊子的生死自然觀，也認爲人的生長老死和一切生物的自然本性一樣，無可改易，所謂"長生不老"只是迷信和妄想。

三　養生論

桓譚的養生思想也與莊子一脈相承。針對當時盛行的"神仙可學"、服藥可"延年"（《辨惑》）⑨的迷信思想，桓譚借寶公之口對導引、服食等做法給予了否定：

> 言文帝時，得魏文侯時樂人寶公，年百八十歲，兩目皆盲。文帝奇而問之曰："因何服食能至此邪？"對曰："臣年十三失明，父母哀其不及衆技事，教臣鼓琴。日講習以爲

常事。臣不能導引，無所服餌也，不知壽得何力。"(《祛蔽》)

竇公長壽不在於"導引"與"服餌"，這與莊子反對刻意操練形體的觀點是一致的。莊子提出養生的原則和方法，那就是"緣督以爲經"，"緣督"就是"緣道"，就是"依乎天理"、"因其固然"(《養生主》)，反對刻意操練形體。莊子説："吹呴呼吸，吐故納新，熊經鳥伸，爲壽而已矣，此道引之士，養形之人，彭祖壽考者之所好也。若夫不刻意而高，無仁義而修……不道引而壽，無不忘也，無不有也，淡然無極而衆美從之，此天地之道，聖人之德也。"(《刻意》)很明顯，莊子對"道引之士，養形之人"的做法是持反對態度的。

那麼竇公終究"壽得何力"呢？桓譚將竇公長壽歸功於他的精神的保全，他説："余以爲竇公少盲，專一內視，精不外鑒，恒逸樂，所以益性命也，故有此壽。"(《祛蔽》)神全則壽長是《莊子》中重要的命題。《莊子·在宥》篇曰：

> 無視無聽，抱神以静，形將自正；必静必清，無勞女形，無摇女精，乃可以長生。目無所見，耳無所聞，心無所知，女神將守形，形乃長生。

桓譚"精不外鑒"與莊子"無摇汝精"的説法也是一脈相承的。

四　無爲政治觀

無爲政治觀是莊子自然無爲學説的一個重要方面。莊子認爲："君子不得已而臨蒞天下，莫若無爲。"(《在宥》)《莊子》中隨處可見對有爲政治的猛烈批判，如：

> 回聞衛君，其年壯，其行獨，輕用其國，而不見其過；輕用民死，死者以國量乎澤，若蕉，民其無如矣。
>
> 昔者堯攻叢枝、胥敖，禹攻有扈，國爲虛厲，身爲刑戮，其用兵不止，其求實無已。是皆求名實者也。(《人間世》)

國君"輕用其國"、"輕用民死"給人民帶來沉痛的災難："死者以國量乎澤，若蕉，民其無如矣"；堯和禹也因爲"用兵不止"、"求實無已"以致"國爲虛厲，身爲刑戮"，這都是由於統治階級的任意妄爲造成的。莊子對有爲政治的批判是歷代進步士人批判腐敗政治的寶貴的思想資源。

傳播老莊無爲政治的黄老之學在漢初曾作爲主流意識形態出現，這自然會影響到桓譚。與莊子無爲政治觀一致，桓譚也認爲治國之術在於無爲。他説："子貢問蘧伯玉曰：'子何以治國？'答曰：'弗治治之。'"(《正經》)並以尖鋭的言辭對有爲之政治進行了揭露，如："然上乃多過差，既欲斥境廣土，又乃貪利，争物之無益者"、"又歌兒衛子夫因幸愛重，乃陰求陳皇后過，惡而廢退之"、"信其巫蠱，多征會邪僻，求不急之方。大起宫室，内竭府庫，外罷天下,百姓之死亡不可勝數。"(《識通》)桓譚通過"欲"、"貪"、"争"、"求"、"愛"等詞語的運用,對武帝的好大喜功、貪利、偏私、迷信等行爲給予了無情的揭露和批判,並指出其根本原因就在於個人私欲的膨脹,與上舉莊子對有爲政治的批判有異曲同工之妙。

五　引用或化用《莊子》

除以上幾方面對《莊子》的繼承與借鑒外,《新論》還有多處引用或化用《莊子》之文,僅筆者所見就有四處:

1."夫以人言善我,亦必以人言惡我"。此語見《新論·見征》,原文如下:

> 夫以人言善我,亦必以人言惡我。王翁使都尉孟孫往泰山告祠,道過徐州,徐州牧宋仲翁道余才智,陳平、留侯之比也。孟孫還,喜謂余曰:"仲翁盛稱子德,子乃此邪!"余應曰:"與僕遊四五歲,不吾見稱。今聞仲翁一言而奇怪之。若有人毁余,子亦信之。吾畏子也。"

"夫以人言善我,亦必以人言惡我"與《莊子·讓王》篇"以人之言,而遺我粟;至其罪我也,又且以人之言"類似,且整段故事亦類似。《莊子》曰:

> 子列子窮,容貌有飢色。客有言之于鄭子陽者,曰:"列禦寇,蓋有道之士也,居君之國而窮,君無乃爲不好士乎?"鄭子陽即令官遺之粟。子列子見使者,再拜而辭。使者去,子列子入,其妻望之而拊心曰:"妾聞爲有道者之妻子,皆得佚樂,今有飢色。君過而遺先生食,先生不受,豈不命邪?"子列子笑,謂之曰:"君非自知我也。以人之言,而遺我粟;至其罪我也,又且以人之言。此吾所以不受也。"其卒,民果作難,而殺子陽。(《讓王》)

2."聲氏之牛夜亡而遇夔,止而問焉:'我有四足,動而不善;子一足而超踊,何以然?'"(《補遺》)[10]《莊子》曰:

> 夔憐蚿,蚿憐蛇,蛇憐風,風憐目,目憐心。夔謂蚿曰:"吾以一足趻踔而行,予無如矣。今子之使萬足,獨奈何?"(《秋水》)

"我有四足,動而不善;子一足而超踊,何以然?"與"吾以一足趻踔而行,予無如矣。今子之使萬足,獨奈何?"存在着明顯的繼承關係。

3.《新論》有引用莊子和弟子的對話:

> 莊周病劇,弟子對泣之。應曰:"我今死則誰先?更百年生則誰後?必不得免,何貪於須臾?"(《祛蔽》)

這段話今本《莊子》不存,很可能是《莊子》佚文。

4."惟人心之所獨曉,父不能以禪子,兄不能以教弟也。"(《離事》)《莊子》曰:

　　使道而可獻,則人莫不獻之於其君;使道而可進,則人莫不進之於其親;使道而可以告人,則人莫不告其兄弟;使道而可以與人,則人莫不與其子孫。(《天運》)

《莊子》論得"道"乃是個人的體悟,難以傳給別人,即使父子兄弟之間亦不能傳授。桓譚"惟人心之所獨曉,父不能以禪子,兄不能以教弟也"一句,顯然是對《莊子》的化用。

5."日月若連璧。"(《離事》)《莊子·列禦寇》曰:

　　莊子將死,弟子欲厚葬之。莊子曰:"吾以天地爲棺槨,以日月爲連璧,星辰爲珠璣,萬物爲齎送。吾葬具豈不備邪? 何以加此?"

以"連璧"喻"日月",是莊子首創。桓譚此喻亦是對《莊子》之文辭的直接化用。

　　綜上所述,《莊子》對桓譚及其《新論》的創作有着顯著的影響。《新論》吸收了道家莊子的形神觀、生死自然觀、無爲政治觀、養生思想等,體現了漢代儒道互補的趨勢。道家學説無疑也是桓譚反對讖緯神學的思想資源之一。同時,桓譚對神仙方術等迷信思想的批判,也是對道家道教化趨勢的一種抵抗。道教没有在道家文化的發源地——皖北地區産生,與桓譚等人對讖緯迷信的激烈反對有一定的關係。

①王充《論衡》,上海人民出版社,1974 年。

②張子俠《建國以來桓譚研究述評》,《淮北煤炭師範學院學報》1997 年第 1 期,第 59—63 頁。

③束世澂《後漢書選》,中華書局,1966 年,第 81 頁。

④班固《漢書》,中華書局,1962 年,第 4205 頁。

⑤宿縣安徽大學中文系《桓譚新論》校注小組《桓譚及其新論》,《安徽大學學報》增刊出版,1976 年。本文所引《新論》,若非注明,皆據此本。

⑥王先謙《莊子集解》,中華書局,1987 年。本文所引《莊子》皆據此本。

⑦王先謙《莊子集解》,第 31 頁。

⑧林希逸著,周啓成注《莊子鬳齋口義校注》,中華書局,1997 年,第 82 頁。

⑨桓譚《新論》,上海人民出版社,1967 年。

⑩此條據《太平御覽》卷八九九獸部十一屬於《莊子》。孤證無憑,暫歸《新論》。

作者簡介:高深,淮北師範大學文學院

通訊地址:安徽省淮北市東山路100 號　　郵編:235000

簡論反義並列式複音詞的分類及其詞義的抽象化

王雲路

先秦漢語詞彙以單音節爲主，雙音節不多，漢魏六朝以來產生了大量新詞，且以雙音詞居多。雙音詞中，並列式占了較大的比例。

在並列式複音詞中，反義並列比重不大，但其應用是相當廣泛的。《三國志·魏志·臧洪傳》裴注引謝承《後漢書》："其國大小，道里近遠，人數多少，風俗燥濕，山川草木、鳥獸異物，名種不與中國同者，悉口陳其狀，手畫地形。"這裏的"大小、近遠、多少、燥濕"等都是反義並列式。

反義並列複音詞的產生，源於人們對相反事物的對比。《論衡·禍虛》："一身之行，一行之操，結髮終死，前後無異。然一成一敗，一進一退，一窮一通，一全一壞，遭遇適然，命時當也。"此例"一成一敗，一進一退，一窮一通，一全一壞"都是一種對比，如果加以簡潔概括，就形成"成敗、進退、窮通、全壞"，成爲反義並列雙音詞。

所謂"反義"，是指構詞的兩個語素含義相對或相反。南朝梁江淹《知己賦》："論十代兮興毀，訪五都兮異同。""興毀"、"異同"都是一對反義語素的並舉。反義並列以實詞爲主，其特殊性在於內部結構關係比較複雜，兩個並列語素可以有豐富的意義類型，含義抽象化程度相對高些。

兩個語素含義相對，就是相對反義詞，是相對應的一對名物，包括人物關係上的"夫妻、男女、父母、父子、祖孫、君臣"等，自然界的事物"天地、日月、山水"等，表示時間、空間的"早晚、晨夕、左右、表裏、前後、中外、南北"等，多爲名詞類。此類並列，從一定意義上説，也屬於類義並列。

兩個語素含義相反，就是絕對反義詞，涉及面較廣。有表示人的品性、感受和是非評價的，如"智愚、貴賤、勇怯、善惡、美醜、喜怒、冷暖"等都是反義並列，大多屬於形容詞；有表示人行爲動作的，如"進退、舒遲、快慢、出入、行止、動靜、取與、往來、進退、去就、俯仰、陟降、低昂、依違、遊處、生死"等都是反義並列，大多屬於動詞；有表示事物性質、狀態的，如"異同、屯夷、緩急、險易、優劇、利鈍、貴賤、公私、輕重、枉直、遲速、長短、肥瘦、寒溫、燥濕、黑白、深淺、契闊、遠近、大小、少長、厚薄"等都是反義並列,大多屬於形容詞。形容詞和動詞構成真正意義上的反義並列比較多。本文討論的也多爲此類反義並列複音詞。

一　反義並列複音詞的類型

從合成後的語素意義上分析,反義並列複音詞主要包括以下四種類型:

第一類:並舉式

兩個語素義是合併使用的,表示甲與乙並舉。即兩個語素義都呈現,用的是本義。

優劇　《後漢書·劉寵傳》:"值中國喪亂,士友多南奔,繇攝接收養,與同優劇,甚得名稱。"

上例形容詞反義並列是合併式的,"優劇"謂安逸與艱難。

少長　《顔氏家訓·慕賢》:"少長周旋,如有賢哲,每相狎侮,不加禮敬。""少長"指年少和年長。這兩個語素義是相對應的關係。

單個語素本身有不同的含義,並列後也有不同的含義。如:

大小　可以指形體方面。王充《論衡·商蟲篇》:"(蟲)或白或黑,或長或短,大小鴻殺,不相似類,皆風氣所生,並連以死,生不擇日,若生日短促,見而輒滅。"此爲名詞,大的和小的。《東觀漢記》卷十八《甄宇傳》:"每臘,詔書賜博士羊,人一頭,羊有大小肥瘦。"此爲形容詞,指個頭大和小。

也代指人,猶言老少。仍然是名詞用法。如《世説新語·賞譽》:"劉道生日夕在事,大小殊快。"《敦煌曲校録·十二時·普勸四衆依教修行》:"性命惟憂頃刻間,渾家大小專看侍。"

可以指重要和不重要。《宋書·武帝紀上》:"常日事無大小,必賜與謀之。此宜善詳之,云何卒爾便答。"宋趙升《朝野類要·餘紀》:"仕宦在外任者,自有專一承受幹當之人,或是百司系籍人,或是門吏,凡有大小事務,爲之了辦。"這是"大小"的形容詞用法。

中外　指家庭内外,家人和外人。《世説新語·言語》:"孔融被收,中外惶怖。"《顔氏家訓·風操》:"因爾便吐血,數日而亡。中外憐之,莫不悲嘆。"

指朝廷内外,中央和地方。《三國志·吳志·吳主傳》載嘉禾六年詔曰:"中外群僚,其更平議,務令得中,詳爲節度。"《南齊書·東昏侯紀》:"詔曲赦京邑,中外戒嚴。"

指中國和外國。《後漢書·南匈奴傳》:"宣帝之世,會呼韓來降,故邊人獲安,中外爲一,生人休息六十餘年。"①

以上含義均爲"中"與"外"的單獨引申，故屬於並舉式。

還有一種表示包舉的，意思是無論 A 還是 B，也在此例。如：

公私 《顏氏家訓·慕賢》："侯景初入建業，台門雖閉，公私草擾，各不自全。""公私草擾"謂公和私都草擾，也就是無論公還是私都草擾。

死生 《宋書·竟陵王誕傳》："左右楊承伯牽誕馬曰：'死生且還保城，欲持此安之？速還尚得入，不然敗矣。'""死生"句謂無論生或死都返回城裏。

成語"進退維谷"（又作"進退唯谷"、"進退惟谷"），來自《詩經·大雅·桑柔》："人亦有言，進退維谷。""進退"可以理解成"進"和"退"，也就是"無論進還是退都……"的意思。《晉書·劉琨傳》載劉琨上表："自守則稽聰之誅，進討則勒襲其後，進退唯谷，首尾狼狽。"此例"進退"有進討和退守二義，屬於二義皆備的並舉式。《世說新語·紕漏》："仲堪流涕而起曰：'臣進退唯谷。'"亦其例。

第二類：選擇式

兩個語素義是提供選擇的，表示二者取一，即"或者……或者……"；"是……還是……"。

輕重 《宋書·謝方明傳》："嘗年終，江陵縣獄囚事無輕重，悉散聽歸家，使過正三日還到。"

枉直 《宋書·庾登之傳附庾炳之》："今之枉直，明白灼然，而睿王令王，反更不悟，令賈誼、劉向重生，豈不慷慨流涕於聖世邪？"

長短 《顏氏家訓·風操》："而家門頗有不同，所見互稱長短；然其阡陌，亦自可知。"

善惡 《論衡·問孔》："若此者，人之死生自有長短，不在操行善惡也。"

低昂 《論衡·變動》："故穀價低昂，一貴一賤矣。"隋闍那崛多譯《佛本行集經》卷七："如是等山，悉皆震動，並及一切諸餘小山，涌没低昂，嵬崒峨嵯，出大烟氣。"

遲速 《左傳·昭公十三年》："既聞命矣，敬共以往，遲速唯君。"

遲疾 《後漢書·律曆志中》："月行當有遲疾，不必在牽牛、東井、婁、角之間。"《顏氏家訓·歸心》："日月星辰，若皆是氣，氣體輕浮，當與天合，往來環轉，不得錯違，其間遲疾，理宜一等。"

得失 《世說新語·雅量》："祖士少好財，阮遙集好屐，並恒自經營。同是一累，而未判其得失。"

以上諸例反義並列是選擇式的，"輕重"言（罪行）程度或輕或重，"枉直"言或曲或直，"長短"言時間或長或短以及或好或壞，"善惡"言或善或惡，"低昂"言或低或高，"遲速"表示是快還是慢，"遲疾"言或慢或快，"得失"表示是得到還是失去（指優劣）。

以上兩類複音詞兩個語素含義都呈現，前者是簡單的含義相加，後者是二者選一，因而抽象化程度不高，介於詞與詞組之間。

第三類：偏指式

就是所謂的偏義複詞，即並列式中只保留一個語素的含義，另一個語素義不用。

厚薄　《宋書·庾登之傳附庾炳之》："然不知臣者，豈不謂臣有爭競之迹，追以悵悵。臣與炳之周旋，俱被恩接，不宜復生厚薄。""厚薄"偏於"薄"，指怨恨。

死生　《魏書·高允傳》："然臣與浩實同其事，死生義無獨殊。"《王梵志詩》第一首："一家有死生，合村相就泣。""死生"指死。

長短　西晉竺法護譯《度世品經》卷五："志厭菩薩，而誹謗之。求人長短，欲斷利養。惡眼視師，誹謗正法。""長短"偏指"短"，謂人的失誤，短處。

利鈍　《三國志·魏志·傅嘏傳》"景王遂行"南朝宋裴松之注引《漢晉春秋》："淮、楚兵勁，而儉等負力遠鬥，其鋒未易當也。若諸將戰有利鈍，大勢一失，則公事敗矣。"又《蜀志·許靖傳》："若時有險易，事有利鈍，人命無常，殞沒不達者，則永銜罪責，入於裔土矣。"《世說新語·文學》："謝萬作《八賢論》，與孫興公往反，小有利鈍。謝後出以示顧君齊，顧曰：'我亦作，知卿當無所名。'""利鈍"指"鈍"，猶言不利。

緩急　《史記·絳侯周勃世家》："孝文且崩時，誠太子曰：'即有緩急，周亞夫真可任將兵。'"又《扁鵲倉公列傳》："文帝四年中，人上書言意，以刑罪當傳西之長安。意有五女，隨而泣。意怒，罵曰：'生子不生男，緩急無可使者！'"《金匱要略·胸痹心痛短氣病脈證治第九》："胸痹緩急者，薏苡附子散主之。"《北齊書·祖珽傳》："孝征心行雖薄，奇略出入，緩急真可憑仗。""緩急"指急，緊急時刻。

也有作"急緩"者。《三國志·魏志·杜畿傳》："人情顧家，諸將掾吏，可分遣休息，急緩召之不難。"謂急，危急。

險易　《晉書·裴秀傳》："蜀土既定，六軍所經，地域遠近，山川險易，征路迂直，校驗圖記，罔或有差。"《宋史·宋琪傳》："大舉精甲，以事討除，靈旗所指，燕城必降。但徑路所趨，不無險易，必若取雄、霸路直進，未免更有陽城之圍。""險易"指險，艱險。

只取一個義素的偏義複音詞也沒有明顯體現出語素含義的抽象性與概括性。

第四類：概括式

與前三類不同，其含義不是語素義字面的相加、選擇或者取一，而是兩個語素並列引申抽象後產生的概括義，即產生新義。此類最能體現反義並列複音詞的抽象化程度。這也是同義或近義並列複音詞所不具備的特徵。

依違　《論衡·問孔》:"孔子之言,解情而無依違之意,不假義理之名,是則俗人,非君子也。"又《正說》:"授事相實而爲名,不依違作意以見奇。"《南齊書·宗室傳·遥昌》:"宏曰:'故當有故。卿欲使我含瑕依違,爲欲指斥其事?'""依"是靠近義,"違"是離開義。"依違"屬於相反語素義的並列,這兩個語素表示相反的舉動,抽象概括則爲遲疑、猶豫義[2]。向褒義上引申,就是容忍、寬容。《晋書·陶侃傳》:"臣以侃勳勞王室,是以依違容掩,故表爲南中郎將,與臣相近,思欲有以匡救之。"是其義。兩個相反語素義相加後的概括和抽象,就產生了新的詞義。

往來(來往)　本義是來去、往返義,又抽象爲交往、結交義。《魏書·劉廞傳》:"高肇之盛及清河王懌爲宰輔,廞皆與其子侄交遊往來。"《宋書·范曄傳》:"又有王國寺法静尼亦出入義康家内,皆感激舊恩,規相拯拔,並與熙先往來。"《世說新語·雅量》:"有往來者云:'庾公有東下意。'或謂王公:'可潛稍嚴,以備不虞。'王公曰:'我與元規雖俱王臣,本懷布衣之好。若其欲來,吾角巾徑還烏衣,何所稍嚴!'"此義現代漢語常見。

遊處　本謂遊行和居處。合成雙音詞有交往、交遊義。《全晋文》卷五十六袁喬《與左軍褚哀解交書》:"染絲之變,墨翟致懷,歧路之感,楊朱興嘆,况與將軍游處少長,雖世譽先後,而臭味同歸也。"《魏書·恩倖傳·趙邕》:"司空李沖之貴寵也,邕以少年端謹,出入其家,頗給按磨奔走之役。沖亦深加接念,令與諸子遊處。"

動静　本義是運動和安静。抽象指消息,情况。《六韜·動静》:"先戰五日,發我遠候,往視其動静,審候其來,設伏而待之。"東晋王羲之《雜帖》:"不審聖體御膳何如? 謹付承動静。"又:"得十一日疏,甚慰,三舍動静,馳情。"又王獻之《雜帖》:"遲此信反,復知動静。"

人們對反義並列式的誤解往往因爲不能夠把握此類結構關係,如人們對"陟降"、"契闊"等詞語的衆説紛紜,原因就在於此。限於篇幅,筆者會另文討論之。

二　反義並列式的詞彙化程度

以上四類反義並列式,其詞彙化程度並不一致。第一類爲並舉式,意義是兩個語素義的簡單相加,詞彙化程度很低,因爲語素義各自可以獨立。第二類選擇式,兩個語素義都呈現,只是語義上表示選擇。第三類偏指式,一個語素義不用。第四類概括式抽象度很高,是兩個語素合併之後的引申與抽象。如果把第一類、第二類、第三類看作物理變化,第四類則屬於化學變化。抽象化與詞彙化是一致的,抽象化程度越高,詞彙化程度也越高。我們分的這四類大約可以體現這樣由低到高的發展過程,而且是一個無法截然區分的整體。

有些雙音詞四種類型並存，我們關注呈中間狀態的結構關係，可能有助於完整地再現詞語定型和演變的全過程。我們看一個例子：

早晚　《諸病源候論·小兒雜病諸候》："小兒不能觸冒風邪，多因乳母解脱之時，不避溫涼暑濕，或抱持出入，早晚其神魂軟弱，而爲鬼氣所傷，故病也。""早晚"指早上和晚上。《齊民要術》卷一《種穀》："凡田欲早晚相雜。有閏之歲，節氣近後，宜晚田。然大率欲早，早田倍多於晚。""早晚"謂早穀與晚穀，指生長季節的早和晚。以上屬於第一類並舉式，可以看作詞組。

《三國志·魏志·王朗傳》："蓋生育有早晚，所産有衆寡也。"《世説新語·雅量》："羊曼拜丹陽尹，客來蚤者，並得佳設。日晏漸罄，不復及精。隨客早晚，不問貴賤。"《宋書·自序》："竊惟此既内藩，事殊外鎮，撫蒞之宜，無繫早晚。"《法苑珠林》卷二八引《冥祥記》："雖復去來早晚，未曾失中晡之期。"此言或早或晚，指次序、時間的先或後。屬於第二類選擇式。

《北齊書·崔昂傳》："即日除爲兼右僕射。數日後，昂因入奏事，帝謂尚書令楊愔曰：'昨不與崔昂正者，言其太速，欲明年真之。終是除正，何事早晚，可除正僕射。'明日，即拜爲真。"此言偏指"晚"，"何事早晚"猶言"何必晚"，屬於第三類，即偏指式③。

《魏書·李順傳》："世祖曰：'若如卿言，則效在無遠，其子必復襲世。襲世之後，早晚當滅？'"《顏氏家訓·風操》："嘗有甲設燕席，請乙爲賓，而旦於公庭見乙之子，問之曰：'尊侯早晚顧宅？'"《洛陽伽藍記》卷二《城東·綏民里》："步兵校尉李澄問曰：'太尉府前磚浮圖，形制甚古，猶未崩毀，未知早晚造？'"《隋書·藝術傳·萬寶常附王令言》："急呼其子曰：'此曲興自早晚？'其子對曰：'頃來有之。'"以上諸例"早晚"詢問時間，猶言何日、何時。屬於概括式，爲第四類。

西晉竺法護譯《佛説鹿母經》："始生於迷惑，當早見孤棄，凡生皆有死，早晚當就之。"此例"早晚"猶言終歸，抽象虛化爲副詞。屬於第四類。現代漢語中仍有此用法。

可以看出，中古時期，"早晚"反義並列，呈現四種類型狀態。現代漢語中，"早晚"通常有副詞的用法，表示"終歸"，"總有一天"；也表示時間，作名詞。

一般説來，第一類、第二類詞化程度不高，往往是簡單的並舉或選擇，也可以看作是一個過渡階段；第三類屬於一種委婉的修辭表達（具體詳下）。這三類單個語素的本義没有變化，第四類則顯示了合成後詞義的變化，是反義並列式中最爲複雜的一類，也是詞彙化程度最高的。

三　劃分反義並列式類型的意義

我們把反義並列劃分爲四種類型,有什麼價值呢? 大致有以下兩方面的價值:一是可以準確分析反義並列複音詞諸多含義間的關係及其來源。二是可以分清偏義複詞與連類而及的區别。

首先,我們舉雙音詞"消息"爲例,討論第一個問題。"消息"有"斟酌、思考"、"信息"、"休息、照顧"等義項,這些義項間的聯繫是什麼,爲什麼會産生這些義項? 通過分析"消息"這一反義並列式的内部結構類型,大致可以回答這些問題。

(1)"消息"本是反義並列,謂消長,即消減和增長。《史記·賈誼列傳》:"合散消息兮,安有常則? 千變萬化兮,未始有極。"這是第一類並舉式。

(2)斟量,或增或减。這是一種變化的具體手段。《後漢書·樊準傳》:"如遣使者與二千石隨事消息,悉留富人守其舊土,轉尤貧者過所衣食,誠父母之計也。"《齊民要術》卷七《笨曲並酒》:"大率用水多少,酸米之節,略準春酒,而須以意消息之。"唐孫思邈《千金要方·小腸腑方》:"服前湯後,四體尚不涼冷、頭目眩轉者,防風湯主之。此湯大都宜長將服,但藥中小小消息之,隨冷暖耳,仍不除瘥者,依此方。"這是第二類選擇式。

"消長"屬於客觀的、被動的狀態;"或增或减"是主觀的、施動的行爲。這是以上二義間的區别。

(3)變化。消長本身即是一種變化,含義趨於抽象,可以泛指改變、變化。漢孔融《肉刑議》:"上失其道,民散久矣,而欲繩之以古刑,投之以殘棄,非所以與時消息也。"這裏的"消息"已經不是本義消長了,而是泛指變化,此例指刑罰手段的變化。

(4)斟酌,考慮。《顔氏家訓·文章》:"在時君所命,不得自專,然亦文人之巨患也。當務從容消息之。"這是一種抽象的變化途徑,作動詞。是從行爲動作到心理動詞的變化。

(5)信息。《三國志·吳志·胡綜傳》:"謂光所傳,多虚少實,或謂此中有他消息,不知臣質構讒見疑,恐受大害也。"《宋書·蔡廓傳》:"殿内將帥,正聽外間消息,若一人唱首,則俯仰可定。"晋干寶《搜神記》卷十五:"伯文以次呼家中大小,久之,悲傷斷絶,曰:'死生異路,不能數得汝消息,吾亡後,兒孫乃爾許大!'"這是一種變化的結果,轉爲名詞義。詞性變化,抽象化程度更高。現代漢語用的主要是這一義位。

以上(3)、(4)、(5)三義屬於第四類概括式。

(6)休息。這是"消息"偏指"息"産生的含義。舊題西晋安法欽譯《阿育王經》卷九:"優波笈多見長老來,即出迎之,語言:'大德洗足消息。'"《魏書·獻文六王傳下·彭城王勰》:

“至夜皆醉,各就別所消息。俄而元珍將武士齎毒酒而至。”① 從“消息”兩個語素的意義上看,“息”偏重於積極的、正面的意義,人的將息、歇息,本質上説都是身體機能的增長,恢復也是一種增長。

(7)又特指病後的將息,即調養,休養。晋王羲之《雜帖》:“卿先羸甚,羸甚,好消息。吾比日極不快,不得眠食,殊頓。”又:“比各何似? 相憂不忘,當深消息,以全勉爲大。”《淳化閣帖釋文》卷六載《晋王凝之書》:“漸冷,産後何似? 宜佳消息。吾並更不佳,憂之。”《脈經》卷二《平三關病候並治宜》:“陽虛自汗出而短氣,宜服茯苓湯内補散,適飲食消息。”《魏書·獻文六王傳下·彭城王勰》:“及引入,蹇便欲進治。勰以高祖神力虛弱,唯令以食味消息。”《魏書·李順傳》:“延和初,復使涼州,蒙遜遣中兵校郎楊定歸白順曰:‘年衰多疹,舊患發動,腰脚不隨,不堪伏拜。比三五日,消息小差,當相見。’”將息調養本質上也是一種休息。“消息”還可以作及物動詞,猶言“養病”。《世説新語·規箴》:“殷覬病困,看人政見半面。殷荆州興晋陽之甲,往與覬別,涕零,屬以消息所患。覬答曰:‘我病自當差,正憂汝患耳。’”是其例。

(8)還指照料(病人、嬰兒等),即使之休息。三國吴康僧會譯《六度集經》卷五:“昔者菩薩,厥名曰睒……父母年耆,兩目失明,睒爲悲楚,言之泣涕,夜常三興,消息寒温。”南朝宋求那跋陀羅譯《雜阿含經》卷二六:“譬如嬰兒,父母生已,付其乳母,隨時摩拭,隨時沐浴,隨時乳哺,隨時消息。”

以上(6)、(7)、(8)三義本質上都是休息,前二義爲主動,後一義爲使動。此三義屬於第三類偏指式。

如此梳理,就會明白“消息”的諸多義位可以歸屬四類:(1)爲消長義,即本義,屬於並舉式;(2)爲具體的增減義,屬於選擇式;(3)、(4)、(5)爲變化義,包括抽象的思考義,以及作爲變化結果的信息義,屬於概括式;(6)、(7)、(8)爲休息義,包括休養和照料,屬於偏指式。同時也可以解釋“消息”爲什麽會產生這些看似不相干的義位。如果編寫複音詞詞典,或者解釋反義詞詞義時,能夠考慮同一詞内部這些不同的意義類型,會更清晰地呈現出其義位間的脈絡關係。這是闡述反義並列式複音詞意義關係的有效途徑。

其次,我們討論第二個問題,即偏指式的本質特徵。在並列複音詞中,反義並列是比較複雜的一類;在反義並列複音詞中,偏指式複詞是更爲特殊的一類。偏指式爲什麽只取一語素而二者並舉? 是否與語言的經濟性原則相悖? 其構詞理據是什麽? 偏指式是否等於連類而及?

偏指式就是人們常説的偏義複詞,其特點是往往好的、有利的、正面的語素義消失,只保留負面的語素義。比如上文舉到的“厚薄”、“緩急”、“生死”,實指的是“薄”、“急”、“死”。

爲什麼呢？這恐怕與漢民族中庸含蓄的處事態度和認知心理有關，對於好的事情，通常用好的字眼表達，雙音詞往往要用兩個正面的語素去表達，即同義並列，如"華美"、"美妙"表示美好、美麗，絕不用"美醜"等反義並列詞表達；"喜愛"、"熱愛"、"關愛"表示親愛，喜好，絕不用"愛恨"、"愛憎"等反義並列詞表達。而要表達負面的不好的意思，則可以用反義並列複音詞，這樣就沖淡了、消減了生硬、粗俗、刺目等不雅感覺；可以和緩表達，容易讓人接受。試想，"生死"要比"死亡"和緩許多，"緩急"要比"危急"平和不少，"厚薄"要比"刻薄"柔和一些。這是偏指式複音詞的主要功能和作用，也是正反二義皆備而通常只取負面語素義的根本原因。如此看來，有學者把"緩急"取"急"義，說成"語義脱落"，恐怕是不恰當的。無所謂"脱落"，是人們用詞的一種修飾手段。否則，爲什麼有時脱落有時不脱落，爲什麼只脱落正面語素義？

根據言語交際的禮貌原則，人們往往會用避諱、委婉的表達方式，而不用明顯的完全同義的負面語素義，不全用一些禁忌的、令人厭惡的字眼，而偏義複詞正是這一心理習慣支配的產物，屬於委婉語的範疇，這也是偏義複詞產生的主要原因。所以偏義複詞的產生，既是漢語詞彙複音化的大勢所趨，更是行文修辭的需要。語言的禮貌原則大於經濟原則。從一種修辭表達、禮貌原則的角度去理解偏指式複音詞，會揭示其本質特徵。比如：

存亡　偏指"亡"，危亡，滅亡。《三國志·蜀志·法正傳》："敵家數道並進，已入心腹，坐守都雒，存亡之勢，昭然可見。"西晋竺法護譯《大哀經》卷六："十方諸火境界興焰，若復衰滅存亡所在，亦悉達之。"晋盧子諒《贈劉琨》："感念存亡，觸物眷戀。"南朝梁僧祐撰《弘明集》卷二："今百代衆書飄蕩於存亡之後，理無備在，豈可斷以所見絕獻酬于孔老哉。"以上用"存亡"而不用"滅亡"、"危亡"，也是委婉表達的習慣所致，其保留語素義也一定是"亡"。一般説來，偏義複詞作爲委婉語，實際所指大多是其中負面的語素義。

異同　《世説新語·德行》："王子敬病篤，道家上章應首過，問子敬：'由來有何異同得失？'子敬云：'不覺有餘事，唯憶與郗家離婚。'"徐震堮《校箋》："'異同得失'乃偶辭偏義之例，'異同'與'得失'各爲一詞，此處專重後者；而'得失'一詞中，又專取一失字。"按：此説未盡確，"得失"是偏指"失"，"異同"則偏指"異"，兩詞同義連言，謂差錯，不正常的，且皆爲偏指式反義並列複音詞。

三國蜀諸葛亮《前出師表》："宮中府中，俱爲一體，陟罰臧否，不宜異同。"此例"異同"偏指"異"，謂差異，不同。《世説新語·識鑒》："于時朝議遣玄北討，人間頗有異同之論。"《周書·李賢傳附李遠》："魏正光末，天下鼎沸，敕勒賊胡琛侵逼原州，其徒甚盛。遠昆季率勵鄉人，欲圖拒守，而衆情猜懼，頗有異同。"以上"異同"都偏指"異"，表示反對或不一致。

並非保留一個語素義都是偏義複詞，都是委婉語，這主要看是否爲真正的反義並列。

這裏牽涉到連類而及和類義並列的問題。偏指式（即通常所説的偏義複詞）與連類而及的關係如何？與類義並列如何區别？比如：

忠孝　指忠和孝。《世説新語·自新》1劉孝標注引《晋陽秋》："伏波孫秀欲表處母老，處曰：'忠孝之道，何當得兩全？'""忠孝"是人應當具備的兩種優秀品德，但往往説"忠孝不能兩全"，所以就把"忠孝"提到相對立的位置。有時候，也可以偏指忠或孝。《後漢書·蔡邕傳》："誰敢爲陛下盡忠孝乎？"此處偏指"忠"。"忠孝"屬於類義並列，不是反義並列，可以看作連類而及。

如果是類義並列，可以有不同的保留語素，而且没有正、負語素義之分。比如：

階庭　猶言庭院。《世説新語·言語》："謝太傅問諸子侄：'子弟亦何預人事，而正欲使其佳？'諸人莫有言者，車騎答曰：'譬如芝蘭玉樹，欲使其生於階庭耳。'"《方正》56劉孝標注引《羅君別傳》："及致仕還家，階庭忽蘭菊挺生。"《顔氏家訓·書證》："江東頗有此物，人或種於階庭，但呼爲旱蒲，故不識馬薤，講《禮》者乃以爲馬莧。""階"與"庭"位置相近，因"庭"而及"階"，是名詞的連類而及。《全唐詩》卷四四二白居易《題新居寄元八》："冷巷閉門無客到，暖簷移榻向陽眠。階庭寬窄才容足，墻壁高低粗及肩。"此例"階庭"當指臺階，詞義偏在"階"上。

"階庭"本謂臺階與庭院，與山野、高崖相對，可以代指家門，也可以指公府。《太平御覽》卷九八三引晋嵇含《槐香賦序》："曾見斯草殖于廣夏之庭，或披帝王之圃，怪其遐棄，遂遷樹于中唐，華麗則殊彩阿那，芳實則可以藏書，又感其棄本高崖，委身階庭。"《北齊書·循吏傳·房豹》："遷樂陵太守，鎮以凝重，哀矜貧弱，豹階庭簡静，圄圂空虚。"《大詞典》"階庭"條釋爲"臺階前的庭院"，似過於坐實。

霧露　指霧。《晋詩》卷十九《清商曲辭·吴聲歌曲·子夜歌》："我念歡的的，子行由豫情。霧露隱芙蓉，見蓮不分明。"

以上"忠孝"、"階庭"、"霧露"三例雙音詞從來源和結構上説是類義並列，即相近的、相關聯的語素的並列，屬於連類而及的修辭方式，主要是爲了雙音節的構詞需要。再比如"大夫不得造車馬"，"車馬"是因車而及馬，屬於連類而及。"禹舜三過家門而不入"，"禹舜"是因禹而及舜。類義並列以名詞居多，由此造成的偏義複詞，當屬於連類而及，與委婉語無涉。

總之，準確判斷反義並列式的内部結構類型，有助於詞義的把握。

四　反義並列式類型的鑒別方法

反義並列式需要仔細分辨其内部結構。主要看語素義是否發生變化。比如第一類和第四類看上去差別很大,但如果混同相雜,往往會含義模糊。關鍵在於其詞義是單個語素產生的還是兩個語素合併後產生的,能分開的屬於第一類,反之屬於第四類,這是鑒別的主要方法。也舉幾個例子。

本末　(1)本謂"樹木的下部與上部"。由此"本"和"末"引申,產生許多義項:

(2)泛指上下、君臣、主次等。《漢書·賈誼傳》:"本末舛逆,首尾衡決,國制搶攘,非甚有紀。"三國魏曹冏《六代論》:"君孤立於上,臣弄權於下,本末不能相禦,身手不能相使,由是天下鼎沸,奸凶並争。"

(3)又指農業和工商業。《史記·孝文本紀》:"今勤身從事而有租稅之賦,是爲本末者毋以異,其于勸農之道未備。"《後漢書·王符傳》:"本末不足相供,則民安得不飢寒!"

(4)還指仁義和法制。漢賈誼《過秦論下》:"故周王序得其道,千餘載不絶,秦本末並失,故不能長。"⑤

(5)先後、次序。東漢徐幹《中論》卷下:"夫人君非無治爲也,失所先後故也。道有本末,事有輕重,聖人之異乎人者,無他焉,蓋如此而已矣。"

以上都是"本"與"末"分開引申,單獨有所指,都是反義並列複音詞第一類的範疇,即並舉式。

(6)"本末"又抽象出原則、道理、根據義。《漢書·刑法志》:"刑罰不可廢于國,征伐不可偃於天下。用之有本末,行之有逆順耳。"《三國志·魏志·辛毗傳》:"毗正色曰:'主上雖未稱聰明,不爲暗劣。吾之立身,自有本末。就與劉、孫不平,不過令吾不作三公而已,何危害之?'"又《吳志·是儀傳》:"儀對曰:'今刀鋸已在臣頸,臣何敢爲嘉隱諱自取夷滅,爲不忠之鬼?'顧以聞知當有本末,據實答問,辭不傾移,權遂舍之,嘉亦得免。"《晋書·陶侃傳》:"侃乃以運船爲戰艦。或言不可。侃曰:用官物討官賊,但須列上,有本末耳。"

(7)又指事情的經過、原委,作名詞。《三國志·吳志·孫綝傳》:"朱據先帝舊臣,子男熊、損皆承父之基,以忠義自立,昔殺小主,自是大主所創,帝不復精其本末,便殺熊、損,諫不見用,諸下莫不側息。"《法句譬喻經》卷三《道行品》:"梵志見佛,稽首作禮,具以本末向佛陳之:'實是我兒,不肯見認。'"

(8)又表示詳細,原原本本,作形容詞。《史記·高祖功臣侯者年表》:"於是謹其終始,表其文;頗有所不盡本末,著其明,疑者闕之。"三國吳支謙譯《佛説義足經》卷上《摩竭梵志經第四》:"諸比丘……還到佛所,作禮竟,皆就座,即爲佛本末説如是。"吳康僧會譯《六度集經》卷二:"王問舊臣:'仁王力當千人,而爲此子所獲乎?'舊臣頓首蹞地,哀慟痛莫能對,更問梵志,梵志本末陳之。"西晋竺法護譯《生經》卷五《佛説夫婦經第五十四》:"見其女人,端正殊好,顔貌殊異,世所稀有,即問女人:'卿爲何人? 爲所從來?'其婦本末爲彼國王説所變故。"

　　"本末"通常是陳述的對象。晋陶潛《搜神後記》卷四："奴既醒,唤問之,見事已露,遂具説本末。"北魏慧覺等譯《賢愚經》卷四："尸利苾提聞是語已,心驚毛竪,惶怖汗水,白言:'和上,曼我今者心未裂頃時,爲我説本末因緣。'"" 本末因緣"同義並列。《宋書·王玄謨傳》："玄謨令内外晏然,以解衆惑。馳啓孝武,具陳本末。帝知其虚,馳遣主書吳喜公撫慰之。""具陳本末"這裏的"本末"是名詞,以賓語的身份出現在"陳"之後。如果"本末"位移到動詞"説"或"陳"之前,則由説的對象變成了對"説"的修飾。從情理上看,説出事情的經過原委要詳細,故"本末"又表示原原本本、詳細,即從頭至尾地(叙述)。這就是(7)、(8)含義的聯繫。

　　以上(6)、(7)、(8)三義屬於概括式,因爲是"本末"合併後抽象出的含義。

　　寒溫　　本謂冷暖。《晏子春秋·諫下十三》："故魯工不知寒溫之節,輕重之量,以害正生,其罪一也。"《漢書·京房傳》："其説長於灾變,分六十四卦,更直日用事,以風雨寒溫爲候。"這是本義,屬於並舉式。

　　晋葛洪《肘後備急方》卷二《治傷寒時氣溫病方》："三升水極令沸,以向所和水,投湯中,急攪,令相得,適寒溫,頓服取汗。""適寒溫"謂溫度合適,"寒溫"指溫度,作名詞。

　　寒溫冷暖是人生活中的必要條件,所以常常作爲話題表示關心。《續齊諧記》："女人于口中吐出一男子,年可二十三四,亦穎悟可愛,仍與彦叙寒溫。"南朝陳江總《南還尋草市宅》："無人訪語默,何處叙寒溫。""叙寒溫"猶言問候、聊天、拉家常。

　　可以作動詞,猶言問候,寒暄。東晋陶潛《搜神後記》："固踊躍,令門吏走往迎之。始交寒溫,便問:'卿能活我馬乎?'""始交寒溫"即謂剛交談、問候。晋干寶《搜神記》卷十六："忽有客通名詣瞻,寒溫畢,聊談名理。"《世説新語·賞譽》："兄子濟每來拜墓,略不過叔,叔亦不候。濟脱時過,止寒溫而已。"此以"寒溫"指問候冷暖起居,即寒暄、客套。

　　對人生活的關照首先是冷暖,三國吳康僧會譯《六度集經》卷五："昔者菩薩,厥名曰睒……父母年耆,兩目失明,睒爲悲楚,言之泣涕,夜常三興,消息寒溫。""消息寒溫"指照顧生活起居。"寒溫"還可以作動詞,徑直謂照顧生活起居。西晋無羅叉譯《放光般若經》卷十一："譬如母人一一生子,從一數至於千人,母中得病,彼諸子等各各求救療治,所進寒溫燥濕,將育所宜,令母安隱。"[6]

　　以上二義爲抽象義,屬於概括式,也就是發生了語素義結構的變化。

　　還有幾個與"寒溫"同義的反義並列複音詞,其結構類型和詞義產生方式相同。如:

　　溫涼　　猶"寒暄",與"寒溫"同,即所謂問寒問暖。梁陶弘景《周氏冥通記》卷四："直見拜,溫涼而出。"屬於概括式。

　　寒暑　　本指季節冷暖,多用以指問候冷暖起居,猶言寒暄、客套。東晋郭澄之《郭子》

"張憑舉孝廉"條:"張遂徑往詣劉。既前,處之下坐,通寒暑而已。"《世説新語·文學》:"張遂詣劉,劉洗濯料事,處之下坐,唯通寒暑,神意不接。"《宋書·文五王傳·廬江王褘》:"公稽古寡聞,嚴而無理,言不暢寒暑,惠不及帷房,朝野所輕,搢紳同侮,豈堪輔相之地,寧任莅民之職,非唯一朝,有自來矣。"

　　燥濕　本謂乾燥和潮濕。可指温度、濕度。《齊民要術·梁秫》:"燥濕之宜,杷勞之法,一同穀苗。"《齊民要術·耕田》:"凡耕高下田,不問春秋,必須燥濕得所爲佳。"

　　引申指環境、氣候。《三國志·魏志·臧洪傳》裴注引謝承《後漢書》:"其國大小,道里近遠,人數多少,風俗燥濕,山川草木,鳥獸異物,名種不與中國同者,悉口陳其狀,手畫地形。"

　　喻指日常生活起居。《三國志·吳志·駱統傳》:"常勸權以尊賢接士,勤求損益,饗賜之日,可人人別進,問其燥濕,加以密意,誘諭使言,察其志趣,令皆感恩戴義,懷欲報之心。"引申指照料、照顧生活起居。《搜神記》卷五"丁姑渡江"條:"翁曰:'恐燥濕不至,何敢蒙謝?'"《三國志·魏志·陳思王植傳》:"今臣與陛下踐冰履炭,登山浮澗,寒温燥濕,高下共之,豈得離陛下哉?"東漢支婁迦讖譯《道行般若經》:"若母安隱無他,便自養長其子,令得生活,寒温燥濕,將護視之。""寒温燥濕"是"寒温"與"燥濕"兩個反義並列複音詞的同義並列。此爲概括式。

　　關於反義並列偏指式的理解,主要看兩個語素並舉還是單取一個語素義。我們舉一個例子。

　　得失　(1)本指得到和失去。《管子·七臣七主》:"故一人之治亂在其心,一國之存亡在其主,天下得失,道一人出。"此"得失"指或得或失。屬於第二類,即選擇式⑦。

　　(2)指好壞,優劣,利弊,正確與錯誤。《漢書·宣帝紀》:"循行天下,察吏治得失。"《東觀漢記》卷十七《黃香傳》:"黃香,字文強,拜尚書郎,數陳得失,賞賜常增異同位。"《宋書·禮志》:"今使使持節侍中、副給事黃門侍郎,銜命四出,周行天下,親見刺史二千石長吏,申喻朕心懇誠至意,訪求得失損益諸宜,觀省政治,問人間患苦。"《魏書·公孫表傳》:"詔曰:'今古時殊,禮或隆殺。專古也,理與今違;專今也,大乖曩義。當斟酌兩途,商量得失,吏民之情,亦不可苟順也。'"《晉書·孟嘉傳》:"嘉還都,亮引問風俗得失,對曰:'還傳當問吏。'"

　　此爲並舉式,屬於第一類,因爲"得"與"失"都分別有所指,其意義是單個語素含義的引申與擴展,而不是合併後的抽象和概括。

　　(3)單指"失",過錯,過失;失去。屬於偏指式,爲第三類。《史記·平原君虞卿列傳》:"上采《春秋》,下觀近世,曰《節義》、《稱號》、《揣摩》、《政謀》,凡八篇,以刺譏國家得失,世傳之曰《虞氏春秋》。"《南史·齊紀下·廢帝東昏侯》:"帝小有得失,潘則與杖。"這是明顯的偏指。上引《世説新語·德行》"由來有何異同得失"亦偏指"失"。

　　有一類偏指不那麽明顯。《魏詩》卷十阮籍《詠懷詩八十二首》之二十八:"窮達自有常,得失又何求?豈效路上童,攜手共遨遊。"晉陶潛《祭從弟敬遠文》:"心遺得失,情不依世。"

以上二例"得失"表面上可以看作指名利的得到與失去,但事實上偏指"失",謂失去也不在乎。《宋書·庾登之傳附庾炳之》:"若不如此,亦當不辯有所得失。臣巷,既有所启,要欲盡其心,如無可納,伏願宥其觸忤之罪。"又:"上於炳之素厚,將恕之,召問尚書右僕射何尚之,尚之具陳炳之得失。"此二例亦偏指"失",謂失誤、過錯。

　　選擇式是從語境中可以直接理解的,通常不會產生混淆。此從略。

參考文獻

蔡鏡浩 1990 　《魏晋南北朝詞語例釋》,江蘇古籍出版社,南京。

方一新、王雲路 1993 　《中古漢語讀本》,吉林教育出版社,長春;修訂本,2006,上海教育出版社,上海。

江藍生 1988 　《魏晋南北朝小説詞語匯釋》,語文出版社,北京。

羅竹風主編 1986—1993 　《漢語大詞典》,漢語大詞典出版社,上海。

錢鍾書 1979 　《管錐編》(第三册),中華書局,北京。

王雲路、方一新 1992 　《中古漢語語詞例釋》,吉林教育出版社,長春。

王雲路 2010 　《中古漢語詞彙史》,商務印書館,北京。

王雲路、王誠 2014 　《漢語詞彙核心義研究》,北京大學出版社,北京。

張萬起 1993 　《世説新語詞典》,商務印書館,北京。

張永言主編 1992 　《世説新語辭典》,四川人民出版社,成都。

朱慶之 1992 　《佛典與中古漢語詞彙研究》,文津出版社,臺北。

①參看蔡鏡浩(1990)"中外"條(432頁)。

②《大詞典》解釋"謂模棱兩可"。意思接近但没有溯源。

③此例比較特别,也可以理解成何必考慮時間是早還是晚,則屬於第二類。但有增字爲訓的嫌疑。

④錢鍾書 1979(1110頁),江藍生 1988(226頁),蔡鏡浩 1990(363頁),朱慶之 1992(191頁),王雲路、方一新 1992(401頁)等均討論過"消息"的詞義,可以參看。

⑤(3)(4)也屬於(2)的"主次"方面的具體語境義。

⑥參張永言主編 1992(159頁),方一新、王雲路 1993(118頁),張萬起 1993(222頁)。

⑦此例看作第一類並舉式也可以。

附記:本文爲國家社科基金重大項目"漢語詞彙通史"(14ZDB093)之相關成果。

作者簡介:王雲路,浙江大學古籍研究所教授、教育部長江學者特聘教授

通訊地址:浙江大學西溪校區古籍研究所　　郵編:310028

章太炎《春秋左傳讀》平議

——以訓詁爲中心

王　誠

一　引言

　　清代《左傳》學發端於顧炎武，其後近三百年間治《左傳》者輩出，成績可觀。其時樸學大興，乾嘉學者率重考據。惠棟確立漢學宗旨，作《左傳補注》，沈彤《春秋左傳小疏》、洪亮吉《左傳詁》、馬宗璉《左傳補注》、梁履繩《左傳補釋》咸糾正杜（預）注，引申賈（逵）、服（虔）之緒言，以李貽德《賈服古注輯述》爲最備。劉文淇撰《春秋左氏傳舊注疏證》，一家三代相繼，惜乎未竟其業①。推崇漢儒古注，糾駁杜注、孔疏，是清代《左傳》學的特色。作爲乾嘉漢學的"殿軍"，章太炎的《左傳》研究承繼前人而又獨有創獲。他説"《左氏》古字古言，沈、惠、馬、李諸君子既宣之矣"，但對漢代典籍中所留存的孤文墜字僅"稍稍道及之"，"猶有不薎，故微言當紬"，又"《左氏》古義最微"，須"極引周、秦、西漢先師之説"，"極爲論難辨析"，"以淺露分別之詞，申深迂優雅之旨"，以紬其大義②。章太炎在詁經精舍時期所撰《春秋左傳讀》（下簡稱《左傳讀》）"初名《褋記》"，"後更曰《讀》"，"取發疑正讀爲義"，將《左傳》和周、秦、兩漢諸多典籍相互參證，考訂詮釋《左傳》古字古詞、典章名物和微言大義。

　　這部約五十萬字的著作被視爲"近代《左傳》學中舉足輕重的經疏"③。姜義華將其校點、重新編次，收錄於《章太炎全集》第二册④，近年來以此書爲對象的研究漸增，不過多數是探討章太炎的經學思想，考察《左傳讀》在經學史上的意義⑤。其實，《左傳讀》在經傳訓釋、語言文字研究方面的價值也頗值得關注。楊伯峻的《春秋左傳注》就充分吸收了章氏的成果，在很多地方接受了《左傳讀》的觀點，或者將其列爲一説。單周堯曾舉數例論《左傳讀》"時或求諸過深"，但他同時指出此書"雖或鑿空駕遠，紊實隳真，然破聚訟未決之疑，發千古不傳之祕者，自亦不尠，研治'春秋左傳學史'者，自當揚其清芬，辨其舛謬，評定其功過得失"⑥。繼之者有郭鵬飛，他舉十二則爲例進一步探析《左傳讀》的優點與不足⑦。吳冰妮也從文獻學角度出發探討了《左傳讀》解釋經傳的方法與特點⑧。但《左傳讀》的内涵和意義還有待更深入的開掘和闡發,本文主要從訓詁的角度闡釋《左傳讀》的價值,並討論其訓釋的得失。

二　訓詁方法

章太炎承襲乾嘉漢學傳統,邃於小學,"初治《左傳》,偏重漢師"⑨,"以杜預《集解》多棄舊文",故"徵引曾子申以來至於賈、服舊注"⑩,又"遍尋荀卿、賈生、太史公、張子高、劉子政諸家《左氏》古義"⑪,在索隱鉤沉、"修舉故訓"的基礎上對《左傳》詞義多有考訂和創發⑫。一方面,以故訓爲依歸⑬,如《閔元年》"攜貳"條以"攜爲攜之借字",《昭元年》"懼選"條訓"選"爲遣,皆本於《説文》。又如《昭二十五年》"欲使余"條,據《爾雅》釋"使"爲從。另一方面,善於汲取前人成果。如《成八年》"以我爲虞"條,訓"虞"爲度,《襄二十年》"暴蔑"釋爲輕慢,皆從王引之説。又如《哀二十四年》"嘽言"條引錢大昕的觀點。再如,《昭五年》"誰其重此"條釋"重"爲任,本於其師俞樾。《左傳讀》在訓詁方法上體現出太炎對乾嘉學派的繼承,這裏着重説明四個方面。

(一)因聲求義

因聲求義是清代訓詁學的重要方法,戴震提出"故訓聲音,相爲表裏"⑭,王念孫强調"訓詁之旨,本於聲音"⑮,段玉裁説"學者之考字,因形以得其音,因音以得其義"⑯。章太炎對此頗爲熟稔,並且進一步以聲音爲綫索由字説詞,他主張"夫治小學者,在於比次聲音,推迹故訓,以得語言之本"⑰。作爲太炎早期的著作,《左傳讀》運用因聲求義的方法較前人有過之而無不及。

1.破假借

假借是文字的同音借用,但同音借用並不要求完全同音,借字與本字之間可能有細微的音異,或者在借用時完全同音,後來各自發生音變而産生音異⑱。因此,破假借有賴於音韻研究的成果。另一方面,講假借必須核證於文獻語言,即必須從實際語言材料中找出佐證⑲。章太炎熟稔漢代經師的故訓,膺服乾嘉諸老,《左傳讀》雖有時求之過深,未免清儒輕言假借之病,但也有不少借字的破讀"信而有徵"。如:

以獻其功(僖公三十年冬)

　　僖三十年:"薦五味,羞嘉穀,鹽虎形,以獻其功。"麟案:上云:"以象其德。"此獻與象同意,讀當如儀。⑳

"獻""儀"歌元對轉,"獻讀爲儀"見於《周禮》鄭司農注,文獻中"民獻"作"民儀","獻尊"

亦作"犧尊",《説文》"犧"或作"钀",都可證"獻"和"義(羲)"聲通。太炎更舉《國語·周語》"上不象天而下不儀地"證"儀""象"同義,這裏的"儀""象"是效法的意思,而上舉**"儀""象"**意謂象徵,義微別而實質同。又如:

婦人暫而免諸國(僖公三十三年四月)

> 僖三十三年:"婦人暫而免諸國。"按:暫,借爲漸。……此暫亦詐也。文嬴言:"彼實構吾二君。"又言:"使歸就戮于秦。"皆詐語也。不當如杜預訓暫爲卒。[20]

《書·般庚》"暫遇姦宄",王引之讀"暫"爲"漸",並據《莊子》、《荀子》證"漸"有詐義,可謂精核。太炎移用其説糾正杜注,頗爲可信。除了徵引先師、前賢之説,太炎對於經傳假借也不乏獨到之見。如:

不允於魯(文公四年夏)

> 文四年:"君子是以知出姜之不允於魯也。"杜預注:"允,信也。始來不見尊貴,故終不爲國人所敬信也。"麟案:……若以允爲敬信,則此時已不敬信矣,何待言"是以知"乎? 允當借爲遂。……此謂出姜不終於魯,還復歸齊耳。允又與駿通。……不駿於魯,亦謂子孫不長茂於魯也。[22]

《説文》云:"旞,道車所以載,全羽以爲允。允,進也。"段玉裁云:"允、旞亦雙聲疊韵也。……允盾術遂四字音近。"故太炎以"允"爲"旞"的聲訓,"允"可借爲"遂"。《説文》"駿"從夋聲,"夋"從允聲,故"允""駿"聲同。

2.證詞義

因聲求義的兩大作用是破假借和求語源。從語根、詞源的角度看,音近者義往往相近,所謂"同意之字往往同音"[23],因此,"可由聲以繹其義",即通過聲音關係考求詞義。如:

成事也(桓公二年冬)

> 桓二年:"特相會。往來稱地,讓事也。自參以上,則往稱地。來稱會,成事也。"麟案:"成"與"讓"對文。……皆當任之意,言肯爲會主,正與讓反也。杜預注以爲成會事,遂以讓爲不成會事。不知二人相會,莫適爲主,非謂事竟不成也。[24]

此條舉出和"成"韵同(耕部)聲近(舌音)的"貞""丁""正""聽""鼎"。《書》"我二人共貞"馬融注:"貞,當也。"王國維《洛誥解》:"貞當爲鼎,當也。謂卜之休吉,王與周公共當之也。"《詩》"寧丁我躬"毛傳:"丁,當也。"皆含承當之義。《漢書》"天子春秋鼎盛"亦謂正當盛年。唯所舉《傳》"戎昭果毅以聽之"無當任之意,但"正""聽"相通,《周禮·夏官·序官》"以正於公司馬"鄭注:"正,猶聽也。"[25]太炎根據音近義通的原則,認爲"成"也有當、任之意,正與"讓"表不當任相對,按之文意可通。又如:

無以茜酒(僖公四年春)

> 僖四年："無以茜酒。"……《詩‧伐木》傳："湑，茜之也。"……若論最初之古文，則當作"數"。……蓋茜從酉，本兼聲，茜、數之通，猶柳、萋之通，劉、婁之通。毛公以茜訓湑，其義至精。蓋湑從疋聲，聲義通疏，故湑之言疏也，茜之言數也。束茅沃酒，茅稀疏曰湑，茅密數曰茜，渾言則同。㉖

"茜酒"又作"縮酒"，指用酒灌注茅束以祭神；"湑"指濾去酒渣。"茜"和"湑"的實質都是過濾，但過濾的粗細，即束茅的疏密有別，太炎通過"湑"和"疏"、"茜"和"數"的聲義關係，對二者作了合理的辨析。

3.溯名由

利用聲音的綫索，考求名字及名稱的得名之由，也是《左傳讀》中較爲多見的一部分內容。春秋名字解詁之作始於王引之，俞樾繼之作《春秋名字解詁補義》，太炎弟子黃侃撰有《春秋名字解詁補誼》，可見名字訓詁的考證是乾嘉學者的傳統。章太炎在《左傳讀》中探討、考證春秋名字數十個，也可視爲承繼清代訓詁學家的這一傳統。此舉"蒼舒隤敳檮戭"爲例，《文十八年》："昔高陽氏有才子八人：蒼舒、隤敳、檮戭、大臨、尨降、庭堅、仲容、叔達。"王念孫在《廣雅疏證》中認爲，"大臨、尨降，或皆取廣大之義。"章太炎進一步指出："諸名皆取大義，亦多見《廣雅‧釋詁》。"將其分析摘錄列表如下：

《廣雅》云："粗、䶩、都，大也。"	粗、䶩、將，皆與蒼雙聲疊韻。蒼即此三字之假借。……舒即䶩、都、奢之假借也。
《廣雅》："魁、頺、凱，大也。"	隤即魁、頺、儅之假借，敳即凱、愷、隑之假借也。
《廣雅》："敦、䄷、夤，大也。"	檮即䄷之假借。……戭即夤之假借也。
《廣雅》："賢，大也。"	堅乃賢，堅、䝨之假借也。

除了春秋人物的名字之外，名稱（稱呼、職官名等）、名物的訓詁及其得名之由也在太炎關注的範圍。此舉一例：

王曰小童（僖公九年春）

> 僖九年："王曰小童。"《正義》曰："《曲禮》曰：'夫人自稱於其君，曰小童。'鄭玄云：'小童，若云未成人也。王崩未葬，嗣王自稱，亦言己未成人也。'"麟案：非徒以未成人也。《易‧觀》："童觀。"馬季長注："童，猶獨也。"此兼取獨之聲誼。㉗

"獨""童"定紐雙聲，屋東對轉。《太玄‧玄衝》："童，寡有。""童觀"就是獨觀。《後漢書‧劉翊傳》李賢注云："無夫曰獨。"故太炎認爲夫人自稱曰小童，意謂失去丈夫，而嗣王自稱曰小童，則意謂無父。

（二）比較互證

比較互證指運用詞義本身的内在規律，通過詞與詞之間意義的關係和多義詞諸義項的關係對比，較其異，證其同，達到探求和判定詞義的目的[⑧]。清代學者在訓詁實踐中充分運用了這一方法，尤以王念孫《廣雅疏證》爲典範。章太炎在論證《左傳》詞義的過程中也常用到比較互證的方法。此舉兩例。

《莊二十二年》："莫之與京。"杜注："京，大也。"孔疏："謂無與之比大，言其位最高也。"太炎謂"若拘于大訓，則莫之與大，甚爲不辭"，進而指出"京"有當直義，故下云"物莫能兩大"。他舉了三個詞來互證，"京""彊"聲通，《説文·弓部》："彊，弓有力也。"引申爲力量大。《爾雅·釋詁下》："彊，當也。"郭璞注："彊者，好與物相當值。"《昭公十年》"齊惠欒、高氏皆耆酒，信内多怨，彊於陳、鮑氏而惡之。"惠棟《補註》："言其族盛，與陳、鮑相當值。"《詩釋文》引《韓詩》云："奔奔彊彊，乘匹之貌。"匹耦亦有相當之義。太炎認爲"奔"即《釋詁》之"墳，大也"。又如：

> 《釋詁》介、純皆訓"大也"，介又訓"右也"；《秋官·大行人》注："介，輔也"；《鄉射禮》："二算爲純。"注："純，猶全也，耦陰陽也。"是皆由大而引申爲當直之義者也。[⑨]

"介"可指輔賓行禮之人。《荀子·大略》："諸侯相見，卿爲介。"楊倞注："介，副也。""介"與"賓"相配。"純"用作計數單位指一雙，《大戴禮記·投壺》："二算爲純，一純以取，一算爲奇。"孔廣森《補注》："凡物偶曰純。"上述都可佐證"大"和"當值"相關，但尚無證據説明"大"引申爲"當直"。"京""彊""介"純"本有當值或成雙成對之義，同時又有大義。用作形容詞的"京"和"彊"，其大義本身就含有相匹敵、同樣大的意味。

又如《僖二十八年》："背惠食言，以亢其讎。"杜預注："亢，猶當也。讎，謂楚也。"王念孫已指出，"其實抗者，扞蔽之意。亢其讎，謂亢楚之讎也。亢楚之讎者，楚攻宋，而晋爲之扞蔽也。……凡扞禦人謂之亢，爲人扞禦亦謂之亢，義相因也。"[⑩]《周禮·夏官·馬質》"綱惡馬"鄭司農曰："綱，讀爲'以亢其讎'之亢。亢，御也，禁也。"因此，王念孫認爲"亢"的詞義"自先鄭已誤解"。太炎在"以亢其讎"條中對此作了辯駁，他認爲鄭注"御也"，即禦也，"禦爲禦寇之禦"，"引申亦爲扞蔽之禦"；同理，"禁爲防禁之禁"，"引申亦爲扞蔽之禁"；"扞爲抵扞之扞"，"引申亦爲扞蔽之扞"；"救爲扞蔽之救"，"引申亦爲抑止之救"。如下表所示：

"禦"	禦寇→扞蔽	"扞"	抵扞→扞蔽
"禁"	防禁→扞蔽	"救"	抑止←扞蔽

可見，上述四個詞都既可表示阻止外來的侵入，又可指保護内部不被侵入，二者其實是同一

件事的兩個方面。通過"禦""禁""扜""救"之間的比較互證,可以有力地説明這兩方面的對立統一關係。按太炎的觀點,杜預不明《左傳》古義,但作爲"西漢先師"的鄭衆應該明瞭,因此,此條説司農並非誤解《左傳》,而不過是"隨引一成文以證其讀",其本意是維護鄭衆,但實際上揭示了一條詞義引申的規律。

(三)分析語法

章太炎認爲其師俞樾最有價值的著作是《古書疑義舉例》,此書頗多和語法相關的内容,受其影響,他在對《左傳》字句釋義的考證中也常关注"文法",也就是語法結構的分析,特別是通過相同結構句子的類比。如《桓六年》"嘉栗旨酒",《左傳讀》云:"此與《斗文》'絜粢豐盛'文法同。"又"善自爲謀",太炎以爲"善借爲嫱",解釋説:"嫱自爲謀,誼與剛愎自用同,文法與'强不可使'、'忍弗能與'等同。"又如《莊六年》"楚武王荆尸",太炎認爲"荆尸"指荆山之陳(陣)法,云:"至其文法,則'楚武王荆尸',猶云'趙武靈王胡服'也。"《莊三十二年》"講于梁氏女",太炎釋"講"爲説(悦),曰:"説于梁氏女,文法與昭二十九年'公私喜於陽穀'同。"再如《閔二年》:"遂滅衛。"太炎認爲"滅"的賓語"衛"是以國代君,他舉《書序》"遂踐奄"爲證,説:"秦時文法已以踐其君爲踐奄,是知滅君亦得言滅衛矣。"

一方面,通過語法分析,可以顯白地揭示前人訓釋的不當。如:

實彼周行(襄公十五年春)

> 襄十五年:"實彼周行。"杜預注:"實,置也。行,列也。周,遍也。詩人嗟嘆,言我思得賢人,置之使遍於列位。"……麟案:如杜説,則當云周實彼行,文始可通。若就本文,殊爲窒閡。③

杜預釋"周"爲遍,則是狀語,應該修飾動詞,但他釋"行"爲列,却是名詞,故太炎稱其"窒閡"。又如《昭十一年》:"不可没振。"杜注:"不可没振,猶没不可復振。"太炎案:"如預注,則當言'没不可振',不當言'不可没振'。失《傳》意。"杜預的解釋顯然不合語法,當然太炎對"没"的解説也頗迂曲,未必可信②。

另一方面,通過語法分析,爲自己的觀點提供有力的支持。如:

軌度其信(襄公二十一年春)

> 襄二十一年:"軌度其信,可明徵也。"《正義》曰:"謂使其臣信有軌則,法度可明,以爲徵驗也。"……按:如孔説,則當言"信有軌度",倒句爲"軌度其信",文雖可通,但以軌度爲實事,與上文"洒濯其心"不一例。……是究與度義相近比,然則"軌度其信"即"究度其信",洒濯、究度皆迻動之字,心、信皆覕定之字,文法一例也。③

太炎讀"軌"爲九,而"九"有究義,故"軌""度"同義並列。所謂"迻動之字"即動詞,"覕定之字”即名詞，所以説“究度其信”和“洒濯其心”句法一致。不過，雖然準確把握了結構，但太炎對“軌度”的訓釋似欠到位。其實，“軌”不必破讀，而是由名詞用作動詞㉞。又如：

輸掠（昭公二十年十月）

> 昭二十年：“輸掠其聚。”杜預注：“掠，奪取也。”麟按：輸、掠平列，猶上句斬、艾平列也。輸讀爲愉。《詩·山有樞》：“他人是愉。”箋：“愉，取也。”……輸亦掠也。《正義》曰：“輸，墮也。故爲墮毀，奪其所聚之物。”訓本《穀梁》，然不辭矣。㉟

《穀梁傳·隱公六年》：“鄭人來輸平。輸者，墮也。”《釋文》：“墮，……壞毀之也。”孔穎達據此爲訓。太炎可能認爲毀壞和奪取二者不相類，連在一起不甚妥，故曰“不辭”。《左傳》上句云“斬刈民力”，“輸掠”和“斬刈”對文，故太炎以爲“輸”“掠”爲同義並列。此説在文法上甚通，但“輸”是否讀爲愉（偷）還可商討㊱。

（四）引證群書

《左傳讀》徵引廣博而繁富，章太炎堅信《左傳》非劉歆僞作，傳授系統並非虛構，爲此他勾稽了先秦兩漢文獻中與《左傳》相關的内容，一來印證《左傳》非僞，二來通過比照解釋經傳、説明詞義。與《左傳》參照、比對的先秦兩漢典籍有《國語》、《荀子》、《管子》、《墨子》、《莊子》、《韓非子》、《晏子春秋》、《吕氏春秋》、《禮記》、《周禮》、《史記》、《淮南子》、《新書》、《説苑》、《新序》、《列女傳》、《漢書》、《論衡》、《後漢書》等。

在先秦典籍中，《左傳讀》徵引最多的是《荀子》。劉向《別録》云：“左丘明授曾申，申授吴起，……授虞卿，虞卿作《抄撮》九卷，授荀卿，荀卿授張蒼。”荀子傳習、教授《左傳》，亦見《經典釋文·序録》，當可信。章太炎説：“《荀子》書中載‘賞不僭，刑不濫’等語，全本《左傳》。又説賓孟事及葉公事，又《報春申君書》引《春秋》楚圍齊、崔杼二事，亦與《左傳》合。”㊲因此，《荀子》和《左傳》的關係較密切。《左傳讀》引《荀子》百七十餘處，此舉一例：

隨張必棄小國（桓公六年春）

> 桓六年：“隨張，必棄小國。”杜預注：“張，自侈大也。”案：棄有輕薄之誼。《荀子·修身》云：“怠慢僄棄，則炤之以禍災。”注引《方言》：“楚謂相輕薄爲僄。”據四字皆平列，怠、慢同誼，則僄、棄亦同誼。《荀子·不苟》云：“小人通則驕而偏，窮則棄而儑。”亦謂輕薄無行，爲棄與驕字相對。此棄小國，則謂輕薄小國，正與“隨張”相應，謂隨自侈大而輕薄人也。《荀子》説《傳》當如此。若以爲棄捐，則凡好大喜功者皆欲小國坿己，必不棄捐也。下言“小國離”，乃謂怒隨而離耳。㊳

此條引《荀子》兩例，一爲同義連用，一爲反義對文，證“棄”有輕薄之義。這兩例以及《孟子》“自棄”都是由具體的捐棄、抛棄引申爲心理上的輕薄、輕視，換言之，就是厭棄、唾棄、嫌棄，如《書·西伯戡黎》："惟王淫戲用自絶，故天棄我。"《孔子家語·刑政》："刑人必於市，與衆棄之也。"所謂"棄小國"不是實際的拋棄，而是心理上的輕視、嫌棄。

作爲共時材料，其他先秦文獻也可作《左傳》詞義的外證，所謂"小家珍説，亦有可發明經義者"③。如：

不庭（隱公十年六月）

隱十年："以王命討不庭。"杜預注："下之事上，皆成禮於庭中。"麟案：不庭之常訓爲不直。……但據上年《傳》言"宋公不王"，則此不庭自謂不朝王，與常言不庭者異。④

其後太炎舉了兩個佐證，《管子·明法解》："故群臣皆務其黨，重臣而忘其主，趨重臣之門而不庭，故明法曰：十至於私人之門，不一至於庭。"此"不庭"謂臣不朝君。《莊子·山木》云："莊周反入，三月不庭。"此"不庭"即不至庭。證據確鑿可信，故楊伯峻取此説。

又如《襄二十年》："暴蔑其君而去其親。"太炎同意王引之的解釋"暴蔑，猶輕慢"，並引《墨子》和《呂氏春秋》爲證：

古人謂不敬曰暴，故《墨子·非命上》云："敬無益，暴無傷。"又，《非命下》引《大誓》曰："謂人有命，謂敬不可行，謂祭無益，謂暴無傷。"《呂覽·至忠》云："何其暴而不敬也？"是皆以敬、暴爲對文也。④

再如《宣十六年》："則國無幸民。"《左傳讀》引《管子》四例以釋"幸民"：

《管子·七法》云："朝無政，則賞罰不明。賞罰不明，則民幸生。"又云："賞罰明則人不幸，人不幸則勇士勸之。"又，《正》云："遏之以絶其志意，毋使民幸。"又《明法解》云："行私惠而賞無功，則是使民偷幸而望於上也。"④

在漢代典籍中，《左傳讀》徵引較多的有《新書》、《史記》和《漢書》。《漢書·儒林傳》："漢興，北平侯張蒼及梁太傅賈誼……皆修《春秋左氏傳》。誼爲《左氏傳》訓故，授趙人貫公……"《經典釋文·序録》云："左丘明作《傳》以授曾申，……（張）蒼傳洛陽賈誼，誼傳至其孫嘉。"可見，賈誼是傳授《左傳》的重要人物，章太炎認爲"賈生訓故，娟見《新書》"④，因此《左傳讀》常引《新書》爲外證，多達百三四十處。如：

伐不敬（宣公十二年六月）

宣十二年："古者明王，伐不敬。"或疑不敬罪小，何至遂目以鼄鯢？案：《賈子·道術》云："接遇肅正謂之敬，反敬爲嫚。"《説文》："嫚，侮易也。"《書·禹貢》馬季長注："蠻，慢也。"慢即嫚，故《廣雅·釋詁》云："蠻，易也。"④然則不敬者，謂蠻之有嫚行者也。成二年《傳》曰："蠻、夷、戎、狄，不式王命，淫湎毁常，王命伐之。則有獻捷，王親受而勞之。所以懲不敬，勸有功也。"彼不敬，即此不敬，正指蠻言，獻捷即取鼄鯢也。然則此本治蠻之法，因而中國有嫚行如蠻者，亦以此治之。中國有蠻行則畔逆可知，所以爲京

觀也。㊺

此條引《新書》"反敬爲嫚","反敬"即"不敬"。其後又引字書和經注,根據訓釋詞和被訓釋詞的關係,將"嫚(慢)"和"蠻"聯繫起來,指明"不敬"的含義。最後又引《左傳》本書的材料作爲有説明力的内證,證明這裏所謂的"不敬"不是一般的怠慢、無禮,而是專指叛逆。但是,這條的疏失在於,蠻夷的"蠻"和蠻傷的"蠻"詞性不同,有轉移概念之嫌,因此,楊伯峻只節取了其中的内證材料。又如:

視流而行速(成公六年春)

> 成六年:"視流而行速。"《賈子·容經》:"朝廷之視,端沔平衡。"此鄭伯如晋拜成,則當從朝廷之視,固宜端沔。而以流爲譏者,但流而不端,則非視經矣。杜預注:"視流,不端諦。"得之。㊻

楊伯峻亦據此爲訓,謂"流則如流水,既不端正,亦不平衡,若東張西望"㊼。

《史記》與《新書》的徵引頻次相當。章太炎説,"太傅作訓故,傳至孫嘉,……則嘉實傳訓故,而史公《左氏》之學亦自嘉得之也。"又説,"太史公與賈嘉通書,《世家》、《列傳》諸所改字,又皆本賈生。"又引《漢書》:"遷作《史記》,本《左氏》、《國語》、《楚漢春秋》。"㊽由此可見《史記》與《左傳》的密切關係。《左傳讀》引《史記》百五十餘處㊾。如:

彭生乘公(桓公十八年四月)

> 桓十八年:"使公子彭生乘公。"《齊太公世家》作"使力士彭生抱上魯君車"。麟案:《釋名·釋姿容》:"乘,陞也,登亦如之也。"《夏官·隸僕》:"洗乘石。"司農注:"王所登上車之石也。"是上車謂之乘,古藉人力以上車亦謂之乘,故史公以"抱上"訓"乘"。㊿

又如《莊八年》:"初,襄公立,無常。"杜注:"政令無常。"太炎認爲不確,而以司馬遷所釋"無常"爲"古誼之傳者"。《史記·齊世家》曰:"初,襄公之醉殺魯桓公,通其夫人,殺誅數不當,淫於婦人,數欺大臣。"楊伯峻引此證,解釋説"謂言行無準則,使人莫知所措"51。

劉向作《新序》、《説苑》、《列女傳》采用了不少《左傳》的内容。章太炎説:"《説苑》、《新序》所舉《左氏》成文,多至三十餘條,慮非徵據他書者。其間一字偶易,適可見古文《左傳》不同今本。且子政之改易古文,代以訓詁者,亦皆可觀。"52此舉一例,《僖十九年》:"盍姑内省德乎? 無闕而後動。"《説苑·指武》述之云:"胡不退修德。"據《説文》"㐁"是"退"之或體,太炎認爲"此内字乃㐁之古文省"。《墨子·親士》:"君子進不敗其志,内究其精。"俞樾指出"内乃㐁壞字,與進對文"。"退省德……而後動"和上文"退修教而復伐之"一致。内外證相合,言而有據。太炎又補充説:"上作退,此作内者,古文不定一體,故彝器每有一字而前後異形者。"53此條可謂確然無疑義。

《漢書》所述史實似與《左傳》無涉,但《左傳》授受則與西漢經師有極大關涉,《漢書》列

傳所録奏對書疏往往稱説《左氏》,《五行》等志亦頗引先師之説,因此,《左傳讀》也常引證《漢書》。此舉一例:

芟夷薀崇之(隱公六年五月)

> 又案:"芟夷薀崇之"下言"絶其本根,勿使能殖",乃言"則善者信矣",是芟夷、薀崇同指去惡言,不得以薀崇屬信善也。杜預曰:"薀,積也。崇,聚也。"尚未明畫。按:《詩·小雅》:"或耘或耔。"傳曰:"耘,除草也。耔,雍本也。"《食貨志》曰:"播種於畎中,苗生三葉以上,稍耨壠草,因隤其土,以附苗根。比成,壠盡而根深,能風與旱,故薿薿而盛也。"然則芟夷即耘也,薀崇即耔也,則善者信矣,即"黍稷薿薿"也。㊹

此條引《詩經》和《漢書》中有關除草、壅土的材料,這是説明去雜草藉以肥田之法,芟夷即耘,薀崇即耔,由《食貨志》的描述可知,"薀崇"指堆積雜草附著苗根,讓其發酵肥田。因此,"芟夷"和"薀崇"同爲去惡(即除雜草)的過程,目的是爲了信(伸)善(即使苗茁壯生長)。楊伯峻選用了這條材料。可見,通過和其他典籍相關材料的參證,可以更準確地理解《左傳》的訓釋,特別是當舊注未解或語焉不詳的時候。

三　局部材料

章太炎"治經專尚古文",對《左傳》用功甚深,《左傳讀》作爲其早年《春秋左傳》研究的重要著作,較充分地反映了他治學的規模和風格。太炎熟稔文字聲韻之學,其《左傳》研究繼承"漢學",又不囿於"漢學",他説"近儒如洪稚存、李次白,劣能徵引賈、服,臧伯辰雖上扳子駿,亦直捃摭其義,鮮所發明"㊺。爲此,他博引先秦兩漢典籍,廣摭漢師舊説故訓,"闡微窮賾,廓拘啓室",稽核、考訂古字古義。在給劉師培的信中,太炎談到如何治《左傳》:"至夫古義無徵,而新説未鑿者,無妨於疏中特下己意,乃不爲家法所困。"㊻這既是對友人的建議,也未嘗不是自述心得。當然,一方面是勇於裁斷、多所發明,另一方面則是好立異説、求諸過深,可以説《左傳讀》在經傳解詁、詞義訓釋上得失參半㊼。不過,由於太炎學養的深厚和精湛、對典籍文獻的嫺熟,儘管結論或有疏誤,乃至考證失之穿鑿,但考證中的局部材料依然具有較高的參考價值。下面從三個方面來説明。

(一)解釋他書疑難字詞

《左傳讀》廣引先秦兩漢的群經、史籍和諸子,通過章太炎的溝通和闡釋,《左傳》和群書實爲相互證發,不但《左傳》的古字古義得以揭示,而且他書的古字古義也得以明瞭。另一方面,太炎引證之時旁及他書,往往對其中的疑難字詞加以解説,這些疏解《左傳》的副產品中也有不少頗具價值的訓詁材料。太炎早年尊荀，加以荀子傳《左傳》，因此，《左傳讀》的引證中以《荀子》爲最多，這裏僅舉三例以窺一斑。

如《閔元年》“間攜貳”條，“攜爲懕之借字”，《説文》：“懕，有二心也。”《釋詁》：“貳，疑也。”太炎引《荀子·王制》“事行則蠲疑”，認爲“蠲與此攜同，皆爲懕之借，如子蠲作鸚鵡，吉圭又作吉蠲也”，並指出“蠲疑並言，是蠲與疑同訓”，“懕訓二、貳，亦即訓疑，是與蠲音誼皆同也”③。其後劉師培《荀子補釋》取其説，認爲“蠲”應作“攜”，並補充道：“然‘疑’亦訓二，如《解惑》篇‘兩’與‘疑’並言。……‘攜疑’，言其作事紛歧惑亂，不能有所折衷也。”

又如《襄二十九年》“浟浟乎大風也哉”條，服虔注：“浟浟，舒緩深遠，有大和之意。”太炎以爲服注本於《小雅·瞻彼洛矣》“維水泱泱”毛傳：“泱泱，深廣貌。”隨後列出三條故訓，《説文》：“浟，瀹也。”《釋名》：“益，瀹也。”《天官·酒正》注：“益，猶翁也。”據此提出：“《荀子·樂論》：‘聲樂之象，……塤篪翁博。’此之謂也。”其實，俞樾《荀子平議》已曾指出“翁，當爲瀹”，他引《文選·江賦》“氣瀹渤以霧杳”爲證，認爲“翁博”猶瀹渤。太炎進一步由“瀹”聯繫到“泱泱”，更由服注上溯到毛傳，將古字古義的源流梳理得有理有據。劉師培《荀子補釋》云：“疑‘翁博’二字其義並與廣遠同。”顯然是接受了太炎的意見。

再如《昭元年》：“其母曰：‘弗去，懼選。’”太炎據朱駿聲《説文通訓定聲》，按《説文》本義釋“選”爲遣④，認爲“懼選，謂懼流放也”。並引《荀子》爲證：

> 《儒效》曰：“周公曰”云云，“遂選馬而進”。當時已至共頭，將士皆在兵車，周公不容下車更擇良馬，不當與下文造父章“輿固馬選”同釋。知所謂選馬者，遣馬也。《説文》云：“遣，縱也。”然則遣馬者，縱馬也。⑤

劉師培從其説，又引《史記·律書》“選蠕觀望”《索隱》：“謂身動欲有進取之狀也。”他解釋道：“選馬即遣馬使進之謂矣。”

（二）與新材料相互印證

隨着新材料的出現，《左傳讀》中的一些觀點得到進一步的印證，換言之，太炎所關注過的一些問題被賦予了新的意義。例如：

殺敵爲果（宣公二年二月）

> 宣二年：“殺敵爲果，致果爲毅。”凡果敢之誼，皆自此引申。果之爲言踝也。《賈子·俗激》云：“今其甚者，到大父矣，賊大母矣，踝嫗矣，刺兄矣。”踝與到、賊、刺並言，與《管子·七臣七主》所云“春無殺伐，無割大陵，倮大衍”聲誼並同，是踝亦殺也。《説文》云：“䯣，擊踝也，從𠂤從戈，讀若踝。”擊踝，猶云擊殺也。戈之爲用，可刺可擊。《傳》云：“以戈擊之。”《釋名》云：“戈，過也。”所刺擣則決過，故字從戈也。則踝、䯣聲誼

皆同矣。㉛

太炎探討了"果"何以有殺義,舉出從果的"踝""倮",又找到《説文》本字"妍",並解釋了從戈之意。《甲骨文合集》33208 號有一組完整的卜辭,其中的"戈"字過去解釋多不正確,後來黃天樹、張玉金都認爲"戈"當攻伐或攻擊講,但在現存典籍中找不到證據。姚振武受曾侯乙墓所出竹簡的啓發,提出這種用法的"戈"字應讀作"敤",或者説相當於後世文獻中的"敤"。但除了"果""戈"古音相近之外,他給出的證據只有一條,即《廣雅·釋詁三》將"敤"與伐、撻、搏等並訓爲擊㉜。如果他能參考《左傳讀》的這條材料,顯然可以更充分地論證他的觀點,更完美地解決這個問題。又如:

以賓海濱(宣公十二年春)

　　宣十二年:"其俘諸江南,以賓海濱。"今本賓作實。《楚世家》作"賓之南海"。……《春官·大宗伯》"實柴",故書作"賓柴",是古文實作賓。此"賓之南海",亦由古文《左傳》實作賓也。賓、實音遠而得相通者,猶古文以中爲艸,以疋爲足,以丂爲亏,以倏爲訓,以臭爲澤,音皆相遠,且誼亦有不可通者也。《左傳》言以其人實海濱,《史記》言實其人于南海,其意一也,立文稍異耳。㉝

太炎以鄭司農所舉《周禮》異文爲據,認爲"賓""實"可以相通,從而將今本《左傳》的"以實海濱"和《史記》的"賓之南海"視爲同義。他所説的"古文以中爲艸……"出自《説文段注》,段玉裁謂之"形借":"此則非屬依聲,或因形近相借,無容後人效尤者也。"這實際就是形近混用。太炎敏鋭地指出了"賓"和"實"的形體關係,這個問題隨着楚簡材料的出土而得到佐證。下面引述白於藍的觀點:

　　新出的清華簡《繫年》第九章有一段話,整理者釋文爲:"死人可(何)辠(罪)? 生人可(何)骭(辜)? 豫(舍)亓(其)君之子弗立,而邵(召)人于外,而安(焉)牆(將)宎(實)此子也?"孟蓬生指出,"宎"應該是"實"字的異構,這裏讀作"寘"。"實""寘"同爲舌音,脂質對轉。又,郭店楚簡本《老子》甲篇18—19 簡有如下一段文字:"道亘(恒)亡名,僕(樸)唯(雖)妻(微),天陸(地)弗敢臣,侯王女(如)能獸(守)之,萬勿(物)牆(將)自宎。"整理者注:"宎,從'貝'從'宀'省,'賓'之異體。"㉞依據是王弼本《老子》第三十二章:"道常無名。樸雖小,天下莫能臣也。侯王若能守之,萬物將自賓。"而且馬王堆漢墓帛書《老子》甲乙本也均作"賓"。但白於藍認爲,郭店《老子》甲本此"宎"與清華簡《繫年》之"宎"當爲一字,亦當釋爲"實","實"古有富裕殷實之義,今本《老子》的"賓"字當改爲"實"㉟。

　　這則材料正好作"賓""實"形近易混的佐證。同時,受此啓發,我們認爲《史記·楚世家》"賓之南海"的"賓"或本作"實"而讀爲"寘",這樣在語法和語義上似更通暢。

(三)詞源研究相關材料

字源(詞源)問題是傳統訓詁學的老課題。前代訓詁學論及的音近義通説、右文説等理論學説與詞源研究有直接的關係,故訓中起源甚早的聲訓則是詞源原理在訓詁實踐中的應用。因此,字源(詞源)學是傳統訓詁學的一個分支⑯。清代古音學昌明,對音義關係的研究更加深入,而章太炎的詞源研究在實踐和理論上又較前人有所發展,他的《文始》是傳統字源研究的總結之作,也是漢語詞源學的初創之作。太炎的詞源研究貫穿在訓詁實踐中,他的基於音義系統的詞源學思想既是在實踐中逐漸形成的,又或多或少地體現於訓詁研究,這在《左傳讀》中已可見端倪。下面主要從聲符相通和同源系聯兩個方面分析《左傳讀》中與詞源研究有關的材料。

1.聲符相通

訓詁學的"右文説"與詞源學關係密切,宋人認爲凡同聲旁的形聲字意義都相近,沈兼士針對右文説的局限,指出聲符相通現象:"有同一義象之語,而所用之聲母頗歧別者。蓋文字孳乳,多由音衍,未可執著。故音素同而音符異亦得相通,……豈徒同音,聲轉亦然,……"⑰這一現象散見於訓詁文獻,較少受到關注,即以《左傳讀》而言也有不少這方面的材料。不過,太炎提到的"聲通"有兩種情況,一是不存在語義關係的同音假借,二是聲符本身在詞源意義上相通,或者聲符所構成的字有語義上的關聯,需要注意區辨。下面舉七組聲符相通之例並簡單疏證。

(1)"朿""齊"聲通

噬齊(莊公六年冬)

　　莊六年:"後君噬齊。"麟按:齊讀爲肺。《説文》:"糩,或作齍。"經、傳多用濟爲泲水字,是朿、齊聲通也。⑱

《説文》:"朿,止也。从宋盛而一横止之也。"徐灝云:"朿之言止也,其義爲艸木盛而極其文,則从一止之以象意也,與毋从一止之同例。"⑲從"齊"之字亦有止義,如《詩·鄘風·載馳》:"既不我嘉,不能旋濟。"毛傳:"濟,止也。"又如《説文》:"霽,雨止也。"

(2)"舌""會"聲通

膾(桓公五年秋)

　　古音舌、會相同,故《説文》云:"話,合會善言也,从言舌聲。"籀文從會聲,作譮。《書·禹貢》:"純[杶]榦栝柏。"後司農注:"柏葉松身曰栝。"《釋木》作:"檜,柏葉松身。"《儀禮·士喪禮》:"鬠笄用桑,長四寸緇中。"又"鬠用組"。古文鬠皆作括。《釋名》云:"矢其末曰栝。栝,會也,與弦會也。"《詩·小雅·車舝》:"德音來括。"傳:"括,會也。"

《説文》："佸，會也。"《方言》二："獪，楚、鄭或曰婚。"《方言》十："婚，獪也。"皆其證也。⑳

由上可見，聲符"舌（昏）""會"可互換，從"昏（舌）"的"楛（桰）""佸"都有會義，從會的"醬"和從昏的"楛"是異文，從舌的"婚"和從會的"獪"可互訓，這些材料充分證明"舌""會"聲通。

（3）"午""屰"聲通

我奚御哉（莊公八年十二月）

> 蓋史公讀御爲遻，御從卸聲，卸從午聲。《律曆志》："遻布於午。"《禮記·月令》正義："午，莩也。"皆以屰聲字訓午，是午聲與屰聲通。遻字又作迕，亦其證矣。《説文》："遻，相遇驚也。"字亦作愕，《廣雅·釋詁》："愕，驚也。"《春官·占夢》後司農注："噩，當爲驚愕之愕。"又通作鄂，《漢書·霍光傳》"群臣皆驚鄂失色"是也。我奚遻者，我奚驚哉也。㉑

《説文》："午，啎也。"《釋名》："午，仵也，陰氣從下上，與陽相仵逆也。""午"有交午、相對之意。《説文》"屰"從屮，屮亦聲。屮即逆，相反、不順。《爾雅·釋詁下》："遘、逢、遇，遻也。"《釋文》云："遻，字又作迕。""遻"謂行而相值，故爲逢遇、遇見。

（4）"京""畺"聲通

與京（莊公二十二年春）

> 莊二十二年："莫之與京。"賈侍中注："京，大也。"……蓋京之爲言彊也。《説文》："麠，或作麖；鱷，或作鯨；又倞、勍[劤]皆訓"彊也"。是聲通之證也。㉒

《説文》："京，人所爲絶高丘也。"《爾雅·釋詁上》："京，大也。"郝懿行云："京者，丘之大也。"《文始五·陽聲陽部乙》："（京）孳乳於魚爲鱷，海大魚也。於鹿爲麠，大麃也。於貝爲魷，大貝也。"

（5）"且""瞿"聲通

貜且（文公十四年七月）

> 文十四年："齊出貜且長。"案：……且借爲狙。《説文》："狙，貜屬。"此以獸命名者，蓋瞿、且聲誼最近。《方言》："抯，取也。"《莊子·讓王》："左手攫之，則右手廢。"李注："攫，取也。"《説文》："钁，大鉏也。"又，"瞿，一曰視遽貌。"又，"覻，覷覰[覰]，闚觀也。"《廣雅·釋詁》："覰[覰]，視也。"凡闚伺者，必驚闚不定，其視亦遽，誼與瞿近，皆可資證。㉓

"且""瞿"魚鐸對轉，太炎舉了三個例證説明語義上的關係。《説文》："攫，扟也。""扟，從上挹取也。""抯，挹也。"可見"抯""攫"同義，顯然"且""瞿"這兩個聲符有較多的糾葛。不過，狙伺和驚視是否密切相關還需進一步考察㉔。

（6）“曷”“壹”聲通

殪戎殷（宣公六年秋）

宣六年：“《周書》曰：‘殪戎殷。’此類之謂也。”……抑證之《逸周書·世俘》云：“甲寅，謁戎殷于牧野。”……謁者，即殪之假借字也。曷聲、壹聲最近，其相通具有證。⑭

太炎在論證中羅列了六組“曷”“壹”聲通的例證：

饐	餲	《釋器》：“食饐謂之餲。”
壒	堨	《説文》：“壒，天陰塵也。” 《淮南·兵略》“揚粗起堨”注：“堨，埃也。”
歇愒	獩	《説文》：“歇，息也。”“愒，息也。”“獩，豕息也。”
藹（遏）	暍	《楚辭》：“逢紛之徑，淫暍而道壅。”《周憬功勳銘》“陬隅壅藹”
噎	嗷	《方言》“怒而噎噎”；《廣雅》“嗷，怒也”
噎	渴	《晏子春秋·雜上》“噎而遽掘井”；《説苑·雜言篇》“渴而穿井”

以上例證雖是爲了説明“謁可通殪”，但同時很充分地證明“曷”“壹”這兩個聲符的相通關係，爲詞源研究提供了有用的材料。

（7）“巳”“于”聲通

芊尹無宇斷之（昭公七年二月）

昭七年：“芊尹無宇斷之。”案：……《楚語》作：“范無宇。”……麟疑芊、范一也。《方言》：“氾，洿也。”《廣雅·釋詁》：“氾，汙也。”……氾皆訓汙，此巳、于聲通之證。《説文》：“马，草木之華未發函然，讀若含。東，木丞華實也，從木，從马，马亦聲。”蓋雩從亐聲，亦與亐雙聲也。鄭司農《鳧氏》注云：“于，鐘脣之上袪也。”《詩》毛傳：“朧，函也。”朧即谷。《説文》：“口上阿也。”然則函亦口上阿矣，正與脣之上袪同物。函從巳聲，而亦與于聲義通。⑮

太炎所舉“巳（马）”“于”聲通的證據頗爲充分，他將马聲歸入談部，而談部和魚部通轉⑯。《文始·陽聲談部乙》：“然马與凥雙聲，故古文凥作屺，從马聲。《廣成頌》‘薄凥蓲熒’即以凥爲马，此猶戢從古聲。談與魚雖遠，猶相轉也。故马變易入魚爲雺，艸木雺也。”太炎認爲“马”“于”除了語音有通轉關係，在語義上也有相近之處，從马的“函”（口上阿）和“于”（脣之上袪）可謂同狀異所。

2.同源系聯

傳統字源學的實際工作以系源爲主，就是把同源的派生詞系聯到一起，研究它們之間意義上共同的特點和音義上演變的綫索⑰。章太炎的《文始》在實踐上突破兩兩系源的簡單作法，而采取由一個起點出發、多方系聯、歸納詞族的系統作法⑱。這種作法在《左傳讀》中已見雛形,將其中的一些材料與《文始》比照,可以發現太炎的詞源學思想在早期訓詁實踐中已有萌芽⑩,另一方面,《文始》引《春秋傳》八十餘處,其中有不少與《左傳讀》重合者,可知《文始》的詞族系聯是以文獻和訓詁爲基礎的,絕大多數是從第一手材料中得出的⑪。下面列舉三組《左傳讀》和《文始》相互比照的例子。

(1)"䊯""靭""黎"

不義不䊯(隱公元年四月)

　　隱元年:"不義不䊯。"……《説文》"昵"即"暱"字,"靭"即"䊯"字。云:"䊯,黏也。"《釋言》:"靭,膠也。"《釋詁》:"膠,固也。"誼皆與黏近。麟按:凡民庶親附皆有黏誼。《説文》:"黎,履黏也。"《釋詁》:"黎,衆也。"《釋草》"衆秫"郭注謂:"黏栗也",《説文》:"秫,稷之黏者。"是由黏爲衆,由衆爲親附也。⑫

　　《文始四·陰聲隊部甲》:"《説文》:'秫,稷之黏者。或省作术。'……术旁轉至則孳乳爲䊯,黏也。䊯又旁轉脂孳乳爲黎,履黏也。""䊯"上古爲娘紐質部,"黎"爲來紐脂部,皆爲舌音,脂質對轉;"秫(术)"爲定紐物部,也是舌音,質物旁轉。

(2)"嬉""婞""悭"

善自爲謀(桓公六年六月)

　　桓六年:"善自爲謀。"……案:善借爲嬉。《説文》:"嬉,好枝格人語也。"好枝格人語者,好抵拒人語也。如是者,其人必剛執慢戾。……故《説文》:"嬉,一曰靳也。"靳,即好枝格人語之謂。……張衡《應閒》曰:"婞很不柔,以意誰靳也。"言婞很不柔,欲以意舐拒誰人乎?《廣韻》訓"嬉"爲"偏伎",蓋嬉與婞音誼同。婞亦作悻。《論語》"硜硜然小人哉",《孟子》注引"硜硜"作"悻悻",則悻、硜通作悭。《説文》"悭,恨也。"《廣雅·釋詁》:"很,恨也。"然則悭訓恨,即訓很,與婞實一字也。嬉之同婞、悭,猶繕之通勁也。⑬

　　《文始四·陽聲清部乙》:"《説文》:'壬,善也。'……善本亦只作壬,《夏官·繕人》注以勁訓繕,《曲禮》'急繕其怒',注:'繕或爲勁',此本清、寒旁轉,故壬音復轉入寒孳乳爲善。然大篆嬉字從誩,猶取競言之義,競者,彊語也。則嬉與彊直固同義。"又曰:"悭爲恨,婞爲很,忮爲很,皆壬之類族也。"又曰:"善所孳乳之字,……嬉訓好枝格人語,則與嬉從誩義正合也。""嬉"與"婞""悭"元耕旁轉。

(3)"黜""屈""詘"

黜嫚(襄公二十八年十一月)

　　襄二十八年:"且夫富,如布帛之有幅焉。爲之制度,使無遷也。夫民生厚而用利,於是乎正德以幅之,使無黜嫚,謂之幅利。"麟案:黜從出聲,凡從出聲者多有短義。《説文》:"崛,山短高也。"《埤蒼》:"屈,短尾犬也。"《方言》:"襜褕其短者,自關而西,謂之祇裾。"又云:"絀,短也。"《周髀算經》:"往者詘。"注:"從夏至南往,日益短,故曰詘。"《爾雅·釋鳥》:"鷗鳩,鶻鵃。"注:"似山鵲而小,短尾,青黑色,多聲。"是凡出聲者皆有短義。黜字可與彼通,亦訓短矣。嫚讀爲曼。《詩·魯頌·閟宮》:"孔曼且碩。"傳:"曼,長也。"㉞

《文始·陰聲隊部甲》:"《説文》:'隹,鳥之短尾總名也。象形。'……隹又孳乳爲屈,無尾也。鷗鳩以短尾,故受名於屈。《淮南書》'屈奇之服',許訓爲短。其所孳乳不專在鳥:崛,山短高也。貀,貀獸也,無前足;柮,櫛柮,斷木也。皆短者也。旁轉泰爲窡、棳。窡,短面也。棳,梁上短柱也。……《方言》又有絀字,訓短。……屈又孳乳爲黜,貶下也。《春秋傳》曰:'使無黜嫚。'黜嫚即屈曼,謂短長也。"上古"出"爲透紐物部,"叕"爲端紐月部,物月旁轉,從出、從叕之字多有短義。

四　疏誤原因

章太炎的《左傳讀》未最後定稿,所謂"志在纂疏,斯爲屬草",其本師俞樾閱后説,"雖新奇,未免穿鑿,后必悔之"。太炎中年時對《左傳讀》作了客觀的自我評價:"往者少年氣盛,立説好異前人,由今觀之,多穿鑿失本意,大氐十得其五耳。"㉟他説"不欲遽以問世者,以滯義猶未更正也"㊱,"要當精心汰淅,始可以質君子"㊲。確實,《左傳讀》在詞義訓釋方面的穿鑿和疏誤爲數不少,單周堯已有專文討論,他指出"用此書者,於其求諸過深、穿鑿附會之處,亦不可不慎焉"。這裏再舉數例,並對其疏誤的原因稍作歸納。

《左傳讀》中的訓釋疏誤很大一部分可以歸因於訓詁研究的"字本位"傾向。故訓是由漢字記錄的,其中的意義關係是由漢字所傳遞的意義信息表示的,因此,古代訓詁學對注釋材料的理解是以籠統的字爲唯一單位的㊳。章太炎早期也未能避免這一弊端,在訓詁實踐中常視字、詞爲一體,以字爲本位來觀察和解釋詞義。下面主要從兩方面舉例説明。

其一,將同訓之字視作同義。字和詞之間、訓釋和詞義之間的關係頗爲複雜,同訓未必同義,同義未必同訓的現象較爲多見,采用訓詁材料時任意地以字代詞、以訓代義,就會使詞義分析產生誤差。如《莊三十二年》:"雩,講于梁氏女,公子觀之,圉人犖自墙外與之戲。"由於《史記·魯周公世家》作"説梁氏女",因此,太炎要證"講""説(悦)"同義㊴:

《説文》:"講,和解也。"《詩·鄘風·泯》:"猶可説也。"箋:"説,解也。"《越語》:"句踐説于國人。"韋解:"説,解也。"是講、説同義,而喜説即解説引申之義。㊵

太炎論證的邏輯是,"解"既作"講"的訓釋詞,又作"説"的訓釋詞,由此可以把"講"和

"説"溝通起來。但問題是《説文》"和解"、《詩》箋的"解"是指解開,而《國語》韋昭注的"解"
是指説解、解釋,再者,《氓》的"説"其實是"脱",因此,僅憑相同的訓釋詞就認爲"講""説"同
義,顯然不可信。事實上,"講"從毒聲,詞源義是交會、連接,而"説"的詞源義則是解開、解
散,二者完全不同。

又如《僖四年》:"夏,楚子使屈完如師。"《史記·齊世家》作"夏,楚王使屈完將兵扞齊。"
《楚世家》作"楚成王使將軍屈完以兵禦之。"太炎爲把"如"和"扞"、"禦"等同起來,羅列了以
下故訓:

按:《宋策》:"夫宋之不足,如梁也。"注:"如,當也。"《西周策》:"而設以國爲王扞
秦。"注:"扞,禦也。"《刑法志》:"若手足之扞頭目。"注:"禦難也。"《秦風·黄鳥》傳:
"禦,當也。"《釋器》:"竹前謂之禦。"李巡注:"謂編竹當車前,以擁蔽。"是則如訓當,扞
禦亦訓當,故如可訓扞禦。如師者,扞禦齊師也。㉛

"如"是如同,也有比得上的意思。王引之《經傳釋詞》云:"如爲相當之當。"《戰國策》鮑
本作"夫宋之不如梁也"。而"扞""禦"訓當是指抵擋。相當和抵擋雖有一定關聯,但並不完
全相同,因此,用"當"溝通"如"和"扞""禦"也有"字本位"之嫌。其實,"如"有往、去義,"如
師"就是到齊侯所率領的諸侯軍隊中去。

其二,因遞訓而展轉附會。遞訓是三個及以上的字展轉相訓,本爲訓釋的一種形式,但
在此過程中容易偷換義項,特別是以字代詞、以訓代義,屢經轉易則去原意必遠㉜。如《宣十
二年》:"寡君使群臣遷大國之迹於鄭。"太炎認爲杜注訓"遷"爲徙,"詞氣過於倨傲",因而另
作解釋:

《説文》:"遷,登也。"《方言》:"躇、跂、踚,登也。"《廣雅·釋詁》躇、蹭、跂、踚並訓
"履也"。蹭即登字。……據此是遷訓登,登訓履,則遷亦履也。履大國之迹於鄭,言大
國所歷鄭地,晋亦將履其迹也。㉝

但這一組遞訓中,遷登的"登"是指向上移,而登履的"登"則是踩的意思,不能據此推出
"遷"有履義。

又如《襄二十五年》:"姜入于室,與崔子自側户不出。"㉞《齊世家》曰:"崔杼妻入室,與崔
杼自閉户不出。"太炎除了牽合"側"和"閉"之外,還將"自"訓爲共:

自者,《廣雅·釋詁》:"從也。"《秦策》:"從而伐齊。"注:"從,合也。"《廣雅·釋詁》:
"合,同也。"《地官·司市》"以泉府同貨而斂賒"注:"同,共也。"與崔子自側户不出,言
與崔子共閉户不出也。㉟

"自"訓從,是介詞,而"從"訓合,是由跟從引申爲聚合,"自"顯然没有合義,也更不可能
有共義。

再如《定四年》：“因商、奄之民。”《漢書·王莽傳》引《傳》作“兼商、奄之民”。太炎認爲“因”“兼”同義：

> 《釋詁》、《大雅·常武》傳、《説文》皆曰：“仍，因也。”《東京賦》：“因秦宫室。”注：“因，仍也。”《廣雅·釋詁》：“仍，從也。”《説文》：“并，相從也。”“兼，并也。”《廣雅·釋言》：“并，兼也。”是因兼展轉相訓。⑯

但是因仍、仍從指沿襲、跟從，而“并”的相從指合在一起，“兼”“并”有並排、同時的含義，可見，“因”和“兼”有較明顯的區別，説二者相訓其實是展轉附會。

此外，訓釋和詞義關係上的誤解還有其他類型，下面再舉三個方面。一是將聲訓當作義訓。所謂聲訓，是用音近義通的詞來作訓。義訓是表述使用意義的，而聲訓則是通過同源詞來顯示詞義特點即詞源意義的⑰。混同聲訓和義訓，也就是混淆了詞源意義和詞彙意義。如《成二年》：“且懼奔辟，而忝兩君，臣辱戎士。”太炎引《説文》：“臣，牽也。”他明確指出這是“以聲爲訓”，但同時認爲“既可訓牽，即有牽義”，從而把“臣辱戎士”解釋爲“牽連戎士爲之羞”。其實，“牽”只能看作“臣”的詞源義，或者説“臣”的本義戰俘、奴隸的由來，而“臣”的使用義中並没有牽連這個義位。

二是將文意訓釋當作詞義訓釋。詞義訓釋是對客觀詞義的表述，而文意訓釋是講解詞在文中的具體含意⑱，反映作者在客觀語義中所包含的主觀經驗內容，它不是通過詞的對當和句的直譯而實現的，不能離開具體的語境而挪用到別的地方⑲。如《襄十四年》：“鄆人執之。”太炎引《周禮·夏官·校人》“執駒”鄭司農注：“無令近母，猶攻駒也。”他認爲“執可訓攻”，“鄆人執之，言鄆人攻追公徒者也”。而事實上，鄭司農注是隨文釋義，並非訓“執”爲攻，所以用“猶”。鄭玄解説得較爲明白：“玄謂執猶拘也。春通淫之時，駒弱，血氣未定，爲其乘匹傷之。”孫詒讓《周禮正義》闡釋得更爲具體：“《大戴禮記·夏小正》云‘四月執陟攻駒’傳云：‘執也者，始執駒也。執駒也者，離之去母也，執而升之君也。攻駒也者，教之服車數舍之也。’案：……《廋人》攻駒與執駒爲二事，與《夏小正》合。此以執駒猶攻駒者，以皆是禁其乘匹之事，非謂執駒亦騬其蹄齧者也。”也就是説，之所以將“執駒”和“攻駒”聯繫起來，是因爲二者目的相同，但“執”和“攻”顯然不存在詞義的關聯。

三是對訓釋詞和被訓釋詞之間詞義關係的理解不夠準確。如《僖十五年》：“小人耻失其君，而悼喪其親。”《史記·晋世家》作“小人懼失君亡親”。太炎认爲“耻訓懼者，借爲惄”，又根據《説文》“悼，懼也。陳、楚謂懼曰悼”，指出“懼失其君而懼亡其親者，謂懼君親從此失亡，不得歸也”。但通過分析可知，《説文》被訓釋詞“悼”與訓釋詞“懼”的詞義關係並不完全一致：“懼”本指警惕、戒懼，而“悼”則是心理上的振動，並没有恐怕、擔心的含義；伴隨心動、震顫的悼懼，是應激性的，而戒懼、憂懼則是預警性的，“悼”是由刺激性事件引發的應激狀態,而不是對未然的不確定事件的預警⑱。太炎所謂"君親從此失亡,不得歸也"顯然是將來的事情,因此不可能作"悼"的賓語。這裏的"悼"應該是哀傷的意思,《晉世家》作"懼失君亡親"只是"便文易之,非訓詁也"⑲。

五　餘論

章太炎自謂"余少時治《左氏春秋》,頗主劉、賈、許、潁以排杜氏"⑳,"嘗撢嘖於荀、賈,徵文於遷、向",闡發先儒"迥出慮表"的"微言絶旨",同時"修舉故訓","成《左傳讀》"㉑。在訓詁方法上繼承了乾嘉學派的傳統,嫻熟地運用因聲求義,破假借、求語源,並且通過比較互證、語法分析等手段考察訓釋、確證詞義,再者,博考群書、廣引經籍,在相互參證之下考訂《左傳》的古字古義。張素卿認爲章氏"賡續惠棟以來由古義而新疏的脈絡,欲薈萃清儒詁經之説,集其大成,撰成一部新疏,《春秋左傳讀》特爲此起手準備"㉒。雖然這部構想中的新疏並未撰寫,但太炎早年對於《左傳》的研究心得、對於《左傳》訓詁的創見大都包含在《左傳讀》中。

儘管《左傳讀》在經傳解詁、詞義訓釋上得失參半,其疏誤和穿鑿之處不容諱言,但是,作爲太炎早期《左傳》研究的重要著作,《左傳讀》在訓詁研究上具有豐富的内涵和長久的價值,其訓詁成就應該得到更多的重視,其精華部分還有待更深入的開掘,其中獨到的觀點需要進一步疏證和闡釋,最後舉其中一例以結束本文:

舊不必良(成公十六年六月)

> 而"必"亦有彊誼,字多作"畢"。……《墨子·兼愛下》云:"股肱畢强。"《非樂上》云:"股肱不畢强。"畢良即畢强也。《墨子·兼愛中》又云:"夫挈太山而越河、濟,可謂畢劫有力矣。"亦此誼也。……字又通駓,《詩·魯頌》:"有駓有駓。"傳:"駓,馬肥彊貌。"㉓

孫詒讓《閒詁》引《淮南子》高誘注:"畢,疾也。"太炎顯然未從其説,而是認爲"畢"有强義。今人對這個問題又有新的認識,鄔可晶解釋《墨子》"畢劫""畢强"之義,所持觀點和章太炎基本一致,不過他進一步指出,"畢劫""畢强"之"畢"當讀爲"奰"。"畢""奰"質部疊韻,幫並旁紐。《説文》:"㚔(奰),壯大也。"《玉篇》:"奰,壯也。"《淮南子·地形》:"食木者多力而奰。"他還提供了甲骨、金文的證據,頗可采信㉔。而且,"奰"訓壯大,和太炎所舉毛傳"駓,馬肥彊貌"也正好相合。因此,鄔可晶的解釋其實申説了章太炎的觀點,儘管可能是不謀而合。《左傳讀》中類似需要疏證的觀點還有很多,這不是本文所能解決的,而有待於將來的研究。

① 參見劉師培《經學教科書》,上海古籍出版社,2006 年,第 129—133 頁。

② 參見《章太炎全集·春秋左傳讀叙録》,上海人民出版社,2014 年,第 758 頁。

③ 黄翠芬《章太炎春秋左傳學研究》,臺北文津出版社,2006 年,第 7 頁。

④ 由於《左傳讀》文字古奥、徵引繁博,點校頗爲不易,1982 年版《章太炎全集》所收《左傳讀》有不少疏
　誤,先後有人提出校勘意見,如:張文質《努力做好〈章太炎全集〉的校點工作》,《古籍點校疑誤匯録
　[四]》,中華書局,1990 年;顧義生《〈章太炎全集(二)〉標點辯誤》,《古籍整理研究學刊》1991 年第 5
　期;郭永秉《〈春秋左傳讀〉校點本讀後記》,《古文字與古文獻論集》,上海古籍出版社,2011 年;吴冰
　妮《〈春秋左傳讀〉校讀劄記》,《儒家典籍與思想研究》第四輯,北京大學出版社,2012 年。2014 年新
　版《章太炎全集》匡正了初版的一些誤字和標點錯誤,但還是遺漏了不少問題。另據筆者所知,《儒
　藏》精華編收録了重新整理校點的《春秋左傳讀》。

⑤ 如:張昭君《章太炎的〈春秋〉、〈左傳〉研究》,《史學史研究》2000 年第 1 期;劉巍《從援今文義説古文
　經到鑄古文經學爲史學——對章太炎早期經學思想發展軌迹的探討》,《近代史研究》2004 年第 3
　期;黄梓勇《章太炎早年的〈春秋左傳〉學與清代〈公羊〉學的關係——以〈春秋左傳讀〉爲討論中心》,
　《中國文哲研究集刊》第三十五期,2009 年;單周堯《〈春秋左傳讀叙録〉的評價問題》,《中國文化研
　究》2009 年第 4 期;羅軍鳳《論章太炎春秋左傳學的兩次轉變》,《求索》2010 年第 3 期;江湄《章太炎
　〈春秋〉學三變考論——兼論章氏"六經皆史"説的本意》,《史學史研究》2012 年第 1 期。

⑥ 參單周堯《論章炳麟〈春秋左傳讀〉時或求諸過深》,《左傳學論集》,臺北文史哲出版社,2000 年,第
　111—130 頁。

⑦ 郭鵬飛《讀〈春秋左傳讀〉記》,《中華文史論叢》2014 年第 3 期。

⑧ 吴冰妮《〈春秋左傳讀〉解釋經傳之方法與特點——從文獻學角度出發》,《儒家典籍與思想研究》第
　五輯,北京大學出版社,2013 年,第 223—233 頁。

⑨ 見《自述學術次第》,《章太炎學術史論集》,雲南人民出版社,2008 年,第 470 頁。

⑩ 見《章太炎全集·駁箴膏肓評》,上海人民出版社,2014 年,第 856 頁。

⑪ 見《太炎先生自訂年譜》,文海出版社,1972 年,第 15 頁。

⑫ 關於《左傳讀》解釋經傳的方法,吴冰妮舉例討論了三個方面:引證、因聲求義、通過對邏輯關係的分
　析進行考證。

⑬ 章太炎曾説:"詮釋舊文,不宜離已有之訓詁而臆造新解。"見《黄侃國學講演録》,中華書局,2006 年,
　第 273 頁。

⑭ 見《説文解字注》,上海古籍出版社,1981 年,第 801 頁。

⑮ 見《廣雅疏證》,江蘇古籍出版社,2000 年,第 1 頁。

⑯ 見《廣雅疏證》,第 2 頁。

⑰ 見《國故論衡》,上海古籍出版社,2006 年,第 43 頁。

⑱ 參見王寧《訓詁學原理》,中國國際廣播出版社,1996 年,第 53—54 頁。

⑲參見陸宗達、王寧《訓詁與訓詁學》，山西教育出版社，1994 年，第 96 頁。

⑳《章太炎全集·春秋左傳讀》，上海人民出版社，2014 年，第 281 頁。

㉑《章太炎全集·春秋左傳讀》，第 283—284 頁。

㉒《章太炎全集·春秋左傳讀》，第 309 頁。

㉓見《黄侃國學講演録》，中華書局，2006 年，第 248 頁。

㉔《章太炎全集·春秋左傳讀》，第 113—114 頁。

㉕定、正、貞聲通，見“集人來定（襄公五年秋）”條。

㉖《章太炎全集·春秋左傳讀》，第 218—219 頁。

㉗《章太炎全集·春秋左傳讀》，第 234—235 頁。

㉘陸宗達、王寧《訓詁與訓詁學》，第 102 頁。

㉙《章太炎全集·春秋左傳讀》，第 187 頁。

㉚見王引之《經義述聞》，江蘇古籍出版社，2000 年，第 413 頁。

㉛《章太炎全集·春秋左傳讀》，第 472 頁。

㉜參看吴冰妮《〈春秋左傳讀〉解釋經傳之方法與特點——從文獻學角度出發》，《儒家典籍與思想研究》第五輯，第 229—230 頁。

㉝《章太炎全集·春秋左傳讀》，第 485 頁。

㉞“軌度”一詞先秦就有，指規範法度，如《吕氏春秋·古樂》：“不用軌度，天下患之。”用作動詞，指納之於規範，見楊伯峻《春秋左傳注》（修訂本），中華書局，1981 年，第 1057 頁。

㉟《章太炎全集·春秋左傳讀》，第 634—635 頁。

㊱先秦漢語中“愉（偷）”作取、盗取的用例極少。王鳳陽就曾指出，“‘偷’在先秦没有盗竊義，而只有苟且義”，“‘偷’的盗竊義漢以後用得逐漸多起來”。見氏著《古辭辨》，中華書局，2011 年，第 641 頁。

㊲見《章太炎全集·春秋左傳讀叙録》，第 808 頁。

㊳《章太炎全集·春秋左傳讀》，第 133 頁。

㊴見《春秋左傳讀》“利義之和（襄公九年夏）”條。

㊵《章太炎全集·春秋左傳讀》，第 99 頁。

㊶《章太炎全集·春秋左傳讀》，第 483 頁。

㊷《章太炎全集·春秋左傳讀》，第 394 頁。

㊸見《章太炎全集·春秋左傳讀叙録》，第 758 頁。

㊹《廣雅》“易”實作“傷”。

㊺《章太炎全集·春秋左傳讀》，第 385 頁。

㊻《章太炎全集·春秋左傳讀》，第 412 頁。

㊼楊伯峻《春秋左傳注》（修訂本），第 826 頁。

㊽見《章太炎全集·春秋左傳讀叙録》，第 758、769 頁。

㊾不過太炎也注意到，雖然《史記》多本《左傳》，但也有舍《傳》不從的時候，參"惠公之即位也少（閔公二年十二月）"條。

(50)《章太炎全集・春秋左傳讀》，第 157 頁。

(51)楊伯峻《春秋左傳注》（修訂本），第 176 頁。

(52)見《章太炎全集・太炎文録初編》，上海人民出版社，2014 年，第 148 頁。

(53)《章太炎全集・春秋左傳讀》，第 250 頁。

(54)《章太炎全集・春秋左傳讀》，第 90 頁。

(55)見《章太炎全集・春秋左傳讀叙録》，第 758 頁。

(56)見《章太炎全集・太炎文録初編》，第 148 頁。

(57)詳見後"四　疏誤原因"部分的論述。

(58)《章太炎全集・春秋左傳讀》，第 203—204 頁。

(59)《説文》"選"字段注即引此爲證。

(60)《章太炎全集・春秋左傳讀》，第 544 頁。

(61)《章太炎全集・春秋左傳讀》，第 341 頁。

(62)參見吴振武《〈合〉33208 號卜辭的文字學解釋》，《史學集刊》2000 年第 1 期。

(63)《章太炎全集・春秋左傳讀》，第 366—367 頁。

(64)荆門市博物館《郭店楚墓竹簡》，文物出版社，1998 年，第 115 頁。

(65)白於藍《釋"賔"——兼論今本〈老子〉第三十二章"萬物將自賓"》，《文史》2014 年第 4 輯，第 261—269 頁。

(66)參見陸宗達、王寧《訓詁與訓詁學》，第 366 頁

(67)沈兼士《沈兼士學術論文集》，中華書局，1986 年，第 121 頁。

(68)《章太炎全集・春秋左傳讀》，第 164 頁。

(69)見《説文解字注箋》，《續修四庫全書》，上海古籍出版社，2002 年，第 628 頁。

(70)《章太炎全集・春秋左傳讀》，第 123 頁。

(71)《章太炎全集・春秋左傳讀》，第 169—170 頁。

(72)《章太炎全集・春秋左傳讀》，第 187 頁。

(73)《章太炎全集・春秋左傳讀》，第 325—326 頁。

(74)《説文》"狙"字段玉裁注："自假借爲覷字而後讀去聲。《周禮・蠟氏》注：'狙司即覷伺也。'《倉頡篇》曰：'狙，伺候也。'《史》、《漢》：'狙擊秦皇帝。'伏虔、應劭、徐廣皆曰：'狙，伺也。'《方言》：'自關而西曰索，或曰狙。'郭注云：'狙，伺也。'""矍"字《段注》："……自人言。《東都賦》：'西都賓矍然失容。'善注引'驚視皃'。"

(75)《章太炎全集・春秋左傳讀》，第 355 頁。

(76)《章太炎全集・春秋左傳讀》，第 571 頁。

⑦上古談部和魚部的關係可參見孟蓬生"談魚通轉例説"系列論文。

⑧參見陸宗達、王寧《訓詁與訓詁學》,第 359 頁。

⑨參見王寧《訓詁學原理》,第 127 頁。

⑩部分來自於師承,很明顯的例子是《左傳讀》"子揚窗(文公十六年八月)"條,太炎謂"子揚窗正取窗牖麗廔闓明之義",引俞樾的觀點:"宗樓字子陽,非借爲鏤錫也。《釋名·釋宫室》曰:'樓,言牖户諸射孔婁婁然也。'《説文》:'婁,空也。'是故樓之言麗廔也。《説文》:'廔,屋麗廔也。''囱,窗牖麗廔闓明也。'屋言麗廔,猶人言離婁,皆謂明也。《月令》:'可以居高明。'注:'高明,謂樓觀也。'是樓有明義。"這則材料亦見於《文始·陽聲東部乙》"通孔之囱,所謂窗牖麗廔闓明也。……則囱對轉侯爲婁、廔。婁,空也。古文作嬰,從女從囱。廔,屋麗廔也。廔又孳乳爲樓,重屋也。《釋名》:'樓,謂牖户之間諸射孔樓樓然也。'"

⑪當然,也應注意太炎對局部材料的解釋前後有改動的地方。例如《左傳讀》"下義其罪(僖公二十四年三月)"條引《莊子·馬蹏》"雖有義臺路寢"云:"義,冒也。冒,覆也。"但《文始·陽聲寒部丙》云:"於木植爲橫,榦也。從其峇危之義,孳乳於車爲轏,載高貌也。……今以聲類求之,欁、櫱同字,轏、鑱同字,是義、櫱、轏三通,《莊子》所謂'義臺路寢',即欁臺矣。然字實當作峇。"又如"雉(昭公十七年秋)"條云:"古文《鴻範》曰'弟',今文作曰'圛'。……《説文》訓'圛'爲'升雲半有半無',蓋絡繹之意。"但《文始·陰聲支部甲》云:"其(厂)訓明者,即圛之初文。圛,回行也。《商書》曰'圛圛'者,升雲半有半無,自回行以得厂義。圛,《古文尚書》作'悌',《史記》作'涕',鄭曰:'圛者,色澤而光明也。'又《詩》'齊子豈弟',《箋》曰:'《古文尚書》以弟爲圛。圛,明也。'然《尚書》雨、霽、霖、圛爲一類之辭,圛蓋如釋典所謂光網雲矣。"

⑫《章太炎全集·春秋左傳讀》,第 71 頁。

⑬《章太炎全集·春秋左傳讀》,第 137—138 頁。

⑭《章太炎全集·春秋左傳讀》,第 517—518 頁。

⑮見《章太炎全集·太炎文録初編》,第 372 頁。

⑯見《自述學術次第》,《章太炎學術史論集》,第 470 頁。

⑰見《章太炎全集·太炎文録初編》,第 372 頁。

⑱參見王寧《訓詁學原理》,第 205 頁。

⑲章太炎在《左傳讀》中牽合《左傳》和《史記》的地方非常多見,這是造成穿鑿附會的一個重要原因。不過太炎並非没有認識到兩者未必完全相合,他曾説,"麟固深信太史公及劉子政者,於此則以其不合《傳》誼,不敢曲徇也",又説"太史公所據雜書極多,固不足以難《傳》也"。見"衛宣公烝於夷姜(桓公十六年冬)"條。

⑳《章太炎全集·春秋左傳讀》,第 201 頁。

㉑《章太炎全集·春秋左傳讀》,第 219 頁。

㉒章太炎後來認識到遞訓的弊端,特別指出"訓詁不可展轉附會",見《黄侃國學講義録》,第 274—

275 頁。

㉝《章太炎全集·春秋左傳讀》,第 378 頁。

㉞今本《左傳》無“不”字,此爲太炎牽合《史記》而補。

㉟《章太炎全集·春秋左傳讀》,第 495 頁。

㊱《章太炎全集·春秋左傳讀》,第 686—687 頁。

㊲王寧《訓詁學原理》,第 106 頁。

㊳參見王寧《訓詁學原理》,第 60 頁。

㊴參見王寧《訓詁學原理》,第 250 頁。

⑩參看拙作《〈左傳〉注釋考辨三則》,《國學學刊》2014 年第 1 期。

⑩見“盍姑内省德乎(僖公十九年秋)”條。

⑩見《章太炎全集·太炎文録續編》,上海人民出版社,2014 年,第 4 頁。

⑩見馬勇編《章太炎書信集》,河北人民出版社,2001 年,第 1 頁。

⑩張素卿《詮釋與辨疑——章太炎〈春秋左氏疑義答問〉略論》,《經學研究集刊》2009 年第 6 期。

⑩《章太炎全集·春秋左傳讀》,第 430—431 頁。

⑩鄔可晶《〈墨子〉“畢劫”“畢强”解》,《文史》2014 年第 3 輯,第 275—280 頁。

附記:本文緣起於讀博時的文獻閲讀課,導師王寧先生帶我們讀《春秋左傳讀》,參加討論的有卜師霞、凌麗君、孟琢、陳樹、劉青松等。本文吸收了老師的部分觀點並參考了同門的討論意見,謹此致謝,文責自負。

作者簡介:王誠,浙江大學古籍研究所講師

通訊地址:浙江大學西溪校區古籍研究所　　郵編:310028

文獻異文與上古詞彙史研究

郜同麟

近些年來，由於蔣紹愚、張永言、汪維輝等先生的提倡，常用詞演變研究逐漸得到學界的重視。張永言、汪維輝即指出："不對常用詞作史的研究，就無從窺見一個時期的詞彙面貌，也無從闡明不同時期之間詞彙的發展變化，無從爲詞彙史分期提供科學的依據。"[①]但學術界對常用詞演變的研究主要集中在中古和近代漢語，對上古漢語詞彙史的研究則相對較少。這可能主要是由於上古漢語的文獻資料較少，單獨使用統計法很難得出客觀的結論。但先秦至西漢的文獻中多有相同或相近的記載，不同時代的作者往往會根據當時的語言習慣對同一内容進行改寫，這就產生了大量的文獻異文，這種異文對詞彙史的研究無疑有着極大的價值。

但應該指出的是，異文的產生是多方面的，訛誤、避諱、制度更替等等都會導致文獻異文的產生，詞彙演變只是其中的原因之一。因此，在利用文獻異文進行詞彙史研究時，首先應仔細鑒別異文的成因；其次，廣泛搜集不同作者、不同類型文獻的異文也能增強結論的客觀性；另外，與統計法等其它方法相結合，也可以減少異文研究可能產生的失誤。本文就嘗試利用幾組文獻異文考查了先秦至西漢時期的幾個常用詞的演變過程，希望能藉之引起學界對先秦詞彙史及文獻異文研究的重視。

【訪】

(1)a.《左傳·僖公三十二年》："穆公訪諸蹇叔，蹇叔曰……"

b.《史記·秦本紀》："繆公問蹇叔、百里傒，對曰……"

(2)a.《左傳·文公元年》："初，楚子將以商臣爲大子，訪諸令尹子上。"

b.《史記·楚世家》："初，成王將以商臣爲太子，語令尹子上。"

c.《列女傳·節義傳》："王將立公子商臣以爲太子，王問之於令尹子上。"

(3)a.《左傳·哀公十一年》："孔文子之將攻大叔也，訪於仲尼。"

b.《史記·孔子世家》："衛孔文子將攻太叔，問策於仲尼。"

按《説文·言部》："訪，汎謀曰訪。"許氏從語源上解釋作"汎謀"，其實在實際語言運用中，"訪"與"問"意義相近，所以會出現"訪問"近義連文的現象。如《左傳·昭公元年》："書以訪問。"該字在先秦文獻中使用較爲頻繁,《左傳》中凡 16 見,《國語》10 見。但在漢代文獻中,該字却罕見使用。《史記》中僅兩見,一抄自《尚書》,一自《左傳》。《漢書》中 7 見,其中 1 次是用作"方"的假借,4 次抄自《尚書》或用"訪箕子"的典故。其它漢代諸子的用例也較少。恐怕在西漢人的口語中已不太常用"訪"了。但東漢以後該詞又得到較爲廣泛地使用,《後漢書》中出現了 62 次,除 9 例爲人名外,餘皆用作"訪問"義。這恐怕與漢代方言有關。可以與之相比較的是,"訪"字已基本在現代口語中消失,却在某些地區的方言中仍然存在②。

【疾—病】

(4)a.《左傳·隱公三年》:"宋穆公疾,召大司馬孔父而屬殤公焉。"

　　b.《史記·宋世家》:"穆公九年,病,召大司馬孔父謂曰……"

(5)a.《左傳·莊公三十二年》:"公疾,問後於叔牙。"

　　b.《史記·魯世家》:"莊公病,而問嗣於弟叔牙。"

(6)a.《左傳·僖公八年》:"宋公疾,大子兹父固請曰:'目夷長且仁,君其立之。'"

　　b.《史記·宋世家》:"桓公病,太子兹甫讓其庶兄目夷爲嗣。"

(7)a.《左傳·宣公十五年》:"疾病,則曰:'必以爲殉!'"

　　b.《論衡·死僞》:"病困,則更曰:'必以是爲殉。'"

(8)a.《左傳·襄公二十五年》:"崔子稱疾不視事。"

　　b.《史記·齊太公世家》:"崔杼稱病不視事。"

(9)a.《左傳·昭公元年》:"冬,楚公子圍將聘于鄭,伍舉爲介。未出竟,聞王有疾而還。"

　　b.《韓非子·姦劫弑臣》:"楚王子圍將聘於鄭,未出境,聞王病而反。"

　　c.《戰國策·楚四》:"楚公子圍聘於鄭,未出竟,聞王病,反問疾。"

(10)a.《左傳·昭公二十六年》:"叔孫昭子求納其君,無疾而死。"

　　b.《史記·魯世家》:"叔孫昭子求内其君,無病而死。"

(11)a.《左傳·哀公五年》:"公疾,使國惠子、高昭子立荼。"

　　b.《史記·齊太公世家》:"景公病,命國惠子、高昭子立少子荼爲太子。"

　　c.《史記·田敬仲完世家》:"景公病,命其相國惠子與高昭子以子荼爲太子。"

(12)a.《左傳·哀公十一年》:"越在,我心腹之疾也。"

　　b.《史記·伍子胥列傳》:"夫越,腹心之病。"

(13)a.《左傳·哀公十四年》:"陳氏方睦,使疾而遺之潘沐,備酒肉焉,饗守囚者,醉而殺之而逃。"

　　b.《史記·齊太公世家》:"田氏方睦,使囚病而遺守囚者酒,醉而殺守者,得亡。”

按：關於“疾”與“病”的討論，學術界已做了許多工作，幾乎已題無賸義，現略作總結如下：

洪成玉、張桂珍③、王政白④等對“疾”與“病”在本義、引申義、内涵、詞義搭配和語法功能上的不同做了較多的總結。徐時儀從聲符分析了兩者的語源和詞義，認爲兩者可通用，“僅在同時並用時各據其所處位置而用其都具備的某一義”⑤，並没有《説文》中提到的“病，疾加”，也就是“病”重而“疾”輕的區別。丁喜霞認爲“疾”與“病”在語義上没有差别，時間上没有明顯先後⑥。洪華志從甲骨文已多用“疾”中看出“疾”產生早於“病”，另外，“病”的“生病”、“疾病”義乃其“困苦”本義的引申⑦。王彤偉在對文獻的詞頻統計後更指出了“病”與“疾”更替的時間界限：“從戰國中晚期開始，在‘疾病、生病’義上，‘病’漸顯替代‘疾’的趨勢。”⑧黄金貴着重考察了“病”的歷時演變，並指出：“戰國以後，動詞（疾）危重義衍生名詞性的重病義，又擴大爲疾病義，由此出現同義並列詞組‘疾病’，很快凝固爲複詞。”⑨

除了前人所説，筆者還想指出以下幾點：

一、《説文》中認爲“疾加”是“病”的本義誠不確，不過先秦文獻中“病”用作“病危”的例子還是比較多。但漢人明顯對這個意義已不熟悉了。《左傳》中經常出現的“疾病”多指“疾病加重”，但漢人多將其視爲同義連文而對譯作“有病”、“有疾”，如以下幾例：

(14)a.《左傳·桓公五年》：“公疾病而亂作，國人分散，故再赴。”

b.《史記·陳杞世家》：“桓公病而亂作，國人分散，故再赴。”

(15)a.《左傳·襄公十九年》：“齊侯疾，崔杼微逆光。疾病，而立之。”

b.《史記·齊太公世家》：“靈公疾，崔杼迎故太子光而立之，是爲莊公。”

c.《列女傳·仁智傳》：“靈公疾，高厚⑩微迎光。及公薨，崔杼立光。”

(16)a.《左傳·襄公二十五年》：“君之臣杼疾病，不能聽命。”

b.《列女傳·孽嬖傳》：“君之臣杼有疾不在，侍臣不敢聞命。”

(17)a.《左傳·昭公四年》：“竪牛曰：‘夫子疾病，不欲見人。’”

b.《韓非子·内儲説上》：“叔孫有病，竪牛因獨養之而去左右，不内人。”

c.《孔子家語·正論解》：“叔孫有病，牛不通其饋。”

二、除了“生病”、“疾病”等義外，“疾”和“病”在其它義項上也發生了一些改變。《左傳》中“疾”字也可用作“疾恨”義，而“病”則有“憂慮”義。但漢以後，“病”的“憂慮”義已不再常用，部分功能甚至由“疾”來代替。如：

(18)a.《左傳·宣公十年》：“陳靈公與孔寧、儀行父飲酒於夏氏。公謂行父曰：‘徵舒似女。’對曰：‘亦似君。’徵舒病之。”

b.《列女傳·孽嬖傳》：“靈公與二子飲於夏氏，召徵舒也。公戲二子曰：‘徵舒似汝。’二子亦曰：‘不若其似公也。’徵舒疾此言。”

另外，將“生病”、“疾病”義讓渡給“病”字的“疾”，其“急”義在漢以後得到了發展。《左傳》196 例“疾”字，僅 4 例用作副詞“急”①。但到漢代，“急”成了“疾”字的主要用義之一，《史記》中便有 49 例“疾”用作“急”義。

三、《左傳》“疾”在與“病”有關的義項中，其動詞義，即“生病”義，是佔優勢的。但漢以後似乎更習慣用“疾”、“病”爲名詞，這從有關異文中也可以看出：

(19)a.《左傳·莊公三十三年》：“公疾。”

b.《史記·魯周公世家》：“莊公有疾。”

(20)a.《左傳·僖公八年》：“宋公疾。”

b.《説苑·立節》：“桓公有疾。”

(21)a.《左傳·襄公二十五年》：“君之臣杼疾病，不能聽命。”

b.《列女傳·孽嬖傳》：“君之臣杼有疾不在，侍臣不敢聞命。”

(22)a.《左傳·昭公四年》：“豎牛曰：‘夫子疾病，不欲見人。’”

b.《韓非子·内儲説上》：“叔孫有病，豎牛因獨養之而去左右，不内人。”

c.《孔子家語·正論解》：“叔孫有病，牛不通其饋。”

後世的《左傳》引文中的一些無意識的改動也體現了這種變化，如《左傳·宣公十五年》“武子疾”，《文選》卷十五張衡《思玄賦》舊注引作“武子有疾”；《左傳·昭公七年》“晉侯疾”，《禮記·王制》疏、《後漢書·儒林傳》李賢注皆引作“晉侯有疾”。

【虜】

(23)a.《左傳·桓公三年》：“曲沃武公伐翼，次于陘庭。韓萬御戎，梁弘爲右。逐翼侯于汾隰，驂絓而止，夜獲之，及欒共叔。”

b.《史記·晉世家》：“九年，伐晉于汾旁，虜哀侯。”

(24)a.《左傳·莊公十年》：“秋九月，楚敗蔡師于莘，以蔡侯獻舞歸。”

b.《史記·管蔡世家》：“楚文王從之，虜蔡哀侯以歸。”

c.《史記·楚世家》：“六年，伐蔡，虜蔡哀侯以歸。”

(25)a.《左傳·莊公十一年》：“公以金僕姑射南宫長萬，公右歂孫生搏之。”

b.《史記·宋世家》：“魯生虜宋南宫萬。”

(26)a.《左傳·莊公十一年》：“始，吾敬子。今子，魯囚也。”

b.《公羊傳·莊公十二年》：“閔公矜此婦人，妒其言，顧曰：‘此虜也！爾虜焉故，魯侯之美惡乎至？’”

　　　　　c.《史記·宋世家》:"始吾敬若;今若,魯虜也。"

(27)a.《左傳·僖公五年》:"師還,館于虞,遂襲虞,滅之。執虞公及其大夫井伯,以
　　　　　媵秦穆姬。"

　　　　　b.《史記·晋世家》:"還,襲滅虞,虜虞公及其大夫井伯百里奚以媵秦穆姬。"

(28)a.《左傳·僖公十五年》:"秦獲晋侯以歸。"

　　　　　b.《淮南子·氾論》:"虜惠公以歸。"

(29)a.《左傳·僖公三十三年》:"敗秦師于殽,獲百里孟明視、西乞術、白乙丙
　　　　　以歸。"

　　　　　b.《史記·秦本紀》:"大破秦軍,無一人得脱者。虜秦三將以歸。"

　　　　　c.《史記·晋世家》:"敗秦師于殽,虜秦三將孟明視、西乞秫、白乙丙以歸。"

(30)a.《左傳·宣公二年》:"宋師敗績,囚華元,獲樂吕。"

　　　　　b.《吕氏春秋·察微》:"宋師敗績,華元虜。"

(31)a.《左傳·宣公十二年》:"楚熊負羈囚知罃。"

　　　　　b.《史記·晋世家》:"楚虜我將智罃。"

(32)a.《左傳·成公十三年》:"五月,丁亥,晋師以諸侯之師及秦師戰于麻隧。秦師
　　　　　敗績,獲秦成差及不更女父。"

　　　　　b.《史記·晋世家》:"至涇,敗秦於麻隧,虜其將成差。"

(33)a.《左傳·哀公十三年》:"丙戌,復戰,大敗吳師。獲大子友、王孫彌庸、壽
　　　　　於姚。"

　　　　　b.《史記·吳世家》:"丙戌,虜吳太子友。"

(34)a.《左傳·哀公十六年》:"生拘石乞,而問白公之死焉。"

　　　　　b.《史記·伍子胥列傳》:"而虜石乞,而問白公尸處。"

(35)a.《左傳·哀公十七年》:"齊人伐衛,衛人請平。立公子起,執般師以歸,舍
　　　　　諸潞。"

　　　　　b.《史記·衛世家》:"齊伐衛,虜斑師,更立公子起爲衛君。"

　　按《説文·毌部》:"虜,獲也。"但該字在早期文獻中罕見使用,不但甲骨文、金文中未
見,在戰國之前的文獻中僅《詩經·常武》中有"仍執醜虜"一個用例。而《左傳》、《國語》、《孟
子》等文獻中也不見"虜"字。至戰國晚期,此字才被廣泛使用,《荀子》中有 3 例,《吕氏春秋》則
有 15 例。到漢代,"虜"字得到迅速發展,《史記》中共有 263 個用例,又有 11 例"鹵"假借爲
"虜";《漢書》中則有 377 例"虜"字。漢代"虜"字發展這樣快,筆者懷疑可能與關中方言有關。

　　先秦文獻中常用來表示"俘"義的詞在漢代已逐漸被淘汰,如《左傳》常用的"獲"字,《史

記》中雖有 25 處用作"俘"義,而其中 7 例襲自《左傳》,1 例引自《尚書》,8 例爲天子詔書,4 例爲"虜(鹵)獲"連言,2 例的賓語是"虜"或"首",可見漢代"獲"字的"俘"義在實際語言中可能已經消失,而僅僅出現在述古和擬古的文章中。《左傳》中其它幾個用作"俘"義的詞,如"搏(捕)"、"拘"、"執"在漢代也與"虜"有了意義上的差別。

【逆一迎】

(36)a.《尚書·禹貢》:"又北播爲九河,同爲逆河,入於海。"

　　b.《漢書·地理志》:"播爲九河,同爲迎河⑫。"

(37)a.《左傳·閔公二年》:"宋桓公逆諸河,宵濟。"

　　b.《詩經·鄘風·定之方中》鄭玄注:"宋桓公迎衛之遺民渡河。"

(38)a.《左傳·僖公二十五年》:"天子降心以逆公,不亦可乎?"

　　b.《新序·善謀》:"天子降心以迎公,不亦可乎?"

(39)a.《公羊傳·宣公十二年》:"鄭伯肉袒,左執茅旌,右執鸞刀,以逆莊王。"

　　b.《新序·雜事》:"鄭伯肉袒,左執旄旌,右執鸞刀,以迎莊王。"

(40)《左傳·文公七年》"穆伯如莒涖盟,且爲仲逆",《周禮·調人》疏引,"逆"作"迎"。

(41)《左傳·宣公二年》"宣子使趙穿逆公子黑臀于周而立之",《禮記·曲禮上》疏引,"逆"作"迎"。

按《説文·辵部》:"逆,迎也。關東曰逆,關西曰迎。"《方言》卷一:"逢、逆,迎也。自關而東曰逆,自關而西曰迎,或曰逢。"馬叙倫曰:"(逆)與迎一字異形。迎之初文爲卬,卬篆作𝕀𝕃,象一人來,一人匍而迎之。迎爲東西相對形,𝌆爲南北相對形……今逆音宜戟切,迎音語京切,乃由時地遷異而來,然仍爲疑紐雙聲。"⑬是"逆"、"迎"之别在方言區的不同,但事實似乎並非如此簡單。"逆"字在甲骨文、金文中極多,而"迎"、"卬"均不見於甲骨文、金文。在較早的文獻中,"迎"字的用例也極少。《周易》、《尚書》、《論語》均不見"迎"字,《詩經》僅見於《大明》和《韓奕》兩詩中,《左傳》中僅一見。與此相對的,"逆"字在《左傳》中出現了 164 次,其中雖有部分爲悖逆義,但用爲迎接義的也佔了相當的部分。戰國後期的文獻中,"迎"字就開始佔優勢了,《吕氏春秋》中"迎"字出現了 17 次,即便是在可能屬於關東文獻的《管子》中"迎"字也出現了 14 次,《晏子春秋》中"迎"字出現了 10 次。《吕氏春秋》中用作迎接義的"逆"字僅 3 例,《管子》中僅 1 例,而《晏子春秋》中則完全不見用作迎接義的"逆"字。到漢代,"迎"字更得到充分發展,《史記》中"迎"使用了 177 次,已佔絶對的優勢了。故而前揭《新序》、《詩經》鄭箋等都改前世文獻中的"逆"爲"迎"。由此可見,上古漢語可能只用"逆"字表示迎接義,而興起於關中方言的"迎"字在戰國中後期佔了上風,在迎接義上逐漸取代了

“逆”字。

【勤】

(42) a.《左傳·僖公九年》：“齊侯不務德而勤遠略。”

　　b.《史記·晉世家》：“齊桓公益驕，不務德而務遠略。”

(43) a.《左傳·僖公二十五年》：“求諸侯，莫如勤王。”

　　b.《史記·十二諸侯年表》：“求霸莫如內王。”

　　c.《史記·晉世家》：“求霸莫如入王尊周。”

(44) a.《左傳·成公九年》：“大夫勤辱，不忘先君以及嗣君，施及未亡人。”

　　b.《列女傳·貞順》：“大夫勤勞於遠道，辱送小子，不忘先君以及後嗣。”

(45) a.《左傳·昭公十五年》：“師徒不勤，而可以獲城，何故不爲？”

　　b.《國語·晉語九》：“可無勞師而得城，子何不爲？”

(46) a.《左傳·定公九年》：“陽虎欲勤齊師也，齊師罷，大臣必多死亡，己於是乎奮其詐謀。”

　　b.《說苑·權謀》：“陽虎欲齊師破。齊師破，大臣必多死，於是欲奮其詐謀。”

(47) a.《國語·魯語下》：“故不憚勤遠而聽於楚。”

　　b.《說苑·正諫》：“故不憚勤勞，不遠道塗；而聽於荊也。”

　　按《說文·力部》：“勤，勞也。”“勤”的本義即勤勞，前揭例(45)a“師徒不勤”即其義。上古往往用其爲及物動詞，即勤勞於某事，致力於某事。如《毛公鼎》：“券董大命。”“董”即“勤”之初文。又如《尚書·大誥》：“天亦惟用勤毖我民。”前揭《左傳》“勤遠略”、“勤王”皆其例。又如《左傳·成公十三年》：“君子勤禮，小人盡力。”

　　但漢以後，“勤”的這兩種意思都不再常用，“勞”義雖存，但往往與“勞”組成複合詞使用，而極少單用了。如：

(48)《詩經·周南·卷耳》小序：“又當輔佐君子求賢審官，知臣下之勤勞。”

(49)《詩經·召南·殷其雷》傳：“其室家能閔其勤勞，勸以義也。”

(50)《史記·孝文本紀》：“封畿之內勤勞不處……今朕夙興夜寐，勤勞天下。”

(51)《史記·李斯傳》：“夫忠臣不避死而庶幾，孝子不勤勞而見危。”

“勤”的及物動詞義則幾乎已經消失，訓詁家遇此往往隨文釋義⑩，而引用者在引用時也往往以其它詞來意譯。如前揭(42)例《史記》以“務”譯之，(43)例則以“內”、“入”譯之。

【氏】

(52) a.《左傳·襄公十七年》：“國人逐瘈狗，瘈狗入於華臣氏。”

b.《論衡·感類》:"國人逐瘈狗,瘈狗入華臣之門。"

c.《説文·犬部》:"狾狗入於華臣氏之門。"

(53)a.《左傳·襄公二十三年》:"孟氏又告季孫。季孫怒,命攻臧氏。"

b.《論語義疏》:"孟氏又告季孫,怒,命攻臧氏之家。"

(54)a.《左傳·襄公二十五年》:"莊公通焉,驟如崔氏。"

b.《韓非子·姦劫弒臣》:"齊崔杼,其妻美,而莊公通之,數如崔氏之室。"

c.《後漢書·楊震傳》:"諸侯如臣之家,《春秋》尚列其誡。"李賢注:《左傳》,齊莊公如崔杼之家,爲杼所殺也。"

(55)a.《左傳·昭公十三年》:"王縊于芋尹申亥氏。"

b.《史記·楚世家》:"王死申亥家。"

(56)a.《左傳·昭公二十五年》:"平子怒,益宫於郈氏。"《史記·魯周公世家》集解引服虔注:"侵郈氏之宫地以自益。"杜預注:"侵郈氏室以自益。"

b.《吕氏春秋·察微》:"季平子怒,因歸郈氏之宫而益其宅。"

c.《淮南子·人間》:"季平子怒,因侵郈氏之宫而築之。"

(57)a.《左傳·昭公二十七年》:"令尹欲飲酒於子氏。"

b.《吕氏春秋·慎行》:"令尹欲飲酒於子之家。"

按:關於"氏"字的本義,衆説紛紜,僅據與本文有關者言之,劉師培曰:《左傳·隱八年》云:'胙之土而命之氏。'是氏即所居之土,無土則無氏。"⑮戴家祥曰:"支、氏一聲之轉,史籍通叚,而氏的初義正與支密切相關。"⑯戴氏以爲"氏"之本義與"支"有關,似可從。至少在春秋時期,"氏"多用來表明姓的旁枝。戴氏又説:"氏在周代引申爲貴族宗法系統的稱號,表示父權制成立之後的血緣關係。"其説是。但"氏"並不僅僅只表示抽象的關係,更可以表示實體,即"家"。《左傳·定公元年》:"季孫使役如闞公氏,將溝焉。"孔疏曰:"春秋言'氏'猶如言'家'。"黃生《義府》曰:"《論語》'自孔氏','有荷蕢過孔氏之門',不稱孔子,而稱孔氏。氏,猶家也,因晨門、荷蕢而言。"其説是。"氏"在上古漢語中多可表示某氏之家的實在方位,前揭《左傳》各例皆是。但漢以後,"氏"字基本上只表示抽象的姓氏、氏族義了,所以文獻中遇到上古漢語中表示家宅義的"氏"多改作"家"、"某氏之家"、"某氏之室"等等。

【豕—彘、豨】

(58)a.《左傳·莊公八年》:"見大豕。"

b.《管子·大匡》:"見豕彘。"

c.《史記·齊太公世家》:"見彘。"

(59)《周易·説卦》"易爲豕",《釋文》:"京作彘。"

(60)a.《大戴禮記·易本命》:"六九五十四,四主時,時主豕,故豕四月而生。"

　　 b.《淮南子·墬形》:"六九五十四,四主時,時主彘,彘故四月而生。"。

(61)a.《左傳·定公四年》:"吴爲封豕長蛇。"

　　 b.《淮南子·脩務》:"吴爲封豨脩蛇。"

(62)《左傳·襄公二十四年》"豕韋氏",《莊子·大宗師》、《莊子·外物》皆作"豨韋氏"。

(63)《周易·姤》"羸豕孚蹢躅",《周易·睽》"見豕負塗",馬王堆帛書本《周易》"豕"均作"豨"。

(64)《史記·天官書》"奎曰封豕",《漢書·天文志》作"封豨"。

按《方言》:"豬……關東西或謂之彘,或謂之豕,南楚謂之豨。"《玄應音義》卷七引《方言》:"關之東西謂膌爲彘。"《爾雅·釋獸》:"豕子,豬。"郭璞注:"今亦曰彘,江東呼豨。皆通名。"《初學記》引何承天《纂文》曰:"梁州以豕爲豬,河南謂之彘,吳楚謂之豨。"

《左傳》中"彘"僅用在地名、人名中,沒有用作"豕"義的。《詩經》、《周易》、《尚書》、《周禮》、《儀禮》、《論語》、《國語》等較早的文獻中也未見"彘"字。戰國後期,"彘"字的使用頻繁起來,《孟子》中4見,《荀子》7見(其中1例爲人名),《韓非子》中13見,《呂氏春秋》7見(其中2例用作地名)。而"豕"字則較少出現了,《荀子》僅1例,《韓非子》中則完全不用"豕"字。到漢代,這種趨勢繼續發展,《史記》中"豕"11見,其中2例爲專名,《樂書》中1例承自《禮記·樂記》,《晋世家》1例承自《左傳》,《平津侯主父列傳》1例出自班固贊語。所以《史記》中"豕"字應用極少,而"彘"則有38處用例。

《漢書》中"豕"有27例,"彘"有35例,"彘"雖仍佔上風,但從《漢書》與《史記》中的異文中可以看出,"彘"字已開始衰落,"豕"字又重新得以廣泛使用。《史記·袁盎傳》:"陛下獨不見'人彘'乎?"《漢書·爰盎傳》"彘"作"豕"。《史記·司馬相如傳》:"天子方好自擊熊彘。"《漢書·司馬相如傳》"彘"作"豕"。《後漢書》中"彘"僅3見,而"豕"則出現了30次,可見至劉宋,"彘"字已罕見使用了。

"豨"從希得聲,上古音屬曉母微部,而"豕"則屬書母支部,二字聲韻均別。但在某些方言區,此二字聲音已混同了[11]。前面提到的《方言》中所説的"南楚謂之豨"可能正是這一現象的表現。又《説文·豕部》:"豕,讀與豨同。"前舉幾個改"豕"爲"豨(豨)"例子,也正是這一現象的反應。

【筮—卜】

(65)a.《左傳·莊公二十二年》:"陳侯使筮之,遇觀之否。"

　　 b.《史記·田敬仲完世家》:"陳厲公使卜完,卦得觀之否。"

(66)a.《左傳·閔公元年》:"畢萬筮仕於晋,遇屯之比。"

　　　b.《史記·晋世家》:"畢萬卜仕於晋國,遇屯之比。"

　　　c.《史記·魏世家》:"畢萬卜事晋,遇屯之比。"

　按《説文·卜部》:"卜,灼剥龜也。象炙龜之形。一曰象龜兆之從横也。"《説文·竹部》:"筮,《易》卦爲蓍也。"是卜爲龜卜,筮爲蓍占,《左傳》中此二字絶不相混。《左傳·僖公四年》:"晋獻公欲以驪姬爲夫人,卜之,不吉;筮之,吉。公曰:'從筮。'卜人曰:'筮短龜長,不如從長。'"《左傳·僖公十五年》:"龜,象也;筮,數也。"這都是"筮"與"卜"對立的例子。秦以後卜法失傳,"卜"字僅作爲"筮"的同義詞而存在。在漢代,"卜"的應用遠比"筮"字廣泛得多,如《史記》中"筮"字出現 38 次(其中《宋微子世家》鈔自《尚書·洪範》的有 10 例,另有 4 例用於人名,其它多與"卜"字組成近義複詞),而"卜"字則出現了 207 次;《漢書》中"筮"字出現 26 次,"卜"字則出現 96 次。

【喪】

(67)a.《左傳·莊公八年》:"公懼,隊于車,傷足,喪屨。"

　　　b.《管子·大匡》:"公懼,墜於車下,傷足亡屨。"

　　　c.《史記·齊太公世家》:"公懼,墜車傷足,失屨。"

(68)a.《左傳·僖公十五年》:"小人耻失其君而悼喪其親,不憚征繕以立圉也"

　　　b.《史記·晋世家》:"小人懼失君亡親,不憚立子圉。"

(69)a.《左傳·昭公十七年》:"吴公子光請於其衆曰:'喪先王之乘舟,豈唯光之罪,衆亦有焉。請藉取之,以救死。'"

　　　b.《史記·吴世家》:"公子光伐楚,敗而亡王舟。"

(70)a.《左傳·昭公二十七年》:"夫無極,楚之讒人也,民莫不知。去朝吴,出蔡侯宋,喪大子建,殺連尹奢。"

　　　b.《吕氏春秋·慎行》:"夫無忌,荆之讒人也,亡夫太子建,殺連尹奢,屏王之耳目。"

　　　c.《史記·楚世家》:"楚衆不説費無忌,以其讒亡太子建,殺伍奢子父與郤宛。"

　按《説文·哭部》:"喪,亡也。從哭,亡聲。"段玉裁曰:"亡非死之謂,故《中庸》曰……皆存亡與生死分別言之。凶禮謂之喪者,鄭《禮經目録》云:'不忍言死而言喪。喪者,棄亡之辭,若全居於彼焉,已失之耳。'是則死曰喪之義也。公子重耳自偁'身喪',魯昭公自偁'喪人',此喪字之本義也。"段謂"亡非死之謂",其説至確,許慎以爲"喪"從"亡",不確。陳夢家通過對甲骨文的分析後認爲:"喪之初義當爲逃亡,亡失。"[18]李學勤亦持是説[19],其説可成定論。《周易·坤》"東北喪朋"、《大壯》"喪羊于易",與甲骨卜辭用法相近,猶用其本義。前揭例(70)a“喪大子建”，用法亦與之同。引申“喪”亦可以指主動逃亡，《禮記·檀弓上》“喪欲速貧”及段玉裁所舉兩例皆是其例。動物、人衆的走失爲“喪”，引申普通物品的丟失亦爲“喪”，前揭《左傳》“喪屨”、“喪舟”皆其例。當然，“喪”字很早就已引申出死義，《尚書·金縢》：“武王既喪，管叔及其群弟乃流言於國。”此則猶爲動詞，而《康王之誥》“反喪服”，其用法已與後世無異。

但到秦漢以後，“喪”字的“失去”、“逃亡”等義在實際語言中就已非常罕見了。《史記》、《漢書》中完全不見“喪”字用作“逃亡”義，用作“失去”義的也較少。《史記》共用“喪”字 114 次，僅司馬相如的《難蜀父老》及書末《自序》的詩體序文中出現 3 例“喪”用作“失去”義。《漢書》中共用“喪”字 190 次，有 13 例用作“失去”義，但在這 13 例中，3 例引自《周易》，3 例引自《左傳》，1 例引自《詩經》，1 例出自司馬相如《難蜀父老》。可見到漢代，“喪”的“失去”義可能只用在擬古的文章中了。而“喪”字的“失去”、“逃亡”等義已由“失”、“亡”等字代替。

另外，從漢人頻繁地對“喪”字作注中，也可以看出當時對於“喪”的“失去”、“逃亡”等義已不大熟悉。如《詩經·大雅·皇矣》“受禄無喪”，毛傳：“喪，亡也。”《周易》“東北喪朋”，《經典釋文》引馬融注：“喪，失也。”《吕氏春秋·慎大》“於得思喪”，高誘注：“喪，亡也。”

還需要指出的是，漢代以後，“喪”字可能名詞義的應用變得更爲廣泛，動詞義則逐漸過渡到其它詞上，連其喪亡義有時也由“亡”字代替了，如《列女傳·賢明傳》引《國語·晋語四》“天未喪晋”，“喪”即被改作“亡”。

【手一掌】

　(71)a.《左傳·隱公元年》：“仲子生而有文在其手，曰爲‘魯夫人’。”

　　　b.《論衡·雷虛》：“魯惠公夫人仲子，宋武公女也，生而有文在掌，曰爲‘魯夫人’。”

　　　c.《論衡·紀妖》：“魯惠公夫人仲子，生而有文在其掌，曰爲‘魯夫人’。”

　(72)a.《左傳·閔公二年》：“及生，有文在其手曰友，遂以命之。”

　　　b.《史記·魯周公世家》：“及生，有文在掌曰‘友’，遂以名之。”

　(73)a.《左傳·昭公元年》：“及生，有文在其手曰‘虞’，遂以命之。”

　　　b.《史記·鄭世家》：“及生，有文在其掌曰‘虞’，遂以命之。”

　　　c.《潛夫論·夢列》：“及生，手掌曰‘虞’，因以爲名。”

按：“掌”字甲骨文、金文中均未見，《周易》、《詩經》、《今文尚書》等較早的文獻中也沒有“掌”字②。《左傳》、《周禮》中雖多用“掌”字，但皆用作職掌義，並無用作手掌義者。“掌”字得到廣泛使用，可能是戰國中後期的事情。《論語·八佾》：“指其掌。”《孟子·告子上》：“熊掌亦我所欲也。”(請比較《左傳·宣公二年》:“宰夫胹熊蹯不熟。”)漢代以後,表示“手掌”義往往用“掌”字,而不用“手”。但這個義項上,“手”也並沒有完全被淘汰,如《史記·孟嘗君傳》:“孟嘗君乃拊手而謝之。”(請比較《後漢書·方術傳》:“操大拊掌笑,會者皆驚。”)《史記·陸賈傳》:“越殺王降漢,如反覆手耳。”(請比較《漢書·枚乘傳》:“變所欲爲,易於反掌。”)東漢以後,在“手掌”的義項上,“手”和“掌”一直平行地發展②,但“掌”却佔了明顯的優勢。

【田—獵】

(74)a.《左傳·莊公八年》:“冬,十二月,齊侯游于姑棼,遂田于貝丘。”

　　b.《史記·齊太公世家》:“冬十二月,襄公游姑棼,遂獵沛丘。”

(75)a.《左傳·僖公四年》:“公田,姬寘諸宮六日,公至,毒而獻之。”

　　b.《史記·晋世家》:“獻公時出獵,置胙於宮中。驪姬使人置毒藥胙中。”

　　c.《禮記·檀弓》疏:“公獵,姬寘諸宮六日。”

(76)a.《左傳·僖公二十四年》:“其後余從狄君以田渭濱。”

　　b.《史記·晋世家》:“其後我從狄君獵。”

(77)a.《左傳·文公十六年》:“宋昭公將田孟諸。未至,夫人王姬使帥甸攻而殺之。”

　　b.《史記·宋世家》:“昭公出獵,夫人王姬使衛伯攻殺昭公杵臼。”

(78)a.《左傳·文公十八年》:“齊懿公之爲公子也,與邴歜之父争田,弗勝。”

　　b.《史記·齊太公世家》:“初,懿公爲公子時,與丙戎之父獵,争獲不勝。”

(79)a.《左傳·成公十七年》:“厲公田,與婦人先殺而飲酒,後使大夫殺。”

　　b.《史記·晋世家》:“厲公獵,與姬飲。”

(80)a.《左傳·襄公二十八年》:“十月,慶封田于萊。”

　　b.《史記·齊太公世家》:“十月,慶封出獵。”

按:“田”字在甲骨文、金文中極爲常見,本象田圃之形,引申而有田獵義,甲骨文中用作田獵義的“田”字就非常多②。“獵”字不見於甲骨文,《金文大字典》僅收兩例。傳世的上古文獻中,“獵”字也極少見,《周易》、《尚書》皆未見,《詩經》僅見於《魏風·伐檀》一詩中。《左傳》中共出現 5 次“獵”字,但僅有 1 例與“田”連文表田獵義,餘皆人名。漢以後,“獵”得到廣泛應用,《史記》中共有 87 例“獵”字。但先秦常用來表田獵義的“田”字,到漢以後就比較少見了,《史記》中“田”字共出現 688 次,但多用爲姓氏和田地義,用作田獵義的僅 7 次,且多前有所承。先秦“田”的田獵義已基本讓渡給了“獵”字,所以漢代文獻遇到先秦文獻中表田獵義的“田”也多改作“獵”。

【宵─夜】

(81)a.《穀梁傳・襄公三十年》:"婦人之義,傅母不在,宵不下堂。"

b.《列女傳・貞順傳》:"婦人之義,保傅不俱,夜不下堂。"

(82)a.《尚書・堯典》:"宵中,星虛,以殷仲秋。"

b.《史記・五帝本紀》:"夜中,星虛,以正中秋。"

按《說文・宀部》:"宵,夜也。""宵"字在金文中已出現,但僅1見,且用作人名(宵作旅彝器)。該字在先秦文獻中應用較廣泛,如前揭例(82)。又如《詩經・召南・小星》:"肅肅宵征,夙夜在公。"《左傳・桓公九年》:"鄖人宵潰。"《詩經》中4見,《左傳》19見,《儀禮》5見②。"宵"一般單獨使用,只能做時間狀語。一直到秦,"宵"可能還在口語中使用。《睡虎地秦簡・封診式・穴盜》:"自宵臧(藏)乙复(複)結衣一乙房內中。"但漢初部分地區的語言可能對"宵"字已不熟悉,注家遇"宵"字已需要注釋了,如前引《詩經・召南・小星》之毛傳、《爾雅・釋言》皆注"宵"字。漢代文獻中"宵"字也很少使用,《史記》中3見"宵"字,但皆爲"小"之假借。《漢書》中雖有4例"宵"用作"夜",但都出現在文學作品中,恐怕已是擬古的用法了。到南北朝時期,"宵"字雖然還時見使用,但人們恐怕已完全不知道"宵"的用法了。鮑照《和王義興七夕》:"宵月向掩扉,夜露方當白。"以"宵"字作"月"的定語,這是先秦文獻中從來不曾出現的用法。但這恐怕僅僅是鮑氏從詁訓書中查出作爲"夜"的替代詞,對其實際用法已不了解了。

【縊】

(83)a.《左傳・桓公十三年》:"莫敖縊于荒谷。群帥囚于冶父,以聽刑。"

b.《列女傳・仁智傳》:"莫敖自經荒谷,群帥囚于治父以待刑。"

(84)a.《左傳・莊公十四年》:"(原繁)乃縊而死。"

b.《史記・鄭世家》:"原曰……遂自殺。"

(85)a.《左傳・閔公二年》:"共仲曰:'奚斯之聲也。'乃縊。"

b.《史記・魯世家》:"慶父聞奚斯音,乃自殺。"

(86)a.《左傳・僖公四年》:"(申生)十二月,戊申,縊于新城。"

b.《國語・晉語二》:"申生乃雉經于新城之廟。"

c.《史記・晉世家》:"十二月戊申,申生自殺於新城。"

d.《列女傳・孽嬖傳》:"(申生)遂自經于新城廟。"

(87)a.《左傳・文公元年》:"王請食熊蹯而死,弗聽。丁未,王縊。"

b.《韓非子・內儲說下》:"成王請食熊膰而死,不許,遂自殺。"

c.《史記·楚世家》:"成王請食熊蹯而死,不聽。丁未,成王自絞殺。"

d.《列女傳·節義傳》:"王請食熊蹯而死,不可得也,遂自經。"

(88)a.《左傳·襄公二十七年》:"遂滅崔氏,殺成與彊,而盡俘其家,其妻縊。嫠復命於崔子,且御而歸之。至,則無歸矣,乃縊。"

b.《呂氏春秋·慎行》:"崔杼歸無歸,因而自絞也。"

c.《史記·齊太公世家》:"盡滅崔氏,崔杼婦自殺。崔杼毋歸,亦自殺。"

d.《列女傳·孽嬖傳》:"盧蒲嫳帥徒衆與國人焚其庫廄而殺成,辱崔氏之妻曰:……遂自經而死。崔子歸,見庫廄皆焚,妻子皆死,又自經而死。"

(89)a.《左傳·昭公元年》:"公子圍至,入問王疾,縊而弒之。"

b.《韓非子·姦劫弒臣》:"楚王子圍將聘於鄭,未出境,聞王病而反。因入問病,以其冠纓絞王而殺之。"

c.《韓詩外傳》卷四:"故《春秋》之志曰:楚王之子圍聘於鄭,未出境,聞王疾,返問疾,遂以冠纓絞王而殺之,因自立。"

d.《史記·楚世家》:"圍入問王疾,絞而弒之。"

(90)a.《左傳·昭公八年》:"夏,四月,辛亥,哀公縊。"

b.《史記·陳杞世家》:"哀公自經殺。"

(91)a.《左傳·昭公十三年》:"夏,五月,癸亥,王縊于芋尹申亥氏。"

b.《新書·大都》:"王遂死於乾溪于守亥之井。"

c.《史記·楚世家》:"夏五月癸丑,王死申亥家。"

(92)a.《左傳·定公十四年》:"安于曰……乃縊而死。"

b.《史記·趙世家》:"安于曰……遂自殺。"

(93)a.《左傳·哀公十六年》:"白公奔山而縊。"

b.《史記·伍子胥列傳》:"白公之徒敗,亡走山中,自殺。"

(94)a.《左傳·哀公二十二年》:"越滅吳,請使吳王居甬東。辭曰……乃縊。"

b.《史記·吳世家》:"越敗吳。越王句踐欲遷吳王夫差於甬東,予百家居之。吳王曰……遂自剄死。"

按《說文·系部》:"縊,經也。"段玉裁改作"絞也",鈕樹玉則據《玉篇》、《廣韻》改作"自經"。無論《說文》本文如何,"縊"字本義就是以繩勒頸而死應該是沒有問題的。《釋名·釋喪制》:"縣繩曰縊。縊,阨也,阨其頸也。"《左傳·昭公元年》:"彼徒我車,所遇又阨。"《釋文》:"阨,本又作隘。"是古阨、隘音近,劉熙認爲"縊"、"阨"同源是有可能的。但"縊"與"阨"義似稍隔。楊樹達曰:"縊字所從之益,即假爲嗌,縊所以从系益者,謂以系繫其咽也。"㉔此説可能更接近事實。

段玉裁又曰："縊必兩股辮爲之……經本訓從絲爲一股,縊死必兩股爲之,以其直縣也,故亦謂之經。"其説"經"甚曲,不可從。實則,"經"、"剄"、"頸"皆同源。《玉篇·刀部》:"剄,以刀割頸也。"以刀割頸爲"剄",則以繩勒頸爲"經",恰與上"縊"因"嗌"得義同例。此"經"與經緯之"經"乃同形字,意義並無關聯。

"縊"字在《左傳》中使用較頻繁,共 21 例,既可以用作不及物動詞,指自殺,如前揭桓公十三年傳;也可以用作及物動詞,指他殺,如前揭昭公元年例。因"縊"字詞義的特殊性,對詞頻的統計很難表現其應用程度。雖然先秦其它文獻中"縊"字的使用並不太多,但《爾雅·釋蟲》中有叫作"縊女"的蟲類,那麼"縊"字在先秦的口語中應該還是比較通行的。但自戰國後期開始,"縊"字就罕見使用了,《韓非子》、《荀子》、《禮記》等書中都不曾見。到了漢代,《史記》中也未見"縊"字,《漢書》中 3 見,但有 1 例是抄自《左傳》。這些文獻中對於早期的"縊"字,或改作"自經",或改作"自絞",但大多數則改作"自殺"。這一方面可能由於"縊"字已在口語中消失,另一方面也可能與常用武器及自殺方式的轉變有一定關係⑥。

例(86)b 中有"雉經"一詞,"雉"乃"絼"之借⑦。《周禮·封人》"置其絼",鄭司農注:"絼,著牛鼻繩,所以牽牛者。今時謂之雉,與古者名同。"段玉裁云:"絼字從糸豸聲,音直氏反,漢時謂之雉。古音豸在支佳部,雉在脂微部,部分最近,又雙聲,故司農曰'名同'也。"鄭司農云"今時謂之雉",則似東漢時此字猶在口語之中。但現存的先秦兩漢文獻中,"雉經"一詞全用於申生事,恐怕都是用典,而非實際語言。

【與—予】

(95)a.《左傳·僖公十三年》:"冬,晋荐饑。使乞糴于秦。秦伯謂子桑:'與諸乎?'"

　　b.《國語·晋語三》:"晋饑,乞糴於秦……謂公孫枝曰:'予之乎?'"

(96)a.《左傳·僖公二十五年》:"與之陽樊、温、原、欑茅之田。"

　　b.《新序·善謀》:"予之陽樊、温、原、欑茅之田。"

(97)a.《左傳·文公十八年》:"公命與之邑,曰:'今日必授。'"

　　b.《國語·魯語上》:"爲我予之邑。今日必授,無逆命矣。"

(98)a.《左傳·宣公三年》:"既而文公見之,與之蘭而御之。"

　　b.《史記·鄭世家》:"文公幸之,而予之草蘭爲符。"

　　c.《潛夫論·志氏姓》:"及文公見姞,賜蘭而御之。"

(99)a.《左傳·宣公四年》:"及食大夫黿,召子公而弗與也。"

　　b.《史記·鄭世家》:"靈公召之,獨弗予羹。"

(100)a.《左傳·成公二年》:"惜也! 不如多與之邑。"

b.《新書・審微》:"惜乎! 不如多予之邑。"

(101)a.《左傳・昭公元年》:"樂桓子相趙文子,欲求貨於叔孫而爲之請,使請帶焉。弗與。"

b.《國語・魯語下》:"晉樂王鮒求貨於穆子,曰:'吾爲子請於楚。'穆子不予。"

c.《國語・晉語八》:"虢之會,魯人食言,楚令尹圍將以魯叔孫穆子爲戮,樂王鮒求貨焉,不予。"

(102)a.《左傳・昭公四年》:"仲與公御萊書觀於公,公與之環,使牛入示之。"

b.《太平御覽・服章部・環》:"穆叔之子仲壬與公御萊書觀於公宫,公予之環。"

(103)a.《左傳・昭公十二年》:"今吾使人於周,求鼎以爲分,王其與我乎?"

b.《史記・楚世家》:"今吾使使周求鼎以爲分,其予我乎?"②

(104)a.《左傳・定公四年》:"子期似王,逃王,而己爲王,曰:'以我與之,王必免。'隨人卜與之,不吉。"

b.《史記・楚世家》:"王從臣子綦乃深匿王,自以爲王,謂隨人曰:'以我予吴。'隨人卜予吴,不吉。"

(105)a.《左傳・定公十年》:"公子地有白馬四,公嬖向魋,魋欲之。公取而朱其尾、鬣以與之。"

b.《漢書・五行志》:"宋公子地有白馬駟,公嬖向魋欲之,公取而朱其尾鬣以予之。"

　　按《説文・舁部》:"與,黨與也。"但這可能並非"與"字的本義。羅振玉、馬叙倫、朱芳圃等古文字學家一般認爲"與"字字形像兩手相授受之形⑧,其説可信。則給予義爲"與"字本義。《説文・予部》:"予,推予也,象相予之形。"但此字古文字中罕見,可能出現得比較晚。

　　據吴崢嶸統計,《左傳》中"與"字用作給予義的有 146 次,而"予"字用作給予義的僅 12 例。而據筆者統計,《國語》中"與"共出現 246 次,而用作給予義的僅 7 次;"予"字出現 36 次,其中 31 次用作給予義。《史記》中"予"用作給予義的已達 149 例,"與"的給予義則比較少見。《左傳》與後世文獻的這種用字的差别,可能與"與"字功能的分化有關。如前所述,"與"字本義即爲給予義,但春秋以後"與"字又有了連詞的作用。陳永正在分析出土文獻中的聯結詞時説:"春秋時期出現了新聯結詞'與'。'與'的本義當爲動詞,有給予之義。用爲連詞的'與',在春秋銅器銘文中僅見一例……'與'後來逐漸取代了西周時期用爲連詞的'雪'和'以',成爲使用很廣的連詞。"⑨大概"與"的連詞義逐漸常用之後,其動詞義就逐步被"予"字代替了。

文獻中也有個別以"與"改《左傳》之"予"的例子,如:

(106)a.《左傳·襄公二十七年》:"成請老于崔,崔子許之,偃與无咎弗予。"

b.《列女傳·孽嬖傳》:"成使人請崔邑以老,崔子哀而許之,棠毋咎與東郭偃爭而不與。"

但其數量極少,没有什麽代表性。

【賊】

(107)a.《左傳·莊公三十二年》:"共仲使圉人犖賊子般于黨氏。"

b.《史記·魯周公世家》:"慶父使圉人犖殺魯公子斑於黨氏。"

c.《列女傳·孽嬖傳》:"慶父與哀姜謀遂殺子般於黨氏。"

(108)a.《左傳·閔公二年》:"共仲使卜齮賊公于武闈。"

b.《史記·魯周公世家》:"慶父使卜齮襲殺湣公於武闈。"

c.《列女傳·孽嬖傳》:"慶父遂使卜齮襲弑閔公于武闈。"

(109)a.《左傳·宣公二年》:"公患之,使鉏麑賊之……賊民之主,不忠。"

b.《國語·晋語五》:"公患之,使鉏麑賊之……賊國之鎮,不忠。"

c.《史記·晋世家》:"靈公患之,使鉏麑刺趙盾……殺忠臣,弃君命,罪一也。"

(110)a.《韓非子·内儲説下》:"二人相憎而欲相賊也。"

b.《吕氏春秋·慎勢》:"之二臣者甚相憎也,臣恐其相攻也。"

(111)a.《吕氏春秋·慎勢》:"居無幾何,陳成常果攻宰予於庭,即(賊)簡公於廟。"㉚

b.《淮南子·人間》:"居無幾何,陳成常果攻宰予於庭中,而弑簡公於朝。"

按:《説文·戈部》:"賊,敗也。"段玉裁注:"敗者,毁也。"王獻唐曰:"《説文》,賊'从戈則聲',字本訓殺。《晋語》'使鉏麑賊之',注:殺也。殺爲傷害,因又訓爲傷害……殺既曰賊,凡殺人者亦曰賊……賊爲傷害,凡傷害他人,或敗壞法紀之人,亦因曰賊……賊訓殺害,音義本從則出。則有割刺殺傷之意,初呼殺傷爲則,因加戈會意造賊。戈所以殺傷者,故賊義亦爲殺害,從朔讀則。則之割刺爲肉,賊之殺傷爲人,所施不同,所用各異,因造爲兩字。而割殺音義,則肉人無别。"㉛王氏説"賊"字得義之由及引申軌迹至爲詳明。"賊"之本義即爲動詞,義爲殺害、傷害,先秦文獻中用例極夥,前揭數例即是。又如《左傳·昭公十四年》:"殺人不忌爲賊。"《國語·晋語四》:"管仲賊桓公而卒以爲侯伯。"皆其例。但漢以後,"賊"的動詞用法已很少見,漢代文獻在引述先秦文獻時,也多將動詞義的"賊"字對譯爲"殺"、"弑"、"攻"等字。

從以上的分析可以看出,先秦兩漢間漢語詞彙有了較大的變化,這包括常用詞的更替

（如"疾"與"病"、"逆"與"迎"、"田"與"獵"、"與"與"予"等）、舊詞舊義的弱化（如"勤"、"喪"、"緇"）甚至消亡（如"宵"）、新詞新義的興起（如"虜"）等等。這除了語言的正常演變，有些還與當時的社會文化有很大的關係，如"筮"字被"卜"字的替代。從《左傳》與《史記》的大量異文來看，戰國早期與西漢初的詞彙已有較大不同，通過對戰國諸子的分析，可以看出這種演變從戰國中後期就已開始。《史記》與《漢書》的語言也有較大不同，這除了語言的變化、方言的影響外，可能還與二書語體風格的不同有很大關係。如本文開頭所說，上古漢語文獻資料較少，有些又不能很好地反應當時的實際語言情況（如《漢書》），這爲上古詞彙史的研究設置了很大的障礙。本文通過對幾組文獻異文的研究大致勾勒出先秦兩漢詞彙演變的簡單脈絡，希望對上古詞彙史研究提供一點參考。

① 《關於漢語詞彙史研究的一點思考》，《中國語文》1995 年第 6 期。

② 參許寶華、宮田一郎《漢語方言大詞典》，中華書局 1999 年版，第 2268 頁。

③ 洪成玉、張桂珍《古漢語同義詞辯析》，浙江教育出版社 1987 年版。

④ 王政白《古漢語同義詞辯析》，黃山書社 1992 年版。

⑤ 徐時儀《也談"疾"與"病"》，《辭書研究》1999 年第 5 期。

⑥ 丁喜霞《常用詞"疾病"的歷史來源考辨》，《洛陽師範學院學報》2006 年第 3 期。

⑦ 洪華志《"疾"輕"病"重辨》，《杭州大學學報》1996 年第 2 期。

⑧ 王彤偉《常用詞"疾"、"病"的歷時替代》，《北方論叢》2005 年第 2 期。但應該指出的是，王氏的詞頻統計有很大的問題，如王氏統計《左傳》中"疾"有 158 次，"病"有 78 次，但據筆者統計，《左傳》實有"疾"196 例（其中 43 例爲人名），"病"字有 66 例。雖然這樣，但其結論是正確的。

⑨ 黃金貴《"病"、"疾病"的名詞疾病義之由來考》，《漢語史學報》第十一輯，上海教育出版社 2011 年版。

⑩ "高厚"當作"崔杼"，涉上文而誤。

⑪ 襄公十一年傳："楚弱於晉，晉不吾疾也。"杜預釋"疾"爲"急"，但這是動詞，筆者認爲還是釋作"疾恨"爲是。

⑫ 今本《漢書·地理志》"迎"作"逆"，爲宋祁所改，見錢大昕《廿二史考異》卷七。

⑬ 馬叙倫《説文解字六書疏證》，上海書店 1985 年版，卷四第 18 頁。

⑭ 杜預於《左傳》之"勤"字多隨文釋義，對此楊樹達已有批評。《左傳·僖公三年》"齊方勤我"，杜預注："勤恤鄭難。"楊氏曰："傳云'勤我'，杜云'勤恤鄭難'，則增字以釋經矣。今按《爾雅·釋詁》云：'勤，勞也。'勤我者，爲我勤勞也，不當如杜説。僖二十四年傳云'求諸侯莫如勤王'，勤王，謂勤勞王事也，杜云'勤納王'，亦失之。成十八年傳云'欲救得入，必先勤之'，謂爲之有所勤勞也，杜云'勤恤其急'，亦失之。"（《積微居讀書記》第 36 頁）楊説是。但對"勤"字隨文釋義可能是自漢以來的傳統，

而非杜預一人之失。如僖二十四年傳“勤王”，杜注曰“勤納王”，與《史記》以“入”、“内”翻譯《左傳》同，可能正是《左傳》家的古説。

⑮劉申叔遺書》，江蘇古籍出版社 1997 年版，第 1220 頁。

⑯戴家祥《金文大字典》，學林出版社 1995 年版，第 2462 頁。

⑰曉母與審母通轉的例子還有不少，見黄焯《古今聲類通轉表》。

⑱陳夢家《殷虚卜辭綜述》，中華書局 1988 年版，第 607 頁。

⑲李學勤《評陳夢家〈殷虚卜辭綜述〉》，《考古學報》1957 年第 3 期。

⑳《詩經·小雅·北山》有“鞅掌”一詞，爲聯綿詞，故本文未計算在内。

㉑東漢以後以“手”表示“手掌”義的，如《漢書·王莽傳中》：“尋手理有‘天子’字。”《後漢書·鄭玄傳》：“玄以其手文似己，名之曰小同。”但這已是比較少見的例子了。

㉒參劉桓《卜辭所見商王田獵的過程、禮俗和方法》，《考古學報》2009 年第 3 期。

㉓《儀禮》中“宵”字共 8 見，3 例假借爲“綃”。

㉔楊樹達《積微居小學金石論叢》，科學出版社 1955 年版，第 55 頁。

㉕顧頡剛《史林雜識初編·吴越兵器》：“又有一事可作劍武器晚出之旁證者，自殺之方式是已。戈……自易殺人，而絶不適於横刀自殺；故在用戈時代，其自殺惟有縊，縊遂爲自殺之定式……及劍起而漸代之以自剄，蓋左手握髮，右手持柄，以其鋒之長且鋭，一肆力即可斷喉，視縊死輕簡多矣。”（中華書局 1963 年版，第 165—166 頁）據馬承源《中國青銅器》、朱鳳瀚《中國青銅器綜論》，中原地區未發現有春秋以前的銅劍，春秋晚期以後，青銅劍方大爲流行（見馬承源《中國青銅器》上海古籍出版社 1988 年版第 73 頁、朱鳳瀚《中國青銅器綜論》中華書局 2009 年版第 423—424 頁），可知顧説當是（唯顧氏謂劍由吴越地區流入中原，可能與考古發現不符）。

㉖《國語》韋昭注：“雉經，頭槍而懸死也。”恐未得“雉”字之義。《釋名·釋喪制》：“屈頸閉氣曰雉經，如雉之爲也。”恐亦非“雉”字之義。

㉗此段尚有數處《史記》改《左傳》之“與”爲“予”者，不一一列舉。

㉘見羅振玉《增訂殷墟書契考釋》卷上、馬叙倫《説文解字六書疏》、朱芳圃《殷周文字釋叢》卷中。湯餘惠又以爲“與”字所從之“与”爲“牙”之省形（參氏著《略論戰國文字形體研究中的幾個問題》，《古文字研究》第十七輯）。

㉙見陳永正《西周春秋銅器銘文中的聯結詞》，《古文字研究》第十五輯。

㉚王利器引彭鐸曰：“按‘即’字雖通，却不具體，以諸書作‘弑’觀之，蓋本作‘賊’，一誤爲‘則’，又改作‘即’耳。”（見《吕氏春秋注疏》第 2079 頁）按，彭説是。唯“賊”之作“則”、作“即”未必是誤。“賊”爲“則”之孳乳，本多通假，如《史記·律書》“申賊萬物”，《集解》引徐廣：“賊，一作則。”《史記·律書》“夷則，言陰氣之賊萬物也”，《集解》引徐廣曰：“賊，一作則。”《睡虎地秦簡·爲吏之道》：“職其有矢，從而賊之。”“賊”即當讀作“則”字。而文獻中“則”、“即”二字的異文更多，《周易》“瀆則不告”、“則大耋之嗟”、“往遇雨則吉”三“則”字馬王堆帛書本《周易》皆作“即”，傳世文獻中此二字的異文例多不

舉。"則"、"即"音形義均近,故或相亂也。

㉛王獻唐《那羅延室稽古文字》,齊魯書社 1985 年版,第 67—68 頁。

（原載《漢語史學報》第十三輯）

作者簡介:郜同麟,中國社會科學院文學研究所副研究員

通訊地址:北京市東城區建國門内大街 5 號中國社會科學院文學研究所　　郵編:100732

對仗成詞現象試探

——以唐代詔敕材料爲中心的考察

張福通

一　引言

　　"對仗成詞"指行文時由於對仗需要而形成一個詞的雛形,並通過反復使用逐漸固化的現象。其主導因素是:詩文作者行文過程中,因對仗需要而主動創作對句。對句裏的某些成分凝結之後,就形成詞語。對仗成詞是伴隨駢文的盛行而發展起來的。限於關注視角,本文僅以唐代詔敕詞彙爲核心,考察對仗成詞現象。

　　我們首先以唐代新詞"丹極"、"丕構"①爲例探討何爲對仗成詞。

　　"丹極"本指"紅色棟宇",後來代指"皇宮":

　　　　(1)第十二子故興王佋,慶襲紫庭,憑華丹極。(《唐大詔令集》卷三二《恭懿太子册文》)

　　　　(2)惟爾隰州刺史上柱國趙王福,摛祥丹極,毓慶玄樞。(《唐大詔令集》卷三七《册趙王福梁州都督文》)

　　例(1),"紫庭"與"丹極"對仗,"紫庭"也指"帝王宮殿"。二詞意義相同。例(2),"玄樞"可指"北斗星",進而代指"皇室宮廷"。"丹極"與"玄樞"對仗,也是指趙王福生於帝王之家,修養德性。

　　二例中,與"丹極"對仗者,詞義相關,而結構、詞性又相近。丹極、紫庭等都是偏正關係的名詞性結構。紫庭在六朝詩已經成詞,丹極爲與之對仗而構造產生。"紅色棟宇"是宮廷常見之物,文人利用與紫、玄等同樣表示色彩的"丹"搭配"極"而用於對句。由於"丹極"代指皇宮,已非其詞組義,此時"丹極"即凝結成詞。

　　"丕構"指"帝王之業":

　　　　(3)眷彼群生,必有司牧。纘承丕構,允屬元良。(《唐大詔令集》卷一《懿宗即位册文》)

（4）朕嗣守洪名，欽承**丕搆**。克清多難，奄甸萬方。（《唐大詔令集》卷六《寶應二年上尊號答詔》）

例（3），"丕搆"與"元良"對仗。"元良"本指"大善之人"，後又指太子。其義爲唯太子能繼承皇位。例（4），"洪名"對"丕搆"，都是指唐代宗繼承皇位。

從成詞語素看，"丕"所對者多是表示程度的語素，如"元、洪"等，而且所對詞語都是偏正關係。這也屬於文人利用與原有詞的内部成分相對的語素來構造成詞的現象。"元良"等中古時期已經成詞，"丕搆"爲與之匹配而產生，也是非常典型的對仗成詞現象。

當然，詞語因對仗目的而產生後，可以不再用於對文。對仗成詞只限定詞語的產生語境，雖然真正的首見用例無法準確界定，但將已知文獻的最早用例作爲成詞語境大致不會差距太大。

了解對仗成詞現象，有助於明晰某些詞語的成詞理據。以下以對仗成詞視角考察詞語理據。在研究成詞理據時，儘量將該詞的早期用例一併考察。

二　對仗成詞與成詞理據

有些詞語，雖然可以通過排比例證等方法推知意義，但其成詞理據難以僅從字面加以推考，運用對仗成詞視角可以考求其得意之由，挖掘内在理據。

【粉田】

唐代制文等多次出現"粉田"一詞：

（1）肇施綵綖，將具禮於輴輇。載錫**粉田**，俾申榮於井賦。（《唐大詔令集》卷四一《封太華公主制》）

（2）雖肅雍之詠，彤管既彰。而穠華之賜，**粉田**猶闕。（《唐大詔令集》卷四一《封大長公主制》）

（3）宜錫**粉田**之榮，用昭銀牓之貴。（《唐大詔令集》卷四一《封延慶公主等制》）

（4）**粉田**蕪没，金牓凄凉。（《唐大詔令集》卷四二《贈故同昌公主衛國公主制》）

排比例證可知，"粉田"應是封地的意思。

例（1），"井賦"指田賦，賜予粉田藉以賜予田賦。下文即有"食實封一千户"，可知粉田應指封邑。例（2），"穠華"代指公主，"穠華之賜，粉田猶闕"，指雖然有公主之賜，但尚闕封邑。例（3），"銀牓"本指宫殿所懸匾額，後來指宫室。"宜錫粉田之榮，用昭銀牓之貴"指應該賜以封邑，藉以顯示皇室尊貴地位。例（4），"金牓"與"銀牓"類似，代指宫室。"粉田蕪没,金牓淒涼"指公主死後,封邑因無人料理而荒蕪,宮室也因主人死去而寥落。

從字面看,"粉田"所指不明確,且很難與公主封邑聯繫在一起。觀察以下用例,或許可以推測其構詞理據:

　　(5)乃疏湯邑,仍錫粉田。所以示鳴鳩均養之仁,樂螽斯宜爾之慶。(《唐大詔令集》卷四一《册益昌公主文》)

"湯邑"代指封地,《漢語大詞典》收釋。《禮記·王制》:"方伯爲朝天子,皆有湯沐之邑於天子之縣內。"故有"湯沐邑"、"湯邑"等詞。本指方伯齋戒潔身的地方,後來引申出"封邑"義。

"粉田"與"湯邑"相對,意義相同,其得意之由也有相似處。疑"粉田"即"脂粉之田",也就是供應脂粉之用的田地。權德輿《權載之文集》卷八《贈梁國惠康公主挽歌詞》:"霧濕湯沐地,霜凝脂粉田。"就以"脂粉田"對"湯沐邑"。宋周密《浩然齋雅談》卷上:"前輩公主制云:'瓊華在著,已戒齊風之驕。粉水疏園,莫如徐國之樂。'《晏公類要》亦用粉田事。蓋亦脂澤、湯沐之意也。"周密謂"粉"爲"脂澤、湯沐",得之。

文人爲與湯沐邑、湯邑等相對,而創造了脂粉田、粉田等詞語。"脂粉田"並未流行,文獻僅一、二見。而"粉田"逐漸凝固成詞。粉田並無典故來源,僅是爲對仗需要組合成詞。

"粉田"成詞後,仍然多見於對文。但其"脂粉"之本義則有所淡化,例(1)—(4),以綵、彤、銀、金等詞與"粉"相對,如果不知其成詞理據,則很容易被誤導。

該詞宋代仍見用例:

　　(6)若然則湯沐開封,自稱粉田之賜。簫韶合奏,永宜金塃之家。(《宋大詔令集》卷三六《鄭國公主進封秦國公主制》)

　　(7)而自光膚竹册,榮賜粉田。(《宋大詔令集》卷三六《許國公主進封晋國公主制》)

此外,某些"粉田"已不再受産生語境限制,如:

　　(8)嬴女乘鸞已上天,仁祠空在鼎湖邊。涼風遥夜清秋半,一望金波照粉田。(唐權德輿《權載之文集》卷六《八月十五日夜瑶臺寺對月絶句》)

例(8),前文言"嬴女乘鸞已上天",是講秦穆公女弄玉事,故此處"粉田"仍是指公主封邑,而不再依託於對文。粉田成詞後不再出現於對文,是詞語獨立性增强的表現。

【脂田】

"脂田"可指肥沃的田地,如:

　　(1)諸子孝且克,家有脂田十頃。(元姚燧《牧庵集》卷八《歸來園記》)

(2)脂田膏壤連阡陌,子荆居室有良圖。(明邢大道《白雲巢集》卷二《耆老晉少冲六表》)

(3)彼或一二政而遂有脂田甲宅者,賢愚相去不啻霄壤哉。(明馮時可《雨航雜録》卷上)

例中"脂田"與膏壤、甲宅、美宅等相對,意義明確,都是指豐腴的田地。

唐宋制文也有"脂田":

(4)佇儀膏族,俾錫脂田。(《唐大詔令集》卷四四《封華亭縣主制》)

(5)是用擇徽名於梵苑,疏茂渥於脂田。(《宋大詔令集》卷三六《皇第七妹陳國長公主封吳國長公主號報慈正覺大師制》)

(6)賦邑脂田,特開於大國。徽名懿號,並法於真都。(《宋大詔令集》卷四十《皇妹故道士七分主仍賜號號清虚靈昭大師賜紫法名志沖制》)

這些例證的"脂田"指肥沃的田地似乎未爲不可。但細細推究,則並不妥當。

例中"脂田"都與公主有關,其意義更重在封地層面。例(4),賜予的可以是肥美的田地,也可以是封邑,還不能看出二義優劣。例(5),"脂田"與"梵苑"相對,還與後文相應,"梵苑"對應於"禪林",均指寺院。"脂田"對應於"國邑",應該都指"封邑"言。例(6),"賦邑脂田"不止内部對仗,還與"徽名懿號"對仗,徽名懿號都是指美好的稱號,則賦邑脂田也應意義相同,脂田指封邑更優。

從對仗成詞角度分析,更可以證明將唐宋制文的"脂田"解釋成"封邑"更爲合適。脂田與粉田相似,粉田指供應脂粉之田。"脂田"也是對應於"湯沐邑"、"湯邑"等而造詞,指爲公主等供應脂粉、脂澤之用的田地。如果"脂田"僅僅表示肥美的土地,則很難與封邑相聯繫。而表示供應脂粉的田地的話,則易於激活"湯沐邑"這類詞語,讓具備相關知識的讀者易於理解其何以指"封邑"。

當然,隨着使用泛化,"脂田"可以不再指公主、郡縣主的封邑,一般達官顯宦的親眷受封,也可稱"脂田":

(7)脂田肇賜,實啓大邑。(宋蔡襄《端明集》卷十二《王守忠諸婦》)

(8)陽時方成於熙事,脂田特啓於大封。(《端明集》卷十三《馬步軍都指揮使并御前忠佐南郊封贈·妻》)

(9)講陽陔之慶典,開長樂之脂田。(宋洪适《盤洲集》卷二二《皇后封贈三代·母趙氏福國夫人制》)

例中均以"脂田"指封邑,而受賜者則變爲后妃、官宦等的親眷。

三　典故詞與對仗成詞的區別

在對文裏新產生的詞語並非均通過對仗而成。以典故詞爲例,這類詞語首先是受到典故影響而構造成詞。有些既兼顧典故,也適用於對文,是極巧妙的成詞策略。"題鞭"就是這類例子。

【題鞭】

唐代有"題鞭"一詞:

　　(1)明逾視牘,文冠<u>題鞭</u>。(《唐大詔令集》卷二六《孝敬皇帝哀册文》)

　　(2)觀其言精視牘,思敏<u>題鞭</u>。(《唐大詔令集》卷二九《開元三年册皇太子敕》)

　　(3)蘊<u>題鞭</u>之妙思,纂置醴之前規。(《唐大詔令集》卷三三《封雅王璥王制》)

　　(4)遂得文預<u>題鞭</u>,恩參置醴。(《全唐文》卷一四五《唐太傅蓋公墓碑》)

從例證看,"題鞭"多與"文"、"思"等詞搭配,似指文思高妙。但"題鞭"何以指文思高妙,以及詞語的結構關係則很難從字面得知。

從對仗成詞角度看,"題鞭"與"視牘"、"置醴"相對,意義或有相關性。《漢語大詞典》收"置醴"一詞,釋義爲:"西漢楚元王劉交敬禮申公、白生、穆生等。穆生不嗜酒,每有宴集,楚元王皆特爲穆生置醴。醴,甜酒。見《漢書·楚元王劉交傳》。後以'置醴'爲崇道尊賢的典實。"[②] 視牘指皇子年少聰慧,典出《東觀漢記》,漢明帝爲東海公時,僅從陳留吏牘書文字就知道其深層意義。無論是置醴還是視牘,都用了古代賢王的典故。則題鞭或與賢王有關。

進而考察,可知"題鞭"爲典故詞。《北堂書鈔》卷一〇二《藝文部·賦》"臨渦題鞭"條小注:"魏文帝《臨渦賦》序云:'余從上乘馬過渦水,徜徉高樹之下。駐馬書鞭,爲《臨渦賦》。'""駐馬書鞭"似指駐馬而以鞭書寫文字。"題鞭"即從"書鞭"而來,庾信《傷王司徒褒》詩即有"文堪題馬鞭"句。

"題鞭"與"視牘"、"置醴"相對。存在多重構造策略:一、結構相同,詞內部是動賓關係。二、意義相關,題鞭、視牘指皇子等聰慧有文采,置醴指皇子等能夠禮賢下士。三、都有典故來源。魏文帝、漢明帝、楚元王都是賢明的帝王。

有些典故詞則對文信息比較複雜,很難明確其成詞脈絡,如"湯賦"等。

【湯賦】

唐代制文有"湯賦"一詞:

（1）式分湯賦之榮，庶承蕭雍之德。（《唐大詔令集》卷四一《封真寧公主等制》）

（2）甫及初笄之年，眷求和鳳之對，用開湯賦，方戒油軿。（《唐大詔令集》卷四二《册崇徽公主文》）

窺測文意，湯賦與恩賜有關。至於所封之物，則難以通過字義索求。“湯賦”所對之詞有“蕭雍”與“油軿”，“蕭雍”爲並列關係，稱頌美好的德行；“油軿”爲偏正關係，指公主王妃等所乘之車。

進一步推求，可知該詞源於“湯沐邑”，“湯沐邑”又作“湯沐”或“湯邑”。“湯賦”本義是“湯沐之賦”，進而指供納湯沐之賦的地方，也就是封邑。這與“油軿”對應性更强。如果僅從對仗成詞角度考察，則可能略有窒礙。

此詞本指公主封邑。宋代時，意義逐漸泛化，除指公主封邑外，還可指皇族親眷的封邑：

（3）矧乃后宫之戚，宜推湯賦之華。（宋蔡襄《端明集》卷十一《皇后妹仲翹新婦特封鉅鹿郡君》）

（4）胙以縣田，爲之湯賦。（宋胡宿《文恭集》卷十九《貴妃乳母周氏可特封長安縣君制》）

（5）宜疏湯賦，用錫縣田。（《文恭集》卷十九《魏國大長公主親外孫女錢氏可封壽安縣君制》）

這些受賜者或爲皇后之妹、或爲貴妃乳母，或爲公主外孫，僅僅是皇族親眷。

更甚者，受賜者與皇族毫無關係，只是高級官員的親眷：

（6）析以縣田，胙之湯賦。（《文恭集》卷十九《參知政事高若訥姊陳宗古妻可封文安縣君制》）

（7）因求綍章，願啓湯賦。（《文恭集》卷十九《禮部尚書同中書門下平章事文彦博妹信安軍判官成偉妻可封永康縣君制》）

（8）衍增湯賦之數，追襃翟茀之儀。（《文恭集》卷二一《參知政事高若訥祖母追封扶風郡太夫人馬氏可追封澶國太夫人制》）

例中承賜者都是官員親眷，自其祖母、母親至於妻子、姊妹，都是賞賜對象。

合而觀之，“湯賦”由語典詞“湯沐邑”衍生而出，指供納湯沐之賦的地方。本來只指公主封邑，此後語義泛化，也可以指其他官員女性親眷的封邑。

如果不能知悉典故來源，僅僅依據字面義和出現語境，很難準確推知“題鞭”、“湯賦”的成詞理據。這説明文人在對仗成詞過程中能夠充分利用自身知識儲備來巧妙用典，從而化入文句。也就使得詞語既有字面的對仗，又有典故的關涉。這是在辨析對仗成詞理據時很值得注意的現象。

當然，還有一些典故詞則完全無法從對仗成詞角度考察，如"算祀"。

【算祀】

唐五代文有"算祀"一詞：

(1)昔在姬劉，分王子弟。用能本枝碩茂，算祀遐長。(《唐大詔令集》卷三三《封郯王郢王誥》)

(2)三百算祀，二十帝王。(《舊唐書·秦宗權傳》)

(3)唐主知英華已竭，算祀有終。釋龜鼎以如遺，推劍紱而相授。(《全唐文》卷一〇一《受禪改元制》)

例中"算祀"都指國家的命數。例(2)最爲顯著，唐朝建國至滅國約三百年，"三百算祀"指唐朝年數爲三百年。例(1)，言周代所以宗族興旺，國運長久，在於能夠分封子弟爲諸侯，用以環衛王室。例(3)，記唐哀帝禪位改元事，也是談唐哀帝知道唐朝的命數已經要終結。

有時"算祀"只指"年數"，如：

(4)然而算祀悠邈，載籍寒繁。鑽仰雖多，罕能擇練。(《文苑英華》卷四七三《策賢良問第四道》)

"算祀悠邈"即指年代久長。

"算"有"命數"義，"算祀"似可分析爲近義並列。引例"算祀"所對者也都是並列關係的詞語。但算、祀均與國家命運無涉，何以"算祀"可指國運，則有待考察。

《漢書·叙傳》："媧巢姜於孺筮兮，旦算祀于挈龜。"③"旦算祀于挈龜"指周公旦通過挈龜推算周朝命數。該句的"算祀"與"巢姜"對文，二者都是動賓短語。表示國運的"算祀"應源於此。左思《魏都賦》有"算祀有紀，天禄有終"句，"算祀"指國家命數。李善注："《幽通賦》曰：'旦算祀于契龜。'"① 已有這種認識。

該義項的"算祀"成詞後很難從對仗成詞角度看出其成詞理據。《魏都賦》，"算祀"與"天禄"相對，後者是偏正結構。例(1)—(3)，"算祀"分別與"本枝"、"帝王"、"英華"對仗，而後三者都是並列結構。

這説明，雖然"算祀"由動賓結構而凝結成詞，受字面意義影響，其內部結構關係已經很難從對仗成詞角度推知。這種限制是因爲"算祀"屬於典故詞，而許多典故詞的意義不需要與字面意義契合，這就導致了對文裏相對的詞語結構關係未必相同的現象。

以上從定義、內容等方面考察對仗成詞現象。對仗成詞可以視爲詞語生成的一種動因和策略。作爲動因，其成詞主要是文人爲字句對仗而創造詞語。作爲策略，其成詞是利用一些對仗手法構成一個與所對之詞結構相近、意義相關的詞語。對仗成詞現象主要見於書面語，文人創作出詞語的雛形是第一步，其本人及其他作者反復使用後，才最終成詞。

①《漢語大詞典》已收釋。
②羅竹風主編：《漢語大詞典（第 8 卷）》，漢語大詞典出版社，1991 年，第 1027 頁。
③《漢書》，中華書局，1962 年，第 4220 頁。
④蕭統編，李善、呂延濟等注《六臣注文選》，中華書局，1987 年，第 134 頁。

作者簡介：張福通，南京大學文學院助理研究員
通訊地址：南京市棲霞區仙林大道 163 號南京大學仙林校區楊宗義樓　　郵編：210023

道經詞語考釋

謝　明

　　作爲中華民族固有的宗教，道教在長達約一千八百年的發展過程中，對我國傳統社會的政治、思想、文學、藝術、化學、醫學以及生活習俗、民族心理等各個方面，都産生過深刻的影響。它和儒、釋二家共同構成了我國傳統文化的三大支柱，是我國寶貴文化遺産的重要組成部分。在這漫長的發展過程中，歷代道徒造作了大量道卷經書，是研究中古近代漢語的寶貴材料。然而由于道經具有濃厚的宗教色彩，不少用辭隱秘古奥，時代又不易辨明，除了個別道經，如《太平經》以外，語言學界關注極少。馮利華《中古道書語言研究》、葉貴良《敦煌道經詞語考釋》乃二人分別在博士論文基礎上完成的專著，是最早從語言、訓詁的角度系統研究道經語言之作，嗣后周作明《中古上清經行爲詞新質研究》、忻麗麗《中古靈寶經詞語考釋》、牛尚鵬《道法類經書疑難語詞考釋》、周學鋒《道教科儀經籍疑難語詞考釋》等博士論文或專著也分別對道經中的字詞作了相當規模的考釋，終于使得學界慢慢對道經語言有所關注。然現存道經達一千五百多種，還有大量待釋的疑難語詞、新詞新義，本文選取在閱讀《道藏》中遇到的一些詞語加以訓釋，疏通道經，亦可增補各類詞典未收詞條。

猩獰

　　"猩獰"在道經中兩見：

　　　　金王嚞《重陽全真集》卷一："氣，氣，傷神，損胃。騁猩獰，甚滋味。七竅仍前，二明若沸。道情勿能轉，王法寧肯畏。鬥勝各銜僂儸，爭强轉爲亂費。不如不作好休休，無害無灾通貴貴。"①

　　　　金譚處端《水雲集》卷上："摧彊挫銳做修行，滅我降心斷世情。默默琢磨除俊辨，昏昏鍛鍊去猩獰。無明起處真靈暗，柔弱生時道眼明。每與無明經鬥戰，一迴忍是一迴贏。"②

　　按："猩獰"，即"生寧"，又作"生獰"。蔣禮鴻先生《敦煌變文字義通釋》："生寧，即'生獰'，狠悍不馴的意思……'生'是'生熟'的'生'，有粗野、强狠、不易馴伏的意思。"③魏耕原《全唐詩詞語通釋》："生獰，形容詞。猶言狰獰，凶猛、凶惡、凶狠的意思。"④《徐復語言文字學晚稿》：“生獰，爲凶惡義。”⑤“猩”、“生”於《廣韻》皆爲所庚切，同聲同韻，故“猩獰”、“生獰”、“生獰”實爲同源，三者一詞之變，乃妄作胡爲、殘忍勇狠之義⑥。以所舉二例驗之，首例乃言生氣、鬥狠（“猩獰”）、爭勝、爭強，不如安心修道（“不作”、“休”），前後相照應。次例言除去“强”、“銳”、“俊辯”，與“去猩獰”相應，意義有相通之處。

　　另外，稍作申説的是：《伍子胥變文》“勇夫生寧而競透”，《敦煌變文集》校“生寧”作“狰獰”。按：“狰”於《廣韻》列二韻，一爲側莖切，莊紐耕韻；一爲疾郢切，從紐静韻；“猩”、“生”爲所庚切，生紐庚韻；“猩”另一音爲桑經切，心紐青韻。以此來看，其聲紐爲精系、莊系字，依照二歸精例，二系上古曾爲同系，中古分化，故實相近；其韻母爲皆梗攝字，除了青韻稍遠外，庚、耕、清可以同用（清韻爲静韻之平聲韻，聲調有平上之别），其韻亦近。從意義來看，“猩獰”爲妄作胡爲、殘忍勇狠義；“生獰（生寧）”爲狠狚不馴義；“狰獰”爲凶猛、凶惡義：三者意義有相通之處，其核心義素爲“惡、不好”，當爲同源。“狰獰”，《漢語大詞典》首列元代之例；以此準之，其演變源流爲“生獰（生寧）→猩獰→狰獰”。故《敦煌變文集》之校，雖不準確，倒也相去不甚遠。

販骨

　　“販骨”一詞習見于金元道經，試舉以下數例：

　　　　金劉處玄《仙樂集》卷四：“改頭換面，輪迴販骨幾千遭……他年蜕殼朝賢聖，名列仙曹。”⑦

　　　　金馬鈺《漸悟集》卷上：“此個姑姑，謫仙姓吕，肯來販骨爲商旅。”⑧

　　　　金長筌子《洞淵集》卷五：“催人販骨似丘山，不停閑。”⑨

　　　　金于道顯《離峰老人集》卷下：“却於販骨聰明鬼，唤起先天先地師。”⑩

又作“販骨頭”、“販骨骸”：

　　　　唐吕巖《純陽真人渾成集》卷上：“休誇年少騁風流，强走輪迴販骨頭。”⑪

　　　　元姬志真《雲山集》卷三：“靈空如橐静無懷，鼓動來來販骨骸。”⑫

　　按：“販”，本買賣、交易之義。《説文·貝部》：“販，買賤賣貴者。”⑬《文選·楊惲〈報孫會宗書〉》：“方糴賤販貴。”五臣注曰：“販，易也。”⑭交易、交換義，也是更換、變化之義。“販”之變換、變化義，在道經確有用例。《重陽全真集》卷一：“嬉遊外景日相親，每到中宵睡裹真。七魄樂隨魔鬼轉，三屍喜逐耗神津。心猿緊縛無邪染，意馬牢擒不夜巡。四假身軀販白晝，算來何異寐時人。”⑮“販”即變化之義，句意爲：若四大假合之身於白晝心猿意馬，持道不堅定而游離變化，無異於夢中之時也。金白雲子《草堂集》：“世事紛紛何事苦，死去生來，輪販無停住。”⑯“輪”即輪轉、變換之義，與“販”爲同義複用。“輪販無停住”，即輪轉變化没有休止。

"骨"即骸骨、骨頭之義；在本詞中又以部分代整體，指人體、軀殼。故"販骨"一詞，其本義爲形體更易變換，在道經中通常不是指飛升成仙，而多指生死輪轉。我們再舉一些結構類似的例子。

"販首"例。金李通玄《悟真集》卷上："嗟哉嗟哉，這個形骸。既有也，因何死去；既無也，爲甚生來。爲當是，你能販首；不知是，我愛投胎。"[17]"販首"與"投胎"相對，其義相關，都是屬於輪轉變化。"首"亦代指身也。

"販行屍"例。《仙樂集》卷三："煉成七寶，免販行屍。"[18]"免販行屍"者，脫離輪轉也。"行屍"，乃言肉身，亦即人體也。

"販殼"例。《仙樂集》卷五："無我微光覺，道成免販殼。"[19]"免販殼"亦免於輪轉。"殼"，即軀殼、人體。

除了"販首"、"販行屍"、"販殼"之外，道經中還習見"換殼"、"更形"、"翻形"等詞語，都與"販骨"結構、意義相同相近，亦可以比勘，兹舉二例。劉處玄《黃帝陰符經注》："人之性，自古至今，投胎換殼，販骨更形，如蟻巡環，未曾暫止。"[20]元苗大素《玄教大公案》卷上："所以自古至今，翻形換殼，不得超脫。"[21]

爲何將形體更易與生死輪迴聯繫起來？按：輪迴之説，乃佛道交融中，道教吸取自佛教。道教認爲普通人在世時，如果没有修道或者曾經作惡等，死後就會變爲鬼形或畜生，這些鬼或畜生若不能成仙，再經投胎變爲人或物。《太上慈悲道場消灾九幽懺》卷八："昔赤明劫，見一衆生，利根聰智，能伏煩惱，有財有物，即不施貧，後至命終，還入畜生道，受赤狸身，備歷報對。"[22]《玄教大公案》卷下："這一凶是一念有差，翻軀換殼，又不知作甚麼物類也。"[23]這種由人變爲鬼或畜生，再由鬼、畜生變迴人間之物，都是形體之更換。若形體不斷變換，循環無息，就是輪迴。要想脫離生死輪迴，免於"販骨"，則要静心修道而飛升成仙，道經中稱之爲"煉形"、"煉體"。

我們再看開篇所舉之例，首例"輪迴"與"販骨"並列，其義相近。次例將"販骨"與"商旅"關聯起來，其實乃言吕守真貶謫人間，由仙人變爲凡人也，雖不同於輪迴，然亦爲形體更換之義也[24]，商旅義爲虚。下例乃言輪迴不停也；"似丘山"爲比喻義，言骨骸之多，實乃言輪迴次數之多或人數之多也。末例"販骨聰明鬼"，即輪迴轉變爲鬼形也。

流熒

"流熒"在道經中一見：

《太上濟度章赦》卷上："壬癸正炁，太陰水德，防制火災，即令斷絶，仍關風伯雨師下雨滅火，當境神祇，斥遣火怪，速令遠離，庶得流熒遷徙，里社安寧，眷序不移，屋宅如故。”[25]

乍看之下，“流熒”倒不易索解。依句意，“流熒遷徙”似爲祈願惡事、灾禍消失之義。再結合上文“水”、“雨師”、“火灾”、“火怪”等字樣，我們大體推斷，“流熒”殆與火事、火灾相關。道經中有與此相類似的記載，爲我們提供了綫索：

宋林靈真《靈寶領教濟度金書》卷二五二：“伏願原其宿過，賜以新厘，關告里社神祇，皭命迴禄主宰，降流福慶，絶滅火殃，庶俾屋宇無虞，宗族宴喜，免斷礙焦墉之苦，息焦頭爛額之憂。”[26]

其中，“斥遣火怪，速令遠離”、“流熒遷徙”與“絶滅火殃”相對，“里社安寧，眷序不移，屋宅如故”與“屋宇無虞，宗族宴喜”相對，其義皆相近也。“里社”者，鄰里鄉黨也；“眷序”者，家屬親戚也。古者同姓常聚族而居，故二詞與“宗族”義相近。

那麽，“流熒”當作何解？按：“流熒”，即爲火星，古又稱熒惑，其得名于迷離炫惑、隱顯不定之義。“流”乃移動不常之義，即熒惑之特徵也。或者以爲“流”乃流光、發光之義，亦爲熒惑之特點，似亦可通。“流光”一詞，道經例多，不再列舉。

熒惑、熒惑守心，在古代被認爲不祥之兆，主殺伐、灾禍。《太上感應篇》卷一：“熒惑本主灾厄疾病。”[27]《文選・揚雄〈羽獵賦〉》：“熒惑司命，天弧發射。”李善注引張晏曰：“熒惑法使，司命不祥。”[28]又作“營惑”，《廣雅・釋天》：“營惑謂之罰星，或謂之執法。”[29]在《史記》等史籍中有記載，兹不再列舉。

在道經中，熒惑又作熒烕[30]，乃主火事之神。蓋古代水火之事爲大事，在道經中也是非常重要，兹舉一例。

《靈寶領教濟度金書》卷二五五《科儀立成品(禳熒惑用)》：“具位某恭焚寶香，上啓火祖燧人帝君，火祖炎帝帝君，火正閼伯真官，火神祝融神君，火神迴禄神君，火氣鬱攸神君，丙丁位司火大神，巳午位司火大帝，南方赤精帝君，南方赤靈帝君，五方天火、地火、雷火、電火、風火火精神君，五方禁火、斷火、制火、伏火火精神君，五方火殃使者，五方游火、飛火、行火、列火火殃使者，五方主火大神，興雲行雨制伏火殃大神，虚空消火制禦大神，天曹主火司火靈官，火部判官，火鈴大仙，火部巡察使者，火令使者，伏火藥先生，禁火李真人，主火宋無忌神君，皇聖大炎大赫神君，火司翊衛大神，火部侍從，承受主簿，功曹典吏，火部賞善罰惡簿靈官，諸司院府捷疾火輪，風火龍騎，烈炎將軍，雷霆諸司擲火、欻火、火車、火鈴、流火將軍，火部佩弓箭、駕火雕、擎火珠、執旗戟、御火兵、捧印諸力士，火部執鉞斧、運火車、火鴉、火瓢、火鎗、火蛇、火輪諸靈官，城隍社令，境邑典祀神祇，廟貌殿堂有位香火聖衆，太歲尊神，六十甲子諸官君，司命六神，竈神聖衆，火司防禦，一切神明。"①

以上羅列了火部諸神，乃祈禳熒惑所用，其在道經中的地位可窺一斑。除此之外，道經中還有大量關於熒惑及祈禳的記述，本文則不再一一列舉。

緣羅

"緣羅"在道經中僅一見：

> 《太上洞玄靈寶三十二天天尊應號經》卷二十二："乞得滅除無始劫來，生生世世，家門宗室，九親姻族，内外緣羅，積行所犯誘取經書而傳弟子之罪。"②

按："緣羅"，乃親屬之謂也。例中與"家門宗室"、"九親姻族"相應，義當相近。"緣"有因緣、關係義，是比較常見的；而親屬血脈相連，是一種特殊的因緣關係：由泛稱的因緣關係到專指血緣關係，這應當是詞義的縮小。我們舉一些道經中的例子。

"親緣"例。漢葛玄《太上慈悲道場消災九幽懺》卷六："在生受罪，憑仗親緣；死入三塗，何人相救。"③唐朱法滿《要修科儀戒律鈔》卷十六："客若法俗中有親緣者，吊慰竟，更於靈前倚哭，展哀乃去。"④

"支緣"例。《洞玄靈寶道學科儀》卷上："二者，外則牢獄重罪，所謂父母共造，夫妻共造，男女共造，兄弟共造，姊妹共造，貴賤共造，内外支緣共造。"⑤

除此之外，"因緣"、"生緣"亦皆可表示親屬義，可參蔣禮鴻《敦煌資料（第一輯）詞釋》⑥、周掌勝《漢語大詞典論稿》⑦、項楚《王梵志釋詞》⑧相關條目。

"羅"當作何解？按："羅"當讀爲"蘿"，二者於《廣韻》皆爲魯何切，同聲同韻。《漢語大字典》、《漢語大詞典》各有通假例證可參，兹再舉二例。《楚辭·山鬼》"被薛荔兮帶女羅"舊注："羅，一本作蘿。"⑨《周禮·地官·委人》"與其野囿財用"鄭玄注："苑囿藩羅之材。"孫詒讓《正義》："羅、蘿字通。"⑩"蘿"本爲枝蔓、附麗之物，猶如親戚關係。《敦煌變文字義通釋》"親羅、瓜蘿、枝羅"條："'瓜'是瓜蔓，'蘿'是女蘿，都有牽連有關係的意思……'親羅'的'羅'應與'蘿'通用，意義也相同。"⑪此説甚是。我們再舉一些道經中可以比勘的例子：

"姻蘿"例。《太上慈悲道場消災九幽懺》卷一："見在耆幼、内外姻蘿、各享年齡，宗祊慶瑞，悉霑慈澤，永居聖世，同會道緣。"卷五："令懺主某九祖七玄，已身一切姻蘿眷屬、存亡二世，無量劫來，舍身受身，有如上綺言妄語罪業，未乘道力，不得解脱，以今禮懺，願得消滅。"⑫宋留用光《無上黄籙大齋立成儀》卷四十七："道本强名，四大當知假合。身非我有，六親孰謂姻蘿。"⑬

"親蘿"例。《道門科範大全》卷六十三："第三戒者，常念累世父母，過去親蘿，曾爲六天魔鬼枉死傷害，未盡天年，橫被傷殺。"卷六十五："使醮主某九先七祖，不滯幽關。見在親蘿,俱消罪目。"卷七十:"臣等皈身、皈神、皈命,以是功德,皈流正一道士臣某等,師資長幼,法屬親蘿,既未脱於俗鄘,願廣恢於道廳。"⑭"法屬親蘿"自不當指血緣親屬,乃同學大法之道徒也,亦有緊密關係也。

另外,還有"親蘿"、"枝蘿"例,可參葉貴良《敦煌社邑文書詞語選釋》⑮、于淑健《〈大正藏〉第85卷詞語輯釋》⑯相關條目。

以上詞語,皆與"緣蘿"同義,均爲親屬、親戚之義。

句連

"句連"在道經中一見:

《太上三洞表文》:"或鬼神拘擊,或冤對句連。"⑰

按:"句連"即"勾連"。《説文·句部》:"句,曲也。"段注:"凡章句之句亦取稽留可鉤乙之意,古音總如鉤。後人句曲音鉤,章句音屨,又改句曲字爲勾。"⑱"勾"本爲"句"之俗寫,厶、口相混也,後人因聲別義,"句"、"勾"遂分化。"勾連",《漢語大詞典》分爲三義:"勾結;連接、鉤掛;牽涉、牽連(筆者注:關係、關涉義)。"驗之上例,皆不諧于文意,兹舉再數例:

《道法會元》卷三十一:"陰府勾連,咒詛事起。"⑲

宋元妙宗《太上助國救民總真秘要》卷十:"爲某處某乙患某事,服藥作善,消禳未退,稱有傳屍勞鬼纏繞勾連,無由安樂,急須披告,乞賜救護者。"⑳

《靈寶領教濟度金書》卷六十五:"或咒詛勾連,或冤讎執對,或財命纏繞。"㉑

按:"勾連"者,拘捕、繫縛、纏繞之義也。以上例言之,"冤對句連"者,冤報糾纏不解也,與"拘擊"㉒相對同義。"陰府勾連"乃言陰府拘捕、繫縛亡魂也。"勾連"與"纏繞"同義並列。"勾連"、"執對"、"纏繞"相對同義;"執對",乃繫縛、糾纏之義,筆者另將考釋此詞,兹不展開論述。

何以"勾連"有繫縛、纏繞義?原來"勾連",亦作"拘連",二者乃一詞之變也。《集韻·侯韻》:"句,拘也。"㉓《玉篇·句部》:"拘,執也。"㉔《慧琳音義》卷八"拘繫"條注引《集訓》:"拘,繫也。"㉕"執"、"繫"皆有拘捕、繫縛義,蓋古時拘捕常以繩索縛之也,故二義實相因。《玄應音義》卷十四"皮連"條引《字林》:"連,縷不解也。"㉖可知"連"有絲縷纏繫不解之義,故"勾連"、"拘連"爲同義複用。拘捕、繫縛由具體義轉爲抽象義,就是纏繞、糾纏之義。兹舉幾個"拘連"在道經中的用例:

宋王契真《上清靈寶大法》卷四十一:"拔度亡魂,永斷扳援,疾除罪簿,不得拘連。"㉗

《靈寶領教濟度金書》卷一七七:"預修弟子某,祖玄升度,債負消平,永無塚訟考累之憂,任意逍遥於福地,獲免執對拘連之報,隨緣宴樂於壺天。"⑱卷二八九:"太上符命,奉爲某人靈魂和釋宿對,削減冤仇,前劫後劫,前緣後緣,同皈正道,無有拘連。"⑲

《洞玄靈寶諸天世界造化經》:"敢或有欺詐,地獄相拘連。"⑳

以上之"拘連"皆爲繫縛、纏結之義。

官事

"官事"習見于道經,兹舉數例:

漢東方朔《靈棋本章正經》卷下:"凡事從心,婚姻和合。官事易散,居家富貴,仕宦高遷,百事大吉。"㉑

《正一法文經章官品》卷一:"官席君官將一百二十人治巨門室,主爲某解除官事囚繫牢獄,令解散出。"㉒

唐王懸河《三洞珠囊》卷一:"青氣者卒死,赤氣者腫病,黃氣者下痢,白氣者霍亂,黑氣者官事。"㉓

又作"官事口舌"、"口舌官事"。

《赤松子中誡經》:"或見凶危,將心救護,自就艱難,與人平穩,將己輕事,替人重役,勸人不爲官事口舌争訟,葺理義井溝渠,修填道路。"㉔

《太上洞淵神咒經》卷七:"自今有人,作齋行道,救治病人,病人甚危,兼有口舌官事、刑徒囚繫等,令差。"㉕

按:"官事"者,本謂官府之事,在道經中,又常專指官司、刑獄,這應當是詞義的縮小㉖。之所以如此,恐或是一種避諱婉稱所致。中國古代乃至今日,對打官司、牢獄之灾比較忌諱,視爲不光彩、耻辱之事,故可能委婉其詞。

"公"、"官"於朝廷、官府義上常是相通的,有"公事"一詞可以比勘。袁賓《宋語言詞典》以其爲案件義㉗,其說極是,可參。我們舉一些道經中的例子:

《太上濟度章赦》卷上:"除官訟:謹爲上請冠帶君、青禽君、四顧君、八門君、北一官左童君各一人,官將各一百二十人,收刑領連吏一百二十人,八甲周趙女三千七百人,主縣官公事,悉令消絶。"㉘

《太上説玄天大聖真武本傳神咒妙經》卷一:"凡按節氣分真,下理二十四治幽獄公事。"㉙

《四聖真君靈籤》:"公事和了,疾病久懷。"㉚

其又作"公事口舌"、"口舌公事。"元妙宗《太上助國救民總真秘要》卷一:"使人多公事口舌,夫妻不和,産乳難生。"㉛後周王樸《太清神鑒》卷三:"赤色如筋,在準上,下至人中,二十日内,被人損,外口舌公事至。"⑫"口舌"者,紛争、辯争也,與官司在争義上是一致的。

除此之外,還有數組"公/官"的構詞,皆表示官司、紛争之義,兹羅列如下:

"公訟"、"公訟口舌"例。漢葛玄《太上慈悲道場消灾九幽懺》卷十:"喻似世人,初縈公訟,案牘未明,與新逝者,義亦同故。"⑬《搜神記》卷四:"至如公訟冤抑,神能使之解釋。"⑭《永樂大典》卷一三八七六:"春故事重新,夏主病疾留違,秋百事吉,冬公訟口舌。"⑮"訟"即官司之義。

"官訟"、"官訟口舌"、"口舌官訟"例。《要修科儀戒律鈔》卷十:"忌不上解官訟,必有獄死不吉,忌巳時。"⑯《六壬大全》卷八:"與朱雀併主官訟口舌,與玄武併主失物。"卷二:"未木墓之地,爲入林,主口舌官訟。"⑰

"官灾"、"官灾口舌"、"口舌官灾"例。《太上洞玄靈寶業報因緣經》卷八:"凡人有疾病、刑厄凶禍、官灾牢獄、水火刀兵種種苦惱,皆是冥司考罰。"⑱《太上説朝天謝雷真經》:"官灾口舌,連年困苦負本,遠出路途,或遇賊惡蟲蛇虎狼之地,但念誦斯經,自然不能損害。"⑲《玄天上帝百字聖號》:"貴人接引喜更新,口舌官灾遠户庭。"⑳

"官獄"例。《太上洞淵神咒經》卷十六:"或水火劫盗,財畜死亡,口舌相加,横羅官獄,禽獸雞犬,血流光怪,胎妊墮落,男女傷亡,向願乖違,種種迍塞,墓宅不寧,生資虚耗。"㉑《太上正一咒鬼經》:"若有官獄水火之灾,亦讀此經。"㉒

"縣官"、"縣官口舌"、"口舌縣官"例。葉貴良《敦煌道經詞語考釋》"縣官"條㉓、《敦煌道經寫本與詞彙研究》"縣官"條㉔、田啓濤《早期天師道文獻詞語拾詁》"縣官"條㉕,皆已發其義,可參。

"公私口舌"例。《道門科範大全》卷五十六:"眷屬六親、妨害之厄,公私口舌、非灾横禍、囚繫之厄。"㉖宋張君房《雲笈七籤》卷九:"又崇道不忘,事親能孝,奉君必忠,不負幽顯,而前身宿障,否病相纏,公私口舌,誹謗横生。"㉗此詞又見于佛經,《佛説佛名經》卷第二十八:"人間公私口舌更相羅染更相誹謗罪報懺悔。"㉘"公私口舌",言大小各種紛争、矛盾也。

"官私口舌"、"口舌官私"例。唐李淳風《金鎖流珠引》卷二十二:"爲某上消天灾,下滅地禍,調理陰陽,改易凶咎,解除年命厄會,三五刑剋,非灾横禍,官私口舌,惡人凶鬼。"㉙《道門科範大全》卷四十四:"若不依戒,灾厄屢至,龠稼不豐,口舌官私,枉横所害。"㉚

"官家口舌"例。《太上正一法文經》:"二者牢獄,謂官家口舌,文書枉横,杻械枷鎖,鞭棒楚撻,考掠身形,痛苦難忍,連及父母兄弟妻兒眷屬,累歲終年,莫能自出。"㉛"官家"義同下例之"官府"。

"官府口舌"例。宋李思聰《洞淵集》卷八:"下管人間天地明朗、哭泣離别、官府口舌、凶惡危難之司。"㉜《文殊師利菩薩及諸仙所説吉凶時日善惡宿曜經》:"第十二,井一足,鬼四足,柳四足,太陰位焉。其神如蟹,故名蟹宫,主官府口舌之事。若人生屬此宫者,法合惡性欺詐,聰明而短命,合掌刑獄訟之任。"③清代仍有沿用,如李漁《萃雅樓》第一迴:"至於來歷不明之貨,或是盜賊劫來,或是家人竊出,貪賤收了,所趁之利不多,弄出官府口舌,不但折本,還把體面喪盡。"④

"官符口舌"、"口舌官符"例。《無上秘要》卷四十九:"有三刑六害、衝破厭殺、天年歲星、絢絞羅網及刀兵水火、疾病灾疫毒蟲、劫盜惡人、官符口舌,諸不利之死者,皆乞從月到月,從日到日,從時到時,更相傳付,依事消釋,必使過度不爲患害。"⑤《雲笈七籤》卷十四:"若縣官口舌,書六庚六辛符,并呼其神姓名,又呼甲辰神,官符口舌悉皆解散。"⑥此詞仍見於清代,李漁《三與樓》第二迴:"起先祖公未死,一來有些小小時運,不該破財,二來公公是個生員,就有些官符口舌,只要費些銀子,也還抵擋得住。"⑦《上清黄書過度儀》:"乞丐爲後世種民,令惡逆絶滅,口舌官符,一切執伏,以爲效信。"⑧明萬民英《星學大成》卷三:"遇女氏柳胃土度,灾病口舌官符是非。"⑨

按:上古"符"、"府"皆从付得聲,其音自近;中古"符"於《廣韻》爲防無切,並紐虞韻;"府"爲方矩切,幫紐虞韻。二者同韻,聲紐僅有清濁之别,故其音實則相近,故可通用。兹舉數例:《文選·干寶〈晋紀總論〉》"天符人事"舊校:"善本作'府'字。"又,《司馬遷〈報任少卿書〉》"修身者智之符也"舊校:"五臣本作'府'字。"⑬《漢書·司馬遷傳》引此句亦作"府"。綜上,"官符口舌"即"官府口舌"。

①《道藏》,文物出版社、上海書店、天津古籍出版社,1988年,第25册第697頁。

②《道藏》,第25册第847頁。

③蔣禮鴻著《敦煌變文字義通釋》(增補定本),上海古籍出版社,1997年,第352頁。

④魏耕原著《全唐詩詞語通釋》,中國社會科學出版社,2001年,第248頁。

⑤《徐復語言文字學晚稿》,江蘇教育出版社,2007年,第308頁

⑥按:上博簡《融師有成氏》"猖(狀)若生",廖名春讀"生"爲"猩",依此則上古似即有"生"、"猩"通用之例,可參劉信芳《楚簡帛通假匯釋》,高等教育出版社,2011年,第392頁。

⑦《道藏》,第25册第441頁。

⑧《道藏》,第25册第457頁。

⑨《道藏》,第23册第886頁。

⑩《道藏》,第32册第546頁。

⑪《道藏》,第23册第688頁。

⑫《道藏》,第25册第385頁。

⑬許慎著《説文解字》,中華書局,1963年,第131頁。

⑭蕭統編、李善等注《六臣注文選》,中華書局,1987 年,第 774 頁。

⑮《道藏》,第 25 冊第 694 頁。

⑯《道藏》,第 25 冊第 486 頁。

⑰《道藏》,第 25 冊第 636 頁。

⑱《道藏》,第 25 冊第 437 頁。

⑲《道藏》,第 25 冊第 448 頁。

⑳《道藏》,第 02 冊第 818 頁。

㉑《道藏》,第 23 冊第 899 頁。

㉒《道藏》,第 10 冊第 69 頁。

㉓《道藏》,第 23 冊第 907 頁。

㉔或以爲此句乃吕守真點化凡人、使之免於輪轉之義,亦可通。

㉕《道藏》,第 05 冊第 824 頁。

㉖《道藏》,第 08 冊第 223 頁。

㉗《道藏》,第 27 冊第 9 頁。

㉘蕭統編、李善等注《六臣注文選》,第 168 頁。

㉙王念孫著《廣雅疏證》,中華書局,2004 年第 2 版,第 286 頁。

㉚"烖"當爲"惑"之類化俗字。

㉛《道藏》,第 08 冊第 231 頁。按:句中"五方火殃使者"似爲衍文。

㉜《道藏》,第 24 冊第 704 頁。

㉝《道藏》,第 10 冊第 56 頁。

㉞《道藏》,第 06 冊第 1001 頁。

㉟《道藏》,第 24 冊第 769 頁。

㊱《蔣禮鴻語言文字學論叢》,浙江古籍出版社,1994 年,第 197 頁。

㊲周掌勝著《漢語大詞典論稿》,吉林人民出版社,2006 年,第 154 頁。

㊳《項楚敦煌語言文學論集》,上海古籍出版社,2011 年,第 422 頁。

㊴洪興祖著《楚辭補注》,中華書局,1983 年,第 79 頁。

㊵孫詒讓著《周禮正義》,中華書局,1987 年,第 1176 頁。

㊶蔣禮鴻著《敦煌變文字義通釋》(增補定本),第 34 頁。

㊷《道藏》,第 10 冊第 22 頁、第 48 頁。

㊸《道藏》,第 09 冊第 651 頁。

㊹《道藏》,第 31 冊第 906 頁、第 910 頁、第 922 頁。

㊺葉貴良《敦煌社邑文書詞語選釋》,《敦煌研究》2004 年第 5 期,第 79 頁。

㊻于淑健《〈大正藏〉第 85 卷詞語輯釋》,《敦煌研究》2004 年第 6 期,第 101 頁。

㊼《道藏》,第 19 册第 874 頁。

㊽段玉裁著《説文解字注》,上海古籍出版社,1988 年第 2 版,第 88 頁。

㊾《道藏》,第 28 册第 860 頁。

㊿《道藏》,第 32 册第 120 頁。

⑤《道藏》,第 07 册第 336 頁。

⑤"擊"乃"繫"之訛字。

⑤丁度等編《宋刻集韻》,中華書局,1989 年,第 177 頁。

⑤《大廣益會玉篇》,中華書局,1987 年,第 132 頁。

⑤徐時儀著《一切經音義三種校本合刊》,上海古籍出版社,2008 年,第 642 頁。

⑤徐時儀著《一切經音義三種校本合刊》,第 306 頁。

⑤《道藏》,第 31 册第 70 頁。

⑤《道藏》,第 07 册第 767 頁。

⑤《道藏》,第 08 册第 552 頁。

⑥《道藏》,第 05 册第 862 頁。

⑥《道藏》,第 23 册第 475 頁。

⑥《道藏》,第 28 册第 536 頁。

⑥《道藏》,第 25 册第 299 頁。

⑥《道藏》,第 03 册第 477 頁。

⑥《道藏》,第 06 册第 26 頁。

⑥王鍈《唐宋筆記語辭匯釋》"官方,等於説'官司',又可作'官防'、'關防'",其説是,可以參證,中華書局,2001 年第 2 版,第 60 頁。

⑥袁賓著《宋語言詞典》,上海教育出版社,1997 年,第 105 頁。

⑥《道藏》,第 05 册第 826 頁。

⑥《道藏》,第 17 册第 94 頁。

⑦《道藏》,第 32 册第 765 頁。

⑦《道藏》,第 32 册第 55 頁。

⑦《景印文淵閣四庫全書》,第 810 册第 790 頁。

⑦《道藏》,第 10 册第 876 頁。

⑦《道藏》,第 36 册第 279 頁。按:此《搜神記》乃收于《萬曆續道藏》,與干寶之作非一。

⑦《永樂大典》,中華書局,1986 年,第 5990 頁。

⑦《道藏》,第 06 册第 969 頁。

⑦《景印文淵閣四庫全書》,第 808 册第 691 頁、第 517 頁。

⑦《道藏》,第 06 册第 118 頁。

㉗《道藏》,第 01 册第 765 頁。

㉚《道藏》,第 36 册第 347 頁。

㉛《道藏》,第 06 册第 60 頁。

㉜《道藏》,第 28 册第 370 頁。

㉝葉貴良著《敦煌道經詞語考釋》,巴蜀書社,2009 年,第 402 頁。

㉞葉貴良著《敦煌道經寫本與詞彙研究》,巴蜀書社,2007 年,第 382 頁。

㉟田啓濤《早期天師道文獻詞語拾詁》,《漢語史研究集刊》第 13 輯,巴蜀書社,2010 年,第 277 頁。

㊱《道藏》,第 31 册第 889 頁。

㊲《道藏》,第 22 册第 53 頁。

㊳《中華大藏經》,中華書局,1993 年,第 69 册第 401 頁。

㊴《道藏》,第 20 册第 454 頁。

㊵《道藏》,第 31 册第 858 頁。

㊶《道藏》,第 28 册第 410 頁。

㊷《道藏》,第 23 册第 852 頁。

㊸《中華大藏經》,第 66 册第 249 頁。

㊹《李漁全集》第九卷,浙江古籍出版社,1991 年,第 131 頁。

㊺《道藏》,第 25 册第 178 頁。

㊻《道藏》,第 22 册第 122 頁。

㊼《古本小說集成》本,上海古籍出版社,1994 年,第 144 頁。按:此叢書所收爲順治刊本作"官符口舌",而《李漁全集》所收清閒居刊本作"官府口舌",亦可證"符"即"府"之借字。

㊽《道藏》,第 32 册第 743 頁。

㊾《景印文淵閣四庫全書》,第 809 册第 341 頁。

㊿蕭統編、李善等注《六臣注文選》,第 926 頁、第 765 頁。

附記:本文爲教育部人文社會科學重點研究基地重大項目"今訓匯纂(隋唐五代卷)"(項目編號:13JJD740016)階段性成果。

作者簡介:謝明,浙江大學古籍研究所在讀博士研究生

通訊地址:浙江大學古籍研究所   郵編:310028

傳統食物原料保存方法"腜"、"鮑"與"鱐"的源流考辨

吳　欣

古代社會,因爲缺少低溫保鮮技術,食物原料非常容易腐敗變質,因此在現存的有關飲食的典籍中,我們不僅可以見到多種的烹飪方法,同時也可以看到多種食物原料的保存方法。在這些保存方法中,有一些是爲人們所熟知的,如:臘、脯、醢、菹等,還有一些是鮮爲人知的,比如:腜、鮑、鱐等。"腜"究竟是烹飪方式還是食物原料的保存方法?"腜"的制作過程究竟如何?"鮑"、"鱐"又是何種保存方法,意義是否相同?"鮑"、"鱐"、"腜"又有何種聯繫?作者在文章中將會逐一論述。

一

《釋名·釋飲食》:"腜,奧也。藏肉於奧内,稍出用之也。"①《釋名·釋宮室》:"宮中西南隅曰奧,不見户明,所在秘奧也。"②《説文解字》:"奧,宛也。室之西南隅。"段玉裁注:"宛、奧雙聲,宛者,委曲也。室之西南隅,宛然深藏,室之尊處也。"③段注認爲"宛"、"奧"同義,是"委曲"義。而"委"即有放置、丟棄義,所以晋人江統《酒誥》云:"有飯不盡,委之空桑,積郁成味,久蓄氣味芳。"可見,"奧"本義是指地點,是指房屋的西南角。在古代建築中,門一般朝向南方,是透光的地方,而西南角正好是房屋中最深、最暗之處。在缺少低溫保鮮技術的古代,保存食物原料的方法之一,就是把食物原料存放在密不見光之地。

由此,把肉藏在"奧處"是形成"腜"的先決條件。"奧"與"腜"同源,那麽在這個過程中是否還需要添加配料或者使用加工工具?

《荀子·大略》:"曾子食魚有餘,曰:'泔之。'門人曰:'泔之傷人,不若奧之。'曾子泣涕曰:'有異心乎哉?'傷其聞之晚也。"④《荀子》中的這段話引發了後人對於"泔"、"奧"究竟是烹調方式還是食物保存方法的争論?楊倞注:"泔與奧皆烹和之名,未詳其説。"楊倞認为"泔"與"奧"是烹調方式。清盧文弨《龍城劄記·泔之奧之》:"非烹和也。曾子以魚多,欲藏之耳。泔,米汁也。泔之,謂以米汁浸漬之。"⑤盧文弨認爲"泔"是米汁,也就是用淘米水浸泡

出來的魚,應當是食物的保存方法。

清代王念孫對此也有論述,《讀書雜志·荀子八·泔之奧之》:"今人藏魚之法:醉魚則用酒,醃魚則用鹽。置之瓶中,以鬱之,可以經久且味美。'奧'如鬱韭、鬱麴之鬱,皆爲治之藏於幽隱之處。今魚經鹽酒者,於老者病者極相宜,正與傷人相反。念孫按:米泔不可以漬魚。盧謂'以米汁漬浸之'非也。泔當爲泪。《周禮·士師》:'泪鑊水。'鄭注:'泪,謂增其沃汁。'"⑥通過《讀書雜志》的論述,我們可以看出王念孫的觀點:第一,"泔"字應當爲"泪"字,由於"泔"、"泪"字形相近而訛。爲了證明自己的觀點,他又從下面三個方面去證明。首先:詞義。"泪"本指添水在鍋裏,進而指湯汁,《左傳·襄公二十八年》:"饗者知之,則去其肉而以其泪饋。"孔穎達疏:"泪者,添釜之名,添水以爲肉汁,遂名肉汁爲泪。"⑦《呂氏春秋·應言》:"多泪之則淡而不可食,少泪之則焦而不熟。"高注曰:"肉汁爲泪,淡者泪多無味故不可食之。"⑧其次:字形相訛的例證。王念孫還指出:"隸書'甘'字或作'目'與'自'極相似,故'泪'誤爲'泔'耳。"其它典籍中亦多有"泪"與"泔"因字形相近而相訛的先例,《史記·封禪書》:"其牛色白,鹿居其中,彘在鹿中,水而泪之。"裴駰集解引徐廣曰:"灌水於釜中曰泪,音冀。"一說,"泔"當爲"泪",謂添水以漬之。最後:文義相符。王念孫認爲由於"泪制"的魚要比"奧制"的魚更加容易腐敗,這更加符合《荀子》的文義。第二,王念孫認爲"泔"、"泪"、"奧"並不是烹調的方法,其實更加合適的説法應該是儲存方式或保存食物原料的方法。第三,王念孫肯定"奧"爲藏魚之意。

綜上,我們可以將"奧"理解爲通過鹽漬或者酒漬藏魚的一種保存方式。那麼這個制作過程究竟是怎樣的?《齊民要術·作腤奧糟苞第八十一》中有作"奧肉"法:"先養宿豬令肥,臘月中殺之。訖,以火燒之令黃,削刮令净,刳去五藏。豬肪煿取脂。肉臠方五六寸作,令皮肉相兼,著水令相淹漬,於釜中煿之。肉熟,水濾盡,更以向所煿肪膏煮肉。大率脂一升,酒二升,鹽三升,令脂没肉,緩火煮半日許乃佳。漉出甕中,餘膏仍瀉肉甕中,令相淹漬。食時,水煮令熟,而調和之如常肉法。"⑨

由上,《齊民要術》中所記述的"奧肉"做法並不是簡單的用鹽與酒醃漬,而是有複雜加工過程和制作方法,後人也將這種方法總結爲用"油藏肉"的方法。這種方法制作的肉相對比較油膩,不宜多食。

其實,由《釋名》、《説文解字》、《齊民要術》等典籍的記載,我們不難看出,"奧"本義是指室中隱奧之處,因爲這種地方不見陽光,所以比較適宜存放食物。在缺少低温保鮮技術的時代,鹽漬和酒漬是最爲方便的保存食物的方法。然而,隨着時代的進步,人們保存和處理食物原料的技術也隨之提高。《齊民要術》提供給我們的對於食材的苛刻要求和相對完整的制作工藝,正體現了飲食文化隨着時代的發展與變化。

二

《周禮·天官·庖人》：“夏行腒鱐，膳膏臊。”鄭玄注引鄭司農曰：“鱐，乾魚。”⑩《金史·禮志一》：“以右爲上，形鹽在前，魚鱐糗餌次之。”“鱐魚”意即乾魚。

《南齊書·武陵昭王曄傳》“王儉嘗詣武陵王曄，曄留儉設食，盤中菘菜、鮑魚而已。儉重其率真，爲鮑食，盡歡而去。”《繹史·吳入郢》：“有頃，父來，持麥飯、鮑魚羹、盎漿，求之樹下，不見。”可見，“鮑魚”即乾魚、鹹魚。

綜上，“鱐”與“鮑”俱有乾魚意，“鱐”與“鮑”是否意義完全相同呢？

《説文解字》無“鱐”，寫作“鱐”。《説文》：鱐，乾魚尾鱐鱐也。《周禮·天官·庖人》：“夏行腒鱐，膳膏臊。”鄭司農云：“鱐，乾魚。”鄭玄注：“腒、鱐，暵熱而乾。”

可見，鱐，就是通過蒸發水分的方法使魚肉得以保存的方式。桂馥《説文解字義證》：“乾魚尾鱐鱐也者，徐鍇本作挍挍，鍇《繫傳》云：挍挍，猶歷歷也。馥案：鱐、挍，聲相近。《詩》：九月肅霜。《傳》云：肅，縮也。《月令》：草木皆肅。注云：肅，謂枝葉縮栗。馥謂：魚乾則縮栗故，文從肅。《廣雅》：繡，脯也。繡即鱐之誤。《内則》：‘夏宜腒鱐，膳膏臊。’注云：鱐，乾魚也。《周禮·籩人》：‘朝事之籩，其實臇、鮑魚、鱐。’注云：臇，膜生魚爲大臠。鮑者，於楅室中糗乾之，出於江淮也。繡者，析乾之，出東海。《周禮》有腒、鱐者，見《天官·庖人》彼作“鱐”。先，鄭云：鱐，乾魚。後，鄭云：腒、鱐，暵熱而乾。”

桂馥在《説文解字義證》中解釋説魚肉蒸發水分後，魚肉表皮會因缺水而導致收縮，出現褶皺。而“肅”表枝葉收縮，枝葉的收縮與魚肉水分缺失後的收縮在外形特徵上表現相同。“肅”、“鱐”、“鱐”同源，“鱐”當爲乾魚。明李時珍《本草綱目·鱗三·鮂魚》：“煎、炙或作鮓、鱐，食皆美，烹煮不如。”⑪《儀禮·聘禮》：“周禮籩人職所云：蔆、蕡、白、黑、行鹽、臇、鮑魚、鱐是也。疏曰：……鮑以魚於楅室糗乾之，七也；鱐爲乾魚，八也。”《儀禮》中所述爲祭祀時所用的供品，一共八樣，鮑爲第七樣，鱐爲第八樣。可見“鮑”與“鱐”必不相同。

《釋名·釋飲食》：“鮑魚，鮑，腐也，埋藏淹使腐臭也。”按照《釋名》，“鮑”應當是濕的鹹臭魚。《周禮·天官·籩人》：“朝事之籩，其實蔆、白、黑、形鹽、臇、鮑魚、鱐。”鄭玄注曰：“鮑者，于煏室中糗乾之，出于江淮也。鱐者，析乾之，出東海。王者備物，近者腥之，遠者乾之，因其宜也。”⑫按照鄭玄注，“鮑魚”應當是乾魚。“煏”，用火烘乾。《玉篇·火部》：“煏，……火乾也。”亦有其它版本“煏”作“楅”，《説文》“煏”作“穮”，“穮，以火乾肉。”

那麼，“鮑魚”究竟是乾魚還是濕鹹魚？

《説文解字》：“鮑，饐魚也。”段玉裁注曰：“饐飯傷濕也，故鹽魚濕者爲饐魚。”⑬饐，食物經久腐臭。《論語・鄉黨》:"食饐而餲,魚餒而肉敗,不食。"何晏集解引孔安國曰:"饐、餲,臭味變。"皇侃疏:"饐謂食物经久而腐臭也。"

《玉篇・魚部》:"鮑,漬魚也。今謂裛魚。"⑭古文中"裛"常與"浥"通,即浸漬。晋陶潛《飲酒》:"秋菊有佳色,裛露掇其英。"裛爛,意即潮濕霉爛。《舊唐書・文苑傳下・唐扶》:"内鄉縣行市、黃澗兩場倉督鄧琬等,先主掌湖南、江西運到糙米,至淅川縣於荒野中囤貯,除支用外,六千九百四十五石,裛爛成灰塵。"⑮可證,"鮑"或"裛魚"正是通過濕加工方式醃製的魚。

《史記・貨殖列傳》:"鮑千鈞。"司馬貞索隱:"魚漬云鮑。"⑯同證,"鮑"當爲濕的鹹臭魚。賈思勰在《齊民要術》當中亦對鄭玄在《周禮・天官・籩人》中"鮑"爲乾魚的注釋提出了質疑。賈思勰《齊民要術・貨殖第六十二》:"鯫千石,鮑千鈞。師古曰:鯫,膊魚也,即今不著鹽而乾者也。鮑,今之鯸魚也。鯫,音輒,膊,音普各反,音於業反,而説者乃讀鯸爲鮑魚之'鮑',音五回反,失義遠矣。鄭康成以爲:'鯸,於煏室乾之。'亦非也。煏室乾之即鯫耳,盖今巴、荆人所呼'鰎魚'者是也,音居偃反。秦始皇載鮑亂臭,則是鯸魚耳;而煏室乾者,本不臭也。"⑰清桂馥總結了前人的説法,《説文解字義證》卷三六:"鮑,饐魚也。從魚包聲,薄巧切。饐魚也者,戴侗引唐本作'瘗魚'也。馥案:《釋名》:'鮑魚,鮑,腐也,埋藏奄使腐臭也。'《玉篇》:'鮑,漬魚也,今謂裛魚。'陶注《本草》:'鮑魚,俗人呼爲鯸魚,字似鮑,又言鹽鯸之以成故也。'顏注《急就篇》:'鮑亦海魚,加之以鹽而不乾者也。'戴侗曰:'鮑,浥魚也,以鹽浥而暴藏之。海魚惟浥藏能久。'"

清方以智在《通雅》中也認同"鮑"當爲醃製的濕魚。《通雅・動物・魚》:"鮑,音豹。今淡浥魚也。"⑱

可見,鮑魚,應當是通過特殊加工方式,使魚産生發酵,並散發腐臭氣味的存儲方法。因此,鮑魚與其它乾魚不同的地方,就在於它獨特的"腐臭"氣味,《史記・秦始皇本紀》:"會暑,上輼車臭,乃詔從官令車載一石鮑魚,以亂其臭。"唐胡曾:"堪笑沙丘才遇處,鑾輿風起鮑魚腥。"⑲

而這種氣味後來也常常用以比喻惡人或小人聚集之地。《大戴禮記・曾子疾病》:"與君子游,苾乎如入蘭芷之室,久而不聞,則與之化矣;與小人游,貸乎如入鮑魚之次,久而不聞,則與之化矣。"北齊顏之推《顏氏家訓・慕賢》:"與善人居,如入芝蘭之室,久而自芳也;與惡人居,如入鮑魚之肆,久而自臭也。"⑳

我國幅員遼闊,從古至今,有些地區在飲食上就有嗜"臭"的愛好。宋周煇《清波雜誌》卷十二:"濱江人家得魚,留數日,俟稍敗方烹。或謂:'何不擊鮮?'云:'鮮則必腥。'海上有逐臭之夫,於此益信。"㉑清桂馥《説文解字義證》卷三六"陳藏器《本草》":"鱐魚,嶺南人作鮑魚。劉元紹云：‘其臭如屍’，海人食之，所謂海上有逐臭之夫也。”明李時珍《本草綱目·鱗·鮑魚》：“張耒《明道雜志》云：漢陽武昌多魚，土人剖之，不用鹽，暴乾作淡魚。載至江西賣之，饒、信人飲食祭享，無此則非盛禮。雖臭腐可惡，而更以爲奇。”清陳元龍《格致鏡原》卷二六亦有相同記述：“《明道雜志》：漢陽武昌濱海多魚。土人取江魚，皆剖之，不加鹽，暴江岸上數累千百，雖盛暑爲蠅蚋所敗不顧也。其乾乃以物壓作鯗，謂之淡魚。載往江西賣之，一斤近百錢。饒、信間尤重之，若飲食祭享無淡魚則非盛禮。”即使在今天，徽州菜系仍然有此種獨特的風味，比如“臭鱖魚”、“毛豆腐”等等。

但是，“鮑”在很多文獻中確實有“魚乾”義（如前文所舉例）。那麽，“鮑”是如何獲得魚乾意呢？“鮑”，魚之可包者。“鮑”字的核心義項當爲“放置”、“儲存”，如果存儲加工的方式不同，那麽最終得到的結果也會不同。保存的方式如果是“稫室中糗乾”，得到的就是乾魚；如果保存的方式是“饐”、“漬”、“鹽鯤”，那麽得到的就是经过發酵的有特殊味道的“鹹魚”。

李時珍在《本草綱目》中總結了“鮑魚”多種名稱的由來，並且指出不同加工方法得到的鱼的口味和名称也是不同的。《本草綱目·鱗·鮑魚》：“時珍曰：‘鮑’，即今之乾魚也，魚之可包者，故字從包。《禮記》謂之‘薧’，《魏武食制》謂之‘蕭折’，皆以蕭蒿承曝而成故也。其淡壓爲腊者，曰‘淡魚’，曰‘鱐魚’，音捜。以物穿風乾者，曰‘法魚’，曰‘鮫魚’，音怯。其以鹽漬成者，曰‘醃魚’，曰‘鹹魚’，曰‘鯤魚’，音葉。曰‘鰹魚’音蹇，今俗通呼曰乾魚，舊注混淆不明，今並削正于下。”②

李時珍認爲“鮑魚”是乾魚的統稱，並論述了不同名稱的來源。在《魏武食制》中，因爲在曝晾時使用蕭蒿貫穿而得名“蕭折魚”。在制作魚乾時，加工方法不同就會得到不同的風味。而這種鹹淡以及加工方式，正是不同魚乾的區別標準。如果放很少鹽制作而成的魚乾，就稱爲淡魚；如果魚是通過穿繩或物等方式風乾的，就稱爲法魚。如果鹽的使用量比較大，就稱之爲醃魚或者鹹魚。

其實，“鮑魚”除了食用，還有多種藥用功能。根據《本草綱目·鱗·鮑魚》記載，鮑魚主治墜墮骸，厤（厥）腕折，瘀血、血痺在四肢不散者，女子崩中血不止；鮑魚羹汁治女子血枯病傷肝，利腸中。同麻仁、葱、豉煮羹，通乳汁；乾魚一枚，燒灰，酒服方寸匕，取汗瘥。治妊娠感寒腹痛；穿鮑繩主治眯目，去刺煮汁洗之大良；鮑魚頭羹汁治眯目，燒灰療疔腫瘟氣；鮑魚頭燒灰方寸匕，合小豆末七枚，飲服之令温疫氣不相染也。

三

“鮑”與“鱐”在產生之初，加工方法和成品口感都不相同。宋歐陽修《夷陵縣至喜堂記》:"販夫所售,不過鱐魚腐鮑,民所嗜而已。"③但"鮑"與"鱐"在古代文獻中經常對文或者連用。因而,他們相同的詞義内核"魚乾"得到凸顯。"鮑"成爲鹽漬魚、魚乾的統稱。《南史·孔休源傳》:"云駐箸命休源,及至,命取其常膳,止有赤倉米飯,蒸鮑魚。"④

在語言的簡省原則和詞彙雙音化的作用下,"鱐"的使用頻率逐漸減少。而"鮑魚"替代"鰒魚",被賦予了新的含義。清李元《蠕範·物偏》:"鰒,鮑魚也,石鮭也,石華也,石決明也。"清桂馥《劄樸·鄉里舊聞·鮑魚》:"登州以鮑魚爲珍品。案,即鰒魚也。"⑤鮑魚,即石決明,也就是今天"海味之冠"的海生軟體動物。因此,"鮑"在表示"魚乾"類的語義場中也就越來越被邊緣化,直至完全退出這一語義場。語言有一項非常重要的簡化原則,它會自然選擇那些内涵較小,外延較大並有强大構詞能力的表義詞彙,而"乾"一詞即表示失去水份,它既可以用在肉類、魚類、蔬菜類,也可以用在瓜果類,"乾"的構詞能力也異常强大,在詞彙雙音化的推動下,"乾"則逐漸成爲此類同義義場中的核心詞彙。又如,在表示醃製義的語義場中,醃、醬、臘這些詞彙成爲該類同義義場中的主要詞彙,而原來也可以泛指醃製類産品的"鮓"與"鯗",已經不能再在現代漢語中表示醃製品的泛稱了。但是有些地方爲了保留古老的傳統習俗,仍然在某些特定的時候使用這些詞彙。例如,"鯗":浙江寧波、紹興一帶的"新風鰻鯗",還有過年時候一定要吃的"鯗凍肉",都屬於這一類。

"奥"、"鮑"在語音上亦有聯繫。查《上古音手册》"奥":"覺·影·入","鮑":"幽·並·上"。覺部屬於入聲韻,擬作【uk】尾;幽部屬於陰聲韻,擬作【u】尾。多數學者把上古入聲韻併在上古陰聲韻中,所以[u]、[uk]可以對轉。"鮑"因爲從"包",故而有包納之意。"腴",奥也,藏肉於奥内。"腴"亦有包納之意。可見,"鮑"與"腴"同義,均有用醃製義。現在,在某些方言中,用鹽醃製仍然讀爲"ǎo"。

綜上所述,"腴"、"鮑"、"鱐"均有醃製義,在造字之初,他們加工制作方法並不相同,在各自的發展中也産生了不同的變化軌迹。在語言簡省原則的作用下,這些詞彙逐漸退出歷史舞台,被具有强大構詞能力的"乾"等詞所代替。"腴"、"鮑"、"鱐"的變化不僅反映了烹飪詞彙的多樣性,同時也説明了食物原料加工過程的多樣性,也是中華傳統飲食多樣性的體現。

①劉熙撰《釋名》卷四,中華書局,1985年,第65頁。

②劉熙撰《釋名》卷五,第84頁。

③許慎撰,段玉裁注《説文解字注》,中州古籍出版社,2006年,第338頁。

④安繼民注譯《荀子注》,中州古籍出版社,2006年,第134頁。

⑤盧文弨《龍城劄記》,中華書局,1985年,第9頁。

⑥王念孫撰《讀書雜志》,江蘇古籍出版社,1985 年,第 743 頁。

⑦左丘明傳,杜預注,孔穎達正義《春秋左傳正義》,北京大學出版社,1999 年,第 1078 頁。

⑧呂不韋著,陳奇猷校釋《呂氏春秋新校釋》,上海古籍出版社,2002 年,第 1220 頁。

⑨賈思勰著《齊民要術》,江蘇廣陵古籍刻印社,1998 年,第 307 頁。

⑩鄭玄注,賈公彥疏《周禮注疏》,北京大學出版社,1999 年,第 89 頁。

⑪李時珍編著,張守康等主校《本草綱目》,中國中醫藥出版社,1998 年,第 1011 頁。

⑫鄭玄注,賈公彥疏《周禮注疏》,第 133 頁。

⑬許慎著,段玉裁注,《説文解字注》,第 580 頁。

⑭顧野王《大廣益會玉篇》,中華書局,1987 年,第 116 頁。

⑮劉昫《舊唐書》,中華書局,1975 年,第 5062 頁

⑯司馬遷著,裴駰集解,司馬貞索隱,張守節正義《史記》,中華書局,1982 年,第 3274 頁。

⑰賈思勰著《齊民要術》,第 214 頁。

⑱方以智著《通雅》,中國書店,1990 年,第 573 頁。

⑲陳貽焮主編《增訂注釋全唐詩》,北京文化藝術出版社,2001 年,第 786 頁。

⑳劉舫編注《顏氏家訓》,浙江古籍出版社,2013 年,第 54 頁。

㉑袁褧、周煇撰,尚成、秦克點校《歷代筆記小説大觀》之《楓樹窗小牘　清波雜誌》,上海古籍出版社,
　　2012 年,第 160 頁。

㉒李時珍編著,張守康等主校《本草綱目》,第 1039 頁。

㉓歐陽勇、劉德清編著《歐陽修文評注》,江西人民出版社,2012 年,第 70 頁。

㉔李延壽《南史》,中華書局,1975 年,第 1471 頁。

㉕桂馥撰《札樸》,商務印書館,1958 年,第 313 頁。

（原載《楚雄師範學院學報》2016 年第 2 期）

附記:本論文爲浙江省教育廳科研項目"高誘注《呂氏春秋》詞彙研究",項目編號 Y201016267。

作者簡介:吳欣,浙江工商大學人文與傳播學院

通訊地址:浙江工商大學人文與傳播學院　　郵編:310018

説"胡皴"

陳　敏

　　楊樸處士詩云："數個胡皴徹骨乾，一壺村酒膠（去聲）牙酸。"《南楚新聞》亦云："一碟氈根數十皴，盤中猶自有紅鱗。"不知皴何物，疑是餅餌之屬。（宋陸遊《老學庵筆記》）[①]

　　"氈根"又作"膻根"，一般是羊肉的別稱；"鱗"常用作魚的代稱，"紅鱗"指鯉魚。"胡皴"、"皴"與村酒、氈根、紅鱗並舉，亦當爲一種食物。陸遊懷疑"皴"是一種餅，是有道理的。但是"胡皴"之説鮮見，它的意思一時頗費思量。

　　明代郎瑛則認爲："胡皴乃牛頷下之垂皮，對之酸酒，楊言其味之惡也；膻根，羊肉也，又起其細皮對之鯉，《新聞》言其味之美也。"[②]"皴"的常用義是物體粗糙的表皮或皴紋，"胡"多指鳥獸頷下的垂肉或皮囊。郎瑛根據這兩個詞的常用義項，認爲"胡皴"指牛頷下鬆弛有皴紋的皮[③]。於是楊樸詩被理解爲：吃着硬梆梆的牛下頷，喝着酸溜溜的村酒。

　　但是這種解釋，存有兩個疑問：其一、"胡"大多指狼或鳥的頷下垂肉或皮囊，指牛下巴的用法似乎未見於文獻；其二、"牛頷下之垂皮"即牛皮，一般不會專門用於食用，何況是一餐食用"數個"牛下頷？

　　相較而言，明代方以智説"糊皴，餅上之紋也"[④]，更有道理。惜其言之未盡，試爲之申論。

　　首先，"胡皴"之"胡"乃"胡餅"之省稱。

　　《釋名·釋飲食》："餅，併也，溲麥面使合併也。胡餅，作之大漫沍也，亦言以胡麻著上也。"[⑤]"胡餅"之"胡"，一説有"大"義；一説因爲餅上有胡麻；一説和西北民族的飲食有關，"以北人所常食而得名也"[⑥]。第三種説法較普遍，"漢代以來，從西域等周邊地區引進了許多物品，也産生了許多新名詞。一個最簡單的命名方式就是在原有詞前加'胡'。"[⑦]胡餅即來自異域的胡食之一，"胡食者，即䭔䭶、燒餅、胡餅、搭納等是也"[⑧]。

　　唐時胡餅和其它胡食已經在中原地區流行開來，《舊唐書》載："貴人御饌，盡供胡食。"[⑨]然而胡餅究竟是什麼樣子的，似無定論。而且食物的形制乃至名稱往往因爲各個時代的風俗、喜好有所變化。"飲食四方異宜，而名號亦隨時俗言語不同，至或傳者轉失其本。"[⑩]

　　不過,根據一些文獻的記録和描述,我們還是可以對胡餅的製作方法和種類等有所瞭解。

　　　　髓餅法:以髓脂、蜜,合和麵;厚四五分,廣六七寸;便著胡餅爐中,令熟。⑪

　　　　《趙録》曰:石勒諱胡,胡物皆改名。胡餅曰搏爐,石虎改曰麻餅。⑫

　　　　今人呼奢面爲湯餅,唐人呼饅頭爲籠餅,⋯⋯市井有鬻胡餅者,不曉著名之所謂,得非熟於爐而食者,呼爲爐餅宜矣。⑬

　　　　尹師魯性高而褊,在洛中與歐、梅諸公同遊嵩山,師魯曰:"遊山須是帶得胡餅爐來,方是遊山。"諸公咸謂:"遊山貴真率,豈有此理!"⑭

　　　　及禮辭慈明還閩,慈明口占偈調之曰:"七折米飯,出爐胡餅。自此一別,稱錘落井。"⑮

　　胡餅於爐內烘烤而成,所以胡餅又被稱作"搏爐"、"爐餅",並有"胡餅爐"這樣的專門用具。

　　另據敦煌文獻記載,胡餅有和油與不和油兩種⑯,上引文獻中的"髓餅"就是一種油胡餅。唐代白居易《寄胡餅與楊萬州》詩:"胡麻餅樣學京都,面脆油香新出爐。"⑰説的也是和油的胡餅。宋代的胡餅從用料上看,有葷油胡餅、素油胡餅和無油胡餅之分。宋代都市中流行的豬胰胡餅和白肉⑱胡餅,將豬胰或去油以後的肉等和入面中,做成面劑子,擀製成形,入爐烘烤,遂成葷油胡餅:

　　　　太上宣索市食,如李婆婆雜菜羹、賀四酪面、髒三豬胰胡餅、戈家甜食等數種。⑲

　　　　大凡食店,大者謂之分茶,則有頭羹、石髓羹、白肉胡餅、軟羊、大小骨角⋯⋯⑳

　　宋代還有一種"白胡餅",與"白肉胡餅"、"髓餅"並提,以示區別:

　　　　集英殿宴金國人使,九盞:第一肉鹹豉,第二爆肉雙下角子,第三蓮花肉油餅骨頭,第四白肉胡餅,第五群仙炙太平畢羅⋯⋯看食:棗餇子、髓餅、白胡餅、饊餅。㉑

　　白胡餅大約是一種純用面製成的無油胡餅,或者是使用植物油但不加入其它材料的素油胡餅。"白"有"單純、單一"的意思,用"白～"形式指稱食物時,除了表示食物呈白色的特徵外,也用來表示食物的原料是單一的,例如"白餅"指白麵餅,"白醪"指純糯米酒,"白湯"指不加佐料的清湯,"白飯"指没有配菜的米飯:

　　　　作白餅法:面一石。白米七八升,作粥,以白酒六七升酵中。著火上。酒魚眼沸,絞去滓,以和麵,面起可作。㉒

　　　　釀白醪法,取糯米一石,冷水净淘,漉出著甕中,作魚眼沸湯浸之。㉓

　　　　一日穆父折簡招坡食晶飯。及至,乃設飯一盂,蘿蔔一碟,白湯一盞而已。蓋以三白爲晶也。㉔

　　　原來你恁地無恩無義,連石小姐都怠慢。見放着許多葷菜,却教他吃白飯,是甚道理?㉕

用作齋飯的胡餅當是這種素油的或者無油的胡餅:

　　　唯有餅師每至食時,躬持胡餅十枚,以餉齋餐,如是不替數年。㉖

　　　百丈懷海禪師。福州長樂人也。師參馬大師爲侍者。檀越每送齋飯來。師才揭開盤蓋。馬大師拈起一片胡餅示衆云:"是甚麼?"㉗

用料精細的胡餅是宋代都市甚至皇宮裏受歡迎的麵食,而製作簡單的普通胡餅如素油胡餅或無油胡餅之類,是當時非常普及的食物:

　　　每食饌畢,(舒光勇)必令攔頭輩於務前餅店以四錢買胡餅二枚。㉘

　　　東平董瑛堅老之父知澤州淩川縣。縣素荒寂,市中唯有賣胡餅一家,每以飲饌蕭索爲苦。㉙

　　　南人罕作面餌。有戲語云:"孩兒先自睡不穩,更將捍面杖柱門。何如買個胡餅藥殺著!"蓋譏不北食也。㉚

　　　廣陵法雲寺僧瑒楚嘗(《廣記》作"常")與中山賈人章某者親熟。章死,瑒楚爲設齋誦經數月。忽遇章於市中,楚未食,章即延入食店,爲置胡餅。(《廣記》卷三五五。曾慥《類說》亦引。)㉛

即使在荒寂的小地方、麵食並不普及的南方都能買到胡餅。而且胡餅的價格也較爲便宜,據上文《默記》所言,市價兩錢一個,所以普通的百姓和僧侶用它來充饑、待客。

　　其次,"胡皴"之"皴"指裂紋。《說文・皮部》:"皴,皮細起也。"㉜"皴"不僅指皮膚開裂,也用來形容有裂紋的物體表面,例如:

　　　形骸偃蹇任苔蘚,文字皴剝困風雨。(宋蘇轍《和子瞻鳳翔八觀八首・石鼓》詩)㉝

　　　紹興三年,主僧如璧始淘古石井,去淤泥五丈許,四傍皆石壁,鱗皴天成。㉞

　　　梁顧野王墓在吳縣楞伽山下,……紹興間,其碑石雖皴剝斷裂,尚巍然植立。㉟

　　　峽中兩岸高岩峻壁,斧鑿之痕皴皴然。㊱

　　　石鏡山麓,麤頑石也,色黃赤,皴駁,了不能鑒物,可謂浪得名者。㊲

"皴剝"、"皴駁"、"鱗皴"、"皴皴然"都是形容山石表面開裂脫落的樣子,其中"皴皴"重言,"皴剝"、"皴駁"同義並列,"鱗皴"是偏正結構,形容表面龜裂如鱗狀。

　　胡餅尤其無油胡餅,由於在爐內烘烤而成,表皮有時會出現裂紋㊳。烘烤至熟的食物比起蒸煮的更容易存放和攜帶,所以人們也常將胡餅作出行時的乾糧:

　　　是夜爲中秋,余先從順甯買胡餅一員,懷之爲看月具,而月爲雲掩,竟卧。㊴

只是時間一長,水分蒸發,餅就變硬了,表面出現更多裂紋,甚至變得"徹骨幹"了,所以被楊樸戲稱爲"胡皴"。楊樸生活貧寒,但是窮到吃牛皮顯得有違常理。就着幾個乾胡餅,喝着農家自釀的酒,還是能符合生活實際的。

在明代歸有光的筆下,也有一個喝酒、吃胡餅的隱居者,與楊樸的形象頗爲類似:

> 玄朗自放於酒,無日不醉,往往對人皆醉中語也。常持胡餅獨往來山中。[40]

因此,筆者以爲,"胡皴"的意思是"有裂紋的胡餅"。楊樸詩中以"胡"代指胡餅,"胡皴"表示乾裂的胡餅。這種説法大約只是楊樸的個人創造,沒有得到普遍接受和廣泛使用,所以鮮見於其他文獻。偶一爲之的語詞含義逐漸被塵封、湮没,難免後來人對此産生曲解。

①陸遊《老學庵筆記》,中華書局,1979 年,第 135 頁。

②郎瑛《七修續稿》卷四"皴"條,上海書店出版社,2001 年,第 576 頁。

③《大詞典》"胡皴"條即采用了郎瑛的説法,未爲允當,詳見下文。

④方以智《通雅》,中國書店,1990 年,第 474 頁下。筆者按:"糊餅"即"胡餅",因爲詞義和食物有關,受意義類推的影響,此處"胡"字增旁作"糊"。

⑤王先謙《釋名疏證補》,上海古籍出版社,1984 年,第 203—204 頁。

⑥黃朝英《靖康緗素雜記》"湯餅"條,上海古籍出版社,1986 年,第 17 頁。

⑦王雲路《試論外族文化對中古漢語詞彙的影響》,《語言研究》2004 年第 1 期,第 70 頁。

⑧釋慧琳、釋希麟《正續一切經音義》,上海古籍出版社,1986 年,第 1481 頁。

⑨劉昫《舊唐書》卷四九《輿服志》,中華書局,1975 年,第 1958 頁。

⑩歐陽修《歸田録》,中華書局,1981 年,第 26 頁。

⑪《齊民要術校釋》卷九"餅法",中國農業出版社,1998 年,第 632 頁。

⑫《太平御覽》,中華書局,1960 年,第 3819 頁上。

⑬張師正《倦遊雜録》,上海古籍出版社,1993 年,第 8 頁。

⑭王銍《默記》,中華書局,1981 年,第 44 頁。

⑮釋曉瑩《羅湖野録》卷一,《叢書集成初編》第 3354 册,中華書局,1985 年,第 7 頁。

⑯高啓安《唐五代敦煌飲食文化研究》,民族出版社,2004 年,第 113—115 頁。

⑰朱金城箋校《白居易集箋校》,上海古籍出版社,1988 年,第 1164 頁。

⑱筆者按:這裏的"白肉"應指經過砧壓去油處理的肉,見耐得翁《都城紀勝·食店》(《中國風土志叢刊》第 48 册第 24 頁):"蓋白肉,別是砧壓去油者。"

⑲周密《武林舊事》卷七,《中國風土志叢刊》第 47 册,廣陵書社,2003 年,第 324 頁。

⑳孟元老《東京夢華録》"食店",中華書局,1982 年,第 127 頁。

㉑陸遊《老學庵筆記》,第 2—3 頁。

㉒《齊民要術校釋》卷九"餅法",第 632 頁。繆啓愉注:白餅,不加作料的白麵餅。

㉓《齊民要術校釋》卷七"白醪麴",第 501 頁。

㉔曾慥《高齋漫録》,《叢書集成初編》第 2854 册,中華書局,1985 年,第 6 頁。

㉕《醒世恒言》"兩縣令競義婚孤女",人民文學出版社,1956 年,第 7 頁。

㉖《祖堂集》卷五"龍潭和尚",全國圖書館文獻微縮複製中心,1993 年,第 99 頁下。

㉗《古尊宿語録·大鑒下三世》"百丈懷海大智禪師",中華書局,1994 年,第 6 頁。

㉘王銍《默記》,第 34 頁。

㉙洪邁《夷堅丁志》"雞子夢",中華書局,1981 年,第 673 頁。

㉚莊綽《雞肋編》,中華書局,1983 年,第 36 頁。

㉛徐鉉《稽神録》"僧瑶楚",中華書局,1996 年,第 41 頁。

㉜許慎《説文解字》,中華書局,1963 年,第 67 頁上。

㉝《全宋詩》,北京大學出版社,1991—1998 年,第 9830 頁。

㉞范成大《吳郡志》"土物",中華書局,1985 年,第 227 頁。

㉟范成大《吳郡志》"冢墓",第 347 頁。

㊱范成大《吳船録》,《筆記小説大觀》第 9 册,廣陵古籍刻印社,1984 年,第 138 頁上。

㊲陸遊《入蜀記》,《筆記小説大觀》第 9 册,廣陵古籍刻印社,1984 年,第 16 頁下。

㊳筆者按:今天新疆地區的饢和古代的胡餅有着密切的淵源關係,當地有一種窩窩饢,無油,面厚,烘製出爐時表皮即有裂紋。

㊴徐弘祖《徐霞客遊記》"滇遊日記十二",商務印書館,1986 年,第 23 頁。

㊵歸有光《震川集》"玄朗先生墓碣",上海古籍出版社,1981 年,第 563 頁。

(原載《中國典籍與文化》2007 年第 4 期,部分文字有改動、删節)

作者簡介:陳敏,浙江大學國際教育學院教師

通訊地址:浙江大學國際教育學院   郵編:310023

繹味"味道"

——兼談五官通感對漢語詞彙的影響

楚豔芳

在現代漢語普通話中,"味道"是個名詞[①]。《現代漢語詞典》(第6版)"味道"條有三個義項:①物質所具有的能使舌頭得到某種味覺的特徵。②〈方〉氣味。③指趣味;情趣。然而"味道"的本義是什麽? 它是什麽結構? 什麽詞性? 又是如何發展演變爲現代漢語的用法? 這些問題都值得深入探討。鑒於目前學界尚無對"味道"一詞的來源及發展進行細緻研究的論著,本文主要從漢語詞義及構詞法入手,對"味道"一詞做了較爲細緻的研究,並借此闡述了五官通感對漢語詞彙的影響。

一 "味道"的本義及成詞原因

對"味道"一詞的探討,我們首先從它的本義及成詞原因説起。

(一)"味道"的本義

"味道"連用始見於東漢,如蔡邕《辭郡辟讓申屠蟠書》:"安貧樂潛,味道守真。"此例中,"味道"與"守真"並舉,二者均爲動賓式複合詞(或者也可以看作是動賓式詞組),"味道"義爲"體味道的哲理、體察道理"。東漢時期,"味道"連用不多見。從魏晋開始,"味道"連用逐漸多了起來。如:

(1)蓚令田疇,至節高尚,遭值州里戎夏交亂,引身深山,研精味道,百姓從之,以成都邑。(三國魏曹操《爵封田疇令》)

(2)吐辭則藻落楊班,抗心則志擬高鴻,味道則理貫莊肆,研妙則穎奪豪鋒。(三國魏曹丕《對儒》)

(3)既處隱約,潛躬味道,足不逾閾。(三國魏邯鄲淳《漢鴻臚陳紀碑》)

(4)鉤深探賾,味道研機。(晋潘岳《楊仲武誄》)

(5)至若齒危髮秃之老,含經味道之生,莫不北面人宗,自同資敬,性托夷遠,少屏

塵雜，自非可以弘獎風流，增益標勝，未嘗留心。（南朝梁任昉《王文憲集·序》）

（6）嚴君性沈静，立志明霜雪。味道綜微言，端著演妙説。（北魏常景《嚴君平》）

魏晋時期，“味道”連用表示“體味道的哲理、體察道理”義比較常見，可以將其看作動賓式動詞，後代沿用。如：

（7）及長，閒居味道，不求榮利。（《隋書·盧太翼傳》）

（8）雙林八水，味道餐風；鹿苑鷲峰，瞻奇仰異。（唐李世民《大唐三藏聖教序》）

（9）味道能忘病，過庭更學詩。（唐錢起《酬劉起居卧病見寄》）

（10）味道韜光，伴耕釣、城南澗曲。（宋曹冠《滿江紅》）

（11）小生白身，味道安貧，視此徒何足云云。（元宫天挺《死生交范張雞黍雜劇》第一折）

（12）雍正三年八月吉日，詔言：“帝王御宇，咸資典學。朕承庭訓，時習簡編。味道研經，實敷政寧人之本。兹當釋服，亟宜舉行。”於是進講如儀。（《清史稿·禮志八》）

到了明清時期，“味道”就很少用作“體味道的哲理、體察道理”義的動詞，而多用作表“口味”義的名詞了②。到了現代漢語，“味道”的動詞用法消失，名詞用法取而代之③。

（二）“味道”成詞的原因

關於“味道”成詞原因的探討，我們首先從“味”與“道”兩個語素入手。

1.“味”

“味”從口未聲，《説文·口部》：“味，滋味也。”“味”本義爲“滋味”，即舌頭嘗東西得到的感覺，是個名詞①。如：

（13）子在齊聞《韶》，三月不知肉味。（《論語·述而》）

（14）味不過五，五味之變不可勝嘗也。（《孫子·勢》）

引申又有“辨别滋味”義，動詞。如：

（15）爲無爲，事無事，味無味。（《老子》第六十三章）

（16）黼衣黼裳者不茹葷，非口不能味也，服使然也。（《荀子·哀公》）

“味”的這些用法在上古時期都已出現。如果動詞“味”的賓語由飲食擴展到其他領域，則“味”就有了“研究、體會”義，其産生時間也是漢朝。如：

（17）慎修所志，守爾天符，委命共己，味道之腴，神之聽之，名其舍諸！（《漢書·叙傳上》）

（18）子雲勤味道腴。（漢桓譚《答揚雄書》）

例（17）“味道之腴”爲動賓式詞組，其結構爲“味（動詞）＋道之腴（名詞性結構）”。例（18）

“勤”爲狀語，“味”爲謂語動詞，“道腴”爲定中結構的賓語，“味”與“道”之間沒有直接的組合關係。

除了“味道”外，魏晋六朝時期還有“味覽”、“尋味”、“含味”、“欽味”、“研味”、“耽味”、“翫味”、“諷味”等詞語，其中的“味”都是“研究、體會”義，其對象也都不是飲食。值得注意的是，在這些詞語中，“味”都是一個仔細品嘗的過程，需要細細體會。原因在於“味”的此義來源於“味”的“辨別滋味”義，而辨別滋味也是一個品嘗的過程，也需要認真體會。王艾録指出：“古代人類存在一種普遍的心理現象：在認識某一新生事物時，往往將它與某一已知事物相比較，而後抓住兩事物的相似點，把已知的移植於未知的，或者依據已知的去推斷未知的。”⑤故“味”的“品嘗、辨別滋味”義是“味道”連用的基礎，“味”的賓語擴展到了飲食以外，其詞義也隨之泛化爲“研究、體會”，這是“味道”成詞的關鍵因素之一。

2.“道”

“道”字從“辵”，《説文·辵部》：“道，所行道也。”其本義是“道路”。如：

(19)周道如砥，其直如矢。（《詩經·小雅·大東》）

(20)會天大雨，道不通。（《史記·陳涉世家》）

又可以借指宇宙萬物的本原、本體，亦即宇宙萬物依以運行的軌則，凡宇宙間一切現象都是“道”的體現。“道路”是具體可感的，且其特徵是通暢，可以借此通往其他地方，而宇宙萬物運行的軌則却不可稱説，所以借用了與之接近的具體概念“道”（“道路”義）來表示。如：

(21)一陰一陽之謂道。（《易經·繫辭上》）⑥

(22)有物混成，先天地生……吾不知其名，字之曰道，强爲之名曰大。（《老子·道經》）

(23)道者，萬物之所然者，萬理之所稽也。（《韓非子·解老》）

也可以指“事理、規律”。如：

(24)是以立天之道曰陰與陽，立地之道曰柔與剛，立人之道曰仁與義。（《易經·説卦》）

(25)夫舟浮于水，車轉于陸，此自然道也。（《鄧析子·無厚》）

“道”由具體的“道路”抽象化爲“本體”、“規律”等義後，成爲作用廣泛、玄之又玄的東西。

“道”詞義的不斷泛化是“味道”一詞産生的語義基礎，而東漢魏晋南北朝的社會環境則加速了“味道”一詞的産生。聶石樵指出：“東漢末至南北朝時期，佛、儒、道三家之爭論比漢代今古文經之爭，其規模更廣大，論旨更深入。他們互相爭論，也互相吸收，其中除去某些迷信成分之外,對我國思想界是一種開拓和豐富,其影響于文學創作者不僅在形式,更重要的在内容,不同時期都出現不同的變化。[⑦]“味道”産生于東漢、盛行于魏晋六朝,原因顯而易見。東漢時期,中國土生土長的宗教派别道教也是用了“道”這一詞語。“道”不僅爲道家、玄學家、甚至爲儒家,佛家所利用,闡發他們的“道義”。“道”很抽象,它看不見摸不着,變化莫測。正如《荀子·解蔽》所説:“夫道者,體常而盡變,一隅不足以舉之。”如果要參透“道”,則需要去認真體悟,故用了“味”作爲語素,構成動詞“味道”,形象生動。

雖然“味道”可以組合成詞,但其詞彙化程度並不高,上文所舉“味道之腴”與“勤味道腴”例都可以説明這一點。朱彦指出:“詞和短語之間的界限不是涇渭分明的,從詞到短語是一個連續統,其間存在着很多中間狀態。”[⑧]從某種程度上講,我們將早期“味道”看作短語也未嘗不可,隨着使用頻率的增加,動詞“味道”作爲一個詞語逐漸爲人們所接受。

總之,“味”有“體味”義,而“道”又抽象、深奥,需要體味。“味”與“道”的語義特徵是“味道”成詞的語義基礎,漢族人的思維方式是其成詞的認知基礎。此外,社會環境以及飲食文化等對漢語詞彙的産生也有着不可忽視的作用。

二　“味道”詞義的發展

宋末明初,動賓式複合動詞“味道”衍生出主要由語素“味”來承擔表義功能的名詞用法。

(一)“味道”詞義的發展

宋末明初以後,“味道”一詞出現了“口味”、“氣味”、“意味”三種名詞性義位。

1.口味

明朝早期開始,“味道”就出現了“口味”義,後代沿用。如:

(26)那八戒食腸大,口又大,……張開口,轂轆的囫圇吞咽下肚,却白着眼胡賴,向行者、沙僧道:“你兩個吃的是什麽?”沙僧道:“人參果。”八戒道:“什麽味道?”(明吴承恩《西遊記》第二十四回)

(27)時三更時分,到了昆侖丘山,見沙棠果然茂盛,那夥窮鬼每人先摘一個嘗嘗,滋味果然清甘,槐鬼也吃了一個,都道:“好味道。……”(明鍾惺《夏商野史》第三回)

(28)我和你好的時候,過冬過年也只買得半斤四兩的豬肉,這羊肉總没有嘗着他是啥仔味道。(清夏敬渠《野叟曝言》卷二)

(29)小人也不知道,聽做月餅的司務説,他家的材料好,味道比我們的又香又甜。

（清劉鶚《老殘遊記》第十八回）

　　（30）這是薇蕨，摘了去，把下面的粗幹切了，炒起來吃，<u>味道</u>是很好的哩！（郁達夫《我的夢，我的青春！》）

　　（31）我内人説禾花雀炸了吃没有<u>味道</u>，照她家鄉的辦法，把肉末填在禾花雀肚子裏，然後紅燒。（錢鍾書《圍城》）

“味道”的這種用法産生于明朝，清朝逐漸增多，發展到現代漢語已經成爲一種常見用法。這些“味道”的主體均爲飲食。

2.氣味

“味道”的“氣味”義也産生于明朝，現代漢語沿用，但用例在明清至今都遠不及“口味”義多。如：

　　（32）好大聖，讓過風頭，把那風尾抓過來聞了一聞，有些腥氣，道：“果然不是好風！這風的<u>味道</u>不是虎風，定是怪風，斷乎有些蹊蹺。”（明吴承恩《西遊記》第二十回）

　　（33）假若他一聲不出呢，他就得一天到晚聞着那種酸甜而膩人的<u>味道</u>，還得遠遠的躲着大家，怕濺一身山楂湯兒。（老舍《新韓穆烈德》）

　　（34）我怕聞她的<u>味道</u>，答應了她可以讓她快點走。（錢鍾書《圍城》）

　　（35）怪的很，仿佛有鴉片烟的<u>味道</u>。（曹禺《北京人》）

　　（36）進家已經中午十二點了，躺在炕上，想睡一覺，嗅到蒸饅頭煮肉的<u>味道</u>又睡不着，……便把她喊叫進屋來。（李英儒《野火春風斗古城》）

　　（37）空氣裏彌散着汽油和金屬的<u>味道</u>。（張賢亮《緑化樹》）

然而，表示“氣味”的“味道”，有表示飲食的氣味者，如例（36）；也有其他的氣味，且大部分不是飲食的味道，如例（32）、（33）、（34）、（35）、（37），但它們是通過飲食的“口味”引申而來，如例（32）中有“腥氣”，例（33）中有“酸甜而膩人”，例（35）中有飲食詞語“鴉片烟”等等。當然，“味道”的“氣味”義爲人們所普遍接受後，也可以不需要提示，如例（34）和例（37）。

3.意味①

“味道”表示“意味”的用法，在清朝已經出現，這種用法在現代漢語中也比較常見。如：

　　（38）小敝東也説：“我也知道賭錢没甚<u>味道</u>，從今後再不去賭他了。”那知吃過飯，有朋友來和他又麻雀，他又去了。（清陸士諤《十尾龜》第十二回）

　　（39）想完，又將詩讀了兩遍，愈覺有<u>味道</u>。（清佚名《平山冷燕》第十四回）

　　（40）很快的，她把錢先生的話，咂摸出<u>味道</u>來。（老舍《四世同堂》）

　　（41）這些事正如電影中的，能滿足我們一時的好奇心，而没有多少<u>味道</u>。（老舍《陽光》）

（42）對於一年四季無所偏憎。但寒暑數十易而後，我也漸漸辨出了四季的<u>味道</u>。我就覺得冬天的味兒好象特別耐咀嚼。（茅盾《冬天》）

（43）逛山的<u>味道</u>實在比遊湖好。（朱自清《瑞士》）

（44）關大媽嚼嚼這句話的<u>味道</u>，突然感到自己的兒子……那麼聰明。（茹志鵑《高高的白楊樹·關大媽》）

"味道"的"意味"義則完全與飲食本身無關。有的留有一些飲食的痕迹，如例（40）中的"咂摸"，例（42）中的"咀嚼"，例（44）中的"嚼嚼"等，都可以説明這一點。

（二）動詞性"味道"如何演化出名詞性"味道"

"味道"本爲動詞（或者也可看作是動詞性詞組），而其引申用法均爲名詞。原因何在？這是由於"道"詞義的不斷虛化、泛化，義位不斷增多，人們對它的感知也趨於模糊，導致了其在"味道"一詞中語義丟失，從而使"味"的意義凸顯，成爲僅靠"味"來表義的名詞。這種現象也比較常見，周薦指出："詞構與詞性的關係並不是一一對應的，……漢語中不少合成詞在古人構造它們之初，尤其是在它們詞化未了之時，其結構關係應該與其詞性存在着較大的一致性。不要説由短語凝固成的詞，詞構與詞性若合符契，即使是並非由短語凝固成的詞，詞構和詞性也不會大相徑庭。然而隨着詞彙的發展，詞構愈趨多元，詞的用法更加複雜多樣，再進一步説，詞構受制於固定的詞形，永遠追趕不上詞的用法靈活多變，這樣一來，詞構與詞性的關係自然就愈來愈難以桴鼓相應、一一對當了。"[10]

從古至今，"味"的"口味"、"氣味"義一直是其主要用法，故在"味道"一詞演化爲主要由"味"表義後，"味道"的意義也與"味"的常用義保持一致，這也體現了漢語詞彙複音化趨勢對其產生的影響。

在現代漢語中，名詞"味道"中"道"已經傾向於讀輕聲了，"道"的意義明顯弱化，"味道"的詞彙化程度增強。董秀芳指出："現代漢語普通話的短語語音模式一般是前輕後重，如果一個雙音詞的語音模式是前重後輕，與短語模式不同了，就説明其詞彙化程度是比較高的。"[11]

三　五官通感對漢語詞彙的影響

那麼"味道"一詞如何同時擁有"口味"、"氣味"、"意味"這三種名詞性義位？這恐怕與五官通感不無關係。

目前學界雖然對"五官"的具體所指説法不一，但大多不離"口"、"鼻"、"耳"、"目"等器官。不論"五官"具體指哪些器官,它們之間必然存在密切的關係,體現在詞彙方面則是與之相關的詞語之間也存在千絲萬縷的關係。房德里耶斯指出:"感官活動的名稱也是容易移動的,表示觸覺與聽覺、嗅覺、味覺的詞常常彼此替代着用。"[12]此外,與五官相關的詞語可以與心發生聯繫。這些都與人的認知有着密切的關係。王雲路指出:"詞語之間聯繫的紐帶、義項之間聯繫的紐帶,就是基於先民對事物本質的認識,對事物之間本質聯繫的認識,以及先人豐富的聯想和推理。"[13]相似的事物之間以及相關的事物之間更加可以體現這方面的特點。回到本文的主要研究對象"味道",它的三個名詞性義位之間的關係主要是味覺與嗅覺的通感,進而投射到感覺所形成。

在五官當中,口和鼻之間的關係相對更爲密切,它們在對飲食的感知上相互依賴、密不可分。因此體現在詞語方面,它們也可以相互轉化。由於口與鼻對飲食的作用最重要,且二者有相通之處,故導致表示二者的詞語在一定程度上又具有相通性。"味道"由"口味"轉而可以指"氣味"是一種常見的現象,符合人們的普遍認知規律。此外,視覺與聽覺的通感也可以作爲旁證。目和耳的關係相對密切,故有"視聽"連言者。

"五官"又與"心"有着密切的關係。《荀子·天論》云:"耳、目、鼻、口、形,能各有接而不相能也,夫是之謂天官。心居中虛,以治五官,夫是之謂天君。"實際上,"感覺"就是"心"的一種體驗。在通感方面,視覺、聽覺、嗅覺乃至觸覺,反饋給大腦,大腦作出反應。味覺與嗅覺的關係最爲密切。"味道"一詞由"口之味(口味)"、"鼻之味(氣味)"進而到"心之味(意味)"也是一種廣義的通感。味覺、嗅覺與感覺的通感關係如下圖所示:

味覺、嗅覺與感覺通感圖

在漢語詞義的發展過程中,通感起了非常重要的作用。從味覺、嗅覺映射到感覺,也符合人們由具體到抽象的思維方式。名詞"味道"的義位由"口味"、"氣味"到"意味"體現了在人們認知規律影響下,詞義由具體到抽象的發展過程。

要之,通過五官通感,名詞"味道"由"口味"義引申出"氣味"義,進而在此基礎上又引申出"意味"義。"味道"一詞的產生及發展演變既受到了語言自身規律的制約,也受到了社會、文化以及心埋等諸多因素的影響。從動詞"味道"到名詞"味道",詞彙化程度增強。

①在現代漢語方言中,"味道"一詞還有形容詞用法。如柳州方言"味道"作形容詞可以表示"有滋味、有意思、有趣味",有"很味道"等說法,詳參李榮主編《現代漢語方言大詞典》,江蘇教育出版社,2002年,第2207頁。形容詞"味道"僅存在於某些方言,可能是名詞"味道"用法在某些方言的特殊發展,比較少見。

②"味道"的"口味"義將在下文專門論述,此不贅。

③這一點從《現代漢語詞典》就可以清楚地看出來。

④本字作"未",《說文·未部》:"未,味也,六月滋味也。"《史記·律書》:"未者,言萬物皆成,有滋味也。"後表"滋味"義的"未"加義符"口"作"味",分化了"未"的職能。

⑤王艾錄《複合詞內部形式探索——漢語語詞遊戲規則》,中國言實出版社,2009年,第6頁。

⑥韓康伯注:"道者,何無之稱也,無不通也,無不由也,況之曰道。"

⑦聶石樵《魏晉南北朝文學史》,中華書局,2007年,第14頁。

⑧朱彥《漢語複合詞語義構詞法研究》,北京大學出版社,2004年,第273頁。

⑨《漢語大詞典》收了"味道"的"情味、意味"這一義項,且排在"滋味"、"氣味"兩個義項之前,首例為《朱子語類》卷五七:"兩個都是此樣人,故說得合味道。"實際上,"味道"的"情味、意味"義的產生時間是在現代而非南宋,且其來源為"味道"的"滋味"、"氣味"義。《漢語大詞典》列舉的《朱子語類》卷五七中"味道"並非"情味、意味"義,而是人名。原文為:"先生甚然之,曰:'兩個都是此樣人,故說得合。'味道云:'"舜不告而娶",蓋不欲"廢人之大倫,以懟父母"耳,如匡章,則其懟也甚矣!'""味道"用作人名在《朱子語類》中不乏其例,如卷三十一:"味道問:'"過此,幾非在我者",疑橫渠止謂始學之要,唯當知內外賓主之辨,此外非所當知。'"又卷三十九:"味道問:'善人只是好資質,全未曾學。'曰:'是。'"又卷九十五:"味道問:'神如此說,心又在那裏?'曰:'神便在心裏,凝在裏面為精,發出光彩為神。精屬陰,神屬陽。說到魂魄鬼神,又是說到大段粗處。'"又卷一百一十四:"仁父味道却是別,立得一個志趨却正,下工夫却易。"可見,《漢語大詞典》由於對《朱子語類》的誤解而導致義項排列的失當。

⑩周薦《漢語詞彙結構論》,上海辭書出版社,2004年,第120—122頁。

⑪董秀芳《詞彙化:漢語雙音詞的衍生和發展》,商務印書館,2011年,第158頁。

⑫〔法〕房德里耶斯著,岑麒祥、葉蜚聲譯《語言》,商務印書館,1992年,第228—229頁。

⑬王雲路《中古漢語詞彙史》,商務印書館,2010年,第661頁。

作者簡介:楚豔芳,浙江傳媒學院文學院教師

通訊地址:浙江傳媒學院文學院　　郵編:310018

"韻果"考

——兼談南宋臨安的飲食風尚

阮幗儀

一 "韻果"的含義和製法

飲食是人類社會存在的基本條件之一,也是文化的重要組成部分,不同時代、不同地域會形成不同的飲食文化。南宋都城臨安(今杭州)不僅是當時的政治文化中心,而且有豐富的都市文化,其中飲食頗具特色,點心種類繁多,宋代筆記多有記載。比如南宋筆記《夢粱錄》和《武林舊事》中均記載了一種名爲"韻果"的食品,就是其精美飲食的一個例子:

《夢粱錄》卷三《五月》:"內更以百索彩綫、細巧鏤金花朵,及銀樣鼓兒、糖蜜韻果、巧粽、……分賜諸閤分、宰執、親王。"①

又卷六《除夜》:"是日,內司意思局進呈精巧消夜果子合,合內簇諸般細果、時果、蜜煎、糖煎及市食,如十般糖、澄沙糰、韻果。"

又卷十六《分茶酒店》:"更有乾果子,如錦荔、木彈、京棗、棗圈、香蓮、……嘉慶子;諸色韻果、十色蜜煎、蚫螺、……乳酪、韻果。"

《武林舊事》卷二《進茶》:"禁中大慶賀,則用大鍍金觲,以五色韻果簇釘龍鳳,謂之繡茶。"②

又卷三《端午》:"及作糖霜韻果、糖蜜巧粽,極其精巧。"

從以上諸例可見,"韻果"當爲一種甜味糕點。其材料和製作方法,從以下記載可知大概:

《夢粱錄》卷五《九月》:"蜜煎局以五色米粉塑成獅蠻,以小彩旗簇之,下以熟栗子肉杵爲細末,入麝香糖蜜和之,捏爲餅糕小段,或五色彈兒,皆入韻果糖霜,名之'獅蠻栗糕',供襯進酒,以應節序。"

清孔尚任《節序同風録·三月》:"粳米、綠豆爲粉,炒熟,和以糖霜、茄荷,染紅綠五色,再蒸熟,脱印花樣,古名糗餌,又曰韻果,今曰玉露霜,賞花簇盤用之。"③

以上二例可知,“韻果”的主材可以爲熟栗子粉,也可以是粳米粉和緑豆粉。輔材爲麝香、糖蜜或菖荷、糖霜。製作方法可以是手工捏製,也可以用模具印製。造型既有小段又有彈兒,即塊狀,圓球狀皆可。“韻果”最大特點是製作精美,顏色多樣,具裝飾點綴功能,多爲節日簇盤所用。

除上述引例外,後世提及“韻果”的文獻用例很少,且多與“繡茶”④ 有關,具有引用性質⑤。故筆者以爲“韻果”是南宋臨安特有的一種製作精美的甜味糕點。

二 “韻果”的命名理據

這種糕點緣何稱“韻果”? 下面從構詞語素角度對其取名理據略作探討。

考《説文新附·音部》:“韻,和也。”⑥ 和諧的聲音自然是美好的,因而“韻”又引申有“美好、標致”義,如宋周煇《清波雜誌》卷六“冷茶”條:“蓋時以婦人有標致者爲‘韻’。……然‘韻’字蓋亦有説:宣和間,衣著曰‘韻纈’;果實曰‘韻梅’;詞曲曰‘韻令’。”⑦ 可見,“韻”的“美好”義不僅可單用,還可修飾名詞,構成“韻纈、韻梅、韻令”等,表示雅稱。現代漢語中仍有“風韻”、“韻味”、“韻致”等詞,亦其例。

“果”本義是植物的果實。宋代以來,又引申出“糕點”義,因爲點心多爲圓形,大小與一般的水果接近,且造型有時仿照水果樣式,如金棗、壽桃等。如:

果食:以油麵、糖蜜等製成的食品。宋陳元靚《歲時廣記》卷二六引宋吕原明《歲時雜記》:“京師人以糖麵爲果食如僧食。但至七夕,有爲人物之形者,以相餉遺。”⑧

果餌:餅餌點心的通稱⑨。宋范成大《石湖詩集》卷三十《分歲詞》:“地爐火軟蒼朮香,釘盤果餌如蜂房。”⑩

果子:即餜子。泛指糖食糕點。宋孟元老《東京夢華録》卷二《東角樓街巷》:“飯後飲食上市,如酥蜜食、棗䭅、澄砂團子、香糖果子、蜜煎雕花之類。”⑪

巧果:舊俗七夕時用面和糖等製成片狀,以油炸脆,供乞巧用的點心。清顧禄《清嘉録》卷七《巧果》:“七夕前,市上已賣巧果,有以麵白和糖,綯作苧結之形,油氽令脆者,俗呼爲‘苧結’。”⑫

表示“糕點”義的“果”後來又産生了後起專字“餜”,如清許奉恩《里乘》卷三《樵夫某甲》:“一日賣柴畢,腹飢,入市食餜,吝錢,僅食三顆。”⑬

“果(餜)”的“糕點”義至今還活躍在衆多方言口語中,在北方方言、吴方言和閩方言中均有保留,如稱“油條”爲“(油炸)果子”。

簡言之,“韻果”爲偏正式名詞,意思是“美好的糕點”。《漢語大詞典》没有“韻果”一詞,當補之。

三　"韻果"産生的時代背景

"韻果"製作精美,名稱典雅,這與當時南宋臨安追求雅致、講究排場和注重禮節的飲食風尚是密切相關的。我們看幾部描寫南宋臨安風俗的筆記中的記載,如:

《夢粱録》卷三《皇帝初九日聖節》:"御厨製造宴殿食味,並御茶床上看食、看菜、匙箸、鹽碟、醋樽,及宰臣親王看食、看菜,並殿下兩朵廊看盤、環餅、油餅、棗塔,具遵國初之禮在,累朝不敢易之。"

又卷三《宰執親王南班百官入内上壽賜宴》:"每位列環餅、油餅、棗塔爲看盤。若向者高宗朝,有外國賀生辰使副,朝賀赴筵……看盤如用豬、羊、雞、鵝、連骨熟肉。"

可見,"看盤"、"看果"、"看食"、"看菜"等皆用於宴會之上,"旨在鋪張擺設,以示豐盛"[14],强調其觀賞價值,故以"看"爲構詞語素。《武林舊事》卷六《酒樓》:"酒未至,則先設看菜數碟,及舉杯則又换細菜。如此屢易,愈出愈奇,極意奉承。"記載的正是此種情形。

這一風俗的形成當源於上層社會的奢華之風。宋代的宮廷飲食,以窮奢極侈著稱於世,文獻多載。如宋陳師道《後山談叢》卷六:"仁宗每私宴,十閣分獻熟食。是歲秋初,蛤蜊初至都,或以爲獻。仁宗問曰:'安得已有此邪? 其價幾何?'曰:'每枚千錢,一獻凡二十八枚。'上不樂,曰:'我常戒爾輩勿爲侈靡,今一下箸費二十八千,吾不堪也。'遂不食。"[15]又如宋陳世崇《隨隱漫録》卷二載宋代司膳内人撰寫的《玉食批》,不僅列舉了衆多珍饈美味,更指出其取材之浪費:"羊頭簽止取兩翼,土步魚止取兩腮,以蟬蛑爲簽,爲餛飩,爲根甕,止取兩螯,餘悉棄之地,謂'非貴人食'。有取之,則曰:'若輩真狗子也。'"在皇室的影響下,官僚士大夫的飲食也多以侈靡爲尚[16]。如《宋史·吳越錢氏世家·錢俶傳附孫承祐》載:"(孫)承祐在浙右日,憑藉親寵,恣爲奢侈,每一飲宴,凡殺物命千數,常膳亦數十品方下箸。"[17]

到南宋時,皇宮及貴族大臣的飲食生活更趨講究,並影響了民間的飲食風尚。一方面,朝廷設立了專門機構"四司六局"來分別掌管宴會的一切事務[18]。這些"四司六局"人員不僅爲宮廷服務,也常爲一般大户人家操持宴會,宮廷飲食禮節由此而影響民間宴會風尚,甚至形成一種飲食禮儀。《都城紀勝·酒肆》便記載了這一食禮:"初坐定,酒家人先下看菜,問買多少,然後别换菜蔬。亦有生疏不慣人,便忽下箸,被笑多矣。"[19]另一方面,宋代皇室有購買民間美食的習慣。《夢粱録》卷十八《民俗》便記載了這一情形:"杭城風俗,凡百貨賣飲食之人,多是裝飾車蓋擔兒,盤盒器皿新潔精巧,以炫耀人耳目,蓋效學汴京氣象,及因高宗南渡後,常宣唤買市,所以不敢苟簡,食味亦不敢草率也。"凡經皇帝品嘗的食品,不僅能得到豐厚的賞錢,更能名聲大噪,獲利無數。《武林舊事》卷三《西湖遊幸》所載杭州名菜“宋嫂魚羹”即是一例:“小舟時有宣喚賜予,如宋五嫂魚羹,嘗經御賞,人所共趨,遂成富媼。”因此,都城食品在製作上極盡心思,力求精巧,以求得到皇室的青睞。

精美的“韻果”即在此背景下產生,它既可作爲糕點食用;也可作爲“看菜”拼盤中的一種,裝點宴席。“韻果”與“韻羹”、“巧粽”、“看盤”、“看果”、“看食”和“看菜”等衆多食品名稱一樣,都折射出南宋臨安社會奢華的飲食風尚,顯示了特殊的都市飲食文化。

時至今日,注重飲食禮儀的遺風仍在,現代宴席中的“冷盤”即是“看菜”的延續與改進。“冷盤”一般是提前做好的菜肴,製作精美,具觀賞性,主要目的是讓食客在等待主菜的過程中品嘗小菜,打發時間。“冷盤”既有擺設之功,又能供顧客食用,這是與“看菜”最大的不同。一些精美菜肴也用瓜果等製成美妙的花鳥等點綴盤邊,頗具觀賞性,同樣體現了“看菜”的特點。

四　餘論

語詞會有時代的印記。飲食語詞考釋,不僅能考釋出這些食物名稱的真正意思,還能揭示其特有的文化內涵,爲飲食、風俗等文化史的研究提供可靠的語言學材料。這也許是語言研究之于文化研究的一個貢獻。較早提倡語言與文化研究相結合的是羅常培先生,他在《語言與文化》(1950)一書中曾專門論述了“從語詞的語源與演變推溯過去文化的遺迹”[20]。宋代筆記中有大量的飲食名稱,目前尚未有人措意。筆者以爲,若是能將宋代的飲食語詞進行系統深入的研究,對語言與文化史的研究都會有一定的推動作用。

①吳自牧《夢粱錄》,凡該書用例,均出自《知不足齋叢書》本。按,“閣分”,原誤作“閣分”,今改。

②周密《武林舊事》,凡該書用例,均出自《知不足齋叢書》本。

③《四庫全書》本。

④所謂“繡茶”,是指宋代進貢新茶時,用五色糕點拼成的龍鳳圖案,常常用來襯托新茶。

⑤如田汝成《西湖遊覽志餘》卷三《偏安佚豫》:“禁中大慶賀,則用大鍍金斝,以五色韻果簇釘龍鳳,謂之繡茶,不過悅目,亦有專工者,外人罕知。”(參《西湖文獻叢書》,上海古籍出版社,1998年,第48頁。)史夢蘭《全史宮詞》卷十七《南宋》:“韻果簇成龍鳳樣,繡茶原異蠟茶香。”(參《四庫未收書輯刊》二輯30冊,北京出版社,2000年,第688頁。)

⑥許慎《説文解字·音部》,中華書局,1963年,第58頁。

⑦周煇撰,劉永翔校注《清波雜誌校注》,中華書局,1994年,第274頁。

⑧陳元靚《歲時廣記》,《叢書集成初編》第180冊,商務印書館,第305頁。

⑨《漢語大詞典》釋"果餌"爲"糖果餅餌等食品"。將"果"理解爲"糖果"似可商榷。"果"和"餌"皆點心的通稱。《武林舊事》卷三《重九》："又作蠻王、獅子於上，及糜栗爲屑，合以蜂蜜，印花脫餅，以爲果餌。"從製作過程可以看出只是糕點，與糖果無涉。

⑩北京大學古文獻研究所編《全宋詩》第 41 册，北京大學出版社，1995 年，第 26031 頁。

⑪孟元老撰，伊永文箋注《東京夢華録箋注》，中華書局，2006 年，第 144 頁。

⑫顧禄《清嘉録》，上海古籍出版社，1986 年，第 119 頁。

⑬许奉恩《蘭苕館外史》，黄山書社，1996 年，第 85—86 頁。

⑭龍潛庵《宋元語言詞典》，上海辭書出版社，1985 年，第 671 頁。

⑮陳師道撰，李偉國點校《後山談叢》，中華書局，2007 年，第 81 頁。

⑯陳世崇撰，郭明道校點《隨隱漫録》，《宋元筆記小説大觀》，上海古籍出版社，2001 年，第 5403 頁。

⑰脱脱《宋史》，中華書局，1977 年，第 13917 頁。

⑱《夢粱録》卷十九《四司六局筵會假賃》詳細記載了"四司六局"人員的職務，並指出其工作範圍："凡官府春宴，或鄉會，遇鹿鳴宴，文武官試中設同年宴，及聖節滿散祝壽公筵，如遇宴席，官府各將人吏，差撥四司六局人員督責，各有所掌，無致苟簡。或府第齋舍，亦於官司差借執役；如富豪士庶吉筵凶席，合用椅桌、陳設書畫、器皿盤合動事之類，則雇唤局分人員，俱可圓備，凡事毋苟。"

⑲《四庫全書》本。

⑳羅常培《語言與文化》，《大家小書》第 3 輯，北京出版社，2004 年，第 3 頁。

附記：本稿曾得到王雲路師的大力指導，在此致以誠摯感謝。又，本文曾于 2011 年于南京舉辦的"中國語言文學與社會文化"研究生國際學術研討會上宣讀。

作者簡介：阮恛儀，上海古籍出版社編輯
通訊地址：上海市瑞金二路 272 號上海古籍出版社　　郵編：200020

釋"慘綠"

——兼談"慘"作程度副詞的一種用法

王　健

"慘綠少年"語出唐張固《幽閑鼓吹》：

> （潘炎）子孟陽初爲戶部侍郎，夫人憂惕，謂曰："以爾人材，而在丞郎之位，吾懼禍之必至也。"戶部解喻再三，乃曰："不然，試會爾同列，吾觀之。"因遍招深熟者。客至，夫人垂簾視之，既罷會，喜曰："皆爾之儔也，不足憂矣，末座慘綠少年何人也？"答曰："補闕杜黄裳。"夫人曰："此人全别，必是有名卿相。"①

杜黄裳後來果然成爲一代名相，"慘綠少年"也因此成爲了人們形容風度翩翩的青年男子的典故詞。但是對"慘綠"一詞的解釋各類詞典中却不盡相同。

一　"慘綠"當作"深綠"解

目前對"慘綠"的理解主要有兩種。

其一，"慘綠"爲淺綠説。《漢語大詞典》"慘綠少年"條，"本指穿淡綠衣衫的少年。後稱風度翩翩的青年男子"，並另有"慘綠"詞條，釋爲"淺綠色"②。《漢語大字典》、許威漢主編《古漢語詞詮》、張長松編《多功能實用成語詞典》等同此説。

其二，"慘綠"爲深綠説。《國語辭典》："語出《幽閑鼓吹》書中，謂着暗綠衫之少年，今每以爲少年翩翩者之稱。"③《辭淵》、馮浪波編《大家中文成語辭典》、李科第編《成語辭海》等同此説。此外，也有認爲"慘"通"黲"，表深綠色。如吳山主編《中國工藝美術大辭典》："'慘'代'黲'，淺青黑色。慘綠，深綠。"④王濤等著《中國成語大辭典普及本》等同此説。

"慘綠"的顏色究竟更貼近哪種，這是本文要解決的首要問題。我們認爲，"慘綠"就是深綠，"慘"表示程度的嚴重，"慘綠"與"黲綠"義同。

"慘綠"當"深綠"解，以下幾條有趣的例證可以首先説明：

> （1）行至半路，見四人皆人身而魚首，着慘綠衫，把笏，衫上微有血污，臨一峻坑立。⑤

按，從這段話雖然不能直接得知"慘綠"的含義，但從下文叙述可知，四人是鯉魚的化身，因此這裏"人身而魚首"、"着慘綠衫"明顯是要有魚的特徵的。水族化身爲人的故事很多，從其他文獻中可找出水族在服飾上的一些特徵。如《崔道樞食井魚》，該文講述了崔道樞與表兄韋氏烹食鯉魚（雨龍）而遭到懲罰之事。其中幾句：

> ……因井渫，得鯉魚一頭，長可五尺，鱗鬣金色，目光射人。……有碧衣使人引至府舍，廊宇頗甚嚴肅。……及暝，昏然而寢，復見碧衣人引至公署，俱是韋之所述。⑥

這裏用"碧衣人"來描寫使人，這位使人便是和鯉魚（雨龍）有直接聯繫的。再如晋干寶《搜神記》卷二十：

> 古巢，一日江水暴漲，尋復故道。港有巨魚，重萬斤……有青衣童子曰："吾龍之子。"乃引姥登山，而城陷爲湖。⑦

此例裏面的"巨魚"、"青衣童子"都是"龍之子"⑧。在筆記小説中，魚、龍，尤其是大魚和蛟，區分並不大。再如《潯陽記》：

> 忽見溪中有一小青衣，長尺餘，執一青衣，乘赤鯉魚，徑入雲中，漸漸不見。……又見所乘之赤鯉小童，還入溪中，乃黑蛟耳。⑨

這名小童實爲黑蛟，他雖乘赤鯉，但穿着"青衣"，手裏也拿着一件"青衣"，也可見"青衣"與水族的聯繫。

在以上這些關於水族着裝的描述中，"碧"爲青綠色，"青"爲深綠色或淺藍色，均是深綠色。由此而推，"慘綠衫"也應與"碧衣""青衣"類似，似不爲淺綠色⑩。此外，清紀昀《閲微草堂筆記》亦用"慘綠袍""慘綠衫"，形容鬼魂之衣着，可旁證。

（2）但見簷頭高三尺，許多門窗户闥，盡皆朱紅慘綠；一應傢伙什物，也都千端百正。滿心歡喜，就安居樂業的住在裏頭，生兒哺種。⑪

這段描寫了一對夫妻來到新宅基裏看到的情景，從下文"千端百正""滿心歡喜"可以看出新宅基的條件是很不錯的。此例"朱紅""慘綠"對舉，形容建築顏色新鮮，没有被風蝕雨打過。因此"慘綠"釋爲顏色濃正的"深綠"似比"淺綠"貼切。

二　"慘"的詞義分析

此條扞格全因不明"慘"的語義使然。從本義來看，"慘"從心，指心理上的憂傷，憂愁。《爾雅·釋詁》："慘，憂也。"⑫《方言》卷十三："慘，愮也。愮，惡也。"⑬《玉篇·心部》："慘，痛也，愁也，恨也。"⑭

從核心義來看，《説文·心部》："慘，毒也。"段注："毒，害也。"⑮《説文·中部》："毒，厚

也。害人之草,往往而生。"段注:

> 毒兼善惡之辭,猶祥兼吉凶,臭兼香臭也……字形何以从屮,蓋制字本意。因害人
> 之草,往往而生。往往猶歷歷也,其生蕃多則其害尤厚,故字从屮。引伸爲凡厚之義。⑯

"其生蕃多則其害尤厚",表明了"毒"是因爲"蕃多"而帶來的嚴重後果。又以"毒"訓"慘",説明了"慘"也有此義。因此分析,"慘"的核心義是因爲數量過多而造成的不好的後果,即超過常態的狀態。

在心理上不同尋常的狀態,即憂傷。如《詩‧陳風‧月出》:"月出照兮,佼人燎兮,舒夭紹兮,勞心慘兮。"陸德明釋文:"慘,七感反,憂也。"⑰也可理解爲"懆"。或爲羞慚。如唐李願《觀翟玉妓》詩:"豔粉宜斜燭,羞蛾慘向人。"⑱或驚怕。如元王實甫《西廂記》第二本楔子:"劣性子人皆慘,舍著命提刀仗劍,更怕甚勒馬停驂。"⑲這種心理狀態也可以引申到其他方面。如在行動上超出常規,爲狠毒;厲害。如《荀子‧議兵》:"楚人鮫革犀兕以爲甲,鞈如金石,宛鉅鐵鉆,慘如蠆蠍。"⑳生理上則是超過所能承受的限制,爲疼痛。如《太平廣記》卷三〇七引《河東記‧党國清》:"國清與使者俱入城門,忽覺目眥微慘,以手搔之,悸然而疿。"㉑自然氣候上則是正常時節過後的狀態,爲蕭殺、凋謝,多用來形容秋冬季節的景色。如《逸周書‧周月》:"微陽動于黃泉,陰降慘於萬物。"㉒

以上分析可以看出,"慘"的義項都與"超過數量/常態而造成的後果嚴重"有關。因此,根據語義發展規律,**"慘"表示顏色,應是超過正常的顏色的,"慘綠"即爲超過常態的綠,即深綠**。

"慘"可以作形容詞或程度副詞,表示程度的加深。在詩文中也可以找到一些相關的例子:

> 罪莫慘于德有心,禍莫深於心有見。(宋黃庭堅《木之彬彬並序》)㉓
> 撫柩恨深元伯母,負薪情慘叔敖兒。(金李俊民《吊王德華》)㉔
> 烟深王屋山山白,秋慘陳橋樹樹黃。(明申佳允《春興》其三)㉕
> 雲慘失峰巒,林深鳥自安。(明謝榛《山縣久雨感懷》)㉖
> 風緊雲容慘,天寒雪勢嚴。(元李齊賢《巫山一段雲　江天暮雪》)㉗

按,前四例"慘""深"對文,"罪慘"即罪大;"情慘"即情重;"秋慘"即深秋;"雲慘"即形容雲層厚重的樣子。後一例"慘""嚴"對文。《説文‧吅部》:"嚴,教命急也。"㉘"嚴"有加深、加重義。這些詩句中"慘"均是表示程度上的加深。

或今之所謂"慘重"、"慘敗""慘痛",皆其例。"慘重"即十分嚴重,"慘敗"即大敗,"慘痛"即十分痛苦,均表示程度嚴重。《漢語大字典》亦有此用法。

慘的這一用法,在現代漢語方言中也存在。《漢語方言大詞典》指出,"慘"可作爲副詞,

用於動詞形容詞之後,表示程度加深或達到頂點。相當於"很"、"極"、"苦"、"壞"、"垮"等。這種用法在西南官話中有使用。四川成都有"美慘了""凍慘了""好看慘了"等,重慶話有"我願意慘了""漂亮慘了""笑人慘了"(可笑極了)"被打慘了"等,貴州沿河有"壞慘了""氣慘了""累慘了"等,貴州遵義也有類似説法㉒。

我們也可以根據認知語言學的原型理論(prototype theory)來簡單看一下這個詞。"慘"的核心語義特徵是:a.[心情差]、b.[程度深],來觀察四個例子:

　①林薄長風慘,江上寒雲愁。(隋末唐初劉斌《和許給事傷牛尚書》)㉙

　②月出照兮,佼人燎兮,舒夭紹兮,勞心慘兮。(《詩·陳風·月出》)㉚

　③花慘閒庭晚,蘭深曲徑幽。(唐李咸用《和殷衛推春霖即事》)㉛

　④自春來、慘緑愁紅,芳心是事可可。(宋柳永《定風波》)㉝

①④句的"慘"體現了 a[心情差]、b[程度深]兩個核心語義特徵;但②句只體現了特徵 a[心情差];③句只體現了特徵 b[程度深]。因此,"慘"的作爲一個開放性的範疇,其中的原型成員爲①④句中的"慘",而②③中的"慘"則爲邊緣成員,它們或多或少地體現了原型成員所帶有的核心特徵。

此外,表示心情的"慘"與顏色的"暗"往往有共通之處。試比較英文的"dark"表示"深色的"和"憂鬱的、陰暗的"、"bright"表示"愉快地"和"明亮的"、法語"sombre"表示"陰暗的"和"深色的"等的共通之處。

三　"慘"、"黲"關係考辨

與"慘"有關的還有"黲"。**"黲"指淺青黑色。**《説文·黑部》:"黲,淺青黑也。"㉞《玉篇·黑部》:"黲,淺青黑色也。今謂物將敗時顏色黲黲也。"㉟**"黲"又可表示暗色。**《廣韻·感韻》:"黲。暗色。《説文》曰:'淺青黑也。'"㊱又可指日暗色。《廣韻·敢韻》:"黲,日暗色。"㊲

"慘"與"黲"古字通。《文選·王仲宣〈登樓賦〉》:"風蕭瑟而並興兮,天慘慘而無色。"李善注:"《通俗文》曰:'色暗曰黲',慘與黲古字通。"㊳朱駿聲《説文通訓定聲·臨部》:"慘,又爲黲。《通俗文》:'色暗曰慘'。"㊴章炳麟《新方言》卷六:"《説文》'黲,淺青黑也。'今人謂之黲緑,以慘爲之。"㊵

進一步看,《説文》、《玉篇》等都有提到"黲"指淺青黑色,但並沒有"黲""慘"相通的説法。《文選》李善注、朱駿聲、章太炎等都提到了"黲"與"慘"通,但在這種情況下,"黲"都是表示"色暗"義的。也就是説,在表示"色暗"義的時候,"黲"與"慘"通。換句話説:

"黲"在表示顏色時是"淺青黑色",由"淺青黑色"則引申出了"色暗"的義項。而"慘"因爲自身核心義的統攝,也可以表示顏色上的程度加深。即:"黲"、"慘"根據自身的詞義發展引申規律,都可以表示"色暗",因此二字可通。

至於"慘緑"誤爲"淺緑"的原因,本文試作以下推測:《説文》已經提到"黲"爲淺青黑色,其本質還是黑色的一種。顏色是有參照系的,如果和緑色比較,淺青黑色是深緑。但如果和黑色比較,淺青黑色則是淺色。而後人以"黲"爲淺青黑色,錯誤地類推"慘"爲"淺色",進一步訛誤,"慘緑"也誤爲淺緑了。

我們再來看一個詞"慘紫"。"慘紫"語出《資治通鑑》:"自是太后常御紫宸殿,施慘紫帳以視朝。"胡三省注:"紫色之淺者爲慘紫。"④又有寫爲"黲紫"。宋朱熹《資治通鑑綱目》卷四十一下即寫爲"太后常御紫宸殿,施黲紫帳以視朝"②。明方以智《通雅》卷三十七"黲紫,淺紫也……武則天施黲紫帳,即淺紫"③。

按,"慘紫"應是深紫色。此説錯誤由胡三省注始,其後沿襲之。諸家以爲"慘紫"無解,或録文不釋,或改爲同樣形容顏色的"黲紫",更造成了顏色含義的不明。

再來看兩個例子,唐段成式《酉陽雜俎·諾皋記》:

> 賈笑曰:"君可辱爲健步,乙日當有兩騎,衣慘緋,所乘馬蕃步鬣長,經市出城,君等蹤之,識其所滅處,則吾事諧矣。"④

《太平廣記》卷一五七引《河東記》:

> 正北有大廳屋,丹楹粉壁,壯麗窮極。又過西廡下一橫門,門外多是着黃衫慘緑衫人。⑤

單從引文看,並不能看出"慘緋""慘緑衫"的顏色。《漢語大字典》舉此兩例釋"慘"爲淺色,不妥。"慘緋"應爲深紅色;"慘緑衫"應爲深緑色衫。"慘+顏色"是形容顏色的加深,今之"慘白"亦如此。

再看"慘服"。《宋史》:"群臣及軍校以上,皆本色慘服、鐵帶,靴、笏。"⑥《漢語大字典》釋此例中的"慘"爲"淺色"⑦。

按,《漢語大字典》所釋不妥。"慘"作"喪事"解,古有之,其中"慘"是取其本義"心理上的憂愁、傷悲",與其顏色義無涉。《宋史》此條是講述"大祥"之時群臣衣着,下句"諸王入内服衰,出則服慘"⑧,"服慘"與"服衰"相對。此處"慘",應作"黲",作黑色衣服解。"慘"作"黲",文獻證明很多。如《宋史》:

> 大祥,素紗軟脚折上巾、黲公服、白鞓錫帶。禫除畢,去黲服,常服仍黑帶、皂鞍轡。
> 祔廟畢,始純吉服。宗室出則常服,居則衰麻以終制。⑨

此處作"黲服",至"禫"禮之後,方可去"黲服",穿"常服",但仍然要着黑帶。這也説明了"黲服"是黑色的衣服⑩。

"黲服"作黑色衣服,再來看一條例證,《宋史》:

> 諭輔臣曰:"昨内引洪邁,見朕已過百日,猶服衰粗,因奏事應以漸,今宜服如古人墨衰之義,而巾則用繒或羅。朕以羅絹非是,若用細布則可。"王淮等言:"尋常士大夫丁憂過百日,巾衫皆用細布,出而見客,則以黲布。今陛下舉曠古不能行之禮,足爲萬世法。"帝又曰:"晚間引宿直官之類如何?"淮曰:"布巾、布背子便是常服。"上不以爲然。自是每御延和殿,止服白布折上巾、布衫,過宫則衰絰而杖。⑤

宋李心傳《建炎以來朝野雜記》乙集卷三記載與此略有出入:

> ……見朕已過百日,猶服衰粗因奏事應以漸,今宜服黲,服如古人墨衰之義……㉒

這一句很重要。"墨衰"指黑色的喪服。《左傳·僖公三十三年》:"遂發命,遽興姜戎,子墨衰絰。"杜預注:"晋文公未葬,故襄公稱子,以凶服從戎,故墨之。"㉓"服黲"即此,當然是黑色的。從上下文來看,這段是描述高宗去世後,臣子諫言宋孝宗應服"黲",然而,"上不以爲然",並且"止服白布折上巾",亦可反證"黲"爲黑色服。

四　從"慘"看"愁紅慘緑""愁雲慘霧"

"慘"指心情上的憂傷,因此所視之物也都有了睹物傷情的感情色彩。

如"愁紅慘緑"。"愁紅慘緑"是宋詞中的一個常見意象,《古今漢語成語詞典》解釋:"紅、緑,指樹木的花和葉。指花殘葉敗。形容殘破的景象。"㉔

需要注意的是,在一些詩詞中"慘""愁"也表示程度加深,"愁紅慘緑"謂正紅墨緑,形容花繁葉茂之盛景——但花之最盛則將敗,草之最濃則蕭條。自然之景但凡極盛則是超過了正常的狀態,實顏色愈深,愈面臨頹敗。因此,"慘緑愁紅"就帶有了兩個方面的意象,一方面是形容花草極盛後的衰敗,一方面是形容花木最盛之濃厚豔景。而這兩方面有時候又是結合不分的。如宋柳永《定風波》上闋:

> 自春來、慘緑愁紅,芳心是事可可。日上花梢,鶯穿柳帶,猶壓香衾臥。暖酥消、膩雲嚲,終日厭厭倦梳裹。無那。恨薄情一去,音書無個。⑤

這首詞以一個少婦的口吻,抒寫了她同戀人分別後的相思之情。從上闋的描述看,"日上花梢""鶯穿柳帶"都是一派春日融融,閨閣慵懶之景致,直到"恨薄情一去,音書無個"婦人心迹才得以表明。揆之情理,"慘緑愁紅"與"經過風雨摧殘的敗葉殘花"相距甚遠,似可形容春景,緑蔭紅花,春意正濃。

再看一個詞語"愁雲慘霧"。《漢語大詞典》釋義:"形容令人愁悶淒慘的景象。"㉖這裏的"愁雲慘霧"應與上文"愁紅慘緑"一樣,本指雲霧厚重之義,引申方爲暗淡無光的景象,本義不可省略。又有"慘雲愁霧"、"烟慘雲愁"、"天慘雲愁"等説法：

> **慘雲愁霧**罩江天,呵手捲簾看。(宋無名氏《眼兒媚》其一)㊱

> 遥知靈鷲山邊路,**烟慘雲愁**薤露聲。(宋劉克莊《挽朱丞(履常)》)㊲

> 静坐遥聞修竹折,**天慘雲愁**風更冽。(宋吴芾《和向巨源冷語》其一)㊳

> 夜深**烟慘雲愁**,倩君沈醉,明日看、梅梢玉。(宋楊無咎《解蹀躞(吕倩倩吹笛)》)㊴

再進一步揣測,在這些用例中的"愁",包括前文"愁紅慘緑"的"愁",都應該是一種同步構詞的形式。因爲"慘"的程度加深義,也使"愁"帶有了相同的語義特徵——在一些用例中,"愁"除了主觀情緒的表達外,也有了"程度嚴重的"或者"數量多的"之義。如宋代宋庠《贈司徒兼侍中宋宣獻挽詞》其四中就有：

> 野闊簫聲苦,**雲愁**旐影昏。㊶

按,此詞"野闊"與"雲愁"對舉,"雲愁"即雲厚。"雲愁旐影昏"即雲霧遮日,幡旗旐影昏暗。若單單釋爲"悲愁似雲"或"愁悶凄慘"恐有不確。

再來看一個詞"**慘黑**"。唐杜甫《杜鵑行》："毛衣慘黑貌憔悴,衆鳥安肯相尊崇。"㊷杜鵑鳥是悲情寄託的象徵,能夠唤起人們多種情思。"慘"同樣既表明了杜鵑的羽毛顏色暗淡,又表明了其悲情色彩。

换句話説,我們在理解古詩文的時候,詞語的詞彙義和語境義都應得到足夠的重視——如同"慘"一樣,詞的詞彙義和語境義往往是結合的。如"端居",王雲路先生在《六朝詩歌語言研究》中解釋此詞：

> "端居"猶言獨居,與"端坐"相近,也有兩種情形：一是形容一人獨居的孤單、苦悶,如唐張九齡《聽筝》："端居正無緒,那復發秦筝。"……二是形容一人獨居的清静、悠閑。《梁書·傅昭傳》："終日端居,以書記爲樂,雖老不衰,博極古今。"㊸

此説甚躔。"端居"猶言"獨居",而在不同的心境下可以産生孤單或者悠閑的不同感覺。這也是將詞語的詞彙義與語境義結合分析,本文所講的"慘"也是這個道理。詩文鑒賞若單單從文學鑒賞的角度考慮,未免失之單薄。

五　從"慘"看一組程度副詞的運用——毒、酷、狠

毒、酷、狠等詞語作程度副詞的時候往往有相同或相似的引申途徑。

毒,厚也。從"厚"引申,"毒"即有酷烈,厲害義。例：

> 炎曦爍肌膚,**毒霧**昏性情。(唐皎然《酬薛員外誼苦熱行見寄》)㊹

> **毒暑**澄爲冷,高塵滌還清。(唐皎然《同薛員外誼喜雨詩兼上楊使君》)㊺

巴山畫昏黑，妖霧毒濛濛。（唐元稹《蟲豸詩·巴蛇》其二）⑥

五月天氣熱，波濤毒于湯。（唐王建《送張籍歸江東》）⑥

炎光晝方熾，暑氣宵彌毒。（唐白居易《香山寺石樓潭夜浴》）⑥

當時消酷毒，隨處有清凉。（唐齊己《夏雨》）⑥

按，這與"慘"在詩文中的用法異曲同工。"毒霧"謂大霧，"毒暑"謂酷暑。這些詞語均是一方面表示了客觀的炎熱天氣或者霧氣茫茫，一方面也包涵了主觀遭受的痛苦。此外，"毒熱"謂酷熱；"毒賦"謂繁重的賦稅；"毒打"謂狠打等皆此類。

再如"酷"。《説文·酉部》："酷，酒厚味也。"段注："酷，引申爲已甚之義。"⑦《玉篇·酉部》："酷，酒味厚也。"⑦因此，"酷"有程度副詞"極"、"甚"義。"酷貧"謂非常貧苦，"酷喜"謂非常喜愛；"酷妒"謂妒忌心極強；"酷熱"謂極熱等皆此類。

同理，"狠"也可作副程度詞，與"很"同。"狠勁"謂非常用力氣；"狠聲"謂厲聲大聲等皆此類。

以上，我們可以比較"慘敗"與"大敗"、"毒暑"與"熱暑"、"酷熱"與"炎熱"的區別——極端的形容詞在作程度副詞時，往往能引起人的情感共鳴，因此也常帶有主觀感情色彩。從這點來看，"慘"、"毒"、"酷"等詞語有着同樣的引申途徑。

六　總結

行文最後我們歸納本文的主要觀點：

1."慘緑"非"淺緑色"，當釋之以"深緑色"爲確。"慘"在文獻中，可作形容詞或程度副詞，表示程度加深；

2.一些同源詞在詞義方面，往往可以各自獨立引申出共有義項。如"慘"和"黲"在表示色暗的用法上相通，殊途同歸；將"慘緑"誤釋爲"淺緑色"，似與"黲"表"淺青黑色"之"淺"有關；

3.詩詞鑒賞中，詞的詞彙義和語境義都應得到重視；

4.程度副詞"慘"、"毒"、"酷"、"狠"等往往有相同或相似的詞義引申途徑。

①張固《幽閒鼓吹》，中華書局，1991年，第4頁。

②漢語大詞典編輯委員會、漢語大詞典編纂處編纂《漢語大詞典》（第7卷），漢語大詞典出版社，1994年，第718頁。

③汪怡、徐一士、孫崇義、徐世榮、傅巖、王述達、何梅岑、牛文青編《國語辭典》（第4冊），商務印書館，

1948 年，第 3509 頁。

④吳山《中國工藝美術大辭典》，江蘇美術出版社，2011 年，第 920 頁。

⑤李復言《續玄怪録》，中華書局，2006 年，第 135 頁。

⑥康駢《劇談録》，中華書局，1991 年，第 99 頁。

⑦干寶撰、汪紹楹校注《搜神記》，中華書局，1979 年，第 239 頁。

⑧當然，“青衣”有時也指侍者或戲劇中的旦角，不實際指衣服的顏色。

⑨李昉等《太平廣記》，中華書局，1961 年，第 3460 頁。

⑩筆記小説中也經常出現“赤鯉魚”等形象，事涉它途，本文不予討論。

⑪張南莊《何典》，上海書店出版社，1926 年，第 187 頁。

⑫郭璞注、邢昺疏《爾雅注疏》，上海古籍出版社，2010 年，第 49 頁。

⑬揚雄《方言》，中華書局，1985 年，第 121 頁。

⑭顧野王《大廣益會玉篇》，中華書局，1987 年，第 39 頁。王鳳陽《古辭辨》(中華書局，2011 年，第 845
　　頁)：“慘，《説文》‘毒也。’憯，《説文》‘痛也’。‘慘’與‘痛’實際上是異體字，都表示哀痛，它們常常是
　　描寫哀痛的痛徹心肺的狀態的……不過‘憯’和‘慘’後來有分化趣(趨)勢：‘憯’主要用於慘痛，
　　‘慘’”兼用於狠毒、暗淡之類的意思。”這種分析也與“慘”的本義相照應。

⑮段玉裁《説文解字注》，上海古籍出版社，1988 年，第 512 頁。

⑯段玉裁《説文解字注》，第 22 頁。

⑰陸德明《經典釋文》，中華書局，1983 年，第 71 頁。

⑱中華書局編輯部點校《全唐詩》第 5 册，中華書局，2013 年，第 3535 頁。

⑲王實甫《西廂記》，人民文學出版社，1954 年，第 78 頁。

⑳王先謙《荀子集解》，中華書局，1988 年，第 282 頁。

㉑李昉等《太平廣記》，第 2430 頁。

㉒孔晁注《逸周書》卷六，商務印書館，1937 年，第 151 頁。

㉓黃庭堅《黃庭堅全集》第 1 册，四川大學出版社，2001 年，第 305 頁。

㉔李俊民《莊靖先生遺集》卷二，山西省文獻委員會編《山右叢書初編》第 15 册，山西人民出版社，1986
　　年，第 17 頁。

㉕申佳允《申忠湣詩集》卷四，倪元璐撰《倪文貞集》外四種，上海古籍出版社，1993 年，第 487 頁。

㉖夏承燾選校，張珍懷、胡樹淼注釋《域外詞選》，書目文獻出版社，1981 年，第 120 頁。

㉗李齊賢《益齋集》，中華書局，1985 年，第 147 頁。

㉘段玉裁《説文解字注》，第 62 頁。

㉙許寶華、宮田一郎主編《漢語方言大詞典》，中華書局，1999 年，第 5734 頁。

㉚《全唐詩》第 21 册，第 8383 頁。

㉛《毛詩正義》，阮元校刻《十三經注疏》，中華書局，1980 年，第 378 頁。

㉜《全唐詩》第 19 册，第 7402 頁。

㉝柳永著、薛瑞生校注《樂章集校注》，中華書局，1994 年，第 119 頁。

㉞段玉裁《説文解字注》，第 488 頁。

㉟顧野王《大廣益會玉篇》，第 101 頁。

㊱周祖謨《廣韻校本》，中華書局，2011 年，第 333 頁。

㊲周祖謨《廣韻校本》，第 335 頁。

㊳蕭統編、李善等注《六臣注文選》卷一一，中華書局，2012 年，第 208 頁。

㊴朱駿聲《説文通訓定聲》，中華書局，1984 年，第 102 頁。

㊵章太炎《新方言》，《章太炎全集》，上海人民出版社，2014 年，第 129 頁。

㊶司馬光編著、胡三省音注《資治通鑒》卷二〇三，中華書局，1956 年，第 6419 頁。

㊷宋犖等編《御批資治通鑒綱目》(康熙四十六年至四十九年揚州詩局刻本)。朱傑人等主編《朱子全書》(上海古籍出版社，2010 年，第 2344 頁)作“襂”，恐誤。

㊸方以智《通雅》卷三十七(光緒重刻本)。

㊹段成式《酉陽雜俎》，中華書局，1985 年，第 110 頁。

㊺李昉等《太平廣記》，第 1127 頁。

㊻脱脱等撰《宋史》，中華書局，1977 年，第 2849 頁。

㊼漢語大字典編輯委員會編纂《漢語大字典》，四川辭書出版社、湖北辭書出版社，1986 年，第 2348 頁。

㊽脱脱等撰《宋史》，第 2849 頁。

㊾脱脱等撰《宋史》，第 2921 頁。

㊿嵇璜《續通志》光緒浙江書局刊本、四庫本等均作“入内服衰，出則服黲”，亦可證。

(51)脱脱等撰《宋史》，第 2861 頁。

(52)李心傳《建炎以來朝野雜記》，中華書局，1985 年，第 385 頁。

(53)《春秋左傳正義》，阮元校刻《十三經注疏》，中華書局，1980 年，第 131 頁。

(54)《古今漢語成語詞典》編寫組編《古今漢語成語詞典》，山西人民出版社，1985 年，第 792 頁。

(55)柳永著、薛瑞生校注《樂章集校注》，第 119 頁。

(56)《大詞典》引例瞿秋白《亂彈・一種雲》：“如果是驚天動地的霹靂，那才撥得開滿天的愁雲慘霧。”引例過晚。宋釋道源《景德傳燈録》卷二十二：“時有圓應長老出衆作禮，問曰：‘雲愁霧慘，大衆嗚呼，請師一言，未在告别。’”

(57)唐圭璋編《詞話叢編》，中華書局，1986 年，第 51 頁。

(58)劉克莊《後村先生大全集》，四川大學出版社，2008 年，第 852 頁。

(59)吴芾《湖山集》卷四(四庫全書本)。

(60)楊無咎《逃禪詞》(四庫全書本)。

(61)傅璿琮等主編、北京大學古文獻研究所編《全宋詩》第 72 册，北京大學出版社，1998 年，第 2170 頁。

⑥錢牧齊箋注《杜工部詩集》，世界書局，1935 年，第 79 頁。

⑥王雲路《六朝詩歌語詞研究》，黑龍江教育出版社，1999 年，第 156 頁。

⑥《皎然集》晝上人集卷第二（四部叢刊本）。

⑥《皎然集》晝上人集卷第一（四部叢刊本）。

⑥元稹《元氏長慶集》卷四（四庫全書本）。

⑥王建《王司馬集》卷一（四庫全書本）。

⑥白居易《白氏長慶集》卷五十二（四部叢刊本）。

⑥釋齊己《白蓮集》卷一（四庫全書本）。

⑩段玉裁《說文解字注》，第 748 頁。

⑪顧野王《大廣益會玉篇》，第 135 頁。

作者簡介：王健，浙江大學古籍研究所在讀博士研究生

通訊地址：浙江大學西溪校區古籍研究所　　郵編：310028

制服與作器

——喪服與禮器飾群黨、別親疏相互對應的綜合考察

賈海生

一　引論

據《禮記·大傳》，"聖人南面而聽天下，所且先者五"，第一要務是"治親"，又先於"報功"、"舉賢"、"使能"、"存愛"諸措施。治親是禮之根本，親與疏相對，則治親實際是親疏皆治。除上治祖襧、下治子孫、旁治昆弟外，還包括兼治君臣、外親等其他一切人倫關係。若人倫不正則散無友紀，故聖人皆務先治親，防微杜漸。所謂治親就是通過各種各樣的方式分別人與人之間的親疏遠近及高低貴賤。綜合傳世文獻而論，治親以分別人與人之間的親疏遠近主要有以下幾種方式。

1. 別以姓氏。受於始祖之姓爲本姓，如周之姬姓得於黃帝，齊之姜姓得於炎帝；受父祖之氏則爲庶姓，如魯之展氏得於公子展，鄭之游氏、國氏得於子游、子國①。庶姓從本姓中別出，就西周以來而論，或緣於宗法之確立。《禮記·大傳》云："別子爲祖，繼別爲宗，繼襧者爲小宗。有百世不遷之宗，有五世則遷之宗。百世不遷者，別子之後也。宗其繼別子者，百世不遷者也。宗其繼高祖者，五世則遷者也。尊祖故敬宗，敬宗，尊祖之義也。"②根據考古所見寶雞鬬雞臺、長安灃西、濬縣辛村、房山黃土坡、上村嶺虢國西周墓葬的排列組合，西周時業已存在宗法制度當是不容置疑的事實③。大宗、小宗俱受氏於父祖，以別於正統。小宗五世而遷，遷則親盡，六世或受氏於父祖，別自爲宗，故庶姓別異於上而親盡於下④。親盡則疏遠，同宗則親近。隨着時間的推移，人員廣衍，庶姓林立。雖然百世不遷之大宗不改其受於父祖之氏姓而統領小宗，各自爲氏之小宗之間的親疏遠近則不能沒有是非嫌疑，故又以繫姓、綴食統領大宗、小宗。《大傳》又云："繫之以姓而弗別，綴之以食而弗殊。"以本姓繫聯世系則本姓與庶姓不別，以食禮連綴族人則本族與庶族不殊。分別大宗、小宗，本姓與庶姓、庶姓與庶姓之間的界限分明；若以繫姓、綴食統領大宗、小宗，則追遠可及始祖、旁治可盡支庶。繫姓不別、綴食弗殊，則百世不通婚姻。同姓異氏，不通婚姻；異姓同氏，仍可通

婚。視通婚與否,則本姓與異姓、本族與異族又涇渭分明。

　　2. 次序繫世。《周禮·小史》云:"掌邦國之志,奠繫世、辨昭穆。"鄭司農云:"繫世,謂帝繫、世本之屬是也。"據賈疏,天子謂之帝繫,諸侯以下謂之世本⑤。因帝繫、世本之中皆有昭穆之序,周流廣遠,或有是非嫌疑,故須辨而定之。小史既定之,猶須深入人心,故教學、習樂皆包括繫世、昭穆的内容。《國語·楚語》載申叔時論輔太子云:"教之世而爲之昭明德而廢幽昏焉。"《周禮·瞽矇》云:"諷誦詩,世奠繫,鼓琴瑟。"因此,文獻中屢屢以昭穆論某人之所出。如《國語·晋語》云:"康叔,文之昭也。唐叔,武之穆也。"除史官據邦國之志奠繫世、辨昭穆之外,五年大祭追遠之禘亦是審昭穆之法,春秋時猶行此禮。《春秋·閔公二年》云:"夏五月乙酉,吉禘于莊公。"《左傳》所記禘祭,有時祭與大祭之别。顧炎武謂昭公十五年將禘于武公、二十五年將禘于襄公,定公八年禘于僖公皆爲時禘,即《禮記·祭義》所謂"春禘秋嘗",唯此閔公二年吉禘于莊公是三年喪畢致新死者之主於廟以審昭穆之祭⑥。另外,保證大宗不絶也是爲了次序繫世。《儀禮·喪服傳》云:"大宗者,收族者也,不可以絶,故族人以支子後大宗也。"小宗絶嗣,昭穆不亂。若大宗絶嗣而廢,無以收族則昭穆紊亂而無所繫屬。《禮記·祭統》云:"昭穆者,所以别父子、遠近、長幼、親疏之序而無亂也。"

　　3. 殊以禮儀。五禮之行,揖讓周旋,威儀三千。同行一禮而有不同的禮儀,除取決於禮典的規模外,亦所以示親疏遠近之别。以奔喪之禮爲例,生者與死者的親疏遠近即是由奔喪所至哭泣之位的不同表現出來。《禮記·奔喪》云斬衰"望其國竟哭",又云:"齊衰望鄉而哭,大功望門而哭,小功至門而哭,緦麻即位而哭。"親者哀重,聞喪望國境而哭;疏者哀輕,至殯宫即位方哭。再如臣爲天子服喪,亦以禮儀不同分别親疏貴賤。《周禮·宫正》云:"大喪則授廬舍,辨其親疏貴賤之居。"鄭注云:"親者、貴者居倚廬,疏者、賤者居堊室。"因居處不同,親疏貴賤一望可知,猶如子爲父服喪,嫡子在門外東壁倚木爲廬而庶子則廬於東南角隱僻之處。

　　4. 因喪制服。《儀禮·喪服》詳列斬衰、齊衰、大功、小功、緦麻五服差降,以十一章不同等級的喪服表現服者與死者的宗族關係、外親關係及臣屬關係⑦。通例是以十一章章首所陳之服爲綱,每一章章首下緯之以着此服所服之人,即賈疏所謂"上陳其服,下列其人"。如《喪服》上陳斬衰三年之服云:"斬衰裳、苴絰杖絞帶、冠繩纓、菅屨者",此爲章首,下列着此服所服之人有父、天子、君、長子、夫等人⑧。上陳之服有五等,下列之人與服者的關係亦隨五等之差而有親疏遠近之别。大功以上爲親,小功以下爲疏,又以正服、義服、降服曲盡不同程度的親疏遠近。同姓隨五服差降而有親疏,爲異姓制服則不過緦衰、疑衰。《喪服傳》云:"外親之服皆緦也",鄭玄注《禮記·文王世子》云君爲同姓之士緦衰,爲異姓之士疑衰,皆所以分别同姓與異姓。同時亦以喪服兼明服者的高低貴賤,天子、諸侯絶旁期、卿大夫降期以下爲貴,士、庶人服族人爲賤。

喪禮自大斂成服至除服之前,其間雖或有以輕服易重服的變化,如初服斬衰裳三升、冠六升,既葬之後以其冠爲受,受以輕服衰裳六升、冠七升,小祥以其冠爲受,又受以輕服衰裳七升、冠八升,但服者與死者之間的親疏遠近因身着之喪服而昭然若揭。人與人之間的關係雖莫詳於喪服制度,然而服喪期滿除服之後,人與人之間的關係便隱晦不明了。在以治親爲第一要務的時代,人與人之間的關係要設法通過各種方式表現出來。因此,當喪禮經虞祭、卒哭、祔祭、祥祭、禫祭而轉爲吉禮後⑨,喪服所表現的人與人之間的關係勢必要通過其他的禮物繼續表現出來,於是吉禮的禮器代替了凶禮的喪服,吉時繼續表現喪服曾經表現的人與人之間的關係。正如吉禮的烝、嘗之祭是喪禮薦新之奠的繼續一樣,皆是爲了表現吉凶不同的時期思念亡親終身不已的情懷⑩。實際上,考古所見有銘銅器已證實了凶禮轉爲吉禮後,即爲所服之人作器的事實。西周早期攸簋銘云:"侯賞攸貝三朋,用作父戊寶尊彝,肇作綦。"《説苑·正諫》中之司馬子綦,《孔子家語·辯政》作司馬子祺,是綦、祺相通之證,"肇作綦"當讀爲"肇作祺"。《説文》云:"祺,吉也。"以銘文辭例而言,祺非類名而是吉器之總名,作祺猶作彝。銘文言攸除父喪之後,因受賞賜而始爲其父制作吉禮所用祭器⑪。因此,除了以因喪制服、殊以禮儀、次序繫世、別以姓氏等方法分別人與人之間的親疏遠近外,結合考古所見新材料而論,還有另外一種表現人與人之間親疏遠近的方法,即爲五服內外之親制作禮器而通過銘文明確地表明作器者與作器所爲之人的關係。《禮記·三年問》云:"三年之喪何也? 曰:稱情而立文,因以飾群,別親疏貴賤之節而弗可損益也,故曰無易之道也。"因禮器是喪服的延續,可證禮器亦有飾群黨、別親疏的功效。制服與作器既同是飾群黨、別親疏的方法而喪服和禮器又分別在不同的時期表現了相同的人倫關係,又從而可知喪服與禮器相互對應是制服與作器共同遵循的原則,即凶禮爲某人制服,吉禮則可爲之作器;若凶禮爲某人無服,則吉禮亦不爲之作器。當然,制服與作器雖同是飾群黨、別親疏的方法,就"稱情而立文"而言,却迥然不同。《禮記·檀弓下》云:"墟墓之間,未施哀於民而民哀。社稷、宗廟之中,未施敬於民而民敬。"以此而論,凶禮所稱之情是哀而所立之文飾是喪服,吉禮所稱之情是敬而所立之文飾是禮器。因内心哀、敬不同,故表現哀、敬的外在形式亦不相同。飾悲哀之情則制服,飾孝敬之情則作器。喪服與禮器既飾情又兼飾群黨、別親疏,是因爲"盡飾之道,斯其行者遠矣"(《檀弓下》)。欲觀周禮盡飾之道,舍喪服與禮器而更求,曷由得之?

制服與作器飾情、飾群黨、別親疏之道相同,雖有分屬於凶禮與吉禮之別,仍可比附而相提並論。《荀子·禮論》云:"大昏之未發齊也,大廟之未入尸也,始卒之未小斂也,一也。"荀子論禮,嘉禮、吉禮、凶禮並舉,是因爲三者有一以貫之的相同禮義。《論語·學而》記曾子之言云：“慎終追遠，民德歸厚矣。”慎終謂喪葬，追遠即祭祀。二禮吉凶不同，但皆是爲了使民德歸於醇厚。功用既同，故亦可相提並論。因此，凡吉凶不同之禮，若功用相同或有同義相貫，皆可相提並論、相互發明、彼此互證，並非僅僅限於制服與作器。形上之道既同，何計乎形下之物有器、服之別哉！此正《禮記·郊特牲》所謂“禮之所尊，尊其義也”。另外，喪服與吉服相對，論飾群黨、別親疏不以喪服與吉服比附而與禮器相提並論，是因爲吉服僅以章之升降飾德之高下且兼明身份的高低貴賤而沒有飾群黨、別親疏的功用。

　　喪服制度肇始於何時，檢諸文獻，尚可得其大概。《尚書·舜典》載堯崩時“百姓如喪考妣三載”，則舜在位堯崩時已行三年之喪。至於以喪服表哀兼飾群黨、別親疏，恐當時尚未流行。《禮記·郊特牲》云：“大古冠布，齊則緇之。”若不齊則皆用白布，知喪服與吉服同，惟有白布衣、白布冠而已。鄭注云：“唐虞以上曰大古也”，則唐虞以後喪服與吉服始有區別。賈公彥據《尚書·舜典》、《禮記·三年問》、《郊特牲》及《喪服記》，於《儀禮·喪服》篇題下證唐虞時心喪三年，夏禹時始制喪服。曹元弼則據《孝經·開宗明義章》及鄭玄注，亦認爲喪服宜制自夏禹⑫。至於西周初期，喪服制度已是普遍遵循的行爲準則，有文獻記載可以爲證。《史記·魯周公世家》云：“魯公伯禽之初受封之魯，三年而後報政周公。周公曰：‘何遲也？’伯禽曰：‘變其俗，革其禮，喪三年然後除之，故遲。’”所謂“喪三年然後除之”，即《儀禮·喪服》所云爲父、爲君、諸侯爲天子、父爲長子、爲人後者爲所後之父、妻爲夫斬衰三年而後除服。《尚書·康王之誥》云：“王釋冕，反喪服。”此言周康王誥群臣後，反居倚廬爲周成王服斬衰三年之服。斬衰三年行之既久，故屢見於文獻的記載。《左傳·昭公十五年》載叔向之言云：“王一歲而有三年之喪二焉”，又云：“三年之喪，雖貴遂服，禮也。”《禮記·中庸》載孔子之言云：“三年之喪達乎天子，父母之喪無貴賤，一也。”《孟子·滕文公上》載孟子之言云：“三年之喪，齊疏之服，飦粥之食，自天子達於庶人，三代共之。”因此，《喪服》成書雖晚，卻是歷史上喪服制度的總結⑬。商代末期已出現爲他人所作有銘銅器，如般甗、尹光鼎、父己尊、聽簋、毓祖丁卣、宰椃角、作母戊寶尊匜等⑭，而考古所見西周最早的有銘銅器是利簋。據銘文與學者的研究，利簋是武王克商後第七天利受賞賜而爲檀公所作有銘銅器⑮。其後制作有銘銅器在有周一代成爲時尚，並形成禮樂文明的盛況。因此，自西周初期以來，制服與作器平行發展，相攜而下，已是普遍遵循的行爲方式，又同是別親疏、飾群黨的方法，因而可以結合起來進行綜合考察。當然，將制服與作器結合起來並以爲同是飾群黨、別親疏的方法，前人未暇論列。嘗試一一比附並疏通證明之，揭示相互對應的原則，如履薄冰。原爲書稿，痛加刪削，力求簡約，仍得數萬言，意在顯示制服與作器相互對應且皆有系統。

二　爲君、君之母、君之妻制服與作器

　　就先秦時代的禮制而言,臣之於君,猶子之於父,皆視君、父爲天。《禮記‧喪服四制》云:"門内之治恩揜義,門外之治義斷恩。資於事父以事君而尊同,貴貴尊尊,義之大者也。"此所謂君,總包天子、諸侯、卿大夫在内。《喪服傳》云:"君,謂有地者也。"鄭注則進一步指出:"天子、諸侯及卿大夫有地者皆曰君。"就卿大夫而言,地即采地。賈疏云:"若《周禮‧載師》云家邑任稍地、小都任縣地、大都任畺地,是天子卿大夫有地者。若魯國季孫氏有費邑、叔孫氏有郈邑、孟孫氏有郕邑,晋國三家亦皆有韓、趙、魏之邑,是諸侯之卿大夫有地者。"至於天子、諸侯,亦是有地之君。《禮記‧禮運》云:"天子有田以處其子孫,諸侯有國以處其子孫。"因有地則有臣,有地、有臣方有君稱。天子、諸侯之士或有地而無私臣,或有私臣而無地,其私臣胥徒、僕隸之等僅以尊長視之,故所謂君不包含天子、諸侯之士。凶禮臣爲君制服,《喪服》有説明:1. 諸侯爲天子斬衰三年。2. 爲君斬衰三年。3. 公士大夫之衆臣爲其君布帶、繩屨三年。據賈公彦疏,爲君斬衰三年本兼諸侯爲天子,因天子是君中至尊,故特著文於臣爲君之上。胡培翬云:"嫌諸侯有君國之體,或不爲天子服斬,故特著之。"[⑯]爲君斬衰三年,除兼諸侯爲天子之外,本也包含公士大夫之衆臣爲其君,只因布帶、繩屨不同,故亦別出之,猶如因天子至尊別出之一樣。諸侯及王朝卿士之於天子、侯國卿大夫士之於諸侯,皆斬衰裳、苴絰杖絞帶、冠繩纓、菅屨三年。但私家衆臣之於卿大夫制服略有不同,即以布帶代絞帶,與齊衰相同,又以繩屨代菅屨,與大功相同。之所以如此,鄭注云:"公卿大夫厭於天子、諸侯,故降其衆臣布帶、繩屨。貴臣得伸,不奪其正。"至於衆臣、貴臣之別,《傳》釋之云:"公卿大夫室老、士,貴臣,其餘皆衆臣也。"公卿大夫爲貴臣服緦麻三月而不服衆臣,執貴執賤不言自明。爲天子之服,王后固在妻爲夫三年之中,其嫡子、庶子固在子爲父三年之中,王朝卿士固在臣爲君三年之中。若侯國之卿大夫曾接見於天子,則別有緦衰三月之服。《喪服》云諸侯之大夫爲天子緦衰裳、牡麻絰,既葬除之。《傳》曰:"緦衰者何? 以小功之緦也。"又曰:"何以緦衰也? 諸侯之大夫以時接見乎天子。"不僅制服不同於斬衰,且年月亦減至三月,僅爲曾蒙受天子之恩而制此緦衰。若諸侯之大夫不曾接見於天子,既不蒙受天子之恩而又非天子之宗族或外親,故爲天子無服。臣在位時不僅爲君制服,致仕以後仍爲舊君有服。《喪服》云爲舊君齊衰三月。《傳》曰:"爲舊君者孰謂也? 仕焉而已者也。何以服齊衰三月也? 言與民同也。"至於齊衰三月之服所着之屨,《喪服》及《記》皆無説明,其他文獻則有記載。《禮記‧喪服小記》云:"齊衰三月與大功同者繩屨。"臣在位時爲君斬衰三年,致仕以後僅爲舊君齊衰三月。之所以如此,是因爲臣有在位、致仕之不同而蒙受君恩有深

有淺。徐乾學云："原臣之於君，義當服斬乃不服斬而服齊，甚至有不服者，何也？恩有淺深，故服與不服有異也。其仕焉而已者，雖身猶在國，較之居官食禄者，其恩已輕，故降而服齊。"⑰大夫待放未去，爲舊君亦有服。《喪服》云大夫爲舊君齊衰三月。《傳》曰："大夫爲舊君，何以服齊衰三月也？大夫去，君埽其宗廟，故服齊衰三月也，言與民同也。何大夫之謂乎？言其以道去君而猶未絶也。"大夫待放未去，本可以不服舊君而仍爲之制服，僅爲舊君埽其宗廟有恩而服。胡培翬云："此言大夫去而君尚有恩於其臣，故爲之服也。宗廟，舉其重者言之。埽其宗廟，謂君使長子攓除宗廟，以守先祀。"⑱若舊君不埽其宗廟，則恩義已絶，故不爲舊君制服。賈疏云："君不使埽宗廟，爵禄已絶，則是得玦而去，則亦不服矣。"臣致仕後或大夫待放未去，爲舊君齊衰三月，《傳》皆言與民相同，則民爲君亦有服。《喪服》云庶人爲國君齊衰三月。鄭注云："不言民而言庶人，庶人或有在官者。天子畿内之民，服天子亦如之。"所謂庶人在官者，指府史胥徒之屬。

據《喪服》賈疏，斬衰三年本有正服、義服之别，爲父以三升爲正服，爲君以三升半爲義服，其冠同六升⑲。所謂升，指衰麻的經縷之數。鄭注云："布八十縷爲升。"若以斬衰爲例，三升正服以二百四十縷經縷成布，三升半義服以二百八十縷經縷成布。上述爲君所制之服皆是義服，但義由恩出，資於事父以事君，以君同於父，故爲君有服。制服與作器相應，臣依凶禮爲君制服飾羣黨、別親疏兼明貴貴尊尊之義，往往吉禮亦爲君作器。銘文云：

> 長師耳對揚侯休，肇作京公寶尊彝。（耳尊/西周早期）
>
> （榮）作周公彝。（榮作周公簋/西周早期）
>
> 令敢張皇王貯，用作丁公寶簋，用尊事于皇宗。（作册矢令簋/西周早期）
>
> 微作康公寶尊彝。（微盂/西周早期）
>
> 叔作單公寶尊彝。（叔作單公方鼎/西周早期）
>
> 大史友作召公寶尊彝。（大史友甗/西周早期）
>
> 伯賜小臣宅畫册、戈九、錫金車、馬兩，揚公伯休，用作乙公尊彝。（小臣宅簋/西周早期）

公、侯、伯、子、男五等之爵，雖尊卑殊號，但並無定準。魯爵是侯而《春秋》稱其君爲公，許男之稱見於《春秋》而在許子鐘銘中又稱許子。郭沫若創"古公侯伯子之稱，實無定制"之説⑳，其後楊樹達續有補充論證㉑。諸侯之臣尊其君稱之爲公，本是禮之常例。大夫之臣稱大夫爲公，亦見於文獻。《左傳·襄公三十年》云："鄭伯有耆酒，爲窟室而夜飲酒，擊鐘焉。朝至，未已。朝者曰：'公焉在？'其人曰：'吾公在壑谷。'"伯有即公子子良之孫良霄，身份爲大夫，其臣稱之爲公，是大夫亦有公稱。因此，銘文中稱公有多種形式，但不一定皆是爵號。或單稱公；或稱某公，某可以是國名、氏名、私名、日名、謐號；或稱公某，某可以是爵稱、官名、行第、私名②。王獻唐指出:"銘文中的公,不是五等爵號的公,只是國君的一種尊稱",同時還據《方言》、《漢書·睦宏傳》注,認爲"公爲尊稱,用於祖宗,用於長老"等③。然而無論銘文中的公指國君,還是指祖宗、長老,皆可概稱爲君。因爲公既爲尊稱,當有地與臣,與《喪服》所謂君相同,身份爲大夫以上。周代天子有三公,諸侯大國有孤一人亦稱公,受爵皆例爲卿大夫。因銘文中的公所指不定,故判斷器是爲先君所作還是爲先祖、先父所作的先決條件是明確器主人與作器所爲之人的關係。

依銘文的通例,若作器所爲之人有公稱且是器主人之父祖,則既舉其公稱又明言是己之父祖。如西周早期宜侯夨簋銘文云:"宜侯夨揚王休,作虞公父丁尊彝",再如西周中期畢鮮簋銘文云:"畢鮮作皇祖益公尊簋"。若僅舉公稱而不言是己之父祖,則器主人與作器所爲之人當是君臣關係。耳尊銘文中的京公與器主人耳即是君臣關係,因爲另有耳卣銘文云:"寧史易耳,耳休弗敢且,用作父乙寶尊彝",耳尊銘與耳卣銘中的耳當是一人,耳既稱其父爲父乙,則耳尊銘中的京公決不是其父而是其君。榮作周公簋銘中的周公,諸家皆認爲即文王子周公旦。器主人榮與周公,亦是君臣關係。唐蘭綜合《國語·晋語四》及韋昭注、《書序》等文獻的記載,認爲文王時有榮公,與周公、邵公、畢公並列,成王時榮伯嘗任作册之官,爲榮公之子,或即此銘文中之榮④。馬融云:"榮伯,周同姓,畿內諸侯,爲卿大夫也。"⑤周公曾攝王政,雖無天子之名而有天子實⑥。周公卒後,榮爲之作器,則是臣爲君作器。西周早期延盤銘文言"延作周公尊彝",亦屬此類。既使銘文附日名於公,也不可一概而論爲器主人之父祖。作册夨令簋器主人令與銘中丁公的關係,即不是父子而是君臣。陳夢家聯繫令彝、宜侯夨簋銘文,斷丁公決不是令父,可能是姜姓齊侯呂伋,即《史記·齊世家》所言丁公⑦。就宗法制度而論,銘文中大夫之家稱大宗或宗室,見於作厥方尊、盧鐘、兮熬壺、善鼎等器銘。此器銘中皇宗之稱,不同於大夫之家大宗或宗室之稱,當是據諸侯之家而言,亦可證丁公是令之君,其身份當是諸侯,故銘文言令爲丁公作器"用尊事于皇宗"⑧。西周時代的霍鼎、伯作乙公簋、妸作乙公觚、史喪尊、螺方鼎等器銘文分別言爲己公、乙公、丁公、辛公作器,雖亦附日名於公,當也同作册夨令簋一樣,是臣爲君所作之器。有些銅器銘文中的公本是封侯或嗣君,有傳世文獻可資佐證。器主人爲之作器若不明言是己之父祖,當是君臣關係。西周初期,康叔受封於衛及任王朝三公之一的司寇,見於《左傳·定公四年》。康蘭論微盂銘中的康公説:"康公應即康侯豐(康叔封),由於他做過三公,可以稱康公,這和伯禽的稱魯公同例。"⑨康公既是封侯,爲之作器的微當是其臣,則微盂亦是臣爲君所作之器。據秦嘉謨《世本輯補》,周成王封少子臻於單邑,爲甸內侯⑩。此爲單氏始封,叔作單公方鼎是西周早期時器,銘中單公是始封君還是嗣君難以斷定,但爲諸侯則無疑問。李學勤説:"單氏世爲周朝卿士,常見於西周中晚期金文。"⑪叔爲單公作器而不明言是己之父祖,則亦是臣爲君作器。西周時代的利簋、吾作滕公鬲、叔單簋、剌鼎、伯作文公卣、叔塼觶、𢓊作筌公觶、吳生殘鐘等器銘文分別言爲檀公、滕公、義公、黃公、文公、楷公、筌公、穆公作器，當亦屬此類。若器主人自稱其官名而又言爲君作器，則君臣關係不言自明。大史友甗銘中的大史，本是官名，見於《尚書·酒誥》。大史友爲召公作器，稱其官職而繫屬於召公，明確表明是臣爲君作器。至於小臣宅簋銘文明言己是小臣而爲乙公作器，則小臣宅與乙公的君臣關係亦不言自明。唐蘭説："此乙公可能是齊丁公之子乙公得。"㉜上述諸器中的公，皆當以君視之。既使其中包含有子孫爲父祖所作之器，既已稱父或祖爲公，則是以臣道尊之而不是以親道親之。《白虎通》卷七引《禮·服傳》云："子得爲父臣者，不遺善之義也。"㉝因此，子孫以父祖爲君而稱臣，爲父祖作器就是臣爲君作器，不應再以子孫爲父祖作器視之。凶禮臣爲君制服，轉爲吉禮後，臣又爲君作器，飾群黨、別親疏兼明貴貴尊尊之義見於不同的禮典。

　　君既總包天子、諸侯、卿大夫，公有君稱，侯、伯亦可概稱爲君。臣不僅爲公作器，亦爲諸侯作器，銘文云：

　　　　敕隓作丁侯尊彝。（敕隓作丁侯鼎/西周早期）

銘文所稱之侯，皆是爵稱，當無疑問，西周初期作册令方彝銘文言"諸侯：侯、田、男"，即是明證㉞。銘文言爲侯作器，或單稱侯，或稱某侯。某侯之某，一般指受封的國名。但若與天干字相配，如上引銘文中的丁侯，則天干字當爲日名而非國名。唐蘭説："周初，很多人還用商代人的習慣，祖或父死後，排定祭的日子，就以祭日的甲乙作爲死者的稱號，如：祖甲、父乙等。在齊國，太公之後，是丁公呂伋、乙公得、癸公慈母；在宋國，宋公稽之後是丁公申，也都是以祭日爲稱號。這裏的丁侯，應當是這種例子。"㉟無論是以國名附侯還是以日名附侯，皆爲諸侯則無疑問。至於敕隓與丁侯的關係，可據其他銅器銘文而論定。與敕隓作丁侯鼎同屬西周早期的獻侯鼎銘文云："唯成王大奉在宗周，賞獻侯貯貝，用作丁侯尊彝。"郭沫若因獻侯與敕隓同爲丁侯作器，遂斷獻侯鼎與敕隓作丁侯鼎乃一家之物㊱。依周禮宗法制度的規定，長子祭父可以爲父作器，庶子不祭父不得爲父作器。獻侯身份是諸侯，爲丁侯作器，當是嗣丁侯而爲侯，則丁侯當是獻侯之父。敕隓既非諸侯又不是長子，亦爲丁侯作器，當是臣爲君作器，與臣爲君制服之義相貫。因此，可以斷定敕隓與丁侯是君臣關係而非父子關係。爲伯作器，銘文亦有記載：

　　　　季𥂴作宫伯寶尊盨。（季𥂴作宫伯方鼎/西周早期）

　　　　役作厘伯寶簋。（役作厘伯簋/西周中期）

　　　　或者作宫伯寶尊彝。（或者簋/西周中期）

　　　　師閺作兔伯寶鼎。（師閺鼎/西周）

　　　　省仲之孫爲噂，率樂關子吳父，作召伯聯保簋。（省仲之孫簋/春秋早期）

伯本是爵稱，亦兼表行第。伯用在字中，如言伯某父或伯某，則指行第而非爵稱。至於稱某伯，則可能還指爵稱。俞偉超、高明指出：“'某伯'一稱往往可兼有諸侯之伯與行輩之伯的兩重意義。金文中常見的'某伯'，至少有相當一部分是諸侯。”⑩某伯之某，若能確定是國名，則伯一定是爵稱，表明是諸侯，否則不一定是爵稱。銅器銘文中某伯之某是否是國名，雖然難以確定，但視某伯皆爲有地、有臣之君，當無疑議。由於某伯既是君稱，有時還兼指器主人之父祖。因此判斷器是爲君所作還是爲父祖所作，亦當據銘文所言爲據。若作器所爲之人有伯稱且是器主人之父祖，銘文則既舉其伯稱又明言是己之父祖。如西周早期叔㡭𣪕銘文云：“叔㡭作紀伯父丁寶尊彝”，再如西周早期憲鼎銘文云：“侯賜憲貝金，揚侯休，用作召伯父辛寶尊彝”，伯憲盉銘文亦云：“伯憲作召伯父辛寶尊彝。”⑪若僅舉伯稱而不言是己之父祖，則器主人與作器所爲之人當是君臣關係，上引諸例皆是此類，當以臣爲君所作禮器視之，其中省仲之孫𣪕銘文所見器主人與召伯的君臣關係尤爲明顯。師閡之師是職官名，以官名冠於私名之前而言爲免伯作器，表明是免伯之師，則師閡鼎是臣爲君所作之器。厘伯之厘是謚號，厘伯死後得以受謚，可以想見其身份之高貴，器主人役當是其臣屬，則器亦是臣爲君所作。銘文中表示爵稱的公、侯、伯，皆可概稱爲君。臣爲君制服飾群黨、別親疏兼明貴貴尊尊，故亦因此服義爲君作器，義實相通。

　　《喪服傳》云：“父子一體也，夫妻一體也。”君與其父、與其妻皆爲一體，故臣除爲君制服外，還爲君之父母、妻等人制服。《喪服》云爲君之父母、妻、長子、祖父母疏衰裳齊、牡麻絰、冠布纓、不杖、布帶、麻屨期。《傳》曰：“何以期也？從服也。父母、長子，君服斬，妻則小君也。父卒，然後爲祖後者服斬。”臣既爲君有服，故君所服之父、妻、長子、祖父母，臣亦從君而服之。爲君之父母制服，本應區分君之父在與否。若君之父在，從君而爲君之母制服，當降一等服大功。由於喪服制度本有父卒爲母齊衰三年之服，故並言爲君之父母齊衰期，不再區分君之父在與否。臣爲君之父母、妻、長子、祖父母制服，《傳》概以“從服”爲釋，其中尚有例外。賈疏云：“臣爲小君，期是常，非從服之例。”臣爲君之祖父母從服期，表明君之父母已卒。若君之父母在，則爲君之父母從服期。臣在位時不僅爲君之父母、妻、長子、祖父母制服，致仕以後仍爲舊君之母、妻制服。《喪服》云爲舊君之母、妻齊衰三月。臣之所以爲舊君之母、妻制服，是因爲先後皆是小君，有恩於己。顧炎武云：“古之卿大夫有見小君之禮，而妻之爵服則又君夫人命之，是以不容無服。”⑫臣在位時依常例爲小君服齊衰期，致仕以後則僅服齊衰三月。公卿大夫亦有君稱，故其貴臣室老等亦從公卿大夫爲其所服之人制服。《喪服記》補經之不備云：“君之所爲兄弟服，室老降一等。”天子、諸侯絕旁期，則此所謂君指公卿大夫，故鄭注此君爲“公士大夫之君”。依《喪服》的規定，兄弟指小功以下之親。公卿大夫爲小功以下旁親有服，明爲大功以上之親皆有服。公卿大夫以本服服其親，貴臣室老等從服則降一等。臣從君爲君之父母、妻、長子、祖父母制服，貴臣室老從公卿大夫爲其所服之人制服，皆是君臣關係的延伸。因此，當凶禮轉爲吉禮後，依延伸的君臣關係，臣亦爲君之父母、妻、長子、祖父母作器，貴臣室老等亦爲公卿大夫所服之人作器，皆與制服之義相貫。銘文云：

召伯毛作王母尊鬲。（召伯毛鬲/西周晚期）

毳作王母媿氏饋簋。（毳簋/西周晚期）

伊生作公母尊彝。（伊生簋/西周早期）

遣叔吉父作虢王姞旅盨。（遣叔吉父盨/西周中期）。

蘇公作王妃盂簋。（蘇公簋/西周晚期）

叀作微伯媍氏庖鼎。（叀鼎/西周中期）

周代銅器銘文中的王，若不冠以國名，無一例外皆指周王。召伯毛鬲、毳簋銘文言爲王母作器，當是器主人爲周王之母所作之器。因爲若是爲己母作器而以王母美之，當加朕字並讀爲皇母，如西周晚期散季簋銘文云“散季肇作朕王母叔姜寶簋”。毳簋之外，尚有毳盉、毳盤、毳匜，銘文略有不同。銅器銘文中以表示男性之所出的生字組成的私名，如西周時代康生豆銘中的康生、春秋時代魯生鼎銘中的魯生，生字皆讀爲甥，伊生簋銘中的伊生亦不例外[40]。《喪服傳》云：“甥者何也？謂吾舅者吾謂之甥。”伊生之稱，表明是伊氏之外甥。依《喪服》的規定，舅本是外親，甥不爲之制服，因從於母而爲之服緦麻三月，舅亦以緦麻三月報之。甥爲舅服五服中最輕之緦麻，舅之妻降一等，已在五服之外，形同路人，故不爲之制服。若銘中之公是伊生之舅，爲之作器仍與爲舅服緦麻三月之服制相應。甥爲舅之妻本無服，若爲之作器而稱公母，則是依臣爲君之母制服之禮而爲之作器。因此，伊生簋銘中之公本是君稱，爲公母作器，自當以爲君母作器視之，與爲君母制服之禮相應。周禮女子笄而稱字，猶男子冠而稱字，出適嫁人則稱姓。《白虎通·姓名》云：“婦人姓以配字何？明不娶同姓也，故《春秋》曰：‘伯姬歸于宋。’姬者，姓也。”何休注《公羊傳·隱公元年》亦云：“婦人以姓配字，不忘本也，因示不適同姓。”以“男子稱氏，婦人稱姓”（《通志·氏族略》）而言，遣叔吉父盨、蘇公簋、叀鼎三器器主人與作器所爲之人的關係不難論定。虢是姬姓國，虢王姞即虢姞，指姞姓之女嫁於虢君而爲夫人，王是表示虢君崇高身份的詞語，且“諸侯在其國自有稱王之俗”[41]，故遣叔吉父稱虢君夫人爲虢王姞。蘇是妃姓國，王妃指蘇國妃姓之女嫁於周王，故稱王妃，與銘文所見王姜、王姒、王嬀類似，郭沫若即斷蘇公簋銘之王妃乃蘇女嫁於王之稱謂[42]。微伯媍氏，意謂微伯之媍氏，稱微伯又表明是器主人叀之君。叀爲媍姓女子作器且屬於微伯，則是微伯之妻無疑。從上引銘文來看，伊生爲公母作器，遣叔吉父、蘇公、叀分别爲夫人、王后、微伯之妻作器，皆與《喪服》所言爲君之父母、妻制服飾群黨、别親疏之義相應。另外，爲人所作之器，銘文常以旅字冠於器名之前以明其所用，如上引遣叔吉父盨銘文言旅盨，下引叔姬鼎銘文稱旅鼎。郭沫若謂銘文中之旅，當讀爲《周禮·大宗伯》之"國有大故則旅上帝及四望"之"旅"，祭祀之意⑯。

周禮的喪服制度規定，除男子爲君及君之父母、妻等人制服之外，婦人亦从夫而爲夫之君制服。《喪服》有説明：1. 從夫而爲夫之君疏衰裳齊、牡麻絰、冠布纓、不杖、布帶、麻屨期。《傳》曰："何以期也？ 從服也。"因夫爲君服斬衰，故夫人、妻從夫降一等服期。所謂夫人、妻，即諸侯夫人、王朝卿士之妻、侯國卿大夫士之妻、卿大夫之臣之妻。2. 大夫在外，其妻爲舊國君齊衰三月。《傳》曰："何以服齊衰三月也？ 妻，言與民同也。"據鄭注，大夫在外，指待放已去。大夫雖與本國已絶，其妻歸宗，猶與本國之民相同，故亦爲舊君制服。與《喪服》類似的記載，還見於其他文獻。《禮記·服問》云："君爲天子三年，夫人如外宗之爲君也。"鄭注云："外宗，君外親之婦也。其夫與諸侯爲兄弟服斬，妻從服期。諸侯爲天子服斬，夫人亦從服期。"凶禮轉爲吉禮後，婦人依從夫而爲夫之君制服飾群黨、別親疏之義亦從於夫而爲夫之君作器。銘文云：

楷仲賞厥媵奚逐毛兩、馬匹，對揚尹休，用作己公寶尊彝。（媵奚方鼎/西周早期）

媗仲作乙伯寶簋。（媗仲簋/西周晚期）

叔姬作陽伯旅鼎。（叔姬鼎/春秋早期）

姬㚟母作大公、墉公、□公、魯仲馭、省伯、孝公、静公豆。（姬㚟母豆/春秋）

以周禮稱氏、稱姓分別繫於男子、婦人的規定而言，媵奚、媗仲、叔姬、姬㚟母皆爲婦人，因爲媵、媗、姬皆從女旁，可斷爲姓字，稱姓表明是婦人。四人分別爲己公、乙伯、陽伯、大公等人作器而公、伯又皆可概稱爲君，則上述諸器皆是婦人從夫而爲夫之君所作之器。與媵奚方鼎同屬西周早期的弔馭簋銘文云："王益弔馭臣媵十人、貝十朋、羊百，用作寶尊彝。"陳夢家云："臣媵猶臣妾，字從女從素，不可識，當是女隸女奚。"⑭媵姓之人，血統低賤，常爲臣妻，於此可見一斑。據弔馭簋銘文，可以推想媵奚爲人臣妻的身份，亦可證媵奚爲己公作器是從於夫而爲夫之君作器。1992 年出土於陝西扶風召公鄉巨良海家村的師寰鐘銘文云："師寰自作朕皇祖太公、墉公、封公、魯仲馭、宫伯、孝公、朕烈考静□（公）寶龢鐘。"⑮吳鎮烽《商周金文資料通鑒》（電子版）指出，此器與姬㚟母豆所列諸公基本相同。師寰在銘中明言静公是其父，則自孝公以上皆是師寰之祖。若自静公上推至於大公亦是姬㚟母之父祖，銘文亦當明言之。豆銘既不明言姬㚟母與大公等七人的親疏遠近，可證師寰與姬㚟母既非夫妻亦非兄妹、姊弟關係⑯。師寰之父祖或爲公或爲伯，概稱皆是君，師寰得以爲父祖作器當是繼體爲君，則姬㚟母或是其臣之妻。姬㚟母爲大公等七人作器，當是據從夫而爲夫之君制服飾群黨、別親疏之義而爲君作器。臣之妻於夫之君本無君臣關係，爲君作器緣於爲夫之君有服之禮，無情但出於畏敬而已。另外，姬寏母爲君作器而銘文並舉作器所爲之人有大公等七人，或許本是爲七人各作一器而銘文相同，考古所見僅一豆而已，否則便是一器數用。一器數用僅限於父祖一體、夫妻一體等一體之人，以一器兼爲父祖、夫妻等，視受用者不同而器有專用、共享之別。施用於父即是專爲父所作之器，施用於祖即是專爲祖所作之器，施用於父祖即是爲父祖所作之器。姬寏母豆雖並言爲大公等七人作器，但施用於大公即是爲大公所作之器，施用於墉公即是爲墉公所作之器，施用於□公、魯仲臤、省伯、孝公、静公即是分別爲□公、魯仲臤、省伯、孝公、静公所作之器。視施用對象的不同，受用者亦隨之而不同。因一器數用限於一體之人，故又知自大公至於静公是前後相繼的一體之君。

三　爲父母、慈母制服與作器

天無二日，家無二尊。父是一家之尊，爲尊中至極，故凶禮男女皆爲父服喪服中最重之服。雖然以重服飾哀痛之情相同，但男女有別，故服之精粗、變除之節及服喪年月等並不相同。《喪服》言男子爲父斬衰裳、苴経杖絞帶、冠繩纓、菅屨三年。《傳》曰："爲父何以斬衰也？父至尊也。"爲父斬衰三年，不僅父是至尊，而且還因爲父有生養之恩。《禮記·喪服四制》云："其恩厚者其服重，故爲父斬衰三年，以恩制者也。"或言父至尊，或言父恩厚。其實因恩厚故至尊，至尊亦見恩厚，至尊、恩厚相兼義乃完備。爲父斬衰三年，屢見於文獻，至少是周初以來普遍遵循的行爲方式，不容置疑[⑫]。之所以爲父必斬衰三年，《論語·陽貨》載孔子之言云："子生三年，然後免於父母之懷"。既爲君服斬衰三升半義服，故爲父服斬衰三升正服。因父至尊、恩厚之義，自天子下達於庶人，男子不論高低貴賤皆爲父斬衰三年。盛世佐據《禮記》《孟子》等文獻，認爲齊斬之情，三年之喪，自天子達於庶人，"所異者，或絶或降耳。其不絶不降者，則固無以異也"[⑬]。因制服與作器飾情、飾群黨、別親疏之義相貫，故依凶禮爲父制服之義，吉禮亦爲父作器。銘文云：

革作父寶尊簋。（革簋／西周中期）

公賜望貝，用作父甲寶彝。（望父甲爵／西周早期）

長子狗作文父乙尊彝。（長子狗鼎／西周早期）

黄肇作文考宗伯旅尊彝。（黄尊／西周早期或中期）

師湯父拜稽首，作朕文考毛叔嚚彝。（師湯父鼎／西周中期）

滕虎敢肇作厥皇考公命仲寶尊彝。（滕虎簋／西周中期）

師兑拜稽首，敢對揚天子丕顯魯休，用作朕皇考釐公𥊹簋。（三年師兑簋／西周晚期）

乘父士杉其肇作其皇考伯明父寶簋。（乘父士杉盨／西周晚期）

　　齊陳曼不敢逸康，肇堇經德，作皇考獻叔饋盤。（齊陳曼簠／戰國早期）

　　楷侯厘菁馬四匹、臣一家、貝五朋。菁揚侯休，用作楷仲好寶（菁簋／西周中期）

爲父所作之器，舉不勝舉，器主人稱呼己父却有多種不同的形式。古人質樸，雖爲父作器或亦不尚名氏，故堇簋銘僅言爲父作器。以父與天干字組合，乃金文中習見對先父的稱謂。望父甲爵在父後綴以天干字而稱父甲，用以表明祭祀先父的日期⑭。西周時代的史喜鼎銘文云：“史喜作朕文考翟祭，厥日唯乙”，謂史喜以乙日翟祭其父，可以爲證⑮。唐蘭說：“用甲日祭的就叫祖甲、父甲，用乙日祭的就叫祖乙、父乙，與生死之日無關。卜辭凡稱祖甲、父甲等均以甲日祭，是很明顯的證據。”⑯長子狗鼎銘稱先父爲文父⑰，乃是美稱，銘文中類似的稱謂還有文考、烈考、穆考、皇考等，例見西周早期禽鼎、西周晚期南宮柳鼎和伯克壺、春秋早期魯仲齊鼎等器銘。此外，則往往以美稱與義稱相結合的方式稱呼先父，美稱後所綴義稱或是爵名、國名、職官、身份標識、氏名、私名、字、謚號等，或是兩種以上的義稱組成的複合義稱，上引銘文中文考宗伯、文考毛叔、皇考公命仲、皇考厘公、皇考伯明父、皇考獻叔皆屬此類，不煩更舉例證。楷是不見於文獻記載的諸侯國，楷仲之稱是以國名爲氏而仲是其字，此人還見於前引嬯奚方鼎。李學勤排比有關銅器，斷菁簋是周穆王時器，並認爲菁是楷仲之子⑱。若如此說，爲父作器亦可略父或考而徑稱其字。《禮記·曲禮下》云：“生曰父、曰母、曰妻，死曰考、曰妣、曰嬪。”孔疏據《尚書》之《舜典》、《康誥》、《酒誥》及《倉頡篇》、《詩經·大明》、《周禮》指出，父與考並非生死異稱。從銅器銘文來看，爲先父作器，或稱父，或稱考，可證孔疏得其實。《玉藻》云：“凡祭不諱，廟中不諱。”禮器大多用於廟中祭祀，故銘文遵廟中不諱之禮徑稱父名⑲。據《禮記·內則》、《儀禮·士冠禮》，男子生三月，父爲之取名，二十行冠禮，賓又字之“曰伯某甫。仲、叔、季，唯其所當”。名質字文，故敬名稱字。銘文既不諱父名，故亦可稱父字，稱父之名或字皆是因爲廟中不諱。考古所見絕大部分有銘銅器器主人的身份不易確定，以凶禮爲父斬衰三年總包天子以下律之，則爲父作器亦當總包天子以下至於庶人。若父已稱王或受封爲諸侯，子不以子道親之、美之而以臣道尊之、敬之，爲之作器則敬稱其名號或謚號而不稱父或考。銘文云：

　　周公作文王尊彝。（周公作文王方鼎／西周早期）

　　柞伯用作周公寶尊彝。（柞伯簋／西周早期）

　　周蒙作公日己尊壺⑳。（周蒙壺／西周中期）

　　諸侯寅薦吉金，用作孝武趩公祭器敦。（陳侯因齊敦／戰國晚期）

周公爲文王之子，以臣道自居而尊父爲王，故稱其父爲文王而不稱父或考。柞伯簋，1993年出土於河南平頂山應國墓地㉑。據李學勤考證，柞即《左傳·僖公二十四年》富辰所言之胙，柞伯是柞國始封之君，爲周公之子㉒。柞伯爲父作器而稱周公，亦是以臣道尊君而不以子道親父。周蒙壺銘雖不明言是爲父作器，實際器也是爲父所作。《廣雅·釋親》云："公，父也。"《戰國策·魏策》云："(陳軫)將行，其子陳應止其公之行。"楊樹達據以證銘中之公亦指父，則周蒙壺是爲父所作之器㊸。周蒙爲父作器，不稱父或考而稱公並配以日名，公是君稱而用於稱父，則是尊父爲君，以臣道自居。陳侯因齊敦銘前文云"皇考孝武題公彝戴"，則孝武題公爲陳侯因齊之父。郭沫若云："陳侯因齊即陳侯午之子齊威王因齊也，'孝武題公'即陳侯午。題字史籍作桓，音同通用。言'孝武'者懿美之辭。"㊹器是子爲父所作，不稱父或考而稱桓公並在前加謚號㊺，亦見是以臣道尊君而非以子道親父。上述諸器皆是爲父所作，雖不稱父或考，但與宗法的規定相符，也與制服飾群黨、別親疏之義相應。

　　就制服而論，無論嫡子、庶子皆爲父斬衰三年。然而周禮宗法制度的原則是推本崇嫡，明有所宗，庶子不祭祖禰，故亦不爲父作器。《禮記·喪服小記》云："庶子不祭祖者，明其宗也。……庶子不祭禰者，明其宗也。"據鄭注，若宗子、庶子俱爲嫡士，宗子得立祖廟、禰廟而祭祀祖考，庶子僅得立禰廟而祭祀己父；若宗子、庶子俱爲下士，唯有禰廟立於宗子之家，宗子主祭而庶子助祭而已，庶子不立禰廟而祭於寢，主祭者仍爲宗子。所謂庶子不祭明其宗，在於明宗子爲宗廟主，傳重以繼祖禰，一廟無二祭主之義。前引長子狗鼎銘文言爲父作器用於祭祀，特標明其身份是長子，即是明證。關於宗子、庶子及各自祭祀的權限，程瑤田辨之甚詳："宗子者何？小宗四，曰繼禰之宗、曰繼祖之宗、曰繼曾祖之宗、曰繼高祖之宗。大宗一，則繼別子之宗也。有繼別子之宗以祭別子，則凡不繼別之小宗，皆別子之庶不祭別子者也。有繼高祖之宗以祭高祖，則凡繼曾、繼祖、繼禰之宗而不繼高祖者，皆高祖之庶不祭高祖者也。有繼曾祖之宗以祭曾祖，則凡繼祖、繼禰之宗而不繼曾祖者，皆曾祖之庶不祭曾祖者也。有繼祖之宗以祭祖，則凡繼禰之宗而不繼祖者，皆祖之庶不祭祖者也。有繼禰之宗以祭禰，則其昆弟皆禰之庶而不祭禰者也。"㊻一廟無二祭主則宗明，宗明則宗廟嚴，宗廟嚴則尊祖，尊祖故敬宗。然而《三代吉金文存》載有庶子爲父制作有銘銅器用以祭祀己父的銘文：

　　　　中子昊發作文父丁尊彝。(18.21.2)

中子之稱，還見於春秋時代的中子化盤，《三代吉金文存》6.36.1簋銘亦云"中子日乙"。傳世文獻亦見中子之稱。《淮南子·道應》云："周伯昌行仁義而善謀，太子發勇敢而不疑，中子旦恭儉而知時。"《逸周書·王會》記朝會之位云："西方東面正北方，伯父、中子次之。"孔晁注云："伯父，姬姓之國。中子，於王子中行者也。"王應麟云："同姓謂之伯父。中子，王之支子也。"㊼李學勤據以指出，昊發是支子，爲親作祀器，故稱"作文父丁尊彝"㊽。所謂支子，即庶子。若以此器銘文既稱中子又言爲父作器，就意味着昊發在自家亦立有禰廟，顯與宗法制度相違。實際上，庶子爲先父作器，與庶子亦爲父斬衰三年的服制相應，則與宗法不悖，未必表明庶子在自家立有禰廟。《禮記·內則》記嫡子、庶子祗事宗子、宗婦之禮云：“子弟猶歸器，衣服、裘衾、車馬則必獻其上而後敢服用其次也。”衣服、裘衾、車馬僅是所歸之器中的三種，既以器爲總名，當亦包括禮器在內。《曾子問》云：“曾子問曰：‘宗子爲士，庶子爲大夫，其祭也如之何？’孔子曰：‘以上牲祭於宗子之家。’”以《內則》與《曾子問》相參，則“以上牲祭於宗子之家”的禮制僅限於庶子祗事宗子，未必一定要限於庶子的身份高於宗子。設言“宗子爲士，庶子爲大夫”，舉例明禮而已。因此，子弟歸器於宗子，包括庶子爲先父作器用於宗子之家所立宗廟，猶如“以上牲祭於宗子之家”，與周禮宗法制度的規定並不相違，反而是制服與作器相互對應的體現。當然，若宗子有故不能主持祭祀，庶子攝祭而爲先父制作用於祭祀的禮器，固是周禮允許的權限。《曾子問》記載了三種庶子攝祭的情形：1. 宗子有罪居於他國，庶子身爲大夫在本國攝祭宗廟。2. 宗子去國，庶子無爵則望墓爲壇而祭。3. 宗子已死，庶子告於墓而後祭於家。庶子之所以攝祭，是因爲有子孫在，宗子有故，仍不可乏四時祭祀。雖然攝祭的禮儀在許多方面不同於正祭，但不可不備禮器，故庶子亦制作用於廟中祭祀的禮器。因此，無論庶子曩發是爲父作器用於宗子之家所立宗廟，還是因攝祭而爲父作器，都與嫡子、庶子爲父斬衰三年的服制相應。

　　凶禮男子爲父制服，轉爲吉禮後又爲父作器，女子也不例外。男子爲父制服，不分嫡庶，女子雖有在室、反在父之室、出適等不同的情況，但也皆爲父制服。綜合《喪服》而言，有以下幾種情形：1. 女子子在室爲父且絰杖絞帶、布總、箭笄、髽、衰三年。鄭注云：“女子子者，子女也，別於男子也。言在室者，關已許嫁。”女子在室，包括許嫁但尚未出嫁女子。在室女子爲父服喪之年月雖與男子同是三年，但服制與男子有異，除布總、箭笄、髽、衰異於男子斬衰之服外，其餘則皆與男子相同。此所謂衰亦是斬衰，但與裳相連，不同於男子衰裳別制，故鄭注又云：“婦人不殊裳，衰如男子衰，下如深衣。深衣則衰無帶下，又無衽。”2. 子嫁反在父之室爲父且絰杖絞帶、布總、箭笄、髽、衰三年。鄭注云：“謂遭喪後而出者，始服齊衰期，出而虞則受以三年之喪受，既虞而出則小祥亦如之，既除喪而出則已。凡女行於大夫以上曰嫁，行於士庶人曰適人。”3. 女子子適人者爲其父母疏衰裳齊、牡麻絰、不杖、麻屨期。《傳》曰：“爲父何以期也？婦人不貳斬也。婦人不貳斬者何也？婦人有三從之義，無專用之道。故未嫁從父，既嫁從夫，夫死從子。故父者，子之天也。夫者，妻之天也。婦人不貳斬者，猶曰不貳天也，婦人不能貳尊也。”據賈疏，齊衰不杖期之服與齊衰杖期之服升數、年月相同，不同之處在於一削杖，一不杖，一疏屨，一麻屨。男子爲父制服與作器意在表明己與父一體，女子亦依爲父制服飾群黨、別親疏之義爲父作器。銘文云：

　　　　溓姬作父庚尊簋，用作乃後御。（溓姬簋／西周中期）

　　　　𩹂姒賞賜貝于司，作父乙彝。（𩹂姒方鼎／西周早期）

婦人稱夫之父爲舅,此二器銘稱父不稱舅,無疑是爲生父作器。西周時期有溓公,見於西周早期的厚趠方鼎銘,尚有溓仲,見於西周早期的令鼎銘。郭沫若謂溓仲、溓公當係一人[64]。雖然不能斷定溓姬是溓公或溓仲之妻,但溓是夫家氏名則無疑問。溓姬之姬是姓,則溓姬當是周女嫁與溓氏。因爲從銅器銘文來看,男子稱氏,從不見稱姓之例。因此,此器當爲女子爲生父所作,與女子子出適爲父服不杖麻屨期之服相應。銅器銘文所見姓,據盛冬鈴的考定,不足三十個,皆從女旁,妣即其中之一[65]。以“男子稱氏,婦人稱姓”律之,妣既爲姓,則龔妣方鼎亦當是出適女子爲其生父所作之器,與出適女子亦爲父制服相應。

母爲骨肉之親,恩愛與父同,故爲父制服與作器外,爲母亦制服與作器。爲母制服,須分別父在與父卒,《喪服》有説明:1. 父卒則爲母疏衰裳齊、牡麻絰、冠布纓、削杖、布帶、疏屨三年。雖然父卒後子爲母得以伸其尊,但僅伸三年,猶未伸斬衰,仍服齊衰。因爲父與母恩愛雖同,但尊卑有異,不可無分別。關於“父卒則爲母”,歷代有不同的解説。鄭玄、馬融等皆謂父卒即得爲母三年,賈疏乃云“父卒三年之内而母卒仍服期,要父服除後而母死乃得伸三年”,並舉三證以明之。胡培翬據徐乾學、姜兆錫、方苞等人之説駁賈之曲説,以爲父卒則爲母無父服除後方可爲母三年之義[66]。2. 父在爲母疏衰裳齊、牡麻絰、冠布纓、削杖、布帶、疏屨期。《傳》曰:“何以期也?屈也。至尊在,不敢伸其私尊也。父必三年然後娶,達子之志也。”因父爲至尊,爲父尊所厭,故爲母屈而至期。《禮記·喪服四制》云:“資於事父以事母而愛同。天無二日,土無二王,國無二君,家無二尊,以一治之也,故父在爲母齊衰期者,見無二尊也。”一家之至尊屬父,則母非至尊。父不僅於子爲至尊,於子之母亦爲至尊。母於子雖亦爲至尊,但非父之至尊。賈疏云:“母則於子爲尊,夫不尊之,直據子而言,故言私尊也。”父在爲母得伸私尊,即是禪杖俱有。賈疏於章首下有明確的説明:“此章雖止一期而禪杖具有。案《下雜記》云:‘期之喪,十一月而練,十三月而祥,十五月而禪’,注云:‘此謂父在爲母’,即是此章者也。母之與父,恩愛本同,爲父所厭屈而至期,是以雖屈猶申禪杖也。”父卒爲母齊衰三年是爲母正服,父在爲母杖期是爲母降服。爲母制服,衣服、年月不同,除分別父在與父卒外,還與服者身份的高低貴賤有關:1. 公之庶昆弟、大夫之庶子爲母大功布衰裳、牡麻絰纓、布帶三月、受以小功衰即葛九月。《傳》曰:“何以大功也?先君餘尊之所厭,不得過大功也。大夫之庶子,則從乎大夫而降也。”[67]2. 庶子爲父後者爲其母緦麻三月。《傳》曰:“何以緦也?《傳》曰:‘與尊者爲一體,不敢服其私親也。’然則何以服緦也?有死於宫中者,則爲之三月不舉祭,因是以服緦也。”因凶禮爲母制服飾羣黨、别親疏之義,轉爲吉禮亦爲母作器。銘文云:

　　哗作妣辛尊彝。(哗鼎/西周早期)

　　中作妣己彝。(中作妣己觶/西周早期)

　　倗丂作義妣寶尊彝。（倗丂簋／西周早期）

　　召仲作生妣尊鬲。（召仲鬲／西周晚期）

　　筥侯少子析、乃孝孫不巨，拾取吉金，姝作皇妣坅君中妃祭器八簋。（筥侯少子簋／春秋時期）

　　陳侯午以羣諸侯獻金，作皇妣孝大妃祭器鎠敦。（陳侯午簋／戰國早期）

爲亡母作器稱妣，但有各種形式。或在妣後綴以天干字稱妣辛、妣己，或在妣前冠以修飾語稱義妣、生妣、皇妣，或在妣前冠以修飾語、妣後綴以諡號、行第、姓而稱皇妣坅君中妃、皇妣孝大妃。其中義妣、皇妣是美稱，生妣則是義稱。生妣猶親妣，謂生身之母，與妾子稱己母爲生母之意不同。上述銘文言爲妣作器，皆是爲生身之母作器。儘管文獻論稱謂有"生曰母、死曰妣"之分，但從銅器銘文來看，母與妣並非生死異稱，猶如不以父、考分別生死一樣。因此，爲亡母作器不稱妣而稱母亦屢見於銘文。銘文云：

　　雔卯郯作母戊彝。（郯作母戊甗／西周早期）

　　公大史作母庚寶尊彝。（公大史簋／西周早期）

　　詁作皇母尊簋。（詁簋／西周晚期）

　　楷侯作姜氏寶齍彝，堯事姜氏，作寶簋，用永皇堯身，用作文母楷妊寶簋。（楷侯簋蓋／西周早期）

　　叀拜稽首，對揚王命，用作文母日庚寶尊齍彝。（叀方鼎／西周中期）

　　禾肈作皇母懿鬴孟姬饋彝。（禾簋／春秋晚期）

　　散季肈作朕王母叔姜寶簋。（散季簋／西周晚期）

金文中母與女二字往往通作無別，故爲母作器稱母而不稱妣，往往在母字前後附加各種表明是己之生身之母的詞語而不單稱母。或在母後綴以天干字稱母戊、母庚用以表明祭祀的日期；或在母前加修飾語稱皇母、文母；或在母前加修飾語，母後綴以日名稱文母日庚；或在母前加修飾語，母後綴以諡號、行第、姓稱皇母懿鬴孟姬；或在母前加領格代詞與修飾語，母後綴以行第、姓稱朕王母叔姜。王母叔姜之王當讀爲皇，王、皇相通恒見於銘文與經典。若稱呼己母而以王母美之，必在王母之前加領格代詞，以別於周王之母本有王母之稱。

　　爲母制服，雖有父在與父卒之別，但不分別男女，女子在室與男子爲母相同。然而女子有出適之道，既嫁之後仍爲本生父母有服。《喪服》言女子子適人者、公妾以及士妾爲其父母疏衰裳齊、牡麻絰、冠布纓、不杖、布帶、麻屨期。以出適嫁人而言，女子子適人者已包括公妾以及士妾，特著"公妾以及士妾爲其父母"一條，因有嫌疑，故重出此文。鄭注云："禮，妾從女君而服其黨服，是嫌不自服其父母，故以明之。"自諸公至於列士，中間猶有孤、卿大夫，舉公妾與士妾以包其餘。賈疏云："公謂五等諸侯皆有八妾，士謂一妻一妾，中間猶有孤，猶有卿大夫妾。不言之者，舉其極尊卑，其中有妾爲父母可知。"⑧女子無論在室與適人，爲其生身之母皆有服，飾群黨、別親疏之義貫穿於吉禮，則女子雖出適嫁人亦爲生母作器。銘文云：

　　　庚姬作𩵋母寶尊彝。（庚姬器／西周早期）

器主人舉姓而自稱庚姬，意在表明是出嫁女性。若作器所爲之人是夫之母，當稱姑而不稱母。銘文言爲𩵋母作尊彝，則𩵋母當是庚姬生身之母。爲生身之母有服，故亦爲生身之母作器。

　　《喪服》規定，除爲生身之母制服外，因繼母、慈母、出母、庶母或如母或有母名，故爲繼母之等皆有服。就其中慈母而言，因慈母如母，故爲之疏衰裳齊、牡麻絰、冠布纓、削杖、布帶、疏屨三年。《傳》曰："慈母者何也？《傳》曰：'妾之無子者，妾子之無母者，父命妾曰女以爲子，命子曰女以爲母。若是則生養之終其身如母，死則喪之三年如母，貴父之命也。'"⑲慈母之義，舊已有解，故《傳》引舊《傳》以爲釋。綜合鄭注、賈疏，此所謂"妾之無子者"，唯就大夫士之失子之妾而言，非謂天子、諸侯之妾，無子之妾恩慈淺，不得立後而養他子以爲己子，失子之妾恩慈深，故能養他子以爲己子。父命失子之妾與無母之妾子爲母子，母有養育之恩，故得慈母之名以別於親母，子則爲之後嗣生養死喪如親母。胡培翬云："命爲母子，必母是妾而子亦爲妾子者。以母是適，則凡妾子皆其子，不須父命而適妻之子又不可命以爲妾子故也。"⑳《左傳·昭公十一年》云："泉丘人有女，夢以其帷幕孟氏之廟，遂奔僖子，其僚從之。盟于清丘之社，曰：'有子，無相棄也。'僖子使助薳氏之簉。反自褅祥，宿于薳氏，生懿子及南宮敬叔於泉丘人。其僚無子，使字敬叔。"此即妾養他妾之子以爲己子之實例，足資參證。慈母既非骨肉之屬，又非父之胖合，爲之齊衰三年皆因"貴父之命"。若僅有養育之恩而父不命爲母子，則不服齊衰三年而僅服小功。《喪服》言君子子爲庶母慈己者小功布衰裳、牡麻絰、即葛五月。《傳》云："君子子者，貴人之子也。爲庶母何以小功也？以慈己加也。"鄭注以大夫或公子嫡妻之子當君子子，並據《禮記·内則》謂大夫或公子嫡妻之子得以備三母，有師母、慈母、保母而慈母或爲食母，所謂庶母即指三母。若庶母慈己加服至小功，若不慈己則緦麻而已，明爲庶母本服緦麻。雖然庶母慈己亦有慈母之名，但不同於父命爲母子之慈母。因庶母慈己者與父命爲母子之慈母均有慈母之稱，既爲慈母有服，故亦與此服義相應而爲慈母作器。銘文云：

　　　𣄰父作兹母寶盤。（𣄰父盤／西周早期）

尚有一盉，銘文相同，唯盤字作盉。兹母，當讀爲慈母。《春秋》之公孫兹、宋公兹父，分別見於僖公四年、二十三年，《公羊傳》則作公孫慈、宋公慈父。兹父，《史記·宋微子世家》又作慈甫。《左傳·襄公十年》云："孟獻子以秦堇父爲右，生秦丕兹，事仲尼。"秦丕兹即《史記·

仲尼弟子列傳》之秦商,則丕兹爲其字,《孔子家語·七十二弟子解》云:"秦商,魯人,字不慈",字作不慈。以上皆是兹與慈通作之證,故兹母可讀爲慈母。銘文僅言爲慈母作器,雖不能辨知此慈母是庶母慈己者還是父命爲母子之慈母,但仍是周禮器服相應原則的具體表現。既爲慈母作器,亦可依爲慈母制服確定器主人身份的高低貴賤。若銘中慈母指父命爲母子之慈母,則器主人是大夫或士妾之子。若是庶母慈己者,則器主人當是大夫或公子嫡妻之子。爲慈母制服,或齊衰三年或小功五月。當凶禮轉爲吉禮後,又爲祭祀慈母而作器,則《傳》所謂"終其身如母"當謂終孝子之身如母視之。《喪服小記》云不世祭慈母,説明孝子因恩情不絶而終身祭祀慈母,此器可以爲證。當然,祭祀慈母僅止於孝子一身而已,至孝子二世則廢慈母之祭,此即《穀梁傳·隱公五年》所謂"於子祭,於孫止"。賈疏釋"終其身如母"爲終慈母之身,謂除服之後已盡孝子生養死喪之義而恩情已絶。以吉禮爲慈母作器與《喪服小記》所云證之,賈疏恐誤。

公子爲母雖在五服之外,但不奪其情,爲母亦有服。《喪服記》云公子爲其母練冠、麻、麻衣縓緣,既葬除之。《傳》曰:"何以不在五服之中也?君之所不服,子亦不敢服也。君之所爲服,子亦不敢不服也。"公子依爲母飾群黨、別親疏制服之義,亦爲母作器。銘文云:

　　　　　北子作母癸寶尊彝。(北子作母癸方鼎/西周早期)

檢討有銘銅器,北子所作之器尚有北子冉父辛卣、北子作彝尊、北子華觶、北子觶、北子宋盤等,但皆不知出土於何地。1962 年,湖北江陵縣萬城一座西周早期墓葬出土一組青銅器[⑪]。其中有兩簋銘文略同,《殷周金文集成》皆題爲翏簋。一簋銘文云:"翏作北子柞簋,用興厥祖父日乙,其萬年子子孫孫寶",另一簋銘文惟北下無子字。同墓出土一鼎、一瓢皆鑄有"北子"等字,則"北"或爲"北子"之省稱,或脱鑄"子"字。還有一尊、一觶銘文相同,皆云:"小臣作父乙寶彝。"以同墓所出器銘相互校讀,知器主人自稱其名曰翏,稱其職官則曰小臣[⑫]。墓中所出之器,皆爲器主人小臣翏所作。因諸器出土於湖北江陵縣城西四十五華里之萬城,因而難以將北子與歷史上的邶國聯繫起來[⑬]。《漢書·地理志》云:"河内本殷之舊都,周既滅殷,分其畿内爲三國,《詩·風》邶、庸、衛國是也。"《説文》云:"邶,故商邑,自河内朝歌以北是也。"《續漢書·郡國志》亦云:"朝歌,北有邶國。"據劉起釪的研究,邶在今太行山以東、漳河以北的河北省境内[⑭]。北子之稱亦見於楚地所出竹簡,如望山一號墓 116 號簡云:"舉禱北子肥豢、酒食",117 號簡云:"王之北子各冢冢、酒食,蒿之。"[⑮]銘文中北子與簡文中北子是否是同一人,有待進一步探討,但皆與北伯無關則無疑問。劉彬徽根據北伯與北子爵位不同以及北子諸器有族徽符號,認爲北是國名,都於江陵,與中原之邶不是一國[⑯]。因此,李學勤認爲,翏簋銘中"北子"當讀爲"別子",並引鄭玄注《尚書·舜典》之"分北三苗"云"北,猶別也"爲證[⑰]。據此而論,北子作母癸方鼎銘中之北子亦當讀爲別子。別子謂諸侯嫡夫人

之次子或衆妾之子，因別異於嫡長子，繼父言之，故稱別子，又稱公子，亦稱庶子，皆見疏遠
之意。鄭玄注《禮記・檀弓下》云："庶子言公，卑遠之。"公子之稱，亦見於銅器銘文。春秋
早期穌公子簋銘文云："穌公子癸父甲作尊簋。"郭沫若指出："此乃蘇之公子名甲字癸父所
作器，古人名字並舉時率字上名下。"⑱公子爲母既有服，器服相應，故亦爲母作器，北子作母
癸方鼎即是佳證之一。

　　若父亡母存，凶禮爲父斬衰，轉至吉禮則爲父作器；若母亡父存，凶禮爲母齊衰，轉至吉
禮則爲母作器。若父母同時雙亡，臨喪不容無服。然而《喪服》不言父母同時在喪之服制，
其他文獻則有説明。《禮記・喪服小記》云："父母之喪偕，先葬者不虞祔，待後事。其葬，服
斬衰。"綜合鄭注、孔疏，父母同月若同時死，先葬母後葬父，葬父母時不分別爲父斬衰、爲母
齊衰而從重皆服斬衰，至於爲母虞、祔、練、祥則服齊衰，卒事之後仍服斬衰。之所以葬母亦
服斬衰，是因爲尚未葬父，不得變從輕服。實際上，同時遭父母之喪，是以一斬衰兼服父母。
就制服與作器相對應而言，一服可兼服父母二人，一器亦可兼爲父母二人。因此，若父母同
時俱亡，或父先亡母後卒，或母先亡父後卒，當凶禮轉爲吉禮合祭父母時，亦可因一服兼服
父母之義爲父母兼作一器，因爲父母於己恩愛相同。以一器兼爲父母，銘文必明言之：

　　　　師趛父作文考聖公、文母聖姬尊晨。（師趛鼎／西周中期）

　　　　仲叔父作朕皇考遲伯、皇母遲姬尊簋。（仲叔父簋／西周中期）

　　　　善夫梁其作朕皇考惠仲、皇母惠妃尊簋。（善夫梁其簋／西周晚期）

　　　　史頌作朕皇考厘仲、皇母泉母尊鼎。（史頌鼎／西周晚期）

　　　　叔皮父作朕文考茀公罘朕文母季姬寶簋。（叔皮父簋／西周晚期）

　　　　魯伯悆用公恭，其肇作其皇考、皇母旅盨簋。（魯伯悆盨／春秋）

　　　　衛作文考小仲、姜氏盂鼎。（衛鼎／西周中期）

　　　　伯頵父作朕皇考犀伯、吴姬寶鼎。（伯頵父鼎／西周晚期）

　　　　趞拜稽首，敢對揚天子丕顯魯休，用作朕皇考郐伯、鄭姬寶鼎。（趞鼎／西周晚期）

　　　　師酉拜稽首，對揚天子丕顯休命，用作朕文考乙伯、宄姬尊簋。（師酉簋／西周中期）

師趛鼎、仲叔父簋、善夫梁其簋、史頌鼎、叔皮父簋、魯伯悆盨等器銘以文考、文母或皇考、皇
母並舉，則諸器無疑皆是爲父母所作。以此而論，衛鼎、伯頵父鼎、趞鼎、師酉簋等器銘文男
女並列，稱考而略不言妣或母，亦可斷定是爲父母所作之器。因男尊女卑，以母統於父，雖
不言母而僅稱其姓，亦可知是器主人之母。若父已有諡，取父諡冠於母姓之上而與父並稱
文考聖公、文母聖姬或皇考惠仲、皇母惠妃，從夫之諡以明所屬，直見聖姬、惠妃是聖公、惠
仲之妻，猶文獻中稱莊姜、宣姜之類⑲。若父無諡，則或以母所出、所適之國名冠於母姓之前
而與父並稱皇考犀伯、吴姬或皇考郐伯、鄭姬，猶文獻中稱韓姞、秦姬之屬；或分別舉父母之

名而稱文考乙伯、宄姬,亦可不俱姓名而僅稱皇考、皇母。爲父母所作之器,也是舉不勝舉,稱呼不同,反映了父母的身份有高低貴賤之別。女子出適嫁人爲生身父母有服,故亦因此飾群黨、別親疏之服義爲生身父母作器。若生身父母俱亡,亦可以一器兼爲父母。銘文云:

> 蔡姞作皇兄尹叔尊鷺彝,尹叔用妥多福于皇考德尹、叀姬。(蔡姞簋/西周晚期)

蔡是姬姓國。《漢書·地理志》云:“汝南郡上蔡,故蔡國,周武王弟叔度所封。”蔡爲叔度之後,其姓姬不言自明。器主人自稱蔡姞,明姞姓之女嫁於蔡國。張政烺云:“蔡姞簋大約是蔡君之妻爲她娘家的哥哥尹叔作祭祀用的禮器。”⑩以此而論,則德尹、叀姬當是蔡姞生身父母。銘文雖言爲兄作器,實際是使其兄用於祭祀父母,與爲父母作器無異,只不過器主人是出適女子而已。檢討全部有銘銅器,爲他人所作之器,受器者與受用者並不一致的現象屢見不鮮,蔡姞簋即顯例之一。

四　爲祖父母制服與作器

周禮尊祖敬宗,祖父母雖非己之骨肉之親,仍爲祖父母制服。《喪服》言爲祖父母疏衰裳齊、牡麻絰、冠布纓、不杖、布帶、麻屨期。《傳》曰:“何以期也?至尊也。”祖於孫非至親,情亦漸疏,而孫爲祖服期,是因爲祖至尊。所謂至尊,據賈疏,非己之至尊而是父之至尊。此爲祖父母齊衰期,本兼男孫女孫,然而《喪服》下文又云“女子子爲祖父母”,《傳》曰:“何以期也?不敢降其祖也。”鄭注云:“經似在室,傳似已嫁,明雖有出道猶不降。”女子在室爲祖父母服期,若因出嫁降一等,當爲祖父母大功,出嫁仍爲祖父母服期則是不降。賈疏云:“經傳互言之,欲見在室、出嫁同不降。”然而許多學者都認爲“女子子爲祖父母”是專就已嫁之女而言,本有脫文。沈彤云:“察《傳》意,《經》‘女子子’下當脫‘適人者’三字,蓋作傳時固有之。”⑪胡培翬云:“女子子在室爲祖父母之服,已包於上祖父母條内矣,奚容重出乎?唯此條專指適人者言,故《傳》直云‘不敢降其祖也’。降之義生於適人,使經未言適人,《傳》必先申言適人而後言不敢降,如下節女子子無主者,經未言適人,《傳》必申言適人是也。……經當有‘適人者’三字,馬、鄭作注時已脫。”⑫祖尊於上,故男孫、在室與出嫁女孫皆爲祖父母制服,與制服飾群黨、別親疏之義相應,吉禮亦爲祖父母作器。銘文云:

> 徵作祖丁尊彝。(徵作祖丁鼎/西周早期)
>
> 洹秦作祖乙寶簋。(洹秦簋/西周中期)
>
> 克拜稽首,敢對揚天子丕顯魯休,用作朕文祖師華父寶鷺彝。(大克鼎/西周晚期)
>
> 井叔叔采作朕文祖穆公大鐘。(井叔采鐘/西周晚期)
>
> 畢鮮作皇祖益公尊簋。(畢鮮簋/西周中期)

克作朕皇祖厘季寶宗彝。（小克鼎／西周晚期）

珷生奉揚朕宗君其休，用作朕烈祖召公嘗簋。（六年召伯虎簋／西周晚期）

上述諸器皆是孫爲祖所作之器，但對先祖的稱呼亦有不同的形式。在祖後綴以天干字稱祖丁、祖乙，表示祭祀先祖的日期。文祖、皇祖、烈祖等則是美稱，亦見於文獻，如《尚書·堯典》云："受終于文祖"，《詩經·閔予小子》云："念兹皇祖"，《詩經·那》云："衎我烈祖"。美稱後還往往綴以義稱而義稱可以是爵名、國名、職官、身份標識、氏名、私名、字、謚號等，也可以是兩種以上的義稱組成的複合義稱，文祖師華父、文祖穆公、皇祖益公、皇祖厘季、烈祖召公之稱皆是此類，例不勝舉。女子在室與出嫁皆不降其祖父母而爲祖父母服期，然而却不見女子因制服飾群黨、別親疏之義爲祖父母所作之器。就制服而言，若祖與孫身份高低貴賤不同，孫並不以己尊降祖父母之服。《喪服》又云大夫爲祖父母爲士者疏衰裳齊、牡麻絰、冠布纓、不杖、布帶、麻屨期。《傳》曰："何以期也？大夫不敢降其祖。"此是爲祖父爲士者之服而並舉祖母，乃是因爲妻從夫之爵之故，敖斷公已言之[63]。孫爲大夫爲尊，祖父母爲士爲卑。大夫以尊降其他旁親爲士者，獨不敢降其祖父母爲士者，仍爲之服期，則是不以己尊加於祖父母。降服通例，不降正尊而降旁親，不降嫡而降庶，天子、諸侯或絶或不絶亦是如此。考古亦見與此服義相應而爲祖所作之器。銘文云：

公賞作册大白馬，大揚皇天尹大保貯，用作祖丁寶尊彝。（作册大方鼎／西周早期）

尹伯作祖辛寶尊彝。（尹伯作祖辛甗／西周早期）

史楳覞，作祖辛寶簋。（史楳覞作祖辛簋／西周早期）

螯司土幽作祖辛旅彝。（螯司土幽卣／西周早期）

作册爲職官名，屢見於商、周時代的銅器銘文，亦見於《尚書·雒誥》等文獻，孫詒讓、王國維都認爲作册即内史[64]。史官之見於銘文者，除單稱史外，尚有大史、内史、内史尹、作册内史、作命内史、内史友、中史、御史、省史等名稱而諸侯亦置史官；尹或稱尹氏，是西周時代官吏首長的通稱，有時也指具體的長官，即作册尹和内史尹[65]。史與諸史之職掌犬牙交錯，則史之身份當與内史等相同。據《周禮·序官》，内史受爵爲中大夫。司土即文獻中的司徒，亦是西周至春秋時代的職官名，王朝、侯國均置司徒。諸侯之司徒，除見於螯司土幽卣外，還見於西周早期的康侯簋、西周中期的五祀裘衛鼎、西周晚期的伯都父鼎等器銘。《周禮》中的司徒是王朝六卿之一，以此而推，諸侯之司徒當受爵爲大夫。因此，上引銘文中的作册大、尹伯、史楳、司徒幽受爵皆爲大夫。諸人作器所爲之祖的身份雖不明，當低於器主人。因爲若祖之身份亦尊貴，銘文當明言之。如西周中晚期應侯見工鐘銘文云："見工敢對揚天子休，用作朕皇祖應侯大林鐘。"身爲大夫而爲祖作器，不僅與制服不以己尊加於祖之義相貫，而且還反映了大夫的廟制。大夫立三廟，即始受爵之始祖廟與祖、父二親廟。既有廟祭祖，當爲祖制作禮器。大夫不以己尊加於祖父母，凶禮爲之制服，吉禮爲之作器，則大夫以上若諸侯、天子亦不以己尊加於祖父母，故考古亦見諸侯爲祖父母所作之器。銘文云：

　　　　榮子旅作祖乙寶彝。（榮子旅作祖乙甗／西周早期）

　　　　呂伯作厥祖寶尊彝。（呂伯觶／西周早期）

榮、呂分別是西周時期姬姓、姜姓封國。《國語·晋語四》載文王“詢于八虞而諮于二虢”，又“重之以周、邵、畢、榮”。以榮與周、邵、畢並舉，榮亦是封國。韋昭注《周語上》云：“榮，國名。”《春秋·文公五年》云：“王使榮叔歸含”，則其國至春秋時尚存於世。《國語·鄭語》載史伯之言云：“當成周者，南有荆、蠻、申、呂、應、鄧、陳、蔡、隨、唐。”以呂與荆、蠻諸國並舉，則呂也是封國。呂後來改稱甫，或別封而有甫號，《禮記》的《表記》與《緇衣》、《尚書大傳》、《史記·周本紀》引《尚書》中的《呂刑》皆作《甫刑》可以爲證。榮、呂既是封國，則榮子、呂伯之稱表明分別是榮國、呂國之君，身份當爲諸侯。就制服而論，天子、諸侯以尊絶齊衰以下旁親，不爲之制服，因爲旁親皆是天子、諸侯之臣。若天子、諸侯爲齊衰以下之親有服，齊衰以下之親以親服服天子、諸侯則意味着是以親道宗君而非以臣道尊君。以臣道尊君，只服臣爲君斬衰三年之服。天子、諸侯之祖父雖是齊衰之親，但非旁親而是正尊。始封之諸侯、創業之天子或有爲士或大夫之祖父，其尊與孫不同。以大夫爲祖父制服之例推之，天子、諸侯當亦不以己尊降其爲士或大夫之祖父而仍爲之制服。制服與作器相應，故榮子、呂伯皆爲其祖作器。雖然無以判斷榮子、呂伯之祖身份的高低貴賤，但低於器主人當無疑問，因爲祖之身份尊貴，銘文亦當明言之，例已見前。另外，就廟制而論，諸侯尊統遠而立五廟，即始祖廟與高祖、曾祖、祖、父四親廟。祖既有廟，四時祭祀，雖貴爲諸侯猶尊祖敬宗，故爲祖作器用於廟中祭祀。

　　前文所論銘文皆僅言爲祖父作器而不及祖母，當是作器時祖母見在或在喪中尚未與祖父相配。若祖父母俱卒，且祖母已祔廟而與祖父相配，則銘文必明言爲祖父母作器，與《喪服》言爲祖父母齊衰期相應。銘文云：

　　　　旬稽首，對揚天子休命，用作文祖乙伯、同姬尊簋。（旬簋／西周晚期）

　　　　不其拜稽首休，用作朕皇祖公伯、孟姬尊簋。（不其簋／西周晚期）

爲文祖、皇祖作器而並舉同姬、孟姬，則同姬、孟姬爲器主人祖母無疑，猶如前文所述爲父母作器並舉父母一樣⑱。夫尊於朝，妻貴於室。妻從夫之爵，坐以夫之齒，故祖父與祖母尊同。爲祖父母制服，因尊同則不分別祖父與祖母而同服期。據此服義爲祖父母作器，故亦因尊同而明言器是爲祖父母所作，與制服飾群黨、別親疏之義相貫。

　　就廟制而言，天子、諸侯之士各分上、中、下三等，有高低貴賤之不同，故列士爲父祖立廟多少有嚴格的規定。《禮記·祭法》云：“適士二廟一壇，曰考廟、曰王考廟，享嘗乃止。皇

考無廟，有禱焉，爲壇祭之，去壇爲鬼。官師一廟，曰考廟，王考無廟而祭之，去王考爲鬼。"㊿
鄭注云："適士，上士也。官師，中士、下士。"《王制》所謂"士一廟"，亦是就諸侯中、下之士而
言，故鄭注云："謂諸侯之中士、下士名曰官師者"。諸侯中、下之士雖僅立考廟，實際是於一
廟祭祀父祖。孔疏云："一廟，祖禰共之。"就制服而言，爲父與爲祖本不可相提並論。父至
尊、恩厚斬衰三年，祖至尊齊衰期。凶禮雖然爲父、爲祖之服制、年月不同，但轉爲吉禮後，
依爲父祖皆有服之禮亦爲父祖作器。列士限於己之身份有高低貴賤之別，或立父廟或分別
立父祖二廟。爲父祖作器，若己之身份僅爲諸侯中、下之士，祖禰共廟，則爲父祖共作一器；
若己之身份爲諸侯之上士或天子之元士，可爲父祖分別立廟而分別爲父祖作器；若父祖分
別有廟而仍作一器兼爲父祖，則是或用於父廟或用於祖廟，但皆與凶禮爲父祖制服飾群黨、
別親疏之義相應。銘文云：

> 走作朕皇祖、文考寶龢鐘。（走鐘/西周晚期）
>
> 鬲兌作朕文祖乙公、皇考季氏尊簋。（鬲兌簋/西周晚期）
>
> 梁其敢對天子丕顯休揚，用作朕皇祖考龢鐘。（梁其鐘/西周晚期）
>
> 克敢對揚天子休，用作朕皇祖考伯寶林鐘。（克鐘/西周晚期）

走鐘與鬲兌簋銘文皆言爲祖考共作一器用於廟中祭祀，或許正是祖禰共廟的緣故。雖然沒
有其他文獻判斷器主人的身份，據爲祖考共作一器而推，走與鬲兌或許是諸侯中、下之士。
梁其鐘、克鐘銘文或言"對天子丕顯休揚"，或言"對揚天子休"，則梁其與克的身份至少是天
子之元士，或是卿大夫。身爲天子之元士或卿大夫，本可分別爲父祖立廟而分別爲父祖作
器，仍作一器兼爲祖考，則是一器二用，或用於祖廟或用於父廟，與凶禮爲父祖皆有服相應。
至於克鐘銘文稱祖考爲"皇祖考伯"，不類於其他銘文並舉祖考之例，郭沫若釋之云："'皇祖
考伯'謂皇祖皇考，伯其爵稱。祖考不連文，考伯亦不連文。"㊽聯繫其他銘文來看，考伯連
文，伯非爵稱而是父字之省稱。周代男子之字的完整形式是伯某甫（父），伯或爲仲、叔、季，
視排行而定，前文已言之。然而銘文往往省略表示命名之義的某字和表示性別的甫（父）字
而單舉表示行第的伯、仲、叔、季爲字，如西周中期录簋銘文云："伯雍父來自戡，蔑录曆，賜
赤金，對揚伯休"，伯休之伯，即伯雍父之省稱。克鐘銘文稱己父爲"考伯"，猶如西周晚期師
㝅簋銘文稱己父爲"皇考輔伯"，伯皆非表示諸侯的爵稱而是父字。當然，爲父祖作器，還往
往以父祖之廟代父祖之名。銘文云：

> 召肈進事，旋走事皇辟君，休王自穀事賞畢土方五十里，召弗敢忘王休異，用作欥
> 宮旅彝。（召卣/西周早期）
>
> 伯戒肈其作西宮寶。（伯戒簋/西周中期）

尚有另一召卣，銘文云"丕肆伯懋父友召，萬年永光，用作團宮旅彝"。郭沫若云："欥宮殆是

祖廟,圉宫乃考廟。因本銘言‘啓進事(仕)’,於時召之父或尚在。”⑧以此推論,伯戜簋銘中之西宫當也指祖廟。1975 年,陝西扶風莊白西周墓出土兩件戜方鼎,盛冬鈴認爲伯戜與戜是同一人⑨,則伯戜簋與兩件戜方鼎爲一人所作之器。伯戜在一鼎銘中稱其父爲“文考甲公”,在另一鼎銘中稱其祖爲“文祖乙公”。天子七廟,諸侯五廟,大夫三廟,皆太祖居中,左昭右穆。伯戜簋銘所謂西宫,當指祖廟。言爲祖作器則稱文祖乙公,言爲廟作器則稱西宫,本無抵牾。宫可指宗廟,文獻有説明。《國語·周語上》云周宣王“乃命魯孝公於夷宫”,韋注云:“夷宫者,宣王祖父夷王之廟”,是天子之廟可以稱宫。《春秋·哀公三年》云:“五月辛卯,桓宫、僖宫災”,《公羊傳》云:“此皆毁廟也,其言災何? 復立也”,是諸侯之廟亦可稱宫。《春秋·隱公五年》云:“考仲子之宫”,《穀梁傳》云:“禮,庶子爲君,爲其母築宫,使公子主其祭也”,仲子是隱公之母、惠公之妾,是婦人之廟亦可稱宫。宫是類名之總稱,有鬼神即可稱爲廟。鄭玄注《儀禮·士喪禮》云:“凡宫有鬼神曰廟。”⑩

　　爲祖考制服,不分别嫡庶,皆爲父斬衰三年、爲祖齊衰期。據此嫡庶皆爲祖考制服之義,故除嫡子爲祖考作器之外,亦見庶子爲祖考作器的特例,與前文所論中子可以爲父作器相類。銘文云:

　　　　虜拜稽首,休朕寶君公伯,賜厥臣弟虜井五橦,賜甲、胄、干、戈,虜弗敢忘公伯休,

　　對揚伯休,用作祖考寶尊彝。(虜簋/西周中期)

從銘文來看,器主人虜是寶君公伯之弟。若寶君公伯的身份是諸侯,則虜是公子;若寶君公伯的身份是大夫,則虜是庶子⑫。《喪服傳》云:“諸侯之子稱公子,公子不得禰先君。公子之孫稱公孫,公孫不得祖諸侯。此自卑别於尊者也。”以此而論,虜無論是公子還是庶子,依周禮宗法制度的規定,不得在自家爲祖考立廟並制作祭祀祖考的禮器,其兄長寶君公伯祭祀祖考時前去助祭而已,否則就是自卑而不别於尊者。周禮的宗法制度規定公子、庶子不得禰祖先君,此器銘文言爲祖考作器,既與嫡子、庶子皆爲祖考制服之義相應,表明虜在自家本無祖考之廟。其情形當與前文所論中子叀發爲父作器相同,或是爲祖考作器用於宗子之家所立祖考之廟,或是因攝祭而爲祖考作器。虜之身份是臣弟,因受其兄長賞賜而爲祖考作器,當是爲其兄長之家所立宗廟作器,猶如庶子“以上牲祭於宗子之家”,並不表明在自家立有祖考之廟。再與前引蔡姞簋銘文明言爲皇兄作器而用於祭祀父母相參,益可斷定虜是爲其兄長作器而用於祭祀祖考⑬。

五　爲曾祖、高祖制服與作器

　　因尊祖敬宗,故凶禮爲曾祖、高祖皆有服。《喪服》云爲曾祖父母疏衰裳齊、牡麻經,不

以輕服受之，既葬除之。《傳》曰：“何以齊衰三月也？小功者，兄弟之服也，不敢以兄弟之服服至尊也。”喪服制度以外姻爲兄弟，爲外姻制服限於小功以下，故名外姻之服爲兄弟之服。因曾祖爲正統之尊親，非外姻之旁親，故不敢以兄弟之服服尊親。以制服有正服、降服、義服而論，爲曾祖父母當服正服。以五服差降而論，爲曾祖父母之正服是小功之服。因尊正統之親，故爲曾祖父母不服本服小功而服義服齊衰三月。曾祖既是尊親，故自天子至於列士皆爲曾祖父母齊衰三月，並不以己尊降曾祖父母。《喪服》又云：“曾祖父母爲士者如衆人。”《傳》曰：“何以齊衰三月也？大夫不敢降其祖也。”因大夫尊貴，降期以下之親一等。舉大夫不敢降其曾祖父母，則天子、諸侯雖尊亦不降。舉尊以見卑，則士以下皆不降曾祖父母。胡培翬云：“經不云如士而云如衆人，明曾祖父母之服，無貴賤同也。”㉟周禮尊祖敬宗不分別男女，故男女皆爲曾祖父母有服，女子爲曾祖父母之服亦與男子相同，不殊其制。《喪服》又云：“女子子嫁者、未嫁者爲曾祖父母。”《傳》曰：“嫁者，其嫁於大夫者也。未嫁者，其成人而未嫁者也。何以服齊衰三月？不敢降其祖也。”言女子爲曾祖父母足矣而分別嫁者、未嫁者，是因爲舉嫁於大夫不敢降其曾祖父母，以見尊猶不降則嫁於士以下亦不降可知。又因爲女子有未嫁逆降之禮，故因已嫁而並言未嫁㊱。實際上，女子爲曾祖父母並不分別嫁與未嫁。

　　《喪服》言爲曾祖父母制服，舉三條以概其餘。然而曾祖、高祖並是尊親，却不見爲高祖制服之文。似乎以喪服分別親疏關係與高祖無關。然而歷代禮家皆據《喪服》，推導出爲高祖有服。鄭注《喪服》爲族曾祖父母、族祖父母、族父母、族昆弟服緦麻三月云：“族曾祖父者，曾祖昆弟之親也。祖父之從父昆弟之親族祖父者，亦高祖之孫，則高祖有服明矣。”㊲其實，晚周的七十子後學亦推闡出爲高祖有服。《禮記·大傳》云：“四世而緦，服之窮也。五世祖免，殺同姓也。六世親屬竭矣。”因此，賈疏綜合鄭注、《大傳》云：“云‘祖父之從父昆弟之親’者，欲推出高祖有服之意也。以己之祖父與族祖父相與爲從昆弟，族祖父與己之祖俱是高祖之孫，此四緦麻又與己同出高祖，己上至高祖爲四世，旁亦四世，旁四世既有服，於高祖有服明矣。鄭言此者，舊有人解，見齊衰三月章直見曾祖父母，不言高祖，以爲無服，故鄭從下鄉上推之，高祖有服可知。”其後歷代學者皆推斷爲高祖父母有服，且服制與月數與爲曾祖父母相同。沈括云：“曾，重也。由祖而上者皆曾祖也，由孫而下者皆曾孫也，雖百世可也。苟有相逮者則必爲服喪三月，故雖成王之於后稷亦稱曾祖，而祭禮祝文無遠近皆曰曾孫。禮所謂以五爲九者，謂傍親之殺也。上殺下殺至于九，傍殺至于四而皆謂之族。過此則非其族也，非其族則爲之無服。唯正統不以族名，則是無絶道也。”㊳顧炎武云：“曾祖父母齊衰三月而不言曾祖父之父母，非經文之脱漏也，蓋以是而推之矣。凡人祖孫相見，其得至於五世者鮮矣。壽至八九十而後可以見曾孫之子，百有餘年而曾孫之子之子亦可見矣。人之壽以百年爲限，故服至五世而窮。苟六世而相見焉，其服不異於曾祖也。經於曾祖已上不言者，以是而推之也。"⑱

　　曾祖父母、高祖父母雖尊，但已疏遠，與己非一體，恩愛不同於父母。既不敢以兄弟之服服尊親，故制齊衰之服而不服本服小功。因恩愛稍殺，故減五月至三月。鄭注云："重其衰麻，尊尊也；減其日月，恩殺也。"齊衰三月之服實是義服，衰六升、冠九升，以衰麻、日月異於常例體現隆殺之義。敖繼公云："此其日月雖減於小功而衰麻之屬實過於大功，且專爲尊者之服，是以日月之多寡有所不計。禮有似殺而實隆者，此之謂與？"⑲制服與作器相應，既爲曾祖、高祖有服，故亦爲曾祖、高祖作器，以明曾祖、高祖雖疏仍是五服之親，器、服皆當及之。不因曾祖、高祖疏遠而以絶屬視之，故依爲曾祖、高祖制服飾群黨、別親疏之義爲曾祖、高祖作器，充分體現周禮尊祖敬宗的宗法思想。銘文云：

　　　亞。王征蓋，賜岡劫貝朋，用作朕高祖寶尊彝。（岡劫卣／西周早期）

尚有岡劫尊，銘文與此略同，但没有"亞"框，"朕"字作"魚"。以此銘朕字通於彼銘之魚，則魚當讀爲吾。古音魚、吾音同，故可通假。鬲鎛銘云："保虡兄弟"，又云："保虡子姓"，兩虡字諸家皆讀爲吾。杕氏壺銘云："虡以爲弄壺。"諸家亦皆讀虡爲吾。虡從魚聲，則魚、吾音同通假。者減鐘銘中之攻歔，攻敔王元劍銘作攻敔。歔從魚聲，敔從吾聲，亦是魚、吾相通之證。郭璞注《方言》卷三之"蘇亦荏也"云："今江東人呼荏爲菩，音魚。"魚、吾相通，於文獻亦有徵。岡劫卣是爲高祖所作之器，銘文已言之，不容置疑。據銅器銘文，爲祖所作之器，舉不勝舉，爲高祖作器，亦有例證，但未見明言爲曾祖所作之器。《喪服》言制服有舉疏以見親、言外以包内、舉一以概其餘、言尊以見卑等條例，如前引《喪服傳》舉大夫不敢降其祖以明天子、諸侯、士亦不敢降其祖，皆爲曾祖父母齊衰三月。作器亦有類似的條例，言爲祖作器以祖總包高祖、曾祖、祖。因此，銘文雖不言爲曾祖作器，實有爲曾祖所作之器。銘文云：

　　　師𡨥肇作朕烈祖虢季、宄公、幽叔、朕皇考德叔大林鐘，用喜侃前文人。（師𡨥鐘／
　　西周晚期）

　　　屖作皇祖乙公、文公、武伯、皇考釐伯齍彝。（屖簋／西周晚期）

師𡨥鐘銘於烈祖下列虢季、宄公、幽叔而冠於皇考德叔之前，屖簋銘於皇祖下列乙公、文公、武伯而冠於皇考釐伯之前。自皇考上推，則幽叔、宄公、虢季爲師𡨥之祖、曾祖、高祖，武伯、文公、乙公爲屖之祖、曾祖、高祖。二器銘文雖不以祖、曾祖、高祖之稱冠於名氏之前而以烈祖或皇祖概之，因所言世系四世相承，仍知是器主人之祖、曾祖、高祖。師𡨥鐘、屖簋銘文言爲皇考至四世之祖作器，據世系可知是自父至於高祖，實際上是爲高祖、曾祖、祖、父所作之器。因一器兼爲數人，施用於高祖則是爲高祖所作之器，施用於曾祖則是爲曾祖所作之器，施用於祖則是爲祖所作之器，施用於父則是爲父所作之器。因此，據師𡨥鐘、屖簋銘文，雖不見明言爲曾祖所作之器，實際上爲曾祖亦作器，與爲曾祖有服相應。

自父節級而上至於高祖的世系，文獻本有説明。《爾雅·釋親》云："父爲考，母爲妣；父之考爲王父，父之妣爲王母；王父之考爲曾祖王父，王父之妣爲曾祖王母；曾祖王父之考爲高祖王父，曾祖王父之妣爲高祖王母。"祖、曾祖、高祖皆爲定稱，由於高祖以上無定稱，故文獻中又或以高祖指遠祖、始祖、受命之祖、九世祖等。顧炎武云："漢儒以曾祖之父爲高祖，考之於傳，高祖者，遠祖之名爾。《左傳·昭公十七年》：'郯子來朝，曰：我高祖少皞摯之立也'，則以始祖爲高祖。《書·盤庚》：'肆上帝將復我高祖之德，亂越我家'，《康王之誥》：'張皇六師，無壞我高祖寡命'，則以受命之君爲高祖。《左傳·昭公十五年》：'王謂籍談曰：昔而高祖孫伯黶，司晋之典籍'，則謂其九世爲高祖。"⑩西周中期的墻盤與瘋鐘、西周晚期的逨盤等銅器銘文歷述先祖功德之盛美而所言之高祖，或許類似於顧炎武引《尚書》、《左傳》所言高祖，非器主人曾祖之父而是以高祖泛指遠祖。但是岡劫卣銘文中之高祖、師酉鐘與屚簋銘文序世系所及高祖，皆當指曾祖之父而非泛指遠祖。因爲器主人爲高祖作器用於祭祀而非歷述先祖功德之盛美，則銘文所言高祖當如《爾雅·釋親》所言，指曾祖之父。因此，銅器銘文中所見高祖，不可一概而論。

據廟制而論，得以爲高祖作器用於廟中祭祀，器主人至少身爲諸侯，因爲只有諸侯方可立始祖廟與四親廟而有高祖之廟。《禮記·祭法》云："諸侯立五廟，一壇一墠，曰考廟，曰王考廟，曰皇考廟，皆月祭之。顯考廟、祖考廟，享嘗乃止。去祖爲壇，去壇爲墠。壇、墠有禱焉，祭之，無禱乃止，去墠爲鬼。"屚簋銘文言作器"用享于宗室"，宗室指宗廟，序世系自祖至父四世，則屚有高祖廟、曾祖廟、祖廟、考廟，故銘文言"作皇祖乙公、文公、武伯、皇考龏伯肅彝"。師酉鐘銘文雖不明言器用於宗室，既言"用喜侃前文人"，則亦是施於廟中，因序世系與屚簋銘文相同，可據屚簋銘文斷定師酉亦有父廟、祖廟、曾祖廟、高祖廟，故銘言"師酉肇作朕烈祖虢季、宄公、幽叔、朕皇考德叔大林鐘"。然而檢討傳世文獻，不見師酉、屚被封爲諸侯的記載。因此，師酉、屚或是僭而以諸侯自居，或曾被封爲諸侯而文獻沒有記載而已。楊寬根據傳世文獻和銅器銘文，梳理西周列國和部族共有一百七十多個，其中許多都不見於傳世文獻而僅見於銅器銘文⑪。以此而推，師酉、屚或曾被封爲諸侯，故得立高祖、曾祖、祖、父四親廟。若以師酉之師爲職官名，則其受爵例不過卿大夫，不當有四廟。然而據師望鼎銘文，師望之父是宄公，與師酉鐘銘文中之宄公爲同一人⑫。師望即師酉鐘銘文中之幽叔，爲師酉之祖。古有以官爲氏的制度，若師酉是以祖之職官爲氏姓，如晋之師曠、魯之師乙、鄭之師悝，則未必一定世官爲師，故不當因自稱師酉斷定其職官是師，爵爲卿大夫而不曾封侯。至於岡劫略父、祖、曾祖而徑言爲高祖作器，其本事則又與師酉鐘、屚簋銘文所見不同。《禮記·大傳》云："大夫、士有大事，省於其君，干祫及其高祖。"鄭注云："大事，寇戎之事也。省，善也。善於其君，謂免於大難也。干，猶空也。空袷，謂無廟袷，祭之於壇墠。”岡劫從周王征伐蓋，自是《大傳》所言寇戎之大事。受朋貝之賜，即“省於其君”。此器所言當是岡劫有勳勞大事，爲周王所善，故周王許其袷祭而及其高祖，故爲高祖作器。由於岡劫身份或爲大夫、士，雖無高祖廟而祭於壇墠，仍得爲高祖作器。另外，大夫、士因善於其君而許其袷祭而及其高祖，岡劫略父、祖、曾祖不言，而徑言作祭祀高祖的祭器，或許其父、祖、曾祖尚存於世，故僅言作祭祀高祖的禮器，否則不應略其親者而爲疏者作器。《禮記・大傳》云：“自仁率親，等而上之至于祖，名曰輕。自義率祖，順而下之至於禰，名曰重。一輕一重，其義然也。”以恩愛而言，父重祖輕。從祖節級而上至於高祖，恩愛更輕。因此高祖爲疏，父母爲親。

六　爲人後者爲本親制服與作器

大宗統領族人，不可以絶。若大宗無後嗣，則同宗小宗以支子入繼大宗稱“爲人後者”或“爲後者”，其所繼之父稱“所後者”或“所爲後”。爲人後者爲所後者之服，《喪服》有說明：1. 爲人後者爲所後之父斬衰裳、苴絰杖絞帶、冠繩纓、菅屨三年[⑬]。《傳》云：“何以三年也？受重者，必以尊服服之。何如而可爲之後？同宗則可爲之後。何如而可以爲人後？支子可也。爲所後者之祖父母、父母、妻、妻之父母、昆弟、昆弟之子若子。”[⑭] 2.《記》云：“於所爲後之兄弟之子若子。”[⑮] 由於經、傳僅言爲人後者爲祖父母、父母、妻、妻之父母、昆弟、昆弟之子之服，不見爲其餘親屬之服，故記補經、傳之不備，但也是概而言之。所謂若子，據賈公彦疏，謂如死者之親子。以此而言，死者祖父母、父母當爲人後者之曾祖父母、祖父母，妻謂死者之妻，即爲人後者之母，則妻之父母、昆弟、昆弟之子於後人者爲外祖父母、世父母、叔父母及從父昆弟，以上皆如親子爲之制服。傳舉疏以見親，記概而言之，雖不見爲人後者爲所後者期、大功、小功、緦麻之親，但皆可據爲人後者爲所後者若子之義推而求之[⑯]。《喪服》既規定爲人後者爲所後者若子，恐因爲人後者因厚於所後而薄於本親，不爲本親制服，故又陳爲本親之服：1. 爲人後者爲其父母疏衰裳齊、牡麻絰、冠布纓、不杖、布帶、麻屨期，報。2. 爲人後者爲其昆弟大功布衰裳、牡麻絰纓、布帶三月，受以小功衰即葛九月。3. 爲人後者爲其昆弟、從父昆弟之長殤小功布衰裳、澡麻帶絰五月。4. 爲人後者爲其姊妹適人者小功布衰裳、牡麻絰即葛五月。5.《記》云：“爲人後者於兄弟降一等，報。”經不言爲人後者爲本親小功以下之服，故記亦補經之不備。《喪服傳》云：“小功以下爲兄弟。”合觀經、記之文，則爲人後者爲本親自父母至於小功以下皆有服。經言爲人後者爲父母報，記言爲人後者於兄弟降一等報，父母爲親，小功爲疏，明爲人後者爲本親無論親疏皆降一等而無不相報。爲人後者以出後他人降本親，本親亦以爲人後者出而以降服服之。爲人後者爲其父母本三年而降一等服期，爲其昆弟本期而降一等服大功，爲其昆弟與從父昆弟之長殤、姊妹適人者本大功而降一等服小功，爲其小功以下皆降一等服緦麻。爲人後者雖出後他人而爲宗子，本親並不以爲宗子之服服之而以本服降一等服之，故鄭注云："言報者，嫌其爲宗子不降。"爲人後者之所以爲本親制服降一等，孔廣森云："凡爲後所以降其本屬一等者，禮有服必廢祭，既主大宗之祭，不可以私族之不虞頻累廢之，故減其日月。"[107]《喪服》言爲人後者爲本親制服，舉親以見疏，與記文"爲人後者於兄弟降一等，報"相參，爲其餘本親之服亦可推而求之。程瑶田云："經於父母外，特見昆弟、姊妹適人二事，一男子，一女出室，舉兩例以明記中於兄弟降一等云者皆倣此也。故由是推之，爲其祖父母、世叔父母本期而降當大功，爲其曾祖父母本齊衰三月而降當緦麻，爲其從祖祖父母、從祖父母、從祖昆弟本小功而降當緦麻，爲其從父昆弟本大功而降當小功。"[108]制服與作器相應，爲人後者既爲本親有服，故亦爲本親作器。

考古所見銅器銘文稱呼己父，除前文所述通例之外，還見稱呼己父爲嫡考的特例。檢討全部有銘銅器，凡有四器器銘如此稱呼己父，引録如下：

兄人師眉贏王爲周㝨，賜貝五朋，爲寶器，鼎二、簋二，其用享于厥帝（嫡）考。（㝨鼎/西周早期）

章叔將自作尊簋，其用追孝于朕嫡考。（章叔將簋/西周晚期）

仲師父作季妓姒寶尊鼎，其用享用孝于皇祖、帝（嫡）考。（仲師父鼎/西周晚期）

勇叔買自作尊簋，其用追孝于朕皇祖、啻（嫡）考。（買簋/西周晚期）

上述四器，或言因受賞賜而作器，或言爲他人作器，或言自作尊簋，但受用者皆是帝（嫡）考或皇祖、帝（啻）考，實際上皆是爲帝（嫡）考或皇祖、帝（啻）考所作之器，受器者與受用者並不一致。關於上引四器銘文中的帝考、嫡考、啻考，研金諸家皆未暇詳論。日本學者島邦男發現卜辭中商王有時附帝號於父名而稱之，如一期稱父小乙爲父乙帝，二期稱父武丁爲帝丁，三期稱父祖甲爲帝甲，四期稱父康丁爲帝丁，五期稱父文武丁爲文武帝，與仲師父鼎、㝨鼎銘文稱帝考、買簋銘文稱啻考性質相同，故認爲帝是對父的尊稱[109]。然而裘錫圭指出，嫡庶的嫡，經典多作適，不論是嫡或適，都從啻聲而啻又從帝聲，稱父爲帝與區分嫡庶的觀念顯然有聯繫；商王用來稱呼死去的父王的帝，與見於金文的帝（啻）考的帝（啻）和見於經典的嫡庶的嫡，顯然是關係極爲密切的親屬詞[110]。此説雖是論卜辭而言及上引銘文中的嫡考，但頗有啓發意義。

適通嫡，恒見於經典，不煩舉例。《集韻・錫韻》云："適，親也。"嫡考之稱，是就己身而言父，謂父於己爲嫡，嫡考即親考之意，非謂父於祖爲嫡而諸父爲庶。因爲孝子僅祭己父不祭諸父，不必特言嫡考以明器爲己父所作，况且"綜觀西周銘文，未見有爲諸父作祭器之例"⑪。因此,嫡考之稱不是爲了區別器是爲己父所作,還是爲諸父所作。己父本是血親,唯一而已,無嫡庶之分。既特稱嫡考而僅見於上引四器銘文,不類其他銅器銘文稱己父爲文考、文父、皇考、烈考、穆考等,表明己與父已分,雖有血緣關係而名義上已没有父子之名,當是出而爲他人之後,即《喪服》所謂爲人後者。出而爲他人之後的實例,亦見於銘文。西周中期帥鼎銘文云:"帥唯懋,兄念王母勤陶自作後,王母厚商(彰)厥文母,魯公孫用貞(正)。"此器銘文大意是説,器主人帥自勉不敢忘記王母勤勞養育自己作爲後嗣的大恩,王母表彰帥之生身之母舍己支子入繼大宗之家的品德,因帥入繼大宗之家爲公孫才使魯國公子的統緒得以延續⑫。出而爲他人之後,亦見於銘文,可見出後他人並非當時偶然的現象。已以他人爲父,故稱本生之父爲嫡考。既已爲人後,本當厚於所後而薄於本親,僅爲所後制作祭祀禮器,何故反來爲本親制作祭祀祖考的禮器? 若從周禮的服制考察,既爲人後反來爲本親制作祭祀禮器,正如爲人後者雖爲所後制服而於本親仍有服一樣。作器與制服相應,皆不視本親爲路人而疏遠之的禮義貫穿其中。爲人後者因出後他人,爲其本親父母本三年而降一等服期,爲其本親祖父母本期而降一等服大功。與爲本親父母制服之義相應,師眉、章叔將制作祭祀本親先父的禮器,故銘文稱嫡考。與爲本親祖父母、父母制服之義相應,仲師父、勇叔買制作祭祀本親祖考的禮器,故銘文稱皇祖、嫡考。父子一體,不惟己與父,父與祖亦是一體,故雖稱皇祖而不言嫡祖,因稱父爲嫡考,故知祖也是本親之祖。因父祖爲一體,雖於祖不言嫡而言皇,其實亦是嫡祖。另外,仲師父鼎既是爲本親祖考所作之器,從銘中季妧妲之稱以字配姓而言,可知是仲師父生母。既已出後他人,以所後者之妻爲母,故爲生母作器稱其姓字而不言是己母。受器者是生母,受用者却是本親祖考。

上述四器皆是爲人後者爲本親所作祭祀祖考的禮器,然而同是出後他人,何以或爲本親制作祭祀皇祖、嫡考的禮器,或僅爲本親制作祭祀嫡考的禮器。就廟制而言,天子、諸侯之士皆分上、中、下三等,諸侯之上士及天子三等元士得以立祖廟、父廟,諸侯中、下之士祖禰共廟,故僅立一廟。師眉、章叔將之本親爲諸侯之中士或下士,僅有一廟,故就其親者而言,爲其本親制作祭祀嫡考的禮器。仲師父、勇叔買之本親爲天子之元士或諸侯之上士,父祖皆有廟,就其尊者、親者而言,故爲其本親制作祭祀皇祖、嫡考的禮器。當然,或許還有另外的原因,即師眉、章叔將的生父先於其祖而亡,作器時其祖尚見在,與本親身份的高低貴賤及廟制無關。

七　爲宗子、宗子之母妻制服與作器

宗法制度下,家家皆有小宗,小宗統於大宗。大宗百世不遷,小宗五世而遷,前引《禮記·大傳》已有説明。《喪服小記》亦有類似的説法:"別子爲祖,繼別爲宗,繼禰者爲小宗。有五世而遷之宗,其繼高祖者也。是故祖遷於上,宗易於下。尊祖故敬宗,敬宗所以尊祖禰也。"凶禮爲大宗制服,若與當家大宗宗子同高祖,本是五服内之親,固爲之制服。五世之後,與大宗宗子别高祖,則爲大宗宗子五服外之宗親,本已絶屬不當爲之制服,因尊祖敬宗,仍爲大宗宗子及其母妻制服。《喪服》云丈夫、婦人爲宗子、宗子之母妻疏衰裳齊、牡麻絰、無受。《傳》曰:"何以服齊衰三月也? 尊祖也,尊祖故敬宗。敬宗者,尊祖之義也。宗子之母在,則不爲宗子之妻服也。"此所謂丈夫、婦人,指與大宗宗子別高祖之同宗男女,即五服外之宗親。據鄭注、賈疏,婦人包括在室女子、出嫁反在父室之女子及歸宗婦人。雖然五服内外之親皆爲大宗宗子及其母妻制服,但變除之時節略有不同。蔡德晋云:"大宗至尊,五屬之外皆服齊衰三月。其在五服中者,亦不當以功、緦之服服之,故無問大功、小功、緦麻皆服齊衰。但緦麻之親則服齊衰三月而除,與五屬之外同。若大功、小功之親則既服齊衰三月,乃受以大功、小功之衰,以足其月數而止。"[⑬]若大宗宗子之母妻俱在,宗人爲其母有服則爲其妻無服。至母卒之後或因年老不與齊喪之事,其妻當家參與宗廟祭祀,宗人乃爲其妻服齊衰三月。之所以亦爲大宗宗子母妻服齊衰三月,賈疏云:"以宗子燕食族人於堂,其母妻亦燕食族人之婦於房,皆序以昭穆,故族人爲之服也。"若身爲大夫,以尊降旁親一等。大夫雖以尊降旁親一等,因尊祖敬宗,不降大宗宗子。《喪服》嫌大夫以尊降大宗宗子,又特言大夫爲宗子亦齊衰三月。《傳》曰:"何以服齊衰三月也? 大夫不敢降其宗也。"既不降大宗宗子,可知其母妻亦不降,前文言丈夫、婦人爲宗子、宗子之母妻齊衰三月可以爲證,此亦是省文之例。《喪服》言爲大宗制服,猶有不備。《記》補經之不備云:"宗子孤爲殤,大功衰、小功衰皆三月,親則月算如邦人。"此概言爲無父殤死之大宗宗子之服,五服内之親各以其親疏遠近之殤服服之,五服外之宗親爲長殤中殤服大功布衰裳、爲下殤服小功布衰裳,皆三月而除之。凶禮既爲大宗宗子及其母妻有服,吉禮則依制服飾群黨、別親疏之義,亦爲大宗宗子及其母妻作器。銘文云:

> 虘作寶鐘,用追孝于己伯,用享大宗,用樂好賓,虘乂蔡姬永寶,用邵大宗。(虘鐘/西周中期)

> 作厥穆穆文祖考寶尊彝,其用夙夜享于厥大宗。(作厥方尊/西周中期)

> 兮熬作尊壺,其萬年,子子孫孫,永用享孝于大宗。(兮熬壺/西周晚期)

大宗統領族人百世不遷而爲全族之至尊,小宗包括在五服之内,嫡子爲父制作宗彝即是爲小宗作器,故銅器銘文見大宗而不見小宗。《尚書大傳》云:"宗室有事,族人皆侍終日。大宗已侍於賓奠,然後燕私。"[⑭]鄭注云:"謂卿大夫以下。宗室,大宗子之家也。《禮記》:别子爲祖,繼別爲大宗,繼禰爲小宗。賓,僚友助祭者。燕私者何也? 祭已而與族人飲也。"虘作寶鐘，一則“用享大宗”，一則“用樂好賓”，與《尚書大傳》所言“宗室有事”、“然後燕私”之事正相符，又言“盧眔蔡姬永寶”，皆可證盧爲繼別宗子，當爵爲大夫。既爲大夫，得爲別子與祖、父立三廟。《禮記·王制》云：“大夫三廟，一昭一穆，與太祖之廟而三。”鄭注云：“太祖，別子始爵者，《大傳》曰‘別子爲祖’，謂此。雖非別子，始爵者亦然。”銘文略祖、父不言而徑言“追孝于己伯”，則己伯當爲別子始爵者或非別子始爵者。作厥方尊銘文既言爲厥文祖考作器，又言享于厥大宗，據以知厥祖考皆是大宗宗子。兮熬壺銘文簡略，僅言“永用享孝于大宗”。因大宗宗子五服内外之親皆爲之制服，雖然器服相應，但不明作厥方尊、兮熬壺器主人與作器所爲之祖考、大宗是五服内之親，還是五服外之親。若是五服内之親，得以爲祖考、大宗作器用於廟中祭祀，則器主人也是大宗宗子。若是五服外之宗親，爲大宗宗子作器，與爲宗子齊衰三月之服制相應，則是出於尊祖敬宗的緣故。雖然不能斷定二器器主人與作器所爲之大宗的親疏遠近，銘文既皆言爲大宗作器，表明是大宗之統，仍與五服内外爲大宗宗子制服之義相應。既使銘文不明言爲大宗作器，舉宗字與室、彝等字並言，當也是就大宗而言，如：

　　　　過伯從王伐反荆，俘金，用作宗室寶尊彝。（過伯簋／西周早期）

　　　　王在魯，蔡賜貝十朋，對揚王休，用作宗彝。（蔡尊／西周早期或中期）

　　　　善敢拜稽首，對揚皇天子丕丕休，用作宗室寶尊，唯用妥福，嘼前文人，秉德共屯，余其用各我宗子與百姓。（善鼎／西周中期）

　　　　仲追父作宗彝。（仲追父方彝／西周中期）

　　　　仲殷父鑄簋，用朝夕享孝宗室。（仲殷父簋／西周晚期）

　　　　麃父作甗是從宗彝肆。（麃父卣／西周早期）

因銘文只見大宗而不見小宗，既言爲宗室作尊彝，則是爲大宗所作之器，不是爲當家小宗宗子作器。《詩經·采蘋》云：“于以奠之？宗室牖下。”毛傳云：“宗室，大宗之廟也。”除前引鄭注以宗室爲大宗子之家外，毛傳亦以宗室指大宗，可據以釋銘文中之宗室或宗彝。銘文既不見小宗，則善鼎銘文所謂宗子固指大宗宗子而言，也可證銘中宗室是指大宗。楊樹達就認爲，善鼎銘文所云宗室或宗子，當以嫡長子或大宗宗子釋之爲安[⑩]。至於麃父卣銘文所謂從宗，蓋謂所從之宗而所從之宗當指大宗。若此讀不誤，則宗與彝不當連讀。此是例外，大部分銘文中的宗彝皆連讀而爲一固定語詞。當然，上述六器器主人與作器所爲之人的親疏遠近亦難以斷定，原因就在於大宗宗子五服内外之親皆有爲其制服與作器的義務。因大宗宗子五服内外之親皆爲之制服，故銘文恒見依服義爲大宗宗子所作宗彝。若宗彝是爲小宗所作，必以父或考字與宗字連言，以別於爲大宗所作宗彝。如：

　　　　小夫作父丁宗尊彝。（小夫卣／西周早期）

　　　　彀作父乙宗寶尊彝。（彀作父乙方尊/西周早期）

　　　　用作文父癸宗寶尊彝。（保卣/西周早期）

　　　　豚作父庚宗彝。（豚卣/西周中期）

　　　　異作厥考伯效父寶宗彝。（異卣/西周中期）

　　　　周免旁作父丁宗寶彝。（周免旁父丁尊/西周中期）

　　　　彡作甲考宗彝。（彡尊/西周中期）

　　　　作文考日己寶尊宗彝。（作文考日己方尊/西周中期）

爲父作器特言宗字，以明器是爲小宗所作，與單稱宗彝而不冠以父或考字的禮器不同[⑱]。爲父制作宗彝，表明父是繼禰宗子，器主人得以制作宗彝用於祭祀先父，又表明傳重而爲宗子，也是繼禰宗子。大宗或是五服外宗親，小宗則不出五服范圍。因此，爲父制作宗彝與爲父斬衰三年相應，因爲不出五服固依本服制服。雖然銘文見大宗而不見小宗，但小子一詞的不同用法，明確表明了雖不見小宗而實有小宗的事實。西周中期盠駒尊銘文云："王初執駒于斥，王乎師豦召盠，王親詣盠，駒賜兩，拜稽首曰：王弗忘厥舊宗小子。"周王母弟受地而爲別子，繼別爲宗，即是大宗宗子。盠稱頌周王不忘其宗小子，則宗小子當是繼別大宗宗子。西周早期何尊銘文中之宗小子亦指繼別宗子，故唐蘭釋爲周王之同宗小子[⑲]。別子是嫡長之弟，故雖是大宗宗子仍稱小子，又因爲有別於小宗宗子，故在小子前冠以宗字。若無宗字而單稱小子，除了表示自我之謙稱或職官外，則指小宗宗子。如西周晚期叔向父禹簋銘文云："余小子嗣朕皇考，肇帥型先文祖。"繼禰者爲小宗，銘文言"嗣朕皇考"，明小子是繼禰宗子，亦即小宗宗子。既言繼禰，又言帥型文祖，則其父亦是繼禰宗子。自祖至己，嫡嫡相傳而皆爲小宗宗子。日本學者木村秀海已指出，宗小子是大宗，小子某是王室的小宗，某小子某則是王臣家的小宗[⑳]。

　　宗子、宗婦一體，共承宗廟統領族人，宗子五服内外之親除了爲宗子制服與作器外，亦依爲宗婦制服飾群黨、別親疏之義，爲宗婦作器。銘文云：

　　　　伯作蔡姬宗彝（伯作蔡姬尊/西周中期）

　　　　伯偈父作姬𪊽寶簋，用凤夜享于宗室。（伯偈父簋/西周晚期）

　　　　少子陳逆曰：余陳桓子之裔孫，余寅事齊侯，懼恤宗家，擇厥吉金，以作厥元配季姜
　　　　之祥器，鑄兹寶簠，以享以孝于大宗皇祖、皇妣、皇考、皇母。（陳逆簠/春秋晚期）

蔡姬、姬𪊽之稱，表明皆是姬姓婦人，𪊽是名而蔡則是所出之國名。前文已指出，宗室指大宗之家，宗彝前若不冠以父或考，也是就大宗而言。一銘言作蔡姬宗彝，一銘言作姬𪊽寶簋用于宗室，表明皆是爲大宗宗婦所作之器。由於銘文簡略，不能斷定蔡姬、姬𪊽是大宗宗子之母還是其妻。凶禮爲大宗宗婦制服，不分別五服内外之親，或以本服服之，或服齊衰三

月。轉爲吉禮後，尊祖敬宗，亦爲大宗宗婦作器。既使難以判斷器主人與作器所爲之宗婦是五服内之親還是五服外之親，仍是器服相應原則的體現。陳逆，見於《左傳·哀公十四年》，杜注云："陳逆，子行，陳氏宗也"。銘文先言"以作厥元配季姜之祥器"，繼又言作器"以享以孝于大宗皇祖、皇妣、皇考、皇母"，季姜當是見在大宗宗子之妻，先於宗子而亡且已祔廟。據孔疏，於時陳氏繼别宗子是陳成子，則季姜或是陳成子之妻。陳逆在銘中自稱少子，則其身份是庶子，以大宗冠於皇祖、皇妣、皇考、皇母前，明是大宗宗子之皇祖、皇妣、皇考、皇母而非己之祖父母、父母。庶子之家不立别子及祖考之廟，大宗宗子祭祀别子及祖考時，庶子前去助祭而已，故陳逆爲宗婦季姜作器兼用以享孝於大宗皇祖妣、皇考母。庶子爲宗婦作器，亦猶如庶子"以上牲祭於宗子之家"，不僅不悖宗法，而且也與凶禮爲宗婦制服相應，其情形與前文所述𬳿發、𢊁作爲庶子亦爲祖考作器相似。爲大宗宗子制服，不分男女，與此制服飾群黨、别親疏之義相應，婦人亦爲大宗作器。銘文云：

叔㚸作寶尊簋，眔仲氏萬年，用侃喜百生、倗友眔子婦，子孫永寶，用夙夜享孝于宗室。（叔㚸簋/西周晚期）

王子剌公之宗婦䣄嫛爲宗彝𩰫彝，永寶用，以降大福，保辥䣄國。（宗婦䣄嫛鼎/春秋）

聖桓之夫人曾姬無卹，望安兹漾陵蒿間之無匹，用作宗彝尊壺，後嗣用之，職在王室。（曾姬無卹壺/戰國）

叔㚸簋器主人自稱叔㚸而舉姓，故知是女性。周禮四時祭祀之後，大宗宗子宴族人於堂，大宗宗婦宴族婦於室。銘文既言"用侃喜百生、倗友眔子婦"，又言"用夙夜享孝于宗室"，可證器是爲大宗所作。因大宗百世不遷，銘文言"眔仲氏萬年"，又知仲氏即大宗宗子。叔㚸爲大宗宗子作器，與五服内外之親皆爲大宗宗子制服相應。因銘文簡略，不能斷定叔㚸是大宗宗子五服内之親還是五服外之親。宗婦䣄嫛所作之器，尚有簋、盤、壺，銘文相同。䣄嫛在銘中自稱宗婦，表明是宗子之婦。據《喪服小記》、《大傳》及鄭注，大宗宗子或稱别子，或稱公子，是諸侯嫡夫人次子或衆妾之子。既自稱宗婦而又稱其夫之父爲王子，顯與禮書所記不符。但宗法制度的存在又不容置疑，實際反映了天子、諸侯之家雖無大宗之名而有大宗之實。大宗、小宗的區分，本適用於各個階層，並非僅限於大夫、士之家。《白虎通·宗族篇》云："宗其爲始祖後者爲大宗，此百世之所宗也。宗其爲高祖後者，五世而遷者也。故曰：祖遷于上，宗易于下。宗其爲曾祖後者爲曾祖宗，宗其爲祖後者爲祖宗，宗其爲父後者爲父宗。父宗以上至高祖，皆爲小宗，以其轉遷，别于大宗也。别子者自爲其子孫祖，繼别者各自爲宗，所謂小宗有四，大宗有一，凡有五宗，人之親所以備矣。"此則以"繼别爲宗"之"宗"爲小宗，與鄭玄注《喪服小記》與《大傳》指爲大宗不同。實際上，所謂别子都是相對而言。天子母弟出封爲諸侯，於天子而言爲别子；諸侯母弟受地爲卿大夫，於諸侯而言爲别子。宗法並非如程瑤田《宗法小記》所言,僅僅限於大夫、士之家,天子、諸侯之家亦有宗法。王國維説:"由尊之統言,則天子、諸侯絶宗,王子、公子無宗可也。由親之統言,則天子、諸侯之子,身爲别子而其後世爲大宗者,無不奉天子、諸侯以爲最大之大宗。特以尊卑既殊,不敢加以宗名,而其實則仍在也。"[19]因此,銘文所言王子刺公,當爲天子母弟出封郙國,爵爲諸侯。郭沫若綜合宗婦郙嫛諸器花紋、字迹與平王元年石鼓文相類等因素,疑銘中王子蓋宣王之子[20]。關於郙國,文獻有記載。《類篇》云:"郙,鄉名,在臨邛。"臨邛,即今四川邛崍。《説文》云:"榑,蜀地也。"《華陽國志·巴志》云:"周慎王五年,蜀王伐苴侯,苴侯奔巴,巴爲求救於秦。秦惠文王遣張儀、司馬錯救苴、巴,遂伐蜀滅之。"楊寬認爲,榑、苴皆是郙的别一寫法,此國很可能西周時已建立,因遠在四川,不見於中原典籍[21]。刺公雖身爲諸侯,仍體現宗法制度,故其婦稱其爲王子,自稱則爲宗婦,反映了天子、諸侯之家皆有宗法的事實。宗婦郙嫛爲大宗作器,實際上是爲繼王子刺公而爲大宗宗子的丈夫作器,雖不與爲宗子齊衰三月之服制相應,却與妻爲夫斬衰三年之服制相應。曾姬無卹是器主人之自稱,曾是所出之國名,姬是其本姓,無卹是其名。稱姓表明是女性,姓前冠以國名,又表明是姬姓曾國出適之女。姓名之前冠以"聖桓之夫人"以明其身份,又言"後嗣用之,職在王室",説明其夫聖桓的身份至少是諸侯以上。望山一號墓109號竹簡云:"聖桓王、悼王各佩玉一環。"整理者據《左傳》、《公羊傳》、《史記》等文獻斷聖桓王即《楚世家》中之聲王[22]。曾姬無卹壺1932年出土於今安徽壽縣,其地爲楚之舊都。因此,壺銘中的聖桓當即簡文中的聖桓王,皆指楚聲王。曾姬無卹身爲聲王之夫人而制作宗彝,不僅説明諸侯之家有宗法,而且也與妻爲夫斬衰三年飾群黨、别親疏之服制相應。

八　爲長子、女子制服與作器

長子是先祖之正體,又將代己傳重,因此父爲長子亦有服。《喪服》云父爲長子斬衰裳、苴絰杖絞帶、冠繩纓、菅屨三年。《傳》曰:"何以三年也? 正體於上,又乃將所傳重也。庶子不得爲長子三年,不繼祖也。"文獻中世子、太子、嫡子本皆指長子,因分别據天子、諸侯、大夫、士立稱,不通上下,故舉長子以概其餘。據賈公彦疏,世子之稱僅據天子、諸侯而言,太子之號下及大夫之子而不施用於士之子,嫡子雖包括士之子而不上通於天子、諸侯之子,唯長子爲上下之通稱。其實,冢子與長子同,亦通上下。鄭玄注《禮記·內則》之"冢子則太牢"云:"冢子猶言長子,通於下也。"長子之稱,亦見西周早期長子狗鼎、春秋晚期長子沬臣簠等器銘。父爲長子斬衰三年,有兩個先決條件:1. 父祖嫡嫡相承於上,己又爲嫡嗣於後,所謂"正體於上"。2. 長子將代己傳重,所謂"又乃將傳重也"。因此,自祖至己三世嫡嫡相承，方可爲四世長子斬衰三年。當然，也有傳重而仍不爲之斬衰三年的情況。賈疏云："一則正體不得傳重，謂適子有廢疾不堪主宗廟也。二則傳重非正體，庶孫爲後是也。三則體而不正，立庶子爲後是也。四則正而不體，立適孫爲後是也。"己既繼祖禰，則己之弟爲庶子。因庶子不繼祖禰，故不得爲其長子斬衰三年。夫妻一體，父既爲長子斬衰三年，母亦爲長子有服。因爲父不敢降祖禰之正體，故母亦不敢降父之所不敢降。《喪服》云母爲長子疏衰裳齊、牡麻絰、冠布纓、削杖、布帶、疏屨三年。父母爲長子雖同三年，但制服不同。一爲斬衰，一爲齊衰。賈疏云："以子爲母服齊衰，母爲之不得過於子爲己。"至於衆子，既非正體，亦不傳重，故父母爲衆子僅疏衰裳齊、牡麻絰、冠布纓、不杖、布帶、麻屨期。因天子、諸侯絕旁期，故爲衆子無服。當然，父母爲子制服不同，除分別嫡子與衆子外，還與子爲成人或殤死及己之身份的高低貴賤有關。據《喪服》，計有下列幾種情況：1. 大夫之子爲其子爲大夫者、公妾或大夫之妾爲其子、繼母報服皆齊衰期。2. 爲子之長殤或中殤、公或大夫爲嫡子之長殤或中殤、大夫爲子之爲士者、大夫之妾爲君之庶子皆大功。3. 大夫之妾爲庶子之長殤、大夫或大夫之子或公之昆弟爲庶子之長殤皆小功。

長子不傳重而死，凶禮父爲之斬衰三年。凶禮轉爲吉禮後，與爲長子斬衰三年之服制相應，父亦爲長子作器。周禮推本崇嫡，貫穿於各種禮典之中。爲長子作器，殷代已然。殷代晚期邁簋銘文云："辛巳，王飲多亞，聽享京，邁賜貝二朋，用作大子丁。"周代銘文云：

　　燕侯令堇饔太保于宗周，庚申，太保賞堇貝，用作大子癸寶尊爔。（堇鼎/西周早期）

　　吕仲僕作毓子寶尊彝。（吕仲僕爵/西周早期）

　　余用作朕後男毓尊簋。（師衮簋/西周晚期）

堇鼎銘文記器主人堇受燕侯之命出使宗周向大保奉獻禮物，因受大保賞賜，爲其長子作器。從堇受燕侯命出使宗周來看，其身份當爲卿大夫。《儀禮·聘禮》所記是諸侯卿大夫出使之禮，《禮記·曲禮下》云："諸侯使大夫問於諸侯曰聘"，凡此皆可證諸侯出使朝聘之事，若不親往，皆使卿大夫。據鄭玄《三禮目録》，大聘使卿，小聘使大夫。大夫爲長子制服，若成人服斬衰三年，若殤死則服大功。與此服制相應，故吉禮大夫亦爲長子作器。關於後男之稱，楊樹達曾舉三證，論定"後男或云後子，皆謂長子"[13]。甲骨文中有一字從母（或從女、從人）從子（或從倒子），象產子之形。王國維指出，以字形言，此字即《説文》育之或體毓字，毓從每、從㐬（倒古文子），與此正同，產子爲此字之本誼，引申爲先後之後，又引申爲繼體君之后[14]。吕仲僕爵銘文中的毓子即後子，猶師衮簋銘中之後男，皆指長子。文獻不見毓爲國名的記載，則毓子之子也就不可能是爵稱。因此，吕仲僕爵、師衮簋皆是爲長子所作之器，與凶禮爲長子制服相應。

女子子亦是骨肉之親，故凶禮亦爲之制服。《喪服》云爲女子子適人者大功布衰裳、牡麻絰纓、布帶三月、受以小功衰即葛九月。《傳》曰："何以大功也？出也。"爲女子子本服期，因出適降在大功。然而齊衰不杖期服之下並不見爲女子子之文，故鄭玄據《喪服》省文之例注"爲衆子"條云："女子子在室亦如之"，謂女子子在室與衆子相同，父母爲之服期。因此，爲女子子制服的通例是女子子在室服期，出適降在大功。然而爲女子子之服制、年月不同，除分別在室與出適之外，因着服之人身份有高低貴賤，所爲之女子子有無主與有主、成人與殤死之不同，還曲分各種不同的情況：1. 爲女子子適人無主者、大夫之子爲女子子爲命婦無主者皆齊衰期。2. 君爲女子子嫁于國君者、大夫或大夫之妻或大夫之子或公之昆弟爲女子子嫁于大夫者、爲女子子之長殤或中殤皆大功。3. 大夫或大夫之子或公之昆弟爲女子子適士者或爲長殤、大夫之妾爲庶子適人者、爲女子子之下殤皆小功。天子、諸侯絶旁期，大夫降期以下一等，但仍爲出適女子子有服，是因爲其尊貴或無主。《喪服傳》云："尊同則得服其親服。"器服相應，既爲女子子制服，故亦爲之作器。銘文云：

> 王作姬狽母尊鬲。（王作姬狽母鬲／西周晚期）

> 虢伯作姬大母尊鬲。（虢伯鬲／西周晚期）

> 應侯作姬𤔲母尊簋。（應侯簋／西周晚期）

> 仲伐父作姬尚母旅甗。（仲伐父甗／西周中期）

> 穆父作姜懿母饋鼎。（穆父作姜懿母鼎／西周中期）

金文中女性姓名後所綴之母，往往是配字之美稱而非指育己之生母。王國維曾指出："男子字曰某父，女子曰某母。蓋男子之美稱莫過於父，女子之美稱莫過於母。男女既冠笄，有爲父母之道，故以某父、某母字之也。"[18]上述銘文中的母字，皆當以配字之美稱視之。春秋時代鄬大邑魯生鼎銘文云："鄬大邑魯生作壽母媵鼎。"春秋晚期蔡大師鼎銘文云："蔡大師膔媵許叔姬可母飤繁。"二器皆是媵器，壽母、可母之母是配字之美稱，可以爲證。周王姬姓，稱作器所爲之人爲姬狽母，與周王同姓。周禮同姓不婚，則姬狽母必非周王之妻或母而必是其女。《左傳·僖公五年》云："虢仲、虢叔，王季之穆也"，《二十四年》又云："邘、晋、應、韓，武之穆也"，《漢書·地理志》穎川郡父城下云："應鄉，故國，周武王弟所封"，則虢伯、應侯皆姬姓。虢伯鬲、應侯簋銘文言作器所爲之人分別是姬大母、姬𤔲母，與器主人同姓，則姬大母、姬𤔲母非器主人之妻或母，亦當是器主人之女[19]。周王、虢伯、應侯爲女子作器而舉其所自出之姓，表明已出適嫁人。姬大母之稱，猶《左傳·襄公二十五年》所云"元女大姬"，還表明是長女。至於姬尚母、姜懿母，文例與姬狽母、姬大母、姬𤔲母相同，可證仲伐父甗、穆父作姜懿母鼎皆是器主人爲其女子所作之器。凶禮君爲出適女子或嫁於國君者服大功，周王、虢伯、應侯當是與此服制相應而爲女子作器。由於仲伐父、穆父身份的高低貴賤不明，只得依爲出適女子服大功之義律二人亦爲女子作器。然而爲女子作器，稱呼其女未必

皆以母字與姓名相配,僅據銘文所舉之姓亦可斷是爲女子所作之器。銘文云:

> 王作仲姬寶彝。(王作仲姬方鼎／西周早期)
>
> 魯侯作尹叔姬壺。(魯侯壺／西周晚期)
>
> 紀侯作姜縈簋。(己侯簋／西周中期)
>
> 鄧孟作監嫚尊壺。(鄧孟壺／西周晚期)
>
> 杜伯作叔祁尊鬲。(杜伯鬲／西周晚期)
>
> 矢王作鄭姜尊簋。(矢王簋蓋／西周晚期)
>
> 魯伯俞父作姬仁簠。(魯伯俞父簠／春秋早期)

周王、魯侯皆姬姓,作器所爲之人亦姬姓,表明皆是周王、魯侯之女而必非周王、魯侯之妻或母。《帝王世紀》云:“周之紀國,姜姓也。”⑫《春秋釋例・世族譜》亦云:“紀國,侯爵,姜姓也。莊公四年,齊滅之。”姜縈之稱,姜爲姓,縈是名或字。郭沫若云:“姜縈即己侯女名。”⑬姜縈與紀侯同姓,則爲紀侯之女而非其母或妻,則紀侯簋亦是爲女子所作之器。鄧是曼姓國,見於《左傳・桓公七年》孔疏引《世本》,《說文》亦云:“鄧,曼姓之國,今屬南陽”,《潛夫論・志氏姓》字作嫚。杜是陶唐氏之後,祁姓,《左傳・文公六年》云“杜祁以君故,讓偪姞而上之”可以爲證。監嫚、叔祁與器主人同姓,可據以斷定鄧孟壺、杜伯鬲皆是爲女子所作之器。劉雨不僅明確指出“鄧孟壺是鄧孟爲其嫁於監國之女監曼所作的壺”,而且還考證了監國的地望⑭。矢是西周時稱王的小國之一,其姓不見於文獻。張政烺認爲,鄭姜之稱表明是嫁於鄭之姜姓女子,又進而斷定矢是姜姓而鄭姜是矢王之女⑮。據此而論,則矢王簋亦是爲女子所作之器。至於魯伯俞父與姬仁的關係,可據他器銘文論定。魯伯俞父鬲銘文:“魯伯俞父作邾姬仁媵羞鬲。”邾姬仁之稱是以將出適之國名冠於本姓前以明婚姻,可證姬仁爲魯伯俞父之女。郭沫若云:“此伯愈父亦以伯爲氏者,與邾國通婚姻,故其女稱邾姬。”⑯然而彼鬲是媵器,此鼎則爲禮器。不必執彼鬲以律此鼎,亦斷此鼎爲媵器。歷史事實或許是姬仁出適時,其父爲之作媵器,姬仁不享天年而亡,其父又依爲女子制服飾群黨、別親疏之義而爲之作器。若同是爲一人所作媵器,不應一器銘文言媵而另一器銘文略而不言。西周至於春秋,尚未完全禮崩樂壞,天子、諸侯皆謹遵同姓不婚之制,爲天下表率,不娶同姓,則上述諸器皆是爲女子所作之器當無疑問⑰。綜上所述,凡器主人與作器所爲之人同姓,皆是爲女子而非爲母或妻所作之器。天子、諸侯以下爲出適女子作器,與爲出適女子制服飾群黨、別親疏之義相貫,不必皆以媵器視之。因爲凡是媵器,銘文皆出媵字以別於禮器。前文所述皆是男性爲女子所作之器,女性爲女子所作之器考古亦有發現。銘文云:

> 蘇冶妊作虢妃魚母般(盤)。(蘇冶妊盤／春秋)

尚有蘇冶妊鼎,銘文相同,唯般字作䏢,諸家皆釋爲媵字。遍檢殷周銅器銘文,言爲某人作滕器,辭例有三:1. 滕後出器名,如春秋時鄭大内史叔上匜銘文云:"作叔嬀滕匜。"2. 滕後出人名,如春秋時鄥子妝簠銘文云:"鄥子妝擇其吉金,用鑄其簠,用滕孟姜、秦嬴。"[163] 3. 滕後既出人名又出器名,如春秋時慶叔匜銘文:"慶叔作滕子孟姜盥匜。"從無一器銘文僅言滕而不及器名或人名,疑蘇冶妊鼎銘文之臍或爲鼎字之誤[164]。器主人自稱其名而舉姓,則是女性無疑。姓前冠以所適之國名及己之名或字,則又表明是出適嫁於蘇國。《國語・鄭語》云"己姓:昆吾、蘇、顧、温、董",則蘇國己姓。己爲妃之省,西周晚期蘇衛妃鼎銘文云"蘇衛妃作旅鼎"可以爲證。虢妃魚母之稱,既舉姓又在姓前冠以所適之國名,表明是蘇冶妊之女而已出適嫁於虢國。蘇、虢爲婚姻之國,妃姓之女嫁於虢國,其他銅器銘文亦有記載。西周晚期虢文公子㱃鼎銘文云:"虢文公子㱃作叔妃鼎。"郭沫若指出,叔妃即㱃之妻,蓋蘇女也,蘇冶妊盤銘中之虢妃或即此銘之叔妃[165]。綜合二器銘文,可得如下結論:蘇國之女嫁於虢國爲虢文公子㱃之妻,不享天年而亡,其夫爲之作器稱其名曰叔妃,明其姓與行第。其生母亦爲之作器而稱虢妃魚母,明其姓與所適之國而魚母則是其字。二器之作,皆與凶禮夫爲妻、父母爲出適女子制服飾群黨、別親疏之義相應。

九　爲昆弟、姊妹制服與作器

昆弟與己是一體之親,故凶禮爲昆弟亦有服。《喪服》云爲昆弟疏衰裳齊、牡麻絰、冠布纓、不杖、布帶、麻屨期。就其他經典而言,昆弟亦稱兄弟,二者往往無別,爲同行輩之稱。《爾雅・釋親》云:"男子先生爲兄,後生爲弟。"《釋名・釋親屬》云:"兄,荒也。荒,大也。"又云:"弟,第也,相次第而上也。"《白虎通・三綱六紀》云:"兄者,況也,況父法也。弟者,悌也,心順行篤也。"然而就制服而言,昆弟與兄弟不同,兄弟專指小功以下之親。胡培翬辨之甚詳:"凡經皆言昆弟,不言兄弟。經是周公所作,用周時語,《説文》所云'周人謂兄曰眾'是也。《記》與《傳》則有言昆弟者,有言兄弟者。《傳》曰:'小功者,兄弟之服也',又曰:'小功以下爲兄弟',此指服言之。蓋《喪服》大功以上無外姻之服,小功以下乃有之。古人通謂外姻爲兄弟,以小功、緦麻内皆有異姓之服,故名其服爲兄弟服。其言昆弟者,則皆指人言之,仍經例也。然兄弟亦有指人言者,鄭《記》注云'兄弟猶言族親'是也。總之,服制之稱,止可言兄弟,不可言昆弟,其同行輩之稱,則兄弟與昆弟亦通。他經多有言兄弟者,非謂昆弟之必不可稱兄弟也。"[166]昆弟至親,銘文亦有記載。春秋早期曾子仲宣鼎銘文云:"宣喪(尚)用饗其父、諸兄。"春秋中晚期䣄鎛銘文云:"用祈壽老毋死,保吾兄弟。"因父有高低貴賤之別,己亦有嫡庶及出後他人之不同,昆弟還有成人與殤死之異。因此,爲昆弟制服,《喪服》還曲分各種不同的情況:1. 大夫之子爲昆弟爲大夫者、大夫之庶子爲適昆弟皆疏衰裳齊、牡麻絰、冠布纓、不杖、布帶、麻屨期。2. 爲人後者或公之庶昆弟或大夫之庶子爲其昆弟、大夫爲昆弟之爲士者皆大功布衰裳、牡麻絰纓、布帶三月，受以小功衰即葛九月。3. 爲昆弟之長殤大功布衰裳、牡麻絰、纓絰九月，爲昆弟之中殤大功布衰裳、牡麻絰、不纓絰七月，爲昆弟之下殤小功布衰裳、澡麻帶絰五月。4. 大夫之庶子爲適昆弟之長殤大功布衰裳、牡麻絰、纓絰九月，爲適昆弟之中殤大功布衰裳、牡麻絰、不纓絰七月，爲適昆弟之下殤小功布衰裳、澡麻帶絰五月。5. 爲人後者或大夫或公之昆弟或大夫之子爲其昆弟之長殤小功布衰裳、澡麻帶絰五月。依爲兄制服飾群黨、別親疏之義，凶禮轉爲吉禮後亦爲兄作器。銘文云：

> 尹舟作兄癸尊彝。（尹舟作兄癸卣／西周早期）
>
> 述作兄日乙寶尊彝。（述作兄日乙卣／西周早期）
>
> 屯作兄辛寶尊彝。（屯作兄辛卣／西周早期）
>
> 䢞作兄日壬寶尊彝。（䢞兄日壬卣／西周早期或中期）
>
> 史𡖉敖作兄日癸旅寶尊彝。（史𡖉敖尊／西周早期）

述、屯、䢞所作同銘之器尚皆有一尊，史𡖉敖尊則是 1978 年河南洛陽市北窑村西龐家溝瀍河西岸西周貴族墓葬出土⑰。從上引銘文器主人自稱名或字而不著姓來看，皆是男子爲其兄所作之器。由於器主人身份無法確定，所爲之兄也不知是成人還是殤死，只能依常例看作是因爲兄制服飾群黨、別親疏之義而爲兄作器。值得注意的是，商末晚期的銅器銘文亦屢言爲兄作器，如銘文云："季作兄己尊彝"（《集成》2335）、"厚作兄日辛寶彝"（《集成》3665）、"刺作兄丁、辛尊彝"（《集成》5338）、"子达作兄日辛彝"（《集成》6485）。西周的禮制雖然承襲殷商，然而自武王克商以來，實行嫡長子繼承制，無嫡長子則以支子入嗣，仍依昭穆次序排定，與嫡長子相同。因而就西周的喪服制度而論，西周銅器銘文中的兄或指嫡長子，或其身份是大夫。就宗法制度而論，兄之身份雖是大夫，既稱兄則是以兄道宗兄而非以臣道尊君。昆弟一體，弟既爲兄制服與作器，兄亦因凶禮爲弟制服飾群黨、別親疏之義而爲弟作器。銘文云：

> 伯作南宮簋。（伯作南宮簋／西周早期）

此器出土於陝西寶雞茹家莊 M2 墓葬，同墓出土有銘銅器皆是𢐗伯所作⑱。此器銘文自稱伯，可據他器斷定仍是𢐗伯。《喪服傳》云："昆弟之義無分，然而有分者則辟子之私也。子不私其父則不成爲子，故有東宮、有西宮、有南宮、有北宮。異居而同財，有餘則歸之宗，不足則資之宗。"《詩經・碩人》云："東宮之妹"，毛傳云："東宮，齊太子也。"東宮代太子，則西、南、北宮自可代庶子。東、西、南、北宮既代指異居昆弟，𢐗伯本是東宮太子，繼父傳重而爲𢐗地之君，則南宮代指其弟。若此推測不誤，則此器是𢐗伯爲其弟所作之器，亦與凶禮兄爲弟制服飾群黨、別親疏之義相應。

姊妹亦是骨肉之親,既使出嫁,情猶不殺,故爲姊妹無論在室與適人皆有服。《喪服》云爲姊妹適人者大功布衰裳、牡麻絰纓、布帶三月,受以小功衰即葛九月。《傳》曰:"何以大功也? 出也。"因姊妹適人,降至大功,則爲姊妹在室本服期。然而齊衰不杖期服之下不見爲姊妹之文,鄭注爲昆弟不杖期條云:"爲姊妹在室亦如之",據以知爲姊妹在室服不杖期。敖繼公云:"不杖期章不特著爲此親在室者之服,蓋以此條見之,蓋經之例然也。"⑱之所以爲姊妹適人者降至大功,是因爲姊妹適人,其夫爲之服期,故本親以出降。《禮記‧檀弓上》云:"姑姊妹之薄也,蓋有受我而厚之者也。"厚於彼,故薄於此。凶禮轉爲吉禮後,依爲姊妹制服之義,亦爲姊妹作器。銘文云:

　　　　夔王作姬姊盉。(夔王作姬姊盉/西周中期)

夔字還見於近出夔公盨銘文,但不從攵。二字雖有繁構與省寫之别,實爲一字。或釋作燹,讀爲豳;或讀爲肆;或以爲燧之異文⑲。李學勤讀爲遂,據文獻記載,認爲可能本有兩個遂國,一姬姓,一姚姓,同時還指出遂王作姬姊盉之遂或許是姬姓遂,從其稱王看,應是邊裔夷狄之類⑳。女子出適皆稱姓,既稱姬姊,表明是已出適嫁人而非在室。天子、諸侯僅爲正統之親制服,爲旁親以下之人絶服。夔王既已稱王,爲其姊本無服,依制服與作器相互對應的原則,當也不爲其姊作器。然而《喪服》云君爲姊妹嫁於國君者大功布衰裳、牡麻絰纓、布帶三月,受以小功衰即葛九月。《傳》曰:"何以大功也? 尊同也,尊同則得服其親服。"國君雖絶期以下之親,由於其姊妹嫁於國君,尊與己同,即《傳》所謂"夫尊於朝,妻貴於室",故亦不降其姊妹,依出適爲姊妹服大功。夔王據此服制而爲其姊作器,則其姊當是出適而爲國君夫人。姊妹既是骨肉之親,不僅爲姊作器,亦爲妹作器。銘文云:

　　　　西替作其妹斳尊簠。(西替簠/戰國)

　　　　西替作其妹斳饋鉦鎗。(西替簠/戰國)

姊妹是旁親,爲之制服,因在室或出適而有期與大功之别。此外,《喪服》言爲姊妹制服,衣服、年月不同,還與服者身份的高低貴賤、所爲之人有主與無主及成人與殤死等情況有關:1. 昆弟爲姊妹適人無主者、大夫之子爲姊妹爲大夫命婦無主者皆疏衰裳齊、牡麻絰、冠布纓、不杖、布帶、麻屨期。2. 大夫、大夫之妻、大夫之子、公之昆弟爲姊妹嫁於大夫者大功布衰裳、牡麻絰纓、布帶三月,受以小功衰即葛九月㉑。3. 大夫或大夫之子或公之昆弟爲姊妹適士者、爲人後者爲其姊妹適人者皆小功布衰裳、牡麻絰、即葛五月。4. 爲姊妹之長殤大功布衰裳、牡麻絰、纓絰九月,爲姊妹之中殤大功布衰裳、牡麻絰、不纓絰七月,爲姊妹之下殤小功布衰裳、澡麻帶絰五月。5. 大夫、公之昆弟、大夫之子爲其姊妹之長殤小功布衰裳、澡麻帶絰五月。西替雖然依爲其妹制服飾群黨、别親疏之義而爲之作器,但不明西替身份的高低貴賤,也不知其妹在室還是已出適嫁人及所嫁之人的高低貴賤。依器服相應的常例而論，既爲其妹有服，亦因服義爲其妹作器。

十　爲妻、妾制服與作器

妻非血親，僅是義合。婦人有三從之義，因出嫁從夫，以夫爲天，爲夫斬衰三年，故夫爲妻亦制服報之。然而同是爲妻制服，衣服、年月不同，除須分別父之尊卑與見在否，還與己之身份是嫡子還是庶子有關。《喪服》言五服之內爲妻制服，有以下幾種情況：1. 爲妻疏衰裳齊、牡麻絰、冠布纓、削杖、布帶、疏屨期。《傳》曰：“爲妻何以期也？妻至親也。”因妻與夫一體，夫妻胖合，故妻至親。此僅言夫爲妻之服，不辨夫是嫡子還是庶子，也不分別夫之父見在與否。據鄭注，此經、傳所言是父在而庶子爲其妻。此所謂庶子，總包天子以下至於士、庶人之庶子。賈疏云：“天子以下至士、庶人，父皆不爲庶子之妻爲喪主，故夫皆爲妻杖得伸也。”周禮因天無二日，引伸出家無二尊、喪無二主。父雖見在，但不爲庶子之妻爲喪主，庶子得以爲妻以杖即位。《禮記·服問》云：“君所主，夫人妻、大子、適婦。”《喪服小記》孔疏亦云：“舅主適婦，故適子不得杖；舅不主庶婦，故庶子爲妻可以杖即位。”2. 大夫之適子爲妻疏衰裳齊、牡麻絰、冠布纓、不杖、布帶、麻屨期。《傳》曰：“何以期也？父之所不降，子亦不敢降也。何以不杖也？父在則爲妻不杖。”鄭注云：“大夫不以尊降適婦者，重適也。”因嫡子傳重，大夫重嫡而爲嫡子之妻爲喪主，故嫡子爲妻不杖即位，且易疏屨爲麻屨。雖然庶子、大夫之嫡子爲妻有杖與不杖之別，衣服也略有不同。至於年月，庶子、大夫之嫡子爲妻皆期。庶子爲妻期，是因爲妻至親；大夫之嫡子爲妻期，是因爲嫡子不敢降父之所不降。此經僅言大夫之嫡子爲妻，至於天子、諸侯之嫡子爲妻，其他文獻則有説明。《喪服小記》云：“世子不降妻之父母，其爲妻也，與大夫之適子同。”鄭注云：“世子，天子、諸侯之適子也。”胡培翬據以指出：“此不杖章唯言大夫之適子爲妻，而《小記》謂天子、諸侯之世子亦同，則大夫以上皆然。以其不杖，自大夫之適子始，故特舉以爲言，然則士之適子爲妻亦杖明矣。”⑯天子、諸侯之嫡子爲妻既與大夫之嫡子爲妻同，從而可知天子、諸侯亦不以己尊降嫡子之妻。賈疏云：“此適子爲妻通貴賤，今不云長子通上下而云適子唯據大夫者，以五十始爵，爲降服之始，嫌降適婦，其子亦降其妻，故明。舉大夫不降，天子、諸侯雖尊，不降可知。”3. 公之庶昆弟、大夫之庶子爲妻大功布衰裳、牡麻絰纓、布帶三月，受以小功衰即葛九月。《傳》曰：“何以大功也？先君餘尊之所厭，不得過大功也。大夫之庶子，則從乎大夫而降也。”⑰公之庶昆弟、大夫之庶子雖然爲妻同大功，却有父没與父在之別。言庶昆弟爲妻而繫於公，明是繼兄而言，又公子父在爲妻在五服之外，今服大功，故知父没；言庶子爲妻而特舉大夫冠於庶子之上，表明是繼父而言，又大夫没後，庶子爲妻得伸重服期，今服大功，知其父在。鄭注云:"公之庶昆弟,則父卒也。大夫之庶子,則父在也。"公之庶昆弟父在,受厭於父之尊,降其妻在五服之外,父没猶爲餘尊所厭,故爲妻不得過大功。大夫之庶子父在,亦受厭於父之尊,大夫以尊降庶子之妻而不降嫡子之妻,故大夫之庶子從大夫而降其妻一等,故爲妻服大功。大夫没後,無餘尊之厭,大夫之庶子爲妻得以伸期服。顧炎武云:"尊尊親親,周道也。諸侯有一國之尊,爲宗廟社稷之主,既没而餘尊猶在,故公之庶子於所生之母,不得伸其私恩,爲之大功也。大夫之尊不及諸侯,既没則無餘尊,故其庶子於父卒,爲其私親,並依本服如邦人也。親不敵尊故厭,尊不敵親故不厭,此諸侯、大夫之辨也。"⑮因公之庶昆弟與大夫之庶子皆受厭降,爲妻大功,故可相提並論。

　　凶禮轉爲吉禮之後,亦因爲妻制服飾群黨、別親疏之義爲妻作器。雖然據銅器銘文屢見爲妻所作之器,但難以斷定器主人是嫡子還是庶子,亦不知器主人之父見在與否,厭降之義亦不明顯,只可據銘文判斷器主人身份的高低。從銘文來看,自天子以下皆爲妻作器,與爲妻制服自天子達於庶人相同。雖然飾群黨、別親疏的方法不同,但親親之義無二。銘文明言爲妻作器,僅有數器。銘文云:

　　　　覺公作妻姚簋。(覺公簋/西周早期)

　　　　黄子作黄夫人孟姬器,則永祐靈踪。(黄子鼎/春秋早期)

　　　　徐大子伯辰□(父)作爲其好妻□(鼎)。(徐大子伯辰鼎/春秋)

　　　　拍作朕配平姬墉宫祀彝。(拍敦/春秋)

覺公簋爲香港私人藏品,朱鳳瀚曾撰文介紹其形制,並認爲銘中妻姚即姚姓之妻,亦即覺公之配偶⑯。黄子爲孟姬所作之器共十四件,銘文略同,諸器1983年出土於河南光山縣一座夫婦合葬墓,亦可證孟姬即黄子夫人⑰。高應勤、夏淥已指出,從徐大子伯辰鼎銘文來看,器是徐國太子伯辰客居楚地時,爲其妻所作⑱。銘文言徐太子爲其妻作器,與《喪服》言嫡子爲其妻齊衰期相應。拍敦銘文言爲平姬墉宫作器而稱"朕配",則是爲妻作器無疑。然而大量爲妻所作之器,銘文並不明言是爲妻所作。根據器主人對作器所爲之人的稱呼方式,可以斷定是爲妻所作之器,器銘是以稱呼己妻的不同方式表明器是爲妻所作。銘文云:

　　　　魯侯作姜享彝。(魯侯盉蓋/西周早期)

　　　　函皇父作周嫐盤盉尊器,鼎簋具,自豕鼎降十,又簋八,兩罍、兩壺。(函皇父鼎/西周晚期)

　　　　王作姜氏尊簋。(王作姜氏簋/西周晚期)

　　　　召樂父作婦妃寶匜。(召樂父匜/西周晚期)

　　　　邾伯御戎作滕姬寶鼎。(邾伯御戎鼎/春秋)

　　　　邾伯肇作孟妊膳鼎。(邾伯鼎/春秋早期)

　　虢仲作虢妃尊鬲。（虢仲鬲／春秋早期）

　　成周邦父作干仲姜寶壺。（成周邦父壺／西周）

　　伯嘉父作喜姬尊簋。（伯嘉父簋／西周晚期）

　　宗仲作尹姞盤。（宗仲盤／西周晚期）

魯侯盉是魯侯爲其姜姓之妻所作之器，因爲單稱姓以明同姓不婚，歷史上齊、魯爲婚姻之國可以爲證。王國維認爲，圅皇父鼎銘中之周娟猶言周姜，即圅皇父之女歸於周而皇父爲作媵器者，圅是其國名或氏名而娟是其姓[⑩]。唐蘭從不同的方面辨正王氏之得失，進而指出圅皇父是姬姓，遂斷周娟是圅皇父之妻，爲周娟所作之器皆是爲妻所作[⑪]。此説已得到學術界的認可，則圅皇父鼎亦是爲妻所作之器。在姓前後加氏字或婦字而稱姜氏、婦妃，與單稱姓並無本質的區別，則王作姜氏簋、召樂父匜分別是周王、召樂父爲王后和妻所作之器。劉啓益因申是姜姓國，屬王妃爲申姜，遂斷王作姜氏簋是屬王爲其后申姜所作之器[⑫]。滕是姬姓國，邾是曹姓國[⑬]，故邾、滕通婚。滕姬之稱，是在姓前冠以所出之國名。邾伯爲來自滕國姬姓女子作器，則滕姬爲其妻無疑。若在姓前不冠以所出、所適之國名而代之以表示行第的孟、仲、叔、季，亦表明是器主人之妻，邾伯鼎銘中之孟妊即是例證之一。郭沫若云：“滕姬乃滕女嫁于邾伯，得此知邾、滕爲婚姻之國”；又云：“此邾伯爲其妻所作器，蓋邾與妊姓之國爲婚姻也。與邾相近之國薛、祝均妊姓，不知孰是。”[⑭]虢妃是虢仲作器所爲之人，稱姓而冠以己之國名，表明是妃姓之女嫁於虢國，虢妃當是虢仲之妻。干仲姜之稱，則是在姓前既冠以所出之國名，又加表示行第的字。干即邗之借字，古之方國，春秋時爲吳所滅，遂成爲吳邑。《墨子·兼愛中》云：“以利荆、楚、干、越與南夷之民。”孫詒讓云：“干，邗之借字。”[⑮]《説文》云：“邗，國也，今屬臨淮。從邑干聲。一曰邗本屬吳。”《莊子·刻意》云：“夫有干、越之劍者。”《釋文》引司馬彪曰：“干，吳也。”干爲吳所滅，故通稱吳爲干。王桂枝已指出：“成周邦父爲干仲姜作器，則干仲姜必爲成周邦父的妻子。”[⑯]伯嘉父作器所爲之人是喜姬，舉姓而冠以喜，則喜當爲名或字，此稱亦表明是伯嘉父之妻。郭敬書、趙安杰疑伯嘉父簋爲鄭伯簡公爲其妻喜姬而作[⑰]。夫尊於朝，妻貴於室。因此，爲妻作器還往往在妻姓之前冠以己之官職以爲身份標識，宗仲稱其妻爲尹姞亦是顯例之一。宗爲氏名，仲則是表行第之字。鄭樵云：“宗氏又爲宗伯氏，周大夫宗伯之後，以官爲氏。”[⑱]周禮世官、世禄而不世爵[⑲]，因是宗伯後裔，故世官爲尹。尹爲職官名，文獻有説明。《尚書·益稷》云：“庶尹允諧”，孔傳云：“尹，正也，衆正官之長也。”銘文中的尹亦往往泛指職官，張亞初、劉雨已有論述[⑳]。

　　從上引銘文來看，自天子、諸侯以下皆爲妻作器，與天子、諸侯以下皆爲妻制服飾群黨、別親疏之義相應。爲妻作器雖有不同的稱呼，或明言爲妻、夫人作器，或因同姓不婚稱姓以明器是爲妻所作，但皆是通例。銘文稱呼己妻，通例之外也有特例。銘文云：

齊辟鮑叔之孫、躋仲之子鑄，作子仲姜寶鎛，用祈侯氏永命，萬年鑄（令）保其身，用享孝于皇祖聖叔、皇妣聖姜，于皇祖又成惠叔、皇妣又成惠姜，皇考躋仲、皇母。（鑄鎛/春秋中晚期）

齊國鮑氏，相傳是夏禹之後，姒姓。韋昭注《國語·齊語》云："鮑叔，齊大夫，姒姓之後，鮑敬叔之子叔牙也。"鄭樵、秦嘉謨都以爲鮑叔之先食采於鮑，遂以邑爲氏[⑱]。銘文言作器用於享孝皇祖聖叔及其配聖姜、皇祖惠叔及其配惠姜，齊爲姜姓國，則鮑氏累世與齊國通婚。作器所爲之子仲姜，銘文亦舉其姓，表明也是齊女，當是器主人之妻。器主人援皇祖與齊國累世通婚之例，亦娶齊女。然而爲妻作器，稱之爲子仲姜，殊不類於他器銘文之例。子仲姜之稱，猶《春秋》文公十二年及十四年、宣公五年之子叔姬。杜預於文公十四年注云："叔姬，魯女，齊侯舍之母。不稱夫人，自魯錄之，父母辭。"鑄娶齊國之女，依通例稱仲姜則可。若自仲姜父母一方而言，在仲姜之前冠以子字以示恩愛，則稱子仲姜，即杜注所謂稱子爲父母辭，猶如今之昵稱。最有力的證據則是子仲姜之稱，恰見於齊侯嫁女之媵器銘文。齊侯盂銘文云："齊侯作媵子仲姜寶盂。"此器與鑄鎛同是春秋中晚期時器，齊侯所嫁之子仲姜當即鑄鎛銘中之子仲姜。器主人鑄爲其妻作器，本爲享孝于父祖而先言用祈齊侯永命，且叙其身世特在皇祖鮑叔之上冠以"齊辟"以爲身份標識，尊齊侯如此，故沿用齊侯嫁女作媵器稱己女爲子仲姜而仍稱其妻爲子仲姜。以杜注通於二器銘，不妨云"自齊錄之，父母辭"。另外，子仲姜之仲是表示排行的字，於此稱字亦別有意義。《春秋·桓公九年》云："紀季姜歸于京師。"杜注云："季姜，桓王后也。季，字。姜，紀姓也。書字者，伸父母之尊。"器主鑄爲其妻作器而書字，亦是伸其妻父母之尊，與其尊齊侯之義相應。郭沫若謂子仲姜爲字，斷子仲姜爲鑄之母，但未舉他證[⑲]。楊樹達從其説，據《公羊傳》、《穀梁傳》爲説，謂名前加子表示尊貴[⑳]。然而爲母作器，依銘文通例，尊母可稱皇母、文母等，未見以子字冠於母之姓氏前示貴之例，且器主人已尊其母爲皇母，與皇考躋仲並舉，不當更稱其母爲子仲姜。由於齊侯盂1957年出土於河南孟津縣邙山坡上一灰坑內[㉑]，郭、楊著書之時皆未及得見，故爲此論而不從舊説。考古所見另一春秋時期有銘銅器子仲姜盤，也提供了參證。銘文云："大師作爲子仲姜沬盤。"子仲姜盤是香港葉肇夫私人藏品，馬承源曾撰文介紹其形制、花紋、銘文並斷爲春秋時器，同時還指出，仲姜特稱子字，其意爲内子，子仲姜猶内子仲姜，器是大師爲其夫人子仲姜所作而非媵器[㉒]。論命名子仲姜之義雖不與本文相同，但斷器是爲妻所作則是應當肯定的意見。至於鑄鎛銘中子仲姜與子仲姜盤銘中子仲姜是否是同一人，尚難斷定。若是同一人，則鑄之職官當是太師。

大夫除爲妻制服，還爲貴妾制服。《喪服》云爲貴臣、貴妾服緦麻三月。《傳》曰："何以緦也？以其貴也。"鄭注："此謂公士大夫之君也。殊其臣妾貴賤而爲之服。貴臣，室老、士也。貴妾，姪娣也。天子、諸侯降其臣妾，無服。士卑無臣，則士妾又賤，不足殊，有子則爲之緦，無子則已。"㊱天子、諸侯絶旁期，皆於妾無服㊲；士一妻一妾，不足以分別貴賤；唯身爲大夫，分別妾之貴賤，爲賤妾無服，爲貴妾服緦。《公羊傳·莊公十九年》云："媵者何？兄之子也。娣者何？弟也。"姪是妻之兄之女，娣是妻之妹，皆隨從妻來而爲貴妾。《左傳·襄公二十三年》云："臧宣叔娶于鑄，生賈及爲而死。繼室以其姪，穆姜之姨子也。"以姪繼室爲配，只因姪是貴妾。《禮記·曲禮下》云："大夫不名世臣姪娣。"因不稱呼姪娣之名，故知姪娣皆是貴妾。凶禮既爲貴妾有服，轉爲吉禮後亦爲貴妾作器。銘文云：

　　歸叔山父作媵姬尊簋。（歸叔山父簋／西周晚期）

《汗簡》卷下之一·五以媵爲古文姪字，故諸家皆釋此銘媵爲姪。姪姬之稱，舉姓而稱姪，表明是姬姓之姪，實即器主人之貴妾。《釋名·釋親屬》云："姪，迭也。共行事夫，更迭進御也。"銘文言爲姪姬作器，一則知器主人是大夫，二則知姪姬爲其妾。大夫爲貴妾服緦，故亦爲貴妾作器。雖然喪禮與吉禮不同，但同尊貴妾，則無二致。同一人爲不同的女姓作器而皆稱姓並在姓前冠以所出之國名或行第，表明不同的女姓分別是器主人之妻和妾。銘文云：

　　弭伯作井姬鼎。（弭伯作井姬方鼎／西周中期）

　　弭伯作凡姬用甗。（弭伯作凡姬甗／西周中期）

　　師奐父作叔姞寶尊簋。（師奐父簋／西周晚期）

　　師奐父作季姞寶尊簋。（師奐父簋／西周晚期）

井即文獻中所見之邢。邢、凡皆爲周公之後，都是姬姓封國。《左傳·僖公二十四年》載富辰之言云："凡、蔣、邢、茅、胙、祭，周公之胤也。"弭伯爲來自不同封國的女姓作器而皆稱其姓，則井姬、凡姬當爲弭伯之妻、妾。就禮器的規格而論，鼎高於甗，參以制服爲妻齊衰、爲妾緦麻，亦可證井姬當爲弭伯之妻而凡姬當爲其妾。據考古發掘報告，出土弭伯諸器的茹家莊墓地包括 M1 與 M2 兩座墓葬，其中 M1 墓坑中並列着一大一小兩個槨室，M1 乙槨室比 M1 甲槨室大，死者爲弭伯，M1 甲槨室内的死者爲弭伯之妾，M2 爲弭伯之妻㊳。考古發現爲前文的論證提供了最有力的證據，益可斷弭伯爲井姬、凡姬所作之器是分別爲妻、妾所作。據弭伯爲妻、妾所作之器推論，則師奐父爲叔姞、季姞所作之簋亦是爲妻、妾所作，因爲與弭伯爲妻、妾作器的情形相同。師奐父爲姞姓之女作器而以表示行弟的叔、季分別長幼，則叔姞爲妻、季姞爲妾當無疑問。天子、諸侯以尊降其臣妾，爲妾無服。制服與作器相互對應，由弭伯、師奐父爲妾作器，可以推知皆是有采地的"公士大夫之君"。

十一　爲夫、夫之母制服與作器

　　周禮男尊女卑，婦人有三從之義。出嫁從夫，即是以夫爲天，故夫死爲之制服。《喪服》云妻爲夫苴經杖絞帶、布總、箭笄、髽、衰三年。《傳》曰："夫至尊也。"女子在室未嫁，爲父服斬衰三年之服。既嫁適人，以爲父斬衰三年之服服夫而降父至齊衰期。蔡德晋云："女子在室天父，適人則天夫，故在室爲父服斬，適人則降其父服爲期而爲夫服斬也。"⑩之所以如此，是因爲天無二日，家無二尊。因夫之身份有高低貴賤之别，配偶本有不同的稱呼。《禮記·曲禮下》云："天子之妃曰后，諸侯曰夫人，大夫曰孺人，士曰婦人，庶人曰妻。"王后以下皆是義稱，庶人得其總名。《哀公問》云："昔三代明王之政，必敬其妻子。"妻之稱通上下，故天子之妃、諸侯之夫人、大夫之孺人、士之婦人皆可概稱爲妻。既然妻爲總稱，則此經所謂妻爲夫總包天子之后以下。賈疏云："此經云妻爲夫者，上從天子，下至庶人，皆同爲夫斬衰也。"然而自天子以下至於列士，往往有妻亦有妾。因此，《喪服》又云妾爲君苴經杖絞帶、布總、箭笄、髽、衰三年。《傳》曰："君至尊也。"妾之爲言接，以時接見於婿，故稱妾。既名爲妾，不得稱婿爲夫，故以己同於臣而名婿爲君，爲之服臣爲君斬衰三年之服。鄭注云："妾謂夫爲君者，不得體之，加尊之也，雖士亦然。"妾尊其婿同之於君，則妾賤於妻，因爲妻可名婿爲夫而與之匹敵。凶禮轉爲吉禮後，妻、妾依爲夫或君制服飾群黨、别親疏之義，亦爲夫或君作器。銘文云：

　　　　帝司賞庚姬貝卅朋、貸絲廿銌，商用作文辟日丁寶尊彝。（商尊/西周早期）

　　　　南姞肇作厥皇辟伯氏寶鷺彝。（南姞甗/西周中期）

　　　　作鑄叔皮父尊簋，其妻子用享孝于叔皮父。（鑄叔皮父簋/春秋早期）

　　　　正月庚午，嘉曰：余鄭邦之彦，少去母父，作鑄飤器黄鑊，君既安惠，亦弗其溢獲，嘉是唯哀成叔，哀成叔之鼎，永用禋祀，死于下土，以事康公，勿或能已。（哀成叔鼎/春秋晚期）

商尊、哀成叔鼎銘文均没有明言是妻爲夫所作之器，據女子稱姓而論，僅知商尊器主人庚姬是女姓。李學勤指出，商尊銘中庚姬名商而"文辟日丁"是其丈夫，又推測哀成叔鼎器主人嘉是鄭國女子，哀成叔爲其夫，其夫與其君康公同死⑪。張政烺認爲，哀成叔鼎銘中康公或即鄭康公，但此器的主人是哀成叔而作銘者不是哀成叔本人而是他的家人⑫。依二家所論，則商尊、哀成叔鼎皆是妻爲夫所作之器。南姞甗銘文没有明言器是妻爲夫所作，僅從器主人稱姓得知是女性所作之器。2005年，上海崇源藝術拍賣公司和誠源文化藝術公司從海外購回一批商周時代的銅器，其中有一組嶽器，包括南姞甗，共計八件。吴鎮烽撰文考釋各器銘文，並指出南姞甗銘中之伯氏即他器銘中的伯獄，亦即南姞之夫⑫。以此而言，南姞甗也是妻爲夫所作之器。從鑄叔皮父簋銘文來看，不見器主人。先言爲叔皮父作器，繼言其妻子用享孝于叔皮父。若銘文是探下省略，則器主人就是叔皮父之妻子。若此推測不誤，則鑄叔皮父簋亦是妻爲夫所作之器⑬。雖然妾爲夫有服，但不見妾爲夫所作之器，闕以待補。

　　妻與夫之父母本爲路人，只因與夫伴合，故從夫爲夫之父母有服。《喪服》云婦爲舅姑疏衰裳齊、牡麻絰、冠布纓、不杖、布帶、麻屨期。《傳》曰："何以期也？從服也。"此所謂舅姑，指夫之父母。《白虎通·三綱六紀》云："稱夫之父母謂之舅姑何？尊如父而非父者，舅也。親如母而非母者，姑也。"《釋名·釋親屬》云："夫之父曰舅。舅，久也，久老稱也。夫之母曰姑，亦言故也。"西周早期頂卣銘文云："頂作母辛尊彝，頂賜婦婣曰：用鬹于乃姑閟。"春秋早期晋姜鼎銘文云："余唯嗣朕先姑君晋邦。"姑指夫之母，於銘文亦有徵。凡從服皆降一等，夫爲其父斬衰三年，父卒爲母疏衰三年，妻從服僅服夫之父母期。因妻於夫之父母有服，故凶禮轉爲吉禮後，亦因制服飾群黨、別親疏之義而爲夫之父母作器。銘文云：

　　　　王姒作豪姑寶尊彝⑭。（王姒鼎/西周早期）
　　　　庚嬴（嬴）對揚王休，用作厥文姑寶尊彝。（庚嬴卣/西周早期）
　　　　姬作厥姑日辛尊彝。（姬作厥姑日辛鼎/西周早期）
　　　　陸婦作高姑尊彝。（陸婦簋/西周早期）王姒是姒姓女子嫁於周王之稱，還見於班簋、保侃母壺、頌鼎等器銘，猶《左傳·莊公十九年》之王姚。據劉啓益考證，保侃母壺等器銘中的王姒爲周成王的后妃⑮。王姒鼎是西周早期時器，從銘文來看，或是王姒爲周成王之母所作之器。庚嬴亦見於庚嬴鼎銘文，但鼎文嬴字從女，卣文嬴字從貝。王國維認爲，庚嬴之嬴當假爲女姓之嬴⑯。陳夢家據兩器花紋屬同一時期，認爲兩器作者爲一人，庚嬴之稱猶庚姜之例，指已嫁婦人，當是嬴姓之女而婚於庚者，其人當是公侯之妻，同時還指出金文之姑，多爲《爾雅·釋親》所言"稱夫之母曰姑"之"姑"，即今所謂翁姑，並援引姬作厥姑日辛尊鼎、婦閟鼎銘文爲證⑰。以婦人稱姓而言，嬴、姬皆爲姓，則庚嬴卣、姬作厥姑日辛鼎皆爲婦人爲夫之母所作之器。陸婦簋器主人名後加一婦字，表明是子之妻。據子而自稱陸婦，則是陸之子之妻。陸婦爲高姑作器，無疑是爲夫之母作器。至於銘文稱夫之母爲豪姑、文姑、高姑，或是美稱或是義稱，猶銘文屢言己父爲文考、皇考、烈考、穆考一樣。夫妻一體，既爲夫之母作器，亦當爲夫之父作器。然而檢討有銘銅器，不見爲夫之父所作之器，闕以待補。另外，考古亦見殷代爲姑所作之器，婦閟鼎銘文云："婦閟作文姑日癸尊彝。"喪服與禮器既相互對應，似可據此器推斷殷代已有喪服制度。

十二　爲朋友制服與作器

　　古人醇厚，若有喪亡，皆爲之動容，"鄰有喪，舂不相。里有殯，不巷歌"⑰。因此，五服之外，喪服所及之人，尚有朋友。朋友非五服内外之親，若成人之美，亦有恩情。《禮記·學記》云："獨學而無友，則孤陋而寡聞。"《論語·顏淵》云："以文會友，以友輔仁。"郭店楚簡《語叢四》云："士有謀友，則言談不弱。"因朋友成人之美與父兄誨己相同，故銅器銘文往往以朋友與皇神祖考、嘉賓、父兄、大夫、婚姻相提並論。西周晚期杜伯盨銘文云："其用享孝于皇神祖考、于好倗友。"春秋晚期嘉賓鐘銘文云："用樂嘉賓、父兄、大夫、朋友。"西周晚期善夫克盨銘文云："唯用獻于師尹、倗友、婚媾。"甚而視朋友重於王父、王母。西周晚期伯康簋銘文云："伯康作寶簋，用饗倗友，用饋王父、王母。"作簋先用於饗朋友，後用於饋王父、王母，輕重不言自明。此處王父、王母，猶皇父、皇母，仍謂父母，王乃美大之詞，非《爾雅》所稱父之考曰王考、父之妣曰王母⑱。因朋友於己有恩情，故爲朋友亦有服，《禮記·檀弓上》記子游襲裘帶絰吊朋友可以爲證。《喪服記》云："朋友，麻。"此僅言爲朋友着麻，不明形制與年月。鄭玄據《禮記》、《周禮》、《論語》論朋友相爲之麻云："朋友雖無親，有同道之恩，相爲服緦之絰帶。《檀弓》曰：'群居則絰，出則否。'其服，弔服也。《周禮》曰：'凡弔，當事則弁絰服。'弁絰者，如爵弁而素，加環絰也。其服有三：錫衰也、緦衰也、疑衰也。王爲三公六卿錫衰，爲諸侯緦衰，爲大夫士疑衰。諸侯及卿大夫亦以錫衰爲弔服，當事乃弁絰，否則皮弁，辟天子也。士以緦衰爲喪服，其弔服則疑衰也。舊說以爲士弔服布上素下，或曰素委貌冠加朝服。《論語》曰'緇衣羔裘'，又曰'羔裘玄冠不以弔'，何朝服之有乎？然則二者皆有似也。此實疑衰也，其弁絰皮弁之時則如卿大夫然，又改其裳以素，辟諸侯也。朋友之相爲服，即士弔服疑衰素裳，冠則皮弁加絰。庶人不爵弁，則其弔服冠素委貌。"⑲爲朋友所服之麻，即士之吊服疑衰素裳，當大斂、小斂及殯時乃弁絰，非此時則皮弁。鄭玄之所以引《周禮》證《儀禮》爲朋友所服之麻，是因爲五服之外唯有吊服，且僅見於《周禮》，不得已而引以爲說。舊說士之吊服布上素下或素委貌冠加朝服皆誤，故鄭玄又引《論語》破之。所謂疑衰，褚寅亮云："疑之言擬，以十四升布擬於十五升之吉布也。"⑳爲朋友服麻之時節，文獻亦有記載。《禮記·檀弓下》云："主人未改服則不絰。"凡吊朋友，主人成服，客乃改服，隨主人改服，如五服之親。至於爲朋友服麻之時限，文獻没有明確記載。據《儀禮·喪服記》賈疏，君爲卿大夫三月而除，服士既葬而除。

　　當然，爲朋友制服，不僅僅出於報恩，也許還因爲朋友之義與後世不同。唐蘭指出："周代每一個官職，都有僚和友，作册令彝說：'爽左右于乃寮以（與）乃友事'，是把乃寮和乃友並稱的。君夫簋説：'儥求乃友。'《禮記·曲禮》説：'僚友稱其弟也。'也以僚友並稱。同官爲僚，友的地位似乎比僚還低一些，是輔助者。"⑱僚、友皆是同事，雖於己無恩，因喪制服也是出於人之常情。爲朋友制服，不限於大夫以下，天子、諸侯亦爲朋友有服。沈彤云："堯以天子而友舜，晉平公以大國之君而友亥唐，費惠公以小國之君而師子思、友顏般，孟獻子以百乘之家而有友五人。至如湯之于伊尹，桓公之于管仲，皆學焉而後臣之，故朋友不必其爵之同，惟其有以成我而已。既友之而賴其成，則雖天子、諸侯亦自當爲之服。故是《記》（按：指《喪服記》）雖主爲大夫以下言之，然不可云天子、諸侯無朋友之服也。"⑲自天子以下既爲朋友制服，故亦依爲朋友制服飾群黨、別親疏之義而爲朋友作器。銘文云：

　　　　王作康季寶尊鼒。（王作康季鼎／西周早期）

　　　　康伯作登用簋。（康伯簋蓋／西周中期）

　　　　楚王酓（熊）章作曾侯乙宗彝，奠之于西陽，其永持用享。（楚王酓章鐘／戰國早期）

王獻唐據金文中言王之辭例，斷王作康季鼎是周天子爲康季所作。繼而又就各方面推驗，認爲銘中之王爲周康王或周昭王而康季則是衛康叔之子、康伯髦之弟。康叔卒後，康伯襲封衛侯，康季受封於初封康國，故稱康季，身份當爲諸侯⑳。周天子何以爲康季作器，文獻闕如，不能定讞。若周天子引康季以爲朋友，凶禮天子雖絶旁期而仍爲之制服。因凶禮爲朋友制服飾群黨、別親疏之義而爲康季作器，則是有據可依。登即鄧，曼姓諸侯小國之一。銘中之鄧或爲鄧國之君，康伯爲之作器，不詳其原因，或亦是因爲出於恩情引爲朋友而爲之作器。楚王爲曾侯乙所作之器，尚有楚王酓章鎛，1978年出土於湖北隨縣擂鼓墩大墓，銘文相同。李學勤列舉考古、歷史、地理等方面的證據，認爲考古所見曾國並非文獻中的姒姓鄫國而是居於今湖北北部漢水以東的一個姬姓諸侯國，實際即文獻中的隨國。同時還指出，公元前506年，吳國在孫武、伍子胥率領下進攻楚國郢都，楚惠王之父昭王倉皇逃往隨國。吳軍要求隨國交出昭王，願將漢水以東土地劃歸隨國作爲交換條件。隨君不顧吳軍的威脅利誘，拒絶交出昭王。後在秦國的幫助下，楚國得以復國。銘文中的曾侯乙就是保護了昭王的隨君後裔，故楚惠王爲之作器，正緣於報恩㉑。楚王爲曾侯乙作器，並非僅僅是出於報恩，還因爲自天子以下皆有爲朋友制服的禮制。制服與作器相應，於此又得一佳證。

十三　餘論

制服與作器飾哀、敬之情不同，但兼明人倫關係則無二致。一人喪亡，周圍不同關係的人皆爲之動容，因哀有淺深，着不同的喪服飾哀痛之情，故喪服所及范圍廣。爲他人制作禮器飾敬愛之情，僅限於有廟或在壇墠受祭之人，故禮器所及范圍狹。因此，作器所爲之人與

《喪服》所列之人在數量上不能一一對等，遠遠少於應服之人，但仍然反映了器主人與作器所爲之人的君臣、宗族和外親等基本人倫關係，與喪服系統地表現這些關係所蘊含的基本人倫關係相一致。在君臣關係方面，制服與作器限於臣爲君，若君臣之間無統屬關係則臣亦無制服與作器的義務。在宗族關係方面，制服與作器皆以宗法爲基礎，以同族小宗五服内之親爲限，反映了宗法制度的基本結構，至於爲五服外大宗宗子制服與作器則是出於尊祖敬宗的緣故，因爲大宗收族百世不遷而爲全族之至尊。在外親關係方面，制服限於以名制服或從於宗族而服，爲外親作器亦是以名制服或從人而服之義的體現。三者之内，區別親疏遠近而有等差，故服有正服、降服、義服、名服、從服之分而用布之升數亦隨之不同，器則往往爲男姓制鐘、鼎、簋等重器而爲女姓制盤、簠、匜等輕器，但親親、尊尊、貴貴、長長、男女有別之義貫穿於其中。三者之外，爲朋友制服與作器則又是出於報恩，並非凶禮或吉禮的規定，視恩之淺深或制服或作器或器服並施。就喪服與禮器反映基本人倫關係而言，都是別親疏、飾群黨的方法，只不過分屬凶禮、吉禮而已。因此，若當時没有産生喪服制度，僅僅綜合排比考古所見全部有銘銅器而不依賴於《喪服》亦可以表現出君臣、宗族和外親等基本的人倫關係並從而確定彼此之間的親疏遠近。當然，若就一器一銘而論，銘文反映的人倫關係孤立而不成系統。顧立雅認爲銘文所見宗法制度並不明顯[⑥]，或許正是因爲僅僅着眼於一器一銘而未作系統的綜合與排比。正因爲爲某人制服亦爲之作器，若爲某人無服則亦不爲之作器，因而揭示制服與作器分别親疏遠近相互對應的原則就有重要的意義：

1. 爲了維護正常的社會秩序，以血緣關係爲基礎的宗法制度形成了一套完整、系統的君臣、宗族、外親等人倫關係。制服與作器就是爲了在不同的時期明確地表明這些關係，因而皆是飾群黨、别親疏的方法。然而《喪服》與爲他人所作禮器皆有不備，各自都没有充分地反映這些關係而皆有遺漏。喪服與禮器既相互對應，則可以相互參證、補闕。因此，以考古所見爲人所作之器與《喪服》所列一百三十餘條對勘，可以考見宗法制度下完整、系統的君臣、宗族、外親等人倫關係，並從而斷定服者與死者、器主人與作器所爲之人的親疏遠近。如《喪服》不言爲高祖制服，岡劫卣等銅器銘文明言器是爲高祖所作。制服與作器相應，二者相互參證，則爲高祖本有服。《喪服》略而不言爲高祖有服，鄭玄以下諸家皆據爲曾祖有服推導出爲高祖亦有服，且服制與爲曾祖相同。然而程瑶田因《喪服》不見爲高祖制服，遂據《禮記·大傳》所言“四世而緦”數語，斷定爲高祖無服[⑩]。驗之於周禮喪服與禮器相互對應的原則，既爲高祖作器，亦當爲高祖制服。依《喪服》爲曾祖有服推闡爲高祖亦有服，可據爲高祖所作之器得以證實。再如《喪服》僅言大夫爲祖父母爲士者服齊衰期，不列諸侯爲祖父母之服。以榮子旅作祖乙甗、吕伯觶等諸侯爲祖父母所作之器證之，諸侯亦爲身份低於己之祖父母有服。因此，天子、諸侯或許並非如《喪服》及歷代學者所論，皆是絶宗之人。

2. 考古所見銅器銘文中的人物絕大多數都不見於文獻典籍的記載，不能確定器主人的身份及其高低貴賤，猶如不能正確判斷銅器所屬的時代一樣，嚴重影響了充分利用古文字資料和實物證據研究當時的歷史。凶禮是否爲他人制服及服制之精粗、年月之長短、變除之時節皆與服者的身份及高低貴賤有關，喪服與禮器既相互對應，可據制服的規定判斷許多爲他人所作之器器主人的身份及其高低貴賤。如銘文凡言爲嫡考作器，皆是爲人後者爲本親所作之器，據爲人後者爲本親制服的禮制，從而可以確定器主人是出而爲大宗之後。大宗統領族人不可絕，族人以支子後大宗，正反映了大宗不絕方可昭穆有序的宗法制度。大宗既不可絕，故銘文見大宗不見小宗。實際上，小宗包括在五服之內，嫡子爲父作器而稱宗彝，即是爲小宗作器，與爲父斬衰三年之服相應，又從而可以斷定器主人是繼禰宗子，其身份往往例不過士。再如前引薑父簋銘文言爲慈母作器，據爲慈母制服的規定，可據以得知器主人是大夫、士妾之子或是大夫、公子嫡妻之子。

3. 喪服與禮器相應，依據制服的規定，不僅可以判斷器主人的身份及其高低貴賤，而且還可據以判斷器是爲何人所作，從而斷定作器者與作器所爲之人的親疏遠近。以《喪服》爲據判斷器主人與作器所爲之人的關係，可以避免毫無根據的猜測，全面展示禮器所表現的人倫關係。就爲女性所作之器而言，依據制服與作器相應的原則審視全部有銘銅器，除銘文明言爲生母、祖母、妻、姊妹、姑等女性所作之器外，尚有爲慈母、爲出嫁女子、爲宗子母妻、爲妾及公子爲母所作之器。爲慈母等人作器，既與制服的規定相應，則不違禮制，反映了當時以喪服與禮器區別親疏遠近的事實。若以爲爲同姓女性所作之器皆是媵器，爲異姓女性所作之器皆是爲母所作，未免過於簡單，抹殺了禮器文飾基本人倫關係的功能。如西周中期趞簋銘文云："趞拜稽首，對揚王休，用作季姜尊彝。"銘文言作器所爲之人是季姜，以字配姓表明不與器主人同姓，則是出適已嫁之人。依據喪服與禮器相應的原則審視銘文，既爲妻制服，亦爲之作器，則此器本是爲己妻所作。然而或謂趞簋是"鑄造先妣季姜的祭祀禮器"，依銘文的通例，若爲先母作器，銘文皆當明言之，恒見於銘文，不煩舉例。之所以對有銘銅器反映的人倫關係作出簡單的判斷，就在於不明喪服與禮器相應的原則，不敢承認爲妻作器亦符合周禮的規定。

4. 遵循喪服與禮器相應的原則，還可以將爲女子所作之器與媵器明確的區分開來。媵器與禮器之別，據銘文本無疑問。因爲凡是媵器，銘文皆言媵字以別於禮器。如前述魯伯俞父簋與魯伯俞父鬲皆是爲姬仁所作之器，一爲禮器，一爲媵器，銘文本有説明。若同是媵器，不應辭例不同，一銘出媵字而另一銘略而不言。若以爲媵字著於銅器較晚而最早僅見於西周中期番匊生壺，遂斷爲女子所作之器皆是媵器，仍有不能圓通之處。仍以魯伯俞父簋與魯伯俞父鬲爲例，二器都是春秋時器，若皆是媵器，沒有理由不著媵字。一銘言媵、一銘不言媵正説明一是禮器，一是媵器。因此，銘文不言是媵器而據銘文又可以斷定器主人與作器所爲之人是同姓，則器當是爲已出適女子所作之器。爲出適女子作器與爲之制服相應，既有據可依則不必皆以媵器視之。然而許多學者往往將爲女子所作之器視爲媵器，原因就在於不明喪服、禮器相應是制服與作器應遵循的原則，以爲父母不當爲出適女子作器。另外，檢討有銘銅器，罕見爲長子所作之器而屢見爲女子所作之器，與周禮男尊女卑、推本崇嫡的原則相悖。之所以如此，或許反映了當時以婚姻爲紐帶締結政治聯盟的事實，故既屢見媵器，又恒見爲女子所作之器。

　　爲人制服，服制、年月不同，以表親疏遠近。然而就作器而論，並不以鼎、簋、盤、盂、尊等不同的器形分別親疏遠近，僅以銘文表明器爲何人所作。爲同一人作器，器形可以不同。如黄子爲其妻所作之器有鼎、簋、盤等，再如黿爲天子之母所作之器也分鼎、簋、盤等不同的器形。因此，制服與作器雖同是飾群黨、別親疏的方法，但作器不以器形分別親疏遠近則是不同於制服的特點。實際上，《喪服》所列僅是一種共同遵守的原則性規定，在實際的社會生活中，爲人制服因時因地有相當的靈活性。如《禮記·檀弓下》云："叔仲皮學子柳，叔仲皮死，其妻魯人也，齊衰而繆經。叔仲衍以告，請總衰而環經，曰：'昔者吾喪姑姊妹亦如斯，末吾禁也。'退，使其妻總衰而環經。"⑮叔仲皮死，其子子柳之妻始爲叔仲皮服齊衰，與《喪服》規定士妻爲舅姑齊衰相符，但子柳繼而聽從叔仲衍之勸，使其妻服總衰環經。總衰是諸侯之大夫以時接見於天子，因蒙恩而爲天子之服；環經則是吊服，本在五服之外。鄭注雖謂子柳失禮，但從中可以看出爲人制服有相當的自由，並不墨守成規。再如《左傳·襄公十七年》云："齊晏桓子卒，晏嬰麤縗斬，苴経帶杖，菅屨，食鬻，居倚廬，寢苫枕草。其老曰：'非大夫之禮也。'曰：'唯卿爲大夫。'"鄭玄注《禮記·雜記》引此文，以麤縗斬爲士喪父之服。晏嬰身爲大夫，喪父服士之麤縗斬，故被認爲"非大夫之禮"。制服不拘於禮之規定而表現出來的靈活性，不可一概斥爲"自爲服制，以相别異"⑯，實際上是與爲人作器不拘於一種器形相似。人與人之間的親疏遠近既已通過制服與作器表現出來，至於服制與器形，或隨時代、地區、風俗等因素的不同略有變化，未必皆出於禮崩樂壞。當然，就制服而言，服者與死者的親疏遠近確實是通過不同的服制或相同的服制而年月不同表現出來的，因而服制本有嚴格的規定，不像爲人作器不拘於一種器形而有較大的變化，並不以器形分別親疏遠近。儘管如此，同一性質的禮器而器形不同，似亦反映出器主人身份的高低貴賤。如王作仲姬方鼎、魯侯壺、己侯簋、杜伯盨、矢王簋蓋、魯伯俞父簠等器皆是爲出嫁女子所作之器，器形的不同表明了器主人身份有高低貴賤之别。

　　①姓、氏之别及源流，文獻中諸説不一。《左傳·隱公八年》云："因生以賜姓，胙之土而命之氏。"《白虎

通·姓名》言姓“所以崇恩愛、厚親親、遠禽獸、別婚姻”而氏則“所以貴功德、賤伎力”。古時姓、氏有別,姓統領氏,氏繫屬姓,故《史記·高祖本紀集解》引《世本》云:“言姓則在上,言氏則在下。”後世或對文有別、散文通用,或混用而不別,或姓、氏並舉。因此,姓、氏之同異及衍生流變等問題,歷代學者皆有闡釋,但迄無定論。此則據傳世文獻的記載爲論,仍以氏爲庶姓以別於本姓,庶姓亦稱族姓,本姓亦稱正姓,本姓與本姓相對而言則互爲異姓。至於不同於傳統記述的新見,不勝枚舉。例如楊希枚關於姓、氏等問題就有一系列不同於傳統之説的論述,載其《先秦文化史論》(中國社會科學出版社,1995 年),可以參看。

②“宗其繼別子”後原有“之所自出”四字,陳澔《禮記集説》謂朱熹斷爲衍文,故删。

③蘇秉琦《鬥雞臺溝東區墓葬》,《蘇秉琦文集》第一卷,文物出版社,2010 年,卷首附圖 5—10、第 14—76 頁;考古研究所《上村嶺虢國墓地》,科學出版社,1959 年,圖一乙;考古研究所《灃西發掘報告》,文物出版社,1962 年,第 113—116 頁;郭寶鈞《濬縣辛村》,科學出版社,1964 年,第 3—33 頁;琉璃河考古工作隊《北京附近發現的西周奴隸殉葬墓》,《考古》1974 年第 5 期;北京大學歷史系考古教研室《商周考古》,文物出版社,1979 年,第 189—196 頁。

④受氏於祖,條例繁多。或以祖之字爲氏,如鄭公子去疾字子良,其孫良霄即以良爲氏,前文所述魯之展氏和鄭之游氏、國氏亦皆屬此類;或以祖之官爲氏,如司馬氏、司空氏、司徒氏之類;或以祖之邑爲氏,如韓氏、趙氏、魏氏之屬。鄭樵言得姓受氏之例有三十二類,並對前人之説略有辨正,如以展氏爲以祖之名爲氏而不從杜預以祖之字爲氏,詳見其《通志·氏族略》。

⑤《大戴禮記》存《帝繫》一篇,列第六十五,記黃帝至夏禹之世繫。《漢書·藝文志》於《春秋》類云:“《世本》十五篇”,自注云:“古史官記黃帝以來訖春秋時諸侯大夫”。《世本》已佚,代有學者輯佚而成書。雖然《帝繫》、《世本》之屬或存或佚,亦足證《周禮·小史》所言有據可依。

⑥顧炎武《左傳杜解補正》卷下,文淵閣《四庫全書》本。按:禘祫之辨,聚訟千古。《左傳》言禘不言祫,則是以禘概祫,合而爲一,孫人和辨之甚詳。詳見其《左宧漫録》,《文史》第 2 輯。

⑦大功、小功皆是以衰布之名爲服名,全稱當爲大功布衰、小功布衰,下文所言總衰亦如之,全稱爲總布衰。

⑧《喪服》通例之外,尚有變例。如上陳斬衰三年之服,下列女子子在室爲父云“布總、箭笄、髽、衰三年”。賈疏釋之云:“經之體例,皆上陳服、下陳人。此服之異在下言之者,欲見與男子同者如前,與男子異者如後,故設文與常不例也。”

⑨喪禮始死至於虞祭之前奠而不祭,虞祭至於禫祭則以祭易奠。既使以祭易奠,相對於禫祭以後歲時吉祭而言,仍是喪祭。另外,因天子至於列士尊卑不同,虞祭之次數亦多少不等。《禮記·雜記下》云:“士三虞,大夫五,諸侯七。”以降殺以兩的等差而推,天子當九虞。

⑩沈文倬述曹元弼生前之語云:“思亡親之不已也而悉嘗以生。”見其《荀闇文存》(上),商務印書館,2006 年,第 358 頁。曹氏之語洵爲卓識,此即據以爲論。

⑪李學勤據《周禮》之《庖人》、《外饔》鄭注,讀“肇作橐”爲“肇作紀”,並推測攸簋銘言攸父新死,因受賞

賜而制作祭器(李學勤《新出青銅器研究》,文物出版社,1990年,第47頁)。若如此説,則是尚未除服即作祭器,與本文所論不同。西周旁鼎銘文云:"旁肇作尊諆。"辭例與攸簋相同,諆亦當讀爲祺。按:孫詒讓疑旁鼎銘中之諆讀爲諆,尊諆猶尊鼎、尊敦,則亦是以類名爲總名,可備一説(孫詒讓《古籍餘論》,中華書局,1989年,第2頁);張懋鎔認爲旁鼎鑄造時有誤,正確的語序應是"旁肇諆作尊",有待證實(張懋鎔《對"肇諆"解釋的再商榷》,《考古》1985年第4期)。又按:本文所引青銅器銘文及斷代,若不特別説明,皆源於中國社會科學院考古研究所《殷周金文集成》和劉雨、盧巖《近出殷周金文集録》,同時還采用了張亞初《殷周金文集成引得》前所作釋文。引用時爲便於稱述,省略了編號而代之以器名。

⑫ 曹元弼《禮經校釋》卷十二,《續修四庫全書》第94册,第317頁。

⑬ 據沈文倬考證,《儀禮》中的《喪服》、《士喪禮》、《既夕禮》、《士虞禮》都是孺悲所記録,成書在魯哀公末年至魯悼公初年,即周元王、定王之際。詳見其《菿闇文存》(上),第27—28頁。

⑭ 諸器銘文分別見《殷周金文集成》3.944、5.2709、7.3861、7.3975、10.5396、14.9105、《林縣發現商代青銅觥》(《考古》1978年第1期)。

⑮ 王世民、陳公柔、張長壽《西周青銅器分期斷代研究》,文物出版社,1999年,第73頁。

⑯ 胡培翬《儀禮正義》,江蘇古籍出版社,1993年,第1364頁。

⑰ 徐乾學《讀禮通考》卷十一,文淵閣《四庫全書》本。

⑱ 胡培翬《儀禮正義》,第1475頁。

⑲ 戴震、江筠、金榜諸學者皆以公士大夫之衆臣爲其君所制布帶、繩屨之服當三升半之義服,諸侯爲天子、臣爲君皆制三升正服,説與賈疏不同。詳見胡培翬《儀禮正義》,第1380頁。

⑳ 郭沫若《兩周金文辭大系圖録考釋》,《郭沫若全集》考古編第八卷,科學出版社,2002年,第383頁。

㉑ 楊樹達《古爵名無定稱説》,《積微居小學述林》,中華書局,1983年,第249—257頁。

㉒ 本文對金文人名結構的分析,主要參考了盛冬鈴《西周銅器銘文中的人名及其對斷代的意義》(《文史》第17輯)、李學勤《考古發現與古代姓氏制度》(《考古》1987年第3期)、《先秦人名的幾個問題》(李學勤《古文獻叢論》,上海遠東出版社,1996年,第128—136頁)、吳鎮烽《金文人名研究》(1993年國際周秦文化討論會會議論文),特此説明,後不一一出注。又,謚法肇始於何時,諸説不一。王國維謂周初尚無謚號,若文王、武王、成王、康王、昭王皆生前自號,死以爲謚(王國維《遹敦跋》,《觀堂集林》第3册,第895—896頁)。然而班簋銘文云:"唯作邵考爽益曰大政。"此銘之益,諸家皆以爲是謚之省。銘文大意是説作昭考爽明的謚號爲大政,則謚號之作已見於班簋。郭沫若《兩周金文辭大系圖録考釋》、陳夢家《西周銅器斷代》(上册)皆斷班簋爲成王時器,而楊樹達《積微居金文説》、唐蘭《西周青銅器銘文分代史徵》等又斷爲穆王時器。雖斷代不同,但謚法之起源諒不至於晚至西周以後,許多學者皆有論述,見盛冬鈴《西周銅器銘文中的人名及其對斷代的意義》(《文史》第17輯)、黃奇逸《甲金文中王號生稱與謚法問題的研究》(《中華文史論叢》1983年第1輯)等。

㉓ 王獻唐《山東古國考》,青島出版社,2007年,第209頁。

㉔唐蘭《西周青銅器銘文分代史徵》,中華書局,1986 年,第 160 頁。

㉕《史記·周本紀集解》引。

㉖顧頡剛《周公執政稱王——周公東征史事考證之二》,《文史》第 23 輯。

㉗陳夢家《西周銅器斷代》(上册),中華書局,2004 年,第 31 頁。

㉘關於作册矢令簋銘中的皇宗,唐蘭訓皇爲大,謂大宗是祖廟(《唐蘭先生金文論集》,紫禁城出版社,
　　1995 年,第 288 頁)。皇固可訓大,但大宗之稱既已見於西周有銘銅器,似不當再以皇宗爲大宗,將
　　皇宗與大宗合而爲一,皇宗當是就諸侯以上而言。

㉙唐蘭《西周青銅器銘文分代史徵》,第 122 頁。

㉚《世本八種》,中華書局,2008 年,第 192 頁。

㉛李學勤《論美澳收藏的幾件商周文物》,《文物》1979 年第 12 期。

㉜唐蘭《西周青銅器銘文分代史徵》,第 318 頁。

㉝甘肅武威磨咀子出土漢簡甲本、乙本《服傳》及今本《儀禮·喪服》皆無此文,陳立《白虎通疏證》云:
　　"蓋逸《禮》也"。

㉞楊樹達據《尚書》的《顧命》、《康誥》、《酒誥》謂侯、甸、男之制源於殷商,並論侯、甸、男得名之義。詳
　　《積微居金文説》,中華書局,1997 年,第 7—8 頁。

㉟唐蘭《西周青銅器銘文分代史徵》,第 87 頁。

㊱《郭沫若全集》考古編第八卷,第 80 頁。

㊲俞偉超、高明《周代用鼎制度研究》,《北京大學學報》1978 年第 2 期。

㊳稱"召伯父辛"或"父辛",還見於穌爵、匽侯旨作父辛鼎等器銘文,許多學者都據諸器論述燕國第一
　　代燕侯及燕國世系,可參看陳夢家《西周銅器斷代》(上册),第 95—97 頁,唐蘭《西周青銅器銘文分
　　代史徵》,第 146—149 頁。

㊴黄汝成《日知録集釋》,岳麓書社,1994 年,第 198 頁。

㊵張亞初《西周銘文所見某生考》,《考古與文物》1983 年第 5 期。

㊶王國維《古諸侯稱王説》,《觀堂集林》第 4 册,中華書局,1959 年,第 1153 頁。

㊷《郭沫若全集》考古編第八卷,第 510 頁。按:郭沫若又斷穌公簋爲媵器,恐不可從,因爲凡媵器銘文
　　皆明言媵字。

㊸《郭沫若全集》考古編第八卷,第 402 頁。

㊹陳夢家《西周銅器斷代》(上册),第 74 頁。

㊺高西省《扶風巨良海家出土大型爬龍等青銅器》,《文物》1994 年第 2 期。

㊻關於師𡈁與姬寏母的關係,劉雨在《師𡈁鐘和姬寏母豆》一文中已有論述,認爲"二人是兄妹或姊弟
　　關係,同爲姬姓,分別作器,祭奠同一系祖考"(《古文字研究》第 26 輯)。由於二器銘文略有差别,切
　　入點又不同,故暫不從其説。

㊼三年之喪行之已久,前引《左傳·昭公十五年》、《禮記·中庸》、《孟子·滕文公上》皆有明文。《儀

禮·士虞禮記》云：死三日而殯，三月而葬，遂卒哭，明日以其班祔，期而小祥，又期而大祥，中月而
禫。此記凶禮至吉禮的過程，亦明確表明是三年之喪。然而歷史上或以爲三年之喪過長，曾有欲減
三年爲一年而行短喪的要求。春秋時洹子孟姜壺銘文記天子復齊侯之請命云：“期則爾期，余不其
事女受朿”，郭沫若云：“‘朞則爾朞’者，言欲行一年喪制，則行一年喪制。‘余不其事女受册’者，事
通使，册假爲責，或讀爲柵，亦可通。此二語表明天子同意其短喪。”（《郭沫若全集》考古編第八卷，
第 452 頁）爲了適應時代的要求，《禮記·三年問》提出了爲至親服喪本一年的説法：“至親以期斷，
是何也？曰：天地則已易矣，四時則已變矣，其在天地之中者，莫不更始焉，以是象之也。然則何以
三年也？曰：加隆焉爾也。焉使倍之，故再期也。”沈文倬認爲，此乃戰國時期主張短喪者企圖修改
《喪服經》的理論，三年喪既是由期喪加隆而來，若不加隆自然縮短至一年（沈文倬《菿闇文存》，第
324 頁）。因此，《三年問》有關至親以期斷之説，本是適應時代的產物，出現於春秋、戰國時代，不足
以律古。

㊽盛世佐《儀禮集編》卷二十二，文淵閣《四庫全書》本。

㊾在父後所綴之天干字，並不限於甲。檢討全部銘文，自甲至癸皆用爲父之日名，例見員方鼎、臣卿
　　鼎、弔龜父丙簋、臣剖殘簋、同卣、闌監父己鼎、豚卣、木作父辛鼎、豐方鼎、史造作父癸鼎等器銘文。

㊿楊樹達謂翟爲禬之假借字，禬爲祭名，亦作衸，恒見於經典。詳見其《積微居金文説》，第 170 頁。

51《唐蘭先生金文論集》，第 295 頁。

52長子狗在鼎銘中自稱其私名是狗，與周禮不以畜牲命名的原則相悖。《左傳·桓公六年》載魯大夫
　　申繻論命名的原則云：“名有五：有信、有義、有象、有假、有類。以名生爲信，以德命爲義，以類命爲
　　象，取於物爲假，取於父爲類。不以國，不以官，不以山川，不以隱疾，不以畜牲，不以器幣。”或許狗
　　是借音字，其本字難以確指；或許反映了楚文化與中原文化不同的特點，因爲長子狗鼎 1977 年出土
　　於湖北黃陂魯台山（《湖北黃陂魯台山西周遺址與墓葬》，《江漢考古》1982 年第 2 期）。

53李學勤《中國古代文明研究》，華東師范大學出版社，2005 年，第 70 頁。按：菁簋是流失境外的有銘
　　銅器，《殷周金文集成》及劉雨《近出殷周金文集録》皆未收録，所引銘文出於李學勤之文。

54于豪亮根據邾大宰鐘、邾大宰簠、者減鐘、姑馮句鑃、陳財簋銘文指出，大約春秋以前子孫稱父祖之
　　名不算不敬，儒家學説風行以後，子孫稱父祖之名方爲大不敬（《陝西省扶風縣强家村出土虢季家族
　　銅器銘文考釋》，《古文字研究》第 9 輯）。以時代爲限斷諱父祖之名始於儒家學説風行之後，有考古
　　資料爲證，固可信從。若器是用於宗廟祭祀，銘文不諱父祖之名則是周禮的規定，似不關乎時代的
　　早晚。

55張亞初《殷周金文集成引得》所作釋文，公與己之間無日字。檢《殷周金文集成》第 15 册第 235 頁載
　　周𡥀壺銘文拓本，9690 號有日字，至爲明顯，9691 號殘泐不清。不知張氏之釋文是別有所據，還是
　　手民之誤，附誌於此。

56王龍正、姜濤、袁俊傑《新發現的柞伯簋及其銘文考釋》，《文物》1998 年第 9 期。

57李學勤《柞伯簋銘考釋》，《文物》1998 年第 11 期。

○58 楊樹達《積微居金文説》,第 76 頁。

○59《郭沫若全集》考古編第八卷,第 465 頁。

○60 徐中舒以"孝武"爲謚號,見其《陳侯四器考釋》,《徐中舒歷史論文選輯》,中華書局,1998 年,第 410 頁。

○61 程瑶田《宗法小記》,《續修四庫全書》第 108 册,第 640 頁。

○62 黄懷信、張懋鎔、田旭東《逸周書彙校集注》(修订本),上海古籍出版社,1985 年,第 810 頁。

○63 李學勤《中國古代文明研究》,第 93 頁。按:上引《三代吉金文存》18.21.2、6.36.1 兩器銘文,皆采自李學勤文。

○64《郭沫若全集》考古編第八卷,第 78 頁。

○65 盛冬鈴《西周銅器銘文中的人名及其對斷代的意義》,《文史》第 17 輯。

○66 胡培翬《儀禮正義》,第 1385—1386 頁。

○67 今本傳末尚有"父之所不降,子亦不敢降也"二句,本屬可疑,甘肅武威磨咀子出土漢簡甲本、乙本《服傳》皆無此二句,沈文倬據簡本斷爲衍文,故删。詳見其《菿闇文存》(上),第 112 頁。

○68 "猶有卿大夫妾"之"妾",阮元校刻《十三經注疏》之《儀禮注疏》作"妻",《四部叢刊》景印汪閬原覆宋刊本《儀禮疏》作"妾",據改。

○69 賈疏以兩"如母"俱屬下,讀爲"若是則生養之終其身,如母死則喪之三年。如母,貴父之命也"。阮校云:"傳文兩言'如母',疏俱屬下讀,於文義未順,宜俱屬上讀,謂生養死喪皆如母也。"胡培翬《儀禮正義》等皆從阮校句讀,此亦從之。又,《禮記·曾子問》云:"子游問曰:'喪慈母如母,禮與?'孔子曰:'非禮也。古者男子外有傅,内有慈母,君命所使教子也,何服之有?昔者魯昭公少喪其母,有慈母良,及其死也,公弗忍也,欲喪之。有司以聞曰:古之禮,慈母無服。今也君爲之服,是逆古之禮而亂國法也。若終行之,則有司將書之,以遺後世,無乃不可乎!公曰:'古者天子練冠以燕居。'公弗忍也,遂練冠以喪慈母。"據鄭注,此謂諸侯之子爲慈母無服,與《喪服》大夫以下妾子爲慈母如母不同。

○70 胡培翬《儀禮正義》,第 1388 頁。

○71 王毓彤《江陵發現西周銅器》,《文物》1963 年第 2 期。

○72 張亞初、劉雨《西周金文官制研究》,中華書局,1986 年,第 43—45 頁。

○73 清朝光緒庚寅間,直隸淶水縣張家窪出土北伯器數種,當是邶之遺物。王國維據以考證邶之地望,認爲邶即燕。詳見《北伯鼎跋》,《觀堂集林》第 3 册,第 884—886 頁。

○74 劉起釪《古史續辨》,中國社會科學出版社,1991 年,第 514—527 頁。

○75 湖北省文物考古研究所、北京大學中文系《望山楚簡》,中華書局,1995 年,第 78 頁。按:翏爲北子所作之器出土於湖北江陵,遠離邶地。郭沫若堅持北子之北即邶,推測是由於某種原因輾轉流徙於湖北所致(《跋江陵與壽縣銅器群》,《考古》1963 年第 4 期)。以楚簡亦見北子相參,郭説有待更多資料的證實。

⑯劉彬徽《湖北出土兩周金文國別年代考述》,《古文字研究》第 13 輯。

⑰李學勤《中國古代文明研究》,第 93 頁。

⑱《郭沫若全集》考古編第八卷,第 248 頁。

⑲《周禮·小史》云:"卿大夫之喪,賜謚讀誄。"僅言賜卿大夫謚,不包括命婦,則以禮不賜命婦謚。命婦之謚,皆從其夫,不另賜予,切勿誤會本亦有賜命婦謚之禮。《左傳·隱公元年》孔疏引《釋例》云:"婦人無外行,於禮當繫夫之謚,以明所屬。"至於後世,不循禮法,謚或降及匹夫並爰暨婦人。如魯隱公之母本是惠公元配孟子之姪娣,以聲爲謚而有聲子之稱,則是越法妄作,與古禮不符。

⑳張政烺《夨王簋蓋跋》,《古文字研究》第 13 輯。

㉑沈彤《儀禮小疏》,《清經解》第 2 册,上海書店,1988 年,第 590 頁。

㉒胡培翬《儀禮正義》,第 1446—1447 頁。

㉓敖繼公《儀禮集説》卷十一,文淵閣《四庫全書》本。

㉔孫詒讓《古籀拾遺》卷下,第 7 頁;王國維《釋史》,《觀堂集林》第 1 册,第 263—274 頁。

㉕張亞初、劉雨《西周金文官制研究》,第 26—34、55—57 頁。

㉖尚有一師訇簋,最早著錄於薛尚功《歷代鐘鼎彝器款識法帖》,銘文云"用作朕烈祖乙伯、同益姬寶簋",與訇簋銘文略有不同。郭沫若斷訇簋與師訇簋爲同一人所作之器,只不過制作年代不同而已,同時還指出,"古者婦人無字,以夫之字爲字,'同'者同爲'乙'也"(郭沫若《弭叔簋與訇簋考釋》,《文物》1960 年第 2 期)。容庚不同意郭沫若的説法,認爲"同益姬"之"同"字,可能是摹寫錯誤(容庚《弭叔簋及訇簋考釋的商榷》,《文物》1960 年第 8、9 期)。以金文亦見譌奪衍倒及辭例審之,容説或得其實。訇簋 1959 年出土於陝西藍田縣寺坡村,師訇簋出土地不詳,二器是否是同一人所作,尚難斷定。

㉗"皇考無廟"之"皇"原作"顯",鄭注云:"此適士云'顯考無廟',非也,當爲皇考,字之誤",據改。

㉘《郭沫若全集》考古編第八卷,第 243 頁。

㉙《郭沫若全集》考古編第八卷,第 207 頁眉批。

㉚盛冬鈴《西周銅器銘文中的人名及其對斷代的意義》,《文史》第 17 輯。

㉛宮可稱廟,唐蘭論之甚詳。詳見《唐蘭先生金文論集》,第 115—167 頁。

㉜唐蘭疑公伯即小臣宅簋銘中的公伯,亦即伯懋父。詳見其《西周青銅器銘文分代史徵》,第 319 頁。

㉝虢簋是西周中期時器,於時宗法甚嚴。虢稱其兄長爲寶君公伯而自稱爲臣弟並爲祖考作器,是否反映了不同於文獻記載的宗法制度,學者已有討論。如王暉在《從虢簋銘看西周井田形式及宗法關係下的分封制》一文中説:"虢簋銘文十分清楚地反映了宗法制度中君統與宗統的結合問題,這也同時説明了宗法制度的本質。"(《考古與文物》2006 年第 6 期)此説雖新,略有不安。因爲周禮的宗法制度規定自卑而別於尊者,就意味着公子或庶子不得越其宗統而禰祖君統。既以臣道尊君,則不敢再以兄道宗君。若以兄道宗君,則有篡代之嫌。既使有宗法的嚴格規定,自西周以來,魯國、楚國等諸侯國仍屢有兄弟相及的事件發生,恐與宗法因時因地略有式微相關。因此,宗法制度的本質名爲

尊祖敬宗,實際是爲了使君統與宗統涇渭分明,保證君統嫡嫡相傳。

㉞胡培翬《儀禮正義》,第 1477 頁。

㉟依周禮的規定,女子子十五許嫁,始行納采、問名、納吉、納徵四禮。至二十乃行請期、親迎之禮。許嫁與未嫁之間,笄而字之則爲成人,雖未正式出嫁,已有出適之道,得以逆降旁親。之所以如此,是因爲恐有喪事,身着喪服,不得行請期、親迎之禮,故未嫁先逆降旁親,縮短喪期,以便及時出嫁。如《喪服》云女子子嫁者、未嫁者爲世父母、叔父母、姑、姊妹大功。嫁者、未嫁者爲世父母以下旁親七人本皆服期,嫁者以出適降爲大功,未嫁者雖未出適亦降爲大功即是逆降。反過來,女子子既逆降旁親,旁親亦以逆降報之。如《喪服》言爲從父姊妹小功,不區別在室與出適即是以逆降報之。因爲依喪服的規定,爲從父姊妹本有在室大功、出適小功之分,一概小功,則是逆降在室從父姊妹。當然,女子子未嫁是否逆降旁親,聚訟千載。此則順鄭注、賈疏之意爲論,不辨是非。

㊱阮刻《儀禮注疏》本原脱"祖父之從父昆弟之親"九字,據阮元《校勘記》補。

㊲沈括《夢溪筆談》卷三,《四部叢刊》本。

㊳黄汝成《日知録集釋》,第 198—199 頁。

㊴敖繼公《儀禮集説》卷十一,文淵閣《四庫全書》本。

⑩黄汝成《日知録集釋》,第 836 頁。

⑩楊寬《古史論文選集》,上海人民出版社,2003 年,第 161—244 頁。

⑩吴鎮烽、雒忠如《陝西省扶風縣强家村出土的西周銅器》,《文物》1975 年第 8 期。

⑩《喪服》斬衰三年章上陳其服云"斬衰裳、苴絰杖絞帶、冠繩纓、菅屨者",下列服之之人僅言"爲人後者",無"爲所後之父"五字。賈疏引雷次宗云:"此文當云'爲人後者爲所後之父',闕此五字者,以其所後之父或早卒,今所後其人不定,或後祖父,或後曾高祖,故闕之,見所後不定故也。"然而夏炘據《公羊傳》之"爲人後者爲之子",以爲雷氏所云皆非,並從而論其所以非(詳見其《學禮管釋》,《續修四庫全書》第 93 册,第 137—138 頁)。此因僅引"爲人後者"不明所服之人,姑從雷氏所云而補"爲所後之父"五字,足義而已。

⑩今本《喪服傳》無父母二字,顧炎武頗有疑問,故分祖父母爲二,謂"所後之祖,我之曾祖也。父母,我之祖父母也"(黄汝成《日知録集釋》,第 191 頁)。甘肅武威漢墓出土西漢簡本《服傳》甲、乙二本及無傳《喪服》丙本,甲本作"爲所爲祖母=妻=之父=母=昆=弟=之子若子",乙本作"爲所爲後祖□□(爛缺)妻=之父母昆=弟=之子若子"。沈文倬據以勘校,斷"祖父母"之下脱"父母"二字,可盡釋顧氏之惑,此亦從其説而補"父母"二字。詳見《菿闇文存》(下),第 638—639 頁。

⑩敖繼公《儀禮集説》疑今本"之子"二字爲衍文,故金榜《禮箋》、程瑶田《喪服文足徵記》等皆據《通典》載賀循《爲後議》引作"於所爲後之子兄弟若子"校改今本。甘肅武威漢墓出土甲、乙本《服傳》没有引述記文,無以參證,唯丙本作"爲後之兄弟若子",似敖、金、程等人之説得以證實。其實今本不誤,簡本誤脱"之子"二字,敖繼公等人之説不可從,沈文倬已有論證。詳見《菿闇文存》(上),第 118 頁。

⑩據爲人後者爲所後若子,推求爲所後内、外親應制之服,莫詳於程瑶田《喪服文足徵記》之《爲人後者

爲所後服表》(《續修四庫全書》第 95 册),可以參看。

⑩孔廣森《禮學卮言》,《續修四庫全書》第 110 册,第 111—112 頁。

⑱程瑶田《喪服文足徵記》卷十(補編三),《續修四庫全書》第 95 册,第 267 頁。

⑲島邦男《殷虚卜辭研究》,温天河等譯,鼎文書局,1975 年,第 183—184 頁。

⑩裘錫圭《關於商代的宗族組織與貴族和平民兩個階級的初步研究》,《文史》第 17 輯。

⑪盛冬鈴《西周銅器銘文中的人名及其對斷代的意義》,《文史》第 17 輯。

⑫詳見拙文《帥鼎銘文的秘藴》,待刊。按:《殷周金文集成》題帥鼎爲帥佳鼎,李學勤從高明《古文字類編》正名爲帥鼎,此亦從之。詳見其《綴古集》,上海古籍出版社,1998 年,第 88—92 頁。

⑬蔡德晋《禮經本義》卷十一,文淵閣《四庫全書》本。

⑭《白虎通·宗族》引《禮》曰:"宗人將有事,族人皆侍。"陳立《疏證》云:"此蓋佚《禮》文也。"若然,《尚書大傳》或是本佚《禮》爲説。

⑮楊樹達《積微居金文説》,第 193 頁。

⑯關於青銅彝器類名之别,許多學者皆有論述。如唐蘭云:"青銅彝器有很多種,旅彝、宗彝是指宗廟裏的器,而尊彝、鷺彝是指祭器,尊讀如'以尊之,宗室牖下'的尊,是《説文》所謂'置祭也',放置在那裏的祭器。而鷺讀如'祼將于京'的將,是烹煮用的祭器。"(《唐蘭先生金文論集》,第 284 頁)張政烺云:"宗彝指酒器,曾姬無卹壺言'用作宗彝尊壺'是也。鷺彝指烹煮及容盛食品之器,微繼鼎稱'鷺彝尊鼎',尌仲簋稱'鷺彝尊簋'是也。"(《周厲王胡簋釋文》,《古文字研究》第 3 輯)據器形與功用分別宗彝、鷺彝,固無不可,且有銘文爲證,可以信從。然而爲父作器而稱宗彝,還反映了宗法觀念。爲父作器往往即是爲小宗宗子作器,故可不拘器形與功用而稱宗彝。推而廣之,爲大宗宗子所作之器亦可稱爲宗彝,觀上文可知,不煩舉例。爲大宗宗子作器而稱宗彝,還爲了表明其用於宗廟祭祀。又,丁山引乖伯簋、瑉生簋、過伯簋等數器銘文謂大宗有時在金文中稱宗廟,或省稱宗,亦稱宗室,乃是爲了證明其所創"宗法者,辨先祖宗廟昭穆親疏之法"的新説(《古代神話與民族》,商務印書館,2005 年,第 126—147 頁)。其説對大、小宗别作解釋,以祖廟爲大宗,以父廟爲小宗,不僅與傳統文獻所言宗法不同,也與本文所論迥異,故不宜援引其以宗廟、宗、宗室爲大宗的説法支持本文。

⑰唐蘭《西周青銅器銘文分代史徵》,第 75 頁。按:李學勤或是因爲小子一詞還兼有表示謙稱與職官的緣故,釋何尊銘中之宗小子爲宗人一類職司祭祀之官的謙稱。詳見其《新出青銅器研究》,第 41 頁。然而從宗法的角度立論,釋宗小子爲大宗宗子,與其所司之職並不矛盾,因爲王族或諸侯之大宗宗子往往被任命擔任一定的職務,《逸周書·芮良夫》載芮伯稱同朝大臣爲"爾執政小子"可以爲證。既使世襲父祖之職,也要得到重新任命,許多見於銅器銘文之册命禮都反映了世官制度,其中有些職務都是由大宗宗子承擔。

⑱木村秀海之説,見其《關於西周金文所見之小子》(《史林》64 卷第 6 號,1981 年),然而至今尚没有機會研讀,文中所述,源於許倬云《西周史》,三聯書店,2001 年,第 162 頁。

⑲王國維《殷周制度論》,《觀堂集林》第 2 册,第 460—461 頁。

⑳《郭沫若全集》考古編第八卷,第 329 頁。

㉑楊寬《古史論文選集》,上海人民出版社,2003 年,第 244 頁。

㉒湖北省文物考古研究所、北京大學中文系《望山楚簡》,第 90—100、136 頁。

㉓楊樹達《積微居金文説》,第 204—205 頁。

㉔王國維《殷卜辭所見先公先王續考》,《觀堂集林》第 2 冊,第 441—442 頁。

㉕王國維《女字説》,《觀堂集林》第 1 冊,第 165 頁。

㉖陳夢家云:"應爲姬姓,而原母當係應侯之母或配,姬疑是配偶。"(《西周銅器斷代》(上冊),第 227 頁)按:以姬爲表示配偶義之字,銘文中不見此例,故不從其説。

㉗《史記·秦始皇本紀正義》引。

㉘《郭沫若全集》考古編第八卷,第 423 頁。

㉙劉雨《南陽仲爯父簋不是宣王標準器》,《古文字研究》第 18 輯。

㉚張政烺《矢王簋蓋跋》,《古文字研究》第 13 輯。按:西周晚期散伯簋銘文云:"散伯作矢姬寶簋,其萬年永用。"據散氏盤銘文,散、矢兩國曾因疆界糾紛而訂立協議。既然矢、散兩國壤地相接,或互通婚姻。有些學者即斷散伯簋是散伯爲其妻所作之器,如此則矢爲姬姓,與張氏論矢王簋蓋銘斷散伯簋是散伯爲其女所作之器,從而認定散是姬姓國不同。

㉛《郭沫若全集》考古編第八卷,第 419 頁。

㉜《禮記·雜記上》云:"夫人之不命於天子,自魯昭公始也。"鄭注云:"吳大伯之後,魯同姓。昭公取於吳,謂之吳孟子,不告於天子。自此後取者遂不告於天子,天子亦不命之。"若據此爲論,魯國娶同姓之俗始於魯昭公。魯伯俞父簋爲春秋早期時器,絕對年代難以斷定。若制作於魯昭公以後,上行下效,同姓通婚不爲失禮,則器或許是魯伯俞父爲同姓之妻所作。當然,此僅是推測而已,可能性極小,上行是特權,下則未必可以傚效,因爲長期共同遵循的禮制不可能因魯昭公一娶同姓而蕩然無存。

㉝媵器的通例是一器媵一人,此一器媵二人與通例不同。郭沫若釋之云:"此殆許與秦同時嫁女,或許嫡秦爲媵、秦嫡許爲媵,故鑄器以分媵之。"(《郭沫若全集》考古編第八卷,第 383 頁)李仲操不同意此説,認爲"有兩女子的媵器所反映的婚姻關係應是'換親',並在同一時間嫁娶。"(《兩周金文中的婦女稱謂》,《古文字研究》第 18 輯)雖然説有不同,但皆不與銘文媵字後出人名之例沖突。

㉞金文中有誤字,屢見不一。南季鼎銘文云:"用又右俗父司寇",薛侯鼎銘文云:"薛侯戚作父乙鼎彝",寬兒鼎銘文云:"唯正八月初吉壬㠱",秦公簋銘文云:"畯疐在天"。郭沫若謂銘文中之又、鼎、㠱分別爲左、鷊、申之誤(《郭沫若全集》考古編第八卷,第 244、405、514 頁),楊樹達據秦公鐘銘文又認爲天爲位字之誤(楊樹達《積微居金文説》,第 173 頁)。銘文不僅有誤字,而且還有衍文、倒文。伯克壺銘文云:"克克其子子孫孫永寶用享",小子相卣銘文云:"相奉易商君"。郭沫若云:"重一克字而又不作重文符,疑第二克字乃鑄范時誤衍"(《郭沫若全集》考古編第八卷,第 241 頁);楊樹達指出:"本文當云奉易君商,君商誤倒爲商君耳。"(《積微居金文説》,第 147 頁)以蘇冶妊盤銘與蘇冶妊

鼎銘相校,臠爲誤字亦其例。

⑬《郭沫若全集》考古編第八卷,第 515 頁。

⑯胡培翬《儀禮正義》,第 1416 頁。

⑰蔡運章《洛陽北窰西周墓青銅器銘文簡論》,《文物》1996 年第 7 期。

⑱寶雞茹家莊西周墓發掘隊《陝西省寶雞市茹家莊西周墓發掘簡報》,《文物》1976 年第 4 期。

⑲敖繼公《儀禮集説》卷十一,文淵閣《四庫全書》本。

⑭楊樹達《積微居金文説》,第 154—155 頁;周法高《金文詁林》第 12 册,香港中文大學,1975 年,第
　　5976—5985 頁。

⑭李學勤《中國古代文明研究》,第 131—132 頁。

⑭據賈公彥疏,此所謂大夫之妻爲姊妹嫁於大夫者服大功,是就本親而言,寄文於此,因爲大夫之妻是
　　命婦,夫之姊妹在室及出適皆小功,若不嫁於大夫又降至緦麻,若嫁於大夫爲命婦唯小功,此服大功
　　則是爲本親姊妹。

⑭胡培翬《儀禮正義》,第 1412 頁。

⑭今本《喪服》於《傳》末有"父之所不降,子亦不敢降也"二句,甘肅武威磨咀子出土漢簡甲、乙本《服
　　傳》皆無此二句。沈文倬據漢簡本斷今本"父之"二句爲衍文無疑,故從其説而刪。詳見《菿闇文存》
　　(上),第 112 頁。

⑭黄汝成《日知録集釋》,第 200 頁。

⑭朱鳳瀚《覺公簋與唐伯侯於晋》,《考古》2007 年第 3 期。

⑭河南信陽地區文管會、光山縣文管會《春秋早期黄君孟夫婦墓發掘報告》,《考古》1984 年第 4 期。

⑭高應勤、夏淥《〈邾大子伯辰鼎〉及其銘文》,《江漢考古》1984 年第 1 期。

⑭王國維《玉溪生詩年譜會箋序》,《王國維遺書》第 2 册,上海書店出版社,1983 年,第 578 頁。

⑭《唐蘭先生金文論集》,第 108—109 頁。

⑮劉啓益《西周金文中所見的周王后妃》,《考古與文物》1980 年第 4 期。

⑮王國維《邾公鐘跋》,《觀堂集林》第 3 册,第 894 頁。

⑮《郭沫若全集》考古編第八卷,第 412—413、415 頁。按:邾或作寺,西周封國。《春秋·襄公十三年》
　　云:"夏,取邾。"杜注:"邾,小國也。任城亢父縣有邾亭。"《公羊傳》邾作邿,稱"邿婁之邑也"。《漢
　　書·地理志》云:"東平國亢父邿亭,故邿國。"《説文》云:"邾,附庸國,在東平亢父邿亭。"雖皆言有邾
　　國及其地望,但皆不言其姓。

⑮孫詒讓《墨子閒詁》,中華書局,2001 年,第 111 頁。

⑮王桂枝《"成周邦父"壺蓋淺談》,《人文雜志》1983 年第 4 期。

⑮郭敬書、趙安杰《靈寶縣發現春秋銅簋一件》,《文物》1982 年第 4 期。

⑮鄭樵《通志·氏族略》,中華書局,1995 年,第 151 頁。

⑮《左傳·宣公十四年》記衛大夫孔達自縊而死,衛人以孔達有平國之功,"復室其子,使復其位",杜注

以爲"襲父禄位",即是明證。

⑮張亞初、劉雨《西周金文官制研究》,第55—57頁。按:李仲操論述兩周金文中婦女的稱謂,舉例整理了周王與王朝官員、方國君主與方國大夫四類爲妻所作之器,可以參看,見其《兩周金文中的婦女稱謂》(《古文字研究》第18輯)。然而其中有些器是否是爲妻所作,尚有繼續深入探討,故其解說不盡與本文相同。

⑯鄭樵《通志·氏族略》,第89頁;《世本八種》之秦嘉謨《世本輯補》,第261頁。

⑯《郭沫若全集》考古編第八卷,第424頁。

⑯楊樹達《積微居金文說》,第165頁。

⑯張劍《齊侯鑑銘文的新發現》,《文物》1977年第3期。按:張劍據《左傳》的記載,認爲齊侯鑑可能是齊靈公嫁女於周靈王時所作陪嫁物。然而銘文没有透露嫁於周王的任何信息,且出土於孟津本屬可疑,故有待更多考古資料的證實。又,《殷周金文集成》更名爲齊侯盂,此亦從之。

⑯陳佩芬、陳識吾編《馬承源文博論集》,上海古籍出版社,2007年,第167頁。

⑯姪爲侄之異體,下文隨引文或作姪,或作侄,不强求一律。

⑯《左傳·昭公三年》載晋侯之妾少姜卒,齊侯使晏嬰請繼室於晋,叔向對以寡君在縗絰之中,是以未敢請。《禮記·檀弓下》云:"悼公之母死,哀公爲之齊衰。有若曰:'爲妾齊衰,禮與?'公曰:'吾得已乎哉?魯人以妻我。'"上述文獻皆言諸侯爲妾有服,與鄭注違異。然而據《通典》卷九十二載雷次宗答袁悠問,春秋時諸侯淫侈,故爲妾制服,甚而爲妾齊衰,乃當時弊病,非禮之常例。

⑯寶雞茹家莊西周墓發掘隊《陝西省寶雞市茹家莊西周墓發掘簡報》,《文物》1976年第4期。

⑯蔡德晋《禮經本義》卷十,文淵閣《四庫全書》本。

⑯李學勤《新出青銅器研究》,第88、237頁。按:趙振華認爲,嘉即哀成叔而所祀康公即鄭康公,哀成叔可能是鄭康公後裔。詳見其《哀成叔鼎的銘文與年代》,《文物》1981年第7期。

⑰張政烺《哀成叔鼎釋文》,《古文字研究》第5輯。

⑰吴鎮烽《獄器銘文考釋》,《考古與文物》2006年第6期。

⑰文獻中妻子連文,或指妻與子,或僅指配偶。妻子一詞,不見於銅器銘文,此器銘中妻子指妻與子還是指配偶,無以參證。既使指妻與子,仍不妨是器主人,只不過不是一人而已。器主人不是一人的銅器,考古亦有發現。1978年陝西武功出土的龏叔龏姬簠銘文云"龏叔龏姬作伯媿媵簠",即是顯例之一。另外,作鑄之鑄是諸侯國名而非鑄造之義,鑄侯求鐘銘云"鑄侯求作季姜媵鐘"即是明證。

⑰王姒作豕姑鼎,1985年5月出土於山東濟陽縣姜集鄉劉臺子村西周六號墓葬。山東省文物研究所《山東濟陽劉臺子西周六號墓清理報告》隷釋銘文爲"王姜作龏姒寶尊彝",斷爲周昭王時器,並認爲王姜是昭王的后妃,龏姒是昭王之女,嫁於逢國(《文物》1996年第12期)。然而周王姬姓,其女不當姓姒。因此,吴鎮烽改釋銘文爲"王姒作豕姑寶尊彝",並題爲王姒鼎,其說可從。詳見其《讀金文札記三則》,《考古與文物》2001年第2期。

⑰劉啓益《西周金文所見的周王后妃》,《考古與文物》1980年第4期。按:楊樹達疑保侃母壺中王姒是

幽王后妃褒姒（《積微居金文説》，第 176 頁），劉啓益因壺銘字體屬於西周早期的風格，故斷爲成王時器。

⑰⑤王國維《庚嬴卣跋》，《觀堂集林》第 3 册，第 896 頁。

⑰⑥陳夢家《西周銅器斷代》（上），第 98—100 頁。按：郭沫若因庚嬴卣的字體、庚嬴鼎的形制均與大盂鼎相仿佛，遂斷庚嬴卣與庚嬴鼎爲康王時器，其意或亦以爲兩器爲同一人所作。詳見《郭沫若全集》考古編第八卷，第 103—107 頁。

⑰⑦《禮記·曲禮上》。

⑰⑧楊樹達《積微居金文説》，第 148 頁。

⑰⑨阮刻本《儀禮注疏》無“冠則皮弁加絰”六字，胡培翬《儀禮正義》據阮校補，此亦從之。又，“則其弔服冠素委貌”一句，阮刻本原作“則其弔服素冠委貌”，據孫詒讓校改。見其《十三經注疏校記》，齊魯書社，1983 年，第 436 頁。

⑱⓪褚寅亮《儀禮管見》，《清經解續編》第 1 册，第 914 頁。

⑱①《唐蘭先生金文論集》，第 256 頁。

⑱②沈彤《儀禮小疏》，《清經解》第 2 册，第 594 頁。

⑱③王獻唐《岐山出土康季甗銘讀記》，《考古》1964 年第 9 期。

⑱④李學勤《新出青銅器研究》，第 146—150 頁。

⑱⑤ H. G. Creel *The Origins of Statecraft in China*，Vol. I，University of Chicago Press，1970，P380—381.

⑱⑥程瑤田《喪服文足徵記》，《續修四庫全書》第 95 册，第 179—180 頁。

⑱⑦“齊衰而繆絰”之“齊”原作“衣”，鄭注云：“衣當爲齊，壞字也”，據改。

⑱⑧胡培翬《儀禮正義》，第 1453 頁。

（原載《考古學報》2010 年第 3 期、《文獻》2010 年第 3 期）

附記：此文原稿十二萬字，發表時，因篇幅有限，痛加删削，保留了七萬多字，其中論輪鎛銘中子仲姜得名之義並斷定是器主人之妻一節，刊於《文獻》，現合爲一篇並據原稿略有增改。

作者簡介：賈海生，浙江大學古籍研究所教授
通訊地址：浙江大學西溪校區古籍研究所　　郵編：310028

中國禮術傳統中的生態思考與實踐

關長龍

自從人類的自我意識覺醒之後，我們就面對着"一幅由種種聯繫和相互作用無窮無盡地交織起來的畫面，其中没有任何東西是不動的和不變的"①。如何解決我們生存中所遭遇的種種現實問題和兩難選擇，"先知們"曾爲此做出了堅韌不拔的努力，乃至於成立宗教以呵護他們的思考和經驗②，這些思考和經驗對個體生命的終極生態秩序訴求無疑有着重要的指導意義和體證價值，但是我們也應該看到多數宗教生活在處理日常選擇時，因爲"聖言封閉"之後没有如軸心時代先知的具體預言和指點而出現的"捉襟見肘"之窘困。不過，這種窘困在中國的"儒教"裏却似乎有着比較開放的解決途徑。《禮記·曲禮上》云：

> 卜筮者，先聖王之所以使民信時日、敬鬼神、畏法令也，所以使民決嫌疑、定猶與也。

這裏提到兩個要點：一是對重要的禮儀時空等的選擇，如卜宅兆、筮日等等，皆因卜筮詢於作爲終極實在的鬼神而決之，並把這種決定當作法令來加以執行。二是人們日常的嫌疑猶豫之決定，如出行與否、生意得失、機會取舍、利害權衡等等，亦多決於卜筮，以遵循因鬼神而覺知的終極生態秩序③。故《周易·繫辭上》云："定天下之吉凶，成天下之亹亹者，莫大乎蓍龜。"《漢書·藝文志》用"數術"含括以卜筮爲代表的禮儀決疑之法，今徑以禮術名之。

一　何以"使民信"？——禮術的生態動機

《周易》觀卦彖辭有云：

> 觀天之神道而四時不忒，聖人以神道設教而天下服矣。

唐孔穎達疏："'神道'者，微妙無方，理不可知，目不可見，不知所以然而然，謂之神道。……聖人法則天之神道，本身自行善，垂化於人，不假言語教戒，不須威刑恐逼，在下自然觀化服從，故云'天下服矣'。"宋程頤《伊川易傳》申云："天道至神，故曰神道，觀天之運行，四時無有差忒，則見其神妙。聖人見天道之神，體神道以設教，故天下莫不服也。"④這裏的"神"非指本體的存有,而是用來形容作爲本體的天道之功能所呈現出的奇妙的自組織能力,與《周易·繫辭下》"天地之大德曰生"意合。

對天道本體的追問,自軸心時代的百家所論至其後諸宗教的萬般呵護,述作繁夥,文獻具在。縱以十八世紀以來啓蒙運動賴以挑戰傳統的自然哲學——"機械宇宙論"的締造者牛頓而言,其於晚年也提出了"第一推動力"必需來自"上帝"的深遠洞察。至二十世紀以來,因廣義相對論而形成的宇宙爆炸説之"奇點"進化論又進一步拓展了牛頓的這一終極假説,特別是在生命基因説及宇宙統一場探索中所形成的"一本萬殊"的追問範式,皆可與中國傳統的生命宇宙觀相印契。既然在生命形成之初的細胞中 DNA 具有自組織能力,它使得有機物與無機物得以類分,其後人類理性所具有的自組織能力又把人與其他有機物類分開來,那麼作爲萬物之終極本體的存有難道就不能具有自組織能力? 這一自組織能力不僅是天地宇宙之所以如此的終極依據,也是天地萬物存有的"命運"之源,可謂"順之者昌,逆之者亡"。萬物以及人類若欲與它建立聯繫,只能依賴自己的"天命之性"而通過身心的轉換努力來加以冥契和體知。這不僅在歷史不曾中斷的中國學統中歷歷可驗,在西方學統中也頗有佐契,如馬斯洛即指出:"在一些報告中,尤其是關於神秘體驗、宗教體驗、哲理體驗的報告中,整個世界被看作是統一體,象一個有生命的豐富多彩的實體那樣。"[⑤]特別是 1882年在英國劍橋大學創始的"靈力研究協會",探索心電感應、透視力、念力、預知未來、靈動及轉世等領域。二十世紀二十年代以來,它又以"超心理學"(parapsychology)的專業形態而受到國際學界的進一步關注。

《中庸》有云:"天命之謂性,率性之謂道,修道之謂教。"所謂因教修身而行,正是要體證並因循終極本體的"天命之性"而有所作爲,《周易·説卦》之"窮理盡性以至於命",亦此理也。人類學家李亦園先生即指出:

> 在傳統民俗信仰中,"命"雖然是"命定"不能改,但是"運"則是可變的,並且可以借各種不同的力量加以變動,而民間對時間和諧的追求,就表現在這可以改變的"運"上面。……所以中國人一生中都努力要尋求對他最有利的時間定點,而每做一事都要尋找一個吉利的時刻,以便"擇吉開張"。擇吉日良辰是碰到有事情要做時才行之舉,但是時間和諧追求觀念的驅力,並不僅限於這樣較被動的行動,而是常常主動地尋求整個生命歷程中的吉與凶之點,以便於"趨吉避凶",這就是算命卜卦的基本理念所在。[⑥]

李先生所論,正道出了中國傳統生存觀的一個基本認同,萬物既出於終極實在並在最後回到那裏去,則對於一個存在體而言,當然要以終極實在所賦予的生化秩序來展開自己的命運爲最佳選擇,任何因一己之私念而選擇的"運程"都是兩點之間直綫以外的綫路,雖亦或可行,然因長短既定,則終不得其善終(到達另一點)了。也正因此,儒家特別强調樂天知命的重要性,若孔子云:“不知命,無以爲君子也。”程頤在其《伊川易傳》困卦注中表達得更爲明晰:“知命之當然也,則窮塞禍患不以動其心,行吾義而已;苟不知命,則恐懼於險難,隕獲於窮厄,所守亡矣,安能遂其爲善之志乎!”

朱熹曾對禮術的應用場合有一個基本描述:

上古民淳,未有如今士人識理義嶢崎,蠢然而已,事事都曉不得。聖人因做《易》,教他占,吉則爲,凶則否,所謂“通天下之志,定天下之業,斷天下之疑”者,即此也。及後來理義明,有事則便斷以理義。如舜傳禹曰:“朕志先定,鬼神其必依,龜筮必協從。”已自吉了,更不用重去卜吉也。周公營都,意主在洛矣,所卜“澗水東,瀍水西”,只是對洛而言。其他事惟盡人謀,未可曉處,方卜。故遷國、立君,大事則卜。《洪範》“謀及乃心,謀及卿士”,盡人謀,然後卜筮以審之。⑦

也就是說,在人們的日常生活中並不可以“屢煩卜筮”,而是要在人類的理性能力“山窮水盡”之際,或者在一些面臨多重未知影響下的重大決策之時,通過禮術的導入而獲得源自終極的建議與關懷。

我們雖然不能確知作爲生命基質的 DNA 之自組織能力是否會與終極本體之自組織預設完全一致,但是却知道人類理性的自組織能力會常常犯錯,我們沒有選擇“生而有罪”的懺悔模式,也許正是因爲在面臨重要選擇時,得道之聖賢固可以體用一如、即體即用而無疑不占,而那些仍在路上的“學人修士”則可以通過禮術活動而向終極秩序作出主動的認同,亦能實現個體生命的“天人合一”,“先天而天弗違,後天而奉天時”(《周易》乾卦文言),且“能使天下後世無一物不得其所”(朱熹《四書章句集注·大學》“止於至善”章注)。

二　何以“決嫌疑”？ ——禮術的生態結構

當地球上的生命胚種 LUCA(The Last Universal Common Ancestor)在四十億年前從“無”到有地萌動以後,植動物們就逐漸遍佈了這個星球。人類的進化史約可分爲猿人(距今約三百萬年至二十萬年間)、智人(此又分爲距今約二十萬年至三萬年間的早期智人和距今約三萬年至一萬年間的晚期智人)和現代人(距今約一萬年至五千年間的新石器時代和距今約五千年以後的國家時代)三個階段,直到新石器時代的現代人,他們仍生活在一種被稱爲“萬物有靈”或“泛靈”的時代,他們認爲萬物皆有“神靈”,“此神靈是人與萬物共有的源自於終極本體的生命綫,通過這一共同‘平臺’,人們可與自然萬物交流,和諧共處”⑧,從而達成一種基於“終極關懷”的生態共存默契。然而,隨着人類理性的成熟,“絕地天通”(西方稱之爲“失樂園”)之後的人們就只好依賴某些“靈魂未泯”的巫史們來指導自己的生存儀式和行爲選擇，馬林諾夫斯基認爲："宗教裏唯一專門的地方，乃是原始的靈媒，然而這不是專業，而是個人的天賦。"⑨及至人類理性的進一步成熟，巫史的"靈性失落"也使得巫術（包括後來所謂之數術）"通靈"的使用成爲普遍現象，是即《禮記·表記》所載孔子之論："昔三代明王，皆事天地之神明，無非卜筮之用。"及至軸心時代，孔子的德業設計乃是"幽贊而達乎數，明數而達乎德"（帛書《易·要》）的雙修模式⑩，他不僅留下了"五十以學易，可以無大過矣"的佳話，也爲"明數"的格致轉化在道德建構中留出了"數術"的位置，也正因此，數術活動就成爲作爲"中國人生活方式"的禮義活動中具有終極意義的選擇依據⑪，而究其所自，則它與萬物有靈時代基於"終極關懷"式的生態共存選擇的願景是一致的。

宋李季所撰《乾象通鑒》序有云：

> 天垂象以示吉凶，聖人觀天文以察時變，其來尚矣。雖示現不常，所遇有數，然其吉可致，其凶可禳，修德修刑，經史所載，有已試之驗，歷代慎之，設官分職，厥有攸司。⑫

其"設官分職"之論，當即本於早期經典的《周禮》而言，在春官宗伯所轄諸職中，涉及禮術者即有龜卜、筮占、夢占、眡祲、辨歲時天星吉凶、圖宅兆、巫術等法，至唐世擬《周禮》而作的《唐六典》之太卜署所掌諸法，又損益其目爲龜占、五兆、易占、式占、曆注、祿命、巫術，以及諸陵署所掌之墓地兆域等，個中與時偕進之迹明矣。今以目錄文獻《漢書·藝文志》與《四庫全書總目提要》所載觇之，可見其類型大略：

《漢志》數術略云：

> 天文：序二十八宿，步五星日月，以紀吉凶之象，聖王所以參政也。

> 曆譜：序四時之位，正分至之節，會日月五星之辰，以考寒暑殺生之實。

> 五行：五常之形氣也。……其法亦起五德終始，推其極則無不至。

> 蓍龜：聖人之所用也。……"是故君子將有爲也，將有行也，問焉而以言，其受命也如響，無有遠近幽深，遂知來物。非天下之至精，其孰能與於此！"

> 雜占：紀百事之象，候善惡之徵。《易》曰："占事知來。"衆占非一，而夢爲大，故周有其官。

> 形法：大舉九州之勢以立城郭室舍，形人及六畜骨法之度數、器物之形容，以求其聲氣貴賤吉凶。⑬

《四庫全書總目》術數類列爲七目：數學、占候、相宅相墓、占卜、命書相書、陰陽五行、雜技術。而序其首云：

> 術數之興，多在秦、漢以後。要其旨不出乎陰陽五行生克制化，實皆《易》之支派，傅以雜説耳。物生有象，象生有數，乘除推闡，務究造化之源者，是爲數學。星土雲物，見於經典，流傳妖妄，寖失其真，然不可謂古無其説，是爲占候。自是以外，末流猥雜，

不可殫名,史志總概以五行。今參驗古書,旁稽近法,析而別之者三:曰相宅相墓,曰占卜,曰命書相書;並而合之者一,曰陰陽五行;雜技術之有成書者,亦別爲一類附焉。[14]

唯自《漢書·藝文志》以來,歷代目録之數術分類,其標準很不一致,或以對象如天文、風水、相法,或以工具如易占、龜卜,或以術語如太乙、遁甲,或以目的如命理云云,遂難知其學術所自,今綜合諸説而從方法論的角度分作四類[15]:

擬象卜:此類主要包括龜卜與栻占。龜卜最初可能從骨卜(因用焚燒的辦法獻牲於鬼神,故以其大骨的骨裂占吉凶)經理性的象徵選擇而得到廣泛認同的,因爲龜甲的上部隆起象天,下部方平象地,且以火灼之,取天地分化,有物析出之象。其早期占法今已不得而知,疑僅若選擇占之觀縱、橫文以定吉凶,唐李筌《太白陰經·龜卜篇》提到用五兆之法來分辨吉凶,則已發展爲較複雜的卜法了。與龜卜取象略同的是栻盤,其上部爲一小圓盤,下部爲一大方盤,二者的比例爲1∶2或2∶3,圓盤上刻有北斗七星、天干、地支和二十八宿等,方盤上刻有天干、地支和二十八宿,用時可以推排年、月、日、時的吉凶情況,以編寫曆書;也可根據占卜者心念所起之時辰來轉動天盤,以與地盤相應,來觀察此時天地之吉凶組合情況。《中庸》云:"莫見乎隱,莫顯乎微,故君子慎其獨也。"正謂其一念之起,天地資訊因與之呼應,而龜、栻之占,正因其一念所起時的天地信息呼應情況來判斷其成事與否。

擬數卜:此類主要指易占。與龜卜、栻占因天地之形象而定位明數的辦法相對的是因天地之數理展開而明數的易占。這一占卜的理據稍爲複雜,它是根據宇宙終極本體的展開數序來確定的一個數理模型,在中國傳統數術中,宇宙的終極本體是太極,它裏面含有陰陽,這是一個有陰陽的太極,是一個三位一體的存在,它以陰陽與"太極"三合共生的方式展開生化運動,用符號表示,就是兩個符號的三聯組合,其結果即得八種變化,所謂八卦是也,八卦的進一步陰陽互動以進入"剛柔"世界(以五行產生爲標誌)就得六十四卦,所以六十四卦只是宇宙終極本體在演化宇宙秩序中的一個數理模型。它的占卜理念與龜卜、栻占略同,也需要個體在意念發起之時揲筮演卦,再據卦象以占吉凶,後世以五行合於卦占之中,使其占測方式更爲豐富而有理致。

本象卜:此類則包括對天文、地理、人文、物理的各種自然現象的觀察和歸納,以得出與人世吉凶相關的特徵。如天文之求勿生異象,地理擇地之求山環水抱、建築之求法象天地,人相之尚額頭飽滿、下巴方圓,物理之因異象而求吉凶(如噴嚏、眼跳、耳鳴、山崩河竭、草木異常等),以求人類的生存之道能與宇宙的變化之理協同進退。

本數卜:此類主要指命理占,即一般所謂的算命。其原理是用生辰的年月日時之數而配干支五行以斷吉凶,其術概起於唐李虛中,後經五代宋初的徐子平完善光大,今傳宋徐升編録的《淵海子平》,即代表他們的占命方法。按此法之四柱配干支蓋因栻法如六壬之四課而來,非術家之别造法則。從數理意義上説,此法通過對人生禀命之際的生成信息之推排,來確定個體所禀之信息,再推算命運展開後的將來另一時空中的信息,然後觀察二者如何互動,以定其順逆吉凶。

世移理密,故諸術之彼此融攝者亦復不少,若《四庫全書總目》指斥的"傅以雜説"、"流傳妖妄"、"末流猥雜"者遂亦"不可殫名"矣。要之,提綱挈領,逆流溯源,中國禮術思想實以順從道德建構的本體信仰爲宗旨,通過模擬宇宙生化過程的演繹和實物觀測歸納的辦法來瞭解終極本體的應然秩序,所謂"法於陰陽,和於術數"(《素問·上古天真論》)是也。

三　何以"同風俗"?──禮術的生態影響

自"無非卜筮之用"的三代以來,禮術之於民衆生活的影響可謂無處不在,鴻儒碩學,亦頗徵用。如《慶元黨禁》所載朱熹之占例:

> (慶元二年[1196])冬十一月,監察御史胡紘奏汝愚唱引僞徒,謀爲不軌,責授寧遠軍節度副使,永州安置。徐誼坐黨汝愚,亦責團練副使,南安軍安置。中外震駭。朱熹時家居,自以蒙累朝知遇之恩,且尚帶從臣職名,義不容默,草封事數萬言,極陳奸邪蔽主之禍,因以明汝愚之冤,繕寫已具。子弟諸生更進迭諫,以爲必至賈禍,熹不聽,門人蔡元定入諫,請以蓍決之,遇遯之同人,熹默然,取奏稿焚之,因更號遯翁,遂以疾丏休致[仕]。[16]

按遯(䷠)之同人(䷌),有一個變爻,依《易學啓蒙》"一爻變則以本卦變爻辭占"之法,則當以遯卦初六爻辭爲占:"遯尾,厲,勿用有攸往。"其象辭更申之云:"'遯尾'之'厲',不往何災也?"朱熹於《周易本義》中申爻辭之義云:"遯而在後。'尾'之象,危之道也。占者不可以有所往,但晦處静俟,可免災耳。"故以道自任的朱熹雖"義不容默",但却更要認同天道秩序而"與時行也",做出退隱的選擇了。

若清代《通用時憲書》列有民用擇日三十七事(與民用相對的御用擇日更有六十七事之多)[17]:祭祀、上表章、上官、入學、冠帶、結婚姻、會親友、嫁娶、進人口、出行、移徙、安床、沐浴、剃頭、療病、裁衣、修造動土、竪柱上樑、經絡、開市、立券、交易、納財、修置産室、開渠穿井、安碓磑、掃舍宇、平治道塗、破屋壞垣、伐木、捕捉、畋獵、栽種、牧養、破土、安葬、啓攢,較秦漢曆譜乃至唐宋具注曆所載尤爲繁細,足見其影響民生之一斑。

自清末民初以來,西方現代科學的理性思考方式遂以絶對的話語優勢壓倒了傳統信仰的"玄學"認同,然而在民間生存的心靈深處,人們仍怯怯地用"錦囊"盛着自己的古老信仰,冀以在人生的"山重水復"之際,能據此"錦囊"而找到自己的終極生態方向。個案之見於報

導者所在多有,下面一例則頗具典型意義:

> 浙江桐鄉市朱女士家附近原先有一座小水閘,水閘旁邊是一座小石壩橋。隨着時間的推移,小水閘無法滿足當地村民需要,小橋也開始屢屢發生事故。於是村裏啓動了改造工程。朱女士發現水閘、小橋改造後正對她家的房子。於是,她就叫來風水先生看所謂的風水。風水先生看完後,斷言她家風水因改造工程變壞了。對此,朱女士深信不疑,初次阻撓工程不遂後,索性停了自己在廠里拉橫機的工作,連續幾個月到工地上大吵大鬧。10 月 10 日晚上 9 點多,朱女士在街道辦事處爲此事折騰了一天後,竟然吞下了一把小刀。幸好送醫院後,緊急搶救後轉危爲安。不想,朱女士在第二天又來了個跳樓輕生。最終,經過大家約兩個小時的緊急營救,朱女士終於被安全地解救下來。[18]

我們不知道"被安全解救下來"的朱女士是否從此就轉而信仰了尋常媒體所謂的"科學"而不再"折騰",但是其自發的不惜以生命爲代價來保護宅居選擇之風水信仰的事實,却頗可道出禮術傳統在今日之大陸民間的認同遺存。邰筐在一篇文章中引及國家行政學院綜合教研部研究員程萍博士所作的調查:"在接受調查的九百多名縣處級公務員中,具備基本科學素質的人數比例僅爲 12.2%,一半以上的縣處級公務員多少都存在相信迷信、相信風水的情況。"[19]僅以機械宇宙論層次的"科學"實證思維方式去指斥禮術信仰的"迷信"是無知的,就如我們不能以比禮術之預測率更低的結果而否决地震預測科學的存在一樣。

楊絳先生在其《走到人生邊上》談及了人生有命及有關命理的話題,記述了不少預測準確的算例,且提出自己的困惑和思考:"可怪的是我認爲全不講理的命,可用各種方式計算,算出來的結果可以相同。這不就證明命有命理嗎? 沒有理,怎能算呢? 精通命理的能推算得很準。有些算命的只會背口訣,不知變通,就算不準。"[20]李亦園先生則從人類學的視野對當代禮術活動的文化意義給予了整體的評議:

> 算命卜卦千百年來都是中國人精神生活中重要的一環,但是在現代社會變遷極爲快速的情況下,這種傳統時間和諧觀念的追求,似有更流行的趨勢。從臺灣的例子看,不僅一般民眾如此,知識分子也不例外,有時且有更熱衷的現象。而實際上自古以來,這種追求時間和諧的行爲,無論販夫走卒或士紳官宦均十分熱衷,民間社會也許用較粗糙的方式,如摸骨、安太歲等表現出來;士紳知識分子則以較精緻的方式,如占卦、紫微斗數等來表達,但是其基本理念却是完全相同的,這就相當清楚地說明全世界華人社會的共同文化特徵之一是愛算命的真正原因。

> 風水地理可說是民間信仰空間觀念的核心,尤其是表現在祖先墓地的尋定上,其傳說更是不勝枚舉,而現代的居屋風水、室內陳設風水,也是大家耳熟能詳的事。室內

風水的流行，不但反映現代社會急功近利的心理，而且更明白地顯示這種追求空間和諧的文化傳統不僅在民間風行，即如知識分子間也趨之若鷖，尤其達官巨賈更是不敢疏忽，甚至大學校長也不能免俗，這就可以看出這一觀念的深厚基礎性了。……由此可見空間和諧的風水觀念實爲文化最基層的宇宙信念，它不但連結大小傳統於其間，也自然成爲華人文化的一個共同特徵。㉑

李先生從時空和諧的角度來解讀國人追求禮術信仰的"真正原因"，蓋正看重此一信仰所具有的終極生態指向。《周易·繫辭上》云："天下同歸而殊途，一致而百慮"，久歷沙汰而成爲華人文化之"共同特徵"的禮術信仰，其於今日之道德安頓、秩序認同和生態選擇之功，誠可思之！

餘　論

聯合國教科文組織2003年在巴黎通過了《保護非物質文化遺産公約》，其中對非遺定義特別給出了五個層面的説明：(a)口頭傳説和表述，包括作爲非物質文化遺産媒介的語言；(b)表演藝術；(c)社會風俗、禮儀、節慶；(d)有關自然界和宇宙的知識和實踐；(e)傳統的手工藝技能。其中第四點所及在中國傳統中可以説主要對應的就是禮術學統，這一學統之智識洞察和思維呈現作爲一種精神原型，又每每成爲其他四個層面非遺活動賴以存在的信仰依據。它在"花果飄零"的傳世遺産中(如城邑、村落、宮殿、陵墓、祠廟等)的生態意義也得到了廣泛的共識。政府對此一層面文化遺産的承傳亦可謂態度明確，如文化部部長蔡武2009年11月在全國非遺工作會議上即指出：

　　　由於歷史的原因，在民俗中往往存在魚龍混雜、瑕瑜互見的現象，不能否認，有的民俗活動或多或少含有一些迷信内容。一方面我們要對那些以坑蒙拐騙、謀財害命、擾亂社會秩序爲目的的迷信行爲堅決取締，另一方面，不能簡單地把民俗等同於迷信。如有的少數民族没有文字，其豐富的民族歷史文化主要是由祭師、薩滿、畢摩等特殊人物進行傳承的。對此民俗文化現象，如果一味簡單排斥，就無法將這類民族文化遺産繼承弘揚。㉒

其實對"以坑蒙拐騙、謀財害命、擾亂社會秩序爲目的的迷信行爲"歷代皆有苛禁，若《禮記·王制》即已有云："假於鬼神、時日、卜筮以疑衆，殺。"清敕修《協紀辨方書》序亦指出："其支離蒙昧、拘牽謬悠之説，乃術士之過，而非可因噎而廢食者也。"㉓我在《禮學視野下的卜筮傳統論略》一文中也提到："從卜筮在當代禮儀活動中的核心地位及其所擁有的廣泛信衆可知，它是中華禮儀重建中至爲關鍵的'信仰動機'和制禮作樂的神聖性'抓手'。當然,在利用這一'抓手'的時候,如何從學術層面厘清其理論架構和倫理依據,從而超越故以'不祥'恐民而邀利的庸俗卜筮行爲,重建當代禮儀的神聖内核,則是當代學人必須直面的一個亟爲迫切的課題。"④

　　一直推進建構全球倫理(the Universal Ethics)的德國神學家孔漢思先生曾指出:"我們知道,宗教並不能解決世界上的環境、經濟、政治和社會問題,然而,宗教可以提供單靠經濟計劃、政治綱領或法律條款不能得到的東西。即内在取向的改變,整個心態的改變,人的心靈的改變,以及從一種錯誤的途徑向一種新的生命方向的轉變。……宗教的靈性力量可以提供一種基本的信賴感,一種意義的根基,終極的標準和精神的家園。"⑤陳霞先生在《宗教與生態學的對話與互動》一文中也提到:"人們對生態采取什麼樣的行動依賴於他們怎樣思考人類與環境的關係。人在面對自然、社會和超自然時,文化的積澱和傳承已經讓他對世界和人生有某種預設,在這種預設和想像中宗教起過重要作用。宗教世界觀是最原本的,它探索物質現象之外的事情,把人們的注意力引向第一秩序,如生命的最初本源、本源的破壞、再生和拯救等。第一秩序的啓示促使人們采取創新性的行動,它是人類行動的原初動因。"⑥禮術其爲"儒教"倫理中的"靈性力量"歟!

①恩格斯《反杜林論》概論,載《馬克思恩格斯文集》(第9卷),人民出版社2009年,第23頁。

②孔漢思在《中國宗教與基督教》一書的序中提出了世界三大宗教河系之説:第一大宗教河系源出於閃米特人,以先知預言(經歷衝突和磨難)爲其特點,形成亞伯拉罕系統三大一神教:猶太教、基督教、伊斯蘭教。第二大宗教河系源出於印度民族,以神秘主義(體驗萬物合一)爲其特點。第三大宗教河系源出於中國,其中心形象是聖賢(敬重老年人和他們的經驗),這是一個哲人宗教。載秦家懿、孔漢思著,吳華譯《中國宗教與基督教》,生活讀書新知三聯書店1990年,第2—4頁。

③二十世紀三十年代初,著名的社會學家李安宅先生即在其著作《〈儀禮〉與〈禮記〉之社會學的研究》中指出:"卜筮的應用,幾於個個禮節上都有地位,如冠禮之'筮日'、'筮賓',婚禮之卜而'納吉'、卜而'請期',喪禮之筮葬地、筮葬日、筮尸,特牲饋食禮之筮日、筮尸,少牢饋食禮之諏日而筮與筮尸等,載於《儀禮》者甚多。只有因着節氣而行的定禮,用不着這一層,如'大享(冬至祀天,夏至祭地)不問卜'(《曲禮下》)是。"上海人民出版社2005年,第51—52頁。

④程顥、程頤《二程集》,中華書局1981年,第799頁。

⑤〔美〕馬斯洛《存在心理學探索》,李文湉譯,雲南人民出版社1987年,第80頁。中國傳統思想正是把天地人視爲一個完整的"有機體",所謂"天地之大德曰生"(《周易·繫辭下》),宋儒張載則以父母喻天地,而有"民吾同胞,物吾與也"之論。因此,中國之精神傳統不斷追尋的"天人合一"之境,蓋正欲使個體與天道合一而"成人",以理解天地欲生萬物之志,並進而找到自己在天地萬物中生存的位置,以及如何與天地萬物交通互動的根源所在。

⑥李亦園《文化與修養》,九州出版社 2013 年,第 109—110 頁。

⑦《朱子語類》卷六六,中華書局 1986 年,第 1620 頁。

⑧參拙文《一本萬殊:中國民間信仰的本體反思》,載《中國俗文化研究》第五輯,巴蜀書社 2008 年。

⑨馬林諾夫斯基著,李安宅譯《巫術科學宗教與神話》,中國民間文藝出版社 1986 年,第 76 頁。

⑩此在後世的《大學》、《孟子》以及程朱理學中分別被解讀作"誠意正心—格物致知"、"立大—集義"、"涵養需用敬,進學在致知"等雙修話語概念。

⑪沈文倬先生於《〈周代城市生活圖〉編繪計畫》一文中指出:"關於卜筮的儀節,《儀禮》的《士冠》、《士喪》,記載得很詳盡。其實十七篇都應有卜筮,不過《儀禮》的體例,用'互文見義'之法,所以在其他各篇都略去了。"載《菿闇文存》,商務印書館 2006 年,第 1028 頁。

⑫載《續修四庫全書術數類叢書》第三冊,上海古籍出版社 2006 年,第 199 頁。

⑬《漢書》卷三十,中華書局 1962 年,第 1765、1767、1769、1771、1773、1775 頁。

⑭永瑢等撰《四庫全書總目》,中華書局 1965 年,第 914 頁。

⑮詳參拙文《法象時空——中國數術的基本理念》,載《浙江大學學報》2008 年第 3 期。以下四類分疏,亦約其文意而爲之。

⑯佚名撰《慶元黨禁》,臺北商務印書館 1986 年景印文淵閣《四庫全書》本第 451 冊,第 31 頁。

⑰允祹等《欽定大清會典則例》卷一五八引,臺北商務印書館 1986 年影印《四庫全書》第 625 冊,第 138—139 頁。

⑱浙江廣播網 2007 年 10 月 12 日消息,作者:戚玉明。爲求簡明,引述文字有刪節。

⑲《媒體稱半數縣處公務員信風水　前高官牢房裏玩牌算命》,原載正義網 http://news.jcrb.com/jxsw/201107/t20110712_571165.html。

⑳楊絳《走到人生邊上》,商務印書館 2007 年,第 63 頁。

㉑《文化與修養》,第 110、111 頁。

㉒http://www.ccnt.gov.cn/sjzz/fwzwhycs_sjzz/fwzwhycs_zdgz/201111/t20111128_356495.htm

㉓《協紀辨方書》,上海古籍出版社 1991 年《四庫術數類叢書》本,第 109 頁。

㉔載彭林等主編《禮樂中國——首屆禮學國際學術研討會論文集》,上海書店出版社 2003 年。

㉕孔漢思(Hans Kung)起草,何光滬譯《全球倫理:世界宗教議會宣言》(The Declaration of the Parliament of the Word's Religions),四川人民出版社 1997 年,第 13 頁。

㉖陳霞《宗教與生態學的對話與互動》,載《世界宗教研究》2004 年第 4 期。

作者簡介:關長龍,浙江大學古籍研究所教授

通訊地址:浙江大學西溪校區古籍研究所　　郵編:310028

"九旗"鄭孫説平議

吴土法

由於"旗幟作爲一種權威的重要標誌貫穿着整個中國古代社會"①,所以在先秦文獻中常常述及旗物古制的有關内容,而《周禮·春官·司常職》中的一段記載説得尤爲明晰,其文云:"掌九旗之物名,各有屬,以待國事。日月爲常,交龍爲旂,通帛爲旜,雜帛爲物,熊虎爲旗,鳥隼爲旟,龜蛇爲旐,全羽爲旞,析羽爲旌。"對於上文"九旗"的解釋,儘管歷代學者多有論及,但概括起來則主要爲如下二説:

其一是九種旗幟説,認爲"九旗"乃九種不同的旗幟,常、旂、旜、物、旗、旟、旐、旞、旌九者分別爲一種旗幟的名稱,九旗正幅(即旗緣)的顔色全部相同,皆用絳色。此説以東漢鄭玄爲代表,如《司常職》鄭玄注云:"物名者,所畫異物則異名也。……通帛謂大赤,從周正色,無飾。雜帛者,以帛素飾其側。白,殷之正色。全羽、析羽,皆五采,繫之於旞旌上,所謂注旄於幹首也。凡九旗之帛皆用絳。""王畫日月,象天明也,諸侯畫交龍,一象其升朝,一象其下復也。孤卿不畫,言奉王之政教而已。大夫士雜帛,言以先王正道佐職也……畫熊虎者,鄉遂出軍賦,象其守猛,莫敢犯也。……鳥隼,象其勇捷也。龜蛇,象其扞難辟害也。……全羽、析羽五色,象其文德也。"其後,孔穎達、賈公彦、胡玉縉等學者均從鄭説②。

其二是五正旗四通制説,認爲所謂"九旗",實際上唯有常、旂、旗、旟、旐五種正旗,而旜、物、旞、旌四者乃是用來區別五正旗尊卑等級的通制。旜、物二者是就正旗上緣旂顔色的純駁而言的,旜指緣與旂的顔色相同,物指緣與旂的顔色相異,其等級則旜尊物卑;旞、旌二者是就正旗杆首所繫的羽飾而言的,旞爲一羽備五色,旌爲衆羽染五色,其等級則旞尊旌卑。五正旗正幅(緣)的顔色各依方色:常黄、旂青、旟赤、旗白、旐黑。此説以晚清孫詒讓爲代表,如《司常職》孫詒讓疏云:"蓋此經九旗之内,正旗實止有五,常、旂、旟、旗、旐,分象五方色。……其旜物二者,則爲緣旂純駁之異。……蓋日月交龍等爲緣章,全羽析羽爲杠飾。常旂旟旗旐五旗,各有不注羽及注全羽、注析羽三者,隨所用而異制。然則以五旗隨事別異,實有十五等,而旟旗旐又各有旜物,則有二十四等矣。"孫氏《九旗古誼述》又云:"九旗名制,備於《司常》,綜而論之,其正旗唯五:曰常、曰旂、曰旗、曰旟、曰旐,五路之所建也。五者隨章異物,其曰旜(正字作"旝")、曰物爲緣旂之異名,曰旞、曰旌爲注羽之異名,四者即就五正旗爲之別異,乃旗物之通制(引者按:孫氏“旐”、“旌”解釋本金榜《禮箋·九旗》之説),非於五旗之外別爲物章也。五旗備五色,大常最爲尊,其色纁,亦與周之正色相近;次則大旂爲虞制色青;次大旜爲周制色赤,故謂之大赤;次大旗爲殷制色白,故謂之大白;次大旐爲夏制色黑,謂之大麾。五路所建即正旗五,亦非別爲旗物在《司常》九旗之外也。”③其後,陳夢家、錢玄、彭林等學者均從孫説④。

一　從旗物古制上看鄭、孫二説的是非得失

　　首先,從旗幟繆章上看:在旗繆上繪以章物的定制,可能起源於原始氏族社會的圖騰崇拜。圖騰崇拜在世界各原始民族中是一個相當普遍的現象,學術界幾乎公認:中國古代各族亦曾經存在過這一宗教崇拜形式。圖騰觀念的主要内容之一是圖騰群體(氏族或部落)以所奉圖騰爲其名號和徽章,將氏族圖騰的形象繪畫或者雕刻於該族的旗幟、立杆、房屋等器物上,以作爲區别於其他族群的標記。其中旗幟上繪以圖騰者,如法國學者涂爾干云:“據夏洛瓦説,在戰時,有些印第安部落擁有名副其實的旗幟,用幾片樹皮繫在杆頭,上繪圖騰。”⑤法國學者倍松云:“散播於古代埃及各地的棕色人部落,都各有專門的標幟,藉以標明聚會的地點,辨認其氏族的起源及性號,尤其在進攻時,用作集合的標記。此種標幟大多畫成動物圖騰的圖形,揭之於竿上;在同一部族的各村落中都用同樣的旗幟。”⑥李玄伯先生亦云:“原始社會團各有旗幟,上繪其圖騰。埃及史前時代刻石板上亦常繪各種圖騰的旗幟互相爭戰。我以爲這即旌,中國古圖騰團各有旗旌,上繪其圖騰。”⑦何星亮先生又云:“1986年我到雲南德宏調查時,發現德昂族(原崩龍族)每一寨都有寨旗,用白布做成,上繪彩色圖案:上邊爲太陽,下邊爲茶樹或佛塔,右邊爲虎,左邊則各寨不同,如某寨建於牛日,則牛爲該寨的標誌,寨旗左邊畫牛圖像。……據説,虎是德昂族的象徵,每一個寨旗都有虎,表明虎是民族圖騰。至於太陽和茶樹(或佛塔),大概是後來添加進去的圖案。”⑧據上引諸文,可知原始氏族社會的圖騰群體各有作爲本族標誌之一的旗幟,其制則當如李玄伯先生所説:“圖騰社會的旌旗皆繪有圖騰,旌旗皆所以表現圖騰者。”⑨當中華民族進入文明社會的夏代,其旗制又是怎樣的呢?《詩經·商頌·玄鳥》云:“龍旂十乘,大糦是承。”劉城淮先生認爲:夏人是出於龍部落的,龍乃夏人的主神。此詩所描述的是夏被殷商滅亡之後,原來夏所屬部落打着自己的旗幟——龍旗去給殷王武丁進貢的情景。劉先生説:夏人“是殷人最主要的敵人,受到了殷人的吞滅;很自然地,當談到殷朝極其强盛、萬邦皆來朝會時,詩人會首先想到夏人,會以夏作爲萬邦的代表。因此,打着龍旗的當是夏人。故注《詩》的某些學者,就直截了當地説是夏人‘龍旂十乘’。夏人的一些器皿都作成龍狀或飾着龍形,其旗幟上更

會畫着龍了。上古民族學告訴我們，那時的旗幟，不像後代的紛繁，一族一般只有一種旗幟，旗上畫着本族的標誌物，或者雖有數種旗幟，也以一種爲主旗，本族的標誌物畫在其上。夏人的旗幟是龍旗，龍即表徵着夏人。"⑩據此，則夏時還明顯地存有氏族社會的緒餘，在旗幟上皆畫以其族的標誌物龍形的紋章。至於商代，先秦文獻中除了偶爾提及諸如"殷之大白"（《禮記·明堂位》）之類的旗名之外，没有其他更具體的記載，因而無從考索。但是，一方面因其去夏未遠；另一方面，據王暉先生對《尚書·高宗肜日》的考釋，即便是商代的第二十三位君主（高宗），面對商族的圖騰物雉鳥，也依然表現出極度的尊敬和畏懼⑪，可見其時猶存氏族社會圖騰崇拜的遺風。所以揆之事理，商代旗制縱然有所發展，也不致有太大的變化。

　　接着讓我們來考察周代旗幟的繆章情況。先秦文獻中述及周代繆章者，除前引《周禮·司常職》以外，尚有多處。如《考工記·輈人》云："龍旂九斿，以象大火也；鳥旟七斿，以象鶉火也；熊旗六斿，以象伐也；龜蛇四斿，以象營室也。"《禮記·曲禮上》云："行，前朱鳥而後玄武，左青龍而右白虎，招摇在上，急繕其怒。"《吴子·治兵》篇載吴起答魏武侯問三軍進止時云："必左青龍，右白虎，前朱雀，後玄武，招摇在上，從事於下。"⑫由此可見，其時人們不僅將旗繆上的章物作爲區别各種旗幟的標誌，而且將其用作各種相應旗幟的代名詞，旗幟繆章的重要性，是顯而易見的。我們想象置身於上述各旗之中而面朝南，則不難發現各種旗幟上的章物似乎有一固定不變的系統：東方大旂上的章物爲青龍，西方大旗上的章物爲白虎（或作"熊"、"熊虎"），南方大旟上的章物爲朱雀（或"鳥"），北方大旗上的章物爲龜蛇（即"玄武"），居中（即"在上"）大常上的章物爲日月（或作"招摇"）。其中大旗上的章物，《曲禮》等作"虎"、《考工記》作"熊"者，段玉裁《説文解字·夗部》注云："《記》不言虎者，舉熊以包虎。"李學勤先生則云：《考工記》"至於以熊代虎，也許是帶地方色彩的説法"⑬。大旟上的章物，《司常職》等作"鳥"、《吴子》作"雀"者，孔穎達《尚書·堯典》疏引《曲禮》"前朱雀後玄武"而釋之云："雀即鳥也。"至於大常上的章物，《司常職》等作"日月"、《曲禮》等作"招摇"（即北斗七星）者，《左傳·桓公二年》云："三辰旂旗，昭其明也。"杜預注："三辰，日、月、星也。畫於旂旗，象天之明。"孔穎達疏："九旗之物，唯日月爲常。不言畫星者，蓋大常之上又畫星也。……旂旗是九旗之總名，可以統大常，故舉以爲言也。"《穆天子傳》卷六云："日月之旗，七星之文。"郭璞注："言旗上畫日月及北斗七星也。《周禮》曰'日月爲常'，旗亦通名。"據此，大常上的章物當兼有日、月、北斗七星三辰。然則《司常職》獨言"日月"，即賈公彦疏所謂"此舉日月，其實兼有星也"；《曲禮》獨言"招摇"，即孫希旦集解所謂"大常兼畫日月七星，此獨言'招摇'，取其居四旗之中，以指正四方也"。

　　闡明了周代旗制的繆章系統，我們自然地聯想到了古代天文學上的四象。衆所周知，我國古代把二十八宿分作四組，每組七宿，並將各組的七宿想象地連接起來成爲一種形象，分別爲龍、鳥、虎、龜蛇，後又將他們與東、西、南、北四個方位和青、紅、白、黑四種顔色聯繫起來，構成東宮青龍、西宮白虎、南宮朱雀、北宮玄武。故而，四象又稱作四宮、四陸、四維。1978 年湖北省隨縣擂鼓墩發掘的戰國早期曾侯乙墓的一件漆箱蓋面圖像，不僅證實了這一四象系統在戰國以前早已存在，而且還有非常重要的補充。在這件蓋面上，一端繪青龍，一端繪白虎，當中大書一"斗"字，即表示北斗，環繞北斗寫出了二十八宿(星)的全部名稱。至於其物象、顔色、方位以及二十八宿星名的對應關係，兹録郭德維先生所作的對應關係表⑭如下：

東	青	青龍(蒼龍)	慣用名稱	角	亢	氐	房	心	尾	箕
			衣箱文字	角	陸	氐	方	心	尾	箕
北	黑	玄武(龜蛇)	慣用名稱	斗	牛	女	虛	危	室	壁
			衣箱文字	斗	牽牛	婺女	虛	危	西縈	東縈
西	白	白虎	慣用名稱	奎	婁	胃	昴	畢	觜	參
			衣箱文字	圭	婁女	胃	矛	繹	此隹	參
南	紅	朱鳥	慣用名稱	井	鬼	柳	星	張	翼	軫
			衣箱文字	東井	與鬼	酉	七星	張	翼	車

上表衣箱文字"西縈"、"東縈"中的"縈"字，即"營"字。裘錫圭先生在《談談隨縣曾侯乙墓的文字資料》一文中指出："看來古人起初是把室、壁四星合稱爲營室的。……正由於室、壁四星本來合稱營室，所以後來或分別名之爲西營、東營，或以營室之名專歸於西營而名東營爲東壁。婺女之名也見於銀雀山漢簡，婺當是婺女的省稱。……軫宿本象車，所以漆盒稱之爲車。"⑮可以説，蓋面圖像中二十八宿的名稱和排列順序與後來慣用二十八宿的名稱和排列順序，均基本相同；蓋面圖像中龍、虎二象所對應的星宿、方位、顔色三者與慣用四象二十八宿中的對應情況也完全一致。至於蓋面圖像中的缺少朱雀、玄武二象，黃建中等先生認爲："應將箱蓋和箱身的圖像聯繫起來看，箱蓋繪有龍和虎的圖像，箱身的一面繪有鳥的圖像，且這三個圖像正好構成三方，這就是東宮龍、南宮鳥、西宮虎。鳥旁的七個圓點，即代表南宮七宿的中心宿——星宿(即"七星")，這正好與鳥紋代表南宮鳥互相印證。與鳥相對的一面全爲黑色，無圖像，表示能見龍、虎、雀三像時，北宮玄武看不見，在地平綫下。"⑯譚維四先生説："美國加州大學物理學教授程貞一、香港中文大學教授饒宗頤、中科院自然科學史所研究員席澤宗等認爲'這種解釋很有意思，但有待進一步研究'。筆者細察箱身四個側面的紋飾，箱蓋兩端蒼龍、白虎圖像外側先各繪一粗紅道，緊挨着這紅道下方繪日、月紋飾。因此，將這一紅道視爲地平綫的標誌是合理的，表明此時太陽、月亮在地平綫附近。箱

蓋上下兩側無此紅道,其下側整體繪有鳥紋、七星和雲氣及其他,將它解釋爲這表明其所繪南宮七宿正當南中天也是合理的。將與之相對應的一側素黑無紋飾解釋爲全看不見也是可以理解的。因此,筆者對黄建中等之説表示支持。"⑰

　　下面,試將旗制中的緫章系統與漆箱蓋面圖像所反映的天象系統作一比較:第一,就物象的選擇而言,二者均爲斗、龍、虎、鳥、玄武五種物象。第二,就物象的方位而言,二者均爲東青龍、西白虎、南朱鳥、北玄武、中北斗(當包含日月)。第三,就北斗的寓意而言,《曲禮》"招摇在上,急繕其怒"者,孔穎達疏云:"北斗居四方宿之中,以斗末從十二月建而指之,則四方宿不差。今軍行法之,亦作此北斗星,在軍中舉之於上,以指正四方,使四方之陣不差,故云'招摇在上'也。……軍行,既張四宿於四方,標招摇於中上,象天之行,故軍旅士卒起居舉動,堅勁奮勇,如天帝之威怒也。"而蓋面圖像中央的"斗"字,王健民等先生則認爲:"這個圖上,把一個巨大的'斗'字寫在畫面的中央,差不多佔據了整個畫面的三分之一;圍繞'斗'字的二十八宿名稱,是在寫好'斗'字並畫好青龍、白虎之後,才在它們之間的空隙填寫上去的。畫面的安排突出了北斗的重要地位,這是符合我國古代天文學傳統特點的。……《史記·天官書》概括北斗七星在我國古代天文學中的作用時説:'斗爲帝車,運於中央,臨制四鄉。分陰陽,建四時,均五行,移節度,定諸紀,皆系於斗。'"⑱通過以上的比較,説明緫章系統與天象系統二者之間極爲密合。那麽,如此密合的現象應當作何解釋呢?李學勤先生曾經指出:"《曲禮》、《治兵》等篇所論都是古代用兵時的旗幟。因爲那時人們已熟悉四象的方位,故取之以爲旗上標誌,也是兵陰陽家思想的一種表現。"⑲我們認爲李先生的觀點是合理的,但考慮到《周禮·司常職》所述:"日月爲常,交龍爲旂,……熊虎爲旗,鳥隼爲旟,龜蛇爲旐"云云,並非特指古代用兵時的旗幟,因而竊以爲不妨説古旗的緫章系統是取法於天象系統的。事實上漢代人就已經有這樣的看法,如《初學記·武部》引《河圖》所云:"風后曰:予告汝帝之五旗:東方法青龍曰旂,南方法赤鳥曰旟,西方法白虎曰旗,北方法玄蛇曰旐,中央法黄龍曰常。"就是其例。而《考工記·輈人》所云:"龍旗九斿,以象大火也;鳥旟七斿;以象鶉火也;熊旗六斿,以象伐也;龜蛇四斿,以象營室也。"鄭玄注:"大火,蒼龍宿之心,其屬有尾,尾九星"、"鶉火,朱鳥宿之柳,其屬有七星,星七星"、"伐屬白虎宿,與參連體而六星"、"營室,玄武宿,與東壁連體而四星",孫詒讓疏此"記路車所建旌旗,象東南西北四官之星,又放星數爲斿數也",則更證明了緫章系統取法於天象系統之説是可以據信的。其實,如此爲説是符合古人的思想觀念的,據學者研究,我國在殷商時代就已經有五方觀念了,如胡厚宣先生説:"殷代確有五方之觀念,則可由卜辭證之。如帝乙、帝辛卜辭有曰:'己巳王卜貞:⊡歲商受⊡,王凬(占)曰吉。東土受年。南土受年。西土受年。北土受年。'(《粹》

九〇七)此卜商與東南西北四方受年之辭也。商者亦稱中商,如武丁時卜辭曰:'戊寅卜,王,貞受中商年。十月。'(《前》八·一〇·三)'□巳卜,王,貞於中商乎御方。'(《佚》三四八)中商即商也。中商而與東南西北並貞,則殷代已有中東南西北五方之觀念明矣。"⑳這種五方觀念發展到周代,則進而影響其政治設施。當姬周克殷而有天下,即不甘於身居西土"王凡(同)三方"(《天亡簋》),籌劃"余其宅兹中國,自之乂民"(何尊),以便像《尚書·洛誥》中所説的"和恒四方民"、"刑四方"、"亂爲四方新辟",《詩經·大雅·民勞》中所説的"惠此中國,以綏四方"。然則,在周人的心目中,一方面以中北斗(包括日月)、東青龍、南朱鳥、西白虎、北玄武五象代表整個天象,也即整個上天,一方面以中、東、南、西、北五個方位代表整個天下。這樣,取法於天象系統的五象而將其繪之於旗物之上,用以象徵君臨天下、一統四方,應當説是比較自然的。

綜上所述,在原始氏族社會時期,各氏族的旗幟皆畫以本族所奉圖騰物形象的紋章;夏商二代,承其緒餘,變化不大;周代縿章則變圖騰形象爲五種天象,以日月北斗三辰、龍、虎、鳥、玄武五者分別繪於五種旗幟的旗縿之上。這樣不但反映了自氏族社會到周王朝在縿章制度上因革損益的發展軌迹,而且還從一個側面反映出宗周時期"制禮作樂"的某些情況。同時還告訴我們,既然氏族社會到夏商二代在旗幟上皆繪有縿章,那麽在周代的旗幟上也自然皆有縿章;既然周代的縿章系統取法於天象,僅在五種旗幟上分別繪以三辰、龍、虎、鳥、玄武五種章物,那麽,其時理所當然地只有五種旗幟了。準此,則鄭、孫二氏對"九旗"是九種旗幟還是五種正旗的解釋,當是孫説是而鄭説非。

其次,從旗物通制上看:周代旗幟,常常在杆首繫有一種或數種不同形制的飾物。如西周彝銘《趞鼎》(穆王時器)云:"易女(汝)赤市幽亢,縊旂,用事。"馬承源等先生註:"縊,鑾省金,與鸞通。《左傳·桓公二年》:'錫、鸞、和、鈴,昭其聲也。'杜預《注》:'錫在馬額,鸞在鑣,和在衡,鈴在旂,動皆有鳴聲。'孔穎達《疏》:'鸞、和,亦鈴也,以處異故異名耳。'旂,表明官位等級的旍幟。《爾雅·釋天》'有鈴曰旂',郭璞《注》:'懸鈴於竿頭,畫交龍於旒。'據金文,旂上懸鈴也稱鸞。"㉑西周彝銘《利鼎》(恭王時器)云:"易女(汝)赤𢀖(雍)市、縊旂,用事。"這就是以鸞鈴懸之於旗幟杆首的事例。又《詩經·小雅·車攻》云:"建旐設旄,搏獸于敖。"孔穎達疏:"王言當建立旐於車,而設旄牛尾於旐之首,與旐同建,我當乘之,往搏取禽獸於敖地也。"《望山二號墓竹簡》云:"豪毛之首。"朱德熙、裘錫圭、李家浩三位先生考釋:"古代旍旗杆首飾氂牛尾,稱爲旄。疑此文'毛'字當讀爲'旄','豪毛之首'即指旗杆頂上有旄。"㉒這就是以旄牛尾繫之於旗幟杆首的事例。又《望山二號墓竹簡》云:"隼𦋺(旌),白市,羆(翡)翬(翠)之首。"朱德熙先生等考釋:"'隼'當即'堆'字,在此疑當讀爲'綏'。古代稱旍旗上所加的羽旄之類裝飾爲'綏'。……此旌蓋用翡翠鳥之羽,故稱翡翠之首。"㉓這就是以鳥羽繫

之於旗幟杆首的事例。而《左傳·定公四年》所云：“晉人假羽旄於鄭，鄭人與之。明日，或
旆以會。”孔穎達疏：“晉令賤人建此羽旄，施其旒旆於下，執之以從其會。”則是兼繫旄牛尾
和鳥羽兩種飾物於旗幟杆首的事例。

　　由於在旗幟杆首往往繫有某種飾物，所以在文獻及彝銘中有時就用飾物之名來代指繫
有該飾物的旗幟。如西周彝銘《望簋》（恭王時器）所云：“易女（汝）赤 ⊖（雍）市、絲，用事。”
即以飾物“絲”來代指恭王賜給望的鸞旂。《詩經·鄘風·干旄》所云：“孑孑干旄，在浚之
郊。”毛傳：“孑孑，干旄之貌。注旄於干首，大夫之旃也。”即以飾物“旄”來代指衛國大夫所
建的旃旗。《國語·晉語一》所云：晉獻公伐翟柤，郤叔虎“被羽先升，遂克之”。李賢《後漢
書·賈復傳》“被羽先登”注：“被猶負也，析羽爲旌旗，將軍所執。”即以飾物“羽”來代指晉國
大夫郤叔虎背上所負的旌旗。這種用杆首飾物以代指所飾旗幟的方式，乃是古人常用的一
種以事物的某一部分代指含有該部分的事物全體的修辭手法。如《禮記·大學》“十目所
視，十手所指”中的“十目”、“十手”分別代指十人，《戰國策·齊策四》“長鋏歸來乎”中的
“鋏”（劍把）代指整把劍，揚雄《解嘲》“客徒欲朱丹吾轂”中的“轂”（車轂）代指整輛車，白居
易《寄行簡》“遊鱗悅新藻”中的“鱗”（魚鱗）代指整條魚，皆是其例。不過，目、手、鋏、轂、鱗
五者雖然可以分別代指所附事物的全體，但絕不能因此而將其作爲所代指的事物全體的一
種名稱，即不能以“目”和“手”作爲人的兩種名詞、不能以“鋏”作爲劍的一種名稱、不能以
“轂”作爲車的一種名稱、不能以“鱗”作爲魚的一種名稱。因而前述“絲”、“旄”、“羽”三種旗
幟杆首的飾物，雖然可以代指各自所飾的旗幟，但不能將其作爲所代指的旗幟的一種名稱。
諸如“旄是一種旌旗的名稱”等説法，都似乎是不夠確切的。

　　總之，絲、旄、羽三者僅僅是各種旗幟杆首的三種裝飾物而已，而並非因爲繫其中的某
一飾物就可以成爲一種獨具名稱的旗幟。否則的話，試想：飾有旄牛尾的旗又叫什麼？飾
有旄和全羽二物或者旄和析羽二物的旗又作何稱呼？故而《司常職》所述“全羽爲旞，析羽
爲旌”，只能從孫詒讓之説，作諸旗通制解釋。並且，1965 年春洛陽北窯西周墓 M453 出土
的一件三叉形銅器，也爲孫説提供了强有力地實物依據。此器通體呈三叉形，中部作長骹
窄葉矛形，鋒頂略殘；矛骹作圓銎，下大上小，兩側附向上彎曲的刺，下部兩側有半環形小
鈕；刺身兩面平素，中部彎曲處下側各帶小環鈕一個；矛頭正面陰鑄銘文“南”字；殘高 27、寬
20.5、竪徑 2.3 厘米③。學術界一般稱之爲“南字銅干首”（見圖）。蔡運章先生説：“這種銅器
的形狀與商周金文㐱字上部的構形頗爲相似，是我們確認他們爲銅干首的主要依據。例
如，金文㐱、旂、旅、旂等字如下所示（第一字見㐱爵，《三代》15、11.7；第二字見頌鼎，《三代》
4.37；第三字見史鼎，《小校》5.19；第四字見旂婦上鼎，《三代》2.16.1），它們上部所從的 𢁽 狀

飾,實似洛陽北窑西周墓出土三叉形器的逼真摹畫。

南字銅干首

　　羅振玉指出:金文𣃁所從的‘ᗷ象杠與首之飾’,當是。《説文·𣃁部》云:‘𣃁,旌旗之游
𣃁塞之貌。从ᗷ,曲而垂下𣃁相出入也。’段玉裁注:‘旌旗者,旗之通稱。……从ᗷ謂竿首,
下垂謂游也。’ᗷ狀飾因位於旗杆的頂端,故名曰干首。干,通作竿、杆,亦杠也,語之轉耳。
由此可見,我們認爲這些銅器應爲安裝在旗杆頂部的銅干首,是可以肯定的。”蔡先生認爲,
干首是旗杆頂端繫旄和懸鈴的構建,器中刺上的兩個小鈕當是用來懸鈴的,矛骹下部的兩
個小鈕應是用來綁繫羽旄的⑯。孫詒讓等全羽、析羽爲諸旗通制之説,得此出土實物的印
證,可以説是確不可移了。

　　至於《司常職》“通帛爲旜,雜帛爲物”云云,我們以爲不妨從如下兩方面加以考慮:其
一,《司常職》所述九旗,如果將其分類的話,可以將畫有緣章的常、旂、旗、旟、旐五者分爲一
類,將没有緣章的旜、物、旞、旌四者分爲另一類,既然没有緣章的旞、旌二者只能解釋爲諸
旗通制,那麽,將表示諸旗純駁之異的旜、物二者也理解爲諸旗通制,應是合乎邏輯的;其二
由前述可知,古旗的緣章系統是取法於天象的,而其時正式的旗幟又皆當畫有緣章,那麽,
將没有緣章的旜、物二者理解爲諸旗通制,也是合乎事理的。並且,西周彝銘《番生簋》(孝
王時器)所云“朱旂旜金芳二鈴”,郭沫若先生認爲:“《司常》之九旗,舊均以爲九種旗幟之異
名,至孫詒讓始辨悉常、旂、旗、旟、旐五種異職,而旜、物、旞、旌四者乃五旗之通制。……今
此器(引者按:指《番生簋》)言‘朱旂旜金芳二鈴’例以《毛公鼎》之‘朱旂二鈴’則旜與金芳均
屬於朱旂之物,爲事甚顯豁。‘朱旂旜’者即朱旗之緣斿同色也,此可爲孫説之一佳證。”⑰這
就從金文上證實了將“旜”“物”理解爲諸旗通制是符合旗物古制的。事實上也只有這樣理
解,才能解釋諸如《儀禮·鄉射禮》“龍旜”之類的名物,因而鄭玄《儀禮》注在此也不得不説
“畫龍於旜,尚文章也”,以致與《周禮》注自相矛盾。

　　綜上所述,《司常職》九旗中的旜、物、旞、旌四者,以理解爲諸旗通制爲妥。準此,則鄭、

孫二氏對“九旗”的解釋,當是孫説較密而鄭説較疏。

再次,從旗幟顔色上看:古旗顔色,一般來講都是就旗幟的正幅(即旗緣)而言的。如果不考慮旗色的體系而專就某一旗幟的顔色而論,那各種文字記載還是不少的。如《司馬法·天子之義》云:“旗:……周黄,地之道也。”田旭東先生認爲“《司馬法》原爲周之政典、軍法。到戰國初年已散亂,齊威王時令諸大夫追論而成《司馬法》百五十五篇,現存今本、輯佚本皆在百五十五篇之中”㉗。據此,則宗周時候當有黄旗。又《逸周書·克殷解》云:“百夫荷素質之旗于王前。”孔晁注:“素質,白旗。”關於《克殷解》的真僞,朱右曾以爲“《克殷》篇所叙,非親見者不能”㉘。郭沫若先生也説:“《逸周書》中可信爲周初文字者僅有三十二篇,《世俘解》即其一,最爲可信。《克殷解》即《商誓解》次之,其他則均爲係僞託,惟非僞託於一人或一時。”㉙據此,則宗周時候當有白旗。又西周彝銘《麥方尊》(康王時器)云:“侯乘于赤旂舟從。”西周彝銘《毛公鼎》(宣王時器)云:“朱旂二鈴。”據此,則宗周時候確有赤旗、朱旗。由上述可知,鄭玄所謂“凡九旗之帛皆用絳”云云,是不可據信的。然而,即使如此,也還不能説周初時就已經産生了如孫詒讓所説的那種旗色體系。但是,如果説這種旗色體系産生於春秋時期,或者更早一些,竊以爲又應該是有可能的。這是因爲:(一)據我師沈文倬先生考定,小戴輯《禮記》的《曲禮》、《玉藻》、《祭統》、《禮器》諸篇是早於《孟子》成書的㉚。而《曲禮》“前朱鳥而後玄武,左青龍而右白虎,招摇在上,急繕其怒”云云,則已經把五色、五旗、五方位搭配得較爲完密了。若再考慮到“一般而言,歷史上新事物的創立和存在常常較早於它們出現於文獻記載中”㉛,那這種旗色體系的産生當遠早於《曲禮》的著作年代。(二)《國語·吳語》記載魯哀公十三年晋、吳黄池争長時吳軍陣勢云:“萬人以爲方陣,皆白裳、白旂、素甲、白羽之矰,望之如荼。王親秉鉞,載白旗以中陣而立。左軍亦如之,皆赤裳、赤旗、丹甲、朱羽之矰,望之如火。右軍亦如之,皆玄裳、玄旗、黑甲、烏羽之矰,望之如墨。”關於這一記載,龐樸先生曾説:“如果陣容西向,南赤北玄,中軍稍突出爲西,呈白色,倒頗有點五方色的味兒。”㉜對此,我覺得還應該充分地考慮到以下兩個因素:其一是吳王只有三萬甲兵,也即三軍,即使當時已有孫詒讓所説的旗色體系,也無法全面表現出來;其二是黄色的常旗本來就是天子所專用的,吳王没有使用這一旗幟的資格。因而,如果説其時已初具旗緣的顔色體系,我以爲應該是可以的。準上所述,鄭玄和孫詒讓二氏對於“九旗”顔色的解釋,也當是孫説較密而鄭説爲疏。

二　從《周禮》經義上看鄭、孫二説的是非得失

前面,我們分別從旗幟緣章、旗幟通制以及旗幟顔色三個方面對鄭、孫二説作了考查,

其間的是非曲直,不言而喻。下面,我們再從《周禮》本身,也即《周禮》經義的角度,對鄭、孫二説進行考察。

第一,從《周禮》性質上看:《周禮》一書,無論其著作年代是在西周、戰國抑或秦漢時代,無論其著作内容出自西周、春秋抑或劉歆僞造,有一點是可以明確地肯定的,就是其作者是將它當作一部國家的官政法典來編寫的,其性質猶如我們現在的國家憲法。正因爲這樣,所以全書的遣詞用語顯得十分嚴肅明確,自始至終没有出現比喻、擬人、誇張等修辭方式。也正因如此,所以在殘存"天官冢宰"、"地官司徒"、"春官宗伯"、"夏官司馬"、"秋官司寇"五官的開頭,皆著有完全相同的如下二十個字:"惟王建國,辨方正位,體國經野,設官分職,以爲民極。"文中"極"者,鄭玄注云:"極,中也。令天下之人各得其中,不失其所。"孫詒讓疏云:"極訓中,猶言中正。"用現代漢語來説,"極"就是"中正的準則"。很明顯,《周禮》天、地、春、夏、秋各章冠以這段話的目的,在於開宗明義,揭示各章文字内容的"民極"性質。然則,我們不禁要問:如果《司常職》名言"九旗",而事實上所指的却是五旗的話,那豈非視法典如兒戲? 將何以爲"民極"? 準此而諭,則鄭、孫二氏對"九旗"是九種旗還是五正旗的解釋,當是鄭説是非而孫説非。

第二,從上下文義看:爲了便於説明問題,先將前引《司常職》之文以及緊接其後的一段文字摘録如下:"掌九旗之物名,各有屬,以待國事。日月爲常,交龍爲旂,通帛爲旜,雜帛爲物,熊虎爲旗,鳥隼爲旟,龜蛇爲旐,全羽爲旞,析羽爲旌。及國之大閲贊司馬頒旗物:王建大常,諸侯建旂,孤卿建旜,大夫士建物,師都建旗,州里建旟,縣鄙建旐,道車載旞,斿車載旌。"諦審上文,竊以爲有二點似當引起我們的注意:其一,在"及國之大閲贊司馬頒旗物"一句的前後文中,九旗名稱和九旗次第均完全相同,這説明後文所指九旗就是前文中的九旗。其二,後文所述,乃是九旗在師田典禮中的具體使用,故而每一旗幟的所建,所載者寫得歷歷可據。如果其中旜、物、旞、旌四者並非四種旗幟的話,那文中的"孤卿"、"大夫士"、"道車"、"斿車"數者均失去了着落,而經文文義也就變得語無倫次、扞格不通了。作爲一部"以爲民極"的法典條文,是絶不可能如此不堪的。並且就師田典禮的舉行場合而言,也是不可能出這樣的情形的。文中"州里"者,孫詒讓疏云:"蓋里者,居也,言州之所居,關六鄉及黨、族、閭、比言之。""縣鄙"者,孫疏云:"蓋此縣即縣師,縣士之縣,爲四等公邑之通名。公邑謂之縣鄙,猶大小都謂之都鄙。"據《地官司徒·敘官》及《秋官司寇·敘官》所述,黨正,每黨下大夫一人;族師,每族上士一人;閭胥,每閭中士一人;比長,五家下士一人;縣師,上士二人,中士四人;縣士,中士三十有二人。然則,在天子、諸侯親自參加的師田場合,怎麼可能連上士、中士、下士之等尚且建旟、建旐,而身居高位的孤卿大夫反倒不建代表其身份地位的各種旗幟呢? 所以,後文中的九旗無可置疑地是指九種旗幟。既然後文是九種旗幟,那麼前文所述的也自然是九種旗幟了。準上而論，鄭、孫二氏對"九旗"是九種旗還是五正旗的解釋，也當是鄭説是而孫説非。

　　第三，從數詞使用上看：由於《周禮》所記述的是各種各樣的制度，因而全書中充滿着大大小小數以千計的數字規定，僅就殘存五官中的各職職掌而論（各官《叙官》除外），據不完全統計，其數字詞條有四十多個，出現次數達一千多次。這些數詞在行文中的表達方式，主要有如下四種：一、先指出某類事物的總數，而後以一曰、二曰……的形式對這一總數所包含的内容作具體的説明，如《天官·大宰職》云："以八統詔王馭萬民：一曰親親，二曰敬故，三曰進賢，四曰使能，五曰保庸，六曰尊貴，七曰達吏，八曰禮賓。"二、先指出某類事物的總數，而後對這一總數所包含的内容作具體的説明，但不以一曰、二曰……的形式表述，如《春官·大宗伯職》云："以玉作六瑞，以等邦國；王執鎮圭，公執桓圭，侯執信圭，伯執躬圭，子執穀璧，男執蒲璧。"三、先列某類事物的具體内容，再於末尾指出這些内容的總數，如《秋官·小行人職》云："若國札喪，則令賙補之；若國凶荒，則令賙委之；若國師役，則令槁襘之；若國有福事，則令慶賀之；若國有禍烖，則令哀吊之。凡此五物者，治其事故。"四、僅僅指出一類或者數類事物的總數，而對這些總數所包含的具體内容則不作任何説明，如《天官·司會職》云："掌邦之六典、八法、八則之貳，以逆邦國都鄙官府之治。"在上述四種方式中，第二種與《司常職》所云"九旗"的表述方式完全相同，第一、第三兩種乃形式稍異而其實相同，第四種則完全不同。下面，試對《周禮》天、地、春、夏、秋五官之屬的職掌中以第一、第二、第三三種方式表述的制度條文，作一全面的考查。爲了簡便起見，兹將其内容列爲下表：

篇名	數詞	内容
天官·酒正	三酒	事酒、昔酒、清酒。
地官·大司徒	鄉三物	六德、六行、六藝。
師氏	三德	至德、敏德、孝德。
師氏	三行	孝行、友行、順行。
春官·大卜	三兆	玉兆、瓦兆、原兆。
大卜	三易	連山、歸藏、周易。
大卜	三夢	致夢、觭夢、咸陟。
筮人	三易	連山、歸藏、周易。
夏官·馬質	馬量三物	戎馬、田馬、駑馬。
秋官·大司寇	三典	輕典、中典、重典。
小司寇	三刺	訊群臣、訊群吏、訊萬民。
司刺	三刺	訊群臣、訊群吏、訊萬民。
司刺	三宥	不識、過失、遺忘。
司刺	三赦	幼弱、老耄、蠢愚。
天官·疾醫	四時癘疾	痟首疾；癢疥疾；瘧寒疾；嗽上氣疾。
酒正	四飲	清、醫、漿、酏。

篇名	數詞	内容
籩人	四籩	朝事之籩、饋食之籩、加籩、羞籩。
醢人	四豆	朝事之豆、饋食之豆、加豆、羞豆。
地官·鼓人	四金	金錞、金鐲、金鐃、金鐸。
春官·卜師	四兆	方兆、功兆、義兆、弓兆。
天官·酒正	五齊	泛齊、醴齊、盎齊、緹齊、沉齊。
地官·大司徒	五地	山林、川澤、丘陵、墳衍、原隰。
鄉大夫	鄉射禮五物	和、容、主皮、和容、興舞。
春官·司几筵	五几	玉几、彤几、彤几、漆几、素几。
司几筵	五席	莞席、藻席、次席、蒲席、熊席。
大師	五聲	宮、商、角、徵、羽。
巾車	王之五路	玉路、金路、象路、革路、木路。
巾車	王后五路	重翟、厭翟、安車、翟車、輦車。
巾車	喪車五乘	木車、素車、藻車、駹車、漆車。
巾車	服車五乘	夏篆、夏縵、墨車、棧車、役車。
秋官·大司寇	五刑	野刑、軍刑、鄉刑、官刑、國刑。
小司寇	五聲聽獄訟	辭聽、色聽、氣聽、耳聽、目聽。
士師	五禁	宮禁、官禁、國禁、野禁、軍禁。
士師	五戒	誓、誥、禁、糾、憲。
司刑	五刑之法	墨罪、劓罪、宮罪、刖罪、殺罪。
小行人	治事故之五物	賻補、賵委、檜禬、慶賀、哀吊。
小行人	知天下之五物	萬民之利害爲一書,禮俗、政事、教治、刑禁之逆順爲一書,悖逆、暴亂、坐愿、猶犯令者爲一書,札喪、凶荒、厄貧爲一書,康樂、和親、安平爲一書。
天官·大宰	六典	治典、教典、禮典、政典、刑典、事典。
小宰	六叙	以叙其正位、以叙進其治、以叙其作事、以叙制其食、以叙受其會、以叙聽其情。
小宰	六屬	天官、地官、春官、夏官、秋官、冬官。
小宰	六職	治職、教職、禮職、政職、刑職、事職。
小宰	六聯	祭祀之聯事、賓客之聯事、喪荒之聯事、軍旅之聯事、田役之聯事、斂弛之聯事。
小宰	六計	廉善、廉能、廉敬、廉正、廉法、廉辨。
漿人	六飲	水、漿、醴、凉、醫、酏。
内司服	王后六服	褘衣、揄狄、闕狄、鞠衣、展衣、緣衣。
地官·大司徒	保息六	慈幼、養老、振窮、恤貧、寬疾、安富。
大司徒	本俗六	媺宮室、族墳墓、聯兄弟、聯師儒、聯朋友、同衣服。
鼓人	六鼓	雷鼓、靈鼓、路鼓、鼖鼓、鼛鼓、晋鼓。
保氏	六藝	五禮、六樂、五射、五馭、六書、九數。
保氏	六儀	祭祀之容、賓客之容、朝廷之容、喪紀之容、軍旅之容、車馬之容。
春官·大宗伯	六瑞	鎮圭、桓圭、信圭、躬圭、穀璧、蒲璧。
大宗伯	六摯	皮帛、羔、雁、雉、鶩、雞。
大宗伯	六器	倉璧、黃琮、青圭、赤璋、白琥、玄璜。
司尊彝	六尊	獻尊、象尊、著尊、壺尊、大尊、山尊。

續表

篇名	數詞	内容
司尊彝	六彝	雞彝、鳥彝、斝彝、黃彝、虎彝、蜼彝。
大司樂	六律	黃鐘、大蔟、姑洗、蕤賓、夷則、無射。
大司樂	六同	大吕、應鐘、南吕、函鐘、小吕、夾鐘。
大司樂	六舞	雲門、咸池、大磬、大夏、大濩、大武。
大師	六詩	風、賦、比、興、雅、頌。
龜人	六龜	天龜、地龜、東龜、西龜、南龜、北龜。
占夢	六夢	正夢、噩夢、思夢、寤夢、喜夢、懼夢。
大祝	六祝	順祝、年祝、吉祝、化祝、瑞祝、筴祝。
大祝	六祈	類、造、襘、禜、攻、説。
大祝	六辭	祠、命、誥、會、禱、誄。
大祝	六號	神號、鬼號、祇號、牲號、粢號、幣號。
夏官·校人	六馬	種馬、戎馬、齊馬、道馬、田馬、駑馬。
秋官·小行人	六節	虎節、人節、龍節、旌節、符節、管節。
小行人	六瑞	瑱圭、桓圭、信圭、躬圭、穀璧、蒲璧。
小行人	合六幣	圭以馬、璋以皮、璧以帛、琮以錦、琥以繡、璜以黼。
天官·小宰	七事	祭祀、朝覲、會同、賓客、軍旅、田役、喪荒。
天官·大宰	八法	官屬、官職、官聯、官常、官成、官法、官刑、官計。
大宰	八則	祭祀、法則、廢置、禄位、賦貢、禮俗、刑賞、田役。
大宰	八柄	爵、禄、予、置、生、奪、廢、誅。
大宰	八統	親親、敬故、進賢、使能、保庸、尊貴、達吏、禮賓。
小宰	八成	聽政役以比居、聽師田以簡稽、聽閭里以版圖、聽稱責以傅別、聽禄位以禮命、聽取予以書契、聽賣買以質劑、聽出入以要會。
宰夫	八職	正、師、司、旅、府、史、胥、徒。
地官·大司徒	鄉八刑	不孝之刑、不睦之刑、不婣之刑、不弟之刑、不任之刑、不恤之刑、造言之刑、亂民之刑。
春官·大師	八音	金、石、土、革、絲、木、匏、竹。
大卜	龜之八命	征、象、與、謀、果、至、雨、瘳。
内史	八枋	爵、禄、廢、置、殺、生、予、奪。
秋官·小司寇	八辟	議親之辟、議故之辟、議賢之辟、議能之辟、議功之辟、議貴之辟、議勤之辟、議賓之辟。
士師	士之八成	邦汋、邦賊、邦諜、犯邦令、撟邦令、爲邦盜、爲邦朋、爲邦誣。
天官·大宰	九職	三農、園圃、虞衡、藪牧、百工、商賈、嬪婦、臣妾、閒民。
大宰	九賦	邦中之賦、四郊之賦、邦甸之賦、家削之賦、邦縣之賦、邦都之賦、關市之賦、山澤之賦、幣餘之賦。
大宰	九式	祭祀之式、賓客之式、喪荒之式、羞服之式、工事之式、幣帛之式、芻秣之式、匪頒之式、好用之式。
大宰	九貢	祀貢、嬪貢、器貢、幣貢、材貢、貨貢、服貢、游貢、物貢。
大宰	九兩	牧、長、師、儒、宗、主、吏、友、藪。
春官·大伯宗	九義之命	一命受職、再命受服、三命受位、四命受器、五命賜則、六命賜官、七命賜國、八命作牧、九命作伯。
鐘師	九夏	王夏、肆夏、昭夏、納夏、章夏、齊夏、族夏、祴夏、驁夏。
筮人	九筮	巫更、巫咸、巫式、巫目、巫易、巫比、巫祠、巫參、巫環。

續表

篇名	數詞	内容
大祝	九祭	命祭、衍祭、炮祭、周祭、振祭、擩祭、絶祭、繚祭、共祭。
大祝	九拜	稽首、頓首、空首、振動、吉拜、凶拜、奇拜、褒拜、肅拜。
夏官·大司馬	建邦國九法	制畿封國以正邦國、設儀辨位以等邦國、進賢興功以作邦國、建牧立監以維邦國、制軍詰禁以糾邦國、施貢分職以任邦國、簡稽鄉民以用邦國、均守平則以安邦國、比小事大以和邦國。
大司馬	九伐之法	眚之、伐之、壇之、削之、侵之、正直、殘之、杜之、滅之。
大司馬	九畿	侯畿、甸畿、男畿、采畿、衛畿、蠻畿、夷畿、鎮畿、蕃畿。
職方氏	九州	揚州、荆州、豫州、青州、兗州、雍州、幽州、冀州、并州。
職方氏	九服	侯服、甸服、男服、采服、衛服、蠻服、夷服、鎮服、藩服。
春官·視祲	十輝之法	祲、象、鑴、監、闇、瞢、彌、叙、隮、想。
地官·大司徒	十有二教	教敬、教讓、教親、教和、辨等、教安、教中、教恤、教節、教能、制爵、制禄。
大司徒	荒政十有二	散利、薄征、緩刑、弛力、舍禁、去幾、眚禮、殺哀、蕃樂、多昏、索鬼神、除盗賊。
大司徒	職事十有二	稼穡、樹藝、作材、阜蕃、飭材、通財、化材、斂材、生材、學藝、世事、服事。

　　從上表可以看出,《周禮》一書對於各種數詞,不是采用古典文獻中常見的“約數”、“虚數”等使用方式,而是全部實指,即所標數詞的大小與所指事物的多少完全對應。這不僅反映了作爲法典的《周禮》在語言表述上的嚴肅性,而且,還從語言的角度提供了《司常職》“九旗”的經義當是九種旗幟的佐證,因爲誰都知道,其他《周禮》經文中的數詞全都實指而惟有《司常職》中的數詞用法特别(經言“九旗”而實指五旗),事實上是不可能的。準此而論,鄭、孫二氏對“九旗”是九種旗還是五正旗的解釋,也當是鄭説是而孫説非。

　　通過以上對旗物古制和《周禮》經義兩方面的考查,説明鄭玄和孫詒讓兩位禮學宗師對於《周禮·春官·司常職》“九旗”的解釋,就史實而言,當是孫説是而鄭説非;就經義而言,當是鄭説是而孫説非。這樣就給我們提出了一個既容易忽略又值得重視的問題,就是對待前人的各種觀點,不能輕率地判定誰是誰非,因爲他們中有的是從經義的角度理解的,有的是從事實的角度考慮的,而經義和史實有時候是會有出入的。

①張光直著、張良仁等譯、陳星燦校《商文明》,遼寧教育出版社,2002年,第195頁。

②孔穎達説見《春秋左傳》桓公二年疏、宣公十二年疏,《十三經注疏》下册,中華書局,1980年,第1743、1879頁;賈公彦説見《周禮·春官·司常職》疏,《十三經注疏》上册,中華書局,1980年,第826頁;胡玉縉説見《〈九旗古義述〉跋》,《許廎學林》,中華書局,1958年,第311—313頁。

③《大戴禮記斠補》附《九旗古誼述》,齊魯書社,1988年,第268頁。

④陳夢家説見《西周銅器斷代》(上册),中華書局,2004 年,第 438 頁;錢玄説見《三禮通論》,南京師範大學出版社,1996 年,第 243—244 頁;彭林説見《〈周禮〉主體思想與成書年代研究》,中國社會科學出版社,1991 年,第 49—52 頁。

⑤愛彌兒·涂爾干著、渠東汲喆譯《宗教生活的基本形式》,上海人民出版社,1999 年,第 142 頁。

⑥倍松著、胡愈之譯《圖騰主義》,上海文藝出版社,1990 年,第 65 頁。

⑦李玄伯《中國古代社會新研》,上海文藝出版社,1988 年,第 130 頁。

⑧何星亮《中國圖騰文化》,中國社會科學出版社,1996 年,第 134 頁。

⑨李玄伯《中國古代社會新研》,第 186 頁。

⑩劉城淮《略論龍的始作者和模特兒》,雲南《學術研究》(社會科學版)1964 年第三期。

⑪參見王暉《商周文化比較研究》,人民出版社,2000 年,第 440—444 頁。

⑫李學勤先生説:"兵書的傳授,目的主要在軍事,不在保存古籍原貌,從這個角度看,前人改易文字,使古書能爲更多人通曉,是可以理解的。《吴子》一書被後人譏爲'辭意淺薄',筆調不似先秦,可能也是經過這種改易的緣故。至於書中某些看起來較晚的詞語,有的未必晚出。例如'左青龍,右白虎'等語,《禮記·曲禮上》和湖南長沙馬王堆西漢墓所出帛書中都有。"見李學勤《孫開泰〈吴起傳〉序》,《擁篲集》,三秦出版社,2000 年,第 109 頁。

⑬李學勤《走出疑古時代》,遼寧大學出版社,1997 年,第 145 頁。

⑭郭德維《藏滿瑰寶的地宫——曾侯乙墓綜覽》,文物出版社,1991 年,第 159 頁。

⑮裘錫圭《談談隨縣曾侯乙墓的文字資料》,《古文字論集》,中華書局,1992 年,第 414 頁。

⑯黄建中、陶丹、張鎮九《擂鼓墩一號墓天文圖像考論》,《華中師院學報》(自然科學版)1982 年第 4 期。

⑰譚維四《曾侯乙墓》,文物出版社,2001 年,第 156 頁。

⑱王健民、梁柱、王勝利《曾侯乙墓出土的二十八宿青龍白虎圖像》,《文物》1979 年第 7 期。

⑲李學勤《走出疑古時代》,第 145 頁。

⑳胡厚宣《論殷代五方觀念及"中國"稱謂之起源》,《甲骨學商史論叢初集》(上),河北教育出版社,2002 年,第 279 頁。

㉑馬承源主編《商周青銅器銘文選》(三),文物出版社,1988 年,第 113 頁。

㉒朱德熙、裘錫圭、李家浩《望山一、二號墓竹簡釋文與考釋》,湖北省文物考古研究所《江陵望山沙冢楚墓·附錄二》,文物出版社,1996 年,第 275 頁。

㉓朱德熙、裘錫圭、李家浩《望山一、二號墓竹簡釋文與考釋》,第 289—290 頁。

㉔洛陽市文物工作隊《洛陽北窑西周墓》,文物出版社,1999 年,第 135 頁。

㉕蔡運章《銅干首考》,《甲骨金文與古史研究》,中州古籍出版社,1993 年,第 171—174 頁。

㉖郭沫若《金文餘釋·釋朱旂旜金莽二鈴》,《郭沫若全集·考古編》(第五卷),科學出版社,2002 年,第 376—377 頁。

㉗田旭東《司馬法淺説》,解放軍出版社,1989 年,第 22 頁。

㉘朱右曾《逸周書集訓校釋序》,黃懷信、張懋鎔、田旭東撰,李學勤審定《逸周書彙校集注·附録二》
　（下）,上海古籍出版社,1995 年,第 1323 頁。

㉙郭沫若《古代用牲之最高記録》,《郭沫若全集·歷史編》(第一卷),人民出版社,1982 年,第 299 頁。

㉚詳見沈文倬《略論禮典的實行和〈儀禮〉書本的撰作》(下),《文史》第 16 輯,中華書局,1982 年 11 月。

㉛夏鼐《從宣化遼墓的星圖論二十八宿和黃道十二宮》,中國社會科學院考古研究所編輯《中國古代天
　文文物論集》,文物出版社,1989 年,300 頁。

㉜龐樸《先秦五行説之嬗變》,《稂莠集》,上海人民出版社,1988 年,第 465 頁。

（原載《文史》2004 年第 2 輯,收入本文集時,略有修改。）

作者簡介:吴土法,浙江大學古籍研究所副教授

通訊地址:浙江大學西溪校區古籍研究所　　郵編:310028

王陽明"九聲四氣"歌法的新發現

束景南　　尹　娟

　　中國古代的詩歌是詩樂合一的,《毛傳》解説《詩經》中的《子衿》詩云:"古者教以詩樂,誦之,弦之,歌之,舞之。"《尚書·堯典》也云:"時言志,歌永言,聲依永,律和聲。"詩可歌,詩歌有歌法,也是研究古典詩學的重要方面。但因爲歌法都是口耳相傳,不記成文字,後世多失傳,不得其詳,給研究古典詩學的歌法帶來很大的困難,歌法的研究成爲古典詩學研究中的一大空白。最近,我們從明人張鼐的《虞山書院志》中發現了王陽明的《九聲四氣歌法》,揭開了古代詩歌歌法的奧秘。

　　在《虞山書院志》卷四中,全篇著録了王陽明的九聲四氣歌法一文:

陽明九聲四氣歌法

九聲半篇

　　㧊㧊㧊㧊㧊金金金簡平簡舒○人折心悠○有平仲折尼悠○,玉○金自發將揚○聞折見悠○苦平遮折○迷串。玉金而串今串○指平與舒○真折頭悠○面嘆,玉○金只平是舒○良折知悠○更振莫折疑悠○。玉○金只平是舒○良折知悠○更振莫折疑悠○。玉玉玉。如連歌,止擊玉一聲,歌闋,方擊玉三聲。

四氣半篇

　　簡春之春,口略開。簡春之夏,口開。人春之秋,聲在喉。心春之冬,聲歸丹田。有仲尼亦分作春夏秋冬,而俱有春聲。自夏之春,口略開。將夏之夏,口開。聞夏之秋,聲在喉。見夏之冬,聲歸丹田。苦遮迷亦分作春夏秋冬,而俱有夏聲。而今指與真頭面首二字稍續前句,末三字平分,無疾遲輕重,但要有蕭條之意。聲在喉,秋也,亦宜春、宜夏、宜冬。只冬之春,聲歸丹田,口略開。是冬之夏,聲歸丹田,口開。良冬之秋,聲在喉。知冬之冬,聲歸丹田,口略開。更莫疑上四字,至冬之冬時,物閉藏剥落殆盡。此三字,一陽初動,剥而既復。故第五字聲要高,以振起坤中不絶之微陽。六字、七字稍低者,陽氣雖動,而發端於下,則甚微也。要得冬時不失冬聲,聲歸丹田,冬也,亦宜春、宜夏、宜秋。天有四時,而一不用,故冬聲歸於丹田,而口無閉焉。

九聲半篇

㋀㋀㋀㋀㋀㊎㊎㊎何㊀者㊖○堪㊛名悠席㊀上㊛珍悠?㊉都㊌緣㊊○當㊛日悠得㊀師㊛○真串。㊉㊎是串知串○佚㊀我㊖○無㊛如悠○老嘆,㊉㊎惟㊀喜㊖○放㊛懷悠○長㊀似㊛春悠。㊉㊎得㊀志㊖○當㊛爲悠○天㊀下㊛事悠,㊉㊎退㊌居㊊○聊㊛作悠○水㊀雲㊛○身串。㊉㊎胸串中串○一㊀點㊖○分㊛明悠處嘆,㊉○㊎不㊀負㊖高㊛天悠○不振負㊛人悠。㊉○㊎胸串中串○一㊀點㊖分㊛明悠處嘆,㊉○㊎不㊀負㊖○高㊛天悠○不振負㊛人悠。㊉㊉㊉。

四氣全篇

即前半篇法而疊用之。

九聲:曰㊀,曰㊖,曰㊛,曰悠,曰㊌,曰㊊,曰串,曰嘅,曰振。㊀者,機主於出聲,在舌之上齒之內,非大非小,無起無落,優柔涵蓄,氣不迫促。㊖者,即聲在舌齒,而洋洋蕩蕩,流動軒豁,氣度廣遠。㊛者,機主於入,而聲延於喉,漸漸吸納,亦非有大小起落,其氣順利活潑。悠者,聲由喉以歸丹田,和柔涓涓,其氣深長,幾至於盡,而復有餘韻反還。㊌者,聲之豪邁,其氣直遂而磊磊落落。㊊者,聲之昌大,其氣敷張而襟懷暢達。串者,上句一字聯下句二字,聲僅成聽,其氣纍纍如貫珠然。嘅者,其聲淺短,氣若微妙剝落。振者,聲之平而稍寓精銳,有消索振起之意。凡聲主於和順,妙在慷慨,發舒得盡,以開釋其鬱結;涵泳得到,以蕩滌其邪穢。如七言四句,其聲用㊀五出;用㊖三出,而不輕于出;用㊛七入,無所入;用悠六入,而不輕于入;用㊌一㊊一,漸於粗厲,弘而含也;用串三,而若一,而不至於間絶,微而縝也;用嘅一,以斂其氣;用振一,以鼓其幾,抑而張也。慎其所出,節流滋原,重其所入,□歸復命,廣大精微,抽添補洩,闔闢宣天地之化機,屈伸昭鬼神之情狀,舒卷盡人事之變態。歌者陶情適性,聞者心曠神怡,一道同風,淪肌浹髓,此調爕之妙用,政教之根本,心學之樞要,而聲歌之極致也。

四氣,曰春,曰夏,曰秋,曰冬。每四句分作春夏秋冬;而春夏秋冬中,又自有春夏秋冬。如第一句春,第二句夏,第三句秋,第四句冬,每句上四字各分作春夏秋冬,第一字春,第二字夏,第三字秋,第四字冬;下三字稍仿上四字,亦分作春夏秋冬。第三句首二字稍續上句,末三字各平分,不甚疾遲輕重,以第三句少變前二句,不疊韵而足聽也。第四句第四字乃冬之冬,用藏已極,然陰不獨勝,陽不終絶,消而必息,虛而必盈,所謂既剝將復,而亥子之間,天地人之至妙至妙者是也。故末三字當有一陽來復之義。第五字聲要高,何也?閉藏已極，不有以振而起之，無以發其坤中不絶之微陽也。故以十月謂之陽月，每句每二字一斷，庶轉氣悠揚，不至急促。第一字口略開，聲要融和；第二字口開，聲要洪大；第三字聲返於喉，秋收也；第四字聲歸丹田，冬藏也。春而融和，夏而洪大者，達其氣而洩之，俾不鬱也。秋而收之，冬而藏之，收天下春而藏之肺腑也。其不絶之餘聲，復自丹田而出之，以滌邪穢，以融渣滓，擴而清之也。春之聲稍遲，夏之聲又遲，秋之聲稍疾，冬之聲又疾，變而通之，則四時之氣備矣；闔而闢之，則乾坤之理備矣。幽而鬼神屈伸而執其機，明而日月往來而通其運，大而元會運世而統其全，此豈有所强而然哉？廣大之懷，自得之趣，真有如大塊噫氣，而風生於寥廓；洪鐘逸響，而聲出於自然者。融溢活潑，寫出太和真機；吞吐卷舒，妙成神明不測，故聞之者不覺心怡神醉，恍乎若登堯舜之堂，舞百獸而儀鳳凰矣①。

按《虞山書院志》卷四《會約》中云："歌咏以養性情，乃學之要務。夫詩不歌不得其益，子與人歌，而善取瑟而歌，聖人且然，況於學者？今後同志相會，須有歌咏，無論古樂，即陽明九聲四氣歌法，其意亦甚精深。"此所謂"陽明九聲四氣歌法"，即指下面所載《歌法》，故志於《歌法》下特注云："此陽明先生法。"又於《鄉約儀》中特說明云："歌詩。歌生二人出班，詣案前歌孝順父母，尊敬長上，詩二章，會衆俱和歌，鐘鼓之節俱依陽明先生舊法。"此所謂"依陽明先生舊法"，亦即指前面所載《歌法》。由此可以肯定志所載《歌法》即陽明所手定歌法。考陽明門人朱得之輯《稽山承語》載一條語録云："歌詩之法，直而温，寬而栗，剛而無虐，簡而無傲。歌咏言，聲依永而已。其節奏抑陽，自然與四時之叙相合。"②此所謂與四時之叙相合之"歌詩之法"，即指陽明自作之"九聲四氣歌法"。故《稽山承語》接録一條語録云："丙戌春末，師同諸友登香爐峰，各盡足力所至，惟師與董蘿石、王正之、王惟中數人至頂。時師命諸友歌詩，衆皆喘息不定。蘿石僅歌一句，惟中歌一章，師復自歌，婉如平時。"陽明與衆門人所用歌詩之法，即此九聲四氣歌法無疑。據《王畿集》卷七《華陽明倫堂會語》云："《禮記》所載'如抗如墜，如槁木貫珠'，即古歌法，後世不知所養，故歌法不傳。至陽明先師，始發其秘，以春夏秋冬、生長收藏四義，開發收閉爲按歌之節，傳語海内，學者始知命歌之意。"③詹景鳳《詹氏性理小辨》卷四十四《歌》亦云："近日王文成以己意教人歌，如四句詩，首句聲微重，象春；次重，以象夏；次稍輕，以象秋；次又輕，又象冬。第四句歌竟，則餘音連續不斷，復將第四句廣歌微重，以象春起冬盡。"④王畿爲陽明弟子，《性理小辨》刊於萬曆十八年，可見陽明確作有"九聲四氣"歌法。又尤時熙《尤西川先生擬學小記》卷六《紀聞》云："予一日訪何吉陽、王雲野及數友……吉陽因謂雲野曰：'雲野歌詩。'雲野遂歌少陵、白沙七言律各一首章，爲陽明先生調，予時忽覺身心洞然……"⑤此所謂"陽明先生調"，即指陽明的"九聲四氣"歌法，可見在陽明去世後，九聲四氣歌法也很流行。

陽明的九聲四氣歌法其實在早年已形成,到晚年才加審訂。按陽明訓蒙童教童生學者尤重歌詩涵泳,其《訓蒙大意示教讀劉伯頌等》云:"其栽培涵養之方,則宜誘之歌詩以發其志意,遵之習禮以肅其威儀……今人往往以歌詩習禮爲不切時務,此皆末俗庸鄙之見……故凡誘之歌詩者,非但發其志意而已,亦以洩其跳號呼嘯於詠歌,宜其幽抑結滯於音節也……"⑥陽明在《教約》中專設一教約論歌詩云:

> 凡歌詩,須要整容定氣,清朗其聲音,均審其音調,毋躁而急,毋蕩而囂,毋餒而懾。久則精神宣暢,心氣和平矣。每學量童生多寡,分爲四班,每日輪一班歌詩,其餘皆就席,斂容肅聽。每五日則總四班遞歌於本學。每朔望,集各學會歌於書院。(《王陽明全集》卷二)⑦

其説與此《歌法》同。陽明此《訓蒙大意示教讀劉伯頌等》及《教約》作在正德十三年四月在江西大興社學時,錢德洪《陽明先生年譜》:"正德十三年四月,班師,立社學……發南、贛所屬各縣父老子弟,互相戒勉,興立社學,延師教子,歌詩習禮……久之,市民亦知冠服,朝夕歌聲,達於委巷……"⑧陽明九聲四氣歌法當於其時已初步形成,並用之於社學。其最後審訂九聲四氣歌法則在嘉靖中歸越主教稽山書院時,錢德洪《陽明先生年譜》:"嘉靖三年正月……於是闢稽山書院,聚八邑彥士……先生臨之……八月,宴門人於天泉橋。中秋月白如晝,先生命侍者設席於碧霞池上,門人在侍者百餘人。酒半酣,歌聲漸動……先生見諸生興劇,退而作詩,有'鏗然舍瑟春風裏,點也雖狂得我情'之句(按:此爲《月夜》詩句)。"今《王陽明全集》卷二十有《月夜二首》,陽明即自注:"與諸生歌於天泉橋。"此必是用九聲四氣歌法歌詩,故詩中有"老夫今夜狂歌發"之句。陽明此《歌法》所引第一首時:"箇箇人心有仲尼,自將聞見苦遮迷。而今指與真頭面,只是良知更莫疑。"見《王陽明全集》卷二十,題作《詠良知四首示諸生》,作在嘉靖四年(王畿有《和良知四詠》,見《王畿集》卷十八)。所引第二首詩:"何者堪名席上珍?都緣當日得師真。是知伏我無如老,惟喜放懷長似春。得志當爲天下事,退居聊作水雲身。胸中一點分明處,不負高天不負人。"是邵雍詩,見《擊壤集》卷十二《自述》二首之一。由此可以確知陽明最後審訂此《九聲四氣歌法》在嘉靖四年。常熟爲子游闕里,虞山書院一名文學書院、學道書院,爲明代著名書院,常舉行書院大會,以講學、讀書、歌詩爲三大活動内容,全國各地名儒士人均來赴文會,講會至有三閱月、五閱月之久。陽明此《九聲四氣歌法》,或即是陽明之弟子後學來會攜至,遂爲大會與書院所用。張鼐《虞山書院志》成於萬曆三十五年前後,去陽明不過七十餘年,故其於虞山書院中所見之陽明《歌法》當有所自。

明人的歌詩法,史籍無載,故此陽明"九聲四氣歌法"至足寶貴,它揭開了古代詩歌唱法的真秘。中國古代詩歌的唱法分爲兩類:一類是"以腔傳辭",即以較穩定的旋律傳唱歌辭,而不拘其平仄聲調；一類是"依字聲行腔"，即以文辭字句的字讀、語音的平仄聲調化爲樂音進行。"以定腔傳辭"的唱法是以樂調爲主，文辭爲輔，這叫"以樂傳辭"；"依字聲行腔"的唱法是以文辭爲主，樂爲輔，這叫"以文化樂"⑨。王陽明的九聲四氣歌法屬於"依字聲行腔"的唱法，是以字聲爲關鍵。所以它以開、發、收、閉爲按歌之節，發爲九聲，而以四氣控聲，以金玉鐘鼓之樂調節奏，把"依字聲行腔"的歌法發揮到極致。王陽明這篇《九聲四氣歌法》在詩歌史上的地位與意義，可比之《謳曲旨要》在詞曲史上的地位與意義，對於研究中國古典詩歌的歌法的發展變化，具有重要價值。

①張鼐《虞山書院志》，萬曆刻本，《中國歷代書院志》，第 8 册。

②朱得之輯《稽山承語》，《王陽明全集》（新編本）卷四十，浙江古籍出版社，2010 年 12 月。

③王畿《王畿集》，《陽明後學文獻叢書》，鳳凰出版社，2007 年 3 月。

④詹景鳳《詹氏性理小辨》，《四庫全書存目叢書》，子部，第 112 册。

⑤尤時熙《尤西川先生擬學小記》，《四庫全書存目叢書》，子部，第 9 册。

⑥王陽明《傳習錄》卷中，《王陽明全集》（新編本）卷二。

⑦王陽明《傳習錄》卷中，《王陽明全集》（新編本）卷二。

⑧錢德洪《陽明先生年譜》，《王陽明全集》（新編本）卷三十二。

⑨參見洛地《詞樂曲唱》，人民音樂出版社，2001 年 1 月。

作者簡介：束景南，浙江大學古籍研究所教授、浙江省特級專家；尹娟，浙江大學古籍研究所在讀博士研究生

通訊地址：浙江大學西溪校區古籍研究所　　郵編：310028

銀雀山漢墓竹簡《田法》考略

——以與《管子》比較爲中心

郭　麗

銀雀山漢簡《〈守法〉〈守令〉等十三篇》是以篇題木牘爲綫索整理出來的，木牘共列以下十三個篇題：《守法》、《要言》、《庫法》、《王兵》、《市法》、《守令》、《李法》、《王法》、《委法》、《田法》、《兵令》、《上篇》、《下篇》。簡文《田法》主要論述土地管理和稅收方面的法律制度。與《十三篇》的其他簡文相較，研究者更加注意《田法》，相關研究成果較多[①]。李學勤《〈田法〉講疏》對於《田法》進行了疏解[②]。《田法》的探討還可繼續。本文主要將《田法》和《管子》進行比較，結合先秦其他典籍，庶幾有助於《田法》的進一步研究[③]。

一　都邑與城建

簡文《田法》認爲，建設城邑，須選擇適合的土地，城邑的規模要與週邊地區大小相稱，如此則退可以據守，出可以攻戰：“量土地肥墝（磽）而立邑建城，以城禹（稱）……三相禹（稱），出可以戰……”，這與《尉繚子》相近，《兵談》云：“量土地肥墝而立邑建城，以城（此二字今本脱，據銀雀山本補）稱地，以地（今本作‘城’，據銀雀山本改正）稱人，以人稱粟。三相稱，則内可以固守，外可以戰勝。”[④]又與《禮記·王制》意相近：“凡居民，量地以制邑，度地以居民，地邑民居，必參相得也。”[⑤]《管子》作爲齊國歷史文獻的精粹，論述了齊國的城建思想，《乘馬》云：“凡立國都，非於大山之下，必於廣川之上，高毋近旱而水用足，下毋近水而溝防省。因天材，就地利，故城郭不必中規矩，道路不必中準繩。”[⑥]建立國都，要在大山之下，廣闊的平原之上，水源充足的地方，據天地之勢，建立都邑。都邑的形制不見得中規中矩，道路不一定是正南正北、正東正西，要根據自然地理環境修建，齊都臨淄的城建符合這一學説[⑦]。一般城邑的建設，《管子》也有專門論述，《度地》云：“聖人之處國者，必於不傾之地。而擇地形之肥饒者，鄉山，左右經水若澤，内爲落渠之寫，因大川而注焉。”[⑧]城邑擇址需選擇土壤肥沃之地，背靠大山，有河水，便於防守，也便於根據當地資源，種植穀物，養殖牲畜。

至於國家規模，《田法》云：“百里【而一】縣，千里而一國，古之……”其大意是古代之國家方圓一千里,縣百里,這與《逸周書·作雒》"制郊甸方六百里,國西土爲方千里,分以百縣"規模接近。將千里之國分爲百縣,一縣正爲百里。據《管子》,天子之國千里,一般諸侯國百里、七十里、五十里,大小不等,《事語》:"彼天子之制,壤方千里,齊諸侯方百里,負海子七十里,男五十里,若胸臂之相使也,故准、徐疾贏不足,雖在下也,不爲君憂。"⑨尹桐陽曰:"'齊',衆也。《爾雅》作'黎'。"⑩又《管子·輕重乙》:"請與之立壤列天下之旁,天子中立,地方千里,兼霸之壤三百有餘里,此諸侯度百里,負海子男者度七十里。"⑪天子之國千里,霸王之國三百多里,衆多諸侯國地方百里,依山傍海的子國、男國地方七十里,土地大小不等,長幼有序。《田法》所言之國,當是天子之國。

二　授地與賦税

《田法》主張根據家庭人口多少的不同,分別授予不同的土地。家庭人口多,須供養的人多,要分上好的土地;人口少,則分次等的土地:"□□法之大術也。食口七人,上家之數也。食口六人,中家之數也。食口五人,下【家之數也】。"這與《周禮》接近,《地官·小司徒》云:"均土地,以稽其人民,而周知其數。上地家七人,可任也者家三人。中地家六人,可任也者二家五人。下地家五人,可任也者家二人。"鄭玄注曰:"一家男女七人以上,則授之以上地,所養者衆也。男女五人以下,則授之以下地,所養者寡也。"⑫《管子·乘馬數》説:"有一人耕而五人食者,有一人耕而四人食者,有一人耕而三人食者,有一人耕而二人食者。"⑬黎翔鳳注云:"田地有別,田養人多,地較少,故一人耕而所食不同,田地以筴均調之。"⑭説明先秦農業生產中,因爲土地產量不同,需要根據家庭的人口狀況合理分配土地,以使百姓過上安定的生活。

《田法》還規定了人民承擔和免除賦役的年齡:"□□□以上、年十三歲以下,皆食於上。年六十【以上】與年十六以至十四,皆爲半作。"此處簡文有脱字。銀雀山漢簡整理小組《注》曰:"半作,猶言半勞動力。"主要説十三歲以下的孩童不用賦役,十四至十六歲,賦役是成人的一半。六十歲以上的人賦役是成年人的一半,再到達某個年齡段的時候,就免去服役了。戰國時期齊國的賦役年齡與宗周禮樂文明的規定有不同,《周禮·地官·鄉大夫》云:"國中自七尺以及六十,野自六尺以及六十有五,皆征之。"《正義》:"七尺謂年二十,……六尺謂年十五。"根據孔穎達正義,宗周成年人的標準,在城邑中和在郊外有不同的規定。城邑以二十歲至六十歲爲標準,郊外以十五歲至六十五歲爲標準。可能是城邑中的百姓從事工商業的爲多,郊外主要是農業生產者之故。《田法》當借鑒了春秋時期齊國的服役制度。《管子·乘馬》説:"距國門以外,窮四竟之内,丈夫二犁,童五尺一犁,以爲三日之功。"⑮國門,國都的城門。齊國規定在都城臨淄之外,齊國境内所有的百姓,每年都要有徭役,未成年人的徭役量是成年人的一半。又據《管子·國蓄》:"大男食四石,月有四十之籍。大女食三石,月有三十之籍。吾子食二石,月有二十之籍。"⑯大男,大女,成年男女。吾子,小孩子,包括未成年的男子和女子。籍,税收。尹知章注曰:"在工商曰租籍;在農曰租税。"説明未成年人的税收是成年男子的一半,而成年女子的税收較之成年男子略有減少。《田法》包括了老年人的服役,規定更爲詳細。

《田法》認爲,從事農業生産的人數越多,其國家實力越强:"什八人作者王,什七人作者朝(霸),什五人作者存,什四人作者亡。"必須有足夠的勞動力從事農業生産,纔能生産出足夠的糧食,糧食多,則民富裕,能王霸。從事農業生産的人,每人耕種的土地面積越大,所生産的糧食越多,則國家越强盛,簡文云:"一人而田大畝廿【四者王,一人而】田十九畝者朝(霸),【一人而田十】四畝者存,一人而田九畝者亡。"耕種的田畝要在單位畝産量上下功夫。單位畝産量越高,國家越富裕。王者之國,農夫一人生産的糧食,能夠滿足三年的生活需要;霸者之國,農夫的糧食産量,一年耕種而滿足二年的需要;存者之國和將要滅亡之國,糧食的單位産量都很低:"王者一歲作而三歲食之,霸者一歲作而二歲食【之,存者一歲作□□□食】之,亡者一歲作十二月食之。"這裏與《管子》説法接近,《揆度》云:"一歲耕,五歲食,粟賈五倍。一歲耕,六歲食,粟賈六倍。二年耕,而十一年食。夫富能奪,貧能予,乃可以爲天下。"⑰惟《管子》所説的畝産量爲高。

對於不同職業的人,有不同的税收標準。有技巧的人,政府需要利用他們的技巧,其餘的人根據其才能而任之以相應的職位。邑嗇夫負責考量民之土地的大小,均衡農人與其他職業者的勞動量,《田法》云:"……有技巧者爲之,其餘皆以所長短官職之。邑嗇夫度量民之所田小…………□明示民,乃爲分職之數,齊其食畬(飲)之量,均其作務之業。"《管子》亦然。《管子》將民分爲士、農、工、商四業,對於從事士、工、商的人員,其賦税自有標準,與農人不同,《乘馬》:"士聞見博學意察,而不爲君臣者,與功而不與分焉。賈知賈之貴賤,日至於市,而不爲官賈者,與功而不與分焉。工治容貌功能,日至於市,而不爲官工者,與功而不與分焉。"⑱士、工、商,儘管不從事農業生産,士需要爲君主做事,商賈需要在經營過程中爲官府做事,工做爲有手工技藝的人員,也要爲官家做一些事情。對於農人,《乘馬》云:"民乃知時日之蚤晏,日月之不足,飢寒之至于身也。是故夜寢蚤起,父子兄弟不忘其功,爲而不倦,民不憚勞苦。"⑲士、工、商人員,要求他們子承父業,兢兢業業,從事本業。至於在某一方面拔粹者,則給予厚重的獎賞,以激勵人們,《山權數》:"民之能明於農事者,置之黄金一斤,直食八石。民之能蓄育六畜者,置之黄金一斤,直食八石。民之能樹藝者,置之黄金一斤,直食八石。民之能樹瓜瓠葷菜百果,使蕃袤者,置之黄金一斤,直食八石。民之能已民疾病者,置之黄金一斤,直食八石。民之知時,曰歲且阨,曰某榖不登,曰某榖豐者,置之黄金一斤,直食八石。民之通於鹽桑,使鹽不疾病者,皆置之黄金一斤,直食八石"㊵對於精通於各項農業生産中相關技藝的百姓,都有獎勵。如善於農業勞作、養殖六畜、種植樹木和瓜果蔬菜的百姓及能夠治療百姓疾病、觀察農業節氣、養育桑鹽的人,均有獎賞。

《田法》對於每年的糧食收入亦有標準,云:"……歲收:中田小畝畝廿斗,中歲也。上田畝廿七斗,下田畝十三斗,大(太)上與大(太)下相復(覆)以爲衡(率)。"中田,中等田地。每年的糧食收入,中等田地,畝産二十斗;土質最好的土地,每畝糧食産量二十七斗;下等的土地,每畝十三斗。將最好的土地與最下等的土地産量進行平均,以之做爲比率。《管子》亦以中年的糧食收成做爲標準,《治國》:"常山之東,河、汝之間,蚤生而晚殺,五榖之所蕃孰也。四種而五穫,中年畝二石,一夫爲粟二百石。"㊶常山之東,河、汝之間,一年四季適合耕作農作物,五榖皆宜生長,糧食産量較高。一般年景,一畝收成糧食二石,一個成年男子能夠收穫糧食二百石,則一個男子平均種植的土地是一百畝。百姓專心從事農田勞作,會增加糧食生産,國家因之富裕而大治。《管子》還將土地、黄金、絹的比價進行折算,在一般的年景下,其比價比較穩定,《乘馬》云:"方六里,一乘之地也。方一里,九夫之田也。黄金一鎰,百乘一宿之盡也。無金則用其絹,季絹三十三,制當一鎰。無絹則用其布,經暴布百兩當一鎰。一鎰之金,食百乘之一宿,則所市之地六步一斗,命之曰中歲。"㊷中歲之年,一鎰之金與百乘之一宿的價格相當,這個價格也能夠購買六步一斗的土地。

三　機構與管理

《田法》規定了農村行政機搆的設置:"五十家而爲里,十里而爲州,十鄉〈州〉而爲州〈鄉〉。州、鄉以地次受(授)田於野,百人爲區,千人爲或(域)。人不舉或(域)中之田,以地次相……五人爲伍,十人爲連,貧富相……"即五十家組成一里,十個里組成一州,十州組成一鄉。州、鄉的官員將土地授給農夫,一百人形成一個區,千人形成一域。其鄉里之制爲:1鄉=10州=100里=5000家。

《管子》對於鄉里之制亦有詳細的規定,《立政》云:"分國以爲五鄉,鄉爲之師。分鄉以爲五州,州爲之長。分州以爲十里,里爲之尉。分里以爲十游,游爲之宗。十家爲什,五家爲伍,什伍皆有長。"㊸將國家分爲五個鄉,每鄉分爲五州,每州分爲十里,每里分爲十游,每個鄉、州、里、游都有最高長官。按照居民劃分,則是五家組成伍,十家組成什,伍什都有長官進行管理。即是:1國=5鄉=25州=250里=2500游。

《乘馬》論述了城邑的規制:"方六里命之曰暴,五暴命之曰部,五部命之曰聚。聚者有市,無市則民之。五聚命之曰某鄉,四鄉命之曰方,官制也。官成而立邑。五家而伍,十家而連,五連而暴,五暴而長,命之曰某鄉,四鄉命之曰都,邑制也。"㉔即是:1 都＝4 鄉＝20 暴＝100 連＝1000 家。

《小匡》講述都城的規制:"制國以爲二十一鄉,商工之鄉六,士農之鄉十五。……制五家爲軌,軌有長。十軌爲里,里有司。四里爲連,連有長。十連爲鄉,鄉有良人。三鄉一帥。"即是:1 鄉＝10 連＝40 里＝400 軌＝2000 家。

《小匡》還講述了都城之外的五鄙之制,云:"制五家爲軌,軌有長。六軌爲邑,邑有司。十邑爲率,率有長。十率爲鄉,鄉有良人。三鄉爲屬,屬有帥。五屬一大夫,武政聽屬,文政聽鄉,各保而聽。"即:1 屬＝3 鄉＝30 率＝300 邑＝1800 軌＝9000 家。五鄙是臨淄都城周圍的地方,有特別的建制。

根據上述記述,《管子》與簡文《田法》的建制分別爲:

　　《管子》:城邑之制:1 鄉＝5 暴＝25 連＝250 家

　　　　　　都城之制:1 鄉＝10 連＝40 里＝400 軌＝2000 家

　　　　　　五鄙之制:1 鄉＝10 率＝100 邑＝600 軌＝3000 家。

　　《田法》:鄉里之制:1 鄉＝10 州＝100 里＝5000 家

《乘馬》"五家而伍,十家而連",與《田法》簡文"五人爲伍,十人爲連"含義相同。惟《田法》中的 1 鄉＝5000 家,與《管子·乘馬》邑制:1 鄉＝250 家,《小匡》之都制:1 鄉＝2000 家,鄙制:1 鄉＝3000 家規模不同。《管子》都的制度規模較小,鄙在城外,面積較大,地廣人稀,規模較都爲大;一般的城邑規制中人口數量更少一些。簡文《田法》鄉的規模較《管子》爲大,當是戰國時期人口增多,鄉邑制度有所變化。戰國時期,隨着生產力的提高,人口增多,人口密度增大,鄉包含的家自然增多㉕。

《田法》重視農業生產,認爲當藏富於民,故云:"……賦,餘食不入於上,皆坵(藏)於民也。"將多餘的糧食儲藏在百姓家中,是齊國的一項重要的方針,《管子·山至數》云:"王者藏於民,霸者藏於大夫,殘國亡家藏於篋。"藏於民乃是"散棧臺之錢散諸城陽,鹿臺之布散諸濟陰",因爲"民富,君無與貧;民貧,君無與富"。故齊國采取輕稅的方針,《管子·大匡》云:"桓公踐位十九年,弛關市之征,五十而取一,賦祿以粟,案田而稅,二歲而稅一。上年什取三,中年什取二,下年什取一,歲飢不稅。"㉖齊桓公時期的關市賦稅是五十取一。至於土地徵收的賦稅,是根據土地的土壤好壞,年成的豐欠,二年徵收一次賦稅,平均下來,是什取二。《管子》主張減稅,因爲"夫民之所生,衣與食也",在繳納賦稅之後,民衆應當有足夠的糧食滿足日常生活,《禁藏》云:"所以富民有要,食民有率。率三十畝而足於卒歲,歲兼美惡,畝取一石,則人有三十石。果蓏素食當十石,糠秕六畜當十石,則人有五十石。布帛麻絲，旁入奇利，未在其中也。故國有餘藏，民有餘食。"[20] 這裏以人均三十畝地爲最低標準，以每畝地收穫一石爲最低限度，則每人每年糧食收成三十石，加上其他農副産品的收成，人均能夠達到五十石，這樣，民衆能夠過着富足的生活。

四　百姓財富和年終活動

《田法》主張藏富於民，認爲惟有糧食産量達到較高水準，國家稅收纔能保證，百姓家中纔能有多餘的糧食；糧食富足，國家自然安定。歲末年終，土地的糧食産量若達不到相應的標準，會有嚴格的處罰措施："卒歲田入少入五十斗者，□之。"糧食産量少收入一百斗，則罰爲公家服徭役一年；年終少收入二百斗，則罰農夫爲公家服徭役二年；更嚴重的，則罰其爲公家終身賦役："卒歲少入百斗者，罰爲公人一歲。卒歲少入二百斗者，罰爲公人二歲。出之之歲【□□□□】□者，以爲公人終身。"年底收入比預計産量低出三百斗，則受黥刑，並終身爲公家賦役："卒歲少入三百斗者，黥刑以爲公人。"簡文對於怠惰於農業生産的人，處罰非常嚴厲。相較之下，《管子》對於從事農業生産的農人，以承認他們辛勤勞動爲起點，重視民衆生活，減輕他們的稅收，使之有更多的收入，以保護農人的生産與生活，但是没有對於懶惰者的處罰條例；《田法》則對偷惰者有明確的處罰，這與戰國時期社會動蕩，人民觀念變化，許多農人不能安心農業生産相關。

《田法》規定了農民可以支配的農産品。百姓種植農作物，産出糧食之後，可以使用豆稈、麥稭。其允許的使用量是所有量的十分之一。芻草可以有每人一斗的使用量，主要農産品則存放在人們家裏："叔（菽）萁（其）民得用之，稾民得用其什一，芻人一斗，皆瓶（藏）於民。"菽，豆類的總稱。其，豆稈。百姓可以飼養牲畜的種類和數量都有一定規定。家庭富有的上等人家可以畜養一頭豬，一條狗，養雞可以有雌雄各一隻，《田法》："上家畜一豕、一狗、雞一雄一雌。"過去農業生産比較落後，糧食供應常常不足，故限制牲畜禽類的飼養，以確保糧食的儲存。《管子·立政》云："六畜人徒有數。"[21] 亦是此義。至於租借公家的牲畜，歸還時在保有原來牲畜的情況下，還要按照一定的利息量，交付官府。這種利息，主要通過産出的牲口來計算。《田法》："諸以令畜者，皆瓶（藏）其本，齎其息，得用之。"銀雀山漢簡整理小組云："'齎'，疑當讀爲'資'，二字古通。資，利也，取也。資其息得用之，蓋是允許取用所繁殖之牲畜之意。"

百姓年終在官府的組織下，有一些團體活動。《田法》以十月爲歲終之月。年終休息的時候，政府爲百姓提供部分糧食，每十人供給一斗肉，百姓自帶酒類和其他的佐食之物，聚在一起會餐："粟九升，上爲之出日大半升，以爲卅日之休□……醪。卒歲大息，上予之十人而一斗肉,使相食之。酒食自因其所。"肉是政府專人養殖牲畜而來。根據簡文,在政府服役的公人,有人善於飼養牲畜,官家就委派他們飼養牛、馬、狗、豕、鷄,云:"上使公人可使畜長者,養牛馬及狗豕鷄。"畜長一詞先秦和漢代多有使用,主要指飼養牲畜[29]。年終是農閑季節,休息五日之後,官府組織身體强壯者,進行狩獵活動,這是一種軍事演習,也有消滅過多野獸的用意。打獵獲得的野獸,可做爲冬季休息時間的食物,《田法》云:"先大息五日,上使民之壯者,吏將以邋(獵),以便戎事,及助大息之費。"打獵亦有節制,簡文云:"邋(獵)毋過二日必錯。"打獵兩天之後一定要停止,不可過分。

五　農業生産和土地制度

農業生産,有相應的官員進行督促。官員主要有邑嗇夫、田嗇夫,其主要職責是督促民人進行耕作:"……民歲□□稱□人邑嗇夫□□吏邑□吏二人與田嗇夫及主田之所□參也,而課民之……"邑嗇夫這一職官在《市法》中已出現,是級別較高的官員,有較多的職責,管理市場的市嗇夫就是受其管轄[30]。這裏的田嗇夫主要是掌管賦税、徭役及農事的低層官吏。田嗇夫這一職官名稱較久,睡虎地秦墓竹簡《秦律十八种·厩苑律》:"以四月、七月、十月、正月膚田牛。卒歲,以正月大課之。最,賜田嗇夫壺酉(酒)束脯。"《管子》有專門管理農業生産的職官,《小匡》云:"甯戚爲田。"尹知章注曰:"教以農事。"田官的主要職責是組織民衆開墾土地,種植農作物,以取得更好的收成,故《小匡》云:"墾草入邑,辟土聚粟,多衆,盡地之利,臣不如甯戚,請立爲大司田。"甯戚作爲齊國的卿大夫,就曾負責全國的農業生産[31]。

負責農業生産的官員,負有考察莊稼成熟狀況和土地美惡的責任,《田法》:"……□□居焉,循行立稼之狀,而謹□□美亞(惡)之所在。"簡文主張,根據土質優劣的不同,三年時間,要把用於交田地税的土地更換一次,"以爲地均之歲……□巧(考)參以爲歲均計,二歲而均計定,三歲而壹更賦田。"使農民得到的土地,無論好壞,十年達到均等的狀態,"十歲而民畢易田,令皆受地美亞(惡)□均之數也"。古時因土地肥沃程度不同,將田地分爲上、中、下三等,施行換田制度。《公羊傳·宣公十五年》何休注曰:"司空謹别田之高下善惡,分爲三品,上田一歲一墾,中田二歲一墾,下田三歲一墾,肥饒不得獨樂,墝埆不得獨苦,故三年一換主易居,財均力平。"《漢書·地理志》:"制轅田。"注:"張晏曰:周制三年一易,以同美惡。……孟康曰:三年爰土易居,古制也。"[32]農民三歲耕上田,三歲耕中田,三歲耕下田,換田三次之後,每個農民都耕種過上中下三等田,故"十歲而民畢易田"[33]。在周代,爰土之制是管理者限制農民貧富分化的方法。

　　因土地肥磽不同，施行換田，有一定的換算的方法。將山川草澤之地與土地換算，以公平稅收。一般山林的守衛，縣令可以管理；若是城邑附近山林中有可以制作農具、或可以爲國家制作重要器具的木材，則限制使用。《田法》："恒山林□□□者，縣得制之。"山上有大的木材，能夠用來打造各種器具，這種土地五份，相當於一份田地。山地上有小木材，可以砍伐，或用來做柴草，這種山地的九份，相當於一份田地。有的童山，只有雜草，則是十倍相當於一份田地："……大材之用焉，五而當一。山有木，无大材，然而斤斧得入焉，九而當一。禿……□□兼（鐮）繯得入焉，十而當一。"至於水田，若是生長魚類，七份水田相當於一份良田。小溪不能生長魚類，但是還能夠生長其他作物，則一百份水田相當於一份良田。此外還有水中只生長蒲葦的田地，也有一定量的稅收，"禿尺（斥）津□……罔（網）得入焉，七而當一。小溪浴（谷）古（罟）罔（網）不得入焉，百而當一。美霓（沈）澤蒲葦……□□石，百而【當一】。……□，百而當一"。從上述情況來看，《田法》對於良田、山川、沼澤，土地肥沃程度不等，産出的作物各不相同，規定了不同的稅收標準。銀雀山漢簡《田法》的地均之制，與《管子》最爲接近③。《管子·乘馬》云："地之不可食者，山之無木者，百而當一。涸澤，百而當一。地之無草木者，百而當一。樊棘雜處，民不得入焉，百而當一。藪，鐮繯得入焉，九而當一。蔓山，其木可以爲材，可以爲軸，斤斧得入焉，九而當一。汎山，其木可以爲棺，可以爲車，斤斧得入焉，十而當一。流水，網罟得入焉，五當一。林，其木可以爲棺，可以爲車，斤斧得入焉，五而當一。澤，網罟得入焉，五而當一。命之曰地均，以實數。"⑤《管子》將各種不同類型的土地與良田進行了換算。言當年不可耕種的土地、童山，一百當一。乾枯的沼澤、不長草木之地、荊棘叢生之地，一百當一。草地茂盛之處，鐮刀可以收割之地，以九當一。有可做器具和車軸的樹木之山地，以九當一。有樹木可以做棺材和車子的難以攀爬的山地，以十當一。魚塘和沼澤地，能夠捕魚，以五當一。林地，樹木可以做棺材和車子，以五當一。《管子》之"地均"，專言計算土地面積時，各種山林藪澤之地所應取之折算比例。對於高地，《管子》規定的稅收與一般土地不同。土地越高，得到的水份越少，則越容易乾旱，故賦稅低，《乘馬》云："十仞見水不大潦，五尺見水不大旱。十一仞見水，輕征。"⑥《管子》的記載，較漢簡《田法》爲詳細，規定的種類更多，説明《管子·乘馬》使用的範圍更爲廣泛。

　　綜上，銀雀山漢簡《田法》主張根據土地的肥瘠程度而選擇建城市的地址；在種植糧食作物時，應當按照土地之肥瘠，分爲上、中、下三等；徵收賦稅有年齡限制；一人以能夠多種土地爲佳；規定了一年稅收的標準；詳細規定行政區域建制；對於農業生產者，没有完成糧食收成，規定了詳細的處罰標準；對於其他田地折算成農田的標準和規定。較之《管子》和先秦其他齊國典籍，《田法》在內容上對於我們今天研究齊國制度提供了重要的文獻資料。

主要是詳細記載年終的狩獵活動，及獵獲禽獸的歸屬；詳細規定了不能完成農業生產任務，實施的處罰；詳細的規定了賦稅標準，糧食生產達到的標準，民衆可以使用農副產品的種類與數量，其内容當是延續齊國歷來的制度，而根據時代的需要，有所變化。其鄉村建制與《管子》不同，當是因爲時代變遷，而對於春秋時期齊國"作内政以寓軍令"政策的修正。管仲時期的農業稅收，施行"相壤定籍"之制，故《管子》有多篇文章詳細説明各種土地條件下的稅收標準，還規定了豐欠年份對於糧食收成的稅收標準，其他山川漁澤之地，亦有與土地相應的換算方法。相較之下，《田法》的換田制度與各種土地的徵收標準雖然有規定，其内容没有《管子》詳細。《管子》主要是大政方針的規定，對於農業生產，主要是鼓勵，獎賞，很少有懲罰措施。在法律實施方面，則有嚴格的懲處措施。《田法》則主要是對於田地的種植、管理、處罰制度有詳細的規定，是一部具體的法規，其内容繼承了齊國原有的制度，而有新的推進。與其他先秦齊國相關典籍相較，在細節的規定上有了新的内容。

①主要有楊作龍《銀雀山竹書〈田法〉芻議》，《洛陽師專學報》1987 年第 1 期。楊兆榮《銀雀山竹書田法同於李悝田法——與田昌五先生商榷》，《思想戰綫》1996 第 3 期。李根蟠《從銀雀山竹書〈田法〉看戰國畝産和生産率》，《中國史研究》1999 第 4 期。

②李學勤在《〈田法〉講疏》中，認爲"《田法》開首一段同於《尉繚子·兵談》，後面多似《管子·乘馬》，有的地方還類於《管子·立政》"。見李學勤《〈田法〉講疏》，《簡帛佚籍與學術史》，江西教育出版社，2001 年，第 362 頁。本論文主要在李學勤先生《〈田法〉講疏》的基礎上，對於《田法》做出進一步探討。

③銀雀山漢墓竹簡整理小組《銀雀山漢墓竹簡》（壹），文物出版社，1985 年。簡文《田法》引文，均出自此書，以後不再出注。

④改正文字參照銀雀山漢簡整理小組的整理資料。

⑤銀雀山漢墓竹簡整理小組認爲《田法》篇首句與《尉繚子·兵談》和《禮記·王制》相關文句接近。參銀雀山漢墓竹簡整理小組《銀雀山漢墓竹簡》（壹），第 147 頁注釋[二]。

⑥黎翔鳳《管子校注》卷一《乘馬》，中華書局，2004 年，第 83 頁。

⑦群力《臨淄齊國故城勘探紀要》，《文物》1972 年第 5 期。

⑧黎翔鳳《管子校注》卷十八《度地》，第 1050—1051 頁。

⑨黎翔鳳《管子校注》卷二十二《事語》，第 1240—1241 頁。

⑩黎翔鳳《管子校注》卷二十二《事語》，第 1242 頁。

⑪黎翔鳳《管子校注》卷二十四《輕重乙》，第 1443—1444 頁。

⑫孔穎達《周禮注疏》卷十一，中華書局影印阮元校勘《十三經注疏》本，1980 年，第 711 頁。

⑬黎翔鳳《管子校注》卷二十一《乘馬數》，第 1233 頁。

⑭黎翔鳳《管子校注》卷二十一《乘馬數》第 1236 頁。

⑮黎翔鳳《管子校注》卷一《乘馬》,第 91 頁。

⑯黎翔鳳《管子校注》卷二十二《國蓄》,第 1272 頁。

⑰黎翔鳳《管子校注》卷二十三《揆度》,第 1380 頁。

⑱黎翔鳳《管子校注》卷一《乘馬》,第 91 頁。

⑲黎翔鳳《管子校注》卷一《乘馬》,第 91—92 頁。

⑳黎翔鳳《管子校注》卷二十二《山權數》,第 1309 頁。

㉑黎翔鳳《管子校注》卷十五《治國》,第 926 頁。

㉒黎翔鳳《管子校注》卷一《乘馬》,第 90 頁。

㉓黎翔鳳《管子校注》卷一《立政》,第 65 頁。

㉔黎翔鳳《管子校注》卷一《乘馬》,第 89—90 頁。

㉕至於《管子·度地》:"百家爲里,里十爲術,術十爲州,州十爲都,都十爲霸國。"(黎翔鳳《管子校注》卷十八《度地》,第 1051 頁。)此處 1 都＝10 州＝100 術＝1000 里＝100000 家,其制度與《管子》之《立政》《乘馬》《小匡》不同,《管子》之《立政》《乘馬》《小匡》成書時間較早,當是不同時期采用不同制度之故。

㉖黎翔鳳《管子校注》卷七《大匡》,第 368 頁。

㉗黎翔鳳《管子校注》卷十七《禁藏》,第 1025 頁。

㉘黎翔鳳《管子校注》卷一《立政》,第 76 頁。

㉙黎翔鳳《管子校注》卷五《重令》:"畜長樹藝,務時殖穀,力農墾草,禁止末事者,民之經產也。"尹知章注曰:"畜長,謂畜產也。"第 286 頁。《史記》卷一百二十九《貨殖列傳》:"農工商賈畜長,固求富益貨也。"中華書局,1959 年,第 3271 頁。

㉚參看郭麗《戰國時期齊國"市"之考察——以銀雀山漢墓竹簡〈市法〉爲中心》,《紀念中國社會科學院博士後制度實施二十周年:首屆歷史學博士後論壇(2012)論文》(考古學、中國古代史),2012 年,第 29—36 頁。

㉛甯戚是齊桓公時期重要的卿大夫,關於其生平事迹,參李金玲《齊桓公時期之卿大夫甯戚考》,《蘭臺世界》2012 年第 1 期。

㉜《漢書》卷二十八下《地理志》,中華書局,1964 年,第 1642 頁。

㉝晁福林亦認爲三年換田一次,並有詳細的論證。參見晁福林《戰國授田制簡論》,《中國歷史文物》1999 年第 1 期。

㉞李學勤《簡帛佚籍與學術史·〈田法〉講疏》云:"《田法》948—975 號簡述'地均'之法……這一段文字最像《管子·乘馬》。"又云:"綜觀《田法》,與《管子·乘馬》的思想內容最爲近似。"李學勤《簡帛佚籍與學術史》第 361 頁,第 362 頁。

㉟黎翔鳳《管子校注》卷一《乘馬》,第 89 頁。

㊱黎翔鳳《管子校注》卷一《乘馬》，第90頁。

（原載《簡帛研究二○一三》）

作者簡介：郭麗，山東理工大學齊文化研究院副教授

通訊地址：山東省淄博市張周路12號山東理工大學齊文化研究院　　郵編：255049

《葬書》考論

——兼及宋代風水觀念的起源

余格格

《論語·爲政》:"子曰:'生,事之以禮;死,葬之以禮,祭之以禮。'"①喪葬禮始終處於傳統文化的核心地位,其所涉及的乃是關乎每個個體在日常生活中所面對的問題,以及遵循"慎終追遠"時的具體行爲準則。從先秦典籍《禮記》、《儀禮》至於宋代司馬光《書儀》、朱熹《家禮》,皆有專門的篇章詳細記載喪葬禮儀,其中皆有論及"卜宅兆、葬日"這一儀節,與《孝經》所言"卜其宅兆而安厝之"②之初衷一致,傳統的相地術也因此而生。然至五代以前,卜宅兆或者説相地術的基本理論皆被冠以堪輿、陰陽、八宅、形勢、五姓諸法,未見有用"風水"之名者,"風水"取代"堪輿"成爲卜宅兆、相地術的概念蓋起於五代宋初,其爲後世擇葬之法提供了新的理念與方式③。今見對"風水"概念的最早解釋蓋爲《葬書》,然而圍繞其作者與成書時間却多有紛訟④,筆者即欲從其成書時間、版本流傳、風水概念以及對宋代風水觀念的影響四個方面加以探究,希望能對該書的基本情況以及由此而及的風水信仰、喪葬禮義的認知等有所裨益。

一 《葬書》成書考

傳本《葬書》之見載於公私目録,最早蓋爲南宋紹興年間改定的《秘書省續編到四庫闕書目》⑤,未題撰者。至於《通志》、《宋史·藝文志》始題"郭璞撰"。此前書志中亦有題名《葬經》者,著録於《舊唐書·經籍志》、《新唐書·藝文志》、《通志》,其撰者題蕭吉、由吾公裕,與本文所論之《葬書》不同。又據宋初敕修的《地理新書》所載,唐孫季邕曾奏請停廢了以"葬經"命名的十餘種堪輿書,如《黄帝五姓葬經》、《青烏子葬經》、《孔子葬經》、《馬融葬經》、《管子葬經》、《孟子葬經》、《嚴君平葬經》、《鄭康成葬經》、《荀氏五姓葬經》、《玄英先生葬經》、《孔林先生葬經》、《邵公葬經》、《唐生葬經》、《元曹葬經》、《靈龜葬經》、《玉闕葬經》等⑥,可見唐代《葬經》一書廣泛流傳,而托古命名"葬經"者,更是層出不窮。唐人吕才對此現象進行了强烈的抨擊,其在《叙葬書》中言:"暨乎近代以來,加之陰陽葬法,或選年月便利,或量墓田遠近,一事失所,禍及死生。巫者利其貨賄,莫不擅加妨害。遂使葬書一術,乃有百二十家,各説吉凶,拘而多忌。"⑦名《葬書》、《葬經》者雖多,但未得見郭璞《葬書》之蹤迹。余嘉錫《四庫提要辨證》之《葬書》考即已指出:"璞實長於安墓卜宅,然未嘗著《葬書》也。"⑧

觀乎《地理新書》所徵引的陰陽堪輿書及術士,雖引《葬經》及郭璞諸説,却並未提及《葬經》爲何人所著,亦未言及郭璞著《葬書》一事。《地理新書》所引《葬經》之内容共有五條,今輯録如下,以便比對:

1.《葬經》云:"以天剛加歲月建,勝先、神后臨本姓大、小墓,名光明、沐浴,是小通歲月也。商、角利於巳、亥年及四月、十月,徵、羽音利於寅、申年及正月、七月。"又云:"巳年及四月在商姓是龍入壙,在角姓是虎入壙;亥年及十月在角姓是龍入壙,在商姓是虎入壙。其亡人有父,忌龍入壙;亡人有母,忌虎入壙。若卒哭、内承凶及因祖宗而葬,即不忌。"⑨

2.《葬經》云:"以天剛加歲月建,勝先、神后臨本姓大小墓,名光明沐浴。"⑩

3.《葬經》云:"以傳送加歲月建,天剛臨姓墓,名青龍入壙;河魁臨姓墓,名白虎入壙。"⑪

4.《葬經》云:"人生於寅,死於丑,故以寅丑之間爲鬼門,若門出陽辰,以大吉加門;甲庚爲陽門,甲北近寅,未南近申。門出陰神,以功曹加門,;丙壬爲陰門,丙東近巳,壬酉近亥。寅丑夾鬼門,故以功曹、大吉加門陌也,從魁爲天户,故從魁下爲冢名。此名來鬼宅也。甲子冢門陌出丙,陰門,以功曹加丙,從魁加子,爲甲子冢,穴在甲。甲辰冢門陌出庚,陽門,以大吉加庚,從魁臨辰,即爲甲辰冢,冢穴在壬。甲午冢門陌出壬,陰門,以功曹加壬,從魁臨午,即爲甲午冢,冢穴在庚。甲戌冢門陌出甲,陽門,以大吉加甲,從魁加戌,名爲甲戌冢,冢穴在丙。甲寅冢門陌出丁,陰門,以功曹加丁,從魁加寅,名爲甲寅冢,冢穴在乙。甲申冢門陌出癸,陰門,以功曹加癸,從魁臨甲,名爲甲申冢,冢穴在辛。"⑫

5.《葬經》云:"若門出陽辰,以大吉加門;門出陰辰,以功曹加門,從魁下爲冢名。"⑬

其多與五音姓利、歲德、月德、六壬十二神相關,還以六甲八卦冢法佈局。又《隋書·蕭吉傳》中引《葬書》云:"氣王與姓相生,大吉。"⑭以五姓音利法斷山陵所在之地吉凶。又《舊唐書·吕才列傳》引《葬書》云:"富貴官品,皆由安葬所致;年命延促,亦曰墳壠所招。"⑮以上所引《葬書》、《葬經》内容皆與傳世本《葬書》的風水理路大相徑庭。查閲敦煌寫卷中與葬書類文書相關的 P.4930《葬經》、P.3647《葬經》、《孫季邕葬範》、S.2263《葬録》等,發現其反映的唐五代堪輿術葬法以五姓法、陰陽法、八卦法等爲主,恰與《隋書》、《舊唐書》、《地理新書》等所引《葬書》内容一脉相承,互爲補充,與傳世本《葬書》並未有太大的聯繫。

《葬書》中許多風水觀念相較於唐代的主流相宅術自成一家,却在《管氏指蒙》中多有相似的論述。《管氏指蒙》舊題魏管輅撰,然觀其行文不似魏晋時期作品,李約瑟先生根據其中所提及的磁偏角現象,斷定其當爲九世紀中期的著作⑯。現將《管氏指蒙》與《葬書》相似論點羅列如下:

《管氏指蒙》⑰	《葬書》⑱
人感二氣而成形,取二氣而凝結。死則血肉潰敗而陷其骨,故葬者納真氣於本骸,感禎祥於遺體,安其本而蔭其末。	蓋生者氣之聚,凝結者成骨,死而獨留,故葬者反氣入骨,以廕所生之法也。
水隨山而行,山界水而止。界其分域,止其逾越,聚其氣而施耳。水無山則氣散而不附,山無水則氣塞而不理。	《經》曰:"氣乘風則散,界水則止。古人聚之使不散,行之使有止,故謂之風水。"風水之法,得水爲上,藏風次之。
又況高坎曰露,低坎曰藏。低而不沈者穴之顯,高而不暴者氣之鍾。	故藏於涸燥者宜深,藏於坦夷者宜淺。
彼有頑不通氣、堅不可鑿,葬之如擲潭;崎嶇突兀、立屍植符,棱棱颲颲,葬之如塞堋。此石山之葬,衢所不談。 霜風剝裂而屑鐵飛灰,草木黃落而塗朱散坌,春融融而脈不膏,雨淋淋而氣不蘊,此童山之葬,衢之不允。 發將無蹤,過將無引。三形失勢,孤遺獨起以何依;五氣施生,四水一時而流盡。此獨山之葬,衢之所短。 洪傷界水,段藕而絲不留;崩破枯山,鋤瓜而藤盡捲。金不隔於坑路,火即截於甕窑。截然今日之徑,墾自積年之畲。此斷山之葬,衢之不穩。 來未辨於東西,橫腰伸脚;去各趨於南北,臂脈虛鉗。蜈蚣習習之丹趾,高棟牙牙之畫簷。此過山之葬,衢之所嫌。	山之不可葬者五: 氣以生和,而童山不可葬也; 氣因形來,而斷山不可葬也; 氣因土行,而石山不可葬也; 氣以勢止,而過山不可葬也; 氣以龍會,而獨山不可葬也。
山必欲特,特則不群,出類拔萃,稠衆難倫。 欲其寬則特緊,緊則特寬。險隘以明堂爲貴,易野以應案爲真。	夫重岡疊阜,群壠衆支,當擇其特。大則特小,小則特大。
乘金相水,木之所廢。用木精金,土以彫弊。托土蔭木,水之壅滯。	乘金相水,穴土印木。
古人以石爲山骨者,必有理脈以通天運、以達天遷,故曰"惟石巖巖"。其辯有三,似石非石,似土非土,割肪截玉。	夫土欲細而堅,潤而不澤,裁肪切玉,備具五色。
案忌搥胸之袖,臂防理髮之釵。當知散氣之披,但在雙鉗之外。豈審絕玄之的,徒貪一距之垂。故曰青龍帶刃,白虎銜屍,玄武斬頭,朱雀負蓑。白虎帶刃,青龍號饑,玄武倒筆,朱雀亂衣。左手垂釵,右手擲箭,背後不來,面前直去。虎腕抱戕,龍肘連雲,玄武	玄武垂頭,朱雀翔舞,青龍蜿蜒,白虎馴頗,形勢反此,法當破死。

續表

《管氏指蒙》[17]	《葬書》[18]
嘔溺,朱雀撫簒。玄武出水,朱雀上山,青龍東去,白虎西奔。玄武垂尾,朱雀開骹,青龍擲筆,白虎抛刀。青龍管笛,白虎曲尺,玄武擡頭,朱雀折翼。青龍叛頭,白虎縮脚,玄武吐舌,朱雀生角。青龍折腰,白虎破腦,玄武胖開,朱雀屍倒。玄武邅邅,朱雀唧嘈,青龍【没頁】水,白虎戲刀。	
朝於大旺,澤於將衰,流於囚謝,三吉也。	派於未盛,朝於大旺。澤其相衰,流於囚謝,以返不絶。
形如覆釜,位至公輔。	形如覆釜,其嶺可富。
形如投算,憂愁紊亂。	形如投算,百事昏亂。
形如亂衣,上下通非。	形如亂衣,妒女淫妻。

　　經比較可以發現,《葬書》中不少内容是在《管氏指蒙》所涉及的風水論斷基礎上提煉而成。《管氏指蒙》一書的理念與唐代主流堪輿術有較大的差異,它不僅舍棄了五音姓利法,還對吉凶附會展開了批評,詳細論述了"形"、"勢"二者之間的關係,將山水作爲聚散界限[19],這些都爲《葬書》中的觀點提供了有力的理論支撐,亦可由此追溯《葬書》風水理論的源頭。

　　此外,成書於宋初的《太平御覽》,僅見引及《青烏子葬書》[20]内容,並未得見其它《葬書》,至於《地理新書》亦未提及郭璞《葬書》。而南宋周必大在其《永思陵掩攢慰皇帝表》中言:"臣某等言:'今月三十日,聖神武文憲孝皇帝攢宫掩皇堂禮畢者,稽陰地勝,陵邑天成;丘繞四蛇,居切帝鴻之畏;勢如萬馬,允符郭璞之占。'"[21]與《葬書》所言"勢如萬馬,自天而下"契合。又成書於南宋的《玉髓真經》引《葬經》曰:"洋洋悠悠,顧我欲留。其來無源,其去無流。"[22]也與《葬書》所載内容相同。

　　由此可推論,《葬書》蓋宋人據《管氏指蒙》觀點發揮而作,托名郭璞以廣其傳,其成書上限不早於宋初敕修《地理新書》之時,下限不晚於南宋紹興年間。

二　版本流傳

　　現存《葬書》傳本較多,大致可分爲兩類:一、以《古本葬經》命名,今存《古今圖書集成》本、《津逮秘書》本、《學津討原》本、清抄本及清刻本。二、以《葬書》、《葬經》名之[23],今存《四庫全書》本、明李國木《地理大全》本、清葉泰《地理六經注》本、明弘治十二年《地理四書》本、明彙賢齋刻本、清光緒五年陸氏十萬卷樓刻本、《劉江東家藏善本葬書》(明抄本)、清《琳琅秘室叢書》本、明《地理真訣》本等。兹爲表解如下:

《古本葬經》	《古本葬經内篇》一卷	晋郭璞撰	《古今圖書集成》本
			《學津討原》本
			《津逮秘書》本
			清光緒三年湖北崇文書局刻本
			清抄本
《葬書》	《葬書》一卷	題晋郭璞撰	《四庫全書》本
			清道光十五年刻本
	《葬經》二卷	題晋郭璞撰	《地理大全》本
	《劉江東家藏善本葬書》一卷	題晋郭璞撰　元吳澄删定　明鄭謐注	《琳琅秘室叢書叢書》本
			明抄本
	《地理葬書集注》一卷附《葬書問對》一卷	題晋郭璞撰　明鄭謐注釋	明弘治十二年於明刻《地理四書》本
			清光緒五年陸氏十萬卷樓刻本
			清刻本
	《新刊地理五經四書解義郭璞葬經》一卷	元吳徵删定明鄭謐注釋	明彙賢齋刻本
	《葬書注》一卷	□□輯	清抄本
	《葬書》一卷	題晋郭璞撰	《地理六經注》本
	《郭氏葬經删定》一卷	題晋郭璞撰	明《地理真訣》本

　　《古本葬經》諸版本間差異不大,但與《葬書》相比對,其章句順序、分篇有較大差異,且缺失《葬書》中關於葬八卦方位的形勢論述。現通行《葬書》多采用《四庫全書》本,然關於《四庫》所收《葬書》版本僅知爲通行本,《四庫全書總目提要》並未言明,而僅云:"惟《宋志》載有璞《葬書》一卷,是其書自宋始出。其後方技之家,競相粉飾,遂有二十篇之多。蔡元定病其蕪雜,爲删去十二篇,存其八篇。吳澄又病蔡氏未盡藴奧,擇至純者爲内篇,精粗純駁相半者爲外篇,粗駁當去而姑存者爲雜篇。新喻劉則章親受之吳氏,爲之注釋。今此本所分内篇、外篇、雜篇,蓋猶吳氏之舊本。至注之出於劉氏與否,則不可考矣。"④《葬書》内、外、雜三篇順序由元人吳澄删定,然《四庫全書》所收之《葬書》采自何本,其注出自何人,皆有待考證。

　　《四庫全書》所收《葬書》之文本多有錯訛,將其與明李國木《地理大全》本相校對,可知《四庫全書》本與《地理大全》本同出一系。至於李國木所采用何本亦未言明,僅在凡例中提及:"《葬經》世傳多本,往往得甲者非乙,得乙者非甲,此蓋好事輩信耳而不信心,徇異而不徇理。……兹刻取其簡而文,安知非今而古。"⑤並題《葬經》作者"先生姓郭諱璞,號景純,晋時人",既未明了《葬書》的順序編排從何出,亦未提及何人爲之作注。

清錢大昕撰《補元史藝文志》載有"吴澄删定《葬書》,新喻劉則章注"、"鄭謐釋注《葬書》一卷"㉖,蓋當别有所據,按明初宋濂、胡翰皆將此劉、鄭二注加以比對,且指出劉則章更注重術的闡發而精於龜卜,作爲儒者的鄭謐其重點在於對義理的融會貫通。吴澄在世之時曾爲劉則章之《葬書》作序,其以爲"予所删定,去其繁蕪,子又增其繁蕪,可乎? 注不必有也。則章笑曰:'諾'。乃書以遺焉。"㉗故劉則章爲《葬書》所加之注,或許未得傳世。

近人傅增湘(1872—1949)曾目睹鄭謐注釋《葬書》,其《藏園群書經眼録》卷七《子部一·術數類》載:

> 地理葬書集注一卷　　明鄭謐撰
>
> 明弘治謝昌刊本,題"草廬先生吴文正公澄删定","後學金華玄默生鄭謐注釋"。九行十七字,大黑口,四周雙闌。　前有地理四書序,爲弘治十二年南京吏部尚書錢塘倪岳序,蓋合宋牧堂蔡神與氏著《地理發微》、唐卜則巍著《雪心賦》、宋上牢劉謙著《囊金》三書與《葬書》爲四也。次洪武五年宋景濂序,次《葬書》目録,目録後有吴澄跋,次《葬書問對》,爲趙東山汸所著,後有弘治十五年翰林侍讀學士仁和江瀾跋。後有弘治十一年程敏政序,又蘇伯衡後序,又洪武四年胡翰序,又洪武甲寅同里金信序,又臨川道人題詩一首,末有新安謝子期跋。是書即謝子期昌所刊。
>
> 按:此書皕宋樓藏有元刊本,曾刊入《十萬卷樓叢書》中。今取此本證之,乃知存齋所翻即是此弘治本,第估人撤去前代明代序跋以泯其迹。此又地理四書之僅存者耳。(辛未四月見。)㉘

傅氏辛未年(1931)所睹爲國家圖書館所藏明弘治十二年明刻《地理四書本》(《葬書》與《地理發微》、《雪心賦》、《囊金》)。清光緒五年陸氏十萬卷樓刻本則是明弘治本的翻刻。而較爲晚出的清《琳琅秘室叢書》本所收《葬書》則據明洪武刊本刻,即《劉江東家藏善本葬書》,序跋與明弘治本稍有出入,前有張齊序、胡翰序、宋濂序,目録後有吴澄識,後有洪武三年秋八月鄭謐自跋、金信跋、臨川道人題玄默子歌、洪武四年蘭溪吴沈序、癸丑暮春同邑葉儀書、金華童翼跋及洪武甲寅同郡徐原跋,最後有清黄丕烈乙丑八年五月後跋。近人羅振常曾目睹洪武刊本,云:"洪武刊,小字,黑口,上下魚尾,半頁十二行,二十一字,雙框。有武功伯裔(白長方)、東海(白長方水印)、汪士鐘印(白方)、閬源甫(朱方)、平陽汪氏藏書印(朱長方)、憲奎(白方)、秋浦(朱方)、有竹居(朱方)。後有乙丑八月菉翁跋。封面亦菉翁題字,有嘉慶乙丑秋收於經義齋一行。"㉙此刊本經手多人,從明人沈周轉至清人黄丕烈,後歸入汪士鐘、黄叔文、徐東海等。明弘治刻本蓋依洪武刊本所刻,略隱去了一些序跋。而名曰《郭璞葬經》的明彙賢齋刻本,由吴澄删定、明鄭謐注釋,其内容、順序與明洪武刊本一致,隱去了所有的序跋、目録及吴澄、鄭謐序。《地理葬書集注》、《劉江東家藏善本葬書》、《新刊地理五經四書解義郭璞葬經》當同源而出，皆是吴澄删定、元人鄭謐所釋注的《葬書》。

鄭謐在自跋中提及從兩處獲得吴澄删定的《葬書》，"杜待制是所定初本、孫院判乃晚年續訂者，尤爲精密"。其以孫院判本爲底本，兼采杜本，進行注釋。至於其與新喻劉則章所注《吴澄删定葬書》之異同，明胡翰爲其作序言："今彦淵之釋是書，其篇次本之草廬，其取義比物往往參以劉氏之説。"③明宋濂曰："新喻劉則章親受之吴氏，爲之注釋，頗有所發明。金華鄭君彦淵，其尊吴氏不下於則章。晝夜研精覃思，正其句讀，觀其會通，探其旨趣，粲然若燭照而龜卜，其視則章蓋過之矣。"㉝今將李國木所收《葬經》與鄭謐《葬書注釋》相比對，發現李國木所用的本子當爲鄭謐本，然《葬經》的注釋相較於《葬書注釋》稍有删節，蓋因李國木在輯録時略有改動，其在凡例中言"注多從書本而删其繁冗，有未明者即參以自注，皆古今明人之説及經證考驗之事，不妨從其長而節其詞"㉝。由此觀之，《四庫全書》本、《地理大全》本、《琳琅秘室叢書》本、明弘治十二年刻本、明彙賢齋刻本皆同源而出。而明黄復初所輯《地理真訣》本之《郭氏葬經删定》基於鄭謐《葬書注釋》删定而成，其對吴澄内、外、雜三篇之順序、内容作了重新調整，分爲五篇進行注釋。至於清葉九升《地理六經注》本，其順序異於《古本葬經》、四庫本《葬書》、《地理真訣》本等，乃在前者的基礎上有所改動。

三　風水概念的界定

《葬書》作爲宋代風水文獻的重要典籍，在整合前代理論的基礎之上提出了"風水"的概念，對宋代風水術的演進歷程起到了開創性的作用，亦爲後世風水形勢的推衍術構建了一個完整的理論框架。

《葬書》云："《經》曰：'氣乘風則散，界水則止。古人聚之使不散，行之使有止，故謂之風水。'風水之法，得水爲上，藏風次之。"㉝風水之核心爲"氣"。"氣"的概念早在春秋時期已産生，至早可以追溯到周幽王時伯陽父論及地震一事："伯陽父曰：'周將亡矣！夫天地之氣，不失其序。若過其序，民亂之也。陽伏而不能出，陰迫而不能烝，於是有地震。'"㉞天地之氣、陰陽二氣的觀念，長久以來是古代中國探討宇宙生成與萬物變化的基本理論。至於宋代大儒周敦頤對此進行完善，描繪出一個推演模式：無極——太極——陰陽——五行——萬物。其認爲："無極之真，二五之精，妙合而凝。乾道成男，坤道成女，二氣交感，化生萬物。萬物生生而變化無窮焉。"㉟而《葬書》所言"氣"的運行軌迹"五氣行乎地中，發而生乎萬物"㊱恰與此一致。陰陽二氣動而生五行之質，五行相生相克構成了世界萬物的不斷變化，在這個運行過程中不斷有動、静兩方面的相互轉化，這也是氣聚、散的内在原因。《葬書》之

"氣"對應的正是環境中無形的聚散之氣,《周易·繫辭上》云:"精氣爲物,遊魂爲變。"孔穎達疏:"云精氣爲物者,謂陰陽精靈之氣,氤氳積聚而爲萬物也。"③在這樣的氣場環境中,逝者除了能得到合理的安葬,讓"魂氣歸於天,形魄歸於地"③,還能藉助大環境中的生氣與生者感應,因此遺體受蔭、尋找"生氣"亦成爲擇葬術之重點。

而"風水"一詞取代"堪輿"之原因蓋與相地術的内在發展理路相關。宋以前皆以"堪輿"命名相地術,"堪輿"一名至早出現於《漢書·揚雄傳》:"屬堪輿以壁壘兮,梢夔魖而抶獝狂。"顏師古注:"張晏曰:'堪輿,天地總名也。'孟康曰:'堪輿,神名,造圖宅書者。'……師古曰:'堪輿,張説是也。'"③"堪輿"早期專指式占擇日術,後來在觀測天地的基礎上融合擇日、五音姓利説演變成歲時方位的選擇術,至於在卜宅兆中的作用,蓋主要是針對静態的空間佈局做出吉凶判斷。至於唐代後期至五代的相地術著述中,出現一些論及大環境山水形勢的著作,如 S.5645F《司馬頭陀地脈决》、《管氏指蒙》等,而《管氏指蒙》專設一章"山水會遇"探討山、水之間的關係,還命名專職尋龍相地之士爲"山水之士"。可知相地術的内在理路開始發生變化,由五姓法、陰陽法、三元宅法等典型的堪輿術轉而向山、水情勢的選擇,以大小環境的利弊以及生氣作爲判斷地形吉凶的標準,其内容也逐漸與"堪輿"之法相偏離。至於《葬書》所用之法,已與早期的時空選擇術無有太大關聯,更多的是在 S.5645F《司馬頭陀地脈决》、《管氏指蒙》等著作的理論基礎上形成了環境全局觀的吉凶判斷。

此外,以"風水"而非"山水"一詞命名,實與前文提及的"天地之氣"、"陰陽二氣"有關。"風水"與"魂魄"、"精氣"等皆由"天地二氣"或"陰陽二氣"所生,是同一概念的不同呈現方式。"魂魄"、"精氣"是"氣"蘊含於個體生命的内在結構展現,"風水"却是"氣"游離於個體生命之外的存在方式,反映了個體生存空間的狀態。張載云:"兩不立則一不可見,一不可見則兩之用息。兩體者,虚實也,動静也,聚散也,清濁也,其究一而已。"④是處"一"爲"神",即"氣"的内在本體,其以"陰陽二氣"作爲存在狀態。而"兩"爲"化",即"氣"的運行,如"虚實"、"動静"、"聚散"、"清濁"、"消長"、"屈伸"皆是"陰陽二氣"之用。以"氣"之用而言,"動"、"散"、"長"、"伸"等爲"陽","静"、"聚"、"消"、"屈"等爲"陰"④。朱熹釋"精氣"、"魂魄"云:"陰精陽氣,聚而成物,神之伸也。"④是處之"陰"、"陽"亦指"陰陽二氣"之運動狀態而非本體存在狀態。《元始無量度人上品妙經》云:"風爲陰火,水爲陽津。"④此正以消長論風水二氣之用,二者皆可動,故此無别,然從形態看,風無形而水有形,是風陰而水陽;從消息看,風燥而主殺,水濕而主生;是亦風陰而水陽,故風水理論主張以山藏風,而避風的燥殺之氣,以曲留水,以存水的生養之氣。

基於此風水消息之理而申發之遺體受蔭説,亦爲《葬書》的一個重要基石。《葬書》云:"人受體於父母,本骸得氣,遺體受蔭。"④"遺體受蔭"主要建立在感應説的觀點之上,南朝劉義慶記載：“殷荆州曾問遠公：‘易以何爲體？’答曰：‘易以感爲體’。殷曰：‘銅山西崩，靈鐘東應。便是耶？’遠公笑而不答。”⑤故有葬地形勢不同，而導致後代報應迥異，如“勢如降龍，水繞雲從，爵禄三公”、“勢如流水，生人皆鬼”⑯。實則在其背後貫穿始終的是傳統文化中對祖先的崇拜與敬畏。《禮記・祭義》云：“骨肉斃於下，陰爲野土。其氣發揚於上爲昭明。”⑰此“氣”當爲逝者之魂氣，亦即王充所云“人用神氣生，其死復歸神氣”⑱之“氣”。民間信仰深信祖先靈魂的存在，並能以不同的方式對後代產生影響，故而對祖先崇敬之情直接體現在喪葬、祭祀儀式中，希望通過此舉獲得庇護及福報。《琴堂諭俗編》云：“葬祭二事，尤孝子所當盡心焉。蓋孝子之喪親也，葬之以禮，則可以盡慎終之道。祭之以禮，則可以盡追遠之誠。”⑲“遺體受蔭”説，一方面促進了世人對孝道的重視，但是如果没有道德的深刻把握，却也容易滑向功利性、世俗性的邪徑之上，導致出現拘泥於此説而不葬逝者的現象。

四　《葬書》對宋代風水觀念的影響

宋代是風水術發展的鼎盛時期，風水著述紛亂繁雜，然宋代官修地理書籍《地理新書》仍遵循唐代選擇術五姓法等，宋代喪葬禮及皇陵佈局等犹延用之。《文獻通考》載宋太祖崩時：“卜葬，以翰林學士杜彦圭爲山陵按行使。”㉚又《宋史・禮志》記載真宗崩後的卜宅兆情況：“十六日，山陵按行使藍繼宗言：‘據司天監定永安縣東北六里曰臥龍岡，堪充山陵。’詔雷允恭覆按以聞。”㉛由山陵按行使與司天監共同選出適宜的葬地，經覆按史審核方可定論。宋國音趙姓，於五姓屬角，《地理新書》引《五音經》云：“東高西下爲之角地，徵羽亦可居之；南高北下爲之徵地，角姓亦可居之。”㉜趙姓在陰陽地理位置上以東高西下或南高北下爲吉，宋代皇陵正是在這一原則下進行修造，故有“永安諸陵，皆東南地穸，西北地垂，東南有山，西北無山，角音所利如此”㉝的記載，亦有考古發現“永定、永昭陵，靈臺頂面竟不高於鵲臺處地面，一反我國古代建築逐漸增高，置中心建築於最崇高地位之常例”㉞對此原則的印證。此外，由於角姓宜取丙壬方向，故在安葬宋真宗時，其上下宫的方位亦照丙壬向營建，見之於《宋會要輯稿》：“太宗梓宫先於丙地内奉安。按經書：‘壬丙二方皆爲吉地。’今請靈駕先於上宫神墻外壬地新建下宫奉安，俟十月十二日申時發赴丙地幄次。”㉟可見，宋室嚴格遵守五姓法的擇地、造墓方法。

然五音定姓規則複雜，依據紛紜，以致衆人對其詬病不已，故宋時許多有識之士逐漸跳出五姓法的窠臼，如程頤即批駁“五姓之説”爲“野俗相傳，竟無所出之處”㊱，認爲卜宅兆當“卜其地之美惡也，非陰陽家所謂禍福者也。地之美者，則其神靈安，其子孫盛”㊲。司馬光亦言：“葬者，藏也。本以安祖考之形體，得土厚水深、高敞堅實之地則可矣，子孫豈可因以求福哉!"㊳雖然此二者對於"遺體受蔭"的觀點持相反意見,但是在批評五姓說和根據地形之美惡擇葬地的觀點上卻具有一致性。故至南宋孝宗建陵之時,宰相趙汝愚、山陵按行使趙彥逾、日官荊大聲等即爲擇地一事争執不休。朱熹於紹熙五年(1194)十月十日正式拜命焕章閣侍制兼侍講,即日上《山陵議狀》反對將宋孝宗陵建於宋高宗永思陵旁邊,力斥五音姓利之説,主張重新擇善地以安葬孝宗。朱熹云:"其或擇之不精,地之不吉,則必有水泉、螻蟻、地風之屬以賊其内,使其形神不安,而子孫亦有死亡絶滅之憂,甚可畏也。其或雖得吉地,而葬之不厚,藏之不深,則兵戈亂離之際,無不遭罹發掘暴露之變,此又其所當慮之大者也。"㊴是時,以地形之勝者取代陰陽家之五姓勘定成爲擇地方法,蓋與《葬書》之流傳相關。

其所謂地形之勝者,程頤言"土色之光潤,草木之茂盛"㊵、司馬光言"土厚水深、高敞堅實"㊶,蘇洵爲其妻卜地得"山之所從來,甚高大壯偉,其末分爲兩股,回轉環抱,有泉泫然出於兩山之間而北,附右股之下,畜爲大井"㊷、朱熹言"必先論其主勢之彊弱,風氣之聚散,水土之淺深,穴道之偏正,力量之全否,然後可以較其地之美惡"㊸。此皆與《葬書》"土高水深,鬱草茂林"、"夫土欲細而堅,潤而不澤,裁肪切玉,備具五色"、"聚之使不散,行之使有止"等觀點契合。朱熹精於擇地之術,明代田汝成曾談及朱熹深諳此理的原因是"得友人蔡元定而後大明天地之數,精詣鐘律之學,又緯之以陰陽風水之書"㊹。按蔡元定爲朱熹門人,朱熹對其學問贊賞有加,曾言"此吾老友也,不當在弟子列"㊺,他受蔡元定之影響頗深,於《山陵議狀》中所説"但取通曉地理之人,參互考校"㊻,便有引薦蔡元定之意。今觀《劉江東家藏善本葬書》目録後吳澄識"世俗所行有二十篇,皆後人增以謬妄之説。建安蔡季通去其十二而存八"㊼,季通爲蔡元定之字,可見他對《葬書》鑽研精深,而後來所著《發微論》一書,論及山水之融結、聚散、風氣所藏以及龍砂穴水等風水觀念,蓋即多在《葬書》的觀點之上融合義理而成,強調葬法以勢聚氣。

然《葬書》"遺體受蔭"的觀點,卻遭到了一些士人的抨擊,如上文提及的司馬光以及南宋羅大經等人。羅大經云:"郭璞謂:'本骸乘氣,遺體受蔭。'此説殊未通。夫銅山西崩,靈鐘東應,木生於山,栗牙於室,此乃活氣相感也。今枯骨朽腐、不知痛痒,積日累月,化爲朽壤,蕩蕩游塵矣,豈能與生者相感,以致禍福乎?此決無之理也。"㊽宋代史料筆記中卻不乏風水術應驗之事,如洪邁《夷堅志》載"朱忠靖公墓":"乾道中,公次子侍郎夏卿亡,子塁用治命,舍祖塋而別訪地,唯以水爲主。群從諫止之,不納,竟如其志。得一穴,前臨清溪。既葬二十年,侍郎幼子燮及塁之子僑擢丁未進士第,已而僑弟偃及甲繼之,殊袞袞未艾也。"㊾而此種應驗,也導致世人多有追隨而至於風水術愈演愈烈,更有甚者"或求葬地、擇歲月,至有累世不葬者"㊿。故蔡元定言"以安親爲心,則地不可以不擇,其擇也不可太拘。擇焉苟不至於太拘,則葬不患其不時矣"㉑,以求對流於弊端的風水術起到引導作用。

① 朱熹撰《四書章句集注》,中華書局,1983 年,第 55 頁。

② 李隆基注,邢昺疏《孝經注疏》卷九,中華書局影印清阮元校刻《十三經注疏》本,1980 年,第 2561 頁 b。

③ 關長龍師曾指出:"宋以後隨着堪輿術的發展及其學理本體的思考,人們逐漸轉用'風水'一詞來概括此一學説。"關長龍著《敦煌本堪輿文書研究》,中華書局,2013 年,第 4—5 頁。

④ 當代學人關於《葬書》的成書時間紛紜不斷,如何曉昕提出《葬書》成書於南北朝或者唐代的兩種可能性,何曉昕著《風水探源》,東南大學出版社,1990 年,第 34 頁。李定信以"《葬書》可以肯定是郭璞所撰",李定信、劉詩薈著《晋·郭璞〈葬書〉考及白話解》,2003 年。肖民認爲"把《葬書》定爲魏晋南北朝時期所出,但爲後世多加篡改的早期風水著述是爲得當的",肖民著《〈葬書〉考辨》,浙江大學 2003 年碩士學位論文。袁津琥從文獻、音韻考察,指出"《葬書》的最後寫定的年代當在晚唐末年或北宋初年",袁津琥著《試論〈葬書〉的作者及其成書的年代》,《中國俗文化研究》第八輯,巴蜀書社,2013 年,第 50—59 頁。

⑤《宋史藝文志·補·附編》,商務印書館,1957 年,第 485 頁。

⑥《重校正地理新書》卷十五,上海古籍出版社 2006 年《續修四庫全書》第 1054 册,第 122 頁。

⑦ 劉昫等撰《舊唐書》卷七十九,中華書局,1975 年,第 2723 頁。

⑧ 余嘉錫著《四庫提要辨證》卷十三,中華書局,1980 年,第 730 頁。

⑨《重校正地理新書》卷十,第 71 頁。

⑩《重校正地理新書》卷十,第 74 頁。

⑪《重校正地理新書》卷十,第 74 頁。

⑫《重校正地理新書》卷十二,第 96 頁。

⑬《重校正地理新書》卷十二,第 96 頁。

⑭ 魏徵等撰《隋書》卷七十八,中華書局,1973 年,第 1776 頁。

⑮ 劉昫等撰《舊唐書》卷七十九,第 2725 頁。

⑯ 李約瑟指出:"這是十分確切的叙述,即磁偏角爲大約束 15°。關於這段文字的年代,適當的推測應是 9 世紀中期。"〔英〕李約瑟著《中國科學技術史》第四卷第一分册,科學出版社,2003 年,第 287 頁。

⑰ 管輅撰,王伋等注,汪尚廣補注《管氏指蒙》,上海古籍出版社 2006 年《續修四庫全書》第 1052 册。

⑱ 舊題郭璞撰,吳澄删定《葬書》,臺灣商務印書館 1986 年影印文淵閣《四庫全書》第 808 册。

⑲ "山或行而未住,氣亦隨而未鍾。"《管氏指蒙》卷九,第 348 頁 b。

⑳ "作墓發土,夕夢見罩繳入市者富貴。"李昉等撰《太平御覽》卷七〇二,中華書局 1966 年影印本,第 3135 頁。

㉑ 周必大撰,周綸編《文忠集》卷一二九,臺灣商務印書館 1986 年影印文淵閣《四庫全書》第 1148 册,

第 439 頁。

㉒張洞玄撰，劉允中注釋，蔡元定發揮《玉髓真經》卷四下，上海古籍出版社 2006 年《續修四庫全書》第 1053 册，第 244 頁。

㉓由於後代混用《葬經》、《葬書》二名，今歸一類統計。

㉔永瑢等撰《四庫全書總目》卷一百九，中華書局，1965 年，第 921 頁。

㉕李國木輯《地理大全》，《四庫全書存目叢書》子部第 63 册，第 60 頁。

㉖錢大昕撰《補元史藝文志》，叢書集成初編本，中華書局 1985 年，第 33 頁。

㉗吳澄撰，吳當編《吳文正集》卷二十三，臺灣商務印書館 1986 年影印文淵閣《四庫全書》第 1197 册，第 246 頁。

㉘傅增湘著《藏園群書經眼録》，中華書局，1983 年，第 610 頁。

㉙羅振常著，周子美編訂《善本書所見録》，商務印書館，1958 年，第 90 頁。

㉚吳澄删定，鄭謐注釋《劉江東家藏善本葬書》，清胡珽輯 1853 年仁和胡氏木活字本《琳琅祕室叢書》，序第二葉。

㉛宋濂撰《宋學士文集》卷二十七，商務印書館，1937 年，第 498 頁。

㉜李國木輯《地理大全》，第 61 頁。

㉝舊題郭璞撰，吳澄删定《葬書》，第 14—15 頁。

㉞韋昭注《國語》卷一上，商務印書館，1935 年，第 9 頁。

㉟周敦頤著《周敦頤集》，中華書局，1990 年，第 4 頁。

㊱舊題郭璞撰，吳澄删定《葬書》，第 12 頁。

㊲王弼注，孔穎達正義《周易正義》，中華書局影印清阮元校刻《十三經注疏》，1980 年，第 77 頁 c。

㊳鄭玄注，孔穎達正義《禮記正義》，上海古籍出版社，2008 年，第 1096 頁。

㊴班固撰，顏師古注《漢書》卷八十七，中華書局，1964 年，第 3523 頁。

㊵張載著《張載集》，中華書局，1978 年，第 9 頁。

㊶關長龍師著《"鬼"字考源——兼論中國傳統生命理解中的鬼神信仰》，《中國俗文化研究》第 7 輯，巴蜀書社 2012 年，第 1 頁。

㊷朱熹撰《周易本義》，中華書局，2009 年，第 226 頁。

㊸《靈寶無量度人上品妙經》卷五十四第十三，臺灣藝文印書館 1977 年《正統道藏》第 1 册，第 548 頁。

㊹舊題郭璞撰，吳澄删定《葬書》，第 13 頁。

㊺徐震堮校箋《世説新語校箋》，中華書局，1984 年，第 132 頁。

㊻舊題郭璞撰，吳澄删定《葬書》，第 32 頁。

㊼鄭玄注，孔穎達正義《禮記正義》，第 1834 頁。

㊽黃暉撰《論衡校釋》卷二十，中華書局，1990 年，第 873 頁。

㊾鄭玉道撰，彭仲剛續，應俊輯補，左祥增《琴堂諭俗編》，臺灣商務印書館 1986 年影印文淵閣《四庫全

書》第 865 册,第 237 頁。

(50)馬端臨撰《文獻通考》卷一二六,中華書局,1986 年,第 1129 頁。

(51)脱脱等撰《宋史》卷一二二,中華書局,1985 年,第 2852 頁。

(52)《重校正地理新書》卷一,第 13 頁。

(53)趙彦衛撰《云麓漫鈔》卷九,中華書局,1985 年,第 150 頁。

(54)郭湖生、戚德耀、李容淦等撰《河南鞏縣宋陵調查》,《考古》1964 年 11 期,第 575 頁。

(55)徐松輯《宋會要輯稿》第二十五册禮二九,中華書局,1957 年,第 1077 頁。

(56)程顥、程頤著《二程集》,中華書局,1981 年,第 624 頁。

(57)程顥、程頤著《二程集》,第 622 頁。

(58)司馬光撰《司馬温公集》,中華書局,1985 年,第 78 頁。

(59)朱熹撰《朱熹集》第二册,四川教育出版社,1996 年,第 616 頁。

(60)程顥、程頤著《二程集》,第 622 頁。

(61)司馬光撰《司馬温公集》,中華書局,1985 年,第 78 頁。

(62)蘇洵著《嘉祐集》卷十四,商務印書館,1937 年,第 142 頁。

(63)朱熹撰《朱熹集》第二册,第 617 頁。

(64)田汝成撰《西湖遊覽志餘》,上海古籍出版社,1958 年,第 390 頁。

(65)黄宗羲著,黄百家輯,全祖望修定,王梓材等校定《宋元學案》,商務印書館,1986 年,第 360 頁。

(66)朱熹撰《朱熹集》第二册,第 620 頁。

(67)吴澄删定,鄭謐注釋《劉江東家藏善本葬書》,清胡珽輯 1853 年仁和胡氏木活字本《琳琅祕室叢書》,葉二。

(68)羅大經撰,王瑞來點校《鶴林玉露》卷六,中華書局,2008 年,第 344 頁。

(69)洪邁撰,何卓點校《夷堅志》,中華書局,1981 年,第 882 頁。

(70)司馬光撰《司馬温公集》,第 78 頁。

(71)謝應芳撰《袪禍編》,中華書局 1985 年《叢書集成初編》本,第 30 頁。

作者簡介:余格格,浙江大學古籍研究所在讀博士研究生

通訊地址:浙江大學西溪校區古籍研究所　　郵編:310028

敦煌卷子辨僞研究

——基於字形分析角度的考察

張涌泉

　　清末在敦煌莫高窟藏經洞發現的大批唐代前後的寫本文書(少量爲刻本),大部分爲英、法、中、俄的國家藏書機構所收藏,少部分經過各種渠道,展轉流入各地的中小圖書館、博物館或私家手中。由於敦煌寫本的巨大文物價值,奇貨可居,於是便有人鋌而走險,仿冒偽造,藉以牟取暴利。一般認爲,後一類藏家手中的敦煌寫本,由於來路不一,構成複雜,存有偽本的可能性較大。所以當研究者面對這樣一份敦煌卷子,他首先要做的一項工作就是判別卷子的真僞。只有確定了研究對象的真實"身份",纔能確知研究對象的史料價值或校勘價值,我們的研究工作纔能建立在堅實的基礎之上,這是至爲淺顯的道理。

　　判別一個卷子的真僞,除審核其來源和内容外,學術界通行的做法是從紙張、書法、印章、界欄、裝潢等方面着眼作綜合考察。這樣做當然是行之有效的。在本文中,筆者想特别強調字體(字形)對於判別卷子真僞的重要意義。不同的時代既有不同的書體,也有不同的字體。漢字具有時代性。時代的發展,物質文化生活的改變或提高,都會在語言文字上留下深深的烙印。漢字的寫法會隨着時代的變遷而不斷發生變化,某一特定歷史時期漢字的構形甚至一筆一劃都會受到時代的約束,都會帶上濃重的時代痕迹。這種時代特徵可以給我們提供卷子書寫時間方面的許多重要信息,也是我們判定敦煌卷子真僞的最重要的手段。遺憾的是,以往人們在判别敦煌卷子的真僞時,往往過於側重卷子的外觀特徵,而缺乏對卷子字體的内在分析,以致最後仍得不出明確的結論。有鑒於此,本文嘗試用字形分析的方法爲主,輔以其他手段,對若干卷子的真僞提出自己的意見。另外有些應非莫高窟藏經洞所出而混入敦煌出版物中的古代寫卷,亦可通過字形分析的方法加以鑒別,在此一併提出讨论。不當之處,敬請方家教正。

一

　　敦研 323 號《金剛般若波羅蜜經》,首題"金剛般若波羅蜜經卷□□卅六",尾題"金剛般若波羅蜜經卷一百卅六终”，末有題記云：“建武四年歲在丁丑九月朔日吳郡太守張璟敬造。”“建武四年”相當於公元 497 年，從題記來看，該卷可以説是敦煌文獻中較早的寫卷之一①。《甘肅藏敦煌文獻》該卷叙録稱：“首尾俱全。白麻紙。卷長 540.3 厘米，卷高 24.7 厘米。……共十一紙又二行，總三一五行。第十六行後殘損嚴重。……《金剛般若波羅蜜經》只有一卷。此件首題、尾題後都加上了‘卷一百卅六’，不知何故。卷内有收藏印四枚，‘隴人張維’……‘鴻汀’……另兩枚無法辨認……張維（1889—1950），字維之，別號鴻汀，甘肅臨洮人。解放前曾任甘肅省政務廳廳長、甘肅省參議會會長，參與創辦敦煌藝術研究所。其所藏敦煌卷子部分爲敦煌研究院收購，上海圖書館亦有收藏。”②

按：另兩枚收藏印皆爲朱文方印，其中一枚可辨爲“鴻汀張維”，同一朱文方印亦見於敦研 329 號《妙法蓮花經》卷五末尾及上圖 007 號至 015 號敦煌寫卷的卷首或卷末，應無疑問。另一枚印章亦見於敦研 330 號《金光明最勝王經》卷九末尾和敦研 331 號《大智度論》卷卅二末尾，其中後二字可確認爲“舊族”，前二字待考。

筆者認爲這是一個後人僞造的卷子③。理由如下：

（一）正如《甘肅藏敦煌文獻》編者所説，《金剛般若波羅蜜經》只有一卷，而本卷却稱“卷一百卅六”云云，這是造假者的慣技。我們下面將要討論到的僞卷甘博附 133 號把《妙法蓮花經》卷一標作“卷第八百卅六”；甘博附 134 號把《金剛般若波羅蜜經》標作“卷第二百卅一”，作僞手法如出一轍。而且敦煌文獻中講到某某卷的時候一般説“卷第××”，而本卷無“第”字，不合慣例，也值得懷疑。

（二）抄寫質量不高，錯誤極多，有偷工減料的嫌疑。如“須菩提，如來悉知悉見是諸衆生得如是無量福德”，該卷“福德”誤作“佛德”。又“何以故？是諸衆生無復我相、人相、衆生相、壽者相，無法相，亦無非法相。何以故？是諸衆生，若心取相，則爲著我人衆生壽者。若取法相，即著我人衆生壽者。何以故？若取非法相，即著我人衆生壽者。是故不應取法，不應取非法”，該卷前一“是諸衆生”後脱“無復我相、人相、衆生相、壽者相，無法相，亦無非法相。何以故？是諸衆生”27 字，中間“若取法相，即著我人衆生壽者”後脱“何以故？若取非法相，即著我人衆生壽者”16 字（引文黑體部分）。又“以須菩提實無所行，而名須菩提，是樂阿蘭那行。佛告須菩提：於意云何？如來昔在然燈佛所，於法有所得不？世尊：如來在然燈佛所，於法實無所得。須菩提，於意云何？菩薩莊嚴佛土不？不也世尊。何以故？莊嚴佛土者則非莊嚴，是名莊嚴。是故須菩提，諸菩薩摩訶薩應如是生清净心，不應住色生心，不應住聲香味觸法生心，應無所住而生其心。須菩提，譬如有人身如須彌山王，於意云何？是身爲大不？須菩提言：甚大世尊。何以故？佛説非身，是名大身。須菩提，如恒河中所有沙數，如是沙等恒河，於意云何？是諸恒河沙寧爲多不？”該卷抄脱中間用黑體標出的一段凡

155 字。如此等等，我想用不着再多舉例子了。抄寫佛經是做功德的事，很難想象如此嚴重的脱誤會是吴郡太守張瓛“敬造”出來的。真是罪過啊！

（三）更爲重要的，本卷不少字詞的寫法爲書寫時代没有疑問的其他敦煌寫本或同一時代的寫本或碑本文獻所未見，而是宋元以後甚至更晚些時候纔出現的，這類字詞包括“比邱”、“比邱尼”、“薩”、“尒”、“弥”、“祢”等，下面逐一加以討論：

【比邱　比邱尼】

本卷“比丘”、“比丘尼”的“丘”皆寫作“邱”，其中“比邱”出現了三次，“比邱尼”出現了一次，用例如下（引例接排，中間用斜杠隔開，下同）：

> 一時佛在舍衛國祇樹給孤獨園，與大比邱衆千二百五十人俱。／如來常説，汝等比邱，知我説法如筏喻者，法尚應舍，何况非法。／長老須菩提及諸比邱、比邱尼、優婆塞、優婆夷、一切世間天人阿修羅，聞佛所説，皆大歡喜。

敦煌文獻中《金剛般若波羅蜜經》的寫本達一千一百多個，經筆者逐一查核，除本卷及下文將要討論到的甘博附 134 號《金剛般若波羅蜜經》外，餘均作“比丘”、“比丘尼”；而且其他敦煌文獻中也没有寫作“比邱”、“比邱尼”的。“比丘”、“比丘尼”本爲梵語譯音，“邱”、“丘”同音，“比丘”、“比丘尼”自不妨譯作“比邱”、“比邱尼”，但明代以前作“比邱”、“比邱尼”的例子極爲罕見。四部叢刊影印明如隱堂本北魏楊衒之《洛陽伽藍記》卷二崇真寺：“比丘惠凝死，一七日還活。經閻羅王檢閲，以錯名，放免。惠凝具説過去之時，有五比丘同閲，一比丘云是寶明寺智聖，坐禪苦行，得升天堂。……有一比邱云是禪林寺道弘，自云教化四輩檀越，造一切經……有一比邱云是靈覺寺寶明，自云出家之前嘗作隴西太守，造靈覺寺，成即棄官。”文中“比丘”、“比邱”前後錯出（這是筆者見到的“比邱”的較早用例），後者當出於明版刻工之手（明刻《古今逸史》本《洛陽伽藍記》皆作“比丘”，又四部叢刊影印明徑山寺刻本唐釋道世的《法苑珠林》卷一一一也載有這一故事，其中的“比邱”亦作“比丘”），而不能據以認爲北魏已有“比邱”的用例。至清雍正年間，爲避孔丘諱，上諭“除《四書》《五經》外，凡遇此字，並加阝爲邱”①，“比邱”、“比邱尼”的用法纔流行開來，當時刻的古書也往往把“比丘”、“比丘尼”改避作“比邱”、“比邱尼”。如清刊《權載之文集》、《後村先生大全集》（均見四部叢刊影印本）等書多見“比邱”、“比邱尼”，就是清人刊刻時避諱改易的結果。又如俄藏弗 367 號《一切經音義》“妙法蓮華經”音義第三卷有“丘坑”條，又第一卷“以偈”條下引《字林》“丘竭反”，第二卷“闚看”條下“丘規反”，其中的“丘”字宋刊磧砂藏本同，而據清乾隆年間刊海山仙館本影印的叢書集成初編本則皆作“邱”，“邱”也是清人刊刻改避的結果。上揭出現了“比邱”、“比邱尼”用例的《金剛般若波羅蜜經》寫本，很可能也正是這種背景下的産物，其書寫時間應在清雍正甚至民國以後。

【薩】

本卷“菩薩”的“薩”字出現了三十多次，如：

> 如來善護念諸菩薩，善付囑諸菩薩。／諸菩薩摩訶薩應如是降伏其心。／菩薩應離一切相發阿耨多羅三藐三菩提心。

“薩”字右下部該卷皆寫作生産的“産”，和今天通行的寫法没有什麼區別。然而這種寫法的“薩”字應是宋代刻板書流行以後纔産生的，唐代前後則多作“蓬”，偶亦作“薜”和“薛”。“薩”字不見於《説文》，乃“薛”的後起分化字。唐釋玄應《一切經音義》卷三《明度無極經》第一卷音義云：“開士，謂以法開導之士也。梵云扶薩，又作扶薛，或言菩薩是。”清孫星衍校按：“考菩薩‘薩’字不見《説文》，錢少詹據宋張有謂即‘薛’字。薛、薩聲形皆相近，字之誤也。及見此書，玄應已云又作扶薛，知唐時尚未別出薩字。……蓋艸書寫自爲阝，寫辛先豎後畫，故以末畫居下爲形，今俗寫薩字訛從産，則又唐人字書碑碣所無也。”⑤ 孫星衍等謂“薩”來源於“薛”，這是完全正確的。但這個字唐代前後已多寫作“蓬”。伯 3694 號《箋注本切韻》入聲末韻桑割反：“蓬，菩薩。”除本卷及下文要討論的“問題”寫卷外，此外的一千一百多個《金剛般若波羅蜜經》敦煌寫本“菩薩”的“薩”亦皆作“蓬”，其他敦煌寫卷亦多作“蓬”而不作“薩”。今天通行的“薩”字的寫法，是“薩”、“薛”完全分化以後纔逐漸形成的，據筆者掌握的資料，大約出現在宋代（今見宋代的刻本書，如四部叢刊影印宋刊本《小畜集》、《集注分類東坡先生詩》、《經進東坡文集事略》等書中皆已見“薩”字）。而上揭《金剛般若波羅蜜經》寫本把“菩薩”的“薩”皆寫作宋以後纔通行的“薩”，個中蹊蹺，難道不值得我們深究嗎？

【尔　弥】

本卷常見“尔”字，偶或作“尔”，其例如下：

> 以七寶滿尔所恒河沙數三千大千世界以用布施。／尔時須菩提聞説是經深解義趣，涕淚悲泣。／念過去於五百世作忍辱仙人，於尔所世無人相，無衆生相，無壽者相。／尔時須菩提白佛言：世尊，善男子善女人發阿耨多羅三藐三菩提心，云何應住？云何降伏其心？／尔於來世當得作佛，號釋迦牟尼。／佛告須菩提：尔所國土中所有衆生若干種心，如來悉知。／須菩提，尔勿謂如來作是念。／尔時慧命須菩提白佛言：世尊，頗有衆生於未來世聞説是法，生信心不？／尔時世尊而説偈言……

> 尔時須菩提白佛言：世尊，當何名此經？我等云何奉持？佛告須菩提：是經名爲《金剛般若波羅蜜》。以是名字，尔當奉持。／我於尔時無我相，無人相，無衆生相，無壽者相。

又有“弥”字：

> 須菩提，若三千大千世界中，所有諸須弥山王如是等七寶聚有人持用布施。

考“尒”、“尔”及“弥”所從的“尔”旁來源於“尒”（《説文》上部本從“入”）。“尒”俗書作“尔”。《干禄字書》：“尔尒：上通下正。”“尔”手寫時往往連書作“尔”。今天通行的“尔”字或“尔”旁，又爲“尔”或“尔”的變體，但敦煌寫本中罕見其例。上述引例中的“尔”字，其餘一千一百多個《金剛般若波羅蜜經》敦煌寫本多作“尒”，偶或作“尔”；“弥”字其餘《金剛般若波羅蜜經》敦煌寫本多作“弥”。但絶無作“尔”和“弥”者。那麽上揭《金剛般若波羅蜜經》作“尔”作“弥”，不又是一個可疑的例外嗎？

【祘】

本卷“祘”字二見，其例如下：

> 若復有人於後末世，能受持讀誦此經，所得功德，於我所供養諸佛功德，百分不及
> ［一］，千萬億分迺至祘數譬喻所不能及。/若人以此般若波羅蜜經迺至四句偈等受持
> 讀誦，爲他人説，於前福德，百分不及一，百千萬億分迺至祘數譬喻所不能及。

“祘”字見於《説文》，清朱駿聲《説文通訓定聲》以爲即“筭”字古文。但此字宋元以前古書罕見應用，而多以“筭”爲之。據筆者對四部叢刊初編、二編、三編（所收古書凡五百餘種）的調查，除字書、韻書外，“祘”字唐以前古書未見；《太平御覽》四見，皆用於山名“祘山”；《嘉慶一統志》二見，皆用於人名“李祘”；同治刻本龔自珍《定盦文集》八見，民國初年刻本清吳偉業《梅村家藏藁》六見，分别用於“無祘”、“祘學”等詞。從這一統計可以看出，“祘”字的使用率清朝以後呈上升的趨勢。上揭《金剛般若波羅蜜經》引例中的“祘”字，除本卷外，下引的甘博附134號《金剛般若波羅蜜經》作“算”，其餘敦煌文獻中所見的一千一百多個《金剛般若波羅蜜經》寫本皆作“筭”或其俗體“筞”、“筞”、“筞”，没有例外。其他敦煌文獻也未見“祘”字的用例。那麽上揭《金剛般若波羅蜜經》使用清代以後纔逐漸流行起來的“祘”字，是否意味着這個卷子很可能是清朝以後所抄寫的呢？

根據以上種種迹象推斷，敦研323號《金剛般若波羅蜜經》很可能是清末或民國初年的僞卷。《甘肅藏敦煌文獻》編者提到該卷“第十六行後殘損嚴重”，這很可能是作僞者故意做的手脚。然而假的總是假的，無論作僞者如何費盡心機，總還是難免露出馬脚來。

二

甘博附133號《妙法蓮花經》卷第一，首尾均題“法華經卷第八百卅六”。《甘肅藏敦煌文獻》該卷叙録云：“卷首破損。薄黄紙。……《妙法蓮花經》只有七卷廿八品，何來‘八百卅六’卷？本卷經文錯别字、漏字較多，墨浮於紙上；紙色灰暗，性脆，質薄紋細，與宣紙相仿。疑點重重，暫録存疑。”⑥

　　按：《甘肅藏敦煌文獻》的編者從紙張、墨色、錯別字、漏字等角度對本卷的真偽提出疑問，是很有眼光的。這裏還可以補充一條漏字的例證。經文載有文殊師利宣説的大段偈言，其中有下面一段：

我今於中夜	當入於涅槃	汝一心精進	當離於放逸
諸佛甚難值	億劫時一遇	世尊諸子等	聞佛入涅槃
各各懷悲惱	佛滅一何速	聖主法之王	安慰無量衆
我若滅度時	汝等勿憂怖	是德藏菩薩	於無漏實相
心已得通達	其次當作佛	號曰爲净身	亦度無量衆
佛此夜滅度	如薪盡火滅	分布諸舍利	而起無量塔
比丘比丘尼	其數如恒沙	倍復加精進	以求無上道
是妙光法師	奉持佛法藏	八十小劫中	廣宣法華經
是諸八王子	妙光所開化	堅固無上道	當見無數佛
供養諸佛已	隨順行大道	相繼得成佛	轉次而授記
最後天中天	號曰燃燈佛	諸仙之導師	度脱無量衆
是妙光法師	時有一弟子	心常懷懈怠	貪著於名利
求名利無厭	多遊族姓家	棄捨所習誦	廢忘不通利
以是因緣故	號之爲求名	亦行衆善業	得見無數佛
供養於諸佛	隨順行大道	具六波羅蜜	今見釋師子
其後當作佛	號名曰彌勒	廣度諸衆生	其數無有量
彼佛滅度後	懈怠者汝是	妙光法師者	今則我身是
我見燈明佛	本光瑞如此	以是知今佛	欲説法華經
今相如本瑞	是諸佛方便	今佛放光明	助發實相義
諸人今當知	合掌一心待	佛當雨法雨	充足求道者
諸求三乘人	若有疑悔者	佛當爲除斷	令盡无有餘

這段偈文中用黑体排印的部分凡 77 句 385 字，本卷未見，顯屬脱漏。如此大段文字的漏抄恐怕就不是“漏字”的問題了，而很可能係抄手“偷工減料”的結果。因爲作偽者抄寫經文并非是做功德，而是爲了蒙人，只要能糊弄一時，至於中間有無脱漏那是無關大局的。

　　除了上述疑點之外，本卷若干字詞的寫法也留下了作偽的痕迹，下面逐個提出討論：

【薩　薩】

　　“菩薩”的“薩”本卷多作“薩”，偶或作“薩”，如：

　　　菩薩摩訶薩八萬人，皆於阿耨多羅三藐三菩薩不退轉。（後一“菩薩”他本均作“菩

提"，此誤）/復見諸菩薩摩訶薩種種因緣，種種行（信）解，種種相貌，行菩薩道。/又見
菩薩，安禪合掌，以千萬偈，讚諸法王。復見菩薩，智深志固，能問諸佛，聞悉受持。/爲
求辟支佛者，說應十二因緣法，爲諸菩薩說應六波羅蜜。

如前所說，"薩"字唐代前後多作"薩"，而不作"薩"或"薩"。上揭寫卷的"薩"字兼於"薩"和
"薩"之間，右下部比"産"字少了一撇，宋孝宗乾道五年（1169）刻的《鉅宋廣韻》入聲曷韻桑
割切："薩，釋典云菩薩。""薩"字的寫法與本卷略同。但這種寫法亦爲唐代以前寫本及碑碣
文字所未見（除本卷外，敦煌文獻中《妙法蓮華經》卷一的寫本有兩百多個，"菩薩"的"薩"皆
作"薩"），同樣是值得懷疑的。

【尓　弥　珎】

本卷"尔"字有"尒"、"尔"、"尔"三種寫法，例如：

> 尒時文殊師利於大衆中欲重宣此義，尒說偈言⑦……/尔時［世］尊四衆圍繞，供養
> 恭敬，尊重讚嘆，爲諸菩薩說大乘經。/尔時佛放眉間白毫相光，照東方萬八千世界，靡
> 不周徧。/尔時世尊從三昧安詳尒（而）起。

全卷"尒"字22見，"尔"字5見，"尔"字7見，其中後一例"尔"、"尒"並出。一個卷子中同一
字寫法多變，這在其他卷子中是不多見的。

本卷又有"弥"字、"弥"字和"珎"字，舉例如下：

> 尔時弥勒菩薩作是念：今者世尊現神變相，以何因緣尒（而）有此瑞？/是人亦以種
> 諸善根因緣故，得值无量百千萬億諸佛，供養恭敬，尊重讚嘆。弥勒當知。/或有行施，
> 金銀珊瑚，真珠摩尼，車磲馬腦，金剛諸珎。

"弥"、"弥"爲"弥（彌）"的俗字，"珎"則爲"珍"的俗字。如前所說，"尒"字或"尒"旁俗書可作
"尔"，但"尔"字或"尔"旁的寫法敦煌寫本中則罕見其例。又"参"旁俗書亦或作"尔"。斯
2071號《箋注本切韻》上聲軫韻之忍反："軫，此類合從参。"言外之意就是說"参"旁作"尔"是
當時的俗寫。但"参"旁敦煌寫本及唐代以前一般亦不作"尔"。筆者核檢了北京國家圖書
館所藏的一百多個《妙法蓮華經》卷一的敦煌寫本，沒有寫作"尔"、"弥"、"珎"的例子，而大
抵作"尒"、"弥"、"珎"，幾乎沒有例外。上揭《妙法蓮華經》寫卷把"尒"、"弥（彌）"、"珍"寫作
"尔"、"弥"、"珎"，是和敦煌寫本乃至其他唐代以前寫本的慣例不合的。

【尽】

本卷"盡"字凡六見，其中五處作簡化俗字"尽"，其例如下：

> 皆是阿羅漢，諸漏一（已）尽，无復煩惱，逮得己利，尽諸有結，心得自在。/於此世
> 界，尽見彼土六趣衆生。/若有疑悔者，佛當爲除斷，令尽无有餘。（原卷"若有疑悔者"
> 一句誤抄在"令尽无有餘"句之後）/佛曾親近百千萬億无數諸佛，尽行諸佛无量道

法。/佛所成就第一希有難解之法,惟佛與佛乃能究盡諸法實相。

"尽"是由"盡"字草書楷定形成的簡化俗字,敦煌寫本中已見其例,但通常出現在草書或行草的寫卷中,而佛經寫本中則未見其用例(除本卷外,《妙法蓮華經》卷一敦煌寫本達二百多號,皆作繁體"盡",没有例外)。宋代以後纔較多地出現於話本、戲曲等通俗文學刻本中⑧。本卷用楷體書寫,却多用"尽"字,值得懷疑。

【会】

本卷"會"字凡六見,皆作簡化俗字"会"(或變體作"**会**"形):

　　尔時会中比丘、比丘尼……及諸小王轉輪聖王,是諸大衆得未曾有,歡喜合掌,一心觀佛。(此例經中先後二見)/尔時弥勒菩薩一("一"字衍)欲自決疑,又觀四衆比丘、比丘尼、優婆塞、優婆夷及諸天龍、鬼神等衆会之心。/佛放一光,我及衆会,見此國界,種種殊妙。/尒時会中有二十億菩薩,樂欲聽法。/時会聽者亦[坐]一處,六十小劫身心不動,聽佛所説。

"会"也是由草書楷定形成的簡化俗字,漢代前後草書簡牘及碑刻中已見,但隸書或楷體的敦煌佛經寫本中則未見其用例(除本卷外,《妙法蓮華經》卷一的二百多號敦煌寫本皆作繁體"會")。本卷用楷體書寫,而"會"字皆簡寫作"会",也不能不令人生疑。

【土】

本卷"土"字出現了近二十次,皆不加點。按唐顔元孫《干禄字書》:"圡土:上通下正。""土"字本無需加點,但爲免與士兵的"士"字形近相亂,故多加點以別之。加點的"圡"字漢代已見。敦煌寫本"土"字加點已成爲通例⑨,而本卷皆不加點,這倒是不正常的。

除此之外,本卷還有行末衍"一"、"二"、"十"、"人"等字的情況,這也是作僞的重大嫌疑,這個問題我們留待下節討論。

　　　　　　　　　　　三

甘博附 134 號《金剛般若波羅蜜經》,首題"金剛般若波羅蜜經卷第□□□□",尾題"金剛般若波羅蜜經卷第二百卅一"。《甘肅藏敦煌文獻》叙録:"首尾俱全,卷首略有破損。黄紙。……本卷紙張、書體等均與甘博 133 卷相同,經文係一人所寫。恐爲贋品。"⑩

按:《甘肅藏敦煌文獻》的編者推斷本卷與甘博附 133 號《妙法蓮花經》卷一係一人所寫,這是完全正確的。本卷在用字上的特點也可證明這一點。上文我們提到過,甘博附 133 號《妙法蓮花經》的抄手常把連詞"而"寫作"亽",本卷"而"字亦多寫作"亽",例如:

　　爾時世尊……還至本處飯食訖,收衣鉢洗足已,敷座亽座(而坐)。時長老須菩提在大衆中，即從坐起，偏袒右肩，右膝著地，合掌大恭敬仒（而）白佛言……/當知事（是）人不於一佛二佛三四五佛仒（而）種善根，已於无量千万佛種善根。

我們再舉兩個甘博附 133 號《妙法蓮花經》寫本的例子：

　　是時天雨曼陀羅華、摩訶曼陀羅華、曼〔殊〕沙華、摩訶曼殊沙華，仒（而）散佛上及諸大衆。/尔時弥勒菩薩作是念：今者世尊現神變相，以何因緣仒（而）有此瑞？

從理論上來説，“仒”、“而”讀音相近，應該是可以通用的，但在敦煌寫卷中却很少見到這兩個字通用的實例。可見這兩個卷子把“而”寫作“仒”，實際上是寫了別字，反映了抄手的個人色彩。

甘博附 133 號《妙法蓮花經》使用的一些“問題”字，在本卷中也有出現。如菩薩的“薩”字本卷出現了數十次，皆寫作“薩”；“土”字皆不加點，没有例外。“會”字一見，作簡化字“会”（見卷首小題“法会因由分第一”）。“尔”字或“尒”旁未見，而多作“仒”（“仒”字凡 26 見，其中 18 次係假借作“而”；另外“弥”字一見），但同時又出現了“爾”字，凡二見：“爾時世尊食時著衣持鉢，入舍衛大城乞食。”“若有善男子善女人，以七寶滿爾所恒河沙等數三千大千世界以用布施，得福多不？”“仒”“爾”《説文》字別，但古多混用不分，敦煌佛經寫本多用“仒”或其變體“尒”跟“尔”，但一般人往往以爲“仒”或“尒”、“尔”是簡體，“爾”纔是規範繁體字，因而後世抄書或刻書時常有一種規範化的傾向，會把“仒”字改寫或改刻作“爾”①。本卷的兩處“爾”字的用例，也正是作僞者這種心理的反映。

我們在上文討論過的敦研 323 號《金剛般若波羅蜜經》寫本中的“比邱”一詞，也在本卷中出現了：“一時佛在舍衛國祇樹給孤獨園，與大比邱衆千二百五十人俱。/如來常説，汝等比邱，知我説法如筏喻者，法尚應舍，何況非法。”又前舉“百分不及一，百千萬億分迺至祘數譬喻所不能及”的“祘”字，本卷寫作“算”。如前所説，此字敦煌文獻中所見的一千一百多個《金剛般若波羅蜜經》寫本類皆作“筭”。“筭”“算”皆見於《説文》，筭指算器，算指計算，“筭數”的“筭”，本當以作“算”爲典正，但此二字古多混用不別，從古人的實際使用情況來看，唐代以前似多用“筭”字，宋以後多用“算”字，一些古書中的“筭”字宋以後刻本中多有被改刻作“算”的情況。如《孟子·告子上》“或相倍蓰而無筭者”句，其中的“筭”字《十三經注疏》本《孟子注疏》如此，而清焦循《孟子正義》本作“算”（中華書局 1987 年版沈文倬點校本 757 頁），是其例。上揭《金剛般若波羅蜜經》敦煌寫本中“筭數”的“筭”，《大正藏》本作“算”，應該就是刊版以後改易的結果。所以本卷的“算”字和敦研 323 號《金剛般若波羅蜜經》寫本的“祘”字一樣，都在不知不覺中泄露出了卷子抄寫者的時代信息。

筆者在校讀本卷和甘博附 133 號《妙法蓮花經》寫本時還發現一個很有意思的現象，即這兩個卷子所抄經文的行末經常出現跟經文全然無關的字，如本卷：

滅度之如是滅度无量无數无邊衆生**世**
實无衆生得滅度者何以故須菩提菩薩

須菩提於意云何可以身相見如來不不也世
尊不可以身相得見如來何以故如來所説**世**
身相即非身相佛告須菩提凡所有相皆**不**
是虛妄若見諸相非相則見如來

无量福德何以故是諸衆生无无量復我**一**⑫
相人相衆相壽者相无法相亦法相亦无非

恒河於意云何是諸恒河沙寧爲多**不二**
須菩提言甚多世尊但諸河尚多无數

尒時須菩提聞説是經深解義趣涕淚**一**
悲泣尒白佛言希有世尊佛説如來甚深**二**
經典我從昔來所得慧眼未曾得聞如是

實相當知是人成就第一希有功德世尊是**人**
實相者即是非相是故如來説名實相尊
我相今得聞如是經典信解受持不足爲難**入**
若當來世後五百歲其有衆生得聞是經

菩薩有我相人相衆生相壽者相即非**尒**
菩薩所以者何須菩提實无有法發阿耨

須菩提實无有法名爲菩薩是故佛**以**
説一切法无我无人无衆生无壽者須菩

七寶以用布施是人以是因緣得福多不如**入**
是世尊此人以是因緣得福甚多須菩提

上揭引例中行末的黑體字"世"、"不"、"一"、"二"、"人"、"入"、"佘"、"以"諸字其他敦煌經本及《大正藏》本未見,應屬衍文。據筆者統計,甘博附 134 號《金剛般若波羅蜜經》寫本行末衍"一"字 6 次,衍"二"字 4 次,衍"入"字 4 次,衍"世"字 2 次,衍"人"字、"佘"字、"不"字、"以"字各 1 次。

这类衍字也见於甘博附 133 号《妙法莲花经》,如:

得大勢菩薩常精進菩薩不休息菩薩寶二
掌菩薩藥王菩薩勇施菩薩寶光菩薩月光

无量意四名寶意五名增意六名除疑入
意七名響意八名法意是八王子威德自

教化令其堅固阿耨多羅三藐三菩提十
是諸王子供養无百千萬億佛已皆成佛

成就一切未曾有法舍利弗如來能種種一
分別巧説諸法言辭柔軟悦可衆心舍利弗

上揭引例行末的黑體字"二"、"入"、"十"、"一"諸字其他敦煌經本及《大正藏》本未見,應屬衍文。據筆者統計,甘博附 133 號《妙法蓮華經》寫本行末衍"一"字 4 次,衍"入"字、"十"字、"二"字各 1 次。另有以下情況兼於衍文和誤字之間:

大比丘衆萬二千人俱皆是阿羅漢諸漏一
盡无復煩惱逮得己利盡諸有結心得自在

前一行行末的"一"字他本作"已"(連上文,該段當校讀作:"一時佛住王舍城耆闍崛山中,與大比丘衆萬二千人俱,皆是阿羅漢,諸漏已盡,无復煩惱,逮得己利,盡諸有結,心得自在。"),這是"已"誤作"一"呢,還是脱"已"字而又衍"一"字? 一時難作定論。又:

能度无數百千衆生其名曰文殊師利菩入
得大勢菩薩常精進菩薩不休息菩薩寶二

前一行行末的"入"字他本作"薩"(連上文,該段當校讀作:"菩薩摩訶薩八萬人……名稱普聞无量世界,能度无數百千衆生,其名曰文殊師利菩薩、[觀世音菩薩]、得大勢菩薩、常精進菩薩、不休息菩薩、寶二("二"字衍,説已見上文)掌菩薩……"),這是"薩"誤作"入"呢,還是脱"薩"字而又衍"入"字? 同樣不能確定。又:

菩薩跋陀婆羅菩薩弥菩薩寶積菩薩導入

　　菩薩如是等菩提桓因與其眷屬二萬天子

前一行行末的"入"字他本作"師"（連上文，該段當校讀作："……越三界菩薩、跋陀婆羅菩薩、弥[勒]菩薩、寶積菩薩、導師菩薩，如是等菩[薩摩訶薩八萬人俱。介時釋]提桓因與其眷屬二萬天子俱。"），疑問同上。

　　從上面的舉證中我們可以看出，甘博附 133 號《妙法蓮花經》和甘博附 134 號《金剛般若波羅蜜經》寫本句末出現衍字并不是個別的偶然的現象，而帶有普遍性。而且細心的讀者還可以注意到這樣一個現象，即這些衍字都是一些筆畫簡單的字，爲什麽？ 筆者認爲這些衍字都是抄寫者爲了行款整齊補加上去的。甘博附 133 號《妙法蓮花經》寫本和甘博附 134 號《金剛般若波羅蜜經》寫本都是竪抄的，原卷標有烏絲欄，上下都有邊綫，抄寫時自然得遵守這個規矩。然而這兩個卷子的抄寫者并不是高明的經生，而是一個蹩腳的作僞者，他不能很好地掌握每個字的大小間隔，每行所抄的字忽多忽少，很不一致。我們可以設想，當他抄完一行或幾行以後，發現有的行末還有半格左右的空白，顯得很不整齊——這樣的卷子當然是賣不出好價錢的——於是他靈機一動，便在這些空白的地方添上一個筆畫簡單的字，這樣既不至於越出底下的邊綫，又消滅了"扎眼"的多餘的空白，真是一個絶妙的主意！上面指出的甘博附 133 號《妙法蓮花經》寫本行末兼於衍文和誤字之間的情況，也許也與此有關。當抄寫者抄到"諸漏已盡"的"已"、"菩薩"的"薩"、"導師"的"師"的時候已在行末，但離行末的邊綫還剩下約半格的空間，這時要寫"已"、"薩"、"師"等字空間已經不夠，不寫又有礙觀瞻，於是便寫上一個筆畫簡單的"一"、"入"來代替。抄寫者只要卷面整齊好看，能蒙騙一時，他的目的就達到了；至於對經文內容有没有影響，那并不是什麽大問題，他相信購買卷子的人匆忙之中是不會注意到這種"枝末小節"的。

　　寫到這裏，有必要附帶談一談古人加虛辭以補白的情況。日本舊鈔卷子本《玉燭寶典》卷一一引《周官·春官》"以冬日至，致天神人鬼"鄭注："致人鬼於祖廟之也矣哉也乎也。"⑬今見傳本《周禮》鄭注末無"之也矣哉也乎也"七字。日本學者島田翰《古文舊書考》卷一於《春秋經傳集解》條下引此例後云："如此七字語辭（指"之也矣哉也乎也"），更無意義，是恐書語辭以取句末整齊，以爲觀美耳。"⑭"書語辭以取句末整齊，以爲觀美"，這是島田氏的一個重要發現，也是鈔本古書的一條普遍規律。敦煌吐魯番寫本中也有這樣的例子。但這種現象通常出現在注文（尤其是雙行注文）的末尾，添加的多是"也"、"者"、"矣"等虛辭。而像上揭甘博附 133 號《妙法蓮花經》和甘博附 134 號《金剛般若波羅蜜經》寫本這樣在佛經經文的行末添加實詞的情況，却未見他例，這一"知識産權"大概得記到這兩個寫本的抄手頭上。

　　綜上所述，我們認爲甘博附 133 號《妙法蓮花經》寫本和甘博附 134 號《金剛般若波羅蜜經》寫本確定無疑是後人的"贋品"，其抄寫時間約在藏經洞文獻流散以後的民國年間。

四

甘博附 135 號，首殘尾全，末有題記：“大隋開皇九年□（皇）后爲法界衆生敬造一切經典，流通供養。郁文善奉詔書。”《甘肅藏敦煌文獻》題作《佛經》，叙録中説：“薄黄紙。……本卷卷尾不書經名，題記中記録了郁文善奉詔而書，却不寫其所屬官府，并且紙色灰暗，薄而性脆，纖維細匀。綜觀該卷，恐屬贋品。”⑮

按：前揭數卷中一些有問題的字在這個卷子中也出現了。如菩薩的“薩”本卷皆作“**薩**”形，與甘博附 133 號《妙法蓮花經》和甘博附 134 號《金剛般若波羅蜜經》的寫法略同。“尒”字本卷如此，但“尒”旁的字則或作“尔”，如“弥勒當知”的“弥”，咒語“羅收祢”的“祢”，皆是。同時又有“彌”字和“禰”字，如“阿彌陀佛”和咒語“彌那易”、“婆多禰”的“彌”和“禰”。該二字敦煌寫本中多作“弥”和“祢”，宋以後的刻本書籍中往往繁化作“彌”和“禰”，本卷的“彌”和“禰”，大概就是抄書的人把“弥”和“祢”繁化的結果，猶“尒”或“尔”繁化作“爾”，反映了宋以後抄書或刻書者的心理特點。北 6105 號（藏 51）《妙法蓮花經》卷七陀羅尼品第廿六載咒語有“摩祢、摩摩祢”，其中的“祢”字津藝 178 號經本同，北 5868 號（露 57）等寫經及《中華大藏經》影印金藏廣勝寺本作“祢”，而《大正藏》本作“禰”，是其比。

另外本卷還使用了幾個較晚纔産生的簡化俗字。如：

【恳】

本卷有“恳”字：“衆生急頓首哀訴，恳請菩提苦苦求救。”其中的“恳”爲“懇”的簡化俗字。但這個簡化字宋元之前的其他文獻資料未見，而最早出現在明代的官府文書檔案《兵科抄出》中，1935 年社會各界倡議制訂的《手頭字第一期字彙》和同年由教育部公佈的《簡化字表》都提出以“恳”代“懇”⑯，説明這個字民國初年已在社會上相當流行。本卷中使用了這個簡化俗字，是否意味着這個卷子很可能就是民國時期抄寫的？

【释】

本卷把釋迦牟尼的“釋”寫作“**释**”。這個字也是明清以後纔出現的簡化俗字（劉復《宋元以來俗字譜》“擇”字下據明刻《白袍記》、清刻《目連記》等明清通俗文學刻本載俗字右部與“**释**”右部形近，説明這種寫法的簡體明清時期已經在社會上流行），而宋元以前未見。本卷用“**释**”字，也足以説明這是一個時代較晚的抄本。

五

敦研 352 號，正面爲《大般涅槃經》卷三六，字體楷正秀麗，應爲敦煌寫經無疑。背面則爲另一人所書,内容似爲道經,無題,《甘肅藏敦煌文獻》題作《道經》,叙録中説:“經名待考。從文字的寫法看,不像宋初以前人所書,可能是本卷從藏經洞出土後,今人利用背面所抄寫。書體拙劣,墨色浮。”⑰

按:《甘肅藏敦煌文獻》編者謂本卷背面所寫(以下徑稱本卷)“從文字的寫法看,不像宋初以前人所書”,極是。可惜未能舉證,讀者不免仍有疑問。今試舉例論證之:

【症】

本卷“症”字二見:“世間衆生,所造一切惡業,致令傳染瘟疫、時疫、瀉泄、冷熱、陰症、傷寒等疾。”又:“或發冷,或發熱,陰症頭疼。”“症”指病象、病症,古本作“證”。如伯 3287 號《傷寒雜病論》:“陰陽虚實交錯者,證候至微也。”是其例。而“證”寫作“症”,其他敦煌寫本中未見,應是宋元以後纔產生的後起形聲字。

【証】

本卷“証”字凡四見,見於先後出現的“言之無盡,後有四句,開頭爲証”句。《説文·言部》有“証”字,“諫也”,段玉裁注:“今俗以証爲證驗字。”也就是説,“証”指諫正,與證驗的“證”本是兩個不同的字,後來俚俗證驗字亦或寫作“証”,遂混而爲一。段玉裁把這兩個字相混的時間用“今”字來表示,當然是一個很含糊的時段,但從敦煌寫本中似尚未見這種用法而言,很可能是宋代以後的事⑱。

【双】

本卷除用繁體字“雙”字外,也出現了簡體俗字“双”:“産生無難,母子双全。”“双”字其他敦煌寫本中未見,應是宋代以後纔產生的簡化俗字⑲。

【还】

本卷“還”字一見,作簡體俗字“还”:“這生老,病死苦,誰人拔救;眼看看,傍洲利(?),还不回心。”“還”字寫作“还”其他敦煌寫本中未見。據筆者所知,這個字較早見於宋刊本《鶴山先生大全文集》(據四部叢刊影印本)⑳。

【过】

本卷除用繁体字“過”字外,也出現了簡體俗字“过”:“有緣人,即早过,無緣難逢。”“过”是“過”字草書楷定而來的俗字,敦煌文獻中别無所見。據筆者掌握的資料,金韓道昭編的《改併四聲篇海》引《俗字背篇》最早收載該字,此後的刻本或寫本中續有沿用。

【閆】

本卷“閻”字一見,作俗字“閆”:“地獄閆王一見,不敢高声。”“閆”字其他敦煌寫卷中未見。金韓道昭《改併四聲篇海》卷七門部引《俗字背篇》:“閆,以尖切,與閻同。”乃此字之早見者,元刊本《朝野新聲太平樂府》(據四部叢刊影印本)卷一、卷三有用例。

【声】

本卷除用繁體字"聲"字外，也出現了簡體俗字"声"，例見上條。"声"字其他敦煌寫卷中未見，北宋刊本《淮南子》（據四部叢刊影印本）較早出現此字，金韓道昭《改併四聲篇海》作爲辭書首先予以收載。

【你】

本卷"你"字多見，如"奉勸你，學道人，各尋明路"，是其例。而敦煌文獻中通常作"你"（參上文），字形有明顯的區別。

【駼】

本卷有"駼"字："服藥針灸，俱無郊（效）駼。"金韓道昭《改併四聲篇海》卷七馬部引《搜真玉鏡》："駼，與驗義同。"但此字其他敦煌文獻中未見。

【裡　里】

本卷"裏"字或作"裡"，亦作"里"："故爲非，暗地裡，悮害好人。"（"裡"字原卷作衤旁，俗寫）又："這一遭，錯過了，金丹大道，到來生，又不知，那里安身。"其中的"裡"爲"裏"的偏旁易位字，"里"則通作"裏"。"裏"字作"裡"或"里"皆爲敦煌寫本所罕見①。

上面所舉，大抵是宋元以後纔行用的俗字或體。除此之外，本卷一些詞的用法爲敦煌文獻所未見，而屬於宋代以後行用的。如：

【家】

本卷"家"字或用作助詞："若誠心，每日家，祝告天地。"又："每日家，講經典，懺悔罪孽。早晚間，悟工夫，各辨前程。"其中的"每日家"同"每日價"，即每一天，天天。元關漢卿《關張雙赴西蜀夢》第一折："每日家作念煞關雲長、張翼德。"②"家"字的這種用法是元代前後纔時興起來的。

【落空】

本卷有"落空"一詞："舍死路，扒夥計，掙下產業；一口氣，若不來，一場落空。""落空"指沒有着落。該詞《漢語大詞典》首引宋蘇軾詩，蓋宋代以後始見。

類似不見於敦煌寫本的字詞本卷還有一些，限於篇幅，不再詳列。由此可見，本卷肯定是一個晚出的抄本，《甘肅藏敦煌文獻》編者推斷可能是原卷"從藏經洞出土後，今人利用背面所抄寫"，庶幾近是。

六

浙敦 069 號（浙博 042）、浙敦 102 號（浙博 077）、浙敦 103 號（浙博 078），各一紙，均無題，《浙藏敦煌文獻》編者皆擬定爲《佛教禪宗文稿》。編者在叙錄中説：

（浙敦 069 號）唐寫本。單葉紙。據內容擬名。1 紙。紙高 22.5cm，長 22.8cm。14 行，每行 16 字。麻紙，紙色褐。墨色淡。楷書。張宗祥原藏。浙博原藏品號 23279.2。

（浙敦 102 號）唐寫本。首尾殘。冊葉。據內容擬名。1 紙。紙高 22.4cm，長 22.5cm。總 13 行，每行 17 字。麻紙，紙色稍發黃。墨色濃。楷書。張宗祥原藏。浙博原藏品號 23279.21。

（浙敦 103 號）唐寫本。首尾殘。冊葉。據內容擬名。1 紙。紙高 22.4cm，長 22.8cm。總 14 行，每行 16 至 17 字不等。麻紙，紙色稍發黃。墨色濃。楷書。張宗祥原藏。浙博原藏品號 23279.21。^㉒

按：上揭三個卷子來源、紙張、書體、內容相同，行款亦近，一些字的寫法相同，如“雙”字下部三件皆從二“又”，等等，顯係同一寫本的殘葉。據編者所稱，各卷墨色有濃淡之別，紙色有褐與發黃的不同，但據筆者目驗原本，這種區別并不存在。浙江省博物館此三件的藏品號皆爲 23279，也許原藏家張宗祥及浙江省博物館原編目者本以此三件爲同一寫本。《浙藏》分作 23279 和 23279.21 兩個號，并進而一分爲三，顯然不妥。宗舜《浙藏敦煌文獻佛教資料考辨》一文指出這三號爲同一《金剛經》注解的寫本，宋宗鏡述、明覺連重集的《銷釋金剛經科儀會要注解》和明屠根的《注解鐵銨鎝》中存有相關內容，原件的排列次序應是浙敦 103 號在前，浙敦 69 號在中，浙敦 102 號在後^㉓，當是。但三者內容并不能完全銜接，其間應仍有殘缺。

關於這三個寫本（以下改稱本卷）的抄寫年代，《浙藏》叙錄皆定爲“唐寫本”，却沒有交代理由；宗舜《〈浙藏敦煌文獻〉佛教資料考辨》最終亦推斷爲唐代的批注本，竊以爲不確。從一些字詞的用法來看，筆者以爲本卷應爲宋元之間的寫本。試看下列字詞的用法：

【搬】

本卷有“搬”字：“一相無相太分明，只在當人一念中。十二時中勤搬用，超出生死涅槃門。”按：“搬”字後起，敦煌寫本中皆作“般”。如俄藏敦煌寫本弗魯格 96 號《雙恩記》：“依時集士如雲赴，繼日般財似蟻旋。”是其例。“搬”乃“般”的後起增旁字，約出現於宋代以後。據《廣韻·桓韻》北潘切：“般，般運。”又《類篇·舟部》：“般，移也。”可見宋代辭書中搬運義尚未別出“搬”字。本卷用“搬”字，其抄寫時代必在宋代以後。

【透底】

本卷有“透底”一詞：“超凡入聖，從頭勘證。將來轉位，迴機透底，盡令徹去，還知悉麼？”其中的“透底”似是徹底之意。此詞唐代以前未見，而經見於宋以後禪家語錄，如《佛果圓悟禪師碧巖錄》卷四：“古人道：聞稱聲外句，莫向意中求。且道他意作麼生？……若擬議尋思，千佛出世，也摸索他不著。若是深入閫奥，徹骨徹髓，見得透底。”^㉔偶亦見於其他文獻，如宋葉適《水心先生文集》（四部叢刊影印明黎諒刻本）卷二一《中大夫直敷文閣兩浙運副趙公墓誌銘》："在上前言論率樸,透底無枝葉。上亦坦懷懂笑,肝鬲親厚。"

【元】

本卷有"元"字："本體元無相,虛空難度量。"按:"元無相"即原無相。原來的"原"古只作"元"。清顧炎武《日知録》卷三二云:"元者,本也。本官曰元官,本籍曰元籍,本來曰元來,唐宋人多此語。後人以'原'字代之,不知何解。原者再也……與本來之義全不相同。或以爲洪武中臣下有稱元任官者,嫌於元朝之官,故改此字。"⑯明沈德符《萬曆野獲編·補遺》卷一"年號別稱"條云:"嘗見故老云:國初曆日,自洪武以前,俱書本年支干,不用元舊號。又貿易文契,如吳元年、洪武元年,俱以'原'字代'元'字,蓋又民間追恨蒙古,不欲書其國號。"⑰考敦煌寫本原來的"原"大抵作"元",偶亦有二字混用之例⑱。但明代以後普遍改用"原"字却是實情。本卷仍用"元"字,可證其書寫時代或應在明代之前。

此外本卷也有"落空"一詞:"無爲福勝,福慧雙修不落空。"如前所説,"落空"一詞蓋宋代以後始見。

總之,就一些字詞的用法來看,筆者以爲本卷應爲宋元之間的寫本,恐怕離事實不會相差太遠⑲。

①日本平井宥慶認爲該卷是敦煌文獻中最早的《金剛經》寫本,説見《敦煌と中国仏教》,東京大東出版社,1984年,第23頁。

②《甘肅藏敦煌文獻》卷二,甘肅人民出版社,1999年,第304—305頁。

③本文初稿完成後,讀到釋永有《敦煌遺書中的金剛經》一文(《敦煌佛教藝術文化論文集》,蘭州大學出版社,2002年,第32頁),文中引用馬德1998年3月1日函,説敦研323號"非真本,而是僞造的,紙張也非原來的",拙見正與馬德博士的判斷暗合。

④葉名澧《橋西雜記》,《叢書集成初編》第2967册,第28頁。參看俞樾《茶香室續鈔》卷三。

⑤玄應《一切經音義》卷三,《叢書集成初編》第739册,中華書局,1985年,第152頁。

⑥《甘肅藏敦煌文獻》卷五,第358頁。

⑦"尒説偈言"的"尒"當讀作"而","而"寫作"尒"爲本卷抄手慣例,説詳下文。

⑧參看拙著《漢語俗字研究》,岳麓書社,1995年,第76頁。

⑨《妙法蓮華經》卷一的敦煌寫本達二百多種,"土"字95％以上加點作"圡",不加點的僅見於北4499、4500、4508、4601、4653號等少數幾個卷子。

⑩《甘肅藏敦煌文獻》卷五,第358頁。

⑪《説文·八部》"尒"字下段玉裁注:"古書尒字,淺人多改爲爾。"

⑫該行後一"无量"其他經本無,蓋涉前一"无量"而衍,當删。

⑬《玉燭寶典》卷一一,《叢書集成初編》第1338册,第359頁。

⑭《古文舊書考》卷一,仲春藻玉堂,1927 年,第 56 頁。

⑮《甘肅藏敦煌文獻》卷五,第 358 頁。

⑯參看李樂毅《簡化字源》,華語教學出版社,1996 年,第 139 頁。

⑰《甘肅藏敦煌文獻》卷二,第 312 頁。

⑱四部叢刊影印宋刊本《唐律義疏》已見用同"證"的"証"字;《敦煌變文集》卷五《佛説阿彌陀經講經文》:"蒙光總得証菩提,齊出愛河生死苦。"其中的"証"字原卷伯 2122 號實作"證"。

⑲四部叢刊影印宋刊本《資治通鑑》卷二四四、《增廣箋注簡齋詩集》卷二四《道中》詩均已見"双"字。李樂毅《簡化字源》第 228 頁稱"双"字已見於敦煌變文,不確。

⑳李樂毅《簡化字源》第 107 頁據《敦煌變文集》卷五《温室經講唱押座文》"祇域还從奈女生"句,謂"还"作爲"還"的簡體大概始見於唐代敦煌變文,誤。上揭押座文見於斯 2440 號,"还"字原卷實作"還",作"还"爲《敦煌變文集》編者傳録之誤。

㉑"裏""里"敦煌卷子中偶有通用的情況,如伯 2653 號《韓朋賦》:"前後事(侍)從,入其宮里。"其中的"里"即通作"裏",伯 3872 號正作"裏"。

㉒王季思主編《全元戲曲》卷一,人民文學出版社,1990 年,第 445 頁。

㉓《浙藏敦煌文獻》,浙江教育出版社,2000 年,第 14、19 頁。

㉔宗舜《〈浙藏敦煌文獻〉佛教資料考辨》,《敦煌吐魯番研究》第 6 卷,北京大學出版社,2002 年,第 336—341 頁。

㉕《大正新修大藏經》卷四八,新文豐出版公司,1996 年,第 175 頁。

㉖《日知録集釋》卷三二,岳麓書社,1994 年,第 1147—1148 頁。

㉗《萬曆野獲編·補遺》卷一,中華書局,1959 年,第 799 頁。

㉘"原""元"《廣韻·元韻》同音愚袁切,應可通用。敦煌寫本斯 5588 號《只爲求因果》詩:"有理有錢多破用,官典相元縱。"其中的"元"即應讀作"原"。

㉙本文草成於 2002 年 8 月,隨即寄請榮新江先生審正。同年 9 月,獲讀《敦煌吐魯番研究》第六卷(北京大學出版社 2002 年 8 月版)宗舜《〈浙藏敦煌文獻〉佛教資料考辨》一文,宗文指出《浙藏敦煌文獻》浙敦 069、102、103 號爲同一《金剛經》注解的寫本,宋宗鏡述、明覺連重集的《銷釋金剛經科儀會要注解》和明屠根的《注解鐵錢鋙》中存有相關內容,原件的排列次序應是浙敦 103 號在前,浙敦 069 號在中,浙敦 102 號在後,當是。拙文定爲浙敦 102 號在前,不確。至於該《金剛經》注本的時代,宗文最終仍定爲唐代,恐不可從。

（原載《文史》2003 年第 4 期）

作者簡介:張涌泉,浙江大學文科資深教授、浙江省特級專家

通訊地址:浙江大學西溪校區古籍研究所　　郵編:310028

從敦煌寫本《禮記音》殘卷看六朝時鄭玄《禮記注》的版本

許建平

一 前言

《禮記》有《大戴禮記》與《小戴禮記》之別，由於漢末大儒鄭玄爲《小戴禮記》作注，使它逐漸擺脱附麗於《儀禮》的地位而廣泛流傳，乃至專有《禮記》之名。至唐更由傳而升經，孔穎達奉詔撰《五經正義》，其中《禮記正義》即宗鄭注《小戴禮記》。

《後漢書·鄭玄傳》云：

> 玄自游學，十餘年乃歸鄉里。家貧，客耕東萊，學徒相隨已數百千人。……時年六十，弟子河内趙商等自遠方至者數千。……其年六月卒，年七十四。遺令薄葬。自郡守以下嘗受業者，綫絰赴會千餘人。①

鄭氏之學在魏晉南北朝時期，備受重視，傳承不絕，其詳請參張舜徽《鄭學傳述考》②。

晋元帝時，鄭注《禮記》立於學官，取得獨尊地位。《晋書·荀崧傳》云：

> 置《周易》王氏、《尚書》鄭氏、《古文尚書》孔氏、《毛詩》鄭氏、《周官》《禮記》鄭氏、《春秋左傳》杜氏服氏、《論語》《孝經》鄭氏博士各一人，凡九人，其《儀禮》、《公羊》、《穀梁》及鄭《易》皆省不置。③

鄭玄《禮記注》經過三國兩晋南北朝數百年的流傳，到陸德明作《經典釋文》時，已有衆多異本，故陸氏在文中以"本亦作"（如《曲禮上》"有害"條云："本亦作難。"）④、"本又作"（如《檀弓下》"越疆"條云："本又作壇。"〔中册，頁 669〕）、"一本作"（如《曾子問》"士則朋友"條云："一本作士則朋友奠。"〔中册，頁 706〕）、"本或作"（如《檀弓下》"嘆吟"條云："本或作唅。"〔中册，頁 672〕）等術語記録異文，我們可藉以窺六朝時《禮記注》版本之一斑⑤。

斯 2053ⅤA 唐寫本《禮記音》，殘存《樂記》第十九至《緇衣》第三十三，與《經典釋文·禮記音義》相同，亦是對鄭玄《禮記注》所作的注音，摘字爲音，共有 1654 個條目⑥。該卷雖爲唐抄本⑦，但其著作時代却在南北朝時，是撰成於《經典釋文》以前的一種音義著作⑧，可説是迄今所見最早的鄭玄《禮記注》的注本（注音本，有音無義），其據以作音之底本無疑是六朝時的鄭玄《禮記注》版本。本文擬從此一角度稍作考察，以探求其特點及價值。

要考察寫卷的版本情況，舍異文對勘別無他途。鄭玄《禮記注》流傳至今已千有餘年，其版本無慮數百。僅王鍔《三禮研究論著提要》中所列即達 133 種（包括白文本、經注本、正義本）⑨，若要全部取以對勘，不僅不可能，也無此必要。故本文僅取今所見最早的《禮記》經、注合刻本——宋淳熙四年（1177）撫州公使庫刻本（後簡稱“撫本”）與寫卷對勘，間亦以《唐石經》（今所見最早的完整的單經本，此據北京中華書局 1997 年影印民國十五年皕忍堂《景刊唐開成石經》）、八行本（南宋紹熙三年〔1192〕兩浙東路茶鹽司刻宋元遞修本，是目前所知最早的《禮記》經、注、疏合刊本。此據 1927 年潘宗周影刻本）參證。成書於北周的陸德明《經典釋文》所據鄭玄《禮記注》無疑是六朝版本⑩，與《禮記音》成書時代相近，而且其書多采六朝《禮記》及鄭注異本，故亦取以作爲對勘之本，版本采用上海古籍出版社 1985 年影印的北京圖書館藏宋刻宋元遞修本。

以寫卷與撫本、《釋文》對勘，其異文滋夥，其要者可分爲三類：寫卷與撫本不同、寫卷與撫本不同而與《釋文》或《釋文》所引別本相同、寫卷有而撫本無。其中第一類“寫卷與撫本不同”又可析爲六種情況：寫卷爲錯字、撫本爲錯字、異體字關係、古今字關係、通假字關係、同義字關係。將此異文情況作一通盤之考察，可藉以探究《禮記音》寫本所據以作注之鄭玄《禮記注》底本與傳世《禮記注》的版本差異，從而可瞭解六朝時鄭玄《禮記注》的部分面貌，並獲知其價值所在。爲免煩瑣，對每種異文情況，只列舉兩條例子，以能説明問題爲原則。寫卷內容與撫本、《釋文》均相同者，不再舉例。

二　寫卷與撫本不同

寫卷所出詞目與撫本內容不同者甚夥，今分爲六類，分別述之。

（一）寫卷爲錯字

敦煌寫卷中的四部典籍，大多爲學子所抄，所以有不少寫卷，書法拙劣，訛誤盈紙。《禮記音》寫卷當亦學子抄録以備學習者，誤字極多。寫卷之誤字皆爲形誤，今略舉數例，以見一斑。

（1）21 行　晏烏諫　卒子恤　嬰伊營　麁倉姑　襄七雷　苴七餘

此處《雜記上》“大夫爲其父母兄弟之未爲大夫者之喪，服如士服，士爲其父母兄弟之爲大夫者之喪，服如士服”鄭注引《春秋傳》有“齊晏桓子卒，晏嬰麤衰斬”句（卷十二第 2B 頁），

《釋文》出"衰"字，音"七雷反"（第 779 頁），正與寫卷"襄"之切語同。《左傳·襄公十七年》云："齊晏桓子卒，晏嬰麤縗斬。"⑪《釋文》云："縗，七雷反。本又作縗，同。"（第 1025 頁）衰、縗古今字，徐灝《說文解字注箋》云："衰本象艸雨衣之形，假借爲衰経字，而艸雨衣加'艸'作'蓑'；其後衰経字又加'糸'作'縗'，此續出之異文。段謂衰経字本作'縗'，非也。"⑫"襄"乃"衰"之形誤字。第 24、39、46、71、172 行諸"衰"字寫卷均誤作"襄"。

（2）22 行　喪蘺郎　屨己具　緇側基

"屨"無"己具"之音，此處《雜記上》有"大夫卜宅與葬日，有司麻衣、布衰、布帶，因喪屨，緇布冠不蕤"句（卷十二第 3A 頁），案前"大夫爲其父母兄弟之未爲大夫者之喪"鄭注引《春秋傳》"杖，菅屨"句（卷十二第 2B 頁），《釋文》："屨，九具反。"（第 779 頁）"九具反"與此"己具"之音同，據此知"屨"乃"因喪屨"之"屨"的誤字。

此等形誤字皆轉輾傳抄而致誤者，對我們的研究工作來説並沒有什麼價值。但也有一些形誤字，却可以幫助我們推斷《禮記音》所據底本的原貌，如：

（1）42 行　冐莫報　弇邑撿　遺去戰　苞甫交

此處《雜記下》有這麼一段文字：

　　冐者何也？所以掩形也。自襲以至小斂，不設冐則形，是以襲而后設冐也。或問於曾子曰："夫既遣而包其餘，猶既食而裹其餘與？君子既食則裹其餘乎？"（卷十二第 14B 頁）

"冐"、"遺"二字均見於此段文字中，"苞"、"包"古多通用，此不具論。然經不見"弇"字，且"邑撿"亦非"弇"之音。《釋文》出"掩形"二字，注云："於險反。"（第 785 頁）"於""邑"皆影紐字，"險"、"撿"《廣韻》均在上聲琰韻（通志堂本《經典釋文》作"於撿反"⑬，切下字與寫卷同），是"於險"、"邑撿"同音。《雜記下》"晏平仲祀其先人，豚肩不掩豆"（卷十二第 19B 頁），《釋文》出"不弇"二字，注云："於檢反，本亦作掩。"（第 786 頁）《大戴禮記·子張問入官》："統紞塞耳，所以弇聰也。"⑭《孔子家語·入官》云："紘紞充耳，所以掩聰也。"⑮"弇""掩"古今字⑯，故多混用。此"弇"字應是"弇"之形誤，《釋文》及撫本作"掩"（《唐石經》、八行本同），用今字也；寫卷作"弇"者，用古字。

（2）126 行　屬之欲　比扶至　過顛逾　諈文區⑰　奢傷耶

此處《經解》有"屬辭比事，《春秋》教也。故《詩》之失愚，《書》之失誣，《樂》之失奢"句（卷十五第 1A 頁），"屬"、"比"、"諈"、"奢"均見於此段文字中，唯"過"字不見。《莊子·則陽》"匿爲物而愚不識，大爲難而罪不敢"⑱，《釋文》出"爲物而愚"四字，注云："一本作遇。"（第 1550 頁）俞樾《諸子平議》云：

　　《釋文》曰："愚，一本作遇。""遇"疑"過"字之誤。《廣雅·釋詁》曰："過，責也。"因其不識而責之，是謂過不識。《吕氏春秋·適威篇》曰："煩爲教而過不識，數爲令而非不從，巨爲危而罪不敢，重爲任而罰不勝。"與此文義相似，而正作"過不識"。高誘注訓過爲責，可據以訂此文之誤。"過"誤爲"遇"，又臆改爲"愚"耳。⑲

郭慶藩《莊子集釋》云：

　　"愚"與"遇"古通。《晏子春秋·外篇》"盛爲聲樂以淫愚民"，《墨子·非儒篇》"愚"作"遇"。《韓子·南面篇》"愚贛癲惽之民"，宋乾道本"愚"作"遇"，《秦策》"愚惑與罪人同心"，姚本"愚"作"遇"。曩謂當從《釋文》作"遇"之義爲長，今案俞氏以爲"過"字之誤，其説更精。過、遇二字，古多互譌。本書《漁父篇》"今者丘得過也"，《釋文》："過，或作遇。"《讓王篇》"君過而遺先生食"，《釋文》："過，本亦作遇。"是二字形似互誤之證。⑳

寫卷切語"顒逾"可切"遇"字，是"過"應是"遇"之誤（第54行"過"字亦"遇"之誤，乃《雜記下》"管仲遇盜"句中文），而"遇"字常與"愚"通用（例已見前所引郭氏《莊子集釋》），故《禮記音》寫作"遇"也。

（二）撫本爲錯字

雖然寫卷訛誤盈目，但由於它抄成於唐代，而且其所據《禮記注》是六朝本，故有可糾傳本《禮記》之誤者。如：

（1）16行　鈇方□　鉞亐□　齊在詣　贛古弄㉑

此處《樂記》云："軍、旅、鈇、鉞者，先王之所以飾怒也。故先王之喜怒，皆得其儕焉。喜則天下和之，怒則暴亂者畏之。先王之道，禮樂可謂盛矣。子贛見師乙而問焉，曰：'賜聞聲歌各有宜也，如賜者宜何歌也？'"（卷十一第26A頁）

《釋文》出"其儕"二字（第778頁），與撫本同，《唐石經》、八行本亦同。王引之《經義述聞》云：

　　"儕"當讀爲"齊"。《爾雅》："齊，中也。"《小雅·小宛傳》曰："齊，正也。"當喜而喜，當怒而怒，則得其中正矣。故曰"先王之喜怒，皆得其齊焉"。《管子·正世篇》"事莫急於當務，治莫貴於得齊"，亦謂得其中正也。齊，正字也；儕，借字也。鄭據借字解爲輩類，失之。當喜而喜，當怒而怒，何儕輩之有乎？《荀子·樂論》、《史記·樂書》正作"齊"。㉒

王夢鷗《禮記校證》、林平和《禮記鄭注音讀與釋義之商榷》亦認爲"儕"爲"齊"之誤㉓。

鄭注："儕猶輩類。"段玉裁在《説文》"䜋"篆下注云："凡漢人作注云'猶'者，皆義隔而通之。如《公》《穀》皆云'孫猶孫也'，謂此子孫字同孫遁之'孫'；《鄭風傳》'漂猶吹也'，謂漂本訓浮，因吹而浮，故同首章之'吹'。凡鄭君、高誘等每言'猶'者，皆同此。"㉔張舜徽云："據本義不能明其意者，常取義之近者比况言之，則曰'某猶某也'。"㉕《説文解字・人部》云："儕，等輩也。"㉖"等輩"、"輩類"皆同義連文，"儕"訓等輩乃常義，鄭玄不必用"猶"字。《禮記》原文當是作"齊"，鄭玄以"齊"爲"儕"之假借，讀"齊"爲"儕"，故云"猶輩類"。撫本等作"儕"者，乃後人據鄭注改經也。寫卷以"在詣"切"齊"，正讀作"齊"而不讀作"儕"也。

（2）70行　拾其劫　罷房悲　倦床援　爨七乱㉗　𣁴九于反，注音　袡章乘　沸方昧　沃烏酷

此處《喪大記》云："弔者襲裘，加武帶経，與主人拾踊。君喪，虞人出木、角，狄人出壺，雍人出鼎，司馬縣之。乃官代哭。代，更也。未殯，哭不絶聲，爲其罷倦，既小斂可以爲漏刻，分時而更哭也。木，給爨竈。角，以爲斞水斗。壺，漏水之器也。冬漏以火爨鼎，沸而後沃之。"（卷十三第4A頁）

"𣁴"字右半爲"斗"字手寫變體，左半中從二目，應是"㪷"之訛變，古從"大"構形之字有寫作從"六"形者，如"爽"寫作"奭"、"㪷"寫作"㪲"㉘，下部"大"字寫卷轉又訛作"女"也。《説文・斗部》："斞，挹也。從斗㪷聲。"㉙徐灝《説文解字注箋》云："'㪷'從二目，今書傳多訛爲'㪷'，蓋世俗多見'㪷'少見'㪷'耳。"㉚寫卷所據之底本原應作"斞"，正與《説文》同。其作"𣁴"者，手寫輾轉而訛變也。撫本"斞水斗"之"斞"，正徐灝所謂訛"㪷"爲"㪷"者也。"斞"字應是"斞"之形誤。

（三）寫卷與撫本爲異體字的關係

異體字就是兩個意義與聲音完全相同的字，只是由於造字方法不同，才出現了不同的形體。清人往往以《説文》所載的爲正字，而將不見於《説文》的字作爲後起別體或俗體㉛。雖然這種做法不免存在武斷之處，隨着出土文獻中的先秦兩漢材料的大量發現，我們也發現了不少《説文》未載之字。但有一個標準總比沒有標準要强，我們在沒有其他文字資料證明的情況下，還是不得不用《説文》作爲標準以區別正體與別體。

1.寫卷爲正體，撫本爲後起別體

（1）8行　憲軒　蓑□□　□直良

《樂記》有一段孔子與賓牟賈的問答：

（孔子曰）："《武》坐，致右憲左，何也？"對曰："非《武》坐也。""聲淫及商，何也？"對曰："非《武》音也。"子曰："若非《武》音，則何音也？"對曰："有司失其傳也。若非有司失其傳，則武王之志荒矣。"有司，典樂者也。傳猶説也。荒，老耄也。言典樂者失其説也，而時人妄説也。《書》曰："王耄荒。"子曰："唯。丘之聞諸萇弘，亦若吾子之言是也。"（卷十一第21B頁）

"憲"爲"致右憲左"之"憲"，切語"直良"應是"丘之聞諸萇弘"句之"萇"的音，《釋文》

“耄,直良反”㉜,可以爲證。“耄”字寫卷略模糊,然仍依稀可辨。《説文·老部》:“耋,年九十曰耋,从老从蒿省。”㉝《玉篇·老部》:“耋,莫報切,邁也。九十曰耋。耄,同上,亦作耄。”㉞“耋”亦寫作“耄”、“耄”也。鄭注有“荒,老耄也”句,寫卷“耋”字當是對應此“耄”字;《釋文》出“老旄”二字(第775頁),“耋”字又寫作“旄”。鄭注所引《書》“王耄荒”句見於《尚書·吕刑》,《釋文》出“耄”字,云:“本亦作耋。”(第197頁)是“王耄荒”之“耄”有作“耋”之本。段玉裁《古文尚書撰異》云:“‘耋’乃《説文》‘耋’字之譌也。”㉟阮元《禮記挍勘記》云:“依《説文》當作‘耋’。”㊱《釋文》所引別本《尚書》之“耋”乃“耋”之誤。邵瑛《説文解字羣經正字》云:“今經典作‘耄’,《説文》無‘耄’字,正字當作‘耋’,經典亦作‘旄’。《禮記·射義》‘旄期稱道不亂者’,《孟子·梁惠王》‘反其旄倪’,皆假借字。”㊲王玉樹《説文拈字》云:“《大禹謨》、《微子》、《吕刑》諸‘耄’字皆當作‘耋’。”㊳是寫卷作“耋”爲正體,撫本作“耄”乃後起字。

(2)90行　紼弗　綍悲

此處《喪大記》有“君葬用輴,四綍二碑”句,《釋文》出“四綍”二字,注云:“音弗。”(第795頁)其音與寫卷同。《左傳·昭公三十年》“先君有所助執紼矣”孔穎達《正義》引《喪大記》云:“君葬用四綍,大夫葬用二綍。”㊳《初學記》引《禮記》云:“君葬用輴,四綍二碑。”㊵皆與撫本、《釋文》同。然《左傳·宣公八年》“冬,葬敬嬴,旱無麻,始用葛茀”孔穎達《正義》引《喪大記》云:“君葬用四紼,大夫士葬用二紼。”㊶則作“紼”,與寫卷同。《説文·糸部》無“綍”字,雷濬《説文外編》謂“綍”即《説文》之“紼”字㊷。孛聲、弗聲段玉裁同在十五部,是“綍”爲“紼”之改换聲旁的後起字。

2.寫卷爲後起別體,撫本爲正體

(1)56行　中丁仲　屋烏酷　刲苦圭　夾古協

此處《雜記下》云:“雍人舉羊升屋,自中,中屋南面刲羊,血流于前,乃降。門、夾室皆用雞,先門而後夾室。”(卷十二第22A頁)《釋文》出“刲羊”二字,音“苦圭反”(第787頁)。《玉篇·刀部》:“刲,口圭切,屠也,刺也。剀,同上。”㊸《説文·刀部》有“刲”無“剀”,“剀”字始見於《玉篇》,乃後起字。

(2)75行　陶羊照　鎘歷　煮章與㊹

此處《喪大記》有“陶人出重鬲。管人受沐,乃煮之”句(卷十三第6B頁),《釋文》云:“鬲,音歷。”(第791頁)其音與寫卷同。《説文·鬲部》:“鬲,鼎屬,實五轂。斗二升曰轂。象腹交文,三足。凡鬲之屬皆从鬲。䰛,鬲或从瓦。歷,《漢令》鬲,从瓦麻聲。”㊺“鎘”字《集韻·錫韻》方始收入㊻,乃後起字,以瓦制則爲“䰛”,以金制則爲“鎘”也。

(四)寫卷與撫本爲古今字的關係

洪成玉云:

　　古今字是漢字在發展中所産生的古今異字的現象。這種現象的産生,與漢字和漢語的關係密切相關。……隨着社會的發展,語言爲了滿足交際的需要,原有的詞會引申出新的詞義,新的詞也會不斷的産生。詞義的引申,新詞的産生,必然會要求記錄詞的漢字也相應的發展變化。文字具有穩定性的特點。開始的時候,新的詞義或新的詞,往往由原有的字兼任。隨後,爲了區別新舊詞義或新舊詞同時也是爲了減輕原有漢字的負擔,就以原字的形體爲基礎,或增加偏旁,或改變偏旁,另造一個新字。我們把這種文字現象稱爲古今字。⑰

　　這段話將古今字的定義解釋得非常清楚。將寫卷與撫本對勘,我們發現存在着不少寫卷爲古字而撫本爲今字或寫卷爲今字而撫本爲古字的情況,今各舉兩例以明之。

1.寫卷爲古字,撫本爲今字

　　(1)66行　　號胡到　　卷居阮⑱

　　此處《喪大記》云:“北面三號。捲衣投于前,司命受之,降自西北榮。”(卷十三第 1B 頁)《釋文》出“捲衣”二字,注云:“俱勉反,徐紀阮反。”(第 789 頁)“卷”、“捲”古今字⑲。

　　(2)87行　　錞堂卧,一都狠　　敖五高　　種之勇　　筐去狂⑳

　　此處《喪大記》云:“大夫殯以幬,欑置于西序,塗不暨于棺。士殯見衽,塗上帷之。幬或作錞,或作堉。熬,君四種八筐,大夫三種六筐,士二種四筐,加魚腊焉。”(卷十三第 13B－14A 頁)《釋文》出“熬”字,音“五羔反”(第 794 頁)。“羔”、“高”《廣韻》皆在平聲豪韻,是“五高”與“五羔”同音。高田忠周《古籀篇》云:“《禮記·內則》‘淳熬’,古文唯當借敖字爲之。《荀子·富國篇》‘天下敖然,若燒若焦’,可證矣。”㉑高田謂“古文唯當借敖字爲之”,其說與清人所謂“古文假借字”相同,實則古今字之別耳。

2.寫卷爲今字,撫本爲古字

　　(1)131行　　怠唐改　　敖五到　　慢武諫　　忤梧　　愀在由,慈糺㉒

　　《哀公問》有以下一段文字:

　　　　孔子曰:“今之君子好實無厭,淫德不倦,荒怠敖慢,固民是盡,午其眾以伐有道,求得當欲不以其所。昔之用民者由前,今之用民者由後,今之君子,莫爲禮也。”孔子侍坐於哀公。哀公曰:“敢問人道誰爲大?”孔子愀然作色而對曰:“君之及此言也,百姓之德也,固臣敢無辭而對? 人道政爲大。”(卷十三第 4B 頁)

　　《大戴禮記·哀公問於孔子》:“忤其眾以伐有道,求得當欲不以其所。”㉓《孔子家語·問禮》:“以忤其眾,以伐有道,求得當欲不以其所。”㉔“午”字均作“忤”,與寫卷同。《釋文》出“午其”條(第 808 頁),則與撫本同,《唐石經》、八行本亦同。鄭注:“午其眾,逆其族類也。”朱廷獻《禮記異文集證》云:“依鄭注,蓋讀‘午’爲‘忤’矣。”㉕案午、忤古今字,非通假字,雷濬

《説文外編》云："《説文》無'忤'字，《大戴禮・哀公問篇》'忤其衆以伐有道'，《小戴》作'午'。《説文》'午，牾也'，'牾，逆也'。'午'者'忤'之正字。"⑯

（2）137行　闓故齓　悌徒礼　近相近之近

《孔子閒居》有以下一段文字：

　　孔子閒居，子夏侍。子夏曰："敢問《詩》云'凱弟君子，民之父母'，何如斯可謂民之父母矣？"孔子曰："夫民之父母乎，必達於禮樂之原，以致五至而行三無，以横於天下。四方有敗，必先知之，此之謂民之父母矣。"……子夏曰："'五至'既得而聞之矣，敢問何謂'三無'？"孔子曰："無聲之樂，無體之禮，無服之喪，此之謂三無。"子夏曰："'三無'既得略而聞之矣，敢問何詩近之？"（卷十五第12A－B頁）

案子夏所引《詩》見《大雅・泂酌》："豈弟君子，民之父母。""豈""凱"古今字⑰。《孝經・廣至德章》（下册，頁2557）、《管子・輕重丁》、《史記・孝文本紀》引《詩》"弟"皆作"悌"⑱，與寫卷同。《釋文》出"弟"字，注云："本又作悌，徒禮反。"（第810頁）則《釋文》所據本與撫本同，而其所見別本則與寫卷同。《説文》有"弟"無"悌"，新附始有之，徐灝《説文解字注箋》云："兄弟者，長幼之次弟也。'弟'有順遜義，故善事兄長爲弟，又增作'悌'。"⑲是弟、悌爲古今字。

（五）寫卷與撫本爲通假字的關係

段玉裁云：

　　凡治經，經典多用叚借字，其本字多見於《説文》，學者必於《爾雅》、傳注得經義，必於《説文》得字義。既讀經注，復求之《説文》，則可知若爲借字，若爲本字，此治經之法也。⑳

通假字就是兩個音同或音近而意義没有關係的的字通用，但我們僅僅知道兩個字通假是遠遠不夠的，還得弄清楚何爲正字，何爲借字。而要做到這一點，就必須如段玉裁所説，求之於《説文》。

1.寫卷爲借字，撫本爲正字

（1）58行　姿將埠　盛常正

此處《雜記下》有"某不敏，不能從而共粢盛，使某也敢告於侍者"句（卷十二第23A頁），《釋文》出"粢盛"二字（第788頁），與撫本同，《唐石經》、八行本亦同。《説文・女部》："姿，態也。"㉑《禾部》："齏，稷也。齏或从次作。"㉒段注："今經典'粢'皆譌'粢'，而'齏'字且不見於經典矣。"㉓《玉篇・禾部》："齏，黍稷在器曰齏。亦作粢。"㉔"姿"、"粢"二字《廣韻》均在小韻即夷切下，二字同音，"姿"爲"粢"之借字。

（2）122行　胞扶交㊹　狄唐歷　闇浮温

此處《祭統》有"夫祭有畀煇、胞、翟、閽者，惠下之道也"句（卷十四第25B頁），《釋文》出"翟"字，云："音狄，樂吏也。"（第805頁）《説文·犬部》："狄，赤狄，本犬種。"㊺《羽部》："翟，山雉尾長者。"㊻鄭注云："翟，謂教羽舞者也。"乃引申義。"狄"、"翟"二字《廣韻》均在小韻徒歷切下，二字同音，"狄"爲"翟"之借字。

2.寫卷爲正字，撫本爲借字

（1）98行　障之羊　洪胡攻　極强力

此處《祭法》有"舜勤衆事而野死，鯀鄣鴻水而殛死"句（卷十四第4B頁），《釋文》出"鄣鴻"、"而殛"兩條（第797頁），與撫本同，與《唐石經》、八行本亦同。《説文·鳥部》："鴻，鴻鵠也。"㊼《水部》："洪，洚水也。"㊽《國語·魯語上》："舜勤民事而野死，鮌鄣洪水而殛死。"㊾《論衡·祭意》："舜勤民事而野死，鮌勤洪水而殛死。"㊿皆作"洪水"。"鴻"、"洪"二字《廣韻》均在小韻户工切下，二字同音，"鴻"爲"洪"之借字。《説文·歺部》"殛，殊也"段注："《堯典》'殛鯀'，則爲'極'之假借，非殊殺也。"⓿寫卷作"極"，即用正字。

（2）127行　環故開⓬　珮房妹　瑲倉

此處《經解》"行步則有環佩之聲"鄭注引《玉藻》有"進則揖之，退則揚之，然後玉鏘鳴也"句（卷十五第2A頁），"珮"爲"佩"之後起别體，不煩贅語。《釋文》出"玉鎗"，注云："七羊反，本又作鏘。"（第807頁）案《玉藻》云："進則揖之，退則揚之，然後玉鏘鳴也。"（卷九第9A頁）《釋文》出"玉鏘"（第747頁），正與陸氏於《經解》篇所引之别本同。《説文·玉部》："瑲，玉聲也。"⓭《金部》："鎗，鐘聲也。"⓮無"鏘"字。段玉裁於"瑲"篆下注："《秦風》'佩玉將將'、《玉藻》'然後玉鏘鳴'皆當作此字。"⓯雷濬《説文外編》云："《玉藻》'然後玉鏘鳴也'，其正字當作'瑲'。"⓰段、雷二氏以"鏘"之本字爲"瑲"。然"鏘"從金旁，亦可謂"鎗"之替换聲旁的後起字，陳啓源《毛詩稽古編》云："'鏘'字《説文》無篆而'戕'字注有'鏗鏘'字，'鏘'從金亦當爲金聲。"⓱是寫卷作"瑲"爲正字，撫本及《釋文》作"鏘"、"鎗"，皆借字也。

3.寫卷與撫本均爲借字

（1）69行　袒徒旱⓲　脱湯活　髦毛　髽側瓜　髪方林

此處《喪大記》有"主人袒，説髦，括髮以麻。婦人髽，帶麻于房中"句（卷十三第3B頁），寫卷"髽"、"髪"兩條倒置。《釋文》出"説髦"二字，注云："本作税，同，他活反，徐他外反。"（第789—790頁）孔穎達《禮記正義》曰："髦，幼時翦髮爲之，至年長則垂著兩邊，明人子事親，恒有孺子之義也。若父死説左髦，母死説右髦，二親並死則並説之，親没不髦是也。今小斂竟，喪事已成，故説之也。"⓳是此"説"字之義爲解散；《説文·言部》"説，説釋也"段注："説釋即悦懌。"⓴《肉部》"脱，消肉臞也"段注："此義少有用者，今俗用爲分散、遺失之義。分散之義當用'捝'。"⑧《手部》:"捝,解捝也。"⑧則"脱"、"説"皆爲"捝"之借。《禾部》:"税,租也。"⑧則《釋文》所引一本之"税"亦"捝"字之借。

（2）154行　譎古穴　汲急　邌徒臡⑧　拂佛　與豫

此處《中庸》云:"君子依乎中庸,遯世不見,知而不悔,唯聖者能之。君子之道,費而隱。夫婦之愚,可以與知焉,及其至也,雖聖人亦有所不知焉。"(卷一六第3A頁)《釋文》出"費而"二字,云:"本又作拂,同,扶弗反,猶倦也。徐音弗,注同。"(第818頁)其所引或本正與寫卷同。案鄭注云:"費猶倦也。道不費則仕。"《詩・大雅・皇矣》"四方以無拂"鄭箋云:"拂猶倦也。"⑧《釋文》:"倦,九委反,戾也。"(第357頁)則"費"、"拂"二字通用。《説文・口部》:"咈,違也。"⑧桂馥認爲"四方以無拂"之"拂"即"咈"之借字⑧。錢坫云:"凡《易》'拂經于邱',《詩》'四方以無拂',《韓非子》'大忠無所拂亂',義皆當爲'咈'。"⑧《史記・老子韓非列傳》"大忠無所拂悟"張守節《正義》云:"拂悟當爲'咈忤',古字假借耳。咈,違也。"⑧是"費"、"拂"皆"咈"之借字。

（六）寫卷與撫本爲同義字

寫卷與撫本所用字不同,而其義則同,這是訓詁學上的同義替換現象。如:

（1）24行　趙纏紹　姬居希　請七領　迎疑京　隗五海　衰楚危

此處《雜記上》"内子以鞠衣、襃衣,素沙。下大夫以襢衣,其餘如士"鄭注引《春秋傳》有"晋趙姬請逆叔隗於狄,趙衰以爲内子,而己下之"句(卷十二第3B頁)。寫卷之"迎"字不見於撫本。案鄭玄所引《春秋傳》見《左傳・僖公二十四年》:"趙姬請逆盾與其母,子餘辭。……固請,許之。來,以盾爲才,固請于公,以爲嫡子,而使其三子下之,以叔隗爲内子而己下之。"⑩是《左傳》與《禮記》鄭注所引同,亦無"迎"字。

《史記・趙世家》:"趙衰既反晋,晋之妻固要迎翟妻,而以其子盾爲適嗣,晋妻三子皆下事之。"⑩《列女傳・賢明傳・晋趙衰妻》:"趙姬請迎盾與其母而納之,趙衰辭而不敢。……趙衰許諾,乃逆叔隗與盾來。姬以盾爲賢,請立爲嫡子,使三子下之。以叔隗爲内婦,姬親下之。"⑩《晋書・禮志中》:"今議此事,稱引趙姬、叔隗者粗是也。然後狄與晋和,故姬氏得迎叔隗而下之。"⑭諸書所言皆據《左傳》,而"逆"字均作"迎"。《爾雅・釋言》"逆,迎也。"⑮《説文・辵部》:"逆,迎也。从辵屰聲。關東曰逆,關西曰迎。"⑯段玉裁注:"逆、迎雙聲,二字通用,如《禹貢》'逆河',《今文尚書》作'迎河'是也。"⑰《方言》卷一:"逆,迎也。自關而東曰逆,自關而西或曰迎。"⑱華學誠《揚雄方言校釋匯證》云:"逆、迎疑母雙聲,鐸陽對轉,一詞也;其音稍異,關東西方音之别也。"⑲寫卷作"迎",撫本作"逆",字異義同。《釋文》没有出注,可知其所見諸本無"迎"、"逆"異文者。

（2）114 行　頃丘并　跬丘婢　徑古定⑯　舩神專　忿孚松⑰

此處《祭義》云：“故君子頃步而弗敢忘孝也。今予忘孝之道，予是以有憂色也。頃當爲跬，聲之誤也。予，我也。壹舉足而不敢忘父母，壹出言而不敢忘父母。壹舉足而不敢忘父母，是故道而不徑，舟而不游，不敢以先父母之遺體行殆。壹出言而不敢忘父母，是故惡言不出於口，忿言不反於身。不辱其身，不羞其親，可謂孝矣。”（卷十四第 15B 頁）寫卷之“舩”字不見於撫本。《大戴禮記·曾子大孝》云：“故君子頃步之不敢忘也。今予忘夫孝之道矣，予是以有憂色。故君子一舉足不敢忘父母，一出言不敢忘父母。一舉足不敢忘父母，故道而不徑，舟而不游，不敢以先父母之遺體行殆也。一出言不敢忘父母，是故惡言不出於口，忿言不及於己。然後不辱其身，不憂其親，則可謂孝矣。”⑱與《祭義》同，亦無“舩”字。

“舩”爲“船”之別體⑲，“漢人書船字，往往作舩”⑳。《說文·舟部》：“舟，船也。”“船，舟也。”㉑是舟、船同義。是寫卷之“舩”相當撫本“舟而不游”之“舟”字。段玉裁云：“古人言舟，漢人言船。”㉒管錫華云：“舟早於船，船進入書面語在戰國初期，至遲不晚於中期。到《史記》，船代替舟。”㉓汪維輝云：“‘舟’和‘船’從先秦起就是等義詞，但產生有先後。在先秦西漢，它們之間的關係變成文白之別。”㉔則《禮記》本當作“舟”，作“舩”者後人以同義詞替換也。《釋文》没有出注，可知其所見諸本無“舟”、“舩”異文者。

三　寫卷與撫本不同，而與《釋文》或《釋文》所引別本相同

寫卷所出詞目與撫本不同，而與《釋文》所出詞目或其所引別本相同，可據此印證《釋文》所據六朝時《禮記注》版本之異文。

1.寫卷與撫本不同，而與《釋文》相同

（1）51 行　徑古定　併薄鼎　覆孚又

《雜記下》“晏平仲祀其先人，豚肩不揜豆，賢大夫也，而難爲下也”鄭注：“言其偪士、庶人也。豚，俎實。豆徑尺。言并豚兩肩不能覆豆，喻小也。”（卷十二第 19B 頁）

“徑”、“覆”二字均見於鄭注，而“併”字撫本作“并”，八行本亦作“并”，《釋文》出“言併”，音“步頂反”（第 786 頁），是《釋文》與寫卷同。“并”、“併”古今字⑩。

（2）161 行　壑許氣　禀力甚　稍霜僑

此處《中庸》有“既廩稱事，所以勸百工也”及鄭注“既讀爲餼，餼廩，稍食也”句（卷十六第 9A 頁），撫本“禀”作“廩”，《唐石經》、八行本亦作“廩”。《釋文》出“禀”字，注云：“彼錦反，一本又力錦反。既禀謂哨食也。”（第 821 頁）與寫卷同。《群經音辨》“既饋食也”條引《禮記》云：“既禀稱事，所以勸百工也。”⑪亦與寫卷同，則北宋時賈昌朝所見尚作“禀”也。臧琳《經

義雜記》卷三"既稟稱食"條云："鄭注以'既稟'爲稍給之食,與《説文》'賜穀也'正合,則鄭本必作'稟'字。"⑪

　　2.寫卷與撫本、《釋文》不同,而與《釋文》所引別本相同

　　(1)51 行　僭子念　損蘛臮　逾容朱　封方容

　　此處《雜記下》云："君子上不僭上,下不偪下。婦人非三年之喪,不逾封而弔。"(卷十二第 19B 頁)《釋文》出"偪下"二字,注云："音逼,本又作損。"(第 786 頁)寫卷作"損",正與《釋文》所引別本同。

　　(2)154 行　傃桑故　鄕向　譎古穴

　　《中庸》"素隱行怪,後世有述焉,吾弗爲之矣"鄭注:"素讀如'攻城攻其所傃'之傃。傃猶鄕也。言方鄕辟害隱身,而行詭譎以作後世名也。"(卷十六第 3A 頁)

　　《釋文》出"猶鄉"二字,注云："本又作鄕,許亮反。"(第 818 頁)寫卷作"鄕",正與《釋文》所引別本同。

四　寫卷有而撫本無者

王夢鷗《禮記選注·叙略》云:

　　　鄭玄注本流傳至今已千有餘年,中間雖未聞有重大的變故發生,但若精察其本文或注語,仍可看出一些可疑的痕迹。不特本文有些脱落,即注語亦有竄亂。前者如他書明引《禮記》的文句,而此等文句,今則不見於此書;後者如同屬一事,而鄭注語却前後不同,甚或自相齟齬。凡此現象,可信其發生於雕版流行以前及以後諸時代皆有之:以前,讀者各憑手鈔,不免譌脱時有;以後,將義疏與注語相連綴,則更易混淆。⑪

寫卷中亦有所出詞目而不見於撫本者,如:

(1)9 行　分扶問　陝□冉　□□□　□伏　綴丁□　夾古洽　振章刃

　　此處《樂記》云："四成而南國是疆,五成而分周公左、召公右,六成復綴以崇。天子夾振之而駟伐,盛威於中國也。"(卷十一第 22A 頁)

撫本無"陝"字,《唐石經》、八行本亦無。山井鼎云："古本'五成而分'下有'陝'字。"⑬阮元云："孫志祖校云:'按《史記·樂書》本、《家語·辨樂解》皆有'陝'字。"⑭故王夢鷗《禮記校證》云："是則《樂記》原有此字,今脱。"⑮然張敦仁《撫本禮記鄭注考異》却認爲不當有"陝"字:

　　　山井鼎曰："古本'分'下有'陝'字。"今案古本非也。鄭注云："五奏,象周公、召公分職而治也。"然則鄭本此經固未嘗有"陝"字。《正義》云:"'五成而分周公左、召公右'

者，從第二位對第三位，分爲左右，象周公居左，召公居右也。"解經絶不及"陝"，是其本無"陝"字。《釋文》不爲"陝"字作音，以《曲禮注》"陝"有音，及《王制》《玉藻注》無不有音相決，是其本亦無"陝"字。又唐石本亦無之，可見此經自來用鄭氏注者並無"陝"字也。《史記·樂書》則有"陝"字，詳彼之與此文句違互甚多，難以同諸鄭本。《集解》引王肅曰："分陝東西而治。"或王所注禮記之語，而其本之經乃有此字也。故於私定《家語》中又特著之，其無與於鄭本亦明矣。作古本者未審乎此也。⑩

案寫卷有"陝"字，是其所據本鄭注《禮記》有"陝"也。若張氏見此寫卷，不知將以何辭辯之？又《詩經·召南·甘棠序》"召伯之教，明於南國"孔穎達《正義》："食采文王時，爲伯武王時，故《樂記》曰武王伐紂，'五成而分陝，周公左，召公右'是也。"（上册，頁 287）孔穎達所引《樂記》亦有"陝"字，則《禮記正義》無"陝"者，未嘗不可謂非後人據無"陝"之經文删之。

（2）164 行　於嗚呼　純成遵　假瑕　峻思儁　極己力

此處《中庸》云："《詩》曰：'惟天之命，於穆不已。'蓋曰天之所以爲天也。'於乎不顯，文王之德之純。'蓋曰文王之所以爲文也，純亦不已。大哉聖人之道，洋洋乎發育萬物，峻極於天。"（卷十六第 12A 頁）

撫本無"假"字（《唐石經》、八行本亦無），《中庸》篇引《詩》有"奏假無言"句（卷十六第15B 頁），但寫卷第 167 行出"假"字，音"賈"，即爲"奏假無言"之"假"注音。此處之"假"必非音"奏假無言"句，而《中庸》他處不再有"假"字。《中庸》所引"於乎不顯，文王之德之純"句，出自《詩·周頌·維天之命》，此句下《詩》尚有"假以溢我，我其收之"句⑪，《釋文》出"假以"二字，注云："音暇，嘉也。"（第 393 頁）其音與寫卷之"瑕"音同，寫卷所據《禮記》引《詩》"文王之德之純"下應有"假以溢我，我其收之"句。

五　結語

1.此《禮記音》寫卷中的錯字基本上是形誤字，並非《禮記音》原書所有，而是輾轉傳抄造成的訛誤，故必須進行詳細的校勘，方能使用其中的材料。

2.寫卷《禮記音》所據鄭玄《禮記注》底本，不僅與我們所見傳世本如《唐石經》、撫本、八行本等有很多文字差異，它與《經典釋文》所據《禮記注》底本也不同，而且從與《釋文》的文本對勘中可以看出，陸德明撰寫《禮記音義》時，並沒有看到過這個《禮記音》。

3.雖然此寫卷稱不上抄寫精良的善本，但畢竟爲唐抄本，而且撰成於南北朝時期，其所據底本可謂六朝古本。其經注之文多有與傳本相異甚至傳本所無者，可藉以考知部分漢時鄭玄《禮記注》之經注原貌。

①范曄《後漢書》卷三五《鄭玄傳》,中華書局,1965 年,第 1207、1208、1211 頁。

②張舜徽《鄭玄傳述考》,《鄭學叢著》,齊魯書社,1984 年,第 161—180 頁。

③《晋書》卷七五《荀崧傳》,中華書局,1974 年,第 1976—1977。

④陸德明《經典釋文》,上海古籍出版社,1985 年,第 636 頁。本文中凡引《經典釋文》(簡稱《釋文》)而非特别注明者皆據此本,均隨文括注頁碼。

⑤版本的含義有狹義與廣義之别,狹義的是指雕版印刷本,廣義的則包括寫本(簡帛與卷子本)、影印本、石印本甚至排印本等。本文取廣義。

⑥指可以辩識出詞目或據音注能推知詞目的,絶大多數的注音條目是一字一音,一字兩音者三十一條,一字三音者一條,一字四音者一條。

⑦〔日〕大島正二《敦煌出土禮記音殘卷について》,《東方學》第 52 輯,1976 年 7 月;王重民《敦煌古籍叙録》,中華書局,1979 年,第 48 頁;王松木《試論敦煌寫本禮記音與徐邈音的同異關係》,敦煌學研究会編《敦煌學》第 21 輯,1998 年 6 月,第 73 頁。

⑧許建平《唐寫本〈禮記音〉著作時代考》,《中國典籍與文化論叢》第 3 輯,中華書局,1995 年。

⑨王鍔《三禮研究論著提要》(增訂本),甘肅教育出版社,2007 年,第 232—277 頁。

⑩關於《經典釋文》的成書時間,主要有北周、唐初、隋唐間三説(見萬獻初《〈經典釋文〉研究綜論》,《古籍整理研究學刊》2005 年第 1 期),這裏取北周説。

⑪《春秋左傳正義》卷三三《襄公十七年》,《十三經注疏》本,藝文印書館,2001 年,第 575 頁。

⑫徐灝《説文解字注箋》卷八上《衣部》"衰"條,《續修四庫全書》第 226 册,上海古籍出版社,1995 年,第 171 頁。

⑬陸德明《經典釋文》卷十三《禮記音義之三·雜記下第二十一》,中華書局,1983 年,第 200 頁。

⑭王聘珍《大戴禮記解詁》卷八《子張問入官第六十五》,中華書局,1983 年,第 141 頁。

⑮王肅注,张縣固標點《孔子家語·入官第二十一》,中州古籍出版社,1991 年,第 105 頁。

⑯商承祚《説文中之古文考》,上海古籍出版社,1983 年,第 20 頁。

⑰"誀"爲"誣"之俗字,見遼釋行均《龍龕手鏡》平聲卷一《言部第三》,中華書局,1985 年,第 41 頁。

⑱郭慶藩撰,王孝魚點校《莊子集釋》卷八下《則陽第二十五》,中華書局,1954 年,第 902 頁。

⑲俞樾《諸子平議》卷十九《莊子三》,中華書局,1954 年,第 375 頁。

⑳郭慶藩《莊子集釋》卷八下《則陽第二十五》,第 903—904 頁。

㉑"贛"字寫卷原作"顇",誤字,今據其反切及撫本改正。

㉒王引之《經義述聞》卷十五《禮記中》"得其儕"條,江蘇古籍出版社,2000 年,第 372 頁。

㉓王夢鷗《禮记校證》,藝文印書館,1976 年,第 296 頁;林平和《禮記鄭注音讀與釋義之商榷》,文史哲出版社,1981 年,第 125 頁。

㉔段玉裁《説文解字注》,上海古籍出版社,1981 年,第 90 頁。

㉕張舜徽《鄭氏經注釋例》,《鄭學叢著》,齊魯書社,1984 年,第 85 頁。

㉖許慎《説文解字》,中華書局,1963 年,第 164 頁。
㉗“爨”字寫卷原作“㸑”,誤字,今據其反切及撫本改正。
㉘秦公《碑别字新編》,文物出版社,1985 年,第 174、315 頁。
㉙《説文解字》斗部,第 300 頁。
㉚徐灝《説文解字注箋》卷十四上《斗部》,第 75 頁。
㉛關於後起别體與俗體的區别,説法不一,其實只是由於各人所定的標準不同,遂有不同的説法,在此不展開討論。
㉜《經典釋文》卷十三《禮記音義之三·樂記第十九》,中華書局,1983 年,第 197 頁。
㉝《説文解字》老部,第 173 頁。
㉞顧野王著、陳彭年重修《宋本玉篇》老部,中國書店,1983 年,第 216—217 頁。
㉟段玉裁《古文尚書撰異》,《四部要籍注疏叢刊·尚書》中册,中華書局,1998 年,第 2029 頁。
㊱阮元《禮記校勘記》,《清經解》第 5 册,上海書店,1988 年,第 739 頁。
㊲邵瑛《説文解字群經正字》,《續修四庫全書》第 211 册,上海古籍出版社,1995 年,第 224—225 頁。
㊳王玉樹《説文拈字》,《四庫未收書輯刊》第 9 輯第 2 册,北京出版社,2000 年,第 228 頁。
㊴《春秋左傳正義》卷五十三《昭公三十年》,第 927 頁。
㊵徐堅等撰,司義祖點校《初學記》卷十四《葬第九》,中華書局,2004 年,第 359 頁。
㊶《春秋左傳正義》卷二十二《宣公八年》,第 379 頁。
㊷雷濬《説文外編》,《中華漢語工具書書庫》第 35 册,安徽教育出版社,2002 年,第 297 頁。
㊸顧野王、陳彭年重修《宋本玉篇》,第 319 頁。
㊹“煮”字寫卷原誤作“暑”,今據其反切及撫本改正。
㊺《説文解字》鬲部,第 62 頁。
㊻丁度《集韻》上册,上海古籍出版社,1985 年,第 752 頁。
㊼洪成玉《古今字》,語文出版社,1995 年,第 1 頁。
㊽切上字“居”寫卷原誤作“各”,今據第 43、80、162 行諸“卷”字之音改正。
㊾洪成玉《古今字》,第 41 頁。
㊿“筐”字寫卷原誤作“篋”,今據其反切及撫本改正。
(51)高田忠周《古籀篇》卷十三,臺北大通書局,1982 年,第 587 頁。
(52)“愀”字寫卷原誤作“楸”,今據其反切及撫本改正。
(53)王聘珍《大戴禮記解詁》卷一《哀公問於孔子第四十一》,中華書局,1983 年,第 13 頁。
(54)《孔子家語·問禮》,中州古籍出版社,1991 年,第 20 頁。
(55)朱廷獻《禮記異文集證》,臺北“國科委”研究報告,1973 年。
(56)雷濬《説文外編》,第 351 頁。
(57)黄侃《説文段注小箋》,見黄侃箋識、黄焯編次《説文箋識四種》,上海古籍出版社,1983 年,第 162 頁。

(58)《孝經注疏》卷七《廣至德章第十三》,《十三經注疏》本,藝文印書館,2001年,第47頁;馬非百《管子輕重篇新詮》,中華書局,1979年,第659頁;司馬遷《史記》卷十《孝文本紀》,中華書局,1959年,第428頁。

(59)徐灝《説文解字注箋》,第566頁。

(60)段玉裁《經韵樓集》卷二"聘禮辭曰非禮也敢對曰非禮也敢"條,上海古籍出版社,2008年,第30頁。

(61)《説文解字》女部,第263頁。

(62)《説文解字》禾部,第144頁。

(63)《説文解字注》,第322頁。

(64)顧野王著、陳彭年重修《宋本玉篇》禾部,第287頁。

(65)"胞"字寫卷原誤作"脆",今據其反切及撫本改正。

(66)《説文解字》犬部,第205頁。

(67)《説文解字》羽部,第75頁。

(68)《説文解字》烏部,第80頁。

(69)《説文解字》水部,第229頁。

(70)左丘明撰,韋昭注,上海師範大學古籍整理組校點《國語》卷十七《魯語上》"展禽論祭爰居非政之宜"章,上海古籍出版社,1978年,第166頁。

(71)王充著,黄暉校釋《論衡校釋》卷二五《祭意篇》,中華書局,1990年,第1065頁。

(72)《説文解字注》,第162頁。

(73)切下字"開"當是"閞"之形誤,"閞"爲"關"之俗字,"環"、"關"《廣韻》同在平聲删韻。

(74)《説文解字》玉部,第12頁。

(75)《説文解字》金部,第297頁。

(76)《説文解字注》,第16頁。

(77)雷濬《説文外編》,第283頁。

(78)陳啓源《毛詩稽古編》,《清經解》第1册,上海書店,1988年,第459頁。

(79)"祖"字寫卷原誤作"租",今據其反切及撫本改正。

(80)《禮記正義》卷四四《喪大記第二十二》,《十三經注疏》本,藝文印書館,2001年,第765頁。

(81)《説文解字注》,第93頁。

(82)《説文解字注》,第171頁。

(83)《説文解字》手部,第254頁。

(84)《説文解字》禾部,第146頁。

(85)"遯"字写卷原误作"豚",今据其反切及撫本改正。

(86)《毛詩正義》卷十六—四《大雅・皇矣》,《十三經注疏》本,藝文印書館,2001年,第574頁。

(87)《説文解字》口部,第33頁。

㊳桂馥《説文解字義證》,齊魯書社,1987 年,第 129 頁。

㊴錢坫《説文解字斠詮》,《續修四庫全書》第 211 册,上海古籍出版社,1995 年,第 480 頁。

⑨司馬遷《史記》卷六三《老子韓非列傳》,第 2153 頁。

㉑《春秋左傳正義》卷十五《僖公二十四年》,第 254—255 頁。

㉒司馬遷《史記》卷四三《趙世家第十三》,第 1782 頁。

㉓劉向《古列女傳》卷二《晋趙衰妻》,《叢書集成新編》第 101 册,新文豐出版公司,1985 年,第 679—
　680 頁。

㉔房玄齡等《晋書》卷二十《禮志中》,中華書局,1974 年,第 638 頁。

㉕《爾雅注疏》卷三《釋言第二》,《十三經注疏》本,藝文印書館,2001 年,第 39 頁。

㉖《説文解字》辵部,第 40 頁。

㉗《説文解字注》,第 71 頁。

㉘錢繹《方言箋疏》卷一,上海古籍出版社,1984 年,第 105 頁。

㉙華學誠《揚雄方言校釋匯證》卷一,中華書局,2006 年,第 89 頁。

⑩"徑"字寫卷原誤作"侄",今據其反切及撫本改正。

⑩"忿"字寫卷原誤作"忩",今據其反切及撫本改正。

⑩王聘珍《大戴禮記解詁》卷四《曾子大孝第五十二》,中華書局,1983 年,第 85 頁。

⑩陳彭年《宋本廣韻》,中國書店,1982 年,第 121 頁。

⑩陳直《漢書新證》,天津人民出版社,1959 年,第 311 頁。

⑩《説文解字》舟部,第 176 頁。

⑩《説文解字注》,第 403 頁。

⑩管錫華《從史記看上古幾組同義詞的發展演變》,《漢語史研究集刊》第 1 輯,巴蜀書社,1998 年,第
　8 頁。

⑩汪維輝《東漢—隋常用詞演變研究》,南京大學出版社,2000 年,第 77 頁。

⑩郭齊《連詞"并"的産生和發展》,《漢語史研究集刊》第 3 輯,巴蜀書社,2000 年,第 19 頁。

⑩賈昌朝《群經音辨》卷二,《四部叢刊續編》影印中華學藝社借照日本岩崎静嘉堂文庫藏景宋鈔本,商
　務印書館,1934 年,第 15A 頁。

⑪臧琳《經義雜記》,《清經解》第 1 册,上海書店,1988 年,第 798 頁。陳鴻森先生認爲《經義雜記》乃臧
　琳後人臧庸所纂,實爲後出,説見陳鴻森《漢學師承記箋釋序》,漆永祥《漢學師承記箋釋》,上海古籍
　出版社,2006 年,第 8 頁。

⑪王夢鷗《禮記選注》,正中書局,1976 年,第 5 頁。

⑪〔日〕山井鼎輯、物觀補遺《七經孟子考文並補遺》,《叢書集成初編》第 8 册,商務印書館,1936 年,第
　1098 頁。

⑪阮元《禮記校勘記》,第 739 頁。

⑮王夢鷗《禮記校證》,藝文印書館,1976 年,第 293 頁。

⑯張敦仁《撫本禮記鄭注考異》,《清經解》第 6 冊,上海書店,1988 年,第 288 頁。

⑰《毛詩正義》卷十九之一《周頌·維天之命》,《十三經注疏》本,藝文印書館,2001 年,第 708 頁。

(原載《文史》2009 年第 4 辑,後收入許建平《讀卷校經:出土文獻與傳世典籍的二重互證》時略有修改,浙江大學出版社 2014 年)

作者簡介:許建平,浙江大學古籍研究所教授

通訊地址:浙江大學西溪校區古籍研究所　　郵編:310028

敦煌寫本《金光明經》感應記傳抄系統研究

竇懷永

一　問題的提出

　　佛教傳入中國後,與本土文化互相吸收,至南北朝前後逐漸顯現出與中國文化融合的傾向。大批佛典在這個時期被翻譯成漢文,於民眾間廣爲傳播。時人還借鑒中國小説靈異志怪與因果報應的創作思路,搜集、編撰有利於宣揚教義、抄經誦德的感應記、靈驗記、冥報記、功德記等一類作品。劉宋劉義慶《宣驗記》即是典型代表。大約至隋唐時期,開始廣泛出現以某一種佛經爲對象、旨在宣揚該佛經功德的感應、冥報、靈驗類故事。敦煌藏經洞發現的數萬卷寫本中,即保存了多種佛經的感應記或靈驗記,且往往不見於後世,具有較高的文獻價值。

　　敦煌文獻中感應記篇數最多者當推《金光明經》。據目前統計,約有三十二個卷號[①]:S.364、S.462、S.1963、S.2981、S.3257、S.4155、S.4487、S.4984、S.6035、S.6514、S.9515、P.2099、P.2203、北1360(藏062)、北1361(日011)、北1362(爲069)、北1363(成013)、北1364(列055)、北1365(昃061)、北1367(生099)、北1369(河066)、北1424(海069)、北1425(寒077)、北1426(玉055)、Ф260、Дx.2325、Дx.4363、Дx.5692、Дx.5755、Дx.6587、羽192、石谷風藏品[②]。其中,Дx.4363和北1360可以前後綴合[③]。我們在校録整理這些感應記寫卷時發現:雖然同爲《金光明經》感應記,但不同寫卷之間至少以下三方面有比較明顯的不同:

(一)寫卷篇題和目録定名

　　由於受寫卷抄寫目的、殘損情況等因素的影響,三十一個感應記寫卷中原本題有篇名(包括首題尾題)的有十八個。按其異同,大約可以歸納爲五種情況:第一,首題署"懺悔滅罪金光明經傳",如P.2099、S.3257、羽192;第二,首題署"懺悔滅罪金光明經冥報傳",如北1361;第三,首題署"金光明經懺悔滅罪傳",如北1367;第四,尾題署"金光明經傳",如S.

364、北 1425、北 1360；第五，尾題署"金光明經冥報驗傳記"，如 S.4155。可以看出，同是《金光明經》感應記，篇名却並不完全統一。

各家目録在著録《金光明經》感應記時，大多是先根據原有篇名、再參考同類寫卷而定名。從實際情況來看，諸寫卷篇名的不同也影響了各家目録的定名。如北 1367 首題署"金光明經懺悔滅罪傳"，《敦煌遺書總目索引》④擬題"金光明經"，《敦煌遺書最新目録》⑤擬題"金光明經序品第一至讚嘆品第四"，都是將感應記視爲佛經內容的一部分，籠統定名；《敦煌遺書總目索引新編》⑥將感應記部分獨立，擬題作"懺悔滅罪金光明經冥報記"；新出《國家圖書館藏敦煌遺書》⑦第 54 冊又將感應記部分獨立編號作 BD03999 號 1，擬題"金光明經懺悔滅罪傳"。同一篇感應記却至少有三種定名，不免顯得繁亂。

更需要指出的是，即使是同一家目録，在著録不同卷號的《金光明經》感應記時，前後也有不統一的情況。例如《敦煌遺書總目索引新編》對上文所舉北 1367 感應記擬題作"懺悔滅罪金光明經冥報記"，而對 S.462 感應記却擬題作"金光明經懺悔滅罪傳"。

（二）所接抄佛經的譯本

《金光明經》感應記均抄寫在佛經正文之前，宣揚佛教義理的意圖非常明顯。作爲大乘佛教的重要典籍，《金光明經》主要有北凉曇無讖譯本（題《金光明經》，計四卷，十八品）、隋開皇十七年（597）大興善寺沙門寶貴等譯本（題《（合部）金光明經》，計八卷，二十四品）、武周長安三年（703）義净譯本（題《金光明最勝王經》，計十卷，三十一品）等，其中尤以義净譯本品目義理最爲完備，並曾被高僧法成作爲底本翻譯成藏文。在藏經洞中，這三種譯本都有抄本。

敦煌本《金光明經》感應記後所接抄的佛經正文的版本並不統一，既有北凉曇無讖的譯本，例如 S.6514 感應記後抄寫了曇無讖譯本第一卷序品第一至空品第五，而北 1360 後則抄寫了曇無讖譯本全四卷；也有將曇無讖譯本與武周義净譯本合爲一卷的，例如 Φ260 感應記後依次抄寫了曇無讖譯本《金光明經》第一卷序品第一至第二卷堅牢地神品第九、武周義净譯本《金光明最勝王經》第三卷滅業障品第五、曇無讖譯本《金光明經》第四卷流水長者子品第十六至囑累品第十九。就數量而言，感應記後所接抄的《金光明經》以曇無讖譯本爲多。

（三）各寫卷之間的文字

《金光明經》在唐代前後頗爲流行，抄本衆多，也容易在傳抄過程中產生異文。敦煌感應記諸寫卷雖然同叙張居道事，然具體文字之間仍有不小的差異。如記冥間使者尋覓豬羊訴家不得後，閻羅王派人巡問曹府一事，P.2099、S.3257、北 1424、北 1362 等卷云："王即更散遣人分頭巡問曹府,咸悉稱無。"北 1367、北 1426、S.462、S.6514 等卷則云:"王即更散遣人分頭求覓,巡問曹府,咸悉稱無。"雖僅有"求覓"兩字之差,然於文獻句讀、情節效果等諸方面均有影響。又如記張居道復活後詢訪《金光明經》一事,北 1361、S.4984、北 1364 等卷云:"此經天下少本,詢訪不獲,躬歷諸方,遂於衛州禪寂寺檢得目録,有此經本,寫得隨身供養。"S.4155 則云:"此經天下少本,詢訪不獲,躬歷諸方,遂於衛州禪寂寺檢得諸經目録,抄寫此經,隨身供養,受持讀誦。"後者的表述相對詳細,更容易刻畫出張居道虔心向佛的神情。諸如此類之異文,不在少數。

這些差別還可以在校定文本的文字差異中得到反映。鄭阿財先生《敦煌寫卷〈懺悔滅罪金光明經傳〉初探》[⑧](以下簡稱作"鄭文")、楊寶玉先生《〈懺悔滅罪金光明經冥報傳〉校考》[⑨](以下簡稱作"楊文")較早對本篇感應記進行整理,然而定本的個別文字仍有明顯的不同。例如篇末勸説世人抄經部分,鄭文校定作:"或衒賣與人,取其財價,以爲豐足,皆須一本一造,分明懺唱,令此功德,資及怨家,早生人道,諸訟自休,不復執逮。"[⑩]楊文則校定作:"或衒賣與人,取其財價以爲豐足,須生悔過,速寫《金光明經》。懺悔功德,資益怨家,早生人道,拷訟自休,不復執逮(録)。"[⑪]鄭、楊二位先生均於文中説明是據 S.3257 等數件(鄭文據七件,楊文較之多出一件)相對完整的寫卷整理而來,不過,由於選取底本時各自采用了不同的取舍標準,具體成果之間仍然有不小的差異,容易造成讀者不明緣由而無從擇取。

二 傳抄系統的考察

這些感應記在篇題定名、佛經譯本、文字使用等方面反映出的問題促使我們思考:爲什麽在同一個時代背景下抄寫的同樣一篇感應記,在文字上會有這麽多的差異?這些不同的寫卷之間在文字上有没有可能存在一致的地方?

我們逐一謄録了各個寫卷,對文本進行了縱向差異性和橫向一致性的比較,初步發現:這三十一個寫卷大約可區分出六個傳抄系統:

系統甲以北 1426 爲代表,可歸入同一系統者尚有北 1367、S.462、S.6514、S.4487、Дx.5755,共計六個寫卷;

系統乙以 P.2099 爲代表,可歸入同一系統者尚有羽 192、S.3257、北 1424、北 1362、北 1363、北 1365、S.364、北 1425、Дx.4363＋北 1360、北 1369、S.9515、S.6035、Дx.6587、Дx.2325、石谷風藏品、Дx.5692,共計十八個寫卷;

系統丙以北 1361 爲代表,可歸入同一系統者尚有 S.4984、北 1364,共計三個寫卷;

系統丁以 Φ260 爲代表,可歸入同一系統者尚有 P.2203、S.2981,共計三個寫卷;

系統戊僅一件,編號爲 S.4155;

系統己僅一件,編號爲 S.1963。

　　值得关注的是,北京西南房山區石經山第八洞刻有義净譯本《金光明最勝王經》,其第一卷前即抄有《金光明經懺悔滅罪傳》,所不同者在於碑刻將"《金光明經》四卷"換作"《金光明最勝王經》十卷"。這部唐碑鐫刻的底本就是業已亡佚的《欽定開元大藏經》,乃是唐玄宗於開元十八年(730)御賜、長安崇福寺沙門智昇親自護送至石經山的,價值極高。北 1426、北 1367、S.462、S.6514、S.4487 等寫卷感應記文字與此房山石經本基本吻合,大概是源自同一版本,故今列於諸傳抄系統之首。

　　今以各系統内篇幅相對較爲完整的北 1426、P.2099、北 1361、Φ260 等首個寫卷爲例,試將考察結果臚陳如下。

(一)各系統之間文字差異性的縱向對比

　　上文已言,各寫卷之間的異文不在少數,即使除去個別文字因形體相似、讀音近同等原因而誤抄外,仍不乏有差異較大的文句。這是我們劃分出不同系統的重要依據。今選擇部分典型的文句,將各系統對比列表如下,以彰其異(尤請注意加黑的語句,符号"——"表示由於紙張殘缺等原因、援引文句未抄存於所舉寫卷):

系統甲(北 1426)	系統乙(P.2099)	系統丙(北 1361)	系統丁(Φ260)	系統戊(S.4155)	系統己(S.1963)
經三夜便活,起坐索飲	經三夜便活,起坐索飲	遂經三日却活,起坐索食	遂經三日夜便活,起坐索飲食	——	——
諸親非親、隣里遠近聞之	諸親非親、隣里遠近聞之	諸親、隣里遠近聞之	諸親、隣里遠近聞之	——	——
一人以索繫居道咽,一人以袋收居道氣,一人以棒打居道頭	一人以索繫居道頭	一人把索繫居道項	一人以把索繫居道項	——	——
及(反)縛兩手,將去直行,一道向北	反縛居道兩手,將去直行,一道向北	反縛兩手將去,有一人向北	反縛居道兩手,將去直行,有一道向北	——	——
被怨家逮訟	被怨家逮頌(訟)	被怨家言訟	被怨家逮言訟	——	——
當何方便,而求活路	當何方便,而求活路	作何方便,而得活路	以何方便,而得活路	——	——
專在閻王門底懸睛待至	專在閻羅王門底懸精待至	專在閻羅王門首懸精待至	專在閻羅王門首懸精待至	——	——

續表

系統甲(北1426)	系統乙(P.2099)	系統丙(北1361)	系統丁(Φ260)	系統戊(S.4155)	系統己(S.1963)
汝但能爲所煞衆生發心願造《金光明經》四卷	汝但能爲所煞衆生發心願造《金光明經》四卷	汝但能爲所煞衆生發心願造寫《金光明經》四卷	汝但能爲所煞衆生發心願造寫《金光明經》四卷	——	——
願造《金光明經》四卷,盡身供養,怨家解釋	願造《金光明經》四卷,盡身供養,願怨家解釋	願寫《金光明經》四卷,盡形供養,願所煞怨家債主領受功德,解怨釋結	願寫《金光明經》四卷,盡形供養,願所是怨家解釋怨結	——	——
著柳被鎖,遭柤履械,鞭撻狼藉,哀聲痛響,不可聽聞	著柳被鏁,遭柤履械,鞭撻狼藉,哀聲痛響,不可聽	著柳被鏁,柤械,哀聲苦痛,悲酸不可聽	著柳被鏁,柤械,哀聲痛苦,不可聽酸		
王即更散遣人分頭求覓,巡問曹府,咸悉稱無	王即更散遣人分頭巡問曹府,咸悉稱無	王又更遣人散頭巡問曹府,咸悉並無	王又更遣人散頭巡問曹府,咸悉並無	王即更散遣人分 □□□□□ □□咸悉稱無	——
王即帖五道大神,檢化形案	王即帖五道大神,檢化形案	王即又帖五道大神,檢化形文案	王即帖五道大神,檢化形文案	王即又帖五道大神,尋檢化形文□(案)	——
當宜善念,多造功德,斷味止煞	當宜善念,多造功德,斷味止煞	當宜念善,多修功德,斷肉止煞	當宜念善,多造功德,斷肉止煞	當須念善,多造功德,斷肉止煞	——
遂於衛州禪寂寺檢得抄寫,隨身供養	遂於衛州禪寂寺檢得抄寫,隨身供養	遂於衛州禪寂寺檢得目錄,有此經本,寫得隨身供養	遂於衛州禪寂寺檢得目錄,有此經本,遂寫隨身供養	遂於衛州禪寂寺檢得諸經目錄,抄寫此經,隨身供養,受持讀誦	——
急爲造《金光明經》	急爲造《金光明經》	急急爲寫《金光明經》	急急爲寫《金光明經》	爲寫《金光明經》	——
狀如夢惛惛,當(常)有猪雞鵝鴨,一日三過	狀如夢惛惛,常有雞猪鵝鴨,一日三迴	狀如眠夢惛惛,常有雞猪鵝鴨,一日三迴	狀如眠夢惛[惛],常有猪雞鵝鴨,一日三迴	狀如眠夢惛惛,常有雞猪鵝鴨,一日三迴	——
家家斷肉,人人善念,不立屠行	家家斷肉,人人善念,不立屠行	家家斷肉,人人念善,不立屠行	家[家]斷肉,人人念善,不立屠行	家家斷肉至(止)煞,人人念善,不立屠行	——
若衆生日限未足,遭人煞者,立被訟注,世人卒死,及羸病連年累月,眠中唱痛	若衆生日限未足,遭人煞者,立被訟注,世人卒死,及羸病連年累月,眼(眠)中唱痛	若衆生日限未足,被遭損煞者,立被言訟,今時有世人有卒死,及瘦病連年累月,眼(眠)中唱痛,狂言或語,並是衆生執注	若衆生日限未足,被遭人煞者,立被訟注,世人有卒死。乃(及)羸病連年累月,眼(眠)中唱痛,狂言或語,並是衆生執注	若衆生日限未滿,被人煞者,立被訟注,世間人卒死。及瘦病連年累月,睡中唱痛,狂言妄語,並是衆生執注	——

續表

系統甲(北1426)	系統乙(P.2099)	系統丙(北1361)	系統丁(Φ260)	系統戊(S.4155)	系統己(S.1963)
皆須一本一造,分明懺唱。令此功德,資及怨家,早生人道,之(考)訟自休,不復執逮	一造一本,分明懺唱,令此功德,資及怨家,早生人道,考訟自休,不復逮	一寫一本,令此功德,資益怨家,早生人道,拷訟自休,不復逮	一寫[一]本,分明懺唱。令此功德,資乃(及)怨家,早生天道,拷訟自休,不復執逮	一造一本,分明懺唱。令此功德,資及怨家,早生人道,拷訟休息,不復執逮	須生悔過,速寫《金光明經》懺悔,功德資益怨家,早生人路,受拷自休,不復執逮

比較上表,不難看出,不同傳抄系統的寫卷在文句的具體組織和用詞上有着不同程度的差別,但是同樣能夠表達出相同或相近的句意,使感應記在情節上保持一致。例如描述張居道在地獄中聽到罪人發出痛苦的聲音時,系統甲作"不可聽聞",系統乙作"不可聽",系統丙作"悲酸不可聽",而系統丁則作"不可聽酸",四種不同的用詞在句意上都形象地描繪出了地獄的悲慘情形。又如描述冥間鬼使來抓張居道,系統乙、系統丙、系統丁分別作"一人以索繫居道頭"、"一人把索繫居道項"、"一人以把索繫居道項",系統乙描寫的是冥使用繩索繫張居道的頭顱,後二者則是用繩索繫張居道的脖子,介詞上分別使用了"以"、"把"、"以把";而系統甲此處的文本則作"一人以索繫居道咽,一人以袋收居道氣,一人以棒打居道頭",三個鬼使各司其職,形象生動;相比較而言,前三個系統的文字顯然不及系統甲詳贍,但是仍然句意通順,而且自成系統。還需要特別提請注意的是,不同系統之間在用詞上注意到了前後照應。如系統甲、系統乙中"當宜善念"句分別與下文"人人善念"前後照應,均作"善念";而在系統丙、系統丁、系統戊中上下文則均作"念善",仍然前後照應;可以推測,各系統內的文字在流傳中大約都經過了有意識的加工。

(二)各系統內部文字一致性的橫向比較

僅僅彰顯不同寫卷之間的差異,仍不足以穩固地確立系統,還需要發現同一系統內諸寫卷之間的一致,以表明其來源相近或相同。我們選取上文表格中援引的部分例句,以各系統的首個寫卷爲底本,其他寫卷爲校本,再來逐一橫向考察文句的一致性。校本與底本文句完全相同者,我們逐以"同"標示;若文字有明顯差異的地方,則具述其異。另外,系統戊、系統己目前都只有一個寫卷,所以暫時不作考察。

系統甲:

北 1426	北 1367	S.462	S.6514	S.4487
一人以索繫居道咽,一人以袋收居道氣,一人以棒打居道頭	同	——	——	同
及(反)縛兩手,將去直行,一道向北	"行"誤作"至"	——	——	同
願造《金光明經》四卷,盡身供養,怨家解釋	"怨家"前有"願"字	同	"怨家"前有"願"字	——
著枷被鎖,遭柤履械,鞭撻狼藉,哀聲痛響,不可聽聞	同	同	"被"抄脱	——
王即更散遣人分頭求覓,巡問曹府,咸悉稱無	同	同	同	——
王即帖五道大神,檢化形案	同	同	同	——
當宜善念,多造功德,斷味止煞	同	同	同	——
遂於衛州禪寂寺檢得抄寫,隨身供養	同	同	同	——
急爲造《金光明經》	"爲"抄脱	同	同	——
皆須一本一造,分明懺唱。令此功德,資及怨家,早生人道,之訟自休,不復執逮	"之訟"作"考訟","執逮"作"執逯"	同	"之訟"作"考訟""執逮"作"執逯"	——

系統乙:

P. 2099	羽192	S. 3257	北1424	北1362	北1363	北1365	S. 364	北1425	Дx 4363+北1360	北1369	S. 9515	S. 6035	Дx. 6587	Дx. 2325	石谷風藏品	Дx. 5692
一人以索繫居道頭	同	同	同	同	同	——	——	——	——	——	——	殘存"道頭"二字	"繫"后三字殘缺	——	殘存"一""頭"二字	——
反縛居道兩手,將去直行,一道向北	同	同	同	同	同	——	——	——	——	——	——	"反"誤作"及"	殘存"道兩手將去直"六字	——	"直"誤作"真"	——
願造《金光明經》四卷,盡身供養,願怨家解釋	同	第二个"願"字無	同	"家"抄脱	同	同	"經"至"解"十一字殘缺	——	同	"願造金光"、"釋"五字殘缺						

續表

P.2099	羽192	S.3257	北1424	北1362	北1363	北1365	S.364	北1425	Дх4363＋北1360	北1369	S.9515	S.6035	Дх6587	Дх.2325	石谷風藏品	Дх.5692
著枷被鑷,遭枏履械,鞭撻狼藉,哀聲痛響不可聽		"鑷"作"鎖"	同	同	同	同	"著枷被鑷遭枏"六字殘缺	"撻至響"七字殘缺	"枷"作"樑"	—	殘存"鞭"至"聽"十一字	—	—	—	—	—
王即更散遣人分頭巡問曹府,咸悉稱無	同	同	同	同	同	"曹"誤作"遭"	同	"曹"誤作"遭"	殘存"王"至"頭"八字	—	—	—	—	—	—	—
王即怗五道大神,檢化形案	同	同	同	同	同	同	"五"殘缺	同	"王即怗"三字殘缺	—	—	—	—	—	—	—
當宜善念,多造功德,斷味止煞	同	同	同	同	同	同	同	同	—	—	—	—	—	—	—	—
遂於衛州禪寂寺檢得抄寫,隨身供養	同	同	同	同	同	同	同	同	—	—	—	—	—	—	—	—
急爲造《金光明經》	同	同	同	同	同	同	同	同		同				同		
一造一本,分明懺唱,令此功德,資及怨家,早生人道,考訟自休,不復執逐	同	同	同	同	同	同	"令"作"命"	同	同	同	—	—	—	—	—	—

系統丙：

北 1361	北 1364	S.4984
一人把索繫居道項	同	同
汝但能爲所煞衆生發心願造寫《金光明經》四卷	"造寫"作"寫"	"發心願"作"發願","造寫"作"寫"
願寫《金光明經》四卷,盡形供養,願所煞怨家債主領受功德,解怨釋結	同	同
著枷被鏁,杻械,哀聲苦痛,悲酸不可聽	"杻械"後有"鞭撻狼藉"四字,"哀聲"作"哀切"	"杻械"後有"鞭撻狼藉"四字
王又更遣人散頭巡問曹府,咸悉並無	同	同
王即又帖五道大神,檢化形文案	同	同
當宜念善,多修功德,斷肉止煞	"肉"誤作"害"	同
遂於衛州禪寂寺檢得目録,有此經本,寫得隨身供養	同	"得"抄脱
急急爲寫《金光明經》	同	同
一寫一本,令此功德,資益怨家,早生人道,拷訟自休,不復逮	同	同

系統丁：

Φ260	P.2203	S.2981
一人以把索繫居道項	"一人"二字殘缺	——
反縛居道兩手,將去直行,有一道向北	同	——
願寫《金光明經》四卷,盡形供養,願所是怨家解釋怨結	"光"字殘缺	同
著枷被鏁,杻械,哀聲痛苦,不可聽酸	"杻械"後有"□□(鞭撻)狼藉"四字	"杻"作"初","杻械"後有"鞭撻狼藉"四字
王又更遣人散頭巡問曹府,咸悉並無	同	同
王即帖五道大神,撿(檢)化形文案	同	同
當宜念善,多造功德,斷肉止煞	同	同
遂於衛州禪寂寺撿(檢)得目録,有此經本,遂寫隨身供養	同	同
急急爲寫《金光明經》	同	同
一寫[一]本,分明懺唱。令此功德,資乃(及)怨家,早生天道,拷訟自休,不復執逮	"本"作"一本"	"本"作"一本"

可以看出,即使二十多個寫卷在橫向上有着不同程度的差別,但不同寫卷仍然能夠在

縱向對比中發現一致的地方,縱橫結合,同一系統寫卷的一致性與不同系統寫卷的差異性便呈現無遺了。例如在系統乙内,P.2099 中"一造一本,分明懺唱,令此功德,資及怨家,早生人道,考訟自休,不復執逯"一句長達二十八字,除 S.364 將"令"誤抄作"命"外,S.3257 等其餘八個寫卷均與之完全相同。而系統乙的這一長句橫向上與其他系統的文字截然不同,可以確定地劃分出自己的系統。還值得關注的是,各系統内不同程度地存在因字形相近、書手誤識等原因而造成的錯誤現象,這些錯誤往往也能夠成爲我們確立傳抄系統的參考依據。例如 Φ260 中有"令此功德,資乃怨家"句,"乃"顯然是"及"字之誤,意謂希望這份功德可以惠及冤家。北 1426 等一些寫卷均作"資及怨家"亦可爲佐證。除 Φ260 外,P.2203、S.2981 二寫卷也同樣將"及"誤抄作"乃"。顯然,這三個寫卷應當是源自同一個底本,再結合他處異文,將其歸入同一個傳抄系統當無問題。

三　餘　論

(一)傳抄系統分化原因之蠡測

同一篇感應記在流傳與抄誦過程中,衍生出至少六個傳抄系統,不可不謂其繁。推究其發展變化的原因,至少與以下兩種因素息息相關:

(1)隋唐時期佛教興盛的大環境促使抄經事業發達

佛教自兩漢時期傳入中國後,歷經魏晉南北朝的醞釀與發展,至隋唐時期漸臻鼎盛。大量佛典被翻譯成漢文,佛刹精舍四處可見,僧侶衆多。更重要的是,在帝王的扶持下,佛教依託强大的寺院經濟,三論、天臺、法相、華嚴、律、禪、净土等重要宗派逐漸創立。佛教文化以其特有的方式與唐代文化逐漸融合,並滲透到社會生活的各個層面。上至君王大夫,下至販夫走卒,皆以崇佛爲尚,研讀佛典,與僧交遊。著名詩人王維字摩詰,即取典於《維摩詰經》之維摩詰居士。王維一生崇信佛教,斷葷食素,焚香坐禪,專事誦經,並經常宴請僧侶,談玄論經,基本上可以代表當時的社會風氣。

佛教主張抄誦經文,抄誦愈多,則功德愈盛。例如《法苑珠林·敬法篇·述意部》即描繪曰:"信知受持一偈,福利弘深;書寫一言,功超數劫。"⑫隋唐時期佛教的興盛促使抄經事業極其發達,北魏時期開始出現的職業書手至此間不斷發展壯大。《唐會要·雜録》載,唐玄宗於開元二年(714)七月二十九日曾發布詔令:"佛教者在於清净,存乎利益。今兩京城内,寺宇相望,凡欲歸依,足申禮敬。如聞坊巷之内,開鋪寫經,公然鑄佛,自今已後,村坊街市等,不得輒更鑄佛寫經爲業。須瞻仰尊容者,任就寺禮拜。須經典讀誦者,勒於寺贖取。

如經本少,僧爲寫供。諸州寺觀,亦宜準此。"[13]"開鋪寫經"到了需要朝廷發布詔書加以限制,可以想見當時職業抄經之盛、職業書手之多。敦煌文獻中,有相當一部分的經卷(特別是佛經)就是由職業書手抄寫的。

佛教的興盛促使佛教典籍的傳抄更加頻繁,數量不斷增加,同一種典籍經過不同書手的傳抄,難免會產生異文。《金光明經》乃大乘經典,讀誦傳抄者甚多。其感應記作爲宣揚誦經效驗的生動材料,自然亦在競相傳抄之列。顯然,傳抄越多,則異文越多。

(2)敦煌的樞紐位置使來自不同地方的多種抄本流傳

敦煌位於絲綢之路的咽喉地帶,是中西文化交流的樞紐,印度、中亞、西亞等多種文化由此傳入中原,漢文化更是由此向西方傳播。敦煌地區的文化在中西交流中不斷興盛,佛教尤其如此。約三世紀中期,世居敦煌的月氏人竺法護拜外國僧人竺高座爲師(梁慧皎《高僧傳》卷一),積極譯經、講經。佛教開始在敦煌逐漸傳播。十六國時期,涼州成爲北方著名的譯經中心,大批西行求法者經敦煌至西域取經,其中既有河西僧人,也有從中原、江南遠道而來的僧侶。東晉名僧法顯即是從河西經敦煌到達西域的。西域僧人也有經敦煌而到中原、江南求經的。以敦煌爲"驛站"的西域、河西、中原、江南佛學交流圈有力地促進了佛教的發展。隋唐五代時期,敦煌地區的佛教發展漸臻鼎盛,玄奘、義净、慧超等一批高僧經絲綢之路前往印度取經學習,印度僧人也頻頻來中原交流。更重要的是,敦煌地區佛教的發展基本上與中原是同步的。例如敦煌的龍興、大雲、開元、靈圖等寺院均是奉敕修建,規模宏大,高僧大德經常來此弘傳佛法,長安、洛陽兩地新近翻譯抄寫的佛經也能夠很快傳送至此。

敦煌重要的樞紐位置使來自不同地方的多種佛經抄本在此匯聚、流傳。這在敦煌藏經洞保存的抄本中有充分的反映:既有在敦煌本地抄寫的,也有是從其他地方傳過來的;既有出自中央官方職業經生之手的,也有由當地平民信徒自己抄寫的。例如 P.2965《佛說生經第一》末尾明確題寫是在南朝陳太建八年(576)由"白馬寺禪房沙門慧湛敬造經藏"。敦煌地區並無白馬寺。據《陳書·儒林列傳》,賀德基"少遊學於京邑,積年不歸,衣資罄乏,又耻服故弊,盛冬止衣裌襦袴",後"於白馬寺前逢一婦人,容服甚盛,呼德基入寺門,脫白綸巾以贈之"云云[14]。陳時京邑爲建康(今江蘇南京),可見 P.2965 中的"白馬寺"大概就是南京的白馬寺,那麼該卷是在京邑抄寫後,流傳到敦煌而庋藏入藏經洞的[15]。又如 S.1456《妙法蓮華經卷第五》卷末題記云:"上元三年(676)五月十三日,秘書省楷書孫玄爽寫。"秘書省是國家圖書館,主要負責收集、管理圖書,擁有衆多楷書寫經生,抄寫相關圖書資料流傳、收藏[16]。該卷顯然是在長安抄寫後,流傳至敦煌地區的。

由於地域的限制,同一種經文在傳抄過程中會逐漸產生文字訛誤,在不同地方的抄本之間形成異文,而這些抄本在匯聚到敦煌後,又成爲相互傳抄的底本,差訛進一步擴大,異文現象逐漸累積。敦煌寫本《金光明經》感應記涉及的三十餘個寫卷至少可以分出六個傳抄系統，大抵也受到了這種因素的影響。

(二)傳抄系統的建立與感應記定名

三十一個感應記寫卷中原本題有篇名(包括首題、尾題)的共十八件，且各有不同；諸家目録在著録時由於采取不同的取捨標準，定名亦不統一。無疑，這兩方面的參差不齊已直接影響到研究者校定整理感應記時篇名的擬定。例如，上文提及的鄭文即將本篇感應記擬題作"懺悔滅罪金光明經傳"，而楊文則擬題作"懺悔滅罪金光明經冥報傳"；前者應當是取用北1426、P.2099等寫卷的篇名，而後者則應當是取自北1361。内容雖一，然篇題各異，很容易誤解成兩種文獻。因此，敦煌寫本《金光明經》感應記的篇題亟需統一。

意欲在諸多異名中作出取捨，則必須首先厘清各異名之間的關係。在没有建立各傳抄系統之前，由於主觀上認爲各個寫卷是相互孤立的，從而無法辨别與建立各卷間的關係，也很難在多個篇題中作出適當的取捨。傳抄系統的建立，無疑有利於分清各寫卷之間的關係，進而確定篇題。兹先將各系統内寫卷首題、尾題的抄存情況列表如下：

系統	卷號	篇題	系統	卷號	篇題
甲	北1426	首題"懺悔滅罪金光明經傳"	乙	P.2099	首題"懺悔滅罪金光明經傳"，尾題"金光明經傳"
	北1367	首題"金光明經懺悔滅罪傳"		羽192	首題"懺悔滅罪金光明經傳"，尾題"金光明經傳"
				S.3257	首題"懺悔滅罪金光明經傳"
	S.462	無		北1424	首題"懺悔滅罪金光明□□"，尾題"金光明經傳"
	S.6514	尾題"金光明經卷第一"		北1362	首題"懺悔滅□□光明經傳"，尾題"金光明經傳"
	S.4487	首題"懺悔滅罪金光明經傳"		北1363	尾題"金光明經傳"
	Дx.5755	首題"懺悔滅罪金光明經傳"		北1365	尾題"金光明經傳"
丙	北1361	首題"懺悔滅罪金光明經冥報傳"		S.364	尾題"金光明經傳"
	北1364	無		北1425	尾題"金光明經傳"
	S.4984	無		Дx.4363＋北1360	尾題"金光明經傳"
丁	Φ260	首題"懺悔滅罪金光明經傳"		北1369	無
	P.2203	無		S.9515	殘片
	S.2981	尾題"金光明經卷第四"。		S.6035	殘片

續表

系統	卷號	篇題	系統	卷號	篇題
戊	S.4155	尾題"金光明經冥報驗傳記"	乙	Дx.6587	殘片
				Дx.2325	殘片
己	S.1963	無		石谷風藏品	殘片
				Дx.5692	殘片

　　在傳抄系統乙中，完整保存了本篇感應記的首題、尾題，是定名的重要依據。眾所周知，由於卷軸體式的自身特點和出於翻檢方便的需要，卷軸文獻一般會將篇題同時署於卷首和卷末，即首題和尾題。例如 S.1991 全卷抄寫兩遍《大乘無量壽經》，首題均作"大乘無量壽經"，尾題則皆作"佛説無量壽宗要經"，這顯然是同一種經文的兩個不同名稱。因而，我們推測《金光明經》感應記的尾題"金光明經傳"應當是由首題"懺悔滅罪金光明經傳"略書"懺悔滅罪"四字而來，首尾仍然對應。如果我們的推測没有問題，本篇感應記或擬題作"懺悔滅罪金光明經傳"更宜。至於系統丙内的首題"懺悔滅罪金光明經冥報傳"，大約是在傳抄過程中根據情節特點，由"懺悔滅罪金光明經傳"增字"冥報"而成；系統戊内的尾題"金光明經冥報驗傳記"，則可能是由於尾題"金光明經傳"增字而成；系統甲内的首題"金光明經懺悔滅罪傳"，則蓋是將"金光明經"與"懺悔滅罪"顛倒而形成。

①陳寅恪先生在《懺悔滅罪金光明經冥報傳跋》(《北平圖書館館刊》第一卷第二號，1928 年；《金明館叢稿二編》，上海古籍出版社，1980 年)一文中提及合肥張氏及日本亦各藏有一件，俄羅斯人 C.B. Malov 藏有一件突厥文寫本。張氏藏品與突厥文寫本今皆仍未得見。日本藏品或當即下文所指編號羽 192 者，亦即《李木齋氏鑒藏敦煌寫本目録》所標 192 號者，另《敦煌遺書總目索引・敦煌遺書散録》中《李氏鑒藏敦煌寫本目録》0360 號、《日本諸私家所藏敦煌寫經目録》0982 號、《日本未詳所藏者敦煌寫經目録》1170 號所指或即此卷也。該寫卷圖版收入日本武田科學振興財團杏雨書屋刊佈《敦煌秘笈》第 3 冊(2010 年)，第 209—210 頁。楊寶玉《敦煌本佛教靈驗記校注並研究》一書中於此靈驗記諸寫卷亦有叙録研究，可以參看，甘肅人民出版社，2009 年。

②該寫卷圖版收入石谷風《晋魏隋唐殘墨》"唐殘墨"部分(安徽美術出版社，1996 年，第 55 頁)，似與陳寅恪先生所提"合肥張氏"藏本並非同一卷。又，方廣錩先生《〈晋魏隋唐殘墨〉綴目》(《敦煌吐魯番研究》第六卷，2002 年)於該寫卷之内容、形貌略有介紹，亦可看。

③詳可參筆者與張涌泉師合著《敦煌小説合集》之"懺悔滅罪金光明經傳"篇，浙江文藝出版社，2010 年，第 301 頁。

④《敦煌遺書總目索引》，中華書局，1983 年。

⑤《敦煌遺書最新目録》，新文豐出版公司，1986 年。

⑥《敦煌遺書總目索引新編》,中華書局,2000年。

⑦《國家圖書館藏敦煌遺書》,北京圖書館出版社,2007年。

⑧該文收入《慶祝潘石禪先生九秩華誕敦煌學特刊》,文津出版社,1996年。

⑨該文收入《英國收藏敦煌漢藏文獻研究——紀念敦煌文獻發現一百周年》,中國社會科學出版社,
2000年。

⑩《慶祝潘石禪先生九秩華誕敦煌學特刊》,第591頁。

⑪《英國收藏敦煌漢藏文獻研究——紀念敦煌文獻發現一百周年》,第334頁。

⑫道世編《法苑珠林》卷一七,上海古籍出版社,1991年,第135頁。

⑬王溥《唐會要》卷四九,《叢書集成初編》本,中華書局,1985年,第861頁。

⑭詳見《陳書·儒林列傳》,中華書局,1972年,第442頁。

⑮左景權、黃征二先生均有相同觀點的論述。左氏觀點見《敦煌古圖書蠡測》,《香港中文大學學報》
1979年第10卷上冊,又收入《中國敦煌學百年文庫·文獻卷2》,甘肅文化出版社,1999年,第503—
514頁。黃氏觀點見《敦煌陳寫本晋竺法護譯〈佛說生經〉殘卷P.2965校釋》,載《敦煌語言文學論文
集》,浙江古籍出版社,1988年,第290頁。又,黃氏《南京棲霞山石窟藝術的考察》一文亦有論及,載
《南京棲霞山石窟藝術與敦煌學》"前言",中國美術學院出版社,2002年,第12頁。

⑯可參《舊唐書》卷四三《職官志二·秘書省》(中華書局,1975年)、《新唐書》卷四七《百官志二·秘書
省》(中華書局,1975年)及《唐六典》卷十《秘書省》(中華書局,1992年)。

附記:拙文初稿完成後,適逢研究所承辦"百年敦煌文獻整理研究國際學術討論會",遂提交至大會,收入會議論文集下冊。在此次學術會議上,日本著名敦煌學家、京都大學高田時雄教授發表了《關於李盛鐸舊藏敦煌遺書的公開出版》,介紹了日本杏雨書屋對李盛鐸舊藏敦煌遺書的公開出版情況。今根據杏雨書屋所出《敦煌秘笈》第3冊中刊佈的編號羽192《金光明經懺悔滅罪傳》圖版,對原稿略作增補如上,編入本紀念文集。

作者簡介:竇懷永,浙江大學古籍研究所副教授

通訊地址:浙江大學西溪校區古籍研究所　　郵編:310028

敦煌寫卷名物類文獻對敦煌學研究的價值

杜朝暉

　　敦煌學是以敦煌、吐魯番出土或保存的文物和文獻爲研究對象的學問,分支學科衆多。各學科門類因研究目的、研究角度和所要解決的問題不同,所利用材料的側重點也不一樣。但若要深入徹底的研究敦煌學的某個領域,還是應該儘量全面地佔有敦煌所有的材料,把敦煌圖像、實物材料與文獻材料結合起來加以利用。遺憾的是,已有的許多敦煌學研究成果,呈現的基本上是以圖像爲主和以文獻爲主兩種研究方法分離而不是融合的狀態。例如敦煌考古學、藝術學等領域的研究以圖像材料爲主,對敦煌文獻利用甚少;敦煌文學、語文學等領域則從敦煌文獻出發,對壁畫一類的圖像材料利用亦不多。

　　敦煌寫卷名物類文獻既是同時材料,又是即時材料,所涉及的學科門類十分廣泛,諸如政治、經濟、軍事、文化、藝術、宗教、科技等,大類之中又含有小類,比如經濟類又包括衣飾、織物、器具、食品諸小類。這些相關名物的記載能爲敦煌許多分支學科的研究提供可貴的文獻材料,起到有則證之,無則補之的作用。下面我們略舉數例説明敦煌寫卷名物類文獻對敦煌學研究的價值。

一　驍帶

　　《敦煌學大辭典·服飾》"寶繒"條:敦煌藝術中菩薩寶冠兩側的絲帶。其物象因時代不同而異,或飄舉向上,或平展伸出,或垂至於肩,在壁畫裏,以上諸式,菩薩頭冠上比比皆是,以早期洞窟最爲明顯。[①]

　　按:上揭引文所言"寶繒"當是如圖1、圖2所繪的菩薩頭冠兩側或飄舉或垂懸的絲帶。《敦煌學大辭典》的編者將其定名爲"寶繒"。其實敦煌文獻中即提及此種頭冠絲帶:

　　　佛衣及頭冠數如後:佛頭觀(冠)銅渡金柒,寶鈿並絹帶壹,又頭冠壹,錦繡驍帶陸,長兩箭肆指,闊三寸,並有金銅杏葉壹拾伍,並子光下儭。(伯3432號《龍興寺卿趙石老脚下依蕃籍所附佛像供養具並經目録等數點檢曆》)

　　從"頭冠壹,錦繡驍帶陸"可知"驍帶"是頭冠的配件。通過"驍帶"前面的限制語"錦繡"和後面"長兩箭肆指,闊三寸"的具體説明看,"驍帶"當即是菩薩頭冠上的絲帶,亦即《敦煌大辭典》中的"寶繒"。至於頭冠絲帶爲何稱作"驜帶",則需要作一番解釋。"驜"字本身無意義,它與"騞"組成聯綿詞"驜騞","聲響衆盛"的意思,《漢書·揚雄傳上》:"猋泣雷屬,驜騞聆磕。"顏師古注:"驜騞聆磕,皆聲響衆盛也。"②"驜帶"之"驜"肯定不是這個聯綿詞的含義,"驜"當是"鬒"的俗字。"鬒"敦煌文書中又作"鬢",如北 8300(玉 64)號《佛説孝順子修行成佛經》:"王即出家,鬢髮自落,觀睹宮殿,若視穢厠。""鬢髮"即"鬒髮","鬒"字上半部的"彡"與"镸"常通用,《龍龕手鏡》"镸"、"彡"合二爲一,部首僅列"镸"部,如《龍龕手鏡》卷一"镸部":"鬀,正,音資。鬀,鬚也。"③又:"鬏,俗;勎,正。烏了反,勎鬇,長而不勁也。"④俱以"髭""鬏"爲後起繁化俗字。敦煌文書亦常見"彡""镸"混用的例子,除上引"鬢""鬒"外,另如伯 2491 號《燕子賦》:"阿莽兩步併作一步,走向獄中看去。正見雀兒卧地,面色恰似坌土。脊上擔個襆子,髩鬴亦(欲)高尺五。"斯 4624《受八關齋戒文》:"第六不得花鬘瓔珞、香油指(脂)粉塗身。"例中"鬴"即"鬡","鬘"即"鬘"。"彡"有"動物的長毛"義,《集韻·笑韻》匹妙切:"彡,長髦。"⑤而"彡"部的有些字又與馬鬃毛有關,故"彡""镸"旁字又有寫作"馬"旁的,如《龍龕手鏡·馬部》:"駬駐:二俗,音毛,正作髦。"⑥伯 2999 號《太子成道經》:"(太子)處分車匿被與(備于)朱騋[□](白)馬,亦往觀看。""朱騋"即"朱鬃",伯 2483 號《五更轉》:"二更深,五百個力士睡昏沉,遮取黃羊及車匿,朱鬃白馬同一心。"可以比勘。

圖 1　莫高窟第 394 窟菩薩像　　　　圖 2　莫高窟第 322 窟東壁門南菩薩像

(《敦煌研究》2006 年第 1 期第 57 頁,圖 4;第 58 頁,圖 5)

上揭文書的"騣"當即是由"鬈"或"鬒"換形旁而來的俗字。"騣帶"即"鬈帶",冠帶的意思。冠帶沿雙鬈而下,故稱。敦煌圖像中頻頻出現的頭冠絲帶,敦煌文獻中亦有文字記載,敦煌服飾研究的學者如能考慮將此帶定名爲"鬈帶",以敦煌文獻補證敦煌圖像,研究或許更顯全面性。

二　鶡子皮裘

《敦煌學大辭典・服飾》"鶡氅裘"條:隱逸高士之服。莫高窟歷代維摩詰經變中之維摩詰多着此衣,隋代第 276 窟龕北側,樹下畫維摩詰立像,頭戴白綸巾,身穿白練裙襦,白紗中單,曲領,肩披鶡氅裘,雙手捧塵尾。初唐第 220 窟東壁貞觀十六年(642)的維摩詰經變,維摩詰頭戴透明的白綸巾,白長帶,白練裙襦,白紗中單,曲領,憑几探身坐寶帳中,手揮塵尾,眉飛色舞。維摩詰所着鶡氅裘,也稱鶡子裘,鶡子衣。《酉陽雜俎》談維摩詰時說"金粟綸巾鶡子衣"[⑦],係指說的外層爲鳥類羽毛製成。這是魏晉時代煉丹飲酒學神仙的名士的輕裘。《晋書・謝萬傳》說"萬著白綸巾,鶡氅裘"去見簡文帝,"共談移日"。維摩詰的衣冠是中國魏晉名士的衣冠。[⑧]

按:上揭引文謂"鶡氅裘"爲隱逸高士之服,並指出此服源于魏晉時代煉丹飲酒學神仙的名士的輕裘。不誤。但維摩詰爲何會身着鶡氅裘,其間却有一些原委。

魏晉時期,鶡氅裘確爲神仙道人的標誌性服飾,除上舉《晋書・謝萬傳》外,另有南朝宋劉義慶《世說新語・企羨》:"孟昶未達時,家在京口。嘗見王恭乘高輿,被鶡氅裘。于時微雪,昶於籬間窺之,嘆曰:'此真神仙中人。'"[⑨]然佛教初傳中國,爲適應當時中土的思想文化,曾經借助於玄學思想、道家思想和道教觀念[⑩],漢末神仙方家的鶡氅裘亦爲佛家所借鑒,成爲僧服之一種。敦煌文獻即提供了出家僧人服用鶡裘的例證:

> 鶡子皮裘壹領,紫綾緣。故王皮裘壹領,紅紬緣。(伯 3410 號《年代未詳(公元 840年?)沙州僧崇恩處分遺物憑據》)

"鶡子皮裘"即鶡氅裘。上揭文書是沙州僧人崇恩的遺物清單,故"鶡子皮裘"爲僧人服飾。前述維摩詰是在家修行的佛教徒,從敦煌文獻記載僧人穿着鶡裘的情況看,敦煌壁畫中維摩詰着鶡裘也是合乎佛門規範的。敦煌寫卷"鶡子皮裘"的用例爲敦煌圖像中的鶡氅裘提供了強有力的文獻證據。從另一方面看,圖像材料與文獻材料相結合,從服飾方面共同說明了敦煌道釋相激相融的歷史事實。

圖 3 　莫高窟隋 276 窟 　維摩詰經變·維摩　　　　　圖 4 　莫高窟唐 103 窟 　維摩詰經變·維摩

（《中國壁畫全集·敦煌·隋》，圖 139）　　　　　　（《中國石窟·敦煌莫高窟（3）》，圖 155）

三　碓頰耳

《敦煌學大辭典·生産生活畫》"踏碓圖"條：壁畫中表現糧食加工的圖像，在莫高窟五代第 61 窟"五臺山圖"、榆林窟西夏第 3 窟東壁千手千眼觀音經變及莫高窟元代第 465 窟均有此圖像。在四川彭縣太平鄉東漢墓中就有以圓木爲杠杆、以木杵舂石臼的畫像磚。到唐宋時期，已改圓木爲板，踏板縮短，支點合理，踏者雙臂扶架，較漢晉時期更加方便、省力、安全。敦煌壁畫中上舉三幅踏碓圖，反映了這種改良了的工具及其操作情況。其中西夏的圖像中，將支撐杆板的立柱改爲能隨板起伏而活動的軸木，操作更爲靈便。在缺畜缺水地區，則以人力踏碓，更實用。[①]

按：上揭引文言"西夏的（踏碓）圖像中，將支撐杆板的立柱改爲能隨板起伏而活動的軸木，操作更爲靈便"（見插圖 5），敦煌寫卷爲此説提供了文獻佐證：

1. 油叁勝，買碓頰耳用。滓伍拾餅，梁户王憨子入幔氊一領、褐袋一口用。（伯 2032 號背《後晉時代浄土寺諸色入破曆祘會稿》）

圖 5　榆林窟第 3 窟西夏踏碓圖

（《敦煌學大辭典》第 195 頁，"踏碓圖"條）

2.粟壹碩捌斗、黃麻壹碩貳斗，充賣（買）<u>挾耳木</u>用。（斯 5071 號《年代不明（公元 10 世紀）某寺諸色入破曆祚會牒殘卷》）

3.繩索。幡竿。<u>夾耳</u>。（俄敦 2822 號《雜集時用要字》）

觀察圖像，"碓頰耳"、"挾耳木"、"夾耳"當即是踏碓上能隨板起伏而活動的軸木。這類軸木可以夾住兩側形如耳朵的木質構件，故以"頰耳"、"挾耳"命名。"頰""挾"從"夾"得聲，皆可用同"夾"。

從上揭文書買賣"碓頰耳""挾耳木"的記載看，"碓頰耳"的製作可能需要一定的技巧。《敦煌學大辭典》謂此類踏碓出現于敦煌西夏時期洞窟壁畫中，而敦煌記載"碓頰耳""挾耳木"的文書均爲五代時期。故此例中，敦煌寫卷不僅爲敦煌圖像提供了文獻根據，而且把附有活動軸木之踏碓的具體使用年限至少提前了近百年。

四　露柱

《敦煌建築研究》第五章"住宅・院落住宅"：據《營造法式》，<u>烏頭門</u>又名"閥閱"（宋・李誡《營造法式》卷一）。《史記》說："人臣功有五品……明其等爲閥，積日曰閱"（《史記》卷十八）。《漢書》注也說："古者以積功爲閥"，"經歷爲閱"。所以烏頭之建，含有旌表門第的意思。《唐六典》規定"六品以上"才能用烏頭大門。《新五代史・李自倫傳》記旌表王仲昭之六世同居也說到烏頭正門，可見烏頭門並非尋常可用之物。據文獻和實物，宋代以來也都是在比較隆重的場合如文廟、陵墓、道觀中的正門，才使用烏頭門。但烏頭門本身並不是什麼了不起的東西，不過是在最簡單的"衡門"下安木板門扇而已，<u>由壁畫竟用於厠院，可知當時並未嚴格遵行《唐六典》的規定</u>。⑫

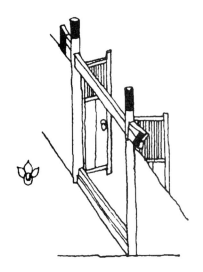 

圖 6　莫高窟第 431 窟烏頭門　　　　　　　圖 7　莫高窟第 159 窟烏頭門

（《敦煌建築研究》第 180 頁，圖 5—7）　　　（《敦煌學大辭典》第 185 頁，"烏頭門圖"條）

　　按：上揭引文所謂的"烏頭門"是一種没有屋頂的門，高約一丈二尺，二柱相去一丈，柱頂套黑色瓦桶，故稱（見插圖 6、7）。敦煌壁畫中多見烏頭門，如初唐第 431 窟北壁"未生怨"宫廷的側門、盛唐第 23 窟南壁法華經變中住宅的院墙門、晚唐第 85 窟窟頂南坡法華經變宅門、五代第 98 窟南壁法華經變"信解品"中宅院旁畜厩門等⑬。烏頭門的形象在敦煌壁畫中經見，其實有關烏頭門的文字記載在敦煌文獻中亦見，如：

　　　　十指纖纖如露柱，一雙眼子似木槌離……兩脚出來如露主（柱），一雙可（胳）膊似粗椽。（伯 3048 號《金剛醜女因緣》）

例中的"露柱"即烏頭門的兩木柱。明方以智《通雅》卷三八"宫室"："《册府元龜》言：'閥閱二柱，相去一丈，柱頂安瓦筒，號爲烏頭染，即謂之闕。柱端之筒謂之揩頭，又曰護朽。'陸文量《菽園雜記》引《博物志》：'虵蜍似龍而小，好立險。故立於護朽上。所謂露柱也。'"⑭上揭寫卷是以"露柱"比喻醜女的手指和雙腿的粗大難看⑮。變文是民間文學，取喻多用身邊常見事物，以達説理淺顯的目的。因此，"露柱"必定是當時敦煌的習見之物，並不一定用於仕宦之家。這與敦煌圖像中烏頭門甚至用於厩院的情況是相一致的。敦煌文獻中的"露柱"用例不僅爲敦煌建築研究提供了烏頭門兩立柱的其他稱謂，而且從文獻角度補充印證了敦煌建築類壁畫中關於烏頭門之制未嚴格遵行《唐六典》規定的情況。

五　納袍

俄弗 96 號《雙恩記》："身掛<u>納袍</u>雲片片，手摇金錫響玲玲……或有身披百納，袈裟上點點雲生。"《敦煌變文校注·雙恩記》注八一："《玉篇》：'納，奴答切，内也。或作衲。''納袍'即'衲袍'，指百衲衣，故文中以'雲片片'爲喻。下文：'或有身披百納，袈裟上點點雲生。'所喻同。"⑩

圖 8　莫高窟盛唐 21 窟彩塑佛弟子袈裟花紋

（《中國服飾史》第 293 頁，圖 6—114）

圖 9　莫高窟北周 428 窟

（《敦煌石窟鑒賞叢書》第 2 輯 4 分册，圖 12）

按：百衲衣以布片縫綴而成，以"雲片片"爲喻尚可，但又以"點點雲生"爲喻，似與百衲衣的情況並不相合。上揭寫卷中的"納袍"實際上是山水衲袍，這是一種在田相袈裟方塊内刺綴以山水紋樣的僧服（見插圖 8）。敦煌圖像中經見此衣，如莫高窟盛唐 21 窟彩塑佛弟子、盛唐 205 窟塑像迦葉、晚唐 17 窟禪僧洪晉均着此衲袍。另如北周 428 窟盧舍那的袈裟上也繪有天界、人界、地獄等場面（見插圖 9）。關於山水衲的由來，佛教文獻中有記載，《四分律行事鈔資持記》："世人所棄零碎布帛，收拾鬥綴以爲法衣，欲令節儉少欲省事，一衲之外更無餘物。今時禪衆多作納衫而非法服，裁剪繒彩，刺綴花紋，號山水衲，價值數千，更乃各鬥新奇，全乖節儉。"⑰山水衲"裁剪繒彩，刺綴花紋""價值數千"，故一度成爲高僧的法服，莫高窟塑像迦葉、洪䛒身着山水衲即其例。

因爲"衲袍"以高級面料製成，其上又刺綴花紋，所以後來俗衆所服的繡袍亦稱爲"衲袍"。如宋洪邁《夷堅乙志》卷一"俠婦人"條："吾手制衲袍以贈君，君謹服之，惟吾兄馬首所向。"⑱宋郭象《睽車志》卷六："劉先生者，河朔人。年六十餘，居衡岳紫蓋峰下，間出衡山縣市，從人丐得錢，則市鹽酪徑歸……縣市一富人，嘗贈一衲袍，劉欣謝而去。"⑲《漢語大詞典》釋前一例"衲袍"爲"用碎布料縫綴的袍服"，後一例"衲袍"爲"縫補過的舊衣"⑳，均誤。例中"衲袍"皆爲饋贈之物，不當是碎布縫綴的舊衣。上引《睽車志》例，其後還有一段文字，可以幫助理解"衲袍"的含義："越數日，見之（劉欣），則故褐如初。問之，云：'吾幾爲子所累！吾常日出庵，有門不掩，既歸就寢，門亦不扃。自得袍之後，不衣而出，則心繫念。因市一鎖，出則鎖之。或衣以出，夜歸則牢關以備盜。數日營營不能自決。今日偶衣至市，忽自悟：以一袍故，使方寸如此，是大可笑。適遇一人過前，即脫袍與之，吾心方坦然無復繫念。'"㉑文中叙述，劉欣自得袍之後，擔心袍服被盜，日夜懸心，"營營不能自決"。故"衲袍"不當是補綴之舊衣，而是飾有刺繡花紋的高級袍服。

"納"字常見"縫綴、補綴"義，把"納袍"釋爲"用碎布料縫綴的袍服"或"縫補過的舊衣"，粗看沒有問題，但將其置入上列文例，於義卻顯滯礙。敦煌塑像的衣飾花紋爲我們提供了新思路，以此思路得出的"衲袍"義，再徵以佛教文獻，不僅弄清了敦煌變文《雙恩記》中"納袍"的確切含義，理解了文中的比喻義，同時也糾正了《漢語大詞典》"衲袍"一詞的釋義錯誤。由此可見，在敦煌學研究領域，將敦煌圖像、敦煌實物與敦煌文獻結合起來考察是非常重要的方法，以上諸例亦顯示往往文獻上不太容易索解的名物求助於圖像煥然冰釋，而圖像上的名物有文獻的佐證則在名物的定名與斷代上就有了依據。因此，敦煌學的研究尤其要注意材料的全面性，應該充分利用敦煌寶庫中的各種材料，只有在完備的材料基礎上，敦煌學研究才有可能進行得更全面、更深入。

①季羨林主編《敦煌學大辭典》，上海辭書出版社，1998 年，第 217 頁。

②《漢書》卷八十七上《揚雄傳》，中華書局，1962 年，第 3546—3547 頁。

③行均《龍龕手鏡》卷一，中華書局，1985 年，第 86 頁。

④行均《龍龕手鏡》卷一，第 89 頁。

⑤丁度等《集韻》卷八，中國書店，1983 年，第 1197 頁。

⑥行均《龍龕手鏡》卷二，第 292 頁。

⑦作者按："金粟"指維摩詰。唐段成式《酉陽雜俎》卷五"怪術"條："(術士)方欲水再三噀壁上,成維摩問疾變相,五色相宣如新寫,逮半日餘,色漸薄,至暮都滅。唯<u>金粟</u>綸巾鷟子衣上一花,經兩日猶在。"詳見《敦煌學大辭典》第 42 頁。"鷟子衣",《敦煌學大辭典》"鶴氅裘"條作"鵝子衣"。

⑧季羨林主編《敦煌學大辭典》,第 218 頁。

⑨劉義慶著,余嘉錫箋疏《世說新語箋疏》下卷上,中華書局,1983 年,第 634 頁。

⑩參姜伯勤《道釋相激:道教在敦煌》,《敦煌藝術宗教與禮樂文明》,中國社會科學出版社,1996 年,第 285 頁。

⑪季羨林主編《敦煌學大辭典》,第 195 頁。

⑫蕭默《敦煌建築研究》,機械工業出版社,2003 年,第 180 頁。

⑬參《敦煌學大辭典·建築畫》"烏頭門圖"條,第 185 頁。

⑭方以智《通雅》卷三十八,《方以智全書》第 1 冊,上海古籍出版社,1988 年,第 1157 頁。

⑮參黃征、張涌泉《敦煌變文校注》卷六《金剛醜女因緣》注四七,中華書局,1997 年,第 1112 頁。

⑯黃征、張涌泉《敦煌變文校注》,第 947 頁。

⑰元照《四分律行事鈔資持記》卷下三,《大正新修大藏經》第 40 冊,新文豐出版有限公司,1983 年,第 391 頁。

⑱洪邁《夷堅志》(三)卷一,《叢書集成初編》第 2709 冊,中華書局,1985 年,第 5 頁。

⑲郭彖《睽車志》卷六,《叢書集成初編》第 2716 冊,中華書局,1985 年,第 52—53 頁。

⑳羅竹風主編《漢語大詞典》(三卷本),漢語大詞典出版社,1997 年,第 5320 頁。

㉑郭彖《睽車志》卷六,第 53 頁。

(原載《中國典籍與文化》2009 年第 2 期)

作者簡介:杜朝暉,湖北大學文學院

通訊地址:湖北武漢湖北大學文學院　　郵編:430062

跋敦煌本《黄帝明堂經》

王杏林

　　《黄帝明堂經》是我國現知最早的一部針灸腧穴學專著,約成書於漢代,著者不詳[①],蓋雷公問以人身經絡之道,黄帝乃坐明堂以授之,後人本黄帝之法追述之以成此書。是書對我國針灸學的發展影響深遠,惜其亡佚甚久,《舊唐書·經籍志》中記有"黄帝明堂經三卷,楊玄孫撰注"[②]。晋人皇甫謐"取黄帝《素問》、《鍼經》、《明堂》三部之書,撰爲《鍼灸經》十二卷"[③],保留了《黄帝明堂經》的部分内容;唐人王燾在其《外臺秘要》卷三十九"十二身五藏六腑明堂"部分,直録《甲乙經》中有關"明堂"的内容,同時也保留了甄權修訂的《明堂人形圖》和楊玄操撰著的《黄帝明堂經》的部分内容[④],在一定程度上間接保存了《黄帝明堂經》;日本仁和寺發現了兩軸楊上善《黄帝内經明堂》殘卷,惜僅存其序文及卷一肺經部分十穴而已,難窺全貌[⑤];日人丹波康賴《醫心方》卷二盡抄《黄帝明堂經》穴位及主治之法,亦保存了《黄帝明堂經》的佚文[⑥],是輯復、研究《黄帝明堂經》的珍貴文獻。今人黄龍祥以《針灸甲乙經》爲主本,以《外臺秘要》、日本現存《黄帝内經明堂》以及《醫心方》三書作爲補輯的主要依據,並博采衆書,著成《黄帝明堂經輯校》一書,爲《黄帝明堂經》的輯復工作貢獻至鉅,然因其所據爲《針灸甲乙經》、《外臺秘要》等傳世古醫籍中殘存的《黄帝明堂經》内容,在輯復上亦存在許多不足之處。

　　在敦煌莫高窟藏經洞出土的醫學文獻中,亦發現《黄帝明堂經》寫卷碎片。然研究敦煌醫學文獻的學者往往將重點放在英藏與法藏寫卷中,在現有的研究成果中,對俄藏涉及甚少,因此,僅有馬繼興《敦煌古醫籍考釋》(以下簡稱"《考釋》")、李應存《俄羅斯藏敦煌醫藥文獻釋要》(以下簡稱"《釋要》")二書對 Дx.235、Дx.239 和 Дx.3070 三個抄録《黄帝明堂經》的碎片有過整理和校釋,然此二書對敦煌本《黄帝明堂經》的殘片收録並不完備,且在校勘上亦有闕漏之處。

　　經過仔細查找整理,發現敦煌本《黄帝明堂經》碎片共有五個,分别爲 Дx.235、Дx.6634、Дx.11538B、Дx.239 和 Дx.3070。

　　Дx.235,殘片,首尾均殘缺,起背部穴位"胃俞"條"穀食不下"之"食",至"膀胱俞"條之"灸三壯",凡18行,行約20字,首4行上部殘缺,第5、6、10諸行下部殘缺。抄録内容爲"胃俞”、“腎俞”、“大腸俞”、“小腸俞”、“旁光俞”五個穴位。

Дх.6634，殘片，起“膀胱俞”條“主要脊强痛”，至“白還俞”條“刺入五分”之“五”字，下部殘缺，凡 8 行。抄録内容涉及“膀胱俞”、“中膂内俞”、“白還俞”三個穴位。首行“主要脊强痛”爲“膀胱俞”主治病症，與 Дх.235 末行“膀胱俞”針灸手法“刺入三分，灸三壯”内容正相銜接。

Дх.11538 有兩個殘片，其上部殘片爲不知名醫經。其下部殘片（標之爲 Дх.11538B）起“膀胱俞”條“腹要以下至足”，至“次聊”條“少陽□□所結”之“陽”字，上部殘缺，存 12 行。抄録内容有“膀胱俞”、“中膂内俞”、“白還俞”、“上聊”四個穴位。首行首字“腹”字旁有小字“俛仰難，不得仰息，痿重，尻不舉，溺赤，脊强”，係增補漏抄“膀胱俞”之主治病症。殘片前 8 行文字與 Дх.6634 的 8 行文字可相連，如 Дх.6634 首行末字“少”與 Дх.11538B 首行“腹”字相銜接，Дх.6634 第 6 行“安”與 Дх.11538B 第 6 行“木”綴合成“案”字。

Дх.239，殘片，起“白還俞”條“尻重不能舉”之“重”，至“魄户”穴條之“在第三椎下兩旁”，下部殘缺，共 21 行。共抄録“白還俞”、“上聊”、“次聊”、“中聊”、“下聊”、“附分”、“魄户”七個穴位内容。其第 2—4 行文字與 Дх.11538B 末 3 行在文字和内容上可相銜接，如 Дх.239 第 4 行末字爲“陰”上部殘畫，Дх.11538B 末行首字爲“陰”下部殘畫，二者可相拼接。

Дх.3070，殘片，起“魄户”條“刺入五分”之“入”字，至“噫嘻”穴條“在肩博内廉”，下部殘缺，共 5 行。抄録“魄户”與“噫嘻”二穴。

五個碎片綴合後的順序爲 Дх.235＋Дх.6634＋Дх.11538B＋Дх.239＋Дх.3070，凡 53 行，抄録《黃帝明堂經》胃俞、三焦俞等背部十六穴的部位、針灸手法及主治病症。

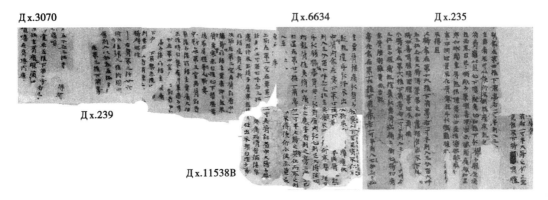

Дх.235＋Дх.6634＋Дх.11538＋Дх.239＋Дх.3070 殘卷綴合圖

關於寫卷的定名，諸説紛紜。《俄藏》將 Дх.235、Дх.239、Дх.3070 三個殘卷綴合，定名爲《醫書》[⑦]，日人小曾户洋認爲這三個殘片係《黃帝明堂經》古傳本之一種，馬繼興《考釋》據此定名爲《黄帝明堂經》⑧;《俄藏敦煌漢文寫卷叙録》定名爲《針灸甲乙經》⑨,李應存《釋要》以之爲"《針灸甲乙經》節選充實殘本"⑩。察寫卷内容與體例,共抄録人體背部"胃俞"等十六穴的部位、針灸手法及主治病症,與今人黄龍祥《黄帝明堂經輯校》上編"背自第一椎兩傍俠脊各一寸五分下至節凡四十二穴第八"及"背自第二椎兩傍俠脊各三寸下行至第二十一椎下兩傍俠脊凡二十六穴第九"中所列之"胃俞"至"噫嘻"穴内容體例相吻合;《針灸甲乙經》卷三"背自第一椎兩傍俠脊各一寸五分下至節凡四十二穴第八"中撰述了胃俞等穴的部位和針灸手法,然各穴位主治病症則散見在卷七至卷九各章,其抄録體例與寫卷不同,且主治病症不如寫卷之全面,故從《考釋》將寫卷定名爲《黄帝明堂經》。

敦煌本《黄帝明堂經》與傳世醫籍中殘存的《黄帝明堂經》佚文略有不同,當是《黄帝明堂經》另一古傳本,而作爲《黄帝明堂經》的早期傳本之一,敦煌本《明堂經》的價值不言而喻,今將敦煌本《黄帝明堂經》與黄龍祥《黄帝明堂經輯校》(以下簡稱"黄輯本")進行比對,反復校讀,參以《針灸甲乙經》(以下簡稱"甲乙經本")、《外臺秘要》(以下簡稱"外臺本")、《備急千金要方》(以下簡稱"千金本")、《醫心方》(以下稱"醫心方本")等傳世醫籍中殘存的《明堂經》内容,可以看出:

一、敦煌本《明堂經》與"醫心方本"抄録自同一版本,與"外臺本"、"甲乙經本"及"千金本"所據版本不同,當係《黄帝明堂經》另一古傳本。

(一)敦煌本與"醫心方本"完全相同、與其他各本相異處:

1.各穴位所言在第某椎下兩旁各一寸半　"一寸半","醫心方本"相同,"黄輯本"、"甲乙經本"作"一寸五分"。

2.(三焦俞)……食飲不下,腸鳴臚(脹)。　"食飲","醫心方本"同,"黄輯本"、"甲乙經本"、"外臺本"作"飲食"。

3.(腎俞),在第十四椎下兩旁各一寸半,剌入三分……熱痓。　"剌","醫心方本"同,其餘諸本作"刺"。

4.中膂内俞……腹脹掖攣。　"掖","醫心方本"同,其餘諸本作"腋"。

5.白還,在第廿一椎下兩傍。　"廿一","醫心方本"同,其餘諸本作"二十一"。

6.中聊……赤淫,時白,氣癃,月事通少。　"月事通少","醫心方本"同,其餘諸本均無"通"字。

7.神堂……主肩痛匈腹滿,洒(下缺)。　洒,"醫心方本"同,其餘諸本作"悽"。

(二)敦煌本與"醫心方本"略異,與其他各本差異明顯處:

1.(腎俞)……兩脅難以息,心下填堅痛。　"兩脅難以息","醫心方本"作"兩脅難"。

“黃輯本”、“甲乙經本”、“外臺本”作“兩脅引痛”；此處“醫心方本”摘錄未全。《金匱玉函經》有“兩脇拘急，喘息爲難，脛背相牽，臂則不仁”[⑪]之病症，《注解傷寒論》曰：“《內經》曰：‘感於寒，則受病。’……兩脇拘急，喘息爲難者，裏氣損也。”[⑫]則其病症當是兩脅因拘急而致難以喘息，是作“兩脅難以息”義勝，《醫心方》抄録時皆有所節略，作“兩脅難”亦可證“兩脅難以息”更接近原文。“心下填堅痛”，“黃輯本”、“醫心方本”作“心下膜痛”，“甲乙經本”作“心下賁痛”，“外臺本”作“心下焦痛”。《廣韻・真韻》：“膜，肉脹起也。”《素問・陰陽應象大論》：“濁氣在上，則生䐜脹。”[⑬]此處言針灸腎俞可治心下脹痛之症，敦煌本作“填”爲“膜”之形誤字。

2.小腸俞……主小腹痛，熱控囊，引要脊，疝痛，上衝心，小腸切痛，要脊彊，溺難，黃赤，舌乾。　“囊”，“醫心方本”作“臬”，並有小注“臬，陰囊也”；“黃輯本”、“甲乙經本”作“睾”，“外臺本”作“罩”。

3.旁光俞。　“旁光”二字，諸本作“膀胱”，“醫心方本”於“膀胱”二字旁注“旁光”。

4.上聊，在一空要果下一寸，夾脊䯖者，……主要痛而清，若偏，陰皋……不禁白淫。“要痛”，“醫心方本”作“腰痛”，“要”與“腰”同。“黃輯本”、“外臺本”作“腰脊痛”，“甲乙經本”作“腰足痛”；“若”，“醫心方本”作“苦”，二字形近而誤，其他各本作“善”；“陰皋”，“醫心方本”作“陰睾”，其他各本作“睾”。

以上數條可以看出，敦煌本《黃帝明堂經》與“醫心方本”在文字和行文上甚爲接近，其二者抄録或引用之《黃帝明堂經》當係同一版本，因“醫心方本”屬摘抄性質，故引《明堂》時删減内容較多，然仍可看出二者源出同一版本；而《外臺秘要》、《甲乙經》等所據版本，則與敦煌本差異較大，其所據當是另一版本。

二、敦煌本《明堂經》作爲《黃帝明堂經》的早期傳本，對《黃帝明堂經》的輯復工作可起到添磚加瓦之效。

（一）敦煌本《明堂經》可補“黃輯本”之脱文

因《黃帝明堂經》未有完本流傳於世，其内容只散見在各類醫籍中，雖有今人黃龍祥的輯復本《黃帝明堂經輯校》，然“黃輯本”以《針灸甲乙經》爲主本進行輯復，而皇甫謐撰《甲乙經》時“删其浮辭，除其重複，論其精要”[⑭]，對於《黃帝明堂經》並非是全文抄録，且《甲乙經》在流傳的過程中也產生了諸多版本，因此必然會存在某些缺失，而敦煌本正可以補其之缺。如：

中膂内俞，在要下第廿椎下兩□□□□半，俠脊□起肉。刺入三分，留十呼，灸三壯。主要齊不可以俛仰，寒熱□痓，反□互引，腹脹挾攣，背央央引脅痛，内引心，刺足

大陽，從項始數脊椎夾脅，如痛，案之應手者，刺之旁三廉，立已。（敦煌本）

中脊俞，在第二十椎下兩傍各一寸五分，俠脊肿起肉。刺入三分，留十呼，灸三壯。主痙，反折互引，腹脹披攣，背中快快引脅痛，内引心，寒熱。腰痛不可以俛仰。（黄輯本）

此條敦煌本“刺足大陽，從項始數脊椎夾脅，如痛，案之應手者，刺之旁三廉，立已”句，“黄輯本”無，“外臺本”作“中脊内俞，在第二十椎下兩傍，各一寸半。俠脊起肉，灸三壯。主腰痛不可以俛仰，寒熱痙反折互引，腹脹腋攣，背中快快，引脅痛，内引心。從項始，數脊椎俠脅，如痛，按之應手灸立已”。《普濟方》卷四百十三“針灸門”中“十二經流注五藏六府明堂”亦有關於此病證的描述：“中脊俞（在第二十椎下兩傍各一寸半。俠脊腴起肉，灸三壯。主腰不可以俛仰，寒熱痙反折互引。腹脹，背中快快引脅痛，内引心。從項始，數脊椎俠脅裏痛，按之應手，灸立已。）”⑮《針灸資生經·背俞第二行四十四穴》“中脊内俞條”亦有“上下按之應者，從項後至此穴痛，皆灸之立愈”⑯的記録。《黄帝明堂灸經·背人形第七》則作“上下按之，應者從項後至此穴，痛者灸之立愈也”⑰，亦相類同。則“刺足大陽，從項始數脊椎夾脅，如痛，案之應手者，刺之旁三廉，立已”句當屬《黄帝明堂經》“中脊内俞”主治病症之一，因此可據敦煌本補“黄輯本”之缺。

又如：

次聊，在第二空夾脊白者中，□陽陽明所結，主要痛忡忡然不□，脊要背寒，赤白淫，心下積脹，要□，後取尾骶與八聊要。（敦煌本）

次窌，在第二空俠脊陷者中，刺入三寸，留七呼，灸三壯。主腰痛快快不可以俛仰，腰以下至足不仁，脊腰背寒，女子赤白瀝，心下積脹。（黄輯本）

“後取尾骶與八聊要”句，“黄輯本”無，“外臺本”作“先取缺盆，後取尾骶與八扉”，《普濟方》作“先取缺盆，後取尾骶與八髎”⑱，此亦爲“次聊”穴針灸手法之一，當補之。

再如：

□聊，在第四空夾脊白者中，□陰少陰所結，主要痛□下倉□下不禁，赤淫，陰中□刺要尻交者兩胂上，腸辟泄注。（敦煌本）

下窌，在第四空俠脊陷者中。刺入二寸，留十呼，灸三壯。主腰痛不可反側，尻脽中痛。腸鳴溏泄。女子下蒼汁不禁，赤瀝，陰中癢痛引少腹控䏚不可俛仰。（黄輯本）

“刺要尻交者兩胂上”句，“黄輯本”無，《甲乙經》卷十二“婦人雜病第十”有“刺腰尻交者，兩胂上，以月死生爲痏數，發針立已。腸鳴泄注，下窌主之”⑲，説明此句亦是“下聊”主治病症，當補之。

(二)敦煌本《明堂經》可正"黄輯本"之行文順序。

《針灸甲乙經》各穴位主治病症分散在卷七至卷九各章,因此"黄輯本"在輯復各穴位主治病症時,順序則相對有些混亂,現可據敦煌本以正其位。如:

> 腎俞,在第十四椎下兩旁各一寸半。刺入三分,□主要痛不可以俛仰反側,熱痙寒熱,食□兩脅難以息,心下填堅痛,心如懸下引齊,少腹急痛,熱面黑,目芒芒,喘欬少氣,溺善濁出赤,風,頭痛如破,足寒如冰,頭重身熱,振栗,要中四支淫濼欲歐,脉□□寒中洞泄,食不化,骨寒熱互引,溲難,腹脹□□引背不得息。(敦煌本)

> 腎俞,在第十四椎下兩傍各一寸五分。刺入三分,留七呼,灸三壯。主熱痙,寒熱,食多,身羸瘦,兩脅引痛,心下膜痛,心如懸,下引臍,少腹急痛,熱,面黑,目脘脘,喘咳少氣,溺濁赤,骨寒熱,溲難,腎脹。腰痛不可以俛仰反側,風頭痛如破,足寒如水,頭重身熱,振栗,腰中四肢淫濼,欲歐,腹鼓大,寒中洞泄,食不化,骨寒熱,引背不得息。(黄輯本)

"腰痛不可以俛仰反側","黄輯本"在"骨寒熱、溲難,腎脹"句後,敦煌本則在主治病症首句,"外臺本"亦同。"醫心方本"作"主腰痛,熱痙",則"腰痛"在"熱痙"前也。

又如:

> □聊,在第四空夾脊臽者中,□陰少陰所結,主要痛□下倉□下不禁,赤淫,陰中□刺要尻交者兩胂上,腸辟泄注。(敦煌本)

> 下窌,在第四空俠脊陷者中。刺入二寸,留十呼,灸三壯。主腰痛不可反側,尻脽中痛。腸鳴澼泄。女子下蒼汁不禁,赤瀝,陰中癢痛引少腹控䏏不可俛仰。(黄輯本)

"腸鳴泄注","外臺本"作"腸鳴澼泄",在主治病證最後,"醫心方本"同。

再如:

> 上聊,在第一空在要果下一寸,夾脊臽者,足大陽少陽□絡。刺入二寸,留七呼,灸三壯。□要痛而清,若傴,陰臯□騫熱,汗不出絶子瘧寒熱,陰挺出,不禁白淫,少陽□□所結,痙,背反折。(敦煌本)

> 上窌,在第一空腰髁下一寸,俠脊陷者,足太陽少陽之絡。刺入二寸,留七呼,灸三壯。主熱病汗不出。𤶠瘧,寒熱。腰脊痛而清,善傴,睪跳騫,女子絶子,陰挺出,不禁白瀝。(黄輯本)

"要痛而清","黄輯本"在"寒熱"症狀後,"外臺本"、"醫心方本"及《普濟方》均爲首治症狀,與敦煌本同。

(三)敦煌本《明堂經》可校正"黄輯本"等其他版本之誤

將敦煌本與"黄輯本"等其他版本進行文字上的比對,可以發現敦煌本作爲早期傳本之

一,可以糾正某些文字上的錯誤。如:

> (腎俞)⋯⋯頭痛如破,足寒如冰,頭重身熱,振栗。(敦煌本)

"冰","黄輯本"、"外臺本"作"水"。水性爲温,冰爲寒,既言足寒,當作"冰"爲是,《針灸資生經·虛損》:"足寒如冰,身腫如水。"⑳《普濟方·針灸》、《聖濟總録·針灸門·足太陽膀胱經》亦言"足寒如冰"㉑。"醫心方本"只言"足寒",則"黄輯本"從"外臺本"作"水",誤也。

又如:

> 神堂,在(第)五椎下兩旁,各三(寸陷者中。足太陽脈氣所發,灸)五壯。主肩痛匈腹滿,洒□□(敦煌本)

"洒"下底卷殘泐,"黄輯本"、"外臺本"作"淒厥","醫心方本"作"洒沂"。亦有作"洒淅"者,如《聖濟總録·針灸門·足太陽膀胱經》:"神堂,⋯⋯治肩痛胸腹滿,洒淅寒熱,背脊强急。"㉒《普濟方·針灸門·寒熱》:"治洒淅寒氣,穴⋯⋯神堂。"㉓《針灸資生經》:"神堂治肩痛,胸腹滿,洒淅寒熱,脊背急。⋯⋯神堂風池治洒淅寒熱。"㉔《金針秘傳·肩髃背腧各部各經穴主治病症》:"神堂,⋯⋯治肩痛,胸腹滿,洒淅寒熱,背脊强急。"㉕"洒淅",惡寒貌也,醫籍中多見,"沂"爲"淅"之誤字。

再如:

> 噫嘻,在肩博内廉。(敦煌本)

博,"外臺本"作"髆","甲乙經本"作"髀","黄輯本"、"醫心方本"作"髆"。《説文·骨部》:"髆,肩甲也。"段玉裁注:"《肉部》曰:肩,髆也,單呼曰肩,累呼曰肩甲。甲之言蓋也。肩蓋乎衆體也。今俗云肩甲者,古語也。《釋名》作肩甲。《靈樞經》作肩胛。"《説文·骨部》:"髀,股也。"段玉裁注:"股外曰髀,髀上曰髋。"《正字通·肉部》:"膊,肩膊也。"朱駿聲《説文通訓定聲·豫部》:"搏,叚借爲膊。"是本字當作"髆","膊"爲"髆"之後起换旁字,"搏"則爲"膊"之借字。寫卷作"博",當是"搏"之誤。"黄輯本"、"甲乙經本"之"髀"爲股外之部位,誤也。

(四)敦煌本《黄帝明堂經》有其獨特的記載,亦保留了一些亡佚的《明堂經》内容

敦煌本《黄帝明堂經》中保留了一些現存醫籍中未見的珍貴内容,有其獨特的文獻價值,如"三焦俞"條中,取穴之法爲"大陽之會,正坐取之",與諸本"足太陽脈氣所發,正坐取之"表述不同;又如"小腸俞"條,主治病症中有"小腸切痛"之症,諸本均無;再如"中膂内俞"條中,"刺足太陽"、"刺之旁三廉",是其他諸本中未見之内容,其臨床價值還待諸醫家考證。"上膠"條"少陽□□所結"、"次膠"條"□陽陽明所結"、"中膠"條的"厥陰少陰所結"(案,此條外臺本有"厥陰所結")、"下膠"條的"□陰少陰所結",説明了俞穴與經脈之間的聯繫,都是其他版本中所闕如的。

敦煌本《黃帝明堂經》作爲《黃帝明堂經》的早期傳本,與現行的古醫籍中抄錄的《明堂經》佚文有較大的出入,因此該本的整理研究,對《黃帝明堂經》的輯佚具有極大的文獻價值,同時也爲"針灸學"的研究提供了較大的醫學參考價值。

① 楊思澍《〈黃帝明堂經〉述評》,《中醫雜志》1988 年第 2 期,第 53 頁。

② 關於《黃帝明堂經》的撰注者,有言"楊玄孫",如《舊唐書·經籍志》,亦有言"楊元"(《通志·藝文略》)、"楊玄"(《玉海·藝文》)、"楊元孫"(《唐書合鈔》)、"楊玄操"(孫樹建《略論隋唐時期的〈明堂〉傳本》)等。"元"是"玄"的避諱字,避北宋與清兩個朝代的諱,所以很難分清是避哪個諱。

③ 《針灸甲乙經·新校正黃帝鍼灸甲乙經序》,人民衛生出版社,1956 年,第 1 頁。

④ 孫樹建《略論隋唐時期的〈明堂〉傳本》,《上海中醫藥雜志》1992 年第 7 期,第 40 頁。

⑤ 黃龍祥《〈黃帝內經明堂〉佚文考略》,《中國醫藥學報》1987 年第 5 期,第 35 頁。

⑥ 黃龍祥《黃帝明堂經輯校》,中國醫藥科技出版社,1988 年,第 252—253 頁。

⑦ 《俄藏敦煌文獻》,上海古籍出版社,1998 年,第 6 冊第 148 頁。

⑧ 馬繼興《針灸類》,《敦煌古醫籍考釋》,江西科學技術出版社,1988 年,第 454 頁。

⑨ 孟列夫《醫學,曆法及天文學本文》,《俄藏敦煌漢文寫卷叙錄》,上海古籍出版社,1999 年,上冊第 620 頁。

⑩ 李應存《針灸類醫書》,《俄羅斯藏敦煌醫藥文獻釋要》,甘肅科學技術出版社,2008 年,第 79 頁。

⑪ 《金匱玉函經》卷五《辨不可下病形證治》,人民衛生出版社,1955 年,第 64 頁。

⑫ 成無己《注解傷寒論》卷九《辨不可下病脈證並治》,人民衛生出版社,1956 年,第 101 頁。

⑬ 《黃帝內經素問》卷二《陰陽應象大論》,人民衛生出版社,1956 年,第 15 頁。

⑭ 《針灸甲乙經·黃帝三部鍼灸甲乙經序》,第 2 頁。

⑮ 朱橚《普濟方》卷四一三《針灸門·十二經流注五藏六府明堂》,人民衛生出版社,1959 年,第 10 冊第 153 頁。

⑯ 王執中著,黃龍祥、黃幼民整理《針灸資生經》第一《背俞第二行四十四穴》,人民衛生出版社,2007 年,第 51 頁。

⑰ 竇桂芳集《黃帝明堂灸經》卷中《背人形第七》,人民衛生出版社,1983 年,第 43 頁。

⑱ 《普濟方》卷四一三《針灸門·十二經流注五藏六府明堂》,第 10 冊第 153 頁。

⑲ 《針灸甲乙經》卷十二《婦人雜病第十》,第 152 頁。

⑳ 《針灸資生經》第三《虛損》,第 110 頁。

㉑ 《普濟方》卷四一五《針灸門·腧穴圖》,第 10 冊第 182 頁;趙佶編《聖濟總錄》卷一九一《針灸門·足太陽膀胱經》,人民衛生出版社,2013 年,下冊第 2178 頁。

㉒ 《聖濟總錄》卷一九一《針灸門·足太陽膀胱經》,下冊第 2179 頁。

㉓ 《普濟方》卷四一八《針灸門·寒熱》,第 10 冊第 278 頁。

㉔《針灸資生經》，第五《肩背酸痛》、第七《寒熱》第 220 頁、291 頁。

㉕方慎庵《金針秘傳》卷十一《肩髀背腧各部各經穴主治病症》，人民衛生出版社，2008 年，第 185 頁。

作者簡介：王杏林，浙江師範大學杭州幼兒師範學院講師

通訊地址：杭州市蕭山區高教園耕文路 1108 號　　　郵編：311231

敦煌、吐魯番出土《開蒙要訓》寫卷叙録

張新朋

　　《開蒙要訓》是在我國古代中下層民衆間廣爲流傳的童蒙識字課本之一。它承襲周秦以來的《史籀篇》、《蒼頡篇》、《凡將篇》、《訓纂篇》和《急就篇》等早期童蒙教材"積字成篇，協以韻語"的傳統，選取一千四百個人們日常生活所常用的文字組織成篇。與大家熟知的《千字文》相比，《開蒙要訓》行文構思上略顯拙劣、呆板，所反映的内容更貼近村夫農婦、販夫走卒等下里巴人的生活，走的是與《千字文》不同的路綫，爲宋代以後諸多"雜字"書的始祖。也許和這些因素有關，《開蒙要訓》後來失傳了。然唐五代時期，該書曾在敦煌、吐魯番地區廣爲流傳。端賴敦煌、吐魯番文獻的發現，使我們得以一睹其真實面目。筆者近年來一直在從事敦煌、吐魯番出土文獻中的童蒙讀物的整理工作，對於它們中的《開蒙要訓》寫卷多有留意，並且撰寫過相關的文章若干篇。爲便於學者了解敦煌、吐魯番出土《開蒙要訓》寫卷之全貌，同時免去到不同文章、著作中翻檢之苦，今將前賢時彦及筆者所認定的《開蒙要訓》寫卷加以匯總，撰成叙録一篇，以供大家參看。

一　敦煌出土的《開蒙要訓》寫卷

　　據筆者調查，現已公佈的敦煌文獻中有《開蒙要訓》寫卷 82 件（正規抄本 70 件，習字雜抄 12 件），其正規抄件中英藏 14 件（S.5513 號爲《開蒙要訓》摘抄），法藏 17 件，俄藏 31 件，國圖藏 4 件，上圖藏 1 件，羅振玉舊藏 1 件，日本天理大學圖書館藏 1 件，李盛鐸舊藏 1 件，經整理綴合後可得 42 件。首尾俱全者 5 件，即 P.2578、P.3610、P.2487、P.3054 和 P.3875A 號。有年代題記者 5 件，分別爲：S.705 號，文末題"大中五年辛未（851）三月廿三日學生宋文獻誦、安文德寫"；P.2578 號，題記云"天成四年（929）九〔月〕十八日燉煌郡學仕郎張▨▨書"；S.5584 號，《開蒙要訓》之後接抄患文一篇，患文首題前有"清泰貳年（935）乙未歲二月十五日，蓮臺寺比丘願丞略述寫記"等字樣；P.3054 號，卷末題記作"維大唐天福叁年歲次己亥（據干支紀年，己亥年乃天福四年〔939〕，題記之"叁年"恐誤）九月五日張富郎書"；S.5463 號，尾題後有題記，曰"顯德伍年（958）十二月十五日大雲寺孝郎□□□"。有注音者 2 件，即

P.2578 號和 Дx.19083＋？＋P.3243 號。

今將法國國家圖書館所藏首尾俱全的 5 件列於前（依其館藏編號先後爲序），其他的按其所存文句先後爲序（起句相同的則依其完整度排序），依次叙録如下。

（1）P.2487 號。有二本，第一本僅 2 行，第 1 行題“開蒙要訓一卷”（兩遍），第 2 行抄“乹坤覆載”至“春花開艷夏”。第二本爲首尾完整的《開蒙要訓》，計 74 行，行 16—22 字不等。首尾均題“開蒙要訓一卷”。卷背有“乾坤覆載，日月光明”、“八節”、“乾坤覆［載］”至“春花開”（其後有類似詩文雜寫 3 行）、“開蒙要訓一卷”（重出一次）等抄自《開蒙要訓》的文字及“龍興寺孝(?)▨”（“孝”字不太明晰，末字漫漶不識）、“陰福▨便麥”等雜寫文字多處。李正宇《敦煌地區古代祠廟寺觀簡志》云“敦煌之龍興寺晚至唐寶應二載（763）初見其名（S.2436），至北宋天禧三年（1019）猶存（《天禧塔記》）”，“後梁時設有寺學（P.2712），兼授僧俗生徒”①。

（2）P.2578 號。首尾完整，計 112 行，行 9—16 字不等，首尾均題“開蒙要訓一卷”。尾題後有題記：“天成四年（929）九［月］十八日燉煌郡學仕郎張▨▨書”（末三字爲濃墨所塗，前二字不可辨識，李正宇《敦煌學郎題記輯注》録作“顯順”，不知何據）。卷背有殘文書一道及“踜躓”、“開蒙要訓”、“乾坤覆載”、“晦暮暮雲陰晴貧貧賤”等習字雜寫若干。原文有句讀（朱筆），然多有不合韻律誤點之處。部分文字右側或右下方有小字直音，呈現出唐五代西北方音的特色。

（3）P.3054 號。首尾完整，計 96 行，前後書寫行款略有變化，前面五十餘行字體較小，抄寫較密，行 16—19 字不等；其後部分字體較大，行 9—13 字不等。首尾並題“開蒙要訓一卷”。起首若干行末端略有殘損，中間“蝦蟆蜂蛤，龜鼈鯋鯹”、“鶉鳩鴛鴦，鷹鵰鷓鴣”等文字漏抄。末有題記“維大唐天福叁年歲次己亥（據干支紀年，己亥年乃天福四年〔939〕，題記之“叁年”恐誤）九月五日張冨郎書”。背署“維大唐天福叁年歲次己亥五月六日張冨郎自首（手）之耳”（“首”、“之”之間當脫“書”、“記”類文字），其下爲張所書打油詩一首。另有“▨再盈開蒙要□（訓）一養（卷）”及“癸亥年十月廿九(?)日”、“維大晋天福伍年（940）歲次庚子七月”、“維大晋天福伍年辛丑②歲”等字樣。“張富郎”之名亦見於 P.3211p7 所載“人名目一本”、S.11353 號某年八月十六日社司轉帖及 S.5977 號《和戒文》背面題記“▨子年六月九日靈圖寺孝郎張冨郎③記”，與抄寫《開蒙要訓》的張富郎是否爲同一人待考。

（4）P.3610 號。首尾俱全，計 85 行，行 13—19 字不等，第 2—7 行上部文字略爲墨漬所污，其餘部分保存完好。首題“開蒙要訓一卷”，尾題“开朦(蒙)要訓一卷”。

（5）P.3875A 號。首尾完整，計 97 行，行 12—18 字不等，前面三十餘行破裂且有部分殘缺,首尾並題"開蒙要訓一卷"。前有癸未年社司轉帖一道(書於另一斷片上,與抄有《開蒙要訓》的斷片間有間隔),從書體上看與本篇爲同一人所書,寧可、郝春文《敦煌社邑文書輯校》據干支紀年判定其爲歸義軍時期寫本④。卷背有社司轉帖一道、雜寫多處及修補碎片若干。

(6)S.5431 號。册子本,凡 14 頁,每半頁 5 行,計 135 行,行 9—12 字不等;每頁邊緣文字略有殘缺。首頁左上角有毛筆所書阿拉伯數字編號"070"、"雜字一本"及其他模糊的文字若干,字體與本文不一,《敦煌遺書總目索引新編》⑤(以下稱《索引新編》)、《敦煌蒙書研究》⑥(以下稱《蒙書》)均疑其出自斯坦因助手蔣孝琬之手,當是。次頁起爲《開蒙要訓》,首完尾缺,首題"開蒙要訓一卷"(右半殘泐),止"越驀非常,追□□□"。《英國博物館藏敦煌漢文寫本注記目録》(以下稱《英注記目録》)定爲十世紀寫本⑦。

(7)S.5464 號。册子本,計 13 頁,《開蒙要訓》佔 9 頁半,有二本。第一本計 5 行,首題"開蒙要訓一卷"1 行,起"乾坤覆載"至"松竹冬青霧"等字 4 行。第二本由第 2 頁起至第 10 頁止,每半頁 7 行或 8 行,行 7—10 字不等,首題"開蒙要訓一卷",起"乾坤覆載",訖"鶵鵲鳩鴿,鴻鶴□□□"。首頁另有"金剛經讚"、"庚辰年十月十六日立契赤心鄉百姓"、"庚年月"及"之大天子"等習字若干,末頁題"己卯年十月十三日"(《英注記目録》推測爲"919 年 11 月 8 日"⑧)等字樣。《蒙書》稱此本署有"六朝馬仁壽撰"⑨字樣,今遍查未獲,《蒙書》所記或有誤。

(8)P.2588 號。首完尾缺,計 57 行,行 14—18 字不等,第 3 行末端殘缺。首題"開蒙要訓一卷"。起"乾坤覆載",訖"餺飩餈料",以下未抄完。其後爲亡文、燃燈文、社齋文等釋門文書。卷背有"佛堂"、"嘆像"、"慶經文"、"慶幡文"等佛家讚頌文本及"造彌勒大像發願文"一篇。

(9)S.705 號。首缺尾完,存 83 行,完整者行 15—20 字不等。前端若干行上部殘缺,卷中亦或有殘缺。起"□□▨(沉)溺▨▨(渦泓)",訖"▨(易)解難忘"。尾題"開蒙要訓一卷"。末有題記"大中五年辛未(851)三月廿三日學生宋文獻誦、安文德寫"。尾部另有雜寫兩處,並貼有修補殘片十一片,殘片有轉帖、《開蒙要訓》及雜寫若干。卷背有轉帖殘片及雜寫,雜寫中有"天復"、"天復八年(908)"、"張▨宗書卷"、"張定德"、"李進子"等文字,可見該寫卷於五代初尚在使用。又,P.2825 號《太公家教》文末題記云"大中四年(850)庚午正月十五日學生宋文顯讀、安文德寫","宋文顯"與"宋文獻"或即一人;安文德還見於 S.449 號《大般若波羅蜜多經》卷三〇一文末題名(該題名與《開蒙要訓》題名一致,但所抄經文部分筆法則老成許多)、P.3894 號《太公家教》背碎片二的人名録中。

(10)S.1308 號。首缺尾完,存 79 行,行 14—17 字不等。卷子上下端及卷内個別地方略有殘損。起“▨▨▨▨（炬照輝）盈”，訖“易解▨□（難忘）”。尾題“開蒙要訓一▨（卷）”。《英注記目録》定爲十世紀寫本⑩。

(11)《敦煌秘笈》羽二九號。首完尾缺，首題“開蒙要訓一卷”，存52行，其中第47至第52行首尾有殘缺，其餘各行基本完整，完整者行20字左右，起“乾坤覆載”，倒數第2行止於“吃噉飽滿”句“滿”字，其後一行僅存該行下部三字的右端殘迹，依其行款推斷大體與“禾粟穧稻”上下句中的文字相當，但因所存過少，無法判斷具體爲哪三個字。首題下依次有“李盛鐸印”、“敦煌石室秘笈”朱印兩方。卷背爲雜抄，抄有“▨急急如律令”、“曲子寄▨蔭”、“學郎▨▨”、“▨▨元年丙戌歲十一月▨日敦煌▨▨▨丞”、“▨德元年壬亥”等諸多内容。

(12)P.3408＋Дx.4907號。①P.3408號，首完尾缺，存38行，行16—20字不等，末尾9行上端殘缺。首題“開蒙要訓一卷”，其下有“▨金今剛▨”5字。起“坤乹覆載”，訖“爐冶鑄鍾。鼎□□□”。卷背有雜寫若干。②Дx.4907號，存14行，行1—5字，首尾及下端殘。起“腿脮跟踝”，訖“踈概□□▨（桐）”。《俄藏》未定名。今謂此爲《開蒙要訓》殘片，且與P.3408號可以綴合。P.3408號倒數第9行與Дx.4907號第1行相接，銜接後該行略有殘泐（“脚”字下端、“手”字上端殘缺）。其後8行依次相接後中間仍有2—4字殘缺。二卷綴合如圖1所示：

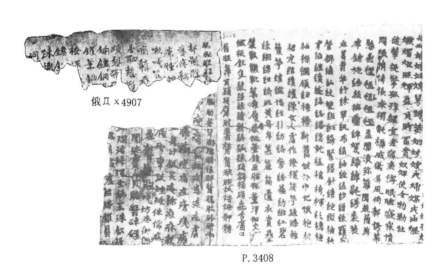

俄Дх4907

P.3408

圖1　P.3408（局部）＋Дx.4907號《開蒙要訓》綴合圖

(13)P.2717B＋Дx.5260＋Дx.5990＋Дx.10259號。①P.2717號正面爲《字寶》殘卷（參看《敦煌經部文獻合集》“小學類訓詁之屬”《字寶》題解⑪），背面前一部分爲《開蒙要訓》習字，其後有兩本未抄完的《開蒙要訓》，其中第二本即 P.2717B（第一本本文稱之爲 P.2717A，詳下叙録），自左向右直行書寫，字迹較爲模糊，計 24 行，行 18—22 字。首題"開蒙要訓一卷"。起"乾坤（坤）覆載"，訖"矬矮侏儒。癩□□□"。其中第 17 行右部略有殘泐，18 行僅存右部少量殘畫，二行間有殘缺。②Дx.5260 號，殘片，計存 9 行（第 9 行右半殘），行 4—8 字。③Дx.5990 號，殘片，存 4 行，行 6—8 字。④Дx.10259 號，殘片，存 6 行，行 7—11 字不等。後三則殘片《俄藏》均未定名。按：此三殘片亦皆由左至右直行書寫，字體、行款與 P.2717B 號全同（正面皆爲《字寶》），實即 P.2717B 號第 17 至 18 行間撕裂的碎片，應予綴合。此四卷綴合後，該本中部若干行上端大體完整，下部則仍略有殘缺。如圖 2 所示：

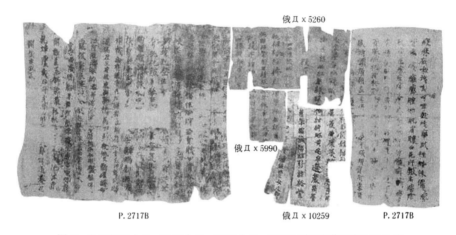

圖 2　P.2717B＋Дx.5260＋Дx.5990＋Дx.10259 號《開蒙要訓》綴合圖

　　(14)P.2717A 號。抄於 P.2717B 號前，計 34 行，行 14—18 字不等，若干行有殘缺，首題"開蒙要訓一卷"，起"乾坤（坤）覆載"，訖"腫燄肌膚"，未抄完。其後有"丁卯年五月廿八日酉時，北方三處頻頻現電光，至廿九日天明則息不現也。已後不知何事記知後定數日月爲准則也"等紀事文字兩行。

　　(15)P.3147 號。卷背貼有碎片一，存 4 行文字。正面爲本篇，首存尾缺，存 30 行，行 14—18 字不等，個別行有部分殘缺。首題"開蒙要訓一卷"。起"乾坤覆載"，訖"▨▨▨（腕抓指）□□□"。本卷與存有《開蒙要訓》後一部分（内容與本卷不重複）的 Дx.11066 號殘片字體近似，疑爲同一人所書，如 P.3147 號"篋簾箱遺（匱）"句"簾"字作"▨"，Дx.11066 號"雀柶簾□（廊）"句"簾"字作"▨"，二者形體基本一致；又如 Дx.11066 號"菴蘆屋□（舍）"句"菴"字、"料理蘭塲"句"蘭"字的草頭與 P.3147 號"紫絳（絳）藨芳"句"芳"字所從的草頭寫法一致(均近似"业"形)。但二者行款略有差別,P.3147 號每行抄 16 字左右,而 Дx.11066 號每行約 12 字左右,故二者是否爲同一寫卷之割裂,有待進一步研究。參下 Дx.11066 號叙録。

(16)S.5584 號。册子本,凡 9 頁,《開蒙要訓》書於前 5 頁,首完尾缺,每半頁 5 行或 6 行,計 49 行。首題"开朦(蒙)要訓一卷"。起"乾坤覆載",訖"衣裳疊襞□□□"。其後接抄患文一篇。首題前有"清泰貳年(935)乙未歲二月十五日,蓮臺寺比丘願丞略述寫記"⑫,書體與《開蒙要訓》一致,當出於同一人之手。

(17)BD14667(北新 867)號。首完尾缺,計 53 行,完整者行 15—18 字,末 5 行及卷中個别行上下部有殘泐。首題"開蒙要訓一卷"。起"乹坤覆載",訖"樽壺櫼鉢□□□"(《敦煌劫餘録續編》末二字識作"槐本"⑬,《蒙書》云止於"栽插端行槐"⑭,均不確)。首題下有"乹寧(乾寧)五年(898)"字樣。卷背抄正倒書文獻多種,包括:社司轉帖雜抄兩道、鄭從嗣狀兩通及"弘明集"、"新集吉"、"李安子"、"李奴子"、"張住子"等雜寫若干。

(18)P.3029 號。首存尾缺,計 24 行,行 11—16 字,末 3 行上端殘缺。首題"開蒙要訓一卷"。起"乾坤覆載",訖"□□(針縷)綻□(綴)□□□"。卷背有"開蒙要訓一卷"題名、"乾坤覆載"至"春花開艷"等《開蒙要訓》雜寫、書儀殘片、佛經雜寫及"庚子年三月七日修鐘樓經樓抄經謹具名目▨▨"(末二字不識)破曆等內容。

(19)S.6131＋S.6224＋Дx.4799 號。此三號均爲殘片。①S.6131 號存一頁面之右上角,計 3 行,行 7 字左右,下部及後部殘缺,首題"開蒙要訓一卷",起"乾坤覆載",訖"夏葉舒▨(榮)□□□"。②S.6224 號存一頁,計 8 行,第 1 行僅存半字,餘行 7 或 8 字,下部殘,起"□□▨(榮)。蘪林秋落",訖"賞賚▨(功)□□□",《英注記目録》定爲十世紀寫本⑮。③Дx.4799 號存 2 殘行,第 1 行存"□□▨(惠)弘廓。萬國歸捉(投)□□□",第 2 行存"□□▨(愆)惡臣▨▨(乍輔)□□□",《俄藏》未定名。宋新民《敦煌寫本〈開蒙要訓〉叙録》(下稱《宋氏叙録》)謂 S.6131 與 S.6224 爲一卷之撕裂,後片起首字"榮"存下半,前片末字"榮"存上半,恰好可以綴合⑯。今謂 Дx.4799 號亦爲《開蒙要訓》殘片,且與 S.6224 可以綴合,後片第 6 行第 7 行下部所缺的就是 Дx.4799 號所存的二行,後片第 6 行末字"恩"僅存上部橫畫左端,前片第 1 行始於"惠"字下半,即"恩惠弘廓"句的"恩惠"二字;後片第 7 行止於"諂佞潛藏"的"藏",前片第 2 行始於"奸邪愆惡"的"愆",二片綴合後中間雖略有殘缺,但在內容上則恰好先後銜接,其爲同一寫卷之撕裂可以無疑。三片綴合後如圖 3 所示:

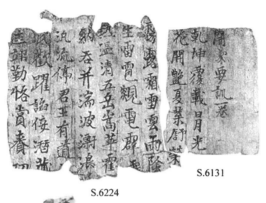

圖 3　S.6131＋S.6224＋Дx.4799 號《開蒙要訓》綴合圖

　　(20)P.3311 號。正背兩面書,《開蒙要訓》抄於背面,首完尾缺,存 9 行,行 11—14 字。首題"開蒙要訓一卷"。起"乾坤覆載",訖"舩艘艦艇,▨▨▨▨(浮泛流停)□□"。首題下有"沙彌寶宣"、"靈圖大寺面南開,千羅寶蓋滿□□來"等文字 3 行。該號正面爲永徽四年(653)二月二十四日抄經題記⑰。

　　(21)Дx.5427＋Дx.5451B 號。《俄藏》已把二號綴合爲一,但未定名。正面存 18 行,首行僅存"覆"字殘畫,餘則行 12—15 字不等,下部殘,起"覆"字殘畫,訖"運遑提□□",應爲《開蒙要訓》殘片。卷背有正倒書雜寫多行,其中有類書手題名者如"石慶通書手寫"、"▨(百)姓石慶通書手寫";有類人名者如"善信"、"善住"、"善和(?)"、"平水厶乙"等等。

　　(22)天理大學圖書館藏本＋羅氏舊藏。①日本天理大學圖書館藏《開蒙要訓》殘片一⑱(以下簡稱天理本),存 6 行,行 4—6 字,四邊殘,起"□▨(迎)。春花開艶",訖"兆民歡躍。▨(謌)□□"。王三慶《日本天理大學天理圖書館典藏之敦煌寫卷》⑲、榮新江《日本天理圖書館藏敦煌文獻考察紀略》⑳均提及此殘片。王三慶據書風斷爲晚唐寫本。②羅振玉《貞松堂藏西陲秘籍叢殘》輯印有《開蒙要訓》殘片六片(以下分別稱羅一至羅六,《宋氏叙録》作五片㉑,不確,《蒙書》亦作"五片"㉒,蓋承宋氏之誤)。其中第一片存 11 行,第 1 行僅存左側;第二片存 10 行;第三片存 13 行,末行左半殘;第四片存 9 行,第 1 行僅存部分文字左側殘迹;第五片存 10 行,首末二行均僅存文字殘迹;第六片存 10 行,尾題"開蒙要訓一卷"。尾題之上另有"開蒙要"三字,尾題後有其他文字一行,已漫漶。今謂此六片可綴合成兩個前後相連的殘片,即羅三、羅四相連(羅四在前,羅三在後),其餘四片相連。又,羅四、羅三綴合後又可與天理本綴合,天理本倒數第 1、第 2 行分別止於"諂"字、"浮"字殘畫,羅四第 2 行、第 3 行分別始於"佞"字、"汎"字殘畫,前後兩行在内容上恰好相接;另外天理本各殘行補齊殘缺後,可知其行款爲行 18 至 20 字,而羅四與之相連的前 4 行補齊後每行字數亦在 18 至 20 個之間,二者行款亦吻合;從書體上看,不少字構件的寫法一致,如天理本"江"字與羅三"紅"字所從之"工"、天理本"迎"字殘畫所存之"辶"旁與羅二"迊(匝)遮"所從之"辶",均較一致。上揭諸殘片綴合後如圖 4、圖 5 所示。

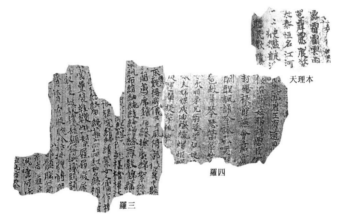

圖 4　天理本十羅四十羅三《開蒙要訓》綴合圖

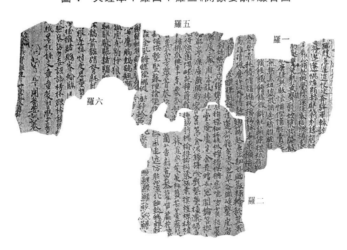

圖 5　羅一十羅二十羅五十羅六《開蒙要訓》綴合圖

　　(23)Дх.2655＋Дх.10258＋Дх.4410＋Дх.6236＋Дх.1442＋Дх.895＋Дх.3991＋Дх.18959＋Дх.12715＋Дх.12673＋Дх.18960＋Дх.12600＋Дх.12601號。①Дх.2655號，殘片，卷背存雜寫3行，第1行爲“▨▨▨▨▨▨▨（开蒙要訓一卷乹坤）”等殘字，諸字僅存左半，其後有倒書的“保保”及正書的“大歌王”等字。正面存殘文9行，行6—8字，下端殘，起“▢▢華霍泰恒明”，訖“伯叔姊妹▨（姑）▢▢”，《俄藏敦煌漢文寫卷叙録》（下稱《俄叙録》）稱之爲“與水、國家、宴會、音樂及親族關係有關的漢字表”②，不確；《俄藏》定作《開蒙要訓》，並把本卷歸併於Дх.895號下，是。然若依《開蒙要訓》文本内容之先後，則Дх.2655號位於Дх.1442＋Дх.895號之前。②Дх.10258號，殘片，《俄藏》未定名。正面存殘文17行，完整者行15—17字，起“▢▢▨▨▨▨▨（停君王有道）”，訖“▨▨（褁襻）▢▢”。背面書有“社司轉帖右”、“曲子感皇恩”等字樣，以及“▨▨▨▨▨▨▨（开蒙要訓一卷乹坤）覆日月光▨（春）花艶”殘文一行，其中後一殘行前8字僅存右側殘畫，與Дх.2655號卷背首行左側殘字正可綴合。③Дх.4410號，殘片，《俄藏》未定名。正面存12行，第一行僅存若干該行文字左側的殘迹，餘則行7—12字，下端殘；起“▢▢▨▨▨（布絹紬）”，訖“肺肝心▨（部）▢▢”。卷背爲《千字文》、社帖、人名及其他雜寫。④Дх.6236號，殘片，《俄藏》未定名。存4行，行2—4字，每行存下端，起“▢▢▨（續）絳▨（繈）”，訖“▨▨▨▨（幅經引紡）▢▢”。⑤Дх.1442＋Дх.895號，《俄藏》把該二號綴合爲一，擬題《開蒙要訓》，是。該二卷綴合後正面存10行，行6—11字，下端殘，起“▢▢病患疾疹”，訖“跋（概）密（密）▨（稠）▢▢”。Дх.1442號卷背有《千字文》等雜寫3行。⑥Дх.3991號，殘片，《俄藏》未定名。存2行，每行上下皆有殘泐，第1行存“▢▢▨（楷）桥鍈▨（鍬）▢▢”，第2行存“▢▢鑽樓▨（犁）▢▢”。⑦Дх.18959號，殘片，《俄藏》未定名。存4行，行1—6字，每行上下皆有殘泐，起“▢▢▨（灌）柯柯櫃（橿）抣（柄）”，訖“▨▨（拒格）▢▢▨（捩）▢▢”。⑧Дх.12715號，殘片，《俄藏》未定名。正面存4行，行1—4字，每行上下皆有殘泐，起“▢▢▨（刈）撩亂削▨（斫）”，訖“▨▨（從擒）▢▢”。卷背有一“諫”字。⑨Дх.12673號，殘片，《俄藏》未定名。存9行，行6—8字，每行上下皆有殘泐，起“▢▢契▢▢▨（格）示語靡從”，訖“尖喎▨（偏）戾▢▢▨▨▢▢”。⑩Дх.18960號，殘片，《俄藏》未定名。存6行，行2—3字，每行上下皆有殘泐，起“▢▢▨▨（拗捩）”，訖“▨（籩）簎▨（篷）▢▢▨▨▢▢”。⑪Дх.12600＋Дх.12601號，《俄藏》把該二號綴合爲一，但未定名。正面存7行，行2—9字，每行上下皆有殘泐，起“▢▢隨宜”，訖“餴餶窨料鯉▢▢”。卷背有“王保▨”題名及雜寫若干。

　　按：以上十三個殘片，原卷字體相似，行款相近，其中Дх.895、Дх.1442、Дх.2655三個殘片《俄藏》歸併綴合爲一，並擬定作《开蒙要訓》，甚是，其實這些殘片均係同一《开蒙要訓》寫本撕裂而來，應一併加以綴合。綴合圖如圖6所示：

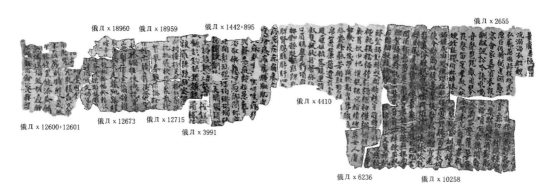

図6　Дх.2655＋Дх.10258＋Дх.4410＋Дх.6236＋Дх.1442＋Дх.895＋Дх.3991＋Дх.18959＋Дх.12715＋Дх.12673＋Дх.18960＋Дх.12600＋Дх.12601 號《開蒙要訓》綴合圖

　　(24)Дх.2654 號。殘片，册子本，《俄叙録》稱其爲“折叠的册頁本中一张雙頁紙（4 面）上面邊沿殘片”㉔，其中存有“夜久故來▨（相）”、“女答：庭前井▨（水），金”二殘行的一面，《俄藏》、《俄叙録》皆定作《下女夫詞》，甚是（《俄藏》影印本以有《下女夫詞》的一面在前，《俄叙録》則以之爲第 4 面）。其餘三面計 9 行，《俄藏》擬題“字書”，《俄叙録》依次定作“按字義與水有關的漢字表”㉕、“按字義，與命運、床上用品及心情有關的漢字”㉖。今按：除《下女夫詞》以外的三面皆爲《開蒙要訓》殘文，第 1 面起“江河淮濟▨□□□”，訖“（浮）▨□□□”（原卷“浮”字位於行首，其右側有一勾乙符號）；第 2 面起“賤富▨（貴）□□□”，訖“眠▨（睡）□□□”；第 3 面起“帷帳床搨（榻）”，訖“▨（閉）闃▨▨（須彌）□□□”。

　　(25)BD16361 號。殘片，存 2 行，首尾及上部殘。第 1 行存“□□▨躍詔佞潛藏姦”、第 2 行存“□□▨（懃）賞恪㉗賚功勳”。本殘片《條記目録》題作“殘片（擬）”，定其年代云“9—10 世紀。歸義軍時期寫本”，述其來源云“本遺書爲從 BD9251 號背面揭下來的古代裱補紙”㉘。本殘片，經筆者考證，定名爲《開蒙要訓》。

　　(26)P.3486 號。首尾俱缺，存 20 行，行 15—18 字。首二行、末二行有部分殘缺，其他行亦或有殘缺。起“□□▨▨（奸邪）”，訖“頭額頰□□□”。原卷無題，《敦煌遺書總目索引》㉙（以下稱《索引》）定作《開蒙要訓》殘卷，《敦煌遺書最新目録》㉚（以下稱《最新目録》）、《索引新編》、《法藏》同，兹從之。卷背有乾符三年（876）納物曆、乾符貳年（875）至方等道場題記、便麥曆及其他一些内容。

（27）P.3102 號。首尾俱缺，存 37 行，行 13—16 字，首兩行、末兩行有殘缺。起"▨▨ ▨▨▨▨（寐憒悶煩情）"，訖"▨（雕）鐫刻鏤劃□□□"。原卷無題，《索引》定作《開蒙要訓》 殘卷，《最新目録》、《索引新編》、《法藏》同，兹從之。卷背有《孔子項託相問書》、敕河西歸義 軍節度使牒、某社支麵名録、算書等内容。

（28）Дx.10740 號。該號下有 14 個殘片，正背雙面書，《俄藏》均未定名。按：第 1、第 13 兩個殘片《俄藏》定作正面①的文字均出於《開蒙要訓》，二片字體接近，當爲同一寫卷的不同 殘片，以下分别稱作 Дx.10740（1）、Дx.10740（13）。Дx.10740（1）號存 5 行，行 6—7 字，首 尾及下端殘，起"闕須彌□□□"，訖"緝續（績）▨（纑）□□□"。Дx.10740（13）號僅存一行，首 尾及上部殘，所書爲"□□▨（杵）臼惷"三字。

（29）S.9449＋S.9470＋S.9448 號。①S.9449 號，殘片，首尾及上下均殘，正面存 5 行，行 5—6 字，背面存 4 行半，行 6 字。正面（《英藏》誤爲背面，榮新江編著《英國圖書館藏敦煌漢 文非佛教文獻殘卷目録》②〔以下稱《英漢文非佛教目録》〕不誤）起"□□▨▨▨（孤悍鰥） 寡"，訖"布絹紬□□□"。背面（《英藏》誤爲正面，《英漢文非佛教目録》不誤）起"□□▨（幅）， 經引紡絡"，訖"□▨▨（篋籠箱）□□□"。②S.9470 號，殘片，正面（《英藏》、《英漢文非佛教 目録》誤作背面）存 4 殘行，行 3—4 字，起"□□□悶煩情"，訖"□（麻）葛蒀帒，▨（紵）□□□"。 背面（《英藏》、《英漢文非佛教目録》誤作正面）存 4 殘行，行 3—4 字，起"□□□篝緯織▨ （幅）"（前二字《蒙書》誤録作"□（羅）"），訖"▨▨▨（篝緯織）□□□"。③S.9448 號，殘片，正 背雙面抄。正面存 4 行，行 7—8 字，起"□□□▨（紋）雙絈"，訖"女人傭作。機□□□"。背面 存 3 行，行 6—8 字，存每行的下半部分，起"□□□▨（維）織幅"，訖"屨履屐履。粧□□□"。 按：上揭三卷《英藏》、《英漢文非佛教目録》皆定作《開蒙要訓》，《英漢文非佛教目録》進而指 出此三卷"爲同一卷"，甚是。其先後順序爲 S.9449＋S.9470＋S.9448，所抄内容有前後重出 的情況，似屬習書性質。綴合圖如圖 7 所示。

（30）Дx.2485B 號。殘片，正面存殘文 5 行，有界欄，起"□□□音支（此二字原爲雙行音注小 字）使"，訖"氣▨□□□"，《俄叙録》題作"未定名記叙文"，《俄藏》擬題爲"記事文"。背有殘字 2 行，《俄叙録》未題名，《俄藏》擬題"雜寫"。按：此卷背爲《開蒙要訓》殘文，第 1 行所存爲 "袍被裙究"句"袍被"二字殘筆（第 1 字《俄叙録》誤録爲"初"），第 2 行存"維織"二字及"幅" 字上端殘畫。原文相關文句作："帔巾帊帴，袍被裙究。……篝緯織幅，經引紡絡"，可參。 《俄叙録》云"該殘卷塗有漿糊，大概是用来裱貼另一寫卷的"③，近是。

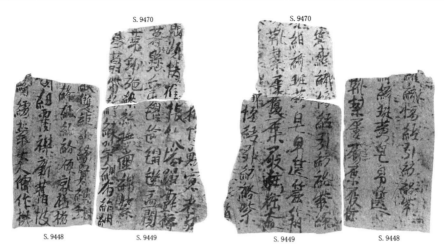

圖 7　S.9449＋S.9470＋S.9448《開蒙要訓》正面（左）及背面（右）綴合圖

　　（31）Дx.6586＋Дx.6136＋Дx.6582＋Дx.11048＋Дx.10277 號。①Дx.6586 號，殘片，正面存殘文 10 行，行 6—8 字，每行下部殘，起"髃污鈹灸療治□□□"，訖"蹂挼押按□□□"。卷背有"論卷（？）"二字。②Дx.6136 號，殘片，存 26 行，完整者行 20—22 字，前 14 行和末 3 行下端殘（第 12 行上端亦殘約兩字），起"積苫持，浸漬淹瀾□□□"，訖"鮎鯉鱧鰤鯨□□□"。③Дx.6582 號，殘片，存 14 行，行 2—11 字，上部殘（下端略殘），起"□□□典質▨▨"，訖"▨（貪）婪▨（費）□□□"。④Дx.11048 號，存兩片，第一片存 6 行（末行僅存 9 字的右半），行 8—9 字，下部殘，起"蚖蛇蝮蝎□□□"，訖"▨▨▨▨▨▨▨。▨▨（賊剝脫，怕怖懼忙。偷盜）□□□"；第二片存 5 行，行 4—9 字，上部殘，起"□□□鵲鳩鴿"，訖"鞘傍鈚▨▨（髇箭）□□□"。按：此二片可以綴合，第一片居上，二片連接處密合無間，但下端仍有 2—4 個缺字。⑤Дx.10277 號，殘片，正面存 6 行，行 8—18 字，首缺尾完，其中首行僅存"賊剝脫，怕怖懼忙。偷盜"9 字左側殘畫，訖"易解難忘"。尾題"開蒙要訓一卷"。背面由左至右直行書寫《韓朋賦》3 行（第 3 行未抄完）。

　　按：以上五個殘片除最後一片原卷有"開蒙要訓一卷"尾題外，其餘各片《俄藏》均未定名。今謂此五片字體相似（比較各片"扌"旁、"俞"旁、"芻"旁的寫法），行款相近（完整者行 17 字左右），爲同一《開蒙要訓》寫卷的殘片，應加以綴合。其中 Дx.6582 號所存 14 殘行恰好是 Дx.6136 號前 14 行所缺下半部分；Дx.10277 號首行"賊剝脫，怕怖懼忙。偷盜"等字所缺的右半，恰好在 Дx.11048 號第一片的末行，二者密合。又，Дx.6136 號止於"鯨鯢鱒魴"的"鯨"字，其下有約三個字的殘缺空間，Дx.11048 號始於"蚖蛇蝮蝎"的"蚖"字，Дx.6136、Дx.11048 號綴合後，於 Дx.6136 號"鯨"下補上"鯢鱒魴"三字，則内容上恰好相連。

五片綴合後計存 47 行（中間若干行仍有殘缺），首缺尾完，起"髶污鈹灸療治"，訖"易解難忘"，尾題"開蒙要訓一卷"。綴合圖如圖 8 所示。

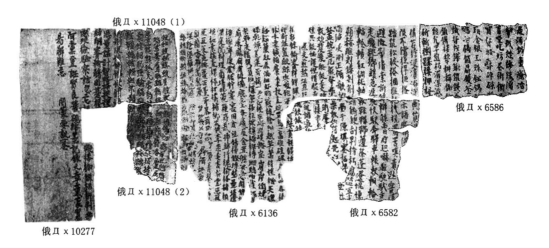

俄Дx×11048（1）

俄Дx×6586

俄Дx×11048（2）

俄Дx×6136

俄Дx×6582

俄Дx×10277

圖 8　Дx.6586＋Дx.6136＋Дx.6582＋Дx.11048＋Дx.10277 號《開蒙要訓》綴合圖

（32）Дx.19083＋? ＋P.3243 號。①Дx.19083 號爲一殘片，背書藏文 6 行，上下端殘。正面存 5 行，《俄藏》未定名。今考正面所書實爲《開蒙要訓》，起"▨▨（馱）乘"，訖"▨▨（篷篁）▨"。②P.3243 號，首缺尾完，尾題"開蒙要訓一□（卷）"。存 67 行，行 8—11 字不等，起"▨▨▨▨（膾魚鮍）"，訖"易解難妄（忘）"。其中第 1 至 5 行存下端文字，第 6 行上端文字存左側少許筆畫，第 11—18 行上下兩端均殘，卷中及部分位於卷子上下端的文字亦略有殘損。文末"妄"字下與尾題之間有"李𠳐𠁥"三字。背面有"李善奴"（李善奴又見 S.5788 號"某年十一月一日社司轉帖"）、"開蒙要始始"、人名雜寫（索良義）及藏文文獻多行。又，背面的碎片中有"▨戌年二月十六日孝士"及"大中六年▨"具年題記兩條。從筆迹、行款及背面所書藏文等方面判斷，Дx.19083、P.3243 爲同一寫卷之割裂，但二者綴合後中間仍有大段文字殘缺（如圖 9 所示）。行間有小字旁注，字體與正文不同，似出於後來的使用者之手。旁注字包括注音、釋義、校異以及對原卷殘渙文字的抄補等不同情況。

（33）上圖 17（812388）號。首缺尾完，計 26 行，行 20—27 字。起"▨▨鋤鍬刮剗挹（挹）"，訖"易解難忘"。原卷無題，《上圖》定作《開蒙要訓》，兹從之。《上圖》所附叙録云"末有'晚暉樓許氏收藏'白文方印"[⑳]。

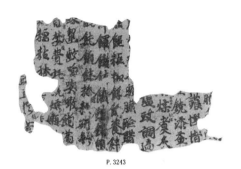

俄Дx19083

P.3243

圖 9　　Дx.19083＋P.3243(局部)《開蒙要訓》綴合圖

（34）P.3189 號。首缺尾存,存 26 行(《蒙書》云 37 行不準確),行 17—22 字,起首 5 行部分有殘缺。起"▨▨▨▨▨▨(適,腩裂腩朕),臟臟臉臘"[⑤],訖"易解難忘"。尾題"開蒙要訓一卷"。文末題記:"三界寺孝士郎張彥宗寫記。"題記後及背面雜寫"開蒙要訓一養(卷)"、"開蒙要▨(訓)"、"開▨(蒙)"等文字及"聞道側書[難,側書]是實難,側書須立側(側立),還須側立看"、"聞道側書難,側書實是難,側書須側立,還須側▨▨(立看)"詩。又,該號與 S.6128 號爲同一人所書,詳下文 BD12355＋BD10199＋? ＋S.6128 號之 S.6128 號叙録。

（35）Дx.5839 號。殘片,存 6 行,行 5 字,均僅存下部,起"▨▨粗粒研斷",訖"▨▨(澗)嵲塋崖崩"。《俄藏》未定名。按:今據所存文字判斷,此爲《開蒙要訓》殘片。

（36）BD12355＋BD10199＋? ＋S.6128 號。①BD12355 號,殘片,存 5 行,首尾及上下均殘。首尾 2 行僅存文字殘迹若干,《國家圖書館藏敦煌遺書·條記目録》(下稱《條記目録》)未予計入行數,其餘三行從右至左,依次爲:"▨▨粳糧糯▨▨□▨";"▨▨碾磨□▨"、"▨▨(稽)秕▨□▨"。本殘片《條記目録》題"諸雜字(擬)",定其年代爲九至十世紀,歸義軍時期寫本[⑧]。②BD10199 號,殘片,存 4 行,首尾及上下均殘。各行所存從右至左,分別爲:"▨▨▨粟穬▨(稻)□▨"、"▨▨杵臼舂擣▨□▨"、"▨▨箕萵稍穰▨□▨"、"▨▨▨(谷)澗溪□▨"。本殘片《條記目録》題作"字書(擬)",定其年代爲九至十世紀,歸義軍時期寫本[⑨]。③S.6128 號,僅存一小殘片,計 8 行,起"▨▨(廠)商(厢)庌板",訖"周迵遮▨(防)□▨"。該號《英注記目録》著録作《開蒙要訓》,此從之;《索引》、《最新目録》、《索引新編》等題作"雜字",不確。

以上三殘片中的 BD12355 號和 BD10199 號《條記目録》的擬題均不準確,二者實爲《開蒙要訓》殘片,且源自同一抄本,可以綴合(如圖 10 所示),接縫密合,銜接處分屬兩片的"磨"

字和“敤”字可成完璧。又，上揭 BD12355 號和 BD10199 號綴合後的殘片與 S.6128 號《開蒙要訓》書風頗似（字形方正、工整有力）、字迹相近（參看兩片均有的“蒿”字，BD12355＋BD10199 號“糯”字與 S.6128 號“端”字的構件“而”的寫法及其他相同或相似的構件或筆畫的寫法）、行款亦相合（行 17 字左右），頗疑它們乃由同一寫卷散落而來，今依二者所存内容及行款將之綴合（如圖 10 所示）。綴合後 BD12355＋BD10199 號與 S.6128 號之間仍缺自“崖崩岸倒”句“崖”字至“厠廠厢房”句“厠”字之間的 28 字，依行 17 字計，大抵占一行半的空間。

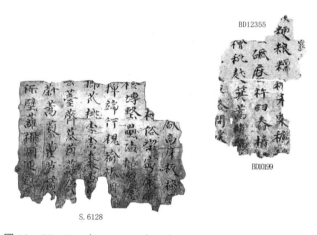

圖 10　BD12355＋BD10199＋？＋S.6128 號《開蒙要訓》綴合圖

又，由書法風格上看，BD12355 號、BD10199 號和 S.6128 號綴合後的殘片與法藏 P.3189 號似出於同一人之手。二者用字上有相同點，一些字的寫法也完全一致，如“厠廠厢房”句“厢”字唯此二本誤作“商”形，“堡壁籬栅”句“堡”字唯此二本誤作“保”；又如上揭“商”字 S.6128 號作“**高**”，P.3189 號作“**高**”；“塼墼壘墻”四字 S.6128 號作“**塼墼壘墻**”，P.3189 號作“**塼墼壘墻**”，字體非常接近。P.3189 號文末題記云“三界寺孝士郎張彦宗寫記”，那麽此件也應是張彦宗之習作。參看上文 P.3189 號叙録。

　　（37）Дх.11066 號。殘片，存 7 殘行，行 6—12 字，每行僅存下部，起“▨▨▨（柱栿）檁檔樑”，訖“苤桃李柰▨（棗）”。《俄藏》未定名。按：此爲《開蒙要訓》殘卷。卷背書有“▨甲晟記開訓要一卷”等文字，“開訓要”應即“開蒙要訓”之脱誤。又，本卷與 P.3147 號字體近似，疑出於同一人之手，參見上文 P.3147 號叙録。

　　（38）S.5463 號。册子本，有界欄，首缺尾完，存 3 頁（末頁第 2 個頁面爲雜寫），每半頁 6

行,行 8 字或 9 字,計 30 行。起"▢▢蘇埋槍",訖"易解難忘"。尾題"開蒙要訓一卷"。後有題記:"顯德伍年(958)十二月十五日大雲寺孝郎▢▢▢"。

(39)S.5449 號。册子本,有界欄,首缺尾完,存兩頁,每半頁 7 行或 8 行,行 7—10 字,計 25 行。起"▢▢▨▨▨(蚕虻蠍)虱",訖"易解難忘"。尾題"開蒙要訓一卷"。

(40)P.4972 號。正面爲《古賢集》殘卷。卷背存"開蒙要訓一卷乾坤覆[載]日月光明四時來往"文字一行,右半殘損。

(41)P.5031p(8)號。殘片,計存兩行,首行存首題"要訓"二字殘畫;第 2 行存"▢▨▨(覆載)日▨(月)▢▢"等殘字。《法藏》題作"殘片",今經與其他文本比對,知其爲《開蒙要訓》殘片。

(42)S.5513 號。正面存 27 行,完整者行 9—13 字,從右向左抄,前部有殘缺,末抄至"葰茱"止,未抄完。背面 13 行,行 5—11 字,從左向右抄,前 7 行及最後一行與正面部分同類;第 8 行至 12 行係五言訓蒙詩一首八句(皆爲走之旁的字)。原卷無題,《英注記目録》、《宋氏叙録》、《蒙書》等皆定作《開蒙要訓》殘卷。今考該卷除卷背 8 至 12 行外,確多出於《開蒙要訓》,但抄寫隨意性很大,所抄文句每見前後倒竄,字句多有省略,《索引》、《索引新編》題作"雜字",不無道理;《英藏》擬題《開蒙要訓摘抄》,甚是,今從之。

此外,敦煌文獻中尚有《開蒙要訓》習字或雜抄十二件,現以英藏、法藏、俄藏、國圖藏、上圖藏爲序,依各家館藏編號依次叙録如下:

(1)S.5437 號。《漢將王陵變》册子封面上有"開蒙要川(訓?)"四字,此外另有變文封題、願通等欠斛斗抄等内容。

(2)S.5754 號。正面爲《新集文詞九經抄》起首部分殘文。卷背雜寫中有《開蒙要訓》題名"開蒙要訓一卷"及《上大夫》習字"己,化三千,七十二"等句,字迹甚淡。

(3)P.2249V 號。正面爲《大般若波羅蜜多經》卷第二百卅三。卷背雜寫中有《開蒙要訓》9 行,抄"開蒙要訓一卷乾坤覆"九字(除"蒙"字抄一整行 18 字外,餘則抄 2—12 字),其後有同人所抄壬午年正月一日慈惠鄉百姓康保住雇工契一道,沙知《敦煌契約文書輯校》疑爲 922 年[⑧],如此則《開蒙要訓》習字亦當抄於此年前後。

(4)P.2545 號。正面爲《孝經》並序。卷背雜寫中有"開蒙"二字,蓋欲抄"開蒙要訓"而未抄完者。此外,另有同人所抄"張富得、李苟(?)"、"同光三年(925)乙酉"等文字。

(5)P.2803 號。該號爲"天寶九載(750)八月廿八日至九月十八日敦煌郡倉納穀牒",其行間雜有兒童習字多處,其中有"賓奏設伎樂酤觴飲▨髮"等出自《開蒙要訓》的文字一行半。雜寫中另有景福二年(893)二月押衙索大力牒文一道(前後抄兩次,第一次無題年),與

《開蒙要訓》文字出自同一人之手，則《開蒙要訓》習字亦當抄於此年前後。

（6）P.3166V 號。正面爲禮懺文。卷背雜寫中抄有《開蒙要訓》兩段，均由首題抄起，第一段至"夏葉舒榮，蘂林"止，第二段至"雷雹閃電，霹靂"止。卷背另有"辛亥年五月十八日常樂家（?）杜流住與沙州陳闍梨草是一昇"、"庚戌年十二月二日……"等具年雜寫。

（7）P.3211V 號。正面爲《王梵志詩》卷二。卷背有《千字文》抄本及其他雜寫若干。雜寫中有出自《開蒙要訓》的"麨麵篩麩"四字（末字右側塗抹），書體與《千字文》近似。《千字文》題記云"乾寧三年歲［次］丙辰（896）二月十九日孛士郎氾賢信書記之也"（其後另有"乾寧三年丙辰▨▨二月十九日靈圖寺孛士郎氾賢信書記"一條，甚爲模糊），則《開蒙要訓》之文字蓋亦氾賢信抄於此時。其後有"孛郎大哥張富進書卷"及其他雜寫。

（8）P.3908 號。《新集周公解夢書》册子封面左側存"訓一卷坤"四字，上下皆漫滅不可識，疑爲《開蒙要訓》首題及首句文字之殘，P.3408 號《開蒙要訓》首句作"坤乾覆載"，可參。

（9）P.4937V 號。正面爲《百行章》。卷背第 1 行起始部分抄《開蒙要訓》習書"▨▨暮（幕）懸垂。㲲毹毾㲪，盂闌須彌"12 字，其下爲《千字文》。

（10）Дx.1402 號。雜寫中有"開蒙要訓一卷乾坤覆載"10 字，下未抄完；其上端有 4—5字，爲濃墨所塗，第一字似"永"、末字似"成"，餘不可辨。

（11）北 2685（夜 3）V 號。卷背存 2 行文字，第 1 行存"開蒙要訓一卷乾坤覆載"，第 2 行存"月光明。四時來往，八節相迎。春花開"（"四"字以下文字皆已漫漶）等字。

（12）上圖 110（812560）V 號。正面所書爲《阿毘曇心論》卷第二。卷背抄有習字多種，包括《千字文》習字（《上圖》定名爲《千字文》）、"咸通六年（865）二月廿一日燉煌鄉百姓氾仏奴狀"習字（《上圖》定名爲"咸通六年二月廿一日燉煌鄉百姓氾仏奴狀"）、《開蒙要訓》習字、《千字文》習字（後二者《上圖》定名爲"習字"）及其他習字若干。《開蒙要訓》習字計 97 行（末行下半行及其後爲《千字文》習字），自"乾坤覆乾坤覆載"起，至"煩煩情情帷帳"止，每個字抄寫次數不定，少的僅抄一次，多的則抄一行或幾近兩行；抄寫形式亦較自由，有一個字連抄若干遍者，有一個詞重抄若干遍者，還有僅以相連的幾個字爲單位重複抄寫若干遍者；個別行中還夾雜有與《開蒙要訓》的某些文字形體相近的字，抄寫的隨意性很強。但除去重複抄寫的習字及夾雜的其他文字後仍可形成一個前後相連的《開蒙要訓》前部的片段。

二　吐魯番出土《開蒙要訓》寫卷

敦煌文獻中的《開蒙要訓》寫卷，人們較爲關注，如本文上一部分所叙録，目前公開發表的論著中已認定的就達 82 件之多；而對於吐魯番文獻中的《開蒙要訓》寫卷，則關注不夠，大家常提到的僅阿斯塔那 67 號墓出土的唐寫本《開蒙要訓》殘片 2 件(66TAM67:3)㊲、斯坦因第三次中亞考古從吐峪溝所獲的《開蒙要訓》殘片 1 件(OR.8212/643V Toy.042〔h〕)㊴，合計 3 件。後經筆者調查，由《大谷文書集成》(以下稱《文書集成》)中找出別本《開蒙要訓》13 件㊶，於《中村不折舊藏禹域墨書集成》中認定別本《開蒙要訓》1 件㊷。綜合以上諸項，目前認定的吐魯番出土《開蒙要訓》寫卷計 17 件；經整理綴合，可成四個《開蒙要訓》文本斷片。其中，阿斯塔那 67 號墓出土的唐寫本(66TAM67:3)是與敦煌本相同的文本，餘則是與敦煌本有差異的別本《開蒙要訓》。今依中國藏品、英國藏品、日本藏品之順序(對於各家藏品中可以綴合的寫卷，則依其所存文字先後爲序)，叙録如下。

　　(1)阿斯塔那 67 號墓出土的唐寫本(66TAM67:3)。本號含《開蒙要訓》殘片 2 片。第 1 片，存 6 殘行，首尾及上部殘，所存内容，從右至左，依次爲：第 1 行"▨▨▨(甑)(炊)"、第 2 行"▨(殽〔菁〕)鮓脯，鱻膾▨(魚)鮍"、第 3 行"▨(賣)接待，豐饒添益"、第 4 行"▨熬𡋹塩(鹽)，炒豉調適"㊸、第 5 行"▨(餲)餲粗粎，餢飳粢餅"、第 6 行"餫飩餡餗，糒粒研斷"。第 2 片，存殘文 4 行，前後上下均殘。其中第 4 行僅存某一字的一點墨迹；餘三行所存文字，由右至左依次爲：第 1 行"▨(庤)，板棧▨"、第 2 行"▨枏備御"、第 3 行"▨(橙)搏▨"。

　　(2)斯坦因第三次中亞考察所獲 OR.8212/643V Toy.042〔h〕號。本殘片爲斯坦因第三次中亞考古時由吐峪溝獲得。今存殘文 7 行，首尾殘，分上下兩欄抄寫，第 1 行僅存某二字的左端殘迹，餘六行所存，從右至左，分别爲：第 2 行"▨噉飽滿。貪▨(婪)□□"、第 3 行"讒(饞)勌乖讕㊹。粳▨(糯)□□"、第 4 行"禾粟莠稻。糜(糜)黍𪎭(穀?)▨(麦)"、第 5 行"大豆餳(餳)麨。碓磑碾磨"、第 6 行"杵臼舂檮(擣)。𪌼▨□▨"、第 7 行"趙乾𥡥▨□□"。此本與上文之阿斯塔那 67 號墓出土的唐寫本(66TAM67:3)及敦煌諸本有差異，是吐魯番所留存的別本《開蒙要訓》。又，黃永武主編《敦煌寶藏》將本號收入第 55 册中，編號爲碎片 57㊺。此舉不當，本號爲吐魯番文獻，非敦煌文獻。

　　(3)《臺東區立書道博物館所藏中村不折舊藏禹域墨書集成》(以下稱《墨書集成》)168 號六朝及唐人墨迹之⑤爲一殘片(如圖 11 所示)，濃墨楷書，字體工整，卷中有朱筆點讀。今存殘文 5 行，上下及首尾均殘，所存内容從右至左依次爲：第 1 行"▨▨▨▨'、第 2 行"▨壞甆疵。樽壺▨"、第 3 行"▨蠱。□□匙。▨(罌?)"、第 4 行"洮淅□□▨餾▨(熟?)"、第 5 行"▨▨▨(粥)糜。▨▨(菁)鮓▨(脯)"。

圖 11　《墨書集成》168 號六朝及唐人墨迹之⑤別本《開蒙要訓》

　　該殘片《墨書集成》題作“文書殘片”，附録云出土於吐魯番三堡，原爲梁素文舊藏⑩。今據殘存文字及卷中點斷來看，頗類古代童蒙課本。經與敦煌本《開蒙要訓》“瑕璺于陳，填塞拈捭。罇壺盃鉢，盃椀盞卮。盤擎（檠）檁（㮾）㲲，瓢杓篘匙。甖瓹瓶櫨，盆瓮甂炊。漿糜酪飯，羮臞粥糜。菹薺鮓脯，鮮鱠魚鮍”等句比對，可知此殘片之文字，當源出《開蒙要訓》。然此殘片中之“壞甃疵”、“洮淅”、“餾▨（熟?）”等字，敦煌本《開蒙要訓》皆無，故筆者將其定作“別本《開蒙要訓》”。

　　（4）大谷 3961＋? ＋大谷 3622＋? ＋大谷 3582＋? ＋大谷 3577＋大谷 4343＋? ＋大谷 3603＋大谷 3717＋大谷 3567＋大谷 3583＋? ＋大谷 3958＋大谷 3574 號。

　　①大谷 3567 號，殘片，《文書集成（二）》未附圖版，亦無録文。據《釋文》之説明文字，知存“▨貪”、“米＊⑰”3 字，2 行。本殘片，《文書集成（二）》置於“性質不明文書小片”標題之下，《吐魯番文書總目（日本收藏卷）》⑱（以下稱《吐總目》）題作“文書殘片”。

　　②大谷 3574 號，殘片，《文書集成（二）》未提供圖版。據《釋文》的録文，知殘片存殘文 3 行，從右至左，依次爲：第 1 行“□▨▨白麦▨䊃▨□”，第 2 行“□▨糟粃禮?⑲箕藁類▨□”，第 3 行“□▨▨芙▨□”。又，《文書集成（二）》説明文字云本號與大谷 3577、3582、3583 號文書同筆⑳。本殘片，《文書集成（二）》擬題“經濟關係文書”，《吐總目》題作“文書殘片”。

　　③大谷 3577 號，殘片，《文書集成（二）》未附載圖版。據《釋文》之録文，知其存殘文 3 行：第 1 行僅存文字殘迹，所存爲“□□▨▨▨□□”；第 2 行存“□□▨ 鏤鏃削□□”，第 3 行存“□□宜▨□□”。又，其説明文字云本號與大谷 3574、3582、3583 號同筆㉙。本殘片，《文書集成（二）》擬題“經濟關係文書”，《吐總目》題作“文書殘片”。

　　④大谷 3582 號，殘片，《文書集成（二）》未附圖版。由《釋文》之録文，知本片存殘文 4 行，從右至左依次爲：第 1 行“□□駈馳▨▨□□”、第 2 行“□□▨▨▨▨善神▨□□”、第 3 行“□□▨軸軼▨□□”、第 4 行“□□▨▨▨▨□□”。又，説明文字云本號與大谷 3574、3577、3582 號爲同筆文書；同時指出本片由“數紙粘合”而成㉚。本殘片，《文書集成（二）》擬題“經濟關係文書”，同時於其後施一“？”，以示存疑；《吐總目》題作“文書殘片”。

　　⑤大谷 3583 號，殘片，《文書集成（二）》未附圖版。據《釋文》，知存殘文 3 行，其録文，從右至左分別是：第 1 行“□□▨莠稻床黍？□□”、第 2 行“□□磑 * 碾磨杵、臼舂□□”、第 3 行“□□▨▨糲麵□□”。又，其説明文字云本號與大谷 3574、3577、3582 號文書同筆㉛。本殘片，《文書集成（二）》題“經濟關係文書”，其後亦有一“？”，以示不甚確定；《吐總目》題“碾磑文書殘片”。

　　⑥大谷 3603 號，殘片，《文書集成（二）》無圖版。據其《釋文》，知本片僅存“□□餡餘□□”殘文 1 行。本殘片，《文書集成（二）》題作“性質不明文書小片”，《吐總目》題作“文書殘片”。

　　⑦大谷 3622 號，殘片，《文書集成（二）》無圖版。《釋文》部分有録文 1 行，即“□□儒癲癇□□”。又，本號説明文字云“二紙貼合”㉜。本殘片，《文書集成（二）》題作“性質不明文書小片”，《吐總目》題作“文書殘片”。

　　⑧大谷 3717 號，殘片，《文書集成（二）》未提供圖版。《釋文》部分有録文 3 行，從右至左，分別是：第 1 行“□□▨▨□□”，第 2 行“□□飽滿？□□”，第 3 行“□□▨求ヵ▨□□”。本殘片，《文書集成（二）》題作“性質不明文書”，《吐總目》題作“文書殘片”。

　　⑨大谷 3958 號，殘片，《文書集成（二）》未附圖版。《釋文》部分有録文 2 行：第 1 行“□□▨濱ヵ鞘□□”，第 2 行“□□好颺▨□□”。本殘片，《文書集成（二）》擬題“性質不明文書小片”，《吐總目》題作“文書殘小片”。

　　⑩大谷 3961 號，殘片，《文書集成（二）》未附圖版。《釋文》部分有録文 1 行，即“□□袴褶？㭎□□”。又，説明文字云本片由“數紙貼合”而成㉟。本殘片，《文書集成（二）》題作“性質不明文書小片”，《吐總目》題作“文書殘小片”。

⑪大谷 4343 號，殘片，《文書集成（二）》未提供圖版。《釋文》部分有録文 1 行，爲"▨▨▨腐隨*▨▨▨"。據其説明文字，知與本片同號的尚有其他十則斷片⑤。本殘片，《文書集成（二）》列於"性質不明文書小片群"之下，《吐總目》題作"文書残片"。

按：上揭十一則殘片《文書集成（二）》、《吐總目》擬定"經濟關係文書"、"碾磑文書殘片"、"性質不明文書小片"、"文書殘片"、"文書殘小片"等諸題名，實則上揭十一則殘片所抄文字，皆出自《開蒙要訓》，當定名爲《開蒙要訓》。又，上揭諸則殘片中，《文書集成（二）》指出大谷 3574、大谷 3577、大谷 3582、大谷 3583 四號爲同筆文書，今由國際敦煌項目（The International Dunhuang Project，下稱 IDP）資料庫見四則殘片之圖版，《文書集成（二）》之判斷甚是。除此而外的其餘七則殘片，IDP 資料庫亦有圖版，我們將之與大谷 3574、大谷 3577 等四號圖版相較，可以發現它們書風相近，均呈現出一種自由灑脱而又不失文字基本法度的氣象；字體相同，文字書寫筆勢及各片中相同、相近的文字或構件的寫法具有一致性；顯係出自同一人之手；能推斷出大致行款的各片之行款亦大體相合，均爲行 12 字左右；復參之以各片之内容亦不相重複；這些殘片當是由同一人所書的同一寫卷散落而來的不同殘片。今據各片所存文字並參照敦煌本《開蒙要訓》之文字，將各片綴合（如圖 12 所示），以供參看。

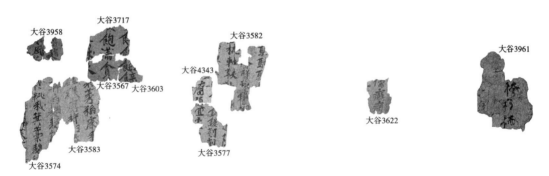

圖 12　大谷 3961＋？＋大谷 3622＋？＋大谷 3582＋？＋大谷 3577＋大谷 4343＋？＋大谷 3603＋大谷 3717＋大谷 3567＋大谷 3583＋？＋大谷 3958＋大谷 3574 號别本《開蒙要訓》綴合示意圖

我們將綴合後的文本，與敦煌本《開蒙要訓》相較，可以發現，兩者内容基本一致，唯吐魯番本"▨▨▨麨▨▨▨臽麪麵▨▨▨▨"一行，爲敦煌本所無。然從 IDP 所載圖版來看，本行文字與其他行文字在字體大小、所占空間上均一致，可知本行爲文書抄本中的正式内容，並非是與《開蒙要訓》不相關的雜寫。又，斯坦因第三次中亞考古由吐峪溝所獲 OR.8212/643V Toy.042（h）號别本《開蒙要訓》有"麨麮🥣▨（臽）"⑦一句，與本行之"麨▨▨臽"當是不同抄本所抄的同一文句。這尤可證明，本文綴合的文本，乃《開蒙要訓》在吐魯番地區流傳的與敦煌本有差異的另一種文本,故上揭十一則殘片皆當定名爲"別本《開蒙要訓》"。

又,大谷3582號第2行之"善神"⑧二字,據IDP資料庫所載圖片來看,其紙張及字體大小、墨迹粗細與大谷3582號有明顯區別,當是其他殘片上的文字粘連到大谷3582號上,而大谷文書整理攝像時未予揭開。這與《文書集成(二)》《釋文》所説的"數紙貼合"的説明亦相符合。至於其所覆蓋的大谷3582號的文字,據殘迹並結合參照文本,可知當爲"轅轂"二字。又,據IDP資料庫所提供圖片,可見與"善神"二字同行,位於其上方有一"苦"字。與"善神"二字情況相同,這個"苦"字亦是粘連在大谷3582號其他殘片揭去後遺留在大谷3582號上的殘迹。大谷3961號"袴褶"之"褶"字原卷略有漫漶,細審文字,此字乃"衫"字,《文書集成(二)》所録之"褶",蓋因"袴褶"一詞古文習見而誤。同號同行緊接其後的"柚"字,原卷實作"袖",當是"襦"字俗書"襦"⑨之省,"襦"字義爲"短襖"、"短衣",與上下文相協。

(5)大谷10313(A)和大谷10313(C)號。本號之下計有極小殘片3片,《文書集成(四)》均未提供圖版。《釋文》提供了(A)號的録文,僅存"▨▨餶餾▨(熟)▨▨"1行。本殘片,《文書集成(四)》擬題"藥方書斷片";都築晶子領銜的研究團隊所撰《大谷文書中の漢語資料の研究》題作"藥方書",其後施以"?"號,以示不甚確定,日本学者猪飼祥夫按語云性質不明⑩。此殘片,經筆者與《墨書集成》168號"六朝及唐人墨迹之⑤"比對辨識,認定爲"別本《開蒙要訓》"。

又,大谷10313號之説明文字云,本號的另一殘片,大谷10313(C)號僅存墨痕,且與大谷10313(A)號同紙。如上所述,大谷10313(A)號爲別本《開門要訓》殘片,那麼,大谷10313(C)號自然亦是《開蒙要訓》殘紙。另據其所存殘迹及形狀來看,筆者很是懷疑大谷10313(C)號爲由大谷10313(A)號下部脱落而來的碎片。至於本號之另一件——大谷10313(B)號,《釋文》之説明文字云爲兩面無字的素紙一塊,且與大谷10313(A)號屬於不同的紙卷。

又,大谷10313(A)號所存文字與上文所論及的由大谷3961、大谷3622、大谷3582號等十一殘片綴合而成的《開蒙要訓》殘片頗爲相似(參看二號中從"食"之字),内容上與"餸餡餫粈,餺餬資(餈)料。餺饠籠餀,餕餹餛餿。餛飩餡餸"等相類,頗疑本殘片及同紙的大谷10313(C)號與大谷3961、大谷3622、大谷3582等號亦爲同一寫卷之裂。如所説不錯,據《墨書集成》168號之⑤之殘片内容判斷,此片當位於"甖瓻瓶櫨"至"羹臛粥糜"之間。然因所存内容過少,又缺乏完整的參照文本,未敢遽斷,今附大谷10313(A)號之圖版(如圖13所示),以供參看。

圖 13　大谷 10313(A)號别本《開蒙要訓》

　　以上,本文對目前所知敦煌、吐魯番出土的《開蒙要訓》寫卷逐一叙録,從中我們可以看出,敦煌出土的《開蒙要訓》有 82 件,吐魯番出土的《開蒙要訓》有 17 件,在數量上,敦煌所出《開蒙要訓》占絶對優勢。但就類型而言,敦煌所出諸多抄本均屬没有實質性差異的同一體系的文本;而吐魯番所出則有與敦煌地區屬於相同體系的文本(阿斯塔那 67 號墓出土的《開蒙要訓》殘片〔66TAM67:3〕),也有吐峪溝出土的 OR.8212/643V Toy.042(h)號、《墨書集成》168 號"六朝及唐人墨迹之⑤"和大谷 3961＋? ＋大谷 3622＋? ＋大谷 3582 等諸殘片所代表的與敦煌本《開蒙要訓》有别的其他的體系,在類型上更豐富。而恰恰是這種不同地區、不同體系之間的差異,可以反映《開蒙要訓》在敦煌、吐魯番地區流傳、演變的情況,從一個側面可以展示我國傳統蒙書在流傳過程中不斷變異、不斷演進的軌迹。因此,將敦煌、吐魯番出土的《開蒙要訓》加以比較研究,是很值得我們深入的課題。

附：敦煌、吐魯番文獻《開蒙要訓》卷號一覽表

　　説明：本表據相關論著及筆者的調研製作。敦煌文獻之《開蒙要訓》卷號的排列，俄、法、英、中四大藏家的藏品列於前（依收藏國家國名首字漢語拼音音序排列。吐魯番文獻之《開蒙要訓》卷號的排列同此），其餘中小藏家的藏品殿後。

　　又，爲了表格明晰起見，對下列圖書採用簡稱，它們與全稱對應關係如下：

　　《俄藏》——《俄藏敦煌文獻》；

　　《法藏》——《法藏敦煌西域文獻》；

　　《英藏》——《英藏敦煌文獻（漢文佛經以外部分）》；

　　《國圖》——《國家圖書館藏敦煌遺書》；

　　《上圖》——《上海圖書館藏敦煌吐魯番文獻》；

　　《殘叢》——《貞松堂藏西陲秘籍殘叢》；

　　《文書集成》——《大谷文書集成》；

　　《斯三考》——《斯坦因第三次中亞考古所獲漢文文獻（非佛經部分）》；

　　《墨書集成》——《中村不折舊藏禹域墨書集成》。

敦煌文獻之《開蒙要訓》卷號一覽表

收藏單位	編號	出處	備注
俄羅斯科學院東方研究所聖彼得堡分所	Дx.895	《俄藏》7/P186－P187	與 Дx.1442、Дx.2655、Дx.3991、Дx.4410、Дx.6236、Дx.10258、Дx.12600、Дx.12601、Дx.12673、Дx.12715、Дx.18959、Дx.18960 等號綴合。
	Дx.1402	《俄藏》8/P150	習字雜寫
	Дx.1442	《俄藏》7/P186－P187	與 Дx.895 等號綴合
	Дx.2485BV	《俄藏》9/P222	
	Дx.2654	《俄藏》9/P318	
	Дx.2655	《俄藏》7/P186－P187	與 Дx.895 等號綴合
	Дx.3991	《俄藏》11/P116	與 Дx.895 等號綴合
	Дx.4410	《俄藏》11/P226－P227	與 Дx.895 等號綴合
	Дx.4799	《俄藏》11/P324	與 S.6131、S.6224 綴合。
	Дx.4907	《俄藏》11/P356	與 P.3408 綴合
	Дx.5260	《俄藏》12/P81	與 P.2717V 之 B 本綴合

續表

收藏單位	編號	出處	備注
俄羅斯科學院東方研究所聖彼得堡分所	Дх.5427	《俄藏》12/P134	與 Дх.5451B 綴合
	Дх.5451B	《俄藏》12/P134	與 Дх.5427 綴合
	Дх.5839	《俄藏》12/P255	
	Дх.5990	《俄藏》12/P308	與 P.2717V 之 B 本綴合
	Дх.6136	《俄藏》13/P17	與 Дх.6582、Дх.6586、Дх.1027、Дх.11048 等號綴合
	Дх.6236	《俄藏》13/P55	與 Дх.895 等號綴合
	Дх.6582	《俄藏》13/P140	與 Дх.6136 等號綴合
	Дх.6586	《俄藏》13/P142	與 Дх.6136 等號綴合
	Дх.10258	《俄藏》14/P249	與 Дх.895 等號綴合
	Дх.10259	《俄藏》14/P250	與 P.2717V 之 B 本綴合
	Дх.10277	《俄藏》14/P258	與 Дх.6136 等號綴合
	Дх.10740	《俄藏》15/P22—P26	
	Дх.11048	《俄藏》15/P156	與 Дх.6136 等號綴合
	Дх.11066	《俄藏》15/P163	
	Дх.12600	《俄藏》16/P148	與 Дх.895 等號綴合
	Дх.12601	《俄藏》16/P148	與 Дх.895 等號綴合
	Дх.12673	《俄藏》16/P156	與 Дх.895 等號綴合
	Дх.12715	《俄藏》16/P161	與 Дх.895 等號綴合
	Дх.18959	《俄藏》17/P302	與 Дх.895 等號綴合
	Дх.18960	《俄藏》17/P302	與 Дх.895 等號綴合
	Дх.19083	《俄藏》17/P340	與 P.3243 綴合
法國國家圖書館	P.2249V	《法藏》10/P72—P75	習字雜寫
	P.2487	《法藏》14/P273—P276	
	P.2545V	《法藏》15/P260—P261	習字雜寫
	P.2578	《法藏》16/P83—P87	
	P.2588	《法藏》16/P135—P139	
	P.2717V	《法藏》17/P344—P347	B 本與 Дх.5260、Дх.5990、Дх.10259 綴合
	P.2803	《法藏》18/P297—P307	習字雜寫
	P.3029	《法藏》21/P120	

續表

收藏單位	編號	出處	備注
法國國家圖書館	P.3054	《法藏》21/P186－P190	
	P.3102	《法藏》21/P311－P313	
	P.3147	《法藏》22/P35－P36	
	P.3166	《法藏》22/P76－P78	習字雜寫
	P.3189	《法藏》22/P109－P110	
	P.3211V	《法藏》22/P164－P167	習字雜寫
	P.3243	《法藏》22/P278－P282	與 Дx.19083 綴合
	P.3311V	《法藏》23/P163	
	P.3408	《法藏》24/P125－P126	與 Дx.4907 綴合
	P.3486	《法藏》24/P315－P318	
	P.3610	《法藏》26/P80－P81	
	P.3875A	《法藏》29/P49－P53	
	P.3908	《法藏》29/P185－P195	習字雜寫
	P.4937V	《法藏》33/P289	習字雜寫
	P.4972V	《法藏》33/P325	
	P.5031(8)	《法藏》34/P86	
英國國家圖書館	S.705	《英藏》2/P118－122	
	S.1308	《英藏》2/P263－P265	
	S.5431	《英藏》7/P45－P52	
	S.5437	《英藏》7/P62－P67	習字雜寫
	S.5449	《英藏》7/P97－P98	
	S.5463	《英藏》7/P113－P115	
	S.5464	《英藏》7/P115－P122	
	S.5513	《英藏》7/P211－P212	《開蒙要訓》摘抄
	S.5584	《英藏》8/P77－P81	
	S.5754V	《英藏》9/P120	習字雜寫
	S.6128	《英藏》10/P92	與 BD12355、BD10199 綴合
	S.6131	《英藏》10/P94	與 S.6224、Дx.4799 綴合
	S.6224	《英藏》10/P200	與 S.6131、Дx.4799 綴合

續表

收藏單位	編號	出處	備注
英國國家圖書館	S.9448	《英藏》12/P237	與 S.9449、S.9470 綴合
	S.9449	《英藏》12/P238	與 S.9448、S.9470 綴合
	S.9470	《英藏》12/P248	與 S.9448、S.9449 綴合
中國國家圖書館	BD5203（北 2685〔夜三〕）V *	《國圖》70/P10	習字雜寫
	BD10199	《國圖》107/P178	與 S.6128 綴合
	BD12355	《國圖》111/P55	與 S.6128 綴合
	BD14667（新 0867）	《國圖》131/P272－P275	
	BD16361	《國圖》146/P115	
上海圖書館	上圖 17 之 7(812388)	《上圖》1/P132	
	上圖 110(812560)V	《上圖》3/P45－P51	習字雜寫
中國歷史博物館	羅氏 6 片	《敦煌叢刊初集》7 所收《殘棄》/P376－P380	羅振玉舊藏。羅一、羅二、羅五、羅六可綴合；羅三、羅四與天理本可綴合。
天理大學圖書館	《石室遺珠》第 6 小片	《中國西北文獻叢書》第八輯《敦煌學文獻》第八卷/P64	與羅四、羅三綴合
杏語書屋	羽 29	《敦煌秘笈》1/P208－P213	李盛鐸舊藏。

吐魯番文獻之《開蒙要訓》卷號一覽表

收藏單位	編號	出處	備注
日本龍谷大學大宮圖書館	大谷 3567	《集成》2/《釋文》P124	與大谷 3574、3577、3582、3583、3603、3622、3717、3958、3961、4343 等號綴合
	大谷 3574	《文書集成》2/《釋文》P125	與大谷 3567 等號綴合
	大谷 3577	《文書集成》2/《釋文》P126	與大谷 3567 等號綴合
	大谷 3582	《文書集成》2/《釋文》P127	與大谷 3567 等號綴合
	大谷 3583	《文書集成》2/《釋文》P127	與大谷 3567 等號綴合
	大谷 3603	《文書集成》2/《釋文》P131	與大谷 3567 等號綴合
	大谷 3622	《文書集成》2/《釋文》P134	與大谷 3567 等號綴合
	大谷 3717	《文書集成》2/《釋文》P142	與大谷 3567 等號綴合
	大谷 3958	《文書集成》2/《釋文》P179	與大谷 3567 等號綴合
	大谷 3961	《文書集成》2/《釋文》P179	與大谷 3567 等號綴合

續表

收藏單位	編號	出處	備注
日本龍谷大學大宮圖書館	大谷 4343	《文書集成》2/《釋文》P237	與大谷 3567 等號綴合
	大谷 10313(A)	《文書集成》4/《釋文》P141	疑可與大谷 3567 等號綴合
	大谷 10313(C)	《文書集成》4/《釋文》P141	疑可與大谷 3567 等號綴合
日本書道博物館	中村 168⑤	《墨書集成》下/P60	梁素文舊藏
英國國家圖書館	OR.8212/643V Toy.42(h)	《斯三考》1/P178	
中國新疆維吾爾自治區博物館	阿斯塔那 66TAM67:3	《吐魯番出土文書》3/P445	本號含 2 殘片。

①李正宇《敦煌地區古代祠廟寺觀簡志》,《敦煌學輯刊》1988 年第 1、2 期合刊,第 77—78 頁;又見《敦煌史地新論》,臺北新文豐出版公司,1996 年,第 76—77 頁。

②天福五年干支紀年爲"庚子",此作"辛丑",誤。

③"郎"字李正宇《敦煌學郎題記輯注》錄作"榮",似誤。

④寧可、郝春文《敦煌社邑文書輯校》,江蘇古籍出版社,1997 年,第 188 頁。

⑤敦煌研究院編《敦煌遺書總目索引新編》,中華書局,2000 年。

⑥鄭阿財、朱鳳玉著《敦煌蒙書研究》,甘肅教育出版社,2002 年。

⑦〔英〕翟理斯(Lionel Giles)編《英國博物館藏敦煌漢文寫本注記目録》(*Descriptive Catalogue of the Chinese Manuscripts from Tunhuang in the British Museum*),收入黃永武主編《敦煌叢刊初集》(臺北新文豐出版公司,1985 年),第 1 冊,第 267 頁。

⑧〔英〕翟理斯編《英國博物館藏敦煌漢文寫本注記目録》,收入黃永武主編《敦煌叢刊初集》,第 1 冊,第 267 頁。

⑨鄭阿財、朱鳳玉著《敦煌蒙書研究》,第 53 頁。

⑩〔英〕翟理斯編《英國博物館藏敦煌漢文寫本注記目録》,收入黃永武主編《敦煌叢刊初集》,第 1 冊,第 267 頁。

⑪張涌泉主編《敦煌經部文獻合集》,中華書局,2008 年,第 7 冊,第 3713—3714 頁。

⑫題記"清"字上有橫書的"後唐"二字,S.5434 號《金光明最勝王經》卷第四末頁蔣孝琬題記云:"此書前節是經,後有《開朦要訓》,後唐(二字橫書)清泰二年二月十五日。"二號之"後唐"二字書體一致,S.5584 號之"後唐"亦當出自蔣孝琬之手,今不録。(參看竇懷永《敦煌文獻避諱研究》,浙江大學博士學位論文,2007 年,第 44 頁注釋②)

⑬陳垣編《敦煌劫餘録續編》,北京圖書館出版社,1983 年,第 125 頁 B 面。

⑭鄭阿財、朱鳳玉著《敦煌蒙書研究》,第 57 頁。

⑮〔英〕翟理斯編《英國博物館藏敦煌漢文寫本注記目録》,收入黃永武主編《敦煌叢刊初集》,第 1 冊,

第 267 頁。

⑯宋新民《敦煌寫本〈開蒙要訓〉叙録》,《敦煌學》第 15 輯,1989 年,第 176 頁。

⑰該題記前所抄内容爲何,至今尚無定論,參見許建平《敦煌經籍叙録》(中華書局,2006 年)"存目"部分關於該號的叙録,第 451—452 頁。

⑱吴堅主編《中國西北文獻叢書》第八卷《敦煌學文獻》(蘭州古籍書店,1990 年)所載《石室遺珠》影印本,第 64 頁。

⑲見《第二届敦煌學國際研討會論文集》(臺北漢學研究中心編,1991 年),第 79—98 頁。

⑳見《敦煌研究》1995 年第 4 期,第 127—132 頁。又,榮氏所撰《海外敦煌吐魯番文獻知見録》(江西人民出版社,1996 年)天理圖書館藏品部分(第 204—212 頁)大抵與此文同。

㉑宋新民《敦煌寫本〈開蒙要訓〉叙録》,《敦煌學》第 15 輯,第 176—177 頁。

㉒鄭阿財、朱鳳玉著《敦煌蒙書研究》,第 57 頁。

㉓〔俄〕孟列夫(Л.Н.Меньшиков)主編,袁席箴、陳華平譯《俄藏敦煌漢文寫卷叙録》,上海古籍出版社,1999 年,下册,第 489 頁。

㉔〔俄〕孟列夫主編,袁席箴、陳華平譯《俄藏敦煌漢文寫卷叙録》,下册,第 488 頁。

㉕〔俄〕孟列夫主編,袁席箴、陳華平譯《俄藏敦煌漢文寫卷叙録》,下册,第 488—489 頁。

㉖〔俄〕孟列夫主編,袁席箴、陳華平譯《俄藏敦煌漢文寫卷叙録》,下册,第 489 頁。

㉗本殘片之"賞"、"恪",誤倒,當乙正。

㉘任繼愈主編《國家圖書館藏敦煌遺書》,北京圖書館出版社,2005—2012 年,第 146 册,第 54 頁。

㉙商務印書館編《敦煌遺書總目索引》(新 1 版),中華書局,1983 年。

㉚黄永武主編《敦煌遺書最新目録》,臺北新文豐出版公司,1986 年。

㉛二片另一面似皆爲佛經抄本,有界欄,有可能爲正面,而書有《開蒙要訓》的一面倒可能爲背面。

㉜榮新江編著《英國圖書館藏敦煌漢文非佛教文獻殘卷目録》,臺北新文豐出版公司,1994 年。

㉝〔俄〕孟列夫主編,袁席箴、陳華平譯《俄藏敦煌漢文寫卷叙録》,下册,第 481 頁。

㉞上海圖書館、上海古籍出版社編《上海圖書館藏敦煌吐魯番文獻》,上海古籍出版社,1999 年,第 4 册,附録,第 4 頁。

㉟起首六字據原卷行款、所存殘迹並參照與之相近 P.3610、P.3875A 號補。

㊱任繼愈主編《國家圖書館藏敦煌遺書》,第 111 册,第 19 頁。

㊲任繼愈主編《國家圖書館藏敦煌遺書》,第 107 册,第 46 頁。

㊳沙知《敦煌契約文書輯校》,江蘇古籍出版社,1998 年,第 258 頁。

㊴中國文物研究所、新疆維吾爾自治區博物館、武漢大學歷史系編《吐魯番出土文書》,文物出版社,1996 年,第 3 册,第 445 頁。

㊵沙知、吴芳思(Frances Wood)主編《斯坦因第三次中亞考古所獲漢文文獻(非佛經部分)》,上海辭書出版社,2005 年,第 1 册,第 178 頁。

㊶《大谷文書別本〈開蒙要訓〉殘片考》,《敦煌研究》2014年第5期,第81—86頁。

㊷《日藏〈開蒙要訓〉斷片考》,《汲古》第55號,2009年6月,第62—71頁。

㊸本句"塩"、"炒"二字均有塗抹。下字"炒"先誤書作"塩",經塗抹後,在上復書"炒"字。又,據敦煌本《開蒙要訓》"煎熬煪煏,塩豉調適"句,知本句之"塩"、"炒"二字誤倒,當乙正。

㊹敦煌本《開蒙要訓》相關文句作"饞勂乖嬾",則本句之"讕",當爲"嬾"字音訛。

㊺黄永武主編《敦煌寶藏》(臺北新文豐出版公司,1986年),第55册,第317頁。

㊻磯部彰編《臺東區立書道博物館所藏中村不折舊藏禹域墨書集成》,文部科學省科學研究費特定領域研究(東アジア出版文化の研究)總括班,2005年,下册,第361頁。

㊼"*"號爲原書所有,表示該字爲據殘畫擬補的文字,下同。

㊽陳國燦、劉安志主編《吐魯番文書總目(日本收藏卷)》,武漢大學出版社,2005年。

㊾"?"號原録文即有,表示"?"號前所録文字不甚確定。

㊿小田義久責任編集《大谷文書集成(二)》,法藏館,1990年,第125頁。

(51)小田義久責任編集《大谷文書集成(二)》,第126頁。

(52)小田義久責任編集《大谷文書集成(二)》,第127頁。

(53)小田義久責任編集《大谷文書集成(二)》,第127頁。

(54)小田義久責任編集《大谷文書集成(二)》,第134頁。

(55)小田義久責任編集《大谷文書集成(二)》,第179頁。

(56)小田義久責任編集《大谷文書集成(二)》,第237頁。

(57)沙知、吴芳思主編《斯坦因第三次中亞考古所獲漢文文獻(非佛經部分)》,第178頁。

(58)據IDP所提供的圖版來看,此二字與"善神"約略相似,但無法確知爲何字,爲了行文方便,故本文暫從《大谷文書集成》之"善神"之説。

(59)大谷3622號"侏儒"之"儒"構件"雨"亦作"而",可比勘。

(60)都築晶子等《大谷文書中の漢語資料の研究》,《龍谷大學佛教文化研究所紀要》(Bulletin of Institute of Buddhist Cultural Studies, Ryukoku University)第46輯(2007年),第114頁。

附記:本文部分内容曾以《敦煌寫本〈開蒙要訓叙録〉續補》、《日藏〈開蒙要訓〉斷片考》、《敦煌蒙書殘片考》、《大谷文書别本〈開蒙要訓〉殘片考》等題目,在《敦煌研究》、《汲古》、《文獻》等國内外雜誌上發表。今在上述基礎上,重新删改、修訂,撰成此文。在此,筆者向各刊的主編、編輯、業師張涌泉先生及其他曾經爲上述文章撰寫提供過幫助的師友表示感謝。又,本文爲浙江省社科規劃"之江青年課題——中國傳統童蒙讀物在東亞的流播與影響研究"(16ZJQN036YB)、教育部人文社會科學研究青年基金項目"吐魯番出土童蒙讀物研究"(15YJC880136)之相關成果。

作者簡介:張新朋,浙江工商大學東亞研究院副教授

通訊地址:浙江省杭州市下沙高教園區學正街18號浙江工商大學東亞研究院　　郵編:310018

唐代敦煌民衆服飾芻議

——以敦煌文書《雜集時用要字》和《俗務要名林》爲中心

葉　嬌

一

　　敦煌文書《雜集時用要字》顧名思義就是搜集當時現實生活中重要而常用的字詞編匯而成的一本雜字典。全書按義類分部，"每部下匯集詞條，並有事文，如今日之分類辭典，頗存當日辭語和典章制度"①。據《敦煌經部文獻合集》的研究，《雜集時用要字》的抄本有九種，能明確斷定是唐代抄本的有：S.610、S.3227v＋S.6208、P.3391、S.3836v、P.3776及Дx.1131＋1139B＋1149v等②。S.610寫卷標題原有，題作《雜集時用要字壹仟三佰言》，雖作者及年月不詳，但從卷前《啓顔録》末尾題記"開元十一年捌月五日寫了"，可知抄寫時間之上限，即開元年間。《雜集時用要字》内容多有殘損，但S.610、S.3227v、P.3391寫卷所存的"衣服部"、"靴器部"、"冠幘部"、"花釵部"却相對完整，是研究敦煌民衆服飾不可多得的重要資料。

　　《俗務要名林》是據事物名稱分類編纂的一種通俗字書，也是敦煌遺書中收録民間口語詞彙最多的著作。所謂"俗務"指世俗間的諸種事物，"要名"指重要常用事物的名稱。據今所見的多個《俗務要名林》殘卷（P.5001、P.5579、S.617、P.2609），已有三十七個部類，並且種種迹象顯示，大約都是唐太宗、唐高宗間的抄本③，因此它是一部反映唐時敦煌地區的名物大典，"它無疑是唐代社會，尤其是敦煌地區的社會生活的寫實，可以從中考見當時語言情況和社會情況"④。P.5001寫卷首尾缺，僅存二紙四十行，保存着親族部、宅舍部、男服部、女服部諸名，雖殘損嚴重，但内容却爲其他諸卷所無，殘卷所存，價值已是驚人。周祖謨《敦煌唐本字書叙録》寫道："本書是一部俗字書，它的特點在於記載事物的名稱……這不僅對於研究漢語詞彙發展的歷史有用，而且對於了解唐代社會的經濟、生活、風習等也大有幫助，這是一份很重要的資料。"⑤從研究敦煌民衆服飾的角度來説，P.5001中的"男服部"、"女服部"更是彌足珍貴。

二

　　與服飾密切相關的 S.610、S.3227v 和 P.3391、P.5001 寫卷，前賢們已做了不少校録整理工作。張金泉、許建平《敦煌音義匯考》對此四寫卷作過初步校勘；鄭阿財、朱鳳玉《敦煌蒙書研究》、郝春文《英藏敦煌社會歷史文獻釋録》對 S.610、S.3227v 寫卷有校録；陳璟慧《敦煌寫本〈俗務要名林〉研究》（杭大碩士論文，1997）則對《匯考》有所匡正。參酌各家之説，並據《法藏》、《英藏》影印本及縮微膠卷校録整理最爲完善的是張涌泉主編的《敦煌經部文獻合集》。但由於研究角度不同，諸家對文書中的詞條多未細考，而實際上二書"所收録的字詞語匯，除可供作漢語詞彙史及唐代口語的研究外，也是唐代社會生活史的寶貴資料"⑥。

　　爲更好地了解唐代敦煌民衆的着裝，先將二文書中服飾記載相對集中的部類參酌《敦煌經部文獻合集》釋録如下，並作簡要疏證：

衣服部第二（S.610）

　　服飾。衬祴〔一〕。襜襠。裙帔。褐襖。〔二〕袙複。〔三〕褾袖。襟襴。袍被。領紐。罾襻。袜乳。〔四〕罐裙。〔五〕幪紗。羅縠。錦綺。綿絮。頭㡇。〔六〕偀汗。〔七〕衫袴。抱肚。半臂。褌襦（襦）。罾周。楅髆。〔八〕冠幘。革帶。

　　靴器部（S.3227v）

　　鞋韈。靴履。接勒。〔九〕爪頭。綿鞋。氈屩。〔一〇〕繞脚布。

　　冠幘部（S.3227v）

　　襆頭。巾子。帽子。吳髻。髻子。釵子。簪（簪）笓。篦（篦）子。

　　花釵部（S.3227v）

　　攏頭花。〔一一〕旋風花。兩支花。鈿掌。月掌。牙梳花。扇。

　　衣物（P.3391）

　　緋絁紫。紅綠。青黃。赤白。皂。黑碧。麴塵。鸘卵。……襆頭。帽子。衫袴。靴鞋。☒肚。靴氈。襖子。☒韈。☒（長袖）。半臂。褐衫。漫襠。〔一二〕汗衫。接拗（勒）。裙。衫子。襜襠。披子。披氈。披褐。履子。手衣。鴉遞。香袋。皮裘。

　　男服部（P.5001）

　　飾☒⑦呼☒反。纓於盈反。□☒□血☒音□。☒音□。衫袍巾居銀反。帽莫報反。簪側金反。□☒☒襖□下早二反。褌古門反。松褌。臟容反。鞾靴吁☒反。☒五初皆☒一曰☒☒☒。鞋戶佳反。☒□□經。疎西反。韈亡發反。絜〔一三〕皮絜也。博講反。屧〔一四〕蘇協反。屐（屐）渠逆反。☒□靸綎帶皮。他丁反。了亅☒上音鳥，下古宂反。絛靴繩。土高反。

女服部（P.5001）

假髻上音賈，下音即。髮頭髮。皮義反。□楚皆反。鈙釵之類。奴恊反。步搖下余昭反。珮□對反。釧處戀反。鐶指鐶。胡關反。媚子〔一五〕上□☑□。胭賢（脂）上烏賢反。鏡匣鏡匣胡甲反。莊飾面。音㽵。奩莊奩。音廉。麗子上烏恊反。鴉□上烏加反。烟支上音燕，下音支。胡粉下府吻反。青黛下音代。蘭澤☑☑。☑□（膏）下古到反。口脂下諸夷反。梳所居反。枇密梳。頻二反。眉箆〔一六〕布鷄反。領巾下居銀反。帔子上普義反。裙音群。䘿複上音麥，下音福。袷被〔一七〕上音□，下羊石反。襠襠上普荅反，下音當。襟衣前☑幅。音金。☑襟之名。☑☑☑（反）。袖徐救反。褾卑小反。褸裾褸。於要反。紐紐子。居柳反。襻裾襻。普諫反。裾□□腰裙。上卑□反，下音☑。襌單音。脉袷〔一八〕無絮☑。音□□□。☑鄣下章亮反。幞幞音苻玉反。帊小幞子。普亞反。裹□子。上上向反，下音身。

〔一〕袝褕：同“䘱褕”。“袝”、“䘱”《集韻·遇韻》同音符遇切。又《集韻·遇韻》春遇切：“褕，䘱褕，服稱也。或作裇。”但文獻缺載，衣制不明。

〔二〕裙襖：即“披襖”。《廣雅·釋訓》“裙被”條，王念孫疏證：“《玉篇·衣部》：‘裙，尺羊切，披衣不帶也。’披與被通，今人猶謂荷衣不帶曰被衣……合言之則曰裙被。”據此，“裙襖”，意爲“披襖”。後世即有“披襖”之名，如《事物紀原》卷三“衫子”下“又曰女子之衣與裳連，如披襖，短長與裙相似”。此服制乃是受西域袿䘿的影響而來。

〔三〕䘿複：同“䘿腹”，“複”、“腹”的類化換旁俗字。“䘿複”是一種繫縛於腰間，裹腹的內衣。䘿、袙、帕形近，又同屬一韻，常通用，所以又作“袙複”、“帕腹”。《釋名·釋衣服》：“裲襠，其一當胸，其一當背也。帕腹，橫帕其腹也。”

〔四〕袜乳：傳世文獻未見，按字義當指裹胸的內衣，類似於現代女性之胸罩。《集韻·末韻》：“袜絑，所以束衣也，或從糸。”慧琳《一切經音義》卷三五《一字頂輪王經》第四卷“繫袜”條引《考聲》云“袜，束也”，又引《集訓》：“橫繫也。”

〔五〕襱裙：“襱裙”之異寫，疑即“籠裙”。襱、籠中古音都是來母東韻，聲同相通。《中華古今注》卷中：“隋大業中，煬帝制五色夾纈花羅裙，以賜宮人及百僚母妻；又制單絲羅以爲花籠裙，常侍宴供奉宮人所服。”這種貴族婦女中盛行的籠裙，可能是民族交往不斷增進的產物，是在西南地區流行的桶裙基礎上發展而來[⑧]。

〔六〕頭䯻：隋唐之際常用的一種束髮帶，多爲女子所用，不同於以皂羅裹頭的頭巾。隋唐劉孝孫《二儀實錄》曰：“燧人氏爲髻，但以髮相纏，而無繫縛。至女媧之女，以羊毛爲繩，向後繫之。後世易之以絲及綵絹，名頭䯻，繩之遺狀也。”[⑨]

〔七〕儭汗：汗衫。《廣韻·震韻》初覲切：“儭，裏也。”

〔八〕梜膊：即“插膊”，敦煌寫卷“扌”旁與“木”旁不分。然“插膊”典籍未載，其義費解。

宋時有"搭膊",指一種既可束衣又可藏物的腰巾。《京本通俗小説·錯斬崔寧》:"身穿一領舊戰袍,腰間紅絹搭膊裹肚,脚下蹬一雙烏皮皂靴。""插膊"前後爲"腰周"、"革帶"之物,疑其亦是腰巾之屬。

〔九〕接勒:指靴筒或襪筒。"勒",《集韻·效韻》於教切:"俗謂靴鞾曰勒。"指靴筒。因其與鞋面相接,故稱"接勒"。唐段成式《酉陽雜俎·忠志》:"安禄山恩寵莫比,錫賚無數,其所賜品目,有……金花獅子瓶、平脱著足疊子、熟綫綾接勒。"正用"接勒"一詞。

〔一〇〕氈屟:指以毛氈製作的鞋墊。"屟"字書不載,是"屟"的避唐諱改寫字⑩。宋張世南《游宦紀聞》卷九:"'世'字因唐太宗諱世民,故今牒、葉、棄皆去'世'而從'云'。漏泄、緤紲又去'世'而從'曳'。'世'之與'云'形相近,與'曳'聲相近。若皆從'云',則'泄'爲'沄'矣,故又從'云'而變爲'曳'也。""屟"同"屧",指鞋墊子。《廣韻·霽韻》他計切:"屟,履中薦也。亦作屧、屟。""屟"爲《説文》本字,或體作"屧",又省作"屟"。

〔一一〕攏頭花:類於今婦女紮髮用的橡皮筋。"攏"疑當讀作"攏",收束之意⑪。"攏頭花"、"旋風花"、"兩支花"都是當時日常俚俗用語,指女子頭飾。

〔一二〕漫襠:即今之滿襠褲,本胡服,是當時下層百姓日常服飾之一,敦煌經濟文獻雇工契中頻見,又作"褉襠"、"縵襠"。

〔一三〕緊:"緊"的偏旁易位字。《集韻·董韻》補孔切:"緊,《説文》:'桑履也。'一曰小兒皮屟。亦書緊。"《急就篇》卷二"屐屨緊鞲羸竄貧"下,顏師古注曰:"圓頭掩上之履也。"

〔一四〕屟:《廣韻·怗韻》蘇葉切(與"蘇協反"同音):"屟,屟也。"

〔一五〕媚子:釵飾。庾信《鏡賦》:"懸媚子於搔頭,拭釵梁於粉絮。"因能隨步履移動而不停搖曳,倍添婦女嫵媚之姿,故稱。

〔一六〕眉篦:即眉刷,唐代婦女用以畫眉。慧琳《一切經音義》卷四五《優婆塞戒經音義》第七卷"耳篦"條:"篦,眉篦也。《桂苑珠叢》:'婦人用以畫眉也。'"

〔一七〕袂裓:指唐代女子束至腋下的裙服。"袂"指衣衽,《集韻·帖韻》橛頰切:"袂,衽也。""裓"指束衣於腋下。《方言》卷四:"襜謂之裓。"郭璞注:"衣掖下也。"錢繹箋疏:"郭璞注:裓所以蔽掖下,故以爲名。"

〔一八〕脈袷,"脈"字其他字書不載,《敦煌音義匯考》録作"脈"字,形近,但古書未見"脈袷"連用者,可疑。《説文·衣部》:"袷,衣無絮。"與注文中殘存二字"無絮"合,或指無絮的夾衣。

三

高度繁榮的唐人服飾歷代典籍均有載述,然多着眼於王公顯貴,鮮有平民風貌。這兩部文書却原生態地記下了當時當地民衆的着裝,特別是對普通民衆服飾的記載至爲周詳,這是對原本幾乎蕩然無存的平民服飾的重要補充,"傳達給我們許多一般史籍中根本就找不到的古代庶民文化的各種信息"[12]。

(一)男子服飾

頭戴冠帽或幞頭,身穿衫袍和褌袴,脚着烏皮靴,飾以革帶,是唐代士庶男子的典型裝扮,上自達官貴人,下至商户、農夫多作此裝束。文書記載更重細節,如"幞頭""巾子"相連,表明"幞頭"需以"巾子"(木制襯墊物)爲襯,方能形成不同造型。這就不難理解,武德初年到開元年間"幞頭"何以有"平頭小樣"、"武家諸王樣"、"英王踣樣"、"官樣圓頭巾子"等諸多形制了,若僅僅是一塊頭巾,恐怕是難以達到這樣的造型效果。又如"襟襴"連用,"襟"是衣襟,"襴"是長衣下擺上所加的一道横幅,以此代指袍衫,反映出"加襴之制"在當時當地的流行程度。

除這一士庶通行的裝束,文書中還透露出更全面的庶民着裝信息,反映出敦煌一地胡服漢裝交相輝映的風貌。多數勞作者頭裹幞頭,短衣窄褲,腰間繫以腰周或腰襻,敦煌壁畫中的農夫、挑擔夫、役者多可見此形象;有些勞作者,上着襪汗或褐衫,下穿漫襠,敦煌壁畫《耕織圖》中亦可見;還有些則長袖(襴衫一類的上衣)外加半臂(短袖衫),如敦煌壁畫中的縴夫。這三種服制都是當地老百姓的日常服飾,具有明顯的胡服特色。

男子脚上所穿除常見的麻鞋、皮鞋、草鞋、屧屐外,還有一種特殊的靴,叫"靴氈"或"氈靴"。這是因爲敦煌地處我國西陲,晝夜温差大,且敦煌一地畜牧業發達,毛紡織業興盛,以氈製靴,是爲具有良好的保温防潮性能;講究者或畏寒者更在寒冷的冬日加以"氈屐",使之性能更佳。有時爲了遠行的需要,還在小腿部位纏以布條,稱爲"繞脚布"。

(二)女子裝束

唐代女服複雜多變,極具時裝性,"往往由争奇的宮廷婦女服裝發展到民間,被紛紛效仿,又往往受西北民族的影響而别具一格"[13]。正因如此,普通民女與貴族仕女的服制形式相差並不大,區别惟在衣料以及加工的精細度上。

1.短襦長裙是當時最普遍的裝扮。其特點是上裝襦衫短小,下着長裙,裙腰以綢帶高繫至胸或幾達腋下,且裙色豔麗。文書中反復出現的"裙"以及"袂被"、"幨裙"諸詞都展示出裙裝在唐代女裝中的地位。"緋紫、紅緑、青黄、赤白、皂、黑碧、麴塵、鶴卵"諸詞更讓我們感受到裙裝色彩的豐富以及圖案的多樣。襦外有時還加"半袖",長僅及腰,形式多樣,或對襟,或套頭,或翻領,或無領,極具時裝性。在敦煌壁畫及各地出土的唐代女陶俑上,穿着半袖的形象是隨處可見。

2.帔帛是女裝中的嶄新元素。這種服制在隋唐以前的中原服裝中極少見,但在唐代女裝中却頻頻出現,與裙衫搭配,倍顯女性體態之婀娜。“裙帔”、“披子”、“領巾”、“帔帛”諸詞指的都是這條飄逸的長巾。大致來説,“帔帛”是總名,“披子”即“披帛”,較窄長,貴族女子多用,“領巾”相對短小,多爲下層婦女所用。但因這塊帛巾在當時還是新興之物,稱名上並不嚴格,唐人多混而爲一。如段成式《酉陽雜俎·忠志》和李亢《獨異志》均載有太真妃觀棋一事,但一名“領巾”,一名“帔”,反映出稱名的模糊。

3.女着男裝。女着男裝史籍多有載述,傳世壁畫與陶俑中也常可見穿着丈夫袍衫、裹幞頭、蹬烏皮靴的唐女形象。《女服部》中“幞頭”、“裹”等詞的存在同樣反映了這一情形,體現出盛唐帝國婦女開放、健美的精神風貌。

在上揭兩種文獻中我們並没有發現唐代女裝中的另一典型樣式——袒胸裝。這可能和此服制使用面的狹窄有關,這種“慢束羅裙半露胸”的裙裝頗類似於現代西方的夜禮服,恐怕非重要場合、非上流社會不大會出現,顯然不合“時用”或“俗務”的原則,故二書未予收入。但“抹乳”、“陌複”諸詞的反復出現,却給我們提示了一個信息,即唐代女子對內衣的重視,反映出當時風氣的開放。

(三)妝式妝容

唐代女子追求美容美飾,不僅貴族婦女,下層女子也有塗脂抹粉的習慣。《酉陽雜俎·黥》就載有每月供給婢女胭脂一豆、粉一錢之事,足以説明化妝風氣之盛。現據 P.5001,可細窺一二。

髮式是歷代女子化妝的首要内容。“髻子”、“假髻”、“髢”諸詞,反映出唐代女子髮式以髻爲主。據段成式《髻鬟品》,唐代女子髻式十分豐富,有數十種之多。從形象資料所見,則均爲高聳的髮髻,到盛唐時更是達到頂峰,其原因或許正如李波所言“高髻不僅可以拉長臉部比例,還可以增加身高”[⑩] 在唐代以胖爲美的風尚下有效地達到平衡胖人整體形象的效果。但一般婦女的頭髮並不足以梳挽高髻,所以假髮非常流行。據文書所載,方法有二:一是在真髮中摻入假髮,即“髢”,再梳挽成高髻。《釋名·釋首飾》:“髢,被也,髮少者得以被助其髮也。”二是用木材、黑絲、真髮等做成一個可以直接戴在頭上,無須梳挽的假冠、髮墊等,把髮髻襯高,名爲“假髻”或“義髻”。新疆吐魯番阿斯塔那唐墓中出土過一個繪花木假髻,爲了解唐代假髻提供了實物資料。

頭飾用品式樣繁多。“頭胥”、“簪”、“櫳頭花”、“旋風花”、“兩支花”、“扇”、“釵子”、

“鈙”、“步摇”諸詞給我們展示了當時式樣繁多的頭飾用品。一般而言“頭帬”是束髮帶，“簪”、“攏頭花”是固鬂器具，其餘均是髮上飾物，但實際上爲了追求美觀，“簪”、“頭帬”等不僅質地多樣，且形式各異，實也成爲了裝飾品。從出土實物可見，除“步摇”外，各種飾物一般平民女子均有使用，並無明顯的貴賤之别，其差異可能就在飾物的精緻度與材質上。“鈿掌”、“月掌”、“牙梳花”、“梳”、“篦”則反映了當時女子插梳爲尚的風氣。

　　面部妝容更是不容忽視。“胭賢（脂）、鏡匣、莊奩、靨子、鴉☑、烟支、胡粉、青黛、蘭澤、口脂”諸詞的出現相對完整地展示了女子化妝的幾大方面。即：一、敷胡粉（即鉛粉），二、抹胭脂，三、塗鴉黄（在額上塗黄粉，又名額黄、鵝黄），四、畫黛眉（剃去眉毛，再用青黛畫上各種眉形），五、點口脂（即塗口紅）；六、描面靨（以胭脂或顔料作兩顆圓點，點於嘴角兩邊酒窩處），七、沐蘭澤（用蘭浸制的潤髮香油塗抹頭髮）。這些方面可以説包含了當代美容化妝的全部内容，甚至有過之而無不及。

　　文書中的服飾資料雖不盡完整，却真實傳達了當時百姓的生活狀況，展示出敦煌一地各階層百姓的日常服飾。它不像史書中的《輿服志》那樣精心勾勒達官顯貴的衣制着裝，却在不經意間娓娓道出了中下層老百姓的衣冠服飾，有效地彌補了歷來史書與正統文獻對平民記載的不足，具有重要的價值和意義。

①王三慶《敦煌類書》，麗文文化事業股份有限公司，1993 年，第 109 頁。

②張涌泉《敦煌經部文獻合集》，中華書局，2008 年。

③張涌泉《敦煌經部文獻合集》，第 3616 頁。

④姜亮夫《敦煌學概論》，北京出版社，2004 年，第 55 頁。

⑤周祖謨《敦煌語言文學研究》，北京大學出版社，1988 年，第 1 頁。

⑥鄭阿財、朱鳳玉《敦煌蒙書研究》，甘肅教育出版社，2002 年，第 102 頁。

⑦原寫卷中模糊不清的字用“☑”表示，缺字用“□”號表示，缺幾个字用幾个“□”，不能確定所缺字數者，上缺用“▭”表示，中缺用“▭”表示，下缺用“▭”表示。俗字、假借字、訛字在原字後用“（　）”注出本字或正字。

⑧高春明《中國服飾名物考》，上海文化出版社，2001 年，第 164 頁。

⑨《二儀實録》一書未有刻印且大多散佚，文中所引内容據《叢書集成初編》本《事物紀原》，1210 册卷三，中華書局，1985 年，第 101 頁。《文淵閣四庫全書》本《事物紀原》與此引文略有不同。

⑩張涌泉《敦煌經部文獻合集》，第 4155 頁。

⑪張涌泉《敦煌經部文獻合集》，第 4159 頁。

⑫〔日〕池田温《敦煌文書的世界》，中華書局，2007 年，第 49 頁。

⑬沈從文、王㐨《中國服飾史》，陝西師範大學出版社，2004 年，第 80 頁。

⑭李波《唐代敦煌壁畫供養人服飾與體型》,《敦煌研究》2008 年第 1 期,第 13 頁。

（原載《敦煌研究》2011 年第 5 期）

作者簡介:葉嬌,台州學院人文學院中文系教授

通訊地址:浙江省臨海市東方大道 605 號台州學院 142 信箱　　　郵編:317000

敦煌《抱朴子》殘卷的抄寫年代及文獻價值

秦樺林

敦煌遺書自二十世紀初發現伊始,就存在嚴重的流失問題,或被西方探險家捆載而去,或被達官貴人公然竊取。尤其是後者中的一部分精品往往被視爲價值連城的"奇貨",通過各種渠道流轉於收藏家和書賈之手,乃或飄零,不知所終。搜集散藏敦煌文獻的信息,搞清楚它們的下落,是敦煌學研究的一項重要任務。

《抱朴子》殘卷便是散藏敦煌文獻中一件值得重視的珍品。羅振玉在 1923 年刊行的《抱朴子校記》中首次公布了此寫本的有關信息:"敦煌石室本《抱朴子》殘卷,存《暢玄》第一、《論仙》第二、《對俗》第三,凡三篇。《論仙》《對俗》二篇均完善,《暢玄》篇則前佚十餘行。書迹至精,不避唐諱,乃六朝寫本也。卷藏皖江孔氏(引者按:孔憲廷),乃割第一篇以贈定州王氏(引者按:王樹枏),餘二篇又以售於海東。"① 敦煌寫本《抱朴子》殘卷被轉賣到日本後,日本收藏家一直秘不示人。通過大淵忍爾的《敦煌道經·目錄編》,我們了解到《暢玄》篇② 收藏於東京書道博物館,而《論仙》《對俗》二篇則爲田中慶太郎文求堂舊藏③,但大淵忍爾的《敦煌道經·圖錄編》④ 亦未收錄相關圖版,足見資料搜集的困難程度。近九十年來,對此寫本學者大都只知其目,研究成果極其有限,堪稱敦煌道教文獻研究中的一個盲點。

本文就《抱朴子》殘卷的收藏、存佚狀況進行介紹,力圖厘清該寫本的遞藏軌迹,進而對該寫本的抄寫年代、文獻價值等進行探討。旨在拋磚引玉,以期學術界能夠在新的起點上展開對此寫本的深入研究。

一　收藏源流

孔憲廷(1873—1928),字少軒,合肥人,1914—1919 年任甘肅省蘭山道尹、財政廳長等職。在隴任職期間,大力購求敦煌遺書,《抱朴子》殘卷便是他在任內搜集所得。此寫本儘管是搜集品,但從紙質、書法以及背面的"中和伍年(885)正月十九日沙州內靈圖寺學生張"⑤ 題記等判斷,《抱朴子》殘卷確爲敦煌遺書的流散品。

"民國八年(1919)元日",孔憲廷將卷首殘存的《暢玄》篇四十九行割裂贈予親家歙縣人許承堯(字際唐、霽唐,號疑庵),二人並附題跋⑥。而完整的《論仙》《對俗》二篇繼續由孔憲廷收藏。羅振玉於 1921 年 7—8 月間親觀孔氏收藏的《抱朴子》寫本。1921 年 9 月 4 日羅振玉在給王國維的信中寫道:"弟近日……所可言者三事:一、見皖人孔少軒(曾任甘肅財政廳長者)藏《抱朴子》六朝寫本,存《暢玄》(缺前半)、《論仙》、《對俗》三篇,可補刊本脫字數百、正訛字數十,現方設法借照。"⑦結合此信可知,《抱朴子校記》中提及的"辛酉冬,予曾從孔氏借觀,寫影存之",指當年 9 月後羅振玉第二次商借,並對寫本拍攝照片⑧。

如果單看《抱朴子校記》所言:"卷藏皖江孔氏,乃割第一篇以贈定州王氏,餘二篇又以售於海東。"很容易使讀者造成是孔憲廷將《抱朴子》寫本直接賣給日本書賈的印象⑨。再加上孔氏的確曾與日本書賈之間存在敦煌寫經的交易,更容易加深這種印象。但實際上,就《抱朴子》寫本而言,很可能並非由孔憲廷,而是由許承堯將《暢玄》與《論仙》、《對俗》三篇分兩次售出的。

1925 年發表的孫人和《古寫本抱朴子斠文》提供了一則重要的收藏信息:"歙縣許霽唐先生藏有六朝寫本《抱朴子》——《論仙》《對俗》二篇。余借而讀之。俗字頗多,殆難辨識。因依平津館本,取其足以是正者斠錄之。或於喜讀葛氏書者,稍有裨益也。"⑩孫人和在許承堯處借讀《論仙》《對俗》二篇的具體日期不詳,大約在 1921 年冬至 1922 年 10 月間。從"俗字頗多,殆難辨識"這一真實的閱讀感受來看,孫人和見到的乃是原卷,可以確定無疑。孫氏的上述題識有兩點值得注意:一,《論仙》《對俗》二篇在 1921 年冬之後,又歸許承堯收藏(明言"許霽唐先生藏",並非從孔憲廷處商借而來);二,許氏自 1919 年起收藏的《暢玄》篇已經不在彼處,因此孫人和沒有見到該篇。

以上第二點也可與羅振玉的記述相印證。孔憲廷曾向羅氏詳細地介紹許承堯的敦煌遺書收藏情況,羅振玉在 1921 年 9 月 4 日致王國維的信中寫道:"孔言有徐(引者按:當爲"許",指許承堯)某者(曾任甘肅政務廳長)藏敦煌卷二百餘⑪,中有《唐語林》及《文選》,他皆經文。"⑫耐人尋味的是,孔憲廷提到的許氏所藏佛經以外敦煌卷子僅有《唐語林》《文選》二種,卻偏偏不言早在兩年前就親自贈予許承堯的《暢玄》篇,可見此時《暢玄》篇的確已經不在許處。但是否果真如羅振玉所説,第一篇已被轉贈王樹枏了呢?孔憲廷與許承堯爲同鄉、同僚以及親家,又有着共同的收藏愛好,就二人的熟識程度而言,所謂"第一篇以贈定州王氏",很難説僅僅是羅氏一時誤記⑬,其中恐怕另有隱情。我們認爲存在兩種可能性:一,許承堯在 1921 年 9 月前確已將《暢玄》篇轉贈、交換或出售給王樹枏(此卷後由王氏賣給日本書賈);二,許氏詭稱將《暢玄》篇已轉贈給王樹枏,以掩自己賣給日本書賈之實。雖然王樹枏的確曾將不少敦煌、吐魯番藏品賣給日本書賈,中村不折的藏品也確實有不少來自王氏舊藏,但現存的《暢玄》篇寫卷既無王氏藏印,又無其題跋,殊難確認王樹枏收藏過《暢玄》

篇。而中村不折編寫的《禹域開寶録》則明確地把《暢玄》篇連同其他五件寫卷稱作許承堯舊藏[⑭]。因此,我們認爲,上揭第二種可能性更大一些。1920—1921年,許承堯曾多次來往於蘭州—北京—歙縣之間。1920年6月後,許氏由蘭州赴北京[⑮],後返歙,同年秋復赴北京[⑯],冬返蘭州任[⑰]。1921年春,許承堯隨離任的甘肅都督張廣建返回北京[⑱],同年秋回歙小住[⑲]。《暢玄》篇大概在1921年許承堯盤桓北京期間出手。雖然此次交易的具體情況還有待詳考,但種種證據表明,經手《暢玄》篇交易的正是日本書賈田中慶太郎。

　　前文已述,《論仙》《對俗》二篇在1921年冬之後,從孔憲廷處轉歸許承堯收藏。許承堯於1922年春由歙縣回到北京,同年冬再次返歙[⑳]。《論仙》《對俗》二篇大約是在1922年10月至11月間,由許承堯在北京賣給田中慶太郎。羅振玉在1922年12月2日致王國維的信中寫到:"田中此次在京,得《莊子》、《抱朴子》,且渠安周寫經有承平年號者,及大同寫經,北方私家所藏百家精華,一網打盡。幸弟已將《抱朴子》《論語》均影照,《抱朴》最佳,明刊有整段脱落者。"[㉑]田中慶太郎是日本近代著名書賈,曾長期居住中國,許多古籍珍本便是經他之手而被販賣到日本。田中慶太郎對曾經在華大力購求古寫本這點毫不諱言,他在《書蠹憶往》一文中稱:"什麽書能賣高價,就以這本書爲目標收藏儲備以待獲利的做法,只能限於少量的書籍古本……如果發現宋版、元版或是古寫本,也不會置之不理。"[㉒]田中慶太郎曾於1909年在北京六國飯店參與會見伯希和,並最早向日本學人報道敦煌遺書的學術信息[㉓],因此深知敦煌文獻的珍貴價值。從羅振玉的記載看,除《抱朴子》外,田中慶太郎還至少一次性買走《莊子》[㉔]、《論語》[㉕]寫卷以及且渠安周寫經[㉖]、大同寫經[㉗]等精品,主要以許承堯、王樹枏的藏品爲主。田中所進行的無疑是有明確目的性和針對性的大型交易。如果沒有巨額資金在背後予以支持,單靠文求堂一家私人書店顯然無法做到將"北方私家所藏百家精華,一網打盡",我們認爲,1922年的這次大規模購買中國私藏敦煌吐魯番文獻的活動,很可能具有深刻的背景,大概有一位甚至數位日本收藏家爲田中慶太郎提供了雄厚的財力支持。中村不折云:"中國官吏多將其(引者按:出土寫卷、文書)視爲古董來搜集,却不知是可以進行深入研究的資料中的奇貨。每得機會,便迫其割愛,以致所獲數量漸多。其主要有新疆布政使(引者按:王樹枏)在駐紮迪化府(烏魯木齊)十年間,於吐魯番、鄯善等地收集的出土經卷文書的全部;甘肅省布政使何孝聰、同道臺孔憲廷、同吏許際唐等諸氏,在敦煌所獲的大部分……以上的搜集,多依靠江藤濤雄、田中慶太郎、勝山岳陽三位的盡力周旋。"[㉘]這番頗爲洋洋得意的自述,更加印證了我們的推測。包括《暢玄》篇在内的六件許承堯舊藏敦煌寫卷,由中村不折於1922年12月至1923年4月分三次從文求堂購入[㉙],其中《暢玄》篇很可能是在1922年12月底購得。此篇今存書道博物館,《昭和法寶目録》有目,《敦煌遺書總目索引》轉録,編號爲散907[㉚],磯部彰編集《中村不折舊藏禹域墨書集成》中册公布圖版[㉛]。

而完整的《論仙》《對俗》二篇於 1922 年末歸田中慶太郎後，他没有馬上出手，這大概是他慣常的"收藏儲備以待獲利"的生財手法。最想凑成完璧的莫過於中村不折，他對此二篇一直念念不忘。他於 1927 年最早透露此二篇亡佚的有關信息："中、下之完本後歸文求堂田中氏，不幸的是，燒毁於大震灾之時。"㉜則此二卷已經毁於 1923 年 9 月 1 日的關東大地震。此消息應得之田中慶太郎本人，以中村與田中的熟識程度，這條消息當屬可信。事實上，《暢玄》篇後來於 1933 年被評定爲日本重要文化財，而《論仙》《對俗》的原卷則至今没有下落，足見田中慶太郎所言不虚。從 1922 年 11 月至 1923 年 9 月不及一年時間，此二篇原卷便亡於異域，不禁令人太息。差可慶幸的是，此二篇在 1923 年 2 月由田中慶太郎少量影印，題名《古寫本抱朴子》㉝，如今原卷已經不存，我們仍可通過此影印本一窺原卷的面貌。不過，《古寫本抱朴子》的版權頁僅稱"原本藏者：田中慶太郎"，而對真實來源諱莫如深，特别是對此寫本源自敦煌藏經洞這一事實有意避而不談，難免誤導不明就裏的讀者，容易誤會爲日本古寫本㉞。此外，我們推測《論仙》《對俗》二篇應該和《暢玄》篇一樣附有孔憲廷、許承堯的題跋，但田中有意回避這一信息，因而略去，未加影印。時過境遷，此影印本已頗爲難得，大淵忍爾的《敦煌道經·目録編》便未曾提及，國内的學者此前似僅有容肇祖㉟、王明㊱利用過。

二　寫本斷代

張涌泉師指出："寫本斷代是敦煌文獻整理研究的先行工作之一……敦煌寫本的斷代可從内容、書法、字形、紙質和形制四個大的方面着手，進行綜合考察。"㊲敦煌《抱朴子》殘卷本身無年款題記，對其抄寫時間進行相對準確的斷代，直接關係到該寫本在《抱朴子》版本傳承體系中的位置問題。羅振玉認爲《抱朴子》殘卷"書迹至精，不避唐諱，乃六朝寫本也"㊳，這一結論是否可信，也需要我們予以驗證。

(一)據諱字斷代

羅振玉指出《抱朴子》殘卷"不避唐諱"。經核對原卷圖版，"虎"、"炳"、"淵"、"世"㊴、"民"、"葉"、"棄"㊵、"治"、"旦"、"影"、"隆"等字均無缺筆，的確不避唐諱(參見表一)。與寫本比較，反而是今本存在避諱改字的現象，如敦煌本《論仙》："已有天淵之降。""淵"今本作"壞"，羅振玉云："殆唐人避諱改'壞'。"敦煌本《對俗》："五穀非生民之類，而民須之以爲命焉。"二"民"字今本俱作"人"，孫人和云："按'人'疑唐諱所改。"此外，敦煌本《論仙》："駈合生民。""鬼神數爲民間。"敦煌本《對俗》："而止民間八百餘年也。"以上諸"民"字，今本亦俱作"人"。這益加透露出寫本的抄寫時間當在唐代之前。

表一

諱字	頻次	字形舉例	避諱情況
虎	2	虖	不避唐太祖諱
炳	2	昞	不避唐世祖諱
淵	3	渊 淵	不避唐高祖諱
世	24	丗	不避唐太宗諱
民	8	民	
葉	2	葉 葉	
棄	12	弃	
治	6	治	不避唐高宗諱
顯	0	——	——
旦	2	旦	不避唐睿宗諱
影	7	影	
隆	2	隆 隆	不避唐玄宗諱
基	0	——	——
亨	0	——	——

此外,該寫卷亦不避"堅"、"廣"二字(參見表二)。由是可知,《抱朴子》殘卷應鈔寫於隋代以前,確爲六朝寫本。

表二

諱字	頻次	字形舉例	避諱情況
堅	1	堅	不避隋文帝諱
廣	2	廣	不避隋煬帝諱

(二)據俗字斷代

張涌泉師指出:"俗字有時代性……俗字的這種時代特徵可以給我們提供寫本書寫年代方面的許多重要信息。如惡(憂)、甦(蘇)、霅(雙)、蜇(蠶)、圼(聖)、覔(覓)、斈(學)等等都是北朝產生的俗字,如果寫本中有這類俗字,那麼其書寫年代很可能在北朝以後。"[41]

以上俗字可分成兩組,惡(憂)、甦(蘇)再加上耂(老)、叛(變)、甬(罷)、皈(歸)共六個字是第一組;霅(雙)、蜇(蠶)、圼(聖)、覔(覓)、斈(學)共五個字是第二組。我們在寫卷中分別予以考查。

　　第一組俗字在《顏氏家訓·雜藝》中有詳細地説明：

　　　　北朝喪亂之餘，書迹鄙陋，加以專輒造字，猥拙甚於江南。乃以百念爲憂，言反爲
　　變，不用爲罷，追來爲歸，更生爲蘇，先人爲老，如此非一，遍滿經傳。唯有姚元標工於
　　楷隸，留心小學，後生師之者衆。洎於齊末，秘書繕寫，賢於往日多矣。㊷

可見悥（憂）、訮（變）、甪（罷）、踠（歸）、甦（蘇）、忂（老）等堪稱北朝俗字的代表字樣，具有强
烈的時代、地域色彩。經統計，敦煌本《抱朴子》殘卷共出現上述六個代表字中的四個（參見
表三），但僅有"老"字寫作"先人爲老"的俗體，"憂"、"變"、"歸"三字均作正體。由"**先**"字
（15次）可知，《抱朴子》殘卷當書寫於北朝時期或稍後。而從代表字寫作正體的比例顯著提
高（占3/4）這點看，與顏之推所言"洎于齊末，秘書繕寫，賢於往日多矣"的情況非常吻合。

表三

代表字	頻次	字形舉例	正俗情況
憂	7	憂	正體
變	10	變	正體
歸	5	歸	正體
老	15	先	俗體
罷	0	——	——
蘇	0	——	——

　　再來看第二組俗字，五個字中除"覓"、"雙"字未出現，其餘三字中"聖""學"二字均作正
體，僅"蠱"字作俗體"䖝"（參見表四），正體比例佔到2/3，這與第一組的情況非常接近。《抱
朴子》殘卷中"蠱"寫作罕見的俗體"䖝"㊸，此字形產生於六朝時期，又見於北敦2136、2726、
3714號《大般涅槃經》卷九："彼一闡提雖有佛性，而爲無量罪垢所纏，不能得出，如**䖝**處繭。"
伯2444號《太上洞淵神咒經·斬鬼品第七》："田**䖝**不收，子孫暴死，六畜不盛。"㊹其中北敦
2726、3714號俱爲"南北朝寫本"，北敦2136號是"隋寫本"㊺，伯2444號則有唐初"麟德元年
（664）"題記。可見，此俗字從六朝一直沿用至唐初。

表四

代表字	頻次	字形舉例	正俗情況
聖	3	聖	正體
學	16	學	正體

代表字	頻次	字形舉例	正俗情況
蠱	1	虫	俗體
覓	0	——	——
雙	0	——	——

　　值得注意的是，敦煌本《抱朴子》提到道教祖師老子時也寫作"**尩**"，如《論仙》篇："故**尩**(老)子有言，以狸头之治鼠漏。"而斯2295號隋大業八年(612)秘書省寫《老子變化經》㊱裏，"老子"的"老"皆作正體，可見當時的正規道經在抄寫過程中都傾嚮於摒棄"**尩**"這個北朝俗字。因此，《抱朴子》寫卷抄寫於隋代以前、北朝末期的可能性極大。

(三)據紀年斷代

　　該殘卷背面有"中和伍年(885)正月十九日沙州内靈圖寺學生張"的題記與《千字文》雜寫。唐代中後期敦煌紙張缺乏，當地的寺廟便搜集廢棄舊紙，讓寺内就讀的學生利用舊紙背面進行練習。雖然此題記與正面的内容無關，但由此可知，敦煌寫本《抱朴子》應是中唐以前物。晚唐人利用中唐以前、甚至是六朝時代的舊紙背面進行抄寫，這在敦煌寫卷中屢見不鮮，如P.2506《毛詩傳箋》爲六朝寫本，卷背則爲晚唐敦煌某寺義學學生書寫的曲子詞及《唐天復五年乙丑歲具注曆日》㊲。又如Дx.10698＋10838＋P.3871＋2980＋2549《古文尚書傳》爲六朝寫本，背面則爲歸義軍時期抄寫的類書唐王伯璵編《勵忠節抄》㊳。

(四)據書法斷代

　　羅振玉指出《抱朴子》殘卷"書迹至精"，蓋六朝寫本。孔憲廷云："字勁而古，以他經證之，似非唐人手筆……爲北朝人所書無疑。"許承堯云："棱棱瘦挺，視《吊比干文》當何如耶？"㊴指出該寫卷字體勁瘦的風格，可與北魏太和十八年(494)所立《吊比干文碑》進行比較。中村不折認爲："此本書體似北齊諸碑，且氣宇闊達，筆勢秀麗，可能與前記《老子》等是同時代(引者按：後魏)的作品。"㊵

　　中村不折的説法較爲籠統，而許承堯身爲書法家，他的感覺則較爲敏鋭。康有爲《廣藝舟雙楫·備魏》云："太和之後，諸家角出……瘦硬則有若《吊比干文》。"㊶從整體看，《抱朴子》殘卷筆風質直硬朗，的確與北朝崔浩一派"瘦硬峻峭"㊷的書風非常接近。《抱朴子》寫卷全部爲不帶隸意的楷書，字體勁瘦，方整俊秀；橫筆細，縱筆粗，結體緊湊；橫畫筆鋒不明顯，而轉折筆畫則有較明顯的頓按。不過與《吊比干文碑》比較，《抱朴子》殘卷的運筆更爲靈動，而前者的文字則略顯板滯，一方面這與文字載體的材質不同有關；另一方面，大概後者的抄寫年代要晚於前者，故而融入了一些南朝秀逸的筆法。

　　《抱朴子》殘卷與隋代之後寫本的楷書面貌存在很大的差異。試比較斯 2295 號隋大業八年（612）秘書省寫《老子變化經》，兩相對照不難看出，隋代寫經的書法風格已經完全南朝化，與《抱朴子》寫卷質直硬朗的風貌截然不同。因此，從書法風格看，《抱朴子》殘卷的抄寫年代大概在北魏以後、隋代之前。

　　綜合以上四點，我們認爲，敦煌本《抱朴子》寫卷大概抄寫於北朝末期，即北齊中後期或北周。從歷史上看，隋代之前，敦煌地區相繼處於北魏、西魏、北周的控制下㉝。而在北朝統治者中，以北周武帝宇文邕最爲崇信、支持道教㉞，他曾主持纂集的道教類書《無上秘要》，在敦煌遺書中也有所發現。從有紀年的北朝敦煌文獻數量看㉟，注明北齊年號的僅有三件，而寫於北周時期的則有三十八件之多。因此，我們認爲，《抱朴子》殘卷抄寫於北周時期的可能性最大。

三　文獻價值

　　敦煌六朝寫本《抱朴子》雖然僅殘存三篇，但却是目前現存最早的《抱朴子内篇》古本，且書寫精善，其珍貴的文獻價值主要體現在校勘和版本兩個方面。

（一）校勘價值

　　校勘方面，羅振玉以寫本與平津館本進行對校，指出其間"異同處多至三百餘"㊱，可糾正今本脫訛衍倒處甚多，前人對此多有抉發。以下略舉"可糾傳世刻本之誤改者"四例，以見敦煌本寶貴的校勘價值。

　　1.平津館本《論仙》："孤魂絶域，暴骸腐野，五嶺有血刃之師，北闕懸大宛之首。""腐野"，敦煌本作"朔裒"。羅振玉録作"朔裔"，僅出校而未定孰是。

　　按："裒"，羅氏録作"裔"，此極是。"裒"從"裔"的俗體"裛"㊲簡化而來，例見《隋王成墓誌》㊳。此處當從敦煌本作"朔裔"。"朔裔"指北方邊境及北方少數民族地區，與上句"絶域"相對，而與下句"大宛"相應。東漢荀悦《漢紀·孝元皇帝紀》卷二一："西被於流沙，北盡朔裔。"㊴唐歐陽詢《藝文類聚》卷五七引魏文帝《連珠》："是以申胥流音於南極，蘇武揚聲於朔裔。"㊵宋李昉《太平御覽》卷一二五引北魏崔鴻《十六國春秋》："（慕容）垂……言於堅曰：'王師不利，北境之民或因此輕動，臣請奉詔，輯寧朔裔。'"㊶北齊魏收《魏書》卷三五："揚威朔裔，掃定赫連。"㊷皆是其例。

2.平津館本《對俗》：“此蓋愚暗之局談。”“愚暗”，敦煌本作“篤闇”。孫人和出校而未定孰是。

按：當從敦煌本作“篤闇”。“闇”同“暗”，“篤暗”一詞見《抱朴子内篇·勤求》：“至老不改，臨死不悔，此亦天民之篤暗者也。”㊽“篤闇（暗）”應爲葛洪的習慣用語，今本《對俗》作“愚暗”，恐係後世不明葛洪語言習慣而誤改。

3.平津館本《論仙》：“靚華堂如牢獄。”“靚”，敦煌本作“覩”。孫人和出校而未有説。

按：當從敦煌本。覩、靚義同，但作“覩”可能更符合葛洪的語言習慣，如《抱朴子内篇·論仙》：“則非洞視者安能覩其形。”㊾《抱朴子外篇·行品》：“覩微理於難覺，料倚伏於將來者，明人也。”㊿皆是其例。

4.平津館本《暢玄》：“故至人嘿韶夏而韜藻梲。”“藻梲”，敦煌本作“鋭藻”。諸家均無校。

按：“韜”有“掩藏”義，如《抱朴子内篇·至理》：“是以遐栖幽遁，韜鱗掩藻，遏欲視之目，遣損明之色。”(51)今本的“藻梲”，當從敦煌本作“鋭藻”，《抱朴子外篇·行品》：“摛鋭藻以立言。”(52)又《百家》篇：“百家之言，雖不皆清翰鋭藻。”(53)皆可爲證。“鋭藻”意爲華麗的詞藻，“韶夏”指古代的樂章，“嘿韶夏而韜鋭藻”意思是擯棄禮樂文章。王明將“藻梲”讀爲“藻梲”，認爲指“有文彩藻飾之佩巾”，其説不免迂曲。

除了可供對校今本《内篇》，敦煌寫本《抱朴子》殘卷的校勘價值還體現在他校方面。該寫卷抄寫精善，集中地反映出北朝後期書寫用字的實際情況。因此，利用該寫卷所蘊含的豐富的字樣用例，還可校勘歷代字書，進而匡正大型字典的個别誤釋。

5.《漢語大字典·虫部》：“颿，fēng，房中切。《玉篇·虫部》：‘颿，蟲窟。’”(54)“颿”字罕見，敦煌本《論仙》有其例：“蜫颿群攻則卧不獲安。”“蜫颿”，平津館本對應的異文僅作一“蟲”字。此二字羅振玉校作“蚤蝨”，孫人和疑爲“蚤蝨”之譌。

按：羅校是。“蜫”是“蚤”的增旁俗字，可洪《新集藏經音義隨函録》卷七：“𧌑，子老反。”(55)《篆隸萬象名義·虫部》：“蚤，子老反，齧人姚（跳）虫。”(56)“颿”則爲“虱”的俗訛字，本寫作“颿”，如《篆隸萬象名義·蚰部》：“颿，所乚（乙）反，齧人虫。”部件“虱”後增筆，“颿”遂訛變爲“颿”，《龍龕手鏡·虫部》：“虱、颿，俗；蝨，正。”其演變軌迹如下：虱（與“蝨”同）→颿（增旁俗字）→颿（字形訛變）。《篆隸萬象名義》根據原本《玉篇》編成，書中並無今本《玉篇》讀“房中切”的“颿”字，因此所謂“蟲窟”義，實乃今本《玉篇》增添的誤釋。而“房中切”蓋音隨形變，亦缺乏根據，可洪《新集藏經音義隨函録》卷一六：“颿，所櫛反……正作蝨、虱二形。《玉篇》音風，非也。”(57)因此，《漢語大字典》當據敦煌寫本《抱朴子》的實際用例，校勘今本《玉篇》，匡正其中的誤釋，並將“颿”列爲“蝨”的異體字。

（二）版本價值

敦煌本《抱朴子内篇》殘卷是該書現存最古的寫本，而宋浙本則是保存最爲完整的早期刻本。經對勘，雖然宋浙本存在脱訛衍倒等問題，但總體來看，與敦煌本内容差别並不大，屬於同一系統。尤其值得注意的是，僅敦煌本、宋浙本之間相同，而與别本皆不同的地方大約有二十二處。這一方面説明，宋浙本去古未遠，較多地保存了古本的面貌，堪稱善本，較之平津館本爲優；另一方面説明，從六朝至南宋，《抱朴子内篇》全書保存相對完整，脱佚甚少，這在六朝時代的諸子著述中實屬難得。

敦煌本《抱朴子内篇》殘卷有助於我們從刻本階段上溯至寫本時代，從體式方面加深對該書的認識。《抱朴子》殘卷一紙二十八行，每行十七字，符合標準的寫經行款[⑬]。羅振玉指出寫卷保存了古書格式的原貌：“其書題作‘論仙第二’，下空二格，接書‘抱朴子内篇’，又空一格，書‘丹陽葛洪作’，乃小題在上，大題在下，而撰人名又在大題之下。”[⑭]中古子書一般都題爲某某人“撰”，該寫卷云“作”，較爲罕見，可備一格。

羅振玉認爲敦煌本《抱朴子内篇》的分卷與今本不同：“洪《自序》稱内篇二十卷，故《舊唐書·經籍志》及各家書目均作二十卷，然此三篇共在一卷之中，惜前後題均不可見，不知如何分卷，然非篇爲一卷則無疑也。序文及各家書目二十卷，殆二十篇之譌歟？”[⑮]羅氏稱“三篇共在一卷之中”，此問題值得商榷。

敦煌本《抱朴子内篇》的《暢玄》篇的卷端業已不存，其他二篇的篇首分别題爲“論仙第二”和“對俗第三”。從表面上看，敦煌本《抱朴子》殘卷按篇次排列，與今本以篇爲卷、各爲次第的排列方法不同，羅氏的“三篇共在一卷之中”的看法似乎可以成立。但如果按照羅氏的觀點，《抱朴子内篇》二十篇本當分成七卷（按三篇一卷）或五卷（按四篇一卷）。這就與歷代書目[⑯]以及葛洪《内篇序》、《外篇自叙》所稱二十卷之數明顯不合，羅氏無法自圓其説，遂予以彌縫，謂“序文及各家書目二十卷，殆二十篇之譌歟”，罔顧《隋志》等著録的通例，證據未免不足。

其實《抱朴子内篇》無論是按篇次，還是按卷次排列，本質上是一致的。如《抱朴子内篇·序》云：“余所著子書之數，而别爲一部，名曰《内篇》，凡二十卷。”又《抱朴子外篇·自叙》：“凡著《内篇》二十卷。”以上俱舉卷數；而《抱朴子内篇·地真》云：“吾《内篇》第一名之爲《暢玄》者，正以此也。”此處則言篇次。可見，就《内篇》而言，篇次亦即卷第。

《抱朴子内篇》由於是道書，借助於宗教力量，全書比較完整地傳承下來。這與先於《内篇》成書、思想傾嚮儒家的《抱朴子外篇》形成了鮮明的反差。《外篇》歷代書目著録或爲三十卷（《隋書·經籍志》），或爲五十卷（《舊唐書·經籍志》、《本朝見在書目》），或爲二十卷

（《新唐書·藝文志》），卷數出入較大。張涌泉師指出"很多古書的分卷在寫本時代往往還不固定"，"分卷不定"是寫本文獻常見的特徵之一⑦。《抱朴子外篇》正是屬於這種篇卷分合無定的情況。由於《抱朴子外篇》的主旨葛洪自稱"屬儒家"⑧，因此在中古時期的道教徒那裏，受重視程度遠不及《內篇》。葛洪的《外篇》五十卷原本，在流傳過程中篇章散佚嚴重，至隋唐時即已被後人重編爲三十卷或二十卷。而晚唐以來的五十卷本也決非葛洪書之舊，清人嚴可均指出今本《外篇》"往往有短篇僅二三百字，或百數十字，亦篇各爲卷"⑨，今本大概是在三十卷或二十卷本的基礎上，爲湊齊葛洪《抱朴子外篇·自叙》所稱卷數，把其中的短篇割裂開來、獨立成卷而形成的⑩。

四　結語

我們通過對避諱、俗字、書法等方面進行考察、斷代，可知敦煌寫本《抱朴子》殘卷的確如羅振玉所説爲六朝寫本，並且以抄寫於北周時期的可能性最大。該寫本書寫精善、校勘上乘，是散藏敦煌文獻中不可多得的珍品。由於距離《抱朴子內篇》的成書年代較近，因此該寫本保存了不少原書的真實面貌，具有寶貴的文獻價值。

敦煌寫本《抱朴子》的原件目前僅殘存《暢玄》篇，而《論仙》《對俗》二篇則有早期影印本存世，以上圖版《敦煌道經·圖録編》⑪、《敦煌道藏》⑫俱失收。今後如能在綴合的基礎上刊布該寫本的完整圖録，必將有助於推動相關研究的進一步深入。

① 羅振玉《抱朴子校記》，《永豐鄉人雜著續編》，上虞羅氏凝清室排印，1923 年，第 1 頁；王重民編著《敦煌古籍叙録》，中華書局，1979 年，第 258 頁。
② 羅振玉認爲寫本分卷可能與今本不同，爲便於討論，本文只稱篇名，下同。
③ 大淵忍爾編《敦煌道經·目録編》，東京福武書店，1978 年，第 334 頁。
④ 大淵忍爾編《敦煌道經·圖録編》，東京福武書店，1979 年。
⑤ "靈圖寺"見陶秋英纂輯、姜亮夫校《敦煌碎金·寺名録》（浙江古籍出版社，1992 年，第 131 頁）。李正宇撰寫的《敦煌大辭典》"靈圖寺"條説："唐乾寧二年（895）至後晉天福五年（940）前後設有寺學（P.3211、S.728），兼授僧俗生徒。"（上海辭書出版社，1998 年，第 629 頁）今據《抱朴子》殘卷的背面題記，可將靈圖寺設寺學的時間提前至中和五年（885）。
⑥ 磯部彰編集《中村不折舊藏禹域墨書集成》中冊，文部科學省科學研究費特定領域研究東亞出版文化研究總括班，2005 年，第 262、265 頁。
⑦ 王慶詳、蕭立文校注《羅振玉王國維往來書信》，東方出版社，2000 年，第 517 頁。
⑧ 韓錫鐸稱"羅振玉曾見到原件，斷定爲六朝寫本。羅振玉據它影抄一份"（韓錫鐸《影印宋刻本〈抱朴

子内篇〉説明》,《古逸叢書三編》,中華書局,1985),對"影寫"一詞的理解有誤,不確。

⑨如王明《抱朴子内篇校釋·增訂本後記》便是這樣認爲(中華書局,1985年,第398頁)。

⑩孫人和《古寫本抱朴子斟文》(上),《支那學》第3卷第7號,東京弘文堂書房,1925年,第73頁。

⑪許承堯於1918年8月—1921年1月任甘肅省政務廳長。孔憲廷言許"藏敦煌卷二百餘",也與許承堯的自述相符,許氏藏《大般涅槃經》卷二三跋云:"予遊隴八年,先後得古寫經近二百經卷。"(跋轉引自余欣《許承堯舊藏敦煌文獻的調查與研究》,《敦煌學、日本學:石塚晴通教授退職紀念論文集》,上海辭書出版社,2005年,第162頁)

⑫王慶詳、蕭立文校注《羅振玉王國維往來書信》,第517頁。

⑬余欣《許承堯舊藏敦煌文獻的調查與研究》認爲"羅振玉所述有誤"(《敦煌學、日本學:石塚晴通教授退職紀念論文集》,第158頁)。

⑭中村不折《禹域開寶録》,《現代佛教》第2卷第13號,東京大雄閣,1925年,第57—58頁。

⑮許承堯《五月三日由蘭州赴京師八首》,《疑庵詩》,黃山書社,1990年,第92—93頁。

⑯許承堯《九月返歙,居旬日,復赴京師道中作四首》,《疑庵詩》,第99頁。

⑰許承堯《由京師兼程赴蘭州》,《疑庵詩》,第100頁。

⑱許承堯《王滌齋營湛廬於都下,索詩》,《疑庵詩》,第103頁。

⑲許承堯《回歙口占四首》,《疑庵詩》,第105頁。

⑳參見《疑庵詩》,第107頁,注1;許承堯《歲暮回歙》,《疑庵詩》,第111頁。

㉑王慶詳、蕭立文校注《羅振玉王國維往來書信》,第553頁。

㉒田中慶太郎《書蠹憶往》,錢婉約輯譯《日本學人中國訪書記》,中華書局,2006年,第94頁。

㉓錢婉約《近代日本學人中國訪書述論》,錢婉約輯譯《日本學人中國訪書記》,第9頁。

㉔中村不折藏有敦煌寫本《南華真經·知北遊》,或即此卷。

㉕中村不折藏有敦煌寫本鄭注《論語》殘卷,鈐"歙許苣父遊隴所得"藏印,爲許承堯舊藏,應即此卷。

㉖中村不折藏有吐魯番出土寫經《持世第一》,尾題"歲在己丑(449),涼王大且渠安周所供養經",爲王樹枏舊藏,應即此卷。

㉗中村不折藏有鄯善出土《佛説金剛般若波羅蜜經》,尾題"大同元年(535)正月一日",爲王樹枏舊藏,應即此卷。

㉘中村不折《禹域出土墨寶書法源流考》,李德範譯,中華書局,2003年,第2—3頁。

㉙磯部彰編集《中村不折舊藏禹域墨書集成》下冊,第360頁。

㉚商務印書館編《敦煌遺書總目索引》,中華書局,1983年新1版,第333頁。

㉛磯部彰編集《中村不折舊藏禹域墨書集成》中冊,第292—295頁。

㉜中村不折《禹域出土墨寶書法源流考》,李德範譯,第144頁。

㉝葛洪《古寫本抱朴子》,東京文求堂書店,1923年。

㉞如楊明照《抱朴子内篇校釋補正》便誤會爲日本古寫本(見氏著《學不已齋雜著》,上海古籍出版社,

1985 年,第 341 頁)。

㉟容肇祖《讀〈抱朴子〉》,《北京大學研究所國學周刊》1926 年第 22、23 期;又收入劉固盛、劉玲娣編《葛洪研究論集》,華中師範大學出版社,2006 年,第 28—69 頁。

㊱王明《抱朴子内篇校釋・增訂本後記》,中華書局,1985 年,第 398 頁。

㊲張涌泉師《敦煌寫本斷代研究》,《中國典籍與文化》2010 年第 4 期,第 61 頁。

㊳羅振玉《抱朴子校記》,《永豐鄉人雜著續編》,第 1 頁;王重民編著《敦煌古籍叙録》,第 258 頁。

㊴"世"該寫卷作"丗",是六朝時的俗寫字形。

㊵"棄"該寫卷作"弃",張涌泉師云:"'弃'爲'棄'字俗省,其字六朝碑刻中已見。"(張涌泉師主編《敦煌經部文獻合集》第 11 册,中華書局,2008 年,第 5576 頁)

㊶張涌泉師《敦煌寫本斷代研究》,第 67 頁。

㊷顔之推著,王利器撰《顔氏家訓集解》(增補本)卷六《書證》,中華書局,1993 年,第 575 頁。

㊸景盛軒對俗字"虽"有較爲詳細地研究(參見氏著《〈大般涅槃經〉異文研究》,巴蜀書社,2009 年,第 103 頁)。

㊹以上諸例承蒙張涌泉師賜示,謹致謝忱。

㊺以上北敦諸卷的斷代依據《國家圖書館藏敦煌遺書》第 30、37、51 册(國家圖書館出版社,2006—2007 年)所附《條記目録》。

㊻根據王卡《敦煌道教文獻研究》可知,斯 2295 號《老子變化經》是敦煌遺書中唯一有明確紀年的唐以前的道經,因此可作爲比較唐以前道書寫本的標準件。

㊼許建平《敦煌經籍叙録》,中華書局,2006 年,第 177 頁。

㊽許建平《敦煌經籍叙録》,第 124 頁。

㊾磯部彰編集《中村不折旧藏禹域墨書集成》中册,第 262、265 頁。

㊿中村不折《禹域出土墨寶書法源流考》,李德範譯,第 144—145 頁。

(51)康有爲著,姜義華、張榮華點校《廣藝舟雙楫》卷三《備魏》,中國人民大學出版社,2010 年,第 49 頁。

(52)康有爲著,姜義華、張榮華點校《廣藝舟雙楫》卷四《體系》,第 58 頁。

(53)王卡《敦煌道教文獻研究》,第 6 頁。

(54)卿希泰主編《中國道教史》(修訂版)第 1 册,四川人民出版社,1996 年,第 429 頁。

(55)依據王素著《魏晋南北朝敦煌文獻編年》(新文豐出版公司,1997 年)一書進行統計。

(56)羅振玉《抱朴子校記》,第 1 頁;王重民編著《敦煌古籍叙録》,第 258 頁。

(57)《干禄字書》:"褱、裔,上俗下正。"

(58)秦公編《碑别字新編》,文物出版社,1985 年,第 264 頁。

(59)荀悦《漢紀》卷二一,《兩漢紀》上册,中華書局,2002 年,第 375 頁。

(60)歐陽詢《藝文類聚》卷五七,上海古籍出版社,1965 年,第 1036 頁。

(61)李昉《太平御覽》卷一二五,中華書局,1960 年,第 605 頁。

㉒ 魏收《魏書》卷三五,中華書局,1974 年,第 823 頁。

㉓ 葛洪撰,王明校釋《抱朴子內篇校釋》卷一四《勤求》,中華書局,1985 年,第 258 頁。

㉔ 葛洪撰,王明校釋《抱朴子內篇校釋》卷二《論仙》,第 15 頁。

㉕ 葛洪撰,楊明照校箋《抱朴子外篇校箋》卷二二《行品》,中華書局,1997 年,第 534 頁。

㉖ 葛洪撰,王明校釋《抱朴子內篇校釋》卷五《至理》,第 111 頁。

㉗ 葛洪撰,楊明照校箋《抱朴子外篇校箋》卷二二《行品》,第 536 頁。

㉘ 葛洪撰,楊明照校箋《抱朴子外篇校箋》卷四四《百家》,第 441 頁。

㉙ 徐中舒主編《漢語大字典》(第 2 版)第 5 卷,四川辭書出版社、湖北辭書出版社,2010 年,第 3067 頁。

㉚ 可洪《新集藏經音義隨函錄》卷七,《中華大藏經》第 59 冊,中華書局,1993 年,第 24 頁。

㉛ 空海《篆隸萬象名義》,中華書局,1995 年,第 257 頁。

㉜ 可洪《新集藏經音義隨函錄》卷七,《中華大藏經》第 59 冊,第 778 頁。可洪《音義》二例承蒙張涌泉師賜示,謹致謝忱。

㉝ 榮新江《敦煌學十八講》,北京大學出版社,2001 年,第 342 頁。

㉞ 羅振玉《抱朴子校記》,《永豐鄉人雜著續編》,第 1 頁;王重民編著《敦煌古籍叙錄》,第 258 頁。

㉟ 羅振玉《抱朴子校記》,《永豐鄉人雜著續編》,第 1 頁;王重民編著《敦煌古籍叙錄》,第 258 頁。

㊱《抱朴子內篇》或著錄爲二十一卷,如《隋書‧經籍志》道家類:"《抱朴子內篇》二十一卷。音一卷。葛洪撰。"藤原佐世《本朝見在書目》道家類:"《抱朴子內篇》二十一卷。葛洪撰。"或著錄爲二十卷,如《舊唐書‧經籍志》:"《抱朴子內篇》二十卷。葛洪撰。"兩者的區別很可能在於是否把《序》與目錄獨立作爲一卷,內容應該差別不大。

㊲ 張涌泉師《敦煌文獻的寫本特徵》,《敦煌學輯刊》2010 年第 1 期,第 1—3 頁。

㊳《抱朴子外篇‧自叙》:"其《外篇》言人間得失,世事臧否,屬儒家。"

㊴ 嚴可均《鐵橋漫稿》卷六《代繼蓮龕爲〈抱朴子〉叙》,《續修四庫全書》集部第 1489 冊,上海古籍出版社,2001 年,第 17 頁。

㊵ 參見武鋒《〈抱朴子外篇〉宋本考論》,《浙江海洋學院學報》(社科版)2010 年第 1 期,第 18 頁。

㊶ 大淵忍爾編《敦煌道經‧圖錄編》,東京福武書店,1979 年。

㊷ 李德範編《敦煌道藏》,全國圖書館文獻縮微複制中心,1999 年。

(原載《敦煌研究》2013 年第 6 期)

作者簡介:秦樺林,浙江大學人文學院歷史系博士後

通訊地址:浙江大學西溪校區人文學院歷史系　　郵編:310028

《伯目》兩種中譯本合論

蔡淵迪

伯希和編《巴黎圖書館敦煌書目》，如今敦煌學界大多簡稱曰"《伯目》"。《伯目》的法文原本並沒有刊行，而其中文譯本却有兩種：一爲吳江陸翔譯本，一爲上虞羅福萇譯本。在敦煌學極爲發達的今天，《伯目》的這兩個中譯本基本已經失去了實用價值，研究者們查考法藏敦煌寫卷一般來説已經不需要以《伯目》作憑藉了。但假如以學術史的眼光來衡量，在中國近代敦煌學發展的大脈絡中，這兩個《伯目》的中譯本正承載着無比豐富的信息。筆者不敏，願對此一問題作一點探討。論述不周之處，誠請方家指正。

陸翔譯《巴黎圖書館敦煌寫本書目》發微

中國敦煌學在 1909 年起步，經過二十餘年的發展，到了二十世紀二三十年代之交，種種因緣際會，出現了一個階段性總結的局面。從理論上對於過去二十餘年的敦煌學研究予以提煉升華的，必屬陳寅恪先生的《陳垣敦煌劫餘録序》。在序中，陳先生不僅給這門學問賦予了"敦煌學"的名目，更將敦煌學提到"今日世界學術之新潮流"的高度，並且指出了這門學問的特徵是要學者"各就其治學範圍"進行研究的。寥寥數語，宏綱大目，該備無遺。陳先生在學術上所表現出的强大的抽象力和概括力，在近代學術上史上，真是王靜安之後，一人而已。以今日學者的"後見之明"來看，陳先生的這篇序言的影響力遠遠超過了《敦煌劫餘録》本身，雖然陳垣也是極其優秀的學者，《劫餘録》也是極其優秀的著作。

至於，在實踐上對於過去二十年的敦煌學成就作一番總結的，竊以爲不是《敦煌劫餘録》，而是陸翔翻譯的《巴黎圖書館敦煌寫本書目》。儘管從研究的難度來説，《劫餘録》的編纂遠較《伯目》的翻譯爲高，《劫餘録》的總體學術價值也遠比陸譯《伯目》爲大，但是，僅就學術總結這一點而言，陸譯《伯目》才是真正的當行之作。照理，兩者同爲館藏敦煌文獻目録，且無論就體例的嚴整性和著録的精確性來説，《劫餘録》都遠較《伯目》爲好，那又何以説陸譯《伯目》反更能總結了過去二十餘年中國的敦煌學成果呢？關鍵是在於陸翔在翻譯《伯目》時，加入了大量自己的意見。標示有"翔案"的文字，在陸譯《伯目》中觸目皆是。筆者略加統計，在陸譯《伯目》中，得陸氏按語七十九條（其中有一條爲張鳳按語），計四千餘字。這還不包括那些直接散入譯文，以括號標注的小案語。這些按語包含着豐富的學術信息。過去，可能是因爲學者們將注意力都放在了目録本身，僅將目録視爲通往文獻的橋梁，又僅將翻譯視爲通往原文的橋梁，所以，對於如此豐富的陸氏補充意見未予適當的關注。以下將略作探討。

一　陸翔其人及所譯《伯目》概述

《巴黎圖書館敦煌寫本書目》，法國伯希和編、吳江陸翔譯，連載於《國立北平圖書館館刊》第七卷第六號及第八卷第一號。這兩號《館刊》的出版時間，據標示爲 1933 年 11、12 月和 1934 年 1、2 月。該譯本僅此一載，既未有轉載，也不見有單行本行世（按例當有抽印本）。該目之前，原本有陸氏做的一篇研究性長序，但發表在《館刊》時，已被刊落，而別載於《國學論衡》第三期，題《巴黎圖書館敦煌寫本書目序》，發表時間反晚於譯目本身。不過，據該序的自署年月（署“壬申仲冬”），知其撰成時間原就比翻譯完成的時間晚了將近一年。是以，其序中徵引及陳垣的《敦煌劫餘録》（又引稱“敦煌劫灰録”），但在譯目中，凡涉及北平圖書館收藏的敦煌寫卷，皆僅據李翊灼《敦煌石室經卷中未入藏經論著述目録（疑僞外道目録附）》（譯目中簡稱《藏外經目》），無一例外。蓋當陸氏始譯《伯目》時，尚未見到《劫餘録》也。否則，陸氏不可能舍此而就彼。因爲，僅就北平圖書館收藏敦煌寫卷的著録而言，《劫餘録》是遠優於《藏外經目》的。

關於譯者陸翔，其人今已半屬泯没，徒以去今未遠，文獻足徵，猶能考知其一二。惟詳考其生平，非本文主旨所關，是以略諸。兹僅簡介其生平如下：

陸翔，字雲伯，江蘇吳江人，清光緒九年癸未（1883）生。父恢，號廉夫，清末民初著名金石書畫家，嘗深受吳大澂賞識，畫名大噪。翔克紹家學，亦雅善金石之學、書畫之藝。當清末時，肄業上海震旦大學理學院，與嘉善張鳳同學。後入上海世界書局任編輯，爲該局編輯各類書籍甚夥。旋回震旦大學執講。抗戰結束後猶在世，卒年暫未能考知。其於舊學之外，復通曉法語，譯伯希和著作頗多，《伯目》止其一種耳[①]。

今考《伯目》第 2854 號“本土僧人頌讚文”條下陸氏按曰：“北朝造像皆言上爲皇帝陛下，惟家藏唐開元八年王元度造像拓本言，上爲開元皇帝，則以年號爲皇帝之稱，實起於唐代，伯氏之説不誣也。”又，據其譯序中徵引及於葉昌熾《邠州石室録》，是書乃專門而非習見者，是皆足證其稔於金石之學者。另，譯序、譯目按語中反覆稱及荷蘭出版之《通報》及越南出版之《法國遠東學院院刊》諸書，知其於法國漢學亦多有了解。

有關翻譯《伯目》的本末，陸氏《序》中作了如下交待：

張君天放，清季余肄業震旦大學時同學友也……庚午季春，忽遇之於滬上古玩市。……君因述學巴黎時，瀏覽其國立圖書館所藏敦煌寫本，並手鈔伯希和所編之目錄以歸。余聞而大喜，亟假歸迻錄。君諾之，且告曰：是目歐西未付印也。羅福萇氏曾得傳鈔本，曾譯之。惜其見於北大《國學季刊》者僅七百號，是目都千五百五十一號。雖館藏未入是目者尚多，然較羅譯則已倍之。且羅譯於伯氏按語頗多漏略，子盍譯諸，以補羅氏之闕？余韙其言，攜歸寓齋，課餘譯之，塵事鞅掌，未能速也。辛未季冬始蕆事。②

張君天放，即張鳳，嘉善人，天放其字也。據此知陸與張在"庚寅季春"（1930 年 4、5 月間）相見，隨即張將所抄回的《伯目》交付給了陸翻譯，至"辛未季冬始蕆事"（1932 年 1 月左右），譯事歷時將近兩年。雖然據陸氏自謂是由於"塵事鞅掌，未能速也"，但也不難想象，爲譯此目，陸氏是付出了巨大的艱辛的。王重民後來對陸譯《伯目》給予了很高的評價，謂："陸譯本竭力譯出了伯希和的原文原意……在過去將近三十年的時間內，是我們參考巴黎殘卷的一部最好、最有用的目錄。"③就陸氏所花費的時間來看，陸譯《伯目》所取得的成就與陸氏的辛勤是分不開的。

陸譯《伯目》除"竭力譯出了伯希和的原文原意"之外，最大的特點是加入了自家的許多按語。是即《伯目序》所謂的"見聞所及，有資闡發，輒加徵引，隨條件繫，以備稽考"。這些按語總計七十九條（其中有一條爲張鳳按語），並沒有什麼既定的體例，確只是"見聞所及"，"輒加徵引"而已。不過，其内容是十分豐富的。

這些按語，就其内容性質分，主要有兩大類，一爲提示相似文獻的收藏著錄情況，一爲補著相關文獻的研究成果。前者如 P.2040 號《維摩經疏》卷六下陸氏按曰：

此經未入藏，北平圖書館藏維摩經疏二十卷，見李翊灼《藏外經目》。

後者如 P.2009"記吐魯番道里之殘籍"條下陸氏按曰：

此即《遺書》中之《西州志》。王仁俊《敦煌石室真迹錄》跋此曰：此西州志殘卷，正書，止存五十六行，字數多少不等。卷内六縣曰：高昌、前庭、柳中、蒲昌、天山、交河。舊唐書地理志縣五，無前庭，新志無高昌，可補史缺。羅振玉《西州志跋》曰：此志之作，當在乾元以後，貞元以前，新開道下有見阻賊不通語，是作志時州尚未淪於吐蕃之證。

除此兩類以外，有考釋文獻詞語的，如 P.2765 號"甲寅年曆日"條下陸氏按語專考"瑟瑟"官名：

明方以智《通雅》："寶石如真珠者透碧，謂之'瑟瑟'。"又按《唐書·吐蕃傳》：其官之章飾，最上瑟瑟，金次之，金塗銀又次之，銀次之，最下至銅，止差大小，綴臂間以辨貴賤。

有識別文獻內容的,如 P.2645 號,伯希和原未考訂其內容,僅對文獻內容作了扼要的描述與摘引,謂"名人文殘節,書佳,中有'後世君子區區於一主,嘆息於一朝'等句",陸氏亦據其所摘引者考訂爲李康《運命論》中文,至爲精確。

以上僅舉四例,爲最典型者,至全部按語,其內容自更爲豐富。而從這些按語中所見陸氏對於敦煌學既有成果之熟稔,更令筆者感到興趣。這一方面,僅就其引用敦煌學著述的情況作一分析,便可了然。

二　陸譯《伯目》所徵引的敦煌學著述

兹先將陸氏按語中所徵引的敦煌學專著或是密切相關的著述按出版或撰作時間排列如下(各書時間與出版項皆筆者所加,各書版本只列陸氏當時所能見者,如《觀堂集林》除下所列兩本外,尚有商務印書館 1940 年《海寧王靜安先生遺書》本,然已晚於陸譯此目之年代,故不錄):

1909 年,羅振玉輯《敦煌石室遺書》(武進董氏誦芬室刊本)

1909 年,羅振玉《鳴沙山石室秘錄》(《國粹學報》,又單行本)

1909 年,王仁俊《敦煌石室真迹錄》(國粹堂石印本)

1911 年,羅振玉主編《國學叢刊》(共出三期)

1911 年,羅振玉輯《佚籍叢殘》(此亦爲《國學叢刊》中之一種,連載於第二、三兩期)

1912 年,李翊灼《敦煌石室經卷中未入藏經論著述目錄(疑僞外道目錄附)》(按語中簡稱《藏外經目》,《古學彙刊》本)

1914 年,橘瑞超《日本橘氏敦煌將來藏經目錄》(《雪堂叢刊》本)

1922 年,王國維《觀堂集林》(烏程蔣氏密韻樓刊本,又 1928 年《海寧王忠愨公遺書》本);

1923 年,羅福萇輯《倫敦博物館敦煌書目》(北京大學國學門《國學季刊》第一卷第一號);

1923 年,羅福萇譯《巴黎圖書館敦煌書目(伯希和氏敦煌將來目錄)》(北京大學國學門《國學季刊》第一卷第四號);

1924 年,羅振玉《敦煌石室碎金》(《東方學會叢書》本);

1924 年,羅振玉輯《敦煌零拾》(《六經堪叢書》本);

1925 年,伯希和《千字文考》(*Le Ts'ien-Tseu-Wen ou Livre des mille mots*)(《通報》*T'oung Pao* 廿四卷);

1926 年,伯希和、羽田亨輯《敦煌遺書》影印本、活字本各一種;

1926 年,董康《書舶庸談》,武進董氏誦芬式刊本；

1927 年,張蔭麟《秦婦吟之考證與校釋》(《燕京學報》第一期);

1928 年,陳寅恪《懺悔滅罪金光明經冥報傳跋》(《北京圖書館月刊》第一卷第二號);

1929 年,《昭和法寶總目録》(《大正藏》本)

1929 年,馬古烈(G.Margouliéu)《晏子賦考》(*Le " Fou" de Yen-Tseu*)(《通報》*T'oung Pao* 二十六卷)。

1930 年,劉復《敦煌掇瑣》上輯(中央研究院歷史語言研究所)。

陸氏按語中引《敦煌掇瑣》計有六處,其中三處指明出自上輯(P.2653、P.2721、P.3137 下),另三處未指明(P.2564、P.3125、P.3168),實亦在《敦煌掇瑣》上輯中。而《敦煌掇瑣》中、下二輯究竟出版在何時,1931 年以前是否已經出版,這些都很難説[①],即便 1931 年前已經出版,"當時刊印數目不多,中、下二輯流傳尤少"[⑤],陸氏恐亦難見其書,是以推定陸氏所據之《敦煌掇瑣》僅有上輯。

以上引書計二十種。對於一種研究性著述來説,引用二十種參考書並不算多。但這的的確確已經基本囊括了中國敦煌學自 1909 年至 1930 年代初的最爲重要的敦煌學著作。

此外陸氏的譯序中還論及了一些以上二十種以外的敦煌學著作,除上文已提及的陳垣《敦煌劫餘録》之外,復有羅福葆《沙州文録補》、羅振玉輯《鳴沙石室佚書》、《鳴沙石室佚書續編》、《鳴沙石室古籍叢殘》。這裏羅振玉三種書可謂中國早期敦煌學史上最爲重要的著作,不僅因其規模之巨大在當時爲海内外所公佈的敦煌寫卷中允稱翹楚,亦因其印刷之精美,使得敦煌寫卷的各種細節在當時的技術條件下得到了最大限度的再現。可惜的是,從陸氏的叙述來看,他於這三種書肯定没真正經眼。在譯序中,陸氏於這三種書的書名、收録寫卷種數以及寫卷來源諸項的叙述都存在錯誤。比如寫卷來源一項,陸謂諸寫卷大多是日本學者從歐洲拍攝回來,羅又從日本學者假印者。事實上羅氏所據印的照片,極大多數是伯希和自法國寄與的。這一點,假如陸氏讀過《鳴沙石室佚書序》就不可能有這一錯誤的推測。

不過,就譯目案語中所引二十種書來看,論其性質,有叢書(如《敦煌石室遺書》)、有書目(如《鳴沙山石室秘録》)、有文集(《觀堂集林》)、有雜志論文(如《千字文考》);考其作者,則有中、日、法三國學者的著述。亦足見陸氏視野之開闊了。陸氏將各書相關内容"條分件繫",一一散入對應條目中。這種做法在今天的學者看來似乎没什麽困難的,但在引用敦煌寫卷尚無編號意識的時代,却並非如此容易。以上二十種書中,既爲全篇刊佈文獻(無論影印、録文),又有編號者僅兩種,即伯希和、羽田亨編《敦煌遺書》和劉復輯録之《敦煌掇瑣》。若羅振玉所輯印、王國維所考訂諸敦煌文獻,全無編號。因此,陸氏要將各書内容散入相關條目之下，只能憑藉《伯目》所透露出的微弱信息與之關聯。舉例言之，如 P.2533 號《隸古定尚書》寫卷，羅振玉曾校錄在《國學叢刊》第二期中，但未舉編號。陸欲將羅的校錄與 P.2533 號文獻關聯起來，只能根據《伯目》所言：“《尚書》，精寫本，字用古體，存《夏書》大部分，偽孔安國注”這寥寥二十字予以判斷。正因爲如此，這樣的關聯工作是極爲困難，也是極容易出問題的。比如 P.2014 號《切韻》，因《伯目》謂該卷存“九節”，而王國維《書巴黎國民圖書館所藏唐寫本切韻後》所論之第二種唐寫本也適存“九節”，陸氏遂懷疑其即爲 P.2014 號。事實上，王所論的《切韻》三種皆是英倫藏卷，是斯坦因收集品。當時，伯希和將此三種照片寄給王時，未加任何説明，遂使王誤以爲其爲巴黎收藏的寫卷⑥。陸氏未能參考原卷影印或是錄文，僅據法藏、《切韻》、九節三個信息點將 P.2014 號與王國維所論者關聯起來，作了不恰當的推測。不過，陸氏於此僅作推斷疑似之詞，並於後文謂：“惟王氏謂寫本而此則明言印本，未知孰是？”亦足見其審慎之旨。惟其審慎，故陸譯所作的各項關聯工作少有錯誤。乃至如 P.2139 號《釋迦牟尼像法滅盡之記》一種，伯希和、羽田亨輯《敦煌遺書（影印本）》將其誤編作 2136 號，而陸氏仍將《敦煌遺書》的這一項内容繫在 P.2139 號下。這些都可以到看陸氏在翻譯這份《伯目》時，是下了極大功夫的。

三　陸氏案語商補

上文略舉了陸譯《伯目》的貢獻，兹更稍論其不足。論其不足，自不可衡以今日之眼光，否則，幾可謂無一非誤。當還原至陸氏譯《伯目》的時代。以 1930 年以前的敦煌學爲範圍，陸譯《伯目》中所附陸氏案語。主要有兩個問題，一爲重要的敦煌學著述當時可以見到而未參考者；一爲陸氏案語本身錯誤、疏漏的問題。

陸氏案語中未參考之書籍，除序中所論及的《敦煌劫餘録》、《沙州文録補》、《鳴沙石室佚書》、《鳴沙石室佚書續編》、《鳴沙石室古籍叢殘》五種外（説詳上），尚有《石室秘寶》、《雪堂校刊群書叙録》。《石室秘寶》宣統二年庚戌（1910）出版，收入敦煌壁畫五種、拓本三種（即 P.4503、P.4508、P.4510）、寫本文獻六號（P.2009、P.4509、P.3884、P.3874、P.2007、P.2004）、刻本二種（P.4501、P.4515），皆影印出版。這十六種文物、文獻中，P.2009《西州志》殘卷、P.2007《老子化胡經》卷一、P.2004《老子化胡經》卷十皆在《伯目》範圍内，當一一補入《伯目》陸氏按語。

《雪堂校刊群書叙録》1918 年初版、1920 年再版，其下卷收有關敦煌寫卷之跋文四十四題，占該卷的大半篇幅。諸跋原皆附於羅氏校刊諸敦煌文獻之後，乃抽出彙入《雪堂校刊群書叙録》。羅氏在日本刊佈諸敦煌書籍（若《鳴沙石室佚書》之類）價格昂貴，流傳寡少，陸氏未能參考，尚能理解；至若《叙録》爲易得易見之書，竟不一及，實不可原諒。且《叙録》中所涉敦煌文獻計 60 號,其中有 48 號在《伯目》範圍内[⑦],尤當一一繫入各號之下也。

此外,《敦煌遺書》與《敦煌掇瑣》上輯二書所涉各敦煌文獻亦未全部散入對應編號中。伯希和、羽田亨合編的《敦煌遺書》分影印本和活字排印本兩種。影印本收敦煌寫卷四號,活字本收八號,其中 P.3532《慧超往五天竺國傳》殘卷不在《伯目》範圍内。其餘十一號寫卷,陸氏案語繫入者計九號,P.2625《敦煌名族志》殘卷、P.2116《薩婆多宗五事論》兩種陸氏未繫入。至於《敦煌掇瑣》上輯收入敦煌文獻三十六號(劉氏從中區分出四十六種),皆在《伯目》範圍之内,而收入陸氏案語者僅六號,漏略太甚,真不可解也。

有關陸氏案語本身錯誤、疏漏的,淺見所及主要有三條:

P.2007 號下陸氏按語:

> 俞正燮《癸巳類稿》:《老子化胡經》十卷,實晉、宋間撰,與裴松之同時,松之注《三國志》用其説。又按:是經盛行於北周、唐初,其後一焚於唐,事見《隆興佛教編年通論》;再燬於元,事見元釋念常《佛祖歷代通載》。故諸史志既不著録,道藏亦不載。惟晁氏《讀書志》及《日本現在書目》有之,是殘卷稱名卷數與晁録及日本本合,至元代所禁者,稱名不符,或已非唐代之舊矣。

此段按語乃綜合蔣斧《老子化胡經考》與羅振玉《老子化胡經補考》兩説而成,非陸氏自造也。羅、蔣二人校録之《老子化胡經》卷一、卷十,即 P.2007、P.2004 號寫卷,收入《敦煌石室遺書》中。蔣在録文之後作《老子化胡經考》,詳細輯録歷代有關老子化胡傳説及經本之記載;羅振玉復作補考,以補充《化胡經》版本之源流異同。上段按語所引《癸巳類稿》、《隆興佛教編年通論》、《佛祖歷代通載》諸條材料皆在蔣斧所輯録之範圍内。而自"故諸史志既不著録"以下,則全矖括羅氏補考而成。兹抄羅氏《補考》一段於下,以見陸氏承襲之迹:

> 《老子化胡經》一焚於唐再燬於元,故諸史志既不著録,道藏亦無傳本,惟晁氏《讀書志》及《日本現在書目》有之。此殘卷存第一及第十,卷一前題作"老子西昇化胡經",卷十前題作"老子化胡經玄□",而兩卷之後題則均作"老子化胡經"。晁録及《日本現在書目》所著録之老子化胡經十卷稱名及卷數並與此同,是此本與晁本、日本本合,而元代所禁本題老子化胡成佛經稱名已不符,而辨僞録所引經文證以此二卷亦多不合,元代所傳之本或已非唐代之舊歟?(第 6 册第 301 頁)

依陸氏按語習慣,凡引用他人成説,皆標注出處,然則此段按語當補出處。

P.2516《尚書孔傳》卷五之末條下陸氏按曰:

> 唐衛色改定《尚書》古字……北京印行之《顧命》,即録入《敦煌遺書》之九行本。又按是號……伯希和氏曾録寄羅振玉,羅氏曾據以校楊守敬在日本録得之本,成校記一卷,登入宣統三年出版之《國學叢刊》。

此條中"衛色"乃"衛包"之譌,當出手民誤植。所謂《敦煌遺書》,此處實爲《敦煌石室遺書》之簡稱,但考慮到伯希和、羽田亨合編正名爲《敦煌遺書》,而亦爲陸氏所引用,此處《敦煌石室遺書》實不宜用此簡稱。"伯希和氏曾録寄羅振玉"云云,亦不妥,伯寄與羅者乃寫卷照片,非録文。觀羅氏《隸古定尚書孔傳殘卷校字記(夏書)序》謂"今年冬,又影照在敦煌石室中所得二殘卷見寄"云云,即可知也。羅氏所指之二卷,一爲 P.2533 號,即所謂《夏書》殘卷,一即爲 P.2516 號。"羅氏曾據以校楊守敬在日本録得之本"亦不確。羅氏《隸古定尚書孔傳殘卷校字記(商書)》實以 P.2516 號及影摹楊守敬寫卷共作底本,"校以宋以來諸本",兩卷重複部分,因"敦煌本較善,故以爲主,而楊本爲副,其敦煌本所缺者,則以楊本補焉"⑧。

P.2532《周易》卷四條下陸氏按曰:

> 是卷存《解》至《益》三卦。伯希和氏曾以是及二五三三號影寄羅振玉。羅氏定爲六朝以來相傳之善本。即據之以校今注疏本、開成石本、日本古本,作《校字記》一卷,見《國學叢刊》。

此條中"二五三三號"似有問題。伯希和確曾將 P.2533 號寄與羅振玉,然 P.2533 爲《尚書》寫卷,與《周易》無與焉。而羅氏據以作《周易王弼注唐寫本殘卷校字記》並登入《國學叢刊》者爲 P.2530 與 P.2532 兩號。故此處之"二五三三號"疑是"二五三〇號"之譌。P.2530 號固爲《周易》王注之第三卷也。

至於將陸氏未參考之敦煌學著述一一繫入對應卷號之下,則已是另一項龐大的工作了。這類工作如今已有申國美、李德範《英藏法藏敦煌遺書研究按號索引》這樣優秀的成果⑨。只不過,書囊無底,這一類的注記目録似乎還有更加完善的餘地。他日或有繼起研究者踵事增華,使得這一類工作做得更加完善。因論陸譯《伯目》之得失,一並及之,爰附記於此。

四　結語

《伯目》在中國先後有羅福萇、陸翔兩個譯本。羅、陸二人同爲名父之子,均是家學淵深。但就敦煌文獻而言,陸氏之憑藉遠不如羅之豐厚。蓋羅福萇内可倚乃父羅振玉之藏書、著述,羅振玉本是中國早期敦煌學的最重要人物;外復能與中外學者若沈曾植、王國維、藤田豐八諸人從容討論,此數人者固皆學問大師,於西北史地尤有心得者也。且福萇本身亦諳内典外書,除法語之外,通英文、日文乃至梵文、西夏文。就整理敦煌文獻的種種條件而言,羅福萇皆遠勝於陸翔。然而,有目共睹的是,陸氏的譯本在總體成就上遠勝出羅譯本。這一方面固然是羅福萇翻譯《伯目》本非嚴肅著作,蓋僅以之作自家參考,本未期之成爲著述者(詳下);另一方面也足見陸氏於翻譯《伯目》所付出的巨大努力與取得的巨大成就。

任何一門學問,大學問家的貢獻固然重要,小家的貢獻有時也有足稱道者。但歷史往往只記住了大家,而忽略了小家。羅振玉跋翁大年《陶齋金石文字跋尾》謂:"潛學之士終身仰屋梁,若並此不傳,豈非至憾。"⑩余之於陸翔,亦同符此懷。是草此文,加以表彰。或然或否,俟諸高明。

羅福葿譯《巴黎圖書館敦煌書目》考論

從翻譯時間來看,羅譯本遠較陸譯本爲早,但出於種種原因,陸譯本的總體質量要高出羅譯本許多,是以上文先對陸譯本加以表彰,茲再對羅譯本作一些考論。

一　羅譯《伯目》的出版情況

羅譯本與陸譯本都是在當時的雜誌上分兩次連載完,羅譯以 P.2700 號爲斷,陸譯以 P.2729 號爲斷。不過,同爲連載,羅譯本却没有陸譯本那麼幸運。陸譯本連載在《國立北平圖書館館刊》第七卷第六號及第八卷第一號,前後相接,順利載完。而羅譯本的上半部分與下半部分的刊出竟相差了幾近十年。其上半部分刊載於北京大學國學門主辦的《國學季刊》第一卷第四號,標示爲民國十二年十二月(1923.12)刊出;下半部分則載於《國學季刊》第三卷第四號,標示爲民國二十一年十二月(1932.12)出版,其實際刊出可能還要稍晚些,因爲陸譯本上半部分所刊載的《國立北平圖書館館刊》第七卷第六號據標示爲民國二十二年十一、十二月出版(1933.11/12),已晚於《國學季刊》第三卷第四號所標示之出版時間一年,而其正文前附加的編者按語猶謂:"北京大學《國學季刊》第一卷第四號曾登有故羅福葿氏譯《巴黎圖書館敦煌書目》一篇,唯所著録及於二七○○號而止,不及全數之半,十年以來未聞續刊。"⑪至第二年,即民國二十三年一、二月《國立北平圖書館館刊》第八卷第一號出版,編者在陸譯《伯目》的下半部分中始引到羅譯本的下半部分,則民國二十三年一、二月可作爲羅譯《伯目》真正刊出的時間下限。其下半部分的真實刊出時間總在民國二十二年了,然則其上、下兩部分連載的時間竟相距整整十年。

連載時間間隔了那麼久並非羅福葿自己造成,因爲即在羅譯《伯目》首次刊載時,羅已然過世。也就是説,在羅振玉將羅福葿的遺稿交與《國學季刊》發表時,一定爲全篇完帙,而非後來再陸續譯成的。《國學季刊》在第三卷第四號續載完羅譯《伯目》全篇後,對於這一出版上的耽擱作了一點解釋,謂:

本篇原在十年前本季刊發表了上半部分，中間經過許多人事的變遷，幾至散佚，無可尋考。研究所國學門積件現經清理，復得出現。至於全目似不止此數，羅氏來稿已完，特續登畢。編者記。[12]

羅福萇的一個長輩，近代鼎鼎有名的學問家沈曾植曾自謂："舊稿發端在東西學者之前，問世已落東西學者之後，天運實爾，夫復何言。"[13]此言用在羅福萇譯《伯目》上，再合適不過了。

這相距十年的出版延誤，不僅對羅福萇本人來說是件倒霉事，也給後世學界帶來不少誤會。後來的王重民就誤以爲羅譯《伯目》僅譯至 P.2700 號爲止，直到今日的白化文、榮新江等著名學者仍有此誤會[14]，這一點，是在討論陸譯《伯目》之前首先要弄清楚的問題。

二　羅譯《伯目》的長處

陸譯《伯目》總體上遠較羅譯者爲好，這點學術界早有定評，筆者亦表同意。但可能是由於校對不精，《國立北平圖書館館刊》刊出的陸譯《伯目》可謂譌誤滿紙，而細勘羅譯與陸譯兩本，却發現羅譯可校正陸譯者其夥。茲列表於下，以便觀覽：

序號	卷號	陸譯本	羅譯本	説明
1	2032	《維摩經》卷五	《維摩疏》卷五	羅譯雖於"背面"一項略去，但對於正面文獻的定名是對的，該號文獻當是《維摩經疏》（簡作《維摩疏》）而不是《維摩經》。
2	2033	《十地論離垢地》卷之第四節	《十地經論離垢地》第二卷之四	羅譯題名中多一"經"字，但"第二卷之四"不誤，原陸譯"卷之第四節"中"之"當是"二"字之誤，此或是手民之誤。
3	2036	《瑜珈論》卷三	《瑜珈論》卷三十三	羅譯卷第正確
4	2052	《佛爲心王菩薩説報施經》惠辨注。	《佛爲心王菩薩説投出投陁經》（惠辯注）	
5	2056	《阿毘曇婆抄》卷五十二。龍朔二年（六六二）寫本。	《阿毘曇毘婆娑》卷五十二（龍朔二年寫，尾題佳。）	原卷尾題作"阿毘曇毘婆沙卷第五十二"，"毘婆沙"、"毘婆娑"二譯相通。陸譯作"抄"字，必誤。且陸譯無"尾題佳"三字説明。
6	2060	《光讚摩訶般若波羅蜜經》	《光讚摩訶般若波羅蜜經》卷五	羅譯多"卷五"兩字，今考該卷首題即有"卷五"二字
7	2066	《净土五會念佛誦經觀行儀》，法照撰	《净土五會念佛誦經觀行儀》卷中（法照撰）	羅譯多"卷中"兩字
8	2078	《佛説觀佛三昧海經》	《佛説觀佛三昧海經》卷四	羅譯多"卷四"兩字

序號	卷號	陸譯本	羅譯本	説明
9	2079	《净名經關中釋抄》	《净名經關中釋抄》上	羅譯多"上"字
10	2086	《十地論》卷十至十二。寫本極佳。唐開元十四年(五九四)書。	《十地論》卷十至十二(開皇十四年寫)	羅譯作"開皇"者正確,原卷正作"開皇",開皇十四年正合公元 594 年。陸作"唐開元"云云者必誤。
11	2096	《大莊嚴法經》	《大莊嚴法門經》	
12	2121	《四分律删繁補闕行事要鈔》卷上卷中	《四分律删繁補闕行事要鈔》卷中之上	
13	2132	參觀二一七三號、二二三〇號	見第二一七三號、二三三〇號	羅譯"二三三〇"正確。
14	2141	《大乘起信論略述》,曇曠撰,澄漪序	大乘起信論略述(曇曠撰,澄漪序。背面爲《地持義記》。)	羅譯多出"背面……"内容。
15	2152	《楞嚴經》,般利蜜帝譯於廣東	《楞嚴經》(般剌密帝譯於廣州)	"剌"字羅譯確,"蜜"字陸譯確(般剌蜜帝是梵文"Paramiti"的音譯)。羅作"廣州"合於原卷。
16	2154	《净名經關中釋抄》卷下。佛經定斷類(Dotmatique boudhique),道净譯	《净名經關中釋抄》(見第二〇七九號)	羅譯多出互見項。
17	2165	《六門陀羅尼金論》	《六門陀羅尼經論》	
18	2172	《大般若涅槃經言》(北宗)	《大般若涅槃經音》(北宗)	
19	2186	前有黄自强傳	前有黄仕强傳	
20	2198	《伽楞阿跋多羅寶經疏》	《楞伽阿跋多羅寶經疏》	
21	2218	佛經,未詳其名	《維摩詰經》	實當作"維摩義記(卷第三本)",羅譯未必確,但至少比陸譯明顯好。
22	2223	《法華經》卷廿七、廿八	《法華經》第二十七品至二十八品	陸譯卷第與品數混淆。第廿七、廿八品實爲卷七。
23	2234	《法華經》卷二十九以下	《法華經》第二十九品	陸譯卷第與品數混淆。第二十九品實爲卷九。
24	2243	《佛説般涅槃略説教戒經》	《佛垂般涅槃略説教戒經》	
25	2249	卷二百廿三	卷二百三十三	
26	2252	《佛説翔名經》	《佛名經》	陸譯"翔"字蓋"佛"字之訛。《佛説佛名經》可簡作《佛名經》

續表

序號	卷號	陸譯本	羅譯本	説明
27	2256	《廣擇開决記》	《廣釋開决記》	
28	2259	《善才入法界緣起鈔》	《善財入法界緣起鈔》	
29	2265	首繪金剛小軀	前有八金剛像	陸譯"小"字乃"八"字之訛。
30	2288	《净名經關中雜鈔》	《净名經關中釋鈔》	
31	2312	貞明五年	貞明六年	
32	2319	《大目連冥間救母變文》	《大目乾連冥間救母變文》	
33	2337	《三洞奉教科誡儀範》	《三洞奉道科誡儀範》	
34	2339	《維摩詰經注》……參觀二二一九號	《維摩詰經注》（同第二二一四號）	P.2214號爲《注維摩詰經》卷四,至若P.2219《伯目》並未定名,今則定作《華嚴經探玄記》,與《維摩詰經》無關,則《伯目》原注參考項肯定爲2214號,而不是2219號
35	2348	《天尊爲一切衆生説三塗五苦存已往生救苦拔出地獄妙經》	《天尊爲一切衆生説三塗五苦存七往生救苦拔出地獄妙經》	陸譯之"已"、羅譯之"七"實皆是"亡"字之訛。羅作"七"者於形差近耳。
36	2388	《太上妙法本相經》	《太上妙法本相經》卷二十三	陸譯無卷次。
37	2412	三戒佛法密記	三階佛法密記	
38	2413	《大樓炭經》卷二	《大樓炭經》卷三	
39	2439	《薩婆多毘尼婆泥》	《薩婆多毘尼婆娑》	
40	2461	《太上洞玄靈寶智慧上品戒》	《太上洞玄靈寶智慧上品大戒》	陸譯"戒"上脱"大"字。
41	2467	《天上内秘真藏經》	《无上内秘真藏經》	
42	2522	興唐	唐興	
43	2537	小室山處士	小寶山處士	
44	2546	第十八篇《矢人》……第二十篇《記附》	第十八篇《知人》……第二十篇《託附》	
45	2566	開元九年	開寶九年	
46	2581	何爲天地	何謂天地	
47	2592	天寶五年	天寶六年	
48	2594	是以侯王自謂孤寡	是以侯王自謂孤寡不穀	陸譯本少"不穀"二字。

序號	卷號	陸譯本	羅譯本	説明
49	2594	《孔子修問書》	《孔子備問書》	"孔子備問書"之誤"孔子修問書"者,其來遠矣,羅振玉《敦煌石室書目及發現之原始》、《鳴沙山石室秘録》皆作"修問"。羅譯本2581號亦誤作"修問"。此誤很可能來自伯希和本人,伯希和《敦煌石室訪書記》(陸翔譯本)其中即作"孔子修問書"。
50	2602	開運六年	開元六年	
51	2607	《勒讀書抄》	《勤讀書抄》	
52	2613	咸通十九年	咸通十四年	
53	2615	《帝推五姓陰陽等宅圖經》	《□帝推五姓陰陽等宅圖經》	羅譯本於"帝"字前加一"□"號表示殘缺,確。
54	2616		背爲《删定書儀諸家略集》尺牘	背面内容的叙述陸譯缺。
55	2632	《平决》	《手决》	
56	2636	《上易定盧相書》	《上易定盧尚書》	
57	2647	背爲初學抄録之雜文,中有《晏子》及《文中子》殘節	背《千字文》,殘;《晏子》殘	考該卷卷背有《千字文》雜寫,而無《文中子》。至於《晏子》者,乃《晏子賦》之訛。
58	2651	《太上洞玄無量度人經》	《太上洞玄靈寶無量度人經》	陸譯脱"靈寶"二字。
59	2668	《受八關齋戒簡録》	《受八關齋戒文》	
60	2690	《敦煌十二詠》	《敦煌二十詠》	
61	2694	《辨中邊論》	《辯中邊論》	
62	2695	具仲如上訖	具件如上訖	
63	2699	《論語》卷九	《論語》卷四	
64	2738	玉關洪閏	玉關洪池洪閏	陸本奪"洪池"二字,此二字在今日寫卷彩色圖版中已極不易見了
65	2767	孟莊子斬其楜以爲公琴。	孟莊子斬其楉以爲公琴。	"楉"字,原卷如此,今本作"楛",艹竹二部書寫常不分。
66	2804	智閑撰	志閑撰	
67	2811	候昌樂	侯昌樂	
68	2825	大中九年	大中四年	
69	2849	市法	制法	
70	2864	不闚見天下	不闚牖見天下	原卷作"不闚牖見天道"

續表

序號	卷號	陸譯本	羅譯本	説明
71	2889	須摩**地**長者經	須摩**提**長者經	
72	2895	金**删**般若波羅蜜多經	金**剛**般若波羅蜜經	原卷首題正與羅譯合
73	2909	卷六	卷六**十**	
74	2924	比丘尼懺**犀**波夜提文	比丘尼懺**單**波夜提文	
75	2985	開寶**三**年	開寶**五**年	
76	3031	**大**極元年	**太**極元年	
77	3047	金剛童子雜**集**一切惡神鬼	金剛童子雜**禁**一切惡神鬼	
78	3137	佛説大**變**邪正經	佛説大**辯**邪正經	
79	3155	天**福**四年	天**復**四年	
80	3186	**洪潤鄉人文集**	記洪潤鄉事	所謂"記洪潤鄉事"者,今定爲《雍熙二年洪潤鄉百姓某欠債牒》(《法藏》),陸譯作"洪潤鄉人文集"云云者,太離譜
81	3192	大中十**九**年	大中十**二**年	
82	3215	大乘一**寶**	大乘三**窠**	
83	3254	大中**五**年	大中**六**年	
84	3271	乾符**九**年	乾符**四**年	
85	3304	勞度**義**	勞度叉	
86	3311	開蒙要**義**	開蒙要**訓**	
87	3355	天寶**五**年	天寶**六**年	
88	3363	小**寶**山處士	小**室**山處士	
89	3367	明帝得夢求法**記**	明帝得夢求法**品**	
90	3440	丙**辰**年	丙**申**年	

　　上表皆爲羅譯正確而陸譯錯誤者,其中未加説明者皆核之原卷即知,固僅於錯訛之處加粗字體以作標識。從以上九十條來看,陸譯《伯目》的衍、脱、誤、倒,在在皆是。陸譯本之底本乃由張鳳抄回,故以上錯誤在張鳳抄録、陸氏翻譯以及《國立北平圖書館館刊》排校等環節上都可能發生。除上表所示之外,陸譯《伯目》尚有缺號三處,三處都有註明。2089號陸氏自注謂"此號原文缺佚,羅譯目上作《佛説八陽神咒經》",2705號下編者注明"陸本缺",3384號陸氏自注"此處原缺"。2089號據羅譯補出,無誤,另外兩號之缺號則有問題。2705、3384兩號,陸譯本實不缺,其所缺者爲2701號與3382號。正因爲標錯了缺號,遂使

這兩號寫卷的前後卷號都錯亂了。陸譯本的 2701—2704 號實爲 2702—2705 號，3382—3383 號實爲 3383—3384 號。這兩處羅譯本都不誤，可據正。

陸譯本之錯謬如此之多，但我們仍然認爲其總體成就要高於羅譯本，那是因爲羅譯本的疏漏更爲嚴重。比如缺號一項，雖然上舉三處羅譯本不誤，但陸譯本不誤而羅譯本誤的也不在少數。羅譯本缺 2835 號，遂將原先 2834 號誤作 2835 號，又憑空造出了一個“2834《類書》”的條目；又《伯目》原於 3131 號有一個重號，一爲《大乘無量壽經》、一爲《般若密多心經》，羅譯將後一種作爲 3132 號，於是原 3132 號誤作 3133 號，而原 3133 號又缺掉了。又 2934 號《殘經小册》與 2935 號《戒義六法文》，兩號内容互倒，實際上 2934 號才是《戒義六法文》、2935 號才是《殘經小册》。這裏僅舉其一端，其他疏漏指不勝屈。也正因此，才需要以陸譯《伯目》爲基準，以羅譯校正其不足。

那問題是羅譯本何以有如此嚴重的疏漏呢？下文擬從其所據底本與其譯作性質兩方面來探討這一問題。

三　羅譯《伯目》之底本

有關羅譯《伯目》所據之底本，羅福萇的父親羅振玉曾有所交待。羅振玉的相關文字載在羅福萇輯録的《倫敦博物館敦煌書目》之前，發表在 1923 年 1 月刊出的《國學季刊》第一卷第一期上。羅振玉是將羅福萇輯録的《倫敦博物館敦煌書目》、《古寫經尾題録存》與翻譯的《伯目》三種遺著一同交由《國學季刊》刊登發表的。羅振玉爲此三種著作作了一個簡短的總序，由於《倫敦博物館敦煌書目》最先發表，是以該序就載在《倫敦博物館敦煌書目》之前。《古寫經尾題録存》後來並未發表於《國學季刊》，而是收入了羅振玉自己刊刻的《永豐鄉人雜著續編》中，此與本文主旨關係不大，且不詳論。

羅振玉序中對於羅福萇譯《伯目》所據底本的交待如下：

> 法京目録則就日本狩野博士直喜遊歐時録本，與得之伯希和博士者，參考移録。[15]

交待得非常簡單，據此僅可知羅譯《伯目》的底本有兩個源頭，一來自狩野直喜抄録，一來自伯希和本人。隨之而來也就有了以下兩個問題：

第一、狩野直喜 1912 年秋至 1913 年春遊歐[16]，當時抄録《伯目》時是直接用法文抄録，還是用日文抄録，邊抄邊譯？

第二、伯希和將自己的敦煌文獻編目交給羅振玉或羅福萇究竟在何時？其下限當然是在羅福萇逝世的時間，爲 1921 年 10 月左右。而陸譯《伯目》所據底本乃張鳳留學法國時抄回。張鳳留法的時間爲 1922 年至 1925 年[17]。從伯希和將目録交給羅氏父子，到張鳳抄回《伯目》，這中間伯希和是否對自己的編目有修改？也就是説，羅福萇所看到的《伯目》與陸翔所看到的是否一樣？

　　這兩個問題，我們今天恐怕都難以回答了。我們唯一可以確定的是，羅譯《伯目》確實有從日語譯出的痕迹。其所譯第 2198 號作"《楞伽阿跋多羅寶經疏》（齊竿序，丹惲贊）"。"丹惲"，陸譯本作"圓暉"，核之於原卷，陸譯本確。"暉"之誤作"惲"，當是形近之訛，可問題是"圓"字怎麼會誤作"丹"的呢？這兩字於漢文中無論字形、聲音均相去甚遠。考日語中表"圓"字義者作"円"，羅譯作"丹"者，恐正是因日文"円"字而誤。此條可明白地顯示羅福萇是據日文譯出的了。

　　榮新江先生謂："1920 年以後，伯希和已經放棄了編目工作。"[⑱]如果真是這樣，那麼羅、陸二人所見到的《伯目》也許差不了太多。然則羅譯本又何以比陸譯本疏略那麼許多呢？這就需要探討一下羅譯《伯目》的態度及該譯作的性質問題了。

四　羅譯《伯目》的態度及其性質

　　關於羅譯《伯目》的性質這一問題，最需要注意的是該譯目並非羅福萇生前刊出，而是身後遺著，經人整理後方發表者。這就意味着，在羅福萇生前，他有没有徹底完成這一著作，或者他根本有没有將這一譯目當成著作，都很成問題。雖然羅振玉的序説"他著多屬草未竟，惟此三卷有清本"，但羅福萇是否視這個"清本"爲可以出版的著作呢？這都不好説。我們以王國維做參照，王氏曾擬作《兩漢六朝鄉亭考》，然謂"此係自己參考需用之書，不必爲人而作也"[⑲]。古人正不乏這種爲自己參考而作的書。比之王觀堂的《兩漢六朝鄉亭考》，《伯目》的參考性質豈不更爲明顯？

　　反覆比勘羅譯本與陸譯本，我們不難發現，羅譯本的"疏漏"是頗有規律的。這個規律是，羅譯基本上只譯《伯目》中每一條目的核心內容。試比較以下幾條：

卷號	陸譯本	羅譯本
2029	蝴蝶裝對折頁，上書梵文	梵書
2041	四分律删繁補闕行事鈔末卷末節，道宣撰。卷首兩卷已脱裂。	《四分律删繁補闕行事鈔末卷》（道宣撰）
2044	華文，真言要訣卷三，係釋道雜糅之著作，背面爲本土釋儀規。	《真言要訣》卷三
2130	佛説三昧海藏經，緒言中，説明佛陀利波與法照之關係。	《觀佛三昧海藏經》

　　這樣的例子在陸、羅二譯本的對比中隨處可見，舉不勝舉，以上不過聊舉數例，其餘可以想見。從中可見，羅譯本之於《伯目》的翻譯是有選擇性的，並非亦步亦趨的逐字譯出。羅之譯《伯目》恐怕僅僅是作爲自己或是其父親繼續從事敦煌學事業的一個參考吧！因此，羅譯《伯目》與其説是著作，不如説是筆記。今天，我們對比陸、羅二譯本，可以指責羅譯的

不負責任,然而,倘若譯者本就無心將其公諸與世,那也就不存在對讀者負不負責任的問題
了。至於羅振玉之將此譯目整理發表,那已是羅福葆身後之事了,本不該由福葆負責。

羅振玉對於刊佈學術著作有自己的理解,此一問題關涉較廣,兹簡言之,乃羅振玉往往
把成書的速度比書的質量看得更重。這也就是爲什麼一方面羅振玉刊書既快又多,另一方
面羅氏所刊書又有大量的"補正"、"續補"、"二編"、"三編"之類的原因了。羅氏於著作不求
全求備,有多少收獲就刊佈多少,所謂"刻一卷是一卷,至是不易之法"[20]。而羅振玉對於傳
佈書籍又常帶温情,最明顯的就是上節所引《陶齋金石文字跋尾》謂"潛學之士終身仰屋梁,
若並此不傳,豈非至憾"[21]。此次,羅振玉面對的又是最爲心愛的亡兒的遺著,其急謀刊佈之
情,雖不言,亦可懸想。

總之,羅譯《伯目》雖經發表,但仍未必是完整完備的著作。唯其如此,羅譯《伯目》的體
例也不如陸譯那般精嚴。陸譯凡是有譯者自己的補充意見的,均以"翔案"二字區別,與原
目不相雜厠,條理秩然。但羅譯本呢? 這其中是否也有譯者自己的意見呢? 這就需要花一
翻考核的工夫,方能所擇別了。

五 羅譯《伯目》之譯者意見

羅譯《伯目》中不是没有羅福葆自己的考訂意見,但與原目混在一起,實難分別,淺見所
及,至少有如下三條:

P.2767 號,陸譯本作:"殘古史有注。書佳。中有句云:'孟莊子斬其楢以爲公琴。'"而
羅譯則徑將此號定作《左傳》。

P.3204 號,陸譯本作:"文選殘節有注,現存之文字中有'辨乎榮辱之境'句。"羅譯徑將
此號定作"《莊子注》(殘。逍遥遊)"。

P.3380 號,陸譯本作:"(翔按:此處原文缺佚。)第十六章(結尾)第十七章(起首),第十
七章之標題爲《小儀》第十七,鄭玄注。其首句爲'聞始見君子者辭曰',注文抄録頗工整。"
陸譯此條中"小儀"或當是"少儀"之誤。而羅譯將此號定爲"《禮記鄭注》(第十六之末及第
十七之首)"。

以上三號對照陸譯本和羅譯本,大概可以確定,羅譯本的定名是根據《伯目》的引文自
行加以考定者。這三種文獻,P.2767 號歷經學者們的研究,今定作《春秋左氏經傳集解節
本》[22],羅氏所定雖不中,却不遠。其餘兩號的定名則精確不移。這些文獻的定名,也許是狩
野直喜的成果,也可能有羅振玉乃至王國維的從旁指導,但它們終究都體現在羅譯《伯目》
中,並且與伯希和的原文不加分別。

這種隱藏在羅譯《伯目》中的羅福葆自己的學術意見必定不止以上三條,將其一一尋

出，既非筆者力所能及，似亦無此必要。僅就此處所舉例證，大概也足以提起今日學者們的注意了——今日倘若要參考《伯目》是必須要兼考羅譯和陸譯兩個本子的，不能因爲陸譯的完備與負責而忽視了羅譯，因爲很可能在某個條目之下，羅譯的文字並非譯自法文，而完完全全是自家的學術見解。那可就是中國早期敦煌學一點一滴的成果，豈能漠不關心呢？

　　關於羅譯《伯目》中的譯者意見一問題，還有可説的是，《伯目》範圍内有不少寫卷很早就經羅振玉刊佈，主要刊佈在《鳴沙石室佚書》和《鳴沙石室古籍叢殘》兩叢書中，少部分刊在《吉石庵叢書》等其他種類叢書中，凡經羅振玉刊佈的寫卷，羅氏全都予以定名。這些定名固然有不妥的，如 P.2526《修文殿御覽》，今天我們知道該號是《華林徧略》②。但極大多數定名是精確不移的，比如 P.2522《貞元十道録》，這一定名就一直沿用至今。然而這些定名成果似乎很少被吸收入《伯目》。P.2503《玉臺新詠》、P.2507《水部式》、P.2522《貞元十道録》、P.2586《晉紀》、P.2589《春秋後國語·魏語》、P.3315《尚書釋文》諸號，無論陸譯本或是羅譯本都沒將羅振玉的定名成果反映出來。陸譯本忠實原目，我們可以説是伯希和未參考羅振玉的成果，陸翔又未見羅氏所刊各書，無從補入。但羅福萇譯本呢？經上文論證，知其間夾雜有大量羅福萇自己的意見，則何以仍然未體現這些由他父親考定的成果呢？我們固然可以説羅振玉所刊敦煌寫卷都沒有編號，羅福萇無從一一查考。但有些寫卷一旦看到原卷的影印本或全文録文，在《伯目》的些許提示之下，是很容易將之一一對應的。比如 P.2522 號，《伯目》謂“殘地志（下急州、唐興、兩面書）”（此即據羅譯本，陸譯作“始於急州，終於唐興”，更確），只要看到了影印在《鳴沙石室佚書》中的《貞元十道録》，那就很容易將這兩者對應起來。而羅福萇並未這樣做。我們可以有兩種解釋：第一、羅福萇譯出《伯目》，其時間在羅振玉刊佈諸敦煌寫卷之前；第二、羅譯《伯目》只是一個草目，一份筆記，羅福萇並未仔細考究，這就爲上文的論證又添了一個證據。前一種可能不是沒有，因爲羅譯本所據底本之一爲狩野直喜抄本，狩野自歐回日的時間在 1913 年春間，而《鳴沙石室佚書》中最早刊佈的一種——《闞外春秋》，據所附羅振玉跋文所署的時間，已在 1913 年陰曆五月二十三日。但我認爲，這種可能性並不是很大。因爲自 1913 年至 1921 年羅福萇逝世，這中間尚有八年時間，他即使真的在 1913 年五月之前已將《伯目》譯出，也仍有大量的時間可供他修訂，而事實上却並沒有反映在羅譯《伯目》中。因此，我益堅信羅譯《伯目》並不是一種認真負責、十分完備的著作，只是羅福萇爲自己和羅振玉繼續從事於敦煌學事業作的一份筆記，一個參考而已。

六　結論

　　伯希和所編法藏敦煌文獻目録的原本從來沒有發表過，但它在中國却有兩個譯本流傳——羅福萇譯本和陸翔譯本。雖然在細節上，羅譯本有不少可以糾正陸譯本違失的地方,但就總體質量而,陸譯本是要遠遠高過羅譯本的。然則,羅譯本何以有那麼多的疏略呢? 這可能主要跟它本身的著作性質有關。羅福萇當年翻譯此本時,大概本未想到要正式作爲著作發表,只是作爲自己或者父親羅振玉的一個參考罷了。羅福萇英年早逝,所譯《伯目》作爲他遺著的一種,被發表問世,遂成了滿紙疏漏的局面。正因爲該譯目是非常草率的,羅福萇亦時時將自己的學術見解滲入在所譯《伯目》的各條目之下,這就使得今天的研究者們不得不正視這份中國早期敦煌學史上的粗率成果,以免作出不符合事實的學術史判斷。

當清楚地了解到羅譯《伯目》的性質之後,筆者也由衷地感到惋惜。羅福萇之天資特達,通法文、日文、梵文、西夏文,內典外書都很熟悉,最關鍵的是憑藉深厚,其父羅振玉是中國早期敦煌學史上最爲重要的人物,而在羅振玉周圍更有一批學識淵博的學者,如王國維、沈曾植乃至日本京都大學的內藤虎次郎、狩野直喜等,作爲羅福萇的父執,羅福萇可以隨時請教。可以説,無論是自身知識結構還是外部學術條件,就翻譯《伯目》而言,羅福萇都是比陸翔更爲適合的人選。假如羅福萇翻譯《伯目》也跟陸翔一樣認真負責,在翻譯原目之外還附上自己很多案語,那麼,這份中國敦煌學的階段性總結也許就更加完備,中國敦煌學的進程也許就會因此而快上一步。只可惜,羅福萇並未將《伯目》的翻譯作爲一件嚴肅地事情來對待。更可惜的是,天不假年,這樣一位適合於從事敦煌學的優秀學者竟只活了短短的二十六歲,就英年早逝了。

①此段生平簡介參何寶睿撰《陸廉夫先生暨德配陳夫人墓志銘》(浙江圖書館藏拓片第 7338 號)、上海周退密先生之口述回憶。

②陸翔《伯目序》,《民國期刊資料分類彙編·敦煌學研究》,國家圖書館出版社,2009 年,第 1 册第 118—119 頁。

③王重民《敦煌遺書總目索引後記》,王重民《敦煌遺書論文集》,中華書局,1984 年,第 71 頁。

④今日不少學者徑將蔡元培爲《敦煌掇瑣》作序的時間(民國十四年)當作該書出版的時間,實不妥。《敦煌掇瑣》之初版爲中央研究院歷史語言研究所刊印。史語所民國十七年(1928)3 月開始籌備,至當年 10 月始正式宣告成立,故不可能在三年前就以史語所名義刊行《敦煌掇瑣》了。(史語所的創立時間參《國立中央研究院歷史語言研究所十七年度報告》)

⑤中國科學院考古研究所 1957 年 6 月重印《敦煌掇瑣》之"重印後記"。

⑥潘重規《敦煌雲謠集新書》,石門圖書公司,1977 年,第 15 頁。

⑦《雪堂校刊群書叙錄》所涉敦煌寫卷不在《伯目》範圍內者計法藏卷四種,即 P.4509《尚書·顧命》殘卷、P.3532《慧超往五天竺國傳》、P.3884《摩尼教經》殘卷、P.3847《景教三威蒙度讚》;羅氏自藏三種,爲《春秋後語·秦語》殘卷、唐寫本殘道書五十六行、《大雲無想經》;京師圖書館藏二種,即珍 20《無上祕要》殘卷、宇 56《波斯教殘經》;日本大谷收集品二種,爲《論語鄭注·子路》殘卷、《本草集注序

録》殘卷；順德羅氏藏一卷，爲《太玄真一本際經》殘卷。

⑧ 羅振玉《隸古定尚書孔傳殘卷校字記（商書）序》，《羅振玉學術論著集》，上海古籍出版社，2010 年，第
　 4 集第 46 頁。

⑨ 申國美、李德範《英藏法藏敦煌遺書研究按號索引》全三冊，國家圖書館出版社，2009 年。

⑩ 羅振玉《雪堂校刊群書叙録》卷下，《羅振玉學術論著集》，第 9 集第 367 頁。

⑪《國立北平圖書館館刊》第七卷第六號，第 21 頁。

⑫《國學季刊》第三卷第四號，第 770—771 頁。1924 年夏，北京大學考古學會發表《保存大宮山古迹宣
　 言》對遜清亡室措辭不遜，引起遺老們極大之不滿，王國維因此將已經送交《國學季刊》之文章全部
　 撤回（參王國維 1924 年 8 月 10 日致沈兼士、馬衡函，房鑫亮編校《王國維書信日記》，浙江教育出版
　 社，2015 年，第 690—692 頁）。羅福葨所譯《伯目》下半篇連載之被耽擱，很可能與此事有關，同爲遜
　 清遺老，王國維既撤稿，羅振玉想也會撤稿。

⑬ 沈曾植乙卯二月十四日（1915.3.29）至羅振玉信中語，見許全勝《沈曾植年譜長編》，中華書局，2007
　 年，第 408 頁。

⑭ 王重民《敦煌遺書總目索引後記》（《王重民敦煌遺書論文集》，中華書局，1984 年，第 71 頁）；白化文
　《敦煌文物目録導論》，新文豐出版公司，1992 年，第 102 頁；榮新江《海外敦煌吐魯番文獻知見録》，
　 江西人民出版社，1996 年，第 45 頁。

⑮《國學季刊》第 1 卷第 1 期，第 160 頁。

⑯〔日〕神田喜一郎著，高野雪譯《敦煌學五十年》，北京大學出版社，2004 年，第 72 頁。

⑰ 張鳳自撰《張天方年譜》，《嘉善縣文史資料（第十八輯）·文史家張天方》，浙江攝影出版社，2005 年，
　 第 224—225 頁。

⑱ 榮新江《敦煌學十八講》，北京大學出版社，2001 年，第 155 頁。

⑲ 王國維癸丑十月致繆荃孫函，見房鑫亮編校《王國維書信日記》，第 50 頁。

⑳ 羅振玉壬子七月廿四日致繆荃孫函，見《藝風堂友朋書札》，上海古籍出版社，1981 年，下冊第
　 1007 頁。

㉑ 羅振玉《雪堂校刊群書叙録》卷下，《羅振玉學術論著集》，第 9 集第 367 頁。

㉒ 許建平《敦煌經籍叙録》，中華書局，2006 年，第 271—275 頁。

㉓ 林平和《羅振玉敦煌學析論》，文史哲出版社，1988 年，第 26—27 頁。

附記：本文《羅福葨譯巴黎圖書館敦煌書目考論》部分，曾發表於日本京都大學中世紀寫本研究班《敦
煌寫本研究年報》總第 6 號，此次收入建所紀念文集又作了大幅度修改。

作者簡介：蔡淵迪，浙江大學城市學院

通訊地址：浙江大學城市學院文二一 417 辦公室　　郵編：310015

南宋文官徐謂禮仕履繫年考釋

——新出土文獻《武義南宋徐謂禮文書》研究

龔延明

　　包偉民、鄭嘉勵編《武義南宋徐謂禮文書》①的出版,提供了研究南宋官制的新材料。其官告文書,保持如此完整,前所未有,十分珍貴。

　　墓主人徐謂禮是一個普通的基層文官,有關他的生平事迹,很少見於記載。然而出土的徐謂禮官告文書,可以還原他的仕歷,使我們今日得以了解他從宦三十年,所歷差遣、職事官和所授寄禄官,從而有助於了解南宋官蔭制、官職遷轉、除授、考課等制度,以及官告、批書印紙等文書的格式。本文擬就徐謂禮文書所任差遣、職事官加以考辨,並將其仕履予以繫年、考釋,期有助於讀者對新出土《武義南宋徐謂禮文書》的深入解讀與研究②。

一　徐謂禮所任差遣與職事官考辨

　　編者包偉民,爲整理徐謂禮文書,花了大量心血,功德無量。他利用這批寶貴的官告文書,對墓主人一生仕履,進行了復原,並寫入了其所撰《前言:武義南宋徐謂禮文書概況及其學術價值》中,對讀者解讀徐謂禮文書有很大幫助。據他的解讀,徐謂禮"所任差遣"爲:

嘉定十四年五月	監臨安府糧料院
紹定二年五月	知平江府吳江縣丞
端平元年三月	權知建康府溧陽縣
嘉熙三年四月	主管官告院
嘉熙三年八月	添差通判建昌軍
淳祐二年八月	監三省樞密院門兼提轄封樁上庫
淳祐二年十月	主管台州崇道觀
淳祐四年四月	權通判建康軍③
淳祐四年八月	浙西兩淮發運副使主管文字
淳祐七年三月	將作監主簿

淳祐七年十月	太府寺丞
淳祐八年二月	權知信州
淳祐十二年六月	福建市舶兼知泉州①

徐謂禮在仕途上，先後經歷十三個職務：或在中央政府機關、倉庫，或在地方州、府、軍、縣任職。淳祐二年十月，在未達致仕年齡，居然授祠禄官——主管台州崇道觀，可能是在管倉庫時枉法黜官，靠邊了。所有這十三個職務，大部分爲差遣。但作者一概視爲"差遣"，這裏有確有值得商榷之處。

北宋前期，因受唐以來官制"紊亂"的影響，職事官没有職務，只有差遣才是實際職務，形成了以"官、職、差遣"爲核心的官制格局。如："景祐四年，(富弼)召試館職。遷太子中允、直集賢院，從王沂公辟，通判鄆州。"⑤據此，富弼之官銜爲：

太子中允(官)、直集賢院(職)、通判鄆州(差遣)富弼

仁宗景祐四年(1037)，富弼官太子中允，爲本官階，決定其月俸爲十八千，並不赴東宮任職；職爲直集賢院，此職爲館職，北宋前期多爲通判、知州所帶職，是士流清要之職名；差遣爲通判鄆州軍州事，這才是富弼實際職務。

上列富弼官銜典型地反映了北宋前期官制"官、職、差遣"離而爲三的特點。

如果徐謂禮是在北宋前期當官，那他的所有任職，名之爲"差遣"，那就毫無問題。可是徐謂禮是南宋寧宗、理宗朝官員，是在北宋神宗元豐改制後當官，如仍套用北宋前期官制，那就不太妥當了。元豐改制最大的特點，就是正名，即職事官官復原職，罷去"本官階"，即職事官不復不務正業擔當"寄禄官"職能了。

元豐三年至五年官制改革，是由神宗皇帝親自決定和主持的。他提出"推本製作之源"，則按《唐六典》模式，結合現行官制，遵照"參稽損益，趨時之宜"的方針，要"使台省寺監之官，實典職事，領空名者一切罷去"⑥，"新制，而省、台、寺、監之官，各還所職矣"⑦。

經過元豐改制，職事官官復原職，即由"活"的制度使其邊緣化的地位，重回法定官制的中心。故時人評之："官制以前，尚書、侍郎類爲叙遷之官，故更以帶職(名)爲寵。官制以後，以階爲寄禄，而尚書以下，實行其職，故自以職事官爲重，恩數之優，非昔日比！"⑧

其次，"以階易官"，即廢除以職事官用作"寄禄官"的"活"的官制，制訂《元豐寄禄新格》⑨。其做法是，在廢罷文散官階之後，借用文散官系列，作爲寄禄官階，並以原職事官換成寄禄官階，以決定職事官俸禄，而職事官則官復原職。文臣寄禄新格：自開府儀同三司至承務郎，共二十五階，此所謂"寓禄有階"⑩，例如：

原職事官階：吏部尚書	新寄禄官階：金紫光禄大夫(月俸 60 千)
原職事官階：户、禮、兵、刑、工部尚書	新寄禄官階：銀青光禄大夫(月俸 60 千)

原職事官階：左、右司諫　　　　　　　新寄禄官階：朝奉郎（月俸 30 千）

原職事官階：校書郎、正字、將作監主簿　新寄禄官階：承務郎（月俸 7 千）⑪

元豐官制以正名爲核心，對"官、職、差遣"三分離進行了改制，建立"職事官、寄禄官、職"爲核心的官制格局。則"官"（職事官）不再用爲本官階，而是官復原職。對"職"，罷去館職，保留殿職與閣職⑫；對"差遣"，由於職事官已官復原職，"廢除了在京差遣體系"，但"離京外任官的差遣未變"⑬，差遣部分得到保留，如南宋徐謂禮告身文書：

　　　尚書吏部磨勘到：奉議郎、新改差充浙西兩淮發運副使主管文字徐謂禮。右一人，擬轉承義郎，差遣如故。⑭

差遣官存在，主要是地方外任差遣，如監臨安府糧料院，轉運使，知某州（府、軍、監），通判某州（府、軍、監）軍州事，知縣事、知縣丞等等⑮。有學者認爲"兩府長官（政府與樞府長官，即宰執官）"具有差遣性質⑯。

但差遣地位已下降，差遣始終未進入"雜壓"，《紹興以後合班之制》與《慶元條法事類》所載《官品雜壓》，均如此⑰。《紹興以後合班之制》與《慶元條法事類》所載《官品雜壓》，包括職事官、寄禄官、職名三種主要官種。《慶元條法事類》所載《官品雜壓》明確界定："特進至承務郎爲寄禄官。有執掌者爲職事官。觀文殿大學士至華文閣待制爲侍從官，集英殿修撰至直秘閣爲貼職。"⑱帶待制以上職名爲"侍從官"。顯然，寄禄官、職事官、職名構成了元豐官制後三大官種，本官階已廢除，差遣已退出官制核心地位。

元豐改制，將"官、職、差遣"爲官員核心官銜的格局，變爲"職事官、寄禄官、職"爲官員核心官銜的格局。因此，在士大夫表述某官員身份時，必先列其"職事官、寄禄官、職"，如司馬光在奏議中，把"職事官"、"寄禄官"、"職名"看成官員身份最重要的資格：

　　　應職事官，自尚書至給舍、諫議；寄禄官，自開府儀同三司至太中大夫；職，自觀文殿大學士至待制，每歲須得於十科内舉三人。⑲

正因如此，我們對南宋徐謂禮官銜，必須以元豐官制作爲依據去審視，才不致出現個別的誤讀。

現把徐謂禮所任官職，予以重新解讀：

1.嘉定十五年五月　差遣（監當官）　監臨安府糧料院兼裝卸綱運兼監城鎮倉

據《授承奉郎告·嘉定十五年五月二十三日》："承務郎、新監臨安府糧料院兼裝卸綱運兼監城鎮倉徐謂禮，右可特授承奉郎，差遣如故。"⑳

2.紹定二年五月　差遣（縣佐）　知平江府吳江縣丞

據《差知平江府吳江縣丞牒·紹定二年五月　日》："尚書省牒：承事郎徐謂禮。牒奉敕，宜差知平江府吳江縣丞，替曾揆紹定二年十二月滿闕。牒至准敕。故牒。紹定二年五

月　日牒。參知政事　葛　押。"①

據《轉宣義郎告·紹定二年七月二十六日》："尚書吏部:磨勘到承事郎、新差知平江府吳縣丞徐謂禮,右一人,擬轉宣義郎,差遣如故。"②

3.端平元年三月　差遣(權知縣)權知建康府溧陽縣、主管勸農營田公事兼弓手寨兵軍正

據《差權知建康府溧陽縣牒·端平元年三月　日》："尚書省牒:通直郎徐謂禮。牒奉敕:宜差權知建康府溧陽縣、主管勸農營田公事兼弓手寨兵軍正,替徐耜端平元年三月滿闕。"③按:尚書省牒以"差"授徐謂禮知溧陽縣,屬差遣官。

4.嘉熙三年四月　差遣(六院官,以知縣以上資序充)　主管官告院

據《差主管官告院牒·嘉熙三年四月　日》："尚書省牒:通直郎徐謂禮。牒:敕宜差主管官告院。"④

5.嘉熙三年八月　差遣(軍副貳,添差厘務)　添差通判建昌軍兼管內勸農營田事、仍厘務

據《添差通判建昌軍牒·嘉熙三年八月　日》："尚書省牒:通直郎徐謂禮。牒:奉敕宜添差通判建昌軍兼管內勸農營田事。替湯巾闕。仍厘務。"⑤

6.淳祐二年八月　差遣(監門官,以知縣、通判資序充)監三省樞密院門兼提領左藏封椿上庫

據《差監三省樞密院門兼提轄封椿上庫牒·淳祐二年八月　日》："尚書省牒:奉議郎徐謂禮。牒:奉敕宜差監三省樞密院門兼提轄封椿上庫。"⑥按:"提轄"或作"提領",見《錄白印紙》第七卷,第236頁。

7.淳祐二年十一月　祠禄官(無職事)　主管台州崇道觀

據《差主管台州崇道觀牒·淳祐二年十一月　日》："尚書省牒:奉議郎徐謂禮劄子:'謂禮一介疎繆,誤綴班底,分宜汰斥,歸伏先廬,杜門循省。惟是家貧累重,未能忘禄。幸遇明堂赦恩,欲乞曲賜陶鑄,特畀祠稟,理作自陳。伏候指揮。'牒:奉敕,宜差主管台州崇道觀,任便居住。理作自陳,候二年滿日罷。"⑦

8.淳祐四年四月　差遣(府倅)　權通判建康府軍府事兼管內勸農營田事

據《差權通判建康軍(府)牒·淳祐四年四月　日》："尚書省牒:奉議郎徐謂禮。牒奉敕:宜差權建康軍府兼管內勸農營田事,替趙時疇闕。仍借緋,候回日卻依舊服色。"⑧

按:此編目《差權通判建康軍牒》有誤,宜改爲《差權通判建康府牒》。

9.淳祐四年八月　差遣(監司屬官)　兩浙西路、兩淮發運副使主管文字

據《改差充兩浙西路、兩淮發運副使主管文字牒·淳祐四年八月　日》："尚書省牒:奉

議郎、新差權建康軍府兼管内勸農營田事徐謂禮。牒奉敕：宜改差充兩浙西路、兩淮發運副使主管文字。填見闕。"㉒

10.淳祐六年十月　職事官（寺監官）　行將作監主簿

據《行將作監主簿到任・淳祐九（七）年三月　日》："行在尚書工部，據行在將作監申：承朝奉郎、行將作監主簿徐　狀申：'證對元系朝奉郎、前特差兩淮、浙西發運司主管文字，准省劄，隨司解任。於淳祐六年十月　日尚書省劄子，當月初六日，三省同奉聖旨：徐除將作監主簿。'已於當月十二日入國門，放朝見，赴監供職迄……淳祐七年三月　印。"㉓

按：《前言》誤將徐謂禮受批書印紙時間淳祐七年（注：編目誤七年爲九年）三月，視爲其任命將作監時間，未妥。宜應據到任狀"淳祐六年十月　日尚書省劄子，當月初六日，三省同奉聖旨：除將作監主簿"文字爲準。

又，《前言》將"除將作監主簿"列爲差遣官，誤。將作監主簿，在元豐改制之後，已官復原職，就是職事官，不爲差遣之任。從命詞"除"將作監主簿，不稱"差"將作監主簿，也可看出其中之區別。

又，"朝奉郎、行將作監主簿"之官銜，亦可證"將作監主簿"爲職事官。何以稱"行將作監主簿"？這個"行"字，不是可有可無，而是有其制度意義在。

據《元豐禄令》，以階易官，則罷本官階定俸禄之制，改以寄禄官定官員月俸（相當於今基本工資），此稱《元豐寄禄格》。與之同時，職事官重定《禄令》，規定有"職錢"（相當於今崗位津貼）。即一個官員有兩種名目的基本收入。但，職事官的職錢，分"行、守、試"三等。即同樣是將作監主簿，根據現任將作監主簿所帶寄禄官之高下，決定"行、守、試"三等中哪一等。具體規定是：凡寄禄官品高於職事官品一品以上者，帶"行"；低一品者，帶"守"；低二品者，帶"試"字㉛。如：據上引官銜，徐謂禮寄禄官朝奉郎高職事官將作監督主簿一品，故帶"行"：朝奉郎（寄禄官正七品）、行將作監主簿（職事官從八品）徐謂禮㉜。寄禄官與差遣，則没有此種對應關係。

11.淳祐七年十月四日　職事官（寺監官）　行太府寺丞

據《轉朝請郎告・淳祐七年十月四日》："尚書吏部磨勘到：朝散郎、新除太府寺丞徐謂禮。右一人，擬轉朝請郎、行太府寺丞。"㉝

按：淳祐七年十月，徐謂禮寄禄官高職事官一品以上，故帶"行"：朝請郎（寄禄官從六品）、行太府寺丞（職事官正八品）徐謂禮。徐謂禮寄禄官朝請郎，月俸爲三十千；行太府寺丞，職錢爲二十二千。守太府寺丞爲二十千，試太府寺丞爲十八千㉞。

又，命詞用"新除"，不用"新差"，是任命職事官之文書用語。

12.淳祐八年二月　差遣（州長吏）　權知信州軍州事兼管内勸農營田事

據《差權知信州牒·淳祐八年二月　日》："尚書省牒：朝請郎、行太府寺丞徐謂禮。牒奉敕：宣差權知信州軍州事兼管内勸農營田事,替徐士龍闕,仍借緋,候回日卻依舊服色。"⑤

13.淳祐十二年六月　差遣(雜監司)　提舉福建市舶公事兼知泉州軍州事

據《知信州零考成·淳祐十二年六月　日》："尚書省劄：備奉聖旨：'徐　除福建市舶兼知泉州。'"⑥

由於徐謂禮非進士出身,靠其父徐邦憲官蔭入仕,故其在仕途,並不通達,自嘉定十四年(1221)入仕,至淳祐十二年(1251)授提舉福建市舶兼知泉州,歷三十年,沒有得到士人嚮往的貼職。在京師朝廷百司任職時間很短暫,主管官告院只任職四個月,就被趕下臺。任監三省樞密院門兼提領左藏封樁上庫,更短,只三個月,就被劾罷。淳祐六年十月至淳祐七年十月,任行將作監主簿共一年時間;淳祐七年十月至淳祐八年二月,充太府寺丞,只四個月。在京百司任職前後僅一年零十一個月。二十七年仕宦,都是在地方浮沉。因此,他的仕歷,以差遣爲主,也就不足爲怪了。但他所任"行將作監主簿"、"行太府寺丞"爲職事官,以及主管台州崇道觀爲祠禄官,已如上所述,《前言》統歸之爲差遣,失於考辨。

二　徐謂禮仕履繫年考釋

武義出土的徐謂禮官告文書,保存了他仕歷遷轉較完整的檔案記錄,十分罕見。我們可以依據這些寶貴的文書,將其仕履,按繫年予以排列。爲讀者方便,筆者將其官銜一一予以考釋。

據徐謂禮壙志殘文："(徐謂禮)禄壽且未艾(按:年五十曰艾,或延伸爲老叟),而忽大□之,實寶祐二年六月四日也。生於壬戌二月二十七日。"壬戌即寧宗嘉泰二年(1202)⑦。仕履之繫年,即以此生年爲據計其年齡。

嘉定十四年(1221)五月　徐謂禮二十歲　承務郎(從九品)、監臨安府糧料院兼裝卸綱運、兼監鎮城倉

《擬注監臨安府糧料院·嘉定十四年五月　日》："行在尚書吏部　承務郎徐　謂禮奉敕：差監臨安府糧料院兼裝卸綱運、兼監鎮城倉,系監當資序。"⑧

考釋:1."承務郎":寄禄官,從九品。月俸七千⑨。2."監臨安府糧料院":監當官,差遣。"糧料院":文武官員俸禄請給,由糧料院依法式給以券曆,官員則憑券曆去指定倉庫領取廩禄。京師、諸州府均有糧料院。臨安府糧料院,爲京師糧料院⑩。3."兼裝卸綱運":監當職事。監督綱運裝運、下卸,檢查綱運舟船是不是下卸一空,如發現貨物數量交接不符者,扣押其船,等事。此職本屬司農寺下卸司、排岸司,南宋置於臨安府㊶。4.“兼監鎮城倉”兼職監倉官,屬監當官。掌糧倉庫藏出納㊷。

嘉定十五年(1222)二十一歲　五月十五日　承奉郎(正九品)、監臨安府糧料院兼裝卸綱運、監鎮城倉

《授承奉郎告・嘉定十五年五月二十三日》:“承務郎、新監臨安府糧料院兼裝卸綱運兼監鎮城倉徐謂禮,右可特授承奉郎,差遣如故。敕:承奉郎趙汝馭等　朕因御路朝,祗受神寶……思與海内共之,並進一階……奉敕如右,牒到奉行。嘉定十五年五月十五日,少傅、右丞相兼樞密使、魯國公　彌遠……五月二十三日午時,都事張令德受。”㊸

考釋:“承奉郎”:寄禄官(京官),正九品。月俸八千㊹。

嘉定十七年(1224)十月二十五日　二十三歲　承事郎(正九品)、監臨安府糧料院兼裝卸綱運監鎮城倉

《授承事郎告・嘉定十七年十月二十八日》:“承奉郎、新差監臨安府糧料院兼裝卸綱運兼監鎮城倉徐謂禮,右可特授承事郎,差遣如故。敕:朝散郎馮特卿等朕祗奉燕詒,丕承駿命,敬舉先朝之典。誕敷寰宇之恩,凡列尚銓,咸升前級。是謂非常之渥,勉思報上之忠。可依前件。奉敕如右,牒到奉行,嘉定十七年十月二十五日。少師、右丞相、魯國公　彌遠……十月二十八日午時,都事王志義。”㊺

考釋:“承事郎”:寄禄官(京官),正九品。月俸十千㊻。按:不到三年,徐謂禮寄禄官又升一階,這是他巧遇上了宋理宗於嘉定十七年閏八月登上皇位,臣僚得以普受恩典,正如誥詞中所謂“丕承駿命”之故㊼。

紹定二年(1229)五月　二十八歲　承事郎、知平江府吳江縣丞;七月　宣義郎、知平江府吳縣丞

《差知平江府吳江縣丞牒・紹定二年五月　日》:“尚書省牒:承事郎徐謂禮。牒奉敕,宜差知平江府吳江縣丞,替曾揆紹定二年十二月滿闕。牒至准敕。故牒。紹定二年五月　日牒。參知政事　葛　押。”㊽

《轉宣義郎告・紹定二年七月二十六日》:“尚書吏部:磨勘到承事郎、知平江府吳縣丞徐謂禮,右一人,擬轉宣義郎,差遣如故……七月二十六日,都事王　受。”㊾按:疑“吳縣”爲“吳江縣”之誤。“吳縣”與“吳江縣”同爲南宋兩浙西路平江府屬縣。

考釋:1.“知平江府吳江縣丞”:差遣。“縣丞”爲縣佐貳,有監督縣吏之職。位在縣主簿、縣尉之上。選人充任。帶“知”字爲差遣㊿。2.“宣義郎”:寄禄官(京官),從八品。月俸十二千㊿。

紹定四年(1231)　三十歲　六月十五日　宣教郎、知平江府吳江縣丞

《程剛中保狀・紹定四年五月　日》:“平江府據保官宣義郎、知平江府吳縣丞徐謂禮

狀。"㉚按：疑"吳縣"爲"吳江縣"之誤。"吳縣"與"吳江縣"同爲南宋兩浙西路平江府屬縣。

《授宣教郎告·紹定四年六月二十六日》："宣義郎、知平江府吳縣丞徐謂禮，右可特授宣教郎，差遣如故。敕：朝請郎、直秘閣、成都府路轉運判官、賜緋魚袋厲模等，朕惟慈殿年登七表，元日稱觴，凡我京官，等而上之，一階序進，以衍慶壽，以侈恩光。可依前件，奉敕如右，牒到奉行。紹定四年六月十五日。少師、右丞相、魯國公　彌遠……六月二十六日午時，都事郭俁受。"㉝按：疑"吳縣"爲"吳江縣"之誤。"吳縣"與"吳江縣"同爲南宋兩浙西路平江府屬縣。

考釋：1."宣教郎"：寄禄官（京官），從八品。月俸十七千㉞。2."凡我京官"——寄禄官承務郎、承奉郎、承事郎、宣義郎至宣教郎五階，爲京官。《宋會要·職官》："緣京官系是承務郎、承奉、承事、宣義、宣教郎五等。"《建炎以來繫年要錄》："京官凡五等，未審所改京官，不從次第升轉，便改宣教郎義理。"㉟

紹定六年(1233)　三十二歲　十月　通直郎(正八品)、知平江府吳江縣丞

《轉通直郎告·紹定六年十月　日》："尚書吏部磨勘到宣教郎徐謂禮。右一人，擬轉通直郎。左丞相　闕　右丞相臣　清之……紹定六年十月　日……十一月八日午時都事郭受。"㊱

考釋："通直郎"：寄禄官（朝官），正八品，月俸二十千㊲。《慶元條法事類》："特進至承務郎爲寄禄官。通直郎以上爲朝官。"㊳

端平元年(1234)　三十三歲　三月　通直郎、權知建康府溧陽縣事、主管勸農營田公事兼弓手寨兵軍正

《差權知建康府溧陽縣牒·端平元年三月　日》："尚書省牒：通直郎徐謂禮。牒奉敕：宜差權知建康府溧陽縣、主管勸農營田公事兼弓手寨兵軍正，替徐耜端平元年三月滿闕。"㊴按：尚書省牒以"差"授徐謂禮知溧陽縣，屬差遣官。

《知溧陽縣到任出給供給料曆·端平元年　月　日》："建康府據溧陽縣申：'承通直郎、差權知建康府溧陽縣、主管勸農營田公事兼弓手寨兵軍正徐謂禮牒'（下略）。"㊵

考釋：1."通直郎"：寄禄官（朝官），正八品，月俸二十千㊶。2."權知建康府溧陽縣事"：差遣。知縣，爲溧陽縣長官。凡京官以上爲縣長吏者，均帶"知"。其俸禄由所帶寄禄官"通直郎"決定。"權知"資序比"知"低一等。"以通判資序隔一等而作州者，謂之'權知'，上而提刑、轉運亦然。隔等而授，是擇材能也；結銜有差，是參用資格也。"㊷2."主管勸農營田公事"：宋制，凡地方州府軍監、縣長吏官銜皆帶"管勾"（北宋）勸農公事，或"主管"（南宋）勸農營田事，以示長吏以重農爲本。如北宋崇寧間，承務郎張璘權知高陵縣、管勾勸農公事。紹定二年"知襄陽府襄陽縣、主管勸農營田公事李曾伯"㊸。3."兼弓手、寨兵、軍正"：即兼主管

弓手、寨兵、軍正。南宋理宗朝以後，因宋蒙戰爭用兵之際，地方長吏官銜又多帶了"兼（主管）弓手、寨兵、軍正"，以加強地方軍事防衛。如嘉熙元年"承議郎、知徽州績縣、主管勸農營田公事兼弓手寨兵軍正李遇"⑭。弓手、寨兵、軍正皆爲民兵。軍正爲義士之長，一縣之義士，由知縣兼。"義士"始於南宋紹興初的川蜀，因抗金戰爭之需，每户兩丁取一丁、三丁取二丁，五十人爲一隊，號曰"義士"，可免物力錢二百千⑮。

端平三年（1236）　**三十五歲**　**十月初二日**　**丁母碩人陳氏憂，解官歸里守喪**

《丁母憂服闋從吉·嘉熙三年正月　日》："據通直郎、前知建康府溧陽縣、主管勸農營田公事兼弓手寨兵軍正徐謂禮申：'昔……于端平三年十月初二日在任，丁母碩人陳氏憂，繼即解官持服，扶護靈柩歸鄉。'"⑯

考釋：1."丁憂"：古喪制，凡父母喪，需守三年喪，"故爲父斬衰三年……三年憂，恩之殺也"。文官得解官歸里持喪服。宋承古制，"丁憂：父母憂，解官持服"。文官得解官歸里持喪服，武官可免⑰。2."服闋從吉"：三年守喪期滿稱服闋。"從吉"，意爲喪禮結束，可以改吉服⑱。3."碩人"：宋外命婦封號有八等：夫人、淑人、碩人、令人、恭人、宜人、室人、孺人。碩人爲第三等，凡其夫官侍郎以上得封。徐謂禮父徐邦憲，於嘉定二年十月二日任權工部侍郎兼知臨安府軍府事，故其妻陳氏得以獲封"碩人"⑲。

嘉熙三年（1239）　**三十八歲**　**正月一日服闋起復**　**四月初**　**通直郎、主管官告院**

《丁母憂服闋從吉·嘉熙三年正月　日》："據通直郎、前知建康府溧陽縣、主管勸農營田公事兼弓手寨兵軍正徐謂禮申：'昔……于端平三年十月初二日在任，丁母碩人陳氏憂，繼即解官持服，扶護靈柩歸鄉……合至嘉熙三年正月一日服闋從吉。今欲直赴部注授差遣。'"⑳

《差主管官告院牒·嘉熙三年四月　日》："尚書省牒：通直郎徐謂禮。牒奉敕：宜差主管官告院。牒至准敕。故牒。嘉熙三年四月　日牒。"㉑

《主管官告院到任·嘉熙三年四月　日》："行在吏部據行在官告院申：'承通直郎、管官告院徐　公文：當職准敕差主管官告院。又於嘉熙三年四月初八日到任，主管職事迄。'牒院：'照應施行。'"㉒

考釋："主管官告院"：元豐改制前稱"判官告院"或"提舉官告院"，元豐改制後官告院長官稱"主管官告院"。於尚書省吏部置局，主管官二員。掌吏部四選除授、封贈官告製造與蓋印，文、武四選皆用吏部印，唯蕃官用兵部印㉓。

嘉熙三年（1239）　**三十八歲**　**六月二十五日**　**解罷主管官告院**　**八月**　**通直郎、添差通判建昌軍兼管内勸農營田事、仍厘務、借緋**

《主管官告院零考成·嘉熙三年七月　日》："行在吏部據在官告院申：承通直郎、主管

官告院徐　　公文：‘當職准昨敕差主管官告院，於嘉熙三年四月到任供職……續准尚書省劄子：臣僚上言，將與在外合入差遣。六月二十五日，三省同奉聖旨：依。已于當日解罷本院職事迄。’”⑭

《添差通判建昌軍牒・嘉熙三年八月　　日》：“尚書省牒：通直郎徐謂禮。牒：奉敕宜添差通判建昌軍兼管內勸農營田事。替湯巾闕。仍厘務。貳年滿日罷。仍借緋，候回日卻依舊服色。”⑮

考釋：1.“添差仍厘務”：“添差”，爲宋代特殊的差除制度，即是正員之外的額外差遣。有厘務與不厘務之分。多數爲不厘務，不司案牘，空屍禄俸。帶厘務者，許參理有限政事：“‘添差’之官，則不理政事也。若許干預，則曰‘仍厘務’。”⑯“添差”作爲除授制度，于北宋徽宗朝及其以後盛行⑰。2.“通判”：差遣官。“通判建昌軍”全稱應爲“通判建昌軍軍府事”。爲副貳官，與知軍同簽書文書，並有監督知軍之權⑱。3.“借緋”：凡官品未及服緋者而許暫借服者，稱“借緋”。時徐謂禮爲通直郎，官品正八品。元豐官制，七、八、九品官服綠色，四、五品服緋。任通判許借服緋。《宋史・輿服志》五：“或爲通判者，許借緋……任滿還朝，仍服本品，此借者也。”⑲

嘉熙四年（1240）　**三十九歲**　正月十一日　奉議郎（正八品）、添差通判建昌軍兼管內勸農營田事、仍厘務

《磨勘轉奉議郎・嘉熙四年正月　　日》：“行在吏部據奉議郎、新添差通判建昌軍徐謂禮狀：‘元係通直郎，因磨勘嘉熙三年十月二十六日該滿。准嘉熙四年正月十一日告，轉前件官。已朝謝迄。乞下案批書印紙，照會施行。申部，候指揮。’”⑳

考釋：1.“奉議郎”：寄禄官，正八品，月俸二十千㉑。2.“管內”：此指建昌軍政區管轄範圍之內。

淳祐二年（1242）**四十一歲**　七月初三日　奉議郎、監三省樞密院門兼提領左藏封樁上庫　八月二十日　因臣僚論列，罷監三省樞密院門兼提領左藏封樁上庫

《差監三省樞密院門兼提轄封樁上庫牒・淳祐二年八月　　日》：“尚書省牒：奉議郎徐謂禮。牒奉敕宜差監三省樞密院門兼提轄封樁上庫。”㉒

《提領左藏庫封樁庫所到任・淳祐二年八月　　日》：“提領左藏封樁庫所據行在左藏封庫申：‘承奉議郎、監三省樞密院門兼提轄封樁庫上庫徐　　公文：照對本職元係奉議郎、前通判建昌軍，淳祐二年七月初三日，准尚書省劄子：三省同奉聖旨：‘徐　差監三省樞密院門兼提轄封樁上庫’。本職已於七月初七日赴庫供職迄。’”㉓按：“提轄”或作“提領”。

《提領左藏庫封樁庫零考成・淳祐二年九月　　日》：“申：承徐奉議牒：‘照應本職元係奉議郎、監三省樞密院門兼提轄封樁上庫，在任。於淳祐二年八月二十七日，尚書省劄子：‘臣

僚論列罷黜。奉聖旨：依。'于當日住管省門並提轄封樁庫上庫迄。照得自淳祐二年七月初七日到任，至淳祐二年至八月二十七日，實曆五十。"⑤

考釋：1."監三省樞密院門"：差遣，監門官。伺察中央三省、樞密院大門文武官員及其隨從出入，禁止擅入三省、樞密院大門者。北宋用内侍官。南宋，三省、樞密院移至皇城外，内侍與武臣小使臣參用。寧宗嘉定六年（1213），鑒於内侍與小使臣位卑言輕，而出入者多爲達官貴人，無可誰何，遂改用曾經作知縣、通判資序京朝官充"監三省樞密院門"，内侍改銜爲"三省樞密院門機察官"，罷小使臣爲監門官⑥。2."兼提轄（提領）封樁上庫"："封樁庫"全稱爲"左藏封樁庫"，分上、下庫。始由南宋孝宗所創立，儲藏金、銀、銅錢，以供奉皇帝親屬與軍事急需開支。是在國家府庫左藏庫之外又立一庫，具有内府性質。提領官一員，資歷稍淺者，稱提轄⑦。

淳祐二年（1242）　**四十一歲**　**十月二十五日**　**奉議郎、主管台州崇道觀**

《差主管台州崇道觀牒·淳祐二年十一月　日》："尚書省牒：奉議郎徐謂禮劄子：'謂禮一介疎繆，誤綴班底，分宜汰斥，歸伏先廬，杜門循省。惟是家貧累重，未能忘禄。幸遇明堂赦恩，欲乞曲賜陶鑄，特界祠稟。理作自陳，伏候指揮。'牒：奉敕，宜差主管台州崇道觀，任便居住。理作自陳，候二年滿罷。"⑧

《主管台州崇道觀第一考成·淳祐三年十二月　日》："臨安府承奉議郎、主管台州崇道觀徐謂禮狀申：'昨於淳祐二年十月二十五日，准敕差主管台州崇道觀，任便居住……所有自淳祐二年十月二十五日供職至淳祐三年十月二十四日終，成第一考。申府。'乞從《條》批書施行。"⑧

考釋："主管台州崇道觀"：祠禄官。有在京、在外宮觀之分。祠禄官原爲"優閑不任事"之差遣⑧。相當於唐、宋初分司官。祠禄官本身無品，依據所帶寄禄官定。規定二年滿任。按資序：從五品以上稱提舉，正七品以上稱提點，餘官稱管勾或主管，名爲"主管台州崇道觀"。其待遇，"家居而食原禄，本出朝廷禮賢優老之意"⑩。並不赴台州崇道觀，僅是一個祠禄官名目而已，許任便居住⑪。

淳祐四年（1244）　**四十三歲**　**四月一日**　**奉議郎、權通判建康府軍府事兼管内勸農營田事、借緋　七月十六日　奉議郎、兩浙西路、兩淮發運副使主管文字**

《差權通判建康軍牒·淳祐四年四月　日》："尚書省牒：奉議郎徐謂禮：牒奉敕：宜差權通判建康軍府兼管内勸農營田事，替趙時儔闕。仍借緋，候回日卻依舊服色。"⑫

《主管台州崇道觀零考成·淳祐四年　月　日》："臨安府承奉議郎、新差通判建康府兼管内勸農營田事徐謂禮狀申：'……淳祐四年四月一日，准敕：差權通判建康府兼管内勸農營田事，替趙時疇闕。已于當日望闕遥謝祗受迄。'"⑧

《改差充兩浙西路、兩淮發運副使主管文字牒·淳祐四年　　月　　日》:"尚書省牒:奉議郎、新差權建康軍府兼管内勸農營田事徐謂禮。牒奉敕:宜改差充兩浙西路、兩淮發運副使主管文字。填見闕。"㉔

《浙西、兩淮發運司主管文字到任·淳祐四年　　月　　日》:"兩淮浙西發運使司承奉議郎、特改差充浙西路、兩淮發運司主管文字徐　　申:'昨准敕改授前件差遣,已於淳祐四年七月十六日到任,交割管幹職事迄。'"㉕

考釋:1."權通判建康軍府":權通判建康府軍府事省稱,即通判建康府。編者將此件文書編目爲《差權通判建康軍牒》,未妥,宜改爲《差權通判建康府牒》。

按:"權通判建康軍府"。該件文書中稱"權通判建康軍府",當爲"權通判建康府軍府事"省稱。因宋代行政區劃,地方最高一級爲"州、府、軍、監"。建康爲府,不爲軍。在徐謂禮其他文書中,也可得到印證:《主管台州崇道觀零考成·淳祐四年　　月　　日》:"臨安府承奉議郎、新差通判建康府兼管内勸農營田事徐謂禮狀申"(見《武義南宋徐謂禮文書》第 240頁)。

2."兩浙西路、兩淮發運副使主管文字":南宋發運使職責爲,朝廷"給以本錢,使之糴買(糧食)",以待闕用,調節市場盈虛,平抑糧價。其許可權與作用遠不及轉運使㉖。主管文字,掌點檢發運使司和糴事㉗。

淳祐五年(1245)　四十四歲　正月十九日　承議郎(從七品)、兩浙西路、兩淮發運使司主管文字　十二月二十六日　朝奉郎(正七品)、兩浙西路、兩淮發運副使司主管文字

《磨勘轉承議郎·淳祐五年　　月　　日》:"兩淮浙西發運使司據承議郎、特改差充浙西兩淮發運副使司主管文字徐　　申:'證對:元係奉議郎,因該磨勘,淳祐五年正月十九日,准告下,轉承議郎。已于當年二月初一日,望闕祗受遥謝迄。申乞批書印紙,證應施行。'須至批書者。右今批上本官印紙照證。淳祐五年　　月　　印　　日,典級吳椿年　批,朝請大夫、集英殿修撰、知平江府軍府事兼兩淮浙西發運副使魏　押。"㉘

《轉承議郎告·淳祐五年正月十九日》:"尚書吏部磨勘到:奉議郎、新改差充浙西兩淮發運副使司主管文字徐謂禮。右一人,擬轉承議郎、差遣如故。左丞相鐘免書……正月十九日午時都事趙受……告:承議郎、充浙西兩淮發運副使司主管文字徐謂禮……淳祐五年正月十九日下。"㉙

《浙西兩淮發運司招糴推賞轉朝奉郎·淳祐六年正月　　日》:"兩淮浙西發運使司據朝奉郎、特改差充浙西兩淮發運司主管文字徐　　申:'元係承議郎,因發運和糴所招糴淳祐四年分米斛,蒙申朝廷,乞與屬官推賞。淳祐五年十二月二十六日,准告下,轉朝奉郎。已於淳祐六年正月初二日,望闕祗受,遥謝迄。申本司,乞批書印紙,照應施行。'"㉚

《授朝奉郎告·淳祐五年十二月二十六日》："敕：承議郎、特改差充浙西兩淮發運副使司主管文字徐謂禮……可特授朝奉郎，差遣如故。"⑩

考釋：1."承議郎"：寄禄官，從七品，月俸二十千⑫。2."朝奉郎"：寄禄官，正七品，月俸三十千⑬。

淳祐六年(1246)　**四十五歲　閏四月　兩浙西路、兩淮發運使司主管文字隨司解任　朝奉郎(待注授)**

《浙西兩淮發運司主管文字隨司解任·淳祐六年閏四月　日》："兩淮浙西發運使司據朝奉郎、特改差充浙西兩淮發運司主管文字徐　申：朝廷念本司欲理糴運，遂從本司所請，舉此廢官，兩年之内，本司招糴二在百六十餘萬石……今因發運魏侍郎被命歸班，合行隨司解任……都省已劄下淮浙發運司……批書離任。"⑭

考釋："隨司解任"：淳祐六年，罷兩淮浙西發運使司，副使魏侍郎解職歸朝班。發運副使主管文事徐謂禮，隨司罷而解職。

淳祐六年(1246)　**四十五歲　十月初六日　朝奉郎(正七品)、行將作監主簿**

《行將作監簿到任·淳祐九年(七年)三月　日》："行在尚書工部，據行在將作監申：承朝奉郎、行將作監簿徐狀申：'證對元係朝奉郎、前特差兩淮、浙西發運司主管文字，准省劄，隨司解任。於淳祐六年十月　日尚書省劄子，當月初六日，三省同奉聖旨：徐除將作監簿。'已於當月十二日入國門，放朝見，赴監供職迄。"⑮　按：此件文書原書編目繫年"淳祐九年"，誤，應爲"淳祐七年"。

考釋："行將作監簿"：元豐新官制，寄禄官官品高於職事官一品以上，職事官帶"行"。寄禄官朝奉郎高於職事官將作監主簿一品以上，故將作監帶"行"字：朝奉郎(寄禄官正七品)、行將作監主簿(職事官從八品)。同爲職事官將作監主簿，行將作監主簿爲二十千，守爲十八千⑯。

淳祐七年(1247)　**四十六歲　三月　朝散郎(正七品)、行將作監主簿　十月四日　朝請郎(正七品)、行太府寺丞**

《轉朝散郎告·淳祐七年四月五日》："尚書吏部　朝奉郎、新除將作監主簿徐謂禮。吏部奏：'准都省批下，發運和糴所申，糴到米一百五萬八百石，系本司屬官任責措置，特賜推行賞典。數内主管文字從《條》、《格》指揮，得轉一官，依《格》合轉朝散郎，轉官擬官。右擬轉朝散郎、行將作監主簿……淳祐七年三月　日，軍器監兼臣倪　祖常上……四月五日午時，都事趙煥　受。'"⑰

《轉朝請郎告·淳祐七年十月四日》："尚書吏部磨勘到：朝散郎、新除太府寺丞徐謂禮。右一人，擬轉朝請郎、行太府寺丞。"⑱

《授太府寺丞牒·淳祐七年十月　日》："敕：朝請郎、行將作監主簿徐謂禮……可依前朝請郎，特授行太府寺丞。"⑩

考釋：1."朝散郎"：寄禄官，正七品，月俸三十千⑪。2."朝請郎"：寄禄官，正七品，月俸三十千⑫。3."行太府寺丞"：淳祐七年十月，徐謂禮寄禄官高職事官一品以上，故太府寺丞帶"行"：朝請郎（寄禄官正七品）、行太府寺丞（職事官正八品）。徐謂禮寄禄官朝請郎，月俸爲三十千；行太府寺丞，職錢爲二十二千（守太府寺丞爲二十千，試太府寺丞爲十八千）⑬。

淳祐八年(1248)　**四十七歲**　**二月**　**朝請郎、權知信州軍州事兼管内勸農營田事、借緋**

《差權知信州牒·淳祐八年二月　日》："尚書省牒：朝請郎、行太府寺丞徐謂禮。牒，奉敕：宜差權知信州軍州兼管内勸農營田事，替徐士龍闕，仍借緋，候回日卻依舊服色。淳祐八年二月　日牒。"⑭

考釋："權知信州軍州事"：凡二任通判資序人，得薦爲知州，如二任通判資序不到，即爲權知州："通判兩任關升知州……以通判資序隔一等而作州者，謂之'權知'。"徐謂禮先後充任添差通判建昌軍與通判建康府，通判建康府才三個月即調任發運司主管文字，達不到兩任通判資序，故帶"權"字知信州軍州事⑮。知州掌一州軍民之政令⑯。

淳祐十年(1250)　**四十九歲**　**十二月二十一日**　**朝奉大夫**(從六品)**、權知信州軍州事兼管内勸農營田事**

《知信州任内磨勘轉朝散大夫·淳祐十一年二月　日》："承朝散大夫、宜差權知信州軍州事兼管内勸農營田事徐　公文：'元係朝請郎，近准尚書省劄：備奉聖旨，以職事修舉，特轉行一官，令再任。續准淳祐十年十二月二十一日告，特授朝奉大夫。"⑰

考釋："朝奉大夫"：寄禄官，從六品，月俸三十五千⑰。

淳祐十一年(1251)　**五十歲**　**二月**　**朝散大夫**(從六品)**、權知信州軍州事兼管内勸農營田事**

《知信州任内磨勘轉朝散大夫·淳祐十一年二月　　日》："承朝散大夫、宜差權知信州軍州事兼管内勸農營田事徐　公文：'元係朝請郎，近准尚書省劄：備奉聖旨，以（臣）職事修舉，特轉行一官，令再任。續准淳祐十年十二月二十一日告，特授朝奉大夫。及准淳祐十年十二月二十三日告，因該磨勘，轉朝散大夫。告皆准官告院批照元抄，内至淳祐十年十一月二日滿。已於淳祐十一年二月初一日，望闕遙謝祇受迄。牒州，批上轉官印紙照證。'"⑱

考釋："朝散大夫"：寄禄官，從六品，月俸三十五千⑲。

淳祐十二年(1252)　**五十一歲**　**六月**　**朝散大夫、提舉福建市舶公事兼知泉州軍州事**

《知信州零考成·淳祐十二年六月　日》："信州承朝散大夫、前宜差權知信州兼管内勸農營田事徐　公文'昨准敕授前件差遣，替徐士龍闕，已於淳祐八年十二月十八日到任，交割職事管幹，至淳祐九年十二月十七日終，成第一考……再自淳祐九年十二月十八日至淳祐十年十二月十七日終，成第二考。又自淳祐十年十二月十八日至十一年十二月十七日終，成第三考。各已批書印紙外，又准淳祐十二年　月空日，尚書省劄：備奉聖旨：‘徐　除福建市舶兼知泉州。’”⑩

　　考釋：“福建市舶兼知泉州”：市舶司，始置於北宋太祖開寶四年，于廣州置司。掌外來商船入境貿易，及發放中國商人出海貿易的官券。北宋元祐二年（1087），在泉州置市舶司，提舉官冠以“福建路”，即“福建路提舉市舶司”，簡稱“福建市舶”。南宋初，經歷廢、併。紹興十二年十二月，復於泉州置福建路提舉市舶司，長官爲福建路提舉市舶司公事。提舉市舶官，多兼舶司治所所在州知州。故徐謂禮除提舉福建路市舶公事，並兼知泉州軍州事。⑪

①包偉民、鄭嘉勵編《武義南宋徐謂禮文書》，中華書局，2012 年。

②《文史》2013 年第 4 輯集中發表過研究徐謂禮文書三篇論文，其中周佳《南宋基層文官履歷文書考釋》，對徐謂禮官告文書本身進行了考釋。筆者本文是對徐謂禮一生仕履官銜予以繫年、綜合與考釋。視角不同。

③按：編目“權通判建康軍”，爲“權通判建康府”之誤，全稱爲“權通判建康府軍府事”。

④《武義南宋徐謂禮文書》之《前言：武義南宋徐謂禮文書概況及其學術價》，第 5 頁。

⑤洛陽市第二文物工作隊、趙振華錄《邙山出土韓維撰富弼墓誌》（會議論文，未刊）。

⑥王應麟《玉海》卷一一九，上海古籍出版社、上海書店聯合出版，1987 年，第 2201 頁。

⑦《文獻通考》職官考，中華書局影印本，1986 年，第 438 頁中欄。

⑧《續資治通鑒長編》卷三七三，元祐元年三月乙酉條，第 9040 頁。

⑨《宋史》卷一六九《職官志》，中華書局點校本，1977 年，第 4051 頁。

⑩點校本《宋會要輯稿》職官八之三，上海古籍出版社 2014 年。

⑪點校本《宋會要輯稿》職官五六之三；並參《宋史》卷一七一《職官志》十一，第 4110 頁。

⑫點校本《宋會要輯稿》職官一八之五：“（元豐五年四月二十三日詔）自今更不除館職。”《宋史》卷一六二《職官志》二：“元豐中，修三省、寺監之制，其職並罷，滿歲補外，然後加恩兼職。”第 3818 頁。按：元豐改制罷“職名”，並不徹底，殿職、閣職皆保留。

⑬汪聖鐸《宋朝文官俸祿與差遣》，見氏著《宋代社會生活研究》，人民出版社，2007 年，第 167、168 頁。

⑭《武義南宋徐謂禮文書》第 15 頁《圖版·録白告身》第一卷《圖版十一·淳祐四年十二月》。

⑮《武義南宋徐謂禮文書》第 186 頁《録文·録文告身》第一卷之二《嘉定十七年十月二十八日·授承事郎告》，第 187 頁《録文·録文告身》第一卷之三《紹定二年七月二十六日·轉宣義郎告》，第 193 頁《録文·録文告身》第一卷之八《嘉熙四年正月十一日·轉奉議郎告》。

⑯汪聖鐸《宋朝文官俸祿與差遣》，收入氏著《宋代社會生活研究》，第 168 頁。

⑰《宋史》卷一六八《紹興以後合班之制》,第 4010—4013 頁;戴建國點校《慶元條法事類》卷第四《職制門》一《官品雜壓》,收入楊一凡、田濤主編《中國珍稀法律典籍續編》,黑龍江人民出版社,2002 年,第 17—20 頁。

⑱戴建國點校《慶元條法事類》卷第四《職制門》一《官品雜壓》,收入楊一凡、田濤主編《中國珍稀法律典籍續編》,第 20 頁。

⑲《宋朝諸臣奏議》卷七一,司馬光《上哲宗乞以十科舉人》,上海古籍出版社,1999 年,第 784、785 頁。

⑳《武義南宋徐謂禮文書》第 185 頁《錄文·錄白告身》第一卷之一《嘉定十五年五月二十三日授承奉郎告》。

㉑《武義南宋徐謂禮文書》第 200 頁《錄文·錄白敕黃》之二《紹定二年五月　日差知平江府吳江縣丞牒》。

㉒《武義南宋徐謂禮文書》第 187 頁《錄文·錄白告身》第一卷之三《紹定二年七月二十六日轉宣義郎告》。

㉓《武義南宋徐謂禮文書》第 201 頁《錄文·錄白敕黃》之三《端平元年三月　日差權知建康府溧陽縣牒》。

㉔《武義南宋徐謂禮文書》第 201 頁《錄文·錄白敕黃》之四《嘉熙三年四月　日差主管官告院牒》。

㉕《武義南宋徐謂禮文書》第 202 頁《錄文·錄白敕黃》之五《嘉熙三年八月　日添差通判建昌軍牒》。

㉖《武義南宋徐謂禮文書》第 204 頁《錄文·錄白敕黃》之九《淳祐二年八月　日差監三省樞密院門兼提轄封椿上庫牒》。

㉗《武義南宋徐謂禮文書》第 202 頁《錄文·錄白敕黃》之六《淳祐二年十一月　日差主管台州崇道觀牒》。

㉘《武義南宋徐謂禮文書》第 203 頁《錄文·錄白敕黃》之七《淳祐四年四月　日差權通判建康軍牒》。

㉙《武義南宋徐謂禮文書》第 203、204 頁《錄文·錄白敕黃》之八《淳祐四年八月　日改差充兩浙西路、兩淮發運副使主管文字牒》。

㉚《武義南宋徐謂禮文書》第 250 頁《錄文·錄白印紙》第九卷之六十五《淳祐九(七)年三月　日行將作監主簿到任》。

㉛《宋會要輯稿》職官五六之七第 3628 頁,五六之二四第 3637 頁。

㉜《武義南宋徐謂禮文書》第 250 頁《錄文·錄白印紙》第九卷之六十五《淳祐九(七)年三月　日行將作監主簿到任》。

㉝《武義南宋徐謂禮文書》第 195 頁《錄白告身》第二卷之十《淳祐七年十月四日轉朝請郎告》。

㉞《宋史》卷一七一《職官志》十一《奉禄》第 4110 頁、4114 頁。

㉟《武義南宋徐謂禮文書》第 204、205 頁《錄文·錄白敕黃》之十《淳祐八年二月　日差權知信州牒》。

㊱《武義南宋徐謂禮文書》第 265、266 頁《錄文·錄白印紙》第十二卷之八十《淳祐十二年六月　日知信州零考成》。

㊲轉引自《武義南宋徐謂禮文書》之《前言·文書主人徐謂禮的基本情況》。

㊳《武義南宋徐謂禮文書》第 206 頁《錄文·錄白印紙》第一卷之一《嘉定十四年五月　日擬注監臨安府糧料院》。

㊴《宋史》卷一六八《職官志》八,第 4017 頁;《宋史》卷一七一《職官志》:"承務郎　七千。"第 4110 頁。

㊵《宋史》卷一六五《職官志》五，第 3908 頁。

㊶潛説友編《咸淳臨安志》卷九《行在所録・監當諸局・司農排岸司》，《宋元方志叢刊》本，中華書局 1990 年，第 3439 頁。

㊷謝維新《古今合璧事類備要・後集》卷八一《總監當》，《四庫類書叢刊》本，上海古籍出版社，1992 年，第 390 頁。

㊸《武義南宋徐謂禮文書》第 185 頁《録文・録白告身》第一卷之一《嘉定十五年五月二十三日授承奉郎告》。

㊹《宋史》卷一六八《職官志》八第 4017 頁；《宋史》卷一七一《職官志》："承奉郎　八千。"第 4110 頁。

㊺《武義南宋徐謂禮文書》第 186 頁《録文・録白告身》第一卷之二《嘉定十七年十月二十八日授承事郎告》。

㊻《宋史》卷一六八《職官志》八，第 4017 頁；《宋史》卷一七一《職官志》："承事郎　十千。"第 4110 頁。

㊼《宋史》卷四一《理宗紀》一："（嘉定十七年閏月）丙申，寧宗疾甚；丁酉，崩于福寧殿……命子昀嗣皇帝位。大赦。"第 784 頁

㊽《武義南宋徐謂禮文書》第 200 頁《録文・録白敕黄》之二紹定二年五月　日差知平江府吴江縣丞牒》。

㊾《武義南宋徐謂禮文書》第 187 頁《録文・録白告身》第一卷之三《紹定二年七月二十六日轉宣義郎告》。

㊿章如愚《群書考索・後集》卷一四《官制門・縣丞》，《四庫類書叢刊》本，上海古籍出版社，1992 年，第 937 册，第 188 頁。

(51)《宋史》卷一六八《職官志》八，第 4016 頁；《宋史》卷一七一《職官志》："宣義郎　十二千。"第 4110 頁。

(52)《武義南宋徐謂禮文書》第 215 頁《録文・録白印紙》第二卷之十六《紹定四年五月　日程剛中保狀》。

(53)《武義南宋徐謂禮文書》第 191 頁《録文・録白告身》第一卷之六《紹定四年六月二十六日授宣教郎告》。

(54)《宋史》卷一六八《職官志》，第 4016 頁；《宋史》卷一七一《職官志》："宣教郎　十七千。"第 4110 頁。

(55)胡坤點校《建炎以來繫年要録》卷九一，紹興五年秋七月壬申朔，中華書局，2013 年，第 1750 頁。《宋會要輯稿》職官三之三九，第 2417 頁。

(56)《武義南宋徐謂禮文書》第 192 頁《録文・録白告身》第一卷之七《紹定六年十月　日轉通直郎告》。

(57)《宋史》卷一六八《職官志》八，第 4016 頁；《宋史》卷一七一《職官志》："通直郎　二十千。"第 4110 頁。

(58)戴建國點校《慶元條法事類》卷第四《職制門・官品雜壓・官品令》，楊一凡、田濤主編《中國珍稀法律典籍續編》本，第 20 頁。

(59)《武義南宋徐謂禮文書》第 201 頁《録文・録白敕黄》之三《端平元年三月　日差權知建康府溧陽縣牒》。

(60)《武義南宋徐謂禮文書》第 222 頁《録文・録白印紙》第四卷之二十七《端平元年　月　日知溧陽縣到任出給供給料曆》。

(61)《宋史》卷一六八《職官志》，第 4016 頁；《宋史》卷一七一《職官志》："通直郎　二十千。"第 4110 頁。

(62)《宋史》卷一五八《選舉志》第 3716 頁。

(63)李曾伯《可齋續稿》前卷五《京西提舉平糴倉記》，文淵閣《四庫全書》本，第 1179 册第 541 頁。乾隆

⑥③《陝西通志》卷五三《名宦·宋·張璪》，文淵閣《四庫全書》本，第 554 册，第 572 頁。

⑥④汪晫《康范詩集》附《康范實錄·祭文》，文淵閣《四庫全書》本，第 1175 册，第 596 頁。

⑥⑤李心傳《建炎以來繫年要錄》卷四八，紹興元年十月甲申，第 1012 頁。

⑥⑥《武義南宋徐謂禮文書》第 228 頁《録白印紙》第五卷《嘉熙三年正月　日丁母憂服闋從吉》。

⑥⑦鄭玄注，孔穎達疏《禮記正義》卷六三《喪服四制》，《十三經注疏》本，中華書局，1980 年，第 1695 頁；趙升撰，王瑞來點校《朝野類要》卷五《憂難·丁憂》，中華書局，2007 年，第 103 頁。

⑥⑧趙升撰，王瑞來點校《朝野類要》卷五《憂難·從吉》，第 103 頁。

⑥⑨《宋大詔令集》卷一六四《政事·官制》五《改命婦封號御筆·政和二年》，中華書局，1962 年，第 626 頁。《宋史》卷四〇四《徐邦憲傳》，第 12232 頁；《咸淳臨安志》卷四八《秩官》六，第 3782 頁。

⑦⓪《武義南宋徐謂禮文書》第 228 頁《録文·録白印紙》第五卷之二十九《嘉熙三年正月　日丁母憂服闋從吉》。

⑦①《武義南宋徐謂禮文書》第 201 頁《録文·録白敕黃》之四《嘉熙三年四月　日差主管官告院牒》。

⑦②《武義南宋徐謂禮文書》第 229 頁《録文·録白印紙》第五卷之三十《嘉熙三年四月　日主管官告院到任》。

⑦③《宋會要輯稿》職官一一之六六《官告院》，第 2855 頁。

⑦④《武義南宋徐謂禮文書》第 229 頁《録文·録白印紙》第五卷之三十一《嘉熙三年七月　日主管官告院零考成》。

⑦⑤《武義南宋徐謂禮文書》第 202 頁《録文·録白敕黃》之五《嘉熙三年八月　日添差通判斷建昌軍牒》。

⑦⑥《朝野類要》卷三《職任·不厘務》，第 77 頁。

⑦⑦李勇先《宋代添差官制度研究》第三章《宋代添差官制度的確立》，天地出版社，2000 年，第 22—30 頁。

⑦⑧《元豐官志》（不分卷）之《州府軍監·官額》，臺北"中央圖書館"藏手抄本，第 262 頁。

⑦⑨《宋史》卷一五三《輿服志》五《公服》，第 3563 頁。

⑧⓪《武義南宋徐謂禮文書》第 232 頁《録文·録白印紙》第六卷之三十三《嘉熙四年正月　日磨勘轉奉議郎》。

⑧①《宋史》卷一六八《職官志》，第 4016 頁；《宋史》卷一七一《職官志》："奉議郎　二十千。"第 4110 頁。

⑧②《武義南宋徐謂禮文書》第 204 頁《録文·録白敕黃》之九《淳祐二年八月　日差監三省樞密院門兼提轄封樁上庫牒》。

⑧③《武義南宋徐謂禮文書》第 236 頁《録文·録白印紙》第七卷之三十九《淳祐二年八月　日提領左藏庫封樁庫所到任》。

⑧④《武義南宋徐謂禮文書》第 237 頁《録文·録白印紙》第七卷之四十一《淳祐二年九月　日提領左藏庫封樁庫零考成》。

⑧⑤《咸淳臨安志》卷四《行在所録·監三省樞密院門》，第 3397 頁。

⑯徐規點校《建炎以來朝野雜記》甲集卷一七《左藏封樁庫》,中華書局,2000 年,第 383 頁。參《宋會要輯稿》食貨五一之八、九,第 5678、5679 頁。

⑰《武義南宋徐謂禮文書》第 202 頁《録文·録白敕黃》之六《淳祐二年十一月　日差主管台州崇道觀牒》。

⑱《武義南宋徐謂禮文書》第 239 頁《録文·録白印紙》第七卷之四十四《淳祐三年十二月　日主管台州崇道觀第一考成》。

⑲葉夢得撰,宇文紹奕點校《石林燕語》卷七,中華書局,1984 年,第 95 頁。

⑳《古今合璧事類備要·後集》卷五九《總宮觀·歷代沿革》,《四庫類書叢刊》本,第 940 册,第 208 頁。

㉑點校本《宋會要輯稿》職官五四之二、二七、三四、三五、四一。並參龔延明《宋代官制辭典》,中華書局,1997 年,第 609 頁。

㉒《武義南宋徐謂禮文書》第 203 頁《録文·録白敕黃》之七《淳祐四年四月　日差權通判建康軍牒》。

㉓《武義南宋徐謂禮文書》第 240 頁《録文·録白印紙》第七卷之四十五《淳祐四年　月　日主管台州崇道觀零考成》。

㉔《武義南宋徐謂禮文書》第 203、204 頁《録文·録白敕黃》之八《淳祐四年八月　日改差充兩浙西路、兩淮發運副使主管文字牒》。

㉕《武義南宋徐謂禮文書》第 241 頁《録文·録白印紙》第八卷之四十六《淳祐四年　月　日浙西路兩淮發運司主管文字到任》。

㉖《建炎以來繫年要録》卷一二二,紹興八年十月丁卯,第 2277 頁。

㉗參《宋會要輯稿》食貨四九之三一。

㉘《武義南宋徐謂禮文書》第 242 頁《録文·録白印紙》第八卷之四十八《淳祐五年　月　日磨勘轉承議郎》。

㉙《武義南宋徐謂禮文書》第 188 頁《録文·録白告身》第一卷之四《淳祐五年正月十九日轉承議郎告》。

㉚《武義南宋徐謂禮文書》第 243 頁《録文·録白印紙》第八卷之五十一《淳祐六年正月　日浙西兩淮發運司招耀推賞轉朝奉郎》。

㉛《武義南宋徐謂禮文書》第 189 頁《録文·録白告身》第一卷之五《淳祐五年十二月二十六日授朝奉郎告》。

㉜《宋史》卷一六八《職官志》,第 4016 頁;《宋史》卷一七一《職官志》:"承議郎　二十千。"第 4110 頁。

㉝《宋史》卷一六八《職官志》,第 4015、4016 頁;《宋史》卷一七一《職官志》:"朝奉郎　三十千。"第 4110 頁

㉞《武義南宋徐謂禮文書》第 244 頁《録文·録白印紙》第八卷之五十二《淳祐六年閏四月　日浙西兩淮發運司主管文字隨司解任》。

㉟《武義南宋徐謂禮文書》第 250 頁《録文·録白印紙》第九卷之六十五《淳祐九年(七年)三月　日行將作監簿到任》。

⑩《宋史》卷一七一《職官志》,第 4114 頁。

⑩《武義南宋徐謂禮文書》第 194 頁《録文·録白告身》第二卷之九《淳祐七年四月五日轉朝散郎告》。

⑩《武義南宋徐謂禮文書》第 195 頁《録文·録白告身》第二卷之十《淳祐七年十月四日轉朝請郎告》。

⑩《武義南宋徐謂禮文書》第 196 頁《録文·録白告身》第二卷之十一《淳祐七年十月　日授太府寺丞牒》。

⑩《宋史》卷一六八《職官志》,第 4015、4016 頁;《宋史》卷一七一《職官志》:“朝散郎　三十千。”第 4110 頁。

⑪《宋史》卷一六八《職官志》,第 4015、4016 頁;《宋史》卷一七一《職官志》:“朝請郎　三十千。”第 4110 頁。

⑫《宋史·職官志》十一《奉禄·元豐制行》,第 4114 頁。

⑬《武義南宋徐謂禮文書》第 204、205 頁《録文·録白敕黄》之十《淳祐八年二月　日差權知信州牒》。

⑭《宋史》卷一五八《選舉》四《銓法》上,第 3716 頁。

⑮《宋會要輯稿》職官四七之一一《判知府軍監》載《神宗正史職官志》。

⑯《武義南宋徐謂禮文書》第 261、262 頁《録文·録白印紙》第十一卷之七十八《淳祐十一年二月　日知信州任内磨勘轉朝散大夫》。

⑰《宋史》卷一六八《職官志》,第 4015、4016 頁;《宋史》卷一七一《職官志》:“朝散大夫　三十五千。”第 4110 頁

⑱《武義南宋徐謂禮文書》第 261、262 頁《録文·録白印紙》第十一卷之七十八《淳祐十一年二月　日知信州任内磨勘轉朝散大夫》。

⑲《宋史》卷一七一《職官志》,第 4110 頁

⑳《武義南宋徐謂禮文書》第 265、266 頁《録文·録白印紙》第十二卷之八十《淳祐十二年六月　日知信州零考成》。

㉑《宋会要辑稿》职官四四之一、八、二三、二四。

作者簡介:龔延明,浙江大學古籍研究所兼浙大宋學中心教授

通訊地址:浙江大學西溪校區古籍研究所　　郵編:310028

南宋宗室科舉制度探析

祖　慧

宋代是科舉發展的重要階段,整個社會也被譽爲"科舉社會"。在太祖、太宗的積極倡導和大力推動下,源於隋唐的科舉取士制度日臻成熟,科舉入仕成爲國家最重要的選官渠道。而且,科舉制度打破了貴族集團對權勢的壟斷,使得無數中下階層士人看到了通過自身努力躋身官僚行列、光耀門庭的希望,進而紛紛投身其中難以自拔。讀書→考試→做官,已經成爲讀書人終生追求的目標。在這種動員全社會參加科舉的大背景下,宋代宗室作爲一個享有特權的特殊群體,他們從開始被拒之於科舉大門之外到北宋神宗朝允許進入科場,再到南宋時大批宗子登科,成爲南宋科舉試中優先被録取的特權階層,這是一個非常值得注意和研究的歷史現象。因爲它不僅涉及到對宋代科舉制度的認識和評價問題,還關係到對宋代皇權政治與社會穩定的認識。

關於宋代宗室應舉及入仕情況,海内外學者已有一些初步考論[①]。但就現有研究成果來看,學者比較關注宋代宗室與皇權、宗室管理、宗室地域分佈及社會影響等方面的問題,而對宋代宗室科舉制度及宗室士大夫群體的生存狀態等研究較少,尚有許多問題有待解決。本文擬在已有研究成果基礎上,對南宋宗室應舉制度作進一步探討和分析,進而闡明宗室應舉對南宋科舉的影響以及給宗室階層自身帶來的變化。

一　南宋宗室科舉政策及考試方法

北宋前期,正當科舉取士制度受到越來越多士子的追捧時,作爲皇室成員的宗子們却一直被拒於科舉大門之外。宋初皇帝爲防範宗室,采取了授以虚位高爵、寵以優厚秩禄,而不任以職事的"豢養"政策。宗子不需要任何考選,從童稚即可享受賜名授官特權,所謂"宗室之子,始名而官"[②]。范鎮曾用"賦以重禄,別無職業"八個字加以概括[③]。當時的宗子依親疏遠近關係,多被授予上將軍、大將軍、將軍、中郎將、郎將及太子率府率、副率等環衛官和三班職,屬武官階,享受官俸。莊綽曰:"宗室熙寧之前,不以服屬,皆賜名、補環衛官。"[④]但宗子任官無磨勘遷轉法,只能俟朝廷大典推恩[⑤],除非特旨,一般很少有遷官的機會。這種政策,雖然有利於國家對宗室群體的控制,避免宗室内亂對皇權的威脅,但同時也帶來一些負面影響。首先,宗室全部由國家供養,無疑加重了財政負擔,隨着宗室不斷繁衍,這種負擔也日益沉重。其次,不允許宗室擔任實際差遣,參與政治活動,亦使一些有才華、有理想的宗子受到埋没抑壓,不利於宗室群體自身素質和社會適應能力的提高。

宋神宗熙寧二年(1069),在王安石等人的竭力主張下,以“裁損宗室”爲目的的《宗室法》正式頒佈⑥。該法的一個核心内容就是,允許宗室子弟參加科舉考試獲取官職:“熙寧二年十二月乙酉,詔:近制,皇族非袒免以下,更不賜名授官,止令應舉。”⑦同時,對宗室子弟,既允許出官,也允許有官者“鎖廳應舉”,但有一個條件,袒免親宗子如果應科舉試,就不再享受“賜名授官”的權利⑧。

熙寧十年,“始立《宗子試法》”⑨,將宗室科舉制度化,宗室的境遇發生了重大轉變。不過,在此後的五十年裹,宗子應舉者並不多,元豐八年(1085),“終榜無一宗子”⑩。元祐六年(1091)馬涓榜,經鎖應、或應舉登第的宗子只有趙子漪等八人⑪。據宋人李攸統計,“自熙寧至元符初三十餘年,中科舉者才二十餘人”⑫,這説明,宗室科舉制度尚在初行階段,加上該項制度在哲宗、徽宗朝幾經反復,影響並不大。宗室應舉真正對科舉取士制度及宗室群體自身產生較大衝擊,還是要到南宋以後,各種《登科錄》中的宗室人數迅速增多,並成爲影響科舉公正性的重要因素之一。

根據熙寧二年《宗室法》的相關規定,宋代的宗子試可分爲兩類:一是有官鎖應,二是無官應舉。南宋時,這兩種方式仍是宗室獲取科名的最主要途徑。周必大曰:“宗子試有兩等:其一,原是武官,試換文資,謂之鎖應。舊格,先轉兩官然後換授(今次共有八人)。其一,原是白身,直來就試,謂之應舉。舊格,特循一資然後注授(今次共有九人)。”⑬此外,南宋宗室還可以通過宗子取應試和量試這兩種方法獲取入仕的機會,不過取應試類似於科舉中的文、武舉特奏名,影響有限;而量試只是宗子補官考試,不能授予科名。

(一)有官鎖應、無官應舉

有官鎖應,是指宗室袒免親、已授官階(主要是武官階)者,可以按照有官人的身份參加專門的鎖廳試。在外地者,可參加地方轉運司的鎖廳試,不願就試地方者,亦可赴國子監別試所就試。“凡祖宗袒免親已受命者,附鎖廳試……其官於外而不願附各路鎖試,許謁告試國子監。”⑭發解試合格人再赴禮部省試,合格後再赴殿試。

無官應舉,是指非袒免親、未授官階宗子參加科舉考試的相關規定。自神宗朝以“非袒免親不再賜名、授官,只許應舉”作爲定制後,此制沿用至南宋。這部分宗子首先要參加國子監考試,合格者赴省試,再赴殿試。

宋代,無論是有官鎖應還是無官應舉宗子,他們一律單獨參加科舉考試,不與普通舉子同場競技。侯紹文認爲,這種"別試別取"的考法"名爲避免與普通士子爭勝,實則有所優待"[15]。

解試。南宋的宗子應舉制度雖然沿用了神宗時的《宗室法》,但仍在此基礎上作了一些調整。據《宋會要輯稿》記載:

> (紹興)十五年十一月三日,臣僚言:"行在宗室並赴國子監試。如在外任並宫觀、嶽廟,並赴轉運司試。其赴國子監試者,有官鎖應,每七人取三人;無官應舉,每七人取四人。無官袒免親取應,文理通者爲合格,不限人數。唯赴轉運司所取之數,即與進士一同,非所以獎進宗子之意。欲諸路宗室不以有官、無官,願赴行在應舉、鎖應者,依熙寧舊制,並許赴國子監請解赴省。如不願,即依《崇寧通用貢舉條》施行。"從之。[16]

從上述記載可以看出:首先,南宋宗子試在"有官鎖應"、"無官應舉"之外,又多了"無官袒免取應"一項(這將在下文闡述)。其次,南宋宗子發解試的録取比例爲:有官鎖應,每七人取三人;無官應舉,每七人取四人,較之北宋有所放寬。北宋時,有官鎖應宗子的録取比例没有明確記載,應與一般有官鎖應人的録取比例相同。而據《元豐法》,參加地方轉運司漕試者,每七人解一人。顯然,南宋初年鎖應宗子的録取比例較北宋時有大幅度提高。至於無官應舉,北宋時的録取比例爲"十取五人",且"試者雖多,解毋過五十人"[17]。相比之下,南宋4/7 的録取比例雖然只是稍高於北宋,但却没有了人數上的限制,這對於日益壯大的宗室群體來説也是十分有利的。隨着宗子應舉人數的不斷增加,發解試的録取比例也相應有所降低:有官鎖應降到七取其二;幾年後,無官應舉宗子録取比例也降至七分之二[18]。

如果將宗子發解試的録取比例與庶族舉子相比較,南宋對宗子的優待更加明顯。宋代的地方發解試經歷了從比例解額(按參考人數的百分比來確定録取人數)到固定解額(按地域不同規定發解試名額)的變化,而固定解額所引發的突出問題就是地域的不平衡。北宋時,東南地區士人應舉者多,往往是百裏挑一;而西北地方應舉者少,多爲十人取一[19]。到了南宋以後,朝廷偏安江南一隅,作爲士人聚居的東南地區,其發解試的競爭程度較之北宋更加激烈。紹興六年規定:諸州寓居舉人,每十五解一名[20]。至於各州的本土舉子,情況更加糟糕。據記載,南宋時"東南諸路解額少,舉子多求牒試於轉運司,每七人取一名,比之本貫,難易百倍"[21]。在競爭如此激烈、解額如此緊缺的情況下,宗室子弟却能享有七取其二的待遇,這在一定程度上影響到科舉的公平原則。

省試。南宋宗子應舉不僅在解額上優於普通舉子,在省試中也佔有優勢,孝宗淳熙年間規定,宗子省試"十人乃取一人"[22]。而一般舉子參加省試的録取比例要低很多,乾道五年(1169)定爲"每十五人四分紐取一名,零數各取一名"[23]。到了淳熙後,比例又有所降低。不僅如此,宗子如遇皇帝登基等大典時,還有免省試的恩寵。紹興三十二年六月,孝宗初登帝

位,降登極赦書:"宗室曾經鎖試兩次得解人,許赴將來殿試;曾經鎖應人,許赴將來省試一次。"㉔

　　南宋宗子雖然參加的是"別試別取"的單獨考試,録取比例也高於庶姓舉子,但他們仍要遵守科舉考試的相關規定。首先,官府要對其身份和應試資格進行審核。南室宗室大多散居於各地,其中以"寓居越州者爲尤多",高宗時已達一千二百餘人㉕。在朝廷立足未穩、宗室寓居各地且大量繁衍的情況下,宗室管理就變得非常困難。因此,加强對宗子應舉者特別是有官鎖應宗子的資格審查,顯得尤爲重要。據《宋史》卷一五七《選舉志三》"宗學"條記載:

　　　　理宗端平元年,命宗子鎖廳應舉解試,凡在外州軍,或寄居,或見任隨侍,及見寓行
　　在就試者,各召知識官委保正身,國子監取其宗子出身、訓名、生長左驗,以憑保收試。
　　仍於試卷、家狀内具保官職位、姓名,以防欺詐。

也就是説,有官鎖應宗子不僅要有認識的官員擔保,還要明示擔保人的官位、姓名,更要與玉牒相核。

　　其次,宗子在考試中如有作弊行爲,也要受到懲處。紹興十二年十二月二十二日,大臣上奏:"今秋宗子解試,有懷文入場,所出之題,一人有十二篇,已用其一,餘以惠人,悉皆預榜。真才黜落,莫不惋憤。"㉖要求整肅考場紀律,嚴罰作弊宗子,並對巡考官懲以不察之罪。這一建議被高宗采納。到了紹興二十六年,又有宗子考場挾策舞弊,被驅逐出去。高宗得知此事後説:"朕於此事極留意,異時宰執、侍從皆由此途出,豈容冒濫,所謂拔本塞源也。"㉗足見高宗懲治宗子考場舞弊的決心。

　　此外,南宋以後,政府在保留宗子應舉獨立引試、考校舊制的前提下,還鼓勵宗子與一般舉子混同省試。紹興二十五年(1155)十一月二十八日,大臣建言:"比年以來,布衣韋帶與進士群試有司者甚盛也。望令今後得解宗子,不以有官、無官,願與異姓舉子混同考試者,聽。如有中選之人,乞稍加采擢。如不願與異姓舉子混試者,只依舊法施行。庶幾人思自勵,奇才輩出,以彰宗黨得人之盛。"這一建議得到高宗的認可㉘。也就是説,宗子凡願舍棄恩賞而與庶姓舉子共同參加省試,登第授官時可獲得超擢的獎勵。至於這項政策對宗子有多大吸引力,有多少宗子願意混試,因史料缺乏而難以考察。

　　殿試。《宗室法》初行時,宗子從發解試、省試到殿試都要單獨舉行,不與一般舉子混同。不過,自北宋仁宗嘉祐二年(1057)推行"殿試不黜落"制度後,省試合格人實際上已獲得了進士身份㉙,宗子與一般省試合格人同赴殿試也就不存在擠佔名額的問題。於是到了哲宗元祐六年(1091),詔宗子不再單獨參加殿試,而是"與寒俊群校進退"㉚。南宋遵行不悖。乾道八年十月規定,今後御試唱名分兩日進行,第一日,唱文舉正奏名,應舉、鎖應宗

子,武舉正奏名㉚。當然,作爲皇室後裔,宗子登第後的待遇自然非貧寒士子所能企及,這主要表現在"升甲恩"與遷轉授官兩方面。

檢《紹興十八年同年小録》、《寶祐四年登科録》可以發現,第五甲中均不見宗子。這並不是説宗子殿試成績在五甲之上,而是因爲宗子登第者享有"末科升甲"的恩寵。乾道六年,大臣上言:"神宗朝,始立教養、選舉宗子之法。保義至秉義鎖試,則與京秩;在末科,則升甲。"㉜由此看來,早在《宗室法》頒佈之時,該項規定可能已經存在。一般情況下,宗子登第只升一甲,升多甲的情況非常少見。元祐六年三月,哲宗御集英殿賜進士,宗子登第者八人,其中子漪"自第四甲升第二甲,餘遞升一甲"㉝。這只能算是特例。到了徽宗宣和六年(1124)沈晦榜開始,正式規定"宗室不入五等",並一直沿用至南宋末㉞。此外,太學、宗學内舍生員登第後,亦有升甲恩㉟。雖説宋代登第賜"升甲恩"的範圍比較廣,致使其原本"礪世磨鈍"的作用受到削弱,但是,有無升甲恩在科舉待遇、個人榮譽等方面還是有差別的。

宗子登第在享受"升甲恩"的同時,有官鎖應者還要受到祖宗家法中"有官人不爲第一"的制約。宋人吳曾《能改齋漫録》云:"本朝殿試,有官人不爲第一人,自沈文通始。迄今循之,以爲故事。"㊱宋代,以官員身份殿試得第一而被降名者很多,有官宗子亦不例外。南宋時,以有官宗子得進士第一名者,只有孝宗朝的趙汝愚。他初以恩補武官階,乾道二年殿試第一,循故事降爲第二,仍與第一人恩例,授左宣義郎㊲。

在登第後的遷轉官階方面,有官鎖應者與無官應舉者有很大差別。有官鎖應人繫原已授武官階,登第後一般先按格遷官,再轉換文資;而無官應舉人則是初始授文資,所授官階一般略優於庶姓無官舉子。北宋徽宗時,宗子無官應舉登第者一般都被授予修職郎,南宋初年一度改授迪功郎。紹興九年七月二十六日,左迪功郎趙善時上疏,稱無官宗子應舉登第只授迪功郎,"是與庶姓進士一同",要求仍授修職郎,此後遂爲定制㊳。據李心傳《建炎以來朝野雜記》乙集卷一四《宗室鎖廳出身轉官例》載:"凡宗室鎖廳得出身者,京官進一官,選人比類循資。無官應舉得出身者,補修職郎。即濮、秀二王下子孫中進士舉者,特更轉一官。"㊴

高宗朝,宗子登第後不論是授京官還是選人階,一般多注授地方州縣佐官差遣。如趙伯攄於紹興十五年中進士甲科,授左迪功郎、徽州司户參軍,用宗子特恩,循修職郎㊵;趙像之登紹興十八年進士第,授修職郎、撫州司户參軍㊶;趙彦法登淳熙十四年(1187)進士第,授修職郎、吉州司户參軍㊷,等等。紹興初,宗室登科換授京官者一度可以注授知縣,這引起許多官員的擔憂,認爲宗子"初未經任即授大縣,慮於民事未能諳練"。紹興二十四年遂規定,宗子登科換京秩者只注授縣丞、或監當差遣,待一任滿、有舉主一員,方可注授知縣㊸。這是因爲知縣屬親民官,是否得人直接關乎百姓疾苦與社稷安危,向來不輕易除授。此外,孝宗登極初曾下詔，禁止宗子登第者注授教授，這同樣是爲了尊重教授之選㊹。乾道八年，大臣言：“殿試第一甲，依格合注教官。”遂規定：“宗室及第一甲應格之人，許集注教官差遣。”㊺不過，南宋宗子殿試獲第一甲者可謂鳳毛麟角，能注授教官者也寥寥無幾。

（二）宗子取應試與宗子量試

宋代宗子獲取科名的最主要途徑就是有官鎖應和無官應舉，前引周必大語即是證明。除此之外，南宋還有宗子取應試與宗子量試兩種考試方法。這兩種考試究竟是屬於什麼性質的考試，是否可以歸入科舉考試範疇，值得探究。

宗子取應試。宗子取應試是專門爲宗室祖免親、未授官者舉行的考試。隨着國家承平日久，皇支浸繁，爲解決眾多祖免親宗子的出路問題，就有了取應試合格授官的規定。宗子取應試始於何時尚難定論，至少在宋徽宗宣和六年已經存在。紹興九年，左迪功郎趙善時進奏：

> 切見沈晦榜，初罷三舍，改科舉，宗子分三科，亦分三等推恩：有官鎖應，先轉兩官，換文資；無官取應，上三人保義郎，餘承節郎；無官應舉，補修職郎。㊻

據此推斷，南宋人似乎已將宗子取應試與有官鎖應、無官應舉並列起來，視作宗子“三科”。淳熙七年四月二十七日，大臣芮輝上奏，要求武舉出身人、取應宗子與文舉進士出身人一樣，須遵守三年服喪解官之制，並説：“取應宗室、武舉出身之類，皆自科舉中來，自合悉遵三年之制。”㊼顯然，芮輝已明確地將取應宗子納入科舉之中。

從宗子取應試的考試程式來看，它與有官鎖應和無官應舉宗子一樣，也分爲發解試、省試與殿試三級。據《大德昌國州圖志》記載：宗室取應舉四十貫，宗室取應過省一百貫，宗室取應廷對一百貫㊽。這是南宋慶元府昌國縣學頒佈的對宗子取應三級考試的資助標準，它從一個側面揭示了宗子取應須經歷發解試、省試和殿試的史實。而從殿試唱名的時間安排上來看，宗子取應殿試往往與文、武舉特奏名放在一起舉行。紹興二年三月十六日，御藥院言：“自來御試進士引試唱名並作兩日：第一日，正奏名並應舉宗子等；第二日，特奏名並武舉、取應宗子。”㊾孝宗乾道八年對唱名秩序加以調整，仍分二日舉行：第一日，唱文舉正奏名，應舉、鎖應宗子，武舉正奏名；第二日，唱文舉特奏名、取應宗子、武舉特奏名㊿。到了淳熙十四年，再次對兩日唱名制做出調整：第一日，唱名文、武舉正奏名進士，免執敕謝恩；第二日，“特奏名止宣第一名姓名，特賜同進士出身，餘人並取應宗子更不逐名喧唱，止逐色宣某人等人數，等第推恩。”[51]再從文獻記載來看，梁克家《淳熙三山志》記錄了從紹熙元年（1190）到寶祐四年（1256）共二十三榜福州進士名録，其中就列有“宗子正奏”（包括有官鎖應、無官應舉）一項，只在最後的兩榜中分別列入“宗子取應”三名和兩名[52]。而宋人陳耆卿

《嘉定赤城志》只列"宗室(正奏)"條,無"宗子取應"③。説明宋代學者似乎對宗子取應是否屬於登科,看法不太一致。

其實,宗子取應試是專門用以恩寵祖免、無官宗子的舉措之一,從它的考試程式及殿試時間、授官情况來看,與文、武舉特奏名考試、授官相類似,同屬"恩科",姑且稱之爲"宗室特奏名"。只是宗室取應試的録取標準比文、武舉特奏名更加低,"略通文墨"即爲合格,且無人數限制。光宗時,蔡戡上奏:"夫宗室之進身有三:曰進士,曰任子,曰特恩。特恩補官,授以右選之職,處以員外之任,故已置之不用之域矣。任子之法,既與庶姓同。進士之科,特與庶姓異。"④蔡戡所説的"特恩補官",指的就是宗子取應試。

宗子取應試作爲"宗室特奏名",應試人的資格審查尤爲重要,據《宋會要輯稿》載:

> (紹興三十二年)六月十日,詔:"應福建路願取應宗子依二廣體例,比附《國子監條法》:初試,許於所在州軍召保、結保、勘驗,於《貢舉條制》別無違礙,連《宗枝圖》保明申送轉運司勘驗,別場引試。將合格人數繳申禮部,行下大宗正司勘會,如有僞冒違礙,雖已赴試合格,先次改正駁放,其犯人並保官申朝廷取旨。其覆試合赴行在,所有取人分數依例。初試附國子監發解。"⑤

這説明,朝廷對取應宗子的資格審查極爲嚴格,不僅要結保,還要將《宗枝圖》送轉運司勘驗,以防僞冒、或違礙相關法令。

宗子取應試的録取標準較之有官鎖應、無官應舉要更加寬泛,只需"文理稍通"即爲合格,且人數不限。取應省試合格第一人,與文舉特奏名第一人一樣,均可以參加正奏名殿試並賜出身。紹興十五年三月,詔取應宗子趙伯攄特令赴正奏名廷試。"先是,上諭宰執曰:'朕閱其程文,多引《詩》、《書》,頗不易得。'故有是命。"⑥若遇皇帝不臨軒策士,則可直接賜取應省試第一人同進士出身。如,孝宗隆興元年(1163)四月,御射殿引見取應省試第一人趙彦瑗,並賜同進士出身,第二、第三人補武資保義郎,餘四十人補承節郎,七人承信郎⑦。此後,由於取應試不設名額限制,越來越多的宗子想借此授官,取應試合格人的待遇也有所降低,取應省試合格第一人不再許赴正奏名殿試,第二人的授官也由保義郎(正九品)降至承信郎(從九品)。陳傅良在起草的《合格取應宗子時信等四十二人授官,第一名補承節郎,餘補承信郎》詔書中寫道:"有司考試之法至嚴密也,而獨優於宗室子。夫既闊略以取之,而授官與寒俊等,則非所以示公。姑屬右銓,以須器使。可。"⑧説明宗子受恩過厚已引起朝廷的擔憂,故適當地加以減損。

宗子量試補官。宗子量試補官是非祖免親、無官、年二十五歲以上宗子考試補官的一種推恩舉措。它始創於北宋熙寧年間,徽宗宣和二年一度下詔罷量試出官法⑨。北宋滅亡後,高宗於建炎元年(1127)五月登基初始,即下詔大赦天下,並恢復宗子量試推恩法⑩。此後,每逢皇帝登極赦恩,即下詔量試宗子,"故皇族得官不可以數計"[51]。

關於南宋宗子量試出官法的具體内容,《宋史》卷一五七《選舉志三》"宗學"有較詳細的記載:

> 孝宗登極,凡宗子不以服屬遠近、人數多寡,其曾獲文解兩次者,並直赴廷試;略通文墨者,量試推恩。習經人本經義二道,習賦人詩、賦各一首,試論人論一首,仍限二十五歲以上合格。第一名承節郎,餘並承信郎。曾經下省人,免量試,推恩。四川則附試於安撫制置司。於是入仕者驟逾千人。隆興元年,詔量試不中、年四十以上補承信郎,展三年出官,餘並於後舉再試。(第 3677 頁)

另據《宋會要輯稿》選舉十八之二十"宗室應舉"載:

> (紹興三十二年八月)二十六日,禮部言:"無官宗子依赦量試推恩之人,若不立定年甲,例皆陳乞,竊恐太濫。欲自今降赦文以前,凡無官宗子見年二十五歲以上,方與量試。其行在無官宗子,經大宗正司;在外,經宗正司;即去宗正司遠,經所在州軍陳乞。各勘會年甲無違礙,給據,赴部,下大宗正司勘會,取試。"從之。(第 4558 頁)

由上述史料可知:第一,南宋參加量試者,爲宗室無官、年二十五歲以上人。第二,欲參加量試的宗子,可按照就近原則,赴行在大宗正司、或在外宗正司、或向所處州軍提出申請,經相關部門勘驗身份資格無誤後,發給憑證,赴禮部考試。寓居四川的宗子,則可以附試安撫制置司。第三,考試内容特別簡單:習經者,試本經義二道;習賦者,試詩、賦各一首;試論者,論一首。以"略通文墨"爲合格,即予推恩出官。第四,量試成績排名第一者,補武資承節郎,其餘均補承信郎。第五,量試不中、年齡在四十以上者,仍可補官,但需要延展三年出官。

量試本爲恩恤宗子貧且無助者,並勉其向學。但是,過於寬泛的考試標準和寬鬆的錄取比例,使得宗子量試補官人急劇增加。僅以隆興元年宗子量試爲例,當時參加考試者多達七百餘人,後經考校,只有十分之三人的答卷符合"文理稍通"的標準,其餘程文"皆不答所問,或全寫他文",遂詔取放文理合格人,並規定合格人中如有雜犯者,展二年出官[52]。即便以十分之三的錄取率計算,此次量試合格補官人亦達到了二百餘人。此外,一些宗子取應試不合格、年齡在四十以上者,亦可以"量材錄用"。紹興三十年,年已四十三歲的取應宗子趙師古因覆試三經不中,陳乞推恩。詔補承信郎[53]。

大量的宗子在短時間内經量試涌入仕途,必然對本已員闕緊張的任官體系造成衝擊,進而引發官員的不滿。孝宗朝規定:凡量試不合格者,概不推恩;陳乞量試宗子,若赴試不及,亦不在推恩之列[54]。但從實際情況看,效果並不明顯。就在宗子量試合格補官二百餘人後的第三年,禮部又對前次量試不中宗子進行考試,得合格宗子二百十人,分別補承節郎、承信郎。難怪洪邁會發出"皇族得官不可以數計"的感慨。

從上述史實來看,宗子量試在考試程式上與宗子有官鎖應、無官應舉和取應試不同,它只是爲無官宗子提供補官入仕機會的一次簡單考試,與官員恩蔭任子之制頗爲相似,不屬於科舉範疇。

二 南宋宗室科舉特權的形成與影響

宋代宗子科舉雖然開始於神宗熙寧二年《宗室法》,但總體來説,北宋參加科舉試的宗子並不多,影響也不算大。直到南宋以後,隨着宗子大量投身科場,其對科舉取士制度及宗室群體本身所造成的影響越來越大,並引起士大夫的廣泛關注。

(一)宗室科舉特權對南宋科舉公正性的影響

紹興二十六年正月二十六日,大臣在論及朝廷對宗子的教育管理時説:"比年以來,(宗子)以科舉進數倍日前,可謂甚盛。"⑥説明高宗時期,宗子登第人數一直保持着穩步上升的勢頭,至於每榜録取宗子的具體人數,現已無法作確切統計,不過我們仍可從現存兩種登科録和一些方志中窺見南宋宗子登第之大概。

《紹興十八年進士小録》:此榜共録取 330 人,其中宗子 16 人,占總人數的 4.8%。

《寶祐四年登科録》:此榜共録取 601 人,其中宗子 76 人,占總人數的 12.6%。

紹興十八年與寶祐四年之間相隔了 108 年,宗子登第人數由 16 人上升至 76 人,擴大了近五倍;在各榜中所占的比例也由 4.8% 提升至 12.6%。再以方志所載宗子登第人數爲例,《淳熙三山志》載:從紹熙元年到寶祐四年,國家共 23 次開科取士,福州宗子登第人數爲 335 人,平均每榜約取 15 人⑥。《嘉定赤城志》記録了咸平三年(1000)到嘉定十六年(1223)之間台州地區的登第人數,其中宗室登第者共 54 人⑦。

需要説明的是,以上人數統計僅限於有官鎖應、無官應舉及取應試第一名,即被賜予進士及第、進士出身、同進士出身的宗子,並不包括宗子取應合格人和量試補官人。這是因爲,雖然屬於推恩性質的宗子取應試與特奏名相類似,且合格者人數大大超過應舉登第宗子,但它與特奏名一樣,並不被列入宋代正式的登科録中,加上史料缺乏,難以統計。而以補官爲目的的宗子量試不屬於科舉範圍。

南宋以後,"國家三歲取士,於宗室特加優異,蓋示親睦"⑧,使得大量宗子經科舉考試而步入仕途,宗子登第人數成倍增長。科舉制度的公正性也因此遭到質疑。賈志揚在《宋代科舉》中對南宋宗子的科舉特權提出批評,但他將宗子量試補官也納入科舉範圍,認爲宗子量試雖被授予武官階,仍稱"進士地位"⑩,這種觀點值得商榷。而在此基礎上統計出的南宋宗子登第人數及宗室特權對科舉公正性的破壞程度,也就有被誇大的嫌疑。應該説,南宋宗子登第人數的成倍增加確實影響到科舉制的公正性,但這種影響究竟有多大,尚待評估。

首先,宗子應舉要參加單獨考試,表面看並没有擠佔普通舉子的録取名額。自仁宗朝"殿試不黜落"制確立後,往往會出現殿試録取人數超過省試合格人數的現象,特別是南宋以後,超出人數越來越多。據統計:

　　紹興十八年,省試合格正奏名進士 230 人,殿試賜第 353 人,增加 123 人。

　　慶元五年(1199),省試合格正奏名進士 254 人,殿試賜第 412 人,增加 158 人。

　　開禧元年(1205),省試合格正奏名進士 259 人,殿試賜第 433 人,增加 174 人。⑪

這組資料表明:其一,高宗朝到寧宗朝的五十多年間,殿試賜第人數超過省試合格人數的比例上升很快。這些未與普通舉子一起參加當年省試而直赴殿試的人主要分三類:因道路梗阻而直接赴安撫制置司考試的四川類省試合格者,部分優秀的太學生,以及"別試別取"的宗子省試合格人。其二,無論殿試賜第人數增加多少,省試合格正奏名進士的人數基本保持在二百五十人左右,不僅没減少,反而略有增加,説明宗子登第人數的增加並没有明顯擠佔普通舉子的録取名額,換言之,南宋宗子科舉並没有給普通應舉人帶來很大的登第壓力。

南宋朝廷不斷擴大宗室登第名額的原因,除了皇帝優寵宗室血親外,還與宗子總人數的增加有關。王邁曰:"(南宋)置司之初,隸於南邸僅三百四十有九人。嗣是,若木之枝,日以蕃楙。按舊籍,至慶元已四倍,今日又七倍之。"⑪真德秀也曾對散居泉州的宗子人數增加情況作過詳細説明:"建炎置司之初,宗子僅三百四十有九人。其後日以蕃衍,至慶元中,則在院者一千三百餘人、外居者四百四十餘人矣。"⑫前後增加了五倍多。其他地方的情形應該也與泉州差不多。如果將各地宗子繁衍速度與宗子登第人數增長情況相對照,可以發現,兩者的增速是基本同步的。

其次,朝廷雖然不斷增加宗子登進士第的人數,却一直堅持科舉名器不輕授予的態度。乾道二年殿試時,宗子、忠訓郎趙伯山所作試卷"寫御題外,僅及二百字",被視作"不考式"雜犯,孝宗下令黜落。洪適等大臣上疏求情,要求允許伯山換授文資、帶"右"字。按當時規定,進士出身人官階前帶"左"字,非進士出身者帶"右"字。結果此項提議也被拒絶,孝宗"以文不合格,法當'不考',罷之"⑬,作爲皇族後裔的伯山並未受到任何優待。宋代宗子賜官只能是武官階,宗子取應合格人所試內容雖爲經書典籍,也只能授武階,只有科舉登第獲得進士身份後才能換授文資,從中可以看出皇帝重視名器、不輕將科名和文資授予宗子的態度。熊克《皇朝中興紀事本末》卷六三載:紹興十四年,有宗子獻文,請求換授文資,遭到拒絶,高宗曰:"朕固欲宗室向學,然文資豈可僥倖,須令後省試策可也。"⑭

宗子在科舉考試過程中受到了一定的優待，但一旦他們登第步入官場後，他們的仕途卻比普通登第人艱難許多，以後的政治發展空間亦小於科舉出身的庶族子弟。宗子登第後往往只能到外地任職，且升遷緩慢，難有作爲。紹興十四年，高宗采納秦檜的建議，"崇獎"宗子，允許宗子登第人到行在任職，他們可以在諸寺、監及秘書省中擔任職事，但同時又規定，宗子遷至"侍從而止"㉕。此後，對宗子任官的限制雖逐步有所放鬆，宗室可以爲侍從、直禁林㉖，可以入館閣㉗，但極少有人能跨越侍從官行列而晋升宰執。孝宗朝進士趙汝愚僅爲一特例，他於紹熙五年拜右丞相，第二年罷相，是宋代唯一一位宗子宰相㉘。從總數上講，絕大多數宗子登第後仕途並不顯赫，只能擔任低級的文、武官職。紹興十五年，趙伯攄以宗子取應第一名的身份參加正奏名殿試，中進士甲科，引起轟動，"人皆言南渡以來所創見，此人必遂通顯矣"。然而，伯攄雖在士大夫中聲望很高，卻"沉滯選調"，最終只做到益陽縣丞。所以，當樓鑰與朋友談及此事時，也禁不住感慨一番㉙。淳熙年間，孝宗曾問左右官員："宗子在廷者爲誰？"結果卻發現一個都沒有，孝宗頗爲傷感，遂下令官員"舉屬籍良者二人"㉚。此後，宗子仕途進遷情況才稍見好轉。

對於南宋宗子的境遇，當時的士大夫們看得比較清楚。光宗朝，蔡戡在論及宗子雖不乏卓爾不群之輩，卻始終"未聞傑然立事，建功垂於不朽，追配古人者"的原因時説：

> 蓋由進士而進者，取之太優，用之有限故也。取之太優，則無能者或濫進；用之有限，則有才者或見遺。……欲誘而進之，則取之不得不優；取之既優，則用之不得不限。其所到之地，亦其宜也。㉛

從這點上講，宗子科舉主要是改變了自古以來由國家圈養的方式，宗子必須通過科舉考試以自己的能力來改善生活。這既減輕了國家財政的壓力，也給了宗子施展才能的機會，但宗子登第入仕後的發展卻依然受到限制。對於多數宗子而言，科舉入仕也許只是使他們有了領取官俸的資格，以解決個人生計問題。南宋時，大多數宗子的生活狀況並不樂觀，僅靠國家財政撥款勉強維持生計。每當財政補給不足、或不及時，他們就會"養贍不給，貧困多至多"，一些不甘貧困的宗子甚至"流爲猥賤，甚至抵法冒禁，色色有之"㉜。

實際上，在整個南宋時期的政治、文化舞臺上，占主導地位的依然是由科舉出身的官僚士大夫群體，"抑制宗室"的祖宗防範之法依然被君臣們遵行不悖。也許正因爲這樣，宋代很少有士大夫批評宗室科舉對科舉公正性的破壞，説明宗子應舉對科舉制度及官僚士大夫集團所造成的負面影響，可能並非我們想像的那麼大。

當然，南宋宗室科舉錄取比例過高，是宗室特權在科舉考試中的集中反映。而且，宗子登第人數雖然不擠佔庶姓舉子的錄取名額，但是一旦他們殿試合格，在賜第、授官與注授差遣時，就立刻與庶姓舉子產生激烈的競爭關係。首先，宗子登第有"升甲恩"，而名次的前後直接影響到所授官階的高低。其次,南宋以後,官多闕少的矛盾一直没能得到妥善解决,一個官闕通常會有三、四人守候。大量宗子經科舉注授差遣,必然會延長低層官員的遷轉速度。因此説,南宋宗室科舉特權一定程度上影響到科舉制度的公正性。

(二)宗室科舉對宗室"士大夫"化的推動

宋代立國之初,就確立了"與士大夫共治天下"的治國理念,大力推行文官政治,發展完善科舉取士制度。在這樣的大背景下,宋代皇帝十分重視宗子的教育。仁宗"嘗御延和殿試宗子書,以宗望爲第一",遂親書"好學樂善"四字賜之⑭。真宗即位後,"屢以學術勖宗子",曾對宰相説:"朕每戒宗子作詩習射,如聞頗精習,將臨觀焉。"⑮皇祐元年(1049),宗子叔詔召試學士院,中格,特賜進士及第。仁宗勉勵他説:"宗子好學無幾,爾獨以文得進士第,前此蓋未有也。朕欲天下知屬籍有賢者,宜勿忘所學。"並賜其《九經》⑯。與前朝相比,宋代皇帝特别重視對宗子的培養,太宗至道初,始設宗子教授。隨着宗室人數的增加,宗學又分設大、小學,置講書教授十七員⑰。然而這些舉措都是激發宗子向學的外在動因,其内在動因還是熙寧二年的宗室制度改革,將科舉入仕大門向宗子打開,使他們能夠依靠自身努力而不是皇室血統自立於社會。於是,越來越多的宗子開始習讀儒家經典,家中藏書也非常豐富。張邦基曰:"京都盛時,貴人及賢宗室往往聚書,至多者萬卷。"⑱而且,宗子與士大夫的交流也日趨頻繁。

南宋以後,宗室散居各地,宗室的管理和教育主要由地方負責。紹興二十三年,知南外宗正事趙士珸上奏:"宗子善輶在學實及二年,文藝卓然,衆所推譽,乞免文解一次。"高宗聽罷十分高興:"近日,宗子多讀書,殊可喜也。"⑲爲提高本地宗子科舉入仕的積極性,地方州府還制定了一系列獎勵措施。如,建康府規定:宗子應舉發解、宗學發解各二十千,鎖應十五千,取應減半;過省各二百千,自太學過省及舍法免省者,半⑳。

宋代的宗室科舉在喚醒宗室群體的獨立意識方面,起到了積極的推動作用。隨着應試授官的人數越來越多,宗子頭頂上的貴族光環逐漸失去原有光芒,一些宗子已具備較强的社會競争能力,他們更願意通過參與社會選拔來證明自身的價值。另一方面,整個社會對宗子的看法也開始發生變化,一些文化素養較高的優秀宗子憑藉自身的努力贏得了士大夫的認可,並逐漸融入士大夫群體。於是,宗室"士大夫"化的傾向漸露端倪,南宋以後,這種傾向越來越明顯。誠如南宋陳亮所言:"我祖宗謙以蒞臨下,不欲私其支庶,以與士大夫較其技能於職業之間,故雖賢者亦無以自見。神宗皇帝始權恩義之輕重,出而與天下共之,用舍進退,一與士齒。"㉑

"出而與天下共之",是與宗子士大夫化同步的,隨着宗子經科舉入仕人數的增加,他們在政府中的影響也逐步增強。這種情況，在北宋還不明顯。熙寧以後，宗子雖被允許應試和出官，但所受限制仍很多，陳亮在稱讚神宗許宗室出官"而與天下共之"的同時，又批評他"藩屏王室之義未盡如古"⑩。南宋以後，宗室出任知縣、知州、路監司等地方官的漸多。如徽宗政和二年(1112)進士趙訓之，在南宋高宗朝曾出任知平江府吳縣⑫。趙伯振，太祖六世孫，宣和六年進士，靖康末，爲鄭州司錄參軍，捍城有功，遷直秘閣、鄭州通判。建炎初，金軍攻鄭州，知州遁，"伯振率兵巷戰，中流矢墜馬，遂遇害"⑬。紹興十八年進士趙不悔，於乾道九年三月二十六日出知徽州⑭。紹興二十四年進士趙不遷，歷任江西路轉運使、福建路提點刑獄公事⑮。南宋時，進士出身的宗室爲政一方，在政治上發揮了積極的作用。

不過，宋高宗對宗室的任官仍不放心，他曾對宰臣趙鼎說："唐用宗室爲宰相。本朝雖有賢才，不過侍從而止，乃所以安全之也。"又對權臣秦檜說："宗室賢者，如寺監、秘書省皆可處之。祖宗不用宗室爲宰相，其慮甚遠，可用至侍從而止。"⑯直至寧宗朝，終於突破了這一限制，趙汝愚以定策功"除特進、右丞相"。

南宋宗室士大夫中，在政治上影響力最大的，首推趙汝愚。汝愚字子直，元佐七世孫，父親趙善應是一位謙謙君子，被尤袤贊爲"古君子也"。汝愚從小就接受良好的儒家教育，孝宗乾道二年，他殿試獲第一，以"宗室且有官"降爲第二名，授左宣義郎、簽書寧國軍節度判官廳公事。紹熙四年，召爲吏部尚書。光宗欲除汝愚同知樞密院事，監察御史汪義端等以祖宗之法"宗室不爲執政"加以阻攔，汝愚也上章請辭，並說："臣非取久辭，臣嘗論朝廷數事，其言未見用。"後因給事中黃裳上疏支持，加上光宗的堅持，遂除拜。從汝愚辭章中所列理由來看，他不接受任命，並不是擔心自己宗室的身份不適合任此重職，而是因爲皇帝没能採納他的建議，這與士大夫"用則舍之，不用則藏"的處世精神相吻合。

紹熙五年，詔拜汝愚右丞相。汝愚看不慣"竊弄威福"的韓侂冑。一年後，韓侂冑拉攏同黨，以"同姓居相位，將不利於社稷"爲由，罷汝愚相權，出知福州。後汝愚又貶寧遠軍節度副使、永川安置，行至衡州，暴卒，年僅五十七歲。汝愚爲人正直，"精忠貫於天地"，在當時士大夫中享有崇高的威望，以至於他暴卒貶所的消息傳出後，"海内憤鬱"。汝愚長子崇憲，淳熙八年(1181)以取應對策第一，三年後登進士甲科，初授保義郎、監饒州贍酒庫，累遷直秘閣、知静江府⑰。史稱崇憲"守家法"，"有惠政"。可以説，趙汝愚一門三代都得到了士大夫的認可與推崇，他們已經完全融入士大夫群體之中，汝愚更是被譽爲士大夫的領袖⑱。

除趙汝愚外，南宋還有一些進士出身的宗室，熱心政事，在政治舞臺上施展才華，治績顯著。如趙彦逾，字德老，紹興三十年登進士第。歷任户部侍郎、工部尚書，與汝愚友善。累遷資政殿大學士、知明州兼沿海制置使⑲。趙希懌，字伯和，淳熙十四年登進士第，授福州司户參軍。歷知平江府、太平州，職至端明殿學士，卒謚正惠。史載他曾經收集、整理"歷代與先朝名公之有惠愛及民者"編輯成書；在任職期間，他"究心民事"，不辭辛苦地親自翻閱公文簿書，處理政務，受到百姓擁戴，是一位親民的好官[⑩]。趙汝述，字明可，淳熙十一年登進士第，累遷刑部尚書，終知平江府[⑪]。

士大夫是一個以文化共識爲基礎的開放性群體，當部分優秀宗子以自身的學識品行和社會責任感贏得了士大夫的認同，並開始逐步融入士大夫群體後，"宗室士大夫"亦成爲宗室的傑出代表。他們大多學識深厚、儒雅好學，除馳騁於政治舞臺外，還究心學術，在經學、史學、文學、書法等領域也有不俗表現。名重一時的趙汝談、趙汝讜兄弟即是其中的兩位。汝談，字履常，淳熙十一年登進士甲科，曾因"文學高世"得到皇帝器重，任侍講兼直學士院，卒諡文懿。汝談問學沉着，仕進恬然，他"初見朱熹，訂《疑義》十數條，首質《大學》，旁及群經"，令朱熹讚嘆不已，著有《書説》兩卷。他還善於結交名士，除朱熹外，經常與呂祖謙、柴中行、項安世等交流心得，又與陳孔碩、黃榦等理學名家交好，"爲文有西漢風"[⑫]。汝談之弟汝讜，字蹈中，嘉定元年(1208)登進士第，終知溫州。汝讜穎悟英特，與兄汝談齊名當世，人稱"二趙"。葉適稱讚他"韓篇杜筆，高出於時"[⑬]。此外，隆興元年進士趙彥衛，累遷知徽州，著《雲麓漫鈔》十五卷[⑭]。趙善譽自幼敏慧力學，乾道五年登進士第，終潼川路轉運判官。他"研精性命之説，發爲議論"，著《易説》四卷，明白簡易，得到朱熹的肯定，贊其"擴先儒之未明"[⑮]。

總之，北宋前期的宗室在"賦以重禄，別無職業"的政策下，過着與外界隔離的生活，身份高貴却眼界狹窄，被文臣士大夫譏爲"豢養"一族。熙寧二年的《宗室法》，結束了宗室自我封閉的生存狀態，爲他們了解社會進而融入社會創造了條件。"宗室"與"士大夫"之間開始由隔絶走向交融。南宋以後，大批宗室通過特定的科舉考試授官任職，以自身的智慧與努力贏得士大夫的尊重，"宗室士大夫"的名稱應運而生。他們除了被冠以國姓、編入玉牒外，與一般的官僚士大夫没有什麽差別。

三　餘論

允許宗子參加科舉考試，這是熙寧二年改革宗室制度的重要舉措之一。南宋宗子科舉在延續北宋之制基礎上有了重大發展，相關規定日趨完備，録取人數也不斷增加。南宋宗子試中屬於科舉範圍内的有三種：一是有官鎖應，二是無官應舉，由此二途登科者均可獲賜進士出身，並換授文官階。三是宗子取應試，類似於科舉考試中的文、武舉特奏名，取應省試合格第一名可參加文舉正奏名殿試，其餘只能授保義郎等武官階。此外，宗子還可以通過另一種途徑補官，即宗子量試，它適用於二十五歲以上、非袒免親、無官宗子，類似於面向官員子弟的恩蔭試，不屬於科舉考試。

宗室科舉主要是爲了解決遠屬宗子的生活和出路問題,減輕國家財政負擔。在當時科舉大背景下,皇帝以科名誘使大批宗子積極向學,從而提高了整個宗室群體的文化素養,促進了宗室與士大夫階層的溝通聯繫,加速了“宗室士大夫”群體的崛起,使一批進士出身、文化素質較高的宗子獲得了從政機會,在南宋政治中發揮了積極的作用。

南宋宗子在科舉考試中享有“別試別考”的特權,當宗室進士越來越多,甚至在登科名錄中占到 10% 以上的份額,必然會對無數辛苦打拼的庶姓舉子造成壓力,形成一定程度的不公。而在另一方面,宗子登第後的仕途進遷並不順利,他們的初任差遣受到很多限制,不能擔任親民官、教授等職;他們最高只能升遷至侍從官,不得擔任宰執。宋代的皇帝以“取之太優,用之有限”這種看似矛盾的方式來管理宗室,無非是希望在皇室利益與政治權力分配方面找到平衡。

宗室科舉創建於北宋,盛極於南宋,並被明、清二朝所承襲。明代科舉別立宗科的時間在熹宗天啓六年(1626),距離明朝滅亡只有二十餘年,時間短,影響小。清代宗子科舉正式開始於嘉慶七年(1802),國家正式允許宗室與天下士子一起參加鄉試、會試選拔。與宋代相比,清代的宗子試比較簡單,宗子只需參加一場單獨考試,内容爲一文一詩;宗子錄取的人數也不多,一般爲鄉試七八名,會試二三名,但從錄取比例上講,仍高於一般士子。據李世愉統計,清代共有一百二十一名宗子登進士第[⑯],相比南宋時要少很多。這也説明,隨着清代科舉制度走向没落,宗室科舉的影響也日漸衰微。

---

①侯紹文《唐宋考試制度史》(臺灣商務印書館,1973年,第88—89頁)、張邦煒《宋代皇親與政治》第一章《宋代宗室與政治》(四川人民出版社,1993年),均對宋代宗子考試略有涉及。汪聖鐸《宋朝宗室制度考略》(《文史》第33輯)一文,着重考察了兩宋宗室入仕及待遇情況。美國學者賈志揚(J. W. Chaffee)在所著《宋代科舉》(臺灣東大圖書股份有限公司,1995年,第161—163頁)中,對宗室科舉破壞宋代科舉的公正性提出批評。他的另一部著作《天潢貴胄:宋代宗室史》(趙冬梅譯,江蘇人民出版社,2005年),則在論述宋代宗室政策及生存狀況時,對宗室科舉也作了簡略的分析。張希清《宋代宗室應舉制度述論》(《第二屆宋史學術研討會論文集》,臺灣“中國”文化大學,1995年)一文,從總體上梳理了宋代宗室參加科舉考試的情況。另外,日本學者小川快之撰文《中國南宋の宗室應舉と地域社會について》(東京大學綜合文化研究科《年報·地域文化研究》第2號,1998年),探討了南宋登科宗子的地域分佈及其對地方社會的貢獻。諸戶立雄的《宋代の對宗室策について》(《文化》第22卷第5號),亦對宋代的宗室政策進行分析研究。

②蘇轍《欒城集》卷二八《叔考等三十二人並除右班殿直》,上海古籍出版社,1987年,第583頁。

③范鎮《上仁宗乞令宗子以次補外》,趙汝愚編《宋朝諸臣奏議》卷三二,上海古籍出版社,1999年,第312頁。

④莊綽《雞肋編》卷下，宋元筆記小説大觀本，上海古籍出版社，2001 年，第 4 册，第 4057 頁。

⑤沈括《夢溪筆談》卷二《故事二》"宗子授南班官"條，上海書店出版社，2003 年，第 11 頁。

⑥《宋會要輯稿》（以下簡稱《宋會要》）帝系四之三二至三四《宗室雜録》，中華書局，1957 年，第 109、110 頁。

⑦《宋會要》帝系四之三五《宗室雜録》，第 110 頁。

⑧《宋會要》帝系四之三三《宗室雜録》，第 109 頁。

⑨《宋史》卷一五七《選舉志三》"宗學"條，中華書局，1985 年，第 3676 頁。

⑩樓鑰《攻媿集》卷七〇《跋元豐八年進士小録》，上海商務印書館，1929 年影印四部叢刊本，第 13 册，第 13 頁。

⑪李燾《續資治通鑑長編》（以下簡稱《長編》）卷四五六，元祐六年三月壬午條，中華書局，1992 年，第 10925 頁。

⑫李攸《宋朝事實》卷八《玉牒·徽宗朝增神宗教養選舉法》，中華書局，1955 年，第 129 頁。

⑬周必大《文忠集》卷一四四《論殿宗室換官恩科推恩（淳熙八年又三月十一日）》，影印文淵閣四庫全書本，臺北商務印書館，1986 年，第 1148 册，第 575、576 頁。

⑭《宋史》卷一五七《選舉志三》"宗學"條，第 3676 頁。

⑮侯紹文《唐宋考試制度史》，第 89 頁。

⑯《宋會要》選舉十六之七至八"發解"條，第 4515 頁。

⑰馬端臨《文獻通考》卷三一《選舉考四·舉士》，中華書局影印本，1984 年，第 294 頁。

⑱《宋史》卷一五七《選舉志三》"宗學"條，第 3678 頁。

⑲李逸安點校《歐陽修全集》卷一一三《論逐路取人劄子》，中華書局，1998 年，第 1716—1718 頁。

⑳李心傳《建炎以來繫年要録》（以下簡稱《要録》）卷一〇二，紹興六年六月甲子條，中華書局，1988 年，第 1678 頁。

㉑《要録》卷一四四，紹興十二年三月乙卯條，轉引自朱勝非《秀水閒居録》，第 2318 頁。

㉒李心傳撰，徐規點校《建炎以來朝野雜記》甲集卷一三《宗室鎖試遷官》，中華書局，2000 年，第 275 頁。

㉓《宋會要》選舉四之三九《舉士》，第 4310 頁。

㉔《宋會要》選舉十八之二一《宗室應舉》，第 4558 頁。

㉕楊士奇等編《歷代名臣奏議》卷七七《宗室》，影印文淵閣四庫全書本，第 435 册，第 205 頁。

㉖《宋會要》選舉六之三五《舉士》，第 4347 頁。

㉗《要録》卷一七四，紹興二十六年八月乙酉條，第 2867 頁。

㉘《宋會要》帝系六之二三《宗室雜録》，第 141 頁。

㉙龔延明、何平曼《宋代"殿試不黜落"考》，《西北師大學報》2005 年第 1 期。

㉚《長編》卷四五六，哲宗元祐六年三月壬午條，第 10925 頁。

㉛《宋會要》選舉八之四五《親試》,第 4396 頁。

㉜《宋史》卷一五七《選舉志三》"宗學"條,第 3678 頁。

㉝《長編》卷四五六,哲宗元祐六年三月壬午條,第 10925 頁。

㉞《建炎以來朝野雜記》甲集卷一三《宗室鎖試遷官》,第 275 頁。

㉟吴自牧《夢粱録》卷三《士人赴殿試唱名》,浙江人民出版社,1984 年,第 20 頁。

㊱吴曾《能改齋漫録》卷二《殿試有官人不爲第一》,上海古籍出版社,1979 年,第 27 頁。

㊲《宋會要》選舉二之二〇《進士科》,第 4255 頁。

㊳《宋會要》選舉二之一七《進士科》,第 4253 頁。

㊴《建炎以來朝野雜記》乙集卷一四《宗室鎖廳出身轉官例》,第 763 頁。

㊵樓鑰《攻媿集》卷一〇二《益陽縣丞趙君墓誌銘》,第 19 頁。

㊶楊萬里《誠齋集》卷一一九《趙公(像之)行狀》,影印文淵閣四庫全書本,第 1161 册,第 525、526 頁。

㊷周必大《文忠集》卷七一《宗室淡然居士(公衡)墓誌銘》,影印文淵閣四庫全書本,第 1147 册,第 754 頁。

㊸《要録》卷一六七,紹興二十四年八月壬午朔條,第 2726 頁。

㊹《宋會要》選舉十七之一《教授》,第 4531 頁。

㊺《宋會要》選舉十八之二五《宗室應舉》,第 4560 頁。

㊻《宋會要》帝系六之一二《宗室雜録》,第 136 頁。

㊼李之亮點校《宋史全文》卷二六下,淳熙七年四月己酉條,黑龍江人民出版社,2005 年,下册,第 1851、1852 頁。

㊽《大德昌國州圖志》卷二《學校・錢糧》,宋元方志叢刊本,中華書局,1990 年,第 6 册,第 6070 頁。

㊾《宋會要》選舉八之四〇《親試雜録》,第 4394 頁。

㊿《宋會要》選舉八之四五《親試雜録》,第 4396 頁。

(51)《宋會要輯稿補編》之《殿試》,全國圖書館文獻縮微複製中心影印本,1988 年,第 444 頁。

(52)梁克家《淳熙三山志》卷三一《人物類六・科名》,宋元方志叢刊本,第 8 册,第 8140、8144 頁。

(53)陳耆卿《嘉定赤城志》卷三四《人物門三・本朝・仕進》,宋元方志叢刊本,第 7 册,第 7544—7546 頁。

(54)《歷代名臣奏議》卷七七《宗室》,第 205 頁。

(55)《宋會要》選舉十六之一一《發解》條,第 4517 頁。

(56)《宋會要》帝系六之一八《宗室雜録》,第 139 頁。

(57)《宋會要》選舉十八之二二《宗室應舉》,第 4559 頁。

(58)周夢江點校《陳傅良先生文集》卷一三,浙江大學出版社,1999 年,第 180 頁。

(59)《宋會要》帝系五之三〇《宗室雜録》,第 126 頁。

(60)《宋會要》選舉十八之二一《宗室應舉》,第 4558 頁。

(61)洪邁《容齋三筆》卷七《宗室補官》,上海古籍出版社,1996年,第492頁。

(62)《宋會要》選舉十八之二二《宗室應舉》,第4559頁。

(63)《宋會要》選舉四之三四《舉士》,第4307頁。

(64)《宋會要》選舉十八之二一《宗室應舉》,第4558頁。

(65)《宋會要》帝系六之二三《宗室雜録》,第141頁。

(66)梁克家《淳熙三山志》卷三一、三二《人物類·科名》,第8071—8146頁。

(67)陳耆卿《嘉定赤城志》卷三四《人物門三·本朝·仕進·宗室》,第7544—7546頁。

(68)《宋會要》帝系六之一八《宗室雜録》,第139頁。

(69)賈志揚《宋代科舉》,第163頁。

(70)龔延明、祖慧《宋登科記考》,江蘇教育出版社,2009年,第781、1192、1241頁。

(71)王邁《臞軒集》卷五《泉守真公申請宗子給俸記》,影印文淵閣四庫全書本,第1178册,第513頁。

(72)真德秀《西山先生真文忠公文集》卷一五《申尚書省乞撥降度牒添助宗子請給》,四部叢刊本,第11頁。

(73)《宋會要》選舉八之四四《親試雜録》,第4396頁。

(74)熊克《皇朝中興紀事本末》卷六三,紹興十四年五月壬申條,清雍正抄本(現藏國家圖書館)。

(75)《要録》卷一五二,紹興十四年十一月壬申條,第2456頁。

(76)王應麟《玉海》卷一三〇《紹興舉宗室》,江蘇古籍出版社,1987年影印本,第2415頁。

(77)《建炎以來朝野雜記》乙集卷一一《言官詞臣論宗室入館人數差誤》,第677頁。

(78)《宋史》卷三九二《趙汝愚傳》,第11981頁。

(79)樓鑰《攻媿集》卷一〇二《益陽縣丞趙君墓志銘》,第1、2頁。

(80)楊萬里《誠齋集》卷八四《應齋雜著序》,第106頁。

(81)《歷代名臣奏議》卷七七《宗室》,第207頁。

(82)真德秀《西山先生真文忠公文集》卷一五《申尚書省乞撥降度牒添助宗子請給》,第11頁。

(83)《宋史》卷二四五《趙元傑傳》,第8701頁。

(84)《宋史》卷二四五《趙元偓傳》,第8702頁。

(85)《玉海》卷一三〇《淳熙皇族登科題名》,第2416頁。

(86)《要録》卷九一,紹興五年秋七月癸未條,第1519頁。

(87)張邦基《墨莊漫録》卷五《藏書之富者》,中華書局,2002年,第142頁。

(88)《要録》卷一六四,紹興二十三年三月癸卯條,第2680頁。

(89)周應合等《景定建康志》卷三二《儒學志五·貢士·貢院》,宋元方志叢刊本,第2册,第1877頁。

(90)鄧廣銘點校《陳亮集》(增訂本)卷一三《策問·問建宗室以屏王室》,中華書局,1987年,第151頁。

(91)《陳亮集》卷一三《策問·問建宗室以屏王室》,第151頁。

(92)《宋史》卷四五二《趙訓之傳》,第13294頁。

㊼《宋史》卷四五三《趙伯振傳》，第 13294 頁。

㊽《紹興十八年同年小録》，影印文淵閣四庫全書本，第 448 册，第 379 頁；羅願《新安志》卷九《叙牧守》，宋元方志叢刊本，第 8 册，第 7749 頁。

㊾《嘉靖廣信府志》卷一四《選舉志·進士》，天一閣藏明代方志選刊續編，第 794 頁。

㊿佚名編，汝企和點校《續兩朝綱目備要》卷二"紹熙四年三月條"，中華書局，1995 年，第 29 頁。

⓾《宋史》卷三九二《趙汝愚附子崇憲傳》，第 11981 頁；《西山先生真文忠公文集》卷四四《趙華文（崇憲）墓誌銘》，第 7 頁。

⓾《宋史》卷三九二《趙汝愚傳》，第 11993 頁。

⓾《宋史》卷二四七《趙彦逾傳》，第 8767 頁；胡榘修等《寶慶四明志》卷九《先賢事迹》下，宋元方志叢刊本第 5 册，第 5103 頁。

⓾《西山先生真文忠公文集》卷四五《趙正惠公（希懌）墓誌銘》，第 1、3 頁；《宋史》卷二四七《趙希懌傳》，第 8751 頁。

⓾袁燮《絜齋集》卷一七《朝請大夫趙公墓誌銘》，影印文淵閣四庫全書本，第 1157 册，第 235 頁。

⓾《宋史》卷四一三《趙汝談傳》，第 12393 頁；潛説友《咸淳臨安志》卷六七《人物八·列傳》，宋元方志叢刊本，第 4 册，第 3792 頁。

⓾《宋史》卷四一三《趙汝讜傳》，第 12397 頁；《咸淳臨安志》卷六七《人物八·列傳》，第 3793 頁。

⓾陸心源《宋詩紀事補遺》卷九三《趙彦衛》，山西古籍出版社，1987 年，第 2214 頁。

⓾《攻媿集》卷一〇二《趙公（善譽）墓誌銘》，第 1—7 頁；《宋史》卷二四七《趙善譽傳》，第 8762 頁。

⓾李世愉《清代科舉制度考辨》，瀋陽出版社，2005 年，第 65 頁。

（原載《歷史研究》2011 年第 2 期）

作者簡介：祖慧，浙江大學古籍研究所教授

通訊地址：浙江大學西溪校區古籍研究所　　郵編：310028

北宋仁宗朝的集議

周　佳

　　較之北宋前期，仁宗朝士大夫的政務角色逐漸從原來以受命執行爲主，發展爲參與決策制定，其政治主導性大爲提升。當時朝廷開始越來越多地采用"集議"做法，使更多官員得以參與中央決策討論，爲宰執以外的士大夫群體提供了一條參政議政的重要渠道。仁宗朝是北宋集議活動的鼎盛時期，關於宋代集議問題，近年來學界雖有涉足，仍缺乏正面、深入的研究①。本文在厘清北宋前中期集議制度形成與變化的基礎上，旨在呈現仁宗朝日常政務決策如何圍繞集議展開運轉的實態，以及由此引起的北宋中期中央決策方式調整。

　　政治史研究過去多關注重要人物、突出事件或制度條文層面的重大調整，而忽略了日常狀態下的政治運轉情況，有關中央決策的研究尤其如此。如果我們更加注重傳統政務的日常運作，就不能僅僅將目光聚焦於決策終端環節，而要考慮，當時更爲廣大的官員群體有何表現？他們在日常接觸最多的本職政務領域内，如何發揮其參政議政作用？這些研究有助於加深我們對北宋中央政務運轉與士大夫政治演進實態的了解，並對傳統帝國日常政治活動這一議題有所推進。

一　宋初以來尚書省集議的衰落

　　秦漢以來，就有召集官員討論軍國政事的做法②。君主在決策之前，指定某些職務相關官員調查、商議並擬定處理辦法，然後上奏供君主決策之參考，此即所謂集議。北宋前期，"國家每有體大之事，必集群官議於尚書省"③。據《宋史》卷一二〇《禮二三》載：

　　　　朝省集議，前代不載其儀。宋初，刑政典禮之事當集議者，先下詔都省，省吏以告當議之官，悉集都堂。

集議對議題、參議官員、商議流程、上報文書格式等均有明確規定，因其多在尚書省總部機構即都省舉行，故又稱"尚書省集議"或"都省集議"。

　　北宋前期的尚書省集議制度乃承唐五代而來。唐初尚有"八座議事"制度，八座議事是作爲宰相機構的尚書省的辦公會議，凡重要疑難政務，由八座商議決定，特別重要者，才入宮與皇帝討論決定,當時"八座"由尚書左、右僕射和六部尚書組成。此後隨着尚書省與宰相機構的分離,"其國政樞密皆委中書,八座之官但受成其事而已"④,八座議事的職能遂被政事堂會議取代。但八座議事並未從此消失,其形式逐漸演變爲擴大了的尚書省集議。從八座議事到尚書省集議,地點仍在都省,但一是參議官員範圍擴大,也包括尚書省之外其他部門的七品以上官員;二是議題由軍國大政縮小至禮法典章。因此,尚書省集議在中央政務決策中的作用和地位並不高,其性質與傳統意義上作爲宰相會議的八座議事有很大不同⑤。五代時期,尚書省集議間有舉行。北宋前期的尚書省集議,正是直接繼承了唐五代的制度。

北宋前期的尚書省集議,其議題主要有以下方面:一、宗廟、郊祀、喪服、正朔、雅樂、刑名等典章儀制,二、擬定官員謚號,三、重大或疑難案件量刑。集議在尚書省都堂舉行,參議者一般包括尚書省丞郎、兩省與御史臺官員⑥。若重大事件需更多官員參加,集議地點或會改至朝堂。

集議前皆先下詔都省,由省吏通知諸位參議官員。宋初都省缺少舊吏,太宗時曾敕集三署官議事,狀下都省後,省吏對集議故事懵然不知,遂向剛罷相爲尚書省右僕射的李昉請教。李昉在後周世宗朝任主客員外郎、知制誥時,曾數次參與都省集議,他遂將集議程序詳細告知省吏云:

> 議事之日,三署官早赴省就次。所司先以所議事狀遍呈郎官,略知大意。……(群官升廳就坐後)知名表郎官以黄卷授所司,捧詣左右丞;左右丞執卷展讀訖,然後授於中丞;中丞授於尚書、侍郎;遍至群官讀訖,復授於知名表郎官,始命進飲食。所司捧筆研立於左右丞之前,一吏抗聲曰:"請定議。"左右丞揖群官訖,然後乃取幅紙書所議事,署字於其下,遍授四座。監議御史命一吏抗聲曰:"有所見不同者,請不署字。"食既訖,所司復抗聲曰:"食畢,揖。"群官對揖訖,各降堦出就本位,以所議可否,共列狀進入,以官高者爲表首,異議者於(閤)【閣】門別進狀論列。⑦

《宋會要輯稿》儀制八之一、《宋史》卷一二○《禮二三》記載的宋初尚書省集議程序稍嫌簡略,但與李昉所言基本一致。其中"三署官"是指中書、門下、御史臺官員⑧。"知名表郎官"則主要負責起草集議奏狀,一般由禮部郎中官銜者擔任⑨,有時也由禮部本部司之外的其他諸司郎中擔任。比如建隆元年(960)集議宋室宗廟完畢,所上議狀中便署有起草人"權判名表、主客郎中任澈"⑩之名。無論"知名表"還是"權判名表",從官銜上看,都屬於臨時差遣性質。

據李昉所言來看,尚書省集議雖云"集議",但實際並無商議環節。議事奏狀在集議之前已經擬定,集議時,只是宣讀奏狀內容,然後群官依官位從高到低依次署名即畢;有異議者,另行進狀論列。這種集議頗有走過場之嫌,其作用與其説"商議",反不如説是"告示周知"而已。

北宋前期尚書省集議流於形式,是由多方面原因造成的。一則當時集議内容多是禮儀典章之類,基本無關軍國政務,對現實政治的重要性相對較低,且多可討尋舊章,無需大費周章地討論。二則唐末五代以來,使職差遣普遍化,三省六部漸失職守,至北宋前期形成官與差遣分離制度,即以原三省六部職事官名作爲階官,官員品位由階官決定,而實際事任則由差遣決定。因此北宋前期帶三省官銜者多另有差遣,實際並不在三省供職,臺官也多領他局或外任,造成許多帶三省官銜而本當參加集議的官員實際無法出席。即使是領在京差遣者,如兩制、三司等處官員,因嫌集議無關緊要,也多移牒不赴。

仁宗即位後,尚書省集議流於形式的狀況並未有所改觀。當時偶有官員上疏要求重振尚書省集議,朝廷爲此在明道二年(1033)與景祐四年(1037)專門召集相關官員討論此事,但最終結果並不樂觀①。這兩場爭議過後,朝廷並未再致力於重振尚書省集議,而是改變了有關"集議"的基本思路。這一變化,與真仁時期另一種集議活動即"有司集議"的出現有莫大關係。

二　"號令數變"與有司集議的出現

仁宗時期,官員屢有上疏,批評朝廷存在"號令數變"之弊。寶元元年(1038),睦州通判張方平在給仁宗的一封奏疏中,曾談到中央號令數變給地方行政造成的危害,其云:

> 臣比見朝廷出令,或尋即更改,或俄復停廢。吏易之而奉行不固,民忽之而苟慢多違,揆大體而論之,此害政之深者。②

仁宗即位後凸顯的中央政令多變這一決策問題,在真宗朝已初露端緒,此現象產生,與宋初制度創立方式有關。太祖太宗創業之初,爲保持政局穩定,在制度建設上並未采取全盤革新方式,而是從局部入手,通過解決關鍵性問題來建立一個個具體法度,進而將日常政務逐步引入正軌。這種更易制度的做法,帶有一定權宜色彩,其一方面要求君主親歷親爲,對君主決策能力和每日政務處理量都有較高要求;另一方面,由於君主精力畢竟有限,未及對日常政務涉及的方方面面制度一一調整,於是遺留下爲數不少的制度漏洞有待繼續填補。

至真仁時期,國家進入承平階段,日常政務量較之宋初有增無減。在日益繁密、細化的政務處理過程中,宋初遺留的制度問題一一顯現,當時一些權宜之計在新的政治環境中也暴露出弊端,加之爲應對新增政務而需出臺新的規章制度,因此,北宋進入守成期後,日常政務決策量仍然不少。當時中央政務逐漸分流爲"軍國大事"與"日常政務",二者各有不同的處理方式。與此相應,決策内容大致也可分爲"軍國大事決策"與"日常政務決策"兩類。真仁時期,官員要求對制度進行局部性修訂的奏疏陸續增加,這類"更易法制"基本屬於"日常政務決策"範疇。日常決策量的增加,給君主造成一定壓力。加之兩位繼體之君,尤其是仁宗,在決斷能力上不及太祖太宗。故北宋前期"君主獨斷"的決策方式逐漸無法適應這種變化趨勢,二府(中書門下、樞密院)的決策地位遂開始增重。二府在分享君主決策權同時,也分擔了君主的決策負擔。至仁宗親政初期,中央日常決策主要仰賴二府,二府長官的個人能力至關重要。但是從君主獨斷到二府決斷,決策合理與否,主要依靠的還是決策者的個人能力和判斷。當號令數變問題屢次出現後,遂有官員認識到:應該改變這種以君主或宰執"個人"爲主導的決策方式,建立一種更爲集思廣益、穩妥有序的決策模式。

　　早在真宗景德三年(1006)六月,知制誥朱巽便就號令數變問題建議:

　　　　朝廷命令不可屢有更改。自應陳述利害、改張法制者,望先委有司詳議,其經久可行者行之,不可行者止之。庶幾張綱紀以絶分争。[13]

即對臣僚提交的改制要求,每次交付相應專業部門討論後,再決定是否施行、如何施行。此建議是否被采納,不得而知。不過,當時中央決策方式確實出現了一些新做法。景德三年(1006)正月,言事者以爲水旱灾沴,有備無患,建議設立常平倉制度,朝廷"詔三司集議,請如所奏"[14]。這裏的"三司集議"即後來朱巽所言"先委有司議其可否",當時對此並無專稱,現有研究對此現象亦基本漏略,爲行文方便並與尚書省集議作一區别,本文姑且稱之爲"有司集議"。需注意的是,此時的有司集議是業務相關的單個部門官員集議,其好處是決策專業性增强;其不足在於,對該部門專業領域之外的相關政治情況缺乏考慮。真宗時的對策是將單個部門集議變成多個部門集議。比如大中祥符六年(1013)詳定配隸法,其中大多數條款涉及茶鹽香藥、錢幣官物等經濟犯罪,因此朝廷命審刑院、大理寺、三司三個部門合議[15]。又如大中祥符九年(1016)命翰林學士李迪、御史中丞凌策與三司同議茶鹽制度,這次議題雖屬經濟領域,但參議官員不限於三司。同時合議結果"明具條約,送中書門下參詳以聞"[16],作爲中書門下最終決策的依據,此處"有司集議——中書門下定議"這兩道不同層次決策環節的輪廓大致呈現。

　　真宗朝出現的這種"有司集議",就筆者所見,施行頻率並不高,涉及的政務範圍也不廣,可以説是一種臨時性的應對措施,並未成爲當時中央決策的常規做法。其進一步完善、定型並被廣泛運用,是在仁宗朝。

　　仁宗時期,不斷有官員意識到,當時中央決策出現"號令數變"問題的根源,不僅在於決策者能力高低,而是中央決策機制本身需要重新調整,以適應北宋中期政治形勢的變化。康定元年(1040),右正言孫沔上言:

　　　　近來臣僚凡有起請,或陳利害,隨即頒佈,略無詰難。或未逾時,或方經月,有稱未

　　便,又復衝變。⑰

慶曆二年(1042)集賢校理歐陽修言"今出令之初,不加詳審,行之未久,尋又更張"⑱。慶曆
三年(1043),參知政事范仲淹言在《答手詔條陳十事》中總結時政重弊時,也説到朝廷政令
數變、煩而無信,"蓋由朝廷采百官起請,率爾頒行"⑲。這些意見認爲中央決策過於草率,均
針對決策機制而非決策者而言。

　　對此,孫沔建議:

　　　　臣欲乞今後中外臣僚有所見聞陳請者,若言禮樂即下太常禮院,言刑名即下審刑

　　院,言天下錢穀即下三司,言民間利害即下轉運司。小事半月,中事一月,仰所屬衆官

　　將前後敕條詳定奏上。如係制度大事,即下兩制、尚書省集議,委中書門下更加省察,

　　然後施行,亦朝廷謹重之意也。⑳

這一建議要點有二:一是決策群體範圍從二府擴展至在京諸要司,這意味着在宰執之外,將
有更多官員獲得參與制定中央政策的權力。二是在擴大決策群體範圍的同時,將決策過程
制度化。即先將待議題交付相關專業部門集議,討論結果上報二府審察,然後施行。按照
孫沔意見,二府在中央決策中的作用主要不是"合議"即親自擬出處理意見,而是對諸司集
議結果的"省察"。在這一模式中,"集議"雖然處於決策環節前端,但其議定意見對最終決
策結果至關重要。不難看出,孫沔此奏中提到的集議辦法,很大程度上是繼承真宗朝有司
集議而來。

　　因此,仁宗朝從北宋前期繼承的集議實際有兩種:一是承自唐五代的尚書省集議,以討
論禮樂典章爲主;二是承自真宗朝的有司集議,商議專門政務以供中央決策參考。二者功
能顯然不同,就制度化程度而言,前者遠高於後者;但就決策重要性而言,前者不及後者。
仁宗親政之初,有部分官員一度希望重振尚書省集議,最終未能實現。其後尚書省集議的
功能逐漸被有司集議所取代。

三　集議内容與參議官員

　　筆者所見史料中對仁宗朝集議活動的記載,遠多於北宋前三朝。仁宗朝集議的忽然增
多,肇始于劉太后垂簾時期。仁宗親政後,有司集議在逐漸取代尚書省集議的同時,其形式
有所發展,朝廷亦加以一定規範。但仁宗朝集議因事而議,議畢即散,且事體大小輕重不
同,參議官員範圍、集議時限、地點等並不完全相同,當時既難以用一種制度模式將其固定
化,今日也較難依靠搜討相關制度條文將其復原。所幸史料中對當時具體集議事件記載較

多,排比後亦能大致窺探到原貌之一斑。

筆者結合統計情況,以下主要從内容、官員、程序三方面,觀察仁宗朝集議活動的運作情況與變化趨勢。需要説明的是,儘管當時集議活動較富靈活性,但它大致具備一些共同特徵:集議大多遵循某些基本程式(比如集議的發起需有正式詔令或中書指揮);每次集議都圍繞一個明確的議題;集議結果一般要求形成一個統一方案,以規定的文書形式上報等等。這些特徵使集議區別於一般的諮詢或商議,換言之,集議既非君主或宰執個人向個別官員徵求決策意見的行爲,也不是隨時、隨地指定三五人即可進行的普通商議。

就内容言,首先,禮樂儀制在北宋前期歸屬尚書省集議討論,仁宗朝前期偶爾也由尚書省集議商定。但仁宗朝中後期,如討論謚號、郊廟、明堂、祔廟、喪服、鐘律、乘輿、家廟等事宜,基本不再舉行尚書省集議,而是采取有司集議的形式,視事體輕重,或由太常禮院一部門議定,或由太常禮院、兩制、崇文院、學士院中的兩個或兩個以上部門官員合議。以祔廟爲例,乾興元年(1022)真宗二后祔廟仍沿用尚書省集議[21]。明道二年(1033)太后祔廟是由都省與太常禮院集議[22],但當時都省官員多半未至,正因如此,是年才有官員上疏請重振尚書省集議之舉。至慶曆五年(1045)真宗三后祔廟,已不再舉行尚書省集議,而是由兩制(内制翰林學士、知制誥;外制中書舍人)至待制、御史中丞與太常禮院集議[23]。可見仁宗親政時期,尚書省集議的功能已逐漸被有司集議所取代。如前所言,尚書省集議有一套固定的程式規定,且無論議題大小,每次都需召集尚書省丞郎等全體出席,規模闊大但實際操作卻流於形式。相比之下,有司集議更具靈活性和應變性:一是集議規模並不固定,根據每次議題大小臨時組織,議畢即散,效率較高;二是集議官員以"差遣"而非"本官"爲準,較之尚書省丞郎,太常禮院、兩制、崇文館、學士院等部門官員熟知儀制典章,更爲專業[24]。從尚書省集議到有司集議,集議運作方式更加適用於當時官與差遣分離這一大的制度環境。

其次,除禮樂儀制外,仁宗朝有司集議涉及的政務範圍遠大於前朝。筆者僅據《續資治通鑒長編》(以下簡稱《長編》)卷九八至一九八統計,便包括經濟(裁減冗費、茶鹽礬税法、蠲減科配、置折中倉、鑄錢、禁奢、銷金、鬻爵、兵糧),官制(厘正中樞官制、選人出官、館閣選任、解官服喪、班行補授、職田、内朝、恩蔭、封贈),科舉(諸科考校、鎖廳試、別頭試、解額),刑法(修訂刑名、立法、量刑),兵制(弓手强壯通制)、宗室(修睦親宅神御殿、皇親嫁娶歲數),農田水利(修河、護桑),宗教事務(裁減歲度僧道數)等方面。上述議題主要是對各政務領域現有制度的局部性修訂或調整,以應對當時面臨的各種政治問題。這些問題,有的是北宋前期未及解決而遺留的積弊(如修河),有的是北宋前期制度運行至仁宗朝出現狀況需要調整(如税法、恩蔭、解額),有的是在北宋中期新政治形勢下出現的新問題(如冗費)。其中經濟類議題數量最多,這與仁宗朝出現的財政危機有直接關係。仁宗朝集議範圍的拓展,説明當時集議開始在中央日常決策中被廣泛使用。

　　仁宗朝集議根據内容不同,參議官員的來源和數量也不同。多數情況下,集議群體由數個職能相關部門官員組成。比如禮制一般由太常禮院、兩制、崇文院、學士院等官員集議,財政一般由三司、兩制、學士院等官員集議,法制一般由御史臺、刑部、審刑院、大理寺等官員集議,河道水利一般由河渠司、兩制等官員集議等等。但實際運作中,"謀事有小大,集官有等差"[⑤],每次集議究竟由哪幾個部門的哪些官員參加,並不固定,多由詔書臨時指定。比如儀制一般是由太常禮院與兩制等部門集議,但寶元二年(1039)關於官員在皇城内行馬制度,却由太常禮院與御史臺集議[⑥],因爲御史臺掌肅正朝儀、糾彈官員起居違失之職。

　　關於仁宗朝的集議官員,有兩點現象值得注意。一是參議頻率最高的官員來自兩制、臺諫、三司和太常禮院這四個部門,但原因有所不同。有司集議承擔了原來尚書省集議的功能後,禮樂在有司集議中佔有很大比重,這部分主要由太常禮院議定。仁宗朝初期,冗費問題開始凸顯,後經西夏戰爭,内外交困,財政危機嚴重,時"三路軍儲,出於山澤之利"[⑦],關於財政尤其是茶鹽稅法的集議尤多,這些集議都需三司參加。太常禮院與三司出席集議頻率較高,與議題分佈比重有很大關係。但兩制與臺諫受議題影響相對較小,尤其是兩制官員,至仁宗朝中後期基本穩定成爲集議的核心成員,這與其職能在北宋的重要地位有關[⑧]。

　　第二,若事體重大,有時宰執也會參加集議。如天聖元年(1023)調整茶鹽礬稅法,即由樞密副使張士遜、參知政事吕夷簡、魯宗道總領其事[⑨]。自唐"八座議事"演變爲"尚書省集議"後,議題由國家大政縮小至禮樂儀制,宰相也不再出席。至北宋仁宗朝,隨着集議内容再次從禮樂儀制擴展至國家政務,必要時宰執亦總領其事。説明這一時期,集議在中央決策中的地位有重新上升趨勢。

　　仁宗朝集議内容廣泛,參議官員均臨時指派,其部門、數量、規模等均視議題而定,並不固定,具有較强的靈活性和應變性。利用這種方式,仁宗朝得以針對當前政治形勢做出及時應對,在不斷對相關政策法令進行局部性調整的同時,又保持了國家整體制度結構的穩定。正因如此,朝廷並未將這類集議活動用一種統一的制度模式固定下來,在現存文獻中也較難找到相關的正式制度條文。於是便形成這樣一種現象:若以制度條文爲據,則仁宗朝對集議制度的記載基本沿襲北宋前期,主要是關於尚書省集議的;但在實際運作中,尚書省集議久廢不舉,基本被有司集議所取代,後者頻繁舉行,對中央政務決策具有重要作用。現有對北宋集議的研究論著,其材料主要從制度條文記載入手,因此只知有尚書省集議,而未能注意到有司集議以及二者之間的演變趨勢,進而也忽略了從北宋前期到中期關於中央日常決策方式的這一重要變化。

四　集議程序

每次有司集議的時間、地點、參議人員均因事臨時而定，其優勢是靈活性較大，但也造成一個問題，即集議活動較難被整理並固定成爲一套定型的制度條文。

據筆者所見，當時朝廷出臺的相關條文規定也極少。儘管如此，我們可以通過對現有事例的梳理，總結出當時集議的大致程式。

朝廷凡遇起請更革等政務需集議者，一般先由二府以批狀或劄子形式送相關部門，命其集議。如皇祐元年（1049），御史中丞張觀曾言：“諸處起請文字，中書、樞密院批狀下兩制，令與御史臺同共詳定。”㉛至和二年（1055），御史中丞張昇上疏中提及“中書劄子下御史臺，同刑法寺衆定百官行馬失序事”㉜。但若在君主、二府這一層級就能議定無疑之事，便不會交付有司集議。如慶曆六年（1046），監察御史唐詢上疏建議改革制科，“帝刊其名付中書”。參知政事吳育詳析利弊後，認爲不需更張，爲慎重起見，仍請將自己的奏疏下兩制詳定。但“上是（吳）育言，不復下兩制”，便下詔禮部仍循舊制㉝。

諸司收到二府批狀後，由長官負責主持集議，並在結果形成奏狀後，領銜上奏二府，有異議者另外單獨上疏。如寶元二年（1039）集議皇城行馬制度，臺官俞希孟“不肯同署奏狀，而乃獨入文字”㉞。嘉祐四年（1059），兩制與臺諫集議武官解官服喪制度，雙方爭論激烈，無法統一意見，最後“竟爲兩議以上”㉞。

二府收到議狀後，若對集議結果存疑，便可能指定另一批官員，就初議結果再次集議，以示慎重。最後二府根據集議結果做出裁定，經君主批准畫可後，正式下詔施行。比如《長編》卷九九，乾興元年十一月庚午條記載：

> 翰林學士承旨李維等言：“准中書送下太常丞、秘閣校理、同判禮儀院謝絳狀：‘伏睹本院與崇文院檢討官詳定，以宣祖配感生帝。竊謂宣祖非受命開統，因循配祀，義或未安。……’臣維等謹按……”

此次討論祖宗祭祀儀制，中書門下先命禮儀院與崇文院集議，集議結果寫成奏狀上呈。但同判禮儀院謝絳有異議，故單獨上疏，對集議結果提出質疑。中書門下不能決斷，便將謝絳奏狀轉發兩制，令兩制再次集議。兩制議定後，由翰林學士承旨李維領銜上奏，表示同意初議結果，“其謝絳所上議，伏請不行”㉟。最後經中書門下裁決，下詔按集議結果施行。兩制在這次集議中的作用比較特殊，以下結合臺諫，稍作説明。

兩制與臺諫直屬君主，除分別職掌草制、監察等事務外，還具有備顧問、議政事的職能，相當於君主身邊一支固定的決策參謀團隊。君主或二府在收到官員奏疏後，若無法決斷，有時會令兩制與臺諫集議。此外，兩制、臺諫與其他諸司一起集議的情況也比較常見。比如皇祐年間，有宗子請置家廟，"下兩制、禮官議"㊱。又曾"詔三司河渠司與兩制、臺諫官同議塞商胡、郭固決河"㊲。另外還有一種情況，如慶曆五年（1045），太常禮院奉詔議升祔三后事，在上報中書門下的議狀最後寫道："如允所陳，乞再行集議，以示奉先謹重之意"。朝廷遂"詔兩制至待制、御史中丞同議以聞"㊳。結合前引乾興元年集議祖宗祭祀儀式一事，可以看到，兩制與臺諫在集議中的作用比較特殊，或者説比較靈活：他們有時單獨集議；有時與其他專業部門一起集議；有時則就專業部門集議結果，再次進行集議。在最後一種情況中，集議這一道決策商議環節分出了兩個層次：有司集議——兩制與臺諫覆議。

關於集議程序，還有幾點需要説明。第一，若有必要，朝廷在集議同時會派遣官員前往實地勘察利害，將集議結論與調查結果對比參照後，再作裁定，以求穩妥。如慶曆時因陝西軍興，移用不足，朝廷計畫鑄錢。在數次命官集議同時，于慶曆四年（1044）先後派魚周詢、歐陽修等分察陝西、河東兩路錢利害㊴。嘉祐四年（1059）命韓絳等議弛茶禁，在集議官員要求下，朝廷復遣司封員外郎王靖等分六路詢察利害。詢察結果與集議所言一致，朝廷遂按集議意見正式下詔㊵。

第二，因議題、參議官員不同，每次集議地點並不固定。如嘉祐四年討論武官解官服喪制度，此事若按尚書省集議當在都省舉行。但這次轉由兩制、臺諫集議，集議地點改至學士院後廊㊶。若事體重大，集議官員衆多、次數頻繁、持續時間較長，朝廷還會專門置局以方便討論。置局後，集議官員會隨集議進程而不斷增減。比如皇祐二年（1050），中書門下集兩制、太常禮院，專門"置局于秘閣，詳定大樂"㊷。又如天聖元年（1023）正月開始討論改革茶鹽礬法，命三司使李諮、御史中丞劉筠、入內副都知周文質、提舉諸司庫務王臻、薛貽廓與三部副使集議，專門設立一計置司，由樞密副使張士遜、參知政事呂夷簡與魯宗道總領㊸。至天聖三年（1025）八月，又命翰林侍讀學士孫奭、知制誥夏竦、同工部郎中盧士倫、殿中侍御史王碩、如京使盧守懃再加詳定㊹。這次茶法集議前後歷時長達三年多。至嘉祐四年（1059）弛茶禁時，再次于三司置局集議㊺。神宗熙寧二年（1069）二月至三年五月臨時設立制置三司條例司，以參知政事王安石與知樞密院陳升之總領，作爲變法的籌畫、指導機構。這與仁宗朝有司集議改革茶法時的措置十分相似，都是針對變法而專門設局主持，並臨時抽調一批官員入局商議籌畫，事畢則散，只不過制置三司條例司的規模更爲闊大。

第三，集議結果一旦擬定，參議官員便不得擅改。嘉祐五年（1060）集議裁節班行補授之法，時兩制、臺諫集議已定，而右司諫吳及、監察御史裏行沈起"擅改議草"，增注令主興國軍磁湖鐵冶者大姓程叔良"仍舊與班行"，結果吳、沈二人俱受到降官外任的處罰㊻。

集議結果上報二府後，采用與否，需經二府最後裁定。比如嘉祐元年（1056），兩制就蔭補法議定上報後,"遂敕中書、樞密院裁定"㊼,然後下詔。大部分關於集議事件的記載中,並沒有明確寫明"二府裁定",但從議狀基本上報二府這一事實來看,二府在最後入内取旨之前,對集議結果應當是有所裁定的。

至仁宗朝中後期,儘管每次集議的内容、官員、地點、規模等因事而異,但基本遵循"有司集議——(兩制與臺諫覆議)——二府裁定"這一程式。裁定結果入内取旨,經君主批准後,便正式下詔施行。

五　從日常政務到軍國重事:西夏戰爭期間的集議變化

承平時期的集議活動,議題多屬日常政務。然而非常時期的突發事件也是日常政務需要隨時應對的一項重要内容。對仁宗朝君臣而言,最緊急非常、打破常態的事件莫過於西夏戰爭。有研究者指出,西夏戰爭時期北宋中央決策方式與承平時期有很大不同,一方面二府合議軍政以提高行政效能,另一方面引進了宰執以外的其他官員以集思廣益,應付邊事㊽。這一時期的集議内容,逐漸從日常政務向軍國重事擴展,戰爭過後,這一變化又繼續影響到日常政務運行。

西夏戰爭期間,經二府合議、宰相兼樞密使等一系列調整後,軍事決策權越來越集中到二府。正因如此,面對宋軍在戰爭中屢戰屢敗的慘狀,朝野輿論紛紛將矛頭指向肩負決策重任的二府長官。當時臣僚在指責二府決策失誤、要求替換宰執、選用能臣的同時,也希望能進一步改變二府裁定軍國大事的現有決策方式。

慶曆三年(1043)三月,宰相吕夷簡因病罷相,章得象、晏殊出任正、副宰相。四月,范仲淹、韓琦自西北邊臣升任樞密副使。但早在吕夷簡當政的慶曆元年(1041)末,宋廷已經采納張方平建議,許延州招納元昊,定下了議和的決策基調㊾。至慶曆三年,宋遼夏均派使者就宋夏合議事宜進行協商,此時議和基本已成定局。然而就在此時,宋廷内部出現了一股針對議和的異論。慶曆三年正月,元昊遣使納款。二月,尚在西北邊任的范仲淹、韓琦聯名上書,極論請和不可許㊿。其後,樞密副使韓琦、集賢校理余靖、知制誥田况、諫官歐陽修、蔡襄、孫甫等,就是否議和以及議和條款中稱呼、禮數、金帛、榷場、青鹽、大斤茶等相關事宜,多次上疏提出異議㋈。

爲使這股輿論力量能夠影響朝廷決策,以歐陽修爲代表,他們提出在宋夏議和這件事上,改用百官集議來代替此前由二府獨斷軍國大事的做法。慶曆三年七月,歐陽修首先提出:國家自兵興以來,二府于軍國大事多"秘而不宣",其處置失誤"皆由大臣自無謀慮,而杜塞衆見也"。如今元昊遣使議和,"和之與否,決在此行",而朝野"衆口云云,各有議論"。此事當采集公論而不能再由二府"專任獨見",故"元昊請和一事,伏乞於使人未至之前,集百官廷議"㉒。余靖則提出不僅議和一事,今後凡屬軍國重事皆需集議,不能僅由二府密議決定,但集議規模不必擴至百官,只需侍從官參加即可,其所謂侍從官主要是指兩制和臺諫㉓。這些意見本身,不僅針對具體事件而發,也是當時士大夫政治責任感與政治訴求的集中體現。

歐陽修、余靖建議的集議之法,並未在宋夏議和一事上被采用。但宋夏戰爭以來,兩制、臺諫等官員實際一直通過集議方式參與相關決策。比如寶元二年(1039),因"上封論列邊事者甚衆",下詔"並送翰林學士就本院看詳,毋得漏泄於外",有可采者則送二府施行㉔。康定元年(1040)命端明殿學士兼翰林院侍讀學士李淑、知制誥賈昌朝、同修起居注郭積、天章閣侍講王洙同詳定河北、河東兩路弓手、強壯通制㉕。慶曆二年(1042),命權御史中丞賈昌朝、右正言田況、知諫院張方平、入內都知張永和與權三司使姚仲孫同議裁減浮費㉖。慶曆三年(1043)爲紓解戰爭造成的民力窮困,命御史中丞王拱辰、知制誥田況與三司同議減放州縣科配㉗。慶曆四年(1044)范仲淹主持新政中"興學校"部分詔令,即由翰林學士宋祁、御史中丞王拱辰、知制誥張方平、歐陽修、殿中侍御史梅摯、天章閣侍講曾公亮、王洙,右正言孫甫、監察御史劉湜等集議而成㉘。這些集議雖不直接涉及重大軍國決策,但均與戰爭、改革等密切相關,其中兩制是集議官員的重要組成。而正是在慶曆之際,朝廷特別出臺了針對兩制議事的規定:

> 自今兩制官詳定公事,大事限一月,小事半月,其急速者勿拘。㉙

這裏兩制所議"公事"按事體輕重分爲"小事"、"大事"、"急速"三類,反映出當時由於兩制議事做法的普遍使用,已有必要對其議事期限加以規範。因此,當慶曆三年,歐陽修等先後提出以集議來決定宋夏議和大事,其建議並非空穴來風,乃是立足於當時中央日常決策中已廣泛使用集議方式這一現狀而發。

除兩制外,臺諫也是當時集議的重要組成人員。皇祐元年(1049),御史中丞張觀上疏:

> 諸處起請文字,中書、樞密院批狀下兩制,令與御史臺同共詳定。……竊緣御史臺官務在彈奏,朝廷班序座位不同,蓋古者使異其局,專其職。欲乞今後免同兩制議事。㉚

此奏雖被批准,但就實際情況來看,此後朝廷仍頻繁命令臺諫參與集議。

慶曆三年,歐陽修、余靖等要求以集議決定宋夏議和事宜的建議並未施行。不過,慶曆四年(1044)七月,正當宋夏議和將成之際,契丹遣使來告將伐元昊㉛。八月,二府聚廳召集兩制、臺官,宣示契丹來書並宋廷答書,集議者有翰林學士承旨丁度、翰林學士王堯臣、吳育、宋祁、知制誥孫抃、張方平、歐陽修、權御史中丞王拱辰、侍御史知雜事沈邈等㉜。據張方平《樂全集》卷十九《議西北邊事》開頭所言:

今月五日，中書、樞密院聚廳，奉傳聖旨，宣示契丹來書並朝廷回答書本，如所見有異，令具陳奏者。……

則朝廷在這次集議前已經擬好答書草稿，集議的目的是對這份草稿進行審議。參議者可以各自將意見以書面形式上奏，無需集體提交議狀。最後，朝廷在集議基礎上改定國書，當月即遣右正言余靖攜書出使契丹⑬。這次集議事關軍國外交重事，由二府親自主持，反映出仁宗時期，集議内容已經由原來的日常政務向軍國重事擴展。

至慶曆七年（1047）五月，朝廷正式下詔：

西北邊有大事，自今令中書、樞密院召兩制以上同議之。⑭

這份詔書在制度層面正式確認了"兩制以上"這個群體參議軍國重事的決策權。對集議活動而言，這也意味着其内容正式從"日常政務"擴展至"軍國大事"。此後如皇祐四年（1052）遼使來賀乾元節時，"其國書始去國號，而稱南、北朝，且言書稱大宋、大契丹非兄弟之義"。仁宗爲此召二府商議，二府認爲國書自有定式，且"宋之爲宋，受之於天，不可改。契丹亦其國名。自古豈有無名之國"。仁宗又將此事"下兩制、臺諫官議"，討論結果與二府一致，乃詔學士院照此擬答契丹書⑮。

至和元年（1054），殿中侍御史吕景初上疏建議仁宗應該多與大臣"坐而論道"，其所指"大臣"範圍包括"輔臣、侍從、臺諫"⑯。至和二年（1055），在翰林學士歐陽修建議下，朝廷下令："兩制、兩省以上，非因公事不得與執政相見，及不許與臺諫官往還。"⑰此禁令直到嘉祐六年（1061）方完全解除⑱。限制宰執、兩制、臺諫互相往來，或當與仁宗朝中後期以來，三方在中央決策中既彼此配合、又互相制約的權力格局有關。西夏戰爭以來，集議内容由日常政務擴升至軍國重事的這一變化，雖主要體現在兩制與臺諫這兩個群體。但應該看到，這一現象背後的基礎，是當時整個士大夫群體政治主體意識的高漲與參政議政實踐活動的活躍。

結　語

仁宗朝是宋人及後世所津津樂道的宋代"士大夫政治"的典範時期，當時士大夫作爲一個群體開始在政事活動中發揮決定性作用。在議政言風之外，集議爲當時中央諸司官員提供了實際參與制定國家政治決策的機會。其集議頻率之高、内容之廣、參議官員之衆，在整個北宋歷史上罕有其匹。但這樣的鼎盛狀態却未能在仁宗朝以後長久持續，這或許與當時集議活動制度化程度不高有關。

仁宗時期，尚書省集議逐漸爲有司集議所取代，議題也逐漸從日常政務領域擴展至軍國重事。集議處於仁宗朝中央決策系統中前端一環，它將中央諸司官員納入決策群體。諸司在分享君主與二府決策權的同時,也分擔了其決策負擔,以集思廣益的方式一定程度避免了當時朝廷出令不慎、號令數變的弊病。有司、二府、君主形成從低到高三個不同的決策層級,其決策地位、職能和權力雖各不相同,但通過程序達到彼此制衡的效果。仁宗朝有司集議較爲普遍的施行,一定程度改變了北宋前期以來君主或二府獨斷的中央決策方式。這種決策方式是仁宗朝"士大夫政治"重要體現之一,與北宋前期相比,具有很强的仁宗朝時代特色。

① 參見季平《宋王朝集議國事考論》,《北京師範大學學報》1990 年第 4 期,第 32—37 頁;朱瑞熙《中國政治制度通史》第六卷(宋代)第三章第一節"朝廷官員集議"部分,人民出版社,1996 年,第 120—125 頁;吳以寧《宋代朝省集議制度述論》,《學術月刊》1996 年第 10 期,第 56—62 頁;張仁璽《宋代集議制度考略》,《山東師大學報》(社會科學版)1998 年第 2 期,第 42—44 頁。其他斷代史對集議問題的研究,亦值得借鑒,比如屈文軍《元代的百官集議》,《中國史研究》2000 年第 2 期,第 127—134 頁。

② 參見廖伯源《秦漢朝廷之議論制度》,氏著《秦漢史論叢》,中華書局,2008 年,第 130—169 頁。

③ 《宋會要輯稿》(以下簡稱《宋會要》)儀制八之四,中華書局影印本,1957 年。

④ 李林甫等撰,陳仲夫點校《唐六典》卷一"尚書都省"條,中華書局,1992 年,第 6 頁。

⑤ 從八座議事到尚書省集議的變化,詳見雷聞《隋與唐前期的尚書省》,吳宗國主編《盛唐政治制度研究》第三章,上海辭書出版社,2003 年,第 68—113 頁。

⑥ 尚書省丞郎包括左右丞、六部尚書與侍郎,諸司郎中與員外郎。兩省官員包括中書、門下兩省的侍郎、散騎常侍、給事中、起居舍人(起居郎)、諫議大夫、司諫、正言。御史臺官員包括御史中丞和三院御史,其中一人集議時充當監議御史。

⑦ 田況《儒林公議》,大象出版社,2003 年,第 121—122 頁。

⑧ 《宋史》卷二六七《張洎傳》載張洎云:"按舊史,中書、門下、御史臺爲三署,謂侍從供奉之官。"中華書局,1977 年,第 9210 頁。

⑨ 葉夢得撰,宇文紹奕考異,侯忠義點校《石林燕語》卷三,中華書局,1984 年,第 42—43 頁。

⑩ 《宋大詔令集》卷一三八《百官兵部尚書張昭等上廟室議》,中華書局,1962 年,第 490 頁。

⑪ 《宋會要》儀制八之四至六。

⑫ 《樂全集》卷十九《上疏一道》,影印文淵閣四庫全書本。

⑬ 《宋朝事實》卷三,影印文淵閣四庫全書本,第 608 册第 32 頁上。

⑭ 《續資治通鑑長編》(以下簡稱《長編》)卷六二,景德三年正月辛未條,中華書局,1992 年,第 1385 頁。

⑮ 《長編》卷八〇,大中祥符六年正月庚子條,第 1814 頁。

⑯ 《宋大詔令集》卷一八三《令學士李迪、中丞凌策同議茶鹽詔》,第 666 頁。

⑰ 孫沔《上仁宗乞詔令先定議而後行》,《宋朝諸臣奏議》卷二二,上海古籍出版社,1999 年,第 208 頁。

⑱ 《長編》卷一三六,慶曆二年五月甲寅條,第 3253 頁。

⑲ 《范文正公政府奏議》卷上《答手詔條陳十事》,范仲淹撰,李勇先、王蓉貴校點《范仲淹全集》,四川大

學出版社,2007年,第537頁。

⑳孫沔《上仁宗乞詔令先定議而後行》,《宋朝諸臣奏議》卷二二,第208頁。

㉑《長編》卷九九,乾興元年七月壬申條,第2292頁。

㉒《長編》卷一一二,明道二年六月己未條,第2620頁。

㉓《長編》卷一五六,慶曆五年六月壬申條,第3785頁。

㉔程俱撰,張富祥校證《麟臺故事校證》卷三記載:"祖宗時,有大典禮政事講究因革,則三館之士必令預議。如范仲淹議職田狀,蘇軾議貢舉者,即其事也。詳議典禮,率令太常禮院與崇文院詳定以聞,蓋太常禮樂之司,崇文院簡冊之府,而又國史典章在焉。合群英之議,考古今之宜,則其施於政事典禮,必不詭于經理矣。"中華書局,2000年,第144頁。

㉕《宋史》卷一二〇《禮二三》,第2823頁。

㉖《長編》卷一二三,寶元二年五月甲辰條,第2906頁。

㉗《長編》卷一〇〇,天聖元年正月丁亥條,第2314頁。

㉘關於北宋兩制、臺諫職能地位的重要性,相關研究論著已較充分,此不再贅述,可參見楊果《中國翰林制度研究》,武漢大學出版社,1996年,第91—123頁;刁忠民《宋代臺諫制度研究》,巴蜀書社,1999年,第160—219頁。

㉙《長編》卷一〇〇,天聖元年正月丁亥條,第2314頁。

㉚《長編》卷一六六,皇祐元年正月戊午條,第3983頁。

㉛《長編》卷一八一,至和二年十月己亥條,第4379頁。

㉜《長編》卷一五八,慶曆六年六月丙子條,第3833—3836頁。

㉝《長編》卷一八一,至和二年十月己亥條,第4379頁。

㉞范鎮撰,汝沛點校《東齋記事》卷二,中華書局,1980年,第19頁。

㉟《長編》卷九九,乾興元年十一月庚午條,第2302頁。

㊱宋敏求撰,誠剛點校《春明退朝錄》卷中,中華書局,1980年,第22頁。

㊲《長編》卷一七一,皇祐三年九月己未條,第4109頁。

㊳《長編》卷一六五,慶曆五年六月壬申條,第3786頁。

㊴《長編》卷一六四,慶曆八年六月丙申條,第3955頁。

㊵《長編》卷一八九,嘉祐四年二月己巳條,第4549頁。

㊶《東齋記事》卷二,第19頁。

㊷《長編》卷一六九,皇祐二年閏十一月丁巳條,第4066頁。

㊸《長編》卷一〇〇,天聖元年正月丁亥條,第2314頁。

㊹《長編》卷一〇三,天聖三年八月辛未條,第2387頁。

㊺《長編》卷一八九,嘉祐四年二月己巳條,第4549頁。

㊻《長編》卷一九一,嘉祐五年四月甲申條,第4621頁。

㊼《長編》卷一八二，嘉祐元年四月丙辰條，第 4402 頁。

㊽陶晋生《北宋慶曆改革前後的外交政策》，載《宋遼關係史研究》，中華書局，2008 年，第 57—81 頁。

㊾《長編》卷一三四，慶曆元年十一月辛酉條，第 3197—3198 頁。

㊿《范文正公集補編》之《論元昊請和不可許者三大可防者三》，《范仲淹全集》第 722—728 頁。

(51)參見蔡襄撰，陈庆元等校注《蔡襄全集》卷十九《乞拒元昊之和》，卷二十《乞不聽議者許西賊不臣事》，福建人民出版社，1999 年，第 400、407 頁。歐陽修撰，李逸安點校《歐陽修全集》卷九九《論元昊不可稱吾祖劄子》、《論西賊議和利害狀》，中華書局，2001 年，第 1528—1532 頁。《長編》卷一四二，慶曆三年七月乙酉、庚寅、癸巳條，第 3403—3406、3408—3411 頁；卷一四五，慶曆三年十一月辛卯條，第 3507—3510 頁；卷一四九，慶曆四年五月甲申條，第 3613 頁。

(52)《歐陽修全集》卷九八《論乞令百官議事劄子》，第 1514 頁；卷九九《論乞廷議元昊通和事狀》，第 1528 頁。

(53)余靖《上仁宗乞令侍從與聞邊事》，《宋朝諸臣奏議》卷四九，第 527 頁。

(54)《長編》卷一二三，寶元二年二月癸酉條，第 2896 頁。

(55)《長編》卷一二九，康定元年十二月乙酉條，第 3058 頁。

(56)《長編》卷一三五，慶曆二年四月戊寅條，第 3233 頁。

(57)《長編》卷一四一，慶曆三年五月癸酉條，第 3373 頁。

(58)《長編》卷一四七，慶曆四年三月乙亥條，第 3563 頁。

(59)《宋會要》儀制八之十五。

(60)《宋會要》儀制八之十五至十六。

(61)《長編》卷一五一，慶曆四年七月癸未條，第 3668 頁。

(62)《長編》卷一五一，慶曆四年八月乙未條，第 3677 頁。

(63)參見《宋大詔令集》卷二二八《回契丹書》，第 884 頁。

(64)《宋會要》儀制八之十五。

(65)《長編》卷一七二，皇祐四年四月丙戌條，第 4141 頁。

(66)《長編》卷一七六，至和元年四月庚申條，第 4260 頁。

(67)《長編》卷一八〇，至和二年七月癸亥條，第 4356 頁。

(68)《長編》卷一八九，嘉祐四年五月戊戌條，第 4564 頁；卷一九三，嘉祐六年正月乙未條，第 4661 頁。

（原載《中華文史論叢》2012 年第 4 期，《人大復印報刊資料宋遼金元史》2013 年第 2 期全文轉載）

作者簡介：周佳，浙江大學古籍研究所講師

通訊地址：浙江大學西溪校區古籍研究　　郵編：310028

開私家藏書提要目録先河的李淑與
《邯鄲圖書志》

方建新

在中國古代藏書發展史上,宋代是一個具有里程碑式的階段。在這一時期,正式形成了官方藏書、私家藏書、寺觀藏書、書院藏書四大系統。宋代藏書業的發展,也極大地促進了目録學的發展,不但具有國家圖書館性質的館閣經常組織一些著名學者和館閣成員爲館閣和皇家藏書進行整理編目,而且,很多藏書家也編撰了爲數不少的私家藏書目録①,給後世留下了晁公武《郡齋讀書志》、陳振孫《直齋書録解題》(爲行文方便,下文或將晁、陳二書簡稱爲《讀書志》、《書録解題》或《晁志》、《陳録》)、尤袤的《遂初堂書目》三大私家藏書目録,成爲了解、研究宋代及宋代以前圖書典籍的重要書目工具書。

在中國古代目録學發展史上,以個人之力,對社會上流傳的圖書編製書目,一般認爲始自劉宋王儉的《七志》和梁阮孝緒的《七録》。在這之前和之後,直到唐中期,雖然也有一些藏書家爲家藏圖書進行過編目工作,但見於記載,編目整理成完整書目流行於世的,只有唐代的吳兢。《新唐書·藝文志》史部目録類、《郡齋讀書志》卷九均著録有《吳氏西齋書目》一卷。《郡齋讀書志》云:

> 右唐吳兢録其家藏書,凡一萬三千四百六十八卷。兢自撰書附於正史之末,又有續抄書列於後。

《玉海》卷五二著録《唐吳兢書目》:“《志》:《西齋書目》一卷,分五十七部,總一萬四百有三卷。”下注:“《崇文目》同。”以上三書及其他目録書籍所載,明確爲宋代以前私家藏書目録的,僅此吳兢一家②。關於《吳氏西齋書目》的體例,除了上引《郡齋讀書志》所説“兢將自撰書附於正史末,又有續抄書附於後”外,另未見有其他記載。《舊唐書》卷一〇二《吳兢傳》亦只稱“兢家藏書頗多,嘗目録其卷第,號《吳氏西齋書目》”。很明顯,用一卷篇幅著録一萬三千餘卷圖書,著録内容不可能詳細,只能“目録其卷第而已”。也就是説《吳氏西齋目録》不是對圖書作者、内容有較詳細記述的提要目録。由於宋人所編私家藏書目録除了晁公武、陳振孫、尤袤三家外,都已亡佚,於是所有目録學與目録學史著作在論述宋代目録學與文化學術的論著中,都把南宋晁公武的《讀書志》、陳振孫的《書録解題》作爲私家藏書提要目録的開創之作。幾年前，本人曾參加了寧波出版社組織的《中國藏書通史》的編寫，承擔了是書宋元部分大部分章節的撰寫，對宋代的私家藏書目錄作過一翻探考，發現這一傳統的觀點似不是很正確、全面。在《晁志》與《陳錄》之前，生活於北宋前期的大藏書家李淑編撰的家藏圖書目錄《邯鄲圖書志》，在對家藏圖書著錄時，就有對圖書作者、内容的介紹、考訂與評論，還涉及版本等問題。

　　爲此，草就此文，對李淑及其《邯鄲圖書志》作一紹介，對沿襲至今的學界的一個傳統觀點提出修正意見，是否妥當，敬請方家指正。

一　李淑生平著述補訂③

　　李淑，字獻臣，號邯鄲，徐州豐縣（今屬江蘇）人，若谷子。關於李淑的生卒年，《宋人傳記資料索引》未標明，《全宋文》卷五九七《李淑》小傳作“（1003—？）”，即生於真宗咸平六年。王德毅先生《李淑的政事與史事》一文已明確注明李淑生卒年爲 1002—1059，王先生所說甚是，只是未作說明。今略加考訂，以補充糾正有關書籍對李淑生卒年的缺載和疏誤。

　　《全宋文·李淑傳》稱淑“大中祥符七年，真宗幸亳，淑年十二，獻文賦詩，賜童子出身”④。顯然，《全宋文》謂淑生於咸平六年（1003），是據此推算得來，而李淑年十二獻文事，又是據《宋史》卷二九一《李淑傳》所載：“年十二，真宗幸亳，獻文行在所。”其實，關於李淑的生卒年，根據史籍的記載與宋人所撰李淑的傳記，是能夠確定的。《續資治通鑒長編》（以下簡稱《長編》）卷一八九嘉祐四年四月壬申條紀事：“河中府言，端明殿學士兼翰林侍讀學士、龍圖閣學士、户部侍郎、集賢殿修撰李淑卒。贈尚書右丞。”而《名臣碑傳琬琰集》卷六、《隆平集》卷七、《東都事略》卷五七《李若谷傳·附李淑傳》，亦均謂李淑卒於知河中府任上，“年五十八”。據《長編》與《琬琰集》等三篇李淑傳記，可確定李淑生於咸平五年（1002），《全宋文·李淑傳》誤晚一年，卒年爲嘉祐四年（1059）。又《琬琰集》、《隆平集》、《東都事略》都載真宗幸亳，李淑獻文行在時，年十三。查《長編》，真宗幸亳是在大中祥符七年（1014）正月⑤，依此上推，淑亦生於咸平五年，故《宋史·李淑傳》謂淑“年十二”獻文當爲“年十三”之誤刊。

　　有關李淑的先世，史載不詳。《琬琰集·李若谷傳》謂淑父若谷“字子淵，徐州人，少孤，遊洛下，因葬其考妣於緱氏而占籍焉”。《宋史·李若谷傳》所載同：“李若谷，字子淵，徐州豐人。少孤遊學，依姻家趙况於洛下，遂葬父母緱氏。”但李淑在其所撰《邯鄲圖書十志序》⑥中稱“予家高祖以還，力弦誦馬蹄間，重明尚文，素風不衰”。又謂“予門從著作、水部、贊善、洪州，四世而及中山，鄙夫承之”云云，則淑五世祖起即入仕，官至著作郎，其後高祖至祖，也擠身仕宦，屬於中小官僚階層。另李淑撰《李氏世德銘》譽其先祖云：“高邱播靈，我宗顯承。

冠冕北州，才華代興。"⑦李氏當又是世儒之家。李氏家族真正興旺，擠身高級官僚行列，始自淑父李若谷（970—1049）。若谷，咸平元年（998）登進士第，多歷外官，累擢至諫議大夫、集賢院學士、龍圖閣直學士。寶元元年（1038），拜參知政事。

李淑于大中祥符七年獻文，賜童子出身後，授試校書郎。天禧三年（1019），年十八，因宰相寇準薦，授校書郎，除館閣校勘。仁宗即位，遷大理評事，修《真宗實録》，爲檢討官。書成，改光禄寺丞、爲國史院編修官。天聖六年（1028），召試，賜進士及第⑧，改秘書郎，累擢史館修撰。景祐元年（1034），改知制誥。"自是，五除翰林學士，兩以人言不拜；三授端明殿、侍讀、龍圖學士，亦皆再謙。"⑨在此期間，李淑還先後出知許州、開封府、鄭州、河陽。《宋史·李淑傳》稱其"警慧過人，博習諸書，詳練朝廷典故，凡有沿革，帝多諮訪，制作誥命，爲時所稱"。但李淑中年以後，仕途並不順利通暢，受到多名大臣多次的彈劾論奏，其中有歐陽修、吳育、陳求古、包拯、吳奎、張昇、趙抃、蔡襄等人，均斥其"性奸邪"、"行迹奸邪醜惡"。王德毅先生在叙述了李淑的政事，分析了歐陽修、包拯、吳奎等對李淑的論奏後認爲，李淑的一再受到大臣們的彈劾，是當時黨爭的環境中，"宋代士大夫愛好黨同伐異，是不可怪的"。這一分析，符合當時政臺的實際。然而，似亦毋庸爲李淑辯護，李淑的政治品質和個人品行，以當時士大夫的道德標準來衡量，確有遭物議之處，如僅據《宋史·李淑傳》所載，其知開封府任上，"多褻近吏人"；諫官包拯、吳奎等言淑，"嘗請侍養父而不及其母"；又忌宋郊被重用，向仁宗密告"宋郊"之名於國"非善應也"；再有，宋祁作張貴妃制，疑進告身非是，向淑請教，淑"心知其誤，謂祁曰：'君第進，何疑邪？'祁遂得罪去"。類此"傾側險陂"，無疑也是受到諸多大臣彈劾論奏的重要緣由。

正是在大臣們的接二連三的斥責聲中，李淑"由是壹鬱不得志，出知河中府，暴感風眩，卒"⑩。

李淑以少年雋才，十三歲即爲秘書省校書郎，以後又較長時間在館閣擔任修史、編書、校書工作。其參加編修的史書，王德毅先生據《長編》、《晁志》、《陳録》、《玉海》、《宋會要輯稿》的記載，録爲《三朝國史》、《真宗實録》、《國朝會要》、《三朝寶訓》、《三朝訓鑒圖》、《閣門儀制》、《耕籍類事》、《崇文總目》、《康定行軍賞罰格》九種，對這九種圖書的編修經過和李淑在其中擔任的職務和工作，王先生也一一作了考述。除王先生所述外，李淑還參加了以下史書的編修、校訂工作。

1.《王后儀範》三卷。《長編》卷一一二：（明道二年正月）"戊寅，直集賢院李淑上《耕籍類事》五卷，又《王后儀範》三卷。"

2.《客省條例》七卷。《長編》卷一一八：（景定三年正月）"丙午，四方館使、榮州刺史夏元亨言，閣門儀制，自大中祥符中陳彭年詳定後，續降詔敕，或有重複，請復編次之。命學士承旨章得象、知制誥李淑同詳定。"下注："康定元年四月，修成《閣門儀制》十二卷、《客省條例》

七卷、《四方館條例》一卷。"《長編》卷一二七康定元年四月壬子條紀事:"李淑等上新修《閤門儀制》十二卷、《客省條例》七卷、《四方館條例》一卷。"

3.《四方館條例》一卷。見上引《長編》卷一一八、卷一二七。

4.《皇帝玉牒》三卷。《長編》卷一二四:"(寶元二年十月甲子)宗正寺修玉牒官李淑上所修《皇帝玉牒》二卷,《皇子籍》一卷。"

5.《皇子籍》一卷。見上引《長編》卷一二四。

6.參加校《史記》、《漢書》。《長編》卷一一八:"(景祐三年二月丙辰)以校勘《史記》、《漢書》官秘書丞余靖爲集賢校理,大理評事、國子監直講王洙爲史館檢討,賜詳定官翰林學士張觀、知制誥李淑、宋郊器幣有差。"

另外,李淑還參加了《集韻》的編寫,事見《長編》卷一一四景祐元年四月丁巳條紀事,而《郡齋讀書志》卷四著録:"《集韻》十卷。右皇朝丁度等撰。度與李淑、宋祁、鄭戩、王洙、賈昌朝同定,字五萬三千五百二十五,比舊增二萬七千三百三十一。"《直齋書録解題》卷三著録作《景祐集韻》。

李淑個人著作有《詩苑類格》三卷。"寶元三年,豫王出閣,淑爲王子傅,因纂成此書上之。述古賢作詩體格,總九十目"[11]。"《書殿集》二十卷,《潁皋集》五卷,《内制集》三卷,《祭範》一卷,《平棘集》、《邯鄲集》各十卷,《別集》並《筆語》各五十卷"[12]。著述宏富,然"其他文多裁取古語,務爲奇險,時人不許也"[13]。均已亡佚不傳。

二　李淑的藏書活動與《邯鄲圖書志序》

李淑不但著述宏富,而且是宋代著名的大藏書家,其藏書活動在宋人著作中多有記述。葉夢得《過庭録》云:"公卿名藏書家如宋宣獻(綬)、李邯鄲(淑),四方士民如亳州祁氏(元振)、饒州吳氏(良嗣)、荆州田氏(鎬)等,吾皆見其目,多止四萬許卷。"[14]陸游《跋京本家語》云:"本朝藏書之家,獨稱邯鄲公、宋常山公(綬),所著皆不減三萬卷。"[15]周密《齊東野語》卷一二"書籍之厄",所列宋代數十位大藏書家中,李淑名列其中,謂"邯鄲李淑五十七類,二萬三千一百八十餘卷"。《郡齋讀書志》卷九著録《邯鄲圖書志》十卷:

> 右皇朝李淑獻臣撰。淑,若谷之子也。載其家所藏圖書五十七類,經、史、子、集通計一千八百三十六部,二萬三千一百八十六卷。其外又有《藝術志》、《道書志》、《書志》、《畫志》,通爲八目。

《直齋書録解題》卷八:

> 《邯鄲書目》十卷。學士河南李淑獻臣撰,號《圖書十志》。皇祐己丑自作序以示子

孫曰朋、圭、燹者,其子壽朋、復圭、德燹也。

《玉海》卷五二著録李淑《圖書十志》:

> 《中興書目》:淑皇祐中撰《邯鄲書目》十卷,子德燹再集其目三十卷。淑藏書二萬
> 八百十一卷,著爲《目録》,凡五十七類,至是比舊少一千一卷。

另《遂初堂書目》、《通志·藝文略》、《文獻通考·經籍考》、《宋史·藝文志》都著録有李淑家
藏圖書目録《邯鄲書目》十卷。綜合各書與各家書目所載,可得知李淑家藏書二萬三千多
卷,並編有家藏圖書目録《邯鄲圖書志》十卷,後其子德燹再集其目三十卷。李淑皇祐己丑
(元年,1049)自撰的《邯鄲圖書十志序》,今保存于《宋文鑒》中,全文如下:

> 儒籍肇劉《略》、荀《簿》、王《志》、阮《録》,汔元毋廼備。士大夫藏家者,唯吳兢著
> 目。唐季兵燬,墳典散落。帝宋戢戈講道,薦紳靡然,編摩校輯,歲月相踵。予家高曾
> 以還,力弦誦馬蹄間,重明尚文,素風不衰。肆中山公奮葵舒光,翊宣通謨。狷者賴清
> 白之傳,冠而並班傳遊,載筆兩朝,禁清圖史,號令策牘,吁俞演暢。伊延閣、廣内幽經
> 秘篇,固彈見悉索之。中敕辨次,甫事麇去。大抵官書三萬六千二百八卷,訂開元見目
> 什不五六。《崇文目》剟去五千餘,猶淺末。摽剽名臣舊族間,所獲或東觀之缺。繇是
> 知世書尚存,購寫弗兢。豐社舊蘊,斷螭不倫,中山官南,始復論補。逮於刊綴,彌三十
> 載。會請養玉堂,抉私褚外内經合道釋書畫得若干,離十志五十七類,總八目。几櫝題
> 帙,參准昔模,緗素枕籍,點兼古語。有貳本者,分貯旁格。柳氏長行後學知別歟。噫,
> 予門從著作、水部、贊善、洪州四世而及中山,酆夫承之,施爾朋、圭、燹、泊、彚、蒙、謙
> 輩,冠蓋八葉,繄汝曹善承之,肆守之,毋爲勢奪,毋爲賄遷。書用二印,取(朋)[明]篆,
> 所以記封國,詔世代。東都永寧有館第,西都履道有園齋,爲退居佔畢之玩。既志之序
> 之,識迂拙耽賞之自,後日紬續,追紀左方。⑯

序中回顧總結了目録書籍的編制經過,指出士大夫家藏書目只有"吳齋(兢)著目"。同時簡
單介紹了宋初世存圖書及官方藏書情況,而着重論述了其父中山公即李若谷與淑本人"購
寫弗兢"、"論補"、"刊綴""彌三十載"的收藏、校勘圖書及將家藏圖書"離十志五十七類總八
目"的經過。最後告誡子孫:"汝曹善承之,肆守之。毋爲勢奪,毋爲賄遷。"

《邯鄲圖書十志序》是宋代諸多私家目録中除了《晁志》、《陳録》外,僅剩的自撰私家藏
書目録序,是一篇十分珍貴的私家藏書文獻,序中所述李淑收藏、校勘圖書和對家藏圖書目
録的編撰,已説明在晁公武、陳振孫之前,繼唐吳兢後,李淑已編制了多達十卷的私家藏書
目録,而據上引《玉海》卷五二所引《中興書目》,淑子德燹恪守父囑"善承之,肆守之",再集
其目三十卷。僅據卷數和李淑的《邯鄲圖書十志序》,當可確定《邯鄲圖書志》和再集書目,
不是一般的登記性質的私家藏書目録,而是有解題的提要目録。

三　《邯鄲圖書志》的體例

　　《邯鄲圖書志》已亡佚,但在《郡齋讀書志》、《直齋書録解題》、《玉海》中還保留着此書的片言隻語,爲了進一步了解考察它的體例,筆者對上述三書記載與引用的是書材料進行了輯録。其中在《晁志》中輯得二十九條,《陳録》中輯得十二條,《玉海》中輯得三條,兹移録如下:

(一)《郡齋讀書志》中有關《邯鄲書目》材料⑰

　　1.1/17《關子明易傳》一卷　右魏關朗撰。子明,朗字也。元魏太和末,王虬言于孝文,孝文召見之,著成《筮論》數十篇。唐趙蕤云:"恨書亡半,隨文詮解,才十一篇而已。"李邯鄲始著之目,云:"王通贊《易》,蓋宗此也。"

　　2.1/26《周易啓源》十卷　右蔡廣成撰。李邯鄲云唐人,田偉置於王昭素之下,今從李説。

　　3.3/107《春秋公羊傳疏》三十卷　右不著撰人。李獻臣云徐彦撰,亦不詳何代人也。

　　4.4/134《韓李論語筆解》十卷　右唐韓愈退之、李翱習之撰……然《四庫》、《邯鄲書目》皆無之,獨《田氏書目》有韓愈《論語》十卷,《筆解》兩卷。

　　5.4/158《墨藪》十卷　右高陽許歸與編。未詳何代人。《李氏書目》止五卷,而梁武《評書》、王逸少《筆勢論》皆别出。

　　6.6/257《桂苑叢談》一卷　右題云馮翊子子休撰。雜記唐朝雜事僖、昭時,當是五代人,李邯鄲云姓嚴。

　　7.7/316《史館故事》三卷　右不題撰人姓氏。記史館雜事,分六門,迄於五代。李獻臣以爲後周史官所著。按其書以廣順年事爲皇朝,獻臣之説尤信。

　　8.9/383《民表録》三卷　右皇朝胡納撰。録國朝循吏善政,李淑以爲雖淺俗,亦可備廣記云。

　　9.10/441《中論》二卷　右後漢徐幹偉長撰……李獻(民)[臣]云,别本有《復三年》、《制役》二篇。

　　10.11/495《尹文子》二卷　右周尹文撰,仲長氏所定……李獻臣云:"仲長氏,統也。熙伯,繆襲字也。"

　　11.12/509《淮南子》二十一卷　右漢劉安撰……《李氏書目》亦云第七、第十九亡,

《崇文目》則云,存者十八篇。蓋李氏亡二篇,《崇文》亡三篇,家本又少其一。俟求善本是正之。

12.12/512《孔叢子》七卷　右楚孔鮒撰。鮒,字子魚,孔子八世孫也。仕陳勝……《邯鄲書目》云:"一名盤盂,取事雜也。至漢,孔臧又以其所著賦與書,謂之《連叢》,附於卷末,凡十篇。嘉祐中,宋咸爲之注。"

13.12/538《竹譜》一卷　右戴凱之撰……李邯鄲云:"未詳何代人。"

14.13/546《殷芸小説》十卷　右宋殷芸撰。述秦漢以來雜事。予家本題曰"劉餗",李淑以爲非。

15.13/573《鑒誡録》十卷　右後蜀何光遠撰。字輝夫,東海人,廣政中纂輯唐以來君臣事迹可爲世鑒者,前有劉曦度序。李獻臣曰:"不知何時人。"考之不詳也。

16.13/607《合元萬分曆》一卷　右唐曹氏撰,未知其名。曆元起唐高宗顯慶五年庚申,蓋民間所行小曆也,本天竺曆爲法。李獻臣云。

17.14/617《珞琭子三命》一卷　右李獻臣云:"珞琭者,取珞珞如玉,琭琭如石之義,推人生休咎,否泰之法。"

18.14/626《遁甲經》一卷　右唐胡乾撰。《李氏書目》云:亦云九天玄女術,推九星、八門、三奇、六儀之法。

19.14/627《鮮鸚經》十卷　右未詳撰人。凡十門六十二章……故此書載于道藏。李邯鄲云:"羅浮山逍遥子撰。"

20.15/699《相馬經》一卷　右未詳撰人。述相馬法式,並著馬之疾狀及治療之術。《李氏書目》有之。

21.16/739《大洞真經》一卷　右題云高上虛皇君等。道書,三十七章……李氏《道書志》四類,一曰經誥類,二曰傳録類,三曰丹藥類,四曰符篆類,皆以此書爲之首,然《唐志》不載,故以次《度人經》云。

22.16/749《天蓬神呪》一卷　右未詳撰人。《邯鄲書目》載道書最衆,已上八種皆有之。

23.16/755《參同契太易圖》一卷　右不題撰人。論周天火候……按《崇文總目》云張處撰。而李獻臣以爲"天老神君撰,雲常子張處序。亦名至藥丹訣"。未知孰是。

24.16/756《太上説魂魄經》二卷　右題曰老子撰……《崇文》題曰《太上靈書》,李氏亦有其目。

25.16/758《食氣經》一卷　右太皇子撰,未詳。李邯鄲云:"似雜集之書。"

26.16/761《金碧潛通》一卷　右題長白山人元陽子解,未詳何代人,不知其撰人姓名。按《邯鄲書目》云羊參微集。其序言"本得之石函,皆科斗文字。世有三十六字訣,七曜、五行、八卦、九宮……"。疑即參微所撰也。

27.16/762《還丹歌》一卷　右元陽子撰。次序雜亂,非完書也。大皆解《參同契》。《李氏書目》云:"海客李玄光遇玄壽先生于中嶽,授此。"未詳玄光何代人。

28.16/763《龍虎通元要訣》一卷　右蘇元朗撰,以古訣《龍虎經》、《參同契秘》、《金碧潛通訣》,其文繁而隱,故纂其要爲是書。李邯鄲家本題云:"青霞子,隋開皇時人。"不出名氏,豈元朗之號耶?

29.16/767《授道志》一卷　右皇朝楊谷,真宗朝嘗遇神仙于成都藥市,自授其道本。《李氏書目》亦載:云谷自號純粹子。

(二)《直齋書錄解題》中有關《邯鄲書目》材料⑱

1.3/88《蜀爾雅》三卷　不著名氏。《館閣書目》案:李邯鄲云唐李商隱采蜀語爲之,當必有據。

2.5/159《太和辨謗略》三卷　唐宰相李德裕撰……元和書今不存,《邯鄲書目》亦止有前五卷。

3.7/196《梁四公記》一卷　唐張説撰。案《館閣書目》稱梁載言纂。《唐志》作盧詵,注云一作梁載言。《邯鄲書目》云載言得之臨淄田通,又云別本題張説,或爲盧詵。今按此書卷末所云田通事迹,信然。而首題張説,不可曉也。

4.7/197《鳳池歷》二卷　不著名氏。記長孫無忌歷官本末及家世子孫。按《唐志》馮宇《鳳池録》五十卷。《李淑書目》惟存五卷,記宰相名次事迹,非此書。

5.7/201《平蜀實録》一卷　左藏庫副使康延澤撰……《邯鄲書目》云不知作者,《館閣書目》亦然,考王元之所撰延澤墓誌,知其所爲也。

6.8/238《水經》三卷、《水經注》四十卷　桑欽撰。後魏御史中尉范陽酈道元善長注。桑欽,不知何人。《邯鄲書目》以爲漢人,晁公武曰成帝時人,當有所據。

7.10/304《端應圖》十卷　不著名氏。案《唐志》有孫柔之《瑞應圖記》、熊理《瑞應圖譜》各三卷,顧野王《符瑞圖》十卷,又《祥瑞圖》十卷。今此書名與孫、熊同,而卷數與顧合,意其野王書也。其間亦多援孫氏以爲注。《中興書目》有《符瑞圖》二卷,定著爲野王。又有《瑞應圖》十卷,稱不知作者……。至《李淑書目》,又直以爲孫柔之,其爲昌齡或不可知,而此書多引孫氏,則决非柔之矣。又恐李氏書別一家也。

8.11/316《殷芸小説》十卷　宋殷芸撰。《邯鄲書目》云:或題劉餗,非也。今此書首題秦、漢、魏、晉、宋諸帝,注云齊殷芸撰,非劉餗明矣。

9.11/323《耳目記》一卷　　無名氏。《邯鄲書目》云劉氏撰,未詳其名。記唐末以後事。

10.11/324《紀聞譚》三卷　　蜀潘遠撰。《館閣書目》按李淑作潘遺。今考《邯鄲書目》亦作潘遠。其曰遺者,本誤也。所記隋唐遺事。

11.12/361《三朝經武聖略》十五卷　　天章閣侍講王洙撰。寶元中上進。凡十七門,後五卷爲奏議。《中興書目》云十卷,《李淑書目》十五卷。今本與邯鄲卷數同。

12.16/471《賈幼幾集》十卷　　唐起居舍人河南賈至幼幾撰。《唐志》二十卷,別十五卷。《李淑書目》云:"至集有三本,又有十卷者,有序。"今本無序,中興館閣本亦同。

(三)《玉海》中有關《邯鄲書目》材料⑩

1.51/2/1005《子華子》。《書目》:儒家,十卷。載劉向校録序曰:向所校讎中外書。《子華子》凡二十四篇,以相校,除複重十三篇,定著十篇……案:《漢志》及隋唐二《志》、《崇文總目》、《國史藝文志》悉無此書。吳兢、李淑二家書目亦不載,必近世依託也。

2.53/2/1012《尸子》。《漢志》:雜家,二十篇,名佼,魯人。秦相商君師之。《隋志》二十卷,目一卷……《書目》:儒家,一卷。《李淑書目》所存者四卷,今止存二篇,合爲一卷。

3.55/2/1047唐《酉陽雜俎》。《志》小說家。唐《酉陽雜俎》三十卷(下注:《崇文總目》同)。《中興書目》:二十卷,唐太常少卿段成式撰……《李淑書目》:詩書,味之大羹,史爲折俎,子爲醯醢,故名曰"雜俎";酉陽,取大小二酉山,多藏奇書。

以上三書載録、引用有關《邯鄲圖書志》材料凡四十四則,涉及到四十三種圖書(其中《殷芸小說》十卷《晁志》、《陳録》都有引録),雖僅片言隻語,但細加分析,也可約略窺見其對圖書著録的體例。概而言之,大致如下:

(1)除了著録圖書的書名、卷數、作者外,還有對作者的介紹與考證。如《晁志》所引第2條《周易啓源》十卷,指出作者蔡廣成是"唐人",爲晁公武采納。第7條《史館故事》三卷,晁公武家藏本"不題撰人姓氏","李獻臣以爲後周史官所著",晁公武認爲"獻臣之説尤信"。第10條《尹文子》二卷,周尹文撰,仲長氏所定。"李獻臣云:'仲長氏,統也。熙伯,繆襲字也。'"《晁志》第14條、《陳録》第8條《殷芸小説》十卷,均引李淑與《邯鄲書目》,謂別本或題劉餗撰,非也。另如《晁志》所引第19條、23條、26條、28條、29條,《陳録》所引第1條、第6條亦都是對原書未著録作者或著録不明作了補録和考證。

(2)對圖書內容的簡單介紹與評論。如《晁志》所引第8條《民表録》三卷,以爲是書"雖淺俗,亦可備廣記云";第16條《合元萬分曆》一卷謂此書"本天竺曆爲法";第25條引《食氣經》一卷,稱其爲"似雜集之書";《陳録》所引第 1 條《蜀爾雅》三卷,云"唐李商隱采蜀語爲之";《玉海》所引第 3 條《酉陽雜俎》對是書書名的由來作了簡明扼要的考述。

(3)著録圖書版本,比較各本的異同。如《晁志》所引第 9 條《中論》二卷,指出別本有《復三年》、《制役》二篇;《陳録》所引第 3 條《梁四公記》一卷,"云載言得之臨淄田通,又云別本題張説,或爲盧詵";第 12 條《賈幼幾集》十卷,指出"至集有三本,又有十卷者,有序"。

(4)對圖書内容簡要考鏡源流,略作辨章學術。如《晁志》所引第 1 條《關子明易傳》一卷,謂"王通贊《易》,蓋宗此也";第 17 條《珞琭子三命》一卷,云"珞琭者,取珞珞如玉,琭琭如石之義推人生休咎,否泰之法"。再如《晁志》第 12 條《孔叢子》七卷引録的對是書成書和學術源流的闡述,雖是附會之説[⑳],但從書目著録内容範圍而言,有著明顯的考鏡源流,辨章學術的本意與作用。

四　餘論

通過以上對李淑《邯鄲圖書十志序》和《晁志》、《陳録》、《玉海》三書引録的《邯鄲圖書志》對其家藏圖書著録内容的考察,可以認爲,《邯鄲圖書志》是一部提要性質的私家藏書目録,它對圖書分類在經、史、子、集外又有《藝術志》、《道書志》、《書志》、《畫志》凡八目,而目下有類,總五十七類。其對圖書的著録體例除了書名、卷數、作者等基本要素外,還有對作者的介紹、考訂;對圖書内容的提要、評論與版本以及學術源流的考述。同晁公武的《郡齋讀書志》、陳振孫的《直齋書録解題》體例相似,並且不但爲以上三書引用,還被宋代的官方目録《館閣書目》、《中興館閣書目》引用,可見李淑的藏書活動和他的《邯鄲圖書志》受到時人的重視。這就證明筆者在本文開頭所説的將《郡齋讀書志》和《直齋書録解題》作爲開我國古代私家藏書提要目録先河這一傳統觀點並不正確全面,似有必要加以修正。筆者提出這一觀點,不是否定《晁志》、《陳録》在中國目録學史上的地位,而是使我們對宋代目録學發展,特别是私家目録的編撰有一個更符合歷史發展實際的認識。因爲任何事物的發展,都有一個醖釀、産生、發展、成熟的過程,而《晁志》、《陳録》作爲體例完備的學術性很强的私家藏書提要目録,正是在李淑這樣的藏書家及其《邯鄲圖書志》這樣的私家藏書目録的基礎上,發展而成的。而《邯鄲圖書志》的編撰出現,既有李淑作爲一個大藏書家、文獻學家參加了《崇文總目》等多部官方圖書的編撰,精通目録學、史學這樣的個人原因,更是宋代藏書業及與之相關的目録學的發展和整個宋代學術文化空前繁榮的大背景下産生的。所以《邯鄲圖書志》作爲目前有明確記載的有提要的私家藏書目録,確實是開宋代私家藏書提要目録先河,值得在宋代目録發展史上,乃至整個中國古典目録學發展史上書上一筆。

① 據筆者搜集到的材料，見於記載的宋代私家目録有近四十家。參《中國藏書通史》第三章第三節《宋代藏書家對圖書的整理研究》，寧波出版社 2001 年。

② 據《新唐書》卷五八《藝文志·乙部史録·目録類》著録，唐代另有私家目録《河東東齋史目》三卷、蔣或《新集書目》一卷、杜信《東齋籍》二十卷，但均非家藏圖書目録，是私人編撰的、屬現代目録學所説的登記書目。

③ 據筆者所知，近人、今人對李淑的專題研究論文，只有臺灣王德毅先生的《李淑的政事與史學》一文（原載《第二屆國際華學研究會議論文集》，臺北“中國”文化大學文學院 1992 年，後收入《宋史研究集》第二十四輯，臺北“國立”編譯館中華叢書編審委員會 1995 年）。故本文對李淑的生平著述不作較全面論述，僅就王先生大作及有關著作缺載與認爲疏誤之處略作補訂。

④ 《全宋詩》卷二三一《李淑》小傳雖注明李淑生卒年爲 1002—1059，但亦謂淑“十二歲時獻文真宗，賜童子出身”。

⑤ 《長編》卷八二，中華書局點校本 1995 年版，第 7 册第 1862 頁。

⑥ 《宋文鑒》卷八六，中華書局 1992 年點校本，中册第 1228 頁。

⑦ 《全宋文》卷五九七，巴蜀書社 1988 年，第 4 册第 587 頁。

⑧ 《長編》卷一〇六，天聖六年五月丁巳條紀事（第 8 册第 2474 頁）：“召試，賜進士及第。”《琬琰集》、《隆平集》、《東都事略》之《李淑傳》都載淑天聖五年召試，賜進士及第。今據《長編》。

⑨ 《宋史》卷二九一《李若谷傳·附李淑傳》，第 28 册第 9741 頁。

⑩ 《宋史》卷二九一《李若谷傳·附李淑傳》，第 28 册第 9741 頁。

⑪ 《郡齋讀書志校證》卷二〇，上海古籍出版社，1990 年，第 1079 頁。又見《直齋書録解題》卷二二，上海古籍出版社點校本，1990 年，第 645 頁。

⑫ 《名臣碑傳琬琰集》下集卷六《李若谷傳·附李淑傳》，影印文淵閣四庫全書本，臺灣商務印書館 1982 年。

⑬ 《宋史》卷二九一《李若谷傳·附李淑傳》，第 28 册第 9741 頁。

⑭ 《文獻通考》卷一七四《經籍考一》，中華書局影印萬有文庫《十通》本，1984 年，下册第 1510 頁。

⑮ 《渭南文集》卷二七，中國書店影印 1936 年世界書局本，1986 年，上册第 169 頁。

⑯ 《宋文鑒》卷八六，中册第 1228 頁。引者按：以上引文文字、標點，用文淵閣《四庫全書》本《宋文鑒》所載校勘，稍有不同。

⑰ 下據上海古籍出版社《郡齋讀書志校證》1990 年版。“/”斜綫前爲卷數，斜綫後爲頁數。如第 1 條：1/17 表示第一卷第 17 頁，下同。

⑱ 下據上海古籍出版社《直齋書録解題》點校本 1987 年版，著録方式同上。

⑲ 下據上海書店等影印光緒九年浙江書局本《玉海》，1987 年，著録方式同上。

⑳見《郡齋讀書志校正》卷一二《孔叢子》條注③，第 513 頁。

　　（原載《文獻》2005 年第 2 期，此次重刊，訂正了原文誤將政和間李獻民所撰

　　《雲齋廣録》十卷爲李淑撰這一疏誤）

作者簡介：方建新，浙江大學古籍研究所教授

通訊地址：浙江大學西溪校區古籍研究所　　郵編：310028

古佚佛教經録考辨

馮國棟

　　自梁任公撰《佛家經録在中國目録學之位置》[①]，佛教經録漸受學界重視，高論鴻著，時有刊布。而早期經録，事關中國佛教目録之起源与早期发展，尤爲學界瞻目，梁氏之後，姚名達、馮承均、蘇晉仁、譚世保諸賢皆有探研論列[②]。然因早期經録，既已多屬亡佚，而後世之記載复簡略混亂，故学界對早期亡佚經録之真僞、作時、内容、作者，見仁見智，莫衷一是，歧解多有，異見紛呈。筆者近年董理漢文佛教經録，對早期亡佚之經録稍有涉獵，故撰此小文，以效一得之愚。自知綆短汲深，紕謬不免，祈通人方家指正焉。

一 《古録》之真僞與作時

　　費長房《歷代三寶紀》卷十五列古今經録，中有"古"、"舊"二録，後道宣、智昇、圓照諸人，亦舉二録爲最古。《歷代三寶紀》著録《古録》云："《古録》一卷，似是秦時釋利防等所齎來經目録。"[③]道宣《大唐内典録》卷十則曰："《古經録》一卷，右尋諸舊録，多稱爲《古録》，則似秦時釋利防等所齎經録。"[④]後《開元釋教録》卷十、《貞元新定釋教録》卷十皆著録，所言與《大唐内典録》相同。

　　此録與《舊經録》自清代以來，即被定爲僞作。《四庫全書總目提要·開元釋教録》云："其第十卷則載'歷代佛經目録'，凡古目録二十五家，僅存其名；新目録十六家，具列其數。首爲《古經録》一卷，謂爲秦始皇時釋利防等所齎。其説恍惚無徵。次爲《舊經録》一卷，稱爲劉向校書天禄閣所見。蓋依據向《列仙傳序》稱七十二人已見佛經之文。至稱爲孔壁所藏，則無庸置辨矣。餘自《漢時佛經目録》以後，則固皆有實徵者也。"[⑤]梁啓超《佛家經録在中國目録學之位置》、馮承鈞《大藏經録存佚考》皆定其爲僞作。判定其爲僞作之根據，概括言之，約有兩端：一秦時無有佛法，釋利防之事與史無徵；二《古録》所載經典有出於北涼者，與秦時不符。故馮承鈞認爲此録"不徒事僞，'經録'亦僞"[⑥]。而姚名達則認爲：釋利防事雖確僞無疑，然此録却非向壁虚造，並推斷"因知撰《古録》者，最早不能出於法護以前，最遲不能更在道安或道龔之後。要之，必爲晉人而非秦人。其書非古，更古者尚有朱士行、竺法護、聶道真之作。徒以失其撰人，故號爲古耳”⑦。姚氏之説最爲通達，兹以所見，補充私見如下：

第一、此録實曾存在，並非長房所虚造。

僧祐《出三藏記集》引及“古録”四條：

《梵志闍孫經》一卷。下注：“《古録》云：《梵志闍遜經》。”⑧

《八吉祥神呪》一卷。下注：“《古録》云：《八吉祥經》。”⑨

《幻師颰陀神呪》一卷。下注：“《古録》：《幻士颰陀經》。”⑩

《貧女聽經蛇齧命終經》一卷。下注：“《古録》：《貧女聽經蛇齧命終生天經》。”⑪

僧祐雖數次提及“古録”，然由於記載簡略，尚有二事需加辨明：其一，僧祐所言“古録”與費長房所言“古録”是否爲一事？其二，僧祐所言之“古録”爲通名（古代的經録）還是專名（一部名爲《古録》之書）？

《歷代三寶紀》多次引及“古録”，中有一條曰：“《八吉祥經》一卷，見《古録》，亦有呪字，初出。”⑫此條正與《出三藏記集》中第二條相符，據此可證僧祐所言“古録”與《歷代三寶紀》所言之“古録”爲一事。

唐法琳《辯正論》卷一論及佛教論書時云：“《古録》序云：至聖繩墨曰經，弟子述經曰論。”⑬唐代保唐宗燈史《歷代法寶記》也提及《古録》⑭。可見，唐代以前確有一書名爲《古録》。然則，此書與僧祐、費長房所言“古録”是否爲一事？《歷代三寶紀》言《古録》爲秦釋利防將來佛經之記録，事涉佛教入華之傳説。而法琳《辯正論》卷五論釋道關係，陳子良注云：“《古録》云：周惠王時已漸佛教。”⑮而《歷代法寶記》也是在論及漢明帝夜夢金人時徵引《古録》。從二書所引可以推知，名爲《古録》之書確載有佛教初傳之事。此與《歷代三寶紀》所載《古録》相符。由此可知，費長房、法琳所言《古録》確爲同一書。

既然《出三藏記集》所載“古録”與費長房、法琳所言之《古録》相符，可知，僧祐所言之“古録”確爲一專名。僧祐以治律名世，於辨僞極嚴，而《祐録》爲現存最早之完整經録。《出三藏記集》數次引及《古録》，可知其確曾見到此書。則此録非長房之向壁虚造，也已明矣。

第二、關於此録之撰作時間。

姚名達由《歷代三寶紀》所引《古録》曾載道龔《悲華經》，認爲此録最晚不能在道龔之後。然細查文意，姚氏對此段材料之理解似有誤，稍一辨之。《歷代三寶紀》載《悲華經》如下：

（沮渠北涼）《悲華經》十卷。下注：“見《古録》。似是先譯，龔更刪改。”⑯

此段材料僅言：《悲華經》古録曾載。接下來乃長房之推測：《古録》所載《悲華經》乃是第一譯（先譯），與道龔《悲華經》不同，道龔所刪改者爲第二譯。故由此材料並不能推出《古録》曾載道龔所改《悲華經》。既然如此,則不能據此推斷《古録》成書之年代。

　　既如此,則《古録》究竟成於何時?《出三藏記集》所引《古録》中三經:《八吉祥神呪》爲支謙所譯,《梵志闍孫經》失譯,而《幻師颰陀神呪》今存《大正大藏》第二十一册中,爲竺曇無蘭譯。竺曇無蘭,據《出三藏記集》卷二,其爲東晉孝武帝時人。此爲現在所知《古録》中記載傳譯最晚之經典。然《古録》中是否還有比此經更晚之經典,因《古録》已佚,材料不足,不能妄言。故此録撰作時間之下限只能定於《出三藏記集》之前。

　　綜上所考可知,《古録》爲僧祐《出三藏記集》、唐法琳《辯正論》及《歷代法寶記》所引,並非費長房所虛造。然費長房未見其書,依他書所引,定此書“似是秦時釋利防等所齎來經目録”,而釋利防之事,於史無征,故使其書不僞而僞。然此録既載有東晉之譯經,故亦絶非最早之經録。

二　《舊録》之真僞與特點

　　《歷代三寶紀》著録《舊録》云:“《舊録》一卷。似前漢劉向搜集藏書所見經録。”[⑰]其後《大唐内典録》踵事增華,乃云:“似是前漢劉向校書天閣,往往多見佛經,斯即往古所藏經録。謂孔壁所藏,或秦政焚書,人中所藏者。”[⑱]《開元釋教録》卷十、《貞元新定釋教目録》卷十八,又承《内典録》之説,認此録爲孔壁所出、秦火之遺。故後世如四庫館臣、梁啟超、馮承鈞、蘇晉仁皆定其爲僞作。

　　此録之情況較《古録》更爲複雜,《古》、《舊》二録皆見於前人經録所引述。《古録》爲一專名,已如上文所考。然“舊録”二字從各家所引來看,却有專名與通名之別。如隋法經《衆經目録》卷五於《梵網經》下注:“諸家舊録,多入疑品。”[⑲]此處“舊録”之前冠以“諸家”二字,顯爲過去各經録之通名,並非確指以《舊録》爲名之書。而僧祐《出三藏記集》中又曾以“舊録”代指道安《綜理衆經目録》,如:“祐校安公《舊録》,其經有譯名,則繼録上卷;無譯名者,則條目于下。”[⑳]此處之“舊録”,顯然是指道安《綜理衆經目録》而言。然則,《舊録》其書是否並不存在,而是後世録家誤前人通名爲專名,或誤《出三藏記集》中所引道安《綜理衆經目録》爲《舊録》而虛立名號呢?

　　《出三藏記集》徵引“舊録”二百餘處,其中多處明顯爲專名。如:《内藏百品經》一卷。下注:“安公云:出方等部。《舊録》云:《内藏百寶經》。遍校群録,並云《内藏百寶》,無《内藏百品》,故知即此經也。”[㉑]若“舊録”爲過去諸録之通名,則僧祐不必再言“遍校群録”,故此處之《舊録》應爲一專名。再如:

　　　　《治身經》一卷。下注:“《舊録》云,《佛治身經》。餘録並同。”

《治意經》一卷。下注：“《舊録》云，《佛治意經》。餘録並同。”㉒

同理，若“舊録”爲通名，則不必言“餘録”，此必《舊録》爲諸種經録之一種。此又《舊録》非通名之一證。

既然“舊録”非過去諸録之通名，則必有一名《舊録》之經録存在。然而僧祐又曾稱《安録》爲《舊録》，那麼《舊録》是否就是道安《綜理衆經目録》？對《出三藏記集》中所引《舊録》進行仔細考察發現，《舊録》並非全指《安録》。何以知之？證據有三：

第一、《舊録》所載經典常爲《安録》所無，此《舊録》非《安録》之一證。如《出三藏記集》卷二：“《四十二章經》一卷。《舊録》云：《孝明皇帝四十二章》。安法師所撰録，闕此經。”㉓知《道安録》未著録《四十二章經》，而《舊録》則有著録。再如：

《伅真陀羅經》二卷。下注：“《舊録》云《屯真陀羅王經》。《別録》所載，《安録》無。今闕。”㉔

《阿述達經》一卷。下注：“《別録》所載，《安録》先闕。《舊録》云：《阿述達女經》，或云《阿闍貰王女阿述達菩薩經》。”㉕

可知，《伅真陀羅經》及《阿述達經》皆爲《安録》所闕載，而《舊録》著録。若《舊録》即是《安録》，當不會出現此種情況。

第二、《舊録》所載經典名稱較詳，而《安録》所載經典名稱較略，此《舊録》非《安録》之又一證。僧祐《出三藏記集》卷三云：“安録誠佳，頗恨太簡，注目經名，撮題兩字。”㉖說明安録所載經名多簡略。而《舊録》所載之經名，多詳明。不僅較《安録》爲長，且多較《祐録》爲長。如：

《阿毘曇五法經》一卷。下注：“《舊録》云：《阿毘曇五法行經》。”㉗

《十報經》二卷。下注：“《舊録》云：《長阿含十報法》。”㉘

《五陰喻經》一卷。下注：“《舊録》云：《五陰譬喻經》。”㉙

《溫室經》一卷。下注：“《舊録》云：《溫室洗浴衆僧經》。”㉚

此僅爲《祐録》卷二中隨機摘出之經典，《舊録》之經名多較《祐録》爲長，而與《安録》“撮提兩字”爲經名不同。

第三、《出三藏記集》中常將《舊録》與《安録》及其他經録並舉，此《舊録》非《安録》之又一證明。如：

《普超經》四卷。下注：“一名《阿闍世王品》。《安録》亦云：更出《阿闍世王經》，或爲三卷。《舊録》云，《文殊普超三昧經》。”㉛

《阿述達經》一卷。下注：“《別録》所載，《安録》先闕。《舊録》云：《阿述達女經》，或云《阿闍貰王女阿述達菩薩經》。”㉜

《數練意章》一卷。下注:"《舊録》云《數練經》。安公云:上二經出《生經》。祐案:今《生經》無此章名。"③

此幾例中《舊録》常與《安録》、"安公云"並提,可知《舊録》並非《安録》,若二者爲同一書,僧祐自不必既提《舊録》,又言《安録》。

綜上可知,《出三藏記集》中所引"舊録",乃一實際存在的佛教經録。此録與《安録》有許多差異,故與《安録》絶非一書。

既然《舊録》確實存在,然則其内容,可得而聞否?

關於舊録之内容特點,由後世經録之引述,略可言兩點:第一、記載蜀地之譯經。道宣《大唐内典録》云:"既三國峙居,而西蜀一都,獨無代録者,豈非佛日麗天,而無緣者弗覩;法雷震地,而比屋者不聞哉?"④可知三國時,蜀地譯經之情況,資料甚少。而《舊録》中曾載蜀地譯經:

《蜀普耀經》八卷。下注:"《舊録》所載,似蜀土所出。"⑤

《蜀首楞嚴經》二卷。下注:"出《舊録》所載,似蜀土所出。"⑥

第二、《舊録》於經典之後時有簡短説明。如:

《後出首楞嚴經》二卷。下注:"《舊録》所載,云有十偈。"⑦

《墮迦經》一卷。下注:"《舊録》所載,云:晋言'堅强'。"⑧

《心情心識經》一卷。下注:"《舊録》所載,云:有注。"⑨

從以上《出三藏記集》所引《舊録》來看,《舊録》對經典之大小(有十偈)及經典之形式(有注)有簡短之説明。

三　竺法護録是否親撰經録

《歷代三寶紀》卷六,於竺法護譯經撰述中載:"《衆經録目》一卷。"⑩又於卷十五載:"《竺法護録》一卷,晋時。"⑪並未説明此録之内容。後道宣《大唐内典録》卷十:"西晋沙門竺法護《衆經録》一卷。右依撿,是晋武帝長安青門外大寺沙門也。翻經極廣,因出其録。"⑫將此録之内容落實爲竺法護譯經之記録。後《開元釋教録》、《貞元新定釋教目録》因之。

據《歷代三寶紀》載,竺法護弟子聶道真也有《衆經録目》一卷,是故近世學者對於二録究竟是否爲一書聚訟紛紜。梁啓超《佛家經録在中國目録學之位置》云:"《長房録》卷十五於《聶道真録》之外别有《竺法護録》一卷,竊疑此實一書耳。"並進一步推論:"可見《道真録》即以專記法護爲目的,後人或因其專記法護而題爲《法護録》者,長房無識,遂兩收之耳。"⑬吕澂《竺法護》一文亦認爲二録實爲一書⑭。而姚名達先生則認爲《道真録》爲記載多人譯經之兼録,而《竺法護録》則爲專記法護譯經之專録⑮。蘇晋仁先生則認爲《衆經目録》是記竺法護自己之譯經,而聶道真録乃依據此録而來⑯。

　　姚、蘇二先生定二録非一書之證據,是他們認爲《出三藏記集》曾徵引《竺法護録》,然筆者認爲《出三藏記集》中之材料似也可作其他解釋,爲便於説明,今迻録如次:

　　　　《雜譬喻經》一卷,凡十一事。安法師載竺法護經目,有《譬喻經》三百首二十五卷,
　　　　混無名目,難可分别。新撰所得,並列定卷,以曉覽者。尋此衆本,多出大經,時失譯
　　　　名,然護公所出,或在其中矣。⑰

　　　　　安法師所載竺法護經目,有《神呪》三卷,既無名題,莫測同異。今新集所得,並列
　　　　名條卷,雖未詳譯人,而護所出呪,必在其矣。⑱

兩處皆提及“竺法護經目”,似竺法護曾撰《經目》一書,或有一書名《竺法護經目》。然上文“安法師載竺法護經目”及“安法師所載竺法護經目”,既可理解爲道安《綜理衆經目録》曾引用竺法護所撰《經目》(或名爲《竺法護經目》之書),但也可解爲:道安《綜理衆經目録》中所載竺法護所譯經典的目録,即道安搜集竺法護翻譯經典的目録,而非竺法護自撰過《經目》,或道安見過一部名爲《竺法護經目》的書。既如此,則上述材料之意即爲:道安《綜理衆經目録》記載竺法護之譯經中有《譬喻經》三百卷、《神呪》三卷。並非所謂的竺法護《經目》或《竺法護經目》中曾載有《譬喻經》與《神呪》。

　　雖然字句可作此理解,然則是否可以找到證據,説明後一種理解具有可能性?先看第二例:僧祐曾評論《道安録》云:“安録誠佳,頗恨太簡。注目經名,撮題兩字。”⑲而此處竺法護所譯經呪確僅用《神呪》二字,此符合道安《綜理衆經目録》“撮題兩字”之體例。再細究上引兩條材料,皆説明由於記載簡略而混亂,不知何種經典爲法護所譯。而這也符合道安《綜理衆經目録》“不列卷數,行間相接。後人傳寫,名部混糅。且朱點爲標,朱滅則亂,循空追求,困於難了”⑳之特點。由此可知,上二例所説皆是僧祐看到《安録》著録竺法護譯經之情況,並非對所謂“竺法護經目”之評論。由此可見,姚名達、蘇晋仁將竺法護録與聶道真録定爲二書,證據並不確鑿。

　　然則竺法護是否撰有經録,而其經録與聶道真所撰經録又有何種關係,正如姚名達先生所言“諸録援引既寡,真相難明”。由於資料缺乏,只能闕疑了。

四　《趙録》作者推考

　　《趙録》最早見於《歷代三寶紀》,關於此録頗多疑問,如此録是否可稱《二趙經録》,究竟是否記録劉、石二趙時代之譯經等。考之衆書,可得而言者,有如下數端:

一、此録之正名爲《趙録》，所記並非劉、石二趙時之譯經，故不可以《二趙録》稱之。

第一、費長房《歷代三寶紀》卷十五載："《趙録》一卷。似是趙時，未見經，致疑姓氏。"據此，似長房當時即認爲此爲趙時經録，然據《大正藏》本之校刊記，"似是趙時"以下文字宋資福、元普寧藏、明嘉興藏本皆不載，故此數語或非《長房録》之舊文，而爲後人所加㉛。且《歷代三寶紀》所徵引，皆曰"趙録"，未有以"二趙録"稱之者。

第二、據《歷代三寶紀》之稱引，《趙録》所記之法勇、慧嵩、聖堅諸人，皆晉宋之交，活動於河西一帶之譯人，與二趙時代地域不相符合。

據《歷代三寶紀》卷七《趙録》所載之譯人有法勇，並言其爲晉末人㉜。又卷十於《空净三昧經》等四經下注："右四部合四卷，宋世不顯年，未詳何帝譯。群録直註云：沙門釋勇公出。見《始興》及《趙録》，《法上録》亦載。"㉝《出三藏記集》卷十五有法勇傳記，言其於宋武帝永初元年(420)，西行求法㉞。其西行之時，必有一定年齒，固謂之晉人或宋人皆無不可。故知《趙録》所載之法勇及勇公當即此人。

《歷代三寶紀》卷七於《迦葉結集戒經》等三經下注云："右三經合三卷，群録並云晉末，不知何帝年。沙門釋嵩公出，或云高公。見《趙録》及《始興録》載。"㉟《出三藏記集》卷十四《曇無讖傳》載："是時沙門慧嵩、道朗，獨步河西。值其宣出經藏，深相推重，轉易梵文，嵩公筆受。"㊱知此嵩公即是慧嵩，與曇無讖同時，活動於沮渠蒙遜玄始年間(412—427)。

而《歷代三寶紀》卷九於聖堅所譯《菩薩所生地經》下注云："見《趙録》。"又云："晉孝武世，沙門聖堅於河南國爲乞伏乾歸譯。"㊲乞伏乾歸爲西秦第二君，統治時期爲388至412年，則聖堅當活動於此時。

考察《趙録》所載之人皆在西秦、北凉之世，活動於河西一帶。晚於劉、石二趙，故此録並非記劉、石二趙之譯經。正如姚名達所言："因知《趙録》所載不但非趙人譯經，且非趙人所作。"㊳

第三、最早將此録落實爲二趙譯經者，爲道宣《大唐內典録》，其書卷十："《二趙經録》一卷。右依撿，似是二石趙時，諸録遙注，未知姓氏。"㊴考《大唐內典録》所引用《趙録》情況，全同於《歷代三寶紀》，故知道宣並未見此録。或見僧叡有《二秦録》，遂將《歷代三寶紀》所載《趙録》誤定爲《二趙經録》。其後《開元録》、《貞元録》承襲道宣之誤，流而不返。

二、此録作者極有可能爲晉宋之交之趙正，故稱《趙録》。

既然此録並非記録二趙譯經，何故以《趙録》稱之？姚名達曾推測曰："殆有趙某撰録，而後代誤爲趙代所出歟？"㊵然姚先生未曾舉出證據以證明自己之推測。故筆者大膽假設，此録之撰人極有可能是符秦、姚秦時代之趙正。趙正，《高僧傳》卷一《曇摩難提傳》附其傳。正，字文業，洛陽清水人，或曰濟陰人。年十八爲秦著作郎，後遷至黃門郎，武威太守。趙正通内外學，尤崇佛法。爲武威太守時，助曇摩難提譯出《中阿含》與《增一阿含》，又助僧伽跋澄譯出《阿毗曇毗婆沙》。後敬慕佛法，志願出家。苻堅惜而未許，及苻堅死，方出家並更名道整，遁迹商洛山。後爲晋雍州刺史郗恢所迫，往襄陽，年六十餘而卒⑩。然則，何以推測《趙録》爲趙正所作？論之如次：

第一、趙正崇信佛法，曾作曇摩難提、僧伽跋澄之筆受。而筆受之人有撰作經録之傳統，如聶道真曾作竺法護筆受，撰有《道真録》，僧叡作羅什筆受，撰有《二秦録》。而道正亦曾作筆受，故有作《趙録》之可能。

第二、趙正曾作武威太守，而《趙録》所載之譯人如法勇、慧嵩、聖堅等人皆活動於河西一帶，地域相符。

第三、趙正與上述數人生活年代接近。《高僧傳》載：“（趙正）後遁迹商洛山，專精經律。晋雍州刺史郗恢，欽其風尚，逼共同游，終於襄陽。”⑫可知，趙正於苻堅死後，隱於商洛山，又爲郗恢虜歸南方。而據《晋書·楊佺期傳》載：“仲堪與桓玄，舉衆應王恭、庾楷。仲堪素無戎略，軍旅之事一委佺期兄弟，以兵五千人爲前鋒，與桓玄相次而下。至石頭，恭死，楷敗，朝廷未測玄軍，乃以佺期代郗恢爲都督梁雍秦三州諸軍事。（略）佺期入府斬閭丘羨，放恢還都。”⑬知郗恢之還襄陽，在王恭兵敗之後，而虜趙正歸襄陽，也正在此時。考《晋書》卷十《安帝本紀》，王恭敗死，當安帝隆安二年（398）。此年楊佺期代郗恢爲雍州刺史，郗恢歸南。由此可知，趙正之卒，必在此年之後。故知趙正爲晋宋之交之人物，與法勇、慧嵩、聖堅等人生活年代相符。况據《歷代三寶紀》載僧伽跋澄譯經云：“曇摩難提先録爲梵文，佛圖羅刹傳譯，沙門慧嵩、沙門智敏、秘書郎趙文業筆受爲秦言。”⑭由此更可知趙正與慧嵩同作過僧伽跋澄之筆受。

然此録究竟是否爲趙正所作，因缺乏直接證據，尚難定論。

五　王宗或即曇宗

《歷代三寶紀》卷十五載：“《釋王宗録》二卷，前齊世。”⑮然撰録之王宗究竟爲何許人，費長房及後世學者皆未作考證。

《出三藏記集》卷五載《佛所制名數經》，僧祐云：“齊武帝時，比丘釋王宗所撰。抄集衆經，有似《數林》。”⑯知王宗爲齊武帝時僧人。又《高僧傳·釋曇斌傳》載：“時莊嚴（寺）復有曇濟，曇宗，並以學業才力見重一時。濟述《七宗論》，宗著《經目》及《數林》。”⑰王宗撰有“有似《數林》”之《佛所制名數經》及《衆經目録》，而莊嚴寺之曇宗亦撰有《數林》與《經目》，而二人生活之時代，皆在宋齊之交。時代與著述極爲相似，而僧人有隨師爲姓之習慣，如竺法護本姓支氏，因師竺高座，遂以竺爲姓。莊嚴寺三僧曇斌、曇濟、曇宗皆以曇爲姓，故似可推測此曇宗或即是王宗。至於姓氏不同，或王爲其俗家姓氏而曇爲僧家之姓歟？

六　《歷代三寶紀》所載《李廓録》考辨

《李廓録》又稱《元魏衆經録目》，北魏居士李廓撰，最早見於《歷代三寶紀》。對《李廓録》之真僞，前人向無異議。今人譚世保先生始對《歷代三寶紀》所載《李廓録》提出疑問。其作《漢唐佛史探真》認爲歷史上是否存在過《李廓録》可存而不論，而《歷代三寶紀》所載《李廓録》乃費長房所僞造⑧。而筆者認爲，費氏或曾以《李廓録》僞造某些經典之出處，故《長房録》中注見於《李廓録》者或未足深信，然其所載分類當有所據，而費長房當曾見過李廓録。此處就譚先生認爲《房録》所載目録爲僞之證據稍作辨證：

第一、譚先生認爲《李廓録》中未設大乘律，故可疑。"另外就是分類中已有大乘經、論和小乘經、律、論等，何以獨無大乘律？難道整個魏朝的藏經中，就無一本大乘律嗎？顯然，這是不可能的。"⑨中土之律本以小乘爲主，故有五部之分，而大乘律中重要者如《菩薩戒本经》、《菩薩戒本》皆從大乘經論中抄出別行，而部卷較小乘律爲少，故李廓録中之大乘律極有可能附於小乘律中。如吕澂先生《新編漢文大藏經目録》中經分五部，而律則不分大小乘，亦律部經典本少，再行分類則顯瑣碎。況以常理推之，分大、小乘既爲經録分類之常例，如長房杜撰此細目，必以常例僞之，方能使人不覺，何以故意違反常理，顯露破綻，授人以柄。

第二、譚先生認爲《歷代三寶紀》所載《李廓録》之撰年混亂，故可疑。《歷代三寶紀》所載《李廓録》之撰年，確有前後不一致處。卷九云："武帝世，雒陽信士李廓，魏永平年奉敕撰。"卷十五則云："魏世《衆經録目》，永熙年敕舍人李廓撰。"故譚先生云："假如李廓永平年間已奉敕撰録，則應在一兩年内完成交差，不可能有二十多年後的天平年間菩提流支的譯經情況。"然比照他例，《歷代三寶紀》之作耗時十年，二十年完成一録也並非完全不可能。況歷代經録多有後人增入之情況，李廓曾爲菩提流支之筆受，經録完成之後，增入菩提流支之後期譯經，也極有可能。

第三、譚先生認爲據《魏書·釋老志》載，正光三年（522）沙門惠生由西域得經論一百七十部，而《房録》所引《李廓録》未言惠生取經事。《李廓録》未譯經論目録僅收三十三（或二十三）部，遠小於惠生取回之未譯經。故費長房並未見過《李廓録》。筆者認爲，如《李廓録》作於永平年間（508—512），而又如譚先生所言"應在一兩年内完成交差"，則《李廓録》完成之前，惠生尚未西行，李廓不載惠生事，自然在情理之中。假定《李廓録》作於永熙、天平年間(532—537),去惠生取經已有十年之久,其間未譯經之變化又非吾人可知,焉知其不爲三十三部?

況《房録》注所引《李廓録》也並非如譚先生所言皆長房向壁虚造,而是確有所據。如《歷代三寶紀》卷九於菩提流支所譯《十地經論》下注:"《李廓録》云:'初譯,宣武皇帝御親於大殿上一日自筆受,後方付沙門僧辯訖了。'"⑩而崔光《十地經論序》亦云:"以永平元年,歲次玄枵,四月上日,命三藏法師北天竺菩提留支(略)并義學緇儒一十餘人,在太極紫庭,譯出斯論十有餘卷。(略)于時皇上,親紆玄藻,飛翰輪首,臣僚僧徒,毗贊下風。"⑪道宣《續高僧傳》卷一"菩提留支傳"亦載:"先時流支奉敕創翻《十地》,宣武皇帝命章一日親對筆受,然後方付沙門僧辯等訖盡論文。"⑫序言及《續高僧傳》所記宣武帝親自筆受之事與《歷代三寶紀》所引《李廓録》相符。

又《續高僧傳》卷一《菩提流支傳》載:"帝又敕清信士李廓,撰《衆經録》。廓學通玄素,條貫經論,雅有標擬。故其録云:'三藏流支自洛及鄴,爰至天平二十餘年,凡所出經三十九部,一百二十七卷。'即《佛名》、《楞伽》、《法集》、《深密》等經,《勝思惟》、《大寶積》、《法華》、《涅槃》等論是也。並沙門僧朗、道湛,及侍中崔光等筆受。具列唐《貞觀内典録》。"⑬《續高僧傳》中所引此段《李廓録》,並不見於《歷代三寶紀》,可知道宣所引並非來自《歷代三寶紀》,而道宣又言"具列唐《貞觀内典録》"。故道宣所引此段《李廓録》,或爲道宣親見,或爲道宣轉自《貞觀内典録》,如此看來,在初唐時期,《李廓録》或還在人間。

七　僧紹《華林佛殿衆經目録》考辨

華林園爲南朝諸帝後庭游宴之所,至梁武帝大崇釋氏,常於此接納僧衆,講經説法。華林園又設有寶雲經藏,結集抄寫佛經。如《續高僧傳·寶唱傳》載寶唱因撰經録,爲時所重,故武帝"遂敕掌華林園寶雲經藏,搜求遺逸,皆令具足"⑭。又同書《明徹傳》言其"天監末年,敕入華林園。於寶雲僧省,專功抄撰。"⑮阮孝緒《七録序》亦云梁世"華林園又集釋氏經論"⑯。由此可想見梁武帝世華林園寶雲僧省抄寫結集經藏之情況。

關於僧紹撰録之事,首見於《歷代三寶紀》之記載。《歷代三寶紀》卷三"帝年"載:"(乙未)十四,敕安樂寺沙門僧紹,撰《經目》四卷。"⑰同書卷十一《齊梁及周帝代録》載:"至(天監)十四年,又敕沙門僧紹,撰《華林佛殿衆經目録》四卷。"⑱後《大唐内典録》卷四、道世《法苑珠林》卷一百,皆載是録。

至於此録之形式與内容,《歷代三寶紀》略有述及,其文云:"《華林佛殿衆經目録》四卷。右一録四卷,天監十四年,敕安樂寺沙門釋僧紹撰。紹略取祐《三藏集記》目録,分爲四色,餘增減之。"㉒對於此記載譚世保先生認爲長房之説不可信,因爲《紹録》爲藏經目録而《祐録》是通録古今之目録,"可見其與《紹録》是風馬牛不相及的兩種經録,後者無須以《祐録》爲底本,也不可能是以《祐録》爲底本而增減而成"㉓。譚先生僅以二録之性質不同,便否定二録之關係,似不妥。第一、僧紹爲僧柔弟子,而據《高僧傳・僧柔傳》載:"沙門釋僧祐與柔少長山栖,同止歲久。"㉔僧柔與僧祐同止定林寺多年,交情甚好,而僧紹又爲僧柔弟子,當於僧祐之學有所研習。故姚名達先生將僧紹與僧祐、劉勰、正度、寶唱視爲一家之學㉕。既如此,僧紹作録,仿《祐録》當在情理之中。第二、《續高僧傳・寶唱傳》載:"(天監)十四年,敕安樂寺僧紹,撰《華林佛殿經目》,雖復勒成,未愜帝旨。又敕唱重撰。"㉖僧紹之作何以不愜帝旨?《歷代三寶紀》言:"紹略取祐《三藏集記》目録,分爲四色。"此"四色",應即據《祐録》之四科:撰緣記、銓名録、總經序、述列傳。顯然此"四色",不符合典藏目録之體制。職是之故,僧紹之作爲武帝所不喜。如此看來,僧紹之作仿《祐録》而成並非如譚先生所言"無須","也不可能"。

譚先生又言:"《華林殿藏經目録》雖然《房録》不載,其實就是阮孝緒所撰《七録》中佛書目録部分,這點湯用彤曾以《隋書・經籍志》加以證明,是可信的。因爲《隋書・經籍志》明確記載:'梁武帝大崇佛法於華林園中,總集釋氏經典凡五千四百卷,沙門寶唱撰經目録。'而此卷數恰與《七録》所載相合。"㉗湯、譚二先生認爲:《隋志》所載華林園經典之卷數爲五千四百卷,而《七録》佛典録所記佛典亦爲五千四百卷,既然二者相合,則《七録》之佛典録即是《華林殿藏經目録》。然而,二先生忽略一點,即《隋志》之資料來自何處。如《隋志》之資料來自於《七録》,則二者卷數相合,並不能證明《華林殿藏經目録》即爲《七録》之佛録,而僅能證明隋志將《七録・佛典録》之卷數誤作了華林園經典之卷數。現將《七録序》與《隋志》關於梁代典籍情況之記載對比如下:

七録序	隋書・經籍志
齊末,兵火延及祕閣。有梁之初,缺亡甚衆,爰命祕書監任昉,躬加部集。又於文德殿内别藏衆書,使學士劉孝標等重加校進,乃分數術之文,更爲一部,使奉朝請祖暅撰其名録。其尚書閣内,别藏經史雜書,華林園又集釋氏經論。自江左篇章之盛,未有逾於當今者也。	齊末,兵火延燒,祕閣經籍遺散。梁初,祕書監任昉,躬加部集。又於文德殿内列藏衆書,華林園中,總集釋典,大凡二萬三千一百六卷,而釋氏不豫焉。梁有祕書監任昉、殷鈞《四部目録》,又《文德殿目録》,其術數之書,更爲一部,使奉朝請祖暅撰其名,故梁有五部目録。

比較二書所記,除前後順序稍有不同外,其所記之事實,包括用語皆極爲相似,故《隋志》之資料極有可能來自《七録》,而《隋志》又將《七録》所載佛經之卷數作爲華林園佛經之卷數。如此看來,《隋志》所載華林園佛經卷數與《七録》相同,並不能證明《華林殿藏經目録》即是《七録》之佛録。

阮孝緒《七録序》云："孝緒少愛墳籍，長而弗倦。臥病閑居，傍無塵雜。晨光纔啓，緗囊已散；宵漏既分，録帙方掩。猶不能窮究流略，探盡祕奥。每披録内省，多有缺然。其遺文隱記（"文"原缺，據校記改。），頗好搜集。凡自宋齊以來，王公搢紳之館，苟蓄聚墳籍，必思致其名簿。凡在所遇，若見若聞，校之官目，多所遺漏，遂總集衆家，更爲新録。"由"校之官目，多所遺漏，遂總集衆家，更爲新録"諸語，可知阮氏作《七録》乃鑒於官目之缺漏甚多，故搜集諸家之録與遺文隱記以補官目之不足。故其所記之經典卷數當多於官目，而不太可能完全同於官目。《七録》作於普通四年（523），故其所謂之"官目"，當包括作於天監年間之《文德殿正御目録》及《僧紹録》、《寶唱録》。因此，《七録》佛録不可能完全同於《僧紹録》或《寶唱録》，只可能在卷數上比二録爲多。而事實上《寶唱録》所記佛典三千七百四十一卷，也確實少於《七録》佛録。況《寶唱録》與僧紹《華林佛殿衆經目録》所記皆爲華林佛殿經藏，二者卷數當較接近，亦即在三千七百卷左右，而不可能爲五千四百卷。故將《七録》佛典録視爲《華林殿衆經目録》是没有根據的。

八　費長房是否見過寶唱《梁世衆經目録》

寶唱《梁世衆經目録》最早見於《歷代三寶紀》之著録。《歷代三寶紀》卷十一載："至（天監）十四年，又敕沙門僧紹，撰《華林佛殿衆經目録》四卷，猶以未委。至十七年，又敕沙門寶唱，更撰經目四卷。顯有無譯，證真僞經，凡十七科，頗爲觀縷。"卷十五又詳載此録細目。而道宣《續高僧傳·寶唱傳》亦載："十四年，敕安樂寺僧紹，撰《華林佛殿經目》，雖復勒成，未愜帝旨。又敕唱重撰，乃因紹前録，注述合離，甚有科據。一帙四卷，雅愜時望。遂敕掌華林園寶雲經藏，搜求遺逸，皆令具足。備造三本以用供上。"

對於《歷代三寶紀》所載《寶唱録》，過去之研究者，並未提出懷疑。然譚世保先生却提出費長房並未見過《寶唱録》，而《房録》所載《寶唱録》爲費長房所偽造之觀點，並對此一觀點作詳細之證明。譚先生認爲《長房録》所載《寶唱録》爲偽作之主要證據有以下幾點：

第一，撰年問題。譚先生認爲《長房録》卷十一所著録之寶唱著作，並未依據撰年排列，寶唱著作編年次序混亂。並由此推斷"究竟寶唱何年撰録，看來費長房並無明確的看法，出現上述混亂，足以表明他並未看過《唱録》原書"。筆者認爲上述推論亦有可疑之處。首先，《長房録》於一人著譯之作，並非皆按撰年排列。如卷十一所記真諦所譯幾部經典，其排列順序如下：

　　　　《金光明疏》十三卷（太清五年出）

　　　　《仁王般若疏》六卷（太清三年出）

　　　《起信論疏》二卷(太清四年出)　《中論疏》二卷

　　　《九識義記》二卷(太清三年於新吴美業寺出)

　　　《轉法輪義記》一卷(同三年出)⑩

在真諦譯經中,太清三、四、五年之譯經並未按時間順序排列。而此時間前後交錯出現之現象在《長房録》中並不鮮見,由此可知,費長房並未刻意以時間先後排列譯述。其次,再看《長房録》卷三"帝年"部分記載梁代佛教大事有關寶唱者:

　　　(丙申)十五(敕沙門寶唱,撰《經律異相》五十卷)。

　　　(丁酉)十六(敕沙門寶唱,撰《衆經佛名》)。

　　　(戊戌)十七(敕沙門寶唱,撰《衆經目録》四卷)。

　　　(己亥)十八(敕沙門寶唱,撰《名僧傳》三十一卷)。⑪

由上述記載看,長房對寶唱著作年代是相當清楚的。

　　　第二、《長房録》所載《寶唱録》的撰寫方法與《寶唱録》本身不符。並分三點論證。1.《長房録》卷十一説《唱録》分爲十七科,而卷十五所列爲二十科。姚名達先生已指出此點,認爲此是因某一記載有誤而造成的。2.譚先生認爲《七録》佛録即是《華林殿藏經目録》,而《七録》著録之經典卷數遠遠多於《長房録》卷十五所引《寶唱録》。故《長房録》所引《寶唱録》爲偽。關於此點,筆者上文已做辨證。3.譚先生認爲:更值得注意的是《房録》所載的《唱録》之惡劣,與道宣所載時人對《唱録》的好評完全不符。《長房録》之評價是"頗爲觀縷",而《續高僧傳》的評價是"注述合離,甚有科據。一帙四卷,雅愜時望"。因二者評價不同,故《長房録》所載《寶唱録》爲偽。案:首先:"觀縷"之義爲"詳盡",並非惡評。又如《歷代三寶紀》卷十二《衆經録目》下注:"右一部七卷,開皇十四年,大興善寺沙門釋法經等二十大德奉敕撰。揚化寺沙門明穆,區域條分,指蹤絃絡;日嚴寺沙門彦琮,觀縷緝維,考校同異。"⑫長房在此,以明穆與彦琮對舉,乃謂:明穆由宏觀着眼,彦琮從細部考校,故"觀縷"僅"詳細"之意而已,並無貶義。又據《長房録》:"至(天監)十四年,又敕沙門僧紹,撰《華林佛殿衆經目録》四卷,猶以未委。至十七年,又敕沙門寶唱,更撰經目四卷。顯有無譯,證真僞經,凡十七科,頗爲觀縷。"可知,武帝不滿《僧紹録》之另一原因在於其"未委",即不夠詳盡。故寶唱作録必得"觀縷",方契帝意。由此可知,長房言《寶唱録》"頗爲觀縷",並無貶義。與《續高僧傳》之評價並無矛盾。其次:假設"觀縷"爲惡評,評價一録是惡是好,常帶有一定之主觀性,對於同一事物,不同的人會有不同的評價。並不能僅因有不同評價,就定其爲二物。

　　　綜上所述,筆者認爲在沒有其他新證據的情況下,不能定《長房録》中所載《寶唱録》爲偽作。

十　靈裕《譯經録》真僞辨

靈裕《譯經録》最早見於《歷代三寶紀》，此後《大唐内典録》、《開元釋教録》、《貞元録》皆著録。至近世，姚名達先生雖認爲此録爲真，然提出兩點疑問：一、長房於《歷代三寶紀》卷十五雖著録此録，然卷十二代録中靈裕著作中並未載此録。二、《大唐内典録》、《續高僧傳》未載此録，亦未言靈裕曾譯經⑬。譚世保先生則認爲此録係費長房以後之人僞加，並無《靈裕録》一書。其説云：

> 因此，卷十五所載之《靈裕法師譯經録》很可能是費長房以後之人僞加的。姚名達另舉之所謂孤證，其實是把《房録》之注文誤改了一字。按《房録》卷五安法賢譯《羅摩伽經》注説："見竺道祖、寶唱、法上、靈祐等四録。"此"靈祐"只有宫本是寫作"靈裕"。另外，《昇録》此經注也作"靈祐"，只有宋、元、明本作"靈裕"。而《宣録》的宋、元、明本則把"靈裕"改作"僧祐"。綜上所述，可斷定《房録》原文應是"靈祐"而非"靈裕"，因爲如果是後者，則其在卷十二應有"靈裕録"的記載。⑭

筆者分析材料，可得而言者，有以下四端：

第一、既然《房録》宫本作"靈裕"，而《昇録》之宋資福藏、元普寧藏、明嘉興藏皆作"靈裕"，此處作"靈裕"、"靈祐"皆有版本依據，故由此僅能推斷二者皆有可能，並不能據此斷言"《房録》原文應是'靈祐'而非'靈裕'"。

第二、既然從版本上難以説明，"靈裕"、"靈祐"何者爲優，則必須借助於内證。幸運的是：並不如姚、譚二先生所言，靈裕録在《房録》中僅出現一次。《歷代三寶紀》卷六《放光般若經》下云："行（朱士行）以魏末甘露五年發迹雍州，遂游西域，於于闐國得前梵本九十章，減六十萬言。遣弟子弗如檀，晋云法饒，從于闐送還歸洛陽，（略）遂得送來，達到陳留。還，遇于闐僧無羅叉、竺叔蘭等，當惠帝世元康元年五月十日，於倉恒水南寺譯之。而竺道祖、僧唱、王宗、寶唱、李廓、法上、**靈裕等諸録**，述著衆經，並云：朱士行翻此。蓋據其元尋之人，推功歸之耳。"⑮此段辨《放光般若》爲僧無羅叉、竺叔蘭所譯，而非朱士行所譯，明確提及"靈裕等諸録"，此正可與上面校勘結果相證明：《房録》原文恰恰不是"靈祐"，而是"靈裕"。因"靈祐"、"僧祐"聲名皆較"靈裕"爲大，故才會有大正藏本《房録》及宋、元、明藏本《宣録》之誤。另外，大正藏本《歷代三寶紀》卷十五，亦將"靈裕"誤爲"靈祐"⑯。正可説明大藏本之誤。

第三、筆者推測，靈裕確曾編撰有譯經目録，極有可能是其著作中之《佛法東行記》。首先：《續高僧傳》本傳載靈裕有《佛法東行記》、《譯經體式》⑰，可知靈裕對譯經素有關注，而

《歷代三寶紀》卷十二亦著録其著作有《經法東流記》，此書當即是《佛法東行記》之異稱。其次：因古人引書並非如今日吾人之準確。《長房録》中卷十五著録之書名與其代録注文中之書名常不統一。如卷十五爲《魏世衆經録目》，而代録中常稱作《李廓録》；卷十五《齊世衆經目録》，在代録中稱《法上録》。而亦時將《出三藏記集》時引作《祐録》。故長房在卷十五中之《譯經録》，極有可能是此《佛法東行記》（或《經法東流記》）之異稱。如此，則姚名達先生所提兩點疑問，亦可迎刃而解。

第四、海雲《唐大師行記》殘碑載："年七十，文皇帝命入咸陽，策杖□□□往□□已後還相□□□□□□□□□□□□□□□□□□□□《佛法東行》、《譯經法》。"⑯由此可知《佛法東行記》撰於靈裕由京城返相州之後。《續高僧傳》載："乃步入長安，不乘官乘，時年七十有四。"知靈裕入京時七十四歲，時在開皇十一年（591），因靈裕不受國統之職，故其在長安之時間應不長，如此則其歸相州當在七十五六歲，即開皇十二、三年，而其撰成《佛法東行記》當在此年之後，而《歷代三寶紀》成於開皇十七年。據此而言，則費長房有可能見到此書，亦有可能見不到此書。故譚世保先生此録爲後人所加之説法，或尚有其價值，然其謂靈裕並未撰録，明顯證據不足。

十一 《真諦録》或即曹毘、智敷之書

最早發現《真諦録》者爲姚名達，其所著《中國目録學史》言及真諦之譯經録曰："《費録》、《宣傳》，並未言其撰有經録。惟法經《衆經目録》於《大乘起信論》及《遺教經》目下並注云：'人云真諦譯，勘《真諦録》，無此論，故入疑。'因知真諦譯經自有目録矣。"⑰其實，《真諦録》除爲法經《衆經目録》引用外，也見於唐圓測《解深密經疏》，圓測言及《解深密經》真諦譯本時云："若依《真諦翻譯目録》云：陳時天嘉二年，於建造寺譯《解節經》一卷，《義疏》四卷。"⑱然以上諸家皆未曾言及《真諦録》之作者。

據歷代經録與史傳所載，關於真諦譯經之記録可考者有以下兩種：一、智敷所撰《翻譯歷》。《續高僧傳》卷一《法泰傳》附《智敷傳》："敷撰諦之《翻譯歷》，始末指訂，并卷部、時節、人世詳備，廣有成叙。"⑲二、曹毘所撰《別歷》。《歷代三寶紀》卷九："（真諦）既懷道游方，隨在所便譯，並見曹毘《三藏歷》。"⑳《續高僧傳》卷一真諦本傳亦載："始梁武之末，至陳宣即位，凡二十三載。所出經論記傳，六十四部，合二百七十八卷。微附華飾，盛顯隋唐。見曹毘《別歷》及唐《貞觀內典録》。"㉑曹毘與智敷爲真諦弟子，皆親近真諦有年，故皆有撰作真諦譯經録之可能。而道宣《續高僧傳》對二人之撰作皆有記録，故二人分別撰録之可能性極大。上引智敷所撰《翻譯歷》"始末指訂，并卷部、時節、人世詳備，廣有成叙"，可見其書較爲

　　詳盡。故是否可作如此推測：曹毘撰録在先，然較爲簡略，故智敳在此基礎上再做增補。

　　然《衆經別録》所引《真諦録》是否爲曹毘或智敳之書？ 史料不足，闕疑可也。

①梁啓超《佛家經録在中國目録學之位置》，《圖書館學季刊》第 1 卷第 1 期，1926 年。後收入氏著《佛
　　學研究十八篇》，上海古籍出版社，2001 年。

②姚名達《中國目録學史·宗教目録篇》、馮承鈞《大藏經録存佚考》、蘇晉仁《佛教文化與歷史》、譚世
　　保《漢唐佛史探真》，對初期佛教經録皆有論述，具體情況參拙文《佛教目録研究八十年（1926—
　　2006）述評——以中國大陸地區爲中心的考察》，《文獻》2008 年第 1 期。

③費長房《歷代三寶紀》卷十五，大正藏第 49 册，第 127 頁。“古録”，大正藏、金藏本皆作“右録”，上文
　　爲“故列諸家體用如古”，“古”、“右”二字倒乙。

④道宣《大唐内典録》卷十，大正藏第 55 册，第 336 頁。

⑤紀昀等《四庫全書總目等提要》卷一百四十五，中華書局，2003 年，第 1237 頁。

⑥馮承鈞《大藏經録存佚考》，張曼濤主編《現代佛教學術叢刊》第 10 册《大藏經研究彙編》（上），大乘
　　文化出版社，1977 年，第 340 頁。

⑦姚名達《中國目録學史》，上海古籍出版社，2002 年，第 197 頁。

⑧僧祐《出三藏記集》卷三，中華書局，1995 年，第 106 頁。

⑨僧祐《出三藏記集》卷四，第 177 頁。

⑩僧祐《出三藏記集》卷四，第 178 頁。

⑪僧祐《出三藏記集》卷四，第 195 頁。

⑫費長房《歷代三寶紀》卷五，大正藏第 49 册，第 58 頁。

⑬法琳《辯正論》卷一，大正藏第 52 册，第 493 頁。

⑭佚名《歷代法寶記》卷一，大正藏第 51 册，第 179 頁。

⑮法琳《辯正論》卷五，大正藏第 52 册，第 524 頁。

⑯費長房《歷代三寶紀》卷九，大正藏第 49 册，第 84 頁。

⑰費長房《歷代三寶紀》卷十五，大正藏第 49 册，第 127 頁。

⑱道宣《大唐内典録》卷十，大正藏第 55 册，第 336 頁。“斯即往古所藏經録”，原作“斯即往古藏經
　　録”，據大正藏校勘記改。

⑲法經《衆經目録》卷五，大正藏第 55 册，第 140 頁。

⑳僧祐《出三藏記集》卷三，第 98 頁。

㉑僧祐《出三藏記集》卷二，第 27 頁。

㉒僧祐《出三藏記集》卷三，第 102 頁。

㉓僧祐《出三藏記集》卷二，第 23 頁。

㉔僧祐《出三藏記集》卷二，第 26 頁。

㉕僧祐《出三藏記集》卷二,第 38 頁。

㉖僧祐《出三藏記集》卷三,第 98 頁。

㉗僧祐《出三藏記集》卷二,第 24 頁。

㉘僧祐《出三藏記集》卷二,第 24 頁。

㉙僧祐《出三藏記集》卷二,第 25 頁。

㉚僧祐《出三藏記集》卷二,第 35 頁。

㉛僧祐《出三藏記集》卷二,第 33 頁。

㉜僧祐《出三藏記集》卷二,第 38 頁。

㉝僧祐《出三藏記集》卷三,第 92 頁。

㉞道宣《大唐内典録》卷二,大正藏第 55 册,第 226 頁。

㉟僧祐《出三藏記集》卷四,第 181 頁。

㊱僧祐《出三藏記集》卷四,第 182 頁。

㊲僧祐《出三藏記集》卷四,第 182 頁。

㊳僧祐《出三藏記集》卷四,第 197 頁。

㊴僧祐《出三藏記集》卷四,第 202 頁。

㊵費長房《歷代三寶紀》卷六,大正藏第 49 册,第 64 頁。

㊶費長房《歷代三寶紀》卷十五,大正藏第 49 册,第 127 頁。

㊷道宣《大唐内典録》卷十,大正藏第 55 册,第 336 頁。

㊸梁啓超《佛學研究十八篇》,第 343 頁。

㊹吕澂《竺法護》,中國佛教協會編《中國佛教》第二輯,東方出版中心,1996 年,第 15—16 頁。

㊺姚名達《中國目録學史》,第 200 頁。

㊻蘇晋仁《佛教經籍目録綜考》,《佛教文化與歷史》,中央民族大學出版社,1998 年,第 180—181 頁。

㊼僧祐《出三藏記集》卷四,第 175 頁。

㊽僧祐《出三藏記集》卷四,第 180 頁。

㊾僧祐《出三藏記集》卷三,第 98 頁。

㊿僧祐《出三藏記集》卷三,第 98 頁。

(51)費長房《歷代三寶紀》卷十五,大正藏第 49 册,第 127 頁。

(52)《歷代三寶紀》卷七"東晋譯經"載:"《佛開解梵志阿颰經》一卷。右一經一卷,晋末,未詳何帝。云沙門釋法勇出。見《趙録》。"(大正藏第 49 册,第 72 頁。)

(53)費長房《歷代三寶紀》卷十,大正藏第 49 册,第 94 頁。

(54)僧祐《出三藏記集》卷十五,第 581 頁。

(55)費長房《歷代三寶紀》卷七,大正藏第 49 册,第 72 頁。

(56)僧祐《出三藏記集》卷十四,第 539 頁。

㊄費長房《歷代三寶紀》卷九,大正藏第 49 册,第 83 頁。

㊅姚名達《中國目録學史》,第 201—202 頁。

㊈道宣《大唐内典録》卷十,大正藏第 55 册,第 336 頁。

⑩姚名達《中國目録學史》,第 202 頁。

㉑慧皎《高僧傳》卷一,中華書局,1992 年,第 35 頁。

㉒慧皎《高僧傳》卷一,第 35 頁。

㉓房玄齡等《晋書》卷八十四,中華書局,1974 年,第 2200—2201 頁。

㉔費長房《歷代三寶紀》卷八,大正藏第 49 册,第 76 頁。

㉕費長房《歷代三寶紀》卷十五,大正藏第 49 册,第 127 頁。

㉖僧祐《出三藏記集》卷五,第 226 頁。

㉗慧皎《高僧傳》卷七,第 291 頁。

㉘譚世保《漢唐佛史探真》,中山大學出版社,1991 年,第 186—190 頁。

㉙譚世保《漢唐佛史探真》,第 186 頁。

⑩費長房《歷代三寶紀》卷九,大正藏第 49 册,第 86 頁。

㉑菩提留支譯《十地經論》卷首,大正藏第 26 册,第 123 頁。

㉒道宣《續高僧傳》卷一,大正藏第 50 册,第 428 頁。

㉓道宣《續高僧傳》卷一,大正藏第 50 册,第 428 頁。

㉔道宣《續高僧傳》卷一,大正藏第 50 册,第 426 頁。

㉕道宣《續高僧傳》卷六,大正藏第 50 册,第 473 頁。

㉖道宣《廣弘明集》卷三,大正藏第 52 册,第 109 頁。

㉗費長房《歷代三寶紀》卷三,大正藏第 49 册,第 45 頁。

㉘費長房《歷代三寶紀》卷十一,大正藏第 49 册,第 94 頁。

㉙費長房《歷代三寶紀》卷十一,大正藏第 49 册,第 99 頁。

⑩譚世保《漢唐佛史探真》,第 178 頁。

㉑慧皎《高僧傳》卷八,第 322 頁。

㉒姚名達《中國目録學史》,第 217 頁。

㉓道宣《續高僧傳》卷一,大正藏第 50 册,第 426 頁。

㉔譚世保《漢唐佛史探真》,第 178 頁。

㉕道宣《廣弘明集》卷三,大正藏第 52 册,第 109 頁。

㉖費長房《歷代三寶紀》卷十一,大正藏第 49 册,第 94 頁。

㉗道宣《續高僧傳》卷一,大正藏第 50 册,第 426 頁。

㉘譚世保《漢唐佛史探真》,第 174—185 頁。

㉙譚世保《漢唐佛史探真》,第 177 頁。

⑨費長房《歷代三寶紀》卷十一,大正藏第 49 册,第 99 頁。

⑨費長房《歷代三寶紀》卷三,大正藏第 49 册,第 45 頁。

⑨費長房《歷代三寶紀》卷十二,大正藏第 49 册,第 105 頁。

⑨姚名達《中國目録學史》,第 228 頁。

⑨譚世保《漢唐佛史探真》,第 195—196 頁。

⑨費長房《歷代三寶紀》卷六,大正藏第 49 册,第 65 頁。

⑨費長房《歷代三寶紀》卷十五,大正藏第 49 册,第 125 頁。

⑨道宣《續高僧傳》卷九,大正藏第 50 册,第 497 頁。

⑨武億《安陽縣金石録》卷三,中國國家圖書館金石組編《歷代石刻史料彙編》第 2 編第 2 册,北京圖書
　館出版社,2000 年,第 178 頁。

⑨姚名達《中國目録學史》,第 220 頁。

⑩圓測《解深密經疏》卷一,卍續藏第 34 册,第 597 頁。

⑩道宣《續高僧傳》卷一,大正藏第 50 册,第 432 頁。

⑩費長房《歷代三寶紀》卷九,大正藏第 49 册,第 88 頁。

⑩道宣《續高僧傳》卷一,大正藏第 50 册,第 430 頁。

（原載《文史》2011 年第 3 輯）

作者簡介:馮國棟,浙江大學古籍研究所教授

通訊地址:浙江大學西溪校區古籍研究所　　郵編:310028

從出土文獻看《老子》的分章

——以《道經》三十六章、《德經》四十五章的分章形式爲中心[①]

朱大星

　　作爲中國傳統文化經典的《老子》,對中華民族的思想心理和社會生活産生了綿長深遠的影響。兩千餘年來,詮釋《老子》之作可謂汗牛充棟。至元代便有所謂"《道德》八十一章,注者三千家"的説法[②]。又因"道與世降,時有不同,注者多隨代所尚,各自其成心而師之。故漢人注者爲'漢老子',晋人注者爲'晋老子',唐人、宋人注者爲'唐老子'、'宋老子'"[③]。結合時代精神對傳統經典不斷加以詮釋正是中國文化傳承的一大特點。

　　同時,隨着時代的推移、文字的變遷以及現實的需要,《老子》文本也在不斷發展變化。"唐宋以後,各種版本展轉傳抄,彼此承訛襲謬,互相竄改,其結果經文内容皆同流合一,大同小異,區别僅限於衍文脱句或虚詞用字。閲讀今本《老子》,雖明知其誤,却無法覈證。故僅依今本勘校,絶對找不出任何問題。"[④]而敦煌《老子》寫卷的發現、長沙馬王堆漢墓帛書《老子》及荆門郭店楚簡《老子》的相繼出土[⑤],已使上述問題得到一定程度的解決;同時,也使《老子》一書具有中國古書罕見的最完整的文本序列。李零先生在談到郭店楚簡的意義時,曾做過一個形象的比喻:"如果我們把古書比作一條藏在雲端的龍,宋元以來的古書是它的尾巴,敦煌的發現是它的身子,那麽,現在的發現就是它的脖子,我們離看到龍頭的日子已不太遠了。"[⑥]這裏雖是强調郭店楚簡的重要性,但從中也可窺見敦煌寫卷的價值。若把上文中的"古書"换成"《老子》",這個比喻同樣恰切。因爲隨着《老子》新材料的不斷問世,我們正在逐漸逼近《老子》的本來面貌。

　　從《老子》郭店簡本、至馬王堆帛書本、再到敦煌本、今本,《老子》的分章在趨同的同時,也呈現出若干差異,學者們對此的認識也頗爲分歧,是一個值得認真探討的問題。兹據敦煌文獻並結合相關材料,就《老子》的分章情况,略抒管見,以就教於大家。

—

　　《老子》一書,流傳久遠,原式已不可知。《漢書·藝文志》著録《老子》注本四種:《老子鄰氏經傳》四篇、《老子傅氏經説》三十七篇、《老子徐氏經説》六篇、劉向《説老子》四篇⑦。由於上述四種《老子》注本已亡佚，我們對其所據《老子》底本篇章如何亦不得而知。

　　1993 年于湖北省荆門市郭店楚墓出土的簡本《老子》，年代不晚於戰國中期，是迄今所見時間最早的《老子》傳本。整理者依據竹簡形制將簡本《老子》分爲甲、乙、丙三組。簡本《老子》的絶大部分文字與今本《老子》大體相同或相近，但不分《道經》、《德經》，而且章次與今本也不相對應⑧。其中的一些符號，如"■"、"ㄥ"號等被認爲是分章的最原始記録。但這樣的符號在簡本《老子》中也不多見，計有二十八處⑨。但是，學者對"■"、"ㄥ"號是分篇符號還是分章符號，尚有不同意見。裘錫圭先生似乎是將"ㄥ"號看作分篇符號⑩。李零先生將簡本《老子》甲組簡 32 及簡 39 中出現的兩個鈎形⑪（簡本《老子》乙組、丙組中未見這樣的鈎形）視作篇號，依據這兩個鈎形並在參酌文義的基礎上，對簡本《老子》甲組的簡文作了重新調整，分爲上下篇：以簡 21—24 及簡 33—39 爲上篇，以簡 1—20 及簡 25—32 爲下篇；並認爲上篇有如《道經》，是以論述天道貴虚、貴柔、貴弱爲主；下篇有如《德經》，是以論述"治道無爲"爲主。它們也許就是今本分《道》、《德》二經的雛形，或者至少也是類似的編排設想⑫。李零先生的説法很新穎，似乎也有其合理之處。但這是否反映的就是當時《老子》的面貌，恐怕也不見得。因爲郭店楚簡整理者將簡本《老子》甲組共 39 支簡分爲五組，(1)簡 1—20;(2)簡 21—23;(3)簡 24;(4)簡 25—32;(5)33—39。這種做法似乎很明顯地受到簡 20、簡 21 及簡 24 後的墨釘號（即"■"號）和簡 32、簡 39 後的鈎形（即"ㄥ"號）的影響。簡 20、21、24、32、39 的"■"和"ㄥ"號後沒有再接抄其他文字，而留有大段的空白，所以很容易被當作分組（篇）的標誌。只是李零先生僅將"ㄥ"號當作篇號，而把"■"號當作章號；郭店楚簡整理者則將簡 20、21、24、32、39 末尾的"■"或"ㄥ"號都當作分組的標誌而已。不過，李零先生既將"ㄥ"號作爲篇號，爲何不直接依據"ㄥ"號將簡本《老子》甲組分爲兩部分，即簡 1—32 與簡 33—39，而要將簡文重新加以調整。若僅據"ㄥ"號及文義等而作此調整，理由似乎也不充分。彭浩先生認爲這兩處鈎識（即"ㄥ"號）是"用作某一大部分結束的標誌，包含着若干章"⑬，似乎也傾向於把鈎形（鈎識）當作篇號。尹振環先生又認爲將簡本《老子》命名爲"甲"、"乙"、"丙"不妥，不如分別改爲"上篇"、"下篇"、"附録"⑭。其實，不管是李零先生分簡本《老子》甲組爲"上篇"和"下篇"的做法，還是尹振環先生將簡本《老子》甲、乙、丙組改爲"上篇"、"下篇"及"附録"的建議，似乎都受到今本《老子》分篇的影響。而"■"及"ㄥ"號能否作爲劃分篇章的符號還是個問題。"ㄥ"號只在簡本《老子》甲組的簡 32 及簡 39 出現過兩次。"■"在簡本《老子》甲、乙、丙組中皆有出現，位置或在簡中部或在簡末部，使用不夠規範，因此要準確判斷其功能也較困難。又古人著書，往往是隨作數篇，即以行世。既是單篇別行，則分合亦無一定之規⑮。《老子》一書最初當也經過這樣的階段。據考證，簡本《老子》甲、乙、丙三組文字存在歷時性差異⑯，這表明簡本《老子》非一時之作。很有可能，簡本《老子》反映的是今本《老子》處於形成時期的情形⑰，因此編定簡本《老子》之時或許根本就不存在類似於今本的分篇和分章。如果把這些符號當作分章標誌，簡本與今本《老子》的分章也是相距甚遠⑱。

　　1973 年長沙馬王堆漢墓出土的帛書《老子》，内容與今本《老子》則相差無幾，但是《德經》在前，《道經》在後，與今本不同。又帛書乙本不分章，甲本有些段落前有圓點，似乎可以看作分章標誌，由此也可看出帛書本與今本《老子》段落分合的異同。如今本第二十四章，帛書甲、乙本在第二十二章之前；今本第四十一章，帛書甲、乙本均在第四十章之前；今本第八十、八十一章，帛書甲、乙本均在第六十七章之前⑲。由此可知，至遲在西漢，今本《老子》的規模已基本形成，但那時或不分章，或分章但尚不明確。今本《老子》多分爲八十一章，上篇三十七章，下篇四十四章，如王弼本、河上公本⑳。《老子》書分八十一章，史籍亦多有記載。宋代謝守灝《混元聖紀》卷三引劉歆《七略》云：“劉向讎校中老子書二篇，太史書一篇，臣向書二篇，凡中外書五篇，一百四十二章。除重複三篇六十二章，定著三篇八十一章。上經第一，三十七章；下經第二，四十四章。”㉑宋代董思靖《道德真經集解序説》云：“河上公分八十一章，以應太陽之極數。上經三十七章法天數奇。下經四十四章法地數耦。劉歆《七略》云：‘劉向定著二篇，八十一章。上經三十四章，下經四十七章。’”㉒此處言上經及下經章數與《混元聖紀》所引略有不同，蓋“三十四”爲“三十七”之誤，“四十七”爲“四十四”之誤。上引二説雖略有出入，但似乎都表明：劉向校書時《老子》已分爲上、下篇，共八十一章。究竟劉向所删何處文句，上經及下經所屬章節是否與今本相同，今已不可詳考。但也有人對《老子》分爲八十一章的做法提出質疑。宋代邵若愚《道德真經直解·叙事》云：“又不知何人，不審正文前後本意，分爲八十一章，惟務其華，圖象陽數。此以戲論，無益於人，今亦除去。”㉓

　　然而從文獻記載來看，八十一章之説似亦非空穴來風。如 P.2462《玄言新記明老部》云“道經象天，所以言上；德經象地，所以言下。王弼字輔嗣，山陽人，官至尚書郎。魏正始十年，時廿四，尋宋古本，直云王輔嗣下稱注道德二篇，通象陽數極九，以九九爲限，故有八十一章”，又云“分篇上下，法象天地。第一卷初並已有解，注云‘德者，得也’。又云‘何以得德，由乎道也’。故知德不以自得爲高，得道者也；道不以自通爲貴，通德者也。然後道德冥會，不二不一，釋斯玄旨，在道德義内。上篇卅七章，總明常道，即以道爲經。初此卷卅四章，通辯上德下德，亦以德爲經。及治身治國説有空，既宗致不殊，則同歸一揆”。

　　又 S.6044《道德經解題書》云“今就正經文，内明道德二經。道者，明古人所證道；德者，今人所證德。但法通古，是以説道德二經，欲使一切學者知今古不殊，得爲一迹之説，故下文云善行無轍迹是也。問曰：就此道德兩經依河上公分爲八十一章者何？答曰：河上公欲明五氣迎換，年歲劫數。數有八十一數，故須注也。"

又 P.2353《道德經開題序訣義疏》云："第五章卷者：此一部妙經，五千奧典，上下二卷八十一章，各有表明，咸資法象，豈徒然哉？良有以也。故八十一章，象太陽之極數；上下二卷，法兩儀之生育。是以上經明道以法天，下經明德以法地。而天數奇，故上經有卅七章；地數偶，故下經有卌四章。"

又唐代陳景元《道德真經藏室纂微篇·開題》云："……道經居先，德經次之。上下二卷，法兩儀之生育；八十一章，像太陽之極數。是以上經明道以法天，下經明德以法地。天數奇，故上經三十有七章；地數偶，故下經四十有四章。"[24]

由上述引文可知，《老子》書分爲八十一章，並非向壁虛造，而是實有其事。今本《老子》多爲八十一章，也表明八十一章是一種佔據主流地位的分章形式。同時，應該指出的是，《老子》並非只有八十一章這一種分章形式。

據《君平説二經目》[25]，嚴遵《老子指歸》分《老子》分爲上、下經，其中上經四十章，下經三十二章，共七十二章，與今傳本八十一章本不同。

唐代李約《道德真經新注》將《老子》八十一章併爲七十八章，道經三十七章，與今本同；德經四十一章，即將今本的第四十三與第四十四章、第四十八與第四十九章、第六十八與第六十九章分別合爲一章[26]，則與今本異。

宋代彭耜《道德真經集注雜説》卷上云："今世所傳《老子道德經》，或總爲上下二篇，或分八十一章，或七十二章，本既各異，説亦不同，蓋莫得而考也。"原注云："河上公分八十一章，以上經法天，天數奇，故有三十七章。下經法地，地數偶，故有四十四章。嚴遵乃以陰道八，陽道九，以八行九，故七十二章，上四十章，下三十二章，全與河上公不合。"[27]

元代吳澄跋《道德真經注》云："莊君平所傳章七十二，諸家所傳章八十一。然有不當分而分者，定爲六十八章。云上篇三十二章，二千三百六十六字；下篇三十六章，二千九百二十六字。總之五千二百九十二字云。"[28]據此可知，吳澄不滿嚴遵及諸家對《老子》的分章，遂分《老子》爲六十八章。

清代姚鼐認爲《老子道德經河上公章句》分章不合理，自謂"更求其實，少者斷數字，多則連字數百爲章，而其義乃明"[29]，而分《老子》爲上篇三十二章，下篇五十二章，共八十四章。至今，仍不斷有人對《老子》加以重新編排[30]。

綜上所述，《老子》書漢時似已分爲八十一章，後世迭有改易，或七十二章、或七十八章、或六十八章、或八十四章等。不同的分章形式，反映了人們對《老子》的不同理解，並且每一種分章形式都或多或少帶有時代的烙印。

　　已如上述,《老子》以分八十一章者較爲流行。迄今所見敦煌《老子》寫卷也多分爲八十一章,但多不標章名章次⑩,而以另段提行書寫的形式區分章節,如 P.2255、P.2350/1、P.2599、P.2735 等。又據卷尾題記知其皆分爲道經上、德經下兩部分,其中道經三十七章,德經四十四章。然而也有不同者。陸德明《莊子天下篇音義》稱老子爲關令喜著書十九篇⑫,蓋篇卷分合不同抑或爲後人竄改乎?敦煌寫卷 P.2420 分章也與它本不同,如第四十一章之"上士聞道"至"不笑不足以爲道"一段文字與第四十章連書,而第四十一章"故建言有之"至"善貸且成"則獨立成段;又第四十八章與第四十九章連書。據此,P.2420 分合之後,《德經》總計共四十三章,而非四十四章。唐文播先生云:"考二四二○卷,起《德經》上,終《德經》下。《德經》部分,完整無缺,分合之後,仍爲四十四章,與通行本固無殊也。"⑬唐說非是。又考陸德明《經典釋文·老子德經音義》注云:"德者,得也。道生萬物,有得,獲有,故名《德經》。四十四章,一本四十三[章]。"⑭是陸德明亦曾見《德經》四十三章本,抑陸氏所見本與 P.2420 所據本相同歟?

<h2 style="text-align:center">二</h2>

　　除了《德經》四十四章或四十三章的《老子》之外,更有《道经》三十六章、《德經》四十五章的《老子》傳本流傳。上世紀四十年代,唐文播先生即云傅振倫先生所見倫敦所藏《老子》寫卷"惟《道經》三十六章,《德經》四十五章,與巴黎藏卷迥異,與現行各本亦不相同。是否印刷時植字有誤,疑莫能明也"⑮。是唐氏其時因條件所限,未見《道經》三十六章、《德經》四十五章本《老子》,故有此疑。

　　我們先來看看幾件敦煌寫卷。P.2594、P.2864、S.2060、P.3237、P.2577、P.3277 六件寫卷,内容皆爲《老子李榮注》。上述六件寫卷可以依次完全綴合⑯。綴合後,所存内容爲《老子李榮注》第三十七章至第八十一章經注文,但仍缺第三十八章全章,第三十九章亦略有殘缺。應該指明的是,《老子李榮注》⑰今僅《道藏》收有《道經》殘卷第一至第三十六章⑱,其餘部分久佚。而其缺佚部分雖也見於其它注中,但多爲片言隻語,敦煌寫卷則較完整地保存了《老子李榮注》之《德經》部分。尤其值得注意的是:《道藏》所載《老子李榮注》未見《道經》第三十七章,而在 P.3277 中,第三十七章却被置於第八十一章之後。關於這一點,蒙文通先生嘆爲"宇宙間之詭奇,竟有如是者,非鬼物呵護,曷克臻此"⑲;同時又認爲"唐代《李注》傳本,真所謂後人妄爲者也"⑳。王重民先生云:"又原卷(筆者注:指 P.3277 寫卷)第八十一章之末,接書第三十七章經文並注語,疑非係移植,蓋補上卷脱失者。"㉑黄海德先生云:"此種分章,妄置《道經》三十七章於《德經》之末,割裂古籍,不倫不類。"㉒《道經》三十六章、《德經》四十五章本《老子》是否真的如蒙、王、黃三位先生所説是後人妄改(或補上卷脱失)所致?還是自有其淵源呢? 關於這一問題,在此略作辨正。

首先,將《老子》分爲上經(《道經》)三十六章,下經(《德經》)四十五章的做法,文獻多有記載。謝守灝《混元聖紀》卷三云:"……叄傳稱老子有八十一章。共云:'象太陽極之數。《道經》在上以法天,天數奇,故有三十七章。《德經》在下以法地,地數偶,故有四十四章。'而葛洪等不能改此本章,遂滅《道經》'常無爲'一章,繼《德經》之末,乃曰:'天以四時成,故上經四九三十六章。地以五行成,故下經五九四十五章,通上下經以應九九之數。'"㉓董思靖《道德真經集解序説》亦云:"河上公分八十一章,以應太陽之極數。上經三十七章法天數奇。下經四十四章法地數耦。劉歆《七略》云:'劉向定著二篇,八十一章。上經三十四章,下經四十七章。'而葛洪等又另損益,乃云'天以四時成,故以上經四九三十六章,地以五行成,故下經五九四十五章',通應九九之數。"㉔又《唐玄宗御製道德真經疏外傳》云:"開元二十一年頒下,其所分別:上卷四九三十六章,法春夏秋冬;下卷五九四十五章,法金木水火土。則上卷從一至九章,以無形無名爲宗,明春道;從十至十八章,以無知恍惚爲宗,明夏道;從十九至二十七章,以有情有信爲宗,明秋道;從二十八至三十六章,以凝重清净爲宗,明冬道。其下卷自一盡九,明仁德;次十盡十八,明禮德;從十九至二十七,明義德;從二十八至三十六,明智德;從三十七至四十五,明信德也。"㉕若上述記載不誤的話,則至遲自晉葛洪時爲因應四時五行之説,已將《老子》按《道經》三十六章、《德經》四十五章的形式加以區分,即移置《道經》第三十七章於《德經》八十一章後。《道經》三十六章、《德經》四十五章的《老子》傳本,可謂淵源有自。

其次,衆多的敦煌寫卷也表明《道經》三十六章、《德經》四十五章的《老子》傳本是確實存在的。這除了上面所提到的六件《老子李榮注》寫卷外,尚有其它寫卷作爲佐證。

BD14677《佚名老子註疏》(擬)云:"……[八十]一章者,此依天地之大數,故以四乘九,四九□□□□□(筆者注:中約缺八字,疑爲"卅六,地數也;以五乘")九,五九卅五,天數也。所以《道經》有卅六,《德經》有冊[五,二經合八十]一章㉖。《道經》卅六者,即是法廿八宿與八風。言廿八宿所以綱紀四方,八風所以鼓育萬物,故以爲況。《德經》卅五者,法廿四氣、十二辰與九州。廿四氣者,統緒四時,以成天道;十二辰者,考比歲事;九州者,萬民所歸,人王所住,故因以立章焉。"又云:"今就此八十一章内,大判有三段義門,謂始從'道可道,非常道'訖至'致虚極章'末以來,有十六章,明大道體無障礙義。第二,從'太上,下知有之章'已下訖卷末廿章以來,明大道相□障礙成就自在義。第三,從'上德不德章'訖卷末冊五章已來,明大道德用淳熟無障礙義。"從這裏可以看出,BD14677 分章與 P.2255 等卷及傳世本《老子》明顯不同。此卷所據《老子》經文分爲《道經》、《德經》兩部分,《道經》三十六章而非三十七章,《德經》四十五章而非四十四章;並且説明了分《道經》三十六章、《德經》四十五章的原因。遺憾的是,BD14677僅存《道經》第一章至第七章,不能窺見《道經》三十六章、《德經》四十五章本《老子》的真面目。

又有題名《老子德經下卷上河上公注》^㊼的S.4681云:"老子德經下。卷上^㊽。河上公章句:凡四十五章。《德經》法地,地在下,故《德經》爲下。地有五行,五九卌五,故卌五章。事盡爲章,義連爲句。"^㊾從這段文字可知,S.4681所載《老子》經文亦當分爲《道經》與《德經》兩篇;而《德經》爲下篇,分卷上及卷下兩部分,共四十五章,且以今本第三十八章爲《德經》首章。惜S.4681與P.2639直接綴合後,僅殘存相當於今本《老子》之《德經》第三十八章至第七十七章經注文,也不得窺其全豹。

S.6453卷尾題記云:"《道經》卅六章,二千一百八十四字;《德經》卌五章,二千八百一十五字。五千文上下二卷,合八十一章,四千九百九十九字。太極左仙公序、系師定、河上真人章句,《老子道德經》上下卷。大唐天寶十載,歲次辛卯正月乙酉朔廿六日庚戌,敦煌郡敦煌縣玉關鄉(下缺)。"其中"卅六"之"六"字及"卌五"之"五"字墨色較濃,似乎是從其它字改正過來的。而事實上,S.6453寫卷所存章節與《道經》三十七章、《德經》四十四章本《老子》的分章形式是一致的。蓋抄手受《道經》三十六章、《德經》四十五章的《老子》傳本影響較深,故有改動之舉。這也從一個側面説明了唐代確實是有《道經》三十六章、《德經》四十五章的《老子》廣泛流傳。否則的話,也不會憑空作此改動。

BD00004寫卷在以"天下有道"頂格書寫的這一行天頭有墨書"卌五"二字。按:"天下有道"所在章在今本屬第四十六章,而這裏的墨書"卌五"極有可能是指BD00004寫卷所據底本"天下有道"所在章爲第四十五章^㊿。如果上述推測不誤的話,那麽BD00004寫卷所據底本當亦爲"《道經》三十六章、《德經》四十五章"本。因爲將相當於今本的第三十七章移置於第八十一章後,原來的第四十六章也就相應地成了第四十五章。

綜上所述,至遲在唐代,《道經》三十六章,《德經》四十五章本《老子》在敦煌地區確實存在,似乎還流傳頗廣,這是不爭的事實。因爲既有文獻上的記載,又有敦煌寫卷這些實物作爲佐證,要想無視"第三十七章置於第八十一章末"分章形式的存在,恐怕也不現實。另外,與其説第三十七章抄于第八十一章末是補上卷之脱失,或者説是後人竄改所爲,而大加指責;還不如説有一種《老子》的篇章結構原本就是如此。現在再回過頭來看P.3277中相當於今本三十七章的內容卻置於八十一章後的現象,就不難發現指斥"三十七章置於八十一章之後"爲"割裂古籍,不倫不類"的觀點殊欠妥當;認爲"第三十七章爲補抄在第八十一章之後"的可能性也是微乎其微。

三

已如上述，"《道經》三十六章、《德經》四十五章"本《老子》是確實存在的。那麼，"《道經》三十六章、《德經》四十五章"的分章形式，又是始於何時呢？關於這一問題，學者頗有疑問。唐末杜光庭《道德真經廣聖義》卷三十云："夫道以虛無無形，法陽而象天；德以證實有困，故法陰而象地。或有移上經末章居下卷之末，以取上卷四九三十六章法陽，下卷五九四十五章法陰，此亦後人妄爲，其意穿鑿，將恐乖失玄聖之本旨也。"⑤蒙文通先生更據杜光庭《道德真經廣聖義》引《道德玄叙》言"開元二十一年，頒下。其所分別：上卷四九三十六章，法春夏秋冬；下卷五九四十五章，法金木水火土"而認爲四九、五九之說出於唐開元年間，唐代《老子李榮注》爲後人所改易⑫。

蒙說恐非。首先，蒙文通先生所據杜光庭《道德真經廣聖義》引《道德玄叙》所言"其所分別"，據上下文看，未必是指唐玄宗爲了與衆本區別而分《老子》爲"上卷三十六章，下卷四十五章"。又開元二十六年（738）刻於河北易縣的道德經幢⑬，據其額題"太上玄元皇帝道德經大唐開元神武皇帝注"知其內容爲《唐玄宗御注道德真經》；又據其額下所刻"開元廿年十二月十四日敕"，可知這是開元二十年所頒佈的《唐玄宗御注道德真經》。從此幢所載內容來看，其所據底本是《道經》三十七章、《德經》四十四章本。抄於開元二十三年（735）的 P.3725《唐玄宗御注道德真經》第三十七章經注文仍然接抄在第三十六章後（未見《德經》部分），可以推知 P.3725 所據《唐玄宗御注道德真經》底本亦爲《道經》三十七章、《德經》四十四章本。若《道經》三十六章、《德經》四十五章的分章形式是唐玄宗首先提出來的話，則唐玄宗在注疏《老子》時也應當有所體現。而管見所及《唐玄宗御注道德真經》及《唐玄宗御製道德真經疏》，皆未見《道經》三十六章、《德經》四十五章的分章形式。因此，唐玄宗爲與衆本區別而分《老子》爲"上卷（《道經》）三十六章，下卷（《德經》）四十五章"的說法是不大可信的。不知蒙文通先生爲何據此而得出"四九、五九之說出於開元"的結論。

其次，正如上文所說，《道經》三十六章、《德經》四十五章本《老子》，文獻多有記載。據上引謝守灝《混元聖紀》卷三及董思靖《道德真經集解序說》文，至遲自葛洪時爲因應九九之數，已將《老子》分爲"上經四九三十六章，下經五九四十五章"。

再次，《道藏》中所載李榮《道德真經注》只存《道經》第一章至第三十六章，敦煌寫卷中卻保存了《德經》部分，且第三十七章位於第八十一章後。這樣看來，李榮《道德真經注》所據《老子》經文已分爲《道經》三十六章、《德經》四十五章，而李榮生當唐玄宗之前，這也表明在唐玄宗以前已有《道經》三十六章、《德經》四十五章的《老子》存在。否則，不會有如此巧合。又 S.4681《老子德經下卷上河上公注》及 BD14677 皆云《德經》四十五章,則不至於唐玄宗以後竟將約成書於漢代的《老子河上公注》也加以竄改,以與《道經》三十六章、《德經》四十五章本《老子》相合吧?

綜上所述,"四九、五九之説出於開元",即謂《道經》三十六章、《德經》四十五章本《老子》出於唐代開元年間的説法,現在看來是不大妥當的。

在此,似乎可以進一步推論:《道經》三十六章、《德經》四十五章本《老子》,最初既非由唐玄宗改定,也非葛洪等損益而成,或許在漢代就已存在,並與《道經》三十七章、《德經》四十四章本《老子》並行於世。

胡適先生曾經指出:"凡是一種主義、一種學説,裏面有一部分是當日時勢的產兒,一部分是論主個人的特別性情家世的自然表現,一部分是論主所受古代或同時的學説影響的結果。"㉔此論甚是。我們認爲,《道經》三十六章、《德經》四十五章本《老子》,雖然不能算是真正意義上的"主義"或"學説",但它無疑也是特定時代下的產物,受到各種因素的影響。《道經》三十六章、《德經》四十五章本《老子》一方面要受其編撰者主觀因素的影響,另一方面自然也受到其編撰者所處時代或之前時代知識背景的影響。

而在中國古代社會,至遲自戰國中期以迄漢代,曾盛行神秘數字信仰(如數字七十二、八十一等)。神秘數字的製作旨在配合人類整個社會生活,通過它達到天地交感的結構,因此與整個社會有密切關係,或者可以説舉凡古代的文物典章制度幾乎無不配合着神秘數字。影響所及,若干古籍亦具神秘性編撰型式,篇卷章句之數似乎也與這種神秘數字信仰有關㉕。特別是漢代以來陰陽五行思想及神秘數字的盛行,對古籍的編撰型式產生了很大影響。嚴遵《老子指歸》"上經四十章,下經三十二章"共七十二章的分章形式,就明顯地受到陰陽五行説及神秘數字信仰的影響。《君平説二經目》云:"昔者老子之作也,變化所由,道德爲母,效經列首,天地爲象。上經配天,下經配地。陰道八,陽道九,以陰行陽,故七十有二首,以陽行陰,故分爲上下。以五行八,故上經四十而更始。以四行八,故下經三十有二而終矣。陽道奇,陰道偶,故上經先而下經後。陽道大,陰道小,故上經衆而下經寡。陽道左,陰道右,故上經覆來,下經反往。反覆相過,淪爲一形。"㉖從這裏可以看出,《老子指歸》是根據陰陽五行説來決定篇章分合的,其中便采用了一些有特定意義的數字,或者説是神秘數字。"七十二"即是其中之一。在古代神秘數字中,"七十二"(9×8)是最常見也最具神秘性的一個神秘數字,它不僅象徵陰陽兩極數之積的至極之數,而且象徵着真正的天地交泰、陰陽合德的意義㉗。因此采用"七十二"作爲篇章之數,在那時看來,是非常自然的事情。同樣,神秘數字"八十一"在漢代或漢以前也非常盛行。很多書籍都采用了"八十一"作爲篇數等。《漢書·揚雄傳》叙揚雄撰《太玄經》由來時曰:"……而大潭思渾天,參摹而四分之，極於八十一。旁則三摹九據，極之七百二十九贊，亦自然之道也。故觀《易》者，見其卦而名之；觀《玄》者，數其畫而定之。《玄》首四重者，非卦也，數也。其用自天元推一晝一夜陰陽數度律曆之紀，九九大運，與天終始。"③《史記·田儋傳》云："太史公曰：'甚矣蒯通之謀，亂齊驕淮陰，其卒亡此兩人！蒯通者，善爲長短説，論戰國之權變，爲八十一首。'"⑬《史記·扁鵲傳》張守節《正義》云："《黄帝八十一難序》云：'秦越人與軒轅時扁鵲相類，仍號之爲扁鵲。又家于盧國，因命之曰盧醫也。'"⑭例多不備舉。

這樣看來，《道經》三十六章、《德經》四十五章本《老子》分全書爲道、德二經，當如上引P.2462《玄言新記明老部》、BD14677《佚名老子註疏》及 S.4681《老子德經下卷上河上公注》等所言，是取法天地之意。而分《道經》爲三十六章、《德經》爲四十五章，則當是爲了與四時、五行（或地數、天數）相合。據此安排篇章，似乎明顯地受到漢代陰陽五行説及神秘數字信仰的影響。或者可以這樣説，《道經》三十六章、《德經》四十五章本《老子》也許正是漢代陰陽五行説及神秘數字信仰盛行下的産物。因此，我們推測：《老子》"《道經》三十六章、《德經》四十五章"共八十一章的分章形式可能在漢代就已出現。

① 筆者在《國家圖書館藏 BD14677 殘卷新探》等文中曾論及《老子》的分章，惜因論題所限，未能展開論述，故撰此文以申論之。

② 張與材《道德玄經原旨序》，見《道藏》第 12 册載杜道堅《道德玄經原旨》，文物出版社、上海書店、天津古籍出版社，1988 年 3 月，第 725 頁中。

③ 杜道堅撰《玄經原旨發揮》卷下，《道藏》第 12 册，第 773 頁上。

④ 高明撰《帛書老子校注序》，《帛書老子校注》，中華書局，1996 年 5 月，《序》第 3 頁。

⑤ 敦煌文書 1900 年發現于敦煌莫高窟，計約五萬件（其中《老子》寫卷約七十件），時間跨越四至十一世紀，內容涵蓋政治、經濟、歷史、語言、文學、藝術、哲學、宗教等領域，具有很高的研究價值。帛書《老子》於 1973 年 12 月出土于長沙馬王堆三號漢墓，該墓的年代可以確定是漢文帝前元十二年（前168）。整理者據字體將帛書《老子》分爲甲本、乙本兩種。參國家文物局古文獻研究室編《馬王堆漢墓帛書老子》（壹），文物出版社，1980 年 3 月，《出版説明》第 1—3 頁，《圖版》及《釋文》第 3—16、89—100 頁。郭店楚簡於 1993 年出土于湖北省荆門市郭店一號楚墓，年代不晚于戰國中期。此墓雖數經盜劫，仍然保存八百餘枚竹簡，其中包括《老子》、《緇衣》、《五行》、《魯穆公問子思》、《性自命出》、《窮達以時》、《成之聞之》等多種古籍，是研究中國先秦時期思想史、學術史的重要資料。整理者依據竹簡形制將《老子》竹簡分爲甲、乙、丙三組。這三組《老子》字數，計二〇四六字，約爲今本的五分之二（裘錫圭《郭店〈老子〉簡初探》認爲三組簡現存字數約爲今本的三分之一，見陳鼓應編《道家文化研究》第 17 輯，三聯書店，1999 年 8 月，第 26 頁注 1），文字上與今本有不少出入，章序也有較大差異。參荆門市博物館編《郭店楚墓竹簡》，文物出版社，1998 年 5 月，《前言》第 1—2、111 頁。

⑥李零《重見七十子》,《讀書》2002 年第 4 期,第 37 頁;又見李零《郭店楚簡校讀記·前言》,《郭店楚簡校讀記》(增訂本),北京大學出版社,2002 年 3 月,《前言》第 1 頁。

⑦班固撰、顏師古注《漢書》,中華書局,1962 年 6 月,第 1729 頁。

⑧荆門市博物館編《郭店楚墓竹簡》,文物出版社,1998 年 5 月,《前言》第 1—2、111 頁。

⑨參尹振環著《楚簡老子辨析——楚簡與帛書老子的比較研究》,中華書局,2001 年 11 月,第 6—12 頁。

⑩裘錫圭《郭店〈老子〉簡初探》云簡本甲組“本來可能就分爲兩部分,甲三二、三九分別是這兩部分的最後一簡”。參陳鼓應主編《道家文化研究》第 17 輯,三聯書店,1999 年 8 月,第 30 頁。

⑪嚴格説來,稱“⟩”爲鈎形似乎不太貼切,因其形狀更像我們今天所説的重文符號。爲便利計,暫時襲用“鈎形”之名。

⑫參李零著《郭店楚簡校讀記》(增訂本),第 3—20 頁。

⑬彭浩校編《郭店楚簡〈老子〉校讀》,湖北人民出版社,2001 年 3 月,第 6 頁。

⑭尹振環著《楚簡老子辨析——楚簡與帛書〈老子〉的比較研究》,第 68—72 頁。

⑮參余嘉錫撰《古書通例》,上海古籍出版社,1985 年 7 月,第 44—49、93—98 頁。

⑯參丁四新《略論郭店簡本〈老子〉甲乙丙三組的歷時性差異》,《湖北大學學報》1999 年第 2 期,第 11—12 頁;又丁四新著《郭店楚墓竹簡思想研究》,東方出版社,2000 年 10 月,第 5—11 頁;王博《關於郭店楚墓竹簡〈老子〉的結構與性質——兼論其與通行本〈老子〉的關係》,陳鼓應主編《道家文化研究》第 17 輯,三聯書店,1999 年 8 月,第 154—156 頁;董琨《郭店楚簡〈老子〉異文的語法學考察》,《中國語文》2001 年第 4 期,第 347—353 頁。

⑰另參李若暉著《郭店竹書〈老子〉論考》,齊魯書社,2004 年 2 月,第 89—93 頁。

⑱詳參荆門市博物館編《郭店楚墓竹簡》,第 3—10 頁所載《老子圖版》。

⑲國家文物局古文獻研究室編《馬王堆漢墓帛書老子》(壹),文物出版社,1980 年 3 月,《出版説明》第 1 頁。

⑳如李耳撰,王弼注《老子道德經》,《二十二子》,上海古籍出版社,1986 年 3 月縮印浙江書局彙刻本,第 1—11 頁;李耳撰,河上公章句《老子道德經》,《四部叢刊》初編第 90 册,上海書店,1989 年 3 月據商務印書館 1926 年版重印本,第 1—21 頁。

㉑《道藏》第 17 册,第 814 頁中。

㉒《道藏》第 12 册,第 821 頁下。

㉓《道藏》第 12 册,第 236 頁下。

㉔陳景元撰《道德真經藏室纂微篇》,《道藏》第 13 册,第 654 頁上中。

㉕嚴遵著、王德有點校《老子指歸》,中華書局,1994 年 3 月,第 1 頁。

㉖《道藏》第 12 册,第 321 頁中—340 頁下。

㉗《道藏》第 13 册,第 257 頁上中。

㉘《道藏》第 12 册,第 820 頁下。

㉙姚鼐撰《老子章義·序》,載《四部要籍註疏叢刊·老子》下册,中華書局,1998 年 5 月,第 1406 頁下。

㉚如王垶編釋《老子新編校釋》(遼寧人民出版社,2000 年 1 月。)將《老子》原來次序打亂,分類重編,分爲"明道"、"立德"、"喻理"、"善行"、"警世"、"治國"、"用兵"、"自述"、"殘簡"九章。董京泉《〈道德經〉新編及其論證》(《文史哲》2003 年第 1 期,第 13—21 頁;第 2 期,第 25—32 頁。)將通行本《老子》八十一章改分爲八十四章,打亂原來章序,按内容重新排列,分爲道論、德論、修身、治國四篇。

㉛敦煌寫卷中惟 S.4365 及 P.3592《唐玄宗御製道德真經疏》題寫章名章次,曰"重爲輕根章第廿六"、"不尚賢章第三"等。其餘各卷皆不標明章名章次。

㉜陸德明撰《經典釋文》下册,上海古籍出版社,1985 年 10 月,第 1584 頁。

㉝唐文播《老子篇章字數考》,《説文月刊》第 4 卷合刊本,1944 年 5 月,第 657 頁。

㉞陸德明撰《經典釋文》下册,第 1401 頁。

㉟唐文播《巴黎所藏敦煌〈老子〉寫本綜考》,《中國文化研究彙刊》第 4 卷下册,1944 年 9 月,第 97 頁。

㊱王重民、姜亮夫、黄海德及日本學者小島祐馬、大淵忍爾等先生都曾注意到敦煌本《老子李榮注》殘卷的綴合問題。翟理斯(Lionel. Giles)在其 1957 年出版的書目 *Descriptive Catalogue of the Chinese Manuscripts from Tunhuang in the British Museum* 第 218 頁著録了 S.2060 寫卷,並首次指出 P.2594、P.2864、P.3237、P.2577、P.3277 與 S.2060 爲同一寫卷。

㊲二十世紀四十年代,蒙文通先生曾輯成《李榮道德經注》,見《道書輯校十種》(《蒙文通文集》第六卷),巴蜀書社,2001 年 8 月,第 553—669 頁。稍後,嚴靈峰先生亦輯有《李榮老子注》,見《無求備齋老子集成·初編》,藝文印書館,1971 年 10 月。

㊳《道藏》第 14 册,第 38—56 頁。

㊴蒙文通著《道書輯校十種》,第 554 頁。

㊵蒙文通著《道書輯校十種》,第 556 頁。

㊶王重民著《敦煌古籍叙録》,中華書局,1979 年 9 月新 1 版,第 243 頁。

㊷黄海德《李榮及其〈老子注〉考辨》,《世界宗教研究》1987 年第 4 期,第 56 頁。

㊸《道藏》第 17 册,第 814 頁下。

㊹《道藏》第 12 册,第 821 頁下。

㊺《道藏》第 11 册,第 811 頁上。

㊻[　]内六字原卷僅存左側殘畫,兹據上下文補出。

㊼此爲《英藏敦煌文獻》對 S.4681 的題名。同樣的内容,《寶藏》列爲 S.4681 背面,並題名"老子德經下";而正面題名"大乘稻芊經隨聽疏"。而可與 S.4861 直接綴合的 P.2639,《寶藏》却正面題名《老子道德經》,背面題名《大乘稻芊經隨聽疏》。據此可知,《寶藏》對 S.4681 及 P.2639 的題名必有一處是錯誤的。

㊽"卷上"二字字體略小,位於行右。又所引文字無句讀,標點皆爲筆者所加。

㊾從“凡四十五章”迄“義連爲句”字體略小，原爲雙行小字，今皆改爲單行，以便觀覽。

㊿當然，也不能完全排除這裏所説的墨書“卌五”二字是指“天下有道”所在章的字數。不過，在敦煌寫卷中，標明章節字數往往是在章末，尚未見在天頭標明字數的寫卷。

(51)《道藏》第 14 册，第 456 頁上。

(52)蒙文通著《道書輯校十種》，第 556 頁。

(53)參北京圖書館金石組編《北京圖書館藏中國歷代石刻匯編》第 24 册，中州古籍出版社，1989 年 5 月，第 1—8 頁。

(54)胡適著《胡適作品集》之四《問題與主義》，遠流出版事業股份有限公司，1986 年 2 月，第 145—146 頁。

(55)參楊希枚《中國古代的神秘數字論稿》、《論神秘數字七十二》、《古籍神秘性編撰型式補證》，均載《先秦文化史論集》，中國社會科學出版社，1995 年 8 月，第 616—737 頁。

(56)嚴遵著、王德有點校《老子指歸》，第 1 頁。

(57)參楊希枚《古籍神秘性編撰型式補證》，《先秦文化史論集》，第 720 頁。

(58)班固撰、顔師古注《漢書》，第 3575 頁。

(59)司馬遷撰、裴駰集解、司馬貞索隱、張守節正義《史記》，中華書局，1959 年 9 月，第 2649 頁。

(60)司馬遷撰、裴駰集解、司馬貞索隱、張守節正義《史記》，第 2785 頁。

作者簡介：朱大星，浙江大學古籍研究所副教授

通訊地址：浙江大學西溪校區古籍研究所　　郵編：310028

國家圖書館藏尤刻本《文選》係修補本考論

金少華

存世宋刊李善單注本《文選》僅兩種,其中淳熙八年(1181)尤袤刻本是唯一的完帙,另一種北宋國子監本殘佚過半;而宋刊五臣、李善合併本《文選》中的李善注,已然多被删節,無法據以還原李善單注本,可見尤刻本價值極高,甚可寶貴。另外根據日本學者斯波六郎的研究,尤刻本是元明清三代所刻李善注《文選》之祖本①,而清嘉慶十四年(1809)胡克家覆刻尤本更是兩百年來的標準讀本,影響深遠。然則今之《文選》學者對尤刻本盛加推許,良有以也。

胡克家據以覆刻的尤刻本《文選》是一個屢經修補的後印本,這是學界的共識。至於國家圖書館藏本(中華書局 1974 年影印,又收入《中華再造善本》),則一般視爲初刻本或初印本,如傅剛先生《文選版本研究》云:"此本據《中國版刻圖錄》稱'原爲楊氏寶選樓藏書,初印精湛,字字如新硎,無一補版,可稱《文選》李注惟一善本',這説明此本是尤刻的初印本。"②但通過仔細比勘,可發現國圖所藏尤刻本同樣多有修版。

一

尤刻本《文選》中經過修版增删的注文條目遠多於正文,其修版痕迹也更爲清晰可尋,故首先考察注文。

例一,卷一班固《兩都賦序》"臣竊見海内清平,朝廷無事"句李善注:"蔡邕《獨斷》:'或曰:朝廷亦皆依違尊者,都舉朝廷以言之。'"胡克家《文選考異》云:"吴郡袁氏翻雕六臣本、茶陵陳氏刻增補六臣本,'都'上有'所'字,'舉'上有'連'字。案:此尤延之校改之也。⋯⋯凡各本所見善注,初不甚相懸;逮尤延之多所校改,遂致迥異。"(尤袤字延之)

按日本足利學校藏宋刊明州本、韓國奎章閣藏活字本、《四部叢刊初編》影宋刊本等三個六臣注《文選》所録李善注均與袁、茶陵二本相同③;尤刻本"尊者都舉"四字佔據六個字的位置,修版剗去兩字之痕迹極爲明顯。胡克家謂尤袤校删"所""連"二字、尤氏所見李善注與六臣本"初不甚相懸",極是。

例二，卷二四潘岳《爲賈謐作贈陸機》詩"爰應旌招，撫翼宰庭"句李善注："臧榮緒《晉書》曰：'太熙末，太傅楊駿辟機爲祭酒。'《孟子》曰：'夫招士以旌，大夫以旌。'撫翼，已見上文。宰，謂駿也。'宰'或爲'紫'，非也。"其中"夫招士以旌大夫以旌"九字胡克家《文選考異》所據袁、茶陵二本均作"夫招士以旌"五字，胡氏云："當是'招大夫以旌'之譌，尤所添改未是。"

奎章閣本正作"招大夫以旌"，胡氏之説似可遵從。不過明州本、叢刊本皆同袁、茶陵二本作"夫招士以旌"，奎章閣本獨異，唯所引《孟子》僅五字則無殊；而同樣引用《孟子》此文的其餘三條李注皆引九字，"招大夫以旌"是否爲李注原文固當存疑：

(1)《孟子》曰："夫招士以旌，大夫以旌。"(尤刻本卷一○潘岳《西征賦》"納旌弓於鉉臺，讚庶績於帝室"句下，明州本、奎章閣本、叢刊本並同)

(2)《孟子》曰："夫招士以斿，大夫以旌。"(尤刻本卷三六任昉《宣德皇后令》"爰在弱冠，首應弓旌"句下，"斿"字明州本、奎章閣本、叢刊本並同④，《文選集注》作"旌"不誤)

(3)《孟子》曰："夫招士以弓，大夫以旌。"(尤刻本卷五三陸機《辯亡論》上篇"束帛旅於丘園，旌命交於塗巷"句下，"弓"字明州本、叢刊本同，奎章閣本作"旂"，合於國家圖書館藏北宋監本李善注《文選》，即"旌"之形訛字)

考尤刻本"撫翼已見"以下十六字爲雙行小注左行，右行"傅楊駿辟機爲祭酒孟子曰夫招士以旌大夫以旌"多達二十字，其中"孟子"以下十二字僅佔八個字的位置，可推知尤袤初刻本的李注所引《孟子》蓋僅五字，與六臣本無異，其後修版乃校添"以旌大夫"四字。日本藏《文選集注》殘卷⑤所録李善注適與尤刻修改版相同，尤氏添改是矣，胡克家之説不足據信。

又尤刻本《爲賈謐作贈陸機》詩"爰應旌招，撫翼宰庭"上句"況乃海隅，播名上京"李善注云："海隅，謂吳也。《尚書》曰：'至于海隅。'范曄《後漢書》：'沮授謂袁紹曰：將軍弱冠登朝，播名海内。'孔安國《尚書傳》曰：'播，布也。'"其中"弱冠登朝"四字亦係修版所增。尤刻本"范"字以上十三字爲雙行小注右行，左行"曄後漢書沮授謂袁紹曰將軍弱冠登朝播"則多達十七字。胡氏《考異》云："袁本、茶陵本無'弱冠登朝'四字，是也。"其説可從，明州本、奎章閣本、叢刊本及《文選集注》皆可證。尤袤蓋據《後漢書》袁紹本傳校添四字，遂失李注節引之原貌。

例三，卷二張衡《西京賦》"炙炰夥，清酤鼓。皇恩溥，洪德施"句注："《詩》有'炰鼈'。清酤，美酒也。善曰：《史記》曰：'楚人謂多爲夥。'音禍。《毛詩》曰：'既載清酤。'音户。《廣雅》曰：'鼓，日多也。'音支。皇，皇帝。普，博施也。"(三國時東吳薛綜嘗注《西京賦》，"善曰"前爲李善所留薛氏舊注)胡克家《文選考異》云："茶陵本正文下校語云'善無此(皇恩溥洪德施)二句'；袁本有，無校語。尤初亦無，後修改添入。注(皇皇帝普博施也)七字，袁、茶陵皆無。案：善《魏都賦》注引《西京賦》曰'皇恩溥'，似無者但傳寫脱；其注七字，未審何出也。"

考臺北"故宮博物院"藏北宋監本李善注《文選》無賦文"皇恩溥洪德施"六字及對應注

文“皇皇帝普博施也”七字⑥，合於茶陵本校語所云。六臣本《文選》中明州本、奎章閣本皆同袁本，叢刊本則與茶陵本相同，不過諸六臣本的注文較尤刻本少“音支”以下共九字⑦。現將尤刻本相關行迻録如次：

1.空 膳夫宰夫也察廉皆視也貳爲兼重也空減無也言
宰人騎馬行視肴有兼重及減無者善曰禮記曰御

2.同於長者雖貳不辭鄭
玄曰貳重也肴膳也 炙炰夥清酤敍皇恩溥洪德施 詩
有

3.炰鼈清酤美酒也善曰史記曰楚人謂多爲夥音禍毛詩曰
既載清酤音户廣雅曰敍日多也音支皇皇帝普博施也 徒御

4.悦士忘罷 善曰毛詩曰徒御不驚毛萇曰
徒輦者也御御馬也罷音皮 巾車命駕迴

第1、4兩行皆二十一字，爲尤刻本標準行款。第2行二十二字，行末“詩有”二小字尤袤初刻本當在第3行，修版移入上行，因該行上半截雙行小注右行比左行多一字，正可壓縮（尤刻本“長者”二字僅佔一個字的位置）。第3行上半截雙行小注右行二十三字，左行二十二字，而標準行款除去“徒御”二大字僅容十九小字雙行。是第2、3兩行尤袤修改版較標準行款多注文九字，即尤刻本獨有之李善注“音支皇皇帝普博施也”。

法藏敦煌P.2528號《西京賦》殘卷“皇恩溥，洪德施”六字單獨成節，薛綜注云：“皇，皇帝也。普，博。”適與上揭尤刻本獨有之李善注相合。北宋監本蓋脱賦文並薛注一節；而尤袤初刻本當與諸六臣本無殊，賦文“皇恩溥洪德施”六字並未脱訛，注文“音支”以下九字則修版添入，修補之迹清晰可尋（胡克家《考異》謂尤氏初刻本無賦文六字，略欠斟酌）。又因初刻本賦文“皇恩溥，洪德施”已併上“炙炰夥，清酤敍”爲一節，故修版所增補的前二句薛綜注乃誤綴於後二句之李善注後，遂致張冠李戴（若爲六臣本，“皇，皇帝。普，博施也”上當冠以“綜曰”二字）。

例四，卷五七潘岳《馬汧督誄》“内焚穬火薰之，潛氏殲焉”句李善注：“崔寔《四人月令》曰：‘四月可糴穬。’注曰：‘大麥之無皮毛者曰穬。’潛氏，謂潛攻之氏也。”胡克家《文選考異》無校記，然明州本、奎章閣本、叢刊本皆無“謂潛”二字，北宋監本同，胡氏似漏校。

尤刻本“大”字以上爲雙行小注右行，其中“人”字（“人”爲“民”之諱改字）擠於“四”、“月”二字之間，不計此字則右行十四字，連上正文“火薰之潛氏殲焉”七個大字爲二十一字之標準行款；小注左行“麥之無皮毛者曰穬潛氏謂潛攻之氏也”則有十六字，“氏謂”以下七字僅佔五個字的位置。然則尤袤初刻本的李善注蓋與六臣本及北宋監本無異，“謂潛”二字修版校添。而胡克家覆刻本“麥”字已移至右行之末，則小注雙行各十五字⑧。

考《文選集注》所録李善注正作“潛氏，謂潛攻之氏也”，與尤刻修改版相同。尤刻本獨有之李注“謂潛”二字蓋非尤氏憑臆而增。

例五，卷四四鍾會《檄蜀文》“今主上聖德欽明，紹隆前緒”句李善注：“主上，陳留王奂也。《尚書》曰：‘放勛欽明。’”其下句“宰輔忠肅明允，劬勞王室”李注：“宰輔，司馬文王也。《左氏傳》：‘史克對魯侯曰：齊聖廣淵，明允篤誠，忠肅恭懿，宣慈惠和。’”如圖一所示，此二節李注所在的第5、6兩行明顯經過修版，注文字體、每行字數均迥異於其餘八行（每行二十一字，爲尤刻本標準行款）。

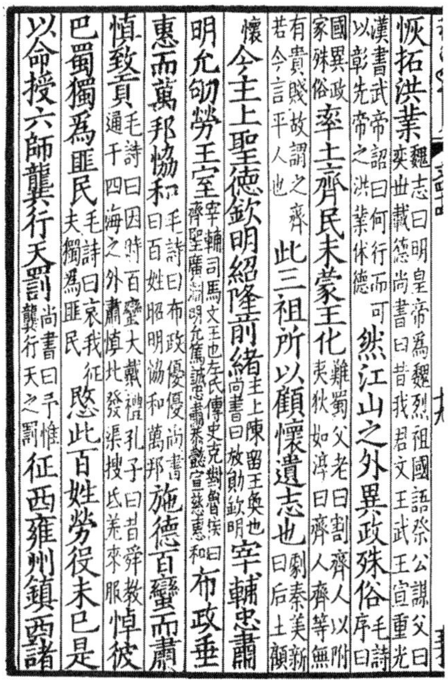
恢拓洪業魏志曰明皇帝爲魏烈祖國語祭公謀父曰奕世載德尚書曰昔我君文王武王宣重光
漢書武帝詔曰何行而可以彰先帝之洪業休德然江山之外異政殊俗毛詩序曰
國異政家殊俗率土齊民未蒙王化難蜀父老曰割齊人以附夷狄如淳曰齊人齊等無
有貴賤故謂之齊若今言平人也此三祖所以顧懷遺志也劇秦美新曰后土顧
懷今主上聖德欽明紹隆前緒主上陳留王奐也尚書曰放勛欽明宰輔忠肅
明允劬勞王室宰輔司馬文王也左氏傳史克對魯侯曰齊聖廣淵明允篤誠忠肅恭懿宣慈惠和布政垂
惠而萬邦協和毛詩曰布政優優尚書曰百姓昭明協和萬邦施德百蠻而肅
慎致貢毛詩曰因時百蠻大戴禮孔子曰昔舜教通于四海之外肅慎北發渠搜氐羌來服悼彼
巴蜀獨爲匪民毛詩曰哀我征夫獨爲匪民愍此百姓勞役未已是
以命授六師龔行天罰尚書曰予惟龔行天之罰征西雍州鎮西諸

圖一

胡克家《文選考異》所據袁、茶陵二本無“宰輔司馬文王也”七字，明州本、奎章閣本、叢刊本所録李善注皆同；尤袤初刻本當與諸六臣本無殊，其後修版乃作校添。檢尤刻修改版李注與《文選集注》完全相同，“宰輔”以下七字爲李善原注無疑，六臣本因已見於五臣李周翰注“宰輔，謂司馬文王也”而加節略。胡氏謂“尤校添是矣”，其説可從。

不過僅剔除“宰輔司馬文王也”七字李注仍與尤刻本標準行款不符，頗疑“今主上聖德欽明，紹隆前緒”句李注“主上陳留王奐也”七字亦尤袤修版所添。除去上揭兩句共十四字李注的第5、6兩行正可編排爲每行二十一字：

5. 懷今主上聖德欽明紹隆前緒尚書曰放勛欽明宰輔忠肅明

6. 允劬勞王室左氏傳史克對魯侯曰齊聖廣淵明允篤誠忠肅恭懿宣慈惠和布政垂

考奎章閣本所録李善注有“主上陳留王奐也”七字[⑨]，《文選集注》同，尤袤初刻本殆準下句"宰輔忠肅明允，劬勞王室"注而删改，其底本未必不同於六臣本。

又尤刻修改版第6行字數過多，胡克家覆刻本已將該行末"政垂"二大字正文移至第7行首、又將第7行末"肅"字移至第8行首加以分攤。

例六，卷五九王巾⑩《頭陁寺碑文》"曜慧日於康衢，則重昏夜曉"句李善注："《法華經》曰：'慧日大聖尊，久乃説是法。'劉虯曰：'菩薩員净，照均明兩，故曰慧日。'又曰：'諸子安穩得出，皆於四衢露坐。'《爾雅》曰：'四達謂之衢，五達謂之康。'……"胡克家覆刻本無"法華經曰"以下十四字，《文選考異》云："袁本'劉'上有'法華經曰慧日大聖尊久乃説是法'十四字，是也。茶陵本亦脱。"

尤刻本"菩薩"以上十九字爲雙行小注右行，左行"員净"至"於四"計二十一字，該行上半截尚有"衢則重昏夜曉"六大字正文；其下一行雙行小注右行中的"衢露坐爾雅曰四達謂之衢五"十二字僅佔八個字的位置，修版所補恰好爲十四字小注（同葉其餘諸行爲二十一字之標準行款）。

按"菩薩員净，照均明兩，故曰慧日"爲《法華經·方便品第二》"慧日大聖尊，久乃説是法"之劉虯注，"諸子安穩得出，皆於四衢露坐"爲《譬喻品第三》之經文，則"法華經曰"云云十四字確係李善原注，李注"又曰"乃承上"法華經"而省。胡氏《考異》謂袁本有十四字爲是，其説可從，奎章閣本正與袁本相同。明州本因"法華經"云云已見於五臣李周翰注而節略李善注，遂致後出的互易五臣、李善二家注次序的叢刊本、茶陵本所録李善注殘缺不全⑪。

例七，卷三九鄒陽《獄中上書自明》"甯戚飯牛車下，而桓公任之以國"句注："善曰：《吕氏春秋》曰：'甯戚飯牛車下，望桓公而悲，擊牛角疾歌。'鄒子《説苑》：'鄒子説梁王曰：甯戚扣轅行歌，桓公任之以國。'"（鄒陽上書載《史記》、《漢書》本傳，蘇林、如淳等諸家《漢書》舊注爲李善所留存，故李氏自注據例冠以"善曰"二字。參見上文"例三"）胡克家《文選考異》所據袁、茶陵二本無"鄒子説苑"四字，明州本、奎章閣本、叢刊本皆同。

尤刻本"戚飯牛車下而桓公任之以國"十二大字正文與下半截"善曰吕氏春秋曰甯戚飯"、"牛車下望桓公而悲擊牛"小注雙行各十字爲一行，"角疾歌鄒子説苑鄒子説梁王曰"、"甯戚扣轅行歌桓公任之以國"小注雙行各十三字（左行比右行少一字，行末留空一格）與下半截"此二人豈素宦於朝借"九大字正文爲一行，相鄰兩行皆每行二十二字，不同於同葉内其餘八行二十一字之標準行款，修版校添四個小字的痕迹十分明顯，其初刻本蓋與諸六臣本無異。

因"甯戚飯牛車下，而桓公任之以國"上句"故百里奚乞食於路，穆公委之以政"李善注云"《説苑》：鄒子説梁王曰：百里奚乞食於路，而穆公委之以政"，前後兩條李注皆稱引《説苑》所載"鄒子説梁王"事，故胡克家謂尤袤於"甯戚"句注校添"鄒子説苑"四字爲不當，《考異》云："不云'説苑',以承上條故耳。"胡氏之説顯然不合情理：如其説,則讀者難免會將"鄒子説梁王曰：甯戚扣轅行歌,桓公任之以國"十八字誤認成《吕氏春秋》之文。然則尤袤修版校補的用意極善,可惜誤衍"鄒子"二字。

又"故百里奚乞食於路,穆公委之以政"句注"説苑"云云據例當冠以"善曰"二字,尤刻本無者蓋修版時所删。尤刻本"奚乞食於路而穆公委之以政"十二字爲雙行小注左行（該行另有正文九大字）,右行"説苑鄒子説梁王曰百里"僅十字,明顯修版剗去"善曰"二字,致與李善注例相悖。

<h1 style="text-align:center">二</h1>

尤刻本《文選》的正文同樣不乏經過修版增删的例子,只不過與注文相比,修版的數量要少得多。

例八,卷九揚雄《長楊賦》："翰林主人曰：吁,客何謂之兹耶？"胡克家《文選考異》云："袁本、茶陵本無'之'字,尤本此處修改。案：今本《漢書》作'謂之兹耶',詳顔注云'謂兹邪,猶言何爲如此也',仍當有'何'字、無'之'字。蓋《漢書》傳寫譌,尤延之據添,非也。袁、茶陵二本所見與未修改正同,是矣。又案（司馬相如）《難蜀父老》曰'烏謂此乎',烏,何也；此,兹也；乎,邪也。子雲好擬相如,此亦用彼語,不當衍'之'字甚明。"

按胡氏之説足見高明。尤刻本"客何謂之兹耶"句所在的一行二十二字,不同於同葉内其餘各行二十一字之標準行款,其中"之兹耶"三字僅佔兩個字的位置,修版之迹清晰可尋。明州本、奎章閣本、叢刊本均同袁、茶陵二本無"之"字。

例九,卷四〇任昉《奏彈劉整》："其奴當伯,先是衆奴。整兄第⑫未分財之前,整兄寅以當伯貼錢七千,共衆作田。寅罷西陽郡還,雖未别火食,寅以私錢七千贖當伯,仍使上廣州去。"胡克家《文選考異》"整兄弟未分財之前"條云："袁本、茶陵本云'善無未字'。案：此尤添之。"

尤刻本"兄第未分財之前整兄寅以當伯貼錢七千共衆作田寅"二十二字爲一行,與前後行皆二十一字者不同,其中"兄第未分財"五字僅佔四個字的位置,胡氏以爲"未"字乃尤袤修版所添,其説是也。

考明州本、奎章閣本、叢刊本均據五臣本作"未分財之前","未"下校語云"善本無未字"⑬。尤袤初刻本當合於諸六臣本所揭李善本,修版時以爲"分財之前"不及"未分財之前"妥帖,遂據五臣本校添一"未"字,殊無必要。

例十,卷三七諸葛亮《出師表》："陛下亦宜自課,以咨諏善道,察納雅言,深追先帝遺詔。臣不勝受恩感激,今當遠離,臨表涕泣,不知所云。"如圖二所示,此段表文所在的第6行上半截、第7行下半截明顯經過修版，“察納雅言深追先帝遺詔”、“臣不勝受恩感激今當遠”各十字分别僅佔八個字的位置。

胡克家《文選考異》云：“袁本、茶陵本無‘遺詔’二字。案：《蜀志》有，尤延之依以校添也。此初刻仍無，與二本同。”“袁本、茶陵本無‘激今’二字。案：《蜀志》有，尤延之依以校添也。此初刻仍無。”其説極是。尤刻本同葉前五行皆每行二十一字，爲標準行款；又北宋監本李善注《文選》無“遺詔”“激今”四字，《文選集注》同；而明州本、奎章閣本、叢刊本等三個六臣本均與袁、茶陵二本無殊，又均不出五臣、李善二家異同，皆可證尤袤初刻本存李善注本原貌，修版校補實非允當。

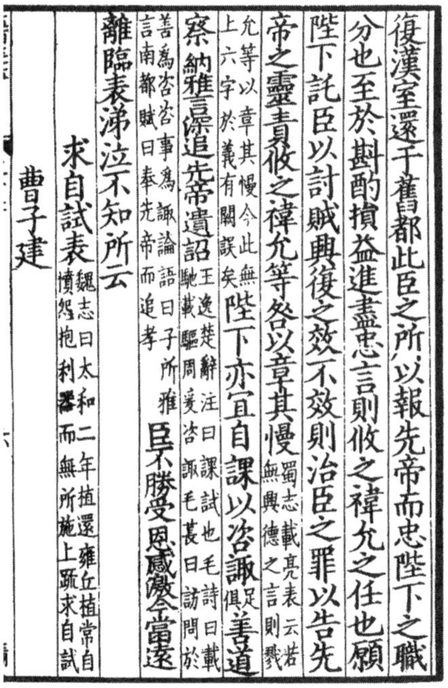
復漢室還于舊都此臣之所以報先帝而忠陛下之職
分也至於斟酌損益進盡忠言則攸之禕允之任也願
陛下託臣以討賊興復之效不效則治臣之罪以告先
帝之靈責攸之禕允等咎以章其慢（蜀志載亮表云若無興德之言則戮）
（允等以章其慢今此無上六字於義有闕誤矣）陛下亦宜自課以咨諏（足俱）善道
察納雅言深追先帝遺詔（王逸楚辭注曰課試也毛詩曰載馳載驅周爰咨諏毛萇曰訪問於）
（善爲咨咨事爲諏論語曰子所雅言南都賦曰奉先帝而追孝）臣不勝受恩感激今當遠
離臨表涕泣不知所云
求自試表（魏志曰太和二年植還雍丘植常自憤怨抱利器而無所施上疏求自試）
曹子建

圖二

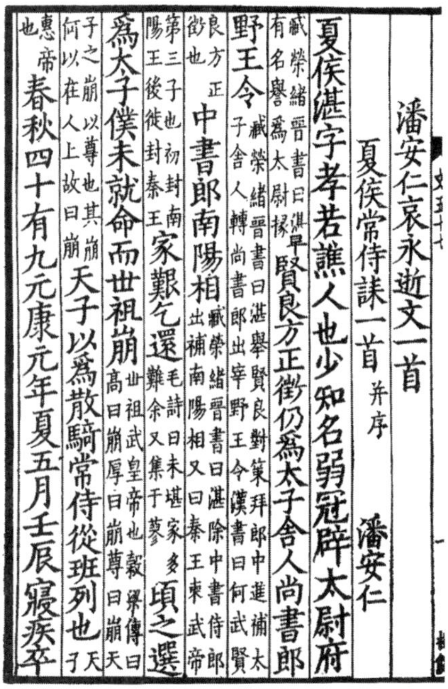
潘安仁哀永逝文一首
夏侯常侍誄一首 并序　潘安仁
夏侯湛字孝若譙人也少知名弱冠辟太尉府
（臧榮緒晉書曰湛早有名譽爲太尉掾）賢良方正徵仍爲太子舍人尚書郎
野王令（臧榮緒晉書曰湛舉賢良對策拜郎中進補太子舍人轉尚書郎出宰野王令漢書曰何武賢）
（良方正徵也）中書郎南陽相（臧榮緒晉書曰湛除中書侍郎出補南陽相又曰秦王柬武帝）
（第三子也初封南陽王後徙封秦王）家艱乞還（毛詩曰未堪家多難余又集于蓼）頃之選
爲太子僕未就命而世祖崩（世祖武皇帝也穀梁傳曰高曰崩厚曰崩尊曰崩天）
（子之崩以尊也其崩何以在人上故曰崩）天子以爲散騎常侍從班列也（天子）
（惠帝也）春秋四十有九元康元年夏五月壬辰寢疾卒

圖三

例十一，卷一二木華《海賦》：“朱燉緑烟，腰眇[14]蟬蜎。珊瑚虎珀，群産接連。車渠馬瑙，全積如山。魚則横海之鯨，突扤孤遊。”胡克家覆刻尤本無“珊瑚虎珀”以下四句十六字，明州本、奎章閣本、叢刊本等三個六臣注《文選》並同；然《文選考異》無校記，蓋胡氏所見袁本、茶陵本與明州本等無異。

按胡氏覆刻本此葉内除第2、5兩行每行二十字外，其餘八行皆爲二十一字之標準行款；而國家圖書館所藏尤刻本前五行與胡刻本完全相同，第6—9行則每行二十四字，第10行更

達二十五字，合計增多十六字，即"珊瑚"以下四句是也。唯該十六字下不載李善注（"朱
燉"、"魚則"各二句胡刻本皆獨立分節施注），蓋尤袤修版時亦僅獲覩《海賦》正文而已⑮。

例十二，卷五七潘岳《夏侯常侍誄》："夏侯湛，字孝若，譙人也。少知名，弱冠辟太尉
府。"如圖三所示，此句所在的第 3 行僅十八字，明顯比其餘諸行疏朗，顯然經過修版。

胡克家《文選考異》云："袁本、茶陵本'譙'下有'國譙'二字，是也，此尤本脱。""何（焯）
校'府'下添'掾'字，陳（景雲）同。案：此非也，袁本云'善無掾字'，茶陵本失著校語，何、陳
誤依之。"檢明州本、奎章閣本、叢刊本均據五臣本作"夏侯湛，字孝若，譙國譙人也。少知
名，弱冠辟太尉府掾"二十一字，"掾"下校語云"善本無掾字"，諸六臣本所揭李善本合於北
宋監本及《文選集注》。尤袤初刻本《夏侯常侍誄》首行當爲二十字正文加行末"臧榮"二小
字李善注，修版時因校删"國譙"二字而重刻下半行，又貿然將"臧榮"移入下一行，致使李注
"湛早有名譽"之"早"字勉强擠入，影響版面美觀。

三

上舉十二例，皆國家圖書館所藏尤刻本《文選》嘗經修版之切證，同樣的例子幾乎無卷
不見。但尤刻本係修補本之事實並不影響其文獻價值，相反，從"例二"至"例六"五條來看，
尤刻修改版皆比初刻本更接近於李善本《文選》原貌，特別是"例三"與"例四"，尤袤校添的
注文不見於包括北宋監本在内的所有《文選》刻本，却得到古抄本的支持，尤氏修版時必有
所據無疑。"例七"尤氏校補的"鄒子説苑"四字雖衍"鄒子"，但修版的用意極善，初刻本確
實脱漏"説苑"二字。

當然，尤袤修版所改也不乏不足爲據的例子，如"例一"，尤氏對李善注所引蔡邕《獨斷》
"所"、"連"二字的校删殊欠妥當，高步瀛《文選李注義疏》云："今《獨斷》卷上……'尊者'下
有'所'字、'舉'上有'連'字，……尤本蓋誤脱，今據補。"⑯又如：

例十三，卷五左思《吳都賦》"而吾子言蜀都之富，禹同之有。璋其區域，美其林藪。矜
巴漢之阻，則以爲襲險之右；徇蹲鴟之沃，則以爲世濟陽九。齷齪而筭，顧亦曲士之所嘆也；
旁魄而論都，抑非大人之壯觀也"句劉逵注（劉注爲李善所留《吳都賦》舊注）："吾子，謂西蜀
公子。言蜀地富饒及禹同之所有也。璋，美也。《蜀都賦》云'左綿巴中，百濮所充。緣以劍
閣，阻以蜀門'，矜夸其險也。徇，營也。亡身從物曰徇，夸物示人亦曰徇。卓王孫曰'吾聞
岷山之野，下有蹲鴟，至死不飢'，三年不收，其形如蹲鴟，故號也。"

胡克家《文選考異》云：

袁本、茶陵本無此（劉逵注）九十三字。案：無者最是。尤延之初刻亦無，後乃添

入，故修改之迹至今尚存。凡此等語，皆五臣以後不知何人記在行間者。尤校此書，意主改舊，遂悉取以增多，而讀者相沿，罕能辨正。幸袁、茶陵二本均未嘗誤，各得反復推驗，決知其非。特詳載之，用俟刊正。以下盡同此也。

按尤刻本賦文“瑋其”至“右徇”、“蹲鴟”至“之所”各二十一字一行，其下一行上半截爲“嘆也”至“觀也”十五大字賦文，下半截爲“吾子謂西蜀公”、“子言蜀地富饒”小注雙行各六字，亦二十一字一行；而“及禹同之所有也”以下，每行甚至多達二十五六字，故胡克家謂“尤延之初刻亦無，後乃添入，故修改之迹至今尚存”，蓋每行二十一字爲尤刻本標準行款，大小字皆同也。

檢明州本、奎章閣本、叢刊本及《文選集注》均無此九十三字劉逵注，尤袤修版未審何據（劉注與《文選集注》所錄《文選鈔》相近，可以參看）。

至於“例八”、“例九”、“例十”、“例十二”四條，尤袤修版對《文選》正文的增删皆不足據；“例十一”增補的十六字或爲木華《海賦》原文，但相應李善注闕如，尤氏修版所據似非李注本《文選》，則隨意校改也略嫌不妥。胡克家云“尤校此書，意主改舊”，可謂甘苦之言。

由於胡克家據以覆刻的尤刻本是一個屢經修補的後印本，後世學者難免會以爲胡氏《文選考異》所指出的尤袤“校添”、“校删”的例子僅據所見而云然，故在利用所謂尤刻“初印本”時不太關注胡氏的意見。其實不同版次的尤刻本雖然存在一定程度的差異（參見“例四”、“例五”、“例六”、“例九”、“例十一”），胡克家的部分論斷也不無輕率之嫌，但《考異》的大量真知灼見不容輕忽。李善注本《文選》之有胡氏《考異》，正如《十三經注疏》之有阮元《校勘記》，最便學者，唯當善加甄辨耳。而在尤刻本及胡氏覆刻本的使用過程中，對尤袤修版校改的條目應當引起足夠重視。

①斯波六郎《文選諸本研究》，斯波六郎等編、李慶譯《文選索引》第 1 册卷首，上海古籍出版社，1997 年，第 9 頁。

②傅剛《文選版本研究》，北京大學出版社，2000 年，第 160 頁。參見中華書局 1974 年影印尤刻本“影印説明”，程毅中、白化文《略談李善注〈文選〉的尤刻本》（原載《文物》1976 年第 11 期，此據《程毅中文存》，中華書局，2006 年，第 537 頁），張月雲《宋刊〈文選〉李善單注本考》（原載《故宮學術季刊》第 2 卷第 4 期，臺北“故宮博物院”，1985 年，此據俞紹初、許逸民主編《中外學者文選學論集》，中華書局，1998 年，第 809 頁）等。

③明州本、奎章閣本五臣居前李善次後，同袁本；叢刊本李善居前五臣次後，同茶陵本；或稱前一類爲“六家本”、後一類爲“六臣本”，本文統稱爲“六臣本”。

④又三個六臣本“旌”下皆有“也”字，而尤刻本“孟子曰夫招士以”七字爲雙行小注右行，“旃大夫以旌”五字爲左行，“旌”下空闕二格，蓋修版剜去一“也”字，其初則與六臣本無殊。

⑤此據周勛初纂輯《唐鈔文選集注彙存》，上海古籍出版社，2011 年再版增補本。

⑥參見張月雲《宋刊〈文選〉李善單注本考》,俞紹初、許逸民主編《中外學者文選學論集》,第 797 頁。按臺北"故宮博物院"藏本與上文所述國家圖書館藏本(收入《中華再造善本》)蓋一書之裂,臺北所藏爲前十六卷中的十一殘卷。

⑦六臣本賦文"夥""酣""妭"下分別夾注"禍""户""支",此爲五臣音注,而與李善音完全相同,李注"音禍""音户""音支"共六字遂被删節。對於此類條目,胡氏《考異》多所忽略,故本條不校"音支"二字而僅言"注七字"。

⑧不計"人"字。按明州本、奎章閣本並作"四人月令",叢刊本則脱"人"字,尤刻本"人"字或亦修版所增補。

⑨奎章閣本此節注云:"良曰:主上,則陳留王也。紹,繼;緒,業也。言有聖明之德而繼先人之業。善曰:主上,陳留王奐也。《尚書》曰:'放勛欽明。'"當是最初合併六臣時的原貌。明州本涉上下二"陳留王"而脱落"陳留王也紹繼"至"善曰主上"二十五字,李善注所引《尚書》云云遂誤成五臣劉良注。叢刊本此節注作"善曰:主上,則陳留王奐也。《尚書》曰:'放勛欽明。'良曰:紹,繼;緒,業也。言有聖明之德而繼先人之業。餘同善注","餘同善注"謂李善注"主上"云云亦見於劉良注,實則李注無"則"字,劉注則無"奐"字,二者並不完全相同,其所録二家注遂俱失原貌。

⑩按《文選》諸本並作"王巾",胡克家《文選考異》謂"巾"乃"中"字之訛。

⑪按此例比較特殊,脱訛十四字之胡氏覆刻本(此葉版心標"乙丑重刊")反合於尤袤初刻本。參見傅剛《文選版本研究》,第 59—60 頁。

⑫按尤刻本"第"爲"弟"字之訛,胡克家覆刻本已經訂正。

⑬叢刊本李善居前五臣次後,本當依據李善而標示五臣本異文云"五臣有未字",而叢刊本此條校語則不然。斯波六郎《文選諸本研究》曾指出叢刊本系統的六臣本"原所據爲五臣李善注本,僅將五臣與李善的叙次互易"(斯波六郎等編《文選索引》第 1 册卷首,第 80—81 頁),極是。又參見上文"例六"、下文"例十二"。

⑭按尤刻本"腰眇"宜作"腰眇"或"要眇",胡克家覆刻本作"腰眇"。

⑮關於"珊瑚"以下十六字異文,可參看屈守元《跋日本古抄無注三十卷本〈文選〉》(趙福海主編《文選學論集》,時代文藝出版社,1992 年,第 22—23 頁)、傅剛《關於近代發現的日本古抄無注三十卷本〈文選〉》(《文選版本研究》,第 264—265 頁)、屈敬慈《校〈文選李善注〉應當重視汲古閣毛氏刻本》(《中華文化論壇》2000 年第 4 期,第 120 頁)等文的相關論述。又此例與上文"例六"類似,胡氏覆刻本反合於尤袤初刻本。

⑯高步瀛《文選李注義疏》,中華書局,1985 年,第 18 頁。參見穆克宏《顧廣圻與〈文選〉學研究》,《文學遺產》2006 年第 3 期,第 18 頁。

作者簡介:金少華,浙江大學古籍研究所講師

通訊地址:浙江大學西溪校區古籍研究所　郵編:310028

浙江大學圖書館藏善本書經部題跋輯録

甘良勇

浙江大學圖書館收藏有古籍善本書 1350 種（據原《杭州大學圖書館善本書目》），經部有 156 種。據筆者逐書搜檢，綴有題跋之書有 35 種，其中最多者爲孫詒讓所題跋之書，計 17 種（這批題跋 1986 年《文獻》雜誌曾以《孫詒讓序跋輯録》等文章集中公佈過）。除孫詒讓題跋外，葉德輝的《禘祫辨誤》、《唐石經考正》兩則題跋已收入《郋園讀書志》，彭元瑞《儀禮注疏》題跋已收入其所著《知聖道齋讀書跋尾目録》，另外《禹貢地理考》等五種書的題跋因爲篇幅短小，已經直接在浙大圖書館網站古籍檢索網頁上公佈，剩餘適得 10 種。這些題跋或揭示文獻版本及其內容，或介紹文獻流傳情況，或叙述藏書家之間的交往情況，對於研究這些文獻均有重要參考價值，故別録於此，並略加考證。

1.《易漢學》八卷，清惠棟撰，清來堂刻本，有屈彊過録沈紹勳批語。

屈彊迻録曹源題跋：

近吾浙之治《易》者必推重沈竹礽先生。庚寅春余與袁文香溪、胡子伯安訪先生於吾邑福祈山下厲次，香溪丈以先生治《易》以輕漢而宗宋，叩以惠氏《易漢學》，先生論之曰："此書雖近類書，然有益於學者，惟謬誤處惜無人爲之糾正爾。"乃一一正誤，口講指畫，自晨止莫，未嘗少間。余與香溪丈秉筆直録，歸檢群書，知惠氏誤處靡不指正，與尋章摘句者有別，於是知先生於《易》深矣，合香溪丈訂成小冊，敬志數語以告來學。

光緒十六年庚寅夏上虞曹源秋泉跋于蘭風邵氏書屋

彈山迻録

是書半頁 11 行，行 22 字，左右單邊，細黑口，對魚尾，板框爲 18.7×14.8cm。書上鈐有朱文印"絜芳小圃所藏"、白文印"屈彊"。

屈彊（1880—1962），原名燨，字伯剛、彈山，浙江平湖人。光緒二十一年（1895）中秀才，清末在京師大學堂求學，後赴日本早稻田大學求學，歸國後歷任大學、中學教職、商務印書館舊書股主任、安徽通志館編纂。後在蘇州、北平等地開設書店，享有盛譽，解放後任浙江文史館館員。自著有《詩經韻語》、《管子韻語》、《廣韻吳語證》、《漢文合理行簡筆字考》、《嘉興乙酉抗清記》、《宋詩紀事拾遺》、《彈山文集》、《平湖屈氏文拾》①。

跋中所提到的沈竹礽，指沈紹勳(1849—1906)，字蓮生，竹礽爲其號，浙江錢塘(今杭州市)人②。沈紹勳自幼隨父學習《易經》及八卦，一生酷愛《易》學。據其姻親胡伯安回憶："戊子(1888)，先生已購《易》得一千一百餘種，是年六月十二日，先生初度，余往祝之，閱購《易》書目已一千七百餘種，閱此，正先生年未三十也！"沈紹勳治《易》偏好宋學，力主後天之說，著有《周易易解》十卷、《周易示兒録》三卷、《周易説餘》一卷。三十歲後，興趣丕變，"三十以前，于《易》尚主漢、宋之别，三十以後曾對余小子説《易》拘漢、宋，《易》理用不明矣"③。開始注重用《易》理來研究堪輿之學，有《沈氏玄空學》傳世，終成一代堪輿學大師。題跋作者曹源，字秋泉，浙江上虞人，爲沈紹勳門徒。

2.《晚書訂疑》三卷附《今古文尚書授受源流考》，清程廷祚撰，清乾隆三餘書屋原刻本。卷前有葉德輝墨筆題記：

　　綿莊先生學出李塨，爲顏習齋再傳弟子。習齋之學不漢不宋，慨然以七十子之徒自命，言大而誇，余所不取。今讀此書，乃知先生宗旨仍與乾嘉諸儒相合，不似顏氏之務立異也。據戴氏望撰《顏氏學記》，稱先生少歲時見西河毛氏《古文尚書冤詞》，袒護梅氏書，乃爲《古文尚書冤冤詞》以攻之，既删定其稿爲《晚書訂疑》云云。然則先生此書作於未見恕谷以前，宜其篤守漢人家法，不敢輕蔑古昔矣。此書長沙王益吾祭酒已刻入《皇清經解續編》中，此爲原刻本。偶遇廠肆翰文齋主人韓心源，出以相示，以京蚨千泉得之。歸讀一過，因爲之記。

　　　　　　　　　　　　　　　壬辰四月浴佛日元尚齋主人葉德輝。

此書爲程廷祚(字綿莊)所撰，乾隆年間三餘書屋刻本。半頁 9 行，行 21 字，小字雙行同，左右雙邊，白口，對魚尾，板框爲 19.7×13.5cm。扉頁有牌記"三餘書屋藏板"，卷端鈐有朱文方印"焕份"、白文方印"葉德輝印"、白文方印"焕彬父"、朱文方印"麗廔珍藏"。

葉德輝，字焕彬，又字焕份，號郋園，湖南長沙人。一生性喜聚書，其書齋名觀古堂，藏書達二十多萬卷。葉氏湛深於版本目録之學，所著《書林清話》、《書林餘話》等，闡述版刻源流，爲學界所重。葉德輝重視藏書題跋的撰寫，他認爲"凡書經校過，及新得異本，必繫以題跋，方爲不負此書。或論其著述之指要，或考其抄刻之源流"④。葉德輝曾命子侄輯録這些題跋編成《郋園讀書志》十六卷，然葉氏藏書甚多，難免有漏收者。

今檢浙江大學圖書館古籍善本部有葉德輝藏書十二種，其中《晚書訂疑》三卷，《唐石經考正》不分卷附録《石經補考》兩種均有葉德輝手寫題記。《唐石經考正》題記已收入《郋園讀書志》卷二，而《晚書訂疑》題記漏收。檢葉德輝《觀古堂書目》著録《晚書訂疑》三卷，其版本有二，一爲三餘書屋原刻本，一爲《皇清經解續編》本。浙江大學圖書館藏爲三餘書屋原刻本，將《唐石經考正》和《晚書訂疑》兩則題跋筆迹相比照，知確爲光緒十八年（1892）葉德輝所題。

3.《周禮漢讀考》六卷，清段玉裁撰，清嘉慶元年（1796）刻本，清王琨批校。

書後有墨筆題跋曰：

右段茂堂先生《周禮漢讀考》六卷，於漢儒詁訓通借之旨，考明秘奧，指示後學，其義例有三，自叙言之詳矣。此本經王南湖先生校勘，一字一句，俱經研討，眉上簽黏案語，凡數百條，增補訂正，詳核精允，尤爲是書功臣。先生名琨，乾隆三十七年甲午乙榜，歷仕直隸、成安縣，回里後卜居秀水秋涇橋。批校經籍甚夥，此其一也。

壬寅杏□□□旬□□□伊桑識

此書爲段玉裁所撰，三册，清嘉慶元年刻本。半頁 10 行，行 21 字，小字雙行，左右雙邊，白口，單魚尾，板框爲 17.6×13.2cm。鈐有朱文長方印“柘湖七氏珍藏”，白文方印“王懿榮”，朱文方印“經微室”、“里安孫仲容珍藏書畫文籍印”，朱文方印“曾經民國二十五年浙江省文獻展覽會陳列”。

題跋作者伊桑前有闕文，其人已不可考。此書價值在於有清代學者王琨所作的批校。王琨（1736—1806），字次瑶，號南湖，晚又自號退思，浙江德清人。乾隆甲午科（1774）舉人，丁未會試，大挑一等，授成安縣知縣，爲官清廉有治聲，晚歸故里，卜居秀水秋涇橋，以校書爲樂。王琨學問淵博，時人稱其“師法漢人，實事求是，經史皆貫串”[⑤]他精通文字音韻訓詁之學，作《集韻正》，糾正《集韻》曹楝亭刻本之失。作《說文編韻》，補充徐鍇《說文解字韻譜》、朱駿聲《說文通訓定聲》對《說文》注音之闕。作《爾雅正義刊誤》，匡正邵晋涵之誤。晚更好《周易》鄭玄注，作《易鄭注考證》，以《經典釋文》所載鄭注爲本，覃精研思，深明鄭玄注《易》之本。王琨批校之《周禮漢讀考》，批語皆蠅頭小楷寫在白紙條上，黏貼在書眉，文字端正秀麗，一絲不苟。或糾正文字訛誤，或指出某字各本作某，或注明引語出自何書，對研讀《周禮漢讀考》大有裨益，故伊桑題跋稱其“爲是書功臣”。

4.《檀弓記》一卷，宋謝枋得評點，明楊慎附注，明盧之頤刻本，有清何焯批語並跋。

書前有何焯跋曰：

此明人陋刻也。甲申乞假歸來，有海昌之役。船窗無事，同歲生查孟博嗣瑮攜是書回。漫爲評泊，橋昧之見，知未必盡當也。

此書半頁 9 行，行二十字，小字雙行，白口，左右單邊，板框爲 20.3×14.5cm，卷首鈐有朱文"孟博"、"何焯之印"。

何焯（1661—1722），初字潤千，後字屺瞻，晚改字茶仙，江蘇長洲（今江蘇蘇州市）人，因先世以"義行"旌門，因此他以"義門"二字名其書塾，故學者又稱他"義門先生"。何焯因性情耿介，屢忤賞識他的徐乾學、翁叔元等顯僚，故仕途不順，直到康熙四十二年（1703）才被直隸總督李光地舉薦，得賜舉人，復參加禮部試，下第，復賜進士，授翰林院庶吉士，直南書房。後又捲入宮廷政治鬥爭，一度下獄，幸被康熙赦免，一生宦海沉浮。何焯學識淵博，對於經學、史學、詩文等皆有很深的造詣，尤擅長校勘考訂古籍，後人輯錄他校勘古籍的校語批語，成《義門讀書記》五十八卷，另著有《義門先生集》十二卷、《義門題跋》一卷、《庚子消夏記校正》一卷、《分類字錦》六十四卷及《困學紀聞箋》等。據沈彤所作何焯《行狀》記載康熙四十三年（即甲申年，1704）何焯因丁外艱乞假歸里⑥。據此，此跋當寫於康熙四十六年（1707）左右。

5.《經典釋文》唐陸德明撰，附《考證》二卷，清乾隆間抱經堂原刻本，書前有署名"仲琢生"者題跋，另有屈彊批校並題跋。

書前有署名"仲琢生"者題識：

> 此書抱經堂外有通志堂刊本，然通志堂本踳訛甚多，不及此本之善，故行世最多，不久漫漶，今則其板已毀矣。余所見初印凡數本，李春生太守家所藏極佳，然《爾雅》下卷稍有爛板，卷首校勘姓氏鎮洋畢秋帆先生三人皆書名銜，與諸人一例，乃後來更定。余所舊藏與此本同，惜第五行墨釘作鹿邑梁偍坡觀察，此本尚未訛里居及號，則又在兩本之前矣。
>
> 　　　　　　　　　　　　　　壬寅春仲琢生識

又有屈彊題跋：

> 《經典釋文》日本有舊鈔殘卷，存卷第十四《禮記·中庸第三十一》至《昏義第四十四》，但脫《奔喪》一篇。而《中庸》、《緇衣》、《大學》、《冠義》、《昏義》亦均不完。日人狩野直喜曰："第三行唐國子博士以下二十四字鈔本所無，而第一行《經典釋文》第十四下止記陸氏二字。案：陸氏成書之年，據其《自序》言'粵以癸卯之歲，承乏上庠，循省舊音，苦其太簡，又言輒撰集五典、《孝經》、《論語》及《老》、《莊》、《爾雅》等音合爲三袟三十卷，號曰《經典釋文》。'《舊唐書·德明本傳》：'陳太建中太子徵四方名儒講於承先殿，明年始弱冠，往參焉，解褐，始舉王國左常侍，遷國子助教，陳亡歸鄉里。'又云：'太宗徵爲秦府文學館學士，命中山王承乾從其受業，尋補太學博士。貞觀初拜國子博士，封吳縣，尋卒。'蓋德明生於陳，卒於唐初，其間凡二癸卯，一則陳後主至德元年，一則唐

太宗貞觀十七年，以史不記卒年，諸家聚訟，遂無能決之。錢氏大昕言：'史雖不言其卒年在貞觀之初，若癸卯歲則貞觀十七年也。恐德明已先卒，即或尚存，亦年近九十，不復能著書矣。'錢氏此論極塙，而未知《册府元龜·帝王部》九十七'貞觀十六年四月甲辰，太宗閱陸德明《經典音義》，美其弘益。學者嘆曰："德明雖亡，此書足可傳習。"因賜其家布帛百匹。'案十六年即壬寅，明貞觀癸卯德明已没，書成於陳，更莫容疑。知鈔本止題'陸氏'二字，原本體裁如此，入唐官衔則宋人所加，未可據爲成於唐初之證也。"

丙戌歲莫彈山迻録

此書半頁 11 行，行 22 字，左右單邊，粗黑口，對魚尾，版心有記卷數及頁數，板框爲19.1×14.7cm，鈐有"彈山劫後僅存之書"、"彈山一民"、"屈彊"、"平湖屈氏一卷書塾所藏"等印。書名頁有"清乾隆辛亥重雕，抱經堂藏版，宋本參校"字樣，《杭州大學圖書館善本書目》據此著録爲清乾隆間抱經堂原刻本。

《經典釋文》是陸德明編撰的一部考辨群經音義的重要著作。清初，經學復興，學者開始重視此書，但較爲通行的僅有明葉林宗據錢謙益絳雲樓傳鈔的影宋鈔本。清人徐乾學據葉林宗的影鈔本加以校勘後刻入《通志堂經解》中，世稱爲"通志堂本"。至乾隆時期，校勘大家盧文弨認爲通志堂本雖校正了葉林宗影鈔宋本的很多錯誤，但亦有"宋本是而或不得其意因而誤改者"⑦，故而對葉林宗影宋鈔本重新加以校勘，撰《經典釋文考證》二卷，並於乾隆五十六年(1791)間重新刊版，是爲"抱經堂本"。跋中提到的畢秋帆先生，即畢沅(1730—1797)，字湘蘅，秋帆爲其號，又號弇山、靈岩山人，江蘇鎮洋(今江蘇太倉縣)人。乾隆二十五年(1760)廷試第一，狀元及第，授翰林院編修。畢沅歷任陝西巡撫、河南巡撫、湖廣總督，是乾隆後期的朝廷重臣。畢沅精通經史小學金石地理，又喜獎掖後進學者，在學者們的襄助下，有著作多種，舉其要者，經學方面有《傳經表》一卷、《通經表》一卷，史學方面有《續資治通鑑》二百二十卷，小學方面有《釋名疏證補》八卷，子學有《吕氏春秋校正》二十六卷、《墨子校注》十六卷等，諸書"皆考證精密，有功藝林"⑧。盧文弨乾隆五十六年首次刻印《經典釋文》時，應該是得到了畢沅的資助，故本書卷首有《經典釋文》審定及校勘姓氏，首列畢沅名衔。但畢沅去世後的第三年，即嘉慶四年(1799)，因其在湖廣總督任上包庇屬下胡齊侖貪污軍餉，受到嘉慶帝的嚴厲處置，被削奪封號並藉没家產。受此事牽累，這套《經典釋文》的書板不得不抽去有畢沅姓名官衔的那塊板，同時對首印中有錯誤的板片經行了修補。因此，浙大所藏此《經典釋文》當爲嘉慶四年以後的補版重印本，《書目》著録爲乾隆間原刻本，不確。屈彊之題跋撰於 1926 年，其文中所引日本學者狩野直喜的話見於《京都帝國大學文學部景印舊鈔本》第 2 集，1922 年出版。

6.《説文引經考證》七卷《説文引經互異説》一卷,清陳瑑撰,清同治十三年(1874)刻本,潘鍾瑞、雷浚批校,屈彊題識。

書前有屈彊所書題記兩則:

> 麐生,一字瘦羊,此書爲其所藏,曾加句讀,後爲甘翁借讀,先賢手澤至可珍貴。麐生爲外王父中丞公族弟,兒時熟識之。
>
> 　　　　　　　　　　　　　　　　　　　　　彊山記於延年書舍

> 甘翁撰《説文引經例辯》三卷,因讀此書而起。後麐生復爲之作序,一椿公案得此書而知其顛末矣。
>
> 　　　　　　　　　　　　　　　　　　　　　彊山又記

此書爲嘉興陳瑑所著,清同治十三年刻本,半頁 10 行,行 23 字,左右雙邊,單魚尾,板框爲 19×13.4cm,書中有潘鍾瑞、雷浚墨筆批校。書上鈐有"長沙潘鍾瑞麐生所得"、"曾藏吴趨潘氏香禪精舍"、"甘溪過眼"、"昆山趙詒琛號學南印"、"趙學南劫後藏書"、"平湖屈氏一卷書塾所藏"等印。

跋中所提到的麐生,指潘鍾瑞,麐生爲其字,號瘦羊(跋中稱其一字瘦羊,蓋偶誤),晚號香禪居士,江蘇長洲(今蘇州)人,精於書法,長於金石考證。著有《香禪精舍集》等[⑨]。跋中提到的甘翁,指雷浚(1813—1893),字深之,號甘溪,江蘇吴縣(今蘇州市)人,性至孝。少年從學於當時著名學者江沅,精通小學,工篆書,科場不順,中年以後即閉門著書,有《説文外編》十六卷、《説文引經例辯》三卷、《韻府鉤沉》五卷、《睡餘偶筆》二卷、《乃有廬雜著》二卷、《道福堂詩集》四卷、《續集》三卷、《後八家文鈔》二十八卷。潘、雷二人過往甚密,雷浚所著之《説文引經例辯》即由潘鍾瑞作序,潘序稱"許氏之説文也解字也,非詁經也。其引經者爲其字之義作證也,所引之經有與其字之義不相應者,古字少,經典字多假借,不盡用其本意也。……此則專論引經,其糾嘉定陳氏之謬而與之各自成書,蓋不欲竟没其書,見《例辨》之不得已也。"[⑩]由這兩段跋結合潘鍾瑞的《序》可知,陳瑑所著《説文引經考證》一書本爲潘鍾瑞所藏,後雷浚曾借讀此書,但雷浚對於陳瑑違背《説文》許慎義以强求經義深爲不滿,認爲陳瑑不通文字假借之義,故另作《説文引經例辯》,"於陳瑑《引經考》駁斥尤力"[⑪]。由此可知雷浚《説文引經例辨》一書因陳瑑《説文引經考證》而起,今上海古籍出版社出版之《續修四庫全書》雖已將浙江大學圖書館收藏此書全文影印,但仍將雷浚《説文引經例辨》一書置於陳瑑《説文引經考證》之前,次序倒植,故筆者不憚詞費,略作考證如上。

7.《説文古本考》十四卷,清沈濤撰,清光緒十年(1884)滂喜齋刻本,馬叙倫批校並跋。

書前有馬叙倫題跋記:

友人倫哲如得盛伯希祭酒昱此書抄本，見假即校補之。此本缺頁非得抄本幾終付闕如矣，惜抄本佚去十二、十三兩卷，異日他緣復得致之，方大快耳。抄本有缺訛處，余亦據此本爲抄補歸之。

九年八月二十日校補競書　叙倫

此書爲清代沈濤所撰，清光緒十年（1884）年滂喜齋刻本，半頁 10 行，行 23 字，左右雙邊，單魚尾，板框爲 24.5×15.4cm。首卷鈐有馬叙倫先生藏書印“天馬山房藏書印”。

馬叙倫（1885—1979），字彝初，後更字夷初，號石翁、寒香，晚號石屋老人，浙江餘杭人，是中國近現代著名的學者，民主活動家，中國民主同盟的領導人，建國後曾任教育部部長。馬叙倫先生青年時期曾精研文字之學，造詣极深，其所著《説文解字六書疏證》、《六書解例》、《説文解字研究法》等書，對漢字的構造形成理論研究貢獻極大。跋中所提到的倫哲如，即倫明（1875—1944），哲如爲其字，又字哲儒，廣東東莞人。光緒二十七年（1901）庚子、辛丑恩正並科，以第九十名舉於鄉。光緒二十八年（1902），京師大學堂開學招生，倫明入師範館學習五年。倫明自幼即喜聚書，成年之後，更是嗜書成癖，足迹遍佈當時北京的琉璃廠、隆福寺等各大小書攤。時人稱他“工詩文，又致力於目録學。……嗜書成癖，鑒裁甚精，收儲至富。偶聞他處有奇書真籍、古本秘册，或不能得，則勤勤假鈔備副”⑫。倫明湛深版本目録之學，曾提議影印《四庫全書》，並大力提倡編纂《續修四庫全書》，其著述有《辛亥以來藏書紀事詩》、《續修四庫全書芻議》、《續書樓藏書記》、《王漁洋著書考》、《版本源流》、《續修四庫提要稿》等。跋中提到的盛伯希祭酒昱，即盛昱（1850—1899），字伯熙（希），清宗室之後，幼聰慧，光緒二年（1876）中進士，授編修，光緒十年（1884）任國子監祭酒。盛昱學識淵博，“經史、輿地及本（清）朝掌故，皆能詳其沿革”⑬。雅好園林，與當時文人學者交遊頻繁，與繆荃孫、沈曾植號稱“談故三友”，著有《意園文略》、《郁華閣遺集》。據《馬叙倫年譜》記載，1917 年馬叙倫接受蔡元培邀請，任北大文學院教授，而 1920 年（即民國九年），北京大學設立國學研究所，倫明受聘爲專門講授詩詞的教授，蓋其時二位學者有同事之誼，馬叙倫以倫明所藏抄本《説文古本考》校勘自己所藏的刊本，因作是跋。

8.《古籀答問》不分卷，手稿殘本一册，清鄭知同撰，王焕鑣跋。
書後有王焕鑣先生跋：

鄭伯更《古籀答問》，刻入《廣雅叢書》稱《説文本經答問》，張香濤所定名也。余客遵義而得其手稿半部，已有殘損，以是名賢手迹，爰歸之我校圖書館，並記其顛末爲此。

庚子仲春王焕鑣

此書半頁九行，行二十二字，書高 25.5cm，寬 15.7cm，卷端鈐有陽文朱印“定君”。

王煥鑣（1900—1982），字駕吾，號覺吾，江蘇南通人。畢業于南京高等師範學堂，曾任江蘇省立國學圖書館保管、編輯兩部主任，後歷任浙江大學圖書館主任、杭州大學中文系主任等職，著有《墨子集詁》、《墨子校釋商兌》、《墨子校釋》、《晏子春秋校釋商兌》、《韓非子選注》、《老子韻讀》等書，是繼孫詒讓之後的治墨學名家。鄭知同（1831—1890），字伯更，貴州遵義人，著名學者鄭珍之子，爲學博大精通，尤其深邃於《説文》之學。鄭知同曾入張之洞幕府，張之洞開設廣雅書局，又被聘任爲總纂，未幾而卒。著有《説文本經答問》二卷、《説文淺説》一卷、《屈廬詩集》十四卷，另有《説文商議》、《説文訛字》、《説文述許》、《經義慎思録》、《愈愚録》、《隸釋訂文》、《楚辭通釋解詁》等書皆未定稿。鄭知同先入張之洞幕府，後又應張之洞之邀主持廣雅書局，故兩人交契極深。鄭知同卒後，張之洞將其《古籀答問》刻入《廣雅叢書》，並更名爲《説文本經答問》。

9.《歌麻古韻考》，清吳樹聲撰，抄本二册。

書前有姜寅清先生題識：

> 是書寫成當不在乾嘉以後，世多以此書作者屬之苗仙麓，得此了以却衆疑矣。
>
> 亮夫姜寅清　　識

半頁十二行，行二十二字，書高 26.6cm，寬 16.2cm。卷前鈐有朱文"亮夫"、白文"姜寅清印"等印。

是書作者爲吳樹聲，字鼎堂，雲南保山人。道光二十四年（1844）舉人，歷任山東沂水、肥城、壽光、章丘等地知縣，爲官有治聲，同治十二年（1873）卒于任上。吳樹聲精于小學，"以顧炎武並《唐韻》五支之半及九麻之半各字，與七歌、八戈韻字爲第六部，其五支韻中字皆改爲歌、戈一類。議者或譏其武斷"。其後江永、段玉裁對其雖稍有匡正，而大旨皆同。而吳樹聲認爲："古者無歌、麻兩部，《唐韻》之七歌、八戈、九麻，皆起於西域九麻之半、車、家等字，皆自魚、虞、模轉入；七歌、八戈、與九麻之半、麻、加等字，皆自支韻施、爲等字轉入。因檢古書中韻語有歌、麻字爲韻者，一一拈出，知古人自有此一類音韻，成《歌麻古韻考》四卷，援據賅審，發前人所未發。"[14]另著有《六書微》一百一十卷、《詩小學》三十卷、《論語尊經録》五卷、《孟子小學》一卷、《兩漢書小學》五卷、《經傳釋詞續》五卷，皆精通詁訓，爲專門之學。姜先生提到的苗仙麓，指苗夔（1782—1857），仙麓爲其字，直隸肅寧（今河北肅寧縣）人。道光十一年（1831）舉優貢生，與高郵王念孫父子交遊往來，聲譽日隆。苗夔亦精於音理，"以顧氏（炎武）《音學》所立《古音表》十卷，宏綱已具，然尤病其太密，而戈麻既雜西音，不應別立一部，於是併耕、清、青、蒸登於東，多、併戈、麻於支、齊，定以七部，隳括群經之韻，字亦類從，韻以部分，爲《説文諧聲表》七卷"[15]。光緒年間王灝收集京津地區先賢著作輯刻

《畿輔叢書》，將《歌麻古韻考》收入其中，並誤署爲"苗夔補注"，以訛傳訛，故後人多以《歌麻古韻考》作者爲苗夔。

10.《字林考逸》八卷，晋吕忱撰，清任大椿輯，清光緒四年紅格抄本，清陳倬校跋並録鈕樹玉校、跋既顧廣圻、馮桂芬校，清復叟跋。

卷一後有陳倬朱筆過録清乾隆六十年（1795）鈕樹玉跋：

> 據張懷瓘《書斷》及封演《聞見記》所載，《字林》凡萬二千八百餘字，今任君所采《説文》有者九百餘字，《説文》無者五百餘字，則傳於今者，十存其一耳。考《玉篇》所收二萬二百餘字，而多於《字林》矣。故《説文》以下□出於《字林》，惜其存者無多，而托偽並存，音義不備。乙卯冬，山居無聊，取《説文》反復校之，《説文》有而訓同者不論，訓異則列於旁，其《説文》所無，管見有得者，則録於上下，以便檢尋字義云。非石鈕樹玉。乙卯十一月三日校畢，廿六日復校畢，年來正月初旬以《一切經音義》復校一過。

書後有陳倬墨筆題識兩則：

> 《字林》之亡久矣，興化任氏采集遺文，成書八卷，曰《字林考逸》，在任氏所著七種中，而七種近亦不易得。此本爲鈕氏所校本，補闕正訛，是爲任之功臣。顧千里氏復加練論。馮林一先生録存此本，更有發明。兹從林一先生哲嗣申之比部借得，倩人抄出，復將各家校語録出，閲時數月方畢。光緒四年戊寅秋九月録畢識後，元和陳倬。

> 《字林》所以補《説文》，不必再以《説文》繩之。任氏分別有□，其見似膠。他日擬爲作疏證，以撣晋人小學之意。倬又識。

第一册封面有墨筆題識：

> 陳培之先生校並手録顧千里、鈕非石、馮林一各家校語于上下方，是書舊藏于美興陸氏，余以重金得於滬上。光緒十九年八月三日復叟記。

此書爲紅格稿紙抄本，兩册，抄寫時間據陳倬題跋爲光緒四年（1878）。半頁 9 行，行 19 字，小字雙行同，白口，單朱魚尾，左右雙邊，板框 18.5×13.6cm。此書鈐有藏書印多枚，有白文方印"臣陳倬印"，朱文方印"培之"、"高君定"、"意在丹丘黄雀之間"，白文方印"歸安陸樹聲叔桐之印"，朱文方印"叔桐"、"歸安陸樹聲藏書之記"，朱文長方印"家在苕溪山水之間"，朱文方印"半生知己是鳶魚"。

此書爲陳倬雇人於光緒四年（1878）所抄寫，並迻録鈕樹玉、顧廣圻、馮桂芬三家校語而成。陳倬，字培之，江蘇元和（今江蘇蘇州市）人。喜經術，又善書，爲著名學者陳奂入室弟子。咸豐己未（1859）進士，授户部郎中，旋引疾歸里，以著述爲業。陳倬精通小學，所著《今韻正義》"就通行詩韻引《説文》、《玉篇》、《廣韻》諸書爲釋，詩韻無者低一格附每韻後，大致以《説文》爲許氏一家之學，非謂天下後世必以是爲繩尺。凡古今文異同，録此則置彼，不得謂不録者即爲俗字，足證近時拘執《説文》以改經文之失"⑯。另著有《皷經筆記》、《漢書人名表》、《文選筆記》、《隱蛛盦詩文集》及雜記、詞稿若干卷。鈕樹玉(1760—1827)，字藍田，自號非石山人，江蘇吴縣人。爲人至孝，不喜科舉之業，以行賈爲生，所交如錢大昕、王昶、黄丕烈、孫星衍等，皆一時俊彦碩儒。志好學，精研聲音文字訓詁之學，於《説文解字》尤有心得，著有《説文解字校録》十五卷、《説文解字校録考異》三十卷、《段氏説文注訂》八卷、《説文新附考》六卷《續考》一卷。《説文新附考》一書尤爲錢大昕稱之，稱其"豈非羽翼六書，而爲騎省之諍友乎"⑰。任大椿的《字林考逸》初版於乾隆四十七年，鈕樹玉此跋當綴于其所藏《字林考逸》之上，惜今日鈕氏藏本已難覓其蹤，其跋幸賴陳倬過録得以保存。顧廣圻(1770—1839)，字千里，號澗薲，江蘇元和人。師事惠棟弟子江聲，盡通經學、小學，於書無所不窺，時人號爲"萬卷書生"。家貧，以替人刻書爲生，每刻一書，必廣收各本，詳爲校勘，撰考異或校勘記附於書後，學者多許爲善本，著有《思適齋集》十八卷。馮桂芬(1809—1874)，字林一，號景亭，江蘇吴縣人。道光二十年(1840)一甲二名進士，授翰林院編修，後以提倡洋務運動而著名，著有《校邠廬抗議》。馮桂芬又湛深經學，師事李申耆、李尚之兩先生，説經宗漢儒，亦不廢宋。尤精于小學，著有《説文段注考證》十五卷，《説文部首歌》一卷。馮桂芬長子馮芳緝，字申之，號瘦癡居士，咸豐己未(1859)順天舉人，同治戊辰(1868)進士，任刑部主事，故陳倬跋中稱其爲"申之比部"。

　　是書由陳倬雇人録畢於光緒四年，並作續校、題跋。後歸美興陸氏。光緒十九年(1893)有自署"復叟"者重金購得於滬上。其後爲歸安陸樹聲(陸心源三子)所得⑱。後又歸高基所得。高基(1895—1969)，字君定，江蘇金山人。其父高煌，清代舉人。高基自幼在父親的教導下飽讀詩書，善於詩詞。青年時期，受辛亥革命的影響，投筆從戎，參加反清鬥爭。在其堂兄高旭(字天梅，南社三創始人之一)的影響下，加入南社，寫作詩文鼓吹革命。高基一生嗜書如命，常手不釋卷，除家富藏書外，還曾創立金山縣圖書館。高基曾任上海聖約翰大學教授，講授詩詞文學，個人著述有《藥軒漫稿》、《亡書憶語》等⑲。

　　《字林》是上接《説文》下啓《玉篇》之間的一部字書，在字書發展史上很重要，可惜後來失傳。清乾隆年間任大椿《字林考逸》八卷，浙江大學(原杭州大學)圖書館所藏鈔寫本書法謹嚴，字體端莊秀麗，加之迻録有鈕樹玉、顧廣圻、馮桂芬諸名家校語，學術文獻價值極高。

①資料來源於陳玉堂《中國近現代人物名號大辭典》"屈爔"條，浙江古籍出版社，2005 年版，第 850 頁。
②關於沈紹勳的字、號，唐文治《錢塘沈竹礽先生傳》稱"號竹礽"，而李詳《錢塘沈竹礽先生墓表》稱"字竹礽"，此處取《中華易學大辭典》的"沈紹勳"條的説法。《中華易學大辭典》，上海古籍出版社，2008

年版,第806頁。

③沈紹勳《沈氏玄空學》卷一,民國二十二年木刻本,第56頁。

④葉德輝撰《藏書十約》,《書林清話》外二種,北京燕山出版社,1999年,第340頁。

⑤錢儀吉《碑傳集》卷一〇八,周駿富主編《清代傳記叢刊》第112册,臺灣明文書局,1985年,第80頁。

⑥沈彤《翰林院編修贈侍讀學士何義門先生行狀》,見何焯《義門讀書記》,中華書局,1987年,第1275頁。

⑦盧文弨《重雕經典釋文緣起》,見《抱經堂文集》點校本,中華書局,1990年,第24頁。

⑧徐世昌《清儒學案小傳》卷九,《清代傳記叢刊》第6册,第223頁。

⑨曹允源、李根源纂《吴縣誌》卷六十八上,《中國方志叢書》華中地方第201號,臺灣成文出版社有限公司,1975年,第1250頁。

⑩潘鍾瑞《説文引經例辯·叙》,《續修四庫全書》227册,上海古籍出版社,1995年,第257頁。

⑪楊鍾義《説文引經例辯提要》,《續修四庫全書總目提要·經部》,中華書局,1993年,第1108頁。

⑫孫殿起《倫哲如先生傳略》,見倫明《辛亥以來藏書紀事詩》,上海古籍出版社,1990年,第149頁。

⑬趙爾巽等撰《清史稿》卷四四四,中華書局,1977年,第12454頁。

⑭《清史列傳》卷六十九,中華書局1987年排印王鍾翰點校本,第5667頁。

⑮《清史列傳》卷六十九,第5653頁。

⑯徐世昌《清儒學案小傳》卷十五,《清代傳記叢刊》第7册,第80頁。

⑰錢大昕《潛研堂集》卷二十四《説文新附考序》,上海古籍出版社,1989年,第396頁。

⑱或疑復叟即從陸樹聲手中購得此書,然而據徐楨基《潛園遺事——藏書家陸心源生平及其他》(上海三聯書店,1996年)一書記載,陸心源三子陸樹聲生於光緒八年,此時年方12歲,不可能自製藏書印並售書于他人,故知復叟跋中所提到的陸氏非歸安陸氏。

⑲資料來源於《高基先生紀念册·高基先生行述》,高基先生誕辰100年高基家屬自編本。

(原載《文獻》2013年第1期,發表時有删節,此爲原稿)

作者簡介:甘良勇,新鄉學院文學院

通訊地址:新乡市红旗区金穗大道191号新鄉學院文學院　郵編453003

《中國古籍總目》子部家訓類指瑕

陸 睿

《中國古籍總目》(以下簡稱《總目》)是近年學術界古籍整理研究的重要成果,它旨在全面反映中國(大陸及港澳臺地區)及海外(如日本、美國等)現存漢文古籍的主要品種、版本及其收藏單位的現狀,匯聚了衆多學者的心血,堪稱古籍目録工具書的集大成者。然而書成衆手,難免有瑕疵。筆者在國內各大圖書館查閱家訓文獻過程中,發現《總目》仍有值得進一步完善的地方,如立目不當、版本失收、著者訛誤、版本訛誤、別名失收、文字訛誤、著者時代訛誤、收録不全等問題,今以子部家訓類目録爲例,根據自己的所知所見,辨析如下,以就教於方家。

一 立目不當

子 10202249

　　敬義堂家訓三卷　清紀大奎撰　紀慎齋先生全集本(嘉慶刻同治刻)

子 10202250

　　紀氏敬義堂家訓述録一卷　清紀大奎撰　紀慎齋先生全集本(嘉慶刻同治刻)

子 10202251

　　枕上銘一卷　清紀大奎撰　紀慎齋先生全集本(嘉慶刻同治刻)

子 10202252

　　書紳録一卷　清紀大奎撰　紀慎齋先生全集本(嘉慶刻同治刻)[1]

按:紀大奎《敬義堂家訓》收於《紀慎齋先生全集》中,經核查國家圖書館收藏的同治刻本,是書由三部分組成:《敬義堂家訓述録》一卷,《枕上銘》一卷,《書紳録》一卷。《總目》既爲父標題立目,又爲子標題立目,且未加注明,容易使讀者產生誤會,看不到兩者的從屬關係。因此,應該加注説明,或者父標題和子標題兩者只立其一。

二　版本失收

子 10202139

　　陸氏家訓(雲間陸文定先生家訓)一卷　　明陸樹聲撰　　陸學士雜著本(萬曆刻)
抄本(雲間陸文定先生家訓)上海②

　　按:《陸氏家訓》除陸學士雜著本和抄本外,尚有範家集略本,應予以補充。《範家集略》
爲明末秦坊所輯,匯集周秦至有明一代前賢的嘉言懿行,分《身範》、《程範》、《文範》、《言
範》、《説範》、《閨範》六卷。該書搜羅廣泛,《陸氏家訓》收於《程範》卷中,爲節本。此外《範
家集略》還保存了一部分後世不易見到的家訓,如《河南曹氏家訓》、《衡陽王氏家訓》等,有
清同治十年刻本,今藏於北京大學圖書館,齊魯書社 1996 年曾影印出版,收入《四庫全書存
目叢書》子部。

三　著者訛誤、版本訛誤、版本失收、別名失收

子 10202098

　　居家制用一卷　　題元陸梳山撰　　居家必備本(明末刻)　　説郛本(宛委山堂刻)

子 10202099

　　陸氏家制一卷　　宋陸九韶撰　　清初刻本　　國圖　　清同治十年刻本　　南京③

　　按:1.“元陸梳山”當改作“宋陸九韶”。《居家制用》爲南宋陸九韶《陸氏家制》的一部分,
《陸氏家制》包含《居家正本》和《居家制用》兩部分,陸九韶爲南宋理學家,隱居講學於撫州
金溪梭山,自號梭山居士。《居家必備》節選《陸氏家制》時將梭山訛爲梳山,據《總目》著録
規則第 6 條:“著者以本名録,不取字號,原書題名用別號或稱題某某者,據所知加注説
明。”④此處當加注説明。

　　2.“説郛本(宛委山堂刻)”當改作“説郛續本(宛委山堂刻)”。《説郛》宛委山堂本並未收
録《居家制用》,收録者乃《説郛續》宛委山堂本,《説郛續》乃明末陶珽仿《説郛》輯録筆記匯
集而成,專收《説郛》所未收者,非陶宗儀之《説郛》,兩者不應混爲一談。

　　3.《居家制用》除了《居家必備》和《説郛續》有收録之外,清陳弘謀《養正遺規》也有收録,
“陸梳山”之誤也被沿襲。此外,清李紱編《陸子學譜》、清王梓材《宋元學案補遺》也收録《陸
氏家制》全文。這幾種版本也應予以羅列。

　　4.《陸氏家制》又稱《梭山家制》、《居家正本制用篇》,《晁氏寶文堂書目》、《百川書志》、
《澹生堂書目》、《千頃堂書目》均有著録,按照《總目》著録規則第 6 條,其別名當加注説明。

子 10202232

麟山林氏家訓一卷　清林良銓撰　清同治四年刻本　國圖⑤

按:1.“清同治四年刻本”當爲“清同治五年刻本”。此本乃林良銓之曾孫林希祖同治五年刻於河南開封,前有長沙鄭敦同治四年序、同治五年渤海張之萬序、同治四年稽有常序,後有林希祖跋,這些序跋對是書的刊刻緣由和始末多有所交代,如張之萬稱“其曾孫至山既嘗準是以制行,更鐫板以廣其傳,蓋不欲私是以爲一家之書也”,林希祖則說刊刻出版不僅爲了遺澤後人,也是爲了完成他父親的遺願:“原版零落無存,先君子屢欲重刊未果,誠恐手澤就湮,子孫無所法守,將上負殷殷垂誡之意,乃付梓人急爲剞劂,不特可以貽後嗣公同好,亦以成先君子未竟之志云。”

2.《麟山林氏家訓》除國圖收藏的清同治五年刻本外,尚有浙江圖書館藏的清光緒五年刻本,應予以補充。是本乃林希祖侄輩林廷增、林廷圭等人以同治五年刻本爲底本刻成,較同治五年刻本多出楊長年光緒五年序和林廷楷、林廷圭、林廷增、林廷墉兄弟光緒五年跋文,跋文中交代了其版本源流:“增等愚不肖,恐未能仰體力行,有負祖宗期望,深用歉然,緣寄來僅只數部,關河遙隔,郵遞良艱,增等謀食四方,周流傳誦,易致浮沉,因重爲剞劂,藉垂久遠,互相勉勵,冀共仰副先人遺意於萬分之一耳。”

四　文字訛誤、著者時代訛誤

子 10202110

深溪義門五氏家則二卷　宋王士覺撰　清嘉慶十六年刻本　上海⑥

按:“五氏”當改作“王氏”,“宋王士覺”當作“明王士覺”,王士覺非宋人,乃明人。《王氏家則》,《明史·藝文志》、《千頃堂書目》有著錄,今藏於上海圖書館,經核驗,此書爲二卷一冊,木活字本,題“明王士覺纂修”,卷一爲敬先、務本、敦禮、厚生、防範、儆戒、睦族、恤衆、規餘等數條家則,卷二爲祠堂記、義門碑記等。

五　收録不全

《總目》編纂宗旨稱:“《中國古籍總目》著録中國大陸及港澳臺地區公共、學校、科研機構圖書館及博物館等所藏歷代漢文古籍(含少量漢文與少數民族文字合編、以漢文注釋外文者)之基本品種、主要版本及主要收藏信息,並部分采録海外公藏之中國古籍稀見品種。”⑦可見編纂過程中纂者應當已經參考了全國各大圖書館的藏書目録,且已將各館館藏目録合併檢查。據筆者調查,現存家訓文獻至少五百種,但《總目》的家訓類收録僅有三百多種文獻，仍有部分遺漏者，如浙江圖書館藏《張氏家訓》。是書爲清張廷琛所輯，凡二卷，有光緒二十四年張氏兩銘樓活字本，《兩浙著述考》有著録，稱"有光緒時活字本"⑧，當指兩銘樓活字本。是書卷首有王舟瑶、符璋、方來序及自序，卷末有張廷琛後序、張翼等跋。此書爲廷琛光緒十年纂修張氏宗譜時的副産品，上卷録其先世太素公、摯虞公、甯伯公、菊人公、全九公、孝婦金氏、含輝公、鴻鈞公、和庭公之嘉言懿訓，下卷爲其尊甫誠齋處士、母氏楊孺人之庭幃訓言數十條暨《族禁條約》、《大宗祠從祀議》、《恤嫠議》、《勸學解補亡》、《教家三字歌》等數則條約規訓，附録有《廣繼子議》，乃廷琛因"光緒甲申重修宗譜有妄人欲遂私圖，力辟此議"，作《廣繼子議》以閑之，規定"永不許異姓入繼"，要"固本安族"。方來序贊其"凡正身持家、日用酬應之事，無勿備具，而所以爲人之要，胥於是乎在"。據廷琛後序，《張氏家訓》曾有臨海葉氏刻本，但葉氏刻本"任意删節，脱簡訛字觸目紛然，閲者病之"，因此他又訂補脱訛者，最後請王舟瑶、符璋、方來等人撰序，於光緒二十四年"就聚珍板重爲摹印，頒贈同好"，是爲兩銘樓活字本。《總目》將這種具有地方特色的能反映地方風俗文化狀況的文獻遺漏，不得不説是一種遺憾。

①中國古籍總目編纂委員會《中國古籍總目·子部》，上海古籍出版社，2010年，第198頁。
②中國古籍總目編纂委員會《中國古籍總目·子部》，第190頁。
③中國古籍總目編纂委員會《中國古籍總目·子部》，第187頁。
④中國古籍總目編纂委員會《中國古籍總目·子部》，前言第6頁。
⑤中國古籍總目編纂委員會《中國古籍總目·子部》，第197頁。
⑥中國古籍總目編纂委員會《中國古籍總目·子部》，第187—188頁。
⑦中國古籍總目編纂委員會《中國古籍總目·子部》，前言第2頁。
⑧宋慈抱著、項士元審訂《兩浙著述考》，浙江人民出版社，1985年，第1324—1325頁。

（原載《圖書館工作與研究》2015年第12期）

作者簡介：陸睿，浙江大學古籍研究所在讀博士研究生
通訊地址：浙江大學西溪校區古籍研究所　　郵編：310028

日藏《玉燭寶典》鈔校本論考

——《古逸叢書》底本辨析

朱新林

《玉燭寶典》十二卷,隋著作郎杜台卿撰。杜台卿字少山,博陵曲陽縣(今河北定縣)人,歷北齊、北周、隋三朝,事迹具《隋書》本傳。"開皇初,被徵入朝。台卿嘗采《月令》,觸類而廣之,爲書名《玉燭寶典》十二卷。至是奏之,賜絹二百匹。台卿患聾,不堪吏職,請修國史。上許之,拜著作郎。十四年,上表請致仕,敕以本官還第。數載,終於家。有集十五卷,撰《齊記》二十卷,並行於世。"①《玉燭寶典》全本久佚,直至清光緒年間,楊守敬在日本發現《玉燭寶典》鈔校本十一卷(缺卷九),黎庶昌影刻輯入《古逸叢書》。此後的《叢書集成初編》本、《續修四庫全書》本,均源出《古逸叢書》本。

但是,人們不難發現,《玉燭寶典》文本存在着較多的缺陷,訛誤衍脱現象比較嚴重。當年李慈銘既敏鋭地覺察到《玉燭寶典》的不可替代的文獻價值,又不無遺憾地説"當更取它書爲悉心校之,精刻以傳"②。李慈銘或許説的是《玉燭寶典》引用文獻的原始典籍,但《古逸叢書》影刻《玉燭寶典》的底本問題,無疑應該被納入到我們的考察視野之内。日本所藏《玉燭寶典》寫本不止一種,黎庶昌、楊守敬選擇哪一種作爲影刻底本呢? 真的是《古逸叢書》本卷前牌記所標識的"影舊鈔卷子本《玉燭寶典》"嗎? 回答是否定的。

一 《玉燭寶典》日本鈔校本簡述

《玉燭寶典》十二卷,是杜台卿以《禮記·月令》、蔡邕《月令章句》爲綱,采集大量文獻,附以"正説"、"附説",綴輯而成的歲時民俗類著作。它上承《禮記·月令》、梁宗懔《荆楚歲時記》,下啓杜公瞻《荆楚歲時記注》、宋陳元靚《歲時廣記》,反映了先民時令風俗的演變軌迹,對我們認識兩漢、魏晉南北朝至隋唐時期的天文、曆法、農學、時令等諸多文獻具有重要意義,對中國歲時文化的傳播和發展產生了重要影響。《隋書·經籍志》、《舊唐書·經籍志》著錄於子部雜家類,《新唐書·藝文志》、《宋史·藝文志》則著錄於子部農家類。元、明間,陶宗儀摘編一卷,輯入《説郛》③。嗣後,見於明末陳第《世善堂書目》。"蓋自宋初,如存如亡,不甚顯於世,故《太平御覽》、《事類賦》、《海録碎事》等諸類書所引用亦已少矣。"④其殘文剩義偶見徵引于宋、明諸書中,如宋蕭贊元《錦繡萬花谷》、羅璧《識遺》、趙與峕《賓退録》,明方以智《通雅》、李時珍《本草綱目》等書,其中每書所引少則一條,多不過三條,内容又大多相同,皆輾轉引自唐宋類書。清初,朱彝尊曾經搜討此書,但無果而終。他説:"論者遂以《修文殿御覽》爲古今類書之首,今亦亡之。惟隋著作郎杜台卿所撰《玉燭寶典》十二卷見於連江陳氏《世善堂書目》,予嘗入閩訪陳後人,已不復可得。"⑤直到清光緒年間,楊守敬在日本發現《玉燭寶典》鈔校本十一卷(缺卷九),黎庶昌影刻輯入《古逸叢書》,立即引起國内學者的注意。光緒十二年(1886),李慈銘(1830—1895)在日記中寫道:"其書先引《月令》,坿以蔡邕《章句》,其後引《逸周書》、《夏小正》、《易緯通卦驗》等,及諸經典,而崔寔《四民月令》蓋全書具在。其所引諸緯書,可資補輯者亦多。"⑥曾樸(1872—1935)作《補後漢藝文志並考》十卷,其中"劉歆《爾雅注》"條轉引《玉燭寶典》所載文獻,其卷二"蔡邕《月令章句》"條按語云:"日本國卷子本《玉燭寶典》於每月之下,《月令》之後,詳載此書,諸搜輯家皆未之見。好古者若能一一輯出,合以《原本玉篇》、慧琳《一切經音義》所引,則中郎此書,雖亡而未亡也。"⑦近人向宗魯以《玉燭寶典》校《淮南子》,王叔岷以校《莊子》、《列子》,均取得了很好的校勘成果。

　　日本寬平三年(公元 891 年,當唐昭宗大順二年),朝臣藤原佐世奉敕編《本朝見在書目録》(今通稱《日本國見在書目録》),雜家類著録"《玉燭寶典》十二,隋著作郎松台卿撰"("松"爲"杜"之訛)。據筆者所知,日本現有《玉燭寶典》鈔校本四種⑧,它們分别是:

　　1.日本 1096 年至 1345 年寫本,十一卷(缺卷九),卷軸裝(六軸),此即所謂"日本舊鈔卷子本",舊藏於日本舊加賀藩前田侯尊經閣文庫⑨。卷五寫於嘉保三年(1096),卷六、八寫於貞和四、五年(1344—1345)。1943 年,東京侯爵前田家育德財團用尊經閣文庫藏舊鈔卷子本影印行世,即《尊經閣叢刊》本,後附吉川幸次郎(1904—1980)撰《玉燭寶典解題》。1970年 12 月,臺北藝文印書館用日本前田家舊鈔卷子本影印出版,附林文月⑩所譯吉川幸次郎所撰《玉燭寶典解題》,此即《歲時習俗資料彙編》本。

　　2.日本圖書寮鈔本,十一卷(缺卷九),册葉裝,爲江户時代毛利高翰(1795—1852)命工影鈔加賀藩主前田家所藏貞和四年(1344)寫本,又稱毛利高翰影鈔本,現藏於日本國立公文書館⑪。

　　3.森立之、森約之父子鈔校本,此本係據毛利高翰影鈔本傳鈔(據森氏跋文,"唯存其字,不存其體耳",非影鈔也),十一卷(缺卷九),凡四册⑫。據森約之題記,自孝明天皇嘉永甲寅(1854)至慶應二年(1866),森氏父子合校完畢。森氏本今藏日本專修大學圖書館,鈐"森氏"、"東京溜池靈南街第六號讀杜草堂寺田盛業印記"、"天下無雙"、"專修大學圖書館之印"諸印記。"東京溜池靈南街第六號讀杜草堂寺田盛業印記"、"天下無雙"爲日本著名藏書家寺田望南藏書印，由是知森氏本曾經著名藏書家寺田望南[⑬]（1849—1929）收藏，最後歸於專修大學圖書館。

4.依田利用（1782—1851）《玉燭寶典考證》十一卷（缺卷九），裝訂四册。此本先鈔寫《玉燭寶典》正文、舊注（大字），次考證（細字分行，或書於眉端，內容屬校讎類）。依田利用初名依田利和，原是江户時代末期毛利高翰命工影鈔前田家所藏十一至十四世紀寫本《玉燭寶典》的参加者，五名鈔校者之一。此本《例言》稱卷子本"末卷往往用武后制字，其所流傳，唐時本無疑也"，則《考證》所載《玉燭寶典》正文、舊注，當出自前田家藏本（今尊經閣文庫本），且與藤原佐世《本朝見在書目録》著録之唐寫本一脈相承。依田氏此本，先後經島田重禮（1838—1895）、島田翰（1877—1915）父子收藏，1909 年 5 月，入日本東京帝國圖書館（即現在的日本國立國會圖書館），今藏於國會圖書館古籍資料室。

二　《古逸叢書》影刻《玉燭寶典》底本辨析

那麼，《古逸叢書》影刻《玉燭寶典》的底本是上述鈔校本的哪一種呢？答曰：森立之、森約之父子鈔校本也。考森立之《清客筆話》卷一載明治十四年（1881）三月廿九日，楊守敬拜訪森立之（"○"表示分隔）：

　　楊守敬云："貴邦古書爲我國所佚者，如《姓解》、《史略》、《玉篇》殘本、《玉燭寶典》，皆欲刻之。尤煩先生爲校刊，可乎？"（第 521 頁）

　　○楊守敬云："高氏《史略》，再《姓解》、《史略》、《玉燭寶典》等書，如有鈔本，弟願得之。"

　　《玉燭寶典》（森注：以被齋校本，出以示之。）

　　楊守敬云："貴邦所有皆缺一卷乎？"

　　森立之云："《寶典》原本一卷缺，余所藏本，被齋舊藏，同人以朱筆校正者也。"

　　楊守敬云："此似影鈔，何以有誤字？"

　　森立之云："原卷則唐人傳來舊鈔本也，故往往有訛字，其訛字亦一一有所原，不能容易改正。是宋版以前之鈔本，可貴重，可貴重。"（以上第 522 頁）

　　○森立之云："《玉燭寶典》，世上《寶典》皆以此本爲原。"

　　楊守敬云："守敬不敢奪愛。但古書今日不刻，他日恐又失，故欲借鈔刻之耳。先生不欲此書刻乎？小生亦不取此書到家中。即煩先生屬寫工而鈔之上木，可乎？"

　　楊守敬："所有《玉燭寶典》本，祈屬工鈔之爲感。"（以上第 523 頁）

又有楊守敬借條云："借《玉燭寶典》、《儀禮注》鈔本，楊惺吾立，辛巳七月初四日。"
（第 539 頁）⑭

《清客筆話》是日本學者森立之將自己和楊守敬會面時以筆代言的部分筆談真迹及名片、短簡、留言、借條等有關資料整理粘貼而成的一部筆談資料集。根據這一實錄性文獻，我們可以作出判斷：楊守敬與森立之有實質性交往，"欲借鈔刻之"，並事先聲明"不取此書到家中，即煩先生屬寫工而鈔之上木"，森立之則慨然允借，楊守敬遂得於七月初四日借歸，影鈔影刻入《古逸叢書》中。森氏父子鈔校本今藏日本專修大學圖書館，分裝四册，十一卷（缺卷九）。卷三、卷六、卷八、卷十二末有森約之校跋，兹迻録（"○"表示提行）如下：

卷三末跋語云："嘉永甲寅季秋初三日，工校正一過耳。約之。（"約之"下乃森氏花押，亦爲"約之"二字。押下一點、一撇，蓋即暗喻上文花押乃重"約之"二字也。）○卷首九葉所與父公對校也云。○今所書寫，粗略頗甚，字損大與原書不同。今不能逐一厘正，唯存其字，不存其體耳。安政二乙卯夷則之朔又書。棂齋（森氏有"棂逆養真齋"）約之。○册首五頁，我藩友武田小藤太所贈也。慶應丙寅八朔，約之又志。

卷六末跋語云："安政二乙卯林□晦日午後，與原本校紬了。書寫粗略，而字體大與原書異，今不能一一厘正耳。棂齋居士原約之。"

卷八末跋語云："安政三丙辰中春十又七日，初更燭下，校讎壹過耳。書寫粗略，大與原書字損不同。今不能逐一密正之，得其文，不存其體耳。鄉陂居士棂齋森約之。"

卷十二末跋語云："安政三丙辰三月廿三日之夜，燭下與家大人相對坐，卒業於比讎矣。書寫粗略雜暴，故字損大與原籍不同。然今不能逐一密正精訂，只得其語，不能存其體也。是不得已耳。鄉陂棂齋森約之。"

從跋語得知：森立之鈔本不是據"原本"、"原書"影鈔的，"得其文，不得其體耳"，爲一般傳鈔本。"原本"即底本，應是毛利高翰（1795—1852）影鈔加賀藩主前田家藏十一世紀至十四世紀"舊鈔卷子本"（尊經閣文庫本）而獻與德川氏者，即楓山官庫本。考森立之《經籍訪古志》卷五著録楓山官庫藏貞和四年鈔本《玉燭寶典》十二卷："隋著作郎杜台卿撰。缺第九一卷。每册有'貞和四年某月某日校合畢，面山叟記'，五卷末有'嘉保三年六月七日書寫並校畢'舊跋。按此書元、明諸家書目不載之，則彼土蚤已亡佚耳。此本爲佐伯毛利氏獻本之一，聞加賀侯家藏卷子本，未見。"⑮究其實，森立之目睹的是楓山官庫本，並非"貞和四年鈔本"，而是佐伯侯毛利高標的孫子毛利高翰的影鈔本，是爲森氏傳鈔底本。森氏所謂"貞和四年鈔本"，實爲嘉保三年（1096）至貞和四、五年間（1344—1345）的舊鈔卷子本，正是《經籍訪古志》所謂"聞加賀侯家藏卷子本"。如此説來，當年輯刻《古逸叢書》的黎庶昌、楊守敬有無可能通過森立之的綫索，接觸到楓山官庫本（毛利高翰影鈔本），甚至尊經閣文庫本（舊鈔卷子本)呢？回答是否定的。我們取舊鈔卷子本、森立之父子鈔校本、《古逸叢書》本三本對校，就字體、字形、行款風貌而言，《古逸叢書》本與森氏父子鈔校本幾乎完全一致，是黎庶昌、楊守敬影刻的底本實爲森氏父子鈔校本，其牌記"影舊鈔卷子本玉燭寶典"云云，不足爲憑也。

1943 年，東京侯爵前田家育德財團將其所藏舊鈔卷子本影印行世。1970 年 12 月，臺北藝文印書館再次影印，輯入《歲時習俗資料彙編》中。我們以此影印加賀藩主前田家所藏公元十一至十四世紀舊鈔卷子本與《古逸叢書》本相比堪，兩本不僅版面字體風貌迥異，而且文字上亦多有出入，例如：

1.舊鈔卷子本《玉燭寶典》(以下簡稱舊鈔卷子本)杜台卿序云："《易·繫辭》云：'庖羲氏之天下也，仰則觀象於天。'"森氏鈔校本旁注："'天'上脫'王'字。"《古逸叢書》本正有"王"字。

2.舊鈔卷子本杜台卿序云："季秋爲未歲受朔日。"森氏鈔校本"未"旁注"來"字，《古逸叢書》本正作"來"字。

3.舊鈔卷子本杜台卿序云："遂去作《禮記》者，取《呂氏春秋》。"森氏鈔校本於"去"字旁注："恐云。"《古逸叢書》本正作"云"。

4.舊鈔卷子本卷一引《禮記·月令》鄭玄注曰："自抽軌而出者也。"森氏鈔校本於"軌"字下注"軋"字，《古逸叢書》本正作"軋"。

5.舊鈔卷子本卷一引《禮記·月令》孟春"律中大簇"鄭玄注云："律，候氣之官也。"森氏鈔校本於"官"字旁注"管"字，《古逸叢書》本正作"管"。

6.舊鈔卷子本卷一引高誘注云："是月之時，鯹應陽而動。"森氏鈔校本於"鯹"字旁注"鯉"字，《古逸叢書》本正作"鯉"。

7.舊鈔卷子本卷一引《禮記·月令》云："大史謁之天子曰：某日春，盛德在木。"森氏鈔校本於"日"字旁注曰："恐脫'立'。"《古逸叢書》本正有"立"字。

8.舊鈔卷子本卷一杜台卿引《正曆》云："天者，遠不可極，望之霧然，以玄爲色，其人大無不苞。"森氏鈔校本云："立之按：'人'字恐衍。"《古逸叢書》本無"人"字，且爲保持行款一致，此字空缺。

9.舊鈔卷子本卷一杜台卿引《禮統》云："運轉精神，功郊布陳，其道可珍重謂也。"森氏鈔校本於"郊"字旁注曰："恐'效'。"《古逸叢書》本正作"效"。

10.舊鈔卷子本卷一《禮記·月令》"善相丘陵、險、原隰，土地所宜"，森氏鈔校本於"陵"字、"險"間旁注曰："脫'阪'。"《古逸叢書》本有"阪"字。

11.舊鈔卷子本卷一引蔡邕《月令章句》"鴻鳥來，陽鳥"，杜台卿按語云："今案《尚書·禹貢》曰：‘彭蠡既豬，陽鳥居。’”森氏鈔校本于“陽鳥”字間旁注曰：“恐脱‘攸’。”《古逸叢書》本正有“攸”字。

　　12.舊鈔卷子本卷一引蔡邕《月令章句》云：“琟者，月之所厤也。”森氏鈔校本的鈔手將“琟”字錯鈔爲“離”字，森氏旁注“離”字，以示更正，《古逸叢書》本沿其誤字，作“離”。

　　13.舊鈔卷子本卷一杜台卿引《釋名》云：“春，蠢也，蠢動而生也。”森氏鈔校本的鈔手在鈔寫時，脱“蠢也”二字，標注其旁，《古逸叢書》本亦將二字標注其旁。

　　以上《古逸叢書》本與影印舊鈔卷子本文字歧異，而與森氏父子鈔校本完全一致。因此，從《清客筆話》的實錄文獻到《玉燭寶典》的版面風貌、字體、字形再到文字異同，我們可以得出結論：黎庶昌、楊守敬影刻《玉燭寶典》的底本，不是尊經閣文庫所藏舊鈔卷子本，也不是毛利高翰影鈔本，而是森立之父子的傳鈔合校本。《古逸叢書》牌記標識的“影舊鈔卷子本玉燭寶典”，與事實不符。我們從《清客筆話》的記録得知，是楊守敬把森氏傳鈔合校本誤認成“影鈔”本了。森氏父子傳鈔的底本是毛利高翰影鈔卷子本（即楓山官庫本），經森氏父子歷時數年的校勘，其文獻準確度優於尊經閣文庫所藏舊鈔卷子本。

三　依田利用《玉燭寶典考證》校勘成果豐碩，《古逸叢書》本失采

　　當楊守敬與森立之接洽影刻《玉燭寶典》之時，他們不知道，此前四十餘年的1840年，日本學者依田利用（1782—1851）已經完成了《考證》，内容含《玉燭寶典》正文（大字）、舊注（另行大字）、考證（夾行小字，或書於眉端）。依田利用原名依田利和[⑤]，是江户時代末期參加楓山官庫本鈔校的五位學者之一，曾目睹前田侯家所藏舊鈔卷子本。他的《考證》主體是校勘，所引“古本”、“足利本”等，多數出自楓山官庫和足利學校所藏古本。依田利用在校勘《玉燭寶典》上取得顯著成績，例如：

　　卷一引《莊子》“連灰其下，百鬼畏之”，《考證》云：“舊[⑰]‘百’作‘而’，今依《荆楚歲時記》、《初學記》、《白六帖》改。案《莊子》今本無此文，而《御覽》引莊周云亦同，此蓋或逸文也。”

　　卷二杜台卿案語“城市尤多鬥雞卵之戲”，《考證》云：“舊‘卵’上有‘鬥’字，《初學記》、《白六帖》、《事類賦》、《荆楚歲時記注》無，今據删去。《倭名鈔》作‘城市多爲鬥雞之戲’。”

　　卷三引《皇后親蠶儀注》“皇后躬桑，始得將一條”，《考證》云：“《初學記》、《藝文類聚》無‘得’字，案得、將字形相近而誤重。”

　　卷四引《禮記·月令》孟夏鄭玄注“三分宫去一，以生徵，徵數五十四，屬火者，以其徵清事之象也”，《考證》云：“《注疏》‘徵清’作‘微清’，阮元《校勘記》云閩、監、毛本作微，此本微誤徵。舊無‘也’字，今依注疏本增。”

卷五引《禮記·月令》仲夏鄭玄注"昴爲天獄,主殺之者",《考證》云:"舊無'天'字,今依《注疏》本增。《注疏》本無'昴'字、'之者'字,《考文》引古本有'昴'字,'殺'下有'之也'二字。《校勘記》引嚴傑云:'《考文》所云古本多不足據。《開元占經》云:黃帝曰昴,天牢獄也。又云巫咸曰畢爲天獄,是昴、畢並爲天獄之證,注文必不舍畢而言昴,古本'爲'上有'昴'字,非也。'而以此證之隋時本亦有'昴'字。古本與此正合,則其以爲不足據者非是。'之者'當作'也'。"

卷六引《禮記·月令》季夏鄭玄注"今月令四爲田也",《考證》云:"舊'今'作'令','田'作'曰',今依《注疏》本改。而'今月'至'丘隰水潦'注'戊之氣乘錯',出下文'精明'注'宮以之菊'下,今移正。"

卷七引高誘《吕氏春秋》注云:"太陽氣衰,太陰氣發,萬物雕傷。"《考證》云:"此蓋《吕覽》注也,而吕注'雕傷'作'肅然',《淮南》注同此。"

卷八引《禮記·月令》仲秋"日夜分,雷乃始收",《考證》云:"《注疏》本作'雷始收聲',《考文》云'雷'下有'乃'字,足利本同。《校勘記》云:'唐石經"始"作"乃",王引之云本作"雷乃始收",《初學記》、《周禮·韗人》疏可證,《淮南·時則篇》同。'與此正合。"

卷十引《禮記·月令》孟冬鄭玄注"日之行,冬北從黑道,閉藏萬物,月爲之佐時,萬物懷任於下,揆然萌芽也",《考證》云:"舊'揆'作'葵','芽'下有'之'字,今依《注疏》本改删。《注疏》本'冬'作'東',《考文》云足利本作'冬'。《校勘記》云:'觀上孟春注云"春東從青道",是其句法一例,諸本疑"冬"爲"東"誤而改之,謬矣。'"

卷十一杜台卿案語引《詩草木疏》"漁陽、代郡、上党皆饒",《考證》云:"舊'漁陽'作'鰒魚',今依《齊民要術》改。本書及《齊民要術》'代郡'作'遼東'。"

卷十二杜台卿案語引董仲舒言"河内人無何而見有人馬數千萬騎",《考證》云:"舊無'人無何而'四字及'騎'字,今依《御覽》、《事類賦》增。"⑱

諸如此類,在書中還有很多,不煩枚舉。依田利用的校勘成果,沒有被《古逸叢書》本所吸納,殊爲可惜。所以,今天閱讀使用《古逸叢書》本《玉燭寶典》的人們,還應對日本學者依田利用《玉燭寶典考證》等鈔校本給予適當地關注,以盡可能地減少文本訛誤,避免誤引誤用,避免重複勞動,提高效率。

①《隋書》,中華書局,1994 年,第 1421 頁。

②李慈銘《越縵堂日記·苟學齋日記》,廣陵書社,2004 年,第 11139 頁。

③參《説郛三種》,上海古籍出版社,1988 年,第 3220—3221 頁。

④〔日〕島田翰《古文舊書考》,《日本藏漢籍善本書志書目集成》第三冊,北京圖書館出版社,2003 年,第

175 頁。

⑤ 朱彝尊《曝書亭集》卷三十五《杜氏編珠補》序,《四部叢刊》本。

⑥ 李慈銘《越縵堂日記・荀學齋日記》,第 11139 頁。

⑦ 曾樸《補後漢藝文志並考》十卷,光緒二十一年(1895)家刻本。

⑧ 又島田翰稱別有一本,卷子裝,存第九,却佚卷第七後半。但諸家皆未見。參《古文舊書考》,《日本藏漢籍善本書志書目集成》第三冊,第 176—177 頁。

⑨ 尊經閣文庫位於今東京都目黑區駒場,其收藏以江户時代加賀藩主前田家舊藏爲基礎。

⑩ 林文月(女,1933 年—),自幼接受日本教育,後回到臺灣,畢業於臺灣大學中文系。1958 年(就讀碩士班期間)開始在臺大任教,1969 年時赴日本京都大學人文科學研究所就讀,1993 年從臺大退休,移居美國。

⑪ 今位於東京都千代田區,其藏書以江户時代德川氏楓山官庫、昌平阪學問所、原近江西大路藩主市橋長昭、豐後佐伯藩主毛利高標等舊藏爲基礎。

⑫ 案此本卷二與卷三有兩處大段錯簡。第三十二頁至第四十四頁卷二"降山陵不收"至卷末"此言不經,未足可采"爲卷三季春之語,當置於第四十七頁卷三"人多疾疫,時雨不"下。卷三"玄鳥至,至之日"至卷末"或當以此受名也"爲卷二仲春之語,當置於卷二小注"治獄貴知"下。

⑬ 寺田望南(1849—1929),名弘,別名盛業,字士弘,號望南、讀杜草堂。明治時期日本著名藏書家。

⑭ 以上所引部分,見《楊守敬全集》第十三冊,湖北人民出版社,1997 年。

⑮〔日〕森立之《經籍訪古志》,《日本藏漢籍善本書志書目集成》第一冊,北京圖書館出版社 2003 年,第 285 頁。

⑯ 參見福井保《依田利用の履歷》,古典研究會編《汲古》第 14 號,昭和 63 年(1988)12 月,汲古書院。山本岩《依田利用小伝》,《宇都宫大學教育學部紀要》第 1 部第 42 號,平成 4 年(1992)3 月,宇都宫大學教育學部。

⑰ 案此"舊本"即舊鈔卷子本。

⑱ 以上所引均引自依田利用《玉燭寶典考證》,日本專修大學藏本。

附記:本文原刊於《文獻》2009 年第 3 期,題目作《〈古逸叢書〉本〈玉燭寶典〉底本辨析》,感謝導師崔富章先生的教誨及對文章的修改,此次收入論文集,題目和行文略有改動。文章發表后,清華大學人文學院任勇勝發表《〈〈古逸叢書〉本〈玉燭寶典〉底本辨析〉獻疑》一文,提出不同意見。本人拜讀彼文之後,鑒於對《玉燭寶典》諸版本的校勘實證,故仍堅持原有觀點,不再專門撰文討論。讀者可參考《清華大學學報》(哲學社會科學版)2010 年第 S2 期,第 94—101 頁。

作者簡介:朱新林,山東大學(威海)文化傳播學院副教授

通訊地址:山東省威海市文化西路 180 號山東大學(威海)文化傳播學院　　郵編:264209

崔融作品考辨

過文英

　　本文所要討論的崔融（653—706），字安成，唐代齊州全節（今山東濟南）人，是高宗、武后時期的著名文人①，與杜審言、李嶠、蘇味道同爲文章四友，世稱“崔、李、蘇、杜”（《新唐書·杜審言傳》）。崔融“爲文華婉，當時未有輩者，朝廷大筆，多手敕委之”（《新唐書》本傳），李嶠稱其“詞麗揚班”（《授崔融著作郎制》），張説贊其文“如良金美玉，無施不可”（《舊唐書·楊炯傳》引）。由此不難看出崔融在初唐文壇上的聲譽和地位。崔融的詩也寫得相當出色，傅璇琮先生認爲崔融的《關山月》很能讓人聯想起李白詩來，但“現在一些文學史著作及唐詩選本對崔融詩却重視不夠，甚至没有一字論及，因此這裏特地提及，希望引起文學史家的注意”②。

　　關於崔融作品，《舊唐書·經籍志》著録“崔融集四十卷”，而《新唐書·藝文志》著録“崔融集六十卷”，鄭樵《通志》亦謂六十卷。崔融的作品大多散佚，流傳下來的僅有詩一卷（《全唐詩》卷六八），文四卷（《全唐文》卷二一七—二二〇）③。《全唐詩》、《全唐文》等書對於崔融作品的收録，既有重出互見，又有誤收、漏收，試加以甄別、補充。

《塞垣行》

　　《全唐詩》卷六八收録此詩，題下小注云：一作崔湜詩。同書所收崔湜詩三十八首，其中也有《塞垣行》，題下則注：一作崔融詩。

　　據兩唐書《崔仁師列傳》所附《崔湜列傳》，崔湜與崔融乃同時代人，主要生活於武后、中宗時期。“少以文詞稱”，先後依附武三思、上官昭容與安樂公主，在武后、中宗執政時期權傾一時，炙手可熱。

　　《唐人選唐詩·搜玉小集》④，崔湜名下即有《塞垣行》。《唐人選唐詩（十種）》，大多是代表唐詩發展中某一階段或某一流派的選本，而佚名的《搜玉小集》選“四傑”至沈宋等詩作，主要體現“初唐體”的風貌，編者爲唐代人，又熟悉初唐的詩歌創作，認爲《塞垣行》乃崔湜所作，較爲可信。又敦煌石窟卷子本《珠英學士集》⑤録崔湜詩九首，其中即有《塞垣行》，字句與《全唐詩》稍有差異，對照如下（括弧内爲寫本《珠英學士集》）：

　　疾風卷（度）溟海，萬里揚砂礫。仰望不見天，昏昏竟朝夕。

　　是時軍兩進，東拒復西敵。蔽山張旗鼓，間道潛鋒鏑。

　　精騎突曉圍，奇兵襲暗壁。十月邊塞寒（塞寒整），四山沍（冴）陰積。

　　雨雪雁（應）南飛，風塵景西迫。昔我事討論，未嘗怠經籍。

　　一朝棄筆硯，十年操矛戟。豈要（客邀）黄河誓，須勒燕然石（山在）。

　　可嗟牧羊臣，海上久爲客。

　　根據兩唐書和《唐會要》記載，武則天在聖曆二年（699）置控鶴府（後改爲奉宸府），令内寵張易之、張昌宗引文學之士于内殿修撰大型類書《三教珠英》，時稱"珠英學士"，其中即有崔湜⑥。在近三年的修書過程中，珠英學士們"日夕談論，賦詩聚會"（《舊唐書·徐堅傳》），崔融則集其所賦詩爲《珠英學士集》⑦。《珠英學士集》爲崔融所編撰，其言《塞垣行》作者爲崔湜，則是詩非崔融之作無疑。

《吴中好風景》

　　洛渚問吴潮，吴門想洛橋。夕烟楊柳岸，春水木蘭橈。

　　城邑南樓近，星辰北斗遥。無因生羽翼，輕舉託還飆。

　　此詩又見於《全唐詩》卷九二李乂詩中，題作《次蘇州》。詳考史籍，從宋代開始，對於此詩的作者即有兩種説法：一爲"崔融作《吴中好風景》"説，一爲"李乂作《次蘇州》"説。

　　就現存的文獻而言，對"洛渚問吴潮"一詩最早持"崔融説"的是《吴郡志》⑧和《吴都文粹》⑨。《吴郡志》爲南宋吴郡人范成大編撰，其書於卷四十九《紀詠》下列白居易兩首《吴中好風景》，後爲"崔融次韻"。稍後德佑間同是吴郡人的鄭虎臣，在其編撰的《吴都文粹》中，於卷十《吴中紀詠》下也列白居易兩首《吴中好風景》，第三首即爲"崔融次韻"。兩書的著録基本相同，字句稍有差異。范成大《吴郡志》收録白居易《吴中好風景》詩二首如下：

　　吴中好風景，八月如三月。水荇葉仍香，木蓮花未歇。海天微雨散，江郭纖塵滅。暑退衣服乾，潮生船舫活。兩衙漸多暇，亭午初無熱。騎吏語使君，正是遊時節。

　　吴中好風景，風景無朝暮。晚色萬家烟，秋聲八月樹。舟移弦管動，橋擁旌旗駐。改號齊雲樓，重開武丘路。況當豐熟歲，好是歡遊處。州民勸使君，且莫拋官去。

　　兩書的編撰者均稱"崔融次韻"，即認爲"洛渚問吴潮"一詩乃是次白居易《吴中好風景》之韻而作，後人稱此詩爲《吴中好風景》大概由此而來。但崔融次韻説存在重大疑點：

　　其一，由此詩次白居易詩韻可推斷，作者的生活年代必不早於白居易（772—846），或同時,或稍後。因而若此詩確爲崔融所作,則絕非武后時期崔融所作,而有可能出自晚唐崔融之手。

其二,仔細對照白居易詩和崔融詩,“次韻説”並不成立。所謂“次韻”,在詩歌創作上有嚴格規定,須按原詩之韻及其用韻的先後次序寫詩。崔融詩與現存白居易詩並不存在此種關係。

明代錢穀編撰的《吴都文粹續集》⑩卷二也載録了這首詩:

　　　洛渚問吴潮,吴門草色饒。晚烟楊柳岸,春水木蘭橈。

　　　城邑南溟近,星辰北斗遥。無因生羽翼,輕舉托還飆。

對照《吴郡志》和《吴都文粹》,字句略有差異,但基本相同。值得注意的是《吴都文粹續集》並未沿襲前人次韻之説,而是冠以“吴門”之題,很有可能編撰者已對次韻説産生了疑問。

“李乂作《次蘇州》”説始見於宋代的詩文總集《文苑英華》,後明代曹學佺所編《石倉歷代詩選》、清代康熙四十五年徐倬所編《全唐詩録》均于李乂名下録此詩,題作《次蘇州》。《佩文韻府》於卷三六“渚”字韻“韻藻·洛渚”下引“洛渚問吴潮,吴門想洛橋”;《駢字類編》卷五一也於山水門“洛”之“洛渚”下引同詩,兩書均署“李乂《次蘇州》”。

《文苑英華》所稱李乂,其生活年代稍後於崔融。兩唐書《李乂列傳》稱其“工屬文”,與其兄尚一、尚貞以文章自名,弟兄同爲一集,號《李氏花萼集》。李乂少年時即得到中書令薛元超的賞識,永隆二年(681)進士及第,長安年間,擢監察御史,遷中書舍人,修文館學士。睿宗時期,又任吏部侍郎,改黄門侍郎,中山郡公。開元初,轉紫微侍郎,不久任刑部尚書。蘇頲所作《李乂神道碑》稱李乂“調補潞州壺關,婺州武義尉”,若《次蘇州》確爲初唐李乂所作,則很可能作于其途經蘇州之時。

根據史籍記載,中唐時期也有一李乂,如元稹《元氏長慶集》卷五一《永福寺石壁法華經記》記載長慶四年杭州永福寺刻石法華經,捐錢者有當時的九位刺史,其中有杭州刺史白居易、越州刺史元稹及蘇州刺史李乂。明代盧熊所撰《蘇州府志》卷十八“牧守題名”列“李乂:長慶二年八月以御史丞爲蘇州刺史”。從兩書記載來看,李乂曾在長慶年間任蘇州刺史,因而也有可能作《次蘇州》詩。

就詩題意義而言,在古漢語中,“次”一般解釋爲短暫駐紮或停留,詩題“次蘇州”或可解釋爲在蘇州短暫停留,而根據《李乂神道碑》的描述,初唐李乂在上任途中有可能曾路經蘇州,若此,詩作則很有可能出自其手。

從以上分析來看,“洛渚問吴潮”一詩的作者不可能是初唐崔融,而極有可能是初唐時期的李乂。

《游東林寺》

此詩《全唐詩》未見著録。趙明誠《金石録》卷九："崔融題東林寺詩，正書，無姓名，元和十三年二月重刻。"陳思《寶刻叢編》卷十五引《復齋碑録》（五代時人作）："唐崔融《游東林寺》詩，正書，無姓名，元和十三年二月二十九日曾孫江州刺史能重刻。"宋代陳舜俞《廬山記》^⑪卷四載録了題爲崔融所作的《游東林寺》：

> 昨度匡山下，春鶯曉弄稀。今來溢水曲，秋雁晚行飛。
>
> 國有文皇召，人慚譎傳歸。回行過梵塔，歷覽遍吳畿。
>
> 杏樹栽時久，蓮花刻處□。南溪雨颯颯，東峴日輝輝。
>
> 瀑溜天童捧，香爐法衆圍。烟雲隨道路，駕鶴遠驂騑。
>
> 遠上靈儀肅，生玄談柄揮。一兹觀佛影，暫欲罷朝衣。

詩後注云："元和十三年二月二十九日，曾孫朝散大夫使持節江州諸軍事守江州刺史上柱國清河縣開國男賜紫金魚袋能再刊勒。"據《新唐書》本傳及同書《宰相世系表》，崔融子崔翹之第三子爲崔異，而崔異第四子即崔能。

此詩又見《永樂大典》^⑫卷六六九九《九江府十一·寺院》引《江州志》"太平興龍寺在虎溪，本晉東林寺。太元九年桓伊置。法師慧遠道場也。……《元一統志》：'東林禪寺，舊志載在州境。晉武帝太和十年建，唐號太平興龍寺，最爲廬山之古刹。寺有慧遠袈裟。'……（寺）有劉孝綽、孟浩然、李白、崔融、錢起、裴休、皇甫冉、杜荀鶴及樂天之詩。"《大典》所引字句與《廬山記》略有不同，《大典》首句作"昨度斤山下"，廬山又名匡山，《大典》本作"斤"似錯録宋本"匡"之諱字。第三句作"今來盆水曲"，按，"盆水"即"溢浦"，據《江州志》、《興地紀勝》記載，廬山在德化縣，縣西一里有溢浦，晉志作"盆"，隋作"溢"。《太平御覽》卷六五地部三〇"溢浦水"："《郡國志》曰：溢浦水，有人此處洗銅盆，忽水暴漲，乃失盆，遂投水取之。即見一龍銜盆。遂奮而出，故曰盆水也。""蓮花"一句所缺字，《大典》作"微"。

《詠寶劍》

> 寶劍出昆吾，龜龍夾采珠。五精初獻術，千户競淪都。
>
> 匣氣衝牛斗，山形轉轆轤。欲知天下貴，持此問風胡。

此詩《全唐詩》卷六八收爲崔融詩，而《太平御覽》卷三四四作梁崔鴻詩。逯欽立《先秦漢魏晉南北朝詩·北魏詩》據《太平御覽》録于崔鴻名下。有關崔鴻的事迹詳見於《魏書》卷六七、《北史》卷四四《崔光傳》，均稱其仕于魏朝，而崔鴻墓誌的發掘也印證了這一點：《臨淄北朝崔氏墓》^⑬題"魏故使持節鎮東將軍督青州諸軍事度支尚書青州刺史崔(鴻)文貞侯墓誌銘(孝昌二年九月十七日)",可見《太平御覽》"梁崔鴻"説有誤。據史籍記載,崔鴻與崔融同屬南祖崔氏房,"少好讀書,博綜經史",曾撰《十六國春秋》^⑭,但在現有的文獻中,尚未發現崔鴻的其他詩作。

　　《詠寶劍》一詩的作者究竟是誰?是否如《太平御覽》所稱爲崔鴻所作?考察唐代之前所修類書《北堂書鈔》,兵部寶劍類下並無"崔鴻《詠寶劍》詩"之語。在現存的史籍中,初唐時期徐堅所修的《初學記》最早著録了《詠寶劍》詩,《初學記》於卷二二劍第二下引《詠寶劍》詩全文,並題爲"崔融"所作。徐堅與崔融乃同時代人,且兩人共同參與了初唐時期的許多大型文學活動,如徐堅曾與崔融同撰《則天皇后實録》(《新唐書·藝文志》),又徐堅曾參與《三教珠英》的修撰(《舊唐書·徐堅列傳》),崔融則編與修者詩爲《珠英學士集》五卷。從兩人的交往來看,徐堅所言當不致誤。此詩後又爲唐佚名所編《搜玉小集》收録。《搜玉小集》收崔融詩三首:《西征軍行遇風》、《韋長史挽歌》及《詠寶劍》,於《詠寶劍》詩題下注:"向誤宋之問",似乎在唐代,關於此詩的作者還曾有所爭議,但並無崔鴻作的説法。唐代以後,此詩又不斷被收録,如南宋計有功所撰《唐詩紀事》卷八《崔融》引《詠劍》詩,明代陸時雍《唐詩鏡》卷二、清代類書《淵鑒類函》卷二二三"劍五"、《佩文韻府》卷七"胡"字韻"韻藻·風胡"條均引《詠寶劍》詩,署崔融。據此,大致可以推斷《詠寶劍》一詩當爲崔融所作。《太平御覽》、《先秦漢魏晋南北朝詩》言"崔鴻"有誤。

　　需要補充的是,對於詩歌本身的考察,也有助於我們確定《詠寶劍》詩的大概寫作年代。在此可以引用日本學者樋口泰裕的研究成果,在《北朝詩格律化趨勢及其進程》^⑮一文中,樋口泰裕爲探索北朝文人在詩歌創作上的聲律意識,從生活年代上把北朝的詩歌創作分爲四期,在列表分析第二期文人(生活在太和年間而東西晋分裂以前去世)所創作的詩歌時,他引用了《詠寶劍》一詩。通過分析認爲:"北魏第二期的文人在他們的詩歌創作上,具有較强的聲律意識。然而,或許由於意識不周、或許由於技術問題,還是没能避開鶴膝。"但《詠寶劍》詩則避開了鶴膝這一聲病,作者所體現的聲律意識與同時期的詩人相比,顯得更爲自覺、强烈。這一分析雖不能直接證明《詠寶劍》爲崔融所作,但也可以視爲佐證,因爲衆所周知,對於聲律技巧的運用,初唐詩人遠較北魏詩人嫻熟,《詠寶劍》詩作者對於聲律技巧的自覺運用,更似唐人。

《爲許智仁奏懷州黄河清表》

　　《全唐文》卷二一八于崔融文中收録了此表,但《文苑英華》却於此表題下署名爲太宗時崔融作。按《元和姓纂》卷六“安陸許氏”：“智仁，右屯田（衛）將軍，懷州刺史，許（孝）昌公。”《唐會要》卷八十亦稱“懷州刺史孝昌縣男許智仁”，兩唐書本傳未及懷州刺史，唯稱封孝昌縣公。《舊唐書》謂許智仁“貞觀中卒”。又表稱“臣以去歲得河內縣申雲，自太平邨已下三十餘里，河水變清”，“凉山立石，式昭靈命”。按《新唐書·五行志》記載，懷州河清是在貞觀十六年，凉州立石是在十七年，則此表應作於貞觀十七年。生活于武后時期的崔融，斷不可能作此表，疑爲太宗時崔融所作。

《賀秦州河清表》

《全唐文》卷二一八于崔融文中收録了此表，而《文苑英華》於題下亦署名太宗時崔融作。關於秦州河清一事，《新唐書·五行志》記載：“貞觀十四年二月，陝州、秦州河清。”此表或亦爲太宗時崔融所作。

《爲成魏州賀瑞雪慶雲日抱戴表》

《全唐文》卷六二六于吕温文中收録此表，而《文苑英華》卷五六一收此文則不署名，《吕衡州文集》也未收此文。吕温乃中唐時人，與柳宗元、劉禹錫等人有交往，吕温死後，柳宗元曾作《唐故衡州刺史東平吕君誄》、《祭吕衡州文》。勞格《讀全唐文劄記》（《讀書雜識》卷八）認爲此表爲《全唐文》卷六二六誤收，並非吕温所作，而疑爲崔融文，但未及“成魏州”其人。詳考有關史籍，中唐時代並無在魏州任職的成姓官員，而初唐則有魏州刺史成大辨。《楊炯集》卷七《唐贈荆州刺史成公神道碑》亦稱：“我〔大〕周叙洪范，作武成……制贈荆州刺史。……長子司衛少卿兼檢校魏州刺史大辨。”又崔融曾任魏州司功參軍，有《爲魏州成使君賀白狼表》。楊炯所言“魏州刺史（成）大辨”、崔融所言之“魏州成使君”以及表稱“成魏州”或爲同一人，則《爲成魏州賀瑞雪慶雲日抱戴表》很有可能出自武后崔融之手，而並非中唐吕温所作。

《唐朝新定詩體》

此書中國歷代書目未見著録，惟《日本國見在書目》⑯十“小學家”類著録有“《唐朝新定詩體》一卷”，不題撰者。《文鏡秘府論》東卷《二十九種對》提及“崔氏《新定詩格》”，又地卷《十體》引作“崔氏《新定詩體》”⑰，可見《詩格》、《詩體》即爲一書。今人推斷所言“崔氏”即崔融，如羅根澤《中國文學批評史》即持此説。而日人市河寬齋《半江暇筆》亦云：“我大同中，釋空海遊學于唐,獲崔融《新唐詩格》……等書而歸,後著作《文鏡秘府論》六卷"。

　　《唐朝新定詩體》原書已佚,僅一小部分散見於《文鏡秘府論》。在這一著作中,崔融總結前輩和時人的創作經驗,對於詩歌的聲律技巧,如聲韻、對仗、聲病等等進行了深入探討,如在上官儀"六對"基礎上提出"三對":切側對、雙聲側對、迭韻側對(《文鏡秘府論·東卷》引),指出繁説、不調、叢木、形迹、翻語、相濫等聲病,並以詩句爲例具體説明(《文鏡秘府論·西卷》引)。針對南朝詩歌聲色大開而性情漸隱的狀況,崔融還提出詩歌"十體":"一形似體,二質氣體,三情理體,四直置體,五雕藻體,六引帶體,七飛動體,八婉轉體,九清切體,十著華體。"(《文鏡秘府論·地卷》引)

　　綜上,《塞垣行》、《吳中好風景》並非崔融所作,爲《全唐詩》誤收。《游東林寺》爲《全唐詩》漏收。《詠寶劍》應爲崔融所作,而《太平御覽》、《先秦漢魏晋南北朝詩》誤收。《爲許智仁奏懷州黃河清表》、《賀秦州河清表》二表,疑爲太宗時崔融所作,而爲《全唐文》誤收。《全唐文》卷六二六署名爲吕温的《爲成魏州賀瑞雪慶雲日抱戴表》,則很可能出自崔融之手,而《全唐文》誤作吕温文。此外,《唐朝新定詩體》也應爲崔融所撰。

① 詳考有關史籍,唐代名爲崔融者,似乎有多位:一位生活于太宗時期,《文苑英華》于《爲許智仁奏懷州黃河清表》、《賀秦州河清表》下署爲太宗時崔融作。一位是本文所要討論的高宗、武后時期的著名文人,是文章四友之一。一位出崔氏清河小房,官至右司郎中(《新唐書·宰相世系表》)。《李沖墓誌銘》(《唐代墓誌彙編》)云:"(李沖)夫人清河崔氏,右司郎中融之第三女",所言當爲同一人。崔氏卒于天寶五年(747),則此崔融也生活于唐初。另一位是晚唐崔融,《全唐詩》卷八八七收其詩《題惠聚寺》,稱此崔融爲"乾寧中(894—898)吳郡人"。

② 《唐代詩人叢考·杜審言考》,中華書局,1980年。

③ 此外,王重民等《全唐詩外編·全唐詩補逸》收録崔融《太平興龍寺》、《寶名》,《唐文拾遺》收《荷華貼》,《唐文續拾》收《贈兵部尚書房忠公神道碑》,周紹良、趙超《唐代墓誌彙編續集》收録《薛元超墓誌銘》,陳尚君《全唐文補編》收《加相王封制》。

④ 《唐人選唐詩(十種)》,中華書局,1958年。

⑤ 《英藏敦煌文獻》第四卷,四川人民出版社,1991年;徐俊《敦煌詩集殘卷輯考》,中華書局,2000年。

⑥ 《唐會要》卷三六:"大足元年十一月十二日,麟臺監張昌宗撰《三教珠英》一千三百卷成,上之。初,聖曆中,以上《御覽》及《文思博要》等書,聚事多未周備,遂令張昌宗召李嶠、閻朝隱、徐彦伯、薛曜、員半千、魏知古、于季子、王無兢、沈佺期、王適、徐堅、尹元凱、張説、馬吉甫、元希聲、李處正、高備、劉知幾、房元陽、宋之問、崔湜、常元旦、楊齊哲、富嘉謨、蔣鳳等二十六人同撰。於舊書外,更加佛道二教,及親屬、姓名、方域等部。"

⑦《新唐書·藝文志》:"《珠英學士集》五卷,崔融集武后時修《三教珠英》學士李嶠、張説等詩。"宋晁公武《郡齋讀書志》卷二十載:"《珠英學士集》五卷。右唐武后朝詔武三思等修《三教珠英》一千三百卷,預修書者四十七人,崔融編集其所賦詩,各題爵里,以官班爲次,融爲之序。"

⑧范成大《吳郡志》五十卷,四庫全書·史部地理類。

⑨鄭虎臣《吳都文粹》九卷,四庫全書·集部總集類。

⑩錢穀《吳都文粹續集》五十六卷補遺二卷,四庫全書·集部總集類。

⑪羅振玉輯《吉石庵叢書二集》,影印日本内閣文庫藏古鈔宋刻五卷本。

⑫《永樂大典》,中華書局,1986 年。

⑬《考古學報》1984 年第 2 期。

⑭《唐代墓誌彙編續集·唐故崔公(穆)墓誌銘並序》:"祖鴻,宦至蘭臺,撰《十六國春秋》。"

⑮《社會科學戰綫》1996 年第 6 期。

⑯〔日〕籐原佐世撰,收於黎庶昌所輯《古逸叢書》。

⑰〔日〕弘法大師原撰、王利器校注《文鏡秘府論校注》,中國社會科學出版社,1983 年。

(原載《文獻》2006 年 4 月第 2 期)

作者簡介:過文英,浙江大學國際教育學院教師

通訊地址:浙江大學國際教育學院　　郵編:310023

《可洪音義》宋元時代流傳考

——以《磧砂藏》隨函音義爲中心

譚 翠

　　《新集藏經音義隨函録》①（以下簡稱《可洪音義》），是五代後晉僧人可洪編撰的一部大型佛經音義書。在該書中，可洪主要做了兩方面的工作：一是辨析佛經中的疑難俗字，標示讀音、闡明意義；二是對諸家音義進行商榷，提出己見。據該書卷末《施册入藏疏文》和《慶册疏文》可知，可洪前後花了十年時間纔完成這部巨著②，成書后不久即入藏。《通志·藝文略》、《佛祖統紀》、《宋史·藝文志》遞有著録。敦煌文獻發現以後，又有學者指出敦煌殘卷中亦存有數個《可洪音義》原本殘卷和摘抄殘卷③。據此，《可洪音義》在成書之後流傳甚廣且影響甚大。

　　然而自《宋史·藝文志》後，《可洪音義》便不見傳本，亦不見於後代其他公私書目。唯賴《高麗大藏經》纔得以保存至今。該書是否傳入宋代以及何時在中土亡佚，一直是學界關注的重要問題，前賢時彦多有論述。近日筆者翻閲《磧砂藏》時，在該藏隨函音義中發現若干《可洪音義》在當時流傳的綫索，現略作考證，以就教於方家。

一　前人關於《可洪音義》曾否傳入宋代的兩種觀點

　　《可洪音義》曾否傳入宋代，學界意見不一。總的説來，主要有以下兩種觀點：

　　（一）《可洪音義》未傳入宋代，主此説者爲日本學者妻木直良、池内宏、神尾弌春等人④。

　　他們认爲《可洪音義》成書以後未曾傳入宋代，而是徑直隨後晉割讓燕雲十六州進入契丹，然後作爲契丹藏所收之書傳到高麗。

　　（二）《可洪音義》傳入過宋代，主此説者有日本學者竺沙雅章、高田時雄和香港學者黄耀堃。

　　竺沙雅章根據麗藏本《可洪音義》中“敬”、“弘”、“殷”等宋初諱字采取闕筆以避諱的情况推斷，麗藏本當是宋代書寫乃至刊刻之物，否定了後晉到遼再到高麗這樣的傳承軌迹。他認爲《可洪音義》是宋代之後由宋傳遼，或是由宋直接傳入高麗⑤。

高田時雄從其説，也認爲《可洪音義》在宋初，可能是十世紀中葉，同今日之麗藏本毫厘不爽地付諸刊刻，然後一路西傳到敦煌，另一路從海上傳入高麗。他認爲這樣的流傳也是很自然的⑥。

黄耀堃亦力主"傳入宋代説"。他根據磧砂藏《雜寶藏經》和《陀羅尼雜集》的隨函音義引用了可洪的音釋，認爲這足以證明《可洪音義》一定曾傳入過宋代。另外，他在將磧砂藏《陀羅尼雜集》隨函音義所引"洪師"、"川師"、"舊音"、"郭氏音"與"可洪音義"作了比較後，認爲《磧砂藏》此部分隨函音義雖然與《可洪音義》相同很多，但似乎別有所據，與麗藏本不盡相同⑦。

從材料來看，後一種觀點更符合事實。

如上所言，敦煌文獻中存有數個《可洪音義》殘卷。學界一般認爲，敦煌藏經洞是在十一世紀初被封閉的⑧，而契丹藏的刊雕時代至今未有定論，尚不能證明是在遼聖宗朝（982—1031）雕印⑨，而且《可洪音義》是否傳到契丹還有很多疑點⑩。因此，《可洪音義》由契丹傳到高麗的觀點值得商榷，此説需要重新檢討。

而"傳入宋代説"中，雖然竺沙雅章和高田時雄的觀點均爲推測所得，但黄耀堃從《磧砂藏》隨函音義中找到了其間接引用《可洪音義》的證據，從而證明其書的確傳入過宋代，可惜所發現的用例甚少，僅發現數條隨函音義間接引用的例證。

二　《磧砂藏》隨函音義所引《可洪音義》考

最近筆者對《磧砂藏》隨函音義作了全面調查，又發現了若干與《可洪音義》有關的材料。這些材料集中在磧砂藏本《大寶積經》"龍"字函、"師"字函以及《大哀經》"發"字函隨函音義⑪，現條列如下：

（一）磧砂藏本《大寶積經》卷一（"龍一"）隨函音義

《磧砂藏》"龍一"隨函音義始"序"終"絶紉"條，凡六十一條，對應《可洪音義》卷二《大寶積經》序一的全部條目和序二的部分條目，未見相應的卷一經文的條目，其中"告，音谷"和"鍔，音鄂"兩個條目《可洪音義》未見，"絶紉，女振反"條《可洪音義》作"絶紐，女久反"。

查"告"和"鍔"出於《大寶積經》第二序的作者"唐朝議郎行河南府告成縣主簿徐鍔"，《磧砂藏》、《大正藏》、《中華大藏經》本正文皆同，又唐河南府有"告成縣"而無"谷城縣"，遍檢歷代字書"告"無"音谷"的讀音，此處隨函音義云"音谷"，殆以形近字之音誤注其字。

"絶紉"，《大寶積經》第二序原文有"勇振頹綱，嚴持絶紐"句，應即此二字所出，故"紉"當是"紐"字之誤；其作"女振反"者，蓋字頭形訛而音切亦訛也。

（二）磧砂藏本《大寶積經》卷二（"龍二"）隨函音義

《磧砂藏》"龍二"隨函音義起"罥綱"訖"閱邏"條，凡二十條，對應《可洪音義》卷二《大寶積經》卷二的全部條目，其中"禧寤"條《可洪音義》相應字頭作"禧寤"，查磧砂藏本經文原文正作"禧寤"，二者皆爲"覺寤"的俗寫形式，常互換⑫。

（三）磧砂藏本《大寶積經》卷三（"龍三"）隨函音義

《磧砂藏》"龍三"隨函音義起"慘然"訖"鉗椎"條，凡二十一條，對應《可洪音義》卷二《大寶積經》卷三的全部條目，其中"鉗椎"條與《可洪音義》對應條目略有不同。

"鉗椎，上巨廉反，下直追反"條《可洪音義》作"鉗推，上巨廉反，甲也，正作鉆；下直追反，正作椎"，查《磧砂藏》經文原文正作"鉗椎"，且"木"旁、"扌"旁常因形近而互混，故隨函音義摘抄此條時據改作此，且省略了"鉗"的説解內容。

（四）磧砂藏本《大寶積經》卷四（"龍四"）隨函音義

《磧砂藏》"龍四"隨函音義始"明穀"終"吃囉哪"條，凡二十三條，對應《可洪音義》卷二《大寶積經》卷四的所有條目，其中除"隝計"條下缺音切以及"磨蘁"條下缺"又音海"外，其他條目的內容及順序皆與《可洪音義》對應條目相同。

（五）磧砂藏本《大寶積經》卷五（"龍五"）隨函音義

《磧砂藏》"龍五"隨函音義始"暎奪"終"互相"條，凡七條，對應《可洪音義》卷二《大寶積經》卷五的所有條目，其中"醍醐，音提胡"條《可洪音義》作"醍醐，上徒兮反，下戶吾反"，二者儘管注音方式不同，但是切音相同，可以互注；又"親戚"條與"唐捐"條間存有空白，即"親戚"條所缺釋義，可據《可洪音義》進行增補。

（六）磧砂藏本《大寶積經》卷六（"龍六"）隨函音義

《磧砂藏》"龍六"隨函音義始"牟折"終"枳羅"條，凡二十四條，對應《可洪音義》卷二《大寶積經》卷六除最後一個條目"奴孽"外的所有條目，其中"莫企"條下"莫智反"，令人費解，查《可洪音義》該條音切爲"丘智反"，故"莫"當爲"丘"字之誤，應據改。

（七）磧砂藏本《大寶積經》卷八（"龍八"）隨函音義

《磧砂藏》"龍八"隨函音義存有《可洪音義》卷二《大寶積經》卷八"兆垓"至"錠光"間二十二個條目，"錠光"後"僉然"至"麞鹿"五個條目未見，其中"瘶瘡"條與《可洪音義》對應條目不同。

"瘶瘡"條下云："上郎叫反，舊注云'箭毒也'。"《可洪音義》該條作"上音藥，箭藥毒也，出應和尚音義，又郎叫、郎各二反"（59/590a）。考玄應《一切經音義》卷四《密迹金剛力士經》卷一音義："瘶瘡，翼灼反，藥有毒，有無毒者也。《三蒼》：'病消，瘶也。'"（56/882a）即《可洪音義》此條所本。據此，此處"舊注"蓋爲《可洪音義》。

（八）磧砂藏本《大寶積經》卷九（“龍九”）隨函音義

《磧砂藏》“龍九”隨函音義始“崎嶇”訖“刈色”條，凡十六條，對應《可洪音義》卷二《大寶積經》卷九的所有條目，其中“刈色，上牛，正作㚑，音翼吠”條《可洪音義》作“刈色，上牛吠反”。

查“刈色”二字應即出於《大寶積經》卷九經文“其道趣安，心不懷色，道化難調刈色聲香味細滑之法”句。丁福保《佛學大辭典》曰：“五欲，色聲香味觸也，能起人貪欲之心，故稱欲。”（第 1016—1017 頁）据此，“色聲香味細滑”皆爲佛教術語，在佛經中常作爲一個整體出現，原文中“刈”與“調”組成的並列動詞短語即修飾該組術語，而可洪截取“刈”和“色”二字作爲一個詞目，則割裂原文，顯然不妥。隨函音義摘抄該條時不僅因仍其誤，且注釋爲“上牛，正作㚑，音翼吠”，令人不知所云，應據改。

（九）磧砂藏本《大寶積經》卷一〇（“龍十”）隨函音義

《磧砂藏》“龍十”隨函音義始“自憙”訖“瘻種”條，凡二十五條，對應《可洪音義》卷二《大寶積經》卷一〇的所有條目，其中“和尼”條及“丘慈”條與《可洪音義》對應條目略有不同。

“和尼，音夷，又作和尼反”條，《可洪音義》對應字頭爲“和𡰪”，並注云：“音夷，又作𡰪。”考“𡰪”乃古文夷字。《説文·人部》：“𡰪，古文仁，或从尸。”段注：“按古文夷亦如此。”可證。故“和尼”條中“尼”分別爲“𡰪”、“𡰪”二字之誤，蓋由於形近二者亦爲“尼”之俗寫字，應據改。

又“丘慈”條下“按《西域記》云作屈，居勿反”，與《可洪音義》“丘慈”條相較，此處“屈”下脱“支”字，查《大唐西域記》“丘慈”作“屈支”[13]，應據《可洪音義》補正。

（十）磧砂藏本《大寶積經》卷一一（“師一”）隨函音義

《磧砂藏》“師一”隨函音義起“淳淑”訖“曾昫”條，凡二十條，其中“㲨車”條與《可洪音義》對應條目不同。

“㲨車，㲨，蠅職反，亦蕪草也”，《可洪音義》對應字頭作“㲨草”，並注云：“上古八反，稾也，稈也，正作秸也；《經音義》作黏，應和尚以秸替之，是也；又羊力反，非。”查《大寶積經》卷一一經文有“或現臥㲨草上，或臥土上”句，應即此二字所出，故“車”當爲“草”字之誤，應據改；切音“蠅職反”不誤也，慧琳《一切經音義》卷一二《大寶積經》第十一卷音義：“㲨草，蠅即反，《考聲》云：‘麥糠，㲨也。’”（T54，p0376a）可參；可洪此處注爲“古八反”者，非指“㲨”有此音，而是用來表明經文此處應以作“秸”爲是[14]，又《可洪音義》卷九《佛説菩薩本行經》第三卷音義：“草苔，古老、古八二反，禾稈也，正作稾、秸二形也；或㲨、秔二同，羊力反，麦苔、禾苔也，宜取秸呼也。”（59/852b）可參。

（十一）磧砂藏本《大寶積經》卷一五（“師五”）隨函音義

《磧砂藏》“師五”隨函音義起“鬱蒸”終“悷中”條，凡九條。其中“草扉”條及“悷中”條與

《可洪音義》對應條目略有不同。

“草屣”條,《可洪音義》作“革屣”,寫作“草屣”,《大寶積經》卷一五經文有“復次夢見如來革屣”句,應即此二字所出。據此,“草”當爲“革”字之誤,應據改。

又“懁中”條下“上如究反”,《可洪音義》作“上如充反”,《大寶積經》卷一五經文有“此菩薩以軟中上心”句,應即此二字所出;又“軟”字《廣韻·獮韻》亦音“而兖切”,故“究”當爲“充”字之誤,應據改。

（十二）磧砂藏本《大寶積經》卷一六（“師六”）隨函音義

《磧砂藏》“師六”隨函音義僅有“廢稽”一條,並注云:“福本上音發,下音啓,經意是發啓字。”《大寶積經》卷一六經文有“雖勤精進,數數廢稽”句,即此二字所出。《可洪音義》卷二《大寶積經》第十六卷音義亦出該條,原文作:“廢稽,上音發,下音啓,經意是發啓字。”(59/592a)故此處“福本”當即《可洪音義》。據《可洪音義》中《慶册疏文》記載,該書完成於後晉天福年間,於天福五年入藏,用年代簡稱某部著作或大藏經在佛教典籍中習見,如《至元法寶勘同總錄》簡稱“至元錄”,明代萬曆至清代順治年間刊造的大藏經簡稱“萬曆藏”等,皆可參。

通過以上分析比較,我們可以得出如下結論:

1.與《可洪音義》相比,上述隨函音義中有數卷的條目要略少〔參見校記（一）、（八）等〕,個別字頭及注釋用字的寫法亦略有不同〔參見校記（二）、（十六）〕,但各卷的條目順序與《可洪音義》完全一致,且説解内容亦大致相同,甚至連一些俗體的寫法也密合無間。

2.磧砂藏本隨函音義與《可洪音義》間存有的歧異,大多是由隨函音義的刊刻疏失造成的,且這些疏失多可據現行麗藏本逐一得到匡正。儘管其中還有少數幾處歧異是隨函音義作者在一定程度上表明己見〔參見校記（一）、（二）、（五）、（八）、（十）等〕,但其直接引自《可洪音義》且與現行麗藏本同出一源應無疑問。

3.磧砂藏本隨函音義直接或間接引用了《可洪音義》,且與現行麗藏本所據爲極其相似的底本,爲《可洪音義》曾在宋代流傳的觀點增加了新的證據,證明了《可洪音義》的確傳入過宋代。

此外,筆者在磧砂藏本《大哀經》卷二（“發四”）的隨函音義中亦發現這樣一條音義:“强濫,二字並非經理。洪師新音云作‘慷慨’,上苦朗反,下苦愛反,嘆息也,於義更乖;又應師云作‘聲欸’,上苦頂反,下苦愛反,出聲也,亦非其理;今且依應師音義,不知古之譯師意旨以何而用。”[15]此處“洪師新音”當即《可洪音義》,該條見於《可洪音義》卷三《大哀經》第二卷的音義中,原文作“嗔嚅,上苦浪反,正作慷、忼二形;下苦愛反,正作慨、愾、嘅三形;慷慨,大息也,謂大喘息聲也”,與磧砂藏本隨函音義所引略同,亦可證明該隨函音義的作者參考了當時正在流傳的《可洪音義》。

三　《可洪音義》在中土亡佚的時間及原因

　　根據上面的討論,可見《可洪音義》在《磧砂藏》刊版的時代應還在中土流傳,且與現行麗藏本所據爲同一底本。那麼《可洪音義》究竟是什麼時候在中土亡佚的呢？日本學者牧田諦亮曾根據《佛祖統紀》中將其卷數誤作四百八十卷[16],記載的入藏年月與實際相差一年的情況,推斷《統紀》作成之南宋咸淳年間,其已在中土失傳[17]。然而,本文依據的上述《磧砂藏》"龍"字函和"師"字函《大寶積經》以及"發"字函《大哀經》的刊刻時代似乎難以支持這種説法。請進而論證如下：

　　本文依據的《磧砂藏》經卷是二十世紀三十年代由上海影印宋版藏經會以陝西藏本爲底本,並配補其他版本藏經影印而成的《影印宋磧砂藏經》。該版本是一個補配本,所補頁次在首冊之二《補頁表》中詳細列出,本文所依據的數頁經卷均不在這些補頁的範圍内。

　　又據首冊之二葉恭綽所撰《磧砂延聖院小志》："兹所據之陝西開元、卧龍二寺遺本有爲元時印者,有爲明洪武二十三年印者,其建首之《大般若經》乃元至順三年吴興妙延寺依磧砂等藏復加校勘之本,其時僅後於磧砂藏告成九年,且前於管輦真吃剌施版三十一年,乃請印者即舍磧砂原版而用此,殆以其校訂精嚴有可取歟？"[18]可見,陝西藏本自身也是一個混合本,包括《磧砂藏》原本、元代吴興妙嚴寺本以及管主八主持刊刻的秘密部經版。其中《大般若波羅蜜多經》、《大寶積經》、《大般涅槃經》的部分大致上以妙嚴寺所刊爲主[19]。另據何梅考證,《磧砂藏》的版式分爲兩種：宋刻版式和元刻版式,且影印本《大般若經》、《大寶積經》、《大般涅槃經》所用本是湖州妙嚴寺本[20]。

　　另外,磧砂藏《大寶積經》卷一〇("龍十")末有願文題記云："湖州路妙嚴寺伏承大耆舊僧明淵生前施財栞造《大寶積經》一部,用廣流通。資至化以延洪,助法輪而益遠。然冀伽藍永固,祖道彌昌,恩有均霑,冤親等濟。泰定二年四月　日住持僧明秀謹題。"據該則題記,妙嚴寺版《大寶積經》的刊刻時間爲元泰定年間前後。該則題記的時間爲泰定二年(1325),而一般公認的《磧砂藏》刻峻時間爲至治二年(1322)[21]。該經刊刻的時間距《磧砂藏》刻峻僅三年,進一步驗證了葉氏關於妙嚴寺刊版"殆以其校訂精嚴有可取歟"而使得請印者舍磧砂本《大寶積經》原版而用妙嚴寺版的説法。

　　因此,據該則題記和版式以及黄耀堃、何梅等人關於磧砂藏本《大寶積經》部分以妙嚴寺所刊爲主的論斷,筆者認爲本文所引《大寶積經》部分屬於元代妙嚴寺本,而《大哀經》卷二則屬於磧砂藏的元刻本。

　　又磧砂藏《大般若波羅蜜多經》卷一("天一")末有"吴興妙嚴寺經坊"至順三年(1332)

題記："曩因《華嚴》板行於世,繼栞《涅槃》、《寶積》、《般若》等經,慮其文繁義廣,不無魯魚亥豕之訛,謹按大都弘法、南山普寧、思溪法寶、古閩東禪、磧砂延聖之大藏重複校讎已畢。"據此,妙嚴寺本經卷並不是機械地翻刻前代大藏經,而是將前代大藏經作爲參校本來使用。那麼《磧砂藏》保存的妙嚴寺本《大寶積經》卷末隨函音義究竟是沿襲上述幾部大藏經而來還是妙嚴寺本刊刻時附上的呢? 上揭題記提到的前代幾部大藏經,"大都弘法"當指金代收貯在弘法寺中的《趙城金藏》,即現今《中華大藏經》的主要底本,查本文所引《大寶積經》、《大哀經》數卷,《中華大藏經》皆以《趙城金藏》爲底本,卷末均未附有隨函音義,大體是因爲該藏係北宋官藏《開寶藏》的覆刻本,其藏卷末普遍不附隨函音義的緣故;"南山普寧、思溪法寶、古閩東禪、磧砂延聖"則指宋元時代在江南私刻的《普寧藏》、《資福藏》、《崇寧藏》和《磧砂藏》,這些大藏經卷末普遍附有隨函音義,但上述幾部藏經中《磧砂藏》的原版基本上已被妙嚴寺版所取代,剩下的三部藏經中只有《資福藏》國圖藏有一部缺六百多卷的全藏,其他兩部藏經的全藏均藏於日本的寺院和圖書館,現今筆者還無法得見,因此也無法將其卷末隨函音義與本文所引數卷磧砂藏本隨函音義相較,故該問題只能存疑待考。但是儘管如此,本文所引《大哀經》卷二隨函音義根據版式當屬《磧砂藏》的元刻本,該隨函音義的作者間接引用了《可洪音義》,或可證明其書至遲在元代還在中土流傳,故牧田氏關於《可洪音義》在南宋咸淳年間就已不傳的推斷還有待商榷。

　　總之,該問題的進一步鑒實,尚待來日經本實物的發現,予以證實。

　　又自宋初以來,《可洪音義》在中土如存如亡,其名稱僅見於少數幾部書目,其殘文剩義亦鮮見徵引於諸世俗和佛教文獻,因而《磧砂藏》隨函音義中存有如此集中和大規模的徵引《可洪音義》的現象,對於我們厘清其版本源流以及流傳經過無疑是很有價值的。至於《可洪音義》何以在中土亡佚,筆者推測可能由於以下幾個原因:一是它收錄的多爲佛經寫卷中的俗寫字而與後代刻本佛經的字形相差甚遠,人們覺得它實用價值不大;二是它不像有些音義專書那樣廣徵博引地釋義,它的觀點主要出自可洪的一家之言,可信度遭到質疑;三是它卷帙繁複且不利於檢索,使用起來比較麻煩。上述原因也僅僅是筆者的推測之辭,《可洪音義》在中土亡佚的時間以及真正的原因還有待於新材料的發現和進一步的探求思考。

參考文獻:

[1]中華大藏經,中華書局,1984—1997年。

[2]大正新修大藏經,〔日〕大正一切經刊行會1922—1933年版,新文豐出版有限公司,1996年。

[3]影印宋磧砂藏經,宋版藏經會,1936年。

[4]高田時雄《可洪〈隨函錄〉與行瑫〈隨函音疏〉》《敦煌·民族·語言》,中華書局,2005年。

[5]黃耀堃《磧砂藏隨函音義初探》,《音韵學論叢》,齊魯書社,2004 年。

[6]韓小荆《〈可洪音義〉研究——以文字爲中心》,浙江大學博士論文,2007 年。

①本文采用的是《中華大藏經》第 59、60 卷影印麗藏本《新集藏經音義隨函録》,括號中斜杠前面數字表示册數,後面數字表示頁碼,a、b、c 分别表示上、中、下三欄。

②後唐長興二年(931)至後晋天福五年(940)。

③許端容、張金泉、許建平、張涌泉諸先生相繼指出伯 2948、伯 3971、北 8722、斯 5508、斯 3553、斯 6189 和 дx11196 爲《可洪音義》殘卷,其中伯 3971、斯 5508、北 8722、斯 6189 是抄卷,伯 2948 是選抄,斯 3553 和 дx11196 是摘抄。上述統計引自韓小荆《〈可洪音義〉研究——以文字爲中心》,浙江大學 2007 年博士論文,第 2 頁。

④上述觀點轉引自高田時雄《可洪〈隨函録〉與行瑫〈隨函音疏〉》,〔日〕高田時雄著、鍾翀等譯《敦煌·民族·語言》,中華書局 2005 年版,第 400—404 頁。妻木直良觀點參見《契丹に於ける大藏經雕造の事實を論ず》,《東洋學報》第 2 卷第 3 號,第 335 頁。池内宏觀點參見《高麗朝の大藏經》,《東洋學報》第 14 卷第 1 號,第 115 頁。神尾弌春觀點參見《契丹佛教文化史考》,第一書房復刻本,第 84 頁。

⑤參見高田時雄《可洪〈隨函録〉與行瑫〈隨函音疏〉》;竺沙雅章觀點參見《契丹大藏經小考》,《内田吟風博士紀念東洋史論集》,同朋舍 1978 年版,第 311—329 頁。

⑥同上,第 403 頁。

⑦參見黃耀堃《磧砂藏隨函音義初探》,中國音韵學研究會、石家莊師範專科學校編《音韵論叢》,齊魯書社 2004 年版,第 255—257 頁。

⑧俄藏敦煌文獻 Ф.032 咸平五年(1002 年)的施入記是目前所知藏經洞出土文獻中最晚的年號,而此後有明確紀年的寫本迄今尚未發現,因此學界一般認爲藏經洞封存於十一世紀初葉。

⑨葉恭綽認爲契丹的雕印始興宗(1031—1045)訖道宗(1055—1064)。陳士强認爲始刻於興宗重熙(1032—1054)初年,完成於道宗清寧九年(1063)。閻文儒等根據山西應縣發現的契丹藏中的題記推測該藏始刻於遼聖宗統和二十一年(1003)間。以上觀點轉引自徐時儀《〈開寶藏〉和〈遼藏〉的傳承關係》,《宗教學研究》2006 年第 1 期,第 45—50 頁。

⑩參見高田時雄《可洪〈隨函録〉與行瑫〈隨函音疏〉》,第 403—404 頁。

⑪"龍"字函、"師"字函與"發"字函分别爲《影印宋磧砂藏經》第 73、74 册與第 102 册。

⑫參見韓小荆《〈可洪音義〉研究——以文字爲中心》,浙江大學 2007 年博士論文,第 9 頁。

⑬參見玄奘、辯机撰,季羨林等校注《大唐西域記校注》卷第一"屈支國"下注釋:"我國古代稱龜兹或丘兹、丘慈、屈茨等,均爲古代龜兹語 kutsi 的不同譯法。此處玄奘根據 kutsi 的梵文形式 kuci 譯作屈支。"中華書局,2000 年版,第 55 頁。

⑭參見韓小荆《〈可洪音義〉研究——以文字爲中心》,浙江大學 2007 年博士論文,第 34 頁。

⑮參見《影印宋磧砂藏經》第 102 册第 32 頁。

⑯《佛祖統紀》所載四百八十卷之説不誤，參見韓小荆《〈可洪音義〉研究——以文字爲中心》，第 2 頁。

⑰牧田諦亮觀點參見《五代宗教史研究》，平樂寺書店 1971 年版。

⑱參見《影印宋磧砂藏經》首册之二第 14 頁。

⑲參見黄耀堃《磧砂藏隨函音義初探》，他還指出不單陝西本如此，崇善本、大悲本、國圖本亦混入了妙嚴寺刊本。

⑳參見何梅《山西崇善寺藏〈磧砂藏〉本的價值》，《宗教學研究》1999 年第 1 期，第 61—69 頁。該文指出，二者的區别在於宋刻版式每册卷首、卷末經題下，只注千字文函號，而不注册次；元刻版式則加注册次。又前者版間小注依次記千字文函號、經名卷次、版次、刻工姓名，而後者則取消經名卷次，在千字文函號下加注册次。

㉑參見張新鷹《論〈磧砂藏〉讀后》，《文物》1986 年第 6 期，第 92—93 頁。該文指出《磧砂藏》刻峻時間一般爲依據南本《涅槃經》卷三十五錢氏妙慧願文時間來推斷的至治二年(1322)。

（原載《中國典籍與文化》2009 年第 3 期，收入本書有修訂）

作者簡介：譚翠，中華女子學院漢語國際教育系副教授

通訊地址：北京市朝陽區育慧東路 1 號中華女子學院漢語國際教育系　　郵編 100101

楊慎《俗言》成書考

付建榮

《俗言》一卷,明楊慎撰。楊慎,字用修,號升庵,四川新都人,生於明孝宗弘治元年(1488),卒于明世宗嘉靖三十八年(1559),《明史》有傳。《俗言》全書共收錄五十三個條目,是一部記錄和考訂方俗語詞的著作,向來爲漢語研究者所重視。許嘉璐編《傳統語言學辭典》"俗言解字"條:"訓詁書,又名《俗言》、《俗語》。明楊慎撰。"①何九盈《中國古代語言學史》第五章《元明語言學》:"《俗言解字》,條目不多,一共才五十二條。"②其實,這裏對書名及其關係、條目的介紹並不恰當,甚至還有錯誤,問題均由不明《俗言》的成書過程所致。因此,我們有必要對《俗言》的成書過程做初步探討。

一 《俗言》的傳刻及著録情況

《俗言》的版本共存八種,依據所收條目數量,大體可分兩個系統:其一是《升庵外集》系統版本,收錄五十三個條目,有明萬曆四十五年(1617)楊有仁刻《升庵外集》本,崇禎十一年(1638)重修《升庵外集》本,清道光甲辰(1844)影明版重刊《升庵外集》本。其二是《函海》系統版本,收錄五十二個條目,有清乾隆四十六年到四十七年(1781—1782)李調元萬卷樓刻《函海》本,清光緒七年到八年(1881—1882)廣漢鍾登甲樂道齋重刊《函海》本,光緒八年(1882)新都鄭寶琛鴻文堂刻《總纂升庵合集》本,民國二十四年到二十六年(1935—1937)王雲五編《叢書集成初編》本,1984年臺灣新文豐出版公司印行《叢書集成新編》本,此本據《叢書集成初編》本影印。

檢《明史·藝文志》、《明史·藝文志補編》、《明史·藝文志附編》均不著録《俗言》。明清兩代收録慎書爲之編目者計有如下幾家:慎卒六年(1565),其從子楊有仁編目,見於《續藏書》卷二十六③,收錄慎書一百一十七種,《俗言》不見著録;萬曆四十五年(1617),焦竑多方收集得慎書一百三十八種並依此編成《升庵外集》,書目見於《升庵外集》卷首附目④,《俗言》不見著録。萬曆四十六年(1618)焦竑重訂升庵書目,見於《玉堂叢語》卷一⑤,收錄慎書一百五十五種,《俗言》亦不見著録;萬曆季末,夔州府判何宇度再編升庵書目於蜀中,見於

《益部談資》卷中⑥，收録慎書一百四十種，《俗言》不見著録。清李調元編《升庵著述總目》，見於光緒本《函海》第十四函⑦，收慎書二百種，始見《俗言》著録。後嘉慶年間所修的《四川通志》、《新都縣誌》均著録"俗言一卷，楊慎撰"。上述七家編目，《俗言》見著始于李調元。明人不著録，清人著録，根據何在？

二　《俗言》只是"部類"之名

《俗言》一卷，最早見於焦竑所編《升庵外集》卷六十三。《明史·藝文志》著録爲："《升庵外集》一百卷，焦竑編次"，是書卷首有吳郡顧起元序和焦竑序各一篇。瑯琊焦竑稍晚于楊慎，他十分推崇升庵之學，曾托友訪求，購之數十年，得慎書一百三十八種，《升庵外集》據此編次而成。其編次的原因、原則、體例，詳見卷首顧起元序：

> （焦竑）生平讀其書而好之，凡所爲闕而弗傳者，廣爲搜輯，聚於帳中，以代飴枕已。乃虞部帙之浩繁，惜披覽之緯繣也，手自排續，匯爲内外二集。而觚析櫛比，外集尤多。異者疏之，同者合之，複者删之，互者仍之，疑者闕之，誤者正之。就一部之中，别之以類；就一類之内，辨之以目。巨細畢收，綱維不紊。

分析顧序，我們得如下兩個結論：

首先，《俗言》一卷，乃爲焦竑據慎書輯選條目編次而成。焦竑（1540—1620），字弱侯，號澹園，原籍山東日照。焦竑稍晚于楊慎，未能親聆楊氏教誨，但楊氏的著作與名望對他有深刻影響，自稱爲升庵後學，曾用時數十年之久收集升庵之書。《升庵外集·焦序》云："明興，博雅饒著述者，無如楊升庵先生。向讀墓文載其所書，百又九種，可謂富矣。嗣余所得，往往又出所知之外。蓋先生謫居無事，遇物成書，有不可以計者。余購之數十年，所睹記而已，則余所不及聞者，抑又多矣。顧其書多偏部短記，易於散秩。"可見，焦竑所得的慎書多是"偏部短記"，且"易於散秩"。《升庵外集·顧序》也有相同記載："顧其爲書，單部短牒，不下數十百種。世不恒見，即見之者，互存錯出，編貫爲難。往往有安石碎金之疑，仲深散錢之恨。"面對大量零散易失的著作，焦竑親手編排，做了兩項工作。首先，焦氏將所得的一百三十八種書分爲三大類，其分類的原則是"先生詩文勒爲正集；其所選輯批評，自爲一書者爲雜集；至所考證論議，總歸説部爲外集"⑧。焦氏所分外集書目共三十八種，以《丹鉛》諸録爲首，多是楊升庵的雜考筆記⑨。其次，焦氏打破外集諸書體例，排比各書内容條目，類編成集。三類書目當中，外集書目尤多，且各書多是"單部短牒"，條目之間又"互存錯出"。故凡諸書條目"異者疏之，同者合之，複者删之，互者仍之，疑者闕之，誤者正之"並且重新編排了體例。其體例編排的原則是"就一部之中，别之以類；就一類之内，辨之以目"。這就是《升庵外集》的編次過程,也就是《俗言》的編次過程。

從條目内容來看,《俗言》所收條目多與楊升庵其他雜考筆記條目互見。楊升庵一生創作宏富,其所著雜考筆記多以《丹鉛》爲名。《四庫全書總目提要》雜家類《丹鉛總録》解題:"慎博覽群書,喜爲雜著。計其生平所叙録不下二百餘種,其考證諸書異同者,則皆以《丹鉛》爲名。"[10]《丹鉛》諸録的内容非常博雜,代表着楊升庵考據學成就。《諸録》計有:《丹鉛餘録》、《丹鉛續録》、《丹鉛贅録》、《丹鉛别録》、《丹鉛閏録》、《丹鉛摘録》、《丹鉛總録》、《丹鉛要録》、《丹鉛附録》、《丹鉛輯録》、《丹鉛雜録》等。其中《丹鉛輯録》、《丹鉛雜録》爲後人所編,其他諸録均在楊慎生前所成。除《丹鉛餘録》、《丹鉛續録》、《丹鉛摘録》、《丹鉛總録》、《丹鉛雜録》今尚存,其他諸録已經亡佚。此外楊慎的另外兩部雜考筆記《譚苑醍醐》、《藝林伐山》以及《太史升庵全集》(後四十一卷)也與《俗言》條目存在互見關係。楊升庵的這些雜考筆記的成書時間均早於《俗言》的編次時間,故《俗言》條目無疑是采自其他雜考筆記的。

《俗言》一卷,共收録五十三條方俗語詞,其編次痕迹明顯。據筆者查閱,大部分條目能在楊升庵的其他雜考筆記中找到出處,詳見下表:

《俗言》條目	《俗言》條目所見諸書及卷數[11]			備注
俗字有本	《全集》卷六十三			
孫炎反切				未見
俗語反説	《丹餘》卷七	《丹總》卷二十二		
言有區蓋	《藝伐》卷十二			
底當	《丹餘》卷十四	《丹總》卷二十二		
利市	《全集》卷四十一			
掉搶				未見
拋塪	《全集》卷六十三	《丹總》卷十二	《丹餘》卷九	
撫塵	《全集》卷七十二			
拍張	《全集》卷六十八			
鈲觀	《全集》卷五十二	《藝伐》卷十		
磨鉛	《全集》卷六十三			
庫露	《藝伐》卷十	《通雅》卷三十四		
阿堵	《全集》卷七十一	《丹總》卷七	《丹續》卷三	
寧馨	《全集》卷七十一	《丹總》卷十五	《丹續》卷三	
乃淘	《轉注古音略》卷二			

續表

《俗言》條目	《俗言》條目所見諸書及卷數			備注
殺音廈	《全集》卷六十三			
呰				未見
重遠	《全集》卷六十二			
瓟瓰	《通雅》卷四十九			徵引
出舉興生				未見
謾諫	《藝伐》卷十七			
侏張				未見
搜牢				未見
附近	《全集》卷七十二	《丹總》卷二十七	《丹餘》卷十四	
窟咤	《丹總》卷十五			
子細	《全集》卷四十七	《藝伐》卷十九		
了蔦	《通雅》卷三十六			徵引
舞弄	《丹總》卷二十七	《丹餘》卷十四		
危險	《丹總》卷二十七	《丹餘》卷十四		
將牢	《丹總》卷九			
愒徒	《全集》卷四十八	《藝伐》卷九		
魠魠	《藝伐》卷十四			
舚字				未見
惺惺枕				未見
鼜濁蟲	《全集》卷六十三			
儚蚰	《藝匯》卷十七			徵引
殗殜				未見
蓮子	《丹總》卷二十七	《丹餘》卷十四		
思	《藝匯》卷十七			徵引
鮛	《通雅》卷四十九			徵引
耵聹	《通雅》卷四十九			徵引
牢愁	《通雅》卷四十九			徵引
乾艘	《通雅》卷四十九			徵引
伊優亞				未見

續表

《俗言》條目	《俗言》條目所見諸書及卷數			備注
跳出	《通雅》卷三十			徵引
盝風杯				未見
另日	《全集》卷七十五	《丹續》卷六	《譚苑》卷七	
萬歲夜	《全集》卷七十二	《丹總》卷十三		
籭薂	《全集》卷六十	《丹總》卷十九		
無賴				未見
緫綫	《丹總》卷十九	《丹續》卷十二		
鏡聽	《丹總》卷二十			

據筆者統計,共有三十二個條目可在《丹鉛》諸録及《藝林伐山》、《譚苑醍醐》、《太史升庵全集》中找到出處;共有九個條目爲明方以智《通雅》、清沈自南《藝林匯考》所徵引⑫,可知這些條目確爲楊慎所作;剩下的十二個條目未找到出處,這些條目蓋散存于楊升庵其他散佚的筆記當中。據明人簡紹芳《升庵先生年譜》記述:"至其生平著述,四百餘種,散佚頗多,學者恨未能睹其全。"今去萬曆年間已越四百多個春秋,在此期間楊升庵的著作散佚頗多,當年焦竑所收集到的《丹鉛》諸録散佚過半。究其原因,天災人禍是古籍散佚的普遍因素,但也與後人整理《丹鉛總録》、《太史升庵全集》、《升庵外集》有關。正如清人所言"門人梁佐襃合諸録爲一編,删除重複,定爲二十八類,名曰《總録》。是編出而諸録遂微。"⑬雖然《俗言》的部分條目現在我們已經無法找到其出處了,不無遺憾。但這些久佚的筆記條目却又依賴《俗言》得以傳世,實爲幸事。

綜上,《升庵外集》非慎原有之書,乃爲焦竑據楊慎原有之書的條目重新按類編次而成的一個集子,故《明史・藝文志》將其著録爲"焦竑編次"。《俗言》作爲《升庵外集》中的一卷,是焦竑編次的結果。顯然,距楊有仁及焦竑第一次編目時,《俗言》還未編次而成,故兩家編目均不可能著録它。

其次,《俗言》只是"部類"之名。今觀《升庵外集・目録》分:"天文二卷、地理五卷、宮室二卷、人物五卷、器用八卷、飲食一卷、經説十四卷、史説八卷、子説三卷、雜説三卷、文藝二卷、文事五卷、人事三卷、瑣語一卷、俗言一卷⑭、古文韻語一卷、古文略例一卷、騷賦一卷、詩品十二卷、古今風謡一卷、古今諺一卷、詞品六卷、字説七卷、書品一卷、動物三卷、植物三卷。"凡二十六類一百卷。通觀《升庵外集》體例,這裏"天文"、"地理"等二十六類就是顧序所言之"部"。再如人物五卷,分"官制"、"兵農"、"隱逸"、"養生"、"仙釋"、"婦女"六類,這六類即是顧序所言之"類"（"一部之中，別之以類"）。《俗言》只分一卷，因此有"部"無"類"，或謂"部""類"合一也可，統言之"部類"。《俗言》收錄的五十三個詞條條目，如"俗字有本"、"孫炎反切"、"俗語反說"、"言有區蓋"等，即是顧序所言之"目"（"就一類之內，辨之以目"）。可見《俗言》只是"部類"之名，並不是單獨的一部書名。所以，焦竑第二次編目及何宇度編目也都不著錄它。

三　《俗言》成爲書名自李調元輯刊《函海》始

李調元，字羹堂，號雨村，四川綿州人，乾隆癸未進士。李調元《函海·序》："新都博學鴻文，爲古來著書最富第一人，現行世者，除文集、詩集及《丹鉛總錄》而外，皆散佚不傳。故就所見已刻未刻者，但都足本，靡不收入。"[15]《清史列傳·李調元傳》："（調元）官通永道時，值四庫館開，每得善本，輒遺胥錄之，因輯自漢迄明，蜀人著述罕傳秘笈，匯刊之，名曰《函海》。"[16]《叢書集成初編目錄·叢書百部提要》云："李調元開雕《函海》，始於乾隆辛丑秋（1781），迄於壬寅冬（1782），初刻續刻各二十函。十一到十六專刻楊升庵未刻之書。"[17]《俗言》一卷，李調元將其列爲楊慎罕傳秘笈，並爲之撰序，收入《函海》中刻之，見於乾道本《函海》第十六函、光緒本《函海》第二十二函，卷首題"成都楊慎撰、瑯琊焦竑刊本"[18]。今觀其書，收錄詞目共五十二條，較之《升庵外集》本《俗言》僅少卷尾"鏡聽"一條，餘下條目順序、內容完全相同。《函海》本《俗言》實據《升庵外集》本重刻。

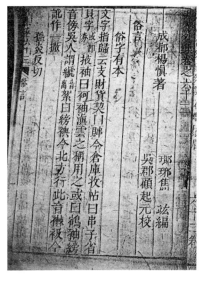

萬曆本《升庵外集》書影

光緒本《函海》書影

　　於是我們又産生了新問題：李調元難道不知《俗言》只是《升庵外集》中的一個"部類"之名？是何種原因使他將《俗言》單獨刻入《函海》叢書裏？帶着這些問題，我們先從李調元所作的《俗言·序》入手，尋找問題的突破口。兹將《函海》本《俗言·序》謄録於下：

　　　　《俗言》一卷，乃考訂俗語之原本經傳者，又記各書所載方言，注其出處。而《浙采遺書目録》云："未詳撰人姓氏"。今按焦竑所刻《升庵外集》有《俗言》相同，因附刻於後。《俗言》一本作《俗語》，未詳孰是。羅江李調元童山書。⑬

讀罷，我們發現李調元有個迷惑"《俗言》一本作《俗語》，未詳孰是"。今檢《俗語》一卷，不著撰人姓氏。《明史·藝文志·補編》、《欽定文獻通考·經籍考》均有著録。按《四庫全書總目·子部·雜家類·存目》有其小序，謂是書"録古今諺語及方言，標其原始……雖釋常言，而考證頗近於古"。是實與慎書相近。然序又稱其有考釋"大夫稱主"、封"郡君、縣君"之制、又論音韻，謂"北人以步爲布，爲方音之謬"等⑳，而《俗言》並無這些内容。清杜文瀾輯《古謡言》收録《俗語》一詞條云："陳忠上疏，稱語曰：'迎新千里，送故不出門。'"㉑蓋《俗語》以録古諺爲主，而《俗言》以釋俗語詞爲主，二書絕非一書，李調元實將二書混爲一書了。

　　李調元的迷惑是解決了，但李氏將《俗言》單獨刻入《函海》叢書的真正原因尚未解開。細檢《俗語》一卷，不著撰人姓氏，乃四庫初開館采遺之際，爲浙江省第五次范懋柱家呈送之書，原是浙江省寧波范氏天一閣藏書㉒。據《浙江省采進遺書總録簡目·浙江省第五次范懋柱家呈送書目》記載："《俗語》一卷，不著撰人姓氏，寫本。"㉓這與《俗言·序》的記載相一致。是書既爲寫本，彌足珍貴，本當剞劂。再細繹李序，李調元未睹《俗語》，單憑《浙采遺書目録》所著，竟將《俗言》與《俗語》相混。這在李氏看來，《俗言》就是一部書名，而且有單行本流傳於世，這個單行本子就是《浙采遺書目録》所著的寫本"《俗語》"，當然屬於剞劂的"罕傳秘笈"了。這應是李氏將《俗言》單獨"附刻"於《函海》叢書内的重要原因。李調元既將《俗言》刻入《函海》叢書，又將《俗言》編入《升庵著述總目》附刻於《函海》内，至此《俗言》由"部類"之名變爲一部專書之名。

　　《俗言》本屬《升庵外集》中的一卷，《函海》叢書刻之，始成一書，後世沿習以爲升庵專著。從編目看，嘉慶年間所修的《四川通志》、《新都縣誌》均著録爲："《俗言》一卷，新都楊慎撰。"清周中孚《鄭堂讀書記·補遺》卷二十五亦著録爲："《俗言》一卷，《函海》本，亦楊慎撰。"從傳刻看，光緒七年至八年，廣漢鍾登甲於樂道齋重刊《函海》，刻入《俗言》一卷，又將條目輯於卷首編目，配上李調元序，完然一書。光緒八年，鄭寶琛于鴻文堂刻《總纂升庵合集》二百四十卷，依據《函海》刻入《俗言》，卷端題名更爲"俗言解字"。

　　這就是《俗言》的成書過程。應該説《俗言》的成書是古籍編纂史上的一種特殊情況。

李調元將《俗言》刻入《函海》叢書，使升庵之書千古流傳，功不可沒。至於他的疏舛，我們是不能苛求的。

①許嘉璐編《傳統語言學辭典》，河北教育出版社，1990年，第416頁。

②何九盈《中國古代語言學史》（第3版），廣東教育出版社，1995年，第275頁

③李贄《續藏書》二十六卷，《續修四庫全書》，第0303册，影印明萬曆三十九年（1611）王惟儼刻本。

④焦竑編《升庵外集》一百卷，萬曆四十五年（1617）楊有仁刻本，内蒙古大學圖書館藏本。本文據此本引文，下文不復標出。

⑤竑《玉堂叢語》，中華書局，1997年，第28頁。

⑥何宇度《益部談資》三卷，文淵閣《四庫全書》本，第0592册，上海古籍出版社，1987年。

⑦李調元編《函海》四十函，清光緒七年到八年（1881—1882）廣漢鍾登甲樂道齋重刊《函海》本。

⑧見《升庵外集·焦序》。

⑨詳見《升庵外集》卷首附目。

⑩《欽定四庫全書總目》（整理本），中華書局，1997年，第1591頁。

⑪本表書名用簡稱，如《全集》指《太史升庵全集》。

⑫關於《俗言》條目被徵引的情況，限於篇幅僅舉如下一例：明方以智《通雅》卷四十九：“了蔦，魏明帝使公卿負土修凌雲台，公卿憔悴其面，了蔦其衣。了蔦本作了鳥，升庵謂其義鄙媟，男子之私也。”與《俗言·了鳥》條合。

⑬《欽定四庫全書總目》（整理本），第1591頁。

⑭古人常用“俗語”、“俗言”、“俗説”、“俗文”、“通俗文”、“俚語”、“常言”、“恒言”、“常語”等稱呼方俗語詞，《俗言》所釋詞語爲經傳中或其他雜書中的方俗語詞，有少量詞語是僅爲當時流行的通俗語詞，因而以“俗言”命名。

⑮李調元編《函海》四十函，第十一函，清乾隆四十六年到四十七年（1781—1782）李調元萬卷樓刻，清道光五年（1825）李朝夔補刊印本，内蒙古大學圖書館藏本。

⑯《清史列傳·李調元傳》，臺灣中華書局，1983年。

⑰《叢書集成初編目録》，上海古籍書店編印，第13頁。

⑱第十六函，版本同上。

⑲第十六函，版本同上。

⑳《欽定四庫全書總目》（整理本）。

㉑杜文瀾輯《古謡言》，中華書局，1958年，第1044頁。

㉒駱兆平編《新編天一閣書目》“天一閣遺存書目”篇不著録《俗語》，中華書局，1996年。《四庫全書存目叢書》編撰委員會編的《四庫全書存目叢書》亦未能收入《俗語》一書，齊魯書社，1995年。疑《俗語》一書可能亡佚了，抑或散入私賈手中。

㉓吳慰祖校訂《四庫采進書目》,商務印書館,1960 年,第 112、256 頁。

（原載《圖書館雜誌》2012 年第 3 期）

作者簡介:付建榮,内蒙古大學文學與新聞傳播學院講師

通訊地址:呼和浩特市玉泉區昭君路 24 號　郵編 100070

程瑶田晚年學術交遊考

金 玲

一 引言

　　清代著名經學家程瑶田(1725—1814),安徽歙縣人。選任江蘇嘉定縣教諭,在嘉定三年,政聲甚清,本地著名學者王鳴盛將他與曾爲嘉定知縣的清初名儒陸隴其相提並論:"官惟當湖陸,師則新安程。"後辭官鄉居著述,終年九十歲。他一生學術成績卓著,手訂刊行著作就有十九種,編成叢書《通藝録》。和他同時代的乾嘉樸學大師戴震議及程氏學問,自稱"遜其精密"①,可見其功力之深;後代學者也常常引用、評議程氏經説。程氏生年橫跨雍正、乾隆、嘉慶三朝,所遇極多,交遊面十分廣泛。程氏交遊範圍,僅《程瑶田全集》中記録的有迹可考的就有近一百人。可説是清中葉經學界的一個縮影。

　　程瑶田入泮之年在乾隆十三年(1748)秋,之後主要在家鄉歙縣從師問學。這段時間的交遊,第一類是進學前後和在徽州府學紫陽書院同學;第二類是江永和劉大櫆兩邊的同門師友。乾隆三十五年(1770)鄉試恩科中試後到乾隆五十三年(1788)大挑選任嘉定縣教諭期間,程瑶田一面準備會試,一面在直隸武邑縣和豐潤縣、湖北武昌、浙江杭州等地設館,與南北學者往來攻錯,眼界得以提升,學術水平突飛猛進。這段時間與學術直接相關的交遊主要是兩大類:第一類是他的同門戴震介紹的友人(揚州學者)。第二類是翁方綱詩境軒座上往來的金石同好。程氏中歲以前交遊詳情,本人已在拙文《清代徽州經學家互動的微觀圖景——以程瑶田禮學交遊爲中心》②中條述,兹不贅述。

　　乾隆五十六年(1791)秋,程氏從嘉定辭官,回到故鄉歙縣,主要致力於完成自己的著述叢集《通藝録》。程瑶田年壽甚高,親見舊雨雕零之事,正復不少;程氏晚年,學問趨於精純之境,可謂人文俱老。所以在嘉定時,就常有舊友子弟和後輩學人來從遊問業,追陪杖履。這一階段的交遊,第一類是阮元在浙江巡撫任上主持重修杭州孔廟、組織校經局整理十三經而招入幕府的學者。第二類是在京舊友和同鄉後進。

二　考述

1.杭州幕府：阮元、焦循、段玉裁

阮元還没有成進士入翰林院之前，就已經和程瑤田相識並商討學術問題。嘉慶四年（1799）十一月，阮元至杭州，任浙江巡撫；本年及次年，分别延請焦循、李鋭、臧庸、段玉裁來杭；嘉慶五年（1800）五月，阮元招程氏、孫星衍、段玉裁在西湖詁經精舍第一樓雅集③。嘉慶七年（1802）春，阮元擬重修杭州府學，校録禮器、樂器而考定之：

> 乙丑春，余在杭州鑄學宫之樂鐘，與程氏瑶田、李氏鋭共算其律，以定其範將爲黄鐘者。④

以程氏曾考論《考工記》鐘、磬、鼓三事，論倨句之法，徵至杭州諮詢，助鑄學宫樂鐘。

> 杭州府學久未修葺，兹乃帥屬倡捐，重作新之。校録禮器、樂器而考定之。以瑶田曾于《考工》所記鐘、磬、鼓三事，解説"間"字，論倨句之法，能正從來注家之誤，徵之來浙而下問之。……嘉慶七年七月己巳朔十月庚寅。歙程瑶田，時年七十有八。⑤

程瑤田與李鋭共算其律，以定其製作黄鐘之範：

> 嘉慶七年七月四日，中丞阮公召匠命鑄鎛鐘。……主鑄者曰："噫，蓋神助。……"余曰："然。我不敢知也。"元和李秀才尚之名鋭，通算學，依斤出度，試之而然，尚之之爲也。⑥

七月十五日成記，程氏推功于李鋭計算之精。同年阮元撰文記録此事：

> 嘉慶元年，元奉命視學浙江……越四年己未，來撫兹土，將有兵事于海上，未能鳩工。又三年壬戌，始事營造。……始三月甲申，迄八月乙巳工成。……復延歙縣孝廉方正程瑶田案禮圖鑄鎛鐘，琢石磬，造諸禮樂器。⑦

程氏作《杭州府文廟增鑄鎛鐘紀略》⑧。

杭州府學禮樂器考訂製作事務完畢以後，程瑤田動身返鄉。此前阮元大約與程氏在討論古人懸磬制度，查閲文獻而思有所得，致書程瑤田，稱古人懸磬以折處向人面。程氏此時已在富春江行舟之上，不克面見阮元辭行，答書謂歸後即補此條入《考工創物小記》：

> 據《國語》"籩篴蒙璆"句以解古人懸磬，當以折處鄉人面，此精義也。……瑶田歸即補此條于拙刻中也。瑶田行裝今日上船，晚潮後先令開行。詰朝肩輿至富陽登舟，不更趨轅拜辭。十五日戌刻瑶田謹白。⑨

嘉慶十二年（1806）五月後，十月前，阮氏來信繼續討論懸磬問題⑩。程瑤田作《奉答阮中丞

寄示李尚之鄭注磬圖又推論磬股直縣書》：

> 連奉鈞諭，并賜《曾子注釋》四卷，一切領悉。……瑶田自夏五抱疴數月……來諭
> 言十月入覲，巽命重申，指日間事。臨稟無任歡忭稱賀之至。⑪

阮氏來書與程氏答書在原集中皆無日期。按阮元在浙撫任上，曾于嘉慶八年六月覲京，嘉慶十年父卒解職歸里，其間十二年十月服闋覲京，署户部右侍郎。程氏答書所謂“十月入覲”，宜指嘉慶十二年覲京除新職，方符合“十月”及後文“歡忭稱賀”之語。又按李鋭《觀妙居日記》嘉慶十一年十月十九日條：“考定《考工記》鄭氏磬圖。”正合程氏答書中“今李君所製《圖説》，與瑶田正同。又蒙作書見寄以表章之”一語。顯然程氏須在嘉慶十一年十月後方得見李鋭考訂磬圖結果。再按阮元致王引之書云：

> 生治理葬事略畢……拙撰《曾子注釋》，出京後又有改動。因今年正月鳩工刻《雅
> 頌集》……因即以此稿付刻……《注釋》一本呈覽，初印不過三十本，概未送人，乞秘之，
> 勿示外人，緣將來改者尚多。⑫

此條爲程氏答書時所得阮元《曾子注釋》爲嘉慶十年初刻本之證，愈知此答書當在嘉慶十二年，非八年。

同年冬，程氏受其師江永之孫江錦波的托付，向阮元求爲江永《禮書綱目》作序，得阮氏所作《禮書綱目序》：

> 既而其孫錦波以易田孝廉與之友善，書來屬序。……嘉慶十有二年孟冬月，揚州
> 後學阮元序。⑬

故知《禮書綱目》單行本的問世是在江永身後很久的事，這書在學術圈内的影響也值得重新評估。

阮元身歷乾嘉文物鼎盛之時，主持風會數十年⑭，是乾嘉漢學後期的成果總結者和推動者。程瑶田和阮元交往的時候，年事已高，協助校定杭州文廟禮樂器之後就回到歙縣，也没能參與重校《十三經注疏》這樣在學術史上影響深遠的項目。不過，他在阮元幕府中來往的學者，多爲嘉慶、道光朝經學重要人物。例如下文提到的焦循和段玉裁。

焦循是阮元的族姊夫兼好友，他和程瑶田的交往，也是這一階段才頻繁起來的。乾隆六十年（1795），焦循致書孫星衍，批評袁枚提出考據概念，稱許程氏之學，將其與段玉裁、王念孫、錢大昕相提並論，以爲其學問自有體系，當直名“經學”，不宜提“考據”：

> 不知起自何人，强以“考據”名之，以爲不如著作之抒寫性靈。嗚乎！可謂不揣其
> 本而齊其末矣。本朝經學盛興在前，如顧亭林、萬充宗、胡朏明、閻潛丘。近世以來，在
> 吴有惠氏之學，在徽有江氏之學、戴氏之學，精之又精。則程易疇名于歙，段若膺名于
> 金壇，王懷祖父子名于高郵，錢竹汀叔侄名于嘉定，其自名一學，著書授受者不下數十

家,均异乎補苴掇拾者之所爲,是直當以"經學"名之,烏得以不典之稱之所謂"考據"者
混目于其間乎? ……乾隆乙卯三月二十日。⑮

焦循認爲程瑤田的學術取向是研究經書大義,所謂考據也只是經學研究的手段;同樣,當時
一流學者如錢大昕、段玉裁、王念孫等,也絕對不是爲經書打補丁的"考據"名家。焦氏此
論,洵爲程氏之知音。嘉慶七年(1802)七月,焦循應阮元之招,復來杭州,此時程瑤田正在
阮元幕府,協助阮氏考定禮樂器,因此二人得以相處。焦循以十日之功讀畢程氏《儀禮喪服
文足徵記》一書,嘆其精審,爲阮元代筆作《儀禮喪服文足徵記序》,列舉《足徵記》一書精髓
所在⑯。

嘉慶十三年(1808)程氏與焦循書,附《禹貢三江考》、《磬折古義》。焦氏答書稱揚程氏
不拘泥古人之見,並言阮元另一幕友汪萊計算所得,可爲程説之佐證:

> 秋間敬讀手書,并《三江》、《磬折》兩刻,俱極精妙。孝嬰之算,細心如毛,足見先生
> 所見之確。近時學者拘執古書,不敢置議,而究之于古人之言,不翅門外。……新得石
> 刻一種,爲五代淮南舊物,呈上二拓本,乞爲訂正之,或作一跋尾見寄。⑰

嘉慶十八年(1813)九月,程氏寄《倨句生于半圓周圖説》于焦循,焦氏答書稱《磬折古
義》諸篇已收入《里堂道聽録》:

> 九月之末,接讀尊大作《倨句生于半圓周圖説》,先生雖不專事算學,而妙悟入神,
> 自非算博士所能知也。台作《磬折》諸篇,自爲千古定論,循已録入《里堂道聽録》中。
> 大抵吳中之學,多守漢人傳注,而不知有研究經文之妙。惠半農《易説》中,頗有自得之
> 見。其子棟撰《周易述》,拘守馬、鄭、荀、虞之説,而于其父之所自得者,寧違而去之,則
> 其不敢顯斥康成之訛謬者,固風氣便然耳。⑱

焦循説"大抵吳中之學,多守漢人傳注,而不知有研究經文之妙",又批評惠棟治《易》,不出
漢儒園囿。焦循這種觀點,和程瑤田的觀點十分合拍:

> 治經不涵泳白文,而惟注之徇,雖漢之經師,一失其趣,即有豪厘千里之繆。⑲

從這些信件中我們可以看到當時學者學術旨趣的體現,乾嘉經學不但有遵奉漢儒傳注之學
的一面,也有超越漢儒傳注直接體會經文的努力。這種努力,經過嘉、道之際對前代學術的
沉澱以後,對後代"道咸以降之學新"的變化有推動作用。

段玉裁是程瑤田同門師兄戴震的學生,程、段二人的訂交,目前只有程氏與劉臺拱書札
可證。二人至少在程氏赴嘉定前已相識,惟未得相見。他們具體的結識時間是在什麼時
候? 就要從下文程瑤田和黃丕烈、顧廣圻的交遊來推求了。嘉慶二年(1797)二月十日,黃
丕烈以顧廣圻建議,因錢大昕之介,與顧廣圻同謁程氏,求書黃氏新居"學耕堂"匾額:

> 歙程易疇先生……平日著述甚富,其餘事所及,字體直逼唐人,往往于親友家見

之。余去夏移居王洗馬巷，思以舊宅"學耕堂"扁其新廬，而難其人。而塾師顧澗薲謂余曰：倘得程易疇先生書此最善，惜離此較遠，當遣人求之。後聞先生已應孝廉方正之舉，恐不在家，故計議未決。今兹二月十日，錢竹汀先生過舍，談及欲拜遠客。問何人，則曰易疇先生也。余欣喜欲狂，遂懇竹汀爲之先容，而余即偕澗薲往謁，拜求椽筆。先生允吾請，迅速揮之。

程氏回訪，又贈墨二梃，黃氏以所藏《吳都文粹》四册回禮：

并蒙下訪，以自製墨二梃爲贈，余因即取案頭《吳都文粹》四册報之。蓋先生所讀，曾無未見之書，而此書多言吾郡故事。先生還鄉之後，未知相會何年，展卷思之，或如在平江茂苑間也。……時在大清嘉慶二年二月望日，古吳後學黃丕烈識。⑳

據黃丕烈的記載，程瑤田嘉慶二年(1797)年初在蘇州。和段玉裁會面的結果，看來令程瑤田十分高興，可謂得償夙願，他寫信告訴他們共同的友人劉臺拱：

段君若膺數十年寢寐相思，不意其僑居于此，幸得覿面。登其堂，促席論難，匆遽之間，雖未能罄其底蘊，然偶舉一端，必令人心開目明，實事求是，誠今時不數數覯者。㉑

嘉慶五年(1800)段玉裁收到程瑤田給他的信件，其中極稱王念孫新成之《廣雅疏證》：

《廣雅疏證》收訖。程易田書來，極贊其書，弟亦以爲不朽之作也。㉒

嘉慶六年(1801)段氏向劉臺拱推薦程氏《儀禮喪服文足徵記》，説是不可不讀：

易田先生《喪服文足徵記》最精，足下曾否讀過？易田著述之最大者，不可不讀之書也。如未見，可急索之。㉓

顯然劉臺拱收信以後，也和段玉裁索要《足徵記》書稿來讀了。嘉慶七年(1802)段氏與劉臺拱又書，言《足徵記》已托阮元帶去，又閲《足徵記》中數篇，以爲程氏不無誤處：

所索易田書，已囑阮公便致。……目下閲《喪服篇》，偶有所見，易田不無誤處，今呈一篇。㉔

這和前文提到的焦循積極稱許《足徵記》的態度，形成了有趣的對比。但是，段玉裁曾經主持過《十三經注疏》校勘之事，至少是參與其間，而且在《儀禮注疏》上用過心力。焦循治經主要在《易》與《孟子》，並不以禮經名家。二者相較，我們寧可更相信段玉裁的判斷。此後段玉裁致書程瑤田，討論他所持看法和程氏有異的爲人後者爲兄弟服問題㉕，程氏也有答書分辨㉖；但是程瑤田的回信在《經韵樓集》和《儀禮喪服文足徵記》中，呈現的面貌並不相同。

2.同鄉後學：凌廷堪、洪頤

凌廷堪是程瑤田的歙縣同鄉，又是程氏早年金石學前輩翁方綱的學生，其治學又私淑戴震。乾隆四十九年(1784)，凌廷堪得與程瑤田好友汪中結交，汪中介紹天下通人數人，其中就有程瑤田㉗。此後凌廷堪得識程瑤田，程氏語以戴震學術始末：

> 東原先生卒後之六年，廷堪始游京師。洗馬大興翁覃溪先生授以戴氏遺書，讀而
> 好之。又數年，廷堪同縣程君易田復爲言先生爲學之始末。深惜與先生生并世而不獲
> 接先生之席也。㉘

程瑤田和凌廷堪相識是在什麽時間呢？凌廷堪有《題程易田先生讓堂話別圖》：

> 先生我舊識，講論夙所欽。京華屢請質，獎借兼規箴。片語啓扃鐍，恍聽成連琴。
> 一別將十年，歲月何駪駪。㉙

據詩中“京華屢請質，獎借兼規箴”、“一別將十年，歲月何駪駪”，又考程氏在京爲乾隆四十
九年到五十三年春，戴震逝後六年爲乾隆四十七年，則凌、程二人相識在乾隆五十至五十三
年之間，正合《戴東原先生事略狀》中“又數年”云云。

乾隆六十年(1795)，凌廷堪得授徽州鄰府寧國府的府學教授，時與程瑤田、金榜過從
論學：

> 春自杭州歸歙，到安省領憑赴寧國府學教授任。……屢同程易田、胡受毂、曹宮
> 保、金殿撰、方侍御諸鄉先生集會，討論學術。閏二月初九日，自歙由休寧往安省。㉚

凌氏《題程易田先生讓堂話別圖》一詩，描述的就是這段論學之事：

> 江戴既雲逝，存者程與金。修撰究鄭賈，他學旁不侵。廣文證名物，制度勤披尋。
> 著書號《通藝》，識到緣思沉。《考工》諸器數，洵足掩古今。㉛

嘉慶十一年(1806)凌廷堪致書程氏討論樂律及禮經數事，程瑤田非常同意他的看法㉜。

程瑤田的學生洪鈸，是他少年至交洪性鉝的兒子。早在乾隆五十年(1785)五月程氏館
於當時湖北布政使汪新家中之時，就來杭從遊受業㉝。乾隆六十年(1795)六月，洪鈸好程氏
時文，請付梓。程氏整理爲《非能編》，並自作序㉞。嘉慶四年(1799)十月，洪鈸請開雕《解字
小記》㉟，後又請梓行《釋草小記》㊱。相較程瑤田的幾位友人汪肇龍、劉臺拱、陳鱣、金榜等，
或者生前未曾留意整比著作，或者晚年無力刻書，或者身後子弟不能繼承，都來不及在生前
完整刊行手訂撰著；程瑤田在嘉慶八年(1803)就看到了他一生心血《通藝錄》大體編成問
世，和洪鈸、方軫㊲等弟子的推動和協助恐怕也是分不開的。

三　結論

本文整理了程瑤田晚年的交遊情況。可以看到，程瑤田藉由與阮元的交誼，延續了他
壯年時期與揚州學人論學的因緣。在乾嘉朴學興盛之際，阮元主持壇坫，海内尊爲泰山北
斗，其幕府中延攬的學者，堪稱一時之選。程瑤田雖然晚年精力就衰，没有趕上組織詁經精

舍、參與經局校勘《十三經注疏》等大事,但是他與阮氏幕府中焦循、段玉裁,以及通鄉後學凌廷堪的往復攻錯,有助於學問的愈求愈精,臻于化境。程瑤田唯一需要遺憾的,大約是他的學生没能够傳習光大其學術,不過他的學生能促成《通藝録》儘早刊行,已足告慰平生。

①戴震撰,趙玉新點校《戴震文集》卷三《再與盧侍講書》:"敝友程君易田……其讀書沈思核訂,比類推致,震遜其密。"《中國歷史文集叢刊》,中華書局,1980,第 61 頁。

②即將刊於合肥《學術界》,2016 年第八期。

③孫星衍《孫淵如先生全集·濟上停雲集》第一卷《阮中丞五月十二日招同程易疇瑤田段懋堂玉裁第一樓雅集》,《續修四庫全書》1477 册,上海古籍出版社,2002,第 528 頁。又按張紹南《孫淵如先生年譜》嘉慶五年條:"二月歸常州。旋受浙撫阮元招,主杭州詁經精舍。八月返金陵。"嘉慶六年條:"二月仍至杭州,四月旋里掃墓。"清光緒刻藕香零拾本。

④阮元《揅經室集·一集》卷五《鍾枚説》,鄧經元整理,中華書局,1993,第 117 頁。

⑤陳冠明等整理《程瑤田全集》第三册《樂器三事能言序》,《安徽古籍叢書》,黄山書社,2008,第487 頁。

⑥《程瑤田全集》第二册《考工創物小記·杭州文廟增鑄鎛鐘紀略》,第 265 頁。

⑦龔嘉俊修,李格纂《杭州府志》卷十四《學校一》小注有阮元《重修杭州府孔子廟記》,《中國地方志叢書》一九九册,臺北成文出版社,1974,第 436—437 頁。按是文阮元《揅經室集》、焦循《雕菰集》皆不載。

⑧《程瑤田全集》第二册《考工創物小記·杭州文廟增鑄鎛鐘紀略》,第 265 頁。

⑨《程瑤田全集》第二册《考工創物小記·答阮中丞論磬股端向人面書》,第 269 頁。

⑩《揅經室集》一集卷五《與程易疇孝廉方正論磬直縣書》,第 118 頁。

⑪《程瑤田全集》第二册《考工創物小記·奉答阮中丞寄示李尚之鄭注磬圖又推論磬股直縣書》,第282—283 頁。

⑫簡錦松整理《昭代經師手簡——清儒致高郵二王論學書·阮元〈致王引之書〉(一)》,臺北里仁書局,1999,第 233 頁。

⑬按此序未收入《揅經室集》,在江永《禮書綱目》嘉慶十五年鏤恩堂刻本卷首。

⑭《清史稿·阮元傳》:"身歷乾嘉文物鼎盛之時,主持風會數十年,海内學者奉爲山斗焉。"此説出于《疇人傳三編》卷三《國朝·阮元傳》:"論曰:竊嘗聞之,一代之興,必有耆麗魁壘之臣。若唐之燕、許,及崔文貞、權文公、李衛公,以經術文章主持風會,而其人又必聰明蚤達,兼享大年,其名位著述足以弁冕群材,其力尤足以提唱後學,若儀徵太傅,真其人哉。"

⑮焦循撰,劉建臻整理《焦循詩文集·雕菰集》卷十三《與孫淵如觀察論考據著作書》:廣陵書社,2009,第 620 頁。

⑯閔爾昌編《江都焦理堂先生年表》嘉慶七年條:"七月,以阮文達之招,復客武林,與程易田先生同處

數月。易田出所著《喪服足徵記》，先生以十日之力讀之，嘆其精審。嘗曰：著書不易，讀書亦不易。有《代阮撫軍作喪服足徵錄序》。"《北京圖書館藏珍本年譜叢刊》一二七冊，北京圖書館出版社，第41頁。

⑰《焦循詩文集・里堂札記・戊辰手札・答程易田先生》，第 657 頁。

⑱《焦循詩文集・里堂札記・癸酉手札・復程易田九月三十日》，第 683—684 頁。

⑲程瑤田《儀禮喪服文足徵記》程氏自序，清嘉慶年間歙縣讓堂家刻《通藝錄》本。

⑳黃丕烈《蕘圃藏書題識》卷十《吳都文粹鈔本跋》，屠友祥整理，上海遠東出版社，1999，第 799 頁。

㉑《劉端臨先生年譜》嘉慶二年條程瑤田來書，鄭曉霞、吳平整理《揚州學派年譜合刊》，廣陵書社，第 239 頁。又此手札據吳承仕記，爲陳垣舊藏。

㉒《劉端臨先生年譜》嘉慶五年條段玉裁來書，《揚州學派年譜合刊》，第 242 頁。

㉓《劉端臨先生年譜》嘉慶六年條段玉裁來書，《揚州學派年譜合刊》，第 246 頁。

㉔《劉端臨先生年譜》嘉慶七年條段玉裁來書，《揚州學派年譜合刊》，第 247 頁。

㉕按該問題金榜《禮箋》卷二《降其小宗》已有討論，程瑤田和段玉裁的意見都是針對金榜之説而生發出來的。對於此問題，拙文《清儒"爲人後者爲兄弟服降一等"説考論》（未刊稿）有論。段玉裁撰，鍾敬華校點《經韵樓集》卷二《爲人後者爲其昆弟降一等報》，《清代學者文集叢刊》，上海古籍出版社，2007，第 38—42 頁。

㉖《程瑤田全集》第一冊《儀禮喪服文足徵記・答段若膺大令論爲人後者服其本生親降一等書》，第 409 頁。

㉗張其錦編《凌次仲先生年譜》乾隆四十九年條："揚州汪容甫先生……于時流恒多否而少可；及與先生相見，辯論古今，深爲折服，手書一十六人姓名示之……歙舉人程易田瑤田、修撰金輔之榜……曰：此皆海内通人也……"《北京圖書館藏珍本年譜叢刊》一二〇冊，第 355 頁。按：此條得陳鴻森先生《錢坫年譜》提示，刊《中國經學》第九輯，廣西師範大學出版社，第 140 頁。

㉘凌廷堪撰，紀健生校點《凌廷堪全集》第三冊《校禮堂文集》卷三十五《戴東原先生事略狀》，《安徽古籍叢書》，黃山書社，2009，第 322 頁。

㉙《凌廷堪全集・校禮堂詩集》卷九《題程易田先生讓堂話別圖》，第 64—65 頁。

㉚張其錦編《凌次仲先生年譜》乾隆六十年條，《北京圖書館藏珍本年譜叢刊》一二〇冊，第 385、386 頁。

㉛見前注㉙。

㉜凌氏去信見《凌廷堪全集・校禮堂文集》卷二十五《與程易疇先生書丙寅》，第 221—222 頁。程氏答書附後，第 222—223 頁。

㉝《程瑤田全集》第一冊《論學外篇・杭州留別洪生受嘉贈言》："乾隆乙巳五月，故友洪秔原次子受嘉來杭州從余游。"第 105 頁。

㉞《程瑤田全集》第三冊《修辭餘鈔・非能編自叙》："洪生受嘉見而好之，請付開雕，乃掇拾若干

首。……乾隆六十年歲在乙卯夏六月望日甲午。"第 395 頁。

㉟《程瑤田全集》第二册《解字小記題識》："同人屢趣成書,先生以草創未定爲辭。……亟請開雕,而附
説之如此。嘉慶四年十月朔日,及門洪印綬謹識。"第 510 頁。

㊱《程瑤田全集》第三册《釋草小記·釋草小記題識》："先生《解字小記》中,有《果裸轉語》一種,……印
綬謁而問焉。先生因以録目見付……將授梓矣,而先生年來善病,以《轉語》卷帙繁重,令少遲緩,而
《釋草》已刻若干首,近復成十餘篇,并極精博。雖將來尚多附益,然亦可粗觀厥成。請付開雕……
及門洪印綬。"第 105 頁。

㊲《程瑤田全集》第二册《聲律小記·琴音記續篇》："方生巖夫至,出其書示之。生請叙而付之開
雕。……嘉慶戊辰十二月朔日戊辰,及門方軫謹奉命書之。"第 571 頁。

附記:本文是筆者博士學位論文《程瑤田〈儀禮喪服文足徵記〉再研究——以服叙問題爲中心》(廣州:
中山大學出版社,2016)第三章第三節的内容。程瑤田交遊廣泛,單篇論文難以涵蓋全貌,故筆者將其早年
交遊勒成一文,刊於《學術界》;其晚年部分亦獨立成文,以就正於各位讀者。欲見其全貌,宜二文合參。

作者簡介:金玲,浙江大學古籍研究所博士後

通訊地址:浙江大學西溪校區古籍研究所　　郵編 310028

浙江大學古籍研究所紀事
（2003—2013）

陳 葉

2003 年

1 月 11 日，舉行碩士研究生李梅（指導教師張涌泉）、王興水（指導教師王雲路）、楊思範（指導教師許建平）、徐真真（指導教師許建平）畢業論文答辯，論文題目分別是《〈敦煌吐魯番寫本〈文選〉研究——從語言文獻角度的考察》、《〈匡謬正俗〉試探》、《敦煌本〈莊子〉研究》、《敦煌本〈文選音〉殘卷研究》。

1 月 20 日，舉行碩士研究生李薇（指導教師祖慧）、吳立（指導教師方建新）畢業論文答辯，論文題目分別是《科舉制度下的宋代女性研究》、《宋代進奏院與政府信息傳遞》。

1 月，王雲路當選浙江省第十屆人大代表。

2 月 25 日，舉行碩士研究生查明昊（指導教師束景南）畢業論文答辯，論文題目是《唐代文學團體中的詩僧創作群體》。

2 月，張涌泉入選 2002 年度浙江省“新世紀 151 人才工程”重點資助培養人員。

3 月 3 日，古籍研究所研究生會成立。

3 月 17 日，碩士研究生朱大星和金春梅獲首屆浙江大學漢語史研究中心丁邦新獎學金。

3 月 24 日至 25 日，國家清史編纂委員會在北京召開文獻整理工作座談會，崔富章應邀出席會議，在分組會上就編纂委員會文獻工作組黃愛平教授擬定的“規劃”草稿暨未來的《清史·藝文志》的體例發表意見。

3 月 25 日，《姜亮夫全集》出版新聞發布暨學術研討會在杭州新世紀大酒店舉行。來自浙江省社會科學院、浙江大學、復旦大學等單位的四十多位來賓出席了會議。會議由浙江省社會科學院院長萬斌教授主持，《姜亮夫全集》主編、原杭州大學校長沈善洪教授，原杭州大學副校長金鏘教授，《姜亮夫全集》常務副主編、浙江省社會科學院姜昆武研究員等在會上高度評價了姜亮夫先生在學術上的傑出成就，並介紹了全集的編纂出版情況。張涌泉出席了會議,並在會上發言。

3月26日,張涌泉應邀參加了教育部語言文字信息管理司在北京組織召開的古漢字編碼工作研討會。

3月27日,張涌泉應邀參加在北京召開的中國文字學會常務理事會擴大會議。

4月15日,浙江大學文科大會舉行了"浙大學術精品文叢"首發儀式。"浙大學術精品文叢"由商務印書館出版,束景南《朱子大傳》入選首批出版著作。

5月23日至28日,本所和浙江大學漢語史研究中心、浙江省哲學社會科學規劃辦公室聯合召開了"姜亮夫、蔣禮鴻、郭在貽教授紀念會暨漢語史、敦煌學國際學術討論會"。會後,根據會議籌備委員會的決定,提交會議的近百篇論文通過匿名評審的方式選擇部分論文編成《漢語史學報》專輯(總第三輯)——《姜亮夫、蔣禮鴻、郭在貽先生紀念文集》,由上海教育出版社出版。

5月,《楚辭學文庫》由湖北教育出版社出版。崔富章任總主編的《楚辭學文庫》(《楚辭學研究叢書》)共計四卷五冊,即《楚辭集校集注》(上、下二冊)、《楚辭評論集覽》、《楚辭著作提要》、《楚辭學通典》,總字數八百二十一萬。

6月8日,舉行博士研究生曲愛香、魏彩霞、周瑾畢業論文答辯,論文題目分別是《孔孟荀的天人觀及其生態倫理》、《全球化時代中的儒學創新:杜維明的現代新儒學思想》、《多元文化視野中的身體——以早期中國身心思想爲中心》,指導教師束景南。

6月15日,舉行博士研究生周葦風、岳書法畢業論文答辯,論文題目分別是《楚辭發生學概論》、《〈楚辭〉與上古神話》,指導教師崔富章。

7月26日至27日,中國文字學會第二屆常務理事會第一次會議在合肥市安徽大學召開。張涌泉當選第二屆中國文字學會副會長。

7月,教育部發文公布第三屆中國高校人文社會科學研究優秀成果獎獲獎名單。張涌泉《漢語俗字叢考》獲二等獎,王雲路《漢魏六朝詩歌語言論稿》、龔延明《宋代官制辭典》獲三等獎。

束景南《論莊子哲學體系的骨架》由廣西師範大學出版社出版。

8月5日,舉行博士研究生何華珍、俞欣畢業論文答辯,論文題目分別是《日本漢字和詞彙研究》、《古代簡體字研究》,指導教師張涌泉。

8月24日至27日,本所和浙江大學宋學研究中心、杭州岳廟管理處、岳飛研究會共同舉辦的"紀念岳飛誕辰900周年暨宋學國際學術研討會"在杭州華北飯店召開。

8月,《雪泥鴻爪——浙江大學古籍研究所建所二十周年紀念論文集》由中華書局出版。

9月16日,張涌泉應教育部社政司邀請,參加了教育部人文社科重點研究基地北京大學中國古文獻研究中心的評估工作。

9月16日至19日，王雲路參加了在山東威海舉行的中國訓詁學會第六屆理事會第二次會議。

9月17日至19日，爲紀念王重民先生誕辰一百周年暨中國敦煌吐魯番學會成立二十周年而召開的"敦煌寫本研究、遺書修復及數字化國際研討會"在北京中國國家圖書館舉行。許建平參加研討會，並在大會上宣讀了論文《跋國家圖書館所藏敦煌〈詩經〉寫卷》。

9月，古漢語古文獻資料中心編目工作完成。浙江大學漢語史研究中心和古籍研究所共建的古漢語古文獻資料中心是1999年在原古籍研究所資料室和中文系古文獻資料室的基礎上合併而成的，擁有各類圖書六萬多册，藏書之富居全國同類機構前列。

本所出臺關於加强學術道德自律、嚴格學術規範的決定。鑒於學術界出現的一些學術風氣不正、學術道德失範現象，爲了抵制不良學風的侵蝕，繼續保持我所良好的學術聲譽，經本所全體教師討論，特作出加强學術道德自律、嚴格學術規範的決定，要求全所師生遵照執行。

王雲路《詞彙訓詁論稿》獲浙江省高校科研成果二等獎。

11月3日，中國歷史文獻研究會會長、華中師範大學歷史文獻所所長周國林教授應邀來本所講學，演講的題目是"《六經》次序及其有關問題"。

11月8日至10日，由教育部語言文字應用研究所等單位主辦、浙江教育學院承辦的第三屆全國語言文字應用學術研討會在杭州舉行。張涌泉、王雲路應邀參加會議，張涌泉作爲浙江省語言學會會長代表浙江省語言學會在開幕式上致辭。

11月9日，教育部語言文字信息管理司副司長、中國文字學會副會長王鐵琨研究員，安徽大學校長、中國文字學會會長黄德寬教授和教育部語言文字信息管理司司長、語用所所長李宇明教授應邀來本所講學，演講的題目分別是"《規範漢字表》研製的幾個問題"、"漫議古文字新發現與漢字發展史研究"和"搭建中華字元集大平臺"。

11月11日，《語言研究》主編、中國語言研究所所長尉遲治平教授應邀來本所作了題爲"《切韻》性質的新認識"的學術報告。

11月25日，束景南應邀赴韓國光州參加由全南大學哲學系主辦的"二十一世紀與君子精神"國際學術交流大會，在大會上作了"四書的升格運動與宋代四書學的興起"主題學術報告，並受邀參與全南大學哲學系的大型科研項目"朱子學研究"。

12月26日至30日，由浙江大學漢語史研究中心和中國社會科學院語言研究所聯合主辦的新世紀漢語史發展與展望國際研討會在杭州舉行。張涌泉、王雲路、史光輝在會上分別宣讀了論文《試用字形分析的方法判別敦煌卷子的真僞》、《詞語札記三則——兼談詞語構成類型的分析》、《從語言角度判定〈伅真陀羅所問如來三昧經〉非支讖所譯》。

崔富章《楚辭學文庫》和張涌泉論文《從語言文字的角度看敦煌文獻的價值》獲浙江省第十一屆哲學社會科學優秀成果一等獎。

龔延明《岳飛評傳》獲杭州市政府人文社科優秀成果著作一等獎。

2004 年

1 月，舉行碩士研究生劉佳琦、王杏林畢業論文答辯，論文題目分別是《豆蔻年華之文化意蘊》、《傷寒論寫本校正》，指導教師許建平。

2 月 13 至 17 日，王雲路應香港科技大學人文學院院長丁邦新教授邀請，參加在科技大學舉辦的中國語言學研討會，並應邀作了"談談詞組和短語成詞的主要類型"的學術報告。

4 月 23 日，教育部全國高校古籍整理研究工作委員會主任安平秋教授、秘書長楊忠教授及《中國典籍與文化》編輯部主任劉玉才博士一行來我所檢查指導工作，並與本所全體教師座談。

4 月 24 日，全國高校古籍整理研究工作委員會主任、北京大學教授、博士生導師安平秋先生，全國高校古籍整理研究工作委員會秘書長、北京大學教授、博士生導師楊忠先生應邀來本所作學術報告，演講的題目分別是"日本、美國存藏中國宋元版古籍概況"和"全國高校古籍整理研究現狀與展望"。

5 月 28 日至 31 日，王雲路參加由浙江大學漢語史中心與商務印書館聯合舉辦的第二屆中青年語言學者論壇，報告了論文《試說"鞭恥"》。

5 月 29 日，舉行博士研究生張小平（指導教師王雲路）、景盛軒、張小艷（指導教師張涌泉）畢業論文答辯，論文題目分別是《近代漢語反語駢詞研究——以〈元曲選〉爲中心》、《敦煌本〈大般涅槃經〉研究》、《敦煌書儀語言研究》。

6 月 3 日，舉行博士研究生江林、包麗虹（指導教師束景南）、崔濤（指導教師崔富章）畢業論文答辯，論文題目分別是《詩經與宗周禮樂文明》、《朱熹〈詩集傳〉的文獻學研究》、《董仲舒政治哲學發微》。

6 月 4 日，舉行博士研究生蔣金星畢業論文答辯，論文題目是《〈清代硃卷集成〉具有重要的文獻價值和學術價值》，指導教師龔延明。

6 月 6 日，舉行碩士研究生徐靜建畢業論文答辯，論文題目是《宋代士大夫婚姻選擇"門當戶對"的考察——以王旦家族及與之聯姻的家族爲主要對象》，指導教師方建新。

6 月 15 日，舉行博士研究生劉洋（指導教師崔富章）、蔡堂根（指導教師束景南）畢業論文答辯，論文題目分別是《闡釋與重構——〈韓非子〉研究新論》、《中國文化中的人神戀》。

6月21日至23日,王雲路參加由中國社科院主辦的"紀念吕叔湘先生百年誕辰國際學術研討會",報告的論文是《試説韻律與附加式雙音詞的形成》。

8月26日至9月4日,王雲路赴日本北海道大學,參加"日本學·敦煌學·漢文訓讀的新展開"學術會議,並作了題爲"試談韻律與附加式雙音詞的形成"的學術報告。期間,王雲路與方一新訪問了神户外國語大學、京都大學,拜會了佐藤晴彦教授、金文京教授、衣川賢次教授等海外學者,並應邀參觀了京都大學人文科學研究所資料中心。

9月,經所學術委員會討論決定,賈海生兼任所長助理,關長龍兼任研究生德育導師。

10月14日,臺灣淡江大學語獻所周彦文教授應邀來本所講學,演講的題目是"明清之際的書目及其與學術發展的對應關係"。

10月14日至18日,王雲路參加在廣西桂林召開的中國訓詁學研究會2004年度學術年會,報告了論文《韻律與某些雙音詞的形成》,並代表訓詁學會作大會總結兼致閉幕詞。

10月15日至17日,中國屈原學會第十屆年會暨楚辭學國際研討會在成都舉行,崔富章應邀出席,宣讀了論文《西村時彦對楚辭學的貢獻》,並主持大會學術討論。

11月20日,束景南應邀參加浙江省社科院主辦的陳亮國際學術研討會,發表了論文《關於陳亮生平若干問題新考》,並在大會上作主題報告。

12月21日,中國敦煌吐魯番學會副會長、上海師範大學特聘教授郝春文先生應邀爲古籍所、漢語史研究中心、中國古代史研究所的師生作了題爲"從衝突到相容——中古時期傳統社邑與佛教關係"的學術報告。

12月22日,浙江省敦煌學研究會和浙江省博物館、浙江大學古籍研究所在西子湖畔共同舉辦了"常書鴻先生誕辰100周年紀念會"。本次會議得到了浙江省社科聯、浙江省文化廳的大力支持。會議論文集《浙江與敦煌學——常書鴻先生誕辰一百周年紀念文集》後由浙江古籍出版社正式出版。

12月23日,王雲路《詞彙訓詁論稿》獲浙江省政府第十二屆哲學社會科學成果三等獎。

12月,束景南《朱子佚文輯録》獲全國優秀古籍整理一等獎。

束景南《朱熹年譜長編》獲中華文化優秀著作二等獎。

史光輝調往貴州師範大學中文系任教。

本所2004屆張小艷博士論文《敦煌書儀語言研究》(指導教師張涌泉)入選商務印書館2004年度語言學出版基金資助項目,將作爲《中國語言學文庫》之一種由商務印書館正式出版。

根據《浙江大學人文社科類研究所考核評估實施方案》(浙大發社科[2004]2號),浙江大學人文社科部自2004年10月中旬起,對全校人文社會科學研究所2001至2003年的業績情況進行了首輪考核評估。在被評估的六十四個研究所中，我所取得了總分 84.4 的好成績，在全校列第十二名，在人文學院二十三個研究所中與傳播研究所並列第一名。

2005 年

1 月 16 日，舉行博士研究生丁喜霞（指導教師王雲路）、葉貴良（指導教師張涌泉）畢業論文答辯，論文題目分別是《中古常用並列雙音詞的成詞和演變研究》、《敦煌道經詞彙研究》。

2 月，《中國人文社會科學博士碩士文庫》（續編）由浙江教育出版社出版，張涌泉博士論文《敦煌俗字研究》的第三、四章《試論敦煌俗字研究的意義》（約五萬字）作爲漢語言文字學方面的六篇論文之一入選。張涌泉 1994 年畢業於四川大學，導師是項楚先生，他的博士論文《敦煌俗字研究》1996 年由上海教育出版社出版，此前曾評獲教育部人文社科優秀成果一等獎。

3 月，舉行碩士研究生楊艷燕（指導教師許建平）、楊歡（指導教師祖慧）畢業論文答辯，論文題目分別是《朱彝尊〈經義考·論語〉研究》、《北宋嘉祐二年進士榜研究》。

4 月 8 日，臺灣浙江經學家遺迹考察團一行九人與本所部分教師舉行了座談。座談會由張涌泉主持，崔富章、吳土法、許建平、關長龍、賈海生以及哲學系董平教授、漢語史中心陳東輝副教授作了發言。

臺灣"中研院"中國文哲研究所研究員林慶彰先生應邀來本所作了題爲"經學與文學的關涉"的學術報告。

4 月 15 日，中華書局編審、浙江大學兼職教授、中國敦煌吐魯番學會秘書長柴劍虹先生應邀來本所作了題爲"莫高窟藏經洞文獻與敦煌歷史文化"的學術報告。

4 月，省教育廳公布了浙江省第五批高等院校重點學科名單。浙江本次省高校重點學科資助類別分 A 類、B 類二個層次。本所中國古典文獻學再次被評爲 A 類省重點學科。

5 月 18 日，日本早稻田大學社會科學部笹原宏之助教授來我所訪問，並爲本所師生作了關於中日漢字交流的學術演講。

5 月 28 日，舉行博士研究生黃明光、毛曉陽、沈小仙畢業論文答辯，論文題目分別是《明代科舉制度研究》、《清代江西進士叢考》、《古代官名的語言研究》，指導教師龔延明。

5 月 29 日至 6 月 3 日，賈海生應臺灣淡江大學漢語文化暨文獻資源研究所邀請，赴臺灣淡江大學參加第八屆東亞漢學學術研討會，並發表論文《克商之年儀式典禮所用文書考》。

5 月 31 日，舉行博士研究生張玖青、李桂生、楊玲、姚誠畢業論文答辯，論文題目分別是《楊萬里思想研究》、《先秦兵家研究》、《先秦法家思想比較研究——以〈管子〉、〈韓非子〉、〈商君書〉爲中心》、《魯迅與自然主義》，指導教師束景南。

6月2日，舉行博士研究生朱大星(指導教師張涌泉)、胡曉華(指導教師王雲路)、郭穎(指導教師王雲路)畢業論文答辯，論文題目分別是《敦煌本〈老子〉研究》、《郭璞注釋語言詞彙研究》、《〈諸病源候論〉詞語研究》。畢業後，朱大星留所任教。

6月4日，舉行博士研究生盛會蓮畢業論文答辯，論文題目是《唐五代社會救助研究》，指導教師方建新、張涌泉。

6月28日，舉行博士研究生余全介畢業論文答辯，論文題目是《秦漢政治與儒生——兩百年政治風雲與儒學獨尊》，指導教師束景南。

7月10至12日，張涌泉參加在河北大學召開的中國文字學會第三屆學術年會，並發表論文《校勘在大型字典編纂中的作用例釋》。

7月25日至26日，方建新應邀出席了由河北大學宋史研究中心、韓國外國語大學歷史文化研究所共同舉辦的“宋遼夏金元史”學術研討會，並發表論文《宋代圖書展覽會——曝書會考略》。

8月1日至4日，龔延明應邀參加了“科舉制度廢除百年”國際學術研討會，並發表論文《清代科舉八股文評判標準》(與高明揚合作)。

8月27日至29日，方建新應邀參加杭州市社科院召開的《南宋史研究叢書》編纂工作會議，並被聘爲杭州市社科院南宋史研究中心副主任，擔任《南宋史研究叢書》執行主編。

8月，學校任命王雲路爲人文學院副院長。

9月，關長龍作爲高級訪問學者赴美國哈佛大學燕京學社進行爲期一年的訪問。

10月12日至14日，《孫詒讓全集》編纂工作委員會第三次工作會議在杭州柳鶯賓館召開。《孫詒讓全集》副主編王雲路參加了會議，並具體負責會議的日程安排及會務工作。《孫詒讓全集》編委會顧問雪克教授及《孫詒讓全集》工作委員會委員張涌泉也出席了會議。

10月15日至17日，張涌泉、王雲路參加由中國訓詁學研究會主辦，杭州師範學院語言研究所暨漢語言文字學學科承辦的“紀念《周禮正義》出版百年暨陸宗達先生百年誕辰”學術研討會，並分別發表了論文《“覒”字今義辨正——兼論〈廣韻〉等韻書録存異説之例》、《中古漢語研究領域的先驅者——以〈札迻〉爲例談孫詒讓的中古文獻研究》。王雲路還主持了大會閉幕式，並作了會議總結。會議期間，中國訓詁學研究會召開了第七屆理事會第一次會議，王雲路再次當選爲中國訓詁學理事會常務理事和副會長，張涌泉再次當選爲理事。

10月17日，復旦大學裘錫圭教授應邀來本所作了題爲“簡牘文化在漢語中的遺迹”的學術報告。

10月17日至20日，由浙江大學漢語史中心舉辦的“新世紀漢語研究暨浙江語言學研究回顧與前瞻”國際高級論壇在杭州玉皇山莊舉行，張涌泉、王雲路應邀參加並主持了論壇。

10 月 20 日至 26 日，王雲路參加了美國哥倫比亞大學東亞系召開的第二屆漢語史研究和漢語教學國際學術研討會，並發表論文《試談韻律與某些雙音詞的形成》。

10 月 21 日，爲紀念我國博士後制度建立二十周年，全國優秀博士後表彰大會在人民大會堂舉行，張涌泉榮獲中國優秀博士後榮譽稱號。

10 月 26 日至 11 月 9 日，張涌泉應美國密歇根州立大學亞洲研究中心的邀請赴美訪問，並爲密歇根州立大學師生作了題爲“燦爛的敦煌歷史文化”的學術演講。

10 月，浙江省首批“特級專家”評選結果揭曉，張涌泉、崔富章被評爲“浙江省特級專家”。

11 月 3 日至 7 日，王雲路應邀參加由安徽師範大學文學院舉辦的第五屆中古漢語國際學術研討會，并發表了論文《論語法結構在語義分析中的作用》。

11 月 5 日至 6 日，紀念清華國學研究院成立八十周年、新加坡國立大學建校一百周年首屆中國經學學術研討會在清華大學舉行，賈海生應邀參加了大會，並發表論文《祝嘏、銘文與頌歌——以文辭飾禮的綜合考察》。

11 月 13 日至 15 日，由北京大學中國古文獻研究中心、復旦大學古籍研究所、華東師範大學古籍研究所主辦，上海圖書館、上海古籍出版社協辦的“中國古典文獻學及中國學術的總體發展暨紀念顧廷龍先生誕辰 101 周年”國際學術研討會在上海華東師大學術交流中心舉行，崔富章應邀參加會議，並發表論文《四庫全書總目校記平議》。

12 月 2 日至 5 日，張涌泉、王雲路作爲《古漢語研究》編委參加了在湖南師範大學召開的第三屆《古漢語研究》編委會。

12 月 6 日至 9 日，王雲路赴北京參加中國民主同盟第九屆中央委員會第四次全會，被增選爲第九屆民盟中央委員。

12 月 30 日，祖慧晋升爲教授。

12 月，王雲路赴美國哈佛大學東亞系進行爲期三個月的學術交流和訪問，期間還應邀到賓夕法尼亞大學、威斯康星大學、加州大學聖塔巴巴拉分校和哈佛大學東亞系作學術演講，並與上述大學以及加州大學伯克利分校的學者進行了學術交流。

許建平《敦煌文獻叢考》由中華書局出版。爲總結研究成果，發揚學科優勢，擴大與國内外的學術交流，本所決定編輯、出版中國古典文獻學研究系列叢書。該套叢書全部由本所教師撰著，由中華書局、商務印書館逐步推出。《敦煌文獻叢考》爲叢書的第一本。

2006 年

1月19日,舉行博士研究生陳長文畢業論文答辯,論文題目是《明代進士登科録研究》,指導教師龔延明。

2月16日,舉行碩士研究生周佳畢業論文答辯,論文題目是《科舉背景下的北宋宗室境遇變遷》,指導教師祖慧。

2月23日,舉行碩士研究生曾波畢業論文答辯,論文題目是《敦煌寫卷〈諸雜推五姓陰陽等宅圖經〉"五姓"研究》,指導教師許建平。

2月25日,舉行博士研究生查明昊畢業論文答辨,論文題目是《轉型中的唐五代詩僧群體》,指導教師束景南。

3月2日,舉行碩士研究生何瑩畢業論文答辯,論文題目是《西漢宗廟制度研究》,指導教師吳土法。

3月20日至24日,崔富章應邀參加"《詩經》發祥地考察和研討"國際會議。

3月28日至30日,王雲路參加在紹興文理學院舉辦的"新時期漢語發展國際學術研討會暨浙江省語言學年會",並作了題爲"論漢語辭彙的核心義"的大會報告。

3月,經專家評審,教育部批准,張涌泉兼任復旦大學長江學者特聘教授,但人事、工資關係仍在浙江大學,其在浙江大學的教學、科研、工作任務不變。

王雲路、方一新《中古漢語讀本》修訂本由上海教育出版社出版。

4月,龔延明《中國古代職官科舉研究》由中華書局出版。

5月9日,學校任命王雲路爲學校特約監察員。

5月12日,王雲路应邀到紹興文理學院"人文大講堂"演講,題目是"傳統文化與現代人文精神"。

5月15日,束景南應邀赴香港參加"朱子學與四書詮釋學"國際學術研討會。

5月29日,舉行博士研究生呼叙利、張凡畢業論文答辯,論文題目分別是《〈魏書〉複音同義詞研究》、《魏晋南北朝志怪小説同義詞研究》,指導教師王雲路。

5月30日,舉行博士研究生葛繼勇畢業論文答辯,論文題目是《〈續日本紀〉所載赴日唐人研究》,指導教師張涌泉、王勇。

5月31日,舉行碩士研究生黄婷畢業論文答辯,論文題目是《〈藝文類聚〉引〈詩經〉考》,指導教師許建平。

6月1日,舉行博士研究生郭麗畢業論文答辯,論文題目是《〈管子〉文獻學研究》,指導教師崔富章。

6月2日至4日,關長龍應邀參加哈佛燕京學社首屆國際學術研討會。

6月4日,舉行碩士研究生何平曼、王騫畢業論文答辯,論文題目分別是《宋代營選科舉考試環境探論》、《宋代中文奏名研究》,指導教師祖慧。

6月10日至16日,許建平應邀參加"敦煌與武當世界文化遺産保護學術研討會暨中國敦煌吐魯番學會理事擴大會議"。

6月17日至21日,全國高等院校古籍整理研究工作委員會主任安平秋教授、秘書長楊忠教授、副秘書長曹亦冰研究員蒞臨我所檢查指導工作。

6月20日至22日,我所主辦的"禮學與中國傳統文化——慶祝沈文倬先生九十華誕國際學術研討會"在杭州召開。八十餘位海内外學者應邀出席了本次會議。會議共收到論文六十餘篇,輯録成《禮學與中國傳統文化——慶祝沈文倬先生九十華誕國際學術研討會論文集》一書,由中華書局出版。

6月30日至7月3日,關長龍應邀參加 The Role of Religion in both Chinese and American Culture,並作主題發言。

6月,方建新《二十世紀宋史研究論著目録》由北京圖書館出版社出版。

7月5日,馮國棟從南京大學中文系博士後流動站出站來我所工作。

7月,龔延明《中國歷代職官別名大辭典》由上海辭書出版社出版。

賈海生赴韓國進行合作研究。

8月14日,張小艷博士論文《敦煌書儀語言研究》獲全國優秀博士學位論文,指導教師張涌泉。

8月27日至30日,方建新應邀參加了杭州社科院召開的南宋史研究叢書編纂工作會議,並被杭州社科院聘爲省社會科學研究重點基地南宋史研究中心副主任。

8月28日至30日,祖慧應邀參加宋史研究會年會。

8月29日,舉行博士研究生杜朝暉畢業論文答辯,論文題目是《敦煌文獻名物研究》,指導教師張涌泉。

9月4日,舉行博士研究生高深畢業論文答辯,論文題目是《〈莊子〉與〈聖經〉比較研究》,指導教師方建新。

9月5日,舉行博士研究生方芳畢業論文答辯,論文題目是《〈清代硃卷集成〉研究——以進士履歷檔案爲中心》,指導教師龔延明。

9月17日至20日,張涌泉、許建平應邀參加"轉型期的敦煌學——繼承與發展"國際學術研討會。

9月22日,束景南應邀參加"首屆朱子學兩岸論壇(全球化時代的朱子學)"學術研討會。

9月25日至12月8日,王雲路赴法國巴黎高等社會科學院進行學術交流,期間应邀作了題爲"漢語辭彙的核心義"的專題講座,並受邀爲巴黎東方語言文化學院中文系研究生作了"漢語辭彙研究方法"的講座。

9月,許建平《敦煌經籍叙録》由中華書局出版。

11月10日至11日,崔富章應邀參加"中外藏書文化"國際學術研討會。

11月25日至27日,馮國棟應邀參加"佛教文獻與中國古代文學研討會"。

11月30日,束景南應韓國崇實大學與韓中哲學研究會之邀,赴韓國首爾講學。

12月18日至19日,馮國棟應邀參加中國宗教學會第六次全國會議暨"科學發展觀與宗教研究"學術研討會,並被增補爲中國宗教學會第五屆理事會理事。

12月,由中國文字學會主辦,黄德寬任主編、張涌泉任常務副主編的《中國文字學報》第一輯由商務印書館出版。

方建新翻譯的日本京都大學竺沙雅章教授所著《宋代的太祖與太宗——變革時期的帝王》一書,由浙江大學出版社出版。

關長龍參編的《中國古代文化會要》由西泠印社出版社出版。

賈海生參編的《周秦文學編年史》由湖南人民出版社出版。

許建平晋升爲教授。

祖慧增列爲中國古典文獻學專業博士生導師。

2007 年

1月,張涌泉、王雲路被聘爲浙江省哲學社會科學"十一五"學科組專家。

2月,王雲路獲國務院政府特殊津貼。

3月1日,《浙江地方史料文獻叢刊》編纂工作會議召開,承擔該項目的全體編纂人員出席了會議。會議由浙江文獻集成編纂中心執行主任張涌泉主持。會上,張涌泉傳達了省規劃辦先後兩次召開的《浙江地方史料文獻叢刊》專家評審會的情況和省社科聯對抓好該項目的重要指示。

3月3日,南京大學中文系副主任汪維輝教授來所作題目爲"談談漢語史研究能力的培養"的學術報告。

3月4日,北京大學中文系主任、教育部中文教學指導委員會副主任朱慶之教授應邀來本所講學,演講題目爲"'相撲'語源考"。

舉行博士研究生韓小荆畢業論文答辯,論文題目是《〈可洪音義〉研究》,指導教師張涌泉。

3月12日，舉行博士研究生吕順長、深見東州畢業論文答辯，論文題目分别是《清末中日教育交流之研究》、《日本入宋僧研究——以日本漢文史料爲中心》，指導教師張涌泉、王勇。

3月15日至17日，龔延明應邀參加在北京大學英傑交流中心召開的"紀念鄧廣銘教授百年誕辰"國際學術研討會。

3月16日，北京大學李家浩教授應邀來本所講學，演講題目爲"先秦文字與漢魏以來俗字"。

3月22日，復旦大學中文系陳尚君教授應邀來本所講學，演講題目爲"中古文學研究的新材料與新視野"。

3月23日，南京大學程章燦教授應邀來本所講學，演講題目爲"漢唐間碑文體演進的動向"。

全國高校古籍整理委員會副主任、江蘇文史館館長、南京大學資深教授周勛初先生應邀來我校作題爲"博學與專精之爭的歷史考察"的專題講座。

4月16日，中國詩經學會會長夏傳才先生、中國詩經學會顧問周穎南先生應邀來我校講學。夏先生演講的題目是"《詩經》研究的回顧與展望"。周先生則回顧了自己的創作道路，並向我校贈送了他六十年來的作品集——《周穎南文庫》十五卷。

4月20日至22日，王雲路作爲《漢語史學報》主編、張涌泉作爲中國文字學會《中國文字學報》常務副主編應邀到紹興蘭亭參加全國語言學刊物主編會議。

5月8日至11日，民盟浙江省第十届省委會召開，王雲路再次當選爲民盟浙江省委會副主委。

5月16日，"《孫詒讓全集》編委會工作會議"在杭州金都飯店召開，王雲路主持會議，討論具體的工作事宜。

5月16日至18日，龔延明參加在北京舉行的"點校本《二十四史》及《清史稿》修訂工程"第一次編纂會議，並被聘爲"《二十四史》及《清史稿》修訂工程審定委員會委員"。

6月1日，舉行博士研究生劉茜畢業論文答辯，論文題目是《蘇轍的〈春秋〉學與〈詩經〉學》，指導教師束景南。

6月2日，舉行碩士研究生于静畢業論文答辯，論文題目是《宋代徽州科舉研究》，指導教師祖慧。

6月3日，舉行博士研究生過文英、尹海江畢業論文答辯，論文題目分别是《論漢墓繪畫中的伏羲女媧神話》、《〈漢書·藝文志〉研究》，指導教師崔富章。

6月4日，舉行博士研究生王晴畢業論文答辯，論文題目是《李綱研究》，指導教師方建新。

6月5日，舉行博士研究生陳敏（指導教師王雲路）、竇懷永（指導教師張涌泉）畢業論文答辯，論文題目分別是《宋人筆記與漢語詞彙研究》、《敦煌文獻避諱研究》。

6月7日至10日，張涌泉、王雲路應邀到韓國延世大學參加第二屆韓中文化交流學術會議，並分別在會上發表論文《韓國古今漢字雜考二題》、《論金時讓〈荷潭破寂録〉的研究價值》。

6月9日，舉行碩士研究生張小苹、鄔可晶畢業論文答辯，論文題目分別是《孔孟荀禮學思想論要》、《先秦西漢封禪研究》，指導教師吳土法。

6月29日至7月2日，祖慧應邀參加第三屆“科舉制與科舉學”國際學術研討會，並發表論文《宋代皇帝與科舉》。

6月，張涌泉受聘兼任南京大學《古典文獻研究》編輯委員會委員。

7月4日，舉行碩士研究生錢建芳畢業論文答辯，論文題目是《周公集輯考》，指導教師賈海生。

7月12日，舉行碩士研究生潘薇妮畢業論文答辯，論文題目是《〈後漢書〉李賢注引〈三禮〉研究》，指導教師許建平。

7月21日，張涌泉受聘兼任河北大學現代漢字研究中心學術委員會委員。

7月，張涌泉正式辭去兼任的復旦大學出土文獻與古文字研究中心主任職務。

8月13日至16日，王雲路參加西安陝西師範大學舉辦的第六屆國際古漢語語法研討會暨第五屆海峽兩岸漢語語法史研討會，並作了題爲“關於三字連言的重新思考”的報告。

8月28日，舉行博士研究生秦佳慧畢業論文答辯，論文題目是《春秋喪葬廟享典禮考論——以〈春秋左傳〉爲中心》，指導教師束景南。

8月17日至9月3日，王雲路應邀到日本北海道大學進行學術交流，並參加“通過日中兩國資料的中古漢語研究的新展開”學術研討會，作了題爲“韻律與漢語的成詞問題”的報告。

8月，教育部下發《教育部關於公布國家重點學科名單的通知》（教研函［2007］4號），本所中國古典文獻學學科被評爲國家重點學科，實現了我校我省文科國家重點學科零的突破。

9月17日至18日，馮國棟應邀參加“漢文大藏經國際學術研討會”，發表了論文《漢文佛教文獻學引論》，並在會後接受了鳳凰網華人佛教記者的專訪。

9月22日至25日，本所和我校古代文學與文化研究所共同主辦的“2007年楚辭國際學術研討會暨中國屈原學會第十二屆年會”在杭州華北賓館召開。來自海内外的一百五十位專家學者參加了此次會議,收到論文一百四十二篇。會議選舉產生了中國屈原學會新一屆理事會,崔富章被推舉爲名譽會長。

9月26日,"第五屆丁邦新語言學獎頒獎儀式暨丁邦新先生學術演講會"在西溪校區邵科館一樓會議廳舉行,本所韓小荆、杜朝暉兩位博士的學位論文分獲一、二等獎。

10月13日至14日,龔延明作爲《二十四史》及《清史稿》修訂工程審定委員參加《宋史》修訂調研座談會。

10月16日至18日,"第五屆吳越佛教文化——暨紀念弘一大師圓寂六十五周年研討會"在杭州舉行,馮國棟應邀與會並發表論文《律藏的分類問題》。

10月30日至11月1日,關長龍應邀參加由北京大學與美國哈佛大學哈佛燕京學社共同主辦的"人類文明中的秩序、公平公正與社會發展"國際學術研討會,並發表論文《天民・天命・天序——儒家倫理的終極關懷》。

10月,張涌泉受聘擔任《漢語大字典》修訂本專家審訂委員會委員。

11月7日至9日,賈海生應邀參加第九屆東亞國際漢學學術會議,並發表論文《楚簡所見楚禮考論》。

11月9日,龔延明應邀參加點校本《宋史》修訂方案專家評審會。

11月28日—12月2日,王雲路赴北京參加民盟中央第十次全國代表大會,並再次當選民盟中央委員。

11月28日,舉行博士研究生曾建林畢業論文答辯,論文題目是《歐陽修經學思想研究》,指導教師束景南。

12月8日至9日,關長龍應邀參加浙江工商大學日本文化所舉辦的"中日青年學者論壇:傳來、變革:占卜——願望和欲望"研討會,並發表論文《敦煌堪輿文書之宅法述略》。

12月21日,龔延明作爲杭州市社科聯理事和獲獎者,應邀參加杭州市社科聯第十四屆理事會議及哲學社會科學成果頒獎大會,其著作《中國歷代職官別名大辭典》獲一等獎。

崔富章應邀參加在北京舉行的《中華大典・文學典・先秦兩漢分典》審稿會。

王雲路論文《試説"鞭耻"——兼談一種特殊的並列式複音詞》獲得浙江省第十四屆哲學社會科學優秀成果二等獎。

12月21日至23日,龔延明應邀參加河北師範大學古典文獻學建設高層論壇。

12月24日至25日,龔延明應邀赴河北大學講學,演講題目爲"《全宋詩》小傳中有關官制問題商榷"。

12月27日,龔延明應邀赴北京大學中古史研究中心作了題爲"古文獻閲讀整理與官制學養"的講演,並同宋史研究生進行了交流。

12月,許建平增列爲中國古典文獻學專業博士生導師。

2008 年

1月13日至20日,王雲路參加浙江省政協第十屆委員會第一次會議,當選政協常委。

2月24日至3月6日,王雲路赴美國加州大學聖芭芭拉分校作學術交流,進行漢譯佛經的語言研究。

3月19日,啓功先生所藏敦煌寫經殘卷捐贈儀式暨"浙大東方論壇"學術講座之十七在西溪校區邵科館舉行。我校兼職教授、中國敦煌吐魯番學會秘書長柴劍虹先生代表其師啓功先生的家屬,將啓功先生收藏的《佛説觀佛三昧海經》敦煌寫經殘卷捐贈我所珍藏,以供教學與科研之需。校長助理兼社會科學研究院常務副院長羅衛東教授、人文學院常務副院長廖可斌教授等出席了本次捐贈儀式。活動由本所所長張涌泉主持。

3月24日,全國高等院校古籍整理研究工作委員會第十屆"中國古文獻學獎學金"揭曉,本所博士生吳欣、張新朋獲三等獎學金,碩士生金少華獲二等獎學金。

敦煌研究院研究員、《敦煌研究》編輯部主任趙聲良先生應邀來我所作了題爲"敦煌早期洞窟的中原風格"的學術報告。

4月3日,中央民族大學教授、中國語言學會副會長戴慶厦先生和國家語委語言文字應用研究所研究員、中國語言學會副會長陳章太先生應邀來我所講學,演講的題目分別是"漢語研究結合非漢語的一些理論方法問題"、"'學習與感悟'——談向前輩學者學習的點滴體會"。

4月21日,浙江大學黨委書記張曦考察了漢語史研究中心與我所共建的古文獻與漢語史資料中心,校長助理、社會科學研究院常務副院長羅衛東和社會科學研究院副院長褚超孚陪同考察。

4月25日,中国社科院文學所副所長、《文學遺産》副主編、我所兼職教授劉躍進研究員應邀來我所講學,演講的題目是"文獻學與中國古代文學研究"。劉躍進先生擔任浙江大學兼職教授受聘儀式在紫金港校區國際會議中心舉行,儀式由浙江大學社會科學院副院長樓含松主持,浙江大學黨委副書記龐學銓教授爲劉躍進先生頒發了兼職教授證書。

5月25日,舉行碩士研究生部同麟(指導教師許建平)、金少華(指導教師許建平)、黃皓(指導教師關長龍)、梁禧淑(指導教師王雲路)、劉艷(指導教師賈海生)畢業論文答辯,論文題目分別是《〈春秋左傳正義〉引經研究》、《敦煌吐魯番本〈文選〉研究》、《俄敦二八二二號寫卷〈雜集時用要字〉研究》、《〈荷潭破寂録〉研究》、《〈白虎通〉的論題體系及其現代意義——以家與國爲中心》。

5月31日,舉行博士研究生張曉劍畢業論文答辯,論文題目是《湛若水的"體用渾一"之學及其踐履》,指導教師束景南。

舉行碩士研究生范玉紅畢業論文答辯,論文題目是《清末"新政"時期圖書館與社會教育》,指導教師祖慧。

6月4日,舉行博士研究生吳欣(指導教師王雲路)、張新朋(指導教師張涌泉)畢業論文答辯,論文題目分別是《高誘〈呂氏春秋注〉詞彙研究》、《敦煌寫本〈開蒙要訓〉研究》。

6月5日,舉行碩士研究生羅松峰畢業論文答辯,論文題目是《漢代喪葬典禮研究》,指導教師吳土法。

7月29日至8月1日,龔延明應邀參加由雲南大學歷史系和中國宋史研究會合辦的"國際宋史研討會暨中國宋史研究會第十三屆年會",並發表論文《宋代恩科論述》。

8月21日至23日,張涌泉參加在蘭州舉行的"敦煌語言文學研究的歷史、現狀和未來——紀念周紹良先生逝世三周年學術研討會",並作了題為"敦煌文獻整理的回顧和前瞻"的發言。

8月26日,復旦大學中文系吳金華教授、北京語言大學華學誠教授應邀來我所講學,演講的題目分別是"《文館詞林校證》八議"、"古代語言學經典著作研究中的文獻學方法"。

8月24日至27日,王雲路參加浙江大學漢語史中心召開的"漢語歷史辭彙與語義演變國際學術研討會",報告的論文是《論音變在詞語發展中的作用》。王雲路還主持了大會閉幕式,並作了會議總結。

8月27日至31日,張涌泉、王雲路應邀赴温州參加中國語言學會第十四屆學術年會,並分別發表論文《字形的演變與用法的分工》、《試說"夸毗"》。張涌泉應邀作了"關於敦煌經部文獻整理情况"的大會報告,王雲路主持大會首場學術報告。會議期間,還舉行了中國語言學會理事會會議,張涌泉、王雲路作為學會理事參加了會議。

8月31日,舉行博士研究生張鉉畢業論文答辯,論文題目是《佛經音義三種引子部書考》,指導教師張涌泉。

8月,張涌泉、許建平、關長龍合著的《敦煌經部文獻合集》(全十一册)由中華書局出版。

9月19日至22日,張涌泉、王雲路應邀參加在湖南師範大學舉行的"紀念《古漢語研究》創刊20周年學術研討會"。王雲路作了題為"會心二十載,潤物細無聲——我與《古漢語研究》"的大會發言,張涌泉作了題為"敦煌小學類文獻整理"的大會報告。

9月,束景南被評為"浙江省特級專家"。至此我所已有三位老師獲此殊榮。

人文學院領導班子換屆選舉,王雲路續任人文學院副院長。

10月5日,《浙江地方文獻叢刊》課題進行會讀,課題組二十多位師生參加。與會者對各自承擔的項目做了工作匯報,就整理體例、文本句讀、字詞存疑等方面進行了討論。

10月19日至20日，馮國棟應邀參加在寧波舉行的“報恩文化論壇——都市寺院與和諧社會”研討會，並發表論文《心鏡大師生平考述》。

10月22日，馮國棟應邀參加在上海玉佛寺舉行的第七屆覺群文化周之“佛教與生態文明”學術研討會，並發表論文《中國古代僧人的生態實踐》。

10月24日至27日，王雲路參加在武漢大學召開的中國訓詁學會年會，並主持第一場學術報告。

10月27日至28日，龔延明應中國范仲淹研究會、北京大學歷史文化研究所之邀，參加了在北大英傑交流中心召開的“第二屆中國范仲淹國際學術論壇”，並擔任第五場論壇評議人。

10月30日至11月4日，王雲路應邀赴臺灣政治大學、法鼓山參加“第三屆漢文佛典語言學國際學術研討會”，並作了題爲“論佛典對漢語常用詞的影響”的大會報告。

10月，龔延明《岳飛研究》、束景南《朱熹研究》由人民出版社出版，兩者皆屬《南宋史研究叢書》，爲國家“十一五”重點圖書出版規劃項目、杭州市社會科學院重大課題成果。

11月25日至28日，許建平應臺灣中央研究院林慶彰教授之邀出席在臺灣召開的“魏晋南北朝經學國際研討會”，並在大會上宣讀了論文《從敦煌寫本〈禮記音〉殘卷看六朝時鄭玄〈禮記注〉的版本》。

11月29日至12月4日，許建平應邀參訪了高雄師範大學經學研究所、中正大學中文系及東華大學中文系，分別作了“敦煌經部文獻對中國傳統文化研究的貢獻”、“敦煌《詩經》寫卷與中古學術史”、“敦煌經部文獻整理的方法”等三場演講。

11月30日，馮國棟應邀參加由中國佛教文化研究所主辦的“紀念雪峰義存大師圓寂1100周年暨禪宗思想學術研討會”，並發表論文《雪峰語錄編次考》。

11月，爲配合學校合理規劃工作，本所辦公地點進行調整。新辦公區位於人文學院行政樓三樓西側，聯繫電話不變。

12月2日，舉行博士研究生郝永畢業論文答辯，論文題目是《朱熹〈詩經〉解釋學研究》，指導教師束景南。

12月5日至7日，浙江省語言學會第十四次年會在麗水學院舉行，張涌泉、王雲路、關長龍、朱大星參加了會議，並發表了學術論文。會議選舉產生了浙江省語言學會新一屆理事會，張涌泉續任會長。學會新設置了學術委員會，王雲路當選學術委員會主任。

12月12日，國家圖書館主辦的《文獻》雜誌新一屆學術顧問及編委座談會在北京舉行，張涌泉受聘擔任《文獻》雜誌編委，國家圖書館詹福瑞館長爲新增的學術顧問和編委頒發了聘書。

12月15日,中華人民共和國新聞出版總署下發"關於調整全國古籍整理出版規劃領導小組成員的通知"(新出人事〔2008〕1528號),張涌泉受聘擔任全國古籍整理出版規劃領導小組成員。

12月,方建新《南宋臨安大事記》由杭州出版社出版。本書屬《南宋史研究叢書》,爲國家"十一五"重點圖書出版規劃項目、杭州市社會科學院重大課題成果。

龔延明應邀出席在哈佛大學東亞系與費正清研究中心召開的中國史傳記資料資料庫第一屆國際研討會(First International Workshop on Biographical Databases for China's History),並作了有關中國歷代進士資料研究的學術報告(A Comprehensive Examination Degree Database)。

龔延明應國家圖書館古籍鑒定中心和山東省圖書館之邀,爲第三期全國古籍鑒定與保護高級研修班作了"古文獻整理與官制學養"和"北朝原創樂府詩《木蘭歌》發覆"兩場學術報告。

2009 年

2月19日,《光明日報》"光明講壇"欄目以近兩個整版的篇幅刊發張涌泉的長篇學術演講《敦煌文獻整理:百年行與思》。

2月26日,舉行博士研究生許菊芳畢業論文答辯,論文題目是《四種現存託名漢代小説語料鑒別研究》,指導教師王雲路。

3月5日,中國敦煌石窟保護研究基金會簽發《中國敦煌石窟保護研究基金會關於授予王中旭等十位同學2008年度"敦煌獎學金"的決定》,本所博士研究生金少華獲敦煌獎學金一等獎。

3月28日,北京大學安平秋教授應邀來我所講學,演講題目爲"海外宋元版漢籍的存藏——兼及海外漢籍研究的兩個問題"。

3月29日,龔延明應邀參加"王應麟學術研討會",並發表論文《王應麟仕履官銜繫年考釋》。

4月17日至19日,束景南應邀參加"海峽兩岸宋代文化研討會",並發表論文《論嚴羽的活法美學思想體系》。

5月25日,舉行碩士研究生鄭麗佳(指導教師關長龍)、鄭穎(指導教師賈海生)畢業論文答辯,論文題目分別是《〈剡録〉研究》、《〈白虎通〉引文釋例》。

5月26日,舉行博士生研究生李玲玲(指導教師張涌泉、許建平)、孫文(指導教師王雲路、王勇)畢業論文答辯,論文題目分別是《〈初學記〉引經考》、《〈華夷變態〉研究》。

舉行碩士研究生賈素華、〔韓〕孫貞敏、〔泰〕李毓賢畢業論文答辯,論文題目分別是《〈孔子家語〉王肅注研究》、《關於女性的中韓諺語比較研究》、《泰國高校初級漢語教材詞彙選編研究》，指導教師王雲路。

5月30日，舉行博士研究生王前(指導教師王雲路)、趙曉斌(指導教師束景南)畢業論文答辯，論文題目分別是《中古醫書語詞研究》、《春秋官制研究——以宗法禮治社會爲背景》。

舉行碩士研究生王翠畢業論文答辯，論文題目是《南北朝喪葬典禮考》，指導教師吳土法。

5月31日，舉行碩士研究生杜情義(指導教師祖慧)、宋良和(指導教師馮國棟)、童笑笑(指導教師方建新)畢業論文答辯，論文題目分別是《宋代文武換官制度研究》、《贊寧及其〈宋高僧傳〉研究》、《樓昉研究》。

6月4日，舉行博士研究生柯亞莉畢業論文答辯，論文題目是《天一閣藏明代文獻研究》，指導教師崔富章。

7月1日至4日，王雲路赴巴黎參加國際中國語言學學會第十七屆學術年會(IACL－17)，並宣讀論文《關於"三字連言"與"四字句"的重新思考》。

7月15日至19日，王雲路應邀參加在山西皇城相府召開的中國訓詁學年會，宣讀論文《從核心義看辭典編撰中的問題》，並應邀致大會閉幕詞。

7月28日至30日，張涌泉應邀參加"第三屆中國俗文化國際學術研討會暨項楚教授70華誕學術討論會"，並作了"入乎其內，出乎其外——項楚師的敦煌學研究"的主題報告。會議期間，四川大學中國俗文化研究所舉行了學術委員會會議，張涌泉當選爲新一屆學術委員會主任。

7月28日至8月3日，龔延明應日本北海道大學之邀，參加第四屆科舉學與科舉制學術研討會，發表了論文《北宋徽宗朝貢士與進士的考辯》，並當選爲科舉專業委員會主席團主席。

8月1日至4日，王雲路參加在寧波召開的第四屆漢文佛典語言國際學術研討會，宣讀論文《再論譯經語言的構詞特點》，並應邀作了大會總結。

8月4日，龔延明應邀在東京早稻田大學作學術報告，報告的主題爲"宋代官制史研究"。

8月28日至10月2日，馮國棟應邀參加在臺北王朝大酒店舉行的諾那·華藏精舍成立三十周年大會，並作"錢弘俶與寶篋印經塔"的專題報告。

8月30日，舉行博士研究生趙文源、趙玉强畢業論文答辯，論文題目分別是《朱子〈易〉注考源》、《〈慈湖詩傳〉：心學闡釋的〈詩經〉學》，指導教師束景南。

8月，龔延明《宋史職官志補正》(增訂本)由中華書局出版。

9月3日至5日，張涌泉應邀參加了在俄國聖彼德堡召開的"敦煌學：第二個百年的研究視角與問題”國際學術會議,並作了題爲“說‘卜煞’”的學術報告。

9月5日,舉行碩士研究生牟玄畢業論文答辯,論文題目是《〈毛詩正義〉引〈尚書〉研究》,指導教師許建平。

9月10日,本所開設的博士研究生課程《文獻學原典導讀》經學校聘請的專家組評審,被納入浙江大學研究生核心課程建設項目。

9月30日,四川大學項楚教授應邀來我所講學,演講題目爲“關注前沿”。

9月至次年1月,許建平應臺灣東吳大學之聘,在中文系擔任爲期一學期的客座教授,講授《敦煌學研究》及《禮記》。

9月,龔延明被聘爲北京大學歷史文化研究所兼職研究員。

10月19日,許建平應邀在東吳大學中文系作題爲“敦煌《詩經》寫卷與中古學術史”的演講。

10月27日至29日,馮國棟應邀參加“净心慈恩盛世長安”長安佛教學術研討會,並發表論文《出入於蒲津關的求道者——唐代河東僧人與長安佛教》。

10月,學校任命王雲路爲人文學部學位委員會主任、人文學科學位委員會主任。

11月6日至7日,許建平應邀參加了由東吳大學中文系舉辦的“第一屆中國古典文獻學國際學術研討會”,並發表論文《英俄所藏敦煌〈毛詩音〉寫卷的文獻價值》。

11月13日至16日,崔富章、張涌泉應邀參加在北京舉辦的“中國古典文獻學研究國際學術研討會”,並分別發表論文《楚辭補注汲古閣刊本及其衍生諸本》、《敦煌寫本“省代符”研究》。

11月28日至29日,龔延明應邀參加在杭州舉行的“第三屆中國范仲淹國際學術論壇”,並發表論文《范仲淹仕履官銜繫年考釋》。

11月,龔延明應聘爲杭州師範大學特聘教授,聘期三年。

龔延明、祖慧合撰的《宋登科記考》由江蘇教育出版社出版。

12月1日,許建平應邀在東吳大學圖書館作了題爲“大陸文史類出版品的現狀”的演講。

12月4日,舉行博士研究生江静(指導教師王雲路)、陸娟娟(指導教師張涌泉)、葉嬌(指導教師張涌泉)畢業論文答辯,論文題目分別是《赴日宋僧無學祖元研究》、《吐魯番出土文書語言研究》、《敦煌文獻服飾詞研究》。

12月21日,許建平應邀在臺灣大學中文系作題爲“敦煌文獻中的《尚書》寫卷”的演講。

12月28日,關長龍晉升爲教授。

許建平應邀在臺灣“中研院”文哲研究所作題爲“敦煌文獻中的經部典籍”的演講。

12 月，王雲路《試談韻律與某些雙音詞的形成》獲浙江省十五屆哲學社會科學成果三等獎。

2010 年

1 月 4 日，許建平應邀赴台灣暨南國際大學中文系作題爲"經學研究的新材料：敦煌文獻中的經籍寫卷"的演講。

1 月 22 日，日本東京大學文學部大西克也教授來我所講學，演講題目爲"上古漢語與出土文獻——語言和文本的關係"。

3 月 24 日，龔延明應邀至杭州師範大學作學術報告，報告題目爲"清代科舉與《儒林外史》"。

3 月 26 日至 28 日，龔延明、祖慧應邀參加"第六屆科舉制與科舉學國際學術研討會"和"中華炎黃文化研究會科舉專業委員會第一次會員大會"。龔延明作了《宋登科記考成書經過與展望》的學術報告，並應邀致大會閉幕詞；祖慧發表了論文《兩宋科舉應舉資格述論》。

3 月 31 日，碩士研究生秦樺林獲中國敦煌石窟保護研究基金會授予的敦煌獎學金二等獎。

4 月 1 日，浙江省教育廳公布"2008 年度浙江省優秀研究生學位論文"評審結果，韓小荆學位論文《〈可洪音義〉研究——以文字爲中心》（指導教師張涌泉）被評爲浙江省優秀博士學位論文，金少華《敦煌吐魯番本〈文選〉研究》（指導教師許建平）被評爲浙江省優秀碩士學位論文。

4 月 6 日，臺灣南華大學文學系教授鄭阿財先生應邀來我所講學，演講題目爲"文獻、文學與圖像：從敦煌吐魯番文書論五道將軍信仰"。

4 月 8 日，中華書局編審柴劍虹先生應邀來我所講學，演講題目爲"學術規範與創新"。

4 月 10 日至 13 日，我所承辦的"百年敦煌文獻整理研究國際學術討論會"在杭州隆重召開，來自美國、日本、俄羅斯及中國大陸、臺灣的一百多位敦煌學界專家學者參加了會議。本次會議收到學術論文八十一篇，基本上代表了敦煌學的主要研究方向和最新研究成果。

4 月 13 日，北京大學中國古代史研究中心主任、教育部長江學者特聘教授、《唐研究》主編榮新江教授應邀來我所講學，演講題目爲"敦煌吐魯番文獻的流失與回歸問題"。

4 月 25 日，舉行博士研究生曹海花（指導教師王雲路）、阮幗儀（指導教師王雲路）、譚翠（指導教師張涌泉）、張磊（指導教師張涌泉）畢業論文答辯，論文題目分别是《中古兵書文獻與語詞研究——以〈孫子〉曹操注爲主》、《〈夢粱録〉研究》、《〈磧砂藏〉隨函音義研究》、《〈新撰字鏡〉研究》。

5月19日至22日，王雲路參加由哈佛大學語言學系承辦的國際中國語言學會第十八屆年會，並擔任分會主持。

5月31日，舉行碩士研究生蔡淵迪（指導教師許建平）、張文冠（指導教師王雲路）、路偉（指導教師方建新）、潘高鳳（指導教師馮國棟）、閆真真（指導教師祖慧）、邵紅艷（指導教師賈海生）、閆淳純（指導教師關長龍）、樂卓瑩（指導教師吳土法）畢業論文答辯，論文題目分別是《敦煌經典書法及相關習字研究》、《敦煌變文語詞校釋補正》、《浙江古代叢書述論》、《唐代塔銘研究》、《宋代特賜第研究》、《中華書局本〈白虎通疏證〉補校》、《唐代風水活動考》、《唐代喪葬典禮考述》。

5月，碩士研究生秦樺林、博士研究生張磊分別獲全國高等院校古籍整理研究工作委員會的第十一屆“中國古文獻學獎學金”一等獎學金和二等獎學金。

6月8日，我所舉辦了2010屆畢業生歡送會，全體師生參加。

6月16日至17日，許建平應邀參加“敦煌文獻、考古、藝術綜合研究——紀念向達教授誕辰110周年國際學術研討會”，並在大會上宣讀了論文《〈天地開闢已來帝王紀〉校議》。

6月18日至19日，龔延明應邀出席杭州師範大學人文學院舉辦的“‘十二五’發展規劃高層論壇”。

6月，我所碩士生潘薇妮的畢業論文《〈後漢書〉李賢注引〈三禮〉研究》（指導教師許建平）在浙江省2008年碩士學位論文抽檢中獲得93分的高分。

7月1日，龔延明被列入《中國社會科學報》第二批《中國社會科學雜誌社》外審專家名單。

8月8日至11日，許建平應邀參加“慶賀饒宗頤先生95華誕敦煌學國際學術研討會”，並在大會上宣讀了論文《杏雨書屋藏〈詩經〉殘片三種校錄及研究》。

8月13日至15日，許建平應邀參加“高臺魏晉墓與河西歷史文化學術研討會”，發表了會議論文《吐魯番出土文獻中的〈尚書〉寫本》，並應邀擔任分會場主持人。

8月26日29日，王雲路赴北京參加北京大學召開的紀念王力誕辰110周年學術討論會，報告的論文題目是“論反義並列反義詞的結構方式”。

8月29日，舉行博士研究生左建（指導教師陳剩勇）、趙瑞廣（指導教師束景南）畢業論文答辯，論文題目分別是《士與禮——春秋知識階層研究》、《慶曆之際的文化轉型：宋學的歷史生成》。

9月4日，舉行博士研究生朱新林畢業論文答辯，論文題目是《〈淮南子〉與先秦諸子承傳考論》，指導教師崔富章。

9月13日至17日，許建平應邀出席“2010‘絲綢之路——圖像與歷史’學術論壇暨敦煌吐魯番學會理事會”。

9月15日至20日，王雲路應邀赴法國參加在羅斯可夫市舉行的“第七屆國際古代漢語語法研討會”，並在會上宣讀了論文《關於反義並列複音詞的結構探討》。

9月18日至20日，許建平應邀參加“第二屆佛經音義研究國際學術研討會”，發表了會議論文《杏雨書屋藏玄應〈一切經音義〉殘卷校釋》，並擔任分會場主持人。

11月5日至8日，王雲路參加“中國訓詁學研究會2010年學術年會”，並在大會上作了題爲“關於三字連言的重新思考”的學術報告。

11月14日至16日，許建平應邀參加“2010年中國經學國際學術研討會”，並發表了會議論文《慧琳〈一切經音義〉引〈尚書〉考》。

12月6日，《文獻》季刊張廷銀編審來我所講學，題目爲“文獻學研究中的幾個問題”。

韓小荆的博士論文《〈可洪音義〉研究——以文字爲中心》獲全國優秀博士學位論文，指導教師張涌泉。

12月17日，博士研究生邵同麟、金少華獲浙江大學人文學院首屆“胡百熙語言學獎”一等獎。

12月18日，關長龍增列爲中國古典文獻學專業博士生導師。

12月19日至22日，龔延明、祖慧應邀參加由中國社會科學院和寧波天一閣合辦的“科舉與明代科舉文獻國際學術研討會”。祖慧發表了論文《科舉視角下的宋代皇帝》。

12月31日，賈海生晋升爲教授。

12月，王雲路入選浙江大學求是特聘教授。

2011 年

1月6日，曹錦炎教授來我所講學，題目爲“楚簡與楚辭”。

1月，關長龍參與編寫的《現代漢語通用字典》由四川辭書出版社出版。

3月6日，王雲路應邀在吉林大學名家講堂作了題爲“論漢語辭彙的核心義”的講座。

3月，龔延明《岳飛的故事》由浙江古籍出版社出版。

5月24日，舉行博士研究生邵同麟、金少華（指導教師張涌泉）、徐曼曼（指導教師王雲路）畢業論文答辯，論文題目分別是《宋前文獻引〈春秋〉研究》、《古抄本〈文選集注〉研究》、《何休〈春秋公羊傳解詁〉詞彙訓詁研究》。

5月24日，舉行碩士研究生程潚（指導教師束景南）、王麗萍（指導教師賈海生）、楊娟（指導教師吳土法）、張香寧（指導教師祖慧）、邢文芳（指導教師關長龍）、翁彪（指導教師張涌泉）、趙海雅（指導教師馮國棟）、賈婧（指導教師朱大星）、黃沚青（指導教師王雲路）畢業論文答辯,論文題目分別是《〈詩童子問〉研究——輔廣的〈詩經〉學思想》、《清代三種〈義烏縣志·藝文志〉整理與研究》、《漢代祭祖典禮考述》、《虞允文研究》、《〈太白陰經〉遁甲篇研究》、《敦煌漢文書籍標題研究》、《唐代寺碑研究》、《〈老子〉篇章結構芻議——以六十八章分法爲中心》、《中古反義並列複音詞詞義演變研究》。

5月25日至6月5日,龔延明、祖慧赴臺灣清華大學、中國文化大學進行學術訪問。

5月30日,崔富章赴日本早稻田大學進行爲期一個月的講學。

5月31日,舉行博士研究生張小苹、周晶晶畢業論文答辯,論文題目分別是《荀子傳經考》、《〈世本〉研究》,指導教師崔富章。

6月3日至6日,許建平應臺灣嘉義大學中國文學系之邀,出席第三屆宋代學術國際研討會,發表論文《薛季宣〈書古文訓〉所據〈古文尚書〉的來歷與真僞》,並擔任分會場主持人。

7月,王雲路《中古漢語論稿》由中華書局出版。

8月8日,賈海生參加"第九屆海峽兩岸先秦兩漢學術研討會",發表論文《保員簋銘文反映的禮制》。

8月18日至21日,馮國棟應邀參加"第二屆西夏學國際學術論壇",宣讀了論文《〈俄藏黑水城文獻〉遼代高僧海山思孝著作考》。

8月22日,龔延明赴上海師範大學參加中國宋史研究會理事會議,並爲全國宋學宋史研究生培訓班講課。

8月23日至25日,王雲路赴成都參加由西南交通大學承辦的中國訓詁學年會,並作大會報告。

8月26日,臺灣嘉義大學人文學院蘇子敬教授來我所商議學術合作互訪事宜,雙方簽訂合作協定。

9月,馮國棟《佛教文獻與佛教文學》由宗教文化出版社出版。

10月29日至31日,賈海生參加"楚簡、楚文化與先秦歷史文化國際學術研討會",發表論文《郭店楚簡〈六德〉所見喪服制度》。

10月17日,上海社會科學院歷史研究所研究員、傳統中國研究中心主任虞萬里先生來我所講學,演講的題目爲"儒家簡牘與經學研究——《尹誥》與《咸有一德》異同管見"。

10月26日,束景南受聘爲浙江樹人大學客座教授,並作了題爲"隋唐佛教宗派的形成與發展"的學術報告。

11月3日至6日,王雲路赴臺灣參加臺北大學三峽校區舉辦的"第二屆東亞漢文文獻整理研究學術研討會",報告的論文是《論反義並列複音詞的意義類型》。

11月19日至12月31日,王雲路應邀到日本北海道大學做合作研究,並作了"中古漢語與詩歌欣賞"的講座。

11月,賈海生受邀爲杭州市委組織的傳統文化系列講座做了題爲"禮樂文明的衰落與重構"的專題講座。

12月16日至18日,許建平參加由北京大學中國古文獻研究中心主辦的"從鈔本到刻本:中日《論語》文獻研究學術研討會",並宣讀了論文《杏雨書屋藏〈論語〉殘片三種校録及研究》。

12月17日,馮國棟應邀參加由北美華人基督教學會主辦的"宗教與當代社會文明"學術研討會,發表了論文《佛教的共業觀念與社會責任》。

12月,束景南《修訂補證〈朱熹年譜長編〉》由華東師範大學出版社出版。

許建平受聘爲《敦煌研究》期刊特邀編委。

王雲路《中古漢語辭彙史》獲得第十六屆浙江省政府社科優秀成果一等獎。

2012 年

3月1日,馮國棟應哈佛中國文化工作坊召集人王德威、張鳳教授邀請,做了"宋代川僧與浙僧"的專題講座。

3月9日至10日,王雲路應邀參加在南京師範大學舉辦的"紀念徐復先生誕辰一百周年紀念會",並作了"試説'案'及其相關詞語"的大會主題報告。

4月6日至9日,關長龍、賈海生參加"首屆禮學國際學術研討會",分別發表了論文《禮學視野下的卜筮傳統論略》、《唐父鼎與麥尊銘文所見禮典鈎沉》。

4月10日,全國高等院校古籍整理研究工作委員會主任安平秋教授、秘書長楊忠教授、副秘書長曹亦冰教授和盧偉先生來我所檢查指導工作。

4月14日,馮國棟應麻州佛教協會之邀,作了"佛教社會責任觀"的專題講座。

4月19日,敦煌研究院研究員、《敦煌研究》編輯部副主任楊秀清先生應邀在我所講學,演講題目爲"敦煌石窟壁畫中的古代社會生活"。

4月20日至24日,王雲路參加在湖南師範大學召開的第八屆中古漢語國際學術研討會,宣讀了論文《試論複音詞的並列結構》,並作了大會總結。

4月23日,清華大學歷史系教授、中國禮學研究中心主任彭林先生應邀來我所講學,演講的題目爲"經田遺秉偶拾"。

5月24日,舉行博士研究生陳倫敦(指導教師崔富章)、付建榮、楚艷芳(指導教師王雲路)畢業論文答辯,論文題目分别是《〈楚辭後語〉研究》、《漢語詞彙核心義研究》、《中古漢語助詞研究》。

　　5月25日上午,舉行碩士研究生韓悦(指導教師吳土法)、沈利紅(指導教師祖慧)、王麗娟(指導教師馮國棟)、易雅琴(指導教師賈海生)、范舒(指導教師許建平)、陸睿(指導教師王雲路)、劉鳳源(指導教師關長龍)、潘超(指導教師朱大星)畢業論文答辯,論文題目分別是《宋代喪葬典禮考述》、《〈夷堅志〉與宋代科舉社會》、《禪宗祖師像贊研究——以菩提達摩爲中心》、《〈士相見禮〉整理與研究》、《吐魯番本玄應〈一切經音義〉研究》、《中國傳統家禮文獻叙録》、《近百年來〈周易〉語詞訓釋平議》、《敦煌吐魯番本兵書文獻探微》。

　　5月28日至30日,王雲路應臺灣政治大學文學院的邀請,參加"構建兩岸人文社會科學評鑒指標"座談會。

　　5月30日,舉行博士研究生胡秀娟畢業論文答辯,論文題目是《〈朝鮮古寫徽州本朱子語類〉研究》,指導教師束景南。

　　6月18日至26日,關長龍應澳大利亞塔斯馬尼亞大學後殖民主義研究中心邀請,參加了在維多利亞博物館與藝術走廊召開的"策展文化"冬季論壇,發表了會議論文《禮典與展示的象徵邊界:中華傳統禮器漫説》,並在會議期間作"中國神學傳統中的關帝信仰"的公衆演講。

　　6月19日至22日,龔延明應邀參加由臺灣中研院舉辦的"第四屆國際漢學會議",在會上宣讀了論文《宋代登科人初授官考論》,並作了"兩宋登科總録"的專場報告。

　　6月,龔延明《詩説先秦史》、《詩説兩宋史》由浙江古籍出版社出版。

　　7月3日,許建平受聘爲杭州國際城市學研究中心(杭州研究院)客座研究員。

　　7月19日至8月19日,王雲路赴日本北海道大學從事合作研究項目——"從漢語史的角度研究日本所藏的漢語資料"。

　　8月20日至24日,王雲路應邀參加在雲南大學召開的中國語言學會第十六屆學術年會,並作了題爲"論結構與詞義分析"的大會報告。

　　8月24日,王雲路應邀在北京語言大學承辦的教育部暑期漢語言文字學高級研討班上作了"複音詞成詞的理據分析"的專題講座。

　　9月3日,龔延明主持的國家社會科學基金項目"中國歷代登科總録"通過中期評估,並獲得國家社會科學基金滾動資助八十萬元。

　　9月13日,王雲路受聘爲浙江省人民政府參事。

　　9月20日至23日,關長龍參加"天地之中(嵩山)——華夏文明與世界文明論壇",發表了論文《事神致福——儒學修身的一元論旨趣發微》。

　　9月21日至23日,束景南參加由浙江大學與中國社科院聯合舉辦的"我們時代的心靈與哲學"研討會,並作了"大乘起信論如來藏心性論體系的建構"的主題發言。

9月28日至12月28日,竇懷永應日本廣島大學邀請,赴日作學術訪問,完成“敦煌小說文獻補叙”項目。

10月8日至12日,我所與漢語史中心聯合中國訓詁學研究會主辦的“中國訓詁學研究會2012年學術年會”在杭州華北飯店召開,來自國内外的一百多位學者出席了會議。本次會議收到學術論文一百五十一篇。王雲路在會上宣讀了論文《“敗績”、“幽尋”考》,並作了大會總結。關長龍參加會議並发表論文《今訓匯纂先秦卷輯例》。大會期間,中國訓詁學研究會理事會選舉新一屆訓詁學會領導,王雲路繼續當選副會長。

10月12日,浙江大學中華禮學研究中心成立,王雲路任中心主任,賈海生、關長龍任副主任。

10月12日至16日,王雲路赴韓國參加韓國交通大學舉辦的“佛教文獻研究暨第六屆佛經語言學國際學術研討會”,宣讀了論文《從二卷本〈長阿含十報法經〉看安世高譯經的用詞特點》。

10月25日至26日,關長龍參加“2012明招文化研討會”,發表了《吕祖謙禮學思想發微》議題。

10月,馮國棟順利完成在美國哈佛大學東亞語言與文明系的學術訪問。本次海外交流歷時一年,完成了“兩宋禪宗的地理流動研究”的研究課題。訪問期間與華中師範大學林岩教授倡議發起“中國訪問學人論壇”,得到“哈佛中國文化工作坊”王德威與張鳳教授的大力支持,分別於2012年4月9日、5月20日舉行了第一、第二次會議,組織哈佛中國訪問學者三十餘人,就中國歷史、中國哲學、中國文學展開討論。

11月2日至4日,許建平應邀出席在日本國立歷史民俗博物館講堂召開的“聯繫東亞的漢籍文化——從敦煌到正倉院、再到金澤文庫國際學術研討會”,宣讀了論文《敦煌〈詩經〉寫卷研究綜述》。

11月23日至26日,朱大星應邀參加“第三屆海峽兩岸國學論壇:道家研究——學術·信仰·生活”,發表會議論文《從敦煌文獻看道教文化的包容性》。

11月,束景南《陽明佚文輯考編年》由上海古籍出版社出版。

12月5日,龔延明應邀擔任“浙大圖書館人文系列講座”主講人,作“北朝《木蘭歌》與唐朝本《木蘭歌》名物制度異同辯析”的主題演講。

12月8日,舉行博士研究生甘良勇畢業論文答辯,論文題目是《〈大戴禮記〉研究》,指導教師崔富章。

12月11日,王雲路應邀擔任北京大學2012—2013年秋季學期“王力學術講座”第65期主講人,作了“古漢語複音詞結構分析與構詞理據”的演講。

12 月 17 日至 18 日，王雲路參加香港中文大學中國語言及文學系五十周年系慶活動——承繼與拓新：漢語語言文字學國際研討會，宣讀了論文《再論漢語詞彙的核心義》。

2013 年

1 月 2 日上午，敦煌研究院研究院、《敦煌研究》編輯部主任趙聲良先生來我所講學，題目爲“敦煌壁畫原貌及相關問題”。

1 月 15 日，關長龍應邀作爲省委宣傳部禮學專家組成員，赴臨安考察將要展開的“文化禮堂”建設工作。

1 月 22 日，關長龍應邀參加北京大學高研院組織召開的“陽明後學研究及文獻整理工作會”。

1 月，關長龍《敦煌本堪輿文書研究》由中華書局出版。

2 月 24 日上午，許建平應浙江圖書館“文瀾講壇”之邀，作“敦煌所存儒家經典與敦煌教育”的演講，並受聘爲文瀾講壇客座教授。

2 月 28 日，所領導班子換屆，王雲路接任所長，賈海生續任副所長。

3 月 6 日，王雲路榮獲浙江省三八紅旗手稱號。

3 月 17 日上午，關長龍應浙江圖書館“文瀾講壇”之邀，作“敦煌遺書與風水信仰”的演講，並受聘爲文瀾講壇客座教授。

3 月 31 日上午，馮國棟應“西湖藝術史論壇”之邀，在韓美林藝術館做了“書寫、儀式與述行——涉佛文體淺論”的講座。

3 月，方建新《南宋藏書史》由人民出版社出版。

龔延明主編的《岳飛研究論文集彙編》由浙江大學出版社出版。

王雲路《中古漢語詞彙史》，張涌泉、許建平、關長龍《敦煌經部文獻合集》，龔延明、祖慧《宋登科記考》均獲教育部第六屆高等學校科學研究優秀成果獎（人文社會科學）二等獎。

4 月 13 日至 15 日，龔延明、束景南、祖慧應邀參加由臺灣文化大學、浙江大學歷史系和杭州市社科院共同舉辦的第三屆海峽兩岸“宋代社會文化”學術研討會，龔延明、祖慧分別發表了論文《宋代科舉考試機構與考官考論》、《〈夷堅志〉的科舉文獻學價值》。

4 月 20 日至 21 日，龔延明應邀參加由中國人民大學歷史學院、唐宋史研究中心舉辦的“徐謂禮文書與宋代政務運行研究”學術研討會，並在會上致辭。

5 月 7 日至 8 日，日本國際佛教學大學院大學落合俊典教授應邀來我所講學，兩場講學的題目分別爲“論金剛寺一切經中安世高譯《安般守意經》與《十二門經》的譜系”、“論日本一切經的傳播"。

5月28日,舉行博士研究生劉雄畢業論文答辯,論文題目是《陳與義詩歌研究》,指導教師方建新。

5月29日,舉行博士研究生楊志飛畢業論文答辯,論文題目是《贊寧〈宋高僧傳〉研究》,指導教師束景南。

5月30日,舉行博士研究生張立畢業論文答辯,論文題目是《揚州文獻考論(漢至唐)》,指導教師崔富章。

5月31日,舉行碩士研究生池雪豐(指導教師吳土法)、郭文霆(指導教師馮國棟)、馬莉(指導教師賈海生)、蔣娟(指導教師許建平)、楊天星(指導教師束景南)、周密(指導教師朱大星)畢業論文答辯,論文題目分別是《明代喪葬典禮考述》、《宋元禪林祝聖儀式考論》、《明清時期義烏禮儀風俗》、《〈異體字辨〉所收"古字"研究》、《廣陵琴派及五譜研究》、《道教燈儀考略》。

6月9日,龔延明應聘爲甘肅省"國務院批准的建設華夏文明傳承創新區"的專家庫成員,承擔"歷史文化名城名鎮名村保護利用"組的規劃及項目審批等工作。

6月17日,束景南申報的課題"陽明年譜長編"被列爲國家社會科學基金重點項目。

6月20日,南京師範大學方向東教授前來我所講學,演講的題目是"三禮阮刻本校勘情況研究"。

6月21日,南京師範大學王鍔教授前來我所講學,演講的題目是"八行本儀禮正義研究"。

6月24日,全國高等院校古籍整理研究工作委員會楊忠秘書長、古籍信息中心顧歆藝主任來我所檢查指導工作。

7月18日,龔延明應聘爲中國文物保護基金會專家。

8月9日,王雲路應邀爲社科院語言所主辦、人民大學承辦的暑期班授課,題目《漢語詞彙的核心義》。

8月17日至21日,張涌泉、許建平、竇懷永應邀出席在北京召開的"中國敦煌吐魯番學會成立三十周年國際學術研討會"。張涌泉宣讀了論文《手寫紙本文獻:中華文明傳承的重要載體》;許建平宣讀了論文《由敦煌本與岩崎本互校看日本舊鈔〈尚書〉寫本之價值——兼論日本舊鈔本與敦煌寫本互證的重要性》,並擔任分會場主持人;竇懷永發表了論文《百年敦煌文獻避諱研究述略》。

8月19日至22日,許建平應邀出席在南京召開的"經學與中國文獻文化國際學術研討會",宣讀了論文《敦煌〈詩經〉寫卷與中古經學》,並擔任分會場主持人。

8月23至27日,王雲路參加由貴州師範大學舉辦的第六屆漢文佛典語言學國際研討會,報告的論文題目是"漢語詞彙核心義研究"。

8月30日,《錢江晚報》人文版"浙江文化名人訪談錄"第62期刊登了束景南的專訪。

9月16日,浙江大學校長林建華在人文學院院長黃華新和黨委書記樓含松陪同下參觀考察了漢語史古文獻資料中心。

9月,王雲路《中古漢語核心義研究》一書入選國家社科基金成果文庫。

10月19至—20日,由浙江大學古籍研究所、浙江大學中華禮學研究中心和北京大學高等人文研究院聯合舉辦的"禮儀中國"國際學術研討會在杭州金溪山莊召開。海內外五十餘位專家學者與會,共提交論文四十餘篇。

10月19至22日,龔延明應邀出席在南京舉行的"中國第十屆科舉制與科舉學國際學術研討會",在會上與周佳共同作了《中國歷代登科人物資料庫》的演示報告。

10月22至24日,浙江大學古籍研究所所慶三十周年紀念活動在浙江大學西溪校區邵科館舉行,各級領導、學界代表、榮退教師、畢業所友、在校師生近兩百人參加。

10月23日,所慶系列活動之"名家講壇"在西溪校區人文學院咖啡吧舉行。主講人為四川大學文學院教授、博士生導師、中國俗文化研究所所長項楚先生。

10月,龔延明《中國古代制度史研究》由浙江大學出版社出版,《詩說秦漢史》由浙江古籍出版社出版。

11月2至5日,馮國棟應邀參加第四屆黃梅禪宗文化高峰論壇,並宣讀了《五祖重來故事的流傳與影響》一文。

11月5日,龔延明應邀出席台州市文獻工程諮詢會議,應聘為"台州市文獻資料工程諮詢委員"。

11月17至20日,許建平應邀出席日本琉球大學召開的"校勘與經典"國際學術研討會,提交論文《日本舊鈔岩崎本〈尚書〉寫卷校證——兼論與敦煌寫本互證的重要性》。

11月22日,陝西省古籍辦主任、省社科院古籍所所長吳敏霞一行來我所交流座談,並惠贈《全唐文補遺》一套。

王雲路獲"浙江省有突出貢獻中青年專家"榮譽稱號。

11月29日至12月2日,馮國棟應邀出席由浙江省佛教協會主辦,麗水市佛教協會、龍泉崇仁寺承辦的"華嚴禪國際學術研討會",並宣讀了《〈俄藏黑水城文獻漢文部分〉中的華嚴典籍》一文。

11月,竇懷永《敦煌文獻避諱研究》由甘肅教育出版社出版。

12月4日,杭州市政協文史研究會召開杭州佛教歷史文化研究座談會,馮國棟應邀與會,並就杭州佛教歷史文化研究所面臨的問題發表講話。

　　12 月 15 至 17 日,馮國棟應邀參加由中國佛學院普陀山學院和華東師範大學哲學系聯合舉辦的"紀念鳩摩羅什大師圓寂 1600 周年暨佛教教育現代化"論壇,並宣讀了《禪宗視域中的鳩摩羅什》一文。

　　12 月 29 日,許建平、朱大星應邀出席由敦煌研究院、中國絲綢博物館等聯辦的"敦煌與絲綢之路"學術研討會,許建平主持會議,朱大星提交論文《敦煌道經略論》。